JN443069

憲法實務研究

제 13 권
(2012)

憲法實務研究會 編

博 英 社

발 간 사

헌법실무연구회는 1999년 7월 2일 창립된 이래 헌법학계와 헌법재판의 실무가들이 함께 참여하여 연구하고 토론하는 장을 마련함으로써 헌법학과 헌법재판의 발전을 위하여 많은 노력을 기울여 왔습니다.

그 동안 120회를 넘는 헌법실무연구회의 발표를 통하여, 헌법재판의 주요쟁점 및 결정에 대한 깊이 있는 논의와 평석을 해 왔습니다. 창립 25주년이 되는 헌법재판소가 국내외에서 높은 평가를 받는 결정을 하는데 헌법실무연구회의 연구활동이 나름대로 기여를 해 왔다고 자부합니다.

이런 의미에서 지난 한 해 동안 헌법실무연구회의 연구 성과를 담은 「헌법실무연구」를 발간하게 된 것을 기쁘게 생각합니다. 이번에 발간되는 「헌법실무연구」 제13권에서는 2011. 11. 열린 제115회 월례발표회부터 2012. 11. 열린 제123회 월례발표회까지의 발표 자료를 담았습니다. 지난 1년간의 월례발표회에서는 헌법불합치결정과 국회·법원의 반응, 외국인의 기본권주체성, 포괄위임금지원칙의 심사기준 등과 같은 다양한 헌법적 쟁점들은 물론, 지방자치단체장의 권한대행 사건, 인터넷 선거운동 사건, 친일재산 국가귀속 특별법 사건, 일본군 위안부 사건, 구 조세감면규제법 부칙에 대한 한정위헌 결정 등과 같이 최근에 헌법재판소가 결정한 구체적인 사건들에 대해서도 발표하고 토론하였습니다. 특히 소비자불매운동 규제의 헌법적 한계에 관하여 헌법학회와 공동학술대회를 열기도 하였습니다.

앞으로도 헌법실무연구회는 우리 사회의 현실에서 제기되는 구체적인 헌법적 쟁점들을 깊이 있게 연구하여, 우리의 헌법학과 헌법재판이 세계의 헌법재판의 흐름을 함께하고 선도할 수 있도록 소중한 지적 자산을 쌓아가고자 합니다. 헌법실무연구회의 지속적인 발전을 위하여 회원 여러분들의 많은 관심과 참여를 부탁드립니다.

끝으로 발표와 지정토론을 해 주시고 토론에 참여해 주신 모든 회원분들께 감사드리며, 헌법실무연구회의 연구 성과를 좋은 책으로 출판할 수 있도록 애쓴 헌법재판소 직원 및 박영사 관계자 분들께도 감사의 말씀을 전합니다.

2012. 12.

헌법실무연구회 회장 박 한 철

일러두기

(1) 이 책은 2011. 11. 제115회 월례발표회부터 2012. 11. 제123회 월례발표회까지 대체로 매월 둘째 주 목요일 저녁 헌법재판소(2층 회의실)에서 이루어진 주제발표, 지정토론 및 자유토론을 수록한 것입니다.

(2) 각 발표문의 체제와 판결인용방법 등은 대체적으로 원문 그대로이고, 별도로 통일시키지 않았습니다.

(3) 토론요지는 녹음된 자유토론의 내용을 수록한 것입니다. 현장감을 주기 위하여, 또 다양한 접근방법을 그대로 알려 주기 위하여 구어체와 원래의 발언내용을 가급적 그대로 유지하였습니다. 다만 녹음상태나 발언의 내용에 따라 그 의미를 충분히 알기 어려운 경우가 있었음을 양해바랍니다. 토론요지 처음에 수록된 참여자명단은 발언순서에 따른 것입니다.

* 외부학회와의 공동학술대회 형식으로 개최된 제116회(한국헌법학회) 월례발표회 발표문에는 토론요지가 없습니다.

(4) 발표자, 토론자의 직함은 원칙적으로 발표일을 기준으로 하였습니다.

차　　례

제115회(2011. 11. 10.) 발표문

헌법불합치결정과 그에 대한 국회 및 법원의 반응*

— 2006년 6월 이후의 위헌법률심판("헌가" 및 "헌바")사건을 중심으로 —

방 승 주**

Ⅰ. 서 론

이하에서 다루고자 하는 논제는 헌법불합치결정과 그에 대한 국회 및 법원의 반응에 대한 것이며, 주로 2006년 6월 이후의 위헌법률심판(헌가와 헌바)사건을 중심으로 하기로 한다. 이 사건들을 주된 고찰대상으로 하는 것은 필자가 그 전의 헌법불합치결정 사건들에 대하여는 이미 선행논문[1]에서 고찰한 바 있었으며, 그 후에도 헌법재판소에 의하여 위헌법률심판사건에서 헌법불합치결정이 적지 않게 나와, 헌법불합치결정의 전체적인 경향과 그에 대한 국회 및 법원의 반응을 계속해서 추적해 보아야 할 필요성이 대두되었기 때문이다.

주지하듯이 헌법불합치결정에도 헌법재판소법상의 기속력이 인정되기 때문에, 헌법재판소의 헌법불합치결정의 취지에 맞게 국회가 위헌으로 확인된 법률을 개정시한 내에 개정을 하였는지, 필요한 경과규정을 잘 두었는지, 또한 당해사건 법원들은 헌법재판소의 헌법불합치결정과 국회의 법개정을 고려하여 재판을 제대로 하였는지의 문제를 살펴 보는 것은 헌법재판소의 규범통제결정의 실효성을 확보하기 위해서도 반드시 분석하고 확인해 보아야 할 사항이라고 생각된다.

이하에서는 헌법재판소의 위헌법률심판사건 가운데 헌법불합치로 결정된 사건들을 중심으로 당해사건 판결이 이루어진 것들을 추출하여, 심판대상 조항이 어떻게 개정되었는지, 당해사건 판결은 어떻게 이루어졌는지, 그리하여 전체적으로

---

* 이 발표원고를 수정·보완한 논문은 헌법학연구 제17권 제4호(2011. 12)에 게재되었음을 밝힘.

** 한양대학교 법학전문대학원 교수.

1) 방승주, 헌법불합치결정의 문제점과 그 개선방안, 헌법학연구 제13권 제3호(2007. 9), 49면 이하. 이 연구에서는 주로 헌가사건들을 중심으로 다루었다. 이하에서는 일단 헌법재판소의 헌법불합치결정과 국회의 개정법률 그리고 당해사건 법원의 판결들만을 분석하였으며 시간 관계로 관련 문헌들은 아직 반영하지 못하였으나 이는 추후에 보완하기로 한다.

헌법불합치결정을 둘러싸고 제기되는 문제점들은 어떤 것이 있는지를 분석해 보기로 한다.

Ⅱ. 분석대상 사건들

1. 헌가사건

2006년 6월 이후 2011년 9월까지 사이에 헌법불합치로 결정된 헌가사건은 총 15건에 달한다. 그 15개 사건들의 당해사건의 진행상황을 보면 다음과 같다.

2007. 8. 30, 2004헌가25 사건의 당해사건인 부산지방법원 2003가합16033(손해배상)사건의 경우 2008. 6. 23. 조정이 성립되었고, 부산지방법원 2003카합2086(가압류이의)사건의 경우 채권자들이 가압류신청을 취하하여 종료되었다.

2008. 7. 31, 2007헌가4 사건의 당해사건인 서울행정법원 선고 2006구합9085 사건의 경우 원고가 소를 취하하여 2009. 4. 17. 종료되었다.

2008. 9. 25, 2007헌가9 사건의 당해사건인 서울행정법원 2006구합24749 학교용지부담금부과처분취소 사건은 2009. 8. 20. 선고가 되어 확정되었으므로 분석대상으로 삼기로 한다. 그리고 2009. 3. 26, 2007헌가22 사건의 당해사건들은 매우 많으나 모두 유사한 것이므로 첫 번째와 두 번째 당해사건인 부산지방법원 2007라584와 같은 법원 2007라760 사건이 각각 2010. 3. 29.과 2010. 2. 18. 선고되었으므로 분석대상으로 삼기로 한다.

2009. 4. 30, 2007헌가8 사건의 당해사건인 서울행정법원 2005구합32828 공매대금배분처분취소 사건은 2009. 7. 10. 선고되어 확정되었다.

2009. 7. 30, 2008헌가1 사건의 당해사건인 서울고등법원 2007누7125 군인연금지급제한등처분취소(2008헌가1) 사건은 2010. 2. 10. 선고되었으며, 현재 원고가 상고하여 대법원에 계류 중이고, 당해사건인 서울행정법원 2008구합5841 군인연금과다지급액환수및연금감액처분취소등(2009헌바21)은 2008. 12. 26. 선고되었고, 항소심에서 확정되었다.

2009. 9. 24, 2008헌가25 사건의 당해사건인 서울중앙지방법원 2008고단3949 집회 및 시위에 관한 법률 위반 등 사건은 현재 재판 진행 중이다.

2009. 12. 29, 2008헌가13 사건의 당해사건인 광주지방법원 2008초기309 재판의 집행에 관한 이의(2008헌가13) 사건은 2010. 11. 11. 선고되었으며, 인천지방법원

2008노2510 사기(2009헌가5) 사건은 피고인이 항소취하하여 2009. 4. 7. 종료되었다.

2010. 7. 29, 2009헌가8 사건의 당해사건인 서울가정법원 2009드단14527 혼인취소 사건은 2010. 10. 29. 선고되어 확정되었다.

2010. 7. 29, 2008헌가4 사건의 당해사건인 서울고등법원 2007코22 형사보상사건은 2011. 9. 19. 각하되었다.

2010. 7. 29, 2008헌가28 사건의 당해사건인 서울행정법원 2008구합12450 공중보건의사 편입 취소처분 등 취소 사건은 원고가 소를 취하하여 2010. 10. 19. 종료되었다.

그리고 2010. 7. 29, 2008헌가15 사건의 당해사건인 부산지방법원 2008가합3292 환수금납부결정 및 연금감액결정무효확인 사건과, 2010. 12. 28, 2009헌가30 사건의 당해사건인 서울중앙지방법원 2009고합731 국가보안법위반(특수잠입·탈출) 등 사건, 2011. 6. 30, 2010헌가86 사건의 당해사건인 광주지방법원 목포지원 2010과217 농업협동조합법위반 사건, 2011. 9. 29, 2010헌가93 사건의 당해사건인 수원지방법원 2010구합4644 과징금부과처분취소소송 사건은 아직 진행 중이다.

<u>그러므로 아직 진행중이거나 소취하로 종료된 사건을 제외하고 헌법불합치결정이 선고된 이후에 선고된 판결들을 중심으로 분석을 해보기로 한다.</u>

2. 헌바사건

2007. 3. 29, 2005헌바33 사건의 당해사건인 서울행정법원 2004구합4819 퇴직급여및퇴직수당지급제한처분취소 사건은 2005. 3. 10. 선고되었으며, 2007. 5. 17. 항소심이 선고되었고, 2007. 8. 23. 상고심이 선고(심리불속행 기각)되어 확정되었다.

2008. 5. 29, 2006헌바5 사건의 당해사건인 서울중앙지방법원 2005가단196341 추심금 사건은 2005. 12. 23. 선고되었고, 2009. 11. 27. 항소심이 선고되어 확정되었다.

2008. 11. 13, 2006헌바112 사건의 당해사건인 서울행정법원 2006구합19297 종합부동산세등부과처분취소(2006헌바112) 사건은 원고가 소취하하여 2009. 1. 13. 종료되었으며, 서울행정법원 2006구합30546 종합부동산세등과세처분취소(2007헌바71) 사건은 2007. 6. 8. 선고되었고, 2010. 3. 17. 항소심이, 2010. 7. 8. 상고심이 선고되어 확정되었다. 서울행정법원 2007구합9082 종부세처분취소(2007헌바88) 사건은 2007. 8. 14. 선고되었고, 항소심에서 원고가 항소취하하여 1심이 그대로 확정되었다. 서울행정법원 2007구합13449 거부처분취소(2007헌바94) 사건은 2007. 8. 28. 선고되었으며, 2009. 2. 12. 항소심이 선고되어 확정되었다. 춘천지방법원 2007구합1468 종

합부동산세처분취소(2008헌바3) 사건은 2007. 12. 20. 선고되었고, 항소심에서 원고가 항소를 취하하여 1심이 그대로 확정되었다. 병합사건인 2008헌가12 사건의 당해사건인 서울행정법원 2007구합26339 종부세처분취소 사건의 경우 원고가 소취하하여 2009. 5. 9. 종료되었다. 부산지방법원 2007구합2082 종합부동산세경정거부처분취소(2008헌바62) 사건은 2008. 4. 24. 선고되었고, 2008. 12. 19. 항소심이, 2009. 3. 26. 상고심이 선고(심리불속행 기각)되어 확정되었다.

2010. 6. 24, 2008헌바128 사건의 당해사건인 서울고등법원 2008누11732 상이연금 지급거부처분취소 사건은 2008. 9. 24. 선고되었으며, 2011. 9. 29. 대법원(2008두18885)에서 파기환송 되어, 현재 서울고등법원에 계류 중(2011누34148)이다.

2011. 6. 30, 2008헌바166 사건의 경우 수원지방법원 2008구합6685 토지수용재결처분취소(2008헌바166) 사건은 2008. 11. 17. 선고되어 확정되었고, 대구지방법원 2010구합2465 토지수용재결처분취소(2011헌바35) 사건은 2010. 12. 22. 선고되었으며, 항소심은 2011. 6. 10. 선고되어, 현재 대법원에 상고심 계속 중(2011두16124)이다.

<u>그러므로 헌바사건의 경우에도 헌법불합치결정 선고 후에 법원 판결이 선고되어 확정된 판결 사건 위주로 분석하도록 하겠다.</u>

3. 사건의 유형화

이하의 분석에서도 종전의 선행연구에 있어서와 같이 헌법불합치결정을 적용중지를 명한 헌법불합치결정과 계속적용을 명한 헌법불합치결정으로 나누어서 분석하되, 헌가사건과 헌바사건을 합하여 선고순서대로 정리하도록 하겠다.

Ⅲ. 적용중지를 명한 헌법불합치결정

1. 헌재 2008. 05. 29, 2006헌바5, 우체국예금·보험에 관한 법률 제45조 위헌소원

(1) 헌법불합치결정의 개요

'우체국예금·보험에 관한 법률'(1999. 12. 28. 법률 제6062호로 개정된 것) 제45조 중 '압류' 부분(이하 '이 사건 법률조항'이라 한다)이 우체국보험금 및 환급금 청구채권 전액에 대하여 무조건 압류를 금지함으로써 우체국보험 가입자의 채권자를 일반 인보험 가입자의 채권자에 비하여 불합리하게 차별취급하여 평등원칙에 위반되는 것인지 여부에 관한 심판에서 헌법재판소는 주문에서 “1. 우체국예금·보험에 관한 법률(1999. 12. 28. 법률 제6062호로 개정된 것) 제45조 중 ‘압류’부분은 헌법에 합치되지 아니한다. 2. 위 법률조항은 입법자가 2009. 12. 31.까지 개정하지 아니하면 2010. 1. 1.부터 그 효력을 상실한다. 법원 기타 국가기관 및 지방자치단체는 입법자가 개정할 때까지 위 법률조항의 적용을 중지하여야 한다”고 선고하면서 적용중지를 명하는 헌법불합치결정을 내렸다.

> 『앞서 살펴본 바와 같이 헌법에 위반된다고 판단되는 이 사건 법률조항에 대하여는 원칙적으로 위헌의 결정을 선고하여야 할 것이나, 이 사건 법률조항에서 압류를 금지하고 있는 우체국보험의 수급권 중에는 그 보험상품별 또는 수급권자가 장애인인가 여부 등에 따라서는 여전히 압류금지를 통하여 수급권을 보호하여야 할 필요성이 있으므로 단순위헌 결정을 선고하여 당장 이 사건 법률조항의 효력을 상실시킬 경우에는 위와 같이 압류금지를 통하여 수급권자를 보호할 필요가 있는 경우에까지 그 수급권을 보호할 수 없게 된다는 점에서, 오히려 헌법재판소가 의도하지 않는 불평등한 상태가 초래될 우려가 있고, 나아가 위헌적인 규정을 합헌적으로 조정하는 임무는 원칙적으로 입법자의 형성재량에 속하는 사항으로 이 사건 법률조항의 위헌성을 어떤 방법으로 제거하여 새로운 입법을 할 것인가에 관하여는 여러 가지 방안, 즉 보험상품별로 보험금 등 수급권의 보호범위나 정도를 달리하는 방안, 수급권자가 장애인인가의 여부에 따라 보험금 등 수급권의 보호정도를 달리하는 방안, 민사집행법 제246조 제2항과 같이 당사자의 신청에 의하여 수급권자와 그 채권자의 생활형편, 그 밖의 사정을 고려하여 보험금 등 수급권의 보호범위나 정도를 달리하는 방안, 보험사고로 인하여 지급하는 보험금인가 만기 보험금 또는 해약환급금인가에 따라 그 수급권의 보호범위나 정도를 달리하는 방안 등이 있을 수 있으며, 그 중에서 어떤 방안을 채택할 것인가는 입법자가 우리의 보험제도, 수급권자와 그 채권자 등 이해관계인들의 이익, 법적 안정성 등 여러 가지 사정을 고려하여 입법정책적으로 결정할 사항이라고 할 것이므로, 이 사건 법률조항에 대하여 단순위헌결정을 할 것이 아니라 헌법불합치결정을 선고하여야 할 것이다. …

그렇다면 이 사건 법률조항은 헌법에 합치되지 아니하므로 헌법불합치결정을 선고하기로 하되, 이 사건 법률조항은 입법자가 2009. 12. 31.까지 개정하지 아니하면 2010. 1. 1.부터 그 효력을 상실하고, 법원 기타 국가기관 및 지방자치단체는 입법자가 개정할 때까지 이 사건 법률조항의 적용을 중지하도록 하는 것이 상당하다고 인정되므로, 이에 주문과 같이 결정한다.』

이 사건에서도 i) 심판대상 법률조항이 합헌인 부분과 위헌인 부분을 모두 포함하고 있으며, ii) 이 사건 조항에 대하여 위헌결정을 함으로써 즉시 효력을 상실시킬 경우에는 합헌인 경우에까지 이 사건 조항을 적용할 수 없게 함으로써 오히려 헌법재판소가 의도하지 않은 불평등한 상태가 초래될 우려가 있고, iii) 위헌성을 제거하는 과제는 입법자의 형성재량에 속한다는 이유로 헌법불합치결정을 내리고 있다. iv) 그러면서도 2009. 12. 31.까지 입법자가 개정하지 않으면 2010. 1. 1.부터 그 효력을 상실한다고 하면서 입법자가 개정할 때까지 이 사건 법률조항의 적용을 중지한다고 하고 있다.

(2) 국회의 반응

국회는 헌법재판소가 설정한 개정시한 내인 2009. 4. 22. 법률 제9628호로 심판대상 법률조항을 개정하였는데, 제45조에 제2항부터 제5항을 다음과 같이 신설하였다.

제45조(수급권의 보호) ① 보험금 또는 환급금을 지급받을 권리는 양도할 수 없다.

② 보험금을 지급받을 권리에 대하여는 다음 각 호의 금액은 압류할 수 없다.

1. 직계존속(直系尊屬)·직계비속(直系卑屬) 또는 배우자가 사망함으로써 보험수익자가 취득하는 사망보험금청구권의 2분의 1에 해당하는 금액
2. 본인, 직계존속·직계비속 또는 배우자의 장해로 인하여 보험수익자가 취득하는 장해보험금청구권의 2분의 1에 해당하는 금액
3. 「국민기초생활 보장법」 제7조에 따른 급여를 받는 사람 또는 「장애인복지법」 제32조에 따라 등록한 장애인이 보험수익자로서 취득

하는 보험금청구권(제1호 또는 제2호에 해당하는 보험금청구권은 제외한다)의 2분의 1에 해당하는 금액

4. 「장애인복지법」 제32조에 따라 등록한 장애인에게 보험사고가 발생하여 보험수익자가 취득하는 보험금청구권(제1호부터 제3호까지의 규정에 해당하는 보험금청구권은 제외한다)의 2분의 1에 해당하는 금액

③ 제2항 각 호의 보험금청구권을 제외한 보장성보험의 보험금청구권과 환급금청구권에 대하여는 보험수익자 또는 보험계약자의 생계유지에 필요하다고 인정하여 대통령령으로 정하는 금액(이하 이 조에서 "최저보장금액"이라 한다)은 압류할 수 없다. 이 경우 보험계약이 여러 개이면 그 보험금청구권 또는 환급금청구권에 해당하는 금액을 합산하여 적용한다.

④ 제2항 각 호의 보험금청구권을 취득하는 보험계약이 여러 개인 경우 또는 제2항 각 호와 제3항의 보험금청구권 또는 환급금청구권을 취득하는 보험계약을 합하여 여러 개인 경우에는 제3항은 적용하지 아니하고 제2항 각 호의 보험금청구권만 각 보험계약별로 제2항을 적용한다.

⑤ 제2항 및 제4항을 적용한 금액(보험계약이 여러 개인 경우에는 그 합한 금액을 말한다)이 최저보장금액 미만인 경우에는 제2항 및 제4항에도 불구하고 최저보장금액을 압류할 수 없는 금액으로 한다.

그리고 헌법불합치결정이 선고된 시점인 2008. 5. 29.까지의 소급적용과 관련하여 부칙에서 경과규정을 두고 있다.

제3조(보험금이나 환급금의 압류 제한에 관한 적용례) 제45조 제2항부터 제5항까지의 개정규정은 2008년 5월 29일부터 이 법 시행 당시까지 다음 각 호의 어느 하나에 해당하는 경우에 대하여도 적용한다.

1. 보험금 및 환급금 청구채권의 추심채권자가 추심금(전부금을 포함한다)의 지급을 구하는 소송을 제기하여 법원에 계속 중인 경우
2. 법원에서 보험금 및 환급금 청구채권의 압류 및 추심명령(전부명령을 포함한다)을 결정한 경우
3. 국가기관 및 지방자치단체가 보험금 및 환급금 청구채권의 압류를 체신관서에 통지한 경우

따라서 이 사건의 경우 국회가 헌법재판소의 헌법불합치결정의 취지에 맞추어 당해사건에까지 소급적용을 할 수 있는 경과규정까지 두었다는 점에서 헌법불합치결정의 기속력을 잘 존중한 개정이라고 생각된다.

(3) 법원의 반응

이 사건의 당해사건법원인 서울중앙지방법원은 2005. 12. 23, 2005가단196341 추심금 사건에서 원고의 청구를 기각하였으나, 항소심인 서울중앙지방법원은 2009. 11. 27, 2006나2581 추심금 사건 판결에서 제1심 판결을 취소하고 항소를 인용하는 판결을 선고하였다.

이 판결에서 서울중앙지방법원은 헌법재판소의 헌법불합치결정을 언급하고 또한 그에 따라 개정된 법률조항을 적시하고 나서 원고의 이 사건 청구는 이유 있어 이에 대하여 인용하는 판결을 선고한 것이다.

입법자인 국회가 헌법재판소의 헌법불합치결정의 취지를 존중하여 당해사건에까지 소급적용을 허용하자 법원은 그 조항을 적용하여 당해사건의 청구를 인용한 것이다.

(4) 평 가

이 사건 헌법불합치결정은 적용중지를 명하는 헌법불합치결정이었고, 국회는 입법시한을 준수하였을 뿐만 아니라, 헌법불합치결정이 선고된 날까지 소급적용의 근거규정을 둠으로써, 법원이 당해사건에 대하여 바로 구제할 수 있도록 해결하였다.

헌법불합치결정이 선고된 시점으로부터 입법자가 개정할 때까지 그 경과기간 동안 개정법률의 소급적용을 할 것인지 여부에 대하여 헌법재판소가 위헌법률의 적용중지를 명함으로써, 소급적용의 취지를 분명히 하였다고 볼 수 있으며, 따라서 국회나 법원 역시 그러한 취지에 맞게 소급적용을 하였다고 할 수 있다.

이러한 관점에서 본다면 앞으로 경과기간 동안 개정법률의 소급적용을 명하고자 할 경우에는 헌법재판소는 적용중지를 명하는 헌법불합치결정을 하여야 할 것이며, 가급적 당해사건에 대한 소급적용의 취지를 명시적으로 밝힐 필요가 있다고 생각된다.

아무튼 헌법불합치결정의 시점부터 개정법률에 이르는 경과기간 동안의 경과적 규율에 대하여 헌법재판소와 국회 그리고 법원이 적절히 대처한 사례였다고 생각된다.

2. 헌재 2008. 07. 31, 2004헌마1010 · 2005헌바90(병합), 의료법 제19조의2 제2항 위헌확인 등

(1) 헌법불합치결정의 개요

헌법재판소는 구 의료법(1987. 11. 28. 법률 제3948호로 개정되고, 2007. 4. 11. 법률 제8366호로 전부 개정되기 전의 것, 이하 '구 의료법'이라 한다) 제19조의2 제2항(이하 '이 사건 규정'이라 한다)이 태아의 성별에 대하여 이를 고지하는 것을 금지하는 것이 의료인의 직업수행의 자유와 부모의 태아성별정보에 대한 접근을 방해받지 않을 권리를 침해하는 것인지 여부에 대한 심판에서 이를 인정하고, 나아가 같은 내용의 의료법(2007. 4. 11. 법률 제8366호로 전부 개정된 것) 제20조 제2항에 대하여 심판대상을 확장하고 양 조항에 대하여 헌법불합치결정을 하되, **구 의료법 조항에 대하여는 적용중지를 명하는 헌법불합치결정**을, 그리고 **개정 의료법 조항에 대해서는** 2009. 12. 31.을 시한으로 입법자가 이를 개정할 때까지 **계속 적용할 것을 명하는 헌법불합치결정**을 선고하였다.[2)]

헌법재판소가 들고 있는 헌법불합치결정의 이유를 보면 다음과 같다.

> 『그런데, 위에서 본 바와 같은 이유로 이 사건 구 의료법 제19조의2 제2항 및 개정 의료법 제20조 제2항에 대하여 위헌결정을 하여야 할 것이지만, 만약 단순위헌결정을 하여 당장 그 효력을 상실시킬 경우에는 태아의 성별 고지 금지에 대한 근거 규정이 사라져 법적 공백상태가 발생하게 될 것이고, 이는 낙태가 불가능하게 되는 시기를 포함하여 임신 기간 전 기간에 걸쳐 태아의 성별 고지를 금지하는 것이 의료인과 태아 부모의 기본권을 지나치게 침해한다는 이 사건 위헌결정의 취지와는 달리, 임신기간 전 기간에 걸쳐 태아의 성별 고지를 가능하게 하는 부당한 결과를 야기하게 될 것이다.
>
> 따라서, 이 사건 심판대상 규정들에 대하여 단순위헌결정을 하는 대신 헌법불합치결정을 하기로 하는바, 입법자는 되도록 빠른 시일 내에, 늦어도 2009. 12. 31.까지는 새로운 입법을 마련하여야 할 것이고, 이 사건 의료법 제20조 제2항은 위와 같이 새로운 입법에 의하여 그 위헌성이 제거

2) 태아성감별고지의 금지에 관한 이 사건 법률조항의 위헌여부에 대하여 필자의 개인적 소견으로는 태아의 생명권에 대한 국가의 기본권보호의무의 관점에서 이러한 조항은 정당화될 수 있기 때문에 굳이 이 조항에 대하여 헌법불합치결정을 할 필요가 있었던 것인지 의문이 든다.

될 때까지 잠정적으로 적용되어야 할 것이다.

한편, 이 사건 구 의료법 규정은 이미 개정되어 효력을 상실하고 있지만, 2005헌바90 당해사건과 관련하여서는 여전히 그 효력을 유지하고 있다고 할 것인바, 위 규정의 계속 적용을 명하는 경우에는 그에 대한 위헌성 판단의 효력이 당해 사건에 미치지 못할 염려가 있으므로, 이 사건 구 의료법 규정의 경우 당해사건과 관련하여 그 적용을 중지하고, 현행 의료법 규정이 개정될 때를 기다려 개정된 신법을 적용하여야 할 것이다.』[3)]

결국 헌법재판소는 2005헌바90 사건의 당해사건 당사자에 대하여 개정법률을 소급 적용할 것을 확실하게 명시적으로 밝혔다고 볼 수 있다.

(2) 국회의 반응

국회는 헌법재판소가 설정한 입법시한 내인 2009. 12. 31. 법률 제9906호로 의료법 제20조 제2항을 다음과 같이 개정하였다. "②의료인은 임신 32주 이전에 태아나 임부를 진찰하거나 검사하면서 알게 된 태아의 성(性)을 임부, 임부의 가족, 그 밖의 다른 사람이 알게 하여서는 아니 된다."

그런데 헌법재판소의 개정법률에 대한 소급적용 필요성에 대한 언급에도 불구하고 국회는 부칙에서 "이 법은 공포한 날부터 시행한다."고 규정함으로써 소급적용을 배제하였다.

따라서 소급적용과 관련하여 입법자인 국회는 헌법불합치결정의 취지를 제대로 살리지 못하였다고 판단된다.

(3) 법원의 반응

이 사건 헌법소원사건의 당해사건인 서울행정법원 2005구합16857 의사면허자격정지처분취소 사건은 2005. 10. 5. 청구기각되었다. 그리고 이에 대한 항소심인 서울고등법원 2005누24386 의사면허자격정지처분취소 사건은 헌법불합치결정이 내려지고 또한 개정법률이 발효된 후인 2011. 1. 26. 항소 기각판결이 선고되었으며, 2011. 10. 27. 원고가 상고를 취하하였기 때문에 사건은 종료되었다.

서울고등법원은 헌법재판소의 헌법불합치결정과 그에 따라 개정된 개정법률 조항 및 부칙규정을 모두 살펴 본 후, 개정 의료법의 시행일 전에 이 사건 조항을 적용하여 한 의사면허자격정지 처분의 효력을 그대로 유지함이 옳다는 판단에서

3) 헌재 2008. 07. 31, 2004헌마1010, 판례집 제20권 2집 상, 236, 256-257.

헌법재판소의 잠정적인 계속적용명령이 나온 것임이 분명하다고 하고 있다.

> 『이 사건 조항에 대한 위 헌법재판소의 헌법불합치결정의 내용 및 그 주된 이유, 개정 의료법 중 태아의 성 감별 행위 등에 관한 규정의 내용 및 그 시행시기 등에 비추어 보면, 헌법재판소가 이 사건 조항이 위헌임에도 굳이 헌법불합치결정을 한 것은, 그 위헌성이 제거된 개정 법률이 시행되기 전까지는 종전의 법령 규정을 그대로 잠정 적용하는 것을 허용하는 취지의 결정이라고 보아야 할 것이고(대법원 1998. 3. 13. 선고 96누6059 판결 참조), 개정 의료법의 시행일 전에 이 사건 조항을 적용하여 한 의사면허자격정지 처분의 효력을 그대로 유지함이 옳다는 판단에서 나온 것임이 분명하다(대법원 2009. 1. 15. 선고 2008두15596 판결 참조).
>
> 따라서 개정 의료법 제20조 제2항, 제65조 제1항 제4호, 제66조 제1항 제4호 등의 적용시기인 2009. 12. 31. 전에 원고가 행한 임부에 대한 태아의 성별 고지에 대해서는 개정 의료법의 위 개정 규정들이 소급하여 적용되는 것은 아니라고 할 것이므로, 개정 전 이 사건 조항을 적용하여 한 이 사건 처분은 적법하다 할 것이어서 원고의 위 주장은 이유 없다.』

(4) 평 가

필자가 보기에 헌법재판소의 계속적용명령이 개정법률의 소급적용을 무조건 배제하는 것이라고 볼 수는 없고, 개정법률의 소급적 적용이 가능한 사례의 경우에는 소급적용을 하여야만 경과기간 중에 발생하는 위헌성이 제거될 것이라고 할 수 있다. 그리고 2005헌바90 사건의 당해사건에 대하여는 적용중지를 명하는 헌법불합치결정을 내리면서 개정법률의 소급적용필요성을 명시적으로 언급하였다.

그러나 이 사건에서 당해사건 원고는 임신 12주, 14주, 21주에 내원한 산모에게 진찰과정에서 알게 된 태아의 성별을 고지한 행위로 인하여 이 사건 조항 위반으로 받은 선고유예 판결이 확정되었다는 점에서, 개정법률이 정한 임신 32주 이전의 성감별고지금지규정에 여전히 위반된다고 볼 수 있고 따라서 당해사건의 처분은 유지될 수밖에 없었다고 보아야 할 것이다.

그러한 관점에서 헌법재판소가 임신 후반기에도 성감별고지를 금지하도록 하는 것이 위헌이라고 하는 입장을 취하고 있었음에도 불구하고 당해사건에 대한 개정법률의 소급적용을 의도하였다고 할 수 있으므로, 혹시 당해사건 당사자가 이와 같이 임신초기인 12주, 14주 때부터 벌써 성별을 고지하였다는 사실은 간과했던 것인지 다소 의문이 남는다.

3. 헌재 2009. 03. 26, 2007헌가22, 공직선거법 제261조 제5항 제1호 위헌제청

(1) 헌법불합치결정의 개요

헌법재판소는 2008. 3. 26. 의무위반자에 대하여 부과할 과태료의 액수를 감액의 여지없이 일률적으로 '제공받은 금액 또는 음식물·물품 가액의 50배에 상당하는 금액'으로 정하고 있는 구 공직선거법 (2004. 3. 12. 법률 제7189호로 개정되고, 2008. 2. 29. 법률 제8879호로 개정되기 전의 것) 제261조 제5항 제1호(이하 '이 사건 구법 조항'이라 한다) 및 공직선거법(2008. 2. 29. 법률 제8879호로 개정된 것) 제261조 제5항 제1호(이하 '이 사건 신법 조항'이라 한다)가 과잉금지의 원칙에 위반되는지 여부에 대한 심판에서 이를 인정하면서 입법자가 위 법률조항을 개정할 때까지 적용중지를 명하는 헌법불합치결정을 선고하였다.

헌법불합치결정의 이유를 보면 다음과 같다.

> 『앞에서 본 바와 같이 이 사건 심판대상조항은 헌법에 위반되므로 원칙적으로 위헌결정을 하여야 할 것이나, 이는 이 사건 심판대상조항에 따른 과태료 제재 자체가 위헌이라고 판단한 것이 아니라, 이 사건 심판대상조항에 따라 위반행위자에 대하여 부과되는 과태료의 기준 및 액수가 책임원칙에 부합되지 않게 획일적일 뿐만 아니라 지나치게 과중하다는 이유에서 비롯된 것인데, 만일 이 사건 심판대상조항에 대하여 단순위헌결정을 선고하여 당장 그 효력을 상실시킬 경우에는 입법자가 일정 기간이 지난 후 위헌의 취지에 맞추어 이 사건 심판대상조항을 개정하게 될 때까지 이 사건 심판대상조항이 적용되는 위반행위자에 대한 법적 규제의 공백상태가 되어 법 집행상의 혼란과 형평의 문제가 발생할 수 있고, 위와 같은 위헌적인 조항들을 합헌적으로 조정하는 임무는 원칙적으로 입법자의 형성재량에 속하는 사항이라는 점 등을 고려하여 헌법불합치결정을 선고하기로 하되, 입법자가 개선 입법에 의하여 위헌성을 제거할 때까지 법원 기타 국가기관 및 지방자치단체는 헌법불합치결정이 내려진 이 사건 심판대상조항의 적용을 중지하고 위헌성이 제거된 개정조항을

기다려 이를 적용하도록 하는 것이 상당하다.』[4)]

(2) 국회의 반응

국회는 2010. 1. 25. 법률 제9974호로 제261조 제6항(종전의 제5항) 본문 중 "제116조(기부의 권유·요구 등의 금지)의 규정을"을 "제116조를"로, "50배(주례의 경우에는 200만원)에 상당하는 금액의 과태료에 처한다"를 "10배 이상 50배 이하에 상당하는 금액(주례의 경우에는 200만원)의 과태료를 부과하되, 그 상한은 3천만원으로 한다"로 개정하였다.

그리고 부칙 제1조에서 이 법은 공포한 날부터 시행한다고 규정할 뿐, 개정법률조항의 소급적용에 관하여는 아무런 규정을 두지 않았다.

(3) 법원의 반응

가. 부산지방법원 2007라584 공직선거법위반결정에대한즉시항고

당해사건 법원인 부산지방법원(제2민사부)은 헌법불합치결정과 개정법률이 발효한 후인 2010. 3. 29. 헌법불합치결정이나 개정법률조항에 대하여 아무런 언급도 하지 않은 채, 이 사건 과태료 액수에 관하여 보건대, 항고인의 법위반행위의 내용과 정도 및 경위, 항고인과 오◯◯의 관계 등 제반사정에 비추어 보면 제1심 결정의 과태료 액수 45만원은 너무 무거워 부당하다고 하면서 항고인을 과태료 10만원에 처함이 상당하다고 판결하였다.

나. 부산지방법원 2007라760 공직선거법위반결정에대한즉시항고

당해사건 법원인 부산지방법원(제4민사부)은 2010. 2. 18. 제1심 결정을 취소하고 항고인을 과태료 20만원에 처한다고 판결하였는데, 헌법재판소의 헌법불합치결정과 또한 이에 따라 개정된 개정법률을 언급한 후, 위 헌법재판소 결정의 취지 및 개정 공직선거법 규정에 비추어 이 사건 과태료 액수에 관하여 보건대, 항고인의 법위반행위의 내용과 정도 및 경위 등 제반사정에 비추어 보면 이 사건 규정에 근거한 제1심 결정의 과태료 액수 45만원은 너무 무거워 부당하다는 것이 그 이유였다.

(4) 평 가

두 당해사건 판결들이 결론에 있어서는 타당하게 청구를 인용하고 있으나, 경과적 규율에 대한 법원의 대처 면에서 볼 때, 후자의 경우가 헌재결정과 개정법

4) 헌재 2009. 03. 26, 2007헌가22, 판례집 제21권 1집 상, 337, 349.

<u>률의 내용을 언급하면서, 국회가 개정법률의 소급적용을 위한 부칙규정을 두지 않았음에도 불구하고 헌법불합치결정의 취지를 존중하여 개정법률을 소급적용하였다는 점에서 평가할 만하며, 이 경우는 법원이 스스로 경과기간 동안의 위헌성을 제거하여 적절히 경과적 규율을 한 사례에 해당한다고 할 수 있다.</u>

4. 헌재 2009. 04. 30, 2007헌가8, 국세징수법 제78조 제2항 후문 위헌제청

(1) 헌법불합치결정의 개요

헌법재판소는 2009. 4. 30. 국세징수법상 공매절차에서 매각결정을 받은 매수인이 기한 내에 대금납부의무를 이행하지 아니하여 매각결정이 취소되는 경우 그가 납부한 계약보증금을 국고에 귀속하도록 규정한 국세징수법(2002. 12. 26. 법률 제6805호로 개정된 것) 제78조 제2항 후문(이하 '이 사건 법률조항'이라 한다)이 민사집행법상 경매절차에서의 매수신청보증금을 국고에 귀속하지 않고 배당재원에 포함시키는 것과 비교하여 국세징수절차상 체납자 및 담보권자를 민사집행절차상 집행채무자 및 담보권자에 대하여 합리적 이유 없이 차별함으로써 평등원칙에 위반되는지 여부에 대한 심판에서 이를 인정하고, 주문에서 "1. 국세징수법(2002. 12. 26. 법률 제6805호로 개정된 것) 제78조 제2항 후문은 헌법에 합치되지 아니한다. 2. 위 법률조항은 입법자가 2009. 12. 31.까지 개정하지 아니하면 2010. 1. 1.부터 그 효력을 상실한다. 법원 기타 국가기관 및 지방자치단체는 입법자가 개정할 때까지 위 법률조항의 적용을 중지하여야 한다"고 하면서 적용중지를 명하는 헌법불합치결정을 선고하였다.

헌법불합치결정의 이유에 대하여 헌법재판소는 다음과 같이 밝히고 있다.

> 『가. 이 사건 법률조항은 위에서 본 바와 같이 계약보증금의 최종적인 귀속이 국고로 정해진다는 점에서 평등원칙에 위반된다는 것이지, 위약금 약정의 성격에 따라 대금납부의무 불이행 시 이를 매수인에게 반환하지 아니하는 법정조건을 정하는 점이 위헌이라는 것은 아니다. 또한, 이 사건 법률조항의 위헌성은 체납처분절차 중 대상재산의 현금화 단계인 배분재원 형성에서의 불합리한 차별로 인한 것이며, 현금화된 재산의 배분단계에서 계약보증금을 절차 개시의 근거가 된 조세채권에 우선 충당할

지, 아니면 민사집행절차와 같이 담보권자 등과의 우선순위에 따르도록 할지 여부는 체납처분절차를 형성하는 입법자의 재량 영역에 있다.

따라서 단순위헌결정을 선고하여 이 사건 법률조항이 무효가 되면 위약금약정의 성격을 가지는 매각의 법정조건으로서 일정액의 몰취 가능성을 전제로 매수인의 대금납부의무 이행을 강제하는 계약보증금제도의 내용 규정이 사라지고, 이 경우 대금 미납으로 인하여 매각결정이 취소되면 계약보증금을 매수인에게 반환할 수밖에 없게 된다. 또한, 이 사건 법률조항의 내용을 관념적으로 구분하여 그 중 계약보증금을 매수인에게 반환하지 아니하는 부분이 아니라, 최종적으로 국고에 귀속되는 부분에 대하여만 위헌결정을 선고한다 하더라도 매수인에게 반환되지 아니하는 계약보증금의 처리에 관한 규율에는 공백이 생기게 된다. 왜냐하면 배분재원에 관한 국세징수법 제80조 제1항에서는 계약보증금에 대하여 아무런 언급이 없으며, 이를 절차 개시의 근거가 된 조세채권에 우선 충당할지, 아니면 다른 담보권자 등과의 우선순위를 그대로 적용하여 배분할지 여부는 입법정책의 문제로서 이 경우 곧바로 민사집행법을 유추적용할 수도 없기 때문이다.

나. 결국 이 사건 법률조항은 단일한 문언 속에 위헌 부분과 합헌 부분이 혼재되어 있으며, 계약보증금을 매수인에게 반환하지 아니하되 이를 국고에 귀속시키지 않는다는 전제하에 그 최종적인 배분의 순위를 정하는 것은 입법정책적으로 결정할 사항이라 할 것이다. 따라서 이 사건 법률조항에 대하여는 그 위헌성을 확인하되 형식적인 존속을 유지하면서 입법자로 하여금 일정한 기한까지 개선입법을 촉구하는 의미에서 헌법불합치결정을 하여야 할 것이다. 또한, 이때 별도의 국고 귀속을 방지한다는 의미에서 법원 기타 국가기관 및 지방자치단체는 개선입법이 시행될 때까지 이 사건 법률조항의 적용을 중지하도록 하여야 한다.

이에 따라 계약보증금제도에 대한 근거조항인 국세징수법 제65조 제1항이 유효하게 존재하고 이 사건 법률조항 역시 형식적으로는 존속하므로 체납처분절차를 진행함에 있어 일단 매수인으로 하여금 계약보증금을 납부하도록 하고 그가 대금납부의무를 이행하지 아니하면 납부한 계약보증금은 반환되지 아니하게 된다. 그러나 이 사건 법률조항의 적용중지로 인하여 그 보증금의 최종적인 배분의 순위는 정해지지 않은 상태에 있으므로 개선입법의 시행 시까지 일시 보관금으로 보관한 상태에서 법률이 예정한 절차를 계속 진행시키되, 개선입법이 시행되면 그 내용에 따라 최종적 배분을 정하여야 할 것이다. 그리고 헌법재판소가 정하는 기한까지 입법자가 개선입법을 하지 아니하면 그 다음 날부터 이 사건 법률조항은 효력을 상실한다.』[5)]

이 사건의 경우도 ⅰ) 심판대상 법률조항에 위헌인 부분과 합헌인 부분이 혼재되어 있음과 ⅱ) 위헌결정의 경우에 발생할 수 있는 부작용, ⅲ) 합헌성 회복에 있어서 입법자의 형성의 자유, ⅳ) 법률의 형식적 존속유지의 필요성을 밝히면서 입법자가 개정할 때까지 그 적용의 중지를 명하는 헌법불합치결정을 하고 있다. 그리고 ⅴ) 법률이 개정되면 적용이 중지된 사건들에 대하여 개정법률을 적용할 것을 요구하고 있기 때문에 개정법률의 소급적용을 명령하고 있다고 정리할 수 있다.

(2) 국회의 반응

2009년 12월 31일이 법률의 개정시한이었으나, 국회는 그 다음날인 2010. 1. 1. 법률 제9913호로 국세징수법 제78조 제2항 중 "국고에 귀속한다"를 "체납처분비, 압류와 관계되는 국세·가산금 순으로 충당하고 잔액은 체납자에게 지급한다"로 개정하였다.

그리고 부칙 제1조에서 이 법은 2010년 1월 1일부터 시행한다고 함으로써 동조항의 소급적용에 대한 규정은 두지 않았는데, 이는 헌법불합치결정의 취지에 부합하지 않는 것으로 보인다.

(3) 법원의 반응

당해사건인 서울행정법원 2005구합32828 공매대금배분처분취소 사건은 2009. 7. 10.에 각하되었는데, 그 이유로 "피고가 2009. 6. 10. 이 사건 처분을 취소한 사실을 인정할 수 있으므로 이 사건 소는 더 이상 소의 이익이 없게 되어 부적법하다"고 밝히고 있다.

따라서 피고인 한국자산관리공사가 거부처분을 취소하였기 때문에 당해사건의 원고는 나름대로 목적을 달성하였다고 추정된다.

---

5) 헌재 2009. 04. 30, 2007헌가8, 판례집 제21권 1집 하, 1, 16-17.

(4) 평 가

국회는 적용중지를 명한 헌법불합치결정의 취지를 살려서 헌법불합치결정이 선고된 시점까지 개정법률을 소급적용하는 경과규정을 두었어야 마땅하다.

그리고 당해사건 판결은 소의 이익이 없어서 각하하였지만, 그렇지 않은 경우에는 비록 경과규정이 없이 법률이 개정되었다 하더라도 개정법률을 소급적용하여 이 사건 원고에게 개정법률을 적용한 후 거부처분을 취소하였어야 할 것이라고 생각된다. 즉 국회가 경과적 규율을 제대로 하지 못했을 경우에는 법원이 나서야 한다는 것이다.

Ⅳ. 계속적용을 명한 헌법불합치결정

1. 헌재 2007. 03. 29, 2005헌바33, 공무원연금법 제64조 제1항 제1호 위헌소원 사건

(1) 헌법불합치결정의 개요

이 사건은 공무원 또는 공무원이었던 자가 재직 중의 사유로 금고 이상의 형을 받은 때에는 대통령령이 정하는 바에 의하여 퇴직급여 및 퇴직수당의 일부를 감액하여 지급하도록 한 공무원연금법 제64조 제1항 제1호(이하 '이 사건 법률조항'이라 한다)가 재산권을 침해하고 평등의 원칙에 위배되는지 여부가 문제된 사건이다.

이 사건에서 헌법재판소는 재판관 1인이 '일부 단순위헌, 일부 헌법불합치' 의견이고 재판관 5인이 '전부 헌법불합치' 의견인 경우 '헌법불합치'로 주문을 냈으며, 주문에서 "1. 공무원연금법 제64조 제1항 제1호(1995. 12. 29. 법률 제5117호로 개정된 이후의 것)는 헌법에 합치되지 아니한다. 2. 위 법률 조항은 2008년 12월 31일을 시한으로 입법자가 개정할 때까지 그 효력을 지속한다"고 선고하였다.

그런데 헌법재판소가 이와 같이 위헌인 법률을 입법자가 개정할 때까지 계속적용하도록 명한 것은 ⅰ) 심판대상 규정이 합헌인 부분과 위헌인 부분을 모두 포함하고 있으며, ⅱ) 만일 위헌결정으로 즉시 효력을 상실하는 경우, 합헌인 부분까지 더 이상 적용할 수 없게 되어 법적 공백상태가 발생할 것을 우려한 이유에서이다.

헌재의 헌법불합치결정의 취지에 대한 언급을 직접 인용하면 다음과 같다.

『이상과 같은 이유로 이 사건 법률조항은 재산권 제한의 한계를 일부 일탈하여 수단의 적합성, 침해최소성 및 법익균형성에 어긋나고 평등의 원칙에 위배되는 부분을 포함하고 있으므로 헌법에 위반된다고 아니할 수 없다. 따라서 이 사건 법률조항에 대해서는 단순위헌결정을 하여 바로 그 효력을 상실시키는 것이 원칙이라 하겠으나, 이미 공무원연금과 관련된 연간 국가예산 및 기금운용계획이 확정된 상태에서 이 사건 법률조항에 대한 단순위헌선언으로 그 효력을 즉시 상실시킬 경우에는 여러 가지 혼란과 부작용이 발생할 우려가 있다. 또한 이미 재직 중의 사유로 금고 이상의 형을 받아 급여를 감액당한 다른 퇴직공무원과의 형평성도 고려하여야 한다.

그러므로 입법자는 죄의 종류와 내용을 묻지 않고 모든 재직 중의 사유로 금고 이상의 형을 받은 때에는 퇴직급여 등을 제한한다고 해서는 안 되고 퇴직급여 등까지를 제한해야 할 합리적이고 특별한 필요가 있는 경우로 그 사유를 한정하여 그 경우에만 퇴직급여 등을 제한함으로써 합헌적인 방향으로 법률을 개선하여야 하고 그때까지 일정 기간 동안은 위헌적인 법규정을 존속케 하고 또한 잠정적으로 적용하게 할 필요가 있는 것이다. 그러나 앞에서 본 바와 같은 이 사건 법률조항의 위헌성을 고려할 때 입법자는 되도록 빠른 시일 내에, 늦어도 2008. 12. 31.까지 개선입법을 마련함으로써 이 사건 법률조항의 위헌적 상태를 제거하여야 할 것이다.』[6)]

(2) 국회의 반응

국회는 헌법재판소가 설정한 입법기한을 넘겨서 2009년 12. 31. 법률 제9905호로 공무원연금법 제64조 제1항 제1호를 개정하였으며, 해당 조항과 관련하여 "직무와 관련이 없는 과실로 인한 경우 및 소속상관의 정당한 직무상의 명령에 따르다가 과실로 인한 경우는 제외한다"고 하는 단서조항을 괄호 안에 삽입하였다.

그리고 부칙 제1조에서 위 조항에 대해서만은 2009. 1. 1.부터 소급적용 하도록 하고 있으나 그 소급적용은 헌법재판소가 법조항의 효력상실을 선언한 시점인 2009. 1. 1.까지만 미치는 것이지, 헌법불합치결정이 선고된 시점에까지 미치는 소급규정은 아니었다.

6) 헌재 2007. 03. 29, 2005헌바33, 판례집 제19권 1집, 211, 224-225.

헌법재판소는 직무와 관련이 없는 경우에까지 퇴직급여 및 퇴직수당의 일부를 감액하는 것은 헌법에 위반된다는 취지였으므로, 국회가 감액제외의 대상을 "직무와 관련이 없는 과실로 인한 경우 및 소속상관의 정당한 직무상의 명령에 따르다가 과실로 인한 경우"로만 한정한 것은 헌법재판소의 위헌취지의 일부만을 반영한 것으로 보인다.

(3) 법원의 반응

헌법재판소의 헌법불합치결정이 내려지기 전인 2005. 3. 10. 당해사건(2004구합4819 퇴직급여및퇴직수당지급제한처분취소)은 기각되었으며, 헌법불합치결정이 내려진 이후에 원고가 항소한 항소심 사건(2005누8162 퇴직급여및퇴직수당지급제한처분취소)에서도 역시 항소가 기각되었다.

이 사건에서 서울고등법원은 헌법재판소의 헌법불합치결정을 인용한 후,

> 『따라서 이 사건 법률조항은 헌법재판소의 위와 같은 잠정적용명령에 의하여 개선입법시까지 그 효력이 지속되므로 여전히 당해사건인 이 사건에도 적용된다고 할 것이고, 또한 위 헌법불합치결정의 취지에 비추어 위 법률조항을 헌법합치적으로 제한해석하더라도 원고가 혈중알콜농도 0.165%의 주취상태에서 승용차를 운전하다가 사람을 사망하게 한 이 사건 범죄사실은 공무원의 신분과 관계되는 품위유지의무에 위반되는 것이고, 단순과실범이라고 할 수도 없는 점 등을 고려할 때, 위 법률조항에 따라 원고의 퇴직금을 감액한 처분을 위헌·위법이라고 볼 수 없다. 따라서 원고의 위 주장은 받아들일 수 없다.』

고 판시하고 있다.

이에 대하여 원고가 상고하였으나 대법원은 2007. 8. 23. 이 사건의 상고심(2007두11894) 판결에서 심리불속행으로 상고를 기각하였다.

(4) 평 가

헌법재판소는 이 사건 헌법불합치결정(2005헌바33)에서 "독일의 경우에 국가에서 공무원연금의 비용을 전액 부담하고 있으면서도 연금지급제한 사유인 재직 중의 범죄에서 과실범을 제외하고 있음은 그 시사해 주는 바가 크다 할 것이다."[7]

7) 헌재 2007. 03. 29, 2005헌바33, 판례집 제19권 1집, 211, 222.

고 하면서 과실범을 제외할 필요가 있음을 시사한 바 있다.

당해사건의 원고는 주취상태에서 운전을 하다가 승용차로 사람을 치어 사망하게 하였으므로, "직무와 관련이 없는 과실로 인한 경우"라고 할 수 있을 것이다. 그러므로 입법자가 직무와 관련이 없는 과실로 인한 경우를 퇴직연금 등의 감액사유에서 제외하고자 하였다면, 헌법불합치결정을 이끌어 내었던 당해사건에 대해서도 이를 소급적용하여야 했던 것은 아닌지 의문이 든다.

이미 대법원은 헌법재판소의 헌법불합치결정에 따라 개정한 법률의 부칙에서 당해사건에 대한 소급적용의 근거규정을 두지 않은 경우에도 규범통제의 실효성 확보를 위해서 당해사건에 대해서 소급적용을 할 필요가 있다고 하는 판시[8])를 한 바 있으므로, 이와 같은 입장에서 벗어나 당해사건에 대하여 소급적용을 하지 않는 경우에는 충분히 설득력 있는 논거가 뒷받침되어야 하지 않을까 생각되는데, 이 사건에서는 이러한 설득력 있는 논거가 보이지 않고, 단순히 공무원의 품위유지의무를 위반하여 감액사유에 해당된다고 하는 취지의 판단을 하고 있을 뿐이다.

공무원의 품위유지의무를 위반했다고 할 수 있는 경우에는 그것이 직무와 관련이 없는 경우라 하더라도 모두 감액사유에 해당될 수 있다는 말인지 그리고 입법자가 직무와 관련이 없는 과실로 인한 경우를 감액사유에서 제외하고 있는데, 그러한 입법취지에 반하여 당해사건에 대하여 소급적용을 배제해야만 하는 불가피한 사유가 무엇인지 확실하지 않다.

한편 헌법재판소의 판시에서도 당해사건에 대한 소급구제의 필요성에 대해서 과연 긍정을 하는 것인지 아니면 부정을 하는 것인지 소급구제 자체를 아예 입법자에게 일임을 한 것인지 불분명한 부분이 있다.

특히 "이미 공무원연금과 관련된 연간 국가예산 및 기금운용계획이 확정된 상태에서 이 사건 법률조항에 대한 단순위헌선언으로 그 효력을 즉시 상실시킬 경우에는 여러 가지 혼란과 부작용이 발생할 우려가 있다"고 하고 있는데 과연 당해사건 당사자와 유사한 자들에 대하여 소급적용을 하게끔 하는 경우에 그렇게 우려할 만한 혼란과 부작용이 발생할 것인지 의문이 든다. 그리고 "재직 중의 사유로 금고 이상의 형을 받아 급여를 감액당한 다른 퇴직공무원과의 형평성도 고려하여야 한다"고 하고 있는데, 직무와 관련이 없는 경우를 감액사유에서 배제하는 개정규정이 시행되는 경우에도 어쩔 수 없이 과거에 감액당한 다른 퇴직공무

8) 가령 대법원 2002. 4. 2. 선고 99다3358 판결; 2006. 3. 9. 선고 2003다52647 판결; 2011. 9. 29. 선고 2008두18885 상이연금지급거부처분취소 판결.

원과의 형평성 문제는 발생할 수밖에 없는 노릇이다. 다시 말해서 위헌결정의 소급효를 인정하지 않는 한, 이러한 위헌법률의 적용을 받은 자와 위헌성이 제거된 개정법률의 적용을 받는 자간의 형평성 문제는 늘 발생하기 마련임에도 이러한 지적을 한 것은 사족에 불과한 것은 아닌지 의문이 든다.

아무튼 중요한 것은 헌법재판소가 당해사건 당사자와 같은 사례의 경우 과연 퇴직연금 등의 감액사유에 해당된다고 볼 것인지 아닌지에 대하여 보다 분명한 판단을 내린 후, 그에 대한 개정법률의 소급적 적용의 필요성까지도 언급을 해 주었다고 한다면 입법자는 부칙규정에서 당해사건에 대한 소급적용규정을 마련하였을 것이며, 또한 당해사건 법원 역시 소급적으로 구제를 해 주었을 것인데, 그에 관한 헌법재판소의 입장이 불분명하였기 때문에 결과적으로 당해사건 당사자는 헌법불합치결정을 이끌어 내고도 최종적으로는 구제받지 못하고 패소하게 되는 결과를 맞게 되었다고 볼 수 있다.

과연 헌법재판소의 다수의견이 당해사건 당사자에 대한 소급적 적용을 배제하는 것이 헌법불합치결정의 명백한 취지였다면 이해가 갈 수 있을 것이나 그렇지 않은 결과가 나왔다고 한다면, 앞으로 헌법재판소가 당해사건에 대한 소급적용 여부의 문제에 대하여 보다 분명한 입장을 밝히는 관행을 세울 필요성이 있다고 생각된다.

2. 헌재 2009. 07. 30, 2008헌가1, 군인연금법 제33조 제1항 제1호 위헌제청 등

(1) 헌법불합치결정의 개요

한편 위 2005헌바33 사건과 유사하게 군인 또는 군인이었던 자가 복무 중의 사유로 금고 이상의 형을 받은 때에는 대통령령이 정하는 바에 의하여 퇴직급여 및 퇴직수당의 일부를 감액하여 지급하도록 한 군인연금법(1995. 12. 29. 법률 제5063호로 개정된 것) 제33조 제1항 제1호(이하 '이 사건 법률조항'이라 한다)가 헌법상 재산권 내지 평등권을 침해하는지 여부에 대한 심판에서 헌법재판소는 재판관 5인이 '전부 헌법불합치' 의견이고 재판관 1인이 '일부 단순위헌, 일부 헌법불합치' 의견인 경우 '헌법불합치' 주문을 냈으며, 주문에서 "1. 군인연금법(1995. 12. 29. 법률 제5063호로 개정된 것) 제33조 제1항 제1호는 헌법에 합치되지 아니한다. 2. 위 조항은 2009년 12월 31일을 시한으로 입법자가 개정할 때까지 그 효력을 지속한다"고 선고하였다.

헌법재판소의 계속적용을 명하는 헌법불합치결정을 내린 이유에 대하여 보면 다음과 같다.

> 『이상과 같은 이유로 이 사건 법률조항은 재산권 제한의 한계를 일탈하여 수단의 적합성, 침해의 최소성 및 법익균형성에 어긋나고 평등의 원칙에 위배되는 부분을 포함하고 있으므로 헌법에 위반된다고 아니할 수 없다. …
>
> 따라서 이 사건 법률조항에 대하여는 단순위헌결정을 하여 바로 그 효력을 상실시키는 것이 원칙이라고 할 것이지만, 이미 군인연금과 관련된 연간 국가예산 및 기금운용계획이 확정된 상태에서 이 사건 법률조항에 대한 단순위헌선언으로 그 효력을 즉시 상실시킬 경우에는 여러 가지 혼란과 부작용이 발생할 우려가 있다. 또한, 이미 복무 중의 사유로 금고 이상의 형을 받아 급여를 감액 당한 다른 군인과의 형평성도 고려하여야 한다.
>
> 그러므로 입법자는 죄의 종류와 내용을 묻지 않고 모든 복무 중의 사유로 금고 이상의 형을 받은 때에는 퇴직급여 등을 제한한다고 해서는 안 되고 퇴직급여 등까지를 제한해야 할 합리적이고 특별한 필요가 있는 경우로 그 사유를 한정하여 그 경우에만 퇴직급여 등을 제한함으로써 합헌적인 방향으로 법률을 개선하여야 하고 그때까지 일정 기간 동안은 위헌적인 법규정을 존속케 하고 또한, 잠정적으로 적용하게 할 필요가 있는 것이다.
>
> 그러나 앞에서 본 바와 같이 공무원 또는 공무원이었던 자에 대하여 이 사건 법률조항과 유사한 내용을 담고 있던 공무원연금법 제64조 제1항에 대한 헌법불합치결정(2005헌바33 결정)이 이미 있었다는 점과, 이 사건 법률조항의 위헌성을 고려할 때 입법자는 되도록 빠른 시일 내에, 늦어도 2009. 12. 31.까지 개선입법을 마련함으로써 이 사건 법률조항의 위헌적 상태를 제거하여야 할 것이다.』[9)]

이 사건에서 헌법재판소가 2009. 7. 30. 헌법불합치결정을 선고하면서도 그 해 말까지 비교적 짧은 시한만을 준 이유에 대해서는 헌재가 밝히고 있듯이 이미 국

9) 헌재 2009. 07. 30, 2008헌가1, 판례집 제21권 2집 상, 18, 32.

회가 전술한 공무원연금과 관련한 유사한 개정을 하였기 때문에 개정작업이 그다지 많은 시간을 요하지 않는다고 판단한 듯 하다.

(2) 국회의 반응

이 사건 헌법불합치결정에 따라 국회는 개정시한 내인 2009. 12. 31. 법률 제9904호에 의하여 군인연금법 제33조 제1항 제1호에 "(직무와 관련이 없는 과실로 인한 경우 및 소속 상관의 정당한 명령에 따르다가 과실로 인한 경우는 제외한다)"고 하는 단서규정을 삽입하였을 뿐이며, 부칙에서 특별히 당해사건에 대한 소급규정을 두고 있지 않고 있다. 이는 공무원연금법 제64조 제1항 제1호의 개정의 경우와 같다고 볼 수 있다.

개정시한은 준수하였지만, 과연 직무와 관련이 없는 과실만을 감액사유에서 제외하는 것이 헌법불합치결정의 취지였는지는 여전히 의문임에도 그와 같이 감액사유를 제한적으로만 제외하였다고 하는 문제가 있다.

(3) 법원의 반응

가. 서울고등법원 2007누7125 판결(2008헌가1)

2008헌가1 사건의 당해사건인 서울고등법원 2007누7125 사건 판결에서 서울고등법원은 2010. 2. 10. 제1심 판결을 취소하고 원고의 청구를 모두 기각하였다.

서울고등법원은 이 판결에서 헌법재판소의 위 헌법불합치결정을 언급하였으며, 또한 국회가 개정한 개정법률의 내용도 모두 언급한 후, 다음과 같이 기각 이유를 밝히고 있다.

> 『이 사건으로 돌아와 보건대, 군인연금법 부칙(제9904호, 2009. 12. 31.)이 개정된 군인연금법 제33조 제1항 제1호의 소급적용 여부와 소급적용의 범위에 대하여 규정하지는 아니하였지만, 가사, 개정된 군인연금법 제33조 제1항 제1호가 당해 사건인 본건에 소급적용된다고 하더라도, 원고가 범한 이 사건 각 범죄사실은 1996. 9. 14.부터 1999. 9. 16.까지 별지 제1목록 범죄일람표 기재와 같이 9차례에 걸쳐 피해자 김○순 또는 추○례에게 폭행 또는 상해를 가하였다는 것이어서, 개정된 군인연금법 제33조 제1항 제1호 소정의 "직무와 관련이 없는 과실로 인한 경우 및 소속 상관의 정당한 명령에 따르다가 과실로 인한 경우"에 해당한다고 보기 어려우므로, 피고가 구 군인연금법 제33조 제1항 제1호에 의하여 한 이 사건

처분이 위헌·위법이라고 볼 수 없다』는 것이다.

현재 원고가 상고하여 대법원에 사건 계류 중이다.

나. 서울행정법원 2008구합5841 판결과 서울고등법원 2009누3974 판결 (2009헌바21)

당해사건인 서울행정법원의 2008구합5841 판결은 헌법재판소의 헌법불합치결정이 선고되기 전인 2008. 12. 26. 서울행정법원이 문제된 법률조항이 합헌이라고 판단하고 청구에 대하여 각하 내지 기각하는 판결을 선고한 것이므로, 헌법불합치결정을 반영할 여지가 없었을 것이다.

그러므로 그에 대한 항소심인 서울고등법원의 2009누3974 판결이 2010. 7. 29. 선고되었으므로 그 판결에 대하여 살펴보도록 한다.

서울고등법원 역시 2010. 7. 29, 2009누3974 판결에서 헌법재판소의 헌법불합치결정과 그에 따라 개정된 군인연금법조항을 언급하면서,

> 『군인연금법 제33조 제1항 제1호의 소급적용 여부와 소급적용의 범위에 대하여 규정하고 있지 않다. 그러므로 군인연금법 제33조 제1항 제1호는 이 사건 각 처분에 적용될 여지가 없다 할 것이다. 그리고 위 판단과 달리하여 군인연금법 제33조 제1항 제1호가 위 헌법재판소 결정의 당해 사건인 이 사건에 소급 적용된다고 하더라도, 원고는 복무중인 2005. 11. 28.부터 그 다음 날까지 피해자 정시내를 감금하고 폭행하였다는 범죄사실로 징역 1년(집행유예 2년)의 형을 선고받았던 것이므로 군인연금법 제33조 제1항 제1호 소정의 "직무와 관련이 없는 과실로 인한 경우 및 소속상관의 정당한 명령에 따르다가 과실로 인한 경우"에 해당하지 않는다. 따라서 원고의 주장은 이유 없다.』

고 판시하고 있다.

(4) 평　　가

위 서울고등법원의 두 판결 모두 개정법률이 당해사건에 대한 소급적용에 관하여 언급이 없고, 또한 소급적용을 한다 하더라도 직무와 관련이 없는 과실로 인한 경우에 해당되지 않아 당해사건들은 개정법률의 적용대상이 될 수 없다고 하면서 원고청구를 기각하고 있다.

결국 원고들은 이 사건에서도 헌법불합치결정을 이끌어 내고도 당해사건에서 패소하는 결과를 얻게 된다.

헌법재판소가 과연 2008헌가1 사건에서 직무와 관련이 없는 경우를 감액사유에서 모두 제외하고자 하였던 것인지 여부가 확실하지 않았다고 할 수 있으며, 법원은 일단 불확실할 경우에는 개정된 법률의 내용대로 재판을 하는 것이 혹시 모를 오류를 피할 수 있다고 생각할 것이기 때문에, 당해사건 당사자에게 법률의 명문규정을 넘어서서 소급적용을 하기에는 무리가 있었을 것이라고 사료된다.

이 점과 관련하여 공무원이든 군인이든 퇴직연금 등의 감액사유에서 과연 직무와 관련이 없는 범죄를 저지른 경우를 모두 배제할 것인지 아니면 직무와 관련이 없는 과실로 인한 경우만을 배제할 것인지에 관하여 헌법재판소가 다시 한번 그 위헌여부에 대한 분명한 판단을 하지 않으면 안되게 되었다고 할 수 있으며, 또한 서울고등법원 2007누7125 사건은 상고심인 대법원에 계류중이므로 앞으로 대법원이 이에 대하여 어떻게 판결할 것인지를 두고 볼 일이다.

공무원이나 군인 등이 범죄를 범한 경우에 과연 유죄판결과 당연퇴직 등의 범죄에 상응하는 죗값 외에 추가적으로 그들이 납부하여 온 퇴직연금 등에 대하여 감액을 해도 되는 것인지 된다면 어떠한 범죄에 대하여 어느 범위 내에서 해야 할 것인지는 입법정책적인 판단이 요구되는 부분이기는 하나, 각 경우에 대해서 결국 당사자의 재산권이나 평등권에 대한 침해가 있는지 여부가 구체적·개별적으로 심사되어야 할 필요가 있다고 생각된다.

3. 헌재 2008. 09. 25, 2007헌가9, 학교용지 확보 등에 관한 특례법

(1) 헌법불합치결정의 개요

수분양자가 아닌 개발사업자를 부과대상으로 하는 '학교용지 확보 등에 관한 특례법'(2005. 3. 24. 법률 제7397호로 개정되고 2007. 12. 14. 법률 제8679호로 개정되기 전의 것, 이하 '특례법'이라 한다) 제5조 제4항에서 기존 학교건물을 증축하여 기부채납하는 경우를 부담금의 필요적 면제사유로 정하고 있지 아니한 것이 학교건물을 증축하여 기부채납한 자의 평등권을 침해하는지 여부에 대한 심판에서 헌법재판소는 이를 인정하고 특례법 제5조 제4항에 대하여 계속적용을 명하는 헌법불합치결정을 내렸다. 헌법재판소는 주문에서 "1. 구 '학교용지 확보 등에 관한 특례법'(2005. 3. 24. 법률 제7397호로 개정되고 2007. 12. 14. 법률 제8679호로 개정되기 전의 것) 제2조 제2호, 제5조 제1항 본문은 헌법에 위반되지 아니한다. 2. 구 '학교용지 확보 등에 관한 특례법'(2005. 3. 24. 법률 제7397호로 개정되고 2007. 12. 14. 법률 제8679호로 개정되기 전의 것) 제5조 제4항은 헌법에 합치되지 아니한다. 위 법률조항은 2009. 6. 30.을 시한으로 입법자가 개정할 때까지 계속 적용된다"고 선고하였다.

계속적용명령의 이유에 대하여 헌법재판소는 다음과 같이 판시하고 있다.

> 『법률이 헌법에 위반되는 경우, 헌법의 규범성을 보장하기 위하여 원칙적으로 그 법률에 대하여 위헌결정을 하여야 하는 것이지만, 위헌결정을 통하여 법률조항을 법질서에서 제거하는 것이 법적 공백이나 혼란을 초래할 우려가 있는 경우에는 위헌조항의 잠정적 적용을 명하는 헌법불합치결정을 할 수 있다.
>
> 이 사건에서 헌법재판소가 위헌결정 또는 단순한 헌법불합치결정만을 선고하여 위 부담금 면제조항의 효력을 당장 상실시킬 경우에는, 학교용지를 확보하여 기부채납하거나 학교신설의 수요를 발생시키지 아니한 개발사업자에게 학교용지부담금을 필요적으로 면제할 수 있는 근거규정까지 효력을 잃게 됨으로써 그 입법목적을 달성하기 어려운 법적 공백상태가 발생한다. 결국 위 부담금 면제조항의 효력을 당장 상실하게 하거나 적용을 중지하도록 하는 것이 위 조항의 잠정적용을 명하는 것보다 더 위헌적인 상황을 초래한다 할 것이므로, 입법자가 합헌적인 방향으로 법률을 개선할 때까지 위 조항을 존속하게 하여 이를 적용하게 할 필요가 있다고 판단된다.
>
> 따라서 입법자가 2009. 6. 30.을 시한으로 이 결정의 취지에 따라 '교육행정청과의 합의하에 기존 학교건물을 증축하여 기부채납한 자가 학교용지부담금을 면제받거나 혹은 부담금의 일정 금액을 공제받을 수 있는 방안'을 위 부담금 면제조항에 포함시켜 줌으로써 헌법에 합치되는 내용으로 이를 개정할 때까지, 위 부담금 면제조항의 효력은 학교용지부담금 면제의 근거규정이 되는 범위 내에서 잠정적으로 존속한다고 할 것이다.』[10)]

<u>결국 이 사건에서도 i) 법률조항이 합헌인 부분과 위헌인 부분을 모두 포함하고 있고, ii) 만일 위헌결정으로 즉시 효력을 상실시키거나 적용중지를 시킬 경우에는 합헌인 부분까지 적용할 수 없게 되어 법적 공백상태가 발생할 우려가 있</u>

10) 헌재 2008. 09. 25, 2007헌가9, 판례집 제20권 2집 상, 424, 441-442.

기 때문에 잠정적 적용을 명하는 헌법불합치결정을 내린다고 하면서 계속적용명령의 명확한 이유를 밝히고 있다. iii) 그러면서도 동 조항은 합헌인 부분이 계속적용되는 범위 내에서 잠정적으로 존속함을 강조하고 있다.

(2) 국회의 반응

국회는 헌법재판소가 설정한 개정시한 내인 2009. 5. 28. 법률 9743호로 특례법 제5조 제4항에 제4호를 다음과 같이 신설하였다.

"4. 개발사업시행자가 학교용지 또는 학교시설을 시·도 교육비특별회계 소관 공유재산으로 무상공급하는 경우"

그러나 국회는 이 규정의 소급적용에 대하여 부칙에 따로 규정을 두고 있지 아니하다.

(3) 법원의 반응

당해사건 법원인 서울행정법원은 2009. 8. 20. 2006구합24749 학교용지부담금부과처분취소 사건에서 처분의 근거법률에 대한 헌법불합치결정을 언급하고, 국회의 개정법률 내용과 소급적용규정이 없음을 확인한 후에, 그럼에도 불구하고 당해사건에 헌법불합치결정의 소급효가 미친다고 봄으로써 처분을 취소하고 원고의 청구를 인용하였다.

> 『그러나 이 사건의 경우에는 다음과 같은 이유로 개정법이 적용된다고 봄이 옳다. 즉, 어떠한 법률조항에 대하여 헌법재판소가 헌법불합치결정을 하여 입법자에게 그 법률조항을 합헌적으로 개정 또는 폐지하는 임무를 입법자의 형성 재량에 맡긴 이상, 그 개선입법의 소급적용 여부와 소급적용의 범위는 원칙적으로 입법자의 재량에 달린 것이기는 하지만, 구법 제5조 제4항에 대한 위 헌법불합치결정의 취지(위헌인 이유와 위헌결정이 아니라 불합치결정을 한 이유 등)와 위헌심판에서의 구체적 규범통제의 실효성 보장이라는 측면을 고려할 때, 적어도 위 헌법불합치결정을 하게 된 당해 사건인 이 사건에 대하여는 위 헌법불합치결정의 소급효가 미친다고 봄이 옳다. 따라서 비록 개정법 부칙에 따른 적용 범위에 이 사건이 포함되어 있지 않더라도 이 사건에 대하여는 종전의 법률조항을 그대로 적용할 수는 없고, 위헌성이 제거된 개정법의 규정이 적용되는 것으로 보아야 한다(대법원 2002. 4. 2. 선고 99다3358 판결 참조).』

(4) 평 가

헌법재판소가 계속적용을 명하는 헌법불합치결정을 하였음에도 불구하고, 그리고 국회가 개정법률의 소급적용에 관한 경과규정을 두지 않았음에도 불구하고, 당해사건 판결에서 법원이 개정법률을 소급적용시킨 것은 헌법재판소가 합헌인 부분의 적용에 한해서 잠정적으로 계속 적용하라고 하는 취지의 헌법불합치결정의 내용을 제대로 잘 고려한 결정이라고 판단된다.

국회 역시 당해사건 법원이 판결한 바와 같이 헌법재판소의 헌법불합치결정의 선고시점까지 개정법률을 소급적용하는 경과규정을 두는 것이 바람직했다고 사료된다.

이러한 관점에서 본다면, 적용중지를 명하는 헌법불합치결정의 경우와 계속적용을 명하는 헌법불합치결정의 경우 모두 개정법률의 소급적용의 필요성이 인정될 수 있기 때문에, 그러한 외형적 형식에 따라서 국회가 소급적용의 여부를 판단해서는 안될 것이라고 생각된다.

이러한 혼란을 피하기 위해서라도 소급적용 여부에 대해서는 헌법재판소가 명시적으로 밝혀 줄 필요성이 있다고 생각된다. 특히 합헌인 부분과 위헌인 부분이 혼재되어 있는 법률조항에 대하여 계속적용을 명한 경우에는 여전히 당해사건에 대해서 개정법률을 소급적용해 주는 것이 규범통제의 실효성을 확보해 줄 수 있는 방안이 될 것이라고 생각된다.

4. 헌재 2008. 11. 13, 2006헌바112, 구 종합부동산세법 제5조 등 위헌소원 등

(1) 헌법불합치결정의 개요

헌법재판소는 종합부동산세법 제5조 등 위헌소원심판에서 "구 종합부동산세법(2005. 1. 5. 법률 제7328호로 제정되고, 2005. 12. 31. 법률 제7836호로 개정되기 전의 것) 제7조 제1항, 제8조, 제9조 전단, 종합부동산세법(2005. 12. 31. 법률 제7836호로 개정된 것) 제7조 제1항 전문 중 괄호 부분을 제외한 부분, 제8조 제1항, 제9조 제1항·제2항은 헌법에 합치되지 아니한다. 위 각 법률조항은 2009. 12. 31.을 시한으로 입법자가 개정할 때까지 계속 적용된다"고 하면서 계속적용을 명하는 헌법불합치결정을 선고하였다.

헌법재판소는 잠정적인 계속적용명령의 이유를 다음과 같이 밝히고 있다.

『(1) 이 사건 세대별 합산규정은 혼인과 가족생활의 보장에 관한 헌법 제36조 제1항에 위반되고, 이 사건 주택분 종합부동산세 부과규정은 종합부동산세의 납세의무자 중 적어도 주거 목적으로 한 채의 주택만을 보유하고 있는 자로서, 그 중에서도 특히 일정한 기간 이상 이를 보유하거나 또는 그 보유기간이 이에 미치지 않는다 하더라도 과세 대상 주택 이외에 별다른 재산이나 수입이 없어 조세지불 능력이 낮거나 사실상 거의 없는 자 등에 대하여 그들의 헌법상 기본권인 재산권을 침해하여 위헌임을 면할 수 없다 할 것이나, 다만 다음에서 보는 바와 같이 이 사건 주택분 종합부동산세 부과규정에 대하여는 이 사건 세대별 합산규정과는 달리 단순위헌의 결정을 하는 것은 적절치 아니하다고 할 것이다.

(2) 법률이 헌법에 위반되는 경우 헌법의 규범력을 보장하기 위하여 원칙적으로 그 법률에 대하여 위헌 결정을 하여야 하지만, 위헌결정을 통하여 법률조항을 법질서에서 제거하는 것이 법적 공백과 그로 인한 혼란을 초래할 우려가 있는 경우에는 위헌조항의 잠정적 적용을 명하는 헌법불합치결정을 할 수도 있는 것이다.

즉 위헌적인 법률조항을 잠정적으로 적용하는 상태가 위헌 결정으로 말미암아 발생하는 법적 규율이 없는 상태보다 오히려 헌법적으로 더욱 바람직하다고 판단되는 경우에는, 헌법재판소는 법적 안정성의 관점에서 법치국가적으로 용인하기 어려운 법적 공백과 그로 인한 혼란을 방지하기 위하여 입법자가 합헌적인 방향으로 법률을 개선할 때까지 일정기간 동안 위헌적인 법규정을 존속케 하고 또한 잠정적으로 적용하게 할 필요가 있는 것이다(헌재 2007. 6. 28. 2004헌마644등, 판례집 19-1, 859, 886).

만약 이 사건 주택분 종합부동산세 부과규정을 단순위헌으로 선언하여 즉시 효력을 상실하게 할 경우에는, 단순위헌의 선언에도 불구하고 인별 합산규정에 따라 종합부동산세를 부과할 수 있는 이 사건 세대별 합산규정의 경우와는 달리, 주택분에 대한 종합부동산세를 전혀 부과할 수 없게 되는 등 법적인 공백 상태를 초래하게 되고, 이는 앞서 본 바와 같은 자 등에 대하여 납세의무자의 예외를 두거나 과세표준 또는 세율을 조정하여 납세의무를 감면하는 등의 일체의 과세 예외조항이나 조정장치를 두지 않은 채 일률적으로 주택분 종합부동산세를 부과하는 것이 그와 같은 종합부동산세 납세의무자의 재산권을 침해한다는 이 사건 위헌 결정의 취지와 달리 모든 주택분 종합부동산세 납세의무자에 대해서까지 주택분 종합부동산세를 부과하지 못하게 하는 부당한 결과에 이르게 될 뿐만 아니라, 조세수입을 감소시키고 국가재정에 상당한 영향을 줌으로써, 일부 위헌적인 요소가 있는 이 사건 주택분 종합부동산세 부과규정을 존속시킬 때보다 단순위헌의 결정으로 인하여 더욱 헌법적 질서와 멀어지는 법적 상태가 초래될 우려가 있다.

또한 종합부동산세 납세의무자의 재산권 침해를 방지하기 위하여 앞서 본 자 등에 대하여 과세의 예외조항이나 조정장치가 헌법적으로 요청된다 하더라도 이와 같이 위헌적인 규정을 구체적으로 어떠한 내용으로 합헌적으로 조정할 것인지는 원칙적으로 입법자의 형성재량에 속하고, 특히 일률적·장기적으로 다수의 국민을 대상으로 하는 세법규정에 있어서는 입법자로 하여금 정책적 판단을 숙고할 수 있는 여유를 주어 충분한 사회적인 합의를 거쳐 위헌적인 문제점을 해결하도록 함이 상당하다 할 것이다(헌재 2001. 6. 28. 99헌바54, 판례집 13-1, 1271, 1300-1301 참조).

(3) 따라서 이 사건 주택분 종합부동산세 부과규정에 대하여는 헌법불합치결정을 선고하되, 다만 입법자의 개선입법이 있을 때까지 계속 적용을 명하기로 한다.

입법자는 가능한 한 빠른 시일 내에 이와 같은 결정의 취지에 맞추어 개선입법을 해야 할 의무가 있다 할 것이고, 늦어도 2009. 12. 31.까지 개선입법을 이행하여야 하며, 그때까지 개선입법이 이루어지지 않으면 이 사건 주택분 종합부동산세 부과규정은 2010. 1. 1.부터 그 효력을 상실하게 된다.』[11]

(2) 국회의 반응

우선 국회는 2008. 12. 26. 법률 제9273호로 종합부동산세법을 헌법재판소의 헌법불합치결정의 취지를 반영하여 개정하였다.

<u>제7조 제1항 중 "6억원(개인의 경우 세대별로 합산한 금액을 말하며, 이하 "주택분 과세기준금액"이라 한다)"을 "6억원"으로 하고</u>, 같은 항 후단을 삭제하며, 같은 조 제2항 및 제3항을 각각 삭제하였다.

제8조 제1항 본문 중 <u>"공시가격을 합산한 금액"을 "공시가격을 합산한 금액</u>

11) 헌재 2008. 11. 13, 2006헌바112, 판례집 제20권 2집 하, 1, 75-77.

[과세기준일 현재 세대원 중 1인이 해당 주택을 단독으로 소유한 경우로서 대통령령으로 정하는 1세대 1주택자(이하 "1세대 1주택자"라 한다)의 경우에는 그 합산한 금액에서 3억원을 공제한 금액]"으로, "공제한"을 "공제한 금액에 부동산 시장의 동향과 재정 여건 등을 고려하여 100분의 60부터 100분의 100까지의 범위에서 대통령령으로 정하는 공정시장가액비율을 곱한"으로 하고, 같은 조 제2항 제2호 중 "미분양주택"을 "미분양주택, 가정보육시설용 주택, 「수도권정비계획법」 제2조 제1호에 따른 수도권 외 지역에 소재하는 1주택"으로 하였으며, 같은 호에 후단을 다음과 같이 신설하였다.

이 경우 수도권 외 지역에 소재하는 1주택의 경우에는 2009년 1월 1일부터 2011년 12월 31일까지의 기간 중 납세의무가 성립하는 분에 한한다.

제9조 제1항을 다음과 같이 하고, 같은 조 제2항을 삭제하였다.

① 주택에 대한 종합부동산세는 과세표준에 다음의 세율을 적용하여 계산한 금액을 그 세액(이하 "주택분 종합부동산세액"이라 한다)으로 한다.

<과세표준>	<세 율>
6억원 이하	1천분의 5
6억원 초과 12억원 이하	300만원+(6억원을 초과하는 금액의 1천분의 7.5)
12억원 초과 50억원 이하	750만원+(12억원을 초과하는 금액의 1천분의 10)
50억원 초과 94억원 이하	4천550만원+(50억원을 초과하는 금액의 1천분의 15)
94억원 초과	1억1천150만원+(94억원을 초과하는 금액의 1천분의 20)

요컨대 국회는 헌재의 결정취지에 따라 주택분 및 종합합산대상 토지 종합부동산세 과세방식을 세대별 합산에서 개인별 합산으로 변경하였으며, 주택분 종합부동산세의 과세기준금액을 주택의 경우 개인별 6억원으로 유지하되 1세대 1주택자에 대해서는 3억원을 기초공제하고, 종합합산과세대상인 토지의 경우 3억원에서 5억원으로, 별도합산과세대상인 토지의 경우 40억원에서 80억원으로 각각 상향 조정하였다. 그리고 과거 종합부동산세는 매년 세율별 과세표준에 대한 적용비율이 단계적으로 인상되도록 되어 있어 적정수준의 세부담이 되도록 탄력적으로 조정하는데 어려움이 있었기 때문에, 종합부동산세 과세표준을 공시가격의 100분의 60부터 100분의 100까지의 범위에서 대통령령으로 정하는 공정시장가액비율에 의하여 산정하도록 함으로써, 부동산가격 변동에 따른 세부담의 적정성이 반영될 수 있게 하였다.

다만 부칙 제1조에서 이 법은 공포한 날부터 시행한다고 하고, 제2조에서 이 법은 이 법 시행 후 최초로 납세의무가 성립하는 분부터 적용한다고 함으로써 당해사건에 대한 소급적용에 대한 규정은 두지 않았다.

(3) 법원의 반응

(가) 서울행정법원 2006구합30546 판결 · 서울고등법원 2007누16204 판결 · 대법원 2010두6250 판결(2007헌바71)

당해사건인 서울행정법원 2006구합30546 종합부동산세등과세처분취소 사건은 서울행정법원에 의하여 2007. 6. 8. 기각되었고, 항소심인 서울고등법원 2007누16204 종합부동산세등과세처분취소 사건은 헌법재판소의 헌법불합치결정이 선고된 후인 2010. 3. 17. 항소기각되었다. 상고(대법원 2010두6250 판결) 역시 심리불속행으로 기각되었다.

항소심에서 원고는 잠정적인 계속적용명령이 무효이며 가사 그러한 헌법불합치결정이 유효하다 하더라도 그것은 위헌결정의 일종으로서 위헌결정의 소급효가 당해사건에 소급적용되어야 한다고 하면서 개정법률의 소급적용을 주장하고 있다.

이에 대하여 항소심은 다음과 같은 이유로 처분의 효력을 그대로 유지함이 상당하다고 판결하고 있다.

> 『살피건대, ①주택분 종합부동산세 부과규정에 일부 위헌적인 요소가 있더라도 이를 존속시킬 때보다 단순위헌결정으로 인한 법적 혼란을 방지할 필요가 있는 점, 입법기관인 국회의 권위를 존중하고 국민대표기관으로서의 본질적 기능을 보장하기 위해서 법률의 개폐는 원칙적으로 국회의 입법형성권에 의해 이루어지는 것이 바람직하다는 점, 복잡 다양한 사회현상, 헌법상황에 비추어 볼 때 헌법재판은 심사대상 법률의 위헌 또는 합헌이라는 양자택일적인 판단만을 능사로 할 수 없어 헌법재판소의 유연하고 신축성있는 적절한 판단이 요청되기도 하는 점 등을 고려할 때 헌법재판소가 위헌인 법률에 대하여 헌법불합치결정을 하면서 입법자로 하여금 합헌적으로 법을 개정할 수 있도록 잠정적으로 적용을 명하는 결정이 허용되지 않는다고 볼 것은 아니고, ②위 ①항에서 본 이 사건 헌법불합치결정의 취지 및 위 결정에 따라 개정된 종합부동산세법(2008. 12. 26. 법률 제9273호로 개정된 것) 부칙 제1조는 '이 법은 공포한 날부터 시행한다'고, 제2조는 '이 법은 이 법 시행 후 최초로 납세의무가 성립하는 분

부터 적용한다'고 각 규정하고 있는 점 등에 비추어 보면, 개정 전 규정을 적용하여 한 이 사건 처분의 효력을 그대로 유지함이 상당하다(대법원 2009. 1. 15. 선고 2008두15596 판결 참조).』

대체로 개정법률의 소급적용의 필요성 여부에 대하여 별로 심사하지 않고서 개정법률이 경과규정을 두지 않은 것을 근거로 소급적용의 필요성을 바로 부인한 것으로 보인다. 이러한 태도는 규범통제의 실효성확보를 위해서 비록 개정법률이 소급적용을 위한 경과규정을 두지 않은 경우에도 당해사건에 개정법률을 적용시켜 준 다른 사건의 경우를 고려해 볼 때, 다소 문제가 있는 판결태도 아닌가 생각된다.

(나) 서울행정법원 2007구합13449 판결 · 서울고등법원 2007누23899 판결(2007헌바94)

당해사건인 서울행정법원 2007구합13449 거부처분취소 사건은 2007. 8. 28. 모두 기각되었으며, 항소심인 서울고등법원 2007누23899 거부처분취소 사건은 헌법불합치결정이 선고된 후인 2009. 2. 12. 항소기각되었다.

항소심은 판결이유에서 『이 법원이 이 사건에 관하여 설시할 이유는 제1심 판결의 이유 부분 기재와 같으므로 행정소송법 제8조 제2항, 민사소송법 제420조 본문에 의하여 이를 그대로 인용한다. 그렇다면, 제1심 판결은 정당하므로 원고들의 항소는 이유 없어 이를 기각하기로 하여 주문과 같이 판결한다.』고 하면서 마치 헌법불합치결정이나 개정법률이 존재하지도 않았었다는 듯이 이에 대하여 아무런 언급조차 하지 않고서 헌법불합치결정이 이루어지기 전에 선고된 제1심법원 판결을 그대로 인정하고 있다.

(다) 부산지방법원 2007구합2082 판결 · 부산고등법원 2008누1849 판결 · 대법원 2009두1730 판결(2008헌바62)

당해사건인 부산지방법원 2007구합2082 종합부동산세경정거부처분취소 사건은 2008. 4. 24. 청구기각되었으며, 항소심인 부산고등법원 2008누1849 종합부동산세경정거부처분취소 사건 역시 헌법불합치결정이 선고된 후인 2008. 12. 19. 선고되었음에도 불구하고 헌법불합치결정이나 개정법률의 소급적용 필요성 여부에 대하여 아무런 언급이 없이 1심 판결의 이유와 결론을 그대로 인정함으로써 항소를 기각하였으며, 상고심인 대법원 2009두1730 종합부동산세경정거부처분취소 사건은 심리불속행으로 상고기각되어 확정되었다.

(4) 평 가

(가)항에서 언급한 당해사건 외에는 헌법불합치결정이나 개정법률의 소급적

용 필요성 여부에 대하여 별다른 언급을 하지 않고서 제1심 판결의 이유와 결론을 그대로 인용하여 청구를 기각하고 있는데, 이는 올바른 태도라고 보기 힘들다.

그리고 2007헌바71 사건의 당해사건인 서울행정법원 2006구합30546 사건의 원고는 1세대 1주택 소유자로서, 헌법불합치결정된 심판대상 법률조항을 근거로 종합부동산세를 납부할 의무를 졌던 자였다. 그리고 헌법재판소의 헌법불합치결정에 따라 입법자가 종합부동산세법 제8조 제1항 본문 중 "공시가격을 합산한 금액"을 "공시가격을 합산한 금액[과세기준일 현재 세대원 중 1인이 해당 주택을 단독으로 소유한 경우로서 대통령령으로 정하는 1세대 1주택자(이하 "1세대 1주택자"라 한다)의 경우에는 그 합산한 금액에서 3억원을 공제한 금액]"으로 개정하여 1세대 1주택자에 대하여 세액공제의 혜택을 부여하였다. 그렇다면 개정법률이 비록 공포와 동시에 효력을 발하는 것으로 하고 소급적용에 관한 규정은 두지 않았으나, 이 사건의 당사자와 같이 1세대 1주택자에게 과도하게 종합부동산세를 과세하는 것은 그의 재산권을 과도하게 침해하는 것이라고 하는 취지의 헌법불합치결정이 선고된 것이며, 정당한 과세대상자들에 대한 과세의 법적 근거까지 상실하게 하는 것을 방지하기 위하여 위헌결정을 피하고 입법자가 개정할 때까지 잠정적으로 계속 적용하도록 명하였던 것이므로, 위헌성이 제거된 개정법률은 당해사건 당사자에게 소급적으로 적용해 줄 필요성이 있었다고 생각된다.

나머지 당해사건 당사자들의 경우에는 헌법재판소가 위헌으로 판단한 세대별 합산과세이거나 1세대 1주택자의 경우에 해당되지 않으므로, 청구를 기각하였다 하더라도 크게 문제될 것이 없다고 생각된다.

2007헌바88 사건의 당해사건 서울행정법원 2007구합9082 판결의 당사자 역시 1세대 1주택 소유자로 보이나, 그는 항소심에서 항소를 취하하여 1심이 그대로 확정되었다.

5. 헌재 2009. 12. 29, 2008헌가13, 형사소송법 제482조 제1항 등 위헌제청 등

(1) 헌법불합치결정의 개요

헌법재판소는 2009. 12. 29. 상소제기 후의 미결구금일수 산입을 규정하면서 상소제기 후 상소취하시까지의 구금일수 통산에 관하여는 규정하지 아니함으로써 이를 본형 산입의 대상에서 제외되도록 한 형사소송법 제482조 제1항(2007. 6. 1. 법률 제8496호로 개정된 것) 및 형사소송법 제482조 제2항(2004. 10. 16. 법률 제7225호로 개정된 것)(이하 '이 사건법률조항들'이라 한다)이 신체의 자유를 지나치게 제한함으로써 헌법에 위반되는지 여부에 대하여 심판하면서 이를 인정하고 입법자가 개정할 때까지 계속 적용을 명하는 헌법불합치결정을 선고 하였다.

잠정적인 계속적용명령의 이유를 다음과 같이 밝히고 있다.

> 『이상과 같이 이 사건 법률조항들은 헌법에 위반되므로 원칙적으로 위헌결정을 하여야 할 것이나, 이 사건 법률조항들의 위헌성은 '그 조항들에서 규정하고 있는 사유가 있는 경우에 이를 법정통산하는 것' 자체에 있는 것이 아니라, 그 조항들이 '상소제기 후 상소취하시까지의 미결구금'을 법정통산의 적용대상으로 규정하지 아니한 불충분한 입법(부진정입법부작위)에 있는 것이다. 따라서 입법자는 이러한 위헌성을 제거하기 위하여 이 사건 법률조항들을 개정하여 상소제기 후 상소취하한 경우의 미결구금도 법정통산되도록 법정통산의 사유를 추가해야 할 것이다(이 사건 법률조항들과 형법 제57조 제1항 및 '소송촉진 등에 관한 특례법' 제24조 전부를 개정대상으로 놓고 재판이 확정되기 전까지의 모든 구금기간을 전부 형기에 산입될 수 있도록 적절한 형태로 개정할 수도 있을 것이다).
>
> 한편 위헌결정으로 이 사건 법률조항들의 효력을 즉시 상실시키거나 그 적용을 중지할 경우에는 상소의 취하와 관련이 없는 일반 형사사건에 적용할 법정통산의 근거조항마저 없어지게 되어 법적 안정성의 관점에서 용인하기 어려운 법적 공백이 생기게 된다(헌재 2000. 7. 20. 99헌가7, 판례집 12-2, 17, 31 참조). 따라서 입법자가 합헌적인 내용으로 법률을 개정할 때까지 이 사건 법률조항들을 계속 존속하게 하여 적용되도록 할 필요가 있다.
>
> 입법자는 이 결정에서 밝힌 위헌이유에 맞추어 조속한 시일 내에 이 사건 법률조항들을 합헌적인 내용으로 개정하여야 할 입법의무가 있으며, 그때까지 이 사건 법률조항들은 계속 존속하여 적용된다.』

<u>헌법재판소는 이 사건 법률조항의 불충분성(부진정 입법부작위)의 위헌성을 지적하면서 이를 그대로 위헌결정하여 효력을 상실시킬 경우 더 이상 적용할 법적 근거가 상실됨을 밝히면서 입법자가 개정할 때까지 잠정적으로 계속적용할 필요가 있다고 보고 있다.</u>

(2) 국회의 반응

헌법재판소는 개정시한을 설정하지는 않았는데, 그로 인해서인지 국회는 아직까지 개정하지 않았다.

현재 헌법재판소 결정의 취지에 따라 상소심 형사소송 절차에서 발생할 수 있는 미결구금일수를 일괄적으로 본형에 산입할 수 있도록 하는 근거규정(안 제482조 제1항)을 마련하기 위하여 형사소송법일부개정법률안(박준선 의원 대표발의)[12]이 현재 국회에 올라와 있다.

(3) 법원의 반응

당해사건인 광주지방법원 2008초기309 재판의 집행에 관한 이의 사건에서 광주지방법원은 광주지방검찰청 검사가 2008. 2. 28. 피고인에 대하여 한 형집행지취처분을 취소하였다.

이 판결에서 광주지방법원은 헌법재판소의 헌법불합치결정과 그리고 이에 따른 법개정이 되지 않고 있음을 언급하고 있다.

그러면서도

> 『상소제기 후 상소취하한 때까지의 구금 또한 피고인의 신체의 자유를 박탈하고 있다는 점에서 실질적으로 자유형의 집행과 다를 바 없으므로 상소제기기간 중의 판결확정 전 구금과 구별하여 취급할 아무런 이유가 없고, 따라서 상소제기 후 상소취하한 때까지의 구금일수에 관하여는 형사소송법 제482조 제2항을 유추적용하여 그 전부를 본형에 산입하여야 한다고 봄이 상당하다. 따라서 피고인의 항소제기기간 이후부터 항소를 취하할 때까지의 미결구금일수를 본형에 산입하지 아니한 검사의 이 사건 형집행지취처분은 위법하므로 이를 취소한다.』

고 판시하였다.

(4) 평　　가

광주지방법원 2008초기309 판결의 경우 아직까지 국회가 법률을 개정하지 않고 있음에도 불구하고 헌법불합치결정의 취지를 반영하여 적극적으로 미결구금일

12) 2010. 9. 13. 발의. 의안번호 9332.

수를 본형에 산입하도록 한 매우 의미있는 판결이었다고 평가된다.

6. 헌재 2010. 07. 29, 2009헌가8, 민법 제818조 위헌제청

(1) 헌법불합치결정의 개요

헌법재판소는 2010. 7. 29. 중혼의 취소청구권자를 규정하면서 직계비속을 제외한 민법 제818조(2005. 3. 31. 법률 제7427호로 개정된 것, 이하 '이 사건 법률조항'이라 한다)가 평등원칙에 반하는지 여부에 대한 심판에서 이를 인정하면서 위 법률조항을 2011. 12. 31.을 시한으로 입법자가 개정할 때까지 계속 적용할 것을 명하는 헌법불합치결정을 내렸다,

계속적용명령의 이유에 대하여 다음과 같이 밝히고 있다.

『이 사건 법률조항은 평등의 원칙을 위반하여 헌법에 위반되므로 위헌결정을 하여야 할 것이다. 그러나 이에 대하여 위헌결정을 하여 당장 그 효력을 상실시킬 경우에는 이 사건 법률조항에서 정한 취소청구권자들 역시 중혼의 취소청구를 할 수 없게 되는 법적 공백상태가 발생할 수 있다. 그리고 위헌적인 규정을 합헌적으로 조정하는 임무는 원칙적으로 입법자의 형성재량에 속하는 사항이라고 할 것인데, 이 사건 법률조항의 위헌성을 어떤 방법으로 제거하여 새로운 입법을 할 것인가에 관하여는 여러 가지 방안이 있을 수 있다. 예컨대, 앞서 살펴본 바와 같이 직계비속을 이 사건 법률조항에 포함하는 방식도 있을 수 있고, 중혼의 취소청구권자의 범위를 평등원칙에 반하지 않게 더 좁히는 입법방식 등도 있을 수 있을 것이다. 그 중에서 어떤 방안을 채택할 것인가는 입법자가 중혼의 위법성, 실질적 이해관계인들의 중혼의 취소청구의 가능성 등 여러 가지 사정을 고려하여 입법정책적으로 결정할 사항이라고 할 것이다.

이러한 사정들을 감안한다면 이 사건 법률조항은 헌법에 합치되지 아니하나 입법개선시까지 잠정적으로 적용하는 것이 바람직하다고 할 것이며, 입법자는 되도록 빠른 시일 내에, 늦어도 2011. 12. 31.까지는 새 입법을 함으로써 이 사건 법률조항의 위헌적 상태를 제거하도록 함이 상당하다.』[13)]

---

13) 헌재 2010 .07. 29, 2009헌가8, 판례집 제22권 2집 상, 113, 119.

(2) 국회의 반응

국회는 아직 이 사건 법률조항을 개정하지 않고 있는데, 현재 직계비속을 포함하기로 하는 이혜훈 의원이 대표발의[14]한 개정안이 제출되어 있는 상태이다.

그리고 정부가 제출한 개정안 제818조(중혼의 취소청구권자)는 당사자 및 그 배우자, 직계혈족, 4촌 이내의 방계혈족 또는 검사는 제810조를 위반한 혼인의 취소를 청구할 수 있다고 규정하고 있으며, 현재 동일 제명의 다른 법률안들과 병합하여 처리될 예정이다.[15]

(3) 법원의 반응

당해사건법원인 서울가정법원은 2010. 10. 29. 2009드단14527 혼인의 취소 사건에서 다음과 같은 이유로 소를 각하하였다.

> 『그런데 위와 같은 헌법불합치결정은 당해 조항의 위헌성이 제거된 개정법률이 시행되기 이전까지는 종전 법률을 그대로 잠정 적용하는 것을 허용하는 취지의 결정이라고 이해할 수밖에 없고, 그것이 당해 사건이라고 하여 달리 취급하여야 할 이유가 없으므로(대법원 1998. 9. 4. 선고 97누19687 판결) 당해 사건인 이 사건에 대해서도 종전의 법률이 적용된다고 할 것이다{원문 각주: 더구나 이 사건 결정의 취지는 취소권자로서 직계존속과 4촌 이내의 방계혈족을 규정하면서 직계비속을 제외한 것이 헌법에 합치되지 않는다는 취지이므로, 입법권자가 그 취소권자로서 직계존속과 4촌 이내의 방계혈족 및 직계비속 모두를 취소권자에서 제외할지 아니면 직계비속만을 추가하는 형식의 입법방식을 취할지는 알 수 없다. 이와 관련하여 이 사건 결정 당시 "민법 제818조 중 '직계존속, 4촌 이내의 방계혈족'을 중혼취소청구권자로 규정한 부분은 중혼당사자의 혼인관계상의 권리와 혼인 관계에 대한 자기결정권을 부당하게 침해하는 것으로서 헌법에 위반된다고 보아야 하고, 따라서 민법 제818조가 직계비속을 중혼취소청구권자로 규정하지 아니한 것이 위헌이라고 선언해서는 안된다"는 내용의 반대의견(재판관 조대현)도 있었다.}
>
> 따라서 이 사건에 대하여는 현행 민법 제818조가 적용되고 직계비속은

14) 2010. 8. 3. 발의.

15) 국회법제실, 위헌관련 법률의 현황과 대응, 2011. 5, 87면.

취소청구권자에서 제외되므로, 원고는 당사자적격이 결여되어 이 사건 소는 부적법하다고 할 것이다.』

(4) 평 가

이 사건 판결에서 서울가정법원은 잠정적인 계속적용명령에 대하여 위헌규정을 계속적용하라고 하는 취지로 이해하고 있는데 그것은 헌재의 계속적용명령의 취지를 오해한 것이 아닌가 생각된다. 왜냐하면 직계비속에 대하여 중혼취소권을 부여하지 않은 것이 위헌이라고 하는 취지였으며, 계속적용을 명한 이유는 다른 취소권자들의 경우 취소의 법적 근거가 상실되지 않도록 하기 위한 것이었다고 볼 수 있기 때문이다. 따라서 직계비속이 중혼취소를 행사할 수 있도록 하는 경과조치가 필요했다고 생각된다.

다만 서울가정법원은 이 사건판결에서 민족분단의 비극이라고 하는 특수성을 고려하여, "민족의 비극으로 인하여 장기간 실제로 공동생활을 하여 온 제2혼인을 취소하는 것은 제2혼인의 당사자 및 그 친족의 가정생활에 중대한 영향을 미치고 오히려 사회질서에 반할 여지가 있는 점을 고려하여 이 제2혼인의 취소를 구하는 것은 권리남용에 해당된다"고 판단하였던바, 구체적인 사건에서 이러한 이유는 별론으로 할 수 있을 것이다.

7. 헌재 2010. 06. 24, 군인연금법 제23조 제1항 위헌소원

(1) 헌법불합치결정의 개요

헌법재판소는 2010. 6. 24. 공무상 질병 또는 부상으로 '퇴직 이후에 폐질상태가 확정된 군인'에 대해서 상이연금 지급에 관한 규정을 두지 아니한 군인연금법(2000. 12. 30. 법률 제6327호로 개정된 것) 제23조 제1항(이하 '이 사건 법률조항'이라 한다)이 평등의 원칙에 위배되어 헌법에 위반되는지 여부에 대한 심판에서 이를 인정하고 위 법률조항을 2011. 6. 30.을 시한으로 입법자가 개정할 때까지 계속 적용할 것을 명하는 헌법불합치결정을 내렸다.

계속적용명령의 이유는 다음과 같다.

『(1) 이 사건 법률조항은 앞서 본 바와 같이 평등의 원칙에 위배되거나 청구인의 평등권을 침해하여 헌법에 위반됨을 면할 수 없을 것이나, 다만 다음에서 보는 바와 같이 이 사건 법률조항에 대해 단순위헌의 결정을 하는 것은 적절하지 않다고 할 것이다.

(2) 법률이 헌법에 위반되는 경우 헌법의 규범력을 보장하기 위하여 원칙적으로 그 법률에 대하여 위헌 결정을 하여야 하지만, 위헌 결정을 통하여 법률조항을 법질서에서 제거하는 것이 법적 공백과 그로 인한 혼란을 초래할 우려가 있는 경우에는 위헌 조항의 잠정적 적용을 명하는 헌법불합치결정을 할 수도 있는 것이다.

즉, 위헌적인 법률조항을 잠정적으로 적용하는 상태가 위헌 결정으로 말미암아 발생하는 법적 규율이 없는 상태보다 오히려 헌법적으로 더욱 바람직하다고 판단되는 경우에는, 헌법재판소는 법적 안정성의 관점에서 법치국가적으로 용인하기 어려운 법적 공백과 그로 인한 혼란을 방지하기 위하여 입법자가 합헌적인 방향으로 법률을 개선할 때까지 일정기간 동안 위헌적인 법규정을 존속케 하고 또한 잠정적으로 적용하게 할 필요가 있는 것이다(헌재 2008. 11. 13, 2006헌바112, 판례집 20-2하, 1, 75; 헌재 2007. 6. 28, 2004헌마644 등, 판례집 19-1, 859, 886 등 참조).

만약 이 사건 법률조항을 단순위헌으로 선언하여 즉시 그 효력을 상실하게 하는 경우에는, 이미 군인연금과 관련된 연간 국가예산 및 기금운용계획이 확정된 상태에서 군복무 중 이미 폐질상태가 확정되어 퇴직한 군인에 대한 상이연금 지급의 근거 규정마저 없어지는 등 법적 공백 상태와 부작용이 초래될 우려가 있다.

또한 퇴직 후 폐질상태가 확정된 군인에 대해서도 상이연금수급권이 인정되어야 한다는 것이 헌법적 요청이라고 하더라도 그 상이연금수급권의 요건 및 수준을 결정하는 것은 종국적으로 군인연금 기금의 재정 상태와 수급 구조, 경제 상황 등을 고려하여 입법자가 결정해야 할 사항이며, 나아가 입법자가 위와 같은 결정을 함에 있어 충분한 사회적 합의를 거쳐 이 사건 법률조항의 위헌적인 문제점을 제거하고 동시에 군인연금법상의 관련 규정도 함께 정비하는 것이 요청된다고 할 것인데, 이를 위해서는 입법자로 하여금 위와 같은 정책적 판단을 숙고하고 바람직한 개선입법의 방향에 관하여 논의할 수 있는 시간적 여유를 가지게 할 필요가 있다고 할 것이다.

(3) 따라서 이 사건 법률조항에 대하여 헌법불합치결정을 선고하되, 다만 입법자의 개선입법이 있을 때까지 계속 적용을 명하기로 한다.

입법자는 가능한 한 빠른 시일 내에 이와 같은 결정의 취지에 맞추어 개선입법을 해야 할 의무가 있다 할 것이고, 늦어도 2011. 6. 30.까지 개선입법을 이행하여야 하며, 그때까지 개선입법이 이루어지지 않으면 이 사건 법률조항은 2011. 7. 1.부터 그 효력을 상실하게 된다.』[16)]

결국 이 사건에서는 i) 퇴직후 폐질상태가 확정된 군인을 포함시키지 아니한 입법의 불완전성 내지는 불충분성(부진정 입법부작위)이 위헌이라고 하는 취지이며, ii) 이 사건 법률조항을 위헌결정하여 즉시 효력을 상실시키게 되면 합헌적인 경우에까지 적용할 법적 근거가 사라지게 되는 문제가 발생하기 때문에 입법자가 개정할 때까지 잠정적으로 계속 적용하라고 하는 취지이다.

(2) 국회의 반응

국회는 입법시한 내인 2011. 5. 19. 법률 10649호로 군인연금법 제23조 제1항 각 호 외의 부분 중 "퇴직한 때에는 그때부터"를 "퇴직한 때 또는 퇴직 후에 그 질병 또는 부상으로 인하여 폐질상태로 된 때에는 그때부터"로 개정하였다.

그리고 부칙에서는 이 법은 공포한 날부터 시행한다고 할 뿐, 소급적용에 대한 경과규정을 두지 않았다.

(3) 법원의 반응

당해사건인 서울고등법원 2008누11732 상이연금지급거부처분취소 사건은 2008. 9. 24. 항소기각되었다. 이에 대한 상고심에서 대법원은 2011. 9. 29, 2008두18885 상이연금지급거부처분취소 사건에서 원심판결을 파기하고 사건을 서울고등법원에 환송하였으며 현재 계류중이다(2011누34148).

<u>대법원은 헌법재판소의 계속적용을 명하는 헌법불합치결정에도 불구하고 이것이 구법 조항에 의한 불합리한 차별을 개선입법 시행시까지 계속 유지할 근거로는 보이지 않는다고 함으로써, 헌법재판소의 계속적용명령의 취지를 제대로 이해하고, 원심판결을 파기하였다고 생각</u>되는데 그 이유를 보면 다음과 같다.

『이 사건 헌법불합치결정에 나타난 구법 조항의 위헌성, 구법 조항에 대한 헌법불합치결정 및 잠정적용의 이유 등에 의하면, 헌법재판소가 구법 조항의 위헌성을 확인하였음에도 불구하고 일정 시한까지 구법 조항의 계속적용을 명한 것은 구법 조항에 근거한 기존의 상이연금지급 대상자

16) 헌재 2010. 06. 24, 2008헌바128, 판례집 제22권 1집 하, 473, 491-492.

에 대한 상이연금 지급을 계속 유지할 필요성 때문이고, 구법 조항이 상이연금의 지급대상에서 배제한 '퇴직 후 폐질상태가 확정된 군인'에 대한 상이연금수급권의 요건 및 수준, 군인연금법상 관련 규정의 정비 등에 관한 입법형성권의 존중이라는 사유는 구법 조항에 대하여 단순 위헌결정을 하는 대신 입법개선을 촉구하는 취지가 담긴 헌법불합치결정을 하여야 할 필요성에 관한 것으로 보일 뿐, 구법 조항에 의한 불합리한 차별을 개선입법 시행시까지 계속 유지할 근거로는 보이지 아니한다.

따라서 이 사건 헌법불합치결정에서 구법 조항의 계속적용을 명한 부분의 효력은 기존의 상이연금지급 대상자에 대하여 상이연금을 계속 지급할 수 있는 근거규정이라는 점에 미치는 데 그치고, 나아가 '군인이 퇴직 후 공무상 질병 또는 부상으로 인하여 폐질상태로 된 경우'에 대하여 상이연금의 지급을 배제하는 근거규정이라는 점에까지는 미치지 아니한다고 봄이 타당하다. 즉, 구법 조항 가운데 그 해석상 '군인이 퇴직 후 공무상 질병 등으로 인하여 폐질상태로 된 경우'를 상이연금 지급대상에서 제외한 부분은 여전히 적용중지 상태에 있다고 보아야 한다.』

<u>다음으로 국회가 개정법률의 소급적용에 관한 부칙규정을 제정하지 않았음에도 불구하고 개정법률의 소급적용의 필요성에 대하여 살피고 있는데 이러한 판시는 매우 모범적인 것이라고 생각된다.</u>

『어떠한 법률조항에 대하여 헌법재판소가 헌법불합치결정을 하여 입법자에게 그 법률조항을 합헌적으로 개정 또는 폐지하는 임무를 입법자의 형성 재량에 맡긴 이상, 그 개선입법의 소급적용 여부와 소급적용의 범위는 원칙적으로 입법자의 재량에 달린 것이기는 하지만, 구법 조항에 대한 이 사건 헌법불합치결정의 취지나 위헌심판에서의 구체적 규범통제의 실효성 보장이라는 측면을 고려할 때, 적어도 이 사건 헌법불합치결정을 하게 된 당해 사건 및 이 사건 헌법불합치결정 당시에 구법 조항의 위헌 여부가 쟁점이 되어 법원에 계속중인 사건에 대하여는 이 사건 헌법불합치결정의 소급효가 미친다고 하여야 할 것이므로 비록 현행 「군인연금법」 부칙에 소급 적용에 관한 경과조치를 두고 있지 않더라도 이들 사건에 대하여는 구법 조항을 그대로 적용할 수는 없고, 위헌성이 제거된 현행 「군인연금법」의 규정이 적용되는 것으로 보아야 할 것이다(대법원 2002. 4. 2.

선고 99다3358 판결, 대법원 2006. 3. 9. 선고 2003다52647 판결 등 참조).

이 사건에 관하여 보건대, 기록에 의하면, 원고는 원심 법원에 구법 조항에 대한 위헌법률심판 제청신청을 하였다가 원심 법원으로부터 그 기각결정을 받고, 「헌법재판소법」제68조 제2항에 근거하여 구법 조항의 위헌확인을 구하는 헌법소원을 제기하여 이 사건 헌법불합치결정을 받은 사실을 알 수 있다. 그렇다면 이 사건은 당해 사건으로서 이 사건 헌법불합치결정의 소급효가 미치는 경우에 해당한다고 할 것이므로, 이 사건에 대해서는 위헌성이 제거된 현행 「군인연금법」의 상이연금 관련 조항이 적용되어야 한다.』

(4) 평 가

대법원은 이 판결에서 헌법재판소의 계속적용명령에도 불구하고 당해사건에 대한 개정법률의 소급적용의 필요성을 심도있게 검토한 후, 개정법률의 소급적용에 관한 경과규정이 없음에도 불구하고 당해사건에 개정법률을 소급적용하고 있는데, 이것은 대법원이 지적하고 있듯이 규범통제의 실효성 확보를 위해서도 매우 바람직스러운 태도였다고 생각된다.

결국 헌법불합치결정이 선고된 후 입법자가 개정할 때까지의 경과기간 동안의 법적 상태에 대하여 입법자가 제대로 대처하지 않은 경우에는 법원이 헌법재판소의 헌법불합치결정의 취지를 십분 살려서 해석을 통하여 개정법률을 적용함으로써, 헌법불합치결정을 이끌어 내었던 당해사건 당사자를 구제함으로써 경과적 규율을 해야 할 책임이 있다고 할 수 있을 것이다.

결국 경과기간 동안의 경과적 규율의 문제는 헌법재판소와 입법자 그리고 법원의 조화로운 3중주에 의해서 이루어질 수 있는 영역이기 때문에 만일 국회가 경과규정을 제정하지 않는 경우에는 법원이 판결로서 경과적 규율을 하여야 할 것이라고 생각된다.

8. 헌재 2011. 06. 30, 2008헌바166, 국토의 계획 및 이용에 관한 법률 제2조 제6호 등 위헌소원 등

(1) 헌법불합치결정의 개요

헌법재판소는 2011. 6. 30. 체육시설을 도시계획시설사업의 대상이 되는 기반시설의 한 종류로 규정한 '국토의 계획 및 이용에 관한 법률'(2002. 2. 4. 법률 제6655호로 제정된 것, 이하 '국토계획법'이라 한다) 제2조 제6호 라목 중 "체육시설" 부분(이하 '이 사건 정의조항'이라 한다)이 헌법에 위반되는지 여부에 대한 심판에서 2012. 12. 31.을 시한으로 입법자가 개정할 때까지 위 법률조항의 계속적용을 명하는 헌법불합치결정을 선고하였다.

계속적용명령의 이유는 다음과 같이 밝히고 있다.

> 『위에서 본 바와 같이 이 사건 정의조항은 포괄위임금지원칙에 위배되어 위헌이다.
>
> 그런데 법률이 헌법에 위반되는 경우, 헌법의 규범성을 보장하기 위하여 원칙적으로 그 법률에 대하여 위헌결정을 하여야 하는 것이지만, 위헌결정을 통해 법률조항을 법질서에서 제거하는 것이 법적 공백이나 혼란을 초래할 우려가 있는 경우에는 위헌조항의 잠정적 적용을 명하는 헌법불합치결정을 할 수 있다(헌재 1999. 10. 21, 97헌바26, 판례집 11-2, 383, 417-418; 헌재 2000. 8. 31, 97헌가12, 판례집 12-2, 167, 186 등 참조).
>
> 이 사건 정의조항은 도시계획시설사업의 대상이 될 수 있는 기반시설에 체육시설이 포함된다는 점을 규정한 조항인바, 국민의 건강 증진과 여가 선용을 위해 도시계획시설로서의 체육시설은 반드시 필요하므로, 만약 헌법재판소가 이 사건 정의조항에 대해 위헌결정을 선고한다면 헌법재판소가 결정을 선고한 때부터 이 사건 정의조항은 그 효력을 상실하게 되어 도시계획시설사업에 꼭 포함되어야 할 체육시설까지 도시계획시설사업의 대상에서 제외되는 법적 공백과 혼란이 예상된다. 따라서 이 사건 정의조항에 대하여 단순위헌결정을 하는 대신 헌법불합치결정을 하기로 하는바, 입법자는 되도록 빠른 시일 내에, 늦어도 2012. 12. 31.까지는 새로운 입법을 마련하여야 할 것이고, 이 사건 정의조항은 위와 같이 새로운 입법에 의하여 그 위헌성이 제거될 때까지 잠정적으로 적용되는 것이 바람직하다.』[17]

(2) 국회의 반응

아직까지 동 법률은 개정되지 않았으며, 개정안 역시 아직 올라오지 않은 상태이다.

---

17) 헌재 2011. 06. 30, 2008헌바166, 공보 제177호, 901.

(3) 법원의 반응

가. 수원지방법원 2008구합6685 토지수용재결처분취소(2008헌바166)

이 사건은 2008. 11. 17. 청구기각 판결이 선고되어 확정되었다.

나. 대구지방법원 2010구합2465 토지수용재결처분취소(2011헌바35)

이 사건은 2010. 12. 22. 청구기각 판결이 선고되었으며, 항소심인 대구고등법원 2011누205 토지수용재결처분취소 사건 역시 기각되었고, 현재 대법원에 계속 중이다(2011두16124).

(4) 평 가

헌법재판소는 이 사건 결정에서 "그 자체로 공공필요성이 인정되는 교통시설이나 수도·전기·가스공급설비 등 국토계획법상의 다른 기반시설과는 달리, 기반시설로서의 체육시설의 종류와 범위를 대통령령에 위임하기 위해서는, 체육시설 중 공공필요성이 인정되는 범위로 한정해 두어야 한다. 그러나 이 사건 정의조항은 체육시설의 구체적인 내용을 아무런 제한 없이 대통령령에 위임하고 있으므로, 기반시설로서의 체육시설의 구체적인 범위를 결정하는 일을 전적으로 행정부에게 일임한 결과가 되어 버렸다. 그렇다면, 이 사건 정의조항은 개별 체육시설의 성격과 공익성을 고려하지 않은 채 구체적으로 범위를 한정하지 않고 포괄적으로 대통령령에 입법을 위임하고 있으므로 헌법상 위임입법의 한계를 일탈하여 포괄위임금지원칙에 위배된다"[18]는 것이 위헌판단의 이유였다.

따라서 입법자는 이 사건 법률조항의 포괄위임입법성을 제거하고 공공필요성이 인정되는 한에서만 민간기업이라 하더라도 토지수용을 할 수 있도록 분명하고도 구체적인 기준을 법률내용에 담는 방향으로 개정을 하여야 할 것이다.

Ⅴ. 결 론

이상으로 2006년 6월 이후의 위헌법률심판(헌가 및 헌바)사건 가운데 헌법불합치결정을 중심으로 그 내용과 국회 및 법원의 반응들을 살펴 보았다. 이상에서 분석한 헌법불합치결정을 둘러싼 헌법재판소와 국회 그리고 법원의 실무와 관련하여 몇가지 결론들을 정리하면 다음과 같다.

18) 헌재 2011. 06. 30, 2008헌바166, 공보 제177호, 901.

헌법재판소가 헌법불합치결정을 내리는 대부분의 경우는 법률조항 자체에 합헌인 부분과 위헌인 부분이 섞여 있거나 불완전 불충분한 입법(부진정 입법부작위)이 문제가 되어서, 이 법률조항을 그대로 위헌선언하여 즉시 효력을 상실시키게 될 경우에는 합헌적으로 적용될 수 있는 당사자들에게도 더 이상 적용할 법적 근거가 없어지게 되어 법적 공백이 발생할 수 있다고 하는 이유이며, 또한 위헌을 제거하고 합헌적인 상태를 회복할 수 있는 방법은 다양하기 때문에 입법자의 형성의 자유를 보장하기 위한 목적을 들고 있는 것이 대부분이다. 그리고 최근 결정에서는 적용중지를 명할 것인지 계속적용을 명할 것인지를 형량하고 있는 판례가 자주 보인다.

적용중지를 명하는 헌법불합치결정의 경우에는 입법자의 개정을 기다렸다가 당해법원이 당해사건에 대하여 개정법률을 적용할 것을 명하는 취지가 분명하게 드러나기 때문에, 이러한 사건에서 우선 국회는 헌법불합치결정이 선고된 시점까지 개정법률을 소급적용하는 경과규정을 두어야 할 것임에도 그렇지 않은 경우가 많이 보였다.

물론 그럼에도 불구하고 법원이 개정법률을 소급적용하여 당해사건 당사자를 소급적으로 구제해 준 사례는 헌법불합치결정으로 인하여 발생하는 경과기간 동안의 위헌적 상태의 제거 및 합헌적 상태의 회복을 위해서 법원이 경과적 규율기능을 제대로 발휘하는 경우라고 평가할 수 있다. 왜냐하면 경과기간 동안의 규율은 앞에서도 지적하였듯이 헌법재판소와 국회 및 법원의 조화로운 3중주에 의해서 이루어질 수 있는데, 만일 국회가 경과규정을 빠뜨린 경우에는 헌법재판소의 헌법불합치결정의 취지를 반영하여 개정법률을 소급적용할 수 있는 마지막 기관이 바로 법원이기 때문이다.

그러므로 법원이 헌법불합치결정이 선고된 후 당해사건 판결을 해야 하는 경우에는 헌법불합치결정과 개정법률 및 그 소급적용여부에 대한 모든 문제를 빠짐없이 인식하고 적절하게 경과적 규율을 해 주지 않으면 합헌적 상태가 제대로 회복되기 힘들게 될 것이다.

그리고 또한 입법자가 개정할 때까지 부분적으로 위헌인 법률을 계속 적용하도록 명하는 헌법불합치결정(계속적용명령)의 경우라고 해서, 국회가 헌법불합치결정의 시점까지 개정법률을 소급적용하지 않아도 된다는 말은 아니다. 헌재가 계속적용을 명하는 것은 위헌결정을 내릴 경우에 합헌적으로 적용될 수 있는 경우에 대해서까지 법적 근거가 상실되어 법적공백상태가 발생하는 것을 방지하기 위한 것이기 때문에, 법률조항의 위헌적 부분은 가급적 적용하지 말고서 합헌적인 부분만 계속 적용하는 것이 합헌적이다. 따라서 계속적용명령이라고 해서 국회가 개정법률의 소급적용을 하지 않거나 또는 법원 역시 소급적용의 필요성 조차 검토하지도 않고서 당해사건에 대해서 소급적 구제를 배제하는 것은 계속적용명령의 진정한 취지를 오해하는 것이라고 할 수 있을 것이다. 계속적용명령의 경우에도 개정법률의 소급적용을 통한 당해사건에 대한 소급적 구제의 필요성이 있는지를 구체적·개별적으로 검토하여 헌법재판소의 취지가 바로 그러할 경우에는 구제해 주는 것이 법원의 경과적 규율기능이라고 보아야 할 것이다.

이러한 관점에서 본다면, 헌법불합치결정이 이루어지고 난 시점임에도 불구하고 헌법불합치결정에서 드러난 개정법률의 소급적용의 필요성과 그리고 국회의 법개정 및 경과규정의 존재여부에 대하여 아무런 언급조차 하지 않고서 원고청구를 기각하는 제1심 법원의 판결을 그대로 답습하는 항소심이나 심리불속행으로 상고를 기각하는 대법원판결들은 헌법불합치결정의 기속력에 반하는 위헌의 문제가 있다고 하지 않을 수 없을 것이다.

그리고 헌법재판소는 위헌법률의 적용중지를 명하는 경우는 물론, 잠정적인 계속적용명령을 내리는 경우에 있어서도 개정법률의 소급적용의 필요성이 있는지 여부에 대하여 분명하게 입장을 밝혀 줄 필요가 있다고 생각된다. 왜냐하면 "헌가"사건이나 "헌바"사건의 경우 당해사건 판결의 구체적인 법적 다툼이 헌법재판소에 모두 보고가 되기 때문에, 구체적인 사건에서 당해사건을 구제해야 할 것인지에 대하여 헌법재판소가 스스로 판단할 수 있기 때문이고, 헌법적 관점에서는 오히려 헌법재판소가 그 문제에 대하여 가장 잘 판단할 수 있다고 볼 수도 있다. 그러므로 헌법불합치결정 이후 개정법률이 발효되는 시점까지의 경과기간 동안 당해사건이나 유사사건들에 대하여 개정법률을 소급적용해야 할 것인지의 문제에 대해서도 헌법재판소가 분명한 입장을 밝힐 필요가 있을 것이며, 진정으로 법원의 재량에 맡기는 것이 낫다고 판단할 경우에만 법원에 경과적 규율을 일임하도록 해야 할 것이다.

아무튼 헌법불합치결정으로 인한 경과기간 동안의 경과적 규율의 문제는 헌법재판소와 국회 그리고 법원이 법률의 합헌성을 회복할 수 있도록 하기 위해서 더욱 조화롭게 협력해야 할 영역이라고 생각되며, 각 국가기관은 보다 효과적으로 헌법을 수호하고 국민의 기본권을 보호하기 위해서 지금까지 보다 더욱 협력적으로 노력을 기울이지 않으면 안 될 것이라고 생각된다.

제115회 발표회 지정토론문

발제문: 헌법불합치결정과 그에 대한 국회 및 법원의 반응. 2006년 6월 이후의 위헌법률심판("헌가" 및 "헌바")사건을 중심으로

발제자: 방승주(한양대 교수)

일시 및 장소: 2011. 11. 10. (목) 19:00, 헌법재판소 2층 회의실

남 복 현*

Ⅰ. 발제내용의 개괄

방승주 교수님의 이번 발제에서는 헌법재판소가 2006. 6. 이후에 헌가절차와 헌바절차에서 헌법불합치로 결정한 것에 관해 국회와 법원이 어떻게 반응하고 있는지를 실제 개선입법이 이루어진 사건들을 중심으로 분석하고 있다. 그 논의는 계속적용 불합치결정과 적용중지 불합치결정의 경우로 크게 구분해서 전개되고 있다.

이 발제에서 주목할 만한 점은 헌재의 결정취지에 따라 국회가 구체적으로 어떻게 반응하였으며(다시 말해서 개선입법의 구체적인 내용을 추적하고 있으며), 그 개선입법된 내용을 법원은 헌재의 결정취지에 근거해서 법원에 소송이 계속중인 사건, 특히 당해사건이나 당해 헌법소원과 관련된 소송사건을 어떻게 구체적으로 처리하고 있는지를 추적한 것이다.

이런 점은 헌재 결정에는 헌재법 제47조 제1항과 제75조 제1항에 근거해서 기속력이 인정됨에 의거해서 기속력의 주관적 범위에 속하는 국가기관들이 헌재결정을 준수하는 여부를 추적함으로써 헌재 결정의 실효성을 담보하고 또 확인하는 중요한 계기로 작동한다고 할 것이다.

* 호원대학교 법경찰학부 교수.

Ⅱ. 발제자와 토론자의 시각상 편차

발제자는 헌재의 헌법불합치결정은 사안에 적합하게 선고된 것이고, 이를 준수해야 함은 입법자인 국회와 법적용자인 법원의 의무라는 점을 논의의 전제로 삼고 있다. 이는 헌법과 법률이 헌법재판소 결정에 부여한 법적 권위에서 당연하게 도출되는 사항이라고 본다.

그러나 문제는 헌재의 결정취지에 따라 구체적인 사건을 처리하는 경우 구체적 타당성이 심각하게 결여된 사례를 조우하게 된다는 점이다. 이는 법적용자인 법원이 종종 직면하는 사태이기도 하다. 그 요인은 여러 가지가 있을 수 있다고 본다. 일반적 추상적 규율로서의 속성을 지닌 법규범을 심판대상으로 삼다보니 구체적인 해석·적용과정에서 부조화를 이루는 경우도 있다. 또 헌재가 대법원을 비롯한 법원의 입장을 지나치게 배려하다 드러나게 된 구조적인 부작용[1])도 있다고 본다.

어쨌건 토론자의 입장에서 볼 때, 국회나 법원이 어떻게 반응했는지를 추적함도 중요한 의미를 지니겠지만, 앞서 지적한 구체적 타당성이 결여된 사례가 발생하는 요인도 논의의 전제로써 검토되어야 한다고 생각한다. 지난 20여 년간 헌법재판소가 선고한 헌법불합치결정을 개괄해서 분석하면서, 얻어진 쟁점은 크게 세 가지다.

첫째는 헌법불합치결정의 주문과 그 결정의 핵심적인 쟁점과의 부조화라고 하는 점이다. 헌재가 불합치결정에 있어 원칙보다는 예외의 수준에 해당하는 계속적용 불합치결정을 선호하게 되는 연유도 이와 연관되어 있다. 즉, 심판대상을 획정함에 있어 합헌인 부분과 위헌인 부분을 구분하지 않고 획정하고서, 결정상 쟁점에는 그 사건에서 다투고자 하는 바를 정확하게 드러내서 심판절차를 진행한다는 점이다. 그렇게 해서 위헌성을 적발해낸 다음, 이를 결정주문에 표시해야 하는데, 여기서 논리의 왜곡이 나타나게 된다. 이런 사례에 해당하는 것으로는 부진정입법부작위를 다투는 경우, 평등원칙에 위반되는 경우 그리고 심판대상에 합헌인 부분과 위헌인 부분이 혼재된 경우를 들 수 있겠다. 이런 사례에서는 심판대상을 한정축소시켜 심판대상인 부분에 대해 모두 헌법불합치로 결정하거나 심판대상을 그대로 두고 한정적인 판단을 헌법불합치로 결합시켜 선고한다면, 문제가 해결 될

---

1) 예컨대, 한정위헌결정이나 단순위헌결정이 적합한 사안을 헌법불합치로 결정하는 경우를 들 수 있다.

것으로 본다.

관련해서 대법원을 비롯한 각급 법원이 준수하지 않거나 법률해석을 이유로 꺼려한다는 점을 이유로 헌재에서는 이러한 형태의 결정주문의 채택을 회피하기도 하지만, 그들의 기대를 받들었다고 해서 그들이 이제까지 열심히 준수하였는지를 보면, 분명하다고 본다.

둘째, 발제자께서는 불합치결정을 하면서 명시적인 개선입법의 시한을 설정하고 그 시한이 도과하였을 경우 불합치법률의 효력상실이 용인되는 것으로 본다. 하지만, 토론자는 법적 명확성을 제공한다는 취지에서 부분적으로나마 명시적인 개선입법시한을 설정함에 대해 납득할 수도 있지만, 이는 입법자의 입법형성권을 지나치게 제약하는 것이라고 본다. 또한 개선입법시한이 도과되었을 경우, 그 다음 날로 불합치법률의 효력이 상실된다고 주장되지만, 이는 전혀 이치에 맞지 않는다고 본다. 그런 경우 차라리 단순위헌결정이 적절하였을 것이다. 입법자에게 개선입법의무의 이행을 강제하고자 하는 취지였다고 하더라도, 입법자에게는 아무런 실효성도 없는 조치였다고 할 것이다.[2] 불합치법률의 효력상실은 오히려 법적 용자인 법원이나 행정청에게만 법적 혼란을 초래함에 지나지 않는다. 토론자의 시각은 다른 방법을 통한 불합치결정의 실효성 확보가 유의미하다고 본다. 다시 말해서 입법상 불법에 대한 국가배상책임의 논리체계를 원용함이 적절할 것이다.

셋째, 후술하겠지만, 실체적 형벌법규에 대한 헌법불합치결정의 허용여부 및 범위 등의 문제이다. 우리나라의 경우 현행헌법이 1948년 제정된 이래 권위주의체제로 40년이 유지되었고, 그 후 1988년 현행헌법으로 개정되면서 헌법재판소가 설치됨과 아울러 헌법재판소에서 위헌법률심판절차의 활성화를 통해서 위헌법률에 대한 통제가 실질적으로 이루어졌다는 점이다. 지난 40년간 권위주의체제를 유지하는 데 정부와 국회는 물론이고 대법원을 비롯한 각급법원조차도 정치적으로 동원되었고, 그 핵심도구는 국가보안법(반공법), 국가기밀보호법, 집시법, 긴급조치 등 실체적 형벌법규이었다.[3] 이들 법률에 대해 우리 헌재는 한정결정(한정합헌결정이나 한정위헌결정)을 도구로 삼아 일종의 정치적 타협을 하였다. 그런 대표적인 표현이 신체의 자유를 제한하는 법률에 대해 입법자에게 폭넓은 입법재량권이 보장된다는 것이었다. 그러다 보니 헌재 설치 20년이 지난 지금에도 신체의 자유를 폭넓게 침해하는 법률이 그대로 존치되거나 가중처벌의 관행이 그대로 방치되는 상

---

2) 다시 말해서 의무위반에 대한 제재라는 형태로 접근할 것이 아니고, 의무불이행에 대한 이행상태로의 관철이 중요한 의미를 지닌다고 본다.

3) 좀 더 정확하게 표현하면, 헌법조차도 권위주의체제의 유지에 동원되었다.

황이 유지되고 있다. 이를 어느 단계에서인가 단절시켜야 하는데, 그 방안 중의 하나가 실체적 형벌법규에 대해 헌법불합치로 결정하면서 헌재법 제47조 제2항 단서의 적용범위를 축소시켜 주는 것이라고 본다. 그런 점에서 형벌법규에 대한 헌법불합치결정의 활용을 적극 권장한다. 물론 여기서도 야간옥외집회금지에 대한 계속적용 불합치결정과 같은 것이 아니라 적용중지 불합치결정이 적절할 것이다. 또 헌재는 이때 불합치결정시점부터 개선입법시점 사이를 규율하기 위해 경과조치를 결정주문으로 발령함이 옳다고 본다.

Ⅲ. 아쉬운 점

이 발제에서는 연구의 대상을 2006. 6. 이후에 헌가절차와 헌바절차에서 이루어진 헌법불합치결정으로 한정하고 그 결정에 대한 국회와 법원의 반응을 검토하고 있다. 그러다 보니 두 가지 점에서 구조적인 한계를 지니고 있다.

그 하나는 2006. 6. 이전에 선고된 헌법불합치결정과 관련해서 나타난 국회와 법원에서의 반응이 간과되고 있다는 점이다. 그 대표적인 것이 학교보건법 관련 대법원 2009. 1. 15. 2004도7111 판결이다. 이 판결은 헌법불합치결정(헌재 2004. 5. 27. 2003헌가1)의 당해사건에 대한 상고심판결이었다. 이 사건에서는 실체적 형벌법규에 대하여 헌법재판소가 적용중지 불합치결정을 한 것에 대해 단순위헌으로 파악해서 접근하였다.

다른 하나는 국회에서의 개선입법이 이루어지고 또 그에 대해 법원에서는 당해사건 또는 당해 헌법소원과 관련된 소송사건에 대해 어떻게 처리하였는지에 초점을 맞추고 있다는 점이다. 그러다 보니 법원이 아직 개선입법이 이루어지지 않았거나 당해사건이 아닌 병행사건(헌재 결정 당시 법원에 소송이 계속중인 사건, 단 아직 위헌심판제청이나 제청신청이 이루어지지 아니한 사건) 등에 대한 처리에 대해서는 관심의 대상에 포함시키지 못하고 있다는 점이다. 이런 지적의 대표적인 사례가 헌재가 2009. 9. 24. 야간옥외집회금지에 대해 헌법불합치로 결정한 것에 대해 대법원이 지난 2011. 6. 23. 2008도7562 전원합의체 판결로 단순위헌결정으로 파악해서 사건을 처리한 것이다.

이로 인해 현재 헌재 내부에서는 물론이고, 헌재와 대법원 사이에서도 심각한 논란의 대상이 되고 있는 실체적 형벌법규에 대해 헌법불합치결정이 가능한지 여부, 가능하다면 소급효 제한이 가능한지 여부, 불합치결정시점부터 개선입법시점 사이에 경과적인 조치의 가능 여부 등이 이 발제에서는 논의대상에서 제외되는 한계를 드러내고 있다.

우리가 정상적으로 처리된 정도가 어느 규모인지에 대해서도 관심을 기울여야 하겠지만, 마땅히 준수되어야 할 사항이 준수되지 아니한 것에 대해서도 심도 있는 분석이 필수적이라 하겠다.

아무튼 우리 헌법 제107조 제1항과 제111조 제1항 제1호, 헌재법 제47조 제1항과 제75조 제1항은 법원으로 하여금 헌재 결정을 준수하도록 하는 결정준수의무를 부과하고 있다는 점이다.[4] 이것이야말로 '헌법이 법원에 부여한 법령의 해석적용권'과 조화를 이루는 것이다.

Ⅳ. 발제문에서 다루어진 불합치결정 사례의 유형화

이 발제문에서 다루어진 불합치결정 사례 12개를 결정주문과 핵심쟁점과의 부조화라는 시각에서 유형화한다.

1. 부진정 입법부작위에 해당하는 경우

○ 헌재 2008. 9. 25, 2007헌가9, 학교용지 확보 등에 관한 특례법 제2조 제2호 등 위헌제청 (25면, 계속적용)

- 결정주문:

  "2. 구 '학교용지 확보 등에 관한 특례법'(2005. 3. 24. 법률 제7397호로 개정되고 2007. 12. 14. 법률 제8679호로 개정되기 전의 것) 제5조 제4항은 헌법에 합치되지 아니한다. 위 법률조항은 2009. 6. 30.을 시한으로 입법자가 개정할 때까지 계속 적용된다."
- 심판대상: 위 특례법 제5조 제4항의 위헌여부
- 핵심쟁점: 기존 학교건물을 증축하여 기부채납한 경우를 부담금의 필요적 면제사유로 정하지 아니한 것의 위헌여부
- 대안으로서의 심판대상: 특례법 제5조 제4항의 필요적 면제사유에 '기존 학

4) 이는 대법원이 헌재 결정취지를 준수하지 아니함은 행정소송법상 취소판결의 행정청에 대한 기속력에 있어 그리고 민사소송법상 파기환송판결의 하급심에 대한 기속력에 있어 행정청이나 하급심이 판결의 효력을 부인하는 것과 전혀 다름이 없다는 점을 간과해서는 안 될 것이다.

교를 증축하여 기부채납한 경우'를 포함시키지 아니한 것이 헌법에 위반되는 여부

- 대안으로서의 결정주문:

  "2. 구 '학교용지 확보 등에 관한 특례법' 제5조 제4항의 필요적 면제사유에 '기존 학교를 증축하여 기부채납한 경우'를 포함시키지 아니한 것은 헌법에 합치되지 아니한다. 위 불합치부분은 2009. 6. 30.을 시한으로 입법자가 개정할 때까지 그 적용을 중지한다."

○ 헌재 2009. 12. 29, 2008헌가13, 형사소송법 제482조 제1항 등 위헌제청 등(34면, 계속적용)

○ 헌재 2010. 6. 24, 2008헌바128, 군인연금법 제23조 제1항 위헌소원(38면, 계속적용)

○ 헌재 2010. 7. 29, 2009헌가8, 민법 제818조 위헌제청(36면, 계속적용)

2. 평등원칙의 위반에 관한 것인 경우

○ 헌재 2007. 3. 29, 2005헌바33, 공무원연금법 제64조 제1항 제1호 위헌소원(17면, 계속적용)

○ 헌재 2009. 7. 30, 2008헌가1, 군인연금법 제33조 제1항 제1호 위헌제청 등(21면, 계속적용)

○ 헌재 2008. 5. 29, 2006헌바5, 우체국예금·보험에 관한 법률 제45조 위헌소원(발표문 4면, 적용중지)

○ 헌재 2009. 4. 30, 2007헌가8, 국세징수법 제78조 제2항 후문 위헌제청(14면, 적용중지)

- 결정주문:

  "1. 국세징수법(2002. 12. 26. 법률 제6805호로 개정된 것) 제78조 제2항 후문은 헌법에 합치되지 아니한다. 2. 위 법률조항은 입법자가 2009. 12. 31.까지 개정하지 아니하면 2010. 1. 1.부터 그 효력을 상실한다. 법원 기타 국가기관 및 지방자치단체는 입법자가 개정할 때까지 위 법률조항의 적용을 중지하여야 한다."

- 심판대상: 국세징수법 제78조 제2항 후문의 위헌여부

- 핵심쟁점: 국세징수법상 공매절차에서 매각결정을 받은 매수인이 대금납부의무를 불이행한 경우 그가 제공한 계약보증금을 국고에 귀속시키는 것의

위헌여부

- 대안으로서의 심판대상: 국세징수법 제78조 제2항 후문 ‘계약보증금은 국고에 귀속한다’는 부분의 위헌여부
- 대안으로서의 결정주문:
  “1. 국세징수법 제78조 제2항 후문의 ‘계약보증금은 국고에 귀속한다’는 부분은 헌법에 합치되지 아니한다.
  2. 위 불합치부분에 대하여 법원 기타 국가기관 및 지방자치단체는 입법자가 개정할 때까지 그 적용을 중지하여야 한다.”

3. 합헌부분과 위헌부분의 구획이 불명확한 경우

○ 헌재 2008. 11. 13, 2006헌바112, 구 종합부동산세법 제5조 등 위헌소원 등(28면, 계속적용)

○ 헌재 2009. 3. 26, 2007헌가22, 공직선거법 제261조 제5항 제1호 위헌제청(11면, 적용중지)

- 결정주문:
  “1. 구 공직선거법(2004. 3. 12. 법률 제7189호로 개정되고, 2008. 2. 29. 법률 제8879호로 개정되기 전의 것) 제261조 제5항 제1호 및 공직선거법(2008. 2. 29. 법률 제8879호로 개정된 것) 제261조 제5항 제1호는 헌법에 합치되지 아니한다.
  2. 법원 기타 국가기관과 지방자치단체는 입법자가 위 법률조항을 개정할 때까지 그 적용을 중지하여야 한다.”
- 심판대상: 공직선거법 제261조 제5항 제1호 및 공직선거법 제261조 제5항 제1호의 위헌여부
- 핵심쟁점: 의무위반자에 대하여 부과할 과태료의 액수를 감액의 여지없이 일률적으로 ‘제공받은 금액 또는 음식물·물품 가액의 50배에 상당한 금액’으로 하는 것의 위헌여부
- 대안으로서의 결정주문:
  “1. 구 공직선거법 제261조 제5항 제1호 및 공직선거법 제261조 제5항 제1호는 과태료 부과기준이 획일적이며 그 액수가 과중하므로, 각각 헌법에 합치되지 아니한다.
  2. 주문 제1항의 불합치부분에 관해 법원 기타 국가기관과 지방자치단체는 입법자가 위 법률조항을 개정할 때까지 그 적용을 중지하여야 한다.”

4. 입법형식의 잘못에 관한 것인 경우

○ 헌재 2011. 6. 30, 2008헌바166, 국토의 계획 및 이용에 관한 법률 제2조 제6호 등 위헌소원 등(43면, 계속적용)

5. 일반적인 경우

○ 헌재 2008. 7. 31, 2004헌마1010 · 2005헌바90(병합) 의료법 제19조의2 제2항 위헌확인 등(8면, 적용중지)

第115회 발표회 지정토론문

지　성　수*

1. 서　론

○ 헌법재판소가 헌법불합치결정을 할 수 있는지에 대한 명문의 근거는 현재 존재하지 않는 상태이지만, 헌재는 설립 초창기부터 헌법불합치결정 주문을 이용하여 왔다.

○ 헌법불합치결정에 대해서는 그 본질이나 효력 등에 관하여 이를 선언하는 헌재나 그 주문에 따라 재판을 하여야 하는 법원, 개선입법의 의무가 주어진 국회 등 서로 다른 기능을 담당하는 국가기관 사이에 그 이해가 서로 상이한 듯하고, 이에 헌법불합치주문을 둘러싸고 많은 논의들이 오가고 있다.

○ 특히 불합치선언을 하게 되면 불합치선언을 받은 법률의 효력과 관련하여 그 양적 또는 시적 효력의 범위, 법원이 재판을 함에 있어 따라야 할 근거 법률(불합치선언된 법률인지 개선된 법률인지), 개선입법시 위헌성 제거의 양적, 시적 범위, 입법시한을 도과했을 때의 불합치선언된 법률의 운명 등등 많은 문제가 발생한다.

○ 그런데 불합치결정의 필요성이 인정된다 하더라도 이의 실효성이 담보되려면 다른 헌법기관들의 자율적인 협조에 의존할 수밖에 없는바, 현재 발생하고 있는 현상을 보면 법원이나 국회가 협조적이라고만은 볼 수 없다. 법원에서는 법원 나름대로 불합치결정의 효력을 해석하고, 입법부의 경우도 불합치결정의 취지와는 달리 입법을 하거나 아예 개선입법을 하지 않은 채 입법시한을 도과하여 해당 사안에 대해 아무런 규율도 존재하지 않는 상태를 만들어 버리는 경우도 종종 있다.

○ 이러한 때에 방교수님의 '헌법불합치결정에 대한 국회와 법원의 반응'이라는 주제의 발제는 상당히 시사하는 바가 크다고 생각한다. 이하에서는 헌법불합치결정이 의미하는 바가 무엇인지를 생각해 보고자 한다. 그 의미를 어떻게

---

* 헌법재판소 헌법연구관.

받아들이냐에 따라 법원의 재판이나 국회의 개선입법의 당부에 대한 평가가 나뉠 수 있을 것이다.

2. 헌법불합치결정의 의의

○ 헌법불합치결정은 심판대상이 된 법률 조항이 위헌이라 할지라도 입법자의 형성권을 존중하여 그 법률조항에 대하여 단순위헌결정을 선고하지 아니하고 헌법에 합치하지 아니한다는 선언에 그치는 결정의 주문형식이다.

○ 헌법불합치결정은 원칙적으로 법률의 위헌성을 확인하되 그 형식적 존속을 유지시키면서 입법자에게 법률의 위헌성을 제거할 의무를 부담시키는 주문인 것이다.

○ 따라서 이론적으로 볼 때, 단순위헌결정은 그 결정 즉시 법률조항의 효력을 상실시켜 재판규범으로 사용할 수 없게 하는 것이나, 헌법불합치결정은 불합치 선언된 법률을 존속시키되, 적용중지명령이 있는 경우에는 재판절차를 중지하고 향후 개선입법의 내용에 따라 재판을 하도록 하고, 잠정적용명령이 있는 경우에는 개선입법시까지 불합치 선언된 법률을 계속 적용하여 재판을 하도록 하는데 그 특징이 있다.

○ 결국 위와 같은 특징은 불합치결정이 그 결정과 동시에 당해 법률의 효력을 무효화시키지 않고 일단은 그 효력을 살려두는 것에 기인한다. 문제의 불합치 선언된 법률의 효력은 의회가 개선입법을 할 때까지 계속 유지되고, 개선입법을 하게 되면 비로소 문제의 법률이 폐지 무효가 되는 결과가 발생하게 되는 것이다.

3. 헌법불합치결정과 구법 또는 개선 입법의 적용(비형벌 법규만을 상정[1])

가. 잠정적용 명령이 있는 경우 ―개선입법은 개선입법 이후에 적용

○ 원칙적으로 잠정적용 명령이 있는 경우에는 개선입법이 있을 때까지는 구법을 적용하여 재판을 하는 것이 원칙일 것이고, 개선입법은 그 시행시기부터 적용

1) 발제문에서 형벌법규에 대해서는 언급하지 않고 있으므로 비형벌규정에 한정하여 토론문을 작성한다.

될 것이다.

○ 대법원은 헌재의 불합치결정과 잠정적용명령이 있는 경우 당해 사건에 대해 헌법불합치된 법률조항을 적용할 수 없다고 선고하였다가(대법원 1991. 6. 11. 선고 90다5450 판결 참조[2]), 그 후 당해사건이나 병행사건 등에 대하여는 **구법**이 그대로 적용된다고 선고(대법원 1997. 3. 28. 선고 95누17960 판결, 대법원 2009. 1. 15. 선고 2008두15596 판결[3] 참조)한 바 있다.

○ 다만 잠정적용 명령이 있다는 이유로 바로 당해사건이나 병행사건에 대하여도 구법을 적용하는 것은 아니고, 여러 가지 사정을 고려하여 불합치결정을 받은 구법의 적용 여부를 판단하는 태도를 취하고 있으므로(대법원 2009. 1. 15. 선고 2008두15596 판결 참조), 잠정적용명령이 있다고 하여 항상 개정 전 법률을 적용하는 태도를 취하고 있다고 단정할 수는 없다.

○ 발제문에서 소개하고 있는 법원의 판결 중 대부분은 불합치선언된 법률들을 개선입법 전까지 모두 적용하여 소급효를 인정하지 않았지만, 국회가 개선입법을 소급적용하는 경과규정을 두지 않았음에도 불구하고 2007헌가9 학교용지 확보 등에 관한 특례법 사건(학교용지 부담금 사건)과 2010헌바128 군인연금법 제23조 제1항 위헌소원사건(퇴직이후에 폐질환 상태가 확정된 군인의 상이연금 지급 규정 부재)에서는 당해 사건에 개선입법을 적용하였으며, 2008헌가13 형사소송법 제482조 제1항 등 위헌제청사건(상소제기 후 상소 취하시까지의 미결구금일수 통산 규정 부재)의 경우는 국회가 아직 입법을 하지 않았음에도 당해 사건 법원은 항소제기 후 취하시까지 미결구금일수를 본형에 산입하지 아니한 검사의 처분을 취소하였다.

○ 그런데 헌재법은 위헌결정의 효력에 대해 장래효를 원칙으로 규정하고 있고, 당해사건이나 병행사건 등에 대한 위헌결정의 소급효는 법원이 위 장래효에

---

2) 이 판결에서는 "당해사건에 대하여 소급효를 인정하지 않는다면, 제청당시 이미 위헌 여부 심판의 전제성을 흠결하여 제청조차 할 수 없다고 해석되어야 하기 때문에, 구체적 규범통제의 실효성을 보장하기 위하여서라도 당해사건에 위헌결정의 소급효를 인정하여야 한다"고 판시하였다. 그러나 소급효를 인정하지 않는다고 하여 재판의 전제성이 결여되었다고 볼 수만은 없다. 입법자의 입법 내용에 따라 구제의 가능성은 언제나 열려 있으므로. 그 자체로 재판의 전제성은 충족되는 것이고 결과적으로 개선입법에 의해 구제되지 못하였다고 하여 재판의 전제성이 없다고 볼 수 없다.

3) 2008두15596 판결 : 관련법에 정한 가산점 제도의 목적, 위 각 조항에 대한 헌법재판소 2006. 2. 23. 선고 2004헌마675, 981, 1022(병합) 헌법불합치결정의 내용 및 그 주된 이유, 헌법불합치결정에 따라 개정된 각 법률 규정의 내용 및 그 시행시기 등에 비추어 보면, 위 헌법불합치결정은 위 개정 전 규정의 위헌성이 제거된 개정 규정이 시행되기 전까지는 위 개정 전 규정을 그대로 잠정 적용하는 것을 허용하는 취지의 결정이라고 이해할 수밖에 없고, 그것이 당해 사건이나 이른바 병행 사건이라고 하여 달리 취급하여야 할 이유는 없다.

대한 예외로서 그 해석을 통해 인정하고 있다. 그렇다면 불합치결정의 경우 위헌결정의 시적 효력 범위를 제한하고자 하는 취지에서 개발된 변형결정이라는 점을 감안하면, 계속적용을 명하였음에도 당해사건이라는 이유로 개선입법의 소급적용을 당연시하는 것이 타당할까 하는 의문이 든다.

○ 더욱이 헌재가 잠정적용을 명하였음에도 불구하고 입법형성권을 가진 국회가 그 입법과정에서 그 구제 범위를 확대하여 개선입법을 일정시점까지 소급적용할 수 있도록 하는 경과규정을 두었다면 모르겠으나, 그렇지 않은 상태에서 불합치결정의 당연한 효력으로 개선입법의 소급효를 인정하는 것은 재판기관으로서의 역할을 넘어서는 것이 아닐까 하는 생각이다.

○ 더불어 당해사건이나 병행사건 등을 계속적용 명령에도 불구하고 개선입법을 적용하여 구제하게 되는 경우 불합치선언 이후 개선입법 전까지 제기되는 사건의 경우는 어떻게 해결해야 하는지에 대한 문제가 새로이 발생하게 된다. 이 경우에는 불합치 선언된 법률을 그대로 적용하여 재판하게 된다면, 전자와 후자 사이에 불평등 문제가 발생할 것이고, 만약 이를 우려하여 모두 개선입법을 적용한다면, 적용중지명령의 경우와 결과적으로 다르지 않게 될 것인바, 두 주문이 엄연히 구별되고 그 효과도 다르다고 보는 이상 이러한 법 집행이 타당한지는 의문이다.

나. 적용중지명령이 있는 경우 ― 개선입법이 불합치결정 선고시까지 소급

○ 헌법불합치결정에 있어서 명시적으로 적용중지를 명하는 경우는 물론, 잠정적용 명령이 없는 경우에도 일반적으로는 적용중지를 명한 것으로 보아야 하며, 이때에는 당해사건과 법원에 계속 중인 사건에 대하여는 재판 절차가 중지되고, 그 후 개선입법이 소급효에 대한 경과규정을 두어 헌법불합치결정이 미치는 범위(중지된 사건의 범위)와 일치하는 경우에는 특별한 문제가 발생하지 않는다.

○ 그러나 개선입법에서 장래효만 규정할 뿐, 불합치결정 시점부터 개선입법 시행시까지에 대하여 아무런 소급효 규정(경과규정)을 두지 않거나 그 범위를 제한적으로만 규정하여 불합치결정의 효력과 불일치하게 된 경우 문제가 발생한다.

○ 헌재는 헌법불합치결정도 위헌결정의 일종이므로 헌법불합치결정에 따른 개선입법이 소급적용되는 범위도 위헌결정에서 소급효가 인정되는 범위와 같고, 특별한 사정이 없는 한 헌법불합치결정 당시의 시점까지 소급되는 것이 원칙이라고 판시하면서도, 헌법불합치결정에 따른 개선입법 소급적용의 범위는 구체적 사안마다 헌법불합치결정의 취지, 헌법불합치결정이 선고된 법률조항의

위헌성의 내용과 정도, 개선입법의 내용과 그 소급적용이 다른 보호법익에 미치는 영향 정도 등 제반 사정을 고려하여 도출되어야 할 것이고, 입법자는 이러한 의무에 반하지 않는 범위 내에서 입법형성의 재량을 갖는다(헌재 2004. 1. 29. 2002헌가22, 판례집 16-1, 29, 56)고 하여 반드시 소급적용의 의무가 입법자에게 있는 것은 아님을 밝히고 있다.

○ 대법원은 어떠한 법률조항에 대하여 헌법재판소가 헌법불합치결정을 하여 입법개선 임무를 입법자의 형성재량에 맡긴 이상, 그 개선입법의 소급적용 여부와 소급적용의 범위는 원칙적으로 입법자의 재량에 달린 것이기는 하지만, 적어도 헌법불합치결정을 하게된 당해 사건 및 위 헌법불합치결정 당시에 위 조항의 위헌 여부가 쟁점이 되어 법원에 계속 중인 사건에 대하여는 위 헌법불합치결정의 소급효가 미친다고 하여야 할 것이라고 하여(대법원 2002. 5. 14. 선고 2000다62476 판결[4] 참조) 당해사건 등의 경우는 소급효 규정이 없어도 개선입법의 효력이 미친다고 판시하고 있다.

○ 발제문에서 소개하고 있는 2007헌가22 공직선거법 제261조 제5항 제1호 위헌제청 사건(공직선거와 관련하여 음식물 등을 제공받은 자에 대해 그 금액의 50배에 달하는 과태료 부과 규정)에서는 국회가 개선입법의 소급적용 경과규정을 두지 않았으나 당해 사건 법원은 개선입법을 소급적용하였다.

○ 그런데 적용중지 결정은 불합치결정시까지 개선입법의 소급적용을 전제로 하는 것이고, 따라서 입법자는 소급효 있는 개선입법을 할 의무가 있으나, 그렇다고 하여 입법자가 개선입법에 관하여 소급적용을 하도록 하는 경과규정을 두지 않았음에도 당연히 소급 적용된다고 할 수 있을지는 의문이다.

○ 법률의 소급적용 여부는 법률로써 결정되어야 할 사항으로 입법권에 속하는 사항이라고 할 것인데, 소급적용 규정 존재 여부와 상관없이 개선입법을 소급적용하는 것은 스스로 입법권을 행사하는 결과가 된다. 개선입법에서 그 시행일을 개선입법 이후로 명시하고 있는 경우 이러한 법 적용과 해석은 법률 규정에 대한 명백한 위반이다.

○ 물론 재판기관도 입법흠결이 있는 경우 해석을 통해 이를 보충할 수 있다. 그러나 입법기관이 명시적인 법률 규정으로서 개선입법의 소급적용을 배제하는 규정을 두고 있음에도 개선입법을 소급 적용하는 것은 그 해석 권한을 넘어

---

4) 헌법불합치결정을 하게된 당해 사건 등에 대하여는 위 헌법불합치결정의 소급효가 미친다고 하여야 할 것이므로 비록 개정 민법 부칙 제3항의 경과조치의 적용 범위에 이들 사건이 포함되어 있지 않더라도 이들 사건에 관하여는 종전의 법률조항을 그대로 적용할 수는 없고, 위헌성이 제거된 개정 민법의 규정이 적용되는 것으로 보아야 할 것이라고 판시함.

새로운 입법권을 행사한 것이라 아니할 수 없다.

○ 따라서 이 경우 법원으로서는 당해 개선입법이 문제가 있다고 판단되면 다시 이를 위헌 제청하여 헌재의 결정과 이에 따른 추가적인 입법을 통해 문제를 해결하여야 할 것으로 보인다. 다만 이러한 방법은 재판을 매우 지연시키는 결과를 가져올 것이기는 하나, 우리 헌법이 그 기능을 별개의 기관에 나누어 분담시키고 있는 이상, 통상의 정해진 절차를 통해 합헌적인 상황을 회복하는 것이 바람직하지 않을까 한다.

이상으로 토론을 마치면서, 오늘의 이 논의가 불합치결정에 대한 상호 이해를 높이는 데 기여하는 계기가 되었으면 한다.

제115회 발표회 토론요지

간　　사 : 바쁘신 중에도 헌법실무연구회 정기발표회에 참석해 주셔서 감사드립니다. 지금부터 신동승 헌법재판소 선임부장연구관님의 사회로 제115회 헌법실무연구회 정기발표회를 시작하도록 하겠습니다.

사 회 자 : 안녕하십니까? 헌법재판소 선임부장입니다.

낮에 근무하시고 다들 피곤하실텐데 연구회에 참석해 주셔서 대단히 감사합니다.

진행에 앞서서 잠깐 양해 말씀드릴 것은 제가 이 발제문을 어제 받아보고 그 때부터 이상하게 공사가 다망해서 제대로 읽어보지를 못했습니다. 물론 그 시간에 토론문 쓰신 분들한테는 할 말은 없지만 그래서 내용을 정확하게 파악을 못하기 때문에 혹시 진행에 문제가 있더라도 넓은 양해를 부탁드립니다.

지금부터 발제를 시작하겠습니다.

오늘 발표는 방승주 한양대 법학전문대학원 교수님께서 해 주시겠습니다.

방승주 교수님께서는 독일 하노버대학교에서 법학박사를 하시고 헌법재판소에서 연구원으로 근무하셨었습니다.

토론은 남복현 호원대 법경찰학부 교수님과 지성수 헌법연구관께서 해 주시겠습니다.

우선 방승주 교수님께서 한 30분 정도에 걸쳐 발제를 해 주시겠습니다.

< 주제발표자 발표 >

사 회 자 : 수고 많이 하셨습니다.

다음은 지성수 연구관께서 10분 내 토론해 주시지요.

지정토론자 : 지성수 연구관입니다.

저는 이 발제문을 읽고 제 나름대로의 생각을 간략하게 적어봤습니다.

아마 남교수님께서 저한테 먼저 지정토론을 하라고 하신 이유는 교수님께서 이 불합치결정에 관한 전반적인 문제점을 포괄적으로 토론문에 적고 계시기 때문에 제가 먼저 하는 것이 순서상 좀 더 논의를 활발하게 하기 위한 그런 것이라고 생각을 하셔서 저한테 먼저 양보를 하신 것 같습니다.

지정토론문을 보시겠습니다.

헌법불합치결정에 대해서는 그 본질이나 효력 등에 대해서 이를 선언하는 헌재나 그 주문에 따라 재판을 하여야 하는 법원 그리고 개선입법의 의무가 주어진 국회 등 서로 다른 기능을 담당하는 국가기관 사이에 그 이해가 서로 상이한 듯하고, 이에 헌법불합치주문을 둘러싸고 많은 논의들이 오가고 있습니다.

특히 헌법불합치선언을 하게 되면 불합치선언을 받은 법률의 효력과 관련하여 그 양적 또는 시적 효력의 범위, 법원이 재판을 함에 있어 따라야 할 근거 법률 이게 불합치선언된 법률인지 아니면 개선된 법률인지에 대한 것, 그다음에 개선입법시 위헌성 제거의 양적, 시적 범위, 그리고 입법시한을 도과했을 때의 불합치선언된 법률의 운명 등등 많은 문제가 발생합니다.

그런데 불합치결정의 필요성이 인정된다 하더라도 이의 실효성이 담보되려면 다른 헌법기관들의 자율적인 협조에 의존할 수밖에 없습니다. 그렇지만 현재 발생하고 있는 현상들을 보면 법원이나 국회가 협조적이라고만은 볼 수 없는 측면들이 많이 있습니다. 법원에서는 법원 나름대로 불합치결정의 효력을 해석하고, 입법부의 경우도 불합치결정의 취지와는 다른 입법을 하거나 아예 개선입법을 하지 않아서 입법시한을 도과하여 해당 사안에 대해 아무런 규율상태도 존재하지 않는 그런 상태를 종종 만들어 버리는 경우도 있습니다.

그런데 이러한 때에 방교수님의 '헌법불합치결정에 대한 국회와 법원의 반응'이라는 주제의 발제문은 상당히 시사하는 바가 크다고 생각합니다. 이 토론문에서는 헌법불합치결정이 의미하는 바가 무엇인지를 생각해 보고자 합니다. 그 의미를 어떻게 받아들이냐에 따라 법원의 재판이나 국회의 개선입법의 당부에 대한 평가가 나뉠 수 있을 것입니다.

두 번째로 헌법불합치결정의 의의를 보시면 다 아시는 것이겠지만 이 부분에서도 상당부분 서로 의견차이가 있는 듯 합니다. 그래서 제 나름대로 제가 이해한 불합치결정의 의의를 적어보았습니다.

헌법불합치결정은 원칙적으로 법률의 위헌성을 확인하되 그 형식적 존속을 유지시키면서 입법자에게 법률의 위헌성을 제거할 의무를 부담시키는 주문입니다.

따라서 이론적으로 볼 때 헌법불합치결정은 불합치 선언된 법률을 존속시키되, 적용중지명령이 있는 경우에는 재판절차를 중지하고 향후 개선입법의 내용에 따라 재판을 하도록 하고, 잠정적용명령이 있는 경우에는 개선입법시까지 불합치 선언된 법률을 계속 적용하여 재판을 하도록 하는데 그 특징이 있습니다.

결국 위와 같은 특징은 불합치결정이 그 결정과 동시에 당해 법률의 효력을 무효화시키지 않고 일단은 그 효력을 살려두는 것에 기인합니다. 문제의 불합치

선언된 법률의 효력은 의회가 개선입법을 할 때까지 계속 유지되고, 개선입법을 하게 되면 그때 비로소 문제의 법률이 폐지 무효가 되는 그런 결과가 발생을 하게 됩니다.

구체적으로 잠정적용명령이 있는 경우와 중지명령이 있는 경우의 효력이 어떻게 되는지에 대해서 보겠습니다.

먼저 잠정적용명령이 있는 경우, 제가 이해하는 바로는 이 경우에는 개선입법은 개선입법 이후에 적용하는 것이 원칙이 아닌가 생각합니다.

원칙적으로 잠정적용명령이 있는 경우에는 개선입법이 있을 때까지는 구법을 적용하여 재판을 하는 것이 원칙일 것이고, 개선입법은 그 시행시기부터 적용될 것입니다.

대법원은 대체로 당해사건이나 병행사건 등에 대해서 잠정적용명령이 있는 경우에는 구법을 그대로 적용하는 태도를 취하고 있습니다.

다만 몇몇 사건에서 여러 가지 사정을 고려하여 불합치결정을 받은 구법의 적용 여부를 판단하는 태도를 취하고 있는데 법원의 입장이 일관된다고 단정할 수는 없는 것 같습니다.

발제문에서도 소개하고 있는데 법원의 판결 중 대부분은 불합치선언된 법률들을 개선입법 전까지 모두 적용하여 소급효를 인정하지 않았지만, 국회가 개선입법을 하면서 소급적용하는 경과규정을 두지 않았음에도 불구하고 학교용지확보 등에 관한 특례법 사건이나 군인연금법 사건에서 당해 사건에 개선입법을 적용을 했습니다. 그리고 형사소송법 제482조 제1항 사건에서는 개선입법을 국회가 하지 않았음에도 불구하고 항소제기 후 취하시까지 미결구금일수를 본형에 산입하지 아니한 검사의 처분을 취소하는 판결을 했습니다.

그런데 헌재법은 위헌결정의 효력에 대해 장래효를 원칙으로 규정하고 있고, 당해사건이나 병행사건 등에 대한 위헌결정의 소급효는 법원이 위 장래효에 대한 예외로서 그 해석을 통해 인정하고 있습니다. 그렇다면 불합치결정의 경우 위헌결정의 시적 효력 범위를 제한하고자 하는 취지에서 개발된 변형결정이라는 점을 감안하면, 계속적용을 명했는데도 당해사건이라는 이유로 개선입법의 소급적용을 당연시하는 것이 과연 타당할까 하는 생각이 듭니다.

더욱이 헌재가 잠정적용을 명하였음에도 불구하고 입법형성권을 가진 국회가 그 입법과정에서 그 구제 범위를 확대해서 개선입법을 일정시점까지 소급할 수 있도록 하는 경과규정을 두었으면 모르겠지만, 그렇지 않은 상태에서 불합치결정의 당연한 효력으로 개선입법의 소급효를 인정하는 것은 재판기관으로서의 역할을 넘어서는 것이 아닐까 하는 생각도 듭니다.

그리고 적용중지명령이 있는 경우를 보겠습니다.

헌법불합치결정에 있어서 적용중지의 경우는 당해사건과 법원에 계속 중인 사건에 대해서는 재판 절차가 중지가 되고, 그 후 개선입법이 소급효에 대한 경과규정을 두어서 헌법불합치결정이 미치는 범위를 확정을 하게 되면 이게 둘 사이에 일치가 있는 경우에는 별 문제가 생기지 않습니다.

그런데 개선입법에서 장래효만 규정을 했을 경우에 그러니까 적용중지명령이 있었음에도 불구하고 이런 경우에 불합치결정 시점부터 개선입법 시행까지 사이에 아무런 소급효를 두지 않는 경우 문제가 발생하게 됩니다.

헌재는 이런 경우에 특별한 사정이 없는 한 헌법불합치결정 당시의 시점까지 소급하는 것이 원칙이라고 판시하고 있으면서도 입법형성의 재량이 있다 이런 식으로 판시를 하고 있습니다.

그리고 대법원은 그 개선입법의 소급적용 여부와 소급적용의 범위는 원칙적으로 입법자의 재량에 달린 것이기는 하지만, 헌법불합치결정을 하게된 당해 사건 및 위헌 여부가 쟁점이 되어서 법원에 계속 중인 사건들에 대해서는 소급효가 미치는 것으로 그렇게 판단을 하고 있습니다.

발제문에서 소개하고 있는 공직선거법 부분이 국회에서 개선입법의 소급적용 경과규정을 두지 않았는데 당해 법원에서 개선입법을 소급적용한 사건으로 소개가 되어 있습니다.

그런데 적용중지 결정은 불합치결정시까지 개선입법의 소급적용을 전제로 하는 것이고, 따라서 입법자는 소급효 있는 개선입법을 할 의무가 있습니다. 그렇다고 해서 입법자가 개선입법에 관하여 소급적용을 하도록 하는 경과규정을 두지 않았음에도 당연히 개선입법을 소급 적용할 수 있을지에 대해서는 사실상 저는 의문입니다.

법률의 소급적용 여부는 법률로써 결정되어야 할 사항이고 이거는 입법권에 속하는 사항이라고 할 수 있습니다. 그런데 소급적용 규정 존재 여부와 상관없이 개선입법을 소급 적용하는 것은 사실상 스스로 입법권을 행사하는 결과가 된다고 생각을 합니다. 개선입법에서 그 시행일을 개선입법 이후로 명시하고 있는 경우 이러한 법 적용하고 해석은 법률 규정에 대한 명백한 위반이 아닌가 이런 생각을 하게 됩니다.

물론 재판기관도 입법흠결이 있는 경우에는 해석을 통해서 법을 보충할 수는 있습니다. 그러나 입법기관이 명시적인 법률 규정으로서 개선입법의 소급적용을 배제하는 규정을 두고 있는데 그럼에도 불구하고 그 개선입법을 소급적용하는 것은 그 해석 권한을 넘어 새로운 입법권을 행사하는 것이 아닌가 이런 생각이 듭니다.

따라서 이 경우에 법원은 당해 개선입법이 문제가 있다고 판단되면 이를 다시 위헌 제청해서 헌재의 결정과 이에 따른 추가적인 입법을 통해 문제를 해결하는 것이 바람직하지 않나 이렇게 생각을 합니다. 다만 이러한 방법은 재판을 매우 지연시키는 결과를 가져오기 때문에 문제가 있겠지만, 우리 헌법이 그 기능을 별개의 기관에 나누어 분담시키고 있는 이상 통상의 정해진 절차를 통해서 합헌적인 상황을 회복하는 것이 헌법제정권자가 예정하고 있는 그런 것이 아닌가 생각을 합니다.

이상으로 토론을 마치고, 오늘의 이 논의가 불합치결정에 대한 상호 이해를 높이는데 기여하는 계기가 되었으면 하는 바람입니다.

고맙습니다.

사 회 자 : 수고 많이 하셨습니다.

다음은 남복현 교수님께서 지정토론하시겠습니다.

지정토론자 : 남복현입니다.

사실 저는 2009년도에 헌법재판소에 방문연구교수로 와 있었습니다.

1년 동안 원래 다른 주제를 가지고 왔었는데 헌법불합치결정을 붙잡고 늘어졌다가 작년 여름까지 끝냈습니다. 올 8월 31일 현재 74건이더라고요. 4기재판부가 31건인가 32건인가 정도 되는데 사실 2009년 8월 31일 현재까지는 63건가지고 분석을 다 했었는데 분석하면서 느낀 쟁점은 대체로 세 가지가 있다고 봅니다.

발제자 방교수님께서 다루어주신 국회하고 법원이 어떻게 반응을 했냐라고 하는 것과 직접적으로 연관되는 사항들, 그게 뭐냐 하면 결정주문하고 결정에 있어서의 핵심쟁점과 안 맞아 떨어집니다. 그게 왜 그런 문제가 생겼는지 추적을 한 번 했었고 오늘은 아마 그게 논의의 핵심이 되어야 될 것 같습니다.

그다음에 또 하나는 헌법불합치결정이 이루어지고 개선입법시한이 도과되면 도과된 시점 이후에 불합치법률이 효력상실 된다고 하는데 이것은 전혀 이치에 맞지 않는다 그런 점. 그다음에 형벌법규에 대해서 헌법불합치결정을 했는데 계속적용불합치를 가지고 난리쳤고 그랬는데 바로 불합치결정을 할 수 있느냐, 그 계속적용하는 것이 바람직했느냐 아니면 적용중지 했었던 것이 바람직했느냐 그런 정도 세 가지 쟁점이라고 생각을 합니다. 여기 지정토론문에서도 이 세 가지 쟁점에 대해서 다루었습니다만 오늘은 그냥 첫 번째 쟁점에 대해서 초점을 맞추어서 논의를 전개하도록 하겠습니다.

우리 방교수님께서는 헌가절차와 헌바절차에서 헌법불합치결정이 이루어진 경우 그에 대해서 국회와 법원이 어떻게 반응을 했는지 특히 법원이 반응한 것은 주로 당해사건 또는 당해 헌법소원과 관련된 소송사건을 담당하는 법원이 어떻게 반응했는지를 주로 포인트를 맞추어 가지고 논의를 전개하고 계십니다.

그런데 우리 헌법재판소 결정을 보면 사실은 적용중지불합치하고 계속적용불합치 두 가지로 구분할 수 있는데, 우리가 논의하기로는 적용중지가 원칙이고 계속적용불합치가 예외라고 얘기를 하는데 실제 관행으로 보면 계속적용불합치가 훨씬 많습니다. 그러면 왜 계속적용불합치라고 하는 그 결정이 이루어졌고 거기에 맹점이 어디 있는지 그거를 짚어봐야 이 논의의 맥락이 잡힐 것이라고 생각을 합니다. 무슨 얘기냐 하면 계속적용불합치라는 것을 하지 않아도 될 사항들을 심판대상 획정을 잘못했기 때문에 그런 문제가 생긴다는 것이지요. 구체적으로 제가 작성해 놓은 것 가지고 예를 들어서 말씀드리도록 하겠습니다.

제 지정토론문 5쪽을 보시면 저는 헌법재판소 결정이 이루어진 것에 대해서 총 다섯 가지로 유형화를 시켜 봤었습니다. 어떻게 유형화를 시켰느냐 하면 첫 번째 부진정입법부작위에 대해서 한 경우, 그다음에 평등의 원칙위반으로 인해서 이루어진 경우, 그다음에 합헌부분과 위헌부분의 구획이 불명확한 경우, 그리고 네 번째로 입법형식의 잘못에 의한 경우, 그리고 일반적인 경우 기타 이렇게 다섯 가지로 구분했는데, 바로 앞에 세 가지 부진정입법부작위하고 평등원칙위반하고 그리고 합헌부분과 위헌부분 구획이 불명확한 경우 이 세 가지에 대해서 계속적용불합치결정을 하는데 그런데 이 세 가지 경우에 대해서 계속적용불합치하는 것 자체가 포인트가 못 맞추어졌다는 것입니다.

구체적으로 어떤 점에서 못 맞추어졌는지 말씀드리도록 하겠습니다.

여기 소개된 판례들은 주문과 대안 이렇게 써놓은 것들은 제가 작성한 것이지만 우리 발제자께서 다룬 결정례이기 때문에 겹치는 한도에서만 소개를 했습니다.

예를 들어서 학교용지확보 등에 관한 특례법 헌법불합치결정 계속적용불합치결정이 이루어졌는데 우리 헌법재판소는 이 특례법 제5조 제4호의 위헌여부를 심판대상으로 삼았습니다. 그런데 실제의 쟁점은 기존 학교건물을 증축해서 기부채납 한 경우를 부담금의 필요적 면제사유에 포함시키지 아니한 것의 위헌여부였었습니다. 다시 말하면 필요적 면제사유 자체가 다툼의 대상이 되었던 것은 아닙니다. 거기에 기존 학교건물을 증축해서 포함시킨 경우를 포함시키지 않았기 때문에 다투어진 것입니다. 그러면 이런 경우는 어떻게 심판대상을 획정했으면 바람직했을 것이냐? 그거는 특례법 제5조 제4항의 필요적 면제사유에 기존학교를 증축해서 기부채납한 경우를 포함시키지 아니한 것이 헌법에 위반되는 여부, 이런 식으로 심판대상을 획정해야 된다는 겁니다. 그래서 포함시키지 아니한 것은 헌법에 합치되지 않는다. 그리고 그 포함시키지 아니한 부분에 대해서 그냥 놔두면 부담금이 부과가 되기 때문에 부담금의 부과를 차단하기 위해서 무엇을 하느냐 하면 적용중지를 시키는 겁니다. 이런 경우는 계속적용불합치가 아니고 적용중지불합치로 하면 된다는 것이지요.

이제까지 계속적용불합치를 시켰었던 거의 대부분의 이유는 제도 자체 합헌인 부분 그 자체를 유지시키기 위해서 계속적용시킨 것이거든요. 바로 그점을 말씀드리고 싶고.

또 평등원칙위반의 사례를 말씀드리면, 국세징수법 78조 2항 후문의 위헌제청사건인데 이 사건에서 심판대상은 78조 2항 후문의 위헌여부였습니다. 그런데 여기서 핵심쟁점은 국세징수법상 공매절차에서 매각결정을 받은 매수인이 대금납부의무를 불이행한 경우 그가 보증한 계약보증금을 국고에 귀속시키는 것의 위헌여부였었습니다. 바로 그 계약보증금은 국고로 귀속한다는 부분의 위헌여부만 다투어졌으면 문제가 깔끔하게 해결되었을 텐데 이거를 그 전체를 집어넣음으로써 문제가 생겼다는 것이지요. 여기 부수적으로 써놓지는 않았습니다만 이런 말씀 드리겠습니다. 평등원칙의 위반의 사례는 대체로 두 가지 형태로 나타난다고 생각을 합니다. 같은 것을 같게 처리하고 다른 것을 다르게 처리해야 되는데 같은 데도 불구하고 달리 처리했다든가 다름에도 불구하고 같이 처리했다든가 그렇게 따졌을 때 계쟁집단과 비교대상집단 사이의 사실상의 차이와 차별의 조치가 있는데 계쟁집단하고 비교대상집단이 아무런 차이가 없음에도 불구하고 비교대상집단은 그 수익이 영역에 포함이 되고 계쟁집단은 배제시킨 것이 문제가 되는 겁니다. 다시 말하면 비교대상집단에 대해서 수익의 영역에 포함시켜 준 것 자체가 위헌인 것은 아닙니다. 우리가 불합치논란을 벌이는 것은 계쟁집단에 대해서 포함시키지 아니한 것이 문제가 되는 것이거든요.

마찬가지로 위헌부분과 합헌부분의 구획이 불명확한 경우에 대해서도 마찬가지입니다. 심판대상을 우리 헌법재판소가 굉장히 폭넓게 획정하고 있는데 그부분에 대해서도 사실은 아주 제한적으로 획정한다면 계속적용불합치라든가 이런 것들이 완화될 수가 있다는 것이지요. 저는 그런 측면에서 얘기를 했고 바로 그런 부분을 지금 말씀드렸던 부진정입법부작위, 평등원칙위반, 위헌부분과 합헌부분의 구획이 불명확한 경우 이 세 가지를 빼가지고 이 세 가지에 대해서 계속적용불합치 했었던 것을 심판대상을 축소시켜가지고 검토를 했더라면 아마 여기서 논의되었던 계속적용불합치라든가 그것에 대해서 국회가 어떻게 반응했고 법원이 어떻게 반응했는지에 대한 논의체계의 많은 부분들이 정리가 될 것이라는 그런 시각을 말씀드리고자 합니다.

법원이나 국회가 어떻게 반응했다 이런 것들은 헌법재판소결정에는 기속력이 인정되기 때문에 당연히 준수해야 될 의무가 있으니까 그거는 두말할 여지가 없다. 다만 문제가 되는 것은 계속적용불합치라고 하는 것 자체에서 구조적으로 문제가 내포된 것이다 이렇게 개인적으로 생각을 합니다.

토론 마치겠습니다.

사 회 자 : 수고 많으셨습니다.

일단 지정토론에 대한 발제자의 답변을 간단하게 듣고 그다음에 플로어에서의 토론을 듣도록 하겠습니다.

발 표 자 : 두 분 토론자 지적 정말 감사드립니다.

논의의 순서에 따라서 우리 지성수 연구관님께서 질문해주신 것에 대해서 먼저 답변드리도록 하겠습니다.

우선 헌법불합치결정 여기에 대한 답변은 포괄적으로 말씀을 드리는게 더 낫겠습니다. 헌법불합치결정의 이해문제인데요. 헌법불합치결정은 완전히 이것이 적용중지를 명하는 헌법불합치결정과 그리고 계속적용을 명하는 헌법불합치결정 이 두 가지만 존재하는 것이 아닙니다, 처음부터. 이거는 처음부터 변형결정이고 제가 발표할 때도 약간 더 강조를 했습니다만 경과적 규율입니다. 경과적 규율의 문제는 케이스 바이 케이스대로 다 다를 수밖에 없습니다. 어떤 사건에 관해서는 적용중지를 명해야 될 때가 있고 어떤 사건에 대해서는 계속적용을 명해야 될 때도 있는 것입니다.

그런데 그런 경우에 있어서도 또 당해 사건이나 구체적으로 일어나는 많은 양태들을 관찰해 볼 때 헌법재판소가 지적한 위헌을 효과적으로 제거를 하면서 합헌적인 부분은 계속적으로 적용이 될 수 있도록 하게끔 하는 연주기법도 있는 것입니다. 그것이 조화로운 적용인 것이지요. 그래서 헌재가 한번 계속적용을 했다고 해가지고 그거는 묻지마로 무조건 계속적용이다 이것은 그야말로 형식적인 고찰에 지나지 않는 것이지요. 가령 예를 들어서 국적법사건 오늘 우리 대상이 되지 않았습니다만 국적법 제2조 제1항에 따라서 부계혈통주의를 취하던 우리 헌재가 헌법불합치결정 내리지 않았습니까? 물론 부칙 7조에서 10년으로만 소급하도록 하니까 그게 부족하다 그 부분을 한번 생각해 봅시다. 10년까지 만으로 한 것은 그 자체만으로는 일단은 10년에 포함되는 사람들을 위해서 계속적용 시켜주어야 할 필요성이 있는 것이지요. 그런데 헌재가 판단했을 때는 그거는 부족하다 이거지요. 그런데 그 국적법이 제정된 시점까지 소급해서 한 50년까지 소급을 해야 될 것인지 아니면 한 2~30년으로 해야 될 것인지 이거는 우리가 못 결정하겠다, 이거는 입법자의 소관이다 이렇게 해서 계속적용명령을 내린 것이거든요.

이런 헌법불합치결정을 받았다고 했을 때 당해 법원이 어떻게 결정을 했었어야 될까? 그 사건에서 김광호씨가 밀입국을 해 가지고 조선국적동포였었는데 들어오자마자 다음 날 불심검문에 걸려가지고 퇴거명령을 받았고 그 와중에 행정소송으로 다투고 위헌제청결정까지 했어요. 굉장히 똑똑한 분이라고 생각이 드는데, 그렇게 하고 그 당해사건 판사는 당연히 거기서는 입법자의 개정을 기다렸어야 됐겠지요. 개정을 기다렸더니 20년까지로만 소급시켰던 거예요. 그러면 여전히 그 때 당시만 해도 김광호씨가 40세 이상이었기 때문에 그러면 적용배제지요. 그러니까 헌법불합치결정을 얻어내고도 상처뿐인 영광이지요. 결국 패소할 수밖에 없는 것인데 저는 그거는 물론 법원의 재량의 한계가 있겠다고 생각이 듭니다만, 실제 당해사건 판결을 어떻게 했는가를 추적해 보니까 퇴거명령부본이 당사자에게 송달이 안 되었다라고 하는 이유로 해서 행정소송 당사자의 손을 들어주었어요. 아마 그래서 그분 지금도 살고 계실 것 같아요.

뭐냐하면 여기서 계속적용명령을 내렸지만 헌재가 계속적용명령을 내린 것은 합헌인부분에서 내리라고 하는 얘기였었던 것입니다. 그러면 일단은 합헌인 부분에서 계속적용을 해 주는 것이 맞고 그거를 묻지 말고 무조건 당해사건이 어떻게 되든 아니든 거기에는 관심을 가짐도 없이 무조건 획일적으로 계속적용만 해 주면 되는 것은 분명히 아니다. 그래서 제가 이부분이야말로 정말 당해사건에 드러난 여러 속사정들이 어땠는지까지도 다 잘 봐야 헌재도 판단을 할 수가 있고 헌재가 그와 같은 판단을 제대로 하지 못할 때에는 법원에게 재량을 줘야지요. 아니면 국회에 넘기든가. 그렇기 때문에 그거는 언제는 넘기고 언제는 안 넘겼다라고 해서 일관성 없다고 비난할 사항이 아닙니다. 처음부터 이 문제는 경과적규율의 문제고 경과적규율의 문제는 어느 한쪽으로만 해결해야만 그것이 정의와 이런 것이 실현되는게 아니거든요. 그 부분을 말씀드리고 싶습니다.

그다음에 두 번째, 남복현 교수님께서 지적을 해 주셨고 좋은 말씀해 주셔서 감사한데요. 첫 번째 논제를 우선 직접 답변을 드리도록 하겠습니다.

제가 지금 두 가지를 지적하신 남복현 교수님의 두 사항을 다 보니까 첫 번째 5페이지에 제가 다룬 사건을 주로 하셨고 최근에 우리 남복현 교수님께서 비교공법학 연구논문에 나오는 사건들을 주로 제 것하고 중첩이 되는 범위 내에서 정리를 잘해 주셨습니다. 그래서 이 사건을 보면 우선 부진정입법부작위와 관련되는 사건에서 학교용지확보문제지요. 이게 우리 헌재는 학교용지확보 등에 관한 특례법 법률 몇호 몇호 그렇게 해서 제5조 제4항은 헌법에 합치되지 아니한다 이렇게 결정을 했거든요. 그리고 입법자가 개정할 때까지는 계속적용한다 이렇게 했어요. 그런데 우리 남복현 교수님은 지론으로 주장하시는 것 중에 하나가 뭐냐하면 한정헌법불합치라고 하는 것을 도입하자 이런 얘기입니다.

그런데 이거는 결정적인 문제가 있다고 생각이 됩니다. 왜 그러냐? 위헌법률심판사건의 심판대상은 법률의 위헌여부의 문제이지 해석 또는 적용의 위헌여부가 아닙니다. 심판대상이 법률의 위헌여부가 된다면 그것은 주문으로 직결이 될 수밖에 없지요. 주문에서 심판대상이 되었었던 위헌여부에 대해서 Yes or No를 밝혀 주어야 되는 것입니다.

따라서 심판대상이 위헌법률심판이기 때문에 법률에 대해서 다투어 왔는데 해석이나 적용으로만 국한시켜서 그것을 심판대상으로 국한시킨 다음에 주문화하자라고 하는 것은 위헌법률심판이라고 하는 우리 헌재법상의 심판유형에도 맞지가 않는 것입니다. 이렇게 말씀을 드리겠고, 따라서 그 대안으로서 결정주문 나온 것 2번 이렇게 말씀하시고 계시네요. '구 학교용지확보 등에 관한 특례법 제5조 제4항의 필요적 면제사유에 기존 학교를 증축하여 기부채납한 경우를 포함시키지 아니하는 것은' 이랬는데 포함시키는 것하고 포함시키지 않는 것이 법률에 명문으로 나와 있지를 않습니다. 그래서 그것은 일종의 적용 내지는 해석인 것이지요. 그래서 그것이 헌법에 합치되지 아니한다라고 하셨을 뿐인 것인데 굳이 이와 같은 해석의 위헌을 확인하시려면 한정위헌을 하면 되지요.

그다음 두 번째 뒷 페이지 말씀드리겠습니다. 뒷 페이지에 나오는 국세징수법 제78조 제2항 후문의 위헌여부의 문제인데, 이것이 우리 헌재 결정 주문에는 국세징수법 제78조 제2항 후문은 헌법에 합치되지 아니한다 이렇게 했어요. 법조문의 위헌여부를 확인한 거지요. 합치되지 않는 것으로. 그리고 언제 언제까지 개정하지 않는 한 효력상실한다 이렇게 했는데요. 우리 남복현 교수님께서 제안해 주시는 것은 한정헌법불합치인거예요. 거기 보게 되면 국세징수법 제78조 제2항 후문의 계약보증금은 국고에 귀속한다라고 하는 부분은 헌법에 합치되지 아니한다라고 하셨는데, 국세징수법 제78조 제2항에 그런 문구가 들어있지를 않습니다. 없어요. 제가 지금 확인했어요. 78조 2항을 보게 되면 공보 여기 있는데, 공보에 심판대상조항 국세징수법 제가 읽어드리겠습니다. 78조 제2항 어떻게 되어 있느냐

하면 '제1항 제1호의 규정에 의하여 압류재산의 매각결정을 취소하는 경우에 계약보증금은 매수인에게 반환하고, 제1항 제2호의 규정에 의하여 압류재산의 매각결정을 취소하는 경우에 계약보증금은 국고에 귀속한다.' 뒤쪽 부분에 나오네요. 그 계약보증금은 국고에 귀속한다라고 하는 이 부분만 잘라서 하자라고 하는 말씀인데 이 부분은 앞쪽에 있는 것하고는 약간 다르겠네요. 앞쪽에 있는 것은 해석적용에 관한 위헌여부가 문제가 되고 이 뒷부분은 양적인, 앞쪽에 있는 질적위헌 뒤쪽에 있는 것은 양적인 위헌이 되겠습니다. 이 양적인 위헌을 헌법불합치하자라고 하는 것은 기존에 헌법재판소가 하고 있는 것과 크게 다르지는 않다. 법률조항의 일부를 뜯어내서 그거를 갖다가 헌법불합치결정을 하자라고 하는 것이니까요. 뒷부분은 제가 잘못 봤던 것 같고. 어쨌거나 결론적으로 제가 남복현 교수님께 답변을 드리면 한정헌법불합치를 도입하자고 하는 아이디어는 괜찮은 것 같다. 그러나 그거는 심판대상으로 우리가 어떤 해석의 위헌여부를 삼는 것은 위헌법률심판에서는 적합하지가 않다. 그리고 해석적용의 위헌여부를 심판대상으로 삼았을 때는 주문에서도 결국에는 한정위헌쪽으로 가는 것이 맞고 왜 그러냐 하면 해석을 위헌선언 해 버리니까 해석 그 자체가 더 이상 효력을 상실하지 못하도록 하게끔 하지요. 무엇을 그거를 효력상실의 유예기간을 설정을 합니까? 그럴 필요성은 없을 것이라는 생각이 듭니다.

어쨌든 제가 과문한지는 몰라도 독일의 사례도 보면 독일 연방헌법재판소에 대부분 나오는 헌법불합치결정에서 '저우바이트' 하면서 나오는 조항들을 보게 되면 그런 어떤 해석이나 적용보다는 몇조 몇조 몇항에서 이 부분을 특정화시켜 주는 역할을 하는 의미로서의 저우바이트입니다. 내용적으로 질적이 아니라 양적으로 한정시켜 주는 것이지요. 그런 점을 생각을 해볼 때 한정헌법불합치를 도입하는 것은 필요없지 않겠는가 그런 생각이 듭니다.

감사합니다.

사 회 자 : 하시고 싶은 얘기들은 많을 텐데 플로어의 의견을 들어보고 그 다음에 지금 말씀하신 분들 말씀을 하시고 그런 식으로 진행하도록 하겠습니다.

지정토론자 : 한 가지만, 아까 부진정입법부작위 필요적 면제사유는 두 가지가 있어요. 다른게 두 가지가 있고 이거는 열거되지 않은 겁니다. 부진정부작위예요 그거는. 그러니까 두 가지 있어요 다른게. 면제사유에 두 개가 거시가 되어 있고 우리가 문제 삼은 것은 거기에 거론이 안 된 겁니다. 그런 거예요.

사 회 자 : 플로어에서 말씀해 주실 분들 손을 들어보시지요.

본인 성함을 말씀해 주시고 하시면 저희가 정리하는데 도움이 많이 되겠습니다.

토 론 자 : 서강대학교 임지봉입니다.

좋은 발표 잘 들었고 좋은 지정토론도 잘 들었습니다. 그런데 저는 발표나 지정토론은 보면 헌법불합치는 필요한 것이다라는 것을 전제로 깔면서, 그런데 헌법불합치가 좀 더 합리적으로 활용되기 위해서는 방승주 교수님도 그랬고 남복현 교수님도 그랬고 한정헌법불합치 주문형식 도입이 필요하다는 데까지 나가셨습니다.

발 표 자 : 저는 그게 필요없다고 하는 입장입니다.

토 론 자 : 그러세요. 저는 헌법불합치도 남용되어서는 안 된다는 입장이거든요. 사실 논리적으로는 위헌이면 위헌 합헌이면 합헌 그게 맞지요. 1기 변정수 재판관님이 말씀하셨듯이. 그런데 위헌결정이 남발되면 법적안정성이 깨지고 법적 공백이 생기니까 그런 현실적 필요성 때문에 변형결정이 그중에서도 헌법불합치가 도입되고 활용되고 있는 것으로 압니다만, 제가 볼 때는 우리 헌법재판소에는 헌법불합치결정의 남용이 너무 지나치다. 그냥 위헌결정 해 주어야 될 사안도 헌법불합치로 간다. 그런데 헌법불합치결정이 헌법재판소에서 나는 경우 6인이 헌법불합치 이런 식으로 나는 경우도 있습니다만 예를 들어서 야간옥외집회금지규정 같은 경우 5인이 위헌하고 2인이 헌법불합치해서 이게 7인의 헌법불합치로 나가는 경우라든지, 동성동본금혼규정 헌법불합치도 그랬지요. 5인이 위헌인데 6인의 위헌정족수에 미달해서 2인의 헌법불합치와 합쳐지면서 7인의 헌법불합치 이런 식으로 나가는 것이거든요. 저는 그게 무엇을 의미하느냐? 우리 헌법재판소 재판관들이 위헌을 위헌이라 선언할 수 있는 용기가 부족한 것 아니냐? 무슨 법적공백, 법적혼란의 방지 그런 것을 명분으로 듭니다만 물론 그런게 필요한 경우도 있습니다. 여기도 나옵니다만 선거법 같은 것, 갑자기 위헌선언 해 버리면 법도 없이 선거를 치루라는게 되니까요. 그런데 그렇게 필요하지 않은 경우까지도 사실은 용기있게 위헌이라고 이야기할 수 있는 6인이 없어서 사실 헌법불합치가 나오는 경우도 굉장히 많다는 것이지요. 그래서 헌법불합치라는게 사실은 합헌부분과 위헌부분의 구획이 불명확한 경우에 헌법불합치를 사용하기도 하지 않습니까? 이게 헌법불합치 사용의 정당화 근거중에 하나인데, 그러면 헌법재판관들이 보기에도 합헌인 부분과 위헌인 부분을 구획하기가 불분명하고 어려우면 헌법불합치결정을 받은 것에 대해서 개선입법을 해야 할 국회의원들은 그러면 헌법재판관들보다 더 낫습니까? 오히려 더 못하지요. 그러니까 합헌, 위헌인 부분을 구분이 명확하지 않아서 헌법불합치로 한다 이거는 사실은 저는 굉장히 헌법재판관들이 뭐랄까요 위헌을 할 수 있었는데 위헌을 안하고 모든 것을 국회에게 너무 떠넘기는 것이 아닌가? 그래서 결론적으로 말씀드리면 저는 헌법불합치남용이 자제되어야 되고

특히 한정헌법불합치 이런 것 도입하는 것은 우리가 좀 더 생각을 해 볼 면이 있지 않나 생각합니다.

사 회 자 : 알겠습니다.

또 다른 말씀하실 분.

토 론 자 : 안녕하십니까? 헌법재판연구원 국제조사연구팀장으로 일하고 있는 정광현입니다.

일단 남복현 교수님의 지정토론문과 관련해서 의견을 한 가지 말씀드리고 싶은데요. 부진정입법부작위가 꼭 어떠한 규율대상자를 배제하는 조항으로 읽혀야하는지 아니면 그 부분이 입법의 공백으로 남아있는 것인지? 남아있는 채로 위헌성을 다툴 수도 있지 않을까 그런 생각을 해봅니다. 이것이 입법자가 아주 명백하게 어떤 특정한 대상자를 기부채납한 경우를 포함시키지 아니한 것 이런 식으로 입법자가 명시적인 그런 명백한 의사를 가지고 있었는지 아닌지가 불확실할 수도 있는데 입법자가 그런 의사가 있다고 간주할 수가 있는지 항상, 불확실한 경우에 그냥 입법의 공백인 상태로 그거를 문제 삼을 여지가 있지 않을까 그런 생각을 해봅니다. 그렇기 때문에 부진정입법부작위가 항상 그런 어떤 규율대상의 배제로 입법자가 규율대상을 배제한 적극적인 규율을 한 것으로 보기는 어렵지 않을까? 그렇다면 여기서 남는 것은 입법공백인 상태로 합헌, 위헌여부를 판단하는 것이고 그런 판단에 있어서는 항상 어느 정도 법관에 의한 법보충의 문제가 남는 것이고 그 한계가 어느 정도까지 허용될 것인가 하는 문제하고도 연관되리라고 생각합니다.

법관의 법보충이 이 부분과 관련해서는 오늘 발제해주신 방승주 교수님의 부분과도 연관이 되는데 입법자가 어떤 경과규정에 미진한 점이 있다든가 할 경우에 법관이 법보충을 해서 위헌성을 제거하는 쪽으로 노력해야 되는 것 아닌가라는 취지셨던 것 같습니다. 그렇지만 그것이 법관의 법보충의 영역인지 아니면 역시 여전히 입법자가 규율해야 할 영역으로 남아있는 것은 아닌지 그거는 이론의 여지가 있지 않을까 생각을 합니다. 적어도 헌법재판소가 헌법불합치결정을 할 적에는 그것은 함부로 법보충을 해서는 아니되고 그것이 입법자가 결정하는 것이 옳다라는 헌법적인 판단에 의해서 한 것이라고 본다면 그런 것들을 설혹 입법자가 불충분하게 입법을 개정했다 하더라도 그것이 여전히 입법자의 손에 남아있는 것이지 법관이 법보충을 함부로 하려고 해서는 오히려 헌법적 한계를 침해하지 않을까 생각합니다.

그리고 임지봉 교수님의 문제제기와 관련해서 이론의 여지는 있을 수 있겠습니다만 저도 어느 쪽이다 그런 확신을 하는 것은 아니지만 형벌조항과 관련해서는 그런 경우가 있을 수 있습니다. 그러니까 어떤 대상자를 처벌의 대상으로 했을 때 그것이 모든 경우에 있어서 다 위헌인 것은 아니고 이 처벌의 대상자로 테두리를 그었을 적에 그것이 과잉포함되었다 내지는 과소포함되었다 이런 것으로 인해서 과잉포함된 한도의 그 영역에 한해서만 위헌성이 발견되는 경우가 있을 수가 있습니다.

그런데 구체적으로 어떤 사람이 과잉으로 포함된 것인지 아닌지 이런 것은 우리가 재판소원제도가 도입이 안 되어 있으니까 구체적인 사건을 결부지어서 한다면 훨씬 파악이 쉽겠지만 추상적으로 그것을 구획을 지키라는 것은 어려울 수 있지 않을까 그런 상상을 한번 해봅니다. 그런 경우에는 역시 입법자가 일차적인 책임을 지고 입법을 통해서 과잉된 부분을 제거하려고 하는 노력을 먼저 시도해야 되지 않을까라는 생각을 하고 있고요. 만약에 이렇게 규범통제의 형식을 빌어서 헌법불합치를 하게 되면 그것으로 입법자가 일차적인 입법개선의무를 이행하라는 취지이고 그렇게 할 경우에는 형벌조항과 관련한 당해 당사자들이 여러 명 있을 수 있는데 그런 당사자들에게 유리한 입법이 이루어진 것으로 처리를 하는 식으로 할 여지가 있기 때문에 또 그런 실용성이 상당히 있으리라 생각합니다.

모든 경우에 다 위헌인 것이 아니라 과잉포함된 부분만 위헌이라고 할 경우에는 그 과잉포함된 부분을 결국은 구획을 나누기가 어려운 경우가 충분히 있으리라고 생각을 합니다. 그렇기 때문에 제가 꼭 그 결정과 관련해서 예를 들어서 야간집회와 관련한 그 헌재의 결정과 관련해서 여러 가지 이론이 있음을 부정하는 것은 아닌데 다만 그런 실용성이 있지 않을까 저 나름대로 생각한 것을 말씀드립니다.

이상입니다.

토 론 자 : 방금 말씀하신 부분 같은 경우는 헌법불합치가 필요한 경우겠지요.

제가 이야기하는 것은 필요없는 부분까지 너무 남용된다는 것입니다.

사 회 자 : 또 다른 분.

간단히 해 주시지요. 본인이 누군가도 말씀해 주시고.

토 론 자 : 황치연 연구관입니다.

매번 헌법불합치결정에서 많이 논문이 발표되는 데도 논란이 계속되는 이유는 헌법불합치결정의 논리구조를 정확하게 파악하고 있지 않기 때문에 그렇지 않은가 이런 생각이 듭니다. 먼저 헌법재판소가 판단을 내릴 시점, 선고할 시점에 위헌성의 확인이 반드시 있습니다. 두 번째 일정한 시간, 기간 그거를 유예기간이라고 하든 과도경과규율이라고 하든 어떤 시간적제약, 위헌확인한 내용을 시간적으로 제약하는 측면 그래서 계속적용이라든지 또는 적용중지라든지 이런 기간이 있습니다.

그리고 세 번째로는 개선입법에 의한 소급처리입니다. 개선입법에 의한 소급처리 이 세 가지 구조를 동시적으로 이해를 해야 되는데 국회에서 이 세 가지를 어떤 것을 빠뜨리고 개선입법에 의한 소급처리에서 소급적인 경과규율을 소홀히 한다거나 또 유예기간동안은 계속적용이면 계속적용인 것이지 법원이 그거를 또 해석을 해서 어떻게 하고 그런게 아닙니다. 그러니까 개선입법에 의한 소급처리가 제대로 되면 계속적용을 하든 잠정적용을 하든 문제가 발생하는게 아닙니다. 다만 그 기간동안만 과도적으로 처리한다는 것이지요 법적안정성을 위해서.

그래서 이러한 불합치결정의 논리구조를 명확히 한다면 첫 번째로 한정위헌결정과 불합치결정은 호환형식이 아니다. 한정위헌결정은 위헌확인의 내용을 내용적으로 한정하는 것이고 불합치결정은 시기적으로 제한하는 것이기 때문에 한정위헌결정을 회피하는 수단으로 불합치결정이 내려지면 아니된다는 것이지요. 그리고 또 남복현 교수님께서 말씀하신 한정적불합치결정 이거는 전형적인 한정위헌결정인겁니다. 독일어 표현을 했을 때 '운페어라임바 주어바이트' 전형적인 '주어바이트 인니시티카이트' 결정입니다. 그런 것을 독일에서는 '페어파숭스 비이드리히' 위헌이라는 말과 '운페어'라는 말은 똑같은 말입니다. 독일에서는 무효결정이 정형결정이기 때문에 그게 운페어라임바든 페어파숭스 비이드리히라든지 '다헤어니쉬티히' 이렇게 되는 겁니다. 그러니까 독일어를 직역하는 측면에서 한정적불합치결정은 우리가 말하는 전형적인 한정위헌결정을 말하는 겁니다.

그리고 또 남교수님께서는 유예기간을 설정할 때 그거를 효력이 소멸되는 것으로 하는 것을 계속 지론적으로 효력 소멸되지 않는 것이다 이거를 여기 와서 또 말씀하시는데, 유예기간을 설정한 것에 대해서 입법부가 입법의무를 해태했을 때 그 위헌 상태를 처리하지 못한 불이익을 국민에게 돌릴 수가 없으니까 국민은 그거를 혜택을 받아야 되는 겁니다. 그래서 기한을 설정한 위헌의 내용을 가진 그 법률은 효력을 상실하는게 원칙이지요. 그래서 첫 번째로 생각되는 것은 불합치결정의 논리구조를 정확히 이해를 해서 법원이나 국회가 그거를 이해를 해야 하는 겁니다.

다만 우리나라의 불합치결정에서는 약간 특수한 문제가 있어요. 결정정족수의 문제에 있어서 6인 이상을 요하기 때문에 1인의 불합치의견이 사실상 5인의 위헌의견을 흡수해 버리는, 오히려 5인의 재판관의 수의 등가성에서 봤을 때는 5인의 의견이 왜 1인의 불합치의견보다 보팅의 가치가 적겠는가? 이렇게 생각하는

데도 불구하고 그러한 특수성 때문에 왜곡되는 측면, 아까 또 한정위헌과 불합치 결정이 호환형식이 아닌데 또 대법원과의 특수한 한정위헌결정을 효력을 부인하는 관계에서 어떻게 하면 조화적으로 할 것인가? 이런 측면에서 또 왜곡되는 측면, 또 개선입법에 의한 소급처리에 있어서 국회가 제대로 인식을 못하고 있는 측면 이런 측면이 불합치결정을 많이 왜곡시키는 현실이 아닌가 이렇게 생각합니다.

이상입니다.

사 회 자 : 또 하실 말씀 있는 분 있으면 손 들어주십시오.

이황희 연구관님.

토 론 자 : 이황희 연구관입니다.

방교수님 발표 잘 들었습니다. 많이 배웠고요. 그리고 앞에 다른 분들께서 질문하셔서 저는 개인적인 사소한 질문 두 개만 해보겠습니다.

지성수 연구관님께서 토론하신 내용인데 저는 이해를 그렇게 했는데 국회에서 소급효를 하지 않는 입법을 했을 때 법원이 소급적용을 한 것에 대해서 교수님께서 긍정적으로 해석을 하셨는데, 여기에 대해서 이거는 법을 만드는 사람과 적용하는 사람의 역할을 권력분립의 원칙에 비추어 볼 때 이게 큰 틀에서 봤을 때 바람직한 것이냐, 당해사건의 결론에서 볼 때는 바람직하다고 볼 수 있는 측면이 있을 수 있지만 전체적인 우리 헌법이 예정하고 있는 절차라는 이런 관점에서 봤을 때는 그것을 그렇게 얘기할 수 있는지 의문입니다.

두 번째는 교수님께서 잠정적용헌법불합치를 말씀하시면서 합헌적인 부분은 가려서 계속적용을 하는게 맞다고 하셨는데 저도 그 취지에는 동감을 합니다만, 일단 임지봉 교수님께서 말씀하셨듯이 재판관님들도 합헌인 부분과 위헌인 부분이 잘 판단이 안가는 상황에서 헌법불합치를 했는데 당해법원에서 알아서 합헌인 부분을 적용을 하라고 하면 첫 번째 의문은 그 합헌적인 경계가 생각만큼 뚜렷하게 잘 나타날 수 있을지 의문입니다. 가령 야간옥외집회 위헌이라고 했을 때 5인은 허가제라서 위헌이고 나머지 2인은 시간적인 과잉금지부분 했는데 그러면 혹자는 10시까지는 합헌이다고 생각할 것이고 혹자는 자정까지는 괜찮다고 생각할 것이고 이런 다양한 스펙트럼이 있는데 그 판단을 어떻게 할 것이며, 또 그것을 판사님 개인한테 맡겼을 때 1심에서 굉장히 다양하고 사람마다 다른 결론이 나오는데 그러면 그것을 우리사회가 법적안정성이라는 측면에서 수인을 하는 것이 바람직한 것인지 그 부분에 대해서 여쭙고 싶습니다.

사 회 자 : 또 하시고 싶은 말씀 있으면, 이제 거의 마지막입니다.

없으면 정리하도록 하겠습니다.

제가 한 가지만 말씀드리자면 임지봉 교수님 5명 단순위헌에 한 두분 불합치 이거는 우리 주문결정방식의 문제이기 때문에 그거는 불합치결정하고는 큰 관계는 없는 것 같다는게 제 생각이고요.

나머지 부분에 대해서 일단은 어떤 분이 먼저 하시겠습니까? 하시고 싶은 말씀이 많을 텐데, 남복현 교수님한테 말씀하신 분들이 여러분이 있었는데 한번 말씀해 보시지요.

지정토론자 : 우선 정광현 연구관님 … 그거 맞습니다. 맞고요. 특별히 이유 없습니다. 그런데 한 가지 있는 것은 뭐냐하면 대부분 문제가 되는 것은 불합리한 차별기준을 설정함으로 인해서 배제가 되는 경우가 많습니다.

적극적으로 입법의 공백이었던 경우도 있는 것 같고, 사실 엄격하게 추적해 보지는 않았는데 많은 경우 차별기준을 설정하는데 있어서 잘못 설정해 가지고 그래서 이루어진 경우가 많더라.

그다음에 부수적으로 느껴지는 것 중에 하나는 그거를 갖다가 진정입법부작위로 처리했다가는 위헌확인결정을 내야 되거든요. 그런데 이 헌재쪽에서 그런 경험이 없었기 때문에 일부러, 소수의견에서 나왔던 것 같기는 한데 그래서 일부러 에둘러 가신 것 아닌가 저는 그렇게 생각을 해봤습니다. 그래서 그 부분에 대해서는 사실은 별 차이가 없다는 것을 말씀드리고 싶고.

그다음에 황치연 연구관님 말씀하신 것, 한정위헌과 불합치는 호환대상이 아니다, 맞습니다. 호환대상이 아니다, 저도 인정을 하고요.

그다음에 법률해석과 법률내용의 문제에 있어서 저는 그런 생각을 갖는 겁니다. 왜 이렇게까지 분석을 하냐면 현재 결정주문에서는 계속적용하라고 그랬단 말이지요. 심판대상을 제한하지 않고. 그러다보니까 실제 쟁점이 결정주문에 반영이 안 되는 겁니다. 그러다보니까 어떤 문제가 생기느냐 하면 우리는 결정주문의 기속력을 얘기하거든요. 그런데 결정주문에 반영이 안 되었는데 그러면 어디 이유 찾아보면 저 끄트머리에 그런 얘기가 있어요. 그러면 그거를 갖다가 알아서 처리해 달라고 하는 건데 그게 이 헌재 결정에서 맞는 태도냐? 그거는 아니라는 거지요. 기속력의 측면에서 보면. 물론 저 같은 경우 중요한 이유의 기속력을 인정하는 입장이기 때문에 그 정도까지도 양해할 수 있다 이렇게 주장을 하기는 하지만 그러나 그거는 바람직한 것은 아니다.

이상입니다.

사 회 자 : 방교수님, 아까부터 하시고 싶은 얘기가 많을 텐데 해보십시오.

발 표 자 : 제일 문제가 되고 있는 것 중에 하나가 아까 임지봉 교수님도 지

적해 주신 부분이고 여러분들이 말씀하시면서 얘기가 나왔는데 합헌부분과 위헌부분이 합해져 있는 부분, 그럴 경우에 헌법불합치결정을 하고 그거를 정당화사유로 삼는 것 같다 임지봉 교수님 그렇게 말씀하셨어요. 저는 이미 선행연구에서 합헌부분과 위헌부분이 섞여있다고 하는 이유로 헌법불합치결정을 하는 것은 타당하지 않다고 분명하게 지적한바 있습니다. 그런 경우에는 오히려 그거를 골라내서 한정위헌 내지 한정적용위헌으로 그렇게 하는 것이 맞겠다.

간략하게 이유를 말씀드리겠습니다.

과잉금지심사에서 우리가 최소침해성원칙 위반여부를 심사를 하게 되면 보다 덜 침해적인 다른 수단이 없었는가 이거를 심사를 하게 되고, 그거 생각하다보면 결국에는 과잉한 침해다라고 하는 결론을 내릴 때 우리가 양적인 것과 질적인 것으로 둘로 나누어서 해볼 수 있습니다. 질적인 부분은 예를 들어서 형벌을 주는데 너무 과도하게 10년 정도 줘도 될 것을 30년을 줬다든가 이게 질적인 것이 될 것입니다. 양적인 과잉제한, 앞서 것을 질적인 과잉제한이라고 한다면 두 번째 것은 우리가 양적인 과잉제한이라고 할 때는 거기는 범위나 대상을 들 수가 있을 것입니다. 인적범위나 대상. 그러면 질적인 과잉제한의 경우는 바로 위헌선언 해버리면 되지요. 그다음에 양적 대상적 과잉제한의 경우는 그거는 떨어뜨려볼 수 있으려면 충분히 떨어뜨려볼 수 있습니다. 그럴 때 그거를 적절히 떨어뜨려서 대법원이 아무리 뭐라고 얘기하든 간에 한정위헌의 필요성은 분명히 있고 동서고금을 막론하고 법률에 대한 헌법합치적해석의 일환으로서 다 쓰고 있는 것입니다. 그래서 너무 그거를 대법원의 눈치보면서 헌법불합치쪽으로 몰고 가는 것은 저도 적당하지 않다 이런 말씀을 드리고요.

그다음에 정광현 연구관님도 지적이 나왔고, 이황희 연구관님도 중요한 지적이 나왔고 아까 우리 지성수 연구관님이 질문해 주셨는데 제가 포괄적으로 대답하다보니까 그거 말씀을 못 드렸던 것 같습니다.

뭐냐하면 소급입법이 없을 때 법원이 경과규정을 한다라고 하는 것은 그거는 맞지 않지 않느냐, 권력분립의 원칙에 위반되는 것 아니냐 이런 말씀이신거지요. 그런데 그거는 오히려 권력분립의 원칙이다라고 하는 것을 잘 해석해야 되고 헌법에는 권력분립원칙만이 있는 것이 아니라 실질적 정의, 기본권이라고 하는 것이 있습니다. 예를 들어서 당해사건 당사자가 열심히 싸워서 와서 헌법불합치결정을 이끌어냈어요. 승소했단 말이지요, 헌재에서는. 그런데 이거는 여러 가지 전반적인 관점에서 국회가 개정하도록 했고 가능하다면 이거는 당해사건에까지 소급시켜주는 것이 맞겠다라고 헌재가 분명히 확인을 했음에도 불구하고 국회가 게을러서 그거를 포함을 안 시켰다 이런 얘기입니다. 그러면 법원이 그거를 소급적용해서 개정법률을 오히려 해석을 통해서 소급적용해서 한 것은 이거는 헌재결정의 기속력에 합하는 해석인 것이지요. 우리가 평면적으로 딱해서 그거는 권력분립의 원칙에 맞지 않는 것 아니냐. 입법자가 오히려 헌법재판소결정의 기속력을 처음부터 반한 것이지요. 기본권이 그렇게 요구했었고 실질적 관점에서 위헌적인 판단을 헌재가 일단 한 상태에서 당해사건에 대해서 그 범위만 우리가 알 수 없을 뿐 입법자가 결정하는 범위내에서 당해사건까지 소급해서 구제하라고 했음에도 불구하고 그거를 해 주지 않았다고 할 것 같으면 국회는 그거는 흠결을 보였던 것이고, 거기에 대해서 흠결보충작업이 오히려 법치국가적관점에서 당연히 요청되는 것이다 이렇게 말씀을 드릴 수 있기 때문에 권력분립에 위반되는 문제는 발생하지 않는다고 생각될 것 같습니다.

그다음에 이황희 연구관님 두 번째 잠정적인 계속적용과 관련해서 합헌적인 부분하고 위헌적인 부분의 경계가 모호하기 때문에 합헌적인 부분을 계속적용시키는 것이 만만치 않은 일이다 이런 말씀해 주셨거든요. 충분히 그럴 수 있을 것 같습니다.

충분히 그럴 수 있을 것 같은데 그럼에도 불구하고 헌법재판소가 긍정적 관점에서 이 법률의 적극적이고 긍정적인 관점에서 살려둘 부분이 있어야 되는 것을 분명하게 명확하게 가려낸 부분이 있다고 할 것 같으면 그거는 계속적용해 줘야 될 것 같아요. 야간옥외집회 같은 경우에 있어서 10시냐 12시냐 이거는 정말 입법자가 결단해야 될 문제일 것 같지요. 그것을 어떻게 헌재가 10시다 12시다. 아니면 용기를 내서 12시로 결정하려면 할 수도 있다고 봅니다. 야간에 집회 좀 하면 어때요? 시끄러울 따름인 것이고, 질서가 무너지게 되면 그거는 경찰력을 동원해서 적절히 형법으로 대처를 할 수 있어요. 충분히 할 수 있기 때문에 오히려 그것을 무조건 집회·시위의 자유의 헌법적보장이 있음에도 불구하고 그거를 무조건 야간에는 집회를 할 수 없다고 하는 생각을 가지고 있는 것 자체가 오히려 처음부터 문제인 것 아닌가 그런 생각이 들어서 어쨌거나 이 케이스에서는 그렇고.

그런데 예를 들어서 아까도 제가 국적법 사건 말씀을 드렸고 또 그 밖에 기부채납한 그런 경우라든가 이런 것들 쭉 보면 너무 과잉포함을 했다든가 아니면 포함하지 않은 것이 문제가 되는 거예요. 그러면 과잉포함 했을 때는 포함된 것을 제거해 버리고서 그 나머지 영역을 계속적용하면 되는 것이고, 포함이 안 된 것이 문제가 되었을 때는 안된 것 자체가 문제이기 때문에 기존에 법률은 계속적용 해야 되는 것이지요. 오히려 그것을 입법자가 적극적으로 끌어들이는 것만이 문제가 되는 것이니까. 그래서 오히려 평등의 원칙 위반사례의 경우 헌법불합치결정을 내리는 것이 보통이지만 그러나 이 경우에도 주의를 해야 됩니다. 평등을 회복시키는 즉 합헌성을 회복시키는 방법이 여러 가지인 경우에는 입법자에게 형성의 자유를 주고 입법자에게 일임을 하는게 맞지만, 오로지 한쪽 방향으로만 결정하는 것만이 합헌성을 회복시킬 수 있는 유일한 방법이 될 때는 이때는 곧바로 위헌선언을 하고 헌재가 그거를 결정을 해버릴 수도 있는 것입니다. 너무 두려워할 필요는 없을 것 같아요. 그렇게 해서 이 경과적인 규율에 관한 한 정말 여러 가지 것들이 문제가 있을 수 있는데 헌법재판소가 확실하게 자신있게 결정할 수 있는 범위 내에서는 확실하게 해 주는게 좋겠다. 그리고 소급적용의 문제까지도 그것이 계속적인 명령이든 적용중지를 명하는 명령이든 소급적용의 경우까지도 명백하게 밝혀 주면 국회가 책임을 벗어나지 않을까 하는 생각이 듭니다.

그다음에 제가 주의삼아 이게 나중에 녹음이 되고 책으로 출판되어서 국민에게 다나가기 때문에, 아까 황치연 연구관님 말씀하신부분 앞부분 제가 동의하고요. 뒷부분 약간, 독일 연방헌법재판소 결정주문과 관련해서 운페어라임바 그리고 페어파숭스 비이드리스 조바이트로 나오는 것 이것이 헌법불합치결정인데 그게 한정위헌인 것은 아닙니다. 한정위헌의 경우는 조바이트라고 하는 표현을 쓰지 않고 '마스까베데어그린데' 어떠어떠한 해석의 범위내에서 이 법률은 헌법에 위반되지 아니한다 이런 표현을 쓰기 때문에 우리가 조바이트라고 하는 표현을 썼다고 해서 그것이 우리식의 한정위헌이 되는 것은 아니고 그거는 아마 표현상의 잘못이신 것 같습니다만,

토 론 자 : 제가 직접 설명을 해야 될 것 같은데요. 그거는 '이유에 정하는 바에 따라서' 이 표현은 옛날에 한정위헌이 초창기에 나오는 형태로서 굉장히 불안정하기 때문에 주문에 명시적으로 표현하는 방법으로 하는 겁니다. 그래 가지고 이유에 설시하는 바에 따라서 합헌이다 위헌이다, 이것이 한정합헌, 한정위헌과 마찬가지로 뭐뭐하는 한 위헌이다, 헌법에 합치하지 아니한다, 이 말은 한정위헌 결정인겁니다.

발 표 자 : 지금 제가 말씀드린거예요. 그러니까 헌법불합치결정이 한정위헌이다라고 하는 말씀을 아까 말씀하셨기 때문에 헌법불합치결정이 한정위헌결정인 것은 아니다.

토 론 자 : 아니지요. 조바이트에 걸리는 운페어라임바가 한정위헌결정이라는 거예요.

발 표 자 : 그게 아니다 이거예요 한정위헌이, 그게 헌법불합치결정이다 이런

얘기입니다. 그거는 그렇게 정리하고요, 그렇게 해서 대충 다 말씀을 드린 것 같습니다.

사 회 자 : 수고하셨습니다.

황박사님하고 분쟁은 나중에 두 분이 조용히 가서 해결하시기 바랍니다.

대충토론이 다 끝난 것 같은데 그래도 꼭 한마디를 하시겠다고 생각하시는 분이? 예, 지성수 연구관.

지정토론자 : 제가 한 가지만 말씀드리고 싶은 것은 사실 단순위헌결정이나 헌법불합치결정은 그 직접적인 수범자가 약간 차이가 있다고 생각을 합니다.

단순위헌의 결정에는 그 직접적인 수범자는 사실 법원이 될 것이고, 불합치결정의 경우에는 저는 그게 입법부라고 생각을 하거든요. 그래서 전체적으로 국민의 기본권을 구제하는 것 찬성합니다. 그리고 당연히 그래야 된다고 생각을 하고.

그런데 불합치결정시에 입법부가 입법을 헌재가 얘기한 것에 충분하게 따르지 않는 그런 불충분한 입법을 했다 치면 그래서 그게 설사 법원 입장으로서는 마음에 안 든다 하더라도 그거 마음에 안 들면 헌법이나 그 법에서 정한 정상적인 절차에 따라서 좀 더디더라도 그런 과정을 거쳐서 구제를 하라는 그런 의미로 제가 아까 지정토론문에 그렇게 쓴 것이지 그게 잠정적용이나 적용중지의 경우에 입법이 불충분해서 구제되지 못하는 그런 사람들을 그냥 배제하는 것이 당연하다 이런 취지로 제가 토론문을 쓴 것은 아니거든요. 약간 그 부분에서 오해가 있는 것 같아서 말씀을 드립니다.

토 론 자 : 짧게 제 의견을 보충하겠습니다.

법관의 법보충에 있어서 저는 경우를 나눌 수 있지 않을까 생각합니다.

예를 들어서 수혜적처분이 있는 경우와 침익적처분으로만 구성된 경우. 예를 들어서 수혜적처분으로서 어떤 예산과 직접적으로 연관성이 있는 경우라면 법관이 법보충을 한다고 해서 의회의 예산권을 사실상 대신 행사하는 것은 헌법의 원칙에 위배되지 않을까라는 생각이 들고요.

그다음에 침익적인 경우 예를 들어서 형사처벌조항 같은 경우라면 그런 경우라면 상황에 따라서는 법관의 법형성도 가능하지 않을까? 예를 들어서 불충분하게 소급적용을 시키는 경우라든가 이런 경우에는 어쨌거나 합헌적인 법률에 근거해서 처벌을 하든가 해야 되는데 위헌성을 충분히 제거하지 않은 법률로 처벌하는 결과가 되기 때문에 그런 경우라면 설혹 입법자가 경과규정을 잘못 마련한다든가 하는 경우에 있어서도 법관의 법보충이 가능하지 않을까?

그리고 만약에 침익적처분의 경우에도 삼각관계가 문제되는 경우도 있을 수 있다고 생각합니다. 예를 들어서 국가와 시민사회관계만이 아니고 국가와 시민과 시민 이런 삼각관계가 형성될 수 있는데, 가령 예를 들면 국세징수법상의 어떤 조항이 문제가 되어서 배당을 받을 만한 다른 시민의 이익이 문제되는 경우 이런 경우도 있을 수 있고, 이렇게 여러 가지 수혜적인 경우와 침익적인 경우 그리고 그것이 헌법불합치선언을 하게 되는 이유, 논거 예를 들어서 평등원칙의 실현을 위해서 불합치를 하는 것인지 아니면 혼란을 방지하기 위해서 하는 것인지 그런 것들을 다 케이스를 나누어 가지고 법관의 법형성범위를 좀 더 세밀하게 하면 좋지 않을까? 모든 데 있어서 법관이 법형성을 할 수 없다 금지된다 그런 취지는 아니었습니다.

이상입니다.

지정토론자 : 평등의 원칙 아까 말씀하셨는데 평등의 원칙을 해소하는 방법은 세 가지 있습니다.

하나는 특혜 받는 거 잘라버리는 방법이 있고, 둘째 특혜 못받은 계쟁집단한테 특혜주라고 하는 방법이 있고, 세 번째로는 그 중간에 어느 선을 알아서 그어라 그게 불합치결정이지요. 그렇게 세 가지, 선택은 그 사안에 맞추어 가지고 하는 거 아닌가 싶습니다. 그런데 우리 헌재는 이제까지 많은 부분을 불합치로 했지요. 그겁니다.

사 회 자 : 수고 많이 하셨습니다.

이제 마무리를 해야 될 시간이 되었습니다.

불합치에 대한 것은 밤새 얘기해도 끝이 없고 저도 여러 가지 물어보고 싶은 것 있는데 꾹 참고 가겠습니다.

회장님께서 마지막으로 마무리 말씀해 주시고 마치도록 하겠습니다.

회 장 : 제가 헌재에 와서 지금 시각의 가장 곤혹스러운 문제가 헌법불합치입니다.

말을 하자면 정말 길어질 것 같은데 억제 억제해서 말씀을 드리겠습니다.

재판관이 정치적 고려 때문에 혹은 눈치로서 너무 불합치를 남용하고 있다, 또 대법원의 눈치를 보아서 불합치하는 것은 아니냐, 혹시나 그렇게 생각했다면 그것은 저로서는 굉장히 억울한 일인 것 같습니다.

문제는 불합치를 보는 본질적인 문제가 있습니다. 그게 뭐냐하면 지금 헌재가 불합치사유를 인정하는 그 세 가지 사유에 의한 불합치는 그 사유로 이럴 때 불합치한다고 하는 이상 불합치는 불완전위헌이라는 말이 됩니다. 불합치가 위헌이 아니고 불완전위헌이라고 생각되면 합의할 때도 위헌이 다섯 의견, 불합치가

한 의견이면 불합치로 주문이 나갑니다. 왜 그러냐하면 이거는 합헌에 가까운 쪽이니까.

그런데 불합치가 전혀 불완전한 것은 아니고 위헌이다. 그런데 불합치는 위헌이지만 단순위헌을 하게 되면 법적공백이 생기고 사회혼란 국가혼란이 생겨서 도저히 단순위헌을 할 수 없는 사정이다 이럴 때 불합치한다, 불합치 사정이 그렇게만 되면 이때까지 우리 헌재에서 불합치해야 될 이유가 별로 없습니다. 별로 없었어요.

예컨대 아까 집시법을 얘기했는데 집시법에서 다섯 사람이 허가제 위반이다, 두 사람이 과잉금지위반이다, 다 위헌이지요. 그러면 일곱 명이 위헌이다 그러면 위헌이란 말이에요. 그런데 이것을 단순위헌으로 할 것인지 불합치위헌으로 할 것인지를 그 일곱사람이 다시 표결을 하거나 다수결에 의해서 결정하라면 그거 불합치 안 나갑니다. 우리가 정치적으로 눈치를 봐서 불합치한게 아니고 지금 불합치의 본질을 헌재가 20년간 그거를 독일의 것을 오해했는지 아니면 어떤지 모르지만 불완전위헌으로 본거예요. 그게 전형적인 것이 합헌부분과 위헌부분이 섞여 있을 때 불합치를 한다. 이 불합치를 인정함으로써 오늘 여러분이 정말로 많은 토의를 해도 하나로 모아지는 결론 없이 산발적인 토의가 될 수밖에 없는 겁니다. 저는 그렇게 봅니다.

지금 저도 그런 식으로 수 년간 합의에 같이 참여했는데 지금 와서 더 정확하게 말하면 한 1년 몇 개월 전부터 '아, 불합치 이런 경우에 하는 것이 아니구나.' 합헌부분, 위헌부분이 섞여있는 법이 위헌이 문제가 되었을 때는 헌법재판소는 어떠한 노력을 하더라도 위헌부분을 가려내야 됩니다. 가려내어서 그것에 대해서 한정해서 일부를 위헌해야 되고 나머지 부분은 살려줘야지요. 그런데 섞여있어서 모르겠다 말이지요. 가려낼 수 없었다. 법률행위의 일부무효이론에서 우리가 그러지요. 일부가 무효일 때는 일부무효를 하고 일부를 구획해낼 수 없을 때는 어쩌지요? 전부무효입니다. 불합치 유효·무효 이런 식의 효력이 있는게 아니에요. 전부무효다. 그러면 간단하잖아요. 입법을 할 때 위헌부분, 합헌부분이 있는 것을 가려내지 않고 입법한 그 자체가 위헌이지요. 그렇지 않습니까? 그러면 간단합니다.

그런데 지금 헌재가 수십 년간 불합치를 주로 위헌부분, 합헌부분이 섞여있을 때 헌재가 어째서 합헌부분을 위헌화 할 수 있느냐? 그거는 안 되지 않느냐. 국회에서 그것을 가려내게 하는 것이 입법권을 존중하는 것이다 이렇게 하는데, 그렇게 하다보니까 아까 우리 임교수가 적절히 지적하듯이 헌재가 몰라요 우선. 헌재가 위헌인지 합헌인지 구분을 못해요. 그런데 헌재결정의 기속력이 있는 것은 위헌부분에 관해서 기속력이 있지 않습니까? 그러면 기속력이 있는 범위를 헌재가 모른다는 말이에요. 국회에서 가려내라 했으니까. 국회인들 압니까? 몰라요. 그래서 우리는 불합치하면 국회에서 소급입법을 뭐 어찌해야 된다는데 국회의 소급입법도 국회입법권을 존중해준다고·· 소급입법도 입법권 범위 안인데 국회가 소급입법 안하면 또 우리가 적절하게 해석하고 이것이 모두가 출발에서 이렇게 헝클어버렸기 때문에 이렇게 되는 것 아니냐. 국회가 또 모르는데 법원인들 압니까?

법원에서 헌가사건이나 혹은 당사자가 헌바사건이나 법원에서 이법이 내가 이 사건을 해결하는데 이게 위헌같다, 그럴 때 우리 헌재에서 어찌합니까? 그거는 이 사건하는데 전제가 안돼 이러면 각하하잖아요. 전제가 된다할 때 위헌 들어간다 말이지요. 위헌 들어가면 법원에서 본안판단을 해야 되면 위헌이냐 아니냐 물었으면 답을 해 주면 됩니다. 불합치는 답이 아니에요. 답이 아니니까 법원에서 어떻게 합니까? 모르는 거예요 그냥. 개선입법될 때까지 하라는데 그런데 우선 개선입법이라고 하는 것은 완전한 의미에서 합헌적인 법입니까? 그것도 우리 보장 못하잖아요. 그러니까 이렇게 끝없는 혼란속에 빠져들어갑니다.

그래서 저는 여러분이 오늘 논쟁하신 그게 전부 다 저는 일리가 있다고 보는데 이런 일리가 있는 이 논쟁은 우리 헌재가 이런 식의 불합치 다시 말하면 평등권을 침해해서 전부 위헌을 하면 혜택을 받고 있는 사람도 못한다. 그거는 아까 방교수님 적절히 지적하셨듯이 그부분만을 특정해내서 불평등부분을 위헌하면 됩니다. 나는 그렇게 생각해요. 그거는 그렇고.

그다음에 합헌부분 위헌 섞여있을 때 국회의 입법권을 존중해서 개선입법에 맡기기 위해서 한다. 그거는 우리 헌재가 위헌부분을 도려내본다고요. 모든 지혜를 동원해서 특정할 수 있을 때까지 구획한다고요. 그래서 그 구획한 부분에 위헌한다 말이지요. 여기 50만원 이상이 뭐가 있었고 야간옥회집회도 그렇지요. 과잉금지라고 하는 사람들은 그럼 몇 시 이후가 과잉이냐? 답이 나와야 될 거 아닙니까? 그러면 그렇게 하자는 거지요. 위헌선 6명이 될 때까지 최대공약수로 모인 위헌부분만 선언하면 되는 거 아니냐. 12시까지는 안 되겠다, 12시에서 4시 사이까지는 괜찮고 그 이외 옥외집회도 금지하는 것이 금지된다 그거 정해야지요. 그거 정해가지고 그것을 넘는 옥외집회는 위헌이다 해 버리면 국회에서 그대로 입법하면 하면 되고 입법 안해도 그대로 효력이 생기는 거지요. 법원도 그게 들어있으면 야간옥회집회로 처벌하고 아니면 그거 할거 아닙니까? 왜 법원에서 합헌, 위헌인지 몰라서 헌재에 던졌는데 헌재에서는 불합치다 해 가지고 다시 던져주고 법원에서는, 아까 그랬지요? 법원에서는 합헌적 부분은 계속 적용하라는 취지이니 무엇이 합헌적부분인지 그 해석을 또 법원에 떠넘긴다. 법원은 이 조문 읽어가지고 위헌이다 싶어서 헌재에 던졌는데 이제는 혹이 더 붙어서 헌재 결정문까지 봐가면서 위헌부분을 가려내야 된다 말이에요. 헌재에서 그런 일하면 법원이 그래 놓으니까 적용중지헌법불합치는 위헌과 하등 다를바 없다, 할 말이 없어요 저는. 법원의 그런 공박에 대해서 헌재가 아무 할 말이 없다고요.

어차피 그러니까 이게 우리 법에 있는 것이 아니고 우리가 독일의 이론이나 이런 것을 참작해서 우리가 만들어 낸 불합치라면 나는 좀 분명하게 확정적인 사유가 있을 때 불합치를 하고 그런 과정을 뒤를 돌아보면 저는 한 수십 건 불합치에 동조한 결정을 했는데 참 불합치한게 자신 있고 잘했다 하는 것은 재외국민들 선거에 관한 그겁니다. 선거법 그거는 불합치를 안 하면 또 보궐선거가 오면 국가가 어떻게 되느냐 이 말이에요. 이런 것은 위헌이지만 계속해야 된다, 도리가 없다, 새로 입법될 때까지는 하자. 그러니까 저는 헌법불합치를 할 때는 반드시 잠정적용입니다, 잠정적용. 그런 사유로 인해서 불합치를 할 때는 잠정적용 해야지요. 그 외에는 단순위헌하든지 도려내서 한정위헌을 하든지 그런 식으로 해야지 불합치를 해 놓으면 우리 헌재도 그 구분을 모르겠다 하고 국회도 모르겠고 법원도 모르겠고 이러면 국민은 어떡합니까?

그런 식에서 지금 저는 더 근본적으로 헌재가 앞으로 헌법불합치사유를 더 정립해서 헌법불합치의 본질을 좀 뚜렷이 드러내야 될 것 아니냐. 거기에 관해시 지금 우리학자 여러분들이나 연구관들도 사실 깊은 연구가 필요하다고 봅니다.

앞으로도 그 방면에 관해서 연구가 되고 새로 불합치의 본질이 정립이 되면 오늘 이와 같은 논쟁도 사실은 별 의미가 없지 않을까 싶은 생각이 들어서 오늘 조금, 저도 워낙 몇 년간 고통을 받았던 일들이라서 목소리를 약간 높여서 말씀을 드렸습니다.

감사합니다.

간 사 : 이상으로 제115회 헌법실무연구회 정기발표회를 모두 마치도록 하겠습니다.

제116회(2011. 12. 9.) 발표문

불매운동의 표현행위의 업무방해죄 구성과 합헌적 법률해석의 통제기준

— 서울중앙지방법원 2009노677 판결을 중심으로 —

김 진 한*

Ⅰ. 서 론

전통적인 법률 해석방법은 법률이 그 상위규범인 헌법과의 관계에서 갈등을 일으키는 경우 과연 그 법률을 어떻게 해석하여야 할 것인가와 관련하여 해답을 제공하지 못한다. 법률의 전통적인 해석 방법은 최고규범성을 가지고 있는 헌법을 인식하기 이전의 역사 단계의 창조물이기 때문이다.

법률이 그 상위규범인 헌법과의 관계에서 갈등을 일으키는 경우 합헌적 법률해석 방법이 사용된다. 합헌적 법률해석이란 외형상 위헌적으로 보이는 법률이라 할지라도 그것이 헌법의 정신에 맞도록 해석될 여지가 있는 한 이를 쉽사리 위헌이라고 판단해서는 아니 된다고 하는 법률의 해석원칙을 말한다. 구체적 사건을 판단하는 법원이 사안에 적용할 법률조항을 해석한 결과, 합헌적인 결과를 가져오는 해석이 가능한 경우라면 해당 법원은 해당 법률조항을 헌법과 기본권에 합치하는 방향으로 해석하여야 한다.

법원이 헌법과 기본권을 고려하지 아니하고 법률조항을 해석함으로써 위헌적인 결과를 가져오는 해석을 하는 경우에는 이를 통제하고 교정해야 함이 원칙이다. 그런데 우리의 현행 사법시스템은 재판에 대한 헌법소원을 허용하고 있지 아니하므로 헌법에 의한 규범통제기관인 헌법재판소에 의한 합헌적 법률해석의 통제가능성이 차단되어 있다. 본 논문의 Ⅱ.장은 과연 이와 같은 시스템의 문제점은 무엇이고, 현재의 시스템 하에서 문제해결을 위한 대안은 어떤 것이 있을 것인지, 그리고 현행 제도 하에서 대법원이 하급법원의 합헌적 법률해석을 통제한다면 과

* 전 헌법연구관, 인하대학교 법학전문대학원 교수.

연 어느 범위에서 통제할 것인가에 관하여 논의하고 있다.

한편, 평석대상인 서울중앙지법 2009노677 사건은 신문사 광고중단 운동의 표현행위에 대하여 업무방해죄를 적용하여 유죄판단을 하였다. 과연 합헌적 법률해석의 원칙에 비추어 볼 때 과연 이 사건 판결이 정당화 될 수 있을 것인지 살펴보기로 한다.

논문의 Ⅲ.장에서는 기존의 공동정범의 이론 및 판례를 살펴보고, 과연 업무방해죄의 구성요건 해석에 비추어 과연 이 사건 판결이 정당화 될 수 있을 것인지 살펴보기로 한다. 독일 및 미국의 합헌적 법률해석의 한 방법 가운데 엄격해석의 원칙이 있는바, 과연 동 판결은 그와 같은 기준에 부합하는 것인지 살펴본다.

평석대상인 판결에서 문제가 된 것은 신문사 광고중단을 촉구하고 선동하는 표현행위이다. 이와 같은 표현행위는 소비자운동이라고 해석할 수도 있지만, 공적인 관심사에 관한 표현행위로서 헌법상의 표현의 자유, 즉 언론 및 출판의 자유 등의 규정에 의하여 보장되는 행위이다. 평석대상 판결인 위 서울중앙지방법원 판결은 이와 같은 표현행위를 형사처벌하고 있다. 논문의 Ⅳ.장에서는 헌법상 보장되는 기본권인 언론 및 출판의 자유와 관련하여 문제된 행위를 선전하고, 선동하는 행위를 형사처벌하는 것이 과연 합헌적 법률해석에 합당한 해석인지 여부에 관하여 살펴보기로 한다.

Ⅱ. 합헌적 법률해석의 원칙과 위헌적 법률해석의 통제범위

1. 합헌적 법률해석의 원칙의 의의 및 근거

가. 합헌적 법률해석 원칙의 의의

법률해석의 전통적이고 고전적인 방법은 Savigny의 4단계 해석방법이다. 이에 따르면 법률의 해석은 법률의 문의적인 해석을 기본바탕으로 하되, 그 정확한 의미를 찾아내기 위해서는 문법적, 논리적, 체계적 해석방법을 동원해야 한다. 그런데 이와 같은 전통적인 해석방법은 법률이 그 상위규범인 헌법과의 관계에서 갈등을 일으키는 경우 과연 그 법률을 어떻게 해석하여야 할 것인가와 관련하여 해답을 제공하지 못한다. 법률의 전통적인 해석 방법은 최고규범성을 가지고 있는 헌법, 그와 같은 헌법을 기준으로 하여 법률의 위헌 여부를 판단하는 헌법재판을 인식하기 이전의 역사 단계의 해석방법이기 때문이다.

법률이 그 상위규범인 헌법과의 관계에서 갈등을 일으키는 경우 합헌적 법률해석 방법이 사용된다. 합헌적 법률해석이란 외형상 위헌적으로 보이는 법률이라 할지라도 그것이 헌법의 정신에 맞도록 해석될 여지가 있는 한 이를 쉽사리 위헌이라고 판단해서는 아니 된다고 하는 법률의 해석원칙을 말한다. 즉, 법률을 법문의 범주 내에서 여러 가지로 해석할 수 있고 그 해석에 따라 때로는 위헌적인 결과를 때로는 합헌적인 결과를 가져온다면 합헌적인 결과에 이르는 해석방법을 채택해야 한다는 것을 의미한다.[1)]

물론 이와 같은 법률의 합헌적인 해석은 해석의 대상인 법률이 '다의적인 해석의 가능성'을 가지고 있으며, 그 해석 가능성 가운데 합헌적인 해석 가능성도 가지고 있다는 점을 그 전제로 하고 있다. 만일 해석대상인 법률에 대한 합헌적인 해석이 불가능한 경우에는 해당 법률조항에 대한 위헌판단을 하여야 한다. 즉, 우리의 사법시스템 하에서는 재판기관인 법원은 헌법재판소에 해당 법률조항에 대한 위헌제청을 하여야 하며, 헌법재판소도 해당 법률조항에 대하여 무리하게 합헌적인 법률해석을 할 것이 아니라 해당 법률조항에 대한 무효를 선언함이 타당하다.

나. 법률의 합헌적 해석 원칙의 근거

(1) 헌법의 최고규범성

헌법이 가지는 최고규범성은 헌법을 정정으로 하는 법질서을 요구하고 있기 때문에 헌법은 하위법의 효력의 근거이며 동시에 그 해석의 기준이 된다. 어떤 법률규범이 합헌적인 해석과 위헌적인 해석을 동시에 가능케 하는 다의적인 내용으로 되어 있는 경우에는 헌법에 부합하는 해석을 함이 당연하다.[2)]

(2) 법질서의 통일성

헌법을 최고법으로 하는 통일적인 법체계를 가지고 있다. 헌법에 내포된 Konsens 적인 가치가 하위법에 의해 구체화되고 실현됨으로써 사회공동체가 헌법의 테두리 안에서 조직될 수 있다. 한 사회공동체의 모든 법규범은 결과적으로 헌법의 내용을 실현시키는 것에 불과하기 때문에 마땅히 헌법적인 윤곽에서 일정한 통일성이 유지되어야 한다. 입법기능이 헌법의 테두리를 벗어나는 경우에는 법률해석적인 방법에 의하여 이를 법질서의 테두리 안으로 끌어들일 필요가 있다.[3)]

---

1) 허영, 한국헌법론, 박영사(1996년), 77; 한수웅, 헌법학, 법문사(2011년), 51면.

2) 허영, 전게서, 79면.

(3) 권력분립 및 입법자 존중의 정신

법률의 합헌적 해석은 권력분립의 사상과도 밀접한 관계가 있다. 국가기능이 입법, 행정, 사법으로 나누어져 행사되고 있는 경우에 입법권의 행사에 의하여 법률을 제정하는 것은 헌법적 수권을 근거로 헌법을 실현시키는 것이다. 법률제정도 원칙적으로 헌법을 구체화시키는 국가작용에 속하고, 이 입법작용은 헌법해석을 그 행동의 기초로 하고 있다고 보는 것이 상당하다. 따라서 헌법이 허용하는 범위 내에서 합헌적 법률해석을 통하여 입법자가 의도하는 바의 최대한이 가능하면 유지될 것을 요청한다. 법률을 합헌적으로 해석하여 운용할 수 있음에도 불구하고 이에 대하여 위헌결정을 하는 것은 현실적으로 불필요할 뿐 아니라 권력분립 및 입법자 존중의 관점에서 볼 때 바람직하지 아니하다.[4)]

2. 법률의 합헌적 해석의 한계와 규범통제

가. 법률의 합헌적 해석의 한계

입법권에 대한 존중은 합헌적 법률해석의 근거이자 동시에 한계를 제시한다. 법률의 합헌적 해석의 명목으로 입법권의 침해가 이루어지면 아니 된다. 법률의 합헌적 해석의 근거가 입법권에 대한 존중이기 때문이다. 따라서 사법기관은 법률을 해석함에 있어 해석대상이 되는 법조문의 문의적 한계와 법목적적 한계를 준수해야 한다.[5)]

문의적 한계란 해석의 대상이 되는 법문이 담고 있는 의미의 한계를 벗어나는 해석을 하여서는 아니됨을 의미한다. 법목적적 한계란 법률제정자가 해당 법률조항의 입법의 목적을 근본적으로 변경시키는 해석을 하여서는 아니됨을 의미한다.

따라서 이와 같은 한계를 벗어나는 해석을 하지 아니하고는 합헌적인 해석이 불가능한 경우 재판기관인 법원은 헌법재판소에 해당 법률조항에 대한 위헌제청을 하여야 하며, 헌법재판소도 해당 법률조항에 대하여 무리하게 합헌적인 법률해석을 할 것이 아니라 해당 법률조항에 대한 무효를 선언함이 상당하다.

---

3) 허영, 전게서, 78-79면, 이는 특히 헌법에 위반되는 법률해석을 금지하는 원리와 관련되는 근거이다. 한수웅, 전게서, 53면, 한수웅 교수는 법질서의 통일성은 합헌적 법률해석 이외에도 법률에 대한 위헌결정이나 부분위헌결정을 통하여 실현될 수 있으므로, 법질서의 통일성은 단지 헌법에 위반되는 법률해석을 금지하는 것일 뿐, 그 자체로서 합헌적 법률해석을 할 것을 요청하는 것은 아니라고 하고 있다.

4) 허영, 전게서, 79면; 한수웅, 전게서, 53면.

5) 허영, 전게서, 81면; 한수웅, 전게서, 55면.

나. 합헌적 법률해석과 규범통제와의 상호관계

법률의 합헌적 해석과 법률에 대한 규범통제는 개념적으로 구별된다. 법률의 합헌적 해석과 법률에 대한 규범통제는 모두 헌법의 최고규범성을 그 공통적인 이론적 근거로 하고 있다. 하지만 법률의 합헌적 해석은 헌법이 일종의 해석규칙(Ausregungsregel)으로서 기능하는 경우이고, 법률에 대한 규범통제는 헌법이 저촉규칙(Kollisionsregel)으로서 기능하는 경우이다.[6]

(1) 법률해석기관과 합헌적 법률해석

헌법이 해석규칙으로서 작동하는 합헌적 법률해석의 원칙은 법률의 해석 단계에서 주로 문제된다. 구체적 사건을 판단하는 법원이 사안에 적용할 법률조항을 해석한 결과 합헌적인 결과를 가져오는 해석이 가능하다면 해당 법원은 해당 법률조항을 헌법과 기본권에 합치하는 방향으로 해석하여야 한다. 헌법을 고려하지 아니하고 해당 법률조항을 해석함으로써 위헌적인 결과를 가져오는 해석을 하는 경우, 이는 위헌적인 법률해석이라고 할 것이다.

(2) 규범통제기관과 합헌적 법률해석

법률의 해석결과 합헌적으로 해석할 수 있는 가능성이 없는 경우에는 해당 법률조항에 대하여 위헌 판단을 하여야 한다. 이와 같이 법률의 위헌 여부를 판단하는 규범통제의 단계에서는 헌법이 저촉규칙으로서 기능하는 것이다.

한편, 해석규칙으로서의 합헌적 법률해석은 규범통제단계에서도 작용한다. 합헌적 법률해석의 원칙은 합헌적 해석의 가능성이 있는 법률로 하여금 가급적 그 효력을 지속시키도록 한다는 규범적 의미를 가지고 있는바, 규범통제의 측면에서 법률의 합헌적 해석은 가급적 위헌판단을 자제하여 법률의 효력을 지속시키도록 하는 해석규칙으로서 기능하는 것이다.

또한 합헌적 법률해석은 법률의 해석 가능성의 일부가 합헌적이지 아니한 경우에는 그 위헌적인 해석의 가능성을 가지고 있는 일부에 대하여 위헌으로 판단하고 그 해석가능성을 차단한다고 하는 적극적인 의미를 가지고 있기도 하다. 이와 같은 적극적인 의미의 합헌적 법률해석은 합헌적 법률해석과 규범통제가 결합되어 있어 상호 교차하는 경우로서 헌법이 해석규칙으로서 기능할 뿐 아니라 저촉규칙으로서 기능한다. 이와 같이 법률에 대한 합헌적 해석의 원칙과 법률에 대한 규범통제의 기능이 서로 교차하는 경우, 합헌적 법률해석은 규범통제기관에게 헌법재판소에게는 법률해석의 방법인 동시에 위헌결정의 한 형식이 된다.[7]

6) 허영, 전게서, 77면.

3. 법원이 합헌적 법률해석에 따르지 아니한 경우의 해석 통제

가. 헌법의 규범구조적 특징과 합헌적 법률해석의 헌법 정책적 한계

합헌적 법률해석의 해석 대상은 헌법이 아니라 법률이다. 하지만 합헌적 법률해석은 법률을 해석하는 과정에서 법률해석의 지침을 제공하는 헌법규범에 대한 해석을 하게 된다. 구체적인 헌법 조문의 규범내용과 효력이 확정되지 아니한다면 헌법에 합치하는 법률해석이란 존재할 수 없기 때문에 합헌적 법률해석은 헌법의 해석을 전제로 하는 것이다.

그런데 헌법은 일반적인 법률과 그 규범구조의 측면에서 다른 특성을 가지고 있다. 헌법은 여러 정치세력 간에 공존을 위한 정치적 타협의 과정을 거쳐서 성립되고, 정치현실이 내포하고 있는 가치의 세계를 규범화함으로써 정치현실의 안정화를 촉진시키는 것이기 때문에 유동성, 추상성, 개방성, 미완성 등의 특징을 가지고 있다.[8] 헌법은 이와 같은 규범구조적 특징으로 인하여 광범위한 해석이 가능하고, 적용범위의 한계가 명확하지 아니하기 때문에 헌법의 영역과 법률의 영역의 구분이 쉽지 아니하다. 그리하여 모든 법률의 해석 문제는 헌법 해석의 문제로 전화될 수 있고, 극단적인 경우 모든 법률의 해석은 헌법과 갈등을 일으키는 문제로 판단할 수 있다.

헌법의 영역과 법률의 영역의 구분을 일반적으로 부인함으로써 법률의 독자성을 부인하는 이와 같은 관점은 법원의 독자적인 법률해석 권한과 법률해석의 독자적인 영역을 부인하는 관점으로서 바람직한 결과를 가져오기 어렵다. 이와 같은 관점을 극단적으로 끌고 가는 경우에는 오로지 헌법의 실현만으로 법치주의를 실현하고자 하는 시도로까지 나아갈 가능성도 있다. 또한 앞서 살펴본 바와 같이 자유로운 해석의 가능성을 가지고 있는 헌법의 그 규범구조적 특징으로 인하여 과도한 합헌적 법률해석은 법적 안정성의 침해 또는 법원에 의한 자의적 판단의 가능성이라고 하는 위험을 발생시킬 수도 있다. 합헌적인 법률해석은 종래의 고전적인 4단계 법률해석 방법을 대치하는 법률해석 방법이 아니라 종래의 해석방법에 따른 법률의 의미가 헌법과 갈등관계를 이룰 경우 보완적·보충적인 해석방법인 것이다.

---

7) 합헌적 법률해석의 기술로서의 다양한 변형결정의 내용에 관하여는 허영, 전게서, 82-83면.

8) 허영, 전게서, 25면.

나. 위헌적 법률해석을 통제하는 독일 헌법재판소의 기준

구체적인 사법판단에서 과연 어느 영역과 유형의 법률에 관하여 어느 정도의 헌법해석을 도입할 것인가, 합헌적 법률해석을 그르친 해석 중 과연 어느 범위의 것을 위헌적 해석으로서 통제할 것인가의 문제는 중요한 사법판단이라고 할 수 있다.

(1) 재판소원과 위헌적 법률해석의 통제

독일은 우리와 달리 재판에 대한 헌법소원을 인정하고 있다(독일기본법 제93조 제1항 제4a호, 독일연방헌법재판소법 제90조 제1항). 연방헌법재판소는 법원에 대한 재판소원을 통하여 법원이 해석·적용한 개별법률에 대한 판단, 사실판단, 증거판단 등을 심사하는 것은 아니며, 특정 헌법규정의 위반여부만을 검토한다. 따라서 법원이 헌법규정의 적용을 간과하거나, 법률의 해석·적용을 특정 헌법조항에 위반되게 한 경우만을 통제하게 된다.[9] 따라서 재판에 대한 헌법소원은 통상의 불복절차와는 다른 비상의 구제절차이다. 따라서 통상의 불복절차에 이어서 추가로 불복할 수 있는 절차, 즉 초상고심이 아니라, 통상의 소송절차와는 다른 최후의 보충적 권리구제절차이다.[10]

재판소원 제도를 통하여 법원의 법률 해석이 헌법에 위반되는 경우를 통제한다는 의미는 법원이 법률해석을 함에 있어 헌법을 고려한 합헌적인 법률해석을 하지 아니한 경우를 통제한다는 의미로 이해할 수 있다. 그런데 독일 헌법재판소는 일반적인 법률해석의 독자성과 헌법재판소와 구분되는 일반법원의 법률해석권을 존중하고자 하는 취지에서 일정한 범위와 기준 내에서 통제하고 있다.

(2) Heck 공식

연방헌법재판소는 이미 활동 초기인 1958년부터 재판소원의 심사범위와 한계에 관하여 원칙적인 입장을 표시하였다. 즉, 독일 헌법재판소는 법원의 재판이 기본권을 직접적으로 침해한 경우에만 이를 심사한다는 입장을 명확히 하였다.[11]

즉, 재판절차를 정하는 문제, 사실관계를 확정하고 평가하는 문제, 법률을 해석해서 개별적인 사건에 적용하는 문제 등은 오로지 일반법원의 고유한 권한이기 때문에 연방헌법재판소가 간섭할 사안이 아니며, 오로지 일반법원이 특별히 헌법을 침해한 경우에만 헌법재판소가 법원의 재판을 심판하게 된다고 한다. 그런데

---

9) 유병현, 독일 법원의 구조와 재판소원제도, 법조, 2011, 127면.

10) 유병현, 전게 논문, 111면.

11) 허영, 헌법소송법론, 박영사(2008년), 41-42면.

법원이 법률해석을 잘못하여 객관적으로 타당하지 아니한 재판을 한 것만으로는 특별히 헌법을 침해한 것으로 볼 수 없고, 그 잘못된 재판이 기본권을 존중하지 않은 데 기인하는 경우에만 헌법을 침해한 재판이 된다고 한다.[12)]

(3) Schumann 공식

재판소원의 대상이 된 재판이 입법권자가 법규범으로 정립하지 않을 것으로 추정되는 법적 결과를 인정하는 경우라야 한다는 관점이다.

법원이 구체적인 사건에 단순히 법률규정을 해석하고 적용하는 것이 아니라, 법률규정을 보완·형성하여 재판한 경우 이는 전통적 의미의 법률해석이 아니라 일종의 '법관의 법(Richterrecht)'을 정립한 것이라고 볼 수 있고, 법관이 형성한 법은 입법자가 형성한 법과 동일하게 헌법과 기본권의 통제를 받아야 한다는 것이다. 즉, 법관이 형성한 법의 내용도 입법권자가 형성한 법의 내용처럼 기본권을 존중해야 하는데, 만일 법관의 법이 입법권자가 제정한 법의 내용으로는 인정하기 어려운 내용을 내포하고 있다면 당연히 재판소원을 통해 규제할 수밖에 없다는 것이다. 이 이론은 법관에게 주어진 법 발견 내지 법 형성의 한계를 명백히 함으로써 재판소원의 심사범위를 확정하려는 입장으로서 독일 헌법재판소의 판례에 많은 영향을 미쳤다.[13)]

(4) 침해진지성 이론(Theorie der Eingriffsintensität)

독일 연방헌법재판소가 Heck 공식을 보완하여 1976년 정립한 이론이 침해진지성 이론이다. 기본권을 직접적으로 침해한 경우에만 통제한다는 기존의 Heck 공식을 유지하면서 재판소원의 심사범위를 경직되게 운영하기 보다는 개별적인 사건의 내용에 따라 탄력적이고 유동적인 기준을 적용하여야 한다는 기준이다. 유동적인 기준을 설정함에 있어서는 기본권 침해의 진지성을 고려한다.[14)]

법원의 재판이 구체적인 사건에서 실질적인 의미를 갖는 기본권의 의미와 보호영역에 관한 잘못된 인식에 근거하여 이루어진 경우라도 당사자의 기본권 침해 정도에 따라 상이한 통제가 이루어져야 하므로 기본권 침해의 정도가 큰 경우에만 이를 통제한다는 것이다.[15)]

(5) 소　결

독일의 사법체계에서 일반법원은 법률을 해석함에 있어 원칙적으로 독자적인

---

12) BVerfGE, 18, 85(92, 93) 참조; 허영 전게서, 같은 면에서 인용.

13) 허영, 전게서, 43면; BVerfGE 59, 231.

14) 허영, 전게서, 44면.

15) BVerfGE 42, 143.

권한을 가지고 이를 해석할 수 있으며, 이를 구체적인 사실관계에 적용한다. 독일 헌법재판소의 재판소원에 관한 이론은 헌법이 법률해석의 모든 영역을 통제하는 것은 바람직하지 아니하다는 관점, 법원의 합헌적 법률해석의 책무와 관련하여 일반법원에게 독자적인 권한을 부여한다는 측면에서 가급적 연방헌법재판소의 권한 행사를 자제하고자 한다.

법률 해석의 독자적인 영역, 일반법원의 독자적 법률해석 권한을 존중하는 것은 중요하며 이는 권력분립의 관점뿐 아니라 법원의 법률해석 권한을 존중하기 위하여도 필요한 관점이다. 하지만 법원이 법률해석을 함에 있어서 헌법으로부터 자유로운 해석을 할 수 있는 권한, 특히 기본권으로부터 자유로운 해석을 할 수 있는 권한까지 인정하는 것은 아니다. 따라서 법원은 법률을 해석함에 있어 관련된 헌법원칙, 기본권의 의미, 기본권 보호영역의 내용에 합치하는 법률해석을 하여야 하는 것이고, 그 해석이 위헌적인 경우는 재판소원을 통하여 통제하는 것이다. 과연 어느 범위에서 위헌적인 법률해석으로 판단할 것인가와 관련하여 독일 연방헌법재판소는 다양한 기준을 모색하고 있는바, 구체적인 사안을 고려하여 일반법원의 법률해석의 결과 기본권의 침해정도가 심각한 경우에는 법률해석에 개입하여 통제하고 있다.

다. 미국의 '심각한 위헌 의심 회피의 법리'

(1) '심각한 위헌 의심 회피의 법리'(Serious Constitutional Doubts Canon)

입법권은 헌법상의 권한 내에서 행사된 것으로 추정되고, 따라서 법률의 합헌성은 추정된다(Presumption in Favor of Constitutionality).[16] 이와 같은 합헌성 추정은 해당 법률이 위헌적이라는 점이 명백하게 입증되거나, 유권적인 권한을 가지 법원이 해당 법률의 위헌성을 선언하는 경우에 깨어지는 것인바,[17] 법률의 위헌성을 다투는 자는 그 법률의 위헌성을 입증하여야 한다.[18]

법률의 합헌성 추정의 원칙으로부터 '심각한 위헌 의심 회피의 법리(Serious Constitutional Doubts Canon)'가 도출된다. 어떠한 법률이 합헌적인 해석과 위헌적인 해석이 모두 가능한 경우에는 합헌적인 방향으로 해석함으로써 해당 법률의 위헌

16) 이와 같은 합헌성 추정의 원칙은 법률에 한하여 인정되는 것이 아니며 법률 및 입법부의 행위에 대하여 일반적으로 인정된다. Clements v. Fashing, 457 U.S. 957, 102 S. Ct. 2836, 73 L. Ed. 2d 508 (1982). 또한 같은 추정의 원칙이 행정부의 권한행사에 대하여도 인정된다. U.S. v. Rock Royal Co-op., 307 U.S. 533, 59 S. Ct. 993, 83 L. Ed. 1446 (1939).

17) Deltona Corp. v. Bailey, 336 So. 2d 1163 (Fla. 1976), Mitchell v. Drake, 172 Ind. App. 376, 360 N.E.2d 195 (3d Dist. 1977), Gulf Oil Corp. v. State Mineral Bd., 317 So. 2d 576 (La. 1974).

18) People v. Schmidt, 345 Ill. Dec. 120, 938 N.E.2d 559 (App. Ct. 3d Dist. 2010).

여부 판단을 회피하여야 한다는 법리이다. 미국 헌법상 '심각한 위헌 의심 회피의 법리'는 해당 법률이 불명확하여 위헌적이라고 판단받지 아니할 정도로 명확한 법률일 것을 요구한다. 그리고 해당 법률조항에 대한 해석으로 두 가지 이상의 해석 방식이 가능하여야 하며, 그 가운데 하나의 해석방법이 위헌성에 관한 심각한 문제점을 제기할 경우에 적용된다. Louis Brandeis 대법관은 이 법리를 다음과 같이 설명하였다.

> 의회가 제정한 법률에 대하여 위헌성 논의가 제기된 경우에 법원이 첫 번째로 수행하여야 할 중요한 임무는 그와 같은 위헌성의 의심을 회피하는 해석이 가능할 것인지 검토하는 것이다.[19]

한편, 현대적 의미의 '심각한 위헌 의심 회피의 법리'는 위에서 살펴본 고전적 의미에서 한 걸음 더 나아간다. 그리하여 오늘날 '심각한 위헌 의심 회피의 법리'는 해당 법률을 제정한 의회의 입법목적에 명백하게 어긋나지 아니하는 한 합헌적인 방향으로 해석함으로써 위헌성 여부의 판단을 회피하는 데에까지 확장되고 있다.[20]

미국 헌법상 '심각한 위헌 의심 회피의 법리'는 법원이 가능한 합헌적인 방법으로 법률을 해석해야 한다는 규범적 의미로부터 도출된 법리라는 점에서는 우리의 합헌적 법률해석의 원칙과 유사하지만, 가급적 법률의 위헌 판단을 하지 아니한다는 법리에 그치는 것이 아니라 가급적 위헌적인 쟁점을 피하는 방식으로 해석하여야 한다는 의미까지 포함하고 있다는 점에서 우리의 합헌적 법률해석의 원칙과 구별된다.

(2) '심각한 위헌 의심 회피의 법리'(Serious Constitutional Doubts Canon)의 정당화의 근거 및 한계

(가) '심각한 위헌 의심 회피'의 법리의 정당화 근거

사건의 당사자가 적용될 법률의 위헌성을 제기하는 경우, 법원은 그와 같은 해석이 입법자의 입법의도에 명백하게 반하지 아니하는 한 위헌성이 제기되지 아니할 수 있는 방향으로 해석함으로써 그 위헌성 여부의 판단 자체를 회피하고자 한다. 이는 법률의 위헌성 여부 판단에 관한 법리가 아니라 법률의 합헌적인 해석

19) Ashwander v. Tenn. Valley Auth., 297 U.S. 288, 348 (1936) (Brandeis, J., 별개의견).

20) Ernest A. Young, Constitutional Avoidance, Resistance Norms, and the Preservation of Judicial Review, 78 Tex. L. Rev. 1549, 1575 (2000).

방법에 관한 법리라고 할 것인바, 다음과 같은 근거 하에 인정되고 있다.

첫째, 법률의 합헌성의 추정에 근거를 두고 있다. 민주적 정당성을 가지고 있는 의회는 헌법의 한계 내에서 입법활동을 할 것을 신뢰할 수 있으며, 법률의 합헌성은 추정되는 것이다. '심각한 위헌 의심 회피'의 법리는 이와 같은 법률의 합헌성 추정의 원칙에 그 근거를 두고 있다.[21)]

둘째, 헌법적 판단의 자제의 가치에 근거를 두고 있다. 불가결하지 아니한 경우에도 법률에 대한 위헌 여부 판단을 남발하는 경우에는 헌법해석에 관한 잘못된 선례를 만들어낼 가능성이 있다. 특히, 연방대법원이 헌법에 관한 유권적 해석을 하는 경우, 이는 헌법적 효력을 갖게 되므로 그 해석을 그르친 경우에는 연방대법원 스스로 이를 수정하지 아니하는 이상 입법자도 이를 교정할 수 없는 등 쉽게 해결하기 어려운 문제가 발생하며, 사법에 대한 신뢰에도 심각한 영향을 미친다는 점에 근거를 두고 있다.[22)]

셋째, '심각한 위헌 의심 회피의 법리'는 법률 해석을 통하여 법률을 통한 헌법을 실현하는 방법이라는 점에 근거를 두고 있다.[23)] 심각한 위헌 의심 회피의 법리는 기본권을 제한하는 법률에 대하여는 위헌성의 의심이 없도록 기본권을 옹호하는 방식으로 해석하며, 헌법조문에 위반되는 의심이 있는 경우에는 해당 법률조항의 기술적·문의적 해석 결과를 실현하는 방향이 아니라 문제된 헌법조문이 담고 있는 가치를 실현하는 방법으로 해석하게 된다. 결국, '심각한 위헌 의심 회피의 법리'가 적용되면 그 소송의 결론은 해당 법률조항에 대하여 위헌판단이 내려진 것과 같은 결론을 택하게 된다. '심각한 위헌 의심 회피의 법리'는 결과적으로 헌법의 가치를 적극적으로 실현하는 해석방법인 것이다.[24)]

(나) 한 계

'심각한 위헌 의심 회피의 법리'는 사법권에 입법의 권한을 부여하는 것은 아니다. 따라서 법률의 합헌적 해석을 위하여 해당 법률조항의 문의에 대하여 합리적으로 가능하지 아니한 방식으로 해석을 하는 것은 허용될 수 없고,[25)] 또한 입법자의 입법의도와 전혀 다른 해석을 하는 방식의 해석은 허용될 수 없다.[26)]

---

21) NLRB v. Catholic Bishop of Chi., 440 U.S. 490, 501 (1979); Clark v. Martinez, 543 U.S. 371.

22) William N. Eskridge, Jr. et al., Legislation: Statutes and the Creation of Public Policy 348 (2001).

23) Ernest A. Young, 전게 논문, 1585; William N. Eskridge, Jr., Dynamic Statutory Interpretation 286 (1994).

24) Ernest A. Young, 전게 논문, 1587-1588; Clark v. Martinez, 543 U.S. 371, 382-383 (2005).

25) U.S. v. Stevens, 130 S. Ct. 1577 (2010).

26) Stern v. Marshall, 131 S. Ct. 2594 (2011).

따라서 문제된 법률의 명백한 문구에 의하여 합헌적인 해석이 불가능하거나, 어떠한 해석에 의하여도 위헌성을 도저히 회피할 수 없는 경우에 법원은 해당 법률에 대하여 위헌 판단을 하여야 할 책임이 있는 것이다.[27)]

'심각한 위헌 의심 회피'의 법리는 구체적인 타당성을 구현하는 상태에서 헌법적 쟁점에 관한 판단을 자제하고자 하는 논의이다. 법률의 위헌성 쟁점을 회피하고자 하는 것은 굳이 헌법적 쟁점, 즉 법률의 위헌 여부의 쟁점을 판단하는 것이 해당 사안의 타당한 결론을 도출하는 것에 필수불가결한 것이 아닌 경우에는 법률의 위헌 여부 판단을 쟁점으로 삼지 아니하고 가급적 법률의 합헌적 해석을 통하여 타당한 결론을 도출하고자 하는 것이다.

(다) 법률의 합헌적 해석과 엄격한 해석의 원칙

'심각한 위헌 의심 회피'의 법리는 구체적인 타당성을 구현하는 상태에서 헌법적 쟁점에 관한 판단을 자제하고자 하는 논의이다. 법률의 위헌성 쟁점을 회피하고자 하는 것은 굳이 헌법적 쟁점, 즉 법률의 위헌 여부의 쟁점을 판단하지 아니하고도 사안의 타당한 결론, 즉 헌법적 가치를 실질적으로 실현하는 결론을 도출하는 것이 가능한 경우에는 법률의 위헌 여부 판단을 쟁점으로 삼지 아니하고 가급적 법률의 합헌적 해석을 통하여 타당한 결론을 도출하고자 하는 것이다.

'심각한 위헌 의심 회피'의 법리의 한 구현방법으로 엄격 해석의 원칙이 존재한다. 이는 법률의 합헌적 해석을 위하여 법률의 위헌성 문제가 제기될 수 있는 문언을 가능한 한 좁게 해석하는 법리이다. 하지만 이와 같은 법리는 법률 문언상 가능한 경우에 적용된다.[28)]

엄격하게 한정된 좁은 해석을 통하여 법률의 합헌적 해석을 하는 방법은 기본권을 제한하는 법률조항, 특히 형사처벌 조항에 대하여 적용된다. 기본권을 침해하는 의심이 있는 법률은 해당 법률조항의 규범적 의미를 엄격하게 해석함으로써 해당 법률조항을 적용하지 아니하는 방식으로 해결한다.[29)]

다만, 이와 같은 해결은 문제된 법률조항을 당해 사안에 적용되지 아니하는 것으로 해석하는 것이 입법의도에 명백하게 반하지 아니하는 경우에 가능한 것이며, 입법취지와 명백하게 조화되지 아니하는 경우에는 해당 법률조항에 대한 위헌 판단을 하는 것이 원칙이다.

---

27) William N. Eskridge, Jr., Philip P. Frickey &Elizabeth Garrett, Legislation and Statutory Interpretation 349 (2000).

28) Blixt v. Blixt, 437 Mass. 649, 774 N.E.2d 1052 (2002), cert. denied, 537 U.S. 1189, 123 S. Ct. 1259, 154 L. Ed. 2d 1022 (2003).

29) Brown v. State, 868 N.E.2d 464 (Ind. 2007).

(라) 소 결

미국의 경우에는 연방대법원이 연방법의 해석에 관한 최종적인 통제를 하고 있다. 그런데 미국 연방대법원은 certiorari 관할이라고 하는 특수한 제도에 의하여 사건을 선별하여 판단하고 있다.30)

미국 연방대법원은 단일의 연방사법체계의 정점에 있는 법원으로서, 최고 규범통제기관으로서의 지위와 최고상급심의 지위를 겸하고 있기 때문에 하급심 법원의 법률해석과 헌법해석을 자유로이 통제할 수 있는 지위에 있다. 따라서 개별적인 사건에 따라 법률의 위헌여부 판단 또는 합헌적 법률해석의 판단, 일반법률의 해석의 판단 가운데 가장 효율적이고 합리적인 방안을 선택하여 판단하고, 하급심 법원의 판단을 통제할 수 있는 것이다. 그리하여, 반드시 헌법해석의 문제로 판단하지 아니하고도 헌법의 가치를 실현하는 것이 가능한 것이다. certiorari 제도를 본격적으로 도입하였던 1925년 입법과정에서 연방대법원을 헌법적 쟁점만을 다루는 법원으로 전환할 것인가에 관한 검토를 하였으나, 연방대법원이 사안에 가장 적합한 해결을 선택할 수 있는 다양한 재량을 가지고 있는 것이 타당하다는 측면에서 이와 같은 제안은 폐기되었다.31)

연방대법원은 '심각한 위헌 의심 회피의 법리'를 적용하고 있는바, 이는 가급적 위헌 여부의 판단을 자제하고자 하는 원칙이다. 헌법적인 판단을 하지 아니하고 법률의 해석을 통하여 구체적인 타당성을 갖는 결론을 내리는 법리이지만, 헌

30) 연방대법원에 대한 사법심사를 구하는 가장 일반적인 방식은 Certiorari 신청 방식이다. Certiorari 신청이란 형식적으로 살펴보았을 때 연방대법원이 하급법원을 상대로 하여 Writ of Certiorari(기록송부명령)을 발하도록 하기 위한 신청이다. 오늘날 극히 일부의 연방대법원의 원심관할 사건을 제외하고는 연방대법원에 대한 사법심사의 거의 모든 사건이 Certiorari 관할 사건으로 되었으므로, 연방대법원의 사법심사를 받고자 하는 당사자는 연방대법원에 대하여 Writ of Certiorari를 발급해줄 것을 요구하는 신청(petition)을 하여 그 신청에 대한 연방대법원의 재가 판단을 받아야 연방대법원의 사법판단을 받을 수 있게 되는 것이다. Certiorari 신청을 받은 연방대법원이 그 신청을 받아들일 것인지 여부는 어떠한 법원칙에도 기속되지 않는 자유로운 판단에 의한다. Eugene Gressman, Supreme Court Practice, BNA Books(2007). 235-241면.

31) 연방대법원이 담당하는 재판이 헌법적 쟁점에 관한 재판이고, 헌법적 쟁점 판단의 사회적·법적·정치적 중요성을 고려하여 볼 때 헌법적 쟁점 사건을 가지고 있는 사건에 대하여는 반드시 심사하도록 하는 필요적 심판사건으로 하고, 일반 법률의 해석 등 그 밖의 사건은 연방대법원이 재량으로 심사여부를 판단하도록 하는 것이 타당하지 않겠는가 하는 것이 논의되었다. William H. Taft 대법원장은 헌법적 쟁점이라고 하는 점만으로는 중요한 사건이라는 점을 보장할 수 없다는 점을 지적하며 다음과 같이 진술하였다.

"단순히 헌법적 의문만 제기하면 연방대법원이 심사하여야 한다고 생각하는 것은 잘못된 생각이다. 연방대법원은 헌법적 원칙에 기하여 판단하여 과연 그와 같은 의문이 헌법적 문제로서의 진정한 실체를 가지고 있는지 심사를 하여야 한다. 당사자의 대리인들은 연방헌법 수정 제14조, 제5조를 근거로 제시하면 시야를 흐리게 하는 안개를 피워낼 수 있다."(Edward A. Harnett, Questioning Certiorari : Some Reflections 75 Years After the Judge's Bill, 2000 CLMLR - Columbia Law Review- 1651, 1690).

법의 가치를 회피하고 법률의 해석만을 우선시하는 법리라고 이해하는 것은 커다란 오해이다. 오히려 헌법 및 기본권 침해가 문제되는 사안에서 가능하다면 법률의 해석만을 통하여 헌법의 가치를 실현하는 방향으로 결론을 내리도록 하는 원칙이라는 측면에서 헌법을 구체적·실용적으로 실현하는 법리라고 할 수 있을 뿐, 법률해석의 독자성을 앞세워 위헌적인 법률해석을 허용하는 법리는 아닌 것이다.

라. 합헌적 법률해석을 하지 아니한 재판의 최고법원에 의한 통제

(1) 우리의 사법체계와 합헌적 법률해석

우리의 현행 헌법상 헌법재판소와 법원은 기본적으로 상호 독립적인 지위를 가진다. 우리 헌법은 헌법재판소를 사법권을 가지고 있는 일반법원과는 다른 독립의 헌법재판기관으로 규정하고 있는바(헌법 제6장), 헌법재판소는 법원의 제청에 의한 법률의 위헌여부심판에 관한 관할을 부여받음으로써(헌법 제111조 제1항 제1호) 법률의 위헌여부를 판단하는 규범통제기관으로서의 독점적인 지위를 가지고 있다.

사법권은 최고법원인 대법원과 각급법원으로 조직된다고 규정하고 있다(헌법 제101조). 또한 헌법은 법률이 정하는 헌법소원에 관한 심판을 헌법재판소의 관할로 하고 있으면서도(헌법 제111조 제1항 제5호), 헌법재판소법 제68조 제1항은 법원의 재판을 헌법소원의 대상에서 제외함으로써 법원의 잘못된 헌법해서, 합헌적 법률해석에 기초하지 아니한 재판에 의한 국민의 기본권 침해에 대해서도 헌법재판소의 심사가 배제되고 있다. 그리하여 우리의 현행 사법체계상 법률의 합헌적 해석에 관한 권한은 원칙적으로 법원이 가지고 있으며 일반법원의 최고상급심인 대법원이 최종적으로 그 합헌적 법률해석의 타당성 여부를 판단하게 된다. 규범통제기관과 법해석기관이 분리되어 있으며, 재판소원 제도가 현재까지 도입되지 아니한 현재 우리의 제도 하에서는 가사 법원이 헌법에 합치하지 아니하는 법률해석을 하는 경우에도 헌법재판소가 통제할 수 있는 방법은 단절되어 있다.

독일과 미국으로부터 연원하고 있는 합헌적 법률해석의 원칙은 법률을 합헌적으로 해석하지 아니 할 경우에는 법률에 대한 위헌 판단이 지나치게 많아지게 되는 결과, 사법권에 의하여 입법자의 입법권이 침해될 가능성을 우려한 해석방법이다.

규범통제기관에 의하여 법률해석이 통제될 수 있는 시스템을 가지고 있는 이들 국가와 달리 우리의 경우에는 규범통제기관에 의한 법률해석의 통제수단이 원칙적으로 차단되어 있는 실정이다. 그리하여 합헌적 법률해석을 하지 아니하는 경우 이들 국가들과는 다른 심각한 문제가 발생한다.

첫째, 헌법과 기본권의 규범력에 문제를 발생시킨다. 규범통제기관과 법률해석기관이 분리되어 있고, 재판에 대한 헌법소원도 금지되어 있는 우리의 시스템에서는 법률해석기관인 법원이 합헌적 법률해석을 하지 아니한다면, 즉 법원이 법률을 해석함에 있어 기본권을 침해하거나 헌법에 위반되는 방식으로 법률을 해석한다면 헌법과 국민의 기본권이 직접적으로 침해받게 되는 결과가 될 뿐 아니라, 구제가능성도 없게 된다. 국민의 일상생활을 구체적으로 규율하는 법률관계에서 헌법과 기본권의 가치를 실현할 방법이 없다면 헌법과 국민의 일상생활과의 관계가 차단된 것이므로 심각한 문제라고 아니 할 수 없다.

둘째, 규범통제기관의 규범통제의 판단과 법률기관의 법률해석의 판단 사이에 모순이 발생할 수 있다. 법률의 위헌여부에 대한 판단은 과연 사법기관에서 그 법률을 어떻게 해석하는가, 법집행과정에서 어떻게 운용되고 있는가의 문제와 밀접하게 연관되어 있는 것으로, 양자는 분리할 수 없는 것이라고 할 것인바, 법원의 사법판단 단계에서 법률을 과연 어떻게 해석하고 있는가의 문제를 규범통제기관인 헌법재판소의 권한에서 절대적으로 배제하여 놓은 것은 커다란 문제이다. 헌법재판소로서는 위헌적인 법률해석을 통제할 수 없고, 법률해석·적용의 문제는 법률의 위헌여부와 구별되는 것이므로, 위헌적인 법률해석의 문제가 있는 법률도 헌법재판소의 규범통제 판단으로서는 합헌적인 판단이 내려질 수밖에 없다.

셋째, 헌법과 기본권의 효력에 관한 판단이 사법기관 사이에 불일치 할 가능성이 있다. 법률의 위헌여부를 판단하는 규범통제기관인 헌법재판소는 헌법과 기본권의 해석에 관한 최종적·유권적 판단을 하는 기관이다. 법원은 구체적인 소송사건에 적용되는 법률이 합헌적 해석을 요하는 경우 법률의 합헌적 해석의 기준이 되는 헌법조항의 의미와 효력에 관하여 판단을 하게 된다. 그런데 재판에 대한 헌법소원이 금지되어 있는 이유로 하여 법원이 이와 같은 헌법조항의 의미와 효력을 잘못 판단하는 경우에도 헌법재판소는 이를 교정할 수 있는 수단을 갖고 있지 못한다.

규범통제기관과 일반 사법기관을 분리하고 있는 우리의 사법체계 하에서 재판에 대한 헌법소원을 금지하고 있는 것은 살펴본 바와 같은 여러 가지 문제점을 노정시킨다. 이를 해결하기 위해서는 재판소원 제도를 도입하는 것이 합리적인 해결책이라고 하는 것에 학자들의 견해가 대체로 일치한다.[32] 다만, 재판소원 제도

32) 김철수, 헌법소원제도의 개선방안, 법률의 위헌결정과 헌법소원의 대상(헌법재판연구 제1권), 헌법재판소(1990), 547면 이하; 김하열, 재판에 대한 헌법소원의 필요성과 범위: 재판소원의 부분

의 도입 논의는 본 논문의 연구범위를 뛰어넘는 주제이므로 이곳에서는 재판소원 제도를 도입하지 아니한 현 사법체계 하에서는 합헌적 법률해석을 통하여 헌법의 가치를 실현하는 방법으로 어떤 방식이 있을 것인지 검토하고자 한다.

(2) 하급법원에 의한 위헌적 법률해석의 대법원에 의한 통제와 구체적으로 문제되는 영역

법률의 합헌적 해석은 법률을 통한 헌법의 가치를 구체적인 법률관계에서 실현한다고 하는 의미를 가지고 있다. 법원이 합헌적으로 법률을 해석하지 아니한 경우 최고법원이 이와 같은 법률해석을 통제하는 것은 중요하다. 기본권이 명백하게 문제되는 사안에 관하여는 법률을 해석함에 있어 기본권을 적극적으로 감안하여 합헌적 법률해석을 하여야 한다. 이와 같은 합헌적 법률해석을 하지 아니한 재판이 상급심을 통하여 교정되거나, 재판소원을 통하여 취소되지 아니할 경우 헌법의 가치는 실현될 수 없다.

(가) 대법원에 의한 합헌적 법률해석의 통제

합헌적 법률해석은 모든 국가기관에 의하여 존중되어야 하는 일반적 법률해석원칙이다. 특히 사법기능을 담당하는 기관은 입법자의 입법권을 존중하여 입법자가 제정한 규범이 가능하면 존속하고 그 효력이 유지될 수 있도록 해석하여야 한다. 따라서 합헌적 법률해석은 헌법재판소의 법률해석 및 판단을 지도하는 지침일 뿐 아니라 모든 법적용기관, 즉 법원과 행정청에 부과된 의무이다.[33]

한편, 헌법 제10조 제2문은 모든 국가기관에게 기본권 보장의무를 부여하고 있는바, 동 조항은 헌법상 기본권 조항과의 관계에서 법원의 합헌적 법률해석 의무의 구체적 근거가 된다. 그리하여 법원은 법률의 해석·적용기관으로서 법규범의 해석과 적용에서 기본권의 구속을 받게 되는바, 기본권의 가치에 비추어 법규범을 해석하고 적용하여야 한다. 또한 법원은 기본권에 위반되는 위헌적인 법규범을 합헌적인 것으로 해석하여 구체적 사건에 적용해서도 안 된다.[34]

재판에 대한 헌법소원을 인정하지 아니하는 현재의 제도 하에서 헌법이 해석규칙으로서 작용하는 합헌적 법률해석의 최종적 통제기관은 최고의 사법기관인

적 도입을 위한 시론, 헌법학연구 제16권 제4호(2010. 12), 165면 이하; 이욱한, 헌법재판소법 제68조 제1항에 대한 한정위헌결정의 문제점, 고시계(1998. 2) 115; 정종섭, 주요 국가 헌법재판제도에 관한 연구, 헌법재판연구, 철학과 현실사, 1999, 3909; 허영, 헌법소원제도의 이론과 우리 제도의 문제점, 고시연구(1989. 4), 52; 홍성방, 헌법재판소법 제68조 제1항 본문은 위헌이다, 판례월보(1998. 7) 15면; 황치연, 재판소원금지의 위헌성, 한국헌법학의 현황과 과제(금랑 김철수 교수 정년기념논문집)(1998), 1001면.

33) 한수웅, 전게서, 52면.

34) 한수웅, 전게서, 388-389면.

대법원이다. 재판에 대한 헌법소원을 금지하고 있는 현재의 제도는 법원의 헌법보장에 대한 신뢰의 표현이라고 해석한다면, 최고의 사법기관인 대법원은 헌법과 기본권을 최대한 존중하는 법률해석을 함으로써 하급심 법원의 위헌적 법률해석을 통제할 필요가 있다.

(나) 합헌적 법률해석이 구체적으로 문제되는 영역

독일 연방헌법재판소와 미국 연방대법원은 법률의 합헌적 해석과 관련한 최종적, 유권적 판단을 한다. 연방헌법재판소와 연방대법원은 유사한 법리를 개발하였는바, 법률이 합헌적으로 해석될 가능성을 가지고 있는 경우에는 가급적 합헌적으로 해석하여야 한다는 법리가 그것이다. 그리고 양 사법기관은 별개의 작동원리 하에서 움직이고 있으나 양 기관 모두 법률의 합헌적 해석을 통하여 헌법적 가치를 실현하고 있다. 이들 기관들이 형성한 법리를 참고할 때 헌법과 기본권에 합치하는 법률해석이 특히 문제되는 영역, 기본권의 해석에 따른 법률해석의 통제가 특히 문제되는 세 가지 영역이 있다.

1) 공 · 사법의 일반조항

법관에서 법률규정을 보완하고 형성할 여지를 넓게 부여한 규범의 해석이다. 이는 주로 사법의 일반조항에서 발견할 수 있지만, 행정관계 법률조항 또는 형사법 등 공법의 영역에서도 이와 유사한 법률조항들을 발견할 수 있다.

법관이 법률규정을 보완·형성하여 재판하는 경우에는 기본권에 합치하는 보충적인 해석이 특별히 요청된다. 입법자가 법률에 일반적인 개념을 사용함으로써 법관의 보충적인 해석 권한을 부여한 경우, 법원의 일반조항의 해석은 입법자가 제정한 법률조항에 의하여 구체적으로 구속되지 아니하므로 광범위한 재량판단 영역을 가지고 있다. 또한 그 해석에 따른 결과가 일반적, 추상적인 성질을 가지고 있어 입법작용과 유사한 특징을 가지고 있다.

이와 같이 입법자가 법관의 광범위한 보충적 해석 권한을 부여한 경우, 헌법과 기본권으로부터 자유로운 재량을 인정한 것이라고 할 수 없다. 법관은 다양한 법 관점을 고려하여 보충적인 해석을 하여야 할 것인바, 헌법과 기본권을 최대한 보장할 것의 관점은 법관이 반드시 준수해야 하는 해석의 관점이다.

일반조항으로서 가장 대표적인 것이 사법상의 일반조항이다. 가령, 민법상의 신의성실조항(제2조 제1항), 권리남용금지의 원칙(민법 제2조 제2항), 공서양속조항(민법 제103조) 등은 사법관계에 적용되는 대표적인 일반조항이다. 이들 조항은 그 요건이 매우 불확정적으로 규정함으로써 법관에게 법률의 규율내용을 해석을 통하여 보완하고 형성할 여지를 넓게 부여한 규범인 것이다. 이와 같은 사법조항의 해석과 관련하여 기본권의 간접적 효력설이 주장되는바, 이는 오늘날 독일의 판례의 입장이며 학계의 통설이다. 기본권은 국가권력에 대한 국민의 방어권이지만, 또한 공동생활의 기초가 되고 국가존립에 정당성을 부여해 주는 객관적 가치질서를 뜻하기 때문에 모든 생활영역에 파급효과를 미치게 된다. 비록 사인간의 사적인 법률관계라고 할지라도 사법상의 일반원칙, 즉 사법상의 일반조항을 통하여 기본권의 가치를 실현하도록 하는 것이다.[35)] 우리 대법원도 최근 전원합의체 판결을 통하여 기본권의 간접적용을 통한 대사인적 효력을 받아들였다.[36)]

사적자치의 원칙이 지배하는 사법의 영역에서 사인간의 관계를 규율하는 일반조항을 해석함에 있어서도 기본권의 효력이 작용한다고 한다면 공법관계를 규율하는 일반조항의 경우에 기본권의 가치에 따른 해석을 하여야 한다는 점은 더 말할 나위도 없다. 기본권은 원칙적으로 국가권력으로부터의 방어를 의미하는 점에 그 본령이 있는 것이므로 국가권력과 사인과의 관계에서는 규범의 해석에서 헌법과 기본권이 가지는 의미를 더욱 중대하게 이해하여야 할 것이기 때문이다.

2) 중대한 기본권에 심각한 침해가 있는 경우

개별적인 사건의 내용에서 중대한 기본권에 심각한 정도의 침해를 발생시키는 경우이다. 이와 같은 경우에는 해당 법률조항의 해석에서 기본권을 충분히 감안한 해석을 하였는지 검토할 필요가 있으며, 그 해석에 대하여 헌법상의 기본권의 관점에서 통제할 필요가 있다.

과연 어떠한 기본권이 중대한 기본권이라고 할 수 있을 것인가. 헌법재판소는 헌법상 기본권을 해석함에 있어 다양한 심사기준을 채택하고 있다. 침해하고 있는 기본권이 중대한 기본권인 경우이다. 헌법상의 기본권에 관하여는 다양한 효력을 인정할 수 있으며, 이는 심사기준으로 표현된다. 학문의 자유, 언론의 자유, 양심 및 종교의 자유와 같은 정신적인 자유는 경제 및 재산상의 자유에 비하여 보다 엄격한 보장을 요구하고 있다. 이는 해당 기본권의 효력이 강력한 기본권이라고 해석할 수 있는 것이므로 사법권에 의한 법률해석 판단에도 동일한 효력을

---

35) 허영, 전게서, 253면; 한수웅, 전게서, 392-398면; BVerfGE, 81, 242, 255.

36) 헌법상의 기본권은 제1차적으로 개인의 자유로운 영역을 공권력의 침해로부터 보호하기 위한 방어적 권리이지만 다른 한편으로 헌법의 기본적인 결단인 객관적인 가치질서를 구체화한 것으로서, 사법(私法)을 포함한 모든 법영역에 그 영향을 미치는 것이므로 사인간의 사적인 법률관계도 헌법상의 기본권 규정에 적합하게 규율되어야 한다. 다만 기본권규정은 그 성질상 사법관계에 직접 적용될 수 있는 예외적인 것을 제외하고는 사법상의 일반원칙을 규정한 민법 제2조, 제103조, 제750조, 제751조 등의 내용을 형성하고 그 해석기준이 되어 간접적으로 사법관계에 효력을 미치게 된다. 종교의 자유라는 기본권의 침해와 관련한 불법행위의 성립 여부도 위와 같은 일반규정을 통하여 사법상으로 보호되는 종교에 관한 인격적 법익침해 등의 형태로 구체화되어 논하여져야 한다(대법원 2010. 4. 22. 선고 2008다38288 전원합의체).

미친다고 해석하여야 한다.

정신적 자유 등의 행사를 이유로 형사처벌을 부과하는 경우에는 구성요건에 관한 엄격한 해석이 필요하다. 표현의 자유를 포함한 정신적 자유의 보장을 위한 고려에 전혀 주의를 기울이지 아니한 해석을 함으로써, 또한 처벌규정의 개념을 지나치게 넓게 확대해석함으로써 결과적으로 기본권이 보장될 영역을 지나치게 축소하는 해석은 헌법에 부합하는 법률해석이라고 하기 어렵다.

Ⅲ. 신문사 광고중단 운동 사건 (서울중앙지방법원 2009노677)에 대한 평석

이 사건은 표현의 자유의 행사와 관련하여 형사처벌이 문제된 사안이다. 과연 합헌적 법률해석을 하고 있는 것인지 문제된다. 특히, 이 사건에서 문제된 법률조항은 형사처벌 조항이므로 동 조항의 해석과 관련하여 기본권을 보장하기 위한 해석을 하고 있는가에 관하여 살펴보기로 한다. 엄격한 해석을 통하여 합헌적인 결과를 도출하고 있는가에 관하여 우선적으로 살펴보기로 한다.

1. 사실관계 및 법원의 판단

가. 사건의 배경

2008. 4. 18.경 정부의 미국산 쇠고기 수입확대조치가 발표되었고 이로 인해 광우병에 걸린 쇠고기가 수입될 것을 우려하는 여론이 형성되어 2008. 5. 초순경부터 이른바 '촛불집회'가 시작되었다. 미국산 쇠고기 수입확대 조치에 대하여 반대하는 사람들 중 일부는 인터넷 포털 사이트 '다음'의 아고라 토론방 등에서 일부 언론사가 정부의 입장을 옹호하는 보도만을 한다고 판단하여 이들 신문사에 광고를 내는 광고주들을 상대로 항의전화를 하여 광고중단 압박을 가하는 방법으로 이들 신문사에 재정적 압박을 가하여 기존의 보도태도를 변경하도록 하는 운동을 시작하였다.

나. 사실관계 및 법원의 판단

피고인 갑은 일부 네티즌들의 위와 같은 광고중단 압박 운동이 보다 광범위하게 효율적으로 진행되어야 한다고 생각하고 2008. 5. 31. 인터넷 포털 사이트 '다음'에 '조중동 폐간 국민캠페인'이라는 카페를 개설하였다. 피고인 갑은 위 인터넷 카페를 적극 홍보하여 회원유치에 나서는 한편 2008. 6. 3.경부터 카페 게시판을 통해 카페 운영진에 참여할 회원들을 모집하여 총 320명에 이르는 회원을 운영진 및 게시판지기, 카페 홍보도우미 등으로 임명하고 각 운영진(일부 피고인과 함께 기소됨) 등에게 각자 광고주 리스트 작성 게시, 카페 관련 기사 링크, 카페 디자인 및 게시판 담당자 등 역할을 분담하였으며, 특정한 업체들을 집중공략대상 업체로 선정하여 카페에 게시하는 등 2008. 8. 17. 현재 54,786명이었던 카페 회원 등을 상대로 한 광고중단운동을 선동하였다. 검찰은 피고인 갑과 카페 운영진 가운데 일부를 형법상 위력에 의한 업무방해 혐의로 기소하였다.

제1심과 항소심은 피고인 갑에 대하여 형법상의 업무방해죄의 유죄판단을 하면서 징역 10월을 선고하였다(서울중앙지방법원 2008고단502, 서울중앙지방법원 2009노677).

2. 법원의 법률판단의 법리적 구성

피고인 갑을 비롯한 카페 운영진들에 대한 업무방해로 기소되자 언론출판의 자유 등 기본권을 침해하는 기소라는 여론이 비등하였다. 법원은 업무방해죄를 적용하여 유죄판단을 하면서 다음과 같은 법리를 적용하여 피고인 갑에 대한 유죄판단을 하였다.

가. 업무방해죄의 위력에 해당하는지 여부

피고인 갑 및 카페 운영진이었던 공동피고인들은 집중공략 광고주 리스트에 따라 사전에 집중공략할 광고업체를 선정하고 집단적인 항의전화와 홈페이지 게시글 등을 이용하여 광고주들을 압박하고 이에 응하지 않는 광고주들을 상대로 공식적인 사과 등이 나올 때까지 집중공략하는 방식으로 위 운동을 진행하였다. 이는 집단적인 전화걸기를 넘어서 집단적인 세의 과시, 광고중단 요구에 불응할 경우 더 강력한 방식으로 진행할 것 같은 겁박, 전화걸기 그 자체를 수단으로 하여 그 전화에 일일이 응대하도록 하거나 다른 고객과의 전화통화가 불통되도록 하는 등의 집단 괴롭히기 양상으로까지 일부 진행되었다.

촛불집회 및 3개 신문사에 대한 항의가 계속되던 당시의 사회적 상황 속에서 당장의 업무가 마비될 뿐 아니라 자사 제품에 대한 불매운동이 일어날 것을 우려하여 광고중단을 약속하고 사과문까지 게재하였던 것이라면 사회통념상 피해자의 자유의사를 제압하기에 족한 위력에 해당한다.

광고주의 영업활동의 자유 및 재산권 등을 보호하기 위하여 집단적 전화걸기 등이 형법상 업무방해죄의 구성요건을 충족하는 경우에 이를 형사처벌하는 것은 그 목적의 정당성이 인정되고, 그 목적 달성을 위한 적절한 수단이다. 또한 모든 광고중단 압박행위를 처벌하는 것이 아니라 그 내용, 태양, 규모, 기간 등에 따라 광고중단 압박행위가 사람의 자유의사를 제압, 혼란케 할 만한 세력으로 인정되어 업무방해죄에 있어 위력에 해당한다고 볼 수 있는 경우만을 처벌하는 것이고, 업무방해죄의 구성요건을 충족하는 경우에도 그것이 헌법과 법률이 보장하고 있는 범위 내의 행사로서 정당성이 인정되는 경우에는 위법성이 조각되어 처벌할 수 없음이 분명하므로 피해의 최소성도 인정된다.

나. 공모공동정범의 성립 여부

이 사건 인터넷 카페의 경우에는 특정 목적을 갖고 카페가 개설되었고 카페지기 및 운영진들은 광고중단 압박운동이 보다 효율적으로 지속될 수 있도록 게시판을 체계적으로 분류, 관리하였으며, 카페 회원들 또한 광고주리스트 게시판을 통하여 공략 대상인 광고주를 쉽게 확인하고 숙제후기 등 게시판을 통하여 진행상황을 서로 확인, 독려하는 과정을 통하여 결속력을 강화하였다. 이와 같이 위 카페에서 진행된 광고중단 압박운동의 성격과 경위, 그 규모와 형태, 구체적인 방법과 진행과정, 그 과정에서 피고인의 지위 및 역할, 카페 게시판을 통한 진행 경과에 대한 지배 내지 장악력 등에 비추어 보면, 피고인들은 비록 카페 회원들의 행위 일부에 대하여 구체적으로 모의하거나 이를 직접 분담하여 실행한 바가 없었다 하더라도 위 범행에 대한 순차적이고 암묵적인 의사의 결합이 이루어졌다고 볼 수 있고 그 범행들에 대한 본질적 기여를 통한 기능적 행위지배가 인정된다. 따라서 공동정범의 관계가 성립한다.

다. 정당행위로서 위법성이 조각될 수 있는가

피고인 등이 광고주 기업들의 정상적인 업무수행에 지장을 초래할 정도로 항의활동을 집중함으로써 광고주들이 업무방해로 인한 경제적 손실을 우려하여 각 신문사와 체결한 광고계약을 취소하는 등의 결과를 가져왔다면, 이는 상대방으로부터 자유로운 결정을 할 기회를 박탈한 것으로 위법한 활동에 해당하고, 그 행위의 목적, 수단, 방법, 절차의 정당성이 흠결된 경우에 해당하여 업무방해죄가 성립한다.

2차적 불매운동은 그 성격상 거래 기업체에 대한 직접적인 불매운동의 성격을 겸하고 있기도 하지만, 2차적 불매운동의 대상이 되는 거래 기업체로서는 기본적으로 자신의 업체가 촉발시키거나 자신의 업체와 직접적으로 관련된 문제가 아니라 자신이 거래하는 기업체에서 촉발된 문제로 인하여 불매운동의 대상이 되는 것이므로, 2차적 불매운동을 하는 경우에 사용하는 수단이나 방법의 상당성 및 허용한도는 더 엄격하게 심사되어야 한다.

이 사건 광고주들은 언론매체와 광고주라는 관계 외에는 3개 신문사와 아무런 관련이 없고, 이들이 3개 신문에 광고를 하는 것은 자신들의 영업상 필요와 광고효과를 중시한 판단에 따른 것일 뿐 3개 신문의 성향이나 논조에 동조하여 이를 후원하는 것이 아니다. 3개 신문에 대한 불만을 이유로 광고주들에게 하는 불매운동은 그 수단과 방법 면에서 광고주들의 영업활동의 자유를 해치지 않도록 더욱 엄격한 제한이 따라야 할 것임에도 집단적 공격의 양상에까지 이른 이 사건 광고중단 압박행위는 정당하지 않다.

3. 평 석

공동정범이란 2인 이상이 공동하여 죄를 범한 경우를 의미하여 형법 제30조는 2인 이상이 공동하여 죄를 범한 때에는 각자를 그 죄의 정범으로 처벌한다고 규정하고 있다.

가. 구성요건해당성의 전제

형법 제314조의 업무방해죄의 구성요건 개념인 위력의 의미는 사람의 의사의 자유를 제압하고 혼란케 할 만한 일체의 세력을 의미한다.[37)]

이 사건에서 문제된 행위는 전화걸기를 통한 항의행위인바, 일반적으로 전화걸기라는 행위는 특수한 사실적 지위나 권세를 이용한 경우가 아닌 한 위력으로서 인정되기 어려운 행위이다. 개별적인 전화걸기 행위를 위력으로서 인정하기 위하여 필요하였던 개념이 집단성이다. 피고인 등은 인터넷 카페를 개설하고 운영하는 등의 과정에서 공동정범의 책임을 부담하게 되었으며, 공동정범의 죄책을 매개로 하여 집단성이 인정되고 위력이 인정된다.

공동정범이 성립하기 위해서는 공동가공의 의사와 공동가공의 사실이 있을

37) 이재상, 형법각론, 박영사(1996년), 192면.

것을 요한다. 공동가공의 의사는 2인 이상이 서로 공동으로 수립한 범행계획에 따라 공동으로 죄를 범할 의사를 의미한다. 따라서 공동정범은 역할분담과 공동작용에 대한 상호이해가 있어야 한다. 공동정범이 성립하기 위하여는 공동가공의 의사가 있는 외에도 객관적으로 범죄를 실행한 공동가공의 사실이 있어야 한다. 주관적으로 공동의 의사가 있는 경우에도 공동가공의 사실, 즉 실행행위의 분담이 없으면 원칙적으로 공동정범이 될 수 없는 것이 원칙이다.[38]

나. 공모공동정범이론과 공동정범의 죄책

(1) 공모공동정범이론의 의의 및 근거

(가) 의 의

2인 이상의 자가 공모하여 공모자 가운데 일부가 공모에 따라 범죄의 실행에 나아간 때에는 실행행위를 담당하지 아니한 공모자에게도 공동정범이 성립한다는 이론이 공모공동정범 이론으로서 판례에 의하여 확립된 이론이다.[39]

(나) 근 거

1) 공동의사주체설

공동의사주체설은 애당초 자신은 배후에 있으면서 다른 사람을 전면에 내세워서 범행하는 자를 처벌하기 위하여 안출된 것으로 일본의 판례에 의하여 발전된 이론이다. 2인 이상의 사람들 사이에 공동으로 범죄를 실현하려는 의사연락이 있으면 공동의사주체가 형성된다. 공동의사주체란 공동의 범죄실현을 목적으로 결합된 하나의 주체이다. 공동의 범행의사로 연결된 개개인은 공동의사주체의 지체가 된다. 공동의사주체의 지체를 이루는 한 사람이 실행행위를 하면 그 행위는 공동의사주체 전체의 행위가 된다. 따라서 공모자는 의사연락만 있고 실행행위를 분담하지 않더라도 전체범행에 대하여 정범으로 책임을 진다.[40]

2) 간접정범유사설

간접정범이란 처벌받지 않는 다른 사람을 이용하여 자신의 범죄를 실행하는

---

38) 이재상, 형법총론, 박영사(1996년), 409-410면, 417면.

39) 대법원 2000. 3. 14. 선고 99도4923 판결, 2002. 4. 10.자 2001모193 결정, 2002. 4. 12. 선고 2000도3485 판결 등 참조.

40) 공모공동정범은 공동범행의 인식으로 범죄를 실행하는 것으로 공동의사주체로서의 집단전체의 하나의 범죄행위의 실행이 있음으로 성립하고 공모자 모두가 그 실행행위를 분담하여 이를 실행할 필요가 없고 실행행위를 분담하지 않아도 공모에 의하여 수인간에 공동의사주체가 형성되어 범죄의 실행행위가 있으면 그 실행행위를 분담하지 않았다고 하더라도 공동의사주체로서 정범의 죄책을 지게하는 것이니 범죄의 집단화현상으로 볼때 범행의 모의만 하고 실행행위는 분담하지 않아도 그 범행에 중요한 소임을 하는 것을 간과할 수 없기 때문에 이를 공모공동정범으로서 처단하는 것이다(대법원 1983. 3. 8. 선고 82도3248 판결).

범죄유형이다. 간접정범은 다른 사람을 도구로 이용하여 자신의 범죄를 실행한다는 점에 특색이 있다. 간접정범유사설은 공모자들 사이의 의사연락이 간접정범에 있어서 이용자와 피이용자 사이의 관계에 준할 정도로 강력한 경우에만 공모공동정범을 이용하자는 견해이다.[41]

3) 종래 판례의 입장

공모공동정범을 인정하는 이론적 근거에 대하여 초기의 대법원 판례는 공동의사주체설의 입장이었으며, 간접정범유사설의 입장을 가미하기도 하였다.[42]

가담자가 공동정범성을 인정함에 있어서 공모의 사실만 있으면 족하고, 공모의 경우에도 범죄를 실현하려는 의사의 결합만 있으면 충분하며, 공모의 정도나 그 내용에 대해서는 비중을 두고 있지 않았던 대법원의 공모공동정범의 이론 적용태도는 학자들로부터 비판을 받았다.[43] 그 주된 비판은 공동정범이 성립하기 위해서는 공동가공의 의사와 공동가공의 사실이 모두 존재하여야 함에도 불구하고, 공동가공의 의사만이 존재하는 경우에 공동정범을 인정하는 것이 부당하다는 취지이다.

4) 최근 대법원의 공모공동정범의 이론의 적용 경향

최근 대법원의 판례는 공모공동정범의 이론을 다소 엄격하게 적용하여 단순한 공모자에 그치는 것이 아니라 범죄에 대한 본질적 기여를 통한 기능적 행위지배가 존재하는 것으로 인정되는 경우에 한하여 인정하고 있다.

> 형법 제30조의 공동정범은 공동가공의 의사와 그 공동의사에 기한 기능적 행위지배를 통한 범죄 실행이라는 주관적·객관적 요건을 충족함으로써 성립하는바, 공모자 중 구성요건 행위 일부를 직접 분담하여 실행하지 않은 자라도 경우에 따라 이른바 공모공동정범으로서의 죄책을 질 수도 있는 것이기는 하나, 이를 위해서는 전체 범죄에 있어서 그가 차지하는 지위, 역할이나 범죄 경과에 대한 지배 내지 장악력 등을 종합해 볼 때, 단

---

41) 공모공동정범이 성립되려면 두사람 이상이 공동의 의사로 특정한 범죄행위를 하기 위하여 일체가 되어 서로가 다른 사람의 행위를 이용하여 각자 자기의 의사를 실행에 옮기는 것을 내용으로 하는 모의를 하여 그에 따라 범죄를 실행한 사실이 인정되어야 하는 것이고 이와 같이 공모에 참여한 사실이 인정되는 이상 직접 실행행위에 관여하지 않았더라도 다른 사람의 행위를 자기의사의 수단으로 하여 범죄를 하였다는 점에서 자기가 직접 실행행위를 분담한 경우와 형사책임의 성립에 차이를 둘 이유가 없는 것이다(대법원 1988. 4. 12. 선고 87도2368 판결).

42) 신동운, 형법총론, 경세원(2011), 571-573면.

43) 배종대, 형법총론, 507면; 김일수, 한국형법II, 493면; 이형국, 형법총론, 338면; 하태훈, 형법총론, 454면; 박상기, 형법총론, 368면.

> 순한 공모자에 그치는 것이 아니라 범죄에 대한 본질적 기여를 통한 기능적 행위지배가 존재하는 것으로 인정되는 경우여야 한다(대법원 2007. 4. 26. 선고 2007도235 판결; 2009. 6. 23. 선고 2009도2994판결; 2004. 6. 24. 2002도995 판결 등).

이와 같은 대법원의 입장은 기존의 기능적 행위지배설의 입장을 받아들인 것으로 이해할 수 있다. 즉, 공동정범의 정범표지인 기능적 행위지배 개념은 주관적 요소와 객관적 요소를 통합한 총합적 개념이기 때문에, 공동가공의 사실과 공동가공의 의사를 총합적으로 평가하여 기능적 행위지배를 인정할 수 있으며, 또한 단순한 공동가공이 아니라 본질적 공동가공이 있다면 공동정범을 인정할 수 있다는 관점이다.[44]

종전의 대법원 판례가 공모관계만 성립하면 즉, 그러한 공모가 전체 범행완성에서 중요한 기여를 하였는지를 살펴보지 않고 무조건적으로 공동정범으로 인정하였다면, 변화된 대법원 판례는 본질적 기여를 하였는지 여부를 살펴본다는 측면에서 형사법의 책임주의 원칙의 실현으로 진일보한 판례라고 할 수 있다.

기능적 행위지배설을 따르고 있는 대법원 판례의 가장 큰 난점은 기능적 행위지배를 인정하는 판단기준의 모호성에 있다. 기능적 행위지배설은 전체범행의 진행과정에서 범죄의 목표달성을 위한 행위기여가 있을 때 공동정범을 인정한다. 그런데 과연 어느 정도의 기여행위가 범죄완성에 있어 본질적인 기여행위가 된다고 할 수 있을 것인가는 명확하지 아니하다. 따라서 기능적 행위지배설은 자칫하면 지극히 일상적인 행위에 대하여도 기능적 행위지배를 인정할 위험성이 있다.[45]

(2) 기능적 행위지배이론에 입각한 공모공동정범이론

기능적 행위지배이론에 입각한 공모공동정범이론의 적용기준은 기능적 행위지배이론 그 자체로부터 도출할 필요가 있다. 기능적 행위지배이론에 의할 때 공동정범이 정범이 되기 위해서는 개별적인 공동행위자에게 행위지배가 있을 것이

---

44) 이재상, 형법총론, 423면; 최호진, 기능적 행위지배와 공모공동정범, 경북대학교 법학연구원, 법학논고(제32집)(2010), 636-637면.

45) 신동운, 전게서, 579면, 신동운 교수는 기능적 행위지배설에 의하면 예비 단계에 속하는 대부분의 행위들이 공동정범의 객관적 성립요소인 실행행위의 분담으로 인정될 가능성이 높으며, 이 때문에 객관적 성립요소를 전혀 요구하지 않는 공동의사주체설이나 간접정범유사설에 비하여 공동정범의 인정범위에 별다른 차이를 보이지 않게 된다고 한다. 그리하여 신동운 교수는 공동정범은 2인 이상의 사람들 사이에 공동의사의 연락뿐 아니라 실행행위의 분담이 있어야 성립하는 범죄유형이라고 하면서, 실행행위의 분담은 구성요건을 중심으로 한 분업적 수행을 의미한다고 한다.

필요하다. 여기서 공동정범은 단순히 부분적 행위만을 지배하는 것이 아니라 타인과 공동하여 완전한 전체를 지배하는 것이다.[46)]

따라서 단순한 공모나 기여행위만으로는 부족하며, 그 기여행위가 범죄완성에 있어서 본질적 기여행위가 되어야 한다. 행위자의 기여행위가 본질적 기여행위라는 판단을 받을 때 기능적 행위지배가 인정될 수 있다. 범행의 계속 및 완성에 필요불가결한 기여라는 요소는 공범형태인 교사범 및 방조범과 구별할 수 있게 하는 가장 중요한 표지이다.

필요불가결의 의미는 각 공동행위자의 기여행위가 당해 범죄완성에 있어서 고유한 중요성을 가지고 있기 때문에 그 기여행위를 전제하지 않고서는 당해 범행을 완성하는 것이 전혀 불가능하거나 거의 불가능한 것이어야 한다는 의미이다. 따라서 각 공동행위자는 필수불가결한 기여행위를 분업적, 기능적으로 분담하여 수행함으로써 당해 범행의 중요부분을 공동결정 하여야만 각 공동행위자가 분업적, 기능적 역할분담을 통해 전체범행을 공동지배 했다고 할 수 있다. 이와 같이 해석하는 경우 공동정범의 성립범위가 확장되는 것을 방지할 수 있으며 죄형법정주의 원칙 등 법치국가적 요청에 부합한다.[47)]

범행에 대한 조언 등과 같이 정신적, 지능적 기여인 경우에는 구체적 사건진행에 있어서 그러한 조언이 없이도 사건이 진행될 수 있거나 완성될 수 있다면 이는 단순한 기술적 조언에 불과하다. 이러한 정신적, 지능적 기여가 없다면 사건이 진행될 수 없거나 시도될 수 없다는 관계가 설정된다면 본질적인 기여행위로 평가할 수 있다.

조직 내의 자체규범을 통해서 의사적 통일체로 형성되어 인격적, 주체적 의사활동을 하는 조직의 경우에는 조직구성원과 의사결정기관 간의 관계를 고려할 필요가 있다. 집행부가 범죄를 기획, 지령함으로써 구성원들이 이에 복종하여 위법한 행위를 수행한 경우에는 집행부가 현장에서 실행행위를 하지 않았다고 하더라도 그 범죄를 기획하고 지휘한 행위 또는 집행부가 판단하기에 범죄결과를 완성시킴에 적당한 실행행위자를 지정하거나 훈련시키는 행위는 범죄완성에 본질적인 기여행위이다.

다. 기능적 행위지배이론에 따른 공모공동정범이론의 적용 가능성

대법원 판례에 의한 공모공동정범이론을 과연 적용할 수 있는 것인지 여부

46) 이재상, 전게서, 405면; Eser, II, S. 162; Jescheck, S. 616.

47) 최호진, 전게논문, 647-649면.

공소사실은 피고인들이 실제로 실행행위를 행하였다는 점에 있지 않고 인터넷 카페에 광고중단을 목적으로 하는 전화걸기 운동을 모의하고, 이에 관한 글을 게시함으로써 광고중단운동을 촉구하였다는 점을 그 처벌사유로 하고 있다.

전화걸기운동을 모의하고, 그에 관한 글을 게시하였다는 점이 위력에 의한 업무방해행위로서 형법상 업무방해죄를 구성한다는 점의 연결고리는 공모공동정범의 이론이다. 과연 이 사건 공소사실에 공모공동정범이론을 채택할 수 있는 것인지에 관하여 보기로 한다.

(1) 의사연락의 상대방 및 객관적으로 범죄실행을 하였던 실행행위자가 특정되지 아니한 경우에 공동정범 성립 가능성

피고인은 인터넷 카페의 운영진들과 함께 인터넷 카페에 게시글들을 통하여 광고중단운동을 선전하여 촉구할 것을 모의하고 인터넷 카페 회원들을 모집하였다. 게시글은 이들 인터넷 카페 회원들에게 공유되었다. 과연 이와 같은 게시글들을 공유하였던 회원들이 공동정범을 성립시키는 의사연락의 상대방으로서 인정할 수 있을 것인지 문제된다.

종래 대법원의 입장은 2인 이상이 범죄에 공동가공하는 공범관계에서 공모는 법률상 어떤 정형을 요구하는 것이 아니므로, 2인 이상이 공모하여 어느 범죄에 공동가공하여 그 범죄를 실현하려는 의사의 결합만 있으면 되는 것으로서, 비록 전체의 모의과정이 없었다고 하더라도 수인 사이에 순차적으로 또는 암묵적으로 상통하여 그 의사의 결합이 이루어지면 공모관계가 성립한다고 판시하였다(2002. 4. 12. 선고 2000도3485 판결 ; 대법원 2002. 7. 26. 선고 2001도4947 판결 등).

하지만 공모를 통하여 기능적 행위지배가 이루어진다고 하기 위해서는 그 의사연락의 상대방이 누구인지 알 수는 없는 관계일 수는 있다고 하여도 적어도 불특정한 다수에 대한 관계일 수는 없다고 할 것이다. 의사연락을 통한 본질적인 행위기여가 인정되기 위해서는 상호적인 의사연락을 통하여 상호간의 범죄의사를 강화하였다거나, 적어도 상대방의 의사를 지배할 수 있는 정도의 강력한 지도력 내지 지배력을 인정할 수 있어야 할 것인바, 이와 같은 의사의 지배는 불특정 다수인에 대한 관계에서는 가능하다고 하기 어렵기 때문이다.

이 사건에서 청구인이 게시글을 올리는 등의 활동을 하였던 인터넷 카페의 회원가입절차는 인터넷상에서 이루어졌으며 그 절차도 특정 신문사에 대한 신청자의 관점을 묻는 등의 단순한 질문에 대답하는 정도의 간단한 절차로 이루어졌다.[48] 그리하여 신청절차를 거쳐 회원에 가입한 자들은 수만 명에 이르렀다.[49] 또

48) 이 사건 카페에 가입하려는 회원들은 '조중동폐간국민캠페인에 대한 생각'에 대한 질문에 '찬

한 카페의 회원 가입 뿐 아니라 탈퇴가 자유로워 그 회원은 수시로 변동되었다. 더욱이 당시 광고중단을 요구하는 전화걸기라고 하는 행위를 실행하였던 사람들이 피고인이 운영하였던 인터넷 카페의 회원들뿐만 아니라 광범위한 시민들이 참여하였던 행위이며, 위 카페의 회원 가운데에도 단순히 게시글을 읽거나, 쓰는 등의 활동을 하였을 뿐 전화걸기 행위에 참여하지 아니한 회원들도 다수이다.[50] 그러므로 그 구체적인 행위자의 범위는 그 내포뿐 아니라 외연에 있어서도 특정되지 아니한다.

이와 같은 사정에 비추어 볼 때, 피고인 등의 게시글을 공유하였던 의사연락의 상대방은 형식적으로는 회원들로서 특정되어 있다고 할 수 있을 것이지만 실질적으로 불특정 다수의 네티즌이었다. 실제로 범죄사실에도 과연 피고인 운영의 인터넷 카페의 회원들 가운데 어느 정도 범위의 회원들이 전화걸기에 참여하였는지에 관하여 전혀 특정되지 아니하고 있다.

법원은 피고인 갑이 카페회원들로 하여금 광고중단 압박행위를 용이하고 지속적으로 하게 할 목적으로 카페를 개설, 운영하면서 같은 목적으로 게시판을 분류, 관리하고 광고주 명단을 배포하고 광고중단 압박행위를 독려하는 활동에 적극적으로 가담하였다고 하는 점을 근거로 본질적 행위기여가 있다고 인정하고 있다. 하지만 의사연락을 통한 본질적인 행위기여가 인정되기 위해서는 상호적인 의사연락을 통하여 상호간의 범죄의사를 강화하였다거나, 적어도 상대방의 의사를 지배할 수 있는 정도의 강력한 지배력을 인정할 수 있어야 할 것인바, 이 사건의 경우 불특정 다수인이라고 할 인터넷 카페의 회원을 상대로 한 그와 같은 활동만으로는 본질적 행위기여를 인정하기 어렵다.

(2) 이 사건 인터넷 카페의 단체성

인터넷 카페란 같은 기호와 취미, 성향을 가지고 있는 사람들이 온라인을 통하여 정보 등을 공유하는 일종의 동호회 모임으로서 그 자체로서 단체성을 인정하기 어려운 성질을 가지고 있다. 인터넷 카페는 회원들이 익명으로 활동하고 회원들 사이에 대면이 필요없다는 점에 특징이 있고, 장소와 시간에 구애받지 않고

성'이라고 대답하면 가입이 되며, '조중동은 쓰레기 신문이다'라는 질문에 '찬성'이라고 대답하면 정회원 자격이 부여되고, '반대'로 대답하면 준회원의 자격이 주어졌다(이 사건 항소심 판결문 참조).

49) 이 사건 카페의 회원은 2008. 6. 25. 기준으로 3만 4,000여 명, 2008. 8. 17. 기준으로 5만 4,000여 명에 이르렀다(이 사건 항소심 판결문 참조).

50) 이 사건 항소심 법원도 이 사건 카페에는 많은 회원들이 손쉽게 가입하여 다양한 모습으로 활동하고 있으므로, 단지 카페 회원이었다는 사정만으로는 광고중단압박행위에 본질적인 행위기여가 인정된다고 할 수 없으므로 공동정범의 죄책을 물을 수 없다고 판단하고 있다.

온라인을 통하여 신속하게 구체적으로 의사교환을 한다. 하지만 이와 같은 비대면성, 익명성, 의사교환의 개방성은 비구속성과 자발성이라는 특징을 갖게 한다.

이와 같은 인터넷 카페의 운영자에 불과하였던 피고인의 지위 및 역할에 비추어 보면 게시글에 따른 광고중단압박 행위를 실행하는 과정에 관하여 그 행위의 지배 내지 장악력 등을 갖추고 있다고 보기 어렵다.

종래 법원이 공모공동정범의 관계를 인정하였던 단체는 철저한 상명하복관계에 있었던 폭력범죄단체 조직이었거나, 체계적인 명령지휘계통을 가지고 있었던 전투적 노동조합의 경우이었던바, 자발적인 선택을 통하여 실행행위에 이르게 된 인터넷 카페의 회원을 상대방으로 한 단체성을 인정하는 것은 종래 대법원 판례에 비하여도 지나치게 그 공동정범의 범위를 확대하는 것이라고 할 것이다.

라. 독일 헌법재판소의 판례

독일 연방헌법재판소의 연좌시위 결정(BVerfGE 92, 1)은 형사처벌조항의 엄격한 적용에 관한 좋은 예를 보여준다. 동 사건의 결정을 통하여 연방헌법재판소는 법원의 법률해석이 기본권을 침해하고 있으므로 법원의 판결을 취소한다는 판시를 하였다.

(1) 사실관계

단거리 핵미사일이 '랜스'가 배치된 그로스앵스팅엔의 연방국방군의 특수무기고 앞에서의 연좌시위가 문제된 사건이다. 청구인들은 "누가 함께 봉쇄행동에 참여하겠는가"라는 신문광고를 보고 참여하는 결정을 하였다. 그 결정을 하게된 동기는 핵무장의 위험에 대한 우려 때문이다. 연방국방군 차량이 부대에 출입하지 못하도록 부대 정문 앞 차로를 점령하고 앉았다. 연방군 상사 B는 급식차량, 우편물차량 등을 몰고 여러 차례 지나가려 하였으나 연좌시위자들로 인하여 출입할 수 없었다. 청구인들은 형법 제240조의 강요죄 위반으로 기소되었다.

(2) 튀빙엔 지방법원의 판단

피고인들은 강요죄의 유죄판단을 받았으며, 각각 15에서 50마르크 정도의 벌금을 선고받았다. 고등법원에 항소하였으며 슈투트가르트 고등법원은 항소를 기각하였다. 튀빙엔 지방법원의 판단내용은 다음과 같다.

유죄판결의 대상은 청구인들이 차로를 점령하고 앉았다는 것이 아니라, 당일 전체의 시위를 위하여 계획된 조직적인 연좌농성으로 실행된 봉쇄행동 전체이다. 개별적인 연좌농성의 형태로 5인에서 8인에 이르는 시위자가 수시로 교대하였으며, 청구인들은 길가에 서서 지원하거나 차로에 앉음으로써 죄가 되는 사실을 인식하고 실현을 의도하여 공동의 봉쇄행동에 기여했기 때문에 공범들이다. 연방군상사 B는 시위대를 차로 치는 것을 방지하기 위하여 차량을 세울 것을 강요받게 되었다. 이와 같은 강제는 신체적 강제와 마찬가지의 효과를 가져오기 때문에 구성요건인 폭력(또는 위력, Gewalt)에 해당한다고 보아야 한다.

(3) 연방헌법재판소의 판단

법원이 형법 제240조 제1항의 폭력(또는 위력, Gewalt) 개념을 해석한 것은 기본법 제103조 제2항에 위반된다. 강요죄를 규정하고 있는 형법 제240조 제1항에서 폭력의 개념을 사용한 것은 강요로 사용할 수 있는 다양한 수단 가운데에서 특별히 처벌한 것으로 제한하기 위한 것이다. 따라서 폭력은 강제와 일치해서는 안 되고 이를 넘어서는 것이어야 한다. 폭력이라는 개념은 범인측에서의 신체적인 힘의 행사라는 점과 연관되어 있다. 신체적인 힘의 사용이 아니라 정신적인 영향력에 기인하는 강제작용은 상황에 따라서는 협박이라고 하는 구성요건을 충족시킬 수 있으나, 폭력사용의 구성요건은 충족시킬 수 없다.

폭력이라는 개념의 해석을 강요된 자에 대한 정신적 성격의 강제효과까지 포함한다면 동 법률조항이 규정한 구성요건은 행위 이전에 입법자에 의하여 일반, 추상적으로 규정되는 것이 아니라, 행위 후에 구체적인 사건에 있어서 법관에 의하여 벌을 받을 만하다는 그의 신념에 근거하여 결정된다. 이러한 것은 강요죄의 형사소추에 있어서 광범위한 자유공간을 개방한다. 이와 같은 해석은 기본법 제103조 제2항에 규율하고 있는 형사처벌조항의 유추해석금지의 원칙에 위반된다.[51)]

마. 소 결

기능적 행위지배이론에 의한 공동정범의 죄책을 인정하기 위한 의사의 연락은 단순한 공모나 단순한 기여행위만으로는 부족하며, 그 기여행위가 범죄완성에 있어서 본질적 기여행위가 되어야 한다. 이와 같이 의사연락의 상대방의 불특정 다수의 회원들인 경우 그 실행행위에 대한 의사의 연락이 구체적 행위를 달성하기 위한 본질적 기여행위가 되기 어렵다. 피고인 등의 게시글 작성행위를 통한 기여행위는 구체적인 상대방에 대한 의사연락을 통한 행위지배가 있었다고 하기 보다는 불특정 다수인에 대한 선전 내지 선동에 불과한 행위라고 평가할 수 있다.

불특정 다수인들을 선동하여 보호할 가치가 있는 법익에 손상을 가져오는 행위를 처벌할 필요가 있다고 하는 경우에 필요한 구성요건은 선전, 선동이다. 형법

51) BVerfGE 92, 1; 독일 연방헌법재판소 판례번역집, 합본집 제1권(149-165면) 참조.

및 특별형법은 그와 같은 구성요건을 인정하고 있으며, 그와 같은 구성요건이 인정되는 것은 국가적인 법익을 보호하기 위한 경우로 한정하고 있다.

구성요건에 선전, 선동행위가 규정되어 있지 아니한 경우에 선동을 구성요건에 규정하지 아니하고 있는 업무방해죄 조항은 그 반대해석을 통하여 선전 및 선동이 구성요건에 해당되는 행위라고 보기는 어렵다. 구성요건을 별도로 규정하고 있지 아니한 업무방해죄에 대하여 선전, 선동의 행위는 처벌할 수 없다고 하는 입법자의 결단 때문이다. 이 형사처벌 조항을 유추하여 해석함으로써 그 법률을 적용하는 것은 죄형법정주의 원칙에 위반되는 것이다.

Ⅳ. 선동적 표현과 표현의 자유

표현행위는 직접적인 범죄행위와 구분되어야 하며, 그 표현 자체로서 급박하고 심대한 사회적 해악을 발생시키는 경우가 아닌 이상 가급적 자유의 영역으로서 보장할 필요가 있다. 표현은 다른 표현과 함께 사상의 자유 시장 속에서 토론, 경쟁하도록 보장하여야 할 필요가 있는 것이다.

한편, 이 사건은 국가가 공권력 등에 의한 표현의 자유의 제한이 문제되는 동시에 제3자의 권리 침해도 문제되고 있다. 즉, 일반적인 표현의 자유 문제가 국가와 상대방인 표현행위의 주체 사이의 두 당사자 문제라고 한다면, 이 사건은 일방 당사자인 사인의 표현의 자유와 타방 당사자인 사인의 영업의 자유를 국가가 어떻게 조정하여 형량할 것인가의 문제도 포함하고 있다.

1. 헌법상 언론 및 출판의 자유의 보장과 위축효과(Chilling Effect)

가. 언론·출판의 자유 등 표현의 자유의 보장

헌법 제21조 제1항은 모든 국민은 언론·출판의 자유와 집회·결사의 자유를 가진다고 규정하여 언론·출판의 자유 등 표현의 자유를 보장하고 있다.

전체주의 사회와 달리 국가의 무류성(無謬性)을 믿지 않으며, 다원성과 가치상대주의를 이념적 기초로 하는 민주주의 사회에서 상대적이고 가변적인 개념을 잣대로 표현의 허용 여부를 국가가 재단하게 되면 언론과 사상의 자유시장이 왜곡되고, 정치적, 이데올로기적으로 악용될 우려가 있다. 민주주의에서 어떤 표현이나 정보의 가치 유무, 해악성 유무를 국가가 1차적으로 재단하여서는 아니되고 시민사회의 자기교정기능, 사상과 의견의 경쟁메커니즘에 맡겨야 한다(헌재 1998. 4. 30. 95헌가16, 판례집 10-1, 327, 339-340, 헌재 2002. 6. 27. 99헌마480, 판례집 14-1, 616, 631-632 참조).

나. 위축효과의 법리와 표현행위에 대한 제재

위축효과의 법리는 언론의 자유에만 인정되는 법리로서 언론의 자유를 다른 헌법상의 자유 및 권리에 대하여 특별한 취급을 하는 것을 그 전제로 하고 있다.

언론의 자유를 최대한 보장하기 위하여 형성된 법리가 위축효과(chilling effect)의 법리이다. 위축효과의 법리는 미국 연방대법원이 1940년대 이후로 판례를 통하여 발전시켜온 법리로서 언론의 자유에 대한 제한을 헌법상의 다른 자유와는 달리 취급하여 특별히 보호하고자 하는 법리이다. 시민의 언론의 자유 행사가 민주주의 사회를 형성하고 유지하는 결정적인 공동선이라는 관점에서 그 자유가 최대한 발현되도록 하고자 하는 법리인 것이다.

위축효과의 법리란 표현의 자유를 행사하고자 하는, 특히 표현의 자유의 한계 부근에 위치하는 표현을 하고자 하는 기본권 주체에게 법절차의 불확실성·불완전성을 고려하여야 할 필요성을 제거하여 줌으로써 두려워하지 않고 기본권을 행사할 수 있는 공간을 제공하고자 하는 법리이다.[52)]

언론의 자유 행사를 제재하는 경우, 그 제재가 일반적인 비례의 원칙에 위반되지 아니하는 경우에도 그 주체들은 기본권을 행사할 용기를 잃게 될 것이다. 사법제도는 불완전하기 때문에 개인들은 헌법에 의하여 보호받아야 마땅한 정당한 표현의 자유를 행사하면서도 자신의 표현의 자유의 행사가 현실적인 법절차에서 보호될 수 있을 것인지 두려워하게 된다. 따라서 표현의 자유 행사의 주체들은 헌법상의 자유를 행사할 경우에 발생하는 위험과 불확실성을 고려하여 이 같은 제재를 받을 가능성을 되도록 회피하려고 할 것이고, 결국 표현의 자유를 행사하지 아니하는 방향으로 의사결정을 할 것이다. 이와 같은 표현의 자유 행사의 위축을 방지하고자 하는 법리가 위축효과의 법리인 것이다.

위축효과의 법리의 적용효과는 기본권 제한에 관한 형량에서 나타난다. 언론의 자유의 침해 여부를 판단하는 사법기관으로서는 언론의 자유의 제한을 요구하는 공익 및 제3자의 권리 등 다양한 요소에 관한 논리적인 형량을 통하여 도출된

52) Frederick Shauer, Fear, Risk and the First Amendment: Unraveling the “Chilling Effect”, 58 B.U. L. Rev. 685, 730-731.

선으로부터 어느 정도 후퇴한 지점에 표현의 자유 제한의 한계선을 새로이 설정할 필요가 있고, 새로이 설정된 자유의 제한의 한계선을 초과하여 표현의 자유를 제한하는 법률 내지 공권력 등은 표현의 자유를 침해하는 위헌적인 것이라는 법리이다. 논리적인 형량을 통하여 나오는 기본권 제한의 한계선까지 언론의 자유를 제한하는 경우에는 기본권의 주체들이 자유보장에 불확실성과 불안감을 느끼게 되고 결국 위험을 감수하면서 기본권을 행사하느니 보다는 기본권 행사를 자제하게 된다는 점을 고려하고자 한다. 이와 같이 표현의 자유는 다른 헌법상 기본권에 비하여 중요한 사회적·정치적 기능을 담당하고 있으므로 위헌심사의 형량에 있어 여타의 기본권에 비하여 표현의 자유에 보다 무거운 가치를 인정하여야 한다는 가치판단에 기초한 관점이라고 할 것이다.

다. 미국 연방대법원의 사례

미국 연방대법원에서 위축효과의 법리를 이용하여 표현의 자유를 두텁게 인정하였던 한 사례를 소개하면 다음과 같다.

(1) Lamont v. Postmaster General 381 U.S. 301 (1965)

연방법률인 ‘우편서비스와 연방공무원에 관한 법률’(the Postal Service and Federal Employees Salary Act of 1962)은 우체국으로 하여금 “공산주의 정치적 선전”에 해당하는 우편물을 가려내어 서면으로 그것을 신청한 사람에게만 배달하도록 규정하였다. 그 법률은 아무런 우편물도 금지한 바 없으며 그것을 수령하였다고 하여 아무런 처벌도 부과하지 않았다. 그럼에도 불구하고 연방대법원은 그 법률이 “공산주의 정치적 선전”으로 분류된 우편물을 수령하는 데에 명백한 압력으로 작용하고 따라서 수정헌법 제1조에 위반된다고 판시하였다.

법정의견을 작성한 Douglas 대법관은 “이러한 규제는 위축효과가 있음이 거의 확실하다. 특히 민감한 지위에 있는 사람들의 경우 그 효과가 강하게 나타난다. … 정년이 보장되지 않은 학교 교사와 같은 공무원들은 만일 그들이 연방정부가 반국가범죄의 씨앗(seeds of treason)이 포함된 것으로 여기는 우편을 신고하고 수령한다면 자신의 일상생활에 재난을 초래하리라고 생각할지 모른다. 그들뿐 아니라 어느 사람이라도 연방공무원이 ‘공산주의 정치적 선전’이라고 낙인찍은 우편물을 수령하겠다고 신청하는데 주저하게 될 것이다.”라고 판시하였다.

(2) New York Times v. Sullivan 376 U.S. 254(1964)

민사상의 제재에서 위축효과가 문제가 된 대표적인 사건은 명예훼손에 따른 손해배상판결이 문제가 된 New York Times v. Sullivan 사건이었다.

이 사건은 흑인민권운동이 한창이던 1960년에 발생한 사건이었다. 알라바마주의 몽고메리시 경찰국장 L.B. Sullivan은 뉴욕타임즈와 4명의 민권운동 지도자인 흑인목사를 상대로 민사손해배상을 제기하였다. 이들 목사들은 1960. 3. 29. 뉴욕타임즈에 몽고메리시 경찰들이 시위진압과정에서의 과잉진압을 고발하는 내용의 전면광고를 실었다. 위 경찰국장은 이들의 광고내용 가운데 허위의 내용이 있어 자신의 명예가 훼손되었다고 주장했으며 주법원의 배심원들은 50만불의 배상금 지급을 명하였다.

법정의견을 집필한 Brennan 대법관은 이와 같은 위축효과를 고려할 때 표현의 자유의 제한을 위한 경계선으로서 '진실'이 적절하지 않다는 점을 설명하면서, 청구를 기각하였다.

> 수정헌법 제1조에 관한 권위있는 해석은 진실인지 여부 — 특히 진실에 대한 입증책임을 발언을 한 사람이 부담하는 경우 — 에 따라서 헌법적인 보호를 부여하고 박탈하는 해석을 일관되게 배척하였다. 이는 그와 같은 결론은 판단을 하는 주체가 판사이건, 배심원단이건, 또는 행정부의 공무원이건 달라지지 않는다. 헌법의 보호는 '표현된 생각이나 사상의 진실, 인기, 사회적 유용성 여부'에 의하여 좌우되는 것이 아니다. Madison은 다음과 같이 말한 바 있다. '우리가 물건을 사용한다고 하는 경우 늘 어느 정도는 그것에 대한 남용 내지 오용(abuse)의 요소를 포함한다. 남용하는 것과 적절한 정도로 사용(proper use) 하는 것을 분리해내는 것은 불가능하다. 이와 같은 명제는 우리가 사용하는 대상이 언론(press)인 경우에 특히 그 진실성이 드러난다.[53)]

라. 우리 헌법상 언론의 자유와 위축효과

우리 헌법재판소도 위축효과의 법리를 받아들여 그 결정이유에서 그 법리를 설시하였다.

(1) 위축효과와 명확성의 원칙

우리 재판소는 우선 표현의 자유를 제한하는 법률에 높은 정도의 명확성의 원칙이 필요함을 설시하면서 위축효과의 법리를 다음과 같이 설시하고 있다.

> 표현의 자유를 규제하는 입법에 있어서 이러한 명확성의 원칙은 특별히

53) New York Times v. Sullivan 376 U.S. 254, 271.

중요한 의미를 지닌다. 현대 민주사회에서 표현의 자유가 국민주권주의의 이념의 실현에 불가결한 존재인 점에 비추어 볼 때, 불명확한 규범에 의한 표현의 자유의 규제는 헌법상 보호받는 표현에 대한 위축적 효과를 수반하고, 그로 인해 다양한 의견, 견해, 사상의 표출을 가능케 하여 이러한 표현들이 상호 검증을 거치도록 한다는 표현의 자유의 본래의 기능을 상실케 한다. 즉, 무엇이 금지되는 표현인지가 불명확한 경우에, 자신이 행하고자 하는 표현이 규제의 대상이 아니라는 확신이 없는 기본권주체는 대체로 규제를 받을 것을 우려해서 표현행위를 스스로 억제하게 될 가능성이 높은 것이다. 그렇기 때문에 표현의 자유를 규제하는 법률은 규제되는 표현의 개념을 세밀하고 명확하게 규정할 것이 헌법적으로 요구된다(헌재 1998. 4. 30. 95헌가16, 판례집 10-1, 327, 342; 헌재 2002. 6. 27. 99헌마480, 판례집 14-1, 616, 627-628).

(2) 정정보도청구를 가처분절차에 따라 소명만으로 인용될 수 있게 하는 언론중재법 조항에 대한 위헌 여부 사건 [2005헌마165, 판례집 18-1(하), 337]

만일 진실에 부합하지 않을 개연성이 있다는 소명만으로 정정보도 책임을 지게 된다면 언론사로서는 사후의 분쟁에 대비하여 진실임을 확신할 수 있는 증거를 수집·확보하지 못하는 한, 사실주장에 관한 보도를 주저하게 될 것이다. 이는 중요한 사회적 관심사에 대하여 진위가 불명확하거나 신속하게 법정에서 방어할 자신이 없는 경우, 그 보도를 편집에서 배제하도록 작용할 것이다. 이러한 언론의 위축효과는 중요한 사회적 관심사에 대한 신속한 보도를 자제하는 결과를 초래하고 그로 인하여 민주주의의 기초인 자유언론의 공적 기능이 저하된다는 피해가 발생한다. 언론의 자유와 사인의 명예 또는 권리가 서로 충돌할 때에는 양자 사이에 적정한 비례관계가 유지되어야 한다. 그러므로 정정보도청구권이 비록 허위의 보도로 인한 피해를 구제하기 위한 제도이긴 하지만 언론사의 고의·과실을 불문하므로 그러한 제도로 인한 언론의 위축효과는 최소화되지 않으면 안 된다(헌재 2006. 6. 29, 2005헌마165, 판례집 18-1(하), 337, 406).

마. 평가 — 이 사건에의 적용

공적인 문제에 대하여 언급한 표현이 행위의 목적, 수단, 절차의 모든 측면에서 공정할 것을 요구하고, 그와 같은 요건을 갖추지 아니한 경우 민사 손해배상 또는 형사처벌로서 제재한다면 시민들의 광범위한 '자기검열(self-censorship)'을 초래한다. 이와 같은 엄격한 요건을 갖춘 표현만을 허용하고, 그와 같은 요건을 갖추지 못한 경우에는 민형사상의 과중한 책임을 부담한다고 하면 위축되는 것은 정당성을 갖추지 못한 언론만이라고 할 수 없다. 공적인 주제에 관하여 발언하고자 하는 사람들은 비록 그들이 엄격한 요건을 갖춘 경우에도 비판의 목소리를 내지 않고 침묵을 선택할 것이다. 법정에서 자신이 모든 요건을 갖추었다는 점을 입증할 수 있을까 하는 두려움과 그에 실패할 경우 감수하여야 할 법적 책임을 각오해야하기 때문이다.[54)]

이 사건에서 문제된 사안에서 피고인은 일부 신문사들이 공정한 보도를 하지 아니한다고 판단하였으며, 그에 대한 대응으로서 문제된 표현을 하였던 것이고 이는 공적 관심사에 관한 사항이다. 개인의 독자적인 관심 또는 이해관계에 관한 사항으로서 사적인 논쟁이었던가 아니면 공중과 중대하게 관련된 사항으로서 공적인 주제에 관한 논쟁이었던가는 중요한 문제이다. 공적인 관심사에 관한 사항을 불특정 다수의 시민들을 상대로 표현하였다고 한다면 이는 보호할 가치가 있는 언론이라고 평가할 수 있다.

더욱이 문제된 사안에서 피고인에게 부과된 제재는 형사적 제재이었던바, 형사처벌은 가장 심각한 위축효과를 발생시키는 수단으로서 최후의 제재수단이다.

---

54) 대법원의 이른바 마이클 잭슨 사건(대법원 2001. 7. 13. 선고 98다51091 판결)은 표현의 자유의 행사를 지나치게 엄격한 요건 하에 인정한 측면이 있다. 이와 같은 위축효과의 법리의 관점에서 볼 때 공정하고 정당한 불매운동의 표현도 위축될 것이기 때문이다.

[사실관계]

1996년 10월 미국인 팝 가수 마이클 잭슨 내한공연을 개최한 공연기획사인 원고는 외화낭비, 청소년의 과소비 조장 등을 이유로 위 공연을 반대하는 공동대책위원회의 공동대표와 간사를 상대로 불법행위에 기한 손해배상청구소송을 제기하였다. 원고는 위 공연의 입장권을 판매하기 위하여 주식회사 서울은행 및 주식회사 한일은행과 입장권판매대행계약을 체결하였는바, 피고들은 위 각 은행에 대하여 '입장권 판매를 즉각 취하'할 것을 요청하고, 그럼에도 불구하고 입장권을 계속 예매할 경우에는 '전 국민적 차원에서 은행의 전 상품 불매운동에 들어갈 예정'임을 밝히는 서한을 위 공동대책위원회의 명의로 보냈다. 위와 같은 서한을 받은 위 은행들은 위 은행 상품에 대한 불매운동은 은행의 경영과 업무에 중대한 손실을 입힐 우려가 있는바, 이러한 불이익을 감수하면서까지 입장권 예매를 대행할 수 없어 원고와 체결한 입장권판매대행계약을 취소하였다.

[법적인 판단]

피고들이 위 각 은행에게 공연협력의 즉각 중지, 즉 원고와 이미 체결한 입장권판매대행계약의 즉각적인 불이행을 요구하고 이에 응하지 아니할 경우에는 위 각 은행의 전 상품에 대한 불매운동을 벌이겠다는 경제적 압박수단을 고지하여 이로 말미암아 위 각 은행으로 하여금 불매운동으로 인한 경제적 손실을 우려하여 부득이 본의 아니게 원고와 체결한 입장권판매대행계약을 파기케 하는 결과를 가져왔다면 이는 원고가 위 각 은행과 체결한 입장권판매대행계약에 기한 원고의 채권 등을 침해하는 것으로서 위법하다고 하여야 할 것이고, 그 목적에 공익성이 있다 하여 이러한 행위까지 정당화될 수는 없는 것이다(대법원 2001. 7. 13. 선고 98다51091 판결).

표현행위에 대한 형사처벌은 다양한 의견간의 자유로운 토론과 비판을 통하여 사회공동체의 문제를 제기하고, 건전하게 해소할 가능성을 봉쇄한다.

언론의 자유의 행사는 항상 긍정적인 효과를 가지고 오는 것은 아니다. 공익을 위하여 마련된 언론의 자유의 공간은 언론의 자유를 남용하여 사회에 해악을 가져오는 이들에게도 널리 개방되어 있기 때문이다. 그럼에도 불구하고 오늘날 자유 민주주의국가에서는 언론의 자유에 대하여 다른 기본권과는 다른 특별한 보호를 부여하는 것은 언론의 자유의 보장은 단기간의 부작용에도 불구하고 궁극적으로는 그 사회를 건강하게 발전시킨다는 인류의 경험적 진리 때문이다.

2. 선동적 표현과 표현의 자유

선전, 선동행위를 처벌하는 규정이 존재하지 아니하는 것은 그것이 선전, 선동행위는 헌법상의 기본권인 표현의 자유 가치와 충돌할 가능성이 높기 때문이다. 앞서 살펴본 독일 헌법재판소의 슈만 공식에서 법원의 법률해석을 위헌적 법률해석으로 인정하여 통제하는 경우는, 재판소원의 대상이 된 재판이 입법권자가 법규범으로 정립하지 않을 것으로 추정되는 법적 결과를 인정하는 경우이다. 입법자가 선전과 선동행위에 대한 업무방해를 인정하는 입법을 하였다고 상정할 경우에 과연 그와 같은 입법은 우리 헌법상 허용되는 것일까에 관하여 살펴보기로 한다.

가. 선동적 표현과 표현의 자유의 보호범위

정치적·경제적·사회적·사상적 쟁점에 관한 표현들이 '범죄를 선동하는 표현행위'로 규제될 가능성이 있다면, 시민들의 토론의 주제선정 및 자유로운 표현행위가 위축되지 않을 수 없고, 이로 말미암아 다양한 사회세력에 대한 비판적 표현이 배제되고 표현의 자유에 관한 기본권을 보장함으로써 달성하고자 하는 가치의 본질적 기능이 훼손될 위험이 있다.

예민한 정치·경제·사회적 이슈에 관한 표현들은 어떤 범죄와도 관련될 가능성이 있으며, 범죄를 선동하는 표현행위로 판단 받을 수 있는 가능성이 높기 때문이다. 가령 병역거부·세금거부 등의 선동, 미신고 집회·헌법기관 앞에서의 개최하는 집회의 선전 등은 그것이 실행된 경우에는 범죄를 구성하는 행위라고 할 수 있지만, 그와 같은 행위를 조장하는 표현행위 자체가 사회·정치적인 토론 대상으로서 허용될 수 없는 것으로 금지하여야 할 표현에 속한다고 보기는 어렵다.

그러므로 일반적으로 범죄를 방지하는 것은 공익상의 필요성에 기초한 것이라고 할 것이고, 범죄행위를 선동하는 표현행위를 범죄로 규정하여 처벌하는 것이 범죄를 방지하기 위하여 효과적인 방법이라고 하여도, 그와 같은 표현행위를 처벌하거나 금지하는 것은 매우 신중하고 엄격한 방법에 의할 필요가 있다.

범죄를 목적으로 하거나, 범죄를 조장하거나 선전하는 표현과 관련하여 이를 어떻게 취급할 것인가 문제된다. 미국 연방대법원의 범죄행위 관련 표현의 규제에 대한 기본적인 입장은 다음과 같은 Louis Brandeis 대법관의 의견으로 요약될 수 있다.

> 심각한 피해의 두려움(fear of serious injury) 만으로는 표현의 자유를 억압하는 것을 정당화할 수 없다. 사람들은 마녀를 두려워했으며 그리하여 여인들을 화형에 처했다. 사람들을 비이성적인 두려움으로부터 자유롭게 하는 것이 바로 표현이 담당하는 기능이다. 표현의 자유를 제한하기 위해서는 표현이 실행될 경우에는 심각한 해악이 발생할 것이라는 두려움의 합당한 근거를 갖고 있어야 한다. 그리고 그와 같이 예상되는 심각한 해악 발생이 '급박한(imminent)' 상황이어야 하며, 표현을 제한하여 방지할 수 있는 해악이 '심각한(serious)' 것이어야 한다. … 범죄행위의 선전은 법에 대한 위반행위를 증가할 위험을 증가시킨다. 그러나 범죄행위의 선전(advocacy)이라고 하여도 위해의 급박성, 중대성, 위해발생의 현존하는 가능성 등의 요건을 갖춘 경우에 이르지 아니한 경우에는 이를 도덕적으로 비난할 수 있을지언정 그와 같은 표현행위를 할 자유를 부정하는 것을 정당화시킬 수는 없다. 그와 같은 행위가 즉각적으로 발생할 것이라는 징표가 없는 범죄행위의 선전(advocacy)만으로는 충분하지 않은 것이다.[55)]

나. 선동적 표현과 '명백하고 현존하는 위험(clear and present danger)'의 원칙

미국 연방대법원의 '명백하고 현존하는 위험의 기준'의 법리는 표현의 자유의 행사 보호범위에 관한 논의인바, 이는 특히 범죄의 선동과 관련된 표현의 규제 가능성에 관하여 발전한 법리이다. 미국 연방대법원의 판례를 통하여 수립된 '명백하고 현존하는 위험'의 원칙은 언론을 규제하기 위해서는 해당 언론이 중대한 해악을 초래할 명백하고 현존하는 위험이 있어야 한다는 법리이다. 이하에서는 미국 연방대법원의 명백 현존하는 위험의 법리의 내용 및 발전과정에 관하여 살펴보기로 한다.

55) Whitney v. California, 274 U.S. 357, 364, Brandeis 대법관의 보충의견.

(1) '명백하고 현존하는 위험'의 원칙 형성의 개요

연방대법원이 '명백하고 현존하는 위험의 기준(clear and present danger)'을 최초로 정립하여 이를 적용하였던 것은 제1차 세계대전 기간 동안이다. 1920년과 30년대에는 그 심사강도가 완화되었으나, 1950년대 들어서면서 위법행위의 발생 가능성과 해악의 중대성을 심사하는 위험가능성공식(risk formula)을 도입함으로써 명백현존하는 위험의 법리를 재정립 하였다. 1960년대 후반 연방대법원은 Brandenburg 판결을 통하여 가장 엄격한 법리를 수립하였다.

(2) 명백 현존하는 위험 기준의 수립 : Schenk v. United States 249 U.S. 47

미국은 제1차 세계대전에 참전하게 되면서 징집제도를 시행하게 되었다. 이에 대하여는 심각한 반대가 있었으며 전쟁기간 동안 약 350,000명 이상의 징집회피자들이 있었던 것으로 추산된다. 그 무렵 러시아에서 볼셰비키가 공산주의 혁명에서 성공하자 미국 내에서는 좌익분자들의 폭동이 염려되는 상황이었다.[56)]

이러한 사정에 대응하여 연방의회는 간첩행위처벌법(Espionage Act of 1917)을 제정하였다. 그 법률의 내용 중에는 고의로 미합중국의 신병모집이나, 신병등록을 방해하는 것을 범죄로 규정하였다. Schenk 사건에서 피고인들은 징집제가 강제노역의 한 형태이므로 이를 거부해야 된다는 내용으로 징집거부를 선전하는 전단을 배포한 혐의로 유죄판결을 받았다.

연방대법원의 Oliver Wendell Holmes 대법관은 법정의견에서 평상시에는 수정헌법 제1조에 의하여 보호될 표현도 전시상황에서는 달리 판단할 수 있다고 하면서 다음과 같이 판시하였다.

> 유인물에 담겨 있는 이와 같은 표현은 평상시라고 한다면 헌법적 권리영역 내에 있으리라는 점을 인정할 수 있다. 그러나 모든 행위의 특질은 그것이 행해진 상황에 달려 있다. 가장 엄격하게 언론의 자유를 보호하는 입장에서도 극장 안에서 거짓말로 불이 났다고 소리쳐 혼란을 초래하는 사람을 보호하지는 않을 것이다. … 문제는 연방의회가 금지할 권한이 있는 실질적인 해악을 가져올 명백하고 현존하는 위험을 초래하는 상황에서, 그와 같은 위험을 초래할 성질을 가지고 있는 표현을 하였는가 하는 점이다. 결국 문제는 해악의 근접성(proximity)과 정도(degree)이다.[57)]

56) Chemerinskey 989면.

57) 249 U.S. 47, 52.

(3) 명백 현존하는 위험 기준의 변동

1920년대와 1930년대의 기간 동안 연방대법원은 무력이나 폭력으로 미합중국의 정부나 산업체의 전복을 옹호하는 것을 범죄로 규정하는 노동운동처벌법에 관한 일련의 판결을 선고하였다. 연방대법원은 위 사건들에서 명백하고 현존하는 위험기준을 적용하지 않고 판결하였다. 대표적인 사건은 Gitlow v. New York 판결이었다.[58)]

1950년대에 들어서면서 연방대법원은 명백 현존하는 위험 기준 원칙으로 복귀하였다. Watts v. United States 판결이 대표적이다.[59)]

(4) Brandenburg 기준의 수립

(가) Brandenburg v. Ohio 395 U.S. 444

Ku Klux Klan 단체의 지도자인 피고인은 Ohio Criminal Syndicalism Statute 위반으로 유죄판결을 받았다. 동법은 산업적, 정치적 개혁의 수단으로서 범죄의 방법, 파업, 폭력 또는 불법적인 방법의 테러가 필요하다고 선전하거나, 그와 같은 테러를 할 의무가 있다고 선전, 교육하는 것 등을 범죄로 규정하고 있었다.

사안에서 문제된 피고인은 KKK 단체 집회에 TV 방송기자를 초대하여 집회 및 연설을 녹화하게 하였다. 문제된 영상물에는 하얀 두건을 쓴 사람들이 장총을

---

58) 피고인 Benjamin Gitlow는 좌익 선언문(Left Wing Manifesto)을 발행하고 정부의 폭력 등 불법적 수단에 의한 전복의 필요성을 선전하였는바, 그와 같은 행위를 금지한 무정부주의 처벌 조항(New York Penal Law, §§ 160, 161)에 위반하였음을 이유로 기소되고 유죄판결을 받았다. 연방대법원은 법정의견에서 명백 현존하는 위험의 기준을 적용하지 아니하고 처벌의 합헌성을 인정하였는바, 그 주요 판시는 다음과 같다.

"주 정부는 조직된 정부의 기초를 위태롭게 하고 위법한 수단으로 전복하겠다고 위협하는 언사를 처벌할 수 있다. 이것은 헌법상 주로서의 존재자체를 위태롭게 하는 것이다. 언론과 출판의 자유는 공공의 평화와 정부의 전복을 저해하려는 시도를 보호하지 않는다. … 결국, 언론과 출판의 자유는 주로부터 그 기본적이고도 본질적인 자기 보존의 권리를 빼앗지 못한다. 주는 이 법률을 제정함으로써 정부를 무력, 폭력, 기타 위법한 수단으로 전복하는 것을 권장하는 표현은 공공복리에 해로우며 또한 실질적인 해악의 위험을 포함하고 있기 때문에 일반적 질서규제권한(police power)의 행사로 처벌될 수 있을 것이라고 결정하였다. 그러한 결정은 충분히 존중되어야 한다. 해당 법률의 유효성이 인정되는 방향으로 추정되어야 한다."(268 U.S. 652, 667-669).

59) 연방법 18 U.S.C. s 871(a)는 "고의로 … 대통령을 살해하거나 신체에 손상을 가한다고 위협하는 것"을 범죄로 하고 있다. 18세 소년인 피고인은 워싱턴 D.C.의 워싱턴 기념관 앞에서 열린 집회에서 하였던 발언이 동 조항에 위반하였음을 이유로 유죄판결을 받았다. 피고인은 "나는 벌써 징집영장을 받아 오는 월요일에 등록을 하여야 한다. 그들이 내게 총을 갖게 해 줄 경우 내가 목표로 삼을 첫 사람은 L.B.J.이다."라고 말하였다. 연방대법원은 피고인에 대한 유죄판결을 파기하였다. 연방대법원은 Watts의 진술은 정치적 과장으로서 진정한 위협이 아니고, 따라서 수정 헌법 제1조에 의하여 보호된다고 하였다. 연방대법원은 다음과 같이 판시하였다.

"정치적 영역에서의 표현은 독설적(vituperative)이며, 표현의 자유를 남용하는 방식이며(abusive), 정확하지 않은(inexact) 경우가 많다. 우리는 피고인의 표현이 '대통령에 대한 정치적 반대를 매우 조악한 방식으로 표현한 것이었다는 점을 인정한다. 문맥을 감안하고, 가정적 표현을 감안하면 이와 달리 해석할 여지는 없다고 생각한다."(394 U.S. 705, 708).

들고서 십자가를 불태우는 의식을 거행하는 장면, 만일 대통령·연방의회·연방대법원이 계속하여 우리 백인을 억압한다면 우리는 복수를 해야만 할 것이다, 검둥이들을 묻어 버리자(Bury the niggers)라고 하는 등의 연설을 하는 장면 등이 담겨 있었다. 녹화물의 일부는 지역방송국의 뉴스시간에 보도되었다.

연방대법원은 표현의 자유의 헌법적 보호로부터 배제되기 위해서는 급박한 해악(imminent harm), 범법행위를 발생시킬 가능성(a likelihood of producing illegal action), 그와 같은 즉각적인 범죄행위를 발생시킬 의도(intent to cause imminent illegality)를 필요로 하는 것인바, 이 사건에서 문제된 법률조항은 그와 같은 요건을 갖추지 아니한 단순한 표현도 처벌하고 있으므로 수정헌법 제1조를 위반하는 위헌적인 법률이라고 판단하였다(395 U.S. 444, 448-449).

(나) NAACP v. Claiborne Hardware Co. 458 U.S. 886

NAACP(National Association for the Advancement of Colored People, 유색인종지위향상연합회)는 인종차별행위를 하는 백인 소유 사업체에 대한 불매운동 집회를 개최하였다. 수백명의 흑인 시민들이 집회에 참석하였다.

불매운동의 대상이었던 사업주들은 불매운동으로 인한 자신들의 손해를 청구하는 소송을 제기하였다. 미시시피주 대법원은 불법행위에 기한 손해배상 청구를 인용하였는바, 일부 흑인 시민들은 위 단체 지도부의 위협으로 인하여 자신들의 의사에 반하여 불매운동에 참여하였다는 점에 근거하고 있다. 실제로 NACCP의 간부 Charles Evans는 불매운동을 호소하는 연설 도중 “당신들 중 누구든지 인종차별주의 상점에 가다가 잡히면 그 목을 분질러 버리겠다(If we catch any of you going in any of them racist stores, we are gonna break your damn neck)”고 하였다. 미시시피 주 대법원은 이와 같은 연설들을 근거로 하여 전체 불매운동이 불법적인 것이라고 판단하였으며, 피고 단체는 위력과 폭력, 그리고 위협의 수단을 불매운동의 방법으로 승인하였기 때문에 그 불법행위의 책임이 있다고 하였다.

하지만, 연방대법원은 Brandenburg 심사기준에 따르면 위 연설이 수정헌법 제1조의 보호대상이 되며 따라서 손해배상책임의 근거가 될 수 없다고 판시하였다. 연방대법원은 다음과 같이 판시하였다.

> 해당 연설은 그것이 행해지는 격렬한 분위기 속에서 위법한 형태의 제재(discipline)를 초래하거나 적어도 그런 부적절한 제재를 특별히 의도하지 아니하였다 하여도 폭력사태에 대한 두려움을 야기하기 위한 의도로 행하여졌다는 점을 인정할 수 있다. … 그러나 우리 법원은 무력이나 폭력

사용을 단순히 선전(advocacy) 했다는 점만으로 언론출판에 대한 헌법적 보호를 배제하지 아니한다고 선언하여왔다. … Charles Evans의 연설은 Brandenburg 사건에서 밝힌 보호대상 언론의 경계를 넘어선 것이 아니다.

(5) 평가 — 사안의 경우

선동적 표현은 사회의 평화를 교란시킨다. 그러나 선동적 표현이라고 하여도 그것이 중대한 위험을 즉각적으로 발생시킬 있는 경우가 아닌 이상 이를 도덕적으로 비난할 수 있을지언정 그와 같은 표현행위를 할 자유를 부정하는 것을 정당화시킬 수는 없다. 그와 같은 표현행위에 대하여는 그에 대응한 다른 표현행위에 의하여 교정될 수 있다고 보고, 그것이 진리를 찾는 최선의 방법인 것이다. 그리하여 '명백하고 현존하는 위험의 법리'는 범죄행위를 선전하거나 선동하는 표현이라고 하여도 원칙적으로 표현의 자유에 의하여 보장되는 것이고, 그 표현을 금지하기 위해서는 매우 엄격한 요건을 충족해야 한다는 원칙이다.

표현의 자유를 제한하기 위해서는 '범죄'를 목적으로 하는 표현이라는 징표만으로는 부족하고, 해당 표현이 실행될 경우에는 심각한 해악과 표현 사이의 직접적 인과관계가 있어야 하며, 예상되는 위험이 발생할 것이 '급박한(imminent)' 상황일 것, 표현을 제한하여 방지할 수 있는 해악이 '심각한(serious)' 것일 것 등의 요건이 필요하다.

이 사건에서 피고인의 표현은 전화 등을 통하여 광고주를 상내로 항의를 할 것을 설득하고 선동하였던 것인바, 전화를 통한 집단적인 항의는 시민들이 공적인 주제에 관한 표현을 하기 위하여 취하는 전형적인 표현방법 가운데 하나라고 할 것이고, 그와 같은 표현을 선동한 것만으로는, 가사 선동행위가 조직적이고 계획적인 것이라고 하여도 금지하여야 할 불법적인 정도라고 하기 어렵다.

첫째, 피고인의 표현과 해악 사이에 직접적인 인과관계도 인정하기 어렵다. 피고인의 표현행위는 전화를 걸어 항의하는 표현행위를 하였던 불특정 다수인의 행위를 촉구하고 독려하였다. 하지만 실제로 전화걸기라는 행위에 나아간 직접적인 원인은 개별 행위자들의 독자적 판단에 의한 것이라고 할 수 있을 뿐 피고인 갑의 표현행위가 직접적으로 발생시킨 것이라고 하기 어렵다. 불특정 다수의 시민들은 전화걸기에 동참할 것인지를 독자적인 선택에 의하여 결정한 것이며, 그렇다면 피고인의 행위와 해악의 발생 사이에는 인과관계가 있다고 보기 어렵다.

둘째, 급박한 사회적 해악의 상황도 인정되지 아니한다. 피고인 갑 등은 게시글의 내용에서 표현행위에서 폭력을 사용할 것을 선동하지 아니하였다. 오히려 그

게시글을 통하여 예의를 갖춘 공손한 표현으로 광고중단을 설득해 줄 것을 권고하고 있다. 광고주 기업체들이 광고계약을 중단하였던 것은 피고인 등의 온라인상의 표현행위 또는 직접적으로 전화를 걸어 항의하였던 불특정 다수의 시민들의 표현행위이었기 때문이라고 하기 보다는 시민들의 광범위한 불매운동으로 인한 영업손실을 교량하여 독자적인 영업판단에 따라 선택한 결과라고 볼 수 있다.

셋째, 이 사건에서 표현의 상대방인 광고주들은 이 사건 피고인의 표현에 기인하여 일정한 경제적 손해를 입었음을 인정할 수 있지만 이는 기본권을 중심으로 하는 헌법질서 하에서 감수하여야 할 정도의 손해라고 할 뿐 표현의 자유의 주체를 형사직으로 처벌할 만한 정도의 심각한 해아이라고 보기 어렵다.

헌법은 제21조에서 언론 및 출판의 자유와 함께 집회 및 결사의 자유를 기본권으로 보장하고 있다. 개별 시민들이 국가권력 또는 대기업을 상대로 의사표시를 하는 경우에는 그와 같은 집단적 의사표시는 효과적인 의사표현 수단이 된다.

집회, 시위의 자유를 보장하는 취지는 다수의 피켓팅 등 물리적인 위력과 기세를 통하여 자신들의 주장과 의지를 보여주는 것을 허용하는 취지이며, 그 표현의 상대방에게 일정한 한계 내의 정신적·경제적 압박과 불편함을 수인할 것을 요청하고 있다. 집단적 전화걸기는 집단적인 경우라고 하여도 언어적인 표현의 자유 행사이며, 집회 및 시위 자유의 행사에 비하여 평화적인 수단이라고 할 것이다. 이에 대한 허용여부는 아무런 표현도 없는 평화적인 진공상태와 비교할 것이 아니라 헌법이 표현의 자유를 통하여 허용하는 갈등상황의 한계와 비교하여 판단할 필요가 있다. 표현의 자유의 상대방에게 아무런 불편함을 주지 않는 한도 내에서의 표현의 자유란 표현의 자유를 부정하는 것과 다르지 아니하다.

V. 결 론

최종적 헌법해석기관인 헌법재판소는 재판소원의 금지와 관련하여 법률의 합헌적 해석을 통제할 수단을 갖고 있지 아니하다. 이와 같은 현행 사법제도 하에서는 대법원에서 하급심의 위헌적인 법률해석을 통제하지 아니하면 해당 법률조항의 해석과 관련하여서는 헌법을 보장할 방법이 존재하지 아니한다. 하급심 법원이 법률을 해석함에 있어 헌법을 충분하게 고려한 헌법에 합치하는 법률해석을 하지 아니하고 법률의 자구만을 기계적으로 해석하여 구체적 사건을 종결하였다면 대법원은 법률해석이 합헌적으로 해석·적용되도록 그 하급심 재판을 통제함으로써 헌법을 보장하여야 하는 것이다. 대법원의 이와 같은 합헌적 법률해석에 관한 권한은 헌법재판소가 가지고 있는 법률에 대한 규범통제 권한과는 구별되는 헌법수호의 책임이며 권한이다.

평석대상 판결은 불특정 다수에 대한 선전이나 선동에 가까운 행위를 공모공동정범으로 해석하고 있는바, 이는 기능적 행위지배의 이론을 지나치게 확대해석한 것이라고 생각한다. 선전이나 선동에 의한 업무방해를 처벌하는 조항이 없는 상태에서 기능적 행위지배의 이론을 적용하여 이를 처벌한 것은 일종의 유추해석이라고 볼 여지가 있다.

만일 선전, 선동에 의한 업무방해를 처벌하는 조항이 있다고 할 경우에 이는 합헌적인 규범이라고 할 수 있을까? 국가권력이 형사적 제재를 이용하여 사상의 자유 시장에 개입할 경우에는 사회적으로 유해 가능성이 있는 의견뿐 아니라 정부 등에 대한 건전한 비판을 하는 의견까지 말살시킬 가능성이 있으며 그와 같은 위험을 방지하기 위해서는 급박한 위험을 발생시키지 않는 표현에 대하여는 사상의 자유시장의 자율기능에 의하여 치유되도록 하는 것이 합당하다. 위축효과와 명백 현존하는 위험의 법리는 이와 같은 사상의 자유시장에 대한 믿음에 기초한 법리이다.

다수의 소비자들로 하여금 항의 전화를 하고, 불매운동을 할 의사를 표시하도록 하는 선동은 영리를 추구하는 회사로서는 중대한 압력을 부과하는 것이라고 할 수 있지만, 그와 같은 정도의 압력이 존재한다고 하여도 회사의 이익과 불이익을 합리적으로 고려하는 선택의 여지는 충분히 존재한다고 판단할 수 있으며, 언론의 자유 행사를 처벌할 만큼의 명백하고 현존하는 위험이 있다고 보기 어렵다.

인류의 역사를 돌아보면, 언어적·비폭력적 수단으로서의 표현의 자유를 처벌하고 억압하는 경우, 그 표현은 더욱 치명적인 수단으로 발전하였던 수많은 사례를 발견할 수 있다. 우리 헌법이 비폭력적이고 평화적인 표현의 자유를 보장하는 것은 물리적이고 폭력적인 표현의 자유를 방지하는 최선의 수단이라는 인류공통의 지혜에 기초한 것이다.

전체주의 사회와 달리 민주주의 사회는 다양한 생각과 사상들이 경쟁하고 충돌하도록 하는 사회이며, 그 과정에서 최선의 진리가 드러날 수 있다. 또한 정치·경제·사회의 권력들을 비판하는 표현은 그들 세력들이 권력을 남용하는 것을 방지하도록 함으로써 민주주의의 실현에 결정적인 기능을 담당한다. 언론의 자유는 전체주의를 배격하고 민주주의를 실현할 뿐 아니라, 사회가 합리성에 기초하여 발전할 수 있는 가장 기초적인 수단인 것이다.

第116회(2011. 12. 9.) 발표문

소비자불매운동 규제의 헌법적 한계에 대한 비교법적 고찰

— 영미법을 중심으로 —

박 경 신*

이 글은 우리나라에서 불매운동이 규제되는 네 가지 시나리오들을 살펴보고 각 규제 시나리오에 대한 헌법적 한계를 설정하고자 한다. 불매운동은 소비자들이 '특정 제품 또는 업체를 집단적으로 불매하고 다른 사람에게도 불매를 촉구하는 것'이라고 정의할 수 있다.

우선 본질적으로 불매운동은 소비자들이 특정 제품을 다 같이 구매하지 않겠다는 담합 즉 공동부작위이다. 작위에 대한 보증의무가 없는 자의 부작위가 법으로 규제되는 시나리오 중의 하나는 공정거래법의 담합금지규정에서 도출된다. 현재 일부 소비자운동이 형법 제314조의 업무방해죄로 처벌받고 있는데 그 처벌의 정당화의 근저에는 이들 소비자들의 행위가 불만의 원인을 제공한 업체가 아닌 제3자를 겨냥하고 있어 시장질서를 해친다는 믿음을 전제로 하고 있으며 그 부당성 주장의 원천에는 공정거래법적 원리가 있다. 이 글의 I장에서는 불매운동을 포함한 소비자들의 담합은 어떠한 의미에서도 불공정한 시장개입이라고 볼 수 없음을 밝힌다. 특히 담합의 사유가 타 업체와의 거래인 담합 즉 2차불매운동 역시 불공정한 시장개입이 아님을 밝힌다. '2차불매운동'의 합법성에 대해서는 소위 '마이클 잭슨' 대법원 판결[1]에도 불구하고 언소주불매운동에 대한 1심 법원이 이미 확인한 바 있다.[2]

둘째, 공정거래원리 상의 위법성이 없다고 할지라도 우리나라는 형법 제314조 상의 '위력'에 의한 업무방해가 적용될 수 있다. '위력'은 의사결정을 교란할 수 있는 공포심의 유발을 위력이라고 정하고 있는 바 소비자들의 불매위협은 광고주들에게 공포를 발생시킬 수 있다. 이 글의 II장에서는 '위력'업무방해죄는 전

* 고려대학교 법학전문대학원 교수.

1) 대법원 2001. 7. 13. 선고 98다51091 판결.

2) 서울중앙지방법원 2009. 2. 19. 선고 2008고단5024, 5623호 판결.

세계에서 유일하게 우리나라에만 존재하는 규제이며 비교법적으로 업무방해죄의 원형은 고도성장 시대에 노동자들의 단결을 막기 위해 존재했던 것으로서 노동자들의 단결이 헌법적인 기본권으로 인정된 후에는 '위력'업무방해죄는 더 이상의 존재의미가 없어져 사라지게 되었음을 밝히고자 한다. 백보를 양보하여 '위력'업무방해죄가 존치된다고 하더라도 '위력'업무방해죄의 가장 최근 해석을 따르자면 더욱 '위력'업무방해죄는 불매운동에 적용하는 것이 불가능하다.

셋째, 담합은 특정한 정치적 또는 경제적 목적을 가지고 수행하게 되는데 이 목적을 수월하게 달성하기 위해서는 자신들의 담합 사실을 공표하여 담합대상기업들이 자발적으로 문제해결을 하도록 위협할 필요가 있다. 이 글의 Ⅲ장에서는 소비자담합 사실을 담합대상에게 고지하는 행위가 형법상 협박죄, 강요죄 또는 공갈죄(이하 "협박죄 등")를 성립할 수 없음을 밝히고자 한다. 비교법적으로 보았을 때 형법의 합헌적 해석상 협박은 정신적 압박을 넘어선 물리적 압박 또는 위법행위의 위협이 있을 경우에만 인정된다. 정신적 압박은 헌법으로 보호되는 표현을 통해 이루어지는 "설득"과 구별하기 어려워 그 자체를 위법화 하는 것은 헌법적으로 용납되지 아니한다. 공갈과 강요의 경우 예외가 존재하지만 그 예외 역시 별도의 불법성이 있을 때만 인정되어야 한다. 언론소비자단체의 광동제약불매운동에 대해서 법원은 이를 구분하지 않고 유죄를 선언한 바 있다.[3)]

넷째, 불매운동의 일환으로써 담합의 목적을 일반에게 공표하는 것을 넘어서서 담합의 대상인 업체에 고지하는 행위를 반복적으로 집단적으로 할 경우 업무에 방해가 될 수 있다. 1인이 하는 경우에는 전화선이 하나 밖에 없는 사업자가 아닌 이상 업무를 방해하지 못하지만 여러 명이 같이 하는 경우에는 업무를 방해할 수도 있을 것이다. 이 경우 '위력'에 의한 업무방해가 아니라 물리력에 의한 업무방해라고 볼 수도 있는 것이다. 그런데 똑같은 행위를 1인이 하면 합법이지만 여러 명이 하면 불법이라는 법리가 성립되려면 이들 모두를 공동정범(Mittäterschaft)으로 규정할 수 있어야 가능할 것이다. 암으로 인한 1인의 사망에 대해 망자의 몸에 축적된 발암물질이 검출된 제조업자들 전부에게 살인죄를 적용할 수는 없기 때문이다. 그렇다면 불매운동에 대해 공동정범이론을 적용할 수 있는 헌법적 한계가 문제가 된다. 이 글의 Ⅳ장에서는 인터넷카페를 통해 익명 기반으로 조직되어 상호 간에 아무런 이해관계가 없는 다수의 행위는 공모공동정범의 행위로 규정할 수 없음을 밝힌다. 공모공동정범 이론은 비교법적으로 보아 조직 내의 한 사람의 행위를 모든 조직원의 그것으로 간주하는 헌법적으로는 매우 위험한 이론으로서

3) 서울중앙지법 2009. 10. 29. 선고 2009고단4470 판결.

합헌적으로 적용되려면 해당 행위 이전에 기존의 상하관계와 이해관계가 있는 조직의 존재가 전제되어야 한다. 법원은 이를 구별하지 않고 이와 같은 전화걸기에 대해 유죄를 선언한 바 있다.[4)]

Ⅰ. 공정거래법적 원리의 적용의 헌법적 한계*

1. 2차불매행위금지 법리의 유래: 공정거래법

미국의 2차불매운동 금지제도의 기반은 우리나라의 공정거래법에 대응되어 기업활동을 규제하는 셔먼법[5)]으로서 1890년에 제정되었다. 미국의 공정거래법은 보통 셔먼법이 통과되었던 시점에서 대부분의 독점기업들이 '신탁(trust)'이라는 이름을 사용하였던 연혁적인 이유로 anti-trust법이라고 불리며 우리나라에서는 보통 '반독점법'으로 번역되어 왔다.

셔먼법은 크게 여러 업체의 담합행위를 규제하는 제1조와 하나의 업체의 독점적 행위를 규제하는 제2조가 그 주요 조항이다. 셔먼법을 해석해 온 미연방대법원은 재판매가격통제를 비롯한 몇 가지 행위에 대해서는 '그 스스로 무효(per se illegal)'의 원칙을 적용하여 각 행위 별로 그 요소들을 정하고 각 요소가 충족되면 그 행위가 실제로 시장의 경쟁을 증진시키는지 저하시키는지에 대해서는 고려하지 않고 곧바로 무효를 선언하였고 이 행위들에 해당되지 않는 반경쟁적 행위들에 대해서는 합리성의 규칙(rule of reason)을 적용하여 시장경쟁에 미치는 효과를 고려하여 위법성을 판단하여 왔다.

셔먼법에 따르면 여러 기업체들이 담합하여 공정한 경쟁을 피하기 위해 다른 업체의 제품이나 서비스를 구매하지 않는 것은 위법이다. 현재는 보이콧이라는 말이 불매운동이라는 말과 등치되고 있지만 원래 보이콧은 단순한 거래거절을 말하는 것으로 여러 업체들이 담합하여 특정업체들을 대상으로 거래거절을 하는 것을 미국법 상으로는 집단불매(group boycott)라는 말로 개념화하여 왔다. 이때 집단불매 금지법리는 경쟁사들 사이의 담합에만 적용되는 것이 아니라 한 경쟁사가 다른

---

4) 서울중앙지방법원 2009. 2. 19. 선고 2008고단5024, 5623호 판결.

* 본 장의 일부는 다음의 문헌에 게재된 바 있습니다. 박경신, "소비자2차불매운동의 합법성", 2008-2009 한국과 표현의 자유.

5) Sherman Act, 15 U.S.C. §§ 1-7 (1988); Federal Trade Commission Act, 15 U.S.C. §§ 41-58 (1988).

경쟁사에 타격을 주기 위해 제품생산 및 유통의 다른 단계에 있는 업체에 압력을 행사하여 그 경쟁사와 거래를 하지 못하도록 하는 경우에도 적용되었다. Fashion Originators' Guild of America, Inc. v. FTC[6]에서 의류제조업체들이 군소제조업체들을 경쟁에서 도태시키기 위해 군소업체들의 제품을 취급하는 의류유통업체들에게는 제품을 납품하지 않기로 합의한 것에 대해서 미연방대법원은 셔먼법의 위반이라고 판시하였다.

그런데 시장지배적인 사업자는 담합을 하지 않아도 자신의 경쟁자에게 타격을 가할 수 있는데 바로 자신의 제품을 취급하기를 원하는 거래처들 중에서 자신의 경쟁자의 제품을 같이 취급하는 거래처들에게는 납품을 하지 않는 것이다. 그렇다면 거래처들은 시장에서 인기 있는 시장지배자의 제품을 취급하기 위해 경쟁자의 제품을 취급하지 않을 것이다. Klor's, Inc. v. Broadway-Hale Stores, Inc.[7]에서는 Broadway-Hale이라는 대형 유통업체가 Klor's라는 군소유통업체를 경쟁에서 도태시키기 위해 자신에게 납품하는 제조업체가 Klor's에는 납품하지 못하도록 압력을 행사하였고 이에 대해 미연방대법원은 셔먼법의 위반이라고 판시하였다. 여기서는 Broadway-Hale이라는 유통업체가 시장지배적사업자로서 자신의 유통서비스를 원하는 납품업체들을 이용하여 경쟁유통사에 타격을 가하려는 행위가 규제된 것이다.

그리고 United States v. General Motors Corp.[8]에서 GM 자동차를 판매하는 딜러들이 소매가격을 낮추기 위해서 자동차할인매장에 자동차를 공급하지 않기로 GM 자동차회사와 담합한 것에 대해서 미연방대법원은 셔먼법 제1조의 담합금지조항의 위반이라고 판시하였다. 이 판결에서는 특히 미연방대법원은 이와 같은 불매운동 또는 여러 사업자들이 집단적으로 하는 집단불매(group boycott)에 당연무효(per se illegal)의 규칙이 적용된다고 하였다.

위에서 보다시피 시장지배적 사업자가 단독으로 또는 여러 업체가 담합하여 제품생산 및 유통의 상위단계 또는 하위단계에 있는 사업체에 압력을 가하거나 불매를 위협하여 자신의 경쟁자와 거래를 거절하도록 하는 것을 볼 수 있는데 바로 이것이 "2차불매(secondary boycott)"이고 미국에서는 이와 같은 행위를 셔먼법 상의 당연무효(per se illegal)로 보아 왔던 것이다.

여기서 2차불매행위는 사업자 스스로 불매하는 행위뿐만 아니라 다른 사업자

---

6) 312 U.S. 457 (1941).

7) 359 U.S. 207 (1959).

8) 384 U.S. 127 (1996).

들에게 불매를 하도록 제안하거나 독려하는 행위를 모두 포함한다.

2. 2차불매금지법리의 노동조합에의 적용

2차불매운동 금지법리는 미국의 연방노사관계법 중의 하나인 태프트-하틀리법[9])를 통해 노동조합들의 행위에도 적용이 되었는데 그 이유는 노조파업의 경제적인 측면 때문이었다.

가. 노동조합과 공정거래법

노동조합 발생 초기에 '노동조합의 파업도 자신의 사용자에게 노동력과 돈을 주고받는 거래를 하지 않겠다는 일종의 담합이고 공정거래법이 적용되어야 하지 않겠는가'의 논란이 있었다. 우선 셔먼법이 'corporation' 뿐만 아니라 'association'에도 적용이 된다. "판례법 상 그리고 연방반독점법 시행 초기에는 노동조합들의 단체행동도 경쟁제한적 담합의 한 형태로 간주되었다(At common law—as well as in the early days of administration of the federal antitrust laws—the collective activities of labor unions were regarded as a form of conspiracy in restraint of trade.)"[10]) Apex Hosiery Co. v. Leader[11])에서 미연방대법원은 전국노동관계법(National Labor Relations Act)[12]) 이 보호하는 노동자들의 조합은 "필연적으로 그들의 노동을 사용자에게 판매함에 있어 노동자들 사이의 경쟁을 제약한다"라고 하였다.

물론 그렇다고 하여 실제로 노동조합의 파업에 공정거래법이 적용된 것은 아니다. 노동자는 소비자와 같은 약자이며 단결권이 보호되어야 한다는 논거 하에 일률적으로 공정거래법이 적용되지 않게 되었다. 즉 미국의 연방노사관계법의 하나인 클레이튼법[13])이 1914년에 제정되어 다음과 같이 명시하고 있다. "인간의 노동은 상품이나 상품의 종류가 아니다. 반독점법의 어떤 부분도 상조적인 노동단체의 존재나 운영을 금지하는 것으로 해석되거나 그런 단체의 구성원들이 그와 같은 합법적인 목적을 수행하지 못하도록 금지하거나 제약하는 것으로 해석되어서는 아니된다. 그와 같은 단체나 그와 같은 단체의 구성원들은 반독점법상 경쟁제한적인 불법조합이나 담합으로 간주되어서는 아니된다(That the labor of a human

9) Taft-Hartley Act, 29 U.S.C. section 158(b)(4)(ii)(B) (1962)의 8(b)(4)(ii)(B)조.
10) Assoc'd Gen. Contractors v. Cal. State Council of Carpenters, 459 U.S. 519, 539 (1983).
11) 310 U.S. 469, 493 (1940).
12) 29 U.S.C. §§ 151-69 (2000).
13) Clayton Act, 15 U.S.C. § 17 (2000).

being is not a commodity or article of commerce. Nothing contained in the anti-trust laws shall be construed to forbid the existence and operation of labor … instituted for the purposes of mutual help … or to forbid or restrain individual members of such organizations from lawfully carrying out the legitimate objects thereof; nor shall such organizations, or the members thereof, be held or construed to be illegal combinations or conspiracies in restraint of trade, under the anti-trust laws.)라고 명시하였다.

이와 같이 공정거래법과 노사관계법의 관계는 노동조합에 대해서는 공정거래법이 예외를 인정하는 식으로 결론이 나게 된 것은 전세계적인 추세이다. 참고로 유럽재판소도 3개의 판결을 통해 노동조합의 활동은 경쟁법 상의 담합으로 인정되지 않음을 확정하였다.[14)]

나. 노동조합의 2차파업행위에 대한 공정거래법적 규제의 필요성

노동조합의 존재 자체나 노동조합의 기본적인 단체행동에 공정거래법이 적용되지 않는다는 법리가 확고해진 이후에도 노조의 행위 중에서는 클레이튼법이 정한 예외를 벗어나는 행위가 있음이 판례를 통해 일찍이 확인되었다. Duplex Printing Press Co. v. Deering[15)]에서 미연방대법원은 노조의 '2차불매시위는 정당한 목적이나 정당한 방법의 범위에 들지 않는다'고 판시하였다. 이 판결은 2차불매를 제외한 노조의 다른 활동들을 허용하지 않았기 때문에 번복되었지만 2차불매시위를 금지한 판시는 계속 유효하게 남아 20여 년이 지난 뒤 사용자가 아닌 사용자의 투자자나 거래처에 대해 파업을 선동하거나 불매운동을 벌이는 것은 사용자에 대한 파업(1차 파업)과는 달리 규제가 필요하다고 생각되어 위와 같은 태프트-하틀리법의 8(4)(ii)(B)가 다음과 같이 만들어진 것이다.

> 노동단체가 업무 중의 타인에게 위협을 가하거나 그를 압박하거나 제약하는 것은 그 목표가 타인이 다른 타인과 거래하지 않도록 강제하거나 요구하기 위한 것이라면 부당노동행위이다. 단, 피케팅이 아닌 방식으로 대중들에게 진실을 조언해주기 위해 이루어지는 홍보활동을 금지하는 것으로 해석되어서는 아니된다(It shall be an unfair labor practice for a labor

---

14) Albany International BV v Stichting Bedrijfspensioenfonds Textielindustrie (C-67/96) [1999] E.C.R. I-5751 (ECJ); Brentjens Handelsonderneming BV v Stichting Bedrijfspensioenfonds voor de Handel in Bouwmaterialen (C-115/97) [1999] E.C.R. I-6025 (ECJ); Maatschappij Drijvende Bokken BV v Stichting Pensioenfonds voor de Verdoer-en Havenbedrijven (C-219/97) [1999] E.C.R. I-6121 (ECJ).

15) 254 U.S. 443, 468-69 (1921).

organization … (4) … (ii) to threaten, coerce, or restrain any person engaged in commerce … where … an object thereof is … (B) forcing or requiring any person to … cease doing business with any other person … Provided further, That for the purposes of this paragraph (4) only, nothing contained in such paragraph shall be construed to prohibit publicity, other than picketing, for the purpose of truthfully advising the public …).

그러나, 미국연방대법원은 이 법도 노동조합의 표현의 자유를 보호하기 위해 한정적으로 해석하고 있다.16) 소위 "Tree Fruits" 사건에서 미연방대법원은 노조가 특정 생산자의 제품 구매를 막기 위해 그 제품의 유통업체 앞에서 시위를 하는 것까지 금지하는 것으로 해석하는 것은 위헌이라고 판단하였다. 즉 그 유통업체가 특정 생산자의 제품을 구매한다는 이유로 시위를 하는 것이 아니라 그 생산자의 제품 자체에 대해 불매운동을 하기위해 유통업체에 앞에서 시위를 하는 것은 허용되어야 한다고 한 것이다. 다만 최근에 미연방대법원은17) (이른바 "Safeco" 사건, "세이프코"라고 읽음)에서 위와 같이 시위를 당하는 유통업체 매출의 90% 이상이 불매시위의 궁극적 대상인 생산자의 제품판매를 통해 이루어질 경우에는 태프트-하틀리법이 이를 금지하는 것으로 해석할 수 있다고 결정하였다. 의도와 관계없이 시위가 "죄 없는" 관계사를 향한 것과 같은 결과를 초래하기 때문이다.

현재 미국에서는 오히려 소비자의 2차불매운동이 건강한 시장경제의 한 부분으로 확고히 자리를 잡았고 법원들과 학자들이 이로부터 영감을 받아 노조들에게도 2차불매운동을 할 권리를 보장할 수 있는 방향을 모색 중이다.18)

3. 소비자운동에의 유비적 적용의 불가능성

가. 미국노사관계법의 적용가능성

위에서 소비자불매운동을 "특정 업체들에 대해 불매를 하고 다른 사람들에게도 불매를 촉구하는 것"이라고 정의하였다. 그렇다면, 위에서 살펴보았듯 미국에

16) National Labor Relations Board v. Fruit Packers, 84 S.Ct. 1063 (1964).

17) National Labor Relations Board v. Retail Store Employees Union, 100 S.Ct. 2372, (1980).

18) Kate L. Rakoczy, "On Mock Funerals, Banners, and Giant Rat Ballons: Why Current Interpretation of Section 8(B)(4)(II)(B) of the National Labor Relations Act Unconstitutionally Burdens Union Speech", 56 Am. U. L. Rev. 1621 (2007) 그리고 Barbara J. Anderson, "Secondary Boycotts and the First Amendment", 51 Univ. Chicago Law Review 811을 보라.

서는 노사관계법인 소위 태프트-하틀리법의 8(b)(4) (ii)(B)은 노동조합에만 적용된다고 명시하고 있어 소비자운동에는 적용되지 않음이 명백하다.

또, 태프트-하틀리법의 2차불매금지조항은 소비자운동에 있어서의 2차불매운동을 금지할 유비(喩比)가 될 수 없음이 명백하다. 2차불매금지법리의 원천은 공정거래법의 일종인 셔먼법이었으며 노동단체에 대해 2차불매금지법리가 적용된 것은 노동단체가 "용역의 제공에 있어 경쟁제한적 담합을 구성하기 때문"이었고 이에 대한 공정거래법상의 규제를 목적으로 한 것이었기 때문이다.

나. 공정거래법의 적용가능성

그렇다면 2차불매금지법리의 원천인 공정거래법인 셔먼법은 입법론적 유비가 될 수 있을까? 우선 기업들의 2차불매운동을 규제하는데 소비자운동에는 적용될 수 없다. 셔먼법은 corporation 및 association에만 적용된다. 우리나라의 공정거래법도 "사업자"와 "사업자단체"로 정의하고 있다. 이렇게 '사업자'와 '사업자단체' 또는 'corporation'과 'association'으로만 한정하는 이유는 입법취지에서 도출된다.

Missouri v. NOW[19]에서 전국여성연합(National Organization for Women)이라는 전국규모의 강력한 정치단체가 성차별을 명시적으로 금지하는 헌법개정안을 추진하였으나 몇몇 주들이 이를 비준하지 않아 헌법개정에 실패하자 이들 주들에 대한 보복으로 이들 주에 대규모 대회가 유치되지 않도록 하기 위한 불매운동을 벌였고 이에 따라 관광수입에서 발생하는 세수입을 잃게 된 미주리 주정부가 NOW를 셔먼법 위반으로 제소하였다. 제8순회지구 연방항소법원은 이에 대해 셔먼법이 통과되던 연방의회 회기의 의사록을 자세히 검토하고 셔먼법의 입법목적에는 소비자운동에 대한 규제는 포함되어 있지 않다고 하며 미주리주의 청구를 기각한다.

그리고 바로 2년 뒤인 1982년에 NAACP대 Claiborne사건에서 NAACP(유색인종옹호연합)이라는 단체가 특정 시의 인종차별적 정책을 바꾸기 위해 그 시의 백인상점들에 대한 불매운동을 한 것에 대하여 미연방대법원은 정치적 불매운동과 경제적 불매운동을 구분하여 정치적 불매운동을 위한 소비자운동은 2차불매의 형태라 할지라도 헌법적으로 보호되어야하며 소비자운동으로서의 2차불매운동에 의해 피해를 입은 업주들의 민사손해배상청구를 기각하게 되는 것이다.[20][21]

---

19) 620 F.2d 1301 (8th Cir. 1980).

20) 동아일보 8월 23일 기사의 앞 부분에서 "언론사 광고주에 대한 불매운동이 표현의 자유 측면에서 폭넓게 인정되고 [있지 않다]라고 하며 그 근거로 "미국의 연방대법원도 여러 차례 판례를 통해 2차보이콧이 불법이라는 점을 명확히 했[다]"라고 명시하여 마치 미국의 연방대법원이 소비자에 의한 2차보이콧이 불법이라고 여러 차례 명확히 한 것처럼 주장하고 있으나 이는 명백히

특히 이 결정은 태프트-하틀리법이 시행 중이던 기간에 내려졌는데 소비자들의 보이콧에 대해서 내려졌던 것이다. 이 결정의 영향력은 상당하여 이 미연방대법원의 결정에 영향을 받아 여러 차례 소비자들의 2차보이콧이 주법원에서 합법판정을 받았다.

- Environmental Planning and Information Council of Western El Dorado County, Inc., v. The Superior Court of El Dorado County, 36 Cal. 3d 188 (June 7, 1984) (한 비영리단체는 한 언론사의 환경문제에 관한 논조를 비난하며 원고의 신문에 광고를 내지 말 것을 광고주들에게 요구한 것에 대한 캘리포니아주 대법원판결. 해당 신문을 "쓰레기"라고 부른 전단 등을 광고주에게 보냄. "경쟁업자가 자신의 경제적 이익을 추구하기 위하여 다른 사람의 계약이행을 의도적으로 방해하는 것은 정당화되지 않는다 … 그러다 피고의 목표는 환경과 연관된 공론에 대한 풋힐타임스의 논조를 바꾸어보려는 것이었고, 이 목표 자체는 명백히 합법적이었고, 사용된 방법도 평화로운 2차불매운동으로서 이 주의 판례법 상 합법적인 것이었다"라고 판시함.)
- Searle v. Johnson, 709 P.2d 328 (Utah 1985) (유타주에서 한 동물애호가 협회는 특정 지역의 개 수용소의 주거환경을 개선하기 위하여 그 지역의 관광 자체를 거부하고 주변사람들에게도 그 지역을 관광하지 말 것을 요청하였고, 하급심은 그 지역관광업체들의 손배소송을 인정하였으나 유타 주대법원은 NAACP판결을 언급하며 파기함.)
- Near East Side Community Organization v. Hair, 555 N.E.2d 1324 (Indiana C.A. 1990) (인디애나주 고등항소법원은 주거환경개선운동을 하는 시민단체들이 그 지역의 소위 "악덕임대인"의 세입자들을 접촉하여 민원을 제기할 것을 부추긴 것에 대하여 역시 업무방해(interference with trade)에 의거하여 임대인이 시민단체에 제기한 민사소송을 각하하였음.)

1차불매이든 2차불매이든 소비자운동에 대해서는 셔먼법이 적용되지 않는다는 것은 학설로도 계속해서 확인되고 있다.[22] 이에 따라 담합행위의 하나를 규제하고자 하는 목적을 가지고 있는 2차불매금지법리도 적용되지 않는 것이다.

허위이다. 미연방대법원은 NAACP대Claiborne에서 소비자운동으로서의 2차보이콧은 합법이라는 결정을 내린 외에 소비자운동으로서의 2차보이콧에 대해서는 아무런 결정을 내린 바가 없다.

21) NAACP v. Claiborne 458 U.S. 886 (1982).

22) Note, Constitutional Rights of Noncommercial Boycotters, 10 Hof. L. Rev. 773(1982). 최신의 논의에 대해서는 Lee Goldman, "The Politically Correct Corporation and the Antitrust Laws: The Proper Treatment of Noneconomic or Social Welfare Justifications under Section 1 of the Sherman Act", 13 Yale L. & Pol'y Rev. 137 (1995)를 보라.

셔먼법이 기업의 2차불매행위를 금지하였던 이유는 불매행위를 직접 당하거나 위협당하는 기업에 피해를 주어서가 아니라 그 기업이 불매행위자의 요구를 수락하였을 때 불매행위자의 경쟁사가 피해를 보면서 불매행위자가 속한 시장의 경쟁이 훼손되기 때문이다. 즉 시장에서의 경쟁이 감소되기 때문이었던 것이지 불매행위를 직접 당하는 기업의 피해가 부당하다고 생각해서 그랬던 것은 아니다.

기업들의 2차불매행위에 대해 미연방대법원은 당연무효(per se illegal)를 선언한 것은 그 피해나 효과에 관계없이 기업들이 담합하여 또는 하나의 기업이 자신의 시장지배력을 이용하는 것 자체가 위법하다고 보았기 때문이다. 소비자불매운동의 경우 소비자는 불매대상업체들과 경쟁관계에 있지 않다. 도리어 자유롭게 소비자들의 존재는 미시경제학의 전제조건이라고 할 수 있다. 어떤 제품에도 충성심을 가지고 있지 않은 소비자들의 존재는 업체들이 그 소비자들을 위해 경쟁을 하도록 만드는 동인이다.

이러한 구상 하에서는 소비자불매운동의 경우 '2차불매행위'라는 정의 자체가 불가능해진다. 2차불매라는 공정거래법적 개념은 그 불매행위자의 담합이나 시장지배력 행사를 통해 경쟁자들을 도태시키는 것을 막기 위한 개념인데 그 불매행위자가 소비자인 경우에는 2차불매의 대상이 소비자들의 경쟁자도 아니기 때문이다.

시장경제에서 '경제적 압박'은 한가지 밖에 없다. 바로 공정거래법 위반이다. 한 업체가 독점적인 지위를 이용하여 또는 여러 업체가 담합하여, 소비자들에게 특정 제품을 파는 행위를 말한다. 그러나 소비자들의 '담합'은 어떤 이유에서도 공정거래법 위반이 될 수 없다.

4. "죄 없는 제3자" 논리와 소비자의 권리

소비자운동이라 할지라도 2차불매의 성격을 띠게 되면 "불만의 원인을 제공한 기업을 불매하지 왜 죄없는 3자를 공격하는가"라는 반론에 부딪친다.

필자는 소비자불매운동의 경우 모든 2차불매운동은 1차불매운동의 성격을 띤다고 감히 주장하고자 한다. 소비자가 회사에 제품의 질을 높이도록 촉구하거나 이를 조건으로 구매 혹은 불매하는 것은 소비자의 고유한 권리이며 구매여부의 조건에는 제품이나 용역의 질 자체뿐만 아니라 그 기업의 투자행위, 고용행위, 환경정책 등이 모두 포함될 수 있음은 더 말할 것도 없고 광고처도 당연히 포함될 수 있다. 소비자가 이와 같이 절대적 권리를 누리는 이유는 어떤 기업체도 특정 소비자와 거래할 '권리'는 없기 때문이다.

실제로 90년대에 전 세계를 풍미했던 '아동노동으로 만들어진 나이키 신발'에 대한 불매운동의 경우 공격대상은 나이키가 아니라 아동노동을 고용한 하청생산업체였다. 하지만 불매운동가들은 이들 하청생산업체에 대해 불매운동을 전개하지 않았고 이들 하청생산업체를 고용한 나이키 매장 전체를 대상으로 불매운동을 전개하였다. 하지만 전세계의 누구도 이에 대해 '2차불매'를 운운한 적이 없다.

소비자의 권리에 대한 이러한 이해 하에서 2001년 마이클 잭슨 대법원 판례도 다시 평가해 볼 수 있다. 대법원은 2001년 7월 13일 1996년 마이클 잭슨 내한공연에 대해 반대하기 위하여 그 공연의 흥행사의 주거래은행에 해당 흥행사와의 거래를 중단해 줄 것을 요청하며 요청이 받아들여지지 않을 경우 해낭 은행에 대한 불매운동을 벌이겠다는 내용의 편지를 보낸 시민단체들을 상대로 흥행사가 손해배상을 청구한 것에 대하여 '경제적 압박수단을 고지하여 불매운동 대상자가 불매운동으로 인한 경제적 손실을 우려하여 본의 아니게 원고와 체결한 계약을 파기하였다'며 손해배상이 가능하다고 판시하였다.

이 판결은 '자신의 행동은 자신이 책임진다'는 자유민주주의헌법 법질서의 가장 근본적인 원칙을 위반하고 있다. 멀리가지 않더라도 해당 사건에 대해 기각결정을 내렸던 원심판결이 명쾌하다.

> '인과관계가 없으며 … 그들[은행들] 스스로 위 계약을 이행함으로써 얻을 수 있는 이익과 [시민단체]가 공언한 불매운동 등에 의해 발생하게 될지도 모르는 영업손실을 비교 교량하여 독자적인 영업판단에 따라 선택한 결과'에 따라 발생한 것으로 규정지었다. (1998. 9. 1. 선고, 98 나 18225)

즉 위에서 필자가 설파한 대로, 시민단체의 언사를 수인한 은행직원들이 그 언사에 대해 생각하고 반응할 기회를 가진 순간부터 시민단체들은 더 이상 그 언사에 대한 책임이 없어진다고 보아야 한다.

대법원의 판결을 새겨보면, 시민단체들이 주거래은행에게 '마이클잭슨 공연을 지원한다면 우리는 당신 은행과 거래를 하지 않고, 내 친구나 내 가족들도 거래를 하지 않을 것이오'라고 말한 것을 '경제적 압박'으로 규정하고 있다. 고용주가 임금을 주지 않으면서 '노조를 탈퇴하지 않는 이상 임금을 주지 않겠다'고 말한다면 노동자가 당연히 받아야할 임금을 주지 않으며 다른 행동을 요구하는 것은 경제적 압박이라고 볼 수 있다. 그러나 소비자들이 어느 은행에 가서 당신 은행과는 거래하지 않겠다고 말하는 것이 '압박'이라면 그 은행은 소비자들이 거래를 자신과 하도록 강제할 '특권'이라도 있다는 말인지 궁금하다. 기업들의 경제적 결정은 환경 및 노동에 끼치는 영향에 관계없이 자유롭게 보장해주어야 하는 소위 시장경제 아래서 소비자들이 특정 업체를 애용하지 않겠다고 해서 이를 '강압'으로 모는 것은 시장경제의 기반을 뒤흔드는 결정이다.

5. 소 결

미국의 2차불매운동 금지제도의 기반은 노조에 대한 규제도 소비자운동에 대한 규제는 더더욱 아니며 기업활동을 규제하는 공정거래법이다. 기업체들이 담합하여 다른 업체의 제품이나 서비스를 구매하지 않는 것은 당연히 위법이다. 그런데 시장지배적인 사업자는 담합을 하지 않아도 자신의 경쟁자에게 타격을 가할 수 있는데 바로 자신의 제품을 취급하기를 원하는 거래처들 중에서 자신의 경쟁자의 제품을 같이 취급하는 거래처들에게는 납품을 하지 않는 것이다. 그렇다면 거래처들은 시장에서 인기 있는 시장지배자의 제품을 취급하기 위해 경쟁자의 제품을 취급하지 않을 것이다. 이 시장지배적 사업자의 행위가 바로 경쟁자에 대한 "2차불매(secondary boycott)"이고 미국은 이를 공정거래법의 명백한 위반으로 보는 것이다.

그리고 이 법은 소위 일종의 노사관계법인 태프트-하틀리법의 8(b) (4)(ii)(B)을 통해 노동조합에도 적용이 되었는데 그 이유는 노조파업의 경제적인 측면 때문이다. 즉 노동조합 발생 초기에 '노동조합의 파업도 자신의 사용자에게 노동력과 돈을 주고받는 거래를 하지 않겠다는 일종의 담합이고 공정거래법이 적용되어야 하지 않겠는가'의 논란이 있었다. 물론 결론은 노동자는 소비자와 같은 약자이며 단결권이 보호되어야 한다는 논거 하에 일률적으로 공정거래법이 적용되지 않게 되었고 현재 세계 어느 나라도 단순한 파업에 공정거래법을 적용하지 않는다. 그러나 노조의 파업행위 중에서 사용자가 아닌 사용자의 투자자나 거래처에 대해 파업을 선동하거나 불매운동을 벌이는 것은 사용자에 대한 파업(1차 파업)과는 달리 규제가 필요하다고 생각되어 위의 법이 만들어진 것이다. 똑같은 이유로 호주의 상거래행위법 (Trade Practices Act) 45조가 소비자의 행위는 규제하지 않으면서 기업들과 노동조합들의 2차불매행위를 공히 금지하고 있는 것이다.

Ⅱ. 업무방해죄에 의한 불매운동 규제의 헌법적 한계*

1. 업무방해죄의 제정 연혁 및 각국의 운용사례

가. 업무방해죄 제정의 연혁

일본은 산업화 초기인 1880년 프랑스의 노동관계법을 계수하면서 노동운동을 제압하기 위해 그 적용범위를 '위력'으로 넓혔고 그 이후 전시체제 중이었던 1940년 3월 형법 가안에서는 "개괄적으로 규정하여 일체의 경우에 대응함으로써 (처벌) 누락의 염려가 없게" 한다는 목적으로, 업무방해죄의 보호 대상이 되는 범위를, 포괄적으로 '업무'라는 단어를 사용하여 확장함으로써 자의적 해석의 여지를 넓혔다. 우리 형법은 일본 형법 가안을 무비판적으로 계수하여 업무방해죄의 구성요건에 '위력' '업무' '방해'라는 포괄적인 단어를 사용하여 규정하고 있다.

영국, 프랑스, 독일 등에서도 과거 전시(戰時) 및 고도성장기에는 근로자의 단결 자체와 근로자들이 단체로 하는 행동 전반을 금지하는 '단결금지법리'에 근거하여 쟁의행위 자체를 형사 처벌했던 전례가 있었다. 그러나 위 국가들의 헌법이 근로3권을 기본권으로 보장하게 된 이후에는 위와 같은 평화로운 쟁의행위에 대한 형사처벌은 자취를 감추게 되었다. 결국 '위력'이라는 폭넓은 범주 자체는 근로3권 보장 이전 시기의 자의적 해석을 목적으로 도입된 것을 우리가 계수한 것이었으므로 근로3권을 침해할 수 있는 가능성을 내포하고 있을 수밖에 없으며 그렇기 때문에 명확성의 원칙에 위배될 수밖에 없는 것이다.

나. 영국의 경우[23)]

영국에서는 '노동의 자유론'에 따라, 개별적인 거래의 자유 및 자유경쟁의 이념이 가장 중시되었고, 이러한 자유를 침해하는 '인위적인', '소란스러운', '불온한' 행동인 쟁의행위는 범죄로 취급해야 하므로, 쟁의행위에 대한 원칙적인 형사처벌이 정당화되었다.

'단결금지법(Combination Act)'은 근로자가 자발적·개별적으로 근로제공을 거절

---

* 본 장의 일부는 다음의 문헌에 게재된 바 있습니다. 박경신, 손익찬, "위력에 의한 업무방해죄의 위헌성－노동쟁의행위와 소비자보호운동을 중심으로", <공익과 인권> 제9호 (2012.1).

23) 이하, 조경배, 형사면책법리와 쟁의행위 정당성론의 논의구조, 한국노동법학 제9호 (1999), 326-333 참조.

하는 행위 및 다른 근로자와 공동으로 또는 상호 영향을 미쳐서 노동을 중단하는 행위를 범죄로 취급하였다. 그러나 '1824년 노동조합법'은 '쟁의행위가 폭력·협박에 의한 강제를 동반하지 않는 한' 타인을 유인하여 취업시간 또는 고용기간 종료 전에 근로를 중지시켜도 처벌하지 못한다고 규정하였다. 이러한 태도변화는 '노동력 거래의 자유론'에 근거한다. '노동력 거래의 자유론'이란, 당시 영국에서 사용자가 자신이 주장하는 근로조건을 받아들이지 않는 근로자를 임의대로 해고할 자유가 있었던 것과 동등하게 근로자 역시 임금인상을 요구하기 위해 개별적·집단적으로 근로제공을 거부할 자유가 있기 때문에 근로자가 하는 쟁의행위만을 일방적으로 형사처벌해서는 안 됨을 내용으로 한다. 그리고 '1871년 노동조합법'은 처벌되는 쟁의행위 유형인 '협박·폭력·방해'의 개념을 구체적으로 명시하고, 이러한 수단을 사용하지 않은 쟁의행위는 합법화하여 다시금 쟁의행위에 대한 형사면책의 범위를 넓혔다.

뒤이어 '1875년 공모죄 및 재산보호법(Conspiracy and Property Protection Act 1875)'이 제정되면서 쟁의행위 전반에 대한 형사면책의 범위는 한층 확장되었다. 이 법률은 "단독으로 행할 경우 범죄를 구성하지 않는 쟁의행위를 다수인이 단결 한다고 하여 이를 형사공모로서 소추할 수는 없다고 규정" 하여, 당시의 지배적인 견해였던 '보통법상 공모 법리'에 대해 예외를 인정하였고 형사면책의 범위를 한층 더 확장하였다.

이처럼 쟁의행위가 예외적인 경우에만 형사처벌의 대상이 되자 영국은 주종법(Master and Servant Act)을 사용하여 다시금 쟁의행위에 대한 형사처벌 가능성을 확장시켰다. 주종법에서는 근로자의 근로계약 위반행위만을 범죄행위로 보아, 3월 이하의 금고형에 처할 수 있도록 규정하고, 쟁의행위 역시 근로계약 위반에 해당하는 것으로 보았다. 일반적인 계약 법리에 따르면 노사가 동등하게 취급되어야 마땅한 것이다. 하지만 사용자 측은 i) 근로자는 사용자와는 달리 손해배상 책임을 질 수 있는 경제적인 능력이 없고 ii) 주종법의 입법목적은 계약위반의 예방이므로 위와 같은 형사처벌이 유지될 필요성이 있음을 주장하여 근로자에 대한 형사처벌의 정당성을 주장하였다.

그러나 근로계약관계에서도 일반 계약 법리가 동일하게 적용되어야 한다는 내용을 담은 1875년 사용자·근로자법(Employers and Workmen Act 1875)이 제정되어 주종법은 사실상 폐기되었다. 폐기의 주된 이유는, 위와 같은 사용자측의 논거를 인정할 경우, 특별한 보호를 받아야 할 쟁의행위에 대한 형사처벌의 범위가 넓어진다는 것이었다.

마지막으로 쟁의행위에 대한 형사처벌을 가능케 한 것은 바로 '보통법상 형사공모죄(criminal conspiracy)'였다. 이러한 '보통법상 형사공모죄'에 따르면 "2인 이상의 자가, 불법한 행위를 할 것을 합의하거나 또는 합법적 행위를 불법적인 수단을 이용하여 할 것을 합의하는 것"을 처벌하였다. 여기에서 '불법'이 의미하는 바가 범죄(crime)인지, 불법행위(tort)인지, 계약위반(breach of contract)인지가 분명하지 않았기 때문에, 공공정책(public policy)의 제안이나 단순히 비도덕적 행위를 위한 공모 역시 모두 범죄로 보았고 쟁의행위 역시 여기에 포함되어, 다수인이 쟁의행위를 합의했다는 사실 자체만으로도 '보통법상 형사공모죄'로 처벌을 받을 수 있었다.

이러한 '보통법상 형사공모죄'가 쟁의행위에 적용되는 것을 막기 위해 1875년 공모죄 및 재산보호법은 쟁의행위에 '보통법상 형사공모죄'를 적용하는 것을 금지하는 규정을 두었다. 이로써 영국의 형사법제는, 쟁의행위에 대한 특별한 보호를 인정하였으며 또한 단독으로 행할 경우 범죄를 구성하지 않는 행위를, 다수인이 공동으로 행하였다고 하여 형사책임을 물을 수 없다는 원칙을 다시금 확인하였다.

다. 프랑스의 경우[24)]

프랑스는 1789년 대혁명 이후, 시민계급을 위한 계약의 자유의 범위를 넓히기 위하여 샤필리에 법(lois Le Chapelier)을 제정하고 '계약의 자유', '경제활동의 자유'를 침해하는 모든 결사를 금지하였다. 또한 1810년 나폴레옹 형법전 제420조는 21명 이상의 결사를 금지하고, 제414조는 사용자의 단결은 임금 인하의 강제를 위해 남용된 경우에만 금지하였으며, 제415조에서 쟁의행위 내지 임금·노동조건의 개선을 위한 근로자의 단결은 전조보다 더 무겁게 처벌하였다. 이처럼 프랑스에서의 근로자의 단결은 그 자체가 위법하므로 그 결사의 쟁의행위 또한 불법으로 처벌되었을 것임은 의문의 여지가 없는 부분이다.

그러나 프랑스는 1864년 형법 개정을 통해 "임금에 대한 자유로운 교섭은 근로자들의 단결가능성을 예정하고 있기 때문에, 이를 위해 노무제공을 거절할 수 있는 개별근로자가 집단으로 행동하는 것 또한 허용되어야 한다"는 원칙을 확인하고 단결 그 자체에 대한 처벌을 폐지하였다. 그리고 단결체의 쟁의행위에 대해서는 폭력·협박·위계가 없는 한 쟁의권을 인정하였다. 그러다가 1946년 10월 27일 헌법전문에서 "파업권은 이를 규율하는 법률의 범위 내에서 행사한다"고 규정하고 이후 군인, 경찰 등 개별 법률에 의하여 파업을 금지하지 않는 한 일반적으

24) 이하, 도재형, 파업과 업무방해죄, 노동법학 제34호 (2010), 69-70 참조.

로 파업을 허용한다는 태도를 취하게 되어 쟁의행위에 대한 형사처벌을 전면 금지하기까지 나아가게 된 것이다.

라. 독일의 경우[25)]

독일 또한 1845년 프로이센 일반 영업령(Allgemeine Preussische Gewerbeordnung)에서는 쟁의행위를 원칙적으로 금지하였다. 이 법령은 1869년 북독일연방영업령(Gewerbeordnung fuer den Norddeutschen Bund)에 의해 폐지되었으나 법원은 다른 규정을 확대 적용하여 근로자의 쟁의행위를 제약하였다. 그러나 1919년 바이마르 헌법이 제정되어 명시적으로 단결권을 규정하여[26)] 쟁의권이 헌법적으로 보장되었다. 그에 따라 쟁의행위 참가자가 개별적으로 저지른 범죄 이외에 쟁의행위 자체를 처벌하는 법률은 자취를 감추게 되었다.[27)]

우리나라의 업무방해죄와 비교하여, 독일의 부정경쟁방지법(Gesetz gegen den unlauteren Wettbewerb, 약칭 UWG) 제15조 업무비방죄(Geschaftliche Verleumdung)[28)]를 살펴볼 필요가 있다. 독일 부정경쟁방지법 제15조에서는 경쟁자의 상품이나 서비스에 대한 거짓된 사실 등을 유포하여 영업에 해를 끼친 경우를 한정하여 처벌하고 있다. 즉 독일은 다른 범죄를 수반하지 않은 쟁의행위나 시민운동 자체를 형사처벌의 대상으로 삼고 있지 않다. 그렇게 악용될 여지를 줄이기 위하여 '위력' '업무' '방해'와 같은 모호한 개념의 사용 또한 최대한 자제하고 있는 것이다.[29)]

25) 이하, 도재형, 위의 글, 70-71 참조.

26) 바이마르 헌법(Die Weimarer Verfassung) 159조. "Die Vereinigungsfreiheit zur Wahrung und Förderung der Arbeits- und Wirtschaftsbedingungen ist für jedermann und für alle Berufe gewährleistet. Alle Abreden und Maßnahmen, welche diese Freiheit einzuschränken oder zu behindern suchen, sind rechtswidrig." (원문)

"Freedom of association for the maintenance and promotion of employment and economic conditions is guaranteed for everyone and for all occupations. Agreements and measures, which restrict or seek to impair this freedom are illegal." (영역본)

27) 조경배, (주 47), 240-242; 이광택, 쟁의행위와 정당성, 한국 노동법학회 동계학술대회 자료집(2002), 18-19. 독일의 학설·판례는 '사회적 상당성'이론을 취하여 쟁의행위의 손해배상책임만을 판단하고 있음에 반하여, 한국의 '노동법적 정당성'은 위 독일의 이론을 수입함과 동시에 그 범위를 형사면책의 경우에까지 적용하고 있다. 그리고 이러한 법리의 확대는 쟁의행위 전반에 대하여 포괄적으로 형벌을 가할 수 있는 "일반 조항"인 업무방해죄의 존재로 인한 것임을 지적하고 있다.

28) "begeht, wer wider besseres Wissen über das Erwerbsgeschäft eines anderen, dessen Inhaber oder Leiter, Waren oder Leistungen unwahre Tatsachen (nicht bloße Werturteile) behauptet oder verbreitet, die geschäftsschädigend zu wirken geeignet sind; strafbar mit Freiheitsstrafe bis zu 1 Jahr oder Geldstrafe" (§15 UWG).

29) 독일은 쟁의행위 과정에서의 폭행, 주거침입, 기물손괴 등 개별 참가자의 행위에 대해서만 형사책임을 물을 뿐 참가자 전체에 대하여 쟁의행위 자체만을 이유로 형사처벌을 가하지는 않는다. 그리고 변경되기 이전의 우리 대법원 판례가 쟁의행위 정당성 판단의 기준으로 내세운 '노동

마. 일본의 경우

1880년 일본 구 형법은 1864년 프랑스 형법을 계수하면서 1864년 프랑스 형법 제414조가 금지하고자 했던 행위태양인 '노동의 조직적 정지'를 '방해'로 바꾸고, 그 수단인 '폭행, 협박'을 '위력, 위계'라는 불명확한 구성요건으로 변형하여 제270조로 계수하였다. 또한 군국주의 일본은 노동운동 및 사회운동이 침략전쟁 수행에 걸림돌이 되는 것을 막기 위하여 구 형법의 개정을 시도하였고 1940년 3월 형법 가안을 발표하였다. 이 형법 가안에서는 "개괄적으로 규정하여 일체의 경우에 대응함으로써 (처벌) 누락의 염려가 없게" 한다는 목적으로 업무방해죄의 보호 대상이 되는 범위를 포괄적으로 '업무'라는 단어를 사용하여 확장하여 자의적 해석의 여지를 넓혔다. 이는 당시 일본 정부가 태평양전쟁의 수행을 위하여 모든 종류의 쟁의행위·시민운동을 탄압하기 위하여 범죄구성요건을 의도적으로 명확하지 않게 구성한 것으로, 죄형법정주의 중 명확성의 원칙을 의도적으로 배제한 것이다.[30]

다만 이 가안은 실제로 시행된 적은 없다. 그러나 우리나라와 일본은 이 가안을 모델로 형법을 제정하여 일본 역시 우리나라와 유사한 업무방해죄 조항을 두고 있다.[31] 그러나 일본에서는 이를 쟁의행위나 시민운동에 적용하여 처벌하지는 않고 있다.[32]

법적 정당성 요건' 역시 독일의 '사회적 상당성론'을 차용한 것인데, '사회적 상당성론'은 쟁의행위 참가자들의 형사책임이 아닌 민사책임을 판단하는 기준임을 밝혀둔다. 자세한 내용은 조경배, 형법상 업무방해죄와 쟁의권, 민주법학 제44호 (2010), 240-242 참조.

30) 유기천, 형법학 각론강의 상 (전정신판, 일조각, 1985). 196; 이근우, (주 44), 주 12에서 재인용. 일본 형법가안은 태평양전쟁을 수행하기 위한 도구로 제정되었던 입법으로서 독일 나치의 영향을 받은 전체주의적 형법관이 표현된 것이라고 한다.

31) 일본 형법 제234조는 "위력을 사용하여 사람의 업무를 방해한 자도 전조의 예에 의한다."고 규정하고 있다. 일본 형법 제233조에서는 우리나라와 마찬가지로 그 행위태양으로 허위사실의 유포 및 위계를 들고 있다.

32) 대법원 2011. 3. 17. 선고 2007도482 전원합의체 판결, 대법관 박시환, 대법관 김지형, 대법관 이홍훈, 대법관 전수안, 대법관 이인복의 반대의견이 이를 명확히 드러내고 있다. "위력에 의한 업무방해죄에 관하여 형법에 우리와 거의 동일한 규정을 두고 있는 일본에서는 폭행이나 협박 등 폭력적 수단으로 사용자의 업무를 방해하는 경우만을 처벌대상으로 삼고 있을 뿐이고 이러한 폭력적 수단을 수반하지 아니하는 단순 파업은 업무방해죄에 의한 형사처벌이 문제되지 않는다는 것이 학설 및 판례의 입장이라고 한다. 아울러 일본 이외에 현재의 유럽 각국이나 미국에서도 위법한 쟁의행위는 주로 손해배상 등 민사상 책임이나 징계책임의 문제로 삼을 뿐이고 (중략) 이러한 측면에서도 단순 파업을 위력으로 포함시키는 다수의견의 견해는 보편적 입장을 벗어나 있다."

바. 소 결

이상에서 살펴본 바와 같이 과거에는 선진 각국에서도 근로자 혹은 시민들의 단결 자체를 불법으로 보고 처벌하거나 그 단결체의 집단행동인 쟁의행위 및 시민운동을 형사 처벌하였다. 그러나 이러한 태도는 기본권 보장의 중요성이 강조됨과 동시에 변화를 겪게 되었다. 그리고 제2차 세계대전 이후에는 평화적인 쟁의행위나 시민운동 그 자체를 처벌하는 조항은 폐기되었고 처벌 사례 또한 자취를 감추었다.

2. 업무방해죄의 현재 해석

현재 대법원은 업무방해죄에서의 위력을 "사람의 의사의 자유를 제압·혼란케 할 만한 일체의 세력"으로서 "폭행·협박은 물론 사회적·경제적·정치적 지위와 권세에 의한 압박 또한 위력에 포함된다"고 정의하고 있다.[33] 이러한 해석에 따르면 사람의 의사가 제압되거나 혼란되는 결과를 초래되는 일체의 유·무형의 행위가 '위력'에 해당하여 매우 다양한 행위태양이 여기에 해당된다.

업무방해죄에서의 '위력'의 의미에 대한 현재 대법원 판례에 따른다면 소비자의 구매거절이나 노동자들의 노무제공거부 모두 그 자체로 업무방해죄 구성요건에 해당될 여지가 있다. 소비자들의 구매거절이나 노동자들의 노무제공거부 모두 업주의 의사의 자유를 제압 및 혼란케 할 수 있기 때문이다.

그러나 헌법재판소는 1998년 문화방송 결정에서 권리행사로서의 성격을 갖는 준법투쟁을 처벌하는 대법원 판례는 단체행동권의 행사를 사실상 위축시킴을 지적하였고,[34] 2010년 홈플러스 결정에서는 쟁의행위가 고용주의 업무에 지장을 초래함은 당연한 전제이므로 원칙적으로 불법하다고 볼 수 없어 법원이 쟁의행위의 내재적 한계를 일탈하였는지 여부를 판단할 때 단체행동권의 보호영역을 지나치게 축소시켜서는 아니 된다고 판단하였다.[35] '2010년 홈플러스 결정'[36]에서는, 노

33) 대법원 2005. 3. 25. 선고 2003도5004 판결.

34) (주 75), 97헌바23. "다만 연장근로의 거부, 정시출근, 집단적 휴가의 경우와 같이 일면 근로자들의 권리행사로서의 성격을 갖는 쟁의행위에 관하여도 정당성이 인정되지 않는다고 하여 바로 형사처벌할 수 있다는 대법원 판례(중략)의 태도는 지나치게 형사처벌의 범위를 확대하여 근로자들의 단체행동권의 행사를 사실상 위축시키는 결과를 초래하여 헌법이 단체행동권을 보장하는 취지에 부합하지 않고 근로자들로 하여금 형사처벌의 위협 하에 노동에 임하게 하는 측면이 있음을 지적하여 두고자 한다."

35) (주 6), 2009헌바168. "노동관계 당사자 간에 근로조건의 결정에 관한 주장의 불일치로 인하여

동자의 단체행동권 행사는 사용자의 의사의 자유를 제압하고 고용주의 업무에 지장을 초래하는 것을 당연히 전제하고 있으며, 그렇기 때문에 단체행동에 의해 의사의 제압이라는 결과가 발생하였다고 하여 곧바로 업무방해죄에서 말하는 '위력'에 해당한다고 할 수 없다는 취지를 밝혔다. 이미 헌법에서 업무의 지장이 본질적으로 수반되는 '단체행동권'을 기본권으로 규정하고 있으므로 그 행사를 원칙적으로 불법한 것이라고 볼 수 없다는 것이다.[37] 그렇다면 소비자보호운동권[38]의 행사 역시 사업자에게 일정한 영향을 끼칠 것을 목적으로 사업자의 의사의 자유를 제압할 것을 예정하고 있는 것이다. 따라서 본질적으로 수반되는 '의사의 제압'이 있다고 하여 '위력'으로 인정하는 것은 소비자보호운동권을 원천적으로 부인하는 것이다.

즉 헌법재판소는 형법 제314조 제1항이 헌법상 기본권 행사를 원칙적으로 처벌하는 것은 헌법상 기본권 보호영역을 지나치게 제한하는 것이라고 규정하면서 '위력에 의한 업무방해죄' 해석의 헌법적 한계를 규정한 것이다. 실제로 위 헌법재판소의 경고가 아래 대법원의 2011년 철도파업 판결을 이끌어낸 것으로 볼 수 있다.

한편 대법원 2011. 3. 17. 선고 2007도482 전원합의체 판결(이하 '2011년 철도파업 판결') 역시 2010년 홈플러스 결정 중 노조법상 쟁의행위에 대해 형법을 1차적 수단으로 활용하는 것은 헌법상 기본권인 단체행동권을 지나치게 제약하는 것이라는 부분과 견해를 같이 하여, 근로자의 쟁의행위는 헌법상 기본권의 행사이므로 원칙적으로 업무방해죄의 구성요건에 해당한다고 본 기존의 판례 법리를 폐기하였다.

발생한 분쟁상태(노조법 제2조 제5호)에 있어서, 헌법이 보장한 근로자의 단체행동권 행사로서 파업·태업 등 근로자가 그 주장을 관철할 목적으로 행하는 업무의 정상적인 운영을 저해하는 쟁의행위(노조법 제2조 제6호)는 원칙적으로 이 사건 법률조항의 위력에 의한 업무방해를 구성하지 않는다고 봄이 상당하다. (중략) 단체행동권에 있어서 쟁의행위는 핵심적인 것인데, 쟁의행위는 고용주의 업무에 지장을 초래하는 것을 당연한 전제로 한다. 헌법상 기본권 행사에 본질적으로 수반되는 것으로서 정당화될 수 있는 업무의 지장 초래가 당연히 업무방해에 해당하여 원칙적으로 불법한 것이라 볼 수는 없다. (중략) 구체적 사안에서 쟁의행위가 목적·방법·절차상의 내재적 한계를 일탈하여 이 사건 법률조항에 의하여 처벌될 수 있는지 여부는 법원이 쟁의과정을 종합적으로 고려하여 판단하여야 할 사항이나, 헌법 제33조에 의하여 보장되는 근로자의 단체행동권의 보호영역을 지나치게 축소시켜서는 아니 될 것이다."

36) 헌법재판소 2010. 4. 29. 선고 2009헌바168 결정.

37) 대한민국헌법 제33조 제1항. "근로자는 근로조건의 향상을 위하여 자주적인 단결권·단체교섭권 및 단체행동권을 가진다."

38) 대한민국헌법 제124조. "국가는 건전한 소비행위를 계도하고 생산품의 품질향상을 촉구하기 위한 소비자보호운동을 법률이 정하는 바에 의하여 보장한다."

> "근로자는 헌법 제37조 제2항에 의하여 국가안전보장·질서유지 또는 공공복리 등의 공익상의 이유로 제한될 수 있고 그 권리의 행사가 정당한 것이어야 한다는 내재적 한계가 있어 절대적인 권리는 아니지만 원칙적으로는 헌법상 보장된 기본권으로서 근로조건 향상을 위한 자주적인 단결권·단체교섭권 및 단체행동권을 가진다(헌법 제33조 제1항).
> 그러므로 쟁의행위로서의 파업이 언제나 업무방해죄에 해당하는 것으로 볼 것은 아니고, 전후 사정과 경위 등에 비추어 사용자가 예측할 수 없는 시기에 전격적으로 이루어져 사용자의 사업운영에 심대한 혼란 내지 막대한 손해를 초래하는 등으로 사용자의 사업계속에 관한 자유의사가 제압·혼란될 수 있다고 평가할 수 있는 경우에 비로소 그 집단적 노무제공의 거부가 위력에 해당하여 업무방해죄가 성립한다고 봄이 상당하다."[39)]

위 판결 및 결정으로 인하여 더 이상 쟁위행위로서의 단순파업이 언제나 업무방해죄에 해당한다고 볼 수는 없게 되었다. 대법원 판례가 제시한 요건과 같이, 전후 사정과 경위 등에 비추어 ① 사용자가 예측할 수 없는 시기에 전격적으로 이루어져(전격성 혹은 예측불가능성) ② 사용자의 사업운영에 심대한 혼란 내지 막대한 손해를 초래(중대한 혼란 내지 손해)하여, 기존의 업무방해죄의 보호법익인 '사용자의 사업계속에 관한 자유의사'가 제압·혼란될 수 있다고 평가할 수 있는 경우에 비로소 그 집단적 노무제공의 거부가 위력에 해당하여 업무방해죄가 성립한다고 보아야 하게 된 것이다.

그러나 위와 같은 관점의 변화에도 불구하고 2011년 철도파업 판결이 설시한 '위력에 의한 업무방해죄'의 요건은 단순파업을 여전히 형사처벌 대상으로 삼는 것이어서 비교법적으로 보았을 때 과잉금지원칙에 어긋난다. 위력에 의한 업무방해죄에 관하여 우리나라와 거의 동일한 규정을 두고 있는 일본에서는 쟁의행위가 폭력적 수단을 사용하는 경우만 처벌대상으로 삼고 단순 파업의 경우는 처벌대상으로 삼고 있지 않다. 또한 현재 유럽 각국과 미국에서도 위법한 쟁의행위에 대하여 형사처벌을 하고 있지는 않으며 민사상 불법행위나 징계책임만 물을 뿐이다.

뿐만 아니라 대법원은 2011년 철도파업 판결에서 전격적으로 그리고 심대하게 사용자에게 타격을 주는 모든 행위를 '위력'으로 규정하고 있다. 이는 애당초 파업이 아닌 다른 법률상 권리행사마저도 위력에 의한 업무방해죄의 처벌대상이 된다는 해석을 가능하게 한다. 대법원은 월차유급휴가의 집단적 신청으로 회사 업

39) 대법원 2011. 3. 17. 선고 2007도482 전원합의체 판결.

무를 방해한 경우와,[40] 정시출퇴근 및 시간외 근로거부하는 이른바 '준법투쟁'이 쟁의행위의 정당성이 인정되지 않는 경우도 업무방해죄로 처벌하고 있다.[41] 그러나 이러한 태도는 일면 정당한 권리행사로서의 성격을 갖는 행위임에도 형벌을 부과할 수 있다는 것으로서 지나치게 형사처벌의 범위를 확대하여 근로자들로 하여금 형사처벌의 위협 아래 근로에 임하게 하는 위헌적 요소가 있다고 이미 헌법재판소에서 지적한바 있다.[42] 결과적으로 쟁의행위를 '위력'으로서 업무방해죄로 처벌하는 태도의 유지 때문에 적법한 권리행사마저 처벌되어 과잉금지원칙에 위배되는 결과가 발생하는 것이다.

3. 소비자운동에의 적용

2011년 철도파업 판결에서의 해석에 따라 그 내용이 구체화된 형법 제314조 제1항을 불매운동의 영역에 적용할 경우 헌법재판소가 설정한 '위력에 의한 업무방해죄' 해석의 헌법적 한계를 필연적으로 넘어서게 된다. 즉 대법원은 노동사건에 있어서는 동 조항의 외연을 "[파업은] 단순히 근로계약에 따른 노무의 제공을 거부하는 부작위에 그치지 아니하고 (중략) <u>집단적으로</u> 노무제공을 중단하는 실력행사이므로, 업무방해죄에서 말하는 위력에 해당하는 요소를 포함하고 있다. (중략) <u>사용자가 예측할 수 없는 시기에 전격적으로 이루어져 사용자의 사업운영에 심대한 혼란 내지 막대한 손해를 초래하는 등으로 사용자의 사업계속에 관한 자유의사가 제압·혼란될 수 있다고 평가할 수 있는 경우에 비로소 그 집단적 노무제공의 거부가 위력에 해당하여 업무방해죄가 성립한다</u>"(밑줄은 필자)라고 설정하여 결국 노동관계에서의 '위력'의 요건으로 i) 집단성 ii) 예측불가능성을 설정하였다고 할 수 있다. 이를 차례대로 불매운동에 적용하여 분석해보면 다음과 같다.

첫째, 법원은 개별적인 노무제공거부는 부작위이지만 이를 집단적으로 할 경우 부작위를 넘어서서 작위에 해당한다고 보고 있다. 여기서 작위-부작위 논의가 중요한 것은 '위력'은 최소한 작위여야 한다는 점이 자명하기 때문일 것이다. 아무것도 하지 않은 사람에게 위력을 행사했다고 볼 수는 없다. 그렇다면 한 사람이 노무제공거부를 하면 부작위이지만 여러 사람이 집단으로 하면 작위가 될까? 집

40) 대법원 1991. 1. 29. 선고 90도2852 판결 참조.

41) 대법원 1991. 11. 8. 선고 91도326 판결; 대법원 1996. 2. 27. 선고 95도2970 판결; 대법원 1996. 5. 10. 선고 96도419 판결; 대법원 2004. 8. 30. 선고 2003도2146 판결 등 참조.

42) 헌법재판소 1998. 7. 16. 선고 97헌바23 결정 참조.

단적인 부작위를 작위로 보는 이유는 부작위자들이 하나의 집단을 형성할 때 명시적으로 작위의무를 갖는 보증인의 의무를 취득하지는 아니하더라도 최소한 그 집단의 규모가 사용자의 업무에 지대한 영향을 초래할 정도의 규모일 경우에는 그 집단에게 각 개인이 가진 책임의 총합보다는 더욱 높은 책임성을 그 집단에게 부여하기 때문이라고 볼 수 있다.

그런데 2-3명이 노무제공거부를 한다면 법원이 요구하는 '집단성'을 충족한다고 볼 수 있을까? 20-30명은 어떨까? 이 질문에 대한 답을 하기 위해서는 결국 작업장의 전체인원을 알아야 할 것이다. 예를 들어 200명 중에서 2-3명이 모의하여 파업을 하는 경우와 20-30명이 그렇게 하는 경우는 작위성 여부에 있어서 평가가 극도로 달라질 것이다. 즉 여기서 집단적이라 함은 절대적인 최소 숫자가 정해져 있는 것이 아니라 작업장의 전체 노동자 수의 상당한 부분을 차지하는 경우를 말함을 알 수 있다.

그런데 소비자들의 경우에도 한 사람이 불매할 경우는 부작위라고 볼 수밖에 없다. 그렇다면 소비자들의 불매를 '위력'이라고 판단하기 위해서는 대법원이 노동사건에서 하였던 것과 마찬가지로 일정한 집단성을 요건으로 둘 수밖에 없다. 그러나 그러한 논의에 필연적으로 필요한 '전체 소비자 수'라는 것은 '작업장의 전체 노동자 수'와는 달리 쉽게 상상할 수 없다. 소비자들은 노동자들과 달리 특정 매장이나 특정 제품에 매어있지 않기 때문이다. 개인이 특정 매장에서 특정 제품을 구매할 작위의무가 없음은 말할 것도 없거니와 사업주에게 여타의 기대이익도 존재하지 않는다. 그렇다면 집단으로 모의하여 공동으로 매매에 응하지 않았고 그 예상되는 파급효과가 크다고 하여, 그 집단에게 각 개인이 지는 책임성의 총합보다 더 큰 책임성을 부과한다는 것은 논리적으로 불가능하다. 사업주는 자신이 시장에 출시한 어떤 제품에 대한 판매기대치를 가질 수 있겠지만, 한 소비자가 자신의 친구·동료·가족들에게 자신의 제품사용후기를 공유하여 해당제품을 사지 않기로 의견일치를 보아서 그 판매기대치에 미치지 못하는 실적이 나왔다고 하여 이들에게 더 큰 책임성을 부과할 수 있다면 이는 헌법 제119조 제1항에 보장된 자유시장의 원리를 전면적으로 부인하는 것이다.

둘째, 대법원은 '사용자의 예측할 수 없는 시기에' 파업을 하는 경우에 그 파업은 '위력'의 효과를 가진다고 하였다. 이를 불매운동에 적용시켜 보면, 생산자가 '소비자들이 매매에 응할 것으로 예측하는 시기' 자체가 성립될 수 없다. 대법원이 '예측불가능성'을 위력적 파업의 요건으로 삼는 것은 사용자의 기대이익을 보호해야 한다는 고려를 근저에 둔 것으로 보인다. 사용자의 기대이익이 노사관계에서도 보호받을 수 있는 것인지는 별론으로 하더라도, 자유시장경제체제에서 사업주가 소비자에 대해 매매에 응할 것이라는 기대이익을 가질 수는 없다. 이 역시 위에서 언급한 자유시장의 원리를 전면적으로 부인하는 것이다.

4. 결론

따라서 불매운동이자 소비자의 권리 행사 중 하나인 불매운동 그 자체는 업무방해죄의 구성요건에 해당하지 않는다고 보아야 한다.

Ⅲ. 협박죄 등의 적용의 헌법적 한계

1. 외국입법례 - 미국법

미국에서 협박(threat)은 폭력행위의 위협만을 위협으로 인정한다. "네가 내 여동생과 헤어져서 내 여동생이 너무 힘들어 한다. 언젠가 만나면 너 죽여버리겠어." 이 정도의 협박은 형법 일반조항은 물론 민사불법행위법으로도 책임이 부과되지 않으며 단지 일부 협박행위를 규제하는 몇몇 기준들이 있다.[43] 통일형법전(Model Penal Code)은 "물리적 위협으로 타인을 즉각적인 심대한 신체적 부상의 공포를 느끼게 하려는 시도"를 공격(assault)이라는 범죄로 정의하고 있으며 "폭력성 범죄를 저지르겠다고 위협하여 타인에게 공포를 유발하는 것"을 테러리스트적 협박(terroristic threat)이라는 범죄로 정의하고 있으며 "폭력적인 반응이 예상될 것으로 예측되는 방식으로 남을 공격하는 행위"를 괴롭힘(harassment)이라고 정의하고 있다. 특히 타인에게 심리적 압박을 가하는 행위(threat to mental health)자체를 범죄시한 조항은 표현의 자유를 과도하게 제약한다고 하였다.[44]

그러나 협박 자체는 폭력행위의 위협을 중심으로 좁게 규정되어 있으나 공갈이나 강요죄의 구성요소로서의 협박의 범위는 더 넓다. 통일형법전에 따르면 공갈(extortion)은 신체적 부상 또는 범죄행위를 위협하거나, 형사고발할 것을 위협하거

43) Kent Greenawalt, <Speech, Crime, and the Use of Languages>, 90쪽.

44) State v. Williams, 144 Wash.2d 197 (2001). 이 판결은 위협적 언사의 규제가 표현의 자유를 침해할 가능성에 대한 논리를 미연방대법원 판결 (Watts 대 U.S., 394 U.S. 705 (1969), (반전시위에서 린든대통령을 살해하겠다는 표현을 한 것에 대해 과장일 뿐 형사처벌될 만한 위협이 아니라고 한 바 있음))로부터 원용한다.

나, 매우 창피스러운 비밀을 폭로할 것을 위협하거나 또는 해악의 초래를 위협함으로써 타인의 재물을 취하는 행위로 규정된다. 강요(coercion)는 위와 같은 위협을 하되 "타인의 행동의 자유를 그 타인에게 해가 가도록 불법적으로 제약"하는 행위로 규정된다. 그런데 위에서 보듯이 강요와 공갈은 형사고발이나 비리의 공개와 같이 합법적이거나 어떤 경우 사회적으로 바람직한 행위를 위협하는 것을 처벌한다는 점에서 문제가 제기되어 왔다.[45] 즉 피협박자의 비리를 공개하는 것을 처벌하지 않으면서 그와 같은 공개를 위협하는 것에 대해서 처벌하는 것은 형평성에 어긋난다는 것이다.

이에 따라 일부 주법원에서는 공갈죄의 적용에 있어서 반드시 '불법적인 위협'에만 적용되어야 한다고 결정한 바 있다.[46] 특히 불법적임이라 함은 위협의 도구가 되는 해악과 위협의 목표인 재물 사이에 관련이 없을 것을 의미한다고 한다.[47] 특히 연방법원은 이와 같은 제약이 없으면 헌법적으로 보호되는 표현의 자유가 침해된다면서 그 예로 소비자의 권리행사를 들었다. "예를 들어, 결함이 있는 물건을 산 소비자가 소비자보호기관에 민원을 제기하거나 공적 영역에서 제소할 것을 위협하면서 하자담보의무의 이행을 요구할 수도 있고 또는 텔레비전의 소비자보호프로그램에 고발할 것을 위협할 수도 있다."[48]

강요와 공갈의 구성요건으로서의 협박의 범위에 대해서 논란이 있는 이유는 공갈(extortion)과 강요(coercion)의 차이가 항상 분명하지 않고[49] 공갈(extortion)의 경우 순수하게 합법적인 행위 즉 불법의 요소가 전혀없는 결과를 위협해도 형사처벌이 이루어지는 블랙메일링(blackmailing)에 대한 학술적 논란 때문이다.[50] 그러나 한 가지 분명한 것은 소비자들의 불매위협은 이외에도 강요(coercion), 공갈(extortion)을 다루는 외국판례들에서 소비자들이 자신의 불매의사를 밝힘으로써 업주에게 정신적 충격을 가하거나 자신의 불매이유와 관련된 재물이나 조치를 요구하는 행위는 여러 사건에서 그 정당성을 확인받은 바 있다.[51]

45) Greenawalt, 93쪽.

46) State 대 Pauling, 149 Wash.2d. 381 (2003); U.S. 대 Jackson, 180 F.3d 55 (1999).

47) Pauling, 전게서. Jackson, 전게서.

48) Jackson, 전게서, 67쪽.

49) Scheidler v. National Origination for Women, Inc., 537 U.S. 393 (2003).

50) George Fletcher, "Blackmail: the Paradigmatic Crime", 141 U. Pa. L. Rev. 1617 (1993); Leo Katz, "Blackmail and Other Forms of Arm-Twisting", 141 U. Pa. L. Rev. 1567 (1993).

51) Environmental Planning & Information Council v. Superior Court 36 Cal.3d 188, 680 P.2d 1086 Cal.,1984. (2차불매운동이 위법이 아니라고 판시하면서, 광고주가 합법적으로 광고구매를 거절함으로써 DeBartolo v. Fla. Gulf Bldg. Constr. Co., 485 U.S. 568, 574-88 (1988) (노조의 2차불매운동이 위법이 아니라고 하면서 전단을 나눠준 행위에 대해서 강요(coercion)의 요소가 없다고 판시함).

2. 우리나라의 강요죄와 공갈죄

가. 강 요 죄

강요죄의 보호법익은 '의사결정과 의사결정에 따른 행동의 자유'(의사결정의 자유와 의사실현의 자유)이다. 강요죄의 구성요건으로서의 "협박"의 의미에 대하여 대법원은 일관되어 "객관적으로 사람의 의사결정의 자유를 제한하거나 의사실행의 자유를 방해할 정도로 겁을 먹게 할 만한 해악을 고지하는 것"[52)]이라고 일관적으로 판시하고 있으며 이는 형법 제328조에서 규정하는 협박죄의 협박과 같은 의미로 해석하는 것이 학계의 일반적 견해이다. 협박의 강도는 상대방의 반항을 곤란하게 할 정도일 필요는 없고 의사결정과 행동의 자유를 제한할 정도이면 충분한 것으로 해석된다. 구체적인 해악 고지의 방법에 관하여 대법원은 직접적이 아니더라도 피공갈자 이외의 제3자를 통해서 간접적으로 할 수도 있으며, 행위자가 그의 직업, 지위 등에 기하여 불법한 위세를 이용하여 재물의 교부나 재산상 이익을 요구하고 상대방으로 하여금 그 요구에 응하지 아니한 때에는 부당한 불이익을 초래할 위험이 있다는 위구심을 야기하게 하는 경우에도 해악의 고지가 되고[53)] 통상 언어에 의하는 것이나 경우에 따라서 한마디 말도 없이 거동에 의하여서도 할 수 있는데, 그 행위가 있었는지는 행위의 외형뿐 아니라 그 행위에 이르게 된 경위, 피해자와의 관계 등 주위상황을 종합적으로 고려하여 판단해야 하는 것이며, 강요죄에서 협박당하는 사람으로 하여금 공포심을 일으키게 하는 정도의 해악의 고지인지는 그 행위 당사자 쌍방의 직무, 사회적 지위, 강요된 권리, 의무에 관련된 상호관계 등 관련 사정을 고려하여 판단되어야 할 것이다[54)]이라고 판시하고 있다.

나. 공갈죄의 구성요건

공갈이란 재물을 교부받거나 재산상 이익을 취득하기 위하여 폭행 또는 협박으로써 상대방으로 하여금 공포심을 일으키게 하는 것을 말한다. 공갈죄의 공갈은 협박의 정도에 있어서 강도죄의 행위 태양과 구별되는 것으로서 상대방의 반항을 억압할 정도일 필요가 없고 상대방의 의사결정의 자유를 제한할 정도이면 된다고 해석된다. 즉, 공갈죄는 피해자에게 항거불능한 협박을 가하여 재물 또는 재산상

52) 대법원 2003. 9. 26. 선고 2003도763 판결.

53) 대법원 2003. 5. 13. 선고 2003도709 판결.

54) 대법원 2004. 1. 15. 선고 2003도5394 판결 등 참조.

이익을 강취하는 강도죄로 처벌할 수 없는 경우 그보다 가벼운 형태의 협박을 가하여 재물이나 재산상 이익을 빼앗는 경우 처벌공백을 방지하기 위한 규정으로서 의미가 있다고 할 것이다.

'공갈'이라는 개념을 구성하는 요소로서의 협박이란 협의의 협박을 의미하는 것으로서 행위자가 그 직업, 지위 등에 기하여 불법한 위세를 이용하는 것도 협박이 될 수 있고,[55] 해악이 사실인 경우에도 협박이 될 수 있으며,[56] 해악이 실현불가능하더라도 적어도 상대방이 실현가능할 것으로 인식할 정도만 되면 협박으로 인정되는 것으로 해석된다.

구체적으로는 공갈죄가 성립하려면 상대방이 실제로 공포심을 일으켜서 의사결정에 제한을 받을 정도가 되어야 하는 것으로 해석하는 것이 일반적이다. 폭행·협박이 의사의 자유를 제한할 정도였는가 아닌가 하는 판단은 행위자와 피해자의 성질, 행위 태양, 행위시의 정황 기타 구체적 사정을 고려하여 객관적으로 사회일반인의 입장에서 내리는 것으로 해석한다.

만일 가해진 협박이 사회일반인의 입장에서는 공포심을 일으킬 정도인 경우 피해자가 매우 담대한 사람이라서 공포심을 갖지 않았다 하더라도 미수로 처벌, 반대로 가해진 협박이 사회일반인의 입장에서 전혀 공포심을 일으킬 정도가 아님에도 불구하고 피해자가 매우 겁이 많은 사람이어서 공포심을 일으켰다면 공갈죄가 성립하지 않는다고 해석한다.

3. 불매운동에의 적용가능성

위에서 살펴보았듯이 우리나라의 경우 강요죄와 공갈죄의 구성요건으로서의 '협박'은 협박죄의 그것과 동일하게 '의사결정의 자유를 제약할 정도의 공포심의 조성'이다. 미국의 경우 협박죄(threat)는 폭력의 위협이 있을 때만 인정되는 반면 강요죄(coercion)나 공갈죄(extortion)의 구성요건으로서의 위협은 폭력이 아닌 다른 불법적인 행위에 대한 위협이 있을 때만 인정된다.

그렇다면 우리나라에서 소비자불매운동에 강요죄, 공갈죄 등이 적용되는지를 판단하기 위해서는 소비자들의 불매가 사업자의 의사결정의 자유를 제약할 정도의 강력한 해악인가를 판단해야 할 것이다.

그런데 여기서의 '해악'은 사업자가 단순히 선호하지 않는 결과라고 하여 인

55) 대법원 2003. 5. 13. 선고 2003도709 판결.

56) 대법원 1961. 9. 21. 선고 4294형상385 판결.

정되는 것이 아니라 예정된 결과의 사회적 성격에 의해 결정되어야 할 것이다. 예를 들어, “시험을 잘 보지 않으면 F를 주겠다”는 교수의 ‘협박’의 경우, F를 받는 것은 학생에게 주관적으로는 부정적인 것이겠지만 교수가 판단하기에 시험을 잘 보지 않은 학생이 F를 받는 것은 사회적으로 긍정적인 결과일 것이다. 이 경우 F를 받는 것을 해악이라고 규정하여 학생이 이를 두려워하여 시험을 잘 보려 한다는 상황을 강요죄나 공갈죄 상황으로 보기는 어려울 것이다.

이것과 같은 논리로 해당 소비자들이 불매라는 결과를 고지한 것을 협박으로 볼 수 있는가를 살펴보아야 한다. 소비자들이 특정 업체나 특정 제품을 불매한다는 것은 소비자의 절대적인 권리이다. 이유에 관계없이 그러한 의사를 고지한다는 것을 협박이라고 볼 수는 없을 것이다. 소비자들이 판단하기에 마음에 들지 않는 업체나 제품을 사지 않는다는 것은 교수가 시험을 잘 보지 않은 학생에게 F를 주는 것처럼 사회적으로 긍정적 현상이다. 사실 소비자가 원하는 상품을 사는 것을 시장경제의 토대가 되는 미시경제학에서는 ‘효용’이라고 지칭하는 것과 같은 이유이다. 그러므로 소비자들의 불매위협에 의해 사업자가 공포감을 느꼈다고 해서 이에 강요죄나 공갈죄를 적용해서는 안 될 것이다.

미국의 입법례에 비추어 보더라도 강요죄나 공갈죄의 구성요건으로서의 협박은 그 범위가 협박죄의 구성요건으로서의 협박보다 넓기는 하나 소비자들의 불매까지 해악으로 구성하는 경우는 없다. 물론 블랙메일링의 경우 합법적인 결과의 위협까지 범죄시하는 경우가 있기는 하지만 소비자불매를 블랙메일링으로 간주한 사례는 없는 것으로 보인다.

Ⅳ. 공모공동정범 이론의 불매운동 적용의 한계

1. 공동정범이론의 기원

미국에서 일반적으로 범죄행위를 스스로 수행한 자 만을 그 범죄에 대해 정범으로 처벌할 수 있을 뿐 그 범죄행위를 공모한 자는 공모죄로만, 범죄행위를 사주한 자는 교사죄로만, 범죄행위에 도움을 준 자는 방조죄로만 처벌할 수 있을 뿐이다. 그런데 범죄행위를 사전에 공모하여 분업적으로 범죄를 수행하였을 경우 실제 가벌성있는 행위를 수행하지 않은 자(심지어는 범죄행위를 지시하지 않은 자)도 정범으로 처벌할 수 있는 이론이 법제화되었는데 이것이 Racketeer Influenced and

Corrupt Organization Act 소위 RICO법이다.[57)]

그런데 RICO법의 핵심요건으로서 연속성을 가지고 진행되는 사업(enterprise)이 실재할 것이 요구된다. 이러한 사업의 실재가 자기책임원리 상의 문제를 해소하여 이러한 사업의 운영에 관여한 자는 그 사업의 일환으로 벌어진 모든 범죄행위에 대해 책임을 진다는 이론이다. 이러한 사업의 운영을 위한 분업의 합의가 이루어진 경우에만 적용되어 소위 마피아들을 단속하는 데에 이용되어 왔고 그 폭이 더 넓어지긴 하여 가톨릭교구도 조직 내 성폭력사건을 은폐하였다고 하여 이러한 사업 중의 하나로 기소된 바가 있고 심지어는 지방의 경찰서도 마약거래를 원조하였다 하여 이러한 사업의 하나로 기소된 바가 있다. 여기에서 RICO법리의 핵심이 연속성 있는 사업의 존재에 있음을 다시 확인할 수 있다.

2. 우리나라 (공모)공동정범에서 공모[58)]

우리 형법 제30조는 “2인 이상이 공동하여 죄를 범한 때에는 각자를 그 죄의 정범으로 처벌한다”라고 공동정범을 규정함으로써 형법 제34조의 간접정범과 함께 정범(Täterschaft)의 한 종류를 밝히고 있다. 우리 형법이 명문으로 규정하고 있지 않지만 직접정범을 포함하면, 형법에서 정범은 실행지배(Handlungsherrschaft)가 있는 직접정범, 의사지배(Willensherrschaft)가 있는 간접정범, 기능적 행위지배(funktionelle Tatherrschaft)가 있는 공동정범이 인정된다고 할 것인데, 이러한 정범의 유형화는 Roxin의 그 유명한 저서, ‘정범과 행위지배(Täterschaft und Tatherrschaft)’를 효시로 한 일련의 연구를 통해 이뤄진 것으로 일반적으로 받아들여지고 있다.

위와 같은 기능적 행위지배가 있는 공동정범(Mittäterschaft)이 성립하려면 주관적으로는 공동가공의 의사와 객관적으로 공동가공의 사실이 필요하다. 이러한 공동가공의 의사는 2인 이상이 동등한 자격의 참가자로서 서로 공동으로 수립한 범행계획에 따라 분업적으로 범행을 저지르고자 하는 의사를 말하고,[59)] 공동가공의 사실은 공동의 범행계획에 따른 기능적 역할분담에 기한 분업적 행위실행의 사실을 말한다.[60)] 이러한 공동가공의 의사는 바로 기능적 행위지배의 본질적 요건이며 이로 인하여 개별적인 행위가 전체로 결합되어 분업적으로 실행된 행위의 전

57) Chapter 96 of Title 18 of the United States Code, 18 U.S.C. § 1961-1968.

58) 오윤식 변호사의 허락을 얻어 전재함. 각주 포함.

59) 김일수/서보학, 『새로 쓴 형법총론(제10판)』, 2004, 591쪽.

60) 이재상, 『형법총론(제4판)』, 2001, 433쪽 참조.

체에 대한 책임을 인정할 수 있게 된다.[61] 다시 말하여 이러한 공동가공의 의사는 개개의 행위를 하나의 사건(Geschehen)으로 연결해 주는 요소로서, '동시에(nebeneinander)'를 '함께(miteinander)'로 연결해주는 요소이므로 결코 포기할 수 없는 것이다.[62]

그리고 공동가공의 의사(또는 의사연락)나 공모[63]는 범행에 참여한 행위자들 공동의 역할분담과 분업적 행위실행에 대한 의사합치가 있어야 하지만, 그 의사의 합치는 명시적일 필요는 없고, 암묵적(묵시적) 또는 순차적인 것이라도 상관없는 것으로 이해되고 있다.

3. 암묵적 또는 순차적 성립에 대한 제한의 필요성[64]

(1) 판례의 분석

아무런 제한없이 암묵적인 공모나 순차적인 공모를 인정하게 되면, 공동정범이 무한히 확대될 우려가 있고, 공동가공의 의사는 위와 같이 공동의 행위참가자에 대한 일부실행·전부책임의 매개적 역할을 하는 공동정범의 기능적 행위지배의 본질적 요건임에도, 암묵에 의한 공모나 순차적인 공모는 그러한 매개적 역할에 미흡할 여지가 있다. <중략>

(공모)공동정범에서 순차·암묵에 의한 공모{내지 의사연락(이하 공모라고만 한다)} 또는 암묵에 의한 공모에 관한 판례는 아래와 같다.[65]

61) 이재상, 위의 책, 439쪽.

62) 김호기, 「공동정범과 기능적 행위지배」, 서울대학교 대학원 법학석사학위논문, 1999, 106쪽.

63) 대법원 공모공동정범에서의 공모에 대하여, "2인 이상이 공동으로 가공하여 범죄를 행하는 공동정범에 있어서 공모나 모의는 반드시 직접, 명시적으로 이루어질 필요는 없고 순차적, 암묵적으로 상통하여 그 의사의 결합이 이루어지면 공모관계가 성립하고, 이러한 공모가 이루어진 이상 실행행위에 직접 관여하지 아니한 자라도 다른 공모자의 행위에 대하여 공동정범으로서의 형사책임을 진다"라고 설시하고 있고(대법원 2008. 1. 17. 선고 2006도1721 판결; 대법원 2006. 8. 24. 선고 2006도3070 판결 등 다수 판례 참조), 공동정범에서의 공동가공의 의사에 대하여, "형법 제30조 소정의 공동정범은 2인 이상이 공동하여 죄를 범하는 것으로서 행위자의 공동가공의 의사를 그 주관적 요건으로 하는 것이나, 그 공동가공의 의사는 상호 간에 특정한 범죄행위를 하기 위하여 일체가 되어 자기의 의사를 실행에 옮기려는 공동가공의 인식이 있으면 되는 것이고, 암묵리에 서로 의사가 상통하여도 되는 것이며, 사전에 반드시 어떠한 모의과정이 있어야 하는 것은 아니다"고 판시하여(대법원 2004. 10. 28. 선고 2004도4437 판결; 대법원 1991. 6. 11. 선고 91도985 판결 등 다수 판례 참조), 공모공동정범에서의 공모나 공동정범에서의 공동가공의 의사(의사연락)를 동일하게 이해한다{같은 취지, 이창섭, 「공모공동정범이론 유감」, 『비교형사법연구』, 통권 제17호, 2007, 354쪽). 따라서 공모나 공동가공의 의사(또는 의사연락)을 구별하지 않는다.

64) 오윤식 변호사의 허락을 얻어 전재함. 각주 포함.

65) 대법원 종합법률서비스 사이트에서, 암묵, 공모 및 공동정범을 검색어를 입력하여 검색된 판례

순번		판례번호	공모자 사이의 관계	비고
1		대법원 2008. 1. 17. 선고 2006도1721 판결	한국자산관리공사 해외사업본부장, 해외사업본부 국제업무부 부장, 국제업무부 자산유동화 팀장 사이	
2		대법원 2006. 8. 24. 선고 2006도211 판결	국회의원 출마자, 그 휘하에 있는 선거본부장, 선거자금조달 및 집행책임자 사이	
3		대법원 2006. 5. 11. 선고 2003도4320 판결	알고 지내는 사이	
4		대법원 2004. 3. 26. 선고 2003도7112 판결	채권·채무자 사이	
5	순차·암묵에 의한 공모	*대법원 2001. 6. 29. 선고 2001도1319 판결*	*알고 지내는 사이, 사위장모 사이, 관할경찰서의 선진질서추진위원회 회장과 그 경찰서의 경위계급의 경찰관 사이*	*순차·암묵에 의한 공모에 대한 판단에 관한 정형을 보여주는 판례*
6		*대법원 1997. 9. 12. 선고 97도1706 판결*	*딱지어음의 최종소지인과 그 어음의 발행인인 사이*	*순차(암묵)에 의한 공모의 정형을 보여주는 사안*
7		대법원 1994. 3. 11. 선고 93도2305 판결	알고 지내는 사이로 판단	
8		대법원 1990. 9. 28. 선고 90도602 결판	노조원들 사이	
9		대법원 2008. 2. 28. 선고 2007도10004 판결	채권·채무자 사이	
10		대법원 2006. 9. 8. 선고 2006도388 판결	회사 임직원 사이	
11		대법원 2006. 2. 23. 선고 2005도8645 판결	고교 및 대학동창, 처남 사이	
12		대법원 2005. 11. 10. 선고 2004도1164 판결	투자자(고객)와 투자금 관리자 사이	
13	암묵에 의한 공모	대법원 2005. 9. 9. 선고 2005도2014 판결	해병대 선·후배로 잘 아는 사이	1심 법원은 공모 부정, 2심 법원, 대법원 공모 긍정
14		대법원 2005. 1. 27. 선고 2004도7511 판결	국회의원 출마자와 그 선거조력자 사이	
15		대법원 2004. 8. 30. 선고 2004도3212 판결	같은 학교 총학생회 소속 학생 사이	
16		대법원 2004. 6. 24. 선고 2004도520 판결	같은 회사 임원 사이	
17		대법원 2003. 1. 24. 선고 2002도6103 판결	같은 회사 임원 사이	

중 판결요지에서 나타나는 판례를 분석하였고, 그 판례들 중에서 참조판례에서 언급되는 판례도 또한 추가적으로 분석하였다.

순번		판례번호	공모자 사이의 관계	비고
18	암묵에 의한 공모	대법원 2000. 11. 10. 선고 2000도3483 판결	같은 회사 임원 사이	
19		대법원 2000. 3. 14. 선고 99도4923 판결	같은 회사 임원 사이	
20		대법원 1999. 4. 23. 선고 99도636 판결	안기부 직원 사이	
21		대법원 1998. 11. 24. 선고 98도2654 판결	알고 지내는 사이	
22		*대법원 1998. 7. 28. 선고 98도1395 판결*	*한총련 의장과 그 하부조직인 남총련 의장 사이*	
23		대법원 1998. 3. 27. 선고 98도30 판결	사실혼 배우자 사이	
24		대법원 1997. 10. 10. 선고 97도1720 판결	한총련 간부와 그 조직원 사이	
25		대법원 1997. 2. 14. 선고 96도1959 판결	같은 회사 사장, 국장 사이	원심 법원과 대법원의 공모에 관한 판단 상이
26		대법원 1995. 9. 5. 선고 95도1269 판결	같은 구청 직원 사이	
27		대법원 1994.9. 9. 선고 94도1831 판결	서로 알고 지내는 사이	
28		대법원 1994. 3. 8. 선고 93도3154 판결	사립대학 이사장, 총장, 그 대학 소속의 교수들 사이	
29		대법원 1993. 7. 27. 선고 93도1435 판결	서로 알고 지내는 사이	
30		대법원 1993. 7. 13. 선고 92도2832 판결	동일 그룹내의 사장, 간부사원 사이	
31		대법원 1993. 4. 23. 선고 92도2628 판결	신용협동조합의 이사장과 그의 휘하에 있는 그 조합의 직원 사이	
32		*대법원 1992 .8. 18. 선고 92도1244 판결*	*전대협 의장과 전대협 소속 대학생 사이*	
33		대법원 1990. 6. 22. 선고 90도767 판결	같은 학교 학생회 간부, 학생 사이	
34		대법원 1989. 4. 11. 선고 88도1247 판결	은행 지점의 지점장, 차장, 대리 사이	
35		*대법원 1988. 9. 13. 선고 88도1114 판결*	*서로 알고 지내는 사이; 같이 범행 일삼아 온 사이*	*원심 법원과 대법원 판단 상이*
36		대법원 1987. 11. 24. 선고 87도2011 판결	서로 알고 지내는 사이; 조직폭력배	
37		대법원 1987. 10. 13. 선고 87도1240 판결	조직폭력배 사이	

순번		판례번호	공모자 사이의 관계	비고
38	암묵에 의한 공모	대법원 1986. 8. 19. 선고 85도2728 판결	서로 알고 지내는 사이로 판단	
39		*대법원 1984. 12. 26. 선고 82도1373 판결*	*범행 이전에 모르는 사이, 범행 현장에서 윤간에 대해 의기투합한 사이*	
40		대법원 1986. 1. 28. 선고 85도2421 판결[66]	서로 알고 지내는 사이; 밀수 파트너 관계	
종합		거의 예외없이 인적관계가 있는 경우에 암묵에 의한 공모가 인정, 다만, 6번, 32번 및 39번 판례가 약간 상이		

(2) 암묵·순차 또는 암묵에 의한 공모가 인정되기 위한 조건의 분석

위 판례에서 보는 바와 같이 순차·암묵 또는 암묵에 의한 공모가 인정되는 경우는 공모자 사이에 거의 예외없이 서로 알고 지내거나 하는 등의 일정한 인적관계가 존재하는 경우이다. 위와 같은 공모의 판단에 있어 이러한 인적관계의 중요성에 대한 정형적인 판례가 **대법원 2001. 6. 29. 선고 2001도1319 판결**이라고 할 것이다.

위 사안[67]에서, 원심법원은 피고인 1과 특별한 인간관계가 있다고 보이지 않는 피고인 4가 피해자의 사인을 은폐하는 데 공모하였다고 보기 어렵다는 사정 등을 들어 피고인들, 특히 피고인 4와 피고인 1 사이에 공모관계를 인정하기 어렵다고 판단하였다. 그러나, 대법원은 관할경찰서의 선진질서추진위원회 회장인 피고인 1이 피고인 4(경위 계급의 경찰관임)가 소속된 경찰 간부 등과 지속적으로 교류를 해 온 등의 사정이 있고, 피고인 4는 피고인 3(의사로 피고인 4가 소속된 경찰서의 촉탁의로 20년 이상 활동함)과 10년 이상 알고 지내는 사이인 사정 등이 있으므로, 피고인 4가 피고인 3을 통하여, 즉 순차적이고 암묵적인 의사연락에 의하여, 허위사체검안서 등의 작성 등의 피해자의 사체처리에 관한 암묵적인 의사 합치의 개연성이 있으므로 이에 대하여 더 심리하도록 원심 판결을 파기·환송하였다. 이러한 판례의 태도에 비추어 볼 때, **대법원은 순차 또는 암묵에 의한 공모를 판단**

66) 위 판례 이전에는 암묵이라는 용어는 거의 사용된 판례가 없고, 간접적, 포괄적 이라는 용어를 사용한 판례가 다수 있는데, 이러한 판례는 암묵에 관한 판례와는 엄밀한 의미에서는 구분되므로 이를 제외하였다. 다만, 양자를 같이 본다고 하더라도 표에서 인정되는 것과 같은 경향, 즉 인적관계가 있어야 공모가 인정된다는 흐름은 동일하다고 판단된다.

67) 피고인 1,2,3,4가 공모하여 피고인 1의 집 지하실에서 사망한 피해자의 사체처리를 위하여 허위의 사체검안서 및 수사보고서 등을 작성한 후 이를 행사한 사안으로 피고인 4가 공모하였는지가 쟁점이 된 사안이다.

함에 있어서 공모자들 사이의 인적관계를 중요한 판단요소로 고려함을 알 수 있어, 결국 그러한 인적 관계가 비록 그러한 공모를 인정함에 있어서 필요·충분조건은 아니지만, 상당히 중요한 판단요소로 고려한다고 할 것이다.

대법원이 위와 같은 공모 인정 여부의 판단에 있어서 그와 같이 고려하는 것은, 서로 모르는 사람 사이에서나 전혀 인적 관계가 없는 사이에서 암묵적으로 특정 범죄에 대하여 상통한다는 것은 좀처럼 상상하기 어렵고, 만일 그와 같이 본다고 한다면 상식, 즉 암묵적인 상통은 눈빛만 보아도, 몸짓만 보아도 서로의 의중을 파악할 수 있다는 의미인데, 서로 모르는 사람 사이에서는 그와 같이 의중을 파악할 수 없는 상식에도 반한다는 점이 고려된 결과라고 할 것이다.

한편, 사전에 서로 모르거나 인적 관계가 존재하지 않는다 하더라도, 대법원 1984. 12. 26. 선고 82도1373 판결에서 보는 바와 같이, 범죄현장에서 비로소 그 범죄에 대하여 의기투합하게 되는 경우라면, 암묵에 의한 공모를 인정할 수 있다고 할 것이다. 그렇게 볼 수 있는 것은 시·공간적으로 밀접한 범죄현장에서 특정 범죄에 대하여 의기투합한 범죄자들 사이에서는 그러한 시·공간적으로 밀접한 범죄현장을 매개로 하여 암묵적인 공모가 인정될 여지가 충분하기 때문이다.

다만, 대법원 1992. 8. 18. 선고 92도1244 판결에서 대법원은, 전대협 의장인 피고인이 폭력시위 현장에서 있지 않았음에도 불구하고, 그 전대협 의장과 그와 모두 서로 안다고 할 수 없는, 폭력시위 현장에서의 대학생들이 범한 특수공무방해치상 등에 대하여 죄책을 인정하였는 바, 피고인은 전대협의 대표로서 위 대책회의에 참석하여 각종 집회·시위에 관여하는 한편 전대협 투쟁국 등 동원체제를 통하여 전대협 소속의 학생을 대규모로 동원하였고, 피고인은 판시의 공모자들과 함께 위 각 집회·시위의 계획단계부터 참여하여 모든 사항을 결정하였는데다 집회 이후에는 예외 없이 가두시위를 하기로 하였으며, 집회 계획시부터 경찰의 봉쇄에 맞서기 위하여 전대협 소속의 학생들은 각목, 쇠파이프, 화염병 등을 준비하도록 사전에 계획된 사실 등을 고려하여, 피고인이 위와 같은 폭력시위 현장에 없더라도, 순차 또는 암묵에 의한 폭력시위대원들의 화염병 투척 등에 관하여 공모를 인정한 것으로서, 공동정범에서 일반적으로 거론되는 기능적 행위지배, 즉 사건의 핵심형상에 대한 장악을 인정한 것이고, 또한 위 폭력시위대원들에 대하여도 전대협이라는 조직체계 및 그 구성원의 면식(面識)에 따라 순차 또는 암묵에 의한 공모를 인정한 것이라 할 것이므로, 위 판례는 위와 같은 흐름을 벗어나지 않는 판례라고 할 것이다. 또한 **대법원 1997. 9. 12. 선고 97도1706 판결에서,**[68] 대법원

68) 피고인들이 부도가 예정된 딱지어음을 발행하고 이들로부터 그 딱지어음을 순차 매수한 최종

은 그들 사이에 직접적인 인적관계가 없을지라도, 위 어음의 매도·매수를 통하여 서로 알고, 예정 부도기일 등에 관하여 정보를 주고받은 위 어음의 순차 매도·매수인들이 매개된 경우라면,[69] 위 어음의 발행인은 그 중간 매도·매수인들을 통하여 순차·암묵적으로 최종소지인의 사기행위에 관하여 의사연락이 있었다고 본 것이다.

그리고 대법원은 순차·암묵 또는 암묵에 의한 공모를 판단함에 있어서 구체적인 사정 및 이에 대한 정황증거를 중요하게 고려하여 판단함을 알 수 있다. 즉 **대법원 1997. 2. 14. 선고 96도1959 판결**[70]에서, 대법원은 일간신문사의 광고국장이 피해자로부터 적정한 광고료 이상(100만원)의 과다한 금액(440만원)을 광고료로 받은 것에 대해 위 신문사의 사장인 피고인이 공모하였다는 데 대한 아무런 증거가 없다고 판시한 원심을, 신문사 사장인 피고인이 자신의 부하인 광고국장인 피고인에게 피해자가 광고신청을 하러 갈 것이라고 사전에 전화를 하였고, 위 광고국장은 광고수주가 자신의 전결사항임에도 위 피해자의 경우에는 특별히 위 사장에게 보고를 하였고 또한 피해자가 광고신청을 하게 된 전후 맥락을 관련 보도기사를 통하여 파악하였다는 등의 사정을 들어 신문사 사장과 그 회사 광고국장 사이의 공갈에 대한 암묵적인 공모가 인정된다고 하면서 파기·환송하였다.

4. 불매운동에의 적용

소비자불매운동이 인터넷을 통해 조직될 경우 사전합의가 없는 상황에서 한 네티즌이 의제를 던지면 그 의제에 자발적으로 참여를 하겠다는 다른 네티즌들이 나타나는 경우를 볼 수 있다. 이렇게 기존의 이해관계가 형성되지 않은 상태에서

소지인이 이를 피해자들에게 어음할인을 받거나 물품대금을 결제하면서 제공하였는데, 어음발행인들인 피고인들이 최종소지인이 범한 사기죄에 대해 공동정범으로서 책임을 지는지가 문제된 사안이다

69) "위 피고인들은 이 사건 딱지어음들의 지급기일을, 예정된 부도기일 이후로 기재하고 어음매수자에게 이를 알려 주어 기일을 엄수하도록 하였고, 사기 범행에 사용된 이 사건 딱지어음들의 중간 소지인, 최종사용자 등은 각 그 전자로부터 예정 부도기일을 전해 듣고는 이에 맞추어 이를 다시 매매하거나 거래 은행 등에 제시하여 행사한 사실" 부분 참조

70) 신문의 부실공사 관련 기사에 대한 해당 건설업체의 반박광고가 있었음에도 재차 부실공사 관련 기사가 나가는 등 그 신문사 기자들과 그 건설업체 대표이사의 감정이 악화되어 있는 상태에서, 그 신문사 사주 및 광고국장인 피고인들이 보도자제를 요청하는 그 건설업체 대표이사에게 자사 신문에 사과 광고를 싣지 않으면 그 건설업체의 신용을 해치는 기사가 계속 게재될 것 같다는 기자들의 분위기를 전달하는 방식으로 사과 광고를 게재토록 하면서 과다한 광고료를 받은 행위가 공갈죄의 구성요건에 해당되는지, 특히 적정한 광고료 이상의 금원을 갈취한 것에 대해 공모가 있었는지 다투어진 사안이다.

불특정다수가 모인 집단에 대해서도 공동정범이론을 적용하는 것은 위에서 살펴본 공동정범이론에 대한 현재까지의 대법원 판례에 어긋나는 것이 된다.

예를 들어, 언소주 사건에서도 카페에 올라온 글에는 광고주 기업들의 목록을 만들어 '내가 A기업에 전화를 할테니 당신은 B기업에 전화를 하라'거나 '내가 A기업에 9시에 할테니 당신은 10시에 하라'는 등의 역할분담을 내용으로 하는 글이 전혀 나타나지 않음은 물론 그러한 암시 조차도 존재하지 않는다. 더욱 중요한 것은 개별적으로 전화걸기를 하는 사람이 타인의 전화걸기를 어떠한 의미에서도 조건으로 삼지 않았다는 것이다. 즉 어떠한 의미에서도 분업의 형태로 이루어지지 않았다는 것이다. 공동정범이론에서 암묵적 공모도 공동정범의 공모로 인정된다는 것은 최소한 그러한 분업이 전제되어야만 '기능적 행위지배'가 나타날 수 있는 것인데 대부분의 불매운동은 이러한 분업이 이루어지지 않는다.

또 암묵적 공모의 경우 서로 간에 명시적인 분업이 없더라도 그러한 분업을 한 것으로 상호 암묵적인 합의가 있다고 할 정도로 참가자들을 결속시키는 기존의 이해관계가 존재해야 한다. 언소주 사건의 경우 그러한 이해관계가 존재하지 않았고 그렇다면 각자가 전화를 한 것은 공모라는 사전적인 합의에 의한 것이 아니라 전화를 하는 당시에 자발적으로 이루어진 행위이다. 그렇다면 그러한 전화걸기의 영감을 준 인터넷 상의 글을 올린 사람에게 그러한 전화걸기의 책임을 지울 수는 없는 것이다.

V. 결 론

소비자불매운동을 특정 업체나 제품을 불매하고 그렇게 불매할 것을 타인에게 촉구하며 해당 업체에게 불매의사를 고지하는 행위로 정의했을 때 이에 대한 규제 시나리오 4가지를 검토해 보았다. 첫째, 소비자가 불만의 대상인 업체를 불매하지 않고 그 업체의 관계사를 불매함에 있어서 소비자는 업체들과 경쟁상대가 아니기 때문에 공정거래법상 부당한 담합이라고 볼 수 없다. 둘째, 최근 업무방해죄의 해석 및 적용에 대한 대법원판결에 비춰볼 때 업체들에 대해 불매를 하는 것은 어떤 의미에서도 '위력'에 의한 업무방해가 될 수 없다. 셋째, 업체들에게 불매의사를 고지하는 것은 소비자들의 권리로 보장하는 것이므로 '해악'의 고지가 될 수 없어 협박죄, 공갈죄, 강요죄 등이 적용될 수 없다. 넷째, 인터넷을 통해 업체에 불매의사를 고지할 것을 제안한 경우 그로 인해 대량전화세례가 발생하여 업체의 전화가 불통되었다고 할지라도 이들 전화를 건 사람들 간에 전화를 불통시키기 위한 사전 모의나 상호 분업이 존재하지 않는 경우 이들 한사람 한사람을 공모공동정범으로 규정할 수는 없다. 암묵적 공모 역시 사전에 전화를 건 사람들 간에 기존 조직이 존재하여 명시적 분업을 하지 않아도 각자 무엇을 해야 할지 상호이해가 될 만큼 이해관계가 기존재하는 경우에만 적용될 수 있다. 인터넷에 불매통보 전화를 하자는 제안을 한 것만으로 실제 이루어진 전화세례에 대해 모든 형사적 책임을 질 수는 없다.

제116회 발표회 지정토론문

"불매운동의 표현행위의 업무방해죄 구성과 합헌적 법률해석의 통제기준"

— 헌법재판소 김진한 연구관의 발제문 —

문 재 완*

Ⅰ. 재판소원 금지와 합헌적 법률해석

발제문은 크게 두 부문, 즉 재판소원 금지와 합헌적 법률해석에 대한 이론적 검토 및 합헌적 법률해석을 제대로 하지 못한 사례 분석으로 "신문사 광고중단 운동 사건(서울중앙지법 2009노677)"에 대한 평석으로 구성되어 있다.

전반부 내용은 다음과 같이 정리된다.

> "재판에 대한 헌법소원을 인정하지 아니하는 현재의 제도 하에서 헌법이 해석규칙으로서 작용하는 합헌적 법률해석의 최종적 통제기관은 최고의 사법기관인 대법원이다. 재판에 대한 헌법소원을 금지하고 있는 현재의 제도는 법원의 헌법보장에 대한 신뢰의 표현이라고 해석한다면, 최고의 사법기관인 대법원은 헌법과 기본권을 최대한 존중하는 법률해석을 함으로써 하급심 법원의 위헌적 법률해석을 통제할 필요가 있다."(발제문 102~103쪽)

발제자의 견해에 전적으로 동의한다.

또한 발제자가 위헌적인 법률해석의 통제 범위를 구체적으로 설정하기 위하여 독일과 미국에서의 논의를 상세하게 검토하고 우리나라에서 합헌적 법률해석이 구체적으로 문제되는 영역을 검토한 노고를 치하한다.

그러나 후반부, 신문사 광고중단 운동 사건의 평석이 전반부에서 정치하게 전개한 이론이 적용되는 대표적인 사례인지에 대해서 의문을 제기하지 않을 수 없다.

---

* 한국외대 법학전문대학원 교수.

Ⅱ. 신문사 광고중단 운동 사건의 평석

1. 사실관계

피고인 갑은 인터넷포털 사이트 '다음'에 '조중단 폐간 국민캠페인'이라는 카페를 개설하고, 운영하였다. 광고중단운동은 피고인 갑, 카페 운영자, 카페 회원 등에 의하여 진행되었다. 광고중단운동은 집단적인 전화걸기를 넘어서 집단적인 세의 과시, 광고중단 요구에 불응할 경우 더 강력한 방식으로 진행할 것 같은 겁박, 전화걸기 그 자체를 수단으로 하여 그 전화에 일일이 응대하도록 하거나 다른 고객과의 전화통화가 불통되도록 하는 등의 집단 괴롭히기 양상으로까지 일부 진행되었다.

2. 법원 판단

1) 일부 회원이 행한 행위는 업무방해죄의 위력에 해당한다.

"광고주의 영업활동의 자유 및 재산권 등을 보호하기 위하여 집단적 전화걸기 등이 형법상 업무방해죄의 구성요건을 충족하는 경우에 이를 형사처벌하는 것은 그 목적의 정당성이 인정되고, 그 목적 달성을 위한 적절한 수단이다. 또한 모든 광고중단압박행위를 처벌하는 것이 아니라 그 내용, 태양, 규모, 기간 등에 따라 광고중단압박행위가 사람의 자유의사를 제압, 혼란케 할 만한 세력으로 인정되어 업무방해죄에 있어 위력에 해당한다고 볼 수 있는 경우만을 처벌하는 것이고, 업무방해죄의 구성요건을 충족하는 경우에도 그것이 헌법과 법률이 보장하고 있는 범위 내의 행사로서 정당성이 인정되는 경우에는 위법성이 조각되어 처벌할 수 없음이 분명하므로 피해의 최소성도 인정된다."

2) 위력을 행한 회원과 피고인 갑은 공모공동정범이다.

"위 카페에서 진행된 광고압박운동의 성격과 경위, 그 규모와 형태, 구체적인 방법과 진행과정, 그 과정에서 피고인의 지위 및 역할, 카페 게시판을 통한 진행 경과에 대한 지배 내지 장악력 등에 비추어 보면, 피고인들은 비록 카페 회원들의 행위 일부에 대하여 구체적으로 모의하거나 이를 직접 분담하여 실행한 바가 없었다 하더라도 위 범행에 대한 순차적이고 암묵적인 의사의 결합이 이루어졌다고 볼 수 있고 그 범행들에 대한 본질적 기여를 통한 기능적 행위지배가 인정된다. 따라서 공동정범의 관계가 성립한다."

3) 위 행위는 정당행위로서 위법성이 조각될 수 없다.

"이 사건 광고주들은 언론매체와 광고주라는 관계 외에는 3개 신문사와 아무런 관련이 없고, 이들이 3개 신문에 광고를 하는 것은 자신들의 영업상 필요와 광고효과를 중시한 판단에 따른 것일 뿐 3개 신문의 성향이나 논조에 동조하여 이를 후원하는 것이 아니다. 3개 신문에 대한 불만을 이유로 광고주들에게 하는 불매운동은 그 수단과 방법 면에서 광고주들의 영업활동의 자유를 해치지 않도록 더욱 엄격한 제한이 따라야 할 것임에도 집단적 공격의 양상에까지 이른 이 사건 광고중단압박행위는 정당하지 않다."

3. 발제문의 내용

1) 공모공동정범이론을 적용할 사안이 아니다.

"법원은 피고인 갑이 카페회원들로 하여금 광고중단압박행위를 용이하고 지속적으로 하게 할 목적으로 카페를 개설, 운영하면서 같은 목적으로 게시판을 분류, 관리하고 광고주 명단을 배포하고 광고중단압박행위를 독려하는 활동에 적극적으로 가담하였다고 하는 점을 근거로 본질적 행위기여가 있다고 인정하고 있다. 하지만 의사연락을 통한 본질적인 행위기여가 인정되기 위해서는 상호적인 의사연락을 통하여 상호간의 범죄의사를 강화하였다거나, 적어도 상대방의 의사를 지배할 수 있는 정도의 강력한 지배력을 인정할 수 있어야 할 것인바, 이 사건의 경우 불특정 다수인이라고 할 인터넷 카페의 회원을 상대로 한 그와 같은 활동만으로는 본질적 행위기여를 인정하기 어렵다."(발제문 114쪽)

2) 선전이나 선동에 의한 업무방해 처벌은 유추해석이다.

"평석대상 판결은 불특정 다수에 대한 선전이나 선동에 가까운 행위를 공모공동정범으로 해석하고 있는바, 이는 기능적 행위지배의 이론을 지나치게 확대해석한 것이라고 생각한다. 선전이나 선동에 의한 업무방해를 처벌하는 조항이 없는 상태에서 기능적 행위지배의 이론을 적용하여 이를 처벌한 것은 일종의 유추해석

이라고 볼 여지가 있다."(발제문 130쪽)

3) 선전, 선동에 의한 업무방해를 처벌하는 조항이 있다고 할 경우 이는 합헌적인 규범이라고 할 수 없다.(발제문 130쪽)

"이 사건에서 피고인의 표현은 전화 등을 통하여 광고주를 상대로 항의를 할 것을 설득하고 선동하였던 것인바, 전화를 통한 집단적인 항의는 시민들이 공적인 주제에 관한 표현을 하기 위하여 취하는 전형적인 표현방법 가운데 하나라고 할 것이고, 그와 같은 표현을 선동한 것만으로는, 가사 선동행위가 조직적이고 계획적인 것이라고 하여도 금지하여야 할 불법적인 정도라고 하기 어렵다."(발제문 130쪽)

Ⅲ. 질의 및 사견

1. 사실판단의 문제인가? 헌법해석의 문제인가?

대상 판결의 재판부는 (1) 어떠한 행위가 발생하였는지에 대한 판단, (2) 이러한 행위가 업무방해죄의 구성요건인 위력에 해당하는지에 대한 판단, (3) 위력에 이르게 한 행위와 인터넷 포털 사이트에 게재된 표현과의 관계에 대한 판단, (4) 인터넷의 특성에 대한 판단 등에 기초하여 피고인 갑의 표현행위가 업무방해죄에 해당한다고 판단하였다. 이런 내용의 재판은 사실심 재판의 전형적인 예로, 합헌적 법률해석과는 관련이 없는 사례다.

발제자가 대상 판결을 비판하는 이유는 (3)과 (4)에 대한 법원 판결이 부당하다는 데 있다. 특히 피고인 갑을 공모공동정범으로 처벌하는 것을 부당하다고 지적한다. 발제자는 기능적 행위지배론에 입각한 공모공동정범 이론이 "본질적 기여를 하였는지 여부를 살펴본다는 측면에서 형사법의 책임주의 원칙의 실현으로 진일보한 판례"로 평가하고 있어 공모공동정범 이론 자체를 부정하는 것은 아니고, "이 사실 공소사실에 공모공동정범이론을 채택할 수 있는 것인지"에 대해서 부정적인 입장을 취하고 있는 것으로 보인다.

발제문에 따르면, "법원은 피고인 갑이 카페회원들로 하여금 광고중단 압박행위를 용이하게 지속적으로 하게 할 목적으로 ... 근거로 본질적 행위기여가 있다고 인정하고 있다. 하지만, 의사연락을 통한 본질적 행위기여가 인정되기 위해서는 상호적인 ... 불특정 다수인이라고 할 인터넷 카페의 회원을 상대로 한 그와 같은 활동만으로는 본질적 행위기여를 인정하기 어렵다"(발제문 113~114쪽)고 한다. 즉 법원은 본질적 행위기여가 있다고 본 것이고, 발제자는 인정하기 어렵다는 것인데 이러한 차이는 사실에 대한 판단차이에 불과하다.

이 사건에서 가장 어려운 문제가 인터넷 카페에서 발생한 사안에 대한 평가인데, 이는 (4) 인터넷의 특성에 대한 판단 문제이다. 인터넷이라는 새로운 공간에서 발생하는 현상에 대한 평가 역시 헌법 문제라고 보기 어렵다. 인터넷이 표현촉진적 매체인 것은 사실이지만, 인터넷으로 인하여 과거에 볼 수 없었던 개인정보의 침해 등 새로운 불법행위가 발생하고 있는 것 역시 사실이다. 인터넷에서 벌어지는 모든 행위를 표현의 자유라는 이름 아래 보호될 수는 없다. 개별적으로 불법행위가 되는지 판단하여야 할 문제이며, 이 사건이 그 대표적인 예이다.

이 사안을 "합헌적 법률해석의 통제"가 필요한 대표 사례로 보는 것은 무리다. 합헌적 법률해석의 통제를 문제 삼으려면, 어떠한 형사처벌조항의 구성요소가 기본권을 침해할 소지가 많은데도 불구하고 법원이 이에 대한 고민 없이 단순히 적용한 사례를 찾아야 했다고 본다. 이 사건에서 표현행위가 위력에 해당할 경우 업무방해죄의 구성요건을 충족한다는 것은 의심의 여지가 없다.

2. 대상 판결은 표현의 자유를 고려하지 않았나?

대상 판결이 표현의 자유를 고려하지 않은 것도 아니다. 재판부는 "모든 광고중단압박행위를 처벌하는 것이 아니라, 그 내용, 태양, 규모, 기간 등에 따라 광고중단압박행위가 사람의 자유의사를 제압, 혼란케 할 만한 세력으로 인정되어 업무방해죄에 있어 위력에 해당한다고 볼 수 있는 경우만 처벌하는 것이고, <u>업무방해죄의 구성요건을 충족하는 경우에도 그것이 헌법과 법률이 보장하고 있는 범위 내의 행사로서 정당성이 인정되는 경우에는 위법성이 조각</u>되어 처벌할 수 없음이 분명하므로 피해의 최소성도 인정된다"고 판시하였다(발제문 107쪽, 강조 위해 토론자가 추가).

재판부는 불매운동 자체가 표현의 자유의 보호대상이라는 점을 부인한 것이 아니다. 불매하겠다는 표현의 내용을 문제 삼은 것이 아니고, 상대방의 자유의사를 제압, 혼란케 할 만한 세력, 즉 위력으로 행하는 표현의 방식이 잘못이라는 것이다.

재판부는 또 1차 불매운동은 적법하고, 2차 불매운동은 불법이라는 이분론에 입각해서 판결을 내린 것도 아니다. 재판부의 태도는, 피고인의 표현의 자유와 피해자의 영업의 자유를 비교형량할 때 2차 불매운동보다 1차 불매운동이 비난가능성이 더 높으며, 정당한 행위로 인정받기 더 어렵다는 것이다. 즉 "2차적 불매운동의 대상이 되는 거래 기업체로서는 기본적으로 자신의 업체가 촉발시키거나 자신의 업체와 직접적으로 관련된 문제가 아니라 자신이 거래하는 기업체에서 촉발된 문제로 인하여 불매운동의 대상이 되는 것이므로, <u>2차적 불매운동을 하는 경우에 사용하는 수단이나 방법의 상당성 및 허용 정도는 더 엄격하게 심사</u>되어야 한다"(발제문 108쪽)

3. 표현의 자유는 무엇을 보호하기 위한 자유인가?

발제문의 기본적인 전제는, 광고불매운동은 표현의 자유의 보호를 두텁게 받아야 할 표현이라는 것이다. 그 이유는 광고불매운동이 "공적인 문제에 대하여 언급한 표현"(발제문 121쪽)이라는 데 있다. 발제자는 "공적인 문제에 대하여 언급한 표현이 행위의 목적, 수단, 절차의 모든 측면에서 공정할 것을 요구하고, 그와 같은 요건을 갖추지 아니한 경우 민사 손해배상 또는 형사처벌로서 제재한다면 시민들의 광범위한 자기검열을 초래한다"고 주장한다(발제문 122쪽).

또 선전, 선동에 의한 업무방해를 처벌하는 조항이 있는 경우를 가정하고, "다수의 소비자들로 하여금 항의 전화를 하고, 불매운동을 할 의사를 표시하도록 하는 선동은 영리를 추구하는 회사로서는 중대한 압력을 부과하는 것이라고 할 수 있지만, 그와 같은 정도의 압력이 존재한다고 하여도 회사의 이익과 불이익을 합리적으로 고려하는 선택의 여지는 충분히 존재한다고 판단할 수 있으며, 언론의 자유행사를 처벌할 만큼의 명백하고 현존하는 위험이 있다고 보기 어렵다"고 한다(발제문 130쪽).

이러한 주장에 몇 가지 의문이 있어 발제자의 생각을 듣고 싶다.

첫째, 표현마다 표현의 자유의 보호를 받는 정도가 다르다고 한다면, 광고불매운동은 정치적 표현의 자유처럼 두텁게 보호할 만한 가치 있는 것인가? 광고불매운동이 표현의 자유가 핵심적으로 보호하고자 하는 민주주의와 어떠한 관련이 있는지 좀 더 명확하게 설명할 필요가 있다.

둘째, 표현의 내용이 아니라, 표현 방식의 규제는 불가피한 것 아닌가? 이 사건은 광고불매운동 자체가 불법이라는 것이 아니라 업무방해 형태의 광고불매 행태가 우리 헌법질서에서 수용될 수 없다는 것이다. 발제자는 "우리 헌법이 비폭력적이고 평화적인 표현의 자유를 보장하는 것은 물리적이고 폭력적인 표현의 자유를 방지하는 최선의 수단이라는 인류공통의 지혜에 기초한 것이다"(발제문 130쪽)라고 주장하였는데 그 의미는 무엇인가? 물리적이고 폭력적인 표현행위가 허용된다는 의미인가?

셋째, 선동을 처벌하는 전제는 선동으로 인하여 불법행위가 발생한 것을 전제로 하는 것이다. 명백하고 현존하는 위험의 원칙도 표현행위와 불법행위 사이의 인과관계와 시간적 급박성을 따지자는 것이다. 이 사안에서 피고인 갑을 처벌한 것도 카페 회원들에 의하여 불법행위(업무방해)가 발생하였기 때문이다. 불법행위가 발생하였는데 직접 행동한 사람만 처벌받고, 뒤에서 이를 선동하거나 본질적으로 기여한 사람은 아무런 처벌을 받지 않는 모순을 해결하기 위하여 나타난 이론이 선동인데, 발제자는 그저 항의전화하고 불매운동하는 정도를 전제하고 있다. 불매운동의 태양이 우리 법제상 허용될 수 없는 정도라면, 이에 대한 선동을 처벌하는 입법이 위헌이라고 생각하는가?

Ⅳ. 표현의 자유에 대한 사견

표현의 자유는 민주국가의 존립과 발전을 전제로 인정되는 헌법상 권리로 이해할 필요가 있다. 국민의 자기지배 이론에 입각할 때, 국민 개개인이 누리는 표현의 자유는 민주국가가 존립하고 운영되는 데 필요한 도구이고 수단이라고 할 수 있다. 개인이 표현하는 헌법상 권리를 누리는 것은 개인이 표현의 권리를 향유함으로서 바람직한 제도, 즉 민주적 질서를 형성하는 데 기여하기 때문이다.

흔히 표현의 자유를 민주주의의 수호자라거나, 민주주의의 필수불가결한 요소라고 한다. 표현의 자유와 민주주의의 관계는 화자가 아닌, 청자에 기초하여 검토할 때 설득력 있는 논리가 도출된다. 즉 자유로운 언론은 그것을 듣는 사람에게 가치가 있고, 이를 통하여 민주적 질서가 형성되기 때문에 필요하다고 보는 것이다.

청자 중심의 표현의 자유 이론에 따르면, 국가는 표현의 자유를 헌법상 보호받는 목적대로 기능하도록 민주적 공론장을 형성할 의무가 있다. 이것이 외형상 표현의 자유에 대한 정부 간섭처럼 보일 수 있다. 하지만 이러한 간섭은 표현의 자유라는 주관적 공권에 대한 규제가 아니라, 표현의 자유가 본래 의미대로 민주주의에 기여하도록 법으로 규율하는 것이 된다.

공적 과제를 논의하는 공론장에 회의 진행자가 필요하며, 진행자는 토론을 방해하는 참석자를 강제로 퇴출시킬 수 있는 권한을 부여받아야 한다. 회의 진행자가 발언 내용(content-based)이 아니라, 발언의 시기, 장소, 방법(time, place, and manner) 등에 관한 내용중립적(content-neutral) 기준에 따라 회의를 진행하는 한, 그로 인하여 발언하지 못하는 경우가 나타나더라도 표현의 자유에 대한 부당한 제한이 아니다. 이는 공론장에서 보다 많은 사람들이 공적 과제에 대한 다양한 관점에 심도 있게 접근하기 위하여 불가피한 규율로 이해하여야 할 것이다.

第116회 발표회 지정토론문

"불매운동의 표현행위의 업무방해죄 구성과 합헌적 법률해석의 통제기준"

— 헌법재판소 김진한 연구관의 발제문 —

이 종 수*

본 주제를 통해 다루어지는 소비자불매운동, 즉 '신문사 광고중단 운동사건'(서울중앙지법 2009노677)과 관련하여 합헌적 법률해석의 법리, 헌법재판과 일반재판의 관계 및 표현의 자유를 중심으로 독일과 미국의 해석론 및 관련 판례를 대단히 상세하게 소개·정리하고 있는 본 발제문에 우선 경의를 표한다.

토론자는 발제문의 내용과 결론에 대해 전체적으로 입장을 같이 하기 때문에, 따라서 토론자로서의 임무를 다하기 위해서 비판적 차원이라기보다는 주로 보완적 차원에서 아래의 토론을 행하고자 한다.

> 우선, 발제자는 본 문제사안과 관련한 사전적인 논의 전제로서 이른바 '합헌적 법률해석'의 문제를 다루고 있다. 전체적으로 기왕에 통용되고 있는 일반론적인 논의가 발제문에서 전개되고 있지만, 발제자가 논구하듯이 '합헌적 법률해석'이 주로 헌법을 심사규준으로 한 하위규범에 대한 사법적 심사(규범통제)과정에서 문제시되기는 하지만, 또한 집행권력에게도 해당 규범의 해석을 통한 적용에 있어서 여러 가지 다양한 가능성이 존재할 때에 그 가운데에서도 헌법에 가장 합치되는 방향을 선택하라는 요청도 포함하고 있음을 따로 지적해 두고자 한다.

주지하듯이 '헌법의 우위', 헌법의 최고규범성과 법질서의 통일성요청은 미국에서의 위헌법률심판제도를 발전시켜왔고, 또한 독일적인 '기본권의 양면성이론'에 터 잡은 이른바 '기본권의 방사효(내지 파급효)'는 '기본권의 제3자효' 내지 '대사인적 효력'을 정당화하는 기제로 작용해 왔다. 따라서 일반재판에서는 일반법률

* 연세대 법학전문대학원 교수.

뿐만 아니라 헌법, 특히 헌법상의 규범인 기본권도 적용되어야 할 법규범이기에, 이러한 의미에서 일반법원 역시 '작은 헌법재판소'의 역할과 기능을 수행한다고 이해된다.

헌법재판제도의 한 내용으로 기본권적인 권리구제를 위한 비상적인 구제절차로서 마땅히 헌법소원제도가 마련되어 있지만, 우리의 경우 현행법제상 이른바 '재판소원'이 제한되고 있다. 헌법재판소를 통해 행해지는 재판소원이 제한된다면, 현행 심급제도상 특히 상고심에서 하급심의 판결 내지 결정에 포함된 헌법위반을 적극적으로 판단할 것이 더욱 요청되고 있다. 이러한 취지에서 예컨대 「상고심절차에 관한 특례법」 제4조 제1호는 심리속행을 위한 상고사유의 하나로 "원심판결이 헌법에 위반되거나, 헌법을 부당하게 해석한 경우" 그리고 민사소송법 제449조 제1항에서 "불복할 수 없는 결정이나 명령에 대하여는 재판에 영향을 미친 헌법위반이 있거나, 재판의 전제가 된 명령·규칙·처분의 헌법 또는 법률의 위반여부에 대한 판단이 부당하다는 것을 이유로 하는 때에만 대법원에 특별항고(特別抗告)를 할 수 있다"고 정하고 있다. 이로써 발제자가 논구하듯이 일반법원에서도 헌법을 사법적 심사의 규준으로 삼아서 적극적으로 판단하고, 이러한 심사과정에서 또한 '합헌적 법률해석'이 규범적으로 요청되고 있다. 이러한 가운데 발제문 104면(특히 각주 36번)에서 대법원 2010. 4. 22. 선고 2008다38288 사건과 관련해서 "우리 대법원도 최근 전원합의체 판결을 통하여 기본권의 간접적용을 통한 대사인적 효력을 받아들였다"고 언급하고 있는 것은 매우 적절한 지적이고, 또한 위 논의에 비추어 볼 때 그 자체로서 환영할 만한 판결이기도 하다.

그렇다면 본 발제문에서 소비자불매운동과 관련하여 본격적으로 다루고 있는 '신문사 광고중단운동사건'에서 1심법원은 피고인들에 대해 형법상 업무방해죄의 유죄판단과 함께 실형을 선고하였다. 여기서 헌법적으로 의미 있는 부분은 당해 법원이 해당 판결에서 헌법상 보장되는 표현의 자유의 적용범위와 그 의미를 제대로 이해하고서, 이를 판결에 반영했는지의 여부이다. 논란되는 형법상 공모공동정범이론의 적용 여부와 관련한 논의는 토론자의 역량을 벗어나는 범위여서 이에 관하여는 토론을 생략한다.

민주국가에서 표현의 자유의 한 내용으로서 언론의 자유가 무엇보다 중요한 기본권이고, 이 언론의 자유는 개인이나 언론기업의 주관적 공권일 뿐만 아니라,

자유언론제도의 보장이라는 객관적 가치질서성 또한 강조되고 있다. 즉 언론의 자유의 객관적 가치질서로서의 자유언론제도는 소수언론기업들에 의한 독과점의 폐해가 억제되는 가운데 다양한 경향성을 지닌 언론사들이 공존하고, 이로써 여론형성의 다양성이 보장되며, 개별 언론사 내부에서도 편집권과 경영권의 분리 등을 요청하고 있다. 해당 사건에서는 문제시된 소수 언론사들에 의한 여론독과점의 폐해가 불거지고, 그것이 다른 방법으로는 시정되지 않는 특수한 상황에서 언론소비자 내지 일단의 시민들이 해당 언론이 주어진 공적 책임을 다하지 못하고 있다고 판단하는 가운데 이에 대한 적극적인 항의의 표시로 직접 광고주들을 상대로 한 광고중단을 요구하는 불매운동이 전개되었으며, 재판부는 이에 대해 형법상 업무방해죄의 유죄를 선고하였다.

발제자가 깊이 고민한 부분은 사인과 사인간의 법적 분쟁이 문제시된 이 사건의 재판에서 법원이 과연 피고인 갑 등에게 헌법상 보장된 표현의 자유의 의미를 제대로 이해하고, 이를 판결에 반영했는지의 여부일 것이라고 짐작된다. 발제자는 해당 사안에서 피고인 갑 등이 광고주를 상대로 행한 압력행사의 방법이나 양태, 표현의 자유의 제한 법리로서의 '명백하고 현존하는 위험성' 내지 '급박한 사회적 해악성'의 유무 등을 전체적으로 고려하건대, 재판부가 피고인 갑 등이 가지는 헌법상 표현의 자유의 범위와 의미를 이 사건 판결에서 제대로 이해하고 반영하지 못했다고 판단하였다.

토론자는 발제자의 이러한 입장과 결론에 전적으로 동의한다. 즉 독일연방헌법재판소가 과거 Lüth판결에서 밝혔듯이, 재판부가 '기본권을 등불로 삼아서' 문제된 사안의 곳곳을 비추어 보았는지가 의문이다. 그러므로 위 법리에 따라서 향후 상급심, 특히 대법원이 적극적으로 시정적 역할과 기능을 다하기를 기대해 본다.

또한 추가되는 논거로 사인과 사인간의 기본권 충돌관계에서 적용되어야할 해결지침의 하나로서 '규범조화적 해석'과 함께 '최후수단의 억제의 방법'을 언급하고자 한다. 즉 헌법상 보장되는 기본권의 행사로 인한 행위결과에 대해 최후수단(ultima ratio)인 형법상의 형벌을 가하는 것은 표현의 자유의 '파급효과'를 제대로 인식하지 못한 판단일 수 있기 때문이다.

여론시장을 독과점한 소수언론이 국가권력의 감시·통제라고 하는 본연의 기능과 공적 책임을 다하지 못하고 있다고 판단하는 가운데, 언론기업이 이처럼 스스로 제4의 권력기관화 되어 버린 현실에서 이들 언론들에 대한 견제와 통제 또한 마땅히 요청된다. 즉 상업언론이자 스스로 권력기관화된 이들 언론사들 스스로가 광고주들에게 유무형의 압력을 가해 광고물량을 수주하고 있는 현실에서, 이들 언론사에 대한 항의의 표시로 광고주들에게 마찬가지로 광고중단의 압력을 가하는 것에 대해 형사처벌하는 것이 과연 표현의 자유를 보장하는 헌법적 정신에 부합하는지에 관한 의문을 제기하는 것으로 토론을 마친다.

제116회 발표회 지정토론문

소비자불매운동 규제의 헌법적 한계에 대한 비교법적 고찰

— 영미법을 중심으로 (발표자 : 박경신 교수) —

김 동 훈*

소비자불매운동에 형법상의 업무방해죄, 강요죄, 공갈죄 등이 적용될 수 없음을 비교헌법적 고찰을 통해 논증하신 발표 잘 들었습니다. 감사드립니다.

본 토론자 역시 발제문에 전체적으로 동의를 하는 편이라, 주로 발제에 대해 보충을 하는 입장에서 때로 새로운 관점을 제시해 보도록 하겠습니다.

1. 이 사건 소비자불매운동의 2단계 전개 과정

가. 이 사건은 그 전개과정에 따라 2단계로 나눌 수 있겠습니다.

1단계(2008년): 이른바 '조중동'의 광고주에 대해 광고를 중단하지 않으면 불매운동을 하겠다고 하면서 집단적인 전화걸기 등을 한 행위가 (위력에 의한) 업무방해죄로 유죄판결 받은 것(서울중앙 2008고단5024·5623, 서울중앙 2009노677)

2단계(2009년): 위 1심 판결이, 원칙적으로 2차 소비자불매운동도 허용되지만 집단적인 전화걸기와 같은 경우에는 업무방해죄에 해당할 수 있다고 판시함으로써, 피고인들이 그런 방식을 피하여 불매운동을 하는 과정에서 광고주를 만나 특정 행위를 하도록 한 것이 — ex. 조중동 아닌 신문에 대한 광고 게재토록 한 것 — 강요죄와 공갈죄로 유죄판결 받은 것(서울중앙 2009고단4470, 서울중앙 2009노3623)

나. 따라서, 2차 소비자불매운동과 관련해서는 형법상의 업무방해죄 및 강요죄, 공갈죄를 적용할 수 있을지가 문제되며, 발제문 또한 위 문제들을 모두 다루고 있습니다.

---

* 헌법재판소 헌법연구관.

2. 미국법상 2차 불매운동금지 법리의 유추적용 문제

가. 이 사건 초기에는 외국에서도 2차 소비자불매운동이 금지된다는 주장이 제기되었는바, 발제자께서는 그런 주장이 근거 없음을, 즉 미국의 공정거래법인 셔먼법이나 노사관계법인 태프트-하틀리법에서 규정하는 2차 불매운동 금지의 법리는 소비자의 2차 불매운동에 적용 혹은 유비될 수 없음을 지적하고 있습니다.

나. 서로 다른 영역을 규율하는 법리를 유추적용하기 위해서는 각 영역이 유추적용을 허용할 만한 공통점이 있어야 할 것인데, 이 사안에서는 그런 공통점보다는 차이점이 더욱 강하게 부각됩니다. 셔먼법이나 태프트-하틀리법에서 기업체(시장지배적 사업자)와 노동조합에 대해 2차 불매운동을 금지하는 이유는, 그런 행위가 우월한 지위에 있는 주체들에 의해 행해짐으로써 경쟁제한적인 효과를 발생시켜 시장질서가 위협받을 수 있기 때문인 것이므로, 그러한 염려가 없는 소비자의 2차 불매운동에 그 법리를 적용할 수는 없을 것입니다.

다. 결국 소비자의 2차 불매운동과 기업체·노동조합의 2차 불매운동은 단지 그 '방식'이 유사할 뿐 '본질'은 다른 것이므로, 후자의 법리가 전자에 적용될 수 없음은 명백하다고 하겠습니다.

3. 업무방해죄의 적용 문제

가. 발제자께서는, 위력에 의한 업무방해죄는 노동쟁의를 막기 위해 과거에 성립된 것으로서 이제 그 근거를 잃었으며, 가사 위력에 의한 업무방해죄를 인정한다 하더라도 쟁의행위에의 적용 문제를 다룬 최근 대법원 판결(대판 2011. 3. 17. 2007도482)의 법리에 따를 때 소비자불매운동을 업무방해죄로 처벌하는 것은 인정되기 어렵다고 지적합니다.

토론자 역시 소비자불매운동에 업무방해죄를 적용하는 것이 타당하지 않다는 점에 동의합니다만, 이하에서는 이를 약간 다른 관점에서 검토해 보고자 합니다.

나. 1차 소비자불매운동과 2차 소비자불매운동의 본질적 동일성

우선, 1차 소비자불매운동은 허용되며 그에 대해 업무방해죄를 적용할 수 없다는 점에 대해서는 별다른 이의가 없을 것입니다. 불매운동은 기업의 업무에 대한 일정한 방해를 당연히 예정하는 것이므로, 시민으로서 그리고 소비자로서 가지는 "권리" 혹은 "기본권"으로서의 불매운동을 하였다 하여 처벌받을 수는 없기 때문입니다. 다만, 불매운동의 방식이나 양태에 폭력이나 협박이 개재되었다면 그 행위 자체를 해당 범죄로 처벌할 수는 있음은 물론이겠으나, 이는 업무방해죄로의 처벌과는 다른 차원의 문제일 것입니다.

그런데, 위와 같이 '1차 불매운동은 허용되(어도 좋)지만, 2차 불매운동은 그렇지 않다'라는 주장이 있는바, 그 핵심은 다음 이유 때문이라고 생각됩니다: "불매운동의 목표와는 직접적 관련이 없는 제3자로서 자신이 책임질 수 없는 이유로 불이익을 받아서는 안 된다"(가칭 "죄없는 제3자론").

이때 2차 소비자불매운동의 대상 기업 — 이 사건의 조중동 광고주 — 이 죄없는 제3자인가 하는 점은 관점에 따라 판단이 달라질 수 있을 것입니다. 불매운동의 궁극적 목표는 신문사이지 광고주가 아니라는 점에서는 고래 싸움에 새우등 터진다는 격으로 광고주를 죄없는 제3자라고 볼 수도 있겠지만, 광고주들은 광고비로써 신문사를 금전적으로 지원하고 그 신문의 발행·판매를 통해 광고를 함으로써 결국 이익을 얻는 사업자이므로 온전한 제3자가 아니라고 볼 수도 있기 때문입니다.

이처럼 "죄없는 제3자론"에 대한 입장 혹은 가치판단은 갈릴 수 있는바, 결국 2차 소비자불매운동의 허용 문제는 1차 소비자불매운동의 허용 문제와 동일한 헌법적 문제상황을 제기한다고 생각됩니다: 소비자의 권리나 표현의 자유를 우선시할 것인가, 아니면 기업의 영업의 자유를 우선시할 것인가?

여기서 적어도 구미의 선진국들은 2차 소비자불매운동 역시 불매운동으로서 보호되는 영역 안에 있는 것이라는 결론을 내렸던 것입니다.

다. 표현의 자유로서의 소비자불매운동

이처럼 구미에서 소비자불매운동을 강하게 보호하는 이유는, 그것의 성격이 단순한 '경제적 불매운동'을 넘어 '표현의 자유'와도 관련되는 문제이기 때문일 것입니다.

"불매운동"이라는 용어는 "보이콧"(boycott)의 번역어인데, 사실 '불매운동'은 소비자, 구매행위 등의 연상작용을 일으킴으로써 사회적·정치적 이슈 해결을 위한 문제제기, 항의 혹은 의사 표현이라는 '보이콧'의 본질을 사상(捨象)시키기 쉽습니다.

보이콧의 유형과 성격은 다음과 같이 폭넓은 스펙트럼에 걸쳐 있습니다.

← 약	정치성의 강약		강 →
① 경제적 이익을 위한 불매운동 (ex.독점기업의 가격 인상에 대한 항의)	② 기업의 환경오염 물질 배출에 항의하기 위한 불매운동	③ 기업의 비도덕성 (ex. 아동 · 제3세계 노동자 착취)에 항의하기 위한 불매운동	④ 기업의 정치적 성격 (ex. 신문사의 정치적 편향성)에 항의하기 위한 불매운동

여기서 미국과 독일의 판례는 불매운동의 목적과 동기를 중요하게 고려하여 “정치적 불매운동”의 경우 표현의 자유의 문제로 취급하여 이를 강하게 보호합니다. 이 사건과 같은 경우에도 단순한 (경제적) 불매운동이 아니라 (정치적) 표현의 자유가 문제되는 사안이라고 할 수 있을 것입니다.

라. 표현의 자유와 영업의 자유라는 기본권의 충돌

2차 소비자불매운동에 의해 광고주가 광고를 취소하는 경우, 광고주는 의사결정의 자유와 영업의 자유를, 신문사는 영업의 자유와 재산권이 제한받게 됩니다. 이처럼 광고주와 신문사의 제한받는 이익과 불매운동자들의 표현의 자유가 충돌할 때, 이를 어떻게 법익형량할 것인가 하는 문제가 제기됩니다.

생각건대, 불매운동에는 필연적으로 불매운동 대상이 되는 측의 불이익—예컨대, 형법상의 업무방해 상황—이 수반되는데, 그것은 이미 헌법이 예상하여 수인을 명하고 있는 불이익이라고 할 수 있을 것입니다. 왜냐하면, 헌법은 표현의 자유라는 기본권의 우월성을 근거로 표현의 자유의 일환으로서의 불매운동이라고 하는 권리의 행사를 인정하고 있기 때문입니다.

마. 소비자불매운동의 한계

이처럼 정당한 소비자불매운동은 허용되지만, 그것이 헌법상 허용되는 한계를 넘었을 때에는 용인될 수 없으며, 민·형사상으로도 제재받을 수 있을 것입니다—다만, 이 경우에도 형법의 보충성상 형사처벌은 최소화되어야 할 것임—.

정당한 소비자불매운동인지의 판단은 그 목적과 동기, 수단과 양태에 의할 것인데, 그 수단이나 양태에 있어서는 적어도 물리력 혹은 폭력, 그리고 정신적 압박의 경우 폭력에 준하는 정도의 행위가 없어야 할 것입니다.

다만, 폭력이나 협박 등이 있을 경우 그에 대해서는 폭행죄나 협박죄 등으로 규율·처벌하면 되는 것이지 업무방해죄로 의율해서는 아니 될 것이며, 폭행죄나 협박죄 등을 적용함에 있어서도 당해 행위의 배경을 충분히 고려하여야 할 것입니다.

그렇지만 여전히 문제는 남아 있는데, 불매운동의 다종다기한 방식이나 수단 중 어떤 행위까지가 적법하고 정당한 것인가 판단하기 어렵다는 점일 것입니다. 예컨대, 시민들을 상대로 2차 소비자불매운동을 촉구하거나 권유·설득하는 행동은 허용된다고 할 수 있겠지만, 광고주에게 집단적인 전화걸기를 통해 업무를 마비시키는 행위까지 허용할 것인지는 애매하며, 광고주에 대한 압박이 어느 지점에 이르면 강요죄나 공갈죄의 협박으로 되는지도 애매한 것입니다.

4. 강요죄와 공갈죄의 적용 문제

가. 강요죄(형법 제324조)는 "폭행 또는 협박으로 사람의 권리행사를 방해하거나 의무 없는 일을 하게 한" 경우에 성립하며, 공갈죄(형법 제350조)는 "사람을 공갈하여 재물의 교부를 받거나 재산상의 이익을 취득한" 경우에 성립합니다.

우리 법원은 강요죄와 공갈죄의 수단으로서의 '협박'의 의미에 대해 "객관적으로 사람의 의사결정의 자유를 제한하거나 의사실행의 자유를 방해할 정도로 겁을 먹게 할 만한 해악을 고지하는 것"이고, 이때 공포심을 일으키게 하는 정도의 해악의 고지인지는 "그 행위 당사자 쌍방의 직무, 사회적 지위, 강요된 권리 의무에 관련된 상호관계 등 관련 사정을 고려하여 판단"하여야 한다고 합니다.

그에 따라 서울중앙지법 2009고단4470, 서울중앙지법 2009노3623 사건에서는 강요죄와 공갈죄를 적용하여 유죄판결한 바 있습니다.

나. 그런데, '불매운동을 실행하여 매출을 떨어뜨리겠다'라고 고지하는 것이 과연 의사실행의 자유를 방해할 정도로 공포심을 가지게 할 만한 해악을 고지한 것인지에 대해서는 의문이 생깁니다. 법원의 위 판시 내용에서 보듯이, 그것은 당사자 쌍방의 직무, 사회적 지위, 강요된 권리 의무에 관련된 상호관계 등 제반 사정을 고려하여 사회 일반인의 지위에서 판단되어야 하는 것이므로, 그런 측면에서 몇 가지 문제점을 지적하고자 합니다.

우선, 불매운동으로 매출을 떨어뜨릴 것이라는 해악의 고지는 비록 당해 기업의 사장이나 직원의 입장에서 볼 때 (주관적으로는) 공포심을 가질 만한 것일 수도 있겠지만, 다른 한편, 매출 부진은 기업 경영상 당연히 예정되어 있는 곤경일 뿐인 것이므로 불매운동에 의해 매출이 떨어지는 데 대해 공포심을 가진다는 것은 사회 일반인의 지위에서 볼 때 상식을 벗어난 것일 수도 있습니다.

또한, 불매운동에 굴복하여 그에 따를 것인지 아니면 불매운동을 무시하고 따르지 않을 것인지 나아가 반불매운동을 벌일 것인지는 기업경영의 차원에서 자율적으로 판단하고 결정할 사안인 것인지, 매출을 떨어뜨릴 것이라는 위협에 의해 의사결정과 실행의 자유가 방해된다는 것은 납득하기 어렵습니다.

한편, 위 사건에서 불매운동의 대상이 된 회사는 예컨대, 동네 슈퍼나 소규모 대중음식점이 아니라 상당한 조직과 인력을 갖춘 거대 기업인바, 그런 조직을 가진 기업의 경우 불매운동의 고지를 받고 공포심을 가질 대상 자체가 누구인지, 즉 무생물인 회사 자체인지, 회사의 사장인지, 영업담당 직원인지 불분명하며 — 위 사건에서는 홍보실 상무이사와 부장이었음 —, 가사 담당자가 공포심을 가졌다고 하더라도 사태의 본질인 기업 자체가 당하게 된 강요행위와 불이익과는 거리가 있는 일개 개인에 대해 강요죄나 공갈죄를 인정하는 것은 어딘가 부조화하는 측면이 있습니다.

다. 결국 정상적인 방법으로 이루어지는 소비자불매운동, 즉 “따르지 않으면 불매운동을 하여 매출을 떨어뜨리겠다”라고 하는 통상적인 불매운동으로서의 위협에 대해서는 강요죄와 공갈죄가 적용될 수 없으며, 다만 “따르지 않으면 사장을 해코지 하겠다”라고 하는 등 직접적인 위협의 고지에 이르는 것인 때 비로소 (불매운동의 허용 여부 문제와는 무관하게) 그런 행위 자체가 형법상 용납되지 않는 것으로 보는 것이 타당할 것입니다.

제116회 발표회 지정토론문

소비자불매운동 규제의 헌법적 한계에 대한 비교법적 고찰

— 영미법을 중심으로 (발표자 : 박경신 교수) —

김 주 환*

1. 소비자불매운동의 헌법적 근거와 보호영역

- 소비자불매운동 규제의 헌법적 한계를 논하기 위해서는 우선 소비자불매운동의 헌법적 근거가 무엇인지부터 해명할 필요가 있다. 발표자는 소비자불매운동을 헌법 제9장(경제)의 제124조("국가는 건전한 소비행위를 계도하고 생산품의 품질향상을 촉구하기 위한 소비자보호운동을 법률이 정하는 바에 의하여 보장한다.")에 의하여 보호되는 기본권으로 보고 있다. 그러나 이 규정이 보호하고 있는 것은 어디까지나 "생산품의 품질향상을 촉구하기 위한 소비자보호운동"이다. 따라서 생산품의 품질과 무관하게 생산자의 성차별적 의식이나 인종차별적 의식의 개선을 촉구하기 위한 불매운동은 헌법 제124조에 의해 보호되는 기본권이 아니라, 헌법 제21조 제1항(언론·출판·집회·결사의 자유) 등에 의해 보호되는 기본권이 될 것이다. 그렇다면 헌법 제124조의 기본권의 보호영역을 명확하게 해명해야 한다는 문제가 제기된다. 특히 '언소주' 사건을 고려해 보면 이와 같은 문제 해결의 필요성이 더욱 강조된다. 영미법과의 비교법적 관점에서 발표자는 이 문제를 어떻게 해결하고자 하는지 궁금하다.

2. 제한 가능성의 문제

- 발표자는 소비자불매운동에 대한 제한의 4가지 유형을 소개하고 있다. (1) 공정거래법의 담합금지규정에 의한 제한, (2) 위력에 의한 업무방해죄(형법

* 홍익대학교 법학과 부교수.

제311조) 규정에 의한 제한, (3) 협박죄, 강요죄, 공갈죄 등의 형법 규정에 의한 제한, (4) 공모공동정범 구성에 의한 제한 등이 있다. 발표자는 이와 같은 제한들이 처음부터 소비자불매운동에 적용될 수 없는 제한들이라고 주장하는 것 같다. 그러나 소비자불매운동의 보호영역을 헌법 제21조 제1항에 따라 넓게 이해한다면, 위 제한의 가능성이 처음부터 배제된다고 단언할 수는 없을 것이다. 즉, "소비자불매운동의 제한 = 위헌"이 아니라, 소비자불매운동도 제한될 수 있지만 그와 같은 제한이 헌법적으로 정당화될 수 있느냐의 문제가 남아 있다는 것이다. 이 점에 대해 발표자의 명확한 입장을 묻고 싶다.

3. 제한의 한계 문제

- 따라서 소비자불매운동과 관련, 중요한 것은 불매운동 제한의 헌법적 정당화 사유가 존재하는지 여부를 확인하는 것이다. 생각건대, 그것은 언론·출판·집회·결사의 자유 등에 대한 제한의 정당화 문제로 귀결될 것이다. 여기에서 제기되는 또 다른 문제는 일반적 법률에 의한 제한의 문제이다. 예컨대, 발표자가 언급하고 있는 (2)와 (3)의 제한은 전형적인 일반적 법률의 문제이다. 이 법률규정들은 불매운동 자체를 제한하기 위하여 제정된 것이 아니라, 다른 법익을 일반적으로 보호하기 위하여 제정된 것들이다. 따라서 이 규정들을 불매운동 중에서도 특정 사건(예: 언소주 사건)에 맞춰 폐지나 개정되어야 한다고 주장한다면, 이 규정들은 보호규범으로서 본래의 법익 보호 기능을 수행할 수 없게 된다. 그와 같이 개정된 법률규정들은 더 이상 일반적 법률이 아니라, 불매운동에 특수한 유보법률이 될 것이다. 이것은 기본권합치적 해석을 통한 적용위헌 선고의 방법으로 과잉제한의 문제가 해결되어야 함을 의미한다. 이 문제에 대한 발표자의 생각을 듣고 싶다.

第117회(2012. 3. 15.) 발표문

법률에 대한 위헌심사의 기준, 도구(방법), 척도

— 헌재 2010. 9. 2. 2010헌마418 결정에 대한 비판적 고찰 —

김 현 철*

Ⅰ. 들어가는 말

헌법재판소는 2010. 9. 2. 선고한 2010헌마418[1] 사건에서, "지방자치단체의 장이 금고 이상의 형의 선고를 받은 경우 부단체장으로 하여금 그 권한을 대행하도록 한" 지방자치법(2007. 5. 11. 법률 제8423호로 전부 개정된 것) 제111조 제1항 제3호에 대하여 헌법불합치 및 입법자에 대하여 2011. 12. 31.까지 개선입법을 명하는 결정을 선고하였다.[2] 주지하는 바와 같이 이 결정은 헌법재판소가 2005. 5. 26. 선고한 2002헌마699등[3] 사건에서, 위 지방자치법 조항과 같은 내용의 구 지방자치법(2002. 3. 25. 법률 제6669호로 개정된 것) 제101조의2 제1항 제3호에 대하여 합헌결정한 판례를 변경한 것이다.

위 2002헌마699등 결정(이하 "선례"라고 한다)과 이 글의 평석대상인 2010헌마418 결정(이하 "평석대상결정"이라고 한다)은 주문이 바뀌었을 뿐만 아니라 위헌여부를 판단하는 논증구조에서도 차이를 보이고 있다. 이러한 차이를 이 글의 주제와 관련하여 간단히 요약하면, 선례에서는 심판대상조항의 이른바 "권한대행제도"가 위헌인지 여부를 심사하면서 「첫째, 공무담임권 침해여부, 둘째, 무죄추정원칙 위반여부, 셋째, 평등원칙 위반여부」로 나누어 판단한 반면에,[4] 평석대상결정은 심판대상조항

* 전남대학교 법학전문대학원 부교수.

1) 판례집 22-2상, 526 이하.

2) 이 결정 후 입법자는 2011. 5. 30. 법률 제10739호로 동 조항호를 삭제하였다. [법제처홈페이지 국가법령정보센터 검색 참조]

3) 판례집 17-1, 734 이하.

4) 이러한 논증구조는 재판관 4인의 합헌의견뿐만 아니라 재판관 4인의 위헌의견도 마찬가지이다(다만, 후자는 평등원칙 위반여부에 대하여는 판단하지 않음). 그 밖에 재판관 1인의 (합헌)별개의견은, 지방자치단체장의 직무수행권은 공무담임권의 보호범위에 포함되지 않고 따라서 이 사건 권한대행규정은 기본권 침해가 없어서 헌법에 위반되지 않는다는 것이다.(판례집 17-1, 752-753)

으로 인하여 제한되는 기본권으로 공무담임권과 평등권을 지적하고, 「먼저 공무담임권 침해여부를 판단함에 있어 첫째, 무죄추정의 원칙 위반여부, 둘째, 과잉금지원칙 위반여부로 나누어 살피고, 이어서 평등권 침해여부」를 판단하였다.[5)]

여기에서 크게 두 가지 의문점이 제기된다. 즉, ① 무죄추정원칙의 법적 성격이 무엇인지 하는 점과, ② 무죄추정원칙이 법률에 대한 위헌심사에서 가지는 의미와 기능이 무엇인지 하는 점이다. 후자는 전자의 결론에 따라 필연적으로 달라지게 된다. 전자(①)의 경우 무죄추정원칙이 헌법상의 원칙(원리)인가 아니면 개인에게 주어진 주관적 공권인가 하는 점이 문제된다. 또한, 후자(②)는 무죄추정원칙을 헌법원칙으로 보는 경우 독자적인 위헌심사기준인가 아니면 과잉금지원칙과 같이 (공무담임권 등의) 기본권침해 여부를 판단하는 도구 내지 방법인가, 그리고 기본권으로 보는 경우 그 침해여부를 판단하는 구체적인 심사도구 내지 방법은 무엇인가 하는 점이 문제된다.

선례와 평석대상결정, 그리고 후속판례에서 헌법재판소는 일관된 입장을 보이지 않고 있다고 판단된다. 이 글은 이와 같은 의문에서 시작하여 헌법재판소가 법률에 대한 위헌심사에서 사용하고 있는 여러 가지 용어, 예컨대 심사기준, 심사도구(방법), 심사척도(규율밀도) 등의 용어를 새롭게 정리해 보고(Ⅱ.), 평석대상결정의 논증구조를 헌법재판소의 이전 판례들 및 후속 판례들과의 비교를 통해 비판적으로 검토한 후에(Ⅲ.), 필자의 대안을 제시하면서 글을 맺기로(Ⅳ.) 한다.

Ⅱ. 법률에 대한 위헌심사의 기준에 관한 용어의 정리

1. 위헌심사의 기준

가. 기본권과 헌법원칙

위헌법률심판절차는 법원에 계속된 구체적 사건에서 적용될 법률이나 법률조

5) 다만 재판관 1인의 헌법불합치의견은, 심판대상조항은 "선거로 선출된 공무원의 공무담임권을 행사하지 못하게 하는 것은 주권행사의 결과와 선거의 효과로 취득한 구체적 기본권인 공무담임권을 제한하는 것이고, 또한 자치단체장이 금고 이상의 형을 선고받기만 하면 그 형이 확정되기 전에도 공무담임권을 행사하지 못하도록 규정하고 있으므로, 헌법 제27조 제4항에 의하여 보장되는 형사피고인의 무죄추정권을 제한한다. 이처럼 이 사건 법률조항은 주권행사인 선거의 효과와 선출된 공무원의 공무담임권과 형사피고인의 무죄추정권을 아울러 제한하기 때문에, 이 사건 법률조항이 헌법적으로 정당화되려면 이러한 기본권을 제한하기 위한 요건(헌법 제37조 제2항의 요건)을 갖추어야 한다"(밑줄은 필자가 그었음. 이하 같음)고 함으로써(판례집 22-2상, 526, 548), '무죄추정권'이라는 기본권을 인정하고 공무담임권과 무죄추정권의 침해여부를 판단하기 위하여 과잉금지원칙을 적용하고 있다.

항이 헌법에 위반되는지의 여부가 문제되는 객관소송의 일종이므로(헌법 제107조 제1항, 헌법재판소법 제41조 제1항 참조), 헌법의 모든 규정이 법률의 합헌성 심사에 기준이 될 수 있다. 즉, 당해소송의 당사자들에게 주관적 공권으로서의 기본권을 보장하는 헌법규정에 그 심사기준이 국한되지 아니한다. 이와 같은 심사기준은 헌법재판소법 제68조 제2항의 헌법소원 및 동법 제68조 제1항에 따른 법률소원의 경우에도 마찬가지라고 보아야 할 것이다.[6)]

그리고 여기서 말하는 "헌법"은 원칙적으로 형식적 의미의 헌법전을 말한다. 그렇다고 여기서 말하는 "헌법"이 헌법전에 포함된 개별 규정들의 단순한 총합만을 의미하는 것은 아니며, 개별 규정들의 근저에 가로놓여 있는 헌법의 원칙들이나 근본적 결단들을 포함하는 개념이다. 예컨대 "수신료의 금액은 이사회가 심의·결정하고, 공사가 공보처장관의 승인을 얻어 이를 부과·징수한다"고 규정한 한국방송공사법 제36조 제1항이 법률유보(의회유보원칙)에 어긋나는 것이어서, 헌법 제37조 제2항과 '법치주의원리' 및 '민주주의원리'에 위반된다고 한 사례[7)]가 있다.[8)] 헌법재판소는 "일반적으로 헌법상 명문규정뿐만 아니라 각 명문규정들에 대한 종합적 검토 및 구체적인 논증 등을 통하여 도출될 수 있는 확립된 헌법원칙의 경우도 위헌법률심판의 심사기준이 될 수 있다"고 하였다.[9)]

요약하면 법률에 대한 위헌심사의 기준은 '헌법의 기본권규정'과 '헌법상의 확립된 헌법원칙'이다. 그리고, 헌법의 기본권규정은 헌법에 명문으로 규정된 기본권조항뿐만 아니라 헌법 제37조 제1항이 "국민의 자유와 권리는 헌법에 열거되지 아니한 이유로 경시되지 아니한다"고 규정하고 있으므로 헌법에 열거되지 아니하였어도 기본권으로 인정될 수 있는 것은 위헌심사의 기준이 된다.

나. 헌법상 열거되지 아니한 기본권

이와 같이 헌법 제37조 제1항에 터잡아 헌법에 열거되지는 아니하였으나 헌법재판소가 기본권성을 인정한 것으로는 대표적으로 개인정보자기결정권,[10)] 성적자기결정권,[11)] 흡연권,[12)] 혐연권,[13)] 부모의 자녀교육권,[14)] 사립학교 운영의 자

6) 김현철, 판례헌법소송법, 전남대학교출판부, 2011, 162면.

7) 헌재 1999. 5. 27. 98헌바70, 판례집 11-1, 633, 646.

8) 헌법재판소, 헌법재판실무제요, 2008, 144면.

9) 헌재 2003. 12. 18. 2002헌마593, 판례집 15-2하, 637, 646·647.

10) "개인정보자기결정권은 자신에 관한 정보가 언제 누구에게 어느 범위까지 알려지고 또 이용되도록 할 것인지를 그 정보주체가 스스로 결정할 수 있는 권리로서, 헌법 제10조 제1문에서 도출되는 일반적 인격권 및 헌법 제17조의 사생활의 비밀과 자유에 의하여 보장된다." [헌재 2005. 7. 21. 2003헌마282등, 판례집 17-2, 81, 90; 헌재 2010. 5. 27. 2008헌마663, 공보 164, 1934, 1039]

유,[15] 일반적 인격권,[16] 일반적 행동자유권,[17] 개성의 자유로운 발현권,[18] 알 권리,[19] 소비자의 권리,[20] 휴식권,[21] 영토권,[22] 교수의 국립대학총장 후보자 선출권[23] 등이 있다.[24]

---

11) "헌법 제10조에서 보장하는 행복추구권, 헌법 제17조에서 보장하는 사생활의 비밀과 자유는 타인의 간섭을 받지 아니하고 누구나 자기운명을 스스로 결정할 수 있는 권리를 전제로 하는 것이다. 이러한 권리내용 중에 성적자기결정권이 포함되는 것은 물론이다." [헌재 1990. 9. 10. 89헌마82 (형법 제241조 간통죄), 판례집 2, 306, 310; 헌재 1997. 7. 16. 95헌가6등 (민법 제809조 제1항 동성동본금혼), 판례집 9-2, 1, 16-17; 헌재 2001. 10. 25. 2000헌바60 (형법 제241조 간통죄), 판례집 13-2, 480, 485 등 참조]

12) "흡연자들이 자유롭게 흡연할 권리를 흡연권이라고 한다면, 이러한 흡연권은 인간의 존엄과 행복추구권을 규정한 헌법 제10조와 사생활의 자유를 규정한 헌법 제17조에 의하여 뒷받침된다." [헌재 2004. 8. 26. 2003헌마457, 판례집 16-2상, 355, 360]

13) "흡연자들의 흡연권이 인정되듯이, 비흡연자들에게도 흡연을 하지 아니할 권리 내지 흡연으로부터 자유로울 권리가 인정된다(이하 이를 '혐연권'이라고 한다). 혐연권은 흡연권과 마찬가지로 헌법 제17조, 헌법 제10조에서 그 헌법적 근거를 찾을 수 있다. 나아가 흡연이 흡연자는 물론 간접흡연에 노출되는 비흡연자들의 건강과 생명도 위협한다는 면에서 혐연권은 헌법이 보장하는 건강권과 생명권에 기하여서도 인정된다." [헌재 2004. 8. 26. 2003헌마457, 판례집 16-2상, 355, 361]

14) "가족생활을 구성하는 핵심적 내용 중의 하나가 바로 자녀의 양육과 교육이고, 이는 일차적으로 부모의 천부적인 권리인 동시에 부모에게 부과된 의무이기도 하므로, '부모의 자녀에 대한 교육권'은 비록 헌법에 명문으로 규정되어 있지 않지만, 모든 인간이 국적과 관계없이 누리는 양도할 수 없는 불가침의 인권으로서 혼인과 가족생활을 보장하는 헌법 제36조 제1항, 행복추구권을 보장하는 헌법 제10조에서 나오는 중요한 기본권이 된다." [헌재 2000. 4. 27. 98헌가16, 판례집 12-1, 427, 445-451]

15) "사립학교법 제1조는 사립학교의 특수성에 비추어 그 자주성을 확보하고 공공성을 앙양함으로써 사립학교의 선전한 발달을 도모함을 목적으로 한다고 규정하고 있고, 사립학교가 공공의 이익을 위한 재산출연을 통하여 정부의 공교육 실시를 위한 재정적 투자능력의 한계를 자발적으로 보완해 주는 역할을 담당하면서도 그 설립자의 특별한 설립이념을 구현하거나 독자적인 교육방침에 따라 개성 있는 교육을 실시한다는 면에서 사립학교는 헌법 제10조, 제31조 제1항, 제31조 제4항에서 도출되는 사립학교 운영의 자유라는 기본권을 가지고 있다." [헌재 2001. 1. 18. 99헌바63 (학교법인 의무부담시 관할청의 허가), 판례집 13-1, 60, 68; 헌재 2009. 4. 30. 2005헌바101 (사립학교 임시이사 선임기간), 공보 151, 826, 829-830]

16) 헌재 1991. 9. 16. 89헌마165 (정기간행물의등록등에관한법률), 판례집 3, 518, 527; 헌재 2001. 7. 19. 2000헌마546 (유치장내 화장실설치 및 관리행위), 판례집 13-2, 103, 109.

17) 헌재 1992. 4. 14. 90헌바23 (국가보안법 제2조 제2항), 판례집 4, 162, 171; 헌재 1993. 5. 13. 92헌마80 (체육시설의설치·이용에관한법률시행규칙 제5조), 판례집 5-1, 365, 384.

18) 헌재 1991. 6. 3. 89헌마204 (화재로인한재해보상과보험가입에관한법률), 판례집 3, 268, 275-276.

19) 헌재 1989. 9. 4. 88헌마22 (임야조사부열람신청), 판례집 1, 176, 188-189; 헌재 1991. 5. 13. 90헌마133 (기록등사신청), 판례집 3, 234, 245-246.

20) 헌재 1996. 12. 26. 96헌가18 (自道燒酒구입명령제), 판례집 8-2, 680, 691.

21) 헌재 2001. 9. 27. 2000헌마159 (사법시험 일요일시행), 판례집 13-2, 353, 362.

22) 헌재 2001. 3. 21. 99헌마139등, 판례집 13-1, 676, 694-695.

23) 헌재 2006. 4. 27. 2005헌마1047등, 판례집 18-1상, 601, 613.

24) 이와 같이 헌법재판소가 인정하고 있는 "헌법에 열거되지 아니한" 기본권의 헌법적 근거에 대하여는 논란이 있다. 자세한 내용은 한상희, "헌법에 열거되지 아니한 권리", 공법연구 제27집 제2호, 1999. 6, 183면 이하; 또한 이덕연, "유치장내 화장실 설치 및 관리행위 위헌확인, 판례평

한편, 이러한 헌법에 열거되지 아니한 권리의 기본권성을 인정하기 위하여는, 즉 오늘날 제창되고 있는 다양한 이익과 가치의 실현 확보의 요구가 법적 권리 내지는 기본권으로 인정되기 위해서는 그것이 첫째, 인간으로서의 삶에 기본적으로 중요한 권리로서 인정되어야 하며(기본성·중요성), 둘째, 역사적으로 미루어 볼 때 국민정서상 그 정당성을 인정받을 수 있어야 하고(정당성), 셋째, 일부 계층에 국한된 자유와 권리가 아니어야 하며(보편성), 넷째, 주장하고자 하는 바가 모호하여서는 아니되고(내용의 명확성), 다섯째, 타인의 기본권을 침해할 우려가 없거나(내재적 한계) 또는 침해의 우려가 있더라도 공공성이나 공공복리 기타 이론으로 극복이 가능한(기본권제한이론) 것이어야 한다는 주장이 있다.[25]

다. 헌법원칙

법률에 대한 위헌심사기준이 될 수 있는 헌법원칙이란 위에서도 본 바와 같이 "일반적으로 헌법상 명문규정뿐만 아니라 각 명문규정들에 대한 종합적 검토 및 구체적인 논증 등을 통하여 도출될 수 있는 확립된 헌법원칙"이라고 할 수 있다.[26] 이러한 헌법원칙은 그 자체로 법률에 대한 독자적인 위헌심사기준이라는데 그 의미가 있다. 그동안 헌법재판소가 독자적인 위헌심사기준으로 사용한 헌법원칙으로는 다음과 같은 것이 있다.

(1) 법률유보(의회유보)원칙

헌법은 법치주의를 그 기본원리의 하나로 하고 있고, 법치주의는 법률유보원칙, 즉 행정작용에는 국회가 제정한 형식적 법률의 근거가 요청된다는 원칙을 그 핵심적 내용으로 하고 있다. 나아가 오늘날의 법률유보원칙은 단순히 행정작용이 법률에 근거를 두기만 하면 충분한 것이 아니라, 국가공동체와 그 구성원에게 기본적이고도 중요한 의미를 갖는 영역, 특히 국민의 기본권 실현에 관련된 영역에 있어서는 행정에 맡길 것이 아니라 국민의 대표자인 입법자 스스로 그 본질적 사항에 대하여 결정하여야 한다는 요구, 즉 "의회유보"원칙까지 내포하는 것으로 이해되고 있다.[27]

석(헌법재판소 2001. 7. 19. 결정, 2000헌마546 사건)", 법률신문, 2001. 10. 8.자, 15면 참조.

25) 이에 관하여는 박운희, "헌법에 열거되지 아니한 자유와 권리", 인권과정의 제227호, 1995. 7, 57-61면(특히 59면)에서 소개하고 있다.

26) 헌재 2003. 12. 18. 2002헌마593, 판례집 15-2하, 637, 646·647.

27) 헌재 1999. 5. 27. 98헌바70, 판례집 11-1, 633, 644 ; 헌재 2009. 2. 26. 2008헌마370, 공보 149, 514, 521-522. 기타 법률유보를 심사기준으로 적용한 사례로는 헌재 2004. 3. 25. 2001헌마882, 판례집 16-1, 441, 454; 헌재 2005. 2. 24. 2003헌마289, 판례집 17-1, 261, 269; 헌재 2009. 10. 29. 2007헌바63, 공보 157, 1915, 1919; 헌재 2010. 10. 28. 2008헌마638, 공보 169, 1927, 1935 등 참조.

(2) 명확성원칙

헌법 제12조 및 제13조를 통하여 보장되는 죄형법정주의 원칙은 범죄와 형벌이 법률로 정하여져야 함을 의미하며, 이러한 죄형법정주의에서 파생되는 명확성원칙은 법률이 처벌하고자 하는 행위가 무엇이며 그에 대한 형벌이 어떠한 것인지를 누구나 예견할 수 있고, 그에 따라 자신의 행위를 결정할 수 있도록 구성요건을 명확하게 규정해야 하는 것을 의미한다. 그러나 처벌법규의 구성요건이 명확하여야 한다고 하여 모든 구성요건을 단순한 서술적 개념으로 규정하여야 하는 것은 아니고, 다소 광범위하여 법관의 보충적인 해석을 필요로 하는 개념을 사용하였다고 하더라도 건전한 상식과 통상적인 법감정을 가진 사람이 통상의 해석방법에 의하여 당해 처벌법규의 보호법익과 금지된 행위 및 처벌의 종류와 정도를 알 수 있도록 규정하였다면 헌법이 요구하는 처벌법규의 명확성에 배치되는 것이 아니다. 그렇지 않으면 처벌법규의 구성요건이 지나치게 구체적이고 정형적이 되어 부단히 변화하는 다양한 생활관계를 제대로 규율할 수 없게 될 것이기 때문이다.[28] 한편, 죄형법정주의가 지배되는 형사 관련 법률에서는 명확성의 정도가 강화되어 더 엄격한 기준이 적용되지만, 일반적인 법률에서는 명확성의 정도가 그리 강하게 요구되지 않기 때문에 상대적으로 완화된 기준이 적용된다. 나아가, 일반적이거나 불확정한 개념이 사용된 경우에도 당해 법률의 입법목적과 당해 법률의 다른 규정들을 원용하거나 다른 규정과의 상호관계를 고려하여 합리적인 해석이 가능한지 어부에 따라 명확성 여부가 가려진다.[29]

(3) 포괄위임(입법)금지원칙

포괄위임금지원칙은 법률이 기본권제한 사항에 관하여 하위법규에 위임할 경우에는 법률에 미리 하위법규에 규정될 내용 및 범위의 기본사항을 구체적으로 규정하여 둠으로써, 행정권에 의한 자의적인 법률의 해석과 집행을 방지하고 의회입법과 법치주의의 원칙을 달성하고자 하는 원칙이다. 그러므로 헌법 제75조의 '구체적으로 범위를 정하여'라 함은 법률에 대통령령 등 하위법규에 규정될 내용 및 범위의 기본사항을 가능한 한 구체적이고도 명확하게 규정함으로써 누구라도 당해 법률 그 자체로부터 대통령령 등에 규정될 내용의 대강을 예측할 수 있어야 함을 의미한다. 다만, 그 예측가능성의 유무는 당해 특정조항 하나만을 가지고 판단할 것은 아니고 관련 법조항 전체를 유기적·체계적으로 종합 판단하여야 하며, 각 대상법률의 성질에 따라 구체적·개별적으로 검토하여야 한다.[30]

28) 헌재 2004. 11. 25. 2004헌바35, 공보 99, 1295, 1298.

29) 헌재 2001. 6. 28. 99헌바34, 판례집 13-1, 1255, 1264-1265.

(4) 영장주의

영장주의란 형사절차와 관련하여 체포·구속·압수 등의 강제처분을 함에 있어서는 사법권 독립에 의하여 그 신분이 보장되는 법관이 발부한 영장에 의하지 않으면 아니된다는 원칙이고, 따라서 영장주의의 본질은 신체의 자유를 침해하는 강제처분을 함에 있어서는 중립적인 법관이 구체적 판단을 거쳐 발부한 영장에 의하여야만 한다는 데에 있다.[31] 검사가 신청하여 법관이 영장을 발부할 수 있도록 한 헌법 제12조 제3항은 수사단계의 영장주의 근거이고, 공판단계에서는 검사의 신청이 영장발부에 필요치 않고 법원이 직권으로 영장을 발부할 수 있는데 이의 근거는 헌법 제12조 제1항이다.[32] 헌법재판소는 "영장주의는 신체에 물리적 강제력을 행사하는 '직접강제'의 경우에만 적용되고(물리적 강제설), 형벌에 의한 불이익을 부과함으로써 심리적·간접적으로 강제하는 경우(심리적 강제설)에는 영장주의가 적용되지 않는다"는 입장이다. 수사절차에서 발생하는 의무부담 또는 기본권제한의 경우 그 범위가 광범위하여 명확한 기준을 제시해 준다고 볼 수 없고, 모든 의무부담 또는 기본권제한을 법관이 발부한 영장에 의하도록 하는 것이 가능하지도 않기 때문이라는 것이다.[33] 따라서 음주측정[34]과 지문채취,[35] 그리고 소변채취[36]에는 영장주의가 적용되지 아니한다. 그런데 소위 "BBK 사건"에서 헌법재판소의 다수의견(5인)은, 형벌(벌금 1,000만원)이라는 사후제재에 의하여 동행명령을 강제하는 것에 대해 영장주의에 위배된다고 판시하였다.[37] 그러나 헌법재판소법

---

30) 헌재 2009. 3. 26. 2007헌마1327, 공보 150, 763, 768. 기타 포괄위임금지원칙을 위헌심사기준으로 적용한 사례는 헌재 1991. 7. 8. 91헌가4, 판례집 3, 336, 341; 헌재 1993. 5. 13. 92헌마80, 판례집 5-1, 365, 379-380; 헌재 1996. 8. 29. 95헌바36, 판례집 8-2, 90, 99; 헌재 1999. 1. 28. 97헌바90, 판례집 11-1, 19, 28-29; 헌재 2004. 8. 26. 2004헌바14, 판례집 16-2상, 306, 314; 헌재 2007. 4. 26. 2004헌가29등, 판례집 19-1, 349, 365-366; 헌재 2008. 7. 31. 2005헌마667등, 공보 142, 1113, 1118; 헌재 2009. 5. 28. 2007헌가18, 공보 152, 1040, 1043; 헌재 2010. 10. 28. 2008헌마408, 공보 169, 1897, 1905; 헌재 2011. 11. 24. 2010헌바45, 공보 182, 1796, 1799; 헌재 2011. 11. 24, 2011헌바18, 공보 182, 1848, 1853 등 다수임.

31) 헌재 1997. 3. 27. 96헌바28등, 판례집 9-1, 313, 320.

32) 헌재 1997. 3. 27. 96헌바28등, 판례집 9-1, 313, 321.

33) 헌재 2004. 9. 23. 2002헌가17등, 판례집 16-2상, 379, 388.

34) 헌재 1997. 3. 27. 96헌가11, 판례집 9-1, 245 이하.

35) 헌재 2004. 9. 23. 2002헌가17등, 판례집 16-2상, 379 이하.

36) 헌재 2006. 7. 27. 2005헌마277. 이 결정에서 헌법재판소는, 구 행형법 제17조의2에서 교도관이 수용자의 신체검사를 하면서 소변채취를 요구하는 경우 영장주의가 적용되는지에 대하여, "영장주의란 '법관이 발부한 영장에 의하지 아니하고는 수사에 필요한 강제처분을 하지 못한다'는 의미인바, 이 사건에서 문제된 소변채취는 수사에 필요한 처분이 아니고 대상자의 협력이 필수적이라는 점에서 강제처분이 아니기 때문에 영장주의가 적용되지 아니한다"고 판시하였다.(판례집 18-2, 280, 287)

37) 헌재 2008. 1. 10. 2007헌마1468. 이 결정에서 동행명령조항에 대하여 재판관 8인이 위헌의견을

제23조 제2호 소정의 판례변경을 위한 정족수(재판관 6인이상)를 충족하지 못하였기 때문에, 영장주의의 적용범위에 관한 선례의 입장(물리적 강제설)은 여전히 유효하다고 할 것이다.[38)]

(5) 이중처벌금지원칙

헌법 제13조 제1항은 "모든 국민은 … 동일한 범죄에 대하여 거듭 처벌받지 아니한다"고 하여 이른바 '이중처벌금지의 원칙'을 규정하고 있는바, 이 원칙은 한번 판결이 확정되면 동일한 사건에 대해서는 다시 심판할 수 없다는 '일사부재리의 원칙'이 국가형벌권의 기속원리로 헌법상 선언된 것으로서, 동일한 범죄행위에 대하여 국가가 형벌권을 거듭 행사할 수 없도록 함으로써 국민의 기본권 특히 신체의 자유를 보장하기 위한 것이라고 할 수 있다. 이러한 점에서 헌법 제13조 제1항에서 말하는 '처벌'은 원칙적으로 범죄에 대한 국가의 형벌권 실행으로서의 과벌을 의미하는 것이고, 국가가 행하는 일체의 제재나 불이익처분을 모두 그 '처벌'에 포함시킬 수는 없다.[39)] 또한 이중처벌금지의 원칙은 처벌 또는 제재가 '동일한 행위'를 대상으로 행해질 때에 적용될 수 있는 것이고, 그 대상이 동일한 행위인지의 여부는 기본적 사실관계가 동일한지 여부에 의하여 가려야 한다.[40)]

(6) 의사표현에 대한 사전검열금지원칙

헌법 제21조 제2항은 언론·출판에 대한 허가나 검열은 인정되지 아니한다고 규정하고 있는바, 여기서 말하는 검열은 그 명칭이나 형식과 관계없이 실질적으로 행정권이 주체가 되어 사상이나 의견 등이 발표되기 이전에 예방적 조치로서 그 내용[41)]을 심사·선별하여 발표를 사전에 억제하는, 즉 허가받지 아니한 것의 발표를 금지하는 제도를 뜻하고 이러한 사전검열은 원칙적으로 법률에 의하더라도 불가능하다. 그러나 한편, 이러한 사전검열금지원칙은 모든 형태의 사전적 규제를 금지하는 것은 아니고, 의사표현의 발표여부가 오로지 행정권의 허가에 달려 있는 사전심사만을 금지하는데, 우리 재판소는 일반적으로 "① 허가를 받기 위한 표현물 제출의무의 존재, ② 행정권이 주체가 된 사전심사절차의 존재, ③ 허가를 받

냈는데, 과잉금지원칙 위반과는 달리 영장주의 위반에 대하여는 재판관 5명만이 참여하였다.

38) 여운국, "한나라당 대통령후보 이명박의 주가조작 등 범죄혐의의 진상규명을 위한 특별검사의 임명 등에 관한 법률 위헌확인", 헌법재판소결정해설집(2008년), 헌법재판소, 2009, 39면 참조.

39) 헌재 1994. 6. 30. 92헌바38, 판례집 6-1, 619, 627; 헌재 2002. 7. 18. 2000헌바57, 판례집 14-2, 1, 18.

40) 헌재 2011. 10. 25. 2009헌바140, 공보 181, 1560, 1564.

41) 헌재 1998. 2. 27. 96헌바2 : "옥외광고물등관리법 제3조는 일정한 지역·장소 및 물건에 광고물 또는 게시시설을 표시하거나 설치하는 경우에 그 광고물 등의 종류·모양·크기·색깔, 표시 또는 설치의 방법 및 기간 등을 규제하고 있을 뿐, 광고물 등의 내용을 심사·선별하여 광고물을 사전에 통제하려는 제도가 아님은 명백하므로, 헌법 제21조 제2항이 정하는 사전허가·검열에 해당되지 아니한다."(판례집 10-1, 118, 126)

지 아니한 의사표현의 금지 및 ④ 심사절차를 관철할 수 있는 강제수단의 존재"의 요건을 갖춘 사전심사절차의 경우에만 금지되는 것이라고 판시하여,[42] 절대적 사전검열금지원칙을 제한적으로 적용해 왔다.[43]

(7) 집회에 대한 허가금지

헌법 제21조 제2항은 "언론·출판에 대한 허가나 검열과 집회·결사에 대한 허가는 인정되지 아니한다"고 규정함으로써 헌법 자체에서 언론·출판에 대한 허가나 검열의 금지와 더불어 집회에 대한 허가금지를 명시함으로써, 집회의 자유에 있어서는 다른 기본권 조항들과는 달리, '허가'의 방식에 의한 제한을 허용하지 않겠다는 헌법적 결단을 분명히 하고 있다. … 위 헌법규정에서 금지하고 있는 '허가'는 행정권이 주체가 되어 집회 이전에 예방적 조치로서 집회의 내용·시간·장소 등을 사전심사하여 일반적인 집회금지를 특정한 경우에 해제함으로써 집회를 할 수 있게 하는 제도, 즉 허가를 받지 아니한 집회를 금지하는 제도를 의미한다. 그러므로 위 헌법규정에서 금지하고 있는 '허가'제는 집회의 자유에 대한 일반적 금지가 원칙이고 예외적으로 행정권의 허가가 있을 때에만 이를 허용한다는 점에서, 집회의 자유가 원칙이고 금지가 예외인 집회에 대한 신고제[44]와는 집회의 자유에 대한 이해와 접근방법의 출발점을 달리 하고 있는 것이다.[45] 따라서 집회에 대한 '허가'를 금지하고 있는 위 헌법규정 속에 담겨져 있는 국민들의 가치적 합의는, 집회의 자유가 행정권의 사전판단에 따라 그 허용여부가 결정되는 이상 그것은 언론출판의 자유에 있어서 허가나 검열과 같은 것이므로, 비록 그 허용여부가 행정권의 기속재량[46]이라고 하더라도 이를 헌법자체에서 직접 금지하겠다는 헌법적 결단의 표현인 것이다.[47]

(8) 적법절차원칙

헌법 제12조 제1항은 "법률과 적법한 절차에 의하지 아니하고는 처벌·보안처

42) 헌재 1996. 10. 4. 93헌가13등, 판례집 8-2, 212, 223; 헌재 2005. 2. 3. 2004헌가8, 판례집 17-1, 51, 59.

43) 헌재 2010. 7. 29. 2006헌바75, 공보 166, 1366, 1373.

44) 집회의 사전신고제를 규정한 '집회 및 시위에 관한 법률' 제6조 제1항에 대하여 헌법재판소는 2009. 5. 28. 2007헌바22 사건에서 합헌결정을 한 바 있다. : "집시법 전체의 규정 체제에서 보면 법은 일정한 신고절차만 밟으면 일반적·원칙적으로 옥회집회 및 시위를 할 수 있도록 보장하고 있으므로, 집회에 대한 사전신고제도는 헌법 제21조 제2항의 사전허가금지에 반하지 않는다."(판례집 21-1하, 578, 590)

45) 이러한 사전신고는 경찰관청 등 행정관청으로 하여금 집회의 순조로운 개최와 공공의 안전보호를 위하여 필요한 준비를 할 수 있는 시간적 여유를 주기 위한 것으로서, 협력의무로서의 신고라고 할 것이다.(헌재 2009. 5. 28. 2007헌바22, 판례집 21-1하, 578, 589-590)

46) 이 단서규정에 따른 야간옥외집회의 허용여부는 헌법이념 및 조리상 관할 경찰관서장의 편의재량사항이 아니고 기속재량사항이라고 해석된다.(헌재 1994. 4. 28. 91헌바14, 판례집 6-1, 281, 301)

47) 헌재 2009. 9. 24. 2008헌가25, 판례집 21-2상, 427, 439·442, 재판관 5인의 위헌의견(다수의견).

분 또는 강제노역을 받지 아니한다"라고 하여 적법절차원칙을 규정하고 있는데, 헌법재판소는 이 원칙이 형사소송절차에 국한되지 않고 모든 국가작용 전반에 대하여 적용된다고 밝힌 바 있다.[48] 적법절차원칙에서 도출할 수 있는 가장 중요한 절차적 요청 중의 하나로, 당사자에게 적절한 고지를 행할 것, 당사자에게 의견 및 자료제출의 기회를 부여할 것을 들 수 있겠으나, 이 원칙이 구체적으로 어떠한 절차를 어느 정도로 요구하는지는 일률적으로 말하기 어렵고, 규율되는 사항의 성질, 관련 당사자의 사익, 절차의 이행으로 제고될 가치, 국가작용의 효율성, 절차에 소요되는 비용, 불복의 기회 등 다양한 요소들을 형량하여 개별적으로 판단할 수밖에 없는데, 여기에서 도출할 수 있는 가장 중요한 절차적 요청으로는 ① 당사자에게 적절한 고지를 행할 것, ② 당사자에게 의견 및 자료를 제출할 기회를 부여할 것을 들 수 있다.[49]

(9) 책임주의, 자기책임의 원리

"책임없는 자에게 형벌을 부과할 수 없다"는 형벌에 관한 책임주의는 형사법의 기본원리로서, 헌법상 법치국가의 원리에 내재하는 원리인 동시에, 국민 누구나 인간으로서의 존엄과 가치를 가지고 스스로의 책임에 따라 자신의 행동을 결정할 것을 보장하고 있는 헌법 제10조의 취지로부터 도출되는 원리이다.[50] 법인의 경우도 자연인과 마찬가지로 책임주의원칙이 적용된다.[51] 이러한 자기책임의 원리는 인간의 자유와 유책성, 그리고 인간의 존엄성을 진지하게 반영한 원리로서, 그것이 비단 민사법이나 형사법에 국한된 원리라기보다는 근대법의 기본이념으로서 법치주의에 당연히 내재하는 원리로 볼 것이고 헌법 제13조 제3항은 그 한 표현에 해당하는 것으로서, 자기책임의 원리에 반하는 제재는 그 자체로서 헌법위반을 구성한다.[52]

(10) 조세법률주의

헌법은 제38조에서 "모든 국민은 법률이 정하는 바에 의하여 납세의 의무를

48) 헌재 1992. 12. 24. 92헌가8, 판례집 4, 853, 876-877; 헌재 1998. 5. 28. 96헌바4, 판례집 10-1, 610, 618.

49) 헌재 2003. 7. 24. 2001헌가25, 판례집 15-2상, 1, 18; 헌재 2005. 12. 22. 2005헌마19, 판례집 17-2, 785, 794; 헌재 2011. 9. 29. 2010헌마68, 공보 180, 1482, 1487; 헌재 2011. 11. 24. 2010헌바231. 공보 182, 1816, 1819-1820.

50) 헌재 2007. 11. 29. 2005헌가10, 공보 134, 1289, 1292, 재판관 이강국·김종대·민형기·목영준의 위헌의견. 그 후 헌재 2009. 7. 30. 2008헌가10 사건에서 김희옥·송두환 재판관이 가담하여 재판관 6인의 다수의견으로 인용되었고(공보 154, 1395, 1398), 헌재 2011. 2. 24. 2009헌바29 결정에서는 재판관 전원일치의 의견으로 인용되었다(공보 173, 372, 375).

51) 헌재 2011. 9. 29. 2011헌가12, 공보 180, 1399, 1401.

52) 헌재 2011. 9. 29. 2010헌마68, 공보 180, 1482, 1486.

진다"고 규정하고, 제59조에서는 "조세의 종목과 세율은 법률로 정한다"고 규정함으로써 조세법률주의원칙을 선언하고 있고, 이러한 조세법률주의는 조세평등주의와 함께 조세입법에 관한 헌법상의 2대원칙이라고 할 수 있다. 조세법률주의는 과세요건을 법률로 규정하여 국민의 재산권을 보장하고 과세요건을 명확하게 규정하여 국민생활의 법적안정성과 예측가능성을 보장하기 위한 것이며,[53] 과세요건 법정주의와 과세요건 명확주의를 그 핵심적인 내용으로 하고 있다.[54] 먼저 '과세요건 법정주의'란 납세의무를 성립시키는 납세의무자·과세물건·과세표준·과세기간·세율 등의 과세요건과 조세의 부과·징수절차를 모두 국민의 대표기관인 국회가 제정한 법률로 규정하여야 한다는 것을 의미하고, 다음으로 '과세요건 명확주의'란 과세요건을 법률로 정하였다고 하더라도 그 규정내용이 지나치게 추상적이고 불명확하다면 과세관청의 자의적인 해석과 집행을 초래할 염려가 있으므로 그 규정내용이 명확하고 일의적이어야 한다는 것을 의미한다.[55]

2. 위헌심사기준의 판단도구(방법)로서의 심사기준 및 심사척도

가. 위헌심사기준의 판단도구(방법)로서의 심사기준

위에서 본 바와 같이 기본권이나 확립된 헌법원칙이 헌법재판소에 의하여 법률에 대한 위헌심사기준으로서 사용된다. 그런데 예컨대 기본권(규정)이 위헌심사기준으로 작용할 때, 그 침해여부를 판단하는 구체적인 도구 내지 방법으로 아래와 같은 별도의 "기준"이 사용되고 있다. 헌법재판소의 실무에서는 이러한 도구 내지 방법도 '위헌심사의 기준' 또는 '심사기준'이라는 용어를 사용하는 것이 통례이다. 그러나, 엄격하게 보면 이들은 법률에 대한 위헌심사에 있어서 "독자적인" 심사기준이라기보다는 위헌심사기준인 기본권(규정)의 침해여부를 판단하는 도구 내지 방법으로 보아야 할 것이다. 앞에서 본 바와 같이 "독자적인" 위헌심사기준으로서의 헌법원칙에도 그 위배여부를 판단하는 별도의 도구 내지 방법이 있다.[56]

---

53) 헌재 2010. 7. 29. 2009헌바192, 공보 166, 1425, 1427.

54) 헌재 2006. 6. 29. 2004헌바8, 판례집 18-1하, 219, 228-229. 한편, "헌법상 조세법률주의는 과세요건 법정주의, 과세요건 명확주의, 소급과세금지원칙 등의 하위원칙들로 이루어지는데…"라고 판시한 사례도 있다.(헌재 2011. 10. 25. 2010헌바21, 공보 181, 1577, 1581)

55) 헌재 2008. 7. 31. 2006헌바95, 공보 142, 1057, 1060; 헌재 2011. 10. 25. 2010헌바134, 공보 181, 1601, 1603.

56) 이 부분에 대하여는 재론하지 아니한다.

(1) 과잉(입법)금지원칙

국가작용 중 특히 입법작용에 있어서의 과잉입법금지의 원칙이라 함은 국가가 국민의 기본권을 제한하는 내용의 입법활동을 함에 있어서 준수하여야 할 기본원칙 내지 입법활동의 한계를 의미하는 것으로서, 국민의 기본권을 제한하려는 입법의 목적이 헌법 및 법률의 체제상 그 정당성이 인정되어야 하고(목적의 정당성), 그 목적의 달성을 위하여 그 방법이 효과적이고 적절하여야 하며(방법의 적정성), 입법권자가 선택한 기본권제한의 조치가 입법목적달성을 위하여 설사 적절하다 할지라도 보다 완화된 형태나 방법을 모색함으로써 기본권의 제한은 필요한 최소한도에 그치도록 하여야 하며(피해의 최소성), 그 입법에 의하여 보호하려는 공익과 침해되는 사익을 비교형량할 때 보호되는 공익이 더 커야 한다(법익의 균형성)는 법치국가의 원리에서 당연히 파생되는 헌법상의 기본원리의 하나인 비례의 원칙을 말하는 것이다.[57)]

(2) 자의금지원칙

법률에 대한 위헌심사에 있어서 그 통제강도가 과잉금지원칙과는 달리 입법재량의 범위를 일탈했는지 여부만을 심사하는 경우도 있다. 이것이 자의금지원칙 또는 합리성 심사기준이다. 예컨대, "헌법 제27조 제1항은 '모든 국민은 헌법과 법률이 정한 법관에 의하여 법률에 의한 재판을 받을 권리를 가진다'라고 하여 법률에 의한 재판과 법관에 의한 재판을 받을 권리를 보장하고 있는바, 이와 같은 재판청구권은 절차적 기본권으로서 원칙적으로 제도적 보장의 성격이 강하기 때문에, 자유권적 기본권 등 다른 기본권의 경우와 비교하여 상대적으로 광범위한 입법형성권이 인정되므로, 관련 법률에 대한 위헌심사기준은 합리성원칙 내지 자의금지원칙이 적용된다"고 한 헌재 1998. 12. 24. 94헌바46 결정[58)]이 있다.[59)]

(3) 본질적 내용침해 금지원칙

헌법 제37조 제2항은 과잉금지원칙과 함께 '기본권(자유권)이 어떠한 경우에도

---

57) 헌재 1992. 12. 24. 92헌가8, 판례집 4, 853, 878.

58) 판례집 10-2, 842, 851. 同旨, 헌재 2005. 5. 26. 2003헌가7, 판례집 17-1, 558, 567; 헌재 2009. 3. 26. 2006헌마99, 공보 150, 683, 686; 헌재 2009. 7. 30. 2008헌바162, 공보 154, 1519, 1523.

59) 재판청구권의 침해여부를 판단하는 도구(방법)로 과잉금지원칙을 적용한 사례도 있다. 예컨대, "헌법은 제27조 제1항에서 '법률에 의한' 재판을 받을 권리를 보장함으로써 헌법이 보장하는 공정한 재판절차를 어떠한 내용으로 구체화할 것인가에 관하여는 법률에 의한 형성에 맡기고 있다. 입법자는 형사소송절차를 규율함에 있어서 형사피고인인 국민을 단순한 처벌대상으로 전락시키는 결과를 초래하는 등 헌법적으로 포기할 수 없는 요소를 무시하거나, 헌법 제37조 제2항이 정하는 과잉금지원칙에 위반되는 내용의 절차를 형성하지 아니하는 한 재판절차를 합리적으로 형성할 수 있는 입법형성권을 가진다"고 판시한 헌재 2010. 11. 25. 2009헌바57, 공보 170, 2070, 2073 결정 참조.

그 본질적 내용에 있어서 침해되어서는 안 된다'는 기본권제한의 최종적 한계를 설정하고 있다.[60] 여기에서 기본권의 본질적 내용이란 "만약 이를 제한하는 경우에는 기본권 그 자체가 무의미하게 되는 기본권의 근본요소"를 의미한다.[61] 한편, 헌법재판소는 헌재 2010. 12. 28. 2008헌바89 결정에서 과잉금지원칙 위반여부를 심사하면서 '침해의 최소성' 항목에서, "이 사건 기부금지 조항[62]과 단체의 정치자금 기부금지 규정[63]은 단체의 정치적 의사표현 자체를 금지하거나 그 내용에 따라 규제하도록 한 것이 아니라, 개인과의 관계에서 불균형적으로 주어지기 쉬운 '자금'을 사용한 방법과 관련하여 규제를 하는 것인바, 정치적 표현의 자유의 본질을 침해하는 것이라고 볼 수 없다"고 하여,[64] 본질적 내용 침해금지를 '침해의 최소성'의 판단요소로 보기도 하였다.

(4) 신뢰보호원칙

신뢰보호의 원칙은 헌법상 법치국가 원리로부터 파생되는 것으로, 법률이 개정되는 경우에는 기존 법질서와의 사이에 어느 정도의 이해관계의 상충은 불가피하다고 할 것인바, 이 경우 기존의 법질서에 대한 당사자의 신뢰가 합리적이고 정당한 반면, 법률의 제정이나 개정으로 야기되는 당사자의 손해가 극심하여 새로운 입법으로 달성코자 하는 공익적 목적이 그러한 당사자의 신뢰가 파괴되는 것을 정당화할 수 없는 경우, 그러한 새 입법은 허용될 수 없다는 것이다.[65] 이러한 신뢰보호원칙의 위반여부는 한편으로는 침해되는 이익의 보호가치, 침해의 정도, 신뢰의 손상정도, 신뢰침해의 방법 등과 또 다른 한편으로는 새로운 입법을 통하여 실현하고자 하는 공익적 목적 등을 종합적으로 형량하여야 한다.[66] 따라서 신뢰보호원칙의 위반여부를 판단함에 있어서는, 첫째, 보호가치 있는 신뢰이익이 존재하는가, 둘째, 과거에 발생한 생활관계를 현재의 법으로 규율함으로써 달성되는 공익이 무엇인가, 셋째, 개인의 신뢰이익과 공익상의 이익을 비교형량하여 어떠한 법익이 우위를 차지하는가를 살핀다.[67]

60) 한수웅, 헌법학, 법문사, 2011, 467면.

61) 헌재 1996. 1. 25. 93헌바5등, 판례집 8-1, 27, 34.

62) 구 '정치자금에 관한 법률'(2004. 3. 12. 법률 제7191호로 개정되고, 2005. 8. 4. 법률 제7682호로 '정치자금법'으로 전부 개정되기 전의 것) 제12조 제2항.

63) 위 법 제12조 제1항.

64) 판례집 22-2하, 659, 673.

65) 헌재 1995. 6. 29. 94헌바39, 판례집 7-1, 896, 910.

66) 헌재 2001. 2. 22. 98헌바19, 판례집 13-1, 212, 219-220 ; 헌재 2001. 4. 26. 99헌바55, 판례집 13-1, 869, 885-886.

67) 헌재 2009. 5. 28. 2005헌바20등, 공보 152, 1065, 1073.

(5) 최소보장원칙

사회적 기본권의 침해를 주장하는 사건에서 헌법재판소는 두 가지 갈래의 기준으로 판단한 것으로 보인다. 즉, 사회적 기본권의 보장내용 자체를 최소한의 것으로 축소시켜 이해하는 유형("보장내용의 최소화")과 권리의 보장내용은 축소하지 아니하고 '행위규범'과 '통제규범'의 개념을 원용하여 다만 그 통제기준을 최저화하는 유형("통제기준의 최저화")이 그것이다. 전자의 대표적인 예로는 1995. 7. 21. 선고한 93헌가14 (국가유공자예유등에관한법률 제9조에 대한 위헌제청) 사건에서 "인간다운 생활을 할 권리는 여타 사회적 기본권에 관한 헌법규범들의 이념적인 목표를 제시하고 있는 동시에 국민이 인간적 생존의 최소한을 확보하는 데 있어서 필요한 최소한의 재화를 국가에게 요구할 수 있는 권리를 내용으로 하고 있다"고 판시한[68] 것을 들 수 있다. 후자의 대표적인 예로는 1997. 5. 29. 선고한 94헌마33 (1994년도 '생계보호기준'에 대한 헌법소원) 사건에서 "모든 국민은 인간다운 생활을 할 권리를 가지며 국가는 생활능력 없는 국민을 보호할 의무가 있다는 헌법의 규정은 모든 국가기관을 기속하지만, 그 기속의 의미는 적극적·형성적 활동을 하는 입법부 또는 행정부의 경우와 헌법재판에 의한 사법적 통제기능을 하는 헌법재판소에 있어서 동일하지 아니하다. 위와 같은 헌법의 규정이, 입법부나 행정부에 대하여는 국민소득, 국가의 재정능력과 정책 등을 고려하여 가능한 범위 안에서 최대한으로 모든 국민이 물질적인 최저생활을 넘어서 인간의 존엄성에 맞는 건강하고 문화적인 생활을 누릴 수 있도록 하여야 한다는 행위의 지침 즉 행위규범으로서 작용하지만, 헌법재판에 있어서는 다른 국가기관 즉 입법부나 행정부가 국민으로 하여금 인간다운 생활을 영위하도록 하기 위하여 객관적으로 필요한 최소한의 조치를 취할 의무를 다하였는지를 기준으로 국가기관의 행위의 합헌성을 심사하여야 한다는 통제규범으로 작용하는 것이다."라고 판시한[69] 것을 들 수 있다.

나. 심사척도

한편, 위에서 살펴본 위헌심사기준 내지는 위헌심사의 도구(방법)의 심사강도와 관련하여 헌법재판소는 심사척도라는 용어도 사용하고 있다.

(1) 단순히 '심사기준' 내지 '심사도구(방법)'의 의미로 사용한 경우

68) 판례집 7-2, 1, 20.

69) 판례집 9-1, 543, 553-554. 그 밖에 헌재 1999. 12. 23. 98헌바33 (구 국가유공자예우등에관한법률 제70조 등 위헌소원), 판례집 11-2, 732, 758-759; 헌재 2001. 4. 26. 2000헌마390 (국민연금법 제6조 등 위헌확인), 판례집 13-1, 977, 989; 헌재 2004. 10. 28. 2002헌마328 (2002년도 국민기초생활보장 최저생계비 위헌확인), 판례집 16-2하, 195, 205 참조.

2011. 12. 31.까지 헌법재판소의 판례 중 "심사척도"라는 용어를 사용한 사례로는 먼저, "법원행정처장은 청구인의 기본권이 전혀 침해된 사실이 없다고 주장하고 있으나, 이는 본안판단을 하게 될 때 구체적으로 가려져야 할 문제이고 제소요건 심사단계에서는 청구인의 주장내용상 나타난 헌법소원의 심사척도로서의 기본권침해 사실의 윤곽 내지 개연성을 가리는 정도로서 족하다 … 독일 연방헌법재판소의 '기대가능성' 유무를 심사척도로 한 보충성의 예외에 관한 판례를 보면"이라고 한 헌재 1993. 12. 23. 92헌마247 결정,[70] "청구인은 이 사건 법률조항이 헌법 제7조(공무원의 지위·책임·신분·정치적 중립성), 제10조(인간의 존엄성과 기본적 인권의 보장)에도 위배된다고 주장한다. 그러나 청구인은 그 구체적 이유를 적시하지 아니하고 단순히 위 조문들만을 나열하고 있을 뿐이므로, 이 사건에서 헌법 제7조, 제10조는 이 사건 법률조항의 위헌여부의 판단에 있어서 심사척도로서의 관련성이 있다고 판단되지 아니하므로 위 주장은 이유없다"고 한 헌재 1996. 8. 29. 93헌바57 결정,[71] "이러한 상황(제청법원이 단일조문 전체를 위헌제청하였으며, 그 조문전체가 같은 심사척도가 적용될 위헌심사대상인 경우)이 구체적 규범통제제도의 취지를 벗어나는 것이라고는 보이지 아니한다"고 한 헌재 1995. 11. 30. 94헌가2 결정,[72] "제청법원은 법인의 '사용인' 부분에 대해서만 위헌법률심판을 제청하였으나, 대리인과 사용인은 종업인의 일종으로서 대리인, 사용인, 종업인 간의 구분이 쉽지 아니하며 그 위헌여부에 관한 심사척도가 동일하므로, 심판대상을 법인의 '사용인'에 국한하지 아니하고 법인의 '대리인, 사용인, 기타의 종업인'으로 확장함이 상당하다"고 한 헌재 2011. 10. 25. 2010헌가80 결정[73]의 유형이 있다.

이러한 유형의 심사척도는 단순히 '심사기준' 내지는 '심사도구(방법)'의 의미로 쓴 것으로 볼 수 있다.

(2) '통제강도' 내지는 '규율밀도'의 의미로 사용한 경우

다음으로, "평등원칙 위반여부를 심사함에 있어 엄격한 심사척도에 의할 것인지, 완화된 심사척도에 의할 것인지는 입법자에게 허용되는 입법형성권의 정도에 따라서 달라지게 된다"고 한 헌재 2011. 12. 29. 2011헌바33 결정,[74] "헌법재판

70) 판례집 5-2, 682, 700·707.

71) 판례집 8-2, 46, 61-62.

72) 판례집 7-2, 538, 544. 同旨, 헌재 1996. 11. 28. 96헌가13, 판례집 8-2, 507, 516.

73) 공보 181, 1551, 1552. 同旨, 헌재 2011. 5. 26. 2010헌가98, 공보 176, 805, 806; 헌재 2011. 6. 30. 2010헌가99, 공보 177, 888, 891.

74) 공보 183, 139, 143. 同旨, 헌재 1999. 12. 23. 98헌마363, 판례집 11-2, 771, 787; 헌재 2002. 11. 28. 2002헌바45, 판례집 14-2, 704, 715; 헌재 2008. 10. 30. 2006헌바35, 판례집 20-2상, 793, 800; 헌재 2011. 6. 30. 2010헌마542, 판례집 23-1하, 545, 563; 헌재 2011. 7. 28. 2009헌마408, 공보 178,

소는 평등권의 침해여부를 심사하는 기준으로서, 헌법에서 특별히 평등을 요구하고 있는 경우와 차별적 취급으로 인하여 관련 기본권에 대한 중대한 제한을 초래하게 되는 경우에는 엄격한 심사척도가 적용되어야 하고, 그렇지 않은 경우에는 완화된 심사척도에 의한다는 원칙을 적용하고 있는데…"라고 한 헌재 2011. 11. 24. 2010헌바2 결정,[75] "이 사건 금지규정의 규율영역은 접근매체의 양도를 금지하는 것으로서, 이는 헌법이 명시적으로 금지하고 있는 차별기준이나 차별영역에 해당하지 아니하고, 나아가 이 경우 차별적인 취급으로 인하여 관련 기본권에 중대한 제한이 초래된다고 볼 수도 없으므로, 이 사건 금지규정이 평등권을 침해하는지 여부는 완화된 심사척도를 적용하여 그 차별에 현저한 불합리성이 있는지 여부, 즉 입법자의 자의성 여부만을 심사함으로 족하다"고 한 헌재 2011. 7. 28. 2010헌바115 결정[76] 유형이 있다.

이러한 유형의 결정에서 사용한 심사척도라는 용어는 법률에 대한 위헌심사, 특히 평등심사에 있어서의 '통제강도' 내지는 '규율밀도'의 의미로 사용한 것임을 알 수 있다.

3. 평 가

이상 살펴본 바와 같이 헌법재판소는 법률에 대한 위헌여부를 평가하는 "심사기준"으로서 기본권규정 및 확립된 헌법원칙을 거론할 뿐만 아니라, 구체적인 사건에서 해당 법률에 대한 심사기준인 개별기본권의 위헌여부를 판단하는 도구 내지 방법으로 과잉금지원칙 등을 거론하며 이를 또한 "심사기준"이라고 칭하고 있다. 나아가 심사기준이라는 용어 이외에 "심사척도"라는 용어도 사용하고 있다.

이와 같은 현상은 미국의 경우에도 크게 다르지 않은 것 같다. 미국 연방대법원의 판례에서도 법률의 위헌여부를 평가함에 있어 '심사의 수준'(Level of Scrutiny)이 중요하다. 즉, 개인의 권리나 평등보호가 문제되는 헌법소송에서 그 결과는 적용되는 심사의 수준에 크게 좌우된다. 심사의 수준이란 "법률의 합헌성을 판단하는데 적용되는 기준"이다.[77]

1121, 1124; 헌재 2011. 10. 25. 2009헌마588, 공보 181, 1637, 1640.

75) 공보 182, 1790, 1795. 同旨, 헌재 1999. 12. 23. 98헌마363, 판례집 11-2, 770, 787-788; 헌재 2007. 3. 29. 2005헌마1144, 판례집 19-1, 335, 346; 헌재 2011. 6. 30. 2009헌바428, 판례집 23-1하, 368, 373; 헌재 2011. 7. 28. 2009헌마408, 공보 178, 1121, 1124.

76) 공보 제178, 1111, 1114. 同旨, 헌재 2010. 11. 25. 2006헌마328, 판례집 22-2하, 446, 455; 헌재 2011. 5. 26. 2010헌마451, 판례집 23-1하, 237, 247; 헌재 2011. 6. 30. 2010헌마460, 판례집 23-1하, 519, 526.

그런데 그 심사수준으로 흔히 거론되는 것은 엄격한 심사기준, 중간단계의 심사기준, 합리성 심사기준인데, 각각 Strict scrutiny,[78] Intermediate scrutiny,[79] Rational basis test[80]라고 부른다. 그리고 흔히 표현의 자유에 대한 형사처벌의 기준으로 거론되는 "명백하고 현존하는 위험"의 기준은 "clear and present danger test,"[81] 또한 평등보호 영역에서 종래 연방대법원의 (경직된) 2중심사기준론을 (rigid) "two-tier model", Thurgood Marshall 재판관의 심사기준은 "슬라이딩스케일이론"(Sliding scale theory), 그밖에 John P. Stevens 재판관의 심사기준은 "연관성심사"(Inquiry into relevance)라고 부르는 등이 그것이다.[82]

따라서 용어의 사용이 판례에서 또는 학설에서 혼용되고 있다고 하여 그 자체로 문제가 된다고 볼 수는 없다. 다만, 각각의 심사원칙이 법률에 대한 위헌성 심사에 있어서 독립적인 심사기준인가 아니면 독립된 심사기준인 (확립된) 헌법원칙의 위배여부 또는 개별기본권의 침해여부를 판단하는 도구 내지는 방법으로서의 심사기준 내지 심사원칙인지를 구분하는 작업은 중요하고 또 필요하다고 생각된다. 결정문의 논증구조에서 차이를 가져오기 때문이다.

Ⅲ. 평석대상결정의 검토 : 무죄추정원칙과 관련하여

1. 무죄추정원칙에 대한 헌법재판소의 확립된 입장

가. 무죄추정원칙의 의의

무죄추정의 원칙이라 함은, 아직 공소제기가 없는 피의자는 물론 공소가 제기된 피고인이라도 유죄의 확정판결이 있기까지는 원칙적으로 죄가 없는 자에 준하여 취급하여야 하고 불이익을 입혀서는 안되며 가사 그 불이익을 입힌다 하여

77) Erwin Chemerinsky, *CONSTITUTIONAL LAW—Principles and Policies 2nd ed.*, Aspen Law and Business, New York, 2006, p. 517.

78) E. Chemerinsky, 전게서(2006), p. 1276.

79) E. Chemerinsky, 전게서(2006), p. 1275.

80) E. Chemerinsky, 전게서(2006), p. 1275.

81) Schenck v. U.S., 249 U.S. 47 (1919) 사건에서 만장일치의 법정의견을 작성한 Homes 대법관이 사용한 용어이다. 이는 "명백하고 현존하는 위험의 법리"(clear and present danger doctrine)라고도 부른다. Steven L. Emanuel, *CONSTITUTIONAL LAW 28th ed.*, Aspen Publishers, New York, 2010, p. 477·479.

82) 이에 대한 자세한 설명은 김현철, 미국헌법상 평등보호와 엄격심사기준에 관한 연구, 박사학위논문, 연세대학교대학원, 2001. 6, 230-243면 참조.

도 필요한 최소한도에 그쳐야 한다는 원칙을 말하는바,[83] 여기서 무죄추정의 원칙상 금지되는 '불이익'이란 '범죄사실의 인정 또는 유죄를 전제로 그에 대하여 법률적·사실적 측면에서 유형·무형의 차별취급을 가하는 유죄인정의 효과로서의 불이익'을 뜻한다.[84]

이는 종전에 무죄추정원칙을 심사기준으로 적용한 최초의 사건인 헌재 1990. 11. 19. 90헌가48 결정에서 헌법재판소가 판시한 내용[85]에 대한 학계의 비판[86]을 수용하여 특히 '불이익'의 개념을 구체화한 것이라고 할 수 있다. 또한 이는 비단 형사절차 내에서의 불이익뿐만 아니라 기타 일반 법생활 영역에서의 기본권제한과 같은 경우에도 적용된다.[87]

나. 무죄추정원칙의 적용영역

무죄추정의 원칙은 다음 3가지의 적용영역으로 구분할 수 있다.[88][89]

첫째, 증거법상 차원에서 "의심스러운 때에는 피고인에게 유리하게"(in dubio pro reo)라는 원칙이다. 법원이 피고인에게 유죄판결을 하려면 증거에 의해 '합리적 의심의 여지가 없을 정도로'(beyond a reasonable doubt) 범죄사실의 증명이 있어야 한

83) 헌재 1990. 11. 19. 90헌가48, 판례집 2, 393, 402; 헌재 1997. 5. 9. 96헌가17, 판례집 9-1, 509, 517; 헌재 2009. 6. 25. 2007헌바25, 판례집 21-1하, 784, 798.

84) 헌재 2010. 9. 2. 2010헌마418, 판례집 22-2상, 526, 542.

85) 이 결정에서 헌법재판소는, "공소의 제기가 있는 피고인이라노 유죄의 확정판결이 있기까지는 원칙적으로 죄가 없는 자에 준하여 취급하여야 하고 불이익을 입혀서는 안된다고 할 것으로, 가사 그 불이익을 입힌다 하여도 필요한 최소한도에 그치도록 비례의 원칙이 존중되어야 하는 것이 헌법 제27조 제4항의 무죄추정의 원칙이며, 여기의 불이익에는 형사절차상의 처분뿐만 아니라 그 밖의 기본권제한과 같은 처분도 포함된다"고 판시하였다.(판례집 2, 393, 402-403. 同旨, 헌재 1994. 4. 28. 93헌바26, 판례집 6-1, 348, 357; 헌재 1994. 7. 29. 93헌가3등, 판례집 6-2, 1, 12)

86) 예컨대 신동운, "무죄추정의 원칙", 헌법재판자료 제4집, 헌법재판소, 1991, 340면 이하. 동 교수는 위 헌법재판소의 판시내용은 "공소의 제기가 있는 피고인이라도 유죄의 확정판결이 있기까지는 원칙적으로 죄가 없는 자에 준하여 취급하여야 하고, 유죄판단의 효과로 인정될 수 있는 불이익을 입혀서는 안된다. 여기의 유죄판단의 효과로 인정될 수 있는 불이익에는 형사절차상의 처분뿐만 아니라 그 밖의 기본권제한과 같은 처분도 포함된다"로 바뀌어야 한다고 주장하였다. 신동운, 전게논문(1991), 349면.

87) 헌재 2005. 5. 26. 2002헌마699등, 판례집 17-1, 734, 744; 헌재 2006. 5. 25. 2004헌바12, 판례집 18-1하, 58, 68; 헌재 2010. 9. 2. 2010헌마418, 판례집 22-2상, 526, 542.

88) 양건, 헌법강의, 법문사, 2009, 621-622면.

89) 한편, 형사법 학자들은 무죄추정원칙의 적용영역을 '① 증거법상 추정원리, ② 인신구속의 제한원리, ③ 형사절차상 불이익처우 금지'의 3가지로 구분하는 것이 통설이라고 한다. 이재상, 형사소송법, 박영사, 2002, 104-106면; 신양균, 형사소송법, 법문사, 2004, 34-35면; 백형구, 알기쉬운 형사소송법, 박영사, 2002, 24면; 신동운, 형사소송법, 법문사, 2005, 491-495면; 정웅석, 형사소송법, 대명출판사, 2006, 586-590면; 김정한, "무죄추정원칙의 적용범위에 관한 소고", 형사정책연구 제17권 제1호, 2006·봄호, 339-340면에서 재인용.

다.[90] 또한 형사절차에서는 민사소송절차에서와 달리 피고인에게 입증책임을 부담시킬 수 없다.

둘째, 형사절차에서의 불이익처우는 원칙적으로 금지된다. 검찰 등이 직무상 지득한 피의사실을 공판청구 전에 공표하면[91] 형법 제126조[92]의 '피의사실공표죄'로 처벌된다. 또한 수사와 재판은 불구속이 원칙이다.

셋째, 형사절차 이외에서의 불이익 처우도 원칙적으로 금지된다. 형사절차에서만이 아니라 그 밖의 영역에서의 기본권제한 등 불이익 처우도 원칙적으로 금지된다.[93]

다. 비례원칙의 적용여부

헌법재판소는 무죄추정원칙과 관련된 초기 판례에서부터 "공소의 제기가 있는 피고인이라도 유죄의 확정판결이 있기까지는 원칙적으로 죄가 없는 자에 준하여 취급하여야 하고 불이익을 입혀서는 안된다고 할 것으로, 가사 그 불이익을 입힌다 하여도 필요한 최소한도에 그치도록 비례의 원칙이 존중되어야 하는 것이 헌법 제27조 제4항의 무죄추정의 원칙이며…"라고 하여,[94] 무죄추정의 원칙이 금지하는 내용의 불이익이 가해지더라도 비례의 원칙에 반하지 않는다면 예외적으로 합헌이 될 수 있다는 취지의 판시를 하였다.

그 밖의 사례에서 이러한 취지의 판시를 살펴보면, 국가보안법 피의자의 경우 일반 형사범의 경우보다 장기간 구속될 수 있음을 규정한 국가보안법상 구속기간의 연장에 관한 헌재 1992. 4. 14. 90헌마82 결정,[95] 사립학교법상 형사사건으

---

90) 형사소송법 제325조(무죄의 판결)는 "피고사건이 범죄로 되지 아니하거나 범죄사실의 증명이 없는 때에는 판결로써 무죄를 선고하여야 한다"고 규정하고 있다.

91) 이에 대하여는 김정범, "검찰의 피의사실 공표, 이대로 두고 볼 것인가?", 법률신문, 2011. 9. 29.자, 11면 기고문 참조.

92) 형법 제126조(피의사실공표) 검찰, 경찰 기타 범죄수사에 관한 직무를 행하는 자 또는 이를 감독하거나 보조하는 자가 그 직무를 행함에 당하여 지득한 피의사실을 공판청구전에 공표한 때에는 3년 이하의 징역 또는 5년 이하의 자격정지에 처한다.

93) 형사절차 이외에서의 불이익처우에 대하여 위헌 또는 헌법불합치결정이 선고된 사례로는, 변호사에 대하여 공소가 제기되었다는 사실만으로 판결확정시까지 업무정지명령을 내릴 수 있도록 한 구 변호사법 규정(헌재 1990. 11. 19. 90헌가48), 형사사건으로 기소되면 필요적으로 직위해제처분을 하도록 한 구 사립학교법 규정(헌재 1994. 7. 29. 93헌가3등), 형사사건으로 기소되면 필요적으로 직위해제처분을 하도록 한 구 국가공무원법 규정(헌재 1998. 5. 28. 96헌가12), 지방자치단체의 장이 금고 이상의 형을 선고받으면 그 형이 확정되기 전에도 부단체장이 그 권한을 대행하도록 규정한 구 지방자치법 규정(평석대상결정) 등이 있다.

94) 헌재 1990. 11. 19. 90헌가48, 판례집 2, 393, 402.

95) "이 구속기간은 헌법상의 무죄추정의 원칙에서 파생되는 불구속수사 원칙에 대한 예외로서 설정된 기간이다. 그러므로 이 구속기간을 더 연장하는 것은 예외에 대하여 또 다시 특례를 설정

로 기소된 사립학교 교원에 대한 필수적 직위해제에 관한 헌재 1994. 7. 29. 93헌가3등 결정,[96] 군사법원법상 군사법경찰관에 의한 구속기간의 연장에 관한 헌재 2003. 11. 27. 2002헌마193 결정[97] 등을 들 수 있다.[98]

한편, 고일광 헌법연구관은 무죄추정원칙에 있어서의 이와 같은 비례원칙의 내용을, "그와 같은 불이익을 부과하는 목적이 정당한지(부과목적의 정당성), 그와 같은 불이익을 부과하는 것이 꼭 필요한 경우인지(부과의 필요성), 불이익의 내용과 부과절차에 있어서 최소한의 불이익을 가하도록 절차적 제도가 마련되어 있는지(침해의 최소성), 불이익이 부과된 결과 장차 형사절차 내에서 피고인 또는 피의자로 하여금 부당한 효과를 발생시키는지(침해의 효과) 등을 고려하여,[99] 이러한 엄격한 요건을 충족시켰다면 비례의 원칙에 반하지 않는 최소한의 불이익이므로 무죄추정의 원칙에 위반되지 않는다"는 구체적인 판단기준을 제시하고 있고, 실제로 평석대상결정의 재판관 3인의 합헌의견에서는 이와 같은 판단기준을 적용한 듯한 판시내용이 있다.[100] 이는 주목할 만한 의견이라고 할 수 있으나, 네 번째 요건(침

하여 주는 것이 되고 이처럼 기본권제한에 관한 사항에 대하여 그 예외의 범위를 확장하는 데에는 국가안전보장과 질서유지라는 공익과 국민의 기본권보장이라는 상충되는 긴장관계의 비례성 형량에 있어서 더욱 엄격한 기준이 요구되며 따라서 그 예외의 확장은 극히 최소한에 그쳐야 할 것이다."(판례집 4, 194, 207-208) 同旨, 헌재 1997. 6. 26. 96헌가8, 판례집 9-1, 578, 590.

96) "…헌법 제27조 제4항의 무죄추정의 원칙이며, 여기의 불이익에는 형사절차상의 처분뿐만 아니라 그 밖의 기본권제한과 같은 처분도 포함된다고 할 것이다. 그런데 직위해제처분제도가 일반적으로 필요하고 그 당위성이 인정된다고 할지라도 그 적용범위는 그 목적에 따라 필요한 최소한의 범위로 제한하는 등 기본권침해에 관한 비례의 원칙을 준수할 때에 한하여 그 합헌성이 유지될 수 있는 것이다."(판례집 6-2, 1, 12) 同旨, 국가공무원법상 형사사건으로 기소된 공무원에 대한 필수적 직위해제에 관한 헌재 1998. 5. 28. 96헌가12 결정.(판례집 10-1, 560, 569)

97) "신체의 자유를 최대한으로 보장하려는 헌법정신 특히 무죄추정의 원칙으로 인하여 수사와 재판은 불구속을 원칙으로 한다. 그러므로 구속은 예외적으로 구속 이외의 방법에 의하여서는 범죄에 대한 효과적인 투쟁이 불가능하여 형사소송의 목적을 달성할 수 없다고 인정되는 경우에 한하여 최후의 수단으로만 사용되어야 하며 구속수사 또는 구속재판이 허용될 경우라도 그 구속기간은 가능한 한 최소한에 그쳐야 하는 것이다."(판례집 15-2하, 311, 320-321)

98) 同旨, 헌재 1997. 6. 26. 96헌가8등, 판례집 9-1, 578 이하; 헌재 2006. 5. 25. 2004헌바12, 판례집 18-1하, 58 이하.

99) 동인은 그 예로 공정거래법상 법위반사실 공표명령이 무죄추정원칙 위반이라고 판시한 헌재 2002. 1. 31. 2001헌바43 결정("공정거래위원회의 고발조치 등으로 장차 형사절차내에서 진술을 해야할 행위자에게 사전에 이와 같은 법위반사실의 공표를 하게 하는 것은 형사절차내에서 법위반사실을 부인하고자 하는 행위자의 입장을 모순에 빠뜨려 소송수행을 심리적으로 위축시키거나, 법원으로 하여금 공정거래위원회 조사결과의 신뢰성 여부에 대한 불합리한 예단을 촉발할 소지가 있고 이는 장차 진행될 형사절차에도 영향을 미칠 수 있다. 결국 법위반사실의 공표명령은 공소제기조차 되지 아니하고 단지 고발만 이루어진 수사의 초기단계에서 아직 법원의 유·무죄에 대한 판단이 가려지지 아니하였는데도 관련 행위자를 유죄로 추정하는 불이익한 처분이라고 아니할 수 없다.")을 들고 있다. 고일광, "지방자치법 제111조 제1항 제3호 위헌확인", 헌법재판소결정해설집(2010년), 헌법재판소, 2011, 396면.

100) 헌재 2010. 9. 2. 2010헌마418, 판례집 22-2상, 526, 559. 고일광 전게해설서(2011), 399면 참조.

해의 효과)에서 '부과된 불이익(불이익처우)이 장차 형사절차 내에서 당사자로 하여금 부당한 효과를 발생시키는 경우에만' 무죄추정의 원칙에 위반된다고 보는 것은, (위에서 본 공정거래법상 법위반사실 공표명령제도 이외에는) 그러한 경우를 실제로 예상하기 어려우므로, 무죄추정원칙에 위반되는 영역을 매우 축소한다는 점에서 적절하지 않다고 생각된다.

2. 무죄추정원칙의 법적 성격

무죄추정원칙의 법적 성격에 관하여는 무죄추정의 원칙이 형사피고인·피의자가 주장할 수 있는 기본권인지 아니면 헌법원칙 내지 헌법원리인지가 문제되는바, 헌법재판소는 그동안 이 점에 대하여 일관된 입장을 보이지 않았다고 판단된다.

가. 입법연혁

1789년 프랑스대혁명의 결과 탄생한 「인간과 시민의 권리선언」(인권선언) 제9조에서는 "모든 인간은 범죄자로 선고될 때까지는 무죄로 추정된다"고 규정하였다.[101] 오늘날 무죄추정원칙은 위 '인권선언' 제9조에 그 명시적 뿌리를 두고 있다고 이해하는 것이 일반적이다.[102]

국제연합(UN)의 1948년 12월 10일 총회에서 제정된 세계인권선언 제11조 제1항은 "범죄의 소추를 받은 사람은 자신을 변호하는 데 필요한 모든 것을 보장받아야 하고, 누구든지 공개재판을 통해 유죄가 입증될 때까지 무죄로 추정될 권리가 있다."고 규정하였다.[103] 또한 1950년에 제정된 유럽인권규약 제6조 제2항에서는 조약가입국에 대하여 형사피고인에 대한 무죄추정의 권리를 인정해야 할 법적 의무를 부과하였다.[104]

UN국제인권규약인 '시민적 및 정치적 권리에 관한 국제규약'(International Convention on Civil and Political Rights)는 우리나라가 1990년 4월 10일자로 가입하여 동년 7년 10일자로 우리나라에서도 효력이 발생하였는데, 동 규약 제14조 제2항은 "범죄의 혐의를 받는 모든 사람은 법률에 따라 유죄가 입증될 때까지 무죄로 추

101) 차용석, "무죄추정법리에 비춰 본 형사절차상의 제문제", 법학논총 제3집, 한양대학교법학연구소, 1986, 40면.

102) 이진국, "인신구속과 무죄추정원칙", 형사정책연구 제16권 제4호(통권 제64호), 형사정책연구원, 2005·겨울호, 31면의 각주 1.

103) 국가인권위원회 홈페이지 자료 참조.

104) 박일환 집필부분, "형사소송법 제275조의2(피고인의 무죄추정)", 주석 형사소송법 제3판, 1997. 79면에서 재인용.

정받을 권리를 가진다"[105)]고 규정하였다.[106)]

미국 연방헌법에는 무죄추정(presumption of innocence)[107)] 원칙이 명시되어 있지 않다. 연방대법원은 1895년의 Coffin v. United States 사건에서, "피고인에게 우호적인 무죄추정원칙은 자명하고 기본적이며 의심의 여지가 없는 법(law)이며, 동 원칙의 시행(집행)은 우리나라 형사법 운영의 기초이다."라고 판시하였으며,[108)] 1976년의 Estelle v. Williams 사건에서도, "무죄추정은 비록 헌법에 규정되어 있지 않지만 우리나라의 형사사법 체계에서 공정한 재판절차를 위한 기본적인 요소이다."라고 하였다.[109)]

독일은 성문법을 기본으로 하는 대륙법계 국가임에도 불구하고 기본법에 무죄추정원칙(Grundsatz der Unschuldsvermutung)에 관한 명문의 규정이 없다. 그렇지만 독일의 학계와 판례는 무죄추정원칙이 헌법의 구성요소라는 점에 합의를 보고 있다. 특히 연방헌법재판소는 판례의 일관된 입장을 통하여 무죄추정원칙이 법치국가원리의 구체적 표현이라고 판시하고 있다.[110)]

일본의 현행 헌법 및 형사소송법에는 무죄추정원칙이 명시되어 있지 않지만 일반적으로는 헌법 제31조[111)]를 적법절차조항으로 이해하여 이 조항에 무죄추정원칙도 포함된다고 이해하고 있다.[112)]

우리나라는 1980년 10월 27일의 제8차 개정헌법(제5공화국헌법)에서부터 무죄추정을 헌법에 명문화했다.[113)] 동 헌법개정 당시 형사피고인의 무죄추정권을 규정

---

105) 원문 : "Everyone charged with a criminal offense shall have the right to be presumed innocent until proved guilty according to law."

106) 이진국·도종진, 무죄추정원칙에 관한 연구, 형사정책연구원, 2005, 28-29면에서 재인용.

107) BLACK'S LAW DICTIONARY에서는 "무죄추정은, 피고인은 자신이 무고하다는 증명의 부담이 없으며, 누구도 국가측에서 '합리적 의심의 여지가 없을 정도로' 유죄를 증명하지 않는 한 유죄로 처벌받아서는 안된다는 근본적인 형사법상의 원칙"[**presumption of innocence** : The fundamental criminal-law principle that a person may not be convicted of a crime unless the government proves guilt beyond a reasonable doubt, without any burden placed on the accused to prove innocence.]이라고 설명하고 있다. Bryan A. Garner (editor in chief), *BLACK'S LAW DICTIONARY 7th ed.*, West Group, St. Paul, Minn., 1999, p. 1205.

108) 156 U.S. 432, 453 : "The principle that there is a presumption of innocence in favor of the accused is the undoubted law, axiomatic and elementary, and its enforcement lies at the foundation of the administration of our criminal law."

109) 425 U.S. 501, 504 : "The presumption of innocence, although not articulated in the Constitution, is a basic component of a fair trial under our system of criminal justice."

110) BVerfGE 19, 342 (347); 22, 254 (265); 25, 327 (331); 35, 311 (320); 74, 358 (370); 82, 106 (114). 이진국, 전게논문(2005·겨울호), 44면에서 재인용.

111) "누구든지 법률(형사소송법 등)이 정하는 절차에 의하지 아니하고는 그 생명 또는 자유를 박탈당하거나 또는 기타의 형벌을 받지 아니한다."

112) 이진국, 전게논문(2005·겨울호), 46-47면.

할 것인지에 대하여 6인학자案과 신민당案, 국회案은 '무죄추정권'을, 대한변협案은 '무죄추정원칙'을 제안하였는데 정부案은 대한변협案을 약간 수정하여 현재의 조문체계를 규정하였다.[114]

나. 학 설

(1) 기본권설

김철수 교수는 저서에서 "무죄추정권"이라는 용어를 사용하여 헌법 제27조 제4항의 내용을 설명하고 있다.[115] 형사법학자인 신동운 교수도 같은 입장에서, 헌법재판소가 검사(군검찰관)의 기소유예처분으로 인하여 침해되는 기본권으로 (무죄추정권이 아닌) '행복추구권'을 들고 있는 데 대하여[116] 아쉬움을 표시하고 있다.[117] 차용석 교수도 무죄추정의 원칙은 '오늘날 헌법 및 실정법(형사소송법 제275조의2)[118]의 근거를 갖는 피고인 등의 권리'라고 한다.[119] 박일환 판사[120]는, 헌법 제27조 제4항은 피고인의 무죄추정권을 명시하고 있고 형사소송법 제275조의2는 이를 다시 받아들여 규정한 것이라고 한다.[121] 이준일 교수는 '무죄추정에 관한 권리'를 "피의자나 피고인이 신체의 자유에 대한 침해를 사전에 방지하기 위하여 형사피의자와 피고인에게 보장된 절차적 기본권"으로 이해한다.[122]

한편, 고일광 헌법연구관은 다음과 같은 이유로 무죄추정의 원칙은 형사피고인·피의자에게 적용되는 형사절차의 핵심적인 인권보장원리로서 '기본권'으로 파악하는 것이 옳다고 한다.[123] 「첫째, 위 원칙이 과거 규문절차에서 수사나 재판의 객체에 지나지 않았던 형사피고인·피의자를 형사절차에서 기소권을 가진 국가기

113) 第26조 ④형사피고인은 유죄의 판결이 확정될 때까지는 무죄로 추정된다.

114) 김철수, "무죄추정권", 대한변호사협회지 제70호, 1981. 9, 11면. 신동운, "무죄추정의 원칙과 검사의 기소유예처분", 서울대학교法學 제31편 3·4호, 1990, 154면에서 재인용.

115) 김철수, 헌법학신론, 박영사, 2008, 499-501면.

116) 헌재 1989. 10. 27. 89헌마56, 판례집 1, 309, 317 : "공소제기에 충분한 혐의가 있다고 인정한 기소유예처분이 유죄판결에 준하는 취급을 받아 법률적, 사실적 측면에서 사회생활에 유형, 무형의 불이익과 불편을 주는 것이 실상이라면 어느모로 보아도 혐의없고 무고함에 의심없는 사안에 대해 군검찰관이 자의로 기소유예처분에 이른 것은 헌법 제10조 소정의 행복추구권을 침해한 것으로 봄이 상당할 것이다."

117) 신동운, 전게논문(1990), 154, 163-164, 165면.

118) 형사소송법 제275조의2(피고인의 무죄추정) 피고인은 유죄의 판결이 확정될 때까지는 무죄로 추정된다. <1980. 12. 18. 본조신설>

119) 차용석, 전게논문(1986), 39면.

120) 현재는 대법관 겸 법원행정처장.

121) 박일환, 전게집필부분(1997), 79면.

122) 이준일, 헌법학강의, 홍문사, 2007, 510면.

123) 고일광, 전게해설서(2011), 387-388면.

관에 대응하는 '주체'로 격상시키는 과정에서 정립되었다는 점에 비추어 볼 때, 이들이 형사절차의 '주체'로서 유죄로 확정되기 전까지는 증거절차나 실체재판에 있어서 무죄로 추정되는 전제에서 취급되어야 한다는 '권리'를 가지게 된 것으로 해석하는 것이 위 역사적 발전과정에 더 부합한다. 둘째, 명확성원칙이나 법률유보의 원칙 등 대부분의 헌법원칙들은 그 명령대상이 '국가권력'인 경우가 많아서 여러 종류의 개인들에게 적용될 것이 전제되어 있는 반면, 무죄추정의 원칙은 오로지 '형사피고인·피의자'에게만 적용되고 다른 분야에 있는 개인들에게는 적용될 여지가 없다. 셋째, 헌법이 기본권을 규정할 때는 "모든 국민은(누구든지, … 국민은)"이라고 함으로써 기본권을 가지는 '주체'를 규정한 다음, 어떠한 내용의 "자유(권리)를 가진다"라는 표현을 쓰고 있는데, 무죄추정의 원칙을 규정한 헌법 제27조 제4항도 "형사피고인은"이라고 함으로써 기본권을 가지는 '주체'를 규정한 다음, 비록 "자유(권리)"를 가진다는 명시적인 표현은 하지 않았어도 "무죄로 추정된다"는 단정적 표현을 사용하여 '기본권'을 규정할 때의 문구를 사용하고 있다. 넷째, 헌법재판소의 판시와 같이 무죄추정원칙의 내용에 '비례원칙'을 접목시키기 위해서는 '기본권'으로 파악하는 것이 논리적으로 자연스럽다.」

(2) 헌법원칙설

계희열 교수는 저서에서 '형사피의자와 형사피고인의 권리'라는 항목하에서 "무죄추정의 원칙"을 설명하면서, "오늘날 무죄추정의 원칙은 법치국가의 일반적 원칙으로 인정되고 있다"고 한다.[124] 권영성 교수는 서서에서 "무죄추정의 원칙은 비단 재판을 담당하는 법관의 기본자세와 판결의 기본방향을 규정하는 원칙일 뿐만 아니라 수사기관의 자세와 마음가짐에 대한 원칙이기도 하다"라고 한다.[125] 허영 교수는 저서에서 "인간의 존엄성을 기본권질서의 가치적인 핵으로 보장하고 있는 헌법질서 내에서 무죄추정원칙은 국가적인 형벌작용의 필연적인 기속원리가 아닐 수 없다"고 한다.[126] 그 밖에 헌법원칙설을 취하고 있는 학자는 김승대 교수,[127] 성낙인 교수,[128] 이승우 교수,[129] 전광석 교수,[130] 정재황 교수[131] 등 다수설의 입장으로 보인다.

124) 계희열, 헌법학(중), 박영사, 2007, 316-317면.
125) 권영성, 헌법학원론, 법문사, 2010, 437-439면.
126) 허영, 한국헌법론, 박영사, 2011, 374면.
127) 김승대, 헌법학강론, 법문사, 2012, 198면.
128) 성낙인, 헌법학, 법문사, 2009, 473-474면.
129) 이승우, 헌법학, 두남, 2009, 592-594면.
130) 전광석, 한국헌법론, 집현재, 2011, 430-431면.
131) 정재황, 신헌법입문, 박영사, 2010, 313-314면.

(3) 절 충 설

양건 교수는 저서에서 무죄추정은 객관적인 법원칙일 뿐 아니라 개인의 기본권(무죄추정권)이라고 한다.[132] 정종섭 교수도 저서에서, "무죄의 추정은 법치국가의 일반원칙에 해당하고, 헌법상의 원리 또는 원칙이다. 그리고 이 무죄추정원칙으로부터 무죄추정을 받을 권리가 기본권으로 도출된다"고 한다.[133]

다. 헌법재판소의 판례

헌법재판소는 무죄추정의 원칙이 기본권인지 아니면 헌법원칙인지 여부에 대하여 명확한 입장을 밝힌 바는 없다. 다만, 일부 판례에서 아래에서 보는 바와 같이 기본권으로 본 예가 있으나, 이러한 입장이 헌법재판소의 확립된 입장이라고 보기는 어렵다. 오히려 다수의 판례에서는 '무죄추정의 원칙'이라는 용어를 사용하고 있고, 그 의미는 기본권이 아니라 헌법원칙으로 파악하는 입장이라고 보아도 좋을 것이다.

(1) '기본권'이라고 판시한 사례

헌법재판소는 헌재 1994. 4. 28. 93헌바26 결정에서 '무죄추정의 원칙'이라는 표현을 다수 쓰면서도,[134] 결론 부분에서 "그러므로 이 사건 법률조문은 공정한 공개재판을 받을 권리와 무죄추정을 받을 권리를 본질적으로 침해하거나 형해화하거나 정면으로 위반하였다고 할 수 없고 적법절차에도 합치한다. 따라서 이 사건 법률조문은 헌법에 위반되지 아니한다."라고 함으로써[135] 기본권으로 보는 듯한 판시를 하였다.

헌재 1998. 9. 30. 97헌바51 결정에서는, "이 사건 법률조항은 공정한 공개재판을 받을 권리와 무죄추정을 받을 권리를 본질적으로 침해하거나 형해화하였다고 할 수 없고 적법절차에도 합치되므로 헌법에 위반되지 아니한다"고 함으로써 기본권으로 보았다.[136]

헌재 1998. 12. 24. 94헌바46 결정에서도, "이 사건 심판대상이 공정한 공개재판을 받을 권리와 무죄추정을 받을 권리를 본질적으로 침해하거나 형해화하였다고 할 수 없으므로 헌법에 위반되지 아니한다"고 함으로써,[137] 역시 기본권으로

132) 양건, 전게서(2009), 620면.
133) 정종섭, 헌법학원론, 박영사, 2008, 444면.
134) 판례집 6-1, 348, 355·357·362·364.
135) 위 판례집 369.
136) 판례집 10-2, 541, 551.
137) 판례집 10-2, 842, 853.

보았다.

헌재 2003. 11. 27. 2002헌마193 결정에서, "헌법이 신체의 자유를 철저히 보장하기 위하여 두고 있는 여러 규정 중의 하나인 헌법 제27조 제4항은 '형사피고인은 유죄의 판결이 확정될 때까지는 무죄로 추정된다'라고 하여 무죄추정의 원칙 내지 피고인의 무죄추정권을 규정하고 있는데, 이러한 무죄추정권은 공판절차에 선행하는 수사절차의 단계에 위치한 피의자에 대하여도 당연히 인정된다. 무죄추정의 원칙은 증거법에 국한된 원칙이 아니라 수사절차에서 공판절차에 이르기까지 형사절차의 전과정을 지배하는 지도원리로서 인신의 구속 자체를 제한하는 원리로 작용한다"고 하여 무죄추정원칙을 헌법원칙이자 기본권으로 보는 듯한 판시를 하였다.[138)]

헌재 2011. 2. 24. 2009헌마209 결정에서, 재판관 6인의 법정의견(기각의견)은, "무죄추정의 원칙이 적용되는 미결수용자의 경우에 의사에 반하게 수형자용 의류를 입혀 출정시킨다면 법관으로 하여금 유죄라는 선입견을 줄 수 있고, 방어권의 제약을 받을 여지가 있어 공정한 재판을 받을 권리가 침해될 수 있다. 반면에 수형자의 경우에는 이미 유죄판결이 확정된 자이므로 무죄추정의 원칙이라든가 방어권이 문제될 여지가 없다. 또한 무죄추정원칙이나 방어권은 원칙적으로 형사재판에서 문제되는 기본권인데…"라고 판시하여 무죄추정원칙이 형사재판에서 문제되는 '기본권'이라고 하였다.[139)]

한편, 평석대상결정에서 헌법불합치의견을 낸 조대현 재판관은 "이 사건 법률조항은 자치단체장이 금고 이상의 형을 선고받기만 하면 그 형이 확정되기 전에도 공무담임권을 행사하지 못하도록 규정하고 있으므로, 헌법 제27조 제4항에 의하여 보장되는 형사피고인의 무죄추정권을 제한한다. 이처럼 이 사건 법률조항은 주권행사인 선거의 효과와 선출된 공무원의 공무담임권과 형사피고인의 무죄추정권을 아울러 제한하기 때문에, 이 사건 법률조항이 헌법적으로 정당화되려면 이러한 기본권을 제한하기 위한 요건(헌법 제37조 제2항의 요건)을 갖추어야 한다"고 함으로써,[140)] 무죄추정원칙을 기본권으로 보는 입장을 분명히 하였다.

(2) 헌법원칙이라고 판시한 사례

헌법재판소는 초기부터 무죄추정원칙이 문제된 대부분의 결정에서 "무죄추정

138) 판례집 15-2하, 311, 320.

139) 판례집 23-1상, 157, 168. 이에 대하여 재판관 3인의 반대의견(1인 각하의견, 2인 인용의견)은 무죄추정원칙 위반여부에 대하여는 판단하지 않았다.

140) 판례집 22-2상, 526, 548, 재판관 조대현의 헌법불합치의견.

의 원칙"이라는 표현을 사용하여 동 원칙이 헌법원칙임을 전제로 판단하였다. 예컨대 헌재 1990. 11. 19. 90헌가48 결정,[141] 헌재 1992. 1. 28. 91헌마111 결정,[142] 헌재 1993. 12. 23. 93헌가2 결정,[143] 헌재 1995. 7. 21. 92헌마144 결정,[144] 헌재 1997. 5. 29. 96헌가17 결정,[145] 헌재 1997. 6. 26. 96헌가8등 결정,[146] 헌재 1997. 8. 21. 96헌마48 결정,[147] 헌재 1998. 5. 28. 96헌가12 결정,[148] 헌재 1999. 5. 27. 97헌마137등 결정,[149] 헌재 2001. 11. 29. 2001헌바41 결정,[150] 헌재 2002. 1. 31. 2001헌바43 결정,[151] 헌재 2003. 7. 24. 2001헌가25 결정[152] 등이 그것이다.

2005년 이후에 선고된 사건을 보더라도 헌법재판소는 2005. 5. 26. 선고한 2001헌마728 결정에서, "우리 헌법은 제27조 제4항에서 '형사피고인은 유죄의 판결이 확정될 때까지는 무죄로 추정된다'고 규정하고 있고, 이러한 헌법정신을 이어받아 형사소송법 제275조의2도 같은 내용을 규정함으로써 이른바 무죄추정의 원칙을 제도적으로 보장하고 있다. … 무죄추정의 원칙은 수사절차에서 공판절차에 이르기까지 형사절차의 전 과정을 지배하는 지도원리."라고 하였다.[153]

헌재 2005. 5. 26. 2002헌마699등 결정(선례)에서는 "헌법 제27조 제4항은 '형사피고인은 유죄의 판결이 확정될 때까지는 무죄로 추정된다'고 규정하여 무죄추정의 원칙을 천명하고 있다"고 하였다.[154]

헌재 2010. 11. 25. 2009헌바8 결정에서는, "헌법상 무죄추정의 원칙은 '형사재판에 있어서 유죄의 판결이 확정될 때까지 피의자나 피고인은 원칙적으로 죄가 없는 자로 다루어져야 하고, 그 불이익은 필요최소한에 그쳐야 한다'는 것을 의미한다. 이러한 무죄추정의 원칙은 증거법에 국한된 원칙이 아니라 수사절차에서 공판절차에 이르기까지 형사절차의 전 과정을 지배하는 지도원리로서 인신의 구속

141) 판례집 2, 393, 402, 403.
142) 판례집 4, 51, 58.
143) 판례집 5-2, 578, 597.
144) 판례집 7-2, 94, 104-105.
145) 판례집 9-1, 509, 517.
146) 판례집 9-1, 578, 589.
147) 판례집 9-2, 295, 306.
148) 판례집 10-1, 560, 569.
149) 판례집 11-1, 653, 665.
150) 판례집 13-2, 699, 703.
151) 판례집 14-1, 49, 59-60.
152) 판례집 15-2상, 1, 14.
153) 판례집 17-1, 709, 721.
154) 판례집 17-1, 734, 744.

자체를 제한하는 원리로 작용한다"고 하였다.[155)]

헌재 2011. 3. 31. 2009헌바351 결정에서는, "청구인은 이 사건 법률조항[156)]이 무죄추정의 원칙에 위반되고 평등권을 침해한다고 주장하나, 변론의 병합·분리를 법원의 재량에 맡기는 것이 곧바로 무죄추정의 원칙 위반으로 연결되는 것은 아니므로 위 원칙은 그 침해여부가 문제되는 헌법원리라고 할 수 없다"고 하여,[157)] 무죄추정원칙은 기본권이 아니라 '헌법원리'임을 밝혔다.

라. 구별의 실익과 검토

(1) 구별의 실익

무죄추정원칙을 독립된 기본권으로 볼 것인지 아니면 헌법상의 원칙에 불과한 것인지는 헌법소원의 제기가능성과 관련하여 의미가 있을 수 있지만, 무죄추정의 원칙이 문제되는 경우에는 대개 다른 기본권의 침해가 아울러 문제될 것이므로 실제적인 의의는 크지 않다는 견해가 있다.[158)]

한편, 위 고일광 헌법연구관은 "기본권은 개인의 권리이자 국가권력에 대해서는 이를 침해하는 내용의 공권력을 행사해서는 안 된다는 객관적 가치질서의 기능도 가지므로, 무죄추정의 원칙을 '기본권'으로 파악한다 하여 그것이 가지는 '헌법원칙'으로서의 속성을 무시하는 것도 아니므로, 법적 성격을 논의할 큰 실익은 없다고 볼 수 있다. 하지만 '기본권'으로 파악할 경우, ① 헌법재판소법 제68조 제1항의 소위 '권리구제형 헌법소원심판'에서 말하는 '기본권을 침해받은 자'에 해당되고, ② 헌법 제37조 제2항에서 말하는 과잉금지원칙 내지 비례원칙을 적용할 수 있는 논리적 근거가 자연스러워진다는 장점이 있다는 점에서, 위 법적 성격 논의는 나름의 가치가 있다"고 보고 있다.[159)]

그러나 무죄추정원칙의 법적 성격을 구명하는 실질적인 실익은 헌법재판소 결정문의 논증구조에 있다는 것이 필자의 생각이다. 즉, 헌법원칙으로 보면 해당 심판대상 법률조항의 위헌심사에 있어서 독자적인 심사기준으로 작용한다는 점이다. 물론 앞에서 본 바와 같이 기본권으로 보는 경우에도 독자적인 심사기준이 되나, 필자의 생각으로는 무죄추정원칙은 아래에서 보는 바와 같이 기본권으로 보기에는 몇 가지 난점이 있는 것으로 판단된다.

---

155) 판례집 22-2하, 358, 365.
156) 변론의 병합, 분리와 관련하여 법원에게 재량을 부여한 형사소송법 제300조.
157) 판례집 23-1상, 347, 353.
158) 윤진수, "변호사법 제15조의 위헌성", 인권과정의 제179호, 대한변호사협회, 1990. 11, 107면.
159) 고일광, 전게해설서(2011), 387면.

또 하나 생각해 보아야 할 점은 헌법재판소의 기왕의 주류 판례는 무죄추정원칙을 헌법원칙으로 보면서 독자적인 심사기준으로 적용해 왔는데, 평석대상결정의 위헌의견 및 합헌의견(모두 8인의 재판관)은 무죄추정원칙을 헌법원칙으로 보면서도 독자적인 심사기준이 아니라 공무담임권의 위헌여부를 판단하는 심사의 '도구' 내지는 '방법'으로서 과잉금지원칙과 나란히 사용하고 있다는 점이다. 그리고 이와 같은 입장은 후속판례에서도 나타나고 있다.160)

(2) 검 토

기본권의 내용에 따른 분류방법 중 전통적인 견해(다수설)에 따르면, 우리헌법상 기본권은 ① (인간의 존엄과 가치와)161) 행복추구권, ② 평등권, ③ 자유권적 기본권, ④ 참정권적(정치적) 기본권, ⑤ 청구권적 기본권, ⑥ 사회권적 기본권으로 분류된다.162)

무죄추정의 원칙이 포섭될 가능성이 있는 기본권을 고려해 보면, 무죄추정원칙은 헌법 제27조 제4항에서 명문으로 규정하고 있다는 점에서 헌법 제10조에서 규정하고 있는 (인간의 존엄과 가치와) 행복추구권이나 제11조에서 규정하고 있는 평등권163)에 포섭시킬 수는 없다. 또한 무죄추정원칙이 참정권적(정치적) 기본권이나 사회권적 기본권의 성격과 무관함은 분명하므로 이에 해당할 수도 없다.

한편, 청구권적 기본권이나 절차적 기본권을 살펴볼 때, 이들 기본권은 국가적 행위나 국가적 급부를 청구함을 내용으로 하거나,164) 입법자에 의한 절차의 형

160) 헌재 2011. 4. 28. 2010헌마474, 판례집 23-1하, 126 이하. 이 판례의 판시내용에 대하여는 후술함.

161) '인간의 존엄과 가치'의 법적 성격에 대하여 헌법재판소는 「헌법 제10조는 "모든 국민은 인간으로서의 존엄과 가치를 가지며, 행복을 추구할 권리를 가진다. 국가는 개인이 가지는 불가침의 기본적 인권을 확인하고 이를 보장할 의무를 진다."라고 하여 모든 기본권의 종국적 목적이자 기본이념이라 할 수 있는 인간의 존엄과 가치를 규정하고 있다. 이러한 인간의 존엄과 가치 조항은 헌법이념의 핵심으로 국가는 헌법에 규정된 개별적 기본권을 비롯하여 헌법에 열거되지 아니한 자유와 권리까지도 이를 보장하여야 하고, 이를 통하여 개별 국민이 가지는 인간으로서의 존엄과 가치를 존중하고 확보하여야 한다는 헌법의 기본원리를 선언한 것이라 할 것이다.」라는 것이 주류 입장인 것으로 보이나(헌재 2001. 7. 19. 2000헌마546, 판례집 13-2, 103, 111; 헌재 2004. 10. 28. 2002헌마328, 공보 98, 1187, 1193-1194; 헌재 2010. 2. 25. 2008헌가23, 판례집 22-1상, 36, 61-62), 「인간의 존엄성은 최고의 헌법적 가치이자 국가목표규범으로서 모든 국가기관을 구속하며, 그리하여 국가는 인간존엄성을 실현해야 할 의무와 과제를 안게 됨을 의미한다. 따라서 인간의 존엄성은 '국가권력의 한계'로서 국가에 의한 침해로부터 보호받을 개인의 방어권일 뿐 아니라, '국가권력의 과제'로서 국민이 제3자에 의하여 인간존엄성을 위협받을 때 국가는 이를 보호할 의무를 부담한다.」고 하여 기본권성을 인정하는 판례(헌재 2011. 8. 30. 2006헌마788, 공보 179, 1285, 1294)도 있다.

162) 홍성방, 헌법학(상), 박영사, 2010, 291면; 한수웅, 전게서(2011), 357면. 권영성, 전게서(2010). 307면은 '인간의 존엄과 가치'를 빼고 "경제적 기본권"을 추가하고 있다. 이러한 다수설의 입장에 대한 비판은 허영, 전게서(2011), 325-326면 참조.

163) 평등권은 비교대상 간의 차별의 문제라는 점에서도 무죄추정의 원칙이 평등권에 포섭될 수는 더욱 없다.

성을 필요로 하는바,[165] 무죄추정의 원칙이 이러한 유형의 기본권에 포함된다고 보기는 어렵다.

그렇다면 무죄추정원칙(무죄추정권)을 자유권적 기본권의 영역에 포섭시킬 수 있는지 여부가 남는다고 할 것이다. 생각건대, 법률 등 자유권을 제한하는 공권력 행위에 대한 위헌심사의 단계는 일반적으로 3단계로 나뉜다. 첫째, 보호를 요청하는 개인의 행위·상태 또는 법적 지위가 자유권의 보호영역(보호범위)에 속하는지가 규명되어야 하고, 둘째, 공권력의 행위가 문제되는 자유권의 보호영역을 제한하는지의 여부를 확인해야 하며, 셋째, 자유권의 제한이 헌법적으로 정당화될 수 있는지의 여부가 판단되어야 한다.[166] 무죄추정원칙의 경우, 후술하는 바와 같이 동 원칙이 적용되는 영역이 있고(자유권의 경우 '보호영역'에 해당), 문제되는 '불이익처우'가 무죄추정원칙에서 금지하는 유죄인정의 효과에 해당하는지 여부를 확인하며(자유권의 경우 '기본권제한의 확인'에 해당), 그 경우에 그 불이익이 필요최소한에 그치도록 했는지 여부 즉 비례원칙을 준수하였는지 여부(자유권의 경우 '헌법적 정당화 여부'에 해당)를 판단하는 등 마치 자유권의 제한에 대한 심사구조와 유사한 측면이 있다.

그런데, 자유권적 기본권은 일반적으로 개인의 자유로운 영역이 국가권력의 간섭이나 침해를 받지 아니할 소극적·방어적 공권을 의미한다.[167] 즉, 자유권적 기본권은 국민(개인)으로 하여금 적극적으로 작위에 의한 자유의 실현과 소극적으로 부작위에 의한 자유의 실현을 보호하려는 것인데, 무죄추정의 원칙은 개인의 작위에 의한 자유실현과는 관계가 없다. 따라서, 비록 (국가공권력에 의하여 무죄추정이 훼손되어서는 안 된다는 의미에서) 부작위에 의한 자유실현에 대한 보호의 측면과 비슷한 점이 없지는 아니하나, 그 점만으로는 자유권적 기본권으로 인정하기에 부족하다고 할 것이다.

요컨대, 무죄추정의 원칙은 헌법재판소의 주류 판례의 입장과 같이 "유죄의 판결이 확정되기 전에 죄 있는 자에 준하여 취급함으로써 법률적·사실적 측면에서 유형·무형의 불이익을 주는 것을 금지하는 것"으로서,[168] "증거법에 국한된 원

164) 권영성, 전게서(2010), 602면.

165) 헌재 2004. 9. 23. 2000헌마138, 판례집 16-2상, 543, 567 이하, 재판관 김영일, 재판관 송인준, 재판관 주선회의 반대의견.

166) 한수웅, 전게서(2011), 419면. 이에 대한 구체적인 설명으로는 최갑선, "자유권적 기본권의 침해 여부 판단구조 및 판단기준", 헌법논총 제10집, 헌법재판소, 1999, 383면 이하 참조.

167) 권영성, 전게서(2010), 404면.

168) 헌재 2005. 5. 26. 2002헌마699등, 판례집 17-1, 734, 744.

칙이 아니라 수사절차에서 공판절차에 이르기까지 형사절차의 전 과정을 지배하는 지도원리로서 인신의 구속 자체를 제한하는 원리",[169] 즉 헌법원칙이라고 보아야 할 것이다. 이와 같은 입장은 앞에서 본 바와 같이 세계인권선언·국제인권규약·유럽인권규약 등에서 형사피고인 등의 무죄추정을 받을 권리를 규정하고 있다고 하나, 이들 규약이 소위 '무죄추정을 받을 권리'가 헌법상의 권리임을 선언한 것이라고는 볼 수 없다[170]는 점,[171] 미국·독일·일본 등 각국에서도 실정헌법상 명문규정이 없음은 물론이고 해석상으로도 헌법원칙이라고 볼지언정 기본권(헌법상 권리)으로 이해하지 않고 있는 경향에 부합한다는 점, 또한 우리 헌법(제5공화국헌법)의 입법연혁에서 보듯이 입법자(헌법개정권력자)는 무죄추정원칙을 기본권으로 받아들였다기보다는 헌법원칙으로 수용했다고 보아야 한다는 점에서도 뒷받침된다.

3. 평석대상결정의 분석

가. 개 요

평석대상결정은 무죄추정원칙과 관련하여 다음과 같은 판시를 하였다. 첫째, 무죄추정원칙을 개인의 주관적 공권(기본권)으로 보지 않고 헌법상의 원칙으로 파악하였다(재판관 8인의 견해). 둘째, 선례(2002헌마699등)에서는 재판관 4인의 합헌의견(법정의견)이 지방자치단체의 장이 금고 이상의 형의 선고를 받은 경우 부단체장으로 하여금 그 권한을 대행하도록 한 지방자치법 제101조의2 제1항 제3호의 권한대행제도를 무죄추정원칙의 적용영역에 해당하지 않는다고 본[172] 데 비하여, 평석대상결정은 무죄추정원칙을 기본권(무죄추정권)으로 본 재판관 1인을 포함하여 재판관 모두가 본 사안이 무죄추정원칙의 적용영역에 해당한다고 보았다. 셋째, 위 선례와는 달리 무죄추정원칙을 독자적인 위헌심사기준으로 보지 아니하고 과잉금지원칙과 함께 공무담임권이라는 제한되는 기본권의 헌법적 정당화 요소로, 즉 심사기준인 공무담임권(헌법 제25조)의 침해여부를 판단하는 위헌심사의 도구

169) 헌재 2003. 11. 27. 2002헌마193, 판례집 15-2하, 311, 320; 헌재 2010. 11. 25. 2009헌바8, 판례집 22-2하, 358, 365.

170) 또한, 헌법 제6조 제1항은 "헌법에 의하여 체결·공포된 조약과 일반적으로 승인된 국제법규는 국내법과 같은 효력을 가진다"고 규정하고 있다. 따라서 이들이 헌법적 효력을 갖는 것이 아닌 한 위헌법률심사의 기준이 될 수는 없다고 할 것이다. 이에 대하여는 김현철, 전게서(2011), 163면 참조.

171) 이에 대하여 신동운 교수는 UN국제인권규약(제14조 제2항)은 무죄추정의 원칙이 가지는 '기본적 권리'로서의 성격을 문언상 분명하게 나타내고 있다고 한다. 신동운, 전게논문(1990), 155면.

172) 반면에, 재판관 4인의 위헌의견은 이를 무죄추정의 적용영역으로 보고 동 규정이 무죄추정원칙에 위반된다고 하였다.

내지 방법으로 사용하였다.

나. 분　석

(1) 먼저, 첫째 쟁점인 기본권성 여부에 대하여는 이미 살펴본 바와 같이 무죄추정원칙은 헌법상의 원칙 내지 지도원리로 보아야 한다는 점에서 적절한 판단으로 평가할 수 있다.

(2) 다음으로 둘째 쟁점에 대하여 보면, 재판관 5인의 위헌의견은 "이 사건 법률조항[173]은 '금고 이상의 형이 선고되었다'는 사실 자체에 주민의 신뢰와 직무전념성을 해칠 우려가 있다는 이유로 부정적 의미를 부여한 후 그 유죄판결의 존재를 유일한 전제로 하여 형이 확정되지도 않은 상태에서 해당 자치단체장에 대하여 직무정지라는 불이익한 처분을 부과하고 있다. 즉, 유죄의 확정판결이 있기 전이라도 '금고 이상의 형을 선고' 받았다면 유죄의 확정판결이 내려질 개연성이 높다는 전제에서 당해 피고인을 죄가 있는 자에 준하여 불이익을 입히고 있는 것이다."라고 보고, 이어서 "특히 이 사건 법률조항은 오직 '금고 이상의 형을 선고받은 때로부터 금고 이상의 형이 확정될 때까지'에만 적용되는 규정이므로, 형사피고인이라 하여도 유죄의 확정판결이 있기까지는 원칙적으로 죄가 없는 자에 준하여 취급하여야 한다는 무죄추정의 원칙에 반하는 규정이라고 아니할 수 없다"고 하면서, 결론적으로 "결국 이 사건 법률조항은 금고 이상의 형을 선고받은 자치단체장을 그 형이 확정되기도 전에 유죄임을 전제로 필요최소한의 범위를 넘은 불이익을 가함으로써 헌법상 무죄추정의 원칙에 반하여…"라고 하였다.[174]

이에 대하여 재판관 3인의 합헌의견은 선례에서의 재판관 4인의 합헌의견과는 달리 "이 사건 법률조항이 부과하는 불이익은 직무정지로서, 자신이 정당하게 선출된 공직에 취임할 수 있는 기회를 박탈당한다는 점에서 당사자에게 불이익한 효과를 가져오는 처분임에는 틀림없다. 그리고 직무정지를 가하는 요건으로 '금고 이상의 형의 선고'가 유일한 이상 이는 형사피고인으로서 법원으로부터 금고 이상의 형에 해당하는 유죄판결을 받았다는 사실을 전제로 한 것이므로 유죄인정의 효과로서의 불이익에 개념상으로 해당한다"고 하면서도, 헌법재판소의 이전 결정례들[175]에 따라 무죄추정의 원칙의 예외로서 불이익이 최소한에 그치도록 하였는

173) 지방자치단체의 장이 금고 이상의 형을 선고받고 그 형이 확정되지 아니한 경우 부단체장이 그 권한을 대행하도록 규정한 지방자치법(2007. 5. 11. 법률 제8423호로 전부 개정된 것) 제111조 제1항 제3호.

174) 헌재 2010. 9. 2. 2010헌마418, 판례집 22-2상, 526, 542-543.

175) 헌재 1990. 11. 19. 90헌가48, 판례집 2, 393 이하; 헌재 1994. 7. 29. 93헌가3등, 판례집 6-2, 1 이

지 여부를 심사한 끝에 "따라서, 이 사건 법률조항은 유죄판결을 전제로 직무정지라는 불이익을 가하긴 하였지만 그 불이익이 최소한에 그치도록 함으로써 비례의 원칙을 준수하였다고 볼 수 있으므로 무죄추정의 원칙에도 위배되지 아니한다"는 결론에 이르고 있다.176)

이와 같이 재판관 3인의 합헌의견은 명시적으로 무죄추정원칙에 비례원칙을 적용하고 있고, 재판관 5인의 위헌의견은 이에 대하여 명시적으로 언급하지는 않았으나177) 그 결론 부분에서도 나타나듯이 이를 부인하는 입장은 아닌 것으로 판단된다.

(3) 셋째 쟁점은 이 글의 주제이므로 이에 대하여 집중적으로 살펴본다.

(가) 선례의 판단

선례(2002헌마699등)에서 헌법재판소는, 지방자치단체의 장이 금고 이상의 형의 선고를 받은 경우 부단체장으로 하여금 그 권한을 대행하도록 한 지방자치법 제101조의2 제1항 제3호('이 사건 법률조항')이 「(1) 지방자치단체의 장의 공무담임권을 과도하게 침해하여 헌법 제25조에 위반되는지 여부, (2) 유죄의 판결이 확정되지 아니한 피고인에 대하여 유죄가 선고되었음을 이유로 불이익을 주는 것으로 헌법 제27조 제4항의 무죄추정의 원칙에 위배되는지 여부, 그리고 (3) 국회의원 또는 다른 행정기관의 장에 대하여는 위와 같은 제도를 두고 있지 않으면서 지방자치단체의 장에 대하여만 위 법률조항과 같은 규정을 두는 것은 합리적 이유없이 지방자치단체의 장을 차별하는 것으로 헌법 제11조 평등원칙에 위배되는지 여부」의 순서로 판단한 끝에 재판관 5(합헌)178):4(위헌)의 의견으로 합헌결정을 하였다.

여기에서 법정의견(합헌의견)은 무죄추정원칙 위반여부에 대하여 "헌법 제27조 제4항은 '형사피고인은 유죄의 판결이 확정될 때까지는 무죄로 추정된다'고 규정

하; 헌재 1997. 5. 29. 96헌가17, 판례집 9-1, 517 이하; 헌재 1997. 6. 26. 96헌가8등, 판례집 9-1, 578 이하; 헌재 1998. 5. 28. 96헌가12, 판례집 10-1, 560 이하; 헌재 2003. 11. 27. 2002헌마193, 판례집 15-2하, 311 이하; 헌재 2006. 5. 25. 2004헌바12, 판례집 18-1하, 58 이하 등.

176) 헌재 2010. 9. 2. 2010헌마418, 판례집 22-2상, 526, 558-559.

177) 고일광, 전게해설서(2011), 397-398면.

178) 다만 권성 재판관은 (합헌)별개의견에서, "공무원이 직무를 수행할 수 있는 것은 법령이 당해 공무원에게 부여한 '권한'이지 공무원 개인에게 부여된 '권리', 즉 주관적 공권이 아니다. 국가는 그 과제를 효율적으로 수행하기 위하여 조직을 구성하고 국가권력을 배분한다. 공무원의 직무수행권은 바로 위와 같은 국가의 객관적 권한배분 내지 조직구성권의 행사의 결과로 주어진 '권한'(Kompetenz)이며 공무원 개인이 국가에 대하여 요구할 수 있는 주관적 공권이라고 볼 수 없다. 비록 이 사건 권한대행규정으로 말미암아 단체장의 권한이 정지된다고 하더라도 이는 공무원 개인의 자유를 제한한 것이 아니라 객관적 권한배분 내지 객관적 권한질서의 문제이므로, 당해 단체장이 자신의 주관적 공권인 공무담임권이 침해되었음을 이유로 위헌임을 주장할 수는 없는 것이다"라는 의견을 제시하였다.

하여 무죄추정의 원칙을 천명하고 있다. 무죄추정이란 「유죄의 판결이 확정되기 전에 죄 있는 자에 준하여 취급함으로써 법률적·사실적 측면에서 유형·무형의 불이익을 주는 것」을 (금지하는 것을)[179] 말하고, 여기서 '불이익'이란 유죄를 근거로 그에 대하여 사회적 비난 내지 기타 응보적 의미의 차별 취급을 가하는 유죄인정의 효과로서의 불이익을 뜻한다고 할 것이다. 흔히 무죄추정의 원칙은 형사절차 내에서 원칙으로 인식되고 있으나, 형사절차뿐만 아니라 기타 일반 법생활영역에서의 기본권제한과 같은 경우에도 적용된다고 할 것이다. 이 사건 법률규정에 의한 단체장의 권한정지는 형사절차 내에서의 불이익은 아니지만 유죄판결을 근거로 피고인의 공무담임권을 제한하는 것으로 무죄추정원칙이 적용된다고 할 것이다. 그러면 이 사건 법률규정에 의한 자치단체장의 권한정지가 유죄인정의 효과로서의 불이익에 해당하는지에 대하여 본다. 이 사건 법률규정이 금고 이상의 형의 선고라는 '유죄'를 기준으로 단체장의 권한을 정지한다는 점에서 일견 유죄의 판결이 확정되기 전에 죄 있는 자에 준하여 취급하는 것을 금지하는 무죄추정의 원칙에 어긋나는 것으로 보일 수 있다. 그러나 앞에서 본 바와 같이 이 사건 법률규정은 지방자치단체의 장이 유죄판결을 받았음을 이유로 사회적 비난 내지 부정적 의미의 차별을 가하기 위하여 그를 직무에서 배제하는 것이 아니라, 유죄판결을 받은 자치단체장에게 그 직무를 계속 수행하도록 방치한다면 자치단체의 운영에 구체적 위험이 생길 염려가 있어 부단체장으로 하여금 권한을 대행하도록 하는 것이다. 따라서 이 사건 법률규정에 의한 단체장의 권한정지는 위와 같은 권한대행제도에 의하여 불가피하게 뒤따르는 반사적이고 부수적인 것이다. 비록 이 사건 권한정지가 유죄선고에 기인하는 것이기는 하지만, 이는 유죄선고를 받았음을 이유로 당해 피고인에게 사회·윤리적 비난 내지 응보적 의미의 제재를 가하려는 것이 아니라, 신뢰를 상실한 단체장의 직무수행으로 인한 부작용을 방지하기 위한 권한대행제도의 부수적 산물이란 점에서 그와 같은 불이익은 무죄추정의 원칙에서 금지하는 유죄인정의 효과로서의 불이익에 해당한다고 볼 수 없다. 그렇다면 이 사건 법률규정은 유죄판결에서 비롯되는 사회윤리적 비난을 수반하는 불이익이라거나 유죄를 근거로 하는 부정적 의미의 기본권제한이라고 볼 수 없어 헌법 제27조 제4항의 무죄추정의 원칙에 저촉된다고 할 수 없다"고 하였다.[180] 즉, 무죄추정원칙 적용영역이 아닌 것으로 보았다.

이에 대하여 재판관 4인의 위헌의견은 (1) 공무담임권 침해여부와 (2) 무죄추

179) ( ) 안은 필자가 추가함.

180) 판례집 17-1, 734, 744-745.

정원칙 위반여부만을 판단하고 (3) 평등원칙 위반여부는 판단하지 않았는데, 무죄추정원칙 위반여부에 대하여는, "헌법 제27조 제4항은 '형사피고인은 유죄의 판결이 확정될 때까지는 무죄로 추정된다'고 규정하여 무죄추정의 원칙을 천명하고 있다. 또한 형사소송법 제275조의2도 위 헌법규정과 동일한 자구(字句)로 규정하고 있다. 무죄추정은 우리 헌법과 형사법의 기본원칙이며 거의 모든 나라가 채택하고 있는 현대 형사법의 기본원리이다. 무죄추정이란 유죄가 확정되기 전에는 피고인을 죄가 없는 자에 준하여 취급하여야 한다는 것을 말한다. 여기서 '죄가 없는 자에 준하여 취급하여야 한다'는 것은 다음과 같은 두 가지 의미를 가지고 있다고 할 것이다. 첫째, 형사절차에 의하여 유죄가 확정될 때까지는 피고인에게 범죄사실의 인정과 그에 따른 유죄의 비난을 할 수 없다는 것이고, 둘째, 유죄가 확정될 때까지는 그 범죄사실을 근거로 형벌, 보안처분 기타 유죄판결에 기초한 불이익을 가할 수 없다는 것이다. 여기서 '불이익'이란 다수의견이 풀이한 바와 같이 유죄를 근거로 피고인에 대하여 사회적 비난 내지 기타 응보적 의미의 차별 취급을 가하는 유죄인정의 효과로서의 불이익을 뜻한다고 할 것이다"고 하면서, 이 사건 법률규정에 의한 자치단체장의 권한정지가 유죄판결에 기초한 불이익으로서 무죄추정의 원칙에 어긋나는지 여부에 대하여 "다수의견은 유죄선고를 받은 자치단체장의 직무수행으로 인한 지방행정에 대한 위험을 예방하기 위하여 부단체장으로 하여금 권한을 대행하도록 하는 것이고, 단체장의 권한정지는 위와 같은 권한대행제도에 의하여 불가피하게 뒤따르는 부수적 산물로서 유죄판결에서 비롯되는 사회윤리적 비난을 수반하는 불이익이 아니기 때문에 무죄추정의 원칙에 저촉되지 않는다는 것이다. 물론 자치단체장의 권한정지가 권한대행제도를 시행함에 있어 불가피한 측면이라는 점은 부인하지 않는다. 문제는 이 사건 권한대행제도의 본래 의도가 무엇인가 하는 점에 있다. 앞에서 본 바와 같이 우리는 이 사건 법률규정의 주된 입법취지가 유죄판결을 받은 자치단체장으로 하여금 계속 직무를 수행하도록 하는 것은 사회윤리적 측면에서 허용될 수 없어 그를 직무에서 배제시키기 위함에 있다는 것이다. 즉, '주민의 복리나 지방행정의 원활한 운영'을 위한 것이라기보다는 '유죄판결을 받은 자치단체장의 직무배제'가 이 사건 법률규정을 도입한 주된 취지라는 것이다. 그렇다면 이 사건 규정에 의한 자치단체장의 권한정지는 바로 유죄판결에 기초한 피고인에 대한 사회적 가치판단 내지 부정적 의미의 제재라고 하지 않을 수 없고 이는 유죄인정의 효과로서의 불이익인 것이다. 가사 이 사건 법률규정의 입법목적이 다수의견[181]과 같이 오로지 지방행정의 원활한

181) 다수의견은 이 사건 법률조항의 입법목적을 "금고 이상의 형을 선고받은 단체장을 그 직무에

운영을 위한 것이라고 하더라도 금고 이상의 형의 선고라는 유죄판단을 근거로 피고인의 권한을 정지하는 것은 유죄의 판결이 확정될 때까지 죄없는 자에 준하여 취급하여야 한다는 헌법의 명령에 위반되는 것이다. 헌법이 추구하는 최고의 가치 중 하나는 인권이고 헌법의 역사는 인권보장의 역사이다. 다른 어떤 목적을 위해서도 인권은 타협이나 양보의 대상이 될 수 없고 수단이 될 수도 없다. 헌법이 무죄추정의 원칙을 천명하고 형사소송법이 헌법의 자구와 동일하게 이를 다시 규정하고 있는 점을 우리는 다시금 새겨보아야 한다. 이 사건 법률규정은 유죄의 판결이 확정되지 아니한 상태에서 피고인을 죄있는 자에 준하여 취급하는 것이며 이를 전제로 불이익을 입히는 것으로 헌법 제27조 제4항의 무죄추정의 원칙에 어긋난다고 할 것이다. 비록 유죄선고를 받은 자치단체장의 직무수행으로 인한 부작용 방지가 이 사건 법률규정의 또 다른 입법목적이라고 할지라도 결론이 달라질 수는 없다"고 하였다.[182)]

(나) 평석대상결정의 판단

평석대상결정에서 헌법재판소는, "지방자치단체의 장('자치단체장')이 금고 이상의 형을 선고받고 그 형이 확정되지 아니한 경우 부단체장이 그 권한을 대행하도록 규정한 지방자치법(2007. 5. 11. 법률 제8423호로 전부 개정된 것) 제111조 제1항 제3호('이 사건 법률조항')에 대하여 재판관 5(위헌):1(헌법불합치)[183)]:3(합헌)의 의견으로 헌법불합치결정을 선고하였다.

이 결정에서 재판관 5인의 위헌의견은, "이 사건 법률조항에 의한 <u>공무담임권 제한이 무죄추정의 원칙과 과잉금지원칙에 반하는지</u> 여부를 살펴 본 다음, 이 사건 법률조항이 청구인의 평등권도 침해하는지 여부에 관하여 살펴보는" 것으

서 배제함으로써 직무수행에 대한 주민의 신뢰를 회복하고 직무에 대한 전념성을 확보하여 주민의 복리와 지방행정의 원활한 운영에 대한 위험을 미연에 방지하기 위한 것"으로 보았다.(판례집 17-1, 734, 743)

182) 판례집 17-1, 734, 751-752.

183) 조대현 재판관은, 이 사건 법률조항이 <u>헌법 제37조 제2항의 과잉금지원칙에 위배하여 청구인의 공무담임권(헌법 제25조)과 무죄추정권(헌법 제27조 제4항)을 침해하여 위헌</u>이로되, "이 사건 법률조항은 자치단체장이 금고 이상의 형을 선고받은 경우에, 그러한 형을 선고받은 범죄행위로 인하여 공무담임권 위임의 정당성이 무너지거나 공무담임권 위임의 본지를 배반하여 공무를 계속 담당시키기 곤란한 경우인지 여부를 묻지 않고, 그러한 형이 확정되기 전에도 선출된 공무원의 공무담임권을 행사하지 못하게 하고 있으므로, 헌법에 위반되지 않는 경우와 헌법에 위반되는 경우를 포함하여 규율하고 있다고 할 것이다. 그리고 이 사건 법률조항 중 위헌부분과 합헌부분을 가려내는 일은 국회의 입법형성권에 맡김이 상당하다. 따라서 이 사건 법률조항 전부에 대하여 헌법에 합치되지 아니한다고 선언하고 이 사건 법률조항 중 위헌부분을 제거하는 개선입법을 촉구함이 상당하다"는 입장이다.(헌재 2010. 9. 2. 2010헌마418, 판례집 22-2상, 526, 549) 평석대상결정은 이 의견에 따라 '헌법불합치 및 적용중지'의 주문이 선고되었다. 헌법재판소의 평의 결과 여러 의견이 대립되는 경우의 주문결정 방법 및 사례에 대하여는 김현철, 전게서(2011), 94-97면 참조.

로[184] 전제하고, 구체적인 판단은 「(1) 무죄추정의 원칙 위반여부, (2) 과잉금지원칙 위반여부, (3) 평등권 침해여부」의 순서로 논증하고 있다. 구체적으로 보면, '무죄추정원칙' 심사 부분에서는 "결국 이 사건 법률조항은 금고 이상의 형을 선고받은 자치단체장을 그 형이 확정되기도 전에 유죄임을 전제로 필요최소한의 범위를 넘은 불이익을 가함으로써 헌법상 무죄추정의 원칙에 반하여 공무담임권을 제한하고 있다"고 결론을 내리고,[185] '과잉금지원칙' 심사 부분에서는 "따라서 이 사건 법률조항은 기본권제한의 침해최소성 및 법익균형성을 갖추지 못하였으므로, 헌법상 과잉금지원칙에 위반하여 청구인의 공무담임권을 과도하게 제한하고 있다"고 결론을 내리고 있다.[186]

이에 반하여 재판관 3인의 합헌의견은 그 의견의 모두(冒頭)부분에서, "우리는, 이 사건 법률조항이 아래와 같은 이유로 과잉금지원칙에 위배되지 아니하고 무죄추정의 원칙에도 위배되지 아니하여 청구인의 공무담임권을 침해하지 않음은 물론, 평등권 기타 어떠한 청구인의 기본권도 침해하지 않는다고 판단하므로, 반대의견을 개진한다"고 하고서, 그 판단은 「(1) 이 사건 법률조항이 과잉금지원칙에 위배되는지 여부, (2) 이 사건 법률조항이 무죄추정의 원칙에 위배되는지 여부, (3) 평등권을 침해하였는지 여부」의 순서로 하였다. 구체적으로 보면, '과잉금지원칙' 심사 부분에서는 "그러므로 이 사건 법률조항은 청구인의 공무담임권을 제한함에 있어 과잉금지의 원칙에 위배되지 않는다"고 결론을 내리고,[187] '무죄추정원칙' 심사 부분에서는 "따라서, 이 사건 법률조항은 유죄판결을 전제로 직무정지라는 불이익을 가하긴 하였지만 그 불이익이 최소한에 그치도록 함으로써 비례의 원칙을 준수하였다고 볼 수 있으므로 무죄추정의 원칙에도 위배되지 아니한다"고 결론을 내리고 있으며,[188] 최종결론 부분에서는 "따라서, 이 사건 법률조항은 과잉금지원칙은 물론 무죄추정의 원칙도 위반하지 아니하여 청구인의 공무담임권을 침해하지 않음은 물론, 평등권 기타 어떠한 청구인의 기본권도 침해하지 않는다고 할 것이므로, 이와 반대의 입장에 서 있는 위헌의견, 헌법불합치의견에는 결코 동의할 수 없다"고 하고 있다.[189]

즉, 논증구조에 있어서는 재판관 3인의 합헌의견도 재판관 5인의 위헌의견과

184) 헌재 2010. 9. 2. 2010헌마418, 판례집 22-2상, 526, 542.
185) 위 판례집 543.
186) 위 판례집 546.
187) 위 판례집 556.
188) 위 판례집 558.
189) 위 판례집 562.

같은 입장을 취하고 있다.

(다) 후속판례의 입장

평석대상결정을 기점으로, 무죄추정원칙을 기본권이 아닌 헌법원칙으로 보고 다만 독자적인 심사기준이 아니라 과잉금지원칙과 함께 “기본권의 침해여부를 판단하는 심사의 도구 내지 방법”으로 이해하는 것으로 헌법재판소의 입장이 정리되는 것으로 보인다.

예컨대 헌재 2011. 4. 28. 2010헌마474 사건에서 헌법재판소는, 지방자치단체의 장(‘자치단체장’)이 ‘공소 제기된 후 구금상태에 있는 경우’ 부단체장이 그 권한을 대행하도록 규정한 지방자치법(2007. 5. 11. 법률 제8423호로 전부 개정된 것) 제111조 제1항 제2호(‘이 사건 법률조항’)에 대한 사건에서 모든 의견이, 위 법률조항이 자치단체장인 청구인의 공무담임권을 제한함에 있어 가. 과잉금지원칙에 위반되는지 및 나. 무죄추정의 원칙에 위반되는지 여부를 판단한 끝에 재판관 8(기각):1(위헌)의 의견으로 청구인의 심판청구를 기각하였다. 다만, (1) 재판관 4인[190]의 기각의견은 “이 사건 법률조항은 공소 제기된 자로서 구금되었다는 사실 자체에 사회적 비난의 의미를 부여한다거나 그 유죄의 개연성에 근거하여 직무를 정지시키는 것이 아니라, 구금의 효과 즉 구속되어 있는 자치단체장의 물리적 부재상태로 말미암아 자치단체행정의 원활하고 계속적인 운영에 위험이 발생할 것이 명백하여 이를 미연에 방지하기 위하여 직무를 정지시키는 것이므로, ‘범죄사실의 인정 또는 유죄의 인정에서 비롯되는 불이익’이라거나 ‘유죄를 근거로 하는 사회윤리적 비난’이라고 볼 수 없다”는 이유로[191] 무죄추정의 원칙에 위반되지 않는다고 하였고, (2) 재판관 4인[192]의 기각의견은 “이 사건 법률조항이 가하고 있는 직무정지가 유죄인정을 전제로 한 불이익임에는 틀림없으나 그 불이익이 비례의 원칙을 존중한 것으로서 필요최소한도에 그친다면 예외적으로 무죄추정의 원칙에 저촉되지 않는다 할 것인바, 이 사건 법률조항이 직무정지를 부과하는 목적이 검사의 공소제기결정이나 법원의 구속영장발부에 근거한 비난이나 제재에 있는 것이 아니라 자치단체장의 물리적 부재상태로 말미암아 자치단체행정의 원활한 운영에 생길 수 있는 위험을 제거하고 주민의 신뢰를 회복하는 데 있다는 점, 그 불이익의 정도도 필요 최소한의 범위에 그치고 있다는 점 등에 비추어 볼 때, 비례의 원칙을 준수하였다고 할 것이어서 무죄추정의 원칙에 위반되지 않는다”고 하였다. 나

190) 조대현·김종대·목영준·송두환 재판관.

191) 즉, 무죄추정원칙의 적용영역에 해당하지 않는다는 것이다.

192) 이공현·민형기·이동흡·박한철 재판관.

머지 재판관 1인의 위헌의견[193]은 "검사의 공소제기나 법관의 영장발부에 의한 구금상태는 그 후에 계속되는 일련의 형사절차 진행과정의 맨 처음 시작단계에 불과하고 유죄판결의 선고나 확정은 상당히 오랜 시간이 경과한 후에야 가능한 것임에도, 이 사건 법률조항은 자치단체장이 구금상태에 있고 그에 대하여 공소가 제기되었다는 두 가지 사실이 있기만 하면 유죄판결이나 그 확정을 기다리지 아니한 채 바로 직무를 정지시키고 있으므로 무죄추정의 원칙에 반한다"고 하였다. 즉, 재판관 9인은 모두 공무담임권을 제한하는 이 사건 법률조항의 헌법적 정당화 수단으로, 다시 말하여 공무담임권 침해여부를 판단하는 심사의 도구 내지 방법으로 과잉금지원칙과 무죄추정원칙을 나란히 사용하고 있다.

다. 소 결

무죄추정원칙은 헌법원칙으로서 독자적인 위헌심사기준으로 적용되어야 한다.

우리 헌법은 제27조 제4항에서 "형사피고인은 유죄의 판결이 확정될 때까지는 무죄로 추정된다"고 규정하고 있고, 이러한 헌법정신을 이어받아 형사소송법 제275조의2도 같은 내용을 규정함으로써 이른바 무죄추정의 원칙을 제도적으로 보장하고 있다. 그리고 이러한 입법의 정신은 비단 법에 명시된 피고인뿐만 아니라 절차의 전단계에 있는 피의자에 대하여도 적용된다고 보아야 할 것이다. 1955년 제1회 "국제연합 범죄방지 및 범죄인 처우에 관한 회의"(UN Congress on the Prevention of Crime and the Treatment of Offenders)에서 채택된 「피구금자 처우를 위한 최저기준 규칙 (Standard Minimum Rules for the Treatment of Prisoners)」 제84조 제2항도 "유죄판결을 받지 아니한 피구금자는 무죄로 추정되고 무죄인 자로서 처우되어야 한다"고 규정하고 있듯이, 무죄추정의 원칙은 수사절차에서 공판절차에 이르기까지 형사절차의 전 과정을 지배하는 지도원리이기 때문이다.[194]

무죄추정의 원칙은, "아직 공소제기가 없는 피의자는 물론 공소가 제기된 피고인이라도 유죄의 확정판결이 있기까지는 원칙적으로 죄가 없는 자에 준하여 취급하여야 하고 불이익을 입혀서는 안되며 가사 그 불이익을 입힌다 하여도 필요한 최소한도에 그쳐야 한다는 원칙"을 말하고,[195] 무죄추정의 원칙상 금지되는 '불이익'이란 '범죄사실의 인정 또는 유죄를 전제로 그에 대하여 법률적·사실적

---

193) 이강국 재판관.

194) 헌재 2005. 5. 26. 2001헌마728, 판례집 17-1, 709, 721.

195) 헌재 1990. 11. 19. 90헌가48, 판례집 2, 393, 402; 헌재 2010. 9. 2. 2010헌마418, 공보 167, 1539, 1547.

측면에서 유형·무형의 차별취급을 가하는 유죄인정의 효과로서의 불이익'을 뜻하며, 이는 비단 형사절차 내에서의 불이익뿐만 아니라 기타 일반 법생활 영역에서의 기본권제한과 같은 경우에도 적용된다.[196]

이와 같이 무죄추정원칙이 헌법에 명문(제27조 제4항)으로 규정되어 있는 점, 금지되는 '불이익'의 내용 및 무죄추정원칙이 적용되는 영역이 판례로서 밝혀져 있는 점, 동 원칙 위반여부를 판단함에 있어 소위 "비례원칙"이 적용되는 등 동 원칙의 위배여부를 판단하는 심사의 도구 내지 방법이 확립되어 있는 점 등을 고려할 때, 무죄추정원칙은 법률유보원칙이나 명확성원칙, 포괄위임금지원칙, 그리고 이중처벌금지원칙, 자기책임의 원리[197] 등과 같이 법률의 위헌성을 판단하는 독자적인 심사기준으로 적용되어야 한다. 즉, 무죄추정의 원칙은 (공무담임권 등) 관련 기본권의 침해여부를 판단하는 심사도구 내지 방법에 그치는 것이 아니라, 무죄추정원칙에 반하는 제재는 그 자체로서 헌법위반을 구성한다고 할 것이다.

그런 점에서 헌법재판소가 평석대상결정 이후로 종래의 입장을 바꾸어 무죄추정원칙을 관련 기본권의 침해여부를 판단하는 단순한 심사의 도구 내지 방법으로 사용하는 입장은 적절하지 못하다고 판단된다. 만약 최근 헌법재판소의 입장과 같이 관련 기본권의 침해여부를 판단하는 심사의 도구 내지 방법으로 과잉금지원칙과 같은 차원에서 무죄추정원칙을 적용하는 경우에는 "과잉금지원칙에 위배하여 공무담임권을 침해"하나, "(무죄추정원칙의 적용영역에 해당하지 않거나 해당하더라도 필요최소한의 불이익처우라는 이유로) 무죄추정원칙에 위배되지 않아 공무담임권을 침해하는 것은 아니다"는 판시내용도 있을 수 있는데, 이는 명백히 부적절해 보인다.

Ⅳ. 나오는 말

무죄추정원칙의 실질적 내용 내지 규범적 효과를 둘러싼 수많은 문제제기는 우리나라에서만 볼 수 있는 예외적인 현상은 아니다. 이미 외국에서도 무죄추정원

196) 헌재 2005. 5. 26. 2002헌마699등, 판례집 17-1, 734, 744; 헌재 2010. 9. 2. 2010헌마418, 공보 167, 1539, 1547.

197) "자기책임의 원리는 인간의 자유와 유책성, 그리고 인간의 존엄성을 진지하게 반영한 원리로서 그것이 비단 민사법이나 형사법에 국한된 원리라기보다는 근대법의 기본이념으로서 법치주의에 당연히 내재하는 원리로 볼 것이고 헌법 제13조 제3항은 그 한 표현에 해당하는 것으로서 자기책임의 원리에 반하는 제재는 그 자체로서 헌법위반을 구성한다"고 판시한 헌재 2011. 9. 29. 2010헌마68 결정 참조.(공보 180, 1482, 1486)

칙은 그 해석 및 적용과 관련하여 학설과 판례에서 많은 논란이 있다. 예컨대 독일의 Stuckenberg는 "약 200년 정도의 역사를 가진 법원리라면 그 규정의 본질적인 내용에 대해서는 의견의 일치를 기대할 수 있음에도 불구하고, 무죄추정원칙의 실질적 내용에 대해서는 여전히 본질적인 합의를 보지 못하고 있다"고 지적하였다.[198] 신동운 교수도 "무죄추정의 원칙은 '의심스러운 때에는 피고인에게 유리하게'(in dubio pro reo)의 법리를 제외하고 나면 아직도 그 내용이 구체적으로 충분히 밝혀져 있지 아니한 법원리이다"라고 한다.[199]

우리나라에서 무죄추정원칙과 관련하여, 특히 동 원칙의 적용범위와 관련하여 형사법학자들간에는 많은 논란이 있지만,[200] 우리 헌법재판소는 앞에서도 본 바와 같이 "무죄추정의 원칙이라 함은, 아직 공소제기가 없는 피의자는 물론 공소가 제기된 피고인이라도 유죄의 확정판결이 있기까지는 원칙적으로 죄가 없는 자에 준하여 취급하여야 하고 불이익을 입혀서는 안되며 가사 그 불이익을 입힌다 하여도 필요한 최소한도에 그쳐야 한다는 원칙을 말하고,"[201] "여기서 무죄추정의 원칙상 금지되는 '불이익'이란 '범죄사실의 인정 또는 유죄를 전제로 그에 대하여 법률적·사실적 측면에서 유형·무형의 차별취급을 가하는 유죄인정의 효과로서의 불이익'을 뜻하며,"[202] "이는 비단 형사절차 내에서의 불이익뿐만 아니라 기타 일반 법생활 영역에서의 기본권제한과 같은 경우에도 적용된다."[203]는 확립된 입장을 밝혔다.

그런데 무죄추정원칙의 법적 성격에 대하여는 이를 개인의 기본권(무죄추정권)으로 볼 것인지, 아니면 헌법상의 원칙 내지 지도원리로 볼 것인지에 대하여 헌법재판소는 일관된 입장을 보이지 못하였다가 최근에 평석대상결정을 전환점으로 하여 헌법상의 원칙으로 보는 견해로 정리한 것으로 보이고, 이는 외국의 입법례·헌법해석례를 보거나, 우리 헌법(제27조 제4항)의 입법연혁을 살펴볼 때 올바른 판단인 것으로 생각된다. 이제 남은 것은 헌법상의 원칙 내지 원리로 보는 경우에 법률에 대한 위헌심사에서 무죄추정원칙이 어떠한 위치와 기능을 가지는가 하는

198) Carl Friedrich Stuckenberg, *Untersuchungen zur, Unschuldsvermutung*, 1998, S. 4. 이진국, 전게논문(2005·겨울호), 40면에서 재인용.

199) 신동운, 전게논문(1990), 155면.

200) 이에 관하여는 이진국·도종진, 전게연구서(2005) 및 김정한, 전게논문(2006·봄호) 참조.

201) 헌재 1990. 11. 19. 90헌가48, 판례집 2, 393, 402; 헌재 1997. 5. 9. 96헌가17, 판례집 9-1, 509, 517; 헌재 2009. 6. 25. 2007헌바25, 판례집 21-1하, 784, 798.

202) 헌재 2010. 9. 2. 2010헌마418, 판례집 22-2상, 526, 542.

203) 헌재 2005. 5. 26. 2002헌마699등, 판례집 17-1, 734, 744; 헌재 2006. 5. 25. 2004헌바12, 판례집 18-1하, 58, 68; 헌재 2010. 9. 2. 2010헌마418, 판례집 22-2상, 526, 542.

점이다.

헌법재판소는 이전의 결정에서부터 '선례'에 이르기까지 무죄추정원칙을 법률에 대한 위헌심사에 있어서 "독자적인 심사기준"으로 적용해 왔다. 그런데 '평석대상결정'에서부터 무죄추정원칙을 과잉금지원칙과 나란히 공무담임권 등 관련 기본권침해 여부를 판단하는 도구 내지는 방법으로 적용하기 시작하였다.

그런데 무죄추정원칙이 헌법에 명문(제27조 제4항)으로 규정되어 있는 점, 금지되는 '불이익'의 내용 및 무죄추정원칙이 적용되는 영역이 판례로서 밝혀져 있는 점, 동 원칙 위반여부를 판단함에 있어 소위 "비례원칙"이 적용되는 등 동 원칙의 위배여부를 판단하는 심사의 도구 내지 방법이 확립되어 있는 점 등을 고려할 때, 무죄추정원칙은 법률유보원칙이나 명확성원칙, 포괄위임금지원칙, 그리고 이중처벌금지원칙, 자기책임의 원리 등과 같이 법률의 위헌성을 판단하는 독자적인 심사기준으로 적용되어야 한다. 즉, 무죄추정의 원칙은 (공무담임권 등) 관련 기본권의 침해여부를 판단하는 심사도구 내지 방법에 그치는 것이 아니라, 무죄추정원칙에 반하는 제재는 그 자체로서 헌법위반을 구성하는 독자적인 심사기준인 것이다.

그런 점에서 '평석대상결정'은 그 결론은 타당하지만, 논증구조에 있어서는(내용의 깊이는 별론으로 하고) '선례'에서의 재판관 4인의 위헌의견의 입장이 옳다고 생각된다.

제117회 발표회 지정토론문

2010헌마418 결정에 대한 김현철 교수님 평석에 대하여

고 일 광*

1. 무죄추정원칙의 독립적인 심사기준화

(1) 법률에 대한 위헌심사에 있어서 무죄추정원칙이 독립적인 심사기준으로 되어야 한다는 발제자의 취지에 동의한다. 이를 위한 논의전개과정에서 기본권과는 별도의 독립적인 심사기준으로서의 '헌법원칙'을 논하고, 무죄추정의 원칙이 그 하나에 해당하며, 반면 신뢰보호원칙은 기본권 침해여부 심사의 판단도구(방법)로 위치지은 것 역시 논리적으로 타당한 분석이라 생각한다.

그런 의미에서, 과거의 헌재결정에서 '무죄추정원칙 위반 여부'를 '기본권 침해 여부'와 독립한 항목으로 심사하고 논증한 것이 더 옳았다는 발제자의 결론에도 역시 동의한다. 무죄추정의 원칙은 특정 기본권 침해여부를 판단하는 기준(예를 들어 과잉금지의 원칙)의 하나일 수 없기 때문이다.

따라서 이 사건 결정(2010헌마418)과 후속결정(2010헌마474)에서 '공무담임권 침해 여부'라는 제하에 '가. 과잉금지원칙 위반 여부', '나. 무죄추정원칙 위반 여부'로 나누어 논증한 구조는 타당하지 않다고 본다.

(2) 다만, 재판관님들이 그와 같은 논증구조를 취하게 된 배경의 일면에는 다음과 같은 생각이 있었던 것으로 보인다. 즉, 법 제68조 제1항에 기한 권리구제형 헌법소원(헌마 사건)은 해당 법률조항으로 말미암아 '기본권'을 침해받은 자가 제기할 수 있으므로, 청구인이 현재 침해받았다고 주장하는 것은 공무담임권인데, 일부 재판관님들의 생각에는 '무죄추정원칙' 하나만으로도 이 사건 법률조항은 위헌선언하기에 족하다는 것이었기 때문에,[1] 그럴 경우 "무죄추정원칙에는 위반되

---

* 춘천지방법원 영월지원장(당시 헌법재판소 헌법연구관).

1) 굳이 과잉금지원칙 위반을 논할 필요가 없다는 취지이다. 반면, 위헌의견을 제시한 다른 재판관님들은 자치단체장이 지역주민의 직접선거에 의하여 민주적 정당성을 부여받았으므로 함부로 법률이 직무정지를 가할 수 없어야 한다는 요소도 함께 고려하여 위헌 결론을 내렸다.

나 어떤 기본권을 침해했다고 결론내려야 하나?" 하는 것이 근본적 고민이었던 것 같다. 이 사건에서는 다행히 '과잉금지원칙'에도 위반되는 사정이 있어 '공무담임권'이라는 기본권을 적시할 수는 있었지만, 일반적으로 본다면 "무죄추정원칙에 위반된다"는 간결한 이유로 위헌선언을 하려 해도 적시할 '기본권'이 없게 된다는 것이다. 그래서 부득이 '공무담임권 제한영역'으로 들어오게 된 '직무정지'라는 불이익이 무죄추정의 원칙에 반하므로 결국 청구인에게 부과되어 있는 공무담임권이 침해된 것이라는 논증구조를 취하게 된 것이 아닐까 싶다.

그러므로 '무죄추정의 원칙'을 기본권과는 별도의 독립적인 심사기준으로 보는 발제자의 입장에서는, 이 사건의 경우, 나아가 일반적으로 '헌마'사건이 제기되었을 때 '무죄추정의 원칙'만 논의되는 경우에는 어떠한 '기본권'이 침해되는 것으로 결론을 내야 하는지 논리적 설명을 제공할 수 있어야 한다고 생각한다. '헌마'사건에서 '무죄추정의 원칙'이 독립적인 심사기준이 된다면 그 결론은 어떻게 나야 하는지 하는 문제이다.

2. 무죄추정의 '원칙'에 대한 질문들

가. 심사기준의 구체적 내용은 무엇인가

(1) 무죄추정의 원칙을 논증하는 구조라는 관점에서는 [2002헌마699] 결정[2)]의 4인 위헌의견(이하 '4인 위헌의견'이라고 약칭한다)이 옳았다고 할 수 있을지 모르겠으나, 적어도 하나의 '심사기준'으로서 무죄추정의 원칙이 어떠한 실체를 가지고 있고, 어떠한 부분을 적용시켜서 무죄추정의 원칙에 반한다고 결론을 내릴 수 있는지 하는 '심사기준의 구체적 내용'에 관해서는 위 결정은 아무 것도 제공하고 있지 않다고 생각한다.

위 결정에서는 그저 무죄추정의 원칙이 형사절차상 지극히 중요하고 근본적인 중요성을 가진다는 취지의 어구만 반복하였을 뿐, 결국 "무죄추정의 원칙이 금지하는 불이익은 유죄인정을 전제로 하는 불이익인데, …… 이 사건 법률조항이 가하는 직무정지는 위 불이익에 해당한다"는 취지에 불과하여, 왜 무죄추정의 원칙에 반하는지에 관한 자세한 설명이 없다. 기껏해야 이유로 들고 있는 것이 "이 사건 법률조항의 본래 의도, 주된 입법취지는 유죄판결을 받은 자치단체장을 직무로부터 배제시키겠다는 비난에 다름 아니므로"라며 입법목적 자체를 '비난'이라고

---

2) 이 사건 결정에 의하여 선례로서 폐기되었다.

결부시킨 다음, 더 이상의 아무런 설명도 없이, 따라서 '유죄인정의 효과로서의 불이익'이므로 무죄추정의 원칙에 반한다고 결론내리고 있다.

굳이 비유하자면 "기본권을 제한함에 있어서는 과잉금지원칙상 … (입법목적의 정당성, 수단의 적절성, 침해의 최소성, 법익균형성) …라는 4가지 요건이 필요한데, 이 사건 법률조항은 위 4가지 요건을 충족시키지 못하여 과잉금지원칙에 위반된다"라는 이유설시와 같이, 왜 4가지 요건을 충족시키지 못하였는지에 관한 논리적 설명은 전혀 하지 않은 채 곧바로 결론으로 가버린 것이다.

(2) 무죄추정원칙에 관한 과거의 결정에서는 물론이고, 위 4인의 위헌의견을 '대안'으로서 제시하고 있는 발제자의 발제문에서도 이러한 심사기준의 구체적 내용에 관해서는 아무런 설명이 없다. "무죄추정의 원칙이 형사절차의 전 과정을 지배하는 지도원리"라는 점, "원칙의 적용영역이 형사절차뿐만 아니라 다른 기본권 제한의 영역에까지 확대되었다"는 점, "불이익이란 범죄사실 인정을 전제로 차별취급을 가하는 유죄인정의 효과로서의 불이익"이라는 점, "비례원칙이 적용된다"는 점 등 '일반론'만 설명하고 있을 뿐, 똑같은 불이익이라도 상황에 따라 위헌과 합헌 결론이 갈릴 수 있는지,[3] 비례원칙이 적용되는 경우는 어떠한 경우인지, 적용되는 비례원칙이란 어떠한 내용을 가진 것인지, 비례원칙이 적용된 후에도 위헌인 경우에만 '불이익'이라고 개념하는 것인지 아무런 설명이 없다는 것이다.

무죄추정의 원칙이 헌법재판에서 독립적인 심사기준으로 작용해야 한다면, 일반론 차원의 위와 같은 설명에서 나아가, '구체적인 기준의 내용'을 제시하여야 할 것이다.

나. '원칙'에 대한 '예외'라는 개념은 있는가

(1) 발제문에서 제시하는 독자적인 심사기준으로서의 헌법원칙의 면면을 보면, '원칙'에 반하면 무조건 위헌인, 말하자면 '예외'라는 것을 관념할 수 없는 헌법원칙이 있는가 하면, '원칙'과 더불어 '예외'도 자연스럽게 관념할 수 있는 헌법원칙이 있는 것으로 보인다. 법률유보의 원칙, 명확성원칙, 포괄위임입법금지원칙, 이중처벌금지원칙, 의사표현에 대한 사전검열금지원칙, 집회에 대한 허가금지원칙, 적

3) 실제로 '형사사건으로 기소된 공무원(사립학교 교원)에 대하여 직위해제처분을 할 수 있도록 규정한 법률조항'이 무죄추정의 원칙에 반하는지에 관하여, 헌재 1994. 7. 29. 93헌가3등 결정(판례집 6-2, 1)은 위헌을 선고한 반면, 헌재 2006. 5. 25. 2004헌바12 결정(판례집 18-1하, 58)은 합헌을 선고한 바 있다. 똑같은 불이익 처분인 '직위해제처분'에 대하여 두 사건에서 결론이 갈린 이유는, 前者는 '필요적으로 직위해제처분을 명한다'는 것이었고, 後者는 '적법한 심사절차를 거쳐 임명권자가 직위해제처분을 결정한다'는 차이였다.

법절차원칙, 자기책임원칙이 前者에 속하는 것으로 볼 수 있는 반면, 영장주의원칙은 그 원칙의 '예외'가 법률에도 명문으로 규정되어 있는 後者의 예에 속한다.

(2) 무죄추정의 원칙은 어떠한가? 위 4인의 위헌의견은 물론 발제자 역시 "무죄추정의 원칙에 예외영역이 있다"라는 관념은 절대 있을 수 없는 것으로 전제하고 있다. '무죄추정원칙에 반하는 제재'는 그 자체로서 헌법위반을 구성한다고 한다(발제문 29쪽).[4] 그러면서도 '무죄추정원칙에 반하는 제재'란 '유죄인정의 효과로서의 불이익'이라는 개념적 설명 차원에서 더 나아가지 않고 있다.

(3) <u>토론자는 "유죄인정의 효과로서의 불이익"이라는 개념은 '비례원칙'을 적용시키기 전단계의 개념에 불과하다고 생각한다</u>. 무죄추정원칙 위반 여부가 문제되었던 사례들에서의 문제되는 처분들, 즉 공소제기시 직위해제처분, 금고 이상의 유죄판결 선고시 직무정지, 공소제기된 변호사에 대한 업무정지명령, 주민소환투표발의 후 소환대상자에 대한 권한행사정지, 모두가 그 자체로 범죄사실이 인정됨을 전제로 한 "유죄인정의 효과로서의 불이익"에 개념상 해당한다고 생각한다.

다만, 그러한 내용의 불이익을 가하는 입법목적, 그 입법목적과 관련하여 해당자에게 그와 같은 불이익을 가할 필요성이 얼마나 인정되는지, 당사자의 지위나 기타 사정에 비추어 볼 때 그와 같은 불이익을 가하더라도 무죄추정원칙이 보호하고자 하는 형사피고인·피의자의 기본권 내지 형사절차상 지위를 부당하게 해치는 것은 아닌지 하는 점을 따져 본 후, 위 불이익이 예외적으로 정당성을 인정받는 경우도 상정할 수 있다고 본다. 이것이 선례에서 무죄추정의 원칙에 적용시킨 "불이익을 입힌다 하여도 필요한 최소한도에 그치도록 비례의 원칙을 존중하여야 할 것"이라는 표현의 의미라고 생각한다.[5]

그렇다면 무죄추정의 원칙이 금지하는 '불이익'에 개념상 해당된다 하더라도 비례의 원칙을 적용시켜 예외적으로 그 '불이익'도 허용되는 경우가 있다는 의미에서의 '무죄추정원칙의 예외'라는 입론도 가능하지 않을까 하는 생각이다.

(4) <u>토론자가 '무죄추정원칙의 예외'라는 관념이 필요하지 않을까 생각하게 된 또다른 계기</u>는, 우리 재판소가 무죄추정원칙의 적용 영역을 매우 넓게 해석하고 있다는 데 있다. 우리 재판소는 구속제도, 보석제도 등 형사피고인의 인신구속과 관련된 제도를 무죄추정의 원칙과 결부시키고 있는데, 그렇다면 피고인의 구속

---

4) 신동운 교수 역시 그러한 전제에서 무죄추정의 원칙에 비례원칙을 적용시키는 것 자체를 비판하고 있다. 신동운, "무죄추정의 원칙", 헌법재판자료 제4집(1991), 345-346.

5) '유죄인정을 전제로 하는 불이익'이기만 하면 '예외없이' 무죄추정의 원칙에 위반된다는 설명은 위 '비례원칙의 적용'과 양립하기 힘든 표현이 아닐까 하는 게 토론자의 기본적인 의문인 것이다.

이 허용되는 것은 무죄추정원칙상 원래 안되지만 '구속제도가 갖는 고유한 정당성'이 적용되는 영역에서는 예외로 허용된 것이다라고 설명할 수밖에 없지 않을까 하는 생각에서였다. 무죄추정원칙이 예외를 허용하지 않는 절대불가침의 헌법원칙이라 하더라도 피고인을 구속하는 제도가 '당연히 위헌'이 될 수는 없는 일이다.

발제문 역시 무죄추정원칙이 적용되는 형사절차상 영역을 차례로 언급한 다음 '원칙적으로 금지된다'라고 설명하고 있는데(발제문 207쪽), 무죄추정원칙에 저촉되면 예외없이 위헌이 되어야 한다면 그냥 '금지된다'라고 해야지 '원칙적으로' 금지된다고 표현은 어색하다.

토론자는 위의 경우에도 무죄추정원칙에 예외영역이 있다고 이론구성을 하면 자연스러운 설명이 가능하지 않을까 생각한다. 무죄추정원칙상 형사피고인이나 피의자는 불구속상태에서 재판받는 것이 당연하나 '예외적으로' 구속제도라는 또다른 법치주의적 정당성을 갖는 제도와 부딪히는 한도에서는 양보가 가능하다, 유죄인정을 전제로 하는 불이익을 부과하는 것은 형사절차상으로는 물론 형사절차 이외의 기본권 영역에서도 허용되지 않는 것이 무죄추정원칙상 당연하나 '예외적으로' 비례원칙을 충족시키는 경우에는 허용된다라는 논리구성이 가능하지 않을까 하는 것이다.

(5) 물론, 「제재 부과의 목적 + 제재의 정도와 필요성 + 제재의 효과」를 비례원칙과 관련하여 모두 고려한 후 그 결과 심하다(위헌이라고 판단할 만하다)고 생각되는 경우만 '무죄추정의 원칙에 반하는 제재, 불이익'이라고 결론내리는 것도 가능할 것이다. 그렇게 되면 무죄추정원칙에 '예외'라는 영역에 대한 입론은 할 필요가 없어진다. [이 사건 결정]과 [2010헌마474] 결정의 대다수 재판관님들의 견해도 결국은 위 「　」의 내용을 모두 고려하여 논증한 후 결론적으로 무죄추정원칙이 금지하는 불이익이다, 아니다라고 결론내리고 있으므로, 무죄추정원칙에 대한 '예외' 영역은 상정할 수 없다는 전제에 서 있다.

토론자는, 재판관님들의 이러한 논리도 선택가능하다고 본다. 다만, 이렇게 '무죄추정의 원칙에 위반되는 불이익이면 모두 위헌'이라고 (예외 영역을 가정하지 않은) 논리구성하려면, 당연히 무죄추정의 원칙의 일내용으로 설명되는 '비례원칙'의 실체가 무엇인지를 구체적 사항별로 설명할 수 있어야 한다고 보는 것이다.

다. 무죄추정원칙에 예외가 없다면 '비례의 원칙'은 어느 단계에서 어떠한 내용으로 심사되는가

(1) 무죄추정원칙에 반하면 무조건 위헌이다라는 논리를 전제한다면, 그 과정에서 선례가 말하는 '비례원칙'은 어느 단계에서 어떠한 내용으로 심사되는지에 대한 설명이 반드시 있어야 한다. '유죄인정의 효과로서의 불이익이므로 위헌'이라고 설명한다면 '유죄인정의 효과로서의 불이익'이라고 판단하는 과정에서 비례원칙이 고려되었다고 볼 수밖에 없다. 하지만 위 4인의 위헌의견에서는 이 부분에 대한 고려의 흔적을 전혀 찾을 수 없다. 발제문에서도 이 부분에 대한 대안제시가 없는 점이 아쉽다. 무죄추정원칙에서 말하는 '비례원칙'이란 개념이 과잉금지원칙을 논할 때의 '비례원칙'과 동일한 내용의 것인지 다른 것인지조차 아무런 설명이 없다.

(2) 토론자는 향후 무죄추정원칙을 헌재가 기본권과는 별도의 독립적인 심사기준으로 채택하느냐 하는 문제보다 오히려 이 문제가 더 시급하다고 본다. [이 사건 결정]에서 '제재 부과의 목적', '부과의 필요성', '침해의 최소성', '침해의 효과'별로 구체적인 논증을 하고 있는 것도(발제문 208쪽) 무죄추정원칙에 적용되는 '비례원칙'의 내용을 구체화하려는 시도이다.

발제자는 '부과된 불이익이 장차 형사절차 내에서 당사자로 하여금 부당한 효과를 발생시키는지'라는 기준은 법위반사실 공표명령제도 외에는 예상하기 어려우므로 합당한 기준이 아니라고 한다(발제문 209쪽). 그러나, 공소제기되었거나 1심에서 유죄판결을 받았다는 이유만으로 자신의 직무를 정지시키거나 직위해제처분 등의 징계를 하거나 미결구금상태에서 재판받으러 나올 때 수의나 포승 착용을 의무화하는 등 불이익한 처분을 가하면, 형사피고인·피의자 지위에 있는 당사자에게 그 불이익으로 인한 법적 이익의 제약, 또는 수치심 때문에 무죄항변 취지의 방어권을 포기하고 가벼운 형을 받고 싶은 유혹 등 부당한 효과를 줄 개연성이 높다. 형이 확정되지 않은 상태에서는 '범죄사실 인정을 전제로 하는 불이익'이라면 어떤 내용의 불이익이건 그와 같은 효과를 가지게 마련이므로 '부과된 불이익의 효과'를 형사피고인·피의자의 형사절차와 관련하여 논하는 논증은 비례원칙의 한 요소로서 당연히 필요하다고 본다. 형사피고인·피의자에게 무죄추정원칙이라는 중요한 인권보장원리가 확립되게 된 연혁적 이유는 재판과정에서 유형·무형의 불이익을 가함으로써 형사절차상 피고인·피의자의 지위를 약화시켜 자백을 유도하는 등의 부당한 효과가 나타나는 것을 방지하려는 것이었다고 생각하기 때문이다.

3. 무죄추정'권'을 위한 변론

가. 기본권이냐 헌법원칙이냐

(1) 무죄추정원칙이 기본권인지 헌법원칙인지에 관한 논의, 그리고 헌법재판소 선례가 이를 '헌법원칙'으로 보고 있다는 점은 발제문(209~219쪽)에 제시된 바와 같다. 다만, 토론자는 발제자가 '기본권'이 아닌 '헌법원칙'으로 보아야 하는 근거로 다음과 같이 설명한 것에 대하여 의문을 제기하고자 한다.

무죄추정원칙의 적용영역이 자유권 제한에 대한 심사구조와 유사한 측면이 있긴 하나, "무죄추정원칙은 개인의 작위에 의한 자유실현과는 관계가 없다" "따라서 부작위에 의한 자유실현에 대한 보호의 측면과 비슷한 점이 없지는 아니하나, 그 점만으로는 자유권적 기본권으로 인정하기에 부족하다"는 부분(발제문 218쪽)에 관해서다.

(2) 무죄추정원칙은 형사절차에서의 피고인·피의자의 인권, 지위의 향상과 역사적으로 불가분의 관련이 있다. 고문을 금지하는 것을 비롯하여 자백의 증거능력 제한, 영장주의, 구속이유고지 등 온갖 형사절차상 피고인·피의자의 권리 또는 이들에게 적용되는 헌법원칙으로 설명되는 것들은, 형사피고인·피의자의 '신체의 자유'와 떼려야 뗄 수 없는 불가분의 관련이 있다. 모두 이들의 '신체의 자유'를 보장할 것을 궁극적 목적으로 하는 형사절차적 보장인 것이다. 비록 '신체의 자유' 보다 넓은 기본권 영역에까지 걸칠 수 있는 내용으로 확대되기는 하였지만 '무죄추정원칙' 역시 위와 같은 궁극적 목적을 위하여 형사피고인·피의자의 절차적 지위를 충실히 보장하기 위한 연장선상에 있다.

이런 관점에서 본다면 '개인의 작위에 의한 자유실현'이 없다고 볼 수 있을지 의문이다. '신체의 자유' 아니면 구체적이지는 않지만 '형사절차상 기본권'을 국가로부터 제대로 보장받기 위한 필수적인 제도라고 이론구성하는 것은 무리인가. 얼마든지 가능하다고 생각한다. 게다가 불이익 부과 영역이 기타의 기본권 영역으로 확대되면(이 사건에서는 공무담임권 제한이라는 불이익 부과) 해당 기본권이 '개인의 작위에 의한 자유실현'이라고 해석할 수도 있을 것인데, 정작 형사절차 내에서의 불이익은 대응하는 기본권을 특정할 수 없다고 해석한다는 것인가.[6)]

---

6) 무죄추정원칙이 '특정 자유권'의 실현과 아무런 관련이 없다면, '헌마' 사건에서는 독자적인 심사기준으로 작용할 수 없다는 결론이 될 수도 있다. 발제자의 보완설명이 필요한 부분이다.

따라서, 무죄추정원칙을 '개인의 작위에 의한 자유실현'과 관계없다고 설명하는 것은 무죄추정원칙을 너무 이상적·추상적 차원에만 머무르는 것으로 파악하는 입장이라고 생각한다.

나. 비례원칙의 자연스런 적용

(1) 토론자는, 무죄추정원칙을 '기본권'이 아니라 '헌법원칙'이라고 파악하는 견해들이 '유죄인정의 효과로서의 불이익이면 무조건 위헌'이라는 단순한 논리 외에 왜 그것이 무죄추정원칙이 금지하는 불이익이 되는 것인지, 즉 '비례원칙의 적용' 부분을 속시원하게 설명하지 못하는 이유는, 막상 '비례원칙'이라고 적용하려다 보니 '기본권' 제한에 있어서의 과잉금지원칙을 적용할 때 '비례원칙'과 흡사한 내용으로 전개될 수밖에 없어, 논리적으로 모순된 느낌이 들었기 때문이라 생각한다. 기껏 '기본권'이 아니라고 했는데, 무죄추정원칙에 반하는 불이익이란 어떤 것인지를 설명하려다 보니 '기본권'의 경우에나 적용이 자연스러운 '비례원칙'의 내용을 그대로 닮을 수밖에 없을 것 같고 그렇다고 다른 개념을 찾기도 애매한데, 헌법재판소 선례는 '비례원칙이 적용된다'고 명시적으로 언급하고 있어, 논리적 딜레마를 느낄 수밖에 없었다고 생각한다.

(2) 그래서 토론자는 [이 사건 결정], [2010헌마474] 사건의 연구보고를 담당하면서 무죄추정원칙에 적용되는 '비례원칙'의 내용을 구체화하려 시도해 보았고, 그러다 보니 그 본질이 기본권에 적용되는 과잉금지원칙이라는 의미의 '비례원칙'과 큰 차이가 없는 것 같아, 그렇다면 차라리 무죄추정원칙을 '기본권'으로 입론하는 것이 이런 논리적 난점을 해결해 주는 방법이 되지 않을까 생각했다.

(3) 이렇게 '기본권'으로 파악하게 되면 발제자가 우려하는 바와 같은(228쪽) "과잉금지원칙에 위배되어 공무담임권을 침해하나, 무죄추정원칙에는 위배되지 않는" 괴이한 상황은 발생할 여지가 없다.7) 무죄추정원칙에 적용되는 '비례원칙'은 기본권제한의 경우에 적용되는 '비례원칙'과 그 내용이 크게 다르지 않기 때문이다.

다. 기본권의 이중성에서 나오는 제도적 구현의 결과

(1) 마지막으로 무죄추정원칙을 '기본권'으로 본다면 우리 법제에서 '무죄추정원칙'을 제도적으로 구현하고 있는 법장치들, 즉 증거법상 합리적 의심없는 유

7) 이러한 결과는 무죄추정원칙을 '헌법원칙'으로 파악하더라도 마찬가지라 생각한다. 형사피고인·피의자의 여타 기본권에 유죄인정을 전제로 불이익을 가하는 경우 그 불이익이 허용되는 정도는 해당 기본권에 과잉금지원칙을 적용시키는 경우와 '반드시' 결론이 같아야 한다고 본다.

죄입증을 검사에게 요구하고, 불구속수사·재판을 원칙으로 하는 등은 어떻게 설명해야 하는지 하는 문제만 남는다. 무죄추정원칙을 '기본권'으로 구성하면, 현재 형사사법제도에 무죄추정원칙의 내용과 정신이 스며들어 일반적·추상적 제도화되어 있는 장치들을 '기본권'과 관련짓기 어색하다.

그런 의미에서 무죄추정원칙을 '헌법원칙'으로 이해하면 분명히 장점은 있다. 어떤 '구체적인 기본권'과 연관되지는 않는 것 같고, 무죄추정원칙이라는 '헌법원칙'을 국가가 제도 차원에서 실현한 것이라고 설명하면 무리가 없기 때문이다.

(2) 토론자는 '기본권의 이중성', 즉 기본권이 주관적 권리뿐만 아니라 객관적 헌법질서로서의 기능도 한다는 점, 더 나아가서는 국가는 기본권을 보장하기 위해 노력할 의무가 있다는 '국가의 기본권 존중의무'(헌법 제10조 후문)를 통해, '무죄추정권'이라는 기본권이 객관적 헌법질서에 투영된 결과로 파악하면 무방하다고 생각한다.

김현철 교수의 “법률에 대한 위헌심사의 기준, 도구(방법), 척도”

음 선 필*

Ⅰ. 발제문의 논점

○ 2002헌마699등 사건(선례)과 2010헌마418 사건(평석대상결정)의 논증구조에 나타난 차이에 주목

○ 무죄추정원칙의 법적 성격은? 헌법원칙인가, 나아가 기본권으로 볼 것인가?

○ 무죄추정원칙이 법률에 대한 위헌심사에서 가지는 의미와 기능은 무엇인가? 독자적인 위헌심사기준인가, 기본권침해를 판단하는 도구(방법)인가?

Ⅱ. 헌법 제27조 제4항 무죄추정원칙의 법적 성격에 관하여

1. 무죄추정원칙의 의의

○ 아직 공소제기가 없는 피의자는 물론 공소가 제기된 피고인이라도 유죄의 확정판결이 있기까지는 원칙적으로 죄가 없는 자에 준하여 취급하여야 하고 불이익을 입혀서는 안 되며, 가사 그 불이익을 입힌다 하여도 필요한 최소한도에 그쳐야 한다는 원칙을 말함.

○ 여기서 무죄추정의 원칙상 금지되는 ‘불이익’이란 ‘범죄사실의 인정 또는 유죄를 전제로 그에 대하여 법률적·사실적 측면에서 유형·무형의 차별취급을 가하는 유죄인정의 효과로서의 불이익’을 뜻함. 이러한 불이익은 비단 형사절차 내에서의 불이익뿐만 아니라 기타 일반 법생활 영역에서의 기본권제한과 같은 경우에도 적용됨.

* 홍익대 법과대학 교수.

2. 무죄추정원칙의 적용영역

○ 증거법상 차원에서 “의심스러운 때에는 피고인에게 유리하게”(in dubio pro reo). 즉, 검사의 입증책임.
○ 형사절차에서의 불이익처우 금지. 불구속 수사 및 재판의 원칙.
○ 형사절차 이외에서의 불이익처우 금지.

3. 무죄추정원칙의 법적 성격

○ 논의의 실익
무죄추정권으로서의 기본권성을 인정한다면, 헌재법 제68조 제1항의 헌법소원 심판을 활용하며 위헌성 심사에서 헌법 제37조 제2항의 과잉금지원칙을 적용하는 논리적 기초를 확보할 수 있음. 이에 따라 헌재 결정문의 논증체계가 달라질 수 있음.
○ 헌재는 평석대상결정에서 이를 기본권으로 보지 않고 헌법상의 원칙으로 파악함(재판관 8인 의견).
○ 객관적 원칙이면서 동시에 기본권으로서의 ‘무죄추정’.

Ⅲ. 무죄추정원칙이 위헌심사에서 가지는 의미와 기능에 관하여

1. 독자적인 ‘위헌심사의 기준’인가, 기본권 침해를 판단하는 ‘심사의 도구(방법)’인가?

○ 법률의 합헌성 심사에서 위헌심사의 기준은 헌법의 기본권 규정과 헌법상의 확립된 헌법원칙임.
○ 심사의 도구(방법)은 위헌심사기준인 기본권의 침해 또는 헌법원칙의 위배 여부를 판단하는 구체적인 도구 내지 방법임(과잉입법금지원칙, 자의금지원칙, 본질적 내용 침해금지원칙, 최소보장원칙 등).
○ 위헌심사의 기준인가 아니면 심사의 도구인가의 구분은 결정문의 논증구조에

서 차이를 가져옴.

○ 발제자는, 평석대상결정을 기점으로 헌재의 입장이 무죄추정원칙을 독자적인 심사기준이 아니라 과잉금지원칙과 함께 "기본권의 침해여부를 판단하는 심사의 도구 내지 방법"으로 이해하는 것으로 정리되고 있다고 봄[226쪽, (다) 후속 판례의 입장].

○ 발제자는, 무죄추정의 원칙이 헌법원칙으로서 독자적인 위헌심사기준으로 적용되어야 하고 무죄추정의 원칙에 반하는 제재는 그 자체로서 헌법위반을 구성한다고 주장함. 따라서 위와 같은 헌재의 입장이 적절치 않다고 판단함(227-228쪽, 다. 소결).

2. 평석대상결정문의 논증구조

○ 이 사건은 헌재법 제62조 제1항의 헌법소원심판사건이기 때문에, 그 논증구조는 첫째, 제한되는 기본권의 확정, 둘째, 위헌성 심사기준 및 심사도구의 확정, 셋째, 기본권의 침해 여부의 검토로 이뤄짐.

○ 이 사건에서 검토의 대상이 된 기본권은 공무담임권과 평등권으로 확정됨. 그리하여 공무담임권과 평등권의 침해 여부를 심사함. 다만, 조대현 재판관은 공무담임권과 무죄추정권을 그 대상으로 들고 있음.

○ 이 사건 법률조항에 의한 공무담임권의 제한이 헌법의 원칙에 반한다면 이는 부당한 공권력의 행사로서 취소되어야 할 것이므로, 공무담임권의 제한의 위헌성을 심사할 헌법의 원칙을 확정하여야 함.

○ 이와 관련하여 첫째, 이 사건 법률의 공무담임권 제한 규정이 **형사피고인을 적용대상으로 하므로** 이 법률 규정이 헌법 제27조 제4항의 무죄추정원칙에 반하는가 여부를 따짐. 위헌적인 법률에 의한 공무담임권의 제한은 당연히 위헌이 되는 까닭에 이러한 심사방식은 적절하고 유용함. 기본권을 제한하는 법률은 합헌인 법률이어야 하므로, 기본권을 제한하는 법률이 헌법상 기본권 규정이든 아니면 다른 규정이든 어느 것에라도 저촉되면 결과적으로 기본권을 침해하는 법률이 됨.

○ 둘째, 이 사건에서의 공무담임권 제한이 기본권 제한의 일반원리인 과잉금지원칙을 준수하였는지 여부를 따짐.

○ 한편, 평등권의 침해 여부를 심사함에 있어서는 차별의 합리성 유무를 따짐.

3. 공무담임권 제한의 위헌성 심사에서의 무죄추정의 원칙과 과잉금지원칙의 기능

○ 이 사건 법률조항에 의한 공무담임권 제한의 위헌성 심사에 동원된 무죄추정의 원칙과 과잉금지원칙은 동일한 차원으로 활용된 것이 아니라고 판단됨. 과잉금지원칙이 공무담임권 제한의 한계에 해당하는 '심사의 도구'라면, 무죄추정의 원칙은 공무담임권의 제한이 이에 위반된다고 판단되면 그 자체로서 위헌이 되는 '심사의 기준'임.

○ 따라서 결정문의 서술이 상이함. 무죄추정원칙의 경우, "결국 이 사건 법률조항은, 금고 이상의 형을 선고받은 자치단체장을 그 형이 확정되기도 전에 유죄임을 전제로 필요최소한의 범위를 넘은 불이익을 가함으로써 헌법상 무죄추정의 원칙에 반하여 공무담임권을 제한하고 있다고 할 것이다." 한편, 과잉금지원칙의 경우, "따라서 이 사건 법률조항은 기본권제한의 침해최소성 및 법익균형성을 갖추지 못하였으므로, 헌법상 과잉금지원칙에 위반하여 청구인의 공무담임권을 과도하게 제한하고 있다고 할 것이다."

○ 그 결과, 공무담임권의 침해 여부에 관한 결론을 "그렇다면 이 사건 법률조항은 헌법상 무죄추정의 원칙과 과잉금지원칙에 반하여 청구인의 공무담임권을 침해하고 있을 뿐만 아니라, 청구인의 평등권도 침해하고 있으므로, 헌법에 위반된다 할 것이다."라고 함.

○ 헌법 제27조 제4항에서 기본권으로서 무죄추정권을 도출하지 않고 다만 헌법원칙으로서 무죄추정원칙만을 인정한다면, 기본권의 침해 여부를 다루는 헌법소원심판사건에서, 무죄추정원칙은 기본권을 제한하는 법률의 위헌 여부를 검토하는 심사기준으로 기능할 것임.

○ 한편 헌법 제27조 제4항에서 무죄추정권이 도출된다면 기본권제한의 일반원리인 과잉금지원칙으로 그 제한의 위헌 여부를 심사할 수 있을 것임.

Ⅳ. 지방자치법 제111조 제1항 제2호 및 제3호 위헌확인의 심사방식

○ 자치단체장이 '공소 제기된 후 구금상태에 있는 경우'나 '금고 이상의 형을 선고

받고 그 형이 확정되지 아니한 경우' 부단체장이 그 권한을 대행하도록 규정한 법률조항이 자치단체장의 공무담임권을 침해하는지 여부를 심사하는 방식은?

○ 이 법률조항은 형사피의자와 형사피고인을 그 적용대상으로 하는 까닭에 헌법 제25조, 제27조 제4항과 제37조 제2항이 동시에 적용되는바, 이 법률조항의 위헌성 심사방식의 차이는 이 사안에 대한 접근방식의 차이가 아닌가?

○ 이에 관한 헌법소원심판사건에서 세 가지의 심사방식을 상정할 수 있음. 다만, 평등권은 논외로 함.

<방식 1> 무죄추정원칙의 위배 여부와 공무담임권의 침해 여부를 별도로 심사

- 무죄추정원칙의 적용 범위에 해당하는지, 무죄추정원칙을 적용함에 있어서 비례의 원칙을 준수하였는지를 검토함.
- 공무담임권을 제한함에 있어서 과잉금지원칙을 준수하였는지를 검토함.

<방식 2> 공무담임권과 무죄추정권의 침해 여부를 심사

- 공무담임권과 무죄추정권의 제한규정이 과잉금지원칙을 준수하였는지를 검토함.

<방식 3> 공무담임권의 제한규정이 무죄추정원칙에 위배함으로써 공무담임권의 제한이 위헌이 아닌가를 심사하고 또한 공무담임권 제한의 한계 준수를 검토함.

○ <방식 1>은 헌재 2005. 5. 26. 2002헌마699·2005헌마192 결정과 헌재 2010. 9. 2. 2010헌마418 결정의 3인(이공현, 민형기, 이동흡 재판관)의 합헌의견이, <방식 2>는 헌재 2010. 9. 2. 2010헌마418 결정의 조대현 재판관이, <방식 3>은 헌재 2010. 9. 2. 2010헌마418 결정의 5인(이강국, 김희옥, 김종대, 목영준, 송두환 재판관)의 단순위헌의견과 2011. 4. 28. 2010헌마474 결정이 각각 취하였음.

Ⅴ. 결 어

○ 헌법소원심판사건에서 법률의 위헌성을 다룰 때, 그 심판절차에 맞게 제한되는

기본권을 확정하고 이에 상응한 위헌심사기준 및 심사도구(방법)을 정하여야 할 것임.

○ 헌법 제27조 제4항에서 무죄추정의 원리뿐 아니라 무죄추정권을 인정하는 것이 이론적으로나 실천적으로 유용할 것임.

○ 이 사건 법률조항에 의한 공무담임권 제한의 위헌성 심사에 동원된 무죄추정의 원칙과 과잉금지원칙은 동일한 차원으로 활용된 것이 아니라고 판단됨. 과잉금지원칙이 공무담임권 제한의 한계에 해당하는 '심사의 도구'라면, 무죄추정의 원칙은 공무담임권의 제한이 이에 위반된다고 판단되면 그 자체로서 위헌이 되는 '심사의 기준'임.

Ⅵ. 보 론

1. 평석대상결정이 선례의 판단을 변경한 이유는?

○ 지방자치제에서 자치단체장의 지위상 지방자치행정업무 수행에 대한 주민의 정치적 신뢰가 절대적으로 중요한바, 금고 이상의 형을 선고 받은 이후 선거에 의해 자치단체장으로 선출된 사실이 헌재의 판단에 영향을 주었나? 선거에서의 당선으로 자치단체행정에 대한 주민의 신뢰가 확인된 까닭에 자치단체장의 공무담임권을 제한할 논거가 상실?

○ 직무정지의 수준, 방식이 필요최소한도를 넘어서서? 범죄의 종류나 유형을 고려하지 않고 기계적으로 직무를 정지하는 까닭에?

2. 자치단체장의 직무정지가 필요할 경우의 제도적 장치는?

○ 지방자치법 제111조 제1항 제3호(금고 이상의 형의 선고를 받고 그 형이 확정되지 않은 경우)가 삭제됨(2011. 5. 30. 법률 제10739호 개정). 자치단체장이 범죄를 범하여 정치적 신뢰를 유지하지 못할 정도의 상황임에도 직무를 정지할 제도적 장치가 약화됨. 주민소환제나 지방의회의 통제능력의 한계.

○ 법원이 금고 이상의 형을 선고할 때 직무 정지 여부를 결정하는 대안의 유용성.

第117회 발표회 토론요지

간　　사 : 헌법실무연구회는 작년부터 1월, 2월과 7월, 8월은 휴지기간으로 가지고 있습니다. 헌법실무연구회가 학계와 실무계를 잇는 가교역할을 하는 학술연구모임인데 주로 1, 2월과 7, 8월은 학교 방학기간이고 그 기간동안 전 기간에 있었던 실무연구회 성과를 평가하고 그 다음 기간동안에 운영계획을 논의하는 그런 기간으로 마련했습니다. 그래서 이번에도 1월과 2월은 정기발표회가 없었습니다. 그래서 오늘 2012년 들어서 첫 정기발표회를 가지게 되었는데요. 2012년 첫 정기발표회에 많은 분들이 참석해 주셔서 감사드립니다.

먼저 공지사항이 하나 있습니다.

헌법실무연구회가 작년에 김종대 재판관님께서 회장님으로 취임하신 후에 사례비를 실무연구회 위상에 걸맞게 인상을 추진해 왔는데요. 작년에는 발표자와 사회자, 토론자중에서 사회자와 토론자의 사례비를 인상했었습니다. 그래서 20만원으로 책정을 했었는데요. 올해부터는 발표자의 사례비도 인상을 했습니다. 그래서 현재 60만원으로 인상했습니다.

공지를 한 이유는 이것이 실무연구회 회칙에 관련된 사항이어서 원래 실무연구회 회원 전체의 결의로 통과를 해야 되는데요. 오늘 참석하신 분들의 찬성으로 통과를 시키는 것으로 하겠습니다. 특별한 반대가 없으시면.

그리고 저희 사무처에서 확인해 본 바로는 헌법기관의 산하에 있는 발표회에서는 가장 높은 그런.

그러면 제117회 헌법실무연구회 정기발표회를 서울대학교 송석윤 교수님의 사회로 시작하도록 하겠습니다.

사 회 자 : 안녕하십니까? 사회를 맡은 송석윤입니다.

오늘 헌법실무연구회 그동안 항상 관심은 가지고 자료는 받아서 열심히 읽었지만 거리가 멀고 해서 참석을 잘 못하다가 모처럼 기회가 되어서 우리 김종대 재판관님 모시고 이런 사회를 볼 수 있는 자리를 갖게 되어서 무척 영광으로 생각하고 있습니다.

사회자는 특별히 본인의 멘트보다는 발표와 토론이 원활히 진행되도록 하고 그다음에 시간을 9시전에는 끝날 수 있도록 조정하는 것을 주 임무로 생각을 하고 오늘 먼저 발표하실 분 선생님과 토론자분들을 소개해 드리겠습니다.

오늘 발표를 맡아주실 김현철 교수님은 서울대학교 법과대학을 졸업하시고 연세대학교 대학원 법학과를 졸업하시고 법학박사학위를 취득하셨습니다.

여러분 잘 아시다시피 헌법재판소 헌법재판부장연구관을 역임하시고 현재 전남대학교 법과대학에서 헌법을 담당하고 계십니다.

김현철 교수님께 박수 부탁드리겠습니다.

그리고 오늘 첫 번째 토론을 맡아주실 음선필 교수님은 서울대학교 법과대학에서 법학사 취득하시고 동대학원에서 법학박사학위를 취득하신 후에 순천향대학교 법과대학교수를 역임하시고 헌법학회 기획이사, 한국제도경제학회 총무이사를 역임하신 후 현재 홍익대학교 법과대학에서 헌법을 담당하고 계십니다.

박수 부탁드리겠습니다.

그다음 두 번째 토론을 맡아주실 고일광 연구관님을 소개해 드리겠습니다.

고연구관님은 서울대학교 법과대학을 졸업하시고 서울대학교 대학원 박사과정을 수료하셨습니다. 그리고 사법연수원 27기 수료하시고 서울고등법원판사를 역임하신 후에 현재 헌법재판소에 헌법연구관으로 파견근무중이십니다.

박수 부탁드리겠습니다.

그다음 헌법실무연구회 회장님을 여기서 소개시켜 드릴 필요는 없을 것 같고, 우리 부회장 맡고 계신 고대 김선택 교수님 바쁘신데 와 주셨습니다.

이 정도로 하고 김현철 교수님께 30분의 시간을 드리면서 발표를 부탁드리겠습니다.

< 주제발표자 발표 >

사 회 자 : 김현철 교수님께서 최근 헌법재판소의 지방자치단체장과 관련된 금고이상의 형을 받았을 때 권한대행하도록 한 것에 대해서 헌법재판소가 판례를 변경한 사안과 관련해서 논증방식에 대해서 특히 무죄추정원칙이 가지고 있는 법적성격이 무엇인가라는 문제와 관련해서 발표를 해 주셨습니다.

오늘 예정된 토론자가 두 분 있고, 그런데 진행상 하나 의논말씀 드릴 필요가 있는 것은 오늘 특별히 김종대 재판관님께서 토론자료를 마련해 가지고 오셨는데, 생각을 해봤는데 원활한 토론을 위해서 맨 마지막에 발언권을 드릴까도 생각을 했었는데요. 그런데 그거는 재판관님의 권위를 지나치게 우리가 인정하는 것이고 우리 여기는 연구회이기 때문에 회원의 한분으로 발언을 하시는 것이기 때문에 그 후에 토론에 영향을 미치지 않을 것이라고 생각하고, 또 이렇게 준비를 해오셨는데 맨 마지막에 토론하시라고 하면 이미 다 얘기가 된 상황에서 말씀하실 위험이 있기 때문에 지정토론 두 분 말씀하시고 그다음에 재판관님 말씀 듣고 그다음에 김현철 교수님 거기에 대해서 답변하시고 그다음에 플로어 토론으로 가는 순서로 하도록 하겠습니다.

음선필 교수님 부탁드리겠습니다.

지정토론자 : 방금 소개 받은 음선필입니다.

이렇게 공부할 수 있는 기회를 주신 것을 감사드리고요. 일단 김현철 교수님 특유의 성실함으로 꼼꼼하게 잘 분석해 주셔가지고 잘 봤습니다.

일단 시간이 10분 주어졌으니까 앞에 발표하신 것 중에 중복된 것은 생략하고 또 뒤에 우리 고연구관님이 상당히 깊이 있는 분석을 해 주셨기 때문에 역할분담차원에서 넘길 것은 넘기도록 하겠습니다. 그래서 짧은 10분 한번 나름대로 길게 사용해 보겠습니다.

논점으로 두 가지 크게 삼으셨습니다.

선례와 평석대상결정이라고 해서 두 사건 여기는 주로 어떤 판단내용의 분석보다는 논증구조의 차이를 보고 왜 그랬을까? 해서 두 가지 논점으로 무죄추정원칙의 법적성격은 무엇으로 할 것인가? 원칙인가, 기본권인가 아니면 양자인가?

그다음에 무죄추정원칙을 만약 위헌법률심사과정에서 활용하고자 할 때 특히 어떤 역할, 기능을 할 것인가? 독자적 위헌심사기준인가 아니면 기본권침해를 판단해나가는 약간 보조적인 하나의 심판도구, 심사도구방법인가의 문제였는데요. 특히 무죄추정원칙의 법적성격에 대해서는 우리 고일광 연구관께서 심도 있게 하실 테니까 그건 넘어가고, 제 나름대로 간단한 코멘트만 올리겠습니다.

자료 2페이지에 보면 무죄추정원칙의 법적 성격의 논의의 실익은 있다라고 보게 되고요. 그래서 이제 기본권성 인정한다면 그 나름대로 헌법소송진행절차에 이어서 상당히 유용하게 쓰일 수 있을 것이라는 점에서 말씀드리고 싶습니다. 그래서 헌재 재판관님들의 견해도 있지만 제 개인적으로 생각한다면 우리가, 물론 27조 4항이 권리를 가진다, 자유를 가진다라는 문언의 표현은 나와 있지는 않지만 단순한 객관적 원칙만이 아니라 하나의 기본권으로서도 볼 수 있지 않겠는가? 무죄추정권으로 보는 것이 어떤 의미에서는 훨씬 더 권리보장에 더 좋고 그런 의미에서는 헌법소원심판을 이용하거나 그 다음에 과잉금지원칙적용에 좋지 않을까 이렇게 한번 생각해봤습니다.

제가 더 말씀드리고 싶은 것은 그 다음 무죄추정원칙이 위헌심사에서 가지는 의미와 기능에 관한 것인데요.

지금 발제자께서 이야기하신 것은 우선 여기서 개념적으로 하나의 법률의 합헌성심사에서 위헌심사기준하고 또 심사도구방법을 나누어 설명해 주셨습니다. 그래서 개념적으로 잘 아시다시피 그거는 정리하셨으니까 할 것은 없을 것 같고요.

발제자가 말씀하시고자 하는 바는 이거네요. 27쪽에 나와 있는 부분인데, 평석대상결정을 기점으로 해서 헌재 입장이 좀 바뀌었다는 거지요. 무죄추정원칙을 하나의 독자적인 심사기준으로 보는게 아니라 과잉금지와 같은 수준으로 해서 차원의 차이로 보면 약간 낮다고 볼 수 있기는 하겠는데, 기본권침해여부를 판단한 심사의 도구 내지 방법으로서 하고 있는게 헌재 입장이 아니냐라고 말씀하시면서 발제자는 무죄추정원칙이 헌법원칙으로서 독자적인 위헌심사기준으로 적용되어야 한다. 그리고 또 무죄추정원칙에 반하는 제재는 그 제재 자체로서 헌법위반을 구성한다고 주장합니다. 따라서 지금 이렇게 바뀌어가는 헌재 입장이 적절치 않다. 오히려 선례 2005년 판결인가요? 거기서 네 재판관의 위헌의견의 논증구조가 더 적절하다라는 점에 대해서 쭉 문제 제기를 하고 하셨는데, 저는 약간 생각을 어떻게 할 것인가? 우선 평석대상결정문의 논증구조를 먼저 이해를 해보고 그 다음 살펴봐야 되지 않을까 싶습니다. 즉 어쨌든 간에 이게 헌마사건이니까 헌재법 62조 1항이 헌법소원심판사건으로서 논증구조는 아시다시피 먼저 제한되는 기본권의 확정, 그 다음에 위헌성 심사기준 및 심사도구확정, 그 다음에 결국 기본권침해여부 검토로 이루어지는 것이 이러한 논증구조로 가는 것이 맞을 것이다. 그렇다면 이 사건에서는 검토의 대상이 된 기본권을 공무담임권과 평등권으로 보고 확정을 했습니다. 그래서 이러한 평등권과 공무담임권의 침해여부를 심사하자라는 논증이었지요. 물론 조대현 재판께서는 공무담임권과 무죄추정권을 그 대상으로 삼았습니다. 그래서 이 결정에서는 이 사건법률 조항에서 공무담임권의 제한이 헌법원칙에 반한다면 이거는 부당한 공권력행사로서 취소되어야 한다라는 이런 논증구조를 가지니까 자연스럽게 공무담임권의 제한이 위헌인가 아닌가를 심사하게 될 원칙을 찾아보게 되었던 것이지요. 두 가지를 제시하게 됩니다.

첫째는 이 사건 법률의 공무담임권제한규정이 바로 금고이상의 형을 선고받은 자 그런 경우에 있어서 직무정지가 되니까 바로 형사피고인을 적용대상으로 하는 조항이 되다보니까 형사피고인의 권한 바로 헌법 조항 27조 4항 무죄추정원칙과 연결된 것이지요. 그러다보니까 이러한 공무담임권제한규정이 무죄추정원칙 헌법 27조 4항에 반하는가 아닌가를 따져보는 것은 당연할 것이다 생각이 됩니다.

왜냐하면 위헌적인 법률에 의하여서 공무담임권을 제한한다면 당연히 위헌으로 되는 것으로 봐야하기 때문이다. 헌법 37조 2항에서 기본권을 제한하는 법률이라고 하는 것은 합헌인 법률이어야 할 것이기 때문에 기본권을 제한하는 법률규정이 헌법에 직접 관련된 기본권규정이든 아니든 다른 헌법규정에 있어서 만약 저촉되고 위반된다면 결과적으로 위헌적인 법률규정으로서 기본권을 침해하는 법률로 보는 것이 낫지 않을까? 이에 대해서 학자들간 논란의 여지가 있습니다만 그러나 제가 보기에는 이렇게 기본권을 침해하는 법률이라면 적어도 위헌법률이어서는 아니되기 때문이다. 이렇게 지금 헌재도 그런 판단을 썼을 것이다 저는 생각했습니다.

둘째로는 공무담임권제한이 기본권제한 일반원리인 과잉금지원칙을 적용하는 것은 특히 당연했겠고, 그 다음에 평등권침해도 헌재는 차별의 합리성 여부로 따졌다. 그렇다면 제가 생각되는 것은 이겁니다. 공무담임권 제한하는 위헌성심사에 있어서 무죄추정원칙과 과잉금지의 원칙 두 가지를 활용한 것은 맞습니다. 그런데 이게 과연 동일한 차원으로 한 것이냐? 그거는 아니라고 저는 생각하는데요.

이 사건 법률조항에서 공무담임권제한의 위헌성심사를 함에 있어서 분명히 동반한 것이 무죄추정원칙과 과잉금지원칙이지만 동일한 차원으로 활용된 것은 아니라고 볼 것이다. 왜냐하면 과잉금지원칙은 잘 아시다시피 기본권제한의 한계에 관한 것이라고 본다면 공무담임권의 제한이 위헌인가 여부를 따지는 심사도구, 심사방법으로 활용한 것은 맞습니다. 무죄추정원칙은 공무담임권의 제한이 바로 이러한 무죄추정원칙에 위배된다고 판단되면 이거는 위헌이 된다라는 심사기준으로 보았다고 생각하기 때문에 발제자의 생각과 그런 점이 다릅니다. 그래서 발제자께서는 과잉금지와 무죄추정이 동일한 차원으로 활용한 것 아니냐라고 했지만 저는 그거는 아니다. 논증구조에 따라서 달라졌다. 그렇기 때문에 결정문의 서술도 달리 서술이 되었습니다. 즉 결정문 그대로 인용하자면 '무죄추정원칙의 경우에 있어서는 결국 이 사건 법률조항은 금고이상의 형을 선고받은 자치단체장을 그 형이 확정되기도 전에 유죄임을 전제로 필요최소한의 범위를 넘은 불이익을 가함으로써 헌법상 무죄추정의 원칙에 반하여 공무담임권을 제한하고 있다.' 그러니까 위헌적으로 공무담임권제한 하고 있다 이렇게 판단했고요.

한편 과잉금지원칙을 활용해서 결론내린 부분은 인용한 내용 말씀드리자면, '따라서 이 사건 법률조항은 기본권조항의 침해최소성 및 법익균형성을 갖추지 못하였으므로 헌법상 과잉금지원칙에 위반하여 청구인의 공무담임권을 과도하게 제한하고 있다.' 그래서 제한한 것이 위헌인가를 판단할 때 이거는 과도한 제한이다 즉 침해다라고 판단했다는 것이지요. 그래서 내린 최종결론으로서는 공무담임권의 침해여부에 대한 결론내릴 때 논증했다면 인용하자면 이렇습니다. 그렇다면 이 사건 법률조항은 헌법상 무죄추정원칙과 과잉금지원칙에 반하여 청구인의 공무담임권을 침해하고 있을 뿐 아니라 여차여차해서 헌법에 위반된다 할 것이다, 이렇게 했다는 것은 자연스러웠다고 생각하게 됩니다.

4페이지입니다.

헌법 27조 4항에서 만약 기본권으로서의 무죄추정권을 도출하지 않고 다만 헌법원칙으로서만 즉 무죄추정원칙만 인정하자라는 그런 입장에 선다면 기본권침해여부를 다루는 헌법소원심판사건에서 무죄추정원칙은 기본권을 제한하는 법률이 위헌인가 아닌가를 검토하는 심사기준, 발제자가 이야기하시는 그런 하나의 과잉금지와 같은 차원이라고 보지 않는 하나의 그런 의미에서는 독자적인 심사기준으로 기능할 것이다. 한편 물론 27조 4항에서 만약 무죄추정권을 도출하고 무죄추정권에 따라서 제한이 지나친가 아닌가 따질 때는 과잉금지원칙으로 제한의 위헌여부를 심사할 것이다라고 생각될 수 있습니다.

이와 관련해서 한 가지 생각해 보고 싶었던게 지방자치법 논란이 된 111조 1항 2호, 3호에 대해서 위헌확인에 관한 문제인데요.

헌재가 이에 대해서 각각 결정 내렸으니까 그에 관해서 문제된게 공무담임권과 무죄추정원칙이 서로 어떻게 이거를 활용할 것이냐 심사방식이 문제되었었는데요, 바로 이러한 자치단체장이 111조 1항 2호는 '공소제기 후 구금상태에 있는 경우' 그 다음에 3호가 '금고 이상의 형을 선고받고 그 형이 확정되지 아니한 경우'의 권한대행, 따라서 자치단체장이 직무정지일 때 어떻게 심사할 것인가? 이거는 아시다시피 바로 형사피의자, 피고인을 적용대상으로 하는 까닭에 25조 공무담임권과 27조 4항의 무죄추정 또 37조 2항의 과잉금지원칙이 동시 적용되는데 여기서 접근방식에 따라서 심사방식차이는 있을 수 있겠다. 세 가지를 상정해 볼 수 있지 않겠는가? 밑에 방식 1, 2, 3을 한번 상정해 봤습니다. 평등권은 논외로 하고요.

첫째, 방식 1이 있다면 무죄추정원칙의 위배여부와 공무담임권의 침해 여부를 별도로 심사하는 것이겠지요. 이게 지금 우리 발제자께서 이렇게 해야 된다고 말씀하신 것이고 이게 선례에서 인용했던 것이고, 그 다음에 바로 이번 판례평석에서 활용했던 것이 세 분이 활용했던 합헌의견이 이 방식이지요.

한편 방식 2로 보자면, 공무담임권과 무죄추정권이라고 하는 이것이 어떻게 제한한게 침해인가 여부를 따져보는 것 이거는 바로 이번 판례평석에서 대상으로 보고 있는 바로 조대현 재판관의 입장이라고 할 수 있습니다.

방식 3은 공무담임권의 제한규정이 무죄추정원칙에 위배됨으로써 이러한 공무담임권의 제한규정이 위헌인가 아닌가를 심사하는 것, 그리고 공무담임권의 제한의 한계준수를 검토하는 것 이게 지금 판례 이번에 평석대상이 된 결정인데요.

이런 방식 세 가지가 있을 텐데, 지금 발제자께서는 방식 1을 주장하시는 논증이 더 타당하다고 보는데, 오히려 방식 3이 어떤 의미에서는 더 아까 말씀드린 것처럼 일종의 헌마사건이니까 이에 대해서 논증구조가 더 적절하지 않겠는가가 제 견해입니다.

그래서 결어를 말씀드리자면, 헌법소원심판사건에서 법률의 위헌성을 다룰 때 그 심판절차에 맞게 제한되는 기본권확정, 이에 상응하는 위헌심사기준 및 심사도구를 정하여야 할 것입니다. 그리고 또 하나는 헌법 27조 4항에서 무죄추정권을 인정하는 것이 특히 이론상으로나 또 실천적으로 유용하지 않겠는가? 그리고 결론적으로 다시 말씀드리면 여기서 동원된 무죄추정원칙과 과잉금지원칙은 동일한 차원으로 활용된 것은 아니라고 본다고 생각합니다. 이에 대해서 발제자의 의견을 다시한번 듣고 싶습니다.

마지막 보론 부분은 사실 이 판결이 가지고 있는게 논증구조를 논하는 것 이상으로 판결한 내용에 대해서 분석해 보면 의미가 있지 않을까 생각을 해봤습니다. 그런데 이거는 시간관계상 당장 논의하기는 곤란하지만 문득 생각했던 것은 왜 선례 판단을 바꾸었을까? 무엇이 문제였을까라는 것을 한번 생각해 보고 싶고요.

특히 헌재가 결정한 이후에 국회에서 이거를 2011년 5월달에 법률을 개정하는데 아예 금고이상 형을 선고받고 그 형이 확정되지 않은 경우를 삭제를 해 버렸습니다. 그러다보니까 정작 자치단체장이 범죄를 범해서 정치적 신뢰를 유지하지 못할 정도의 상황이 있을 텐데 그럴 때 직무집행에서 배제해 나갈 장치가 현재 사실상 아주 없거나 약화된 상태, 이거 헌재가 이런식의 메시지를 국회에 주지는 않았을 텐데 국회는 덜컥 없애 버렸단 말이지요. 그런 점에서 헌재가 이런 입법에 관한 뭔가 어드바이스를 줄 수 있는 무엇인가가 더 필요할 텐데 이에 대한 방법론적인 고민도 한번 해봐야 되지 않을까? 이거는 하나의 던져진 질문으로 남겨놓고요.

이상으로 토론 마치겠습니다.

감사합니다.

사 회 자 : 이어서 고일광 연구관님 토론 듣겠습니다.

지정토론자 : 발제자분의 발제문도 봤고 헌법실무연구회가 이 사건을 대상으로 한다고 해서 처음에 들었던 생각이 '이거 올 것이 왔구나' 사건을 연구하는 주된 보고연구관으로서 이렇게 앞으로 모임때마다 이렇게 비판을 받게 되면 앞으로 연구관중에 누가 연구에 참석할 수 있을까 이런 생각도 농담 삼아서 해봤습니다.

그만큼 저희 연구관들 입장에서는 올바른 논증구조도 찾아야 되고 내용도 찾아야 되고 상당히 어려운 작업인 것 같은데요. 다만 오늘 발제하신 분의 발제나 지정토론을 통해서 앞으로 무죄추정원칙에 관한 헌재의 재판심사기준이 예쁘게만 정립이 된다면 어떻게든 좋은 결과라고 생각을 합니다.

발제문에 대해서 제 기본적인 생각은 무죄추정원칙을 독립적인 심사기준으로 하는 것에 대해서는 저는 발제자의 취지에 동의를 합니다. 보고를 하고 결정문 초안을 작성하는 과정에서도 재판관님들을 제가 설득을 못 시켰기 때문에 이렇게 논증구조가 되었다고 생각하는데, 또 우리 음선필 교수님 말씀 듣고 보니까 이 논증구조가 또 좋았던 것 같기도 하고 아주 왔다갔다 하는데요. 아무튼 저는 독립적인 심사기준으로 하는 것이 맞다고 생각을 했었고 그런 의미에서 재판관님들께서 무죄추정원칙으로 남겨두시려고 그래서 무죄추정권으로 구성을 해 보자 이런 안을 제시를 해 드렸던 것도 그런 배경이 좀 있었습니다.

다만, 재판관님들이 그렇게 논증구조를 취하게 된 배경은 음선필 교수님께서도 말씀하셨지만 이게 헌마사건이라는 것에 조금 중점을 더 두었습니다. 나중에 김종대 재판관님께서도 위헌심사와 기본권침해심사가 다른 것 아니냐 말씀을 하실텐데요. 그러니까 이게 헌마사건에서는 결국 결론이 기본권침해로 나타나야 되거든요. 그런데 재판관님들 중에서는 몇 분은 무죄추정원칙 하나만으로 이거는 충분하다, 위헌으로 하기에 충분하다고 생각을 했었고, 개인적으로 제 의견을 말씀드리면 저도 그렇게 생각했었고요. 무죄추정원칙 하나만도 이거는 못 넘어간다 이 법률은, 그렇게 생각을 했는데 그렇게 하고 나면 그러면 이거를 원칙으로 보게 되면 무슨 기본권을 침해하게 되는 것인지? 그러니까 결국은 이 사건은 공무담임권 영역으로 확대되었기 때문에 불이익이 그래서 공무담임권 과잉금지원칙이 어차피 심사될 것이기 때문에 큰 문제는 없었지만, 예를 들어 미결수인데 재판받으러 갈 때 수의를 입힌다든지 포승을 수갑을 채운다든지 물론 그 경우에도 신체의 자유다 이렇게 얘기할 수 있겠지만 간결하게 무죄추정원칙에 반한다라고 구성을 하면 될 것을 헌마사건에서 아주 기본권을 찾아야 되는 이상한 상황이 생길 수가 있다는 거지요.

그러면 일반적행동자유에 관한 무슨 과잉금지원칙 침해 이런 항목을 따로 신설을 해야 되냐? 저는 그거는 좀 아니지 않나 싶은 생각이 들었습니다. 그래서 그런 부분에 대해서 원칙으로 독립시키는 입장에서는 무죄추정원칙 하나만 문제되었을 경우에 어떤 기본권을 결론으로 헌마사건에서 해야 되는 것인지 발제자께서 답변을 해 주시면 고맙겠습니다.

그리고 제가 이 사건을 연구하면서 가장 큰 의문이 들었던 것은 사실 저는 기본권이든 헌법원칙이든 저는 우리 교수님들이 좀 더 잘 아시는 부분이기 때문에 어떤식으로 결론이 나면 저는 어느 한쪽을 고집하고 싶지는 않습니다. 저는 다만 무죄추정원칙으로 보면서도 비례원칙적용에 대해가지고 어떤 내용도 설명도 없이 그냥 '아 이거는 가만 보니까 무죄추정원칙에 반하는 뭔가 범죄사실을 인정하는 데 근거한 불이익 아니냐' 이런 한마디 말만 딱하고 무죄추정원칙위반으로 위헌이다 이렇게 구성하는게 저는 그거는 아니지 않나 싶은 생각이 들었습니다.

지금 발제자께서 이 사건으로 돌아가야 된다고 말씀하신 2002헌마699결정의 4인의 위헌의견 이게 그렇게 되어 있는데요. 저는 논증구조는 옳을지 모르지만 내용에 있어서는 아무 것도 없는 것 아닌가 싶은 생각을 처음에 했었습니다.

발제문 25페이지 26페이지에도 자세히 인용을 해 놓으셨는데요. 그냥 무죄추정원칙은 정말 중요한 원칙이다라는 말을 이 문장 저 문장 써 가지고 반복해 놓고 결국은 딱 까놓고 보니까 '유죄인정의 효과로서의 불이익이다' 그 한마디만 내용으로 들어가 있는 겁니다. 그러니까 헌재 판례가 예전부터 결부시켜 왔던 비례원칙에 대한 내용은 하나도 설명이 없는 셈이 되더라고요. 그래서 저로서는 그게 가장 고민이었습니다. 그러니까 헌법원칙으로 보신다면 그리고 이게 헌법원칙 위반이면 무조건 위헌이다라고 보시려면 그러면 그전에 여러 가지 비례심사를 했을 텐데요. 이러이러한 것을 따져보고 해 가지고 결국 이거는 참을 수 없는 불이익이다, 이렇게 했다면 그 과정에 무엇을 근거로 어떤 내용을 이 사건에 적용시켜가지고 그렇게 판단했는지 하는 설명이 있어야 되지 않나 하는 생각이 들었습니다. 그래서 그런 면에서 보면 발제자께서도 물론 그렇게 말씀을 하셨지만 무죄추정원칙에 비례원칙을 적용시키는 데 대해서는 내용이 아무런 설명이 없지 않느냐 헌법원칙이라고 주장하는 학설쪽에서는, 그래서 그런 생각이 들었고요.

나아가서 그러면 유죄인정의 효과로서의 불이익이면 다 위헌이냐? 저는 그것도 좀 문제가 있다고 생각을 했습니다. 예를 들어서 제가 주 6번인가에 인용을 해 놓았는데요 두 가지 사건에 대해서. 직위해체처분관련해서 거기에 대해서 똑같은 법률인데 형사사건으로 기소되면 부하직원을 필요적으로 직위해제처분한 것은 위헌선언을 받았거든요 무죄추정위반이라고. 그런데 그 다음에 거기에 징계절차에 적법한 절차들을 설치를 했습니다, 법률이. 그래서 징계심사위원회에서 그거를 제대로 해 가지고 직위해제처분을 내리도록 그거는 합헌이라고 그랬거든요. 그런데 직위해제처분이라는 것은 개념상으로 유죄인정의 효과로서의 불이익이 아닌가요? 저는 명백하게 그거는 개념상 못 넘어간다고 생각을 합니다. 그래서 유죄인정의 효과로서의 불이익이면 다 위헌이다 이런 헌법원칙쪽에 그런 논리를 구사를 하면 저는 그 경우는 설명을 못하게 되는게 아닌가? 그러면 결국은 비례원칙을 합리적으로 설명하는 수밖에 없는데 그거를 어떻게 설명할 것인지 그게 내용이 좀 보완이 되어야 되지 않느냐 그런 생각을 했습니다. 그래서 우리 헌재에서 불이익을 입힌다 해도 최소한도에 그치도록 비례원칙을 존중하라. 그것도 결국에는 여러 가지 입법목적이나 효과라든지 그것이 이 사람한테 어떤 영향을 주는지 그런 것을 충실히 심사하고 난 다음에 결국 보니까 무죄추정원칙에 반한다 그런 결론은 가능하다고는 생각을 합니다.

다만, 그런 내용이 좀 보완이 되었으면 좋겠다는 생각을 제가 했었다는 것을 말씀을 드리고요. 그런 의미에서 저는 무죄추정원칙에도 예외영역이 있다. 그러니까 원칙적으로는 유죄인정의 효과로서의 불이익은 안 되는데 예외적으로 입법목적이 이러이러한 것을 방지하기 위한 것이고, 또 이런 것들이 미치는 효과를 다 감안해 봤을 때 이 개인 청구인에게 좀 부당한 영향을 주는 것이라 하더라도 예외적으로 합헌인 경우가 있을 수 있다. 이런 예외구성이 필요하지 않을까 싶은 생각을 해봤습니다.

그리고 그런 생각을 하게 된게 우리 헌재 판례를 찾아보면 무죄추정원칙과 관련해서 이거를 구속제도에 관해서까지도 원칙적으로는 무죄추정원칙상 불구속재판을 해야 되는데 예외적으로 구속되는 것으로 이렇게 설명을 한단 말이지요. 그러면 그런 경우에도 구속제도라는 또 다른 적법절차적인 합당한 근거를 가진 제도가 들어오면 예외적으로 무죄추정의 유죄인정 효과로서의 불이익은 일정정도 합리적인 범위내에서 양보가 가능한 것이 아니냐 하는 이런 논리적으로는 예외가 조금 있다는 것을 설명을 해야 바람직하지 않나 이런 생각을 했는데, 헌법원칙을 주장하는 학자들이나 또 그런 점에서 보면 오늘 발제문도 그렇지만 그냥 유죄인정의 효과로서의 불이익이면 다 위헌이다 그런 결론을 다시 취하시거든요. 그래서 그런 부분에 있어서는 조금 보완설명이 필요하지 않나 하는 생각이 듭니다. 그래서 저는 사실은 기본권이냐 헌법원칙이냐 보다는 이러한 비례원칙의 내용을 설명하는 것이 더 중요하지 않았나 싶은 생각이 들었고.

그리고 이 사건 평석대상결정이라든지 그 뒤에 공소제기되어서 구금된 경우에 합헌이라고 결정한 그 결정에서도 그렇고 비례원칙을 어느 정도 그거를 연구할 필요가 있다고 생각했었던 것은 무죄추정원칙이라고 전제를 한 다음에 무죄추정원칙에 적용되는 비례원칙은 어떤 내용을 가질 것인가에 대해서 연구를 해보는 차원에서 이렇게 제시했던 부분들이었습니다.

그리고 8페이지인데요. 무죄추정원칙을 기본권으로 안 봐도 저는 큰 지장은 없다고 전제를 말씀을 드려서 좀 그렇기는 한데, 그렇다면 굳이 비판을 위한 비판을 한다면 무죄추정원칙을 헌법원칙으로만 보는 그런 입장에 대해서 또 설명이 필요하다 싶은 생각이 들었던게, 발제문에서는 무죄추정원칙은 개인의 작위에 의한 자유실현과는 관계가 없다라고 말씀을 하셨는데요. 저는 그거는 아니라고 생각합니다.

무죄추정의 원칙이라는 것은 형사피고인, 피의자의 지위를 강화시키기 위한 역사적으로 진짜 그거와 결부되어서 논의되었던 불가분의 관련이 있는 것이거든요. 지금도 고문을 받지 아니할 권리 이게 처음에 기본권으로 되었겠습니까? 그러지 않다가 그거는 좀 심한 제도가 아니냐 이래서 제도차원의 논의가 되다가 결국에는 그게 권리로 헌법상으로 수용이 되고 그런 것이란 말이지요. 그러니까 신체의 자유 굳이 따지라면 또는 구체적이지는 않지만 형사절차상 형사피고인, 피의자가 그렇게 부당한 취급을 받지 아니할 권리가 있는 거지요. 그런 거는 기본권차원으로까지 격상시킬 수 있다고 생각을 합니다. 그래서 그런 것으로 보면 굳이 이게 어떤 적극적인 내용이 있어 가지고 노터치 이렇게 할 수 있도록 알맹이가 뭔가 있어야지 꼭 기본권으로 개념을 해야 되는 것이냐? 저는 그거는 아닐 수도 있다 이런 생각을 했습니다. 구속이유를 고지받을 권리 이것도 우리 헌법이 명시를 하고 있는데 그거는 뭐 그러면 개인의 자유실현을 위한 뭐가 있습니까? 간접적인 것 뿐이거든요. 신체의 자유라든지. 오히려 형사절차상 형사피고인, 피의자가 진짜 적법절차에 기해서 제대로 된 취급을 받을 권리, 구체적이지는 않지만 아무튼 그런 차원에서 보면 무죄추정원칙도 충분히 기본권으로 볼 수 있지 않을까?

그리고 비례원칙의 자연스러운 적용 이 부분은 논의가 많이 되었으니까 넘어가고요. 9페이지 맨 밑에 3번에 발제자께서 이 부분을 우려를 하신 부분이 있는데 그 부분은 반박을 좀 하고 싶어서 말씀드렸습니다. 그러니까 과잉금지원칙에 위배해서 공무담임권은 침해하는데 무죄추정원칙은 위배되지 않는 이런 상황이 생길 수도 있지 않냐? 그래서 이 두 개를 기본권심사의 하부구조로 하면 안 된다. 그렇게 말씀하셨는데 저는 이런 상황은 생겨서는 안 되고 생기지 않을 것이라고 생각을 합니다.

왜냐하면 기본권침해심사를 하는데 있어서 둘 다 비례의 원칙을 얘기를 했다면 그게 결론이 달리되는 상황은 없는게 당연하다고 생각하고요. 그리고 그게 만약에 어떤 이론상으로 잘못가서 그렇게 나온다면 그거는 이론이 좀 잘못된게 아닌가 이런 생각을 했었습니다.

이 정도로 마치겠습니다.

사 회 자 : 수고하셨습니다.

김종대 재판관님 말씀을 듣겠습니다.

회　　장 : 우리 회원들을 평등하게 처리해 주신 사회자에게 감사말씀을 먼저 드립니다.

제가 이 토론자료를 쓴 것은 충분하게 김현철 교수의 논문을 읽고 쓰지는 않았고 오늘 오후에 제가 그때 그 사건을 처리할 때 제가 이런 근거를 가지고 했다는 것을 정리해서 쓴 것입니다. 그래서 앞도 뒤도 좀 없이 이렇게 썼는데요.

저는 이 토론을 보고 있으면서 우리가 위헌심사라는 것하고 기본권침해심사라는 것을 용어를 조금 구분해야 될 필요가 있다는 것을 느꼈습니다.

위헌법률심사는 위헌법률심판 그런 영역에서 위헌심사를 하는 것이고 기본권침해여부심사는 헌법소원에서 기본권구제를 위한 헌법소원 영역에서 하는 심사다. 그러니까 기본권을 침해하여 위헌이다, 이런 말은 저는 불필요하거나 오히려 오해만 초래될 우려가 있다 그런 생각을 먼저 전제로 깔고 하겠습니다.

무죄추정은 유·무죄 미확정상태에서 유죄를 전제로 기본권을 제한하는 법률조항이 위헌인지 여부나 유·무죄 미확정상태에서 마치 유죄인 것을 전제로 공권력이 기본권을 침해할 때 그 침해여부를 판단함에 쓰이는 헌법원칙이라고 저는 그렇게 생각을 했습니다. 따라서 무죄추정의 원칙이 받아들여지면 다른 위헌심사기준이나 기본권침해여부 판단기준은 별도 심사할 것도 없이 위헌법률심판에서는 위헌으로 헌법소원심판에서는 인용으로 — 인용은 공권력침해에 의한 기본권의 확인과 그 공권력의 취소가 보통이겠지요 — 되어야 한다고 생각을 합니다.

무죄추정을 독립적 기본권으로 보는 논의가 있는데요. 저는 그 필요를 인정은 합니다. 왜 그러냐 하면 이 사건도 우리가 심사할 때 무죄추정원칙이 아무 데나 쓰는 것은 아니지 않느냐? 어떨때 쓸 것이냐? 예외는 없느냐? 이런 것을 하다 보니까 마치 비례심사를 해서 무죄추정의 원칙이 적용되는 영역이 있다는 식으로 가자니까 이거를 기본권으로 관념하는게 훨씬 편리하더라는 거지요.

그런데 그래도 나는 그 심사에서의 필요는 제일 마지막 제가 했습니다만 거기에 관한 합리성과 타당성을 우리가 따로 검토하면 되지 그것을 독립기본권제한의 비례심사라는 것으로 갖다 붙일 필요는 없다. 그래서 저는 37조 2항의 비례원칙을 무죄추정을 독립한 기본권으로 봐서 적용할 영역은 아니다 그렇게 보고요.

만약에 무죄추정원칙을 독립적, 자유권적기본권인지는 그거는 아까 우리 김교수도 모르겠다 그러던데 이거는 어느 기본권에 해당됩니까 그러면? 그리고 이 기본권침해의 방해배제나 구제도 구할 수 있어야 되지 않겠어요? 또 무죄추정권의 침해를 받기 위한 헌법소원도 우리가 생각해 본다면 침해받는 기본권으로 무죄추정권을 듭니까? 이것도 좀 이상하단 말이지요.

그래서 저는 무죄추정권을 기본권으로 관념할 것 없이 그냥 헌법상의 심사원칙, 위헌심사원칙 혹은 기본권침해심사원칙으로서 작용하는 헌법원칙으로 관념하면 안 되겠느냐? 그러므로 무죄추정은 독립적 성질을 가진 개별기본권이 아니고 위헌심사 혹은 기본권침해여부를 심사함에 요구되는 절차상 헌법원칙이라 보면 어떻겠느냐? 이래서 지금 우리가 전에 이 본안사건이나 다 주로 공무담임권을 심사했거든요.

공무담임권을 심사할 때 비례의 원칙에 어긋나는 과잉제한이 아니냐하는 측면이 있을 것이고, 이 공무담임권을 무죄추정의 원칙에 반해서 침해한 것이 아니냐, 이 두가지 측면이 있겠지요. 그런데 이 두 가지 측면에서 어느 것 하나만 되면 위헌이지요. 그런데 무죄추정의 원칙을 먼저 적용해서 무죄추정의 원칙이 된다면 그 다음에 저는 과잉심사할 필요가 없다고 봅니다.

그런데 무죄추정원칙을 적용해서 위헌심사를 하려고 하니까 아까 무죄추정에서 예외도 있을 것 같고 이렇다 보니까 또 겹으로 비례에 의한 공무담임권 제한심사를 하는데, 하여튼 그 사건에서 우리가 다루고 있는 기본권은 공무담임권이지 무죄추정권은 아니다. 무죄추정권은 공무담임권을 제한이나 침해하는 데 대한 하나의 절차적 원칙이 아니겠느냐 그런 생각에서 저는 그때 이 무죄추정의 원칙을 기본권으로 관념 안 했고, 특히 지금 퇴임하신 조대현 재판관이 이 무죄추정권이라고 강하게 주장했고 한데 그분의 논거도 제가 듣기로는 비례심사를 하기 위해서 그럽니다. 무죄추정권을 어떨 때는 적용하고 어떨 때는 적용안하고 싶은데 그러려니까 비례심사 유사의 또 심사가 필요하단 말이지요. 그래서 했는데 저는 그 심사에서의 비례라는 것은 37조 2항의 기본권제한의 비례의 원칙하고는 또 다른 것이고 성격이 다른 것이다. 그렇게 봐서 전에 그 결정을 선고하는데 제가 이론적 기초로 삼았습니다.

다른 이론적으로 깊이는 전혀 없고 그냥 실무적인 이유만 말씀을 드렸습니다.

사 회 자 : 무죄추정권의 헌법적 성격 그러한 논란이 있는 상황에서 이것이 단지 그냥 위헌법률심판이 아니라 헌법소원에서 문제가 제기될 때 나타나는 여러 가지 소송의 성격상의, 우리가 도대체 헌법소원심판제도를 어떻게 이해할 것인가? 이러한 문제까지도 연결되어 가지고 논의가 진행되고 있는데, 일단 김현철 교수님께서 간단히 답변을 하시고 그 다음에 가능하면 플로어에 많은 시간이 가도록 했으면 좋겠습니다.

발 표 자 : 플로어의 토론을 위해서 간략하게 답변해 드리겠습니다.

두 분의 지정토론과 또 재판관님의 의견에 감사드리고요.

초점은 권리구제형 헌법소원사건에서 무죄추정원칙 또는 무죄추정권의 역할 이런 점에 우선 반대의견과 또는 질문이 있었는데요. 저는 이렇게 생각합니다.

헌마사건, 권리구제형 헌법소원사건에서 적법요건을 먼저 판단하거든요. 적법요건에 여러 가지 요건이 있지만 기본권관련성이라는 부분이 있어요. 따라서 기본권관련이 없다 하면 본안 들어갈 수가 없는 거지요. 무죄추정원칙을 주장한다 하더라도 관련된 기본권이 없으면 무죄추정권이라는 권리를 인정하지 않는 헌법원칙이라는 입장에 서는 경우에 관련된 기본권이 없으면 본안에 들어갈 수 없는 겁니다.

따라서 헌마사건이기 때문에 무죄추정원칙만가지고 위헌할 수 있느냐? 기본권이 없으면 어떻게 하느냐? 이런 문제는 그런 점에서 해결될 수 있다고 생각되고요.

또 하나는 비례의 원칙부분에 관한 설명이 논증이 없었다하는 점인데요.

오늘 선례에서 말하는 2005년 사건에서 역시 그 지적은 옳습니다. 제가 그 선례의 논증구조를 찬성한다는 취지는 독립된 심사기준으로 보았다는 점에서 찬성하는 의미고요. 비례원칙은 제가 발표문에도 썼지만 무죄추정원칙의 위반여부를 판단하는 세 가지 방법에 들어있거든요. 제가 주장하는 내용중에서도. 자유권의 보호영역에 해당되는 무죄추정원칙의 적용영역, 그 다음에 자유권의 제한에 해당되는 불이익처우의 내용, 또 하나 헌법적 정당화로서의 과잉금지원칙에 해당되는 비례원칙 이 세 가지는 다 제 발표문에 들어있고 저도 동의합니다. 다만, 그 부분을 제가 부각시키지 못한 점은 비판의 여지가 있을 수 있다고 생각되는데요. 다만, 비례의 원칙의 내용으로서 제가 발표문 15페이지에서 고일광 연구관님께서 제시한 네 가지의 판단구조가 있거든요. 상당히 좋은 의견이라고 생각이 됩니다. 저의 발표문에도 썼는데. 다만, 네 번째 요건은 상당히 축소제한적으로 운영될 가능성이 있다. 왜냐하면 거기도 아까는 구체적으로 이야기하지는 않았는데 불이익처분이 형사절차에 있어서 본인의 방어권행사에 상당히 부담이 되는 수가 있거든요.

공정거래법상 법위반사실 공표하는 것, 법 위반되었다 잘못되었다 해놓고서 형사절차에서 그것은 내가 본의가 아니다라든지 또는 내 뜻은 그런 위반된 것은 아니다라고 주장하려면 상당히 부담되지요. 그런 경우만이 무죄추정원칙의 적용영역이 아니라는 거지요. 그 외에 수많은 영역, 형사절차 아닌 부분에서도 무죄추정원칙이 적용되는 영역이 많기 때문에 제한적인 영역에서의 그런 요건을 여기에 결부시키는 것은 그 부분은 동의할 수 없지 않은가 하는 점에서 말씀드렸던 것이고요.

또 하나 아까 지정토론에서 형사절차상 주요 적용영역중에 하나인 형사절차상의 부분에 있어서 볼 때 무죄추정원칙은 다 불구속되어야 되는가? 그런 질문을 제기를 하셨는데, 무죄추정의 원칙과 구속제도는 별개의 제도라고 생각합니다. 검사가 신청해서 법관이 발부한 구속영장제도는 그것도 헌법에 있거든요. 무죄추정원칙도 물론 헌법에 있고. 또 반대로 얘기하면 본인이 자백해서 혐의가 인정되는 경우에도 반드시 구속해야 되느냐? 그거는 아니거든요. 불구속재판하는 경우도 충분히 있을 수 있습니다. 따라서 그런 부분이 무죄추정원칙이 독립된 헌법원칙으로 활용되는데 있어 큰 장애가 되는 것은 아니다라고 생각 들고요.

음선필 교수님의 지정토론중에서 저하고 똑같은 내용의 판결문을 놓고서 분석과 이해가 다른 것인데요. 평석대상결정에서도 종전의 선례와 논증구조는 다르지 않다 이렇게 이해하셨는데 제가 보기에는 분명히 달라진 것 같은 생각이 들었습니다. 그런 점을 규명하기 위한 것이 이 발표의 원인이 되었고요. 만약에 제가 잘못봤다면 이 주제발표가 의미가 없게 되는 셈입니다.

어쨌든 이상 간단히 마치고요. 플로어에서 질문 있으면 또 답변하도록 하겠습니다.

감사합니다.

사 회 자 : 정리는 이미 논점이 충분히 드러났다고 생각을 하고 제가 나중에 혹시 정리하면 하고 지금은 바로 플로어의 질문을 받도록 하겠습니다.

임지봉 교수님.

토 론 자 : 제가 발표내용 파악이 잘 안 돼서 우문같기도 한데, 저는 여태까지 무죄추정권이라고 알고 있었습니다. 물론 무죄추정의 원칙이라는 말도 쓰기는 쓰는데, 신체의 자유의 하나로서 무죄추정권이라는 기본권으로서의 성격을 가진다라고 알고 있었고 또 많은 분들이 그렇게 해석하는 것으로 알고 있고, 물론 원칙이기도 하고 기본권이기도 하다라는 분들이 많지만요.

제가 질문을 하나드리겠습니다. 이것을 저처럼 권리로 안보고 원칙이라고 봐야한다면 권리로 봐서는 안 되는 이유가 뭔지 저는 그게 좀, 말씀을 하시는데 명쾌하게 안 와 닿거든요. 제가 대충 파악되는 것으로는 아마 이게 우리 헌법조항에서 27조 4항이 권리라는 말을 쓰지 않고 있다. 그냥 형사피고인은 무죄로 추정된다라고 하고 있기 때문에 그렇다라고 본다면 우리 헌법에 권리라는 말을 쓰지 않고 규정 자체가 어떤 권리성을 부여하기에 곤란한 그런 규정에서 기본권을 도출한 경우가 굉장히 많습니다. 34조 2항 같은 경우에도 국가는 사회보장·사회복지의 증진에 노력할 의무를 진다. 사회보장수급권 같은 것을 여기서 끌어내거든요. 그렇기 때문에 규정형식 때문에 권리라 보기 어렵다라는 것도 저는 선뜻 납득하기 어렵고요.

두 번째로 만약에 이것을 무죄추정권으로 본다면 아까 이 발표문에서 주로 평석하고 있는 공무담임권 위반사건같은 데서 보는 바와 같이 그러면 비례의 원칙이 두 번 적용되게 된다. 그러니까 무죄추정권이라는 기본권을 비례의 원칙에 맞게 제안했느냐, 또 공무담임권의 비례의 원칙에 맞게 제안했느냐 그런 문제가 있을 수 있다고 보시는 것 같은데, 비례의 원칙은 얼마든지 여러 기본권에 대해서 한 사건에서 여러 번 적용될 수 있는 것 아닌가요? 그 대표적인 예가 제대군인가산점제사건에서도 그것이 남녀차별의 평등권을 제한하는 면이 있는데 이게 과잉한 제한이냐? 과잉한 제한이다. 그 다음에 공무담임권에도 또 비례의 원칙을 적용해서 과잉한 공무담임권제한이다 그래서 결국은 위헌의견이 난 것으로 알고 있습니다.

그렇기 때문에 이런 것으로 봤을 때 저는 무죄추정권이라고 기본권으로 봐버리면 되는데 굳이 이거를 원칙이라고 봐야되는 이유가 무엇인지 우문같은데 현답을 구해봅니다.

사 회 자 : 또 질문하실 분?

정주백 교수님.

토 론 자 : 별로 아는 것은 없고 이게 굉장히 난해하고 관념적인 이야기여서 잠깐 읽고 저도 이해하기가 버겁습니다만 그냥 직관적인 생각을 몇 가지 말씀드린다면, 교수님 말씀대로 제 생각에도 우리 지금 헌법 11조에 ‘모든 국민은 법 앞에 평등하다’라는 것으로부터 평등권이 도출된다고 보는 겁니다. 그것이 평등하게 대우받는다는 것이 국민의 어떤 주관적인 권리보호측면이 상당히 강조되기 때문에 그렇게 이해되어지는 것 아닌가라는 생각이 들고요.

그런데 이것도 무죄로 추정받는다라는 것이 국민의 개개인의 입장에서 어떤 이익이 있겠는가라는 측면에서 보면 분명히 저는 이익이 있을 것이라고 생각을 합니다. 그렇다면 그것을 공권으로 인정 못할 이유가 무엇인가라는 생각이 드는데, 예를 들면 포괄위임금지원칙 같은 경우에는 저는 개인적으로는 주관적공권이 도출되기는 상당히 어려운 측면도 있을, 그러니까 공권이 도출 안 되는 경우도 있을 것이라고 생각합니다. 예를 들면 특별한 경우에 국가조직에 관한 여러 가지 법률에서 대통령령으로 위임하면서 상당히 포괄적인 경우도 있을 것입니다만, 거기에 국민이 포괄위임금지원칙에 위배된다는 이유로 68조 1항의 헌법소원을 제기할 수 있겠는가? 그거는 안 되겠지요. 그 사람의 권리구제의 필요성이 그렇게 크지 않으니까 주관적 권리구제 측면이 크지 않고, 다만 객관적 법질서보장의 측면에서 문제될 바는 있겠지만 그것은 68조 1항의 헌법소원절차에서는 다룰 수 없는 것이라고 우리가 보는 것이니까요.

김현철 교수님께서 기본권으로 보지 않아야 된다고 말씀하시는 논거중에 하나가 자유권이나 청구권이나 이런 것들의 어디에도 포섭되지 않는다라는 것은 주객이 전도된 이론 아닌가라는 생각이 듭니다. 먼저 이것이 기본권인가라는 것이 논증되고 그 다음에 이것이 어디에 포섭될 것인가라는 것이 논의되어야지, 여기에 포함 안 되면 기본권이 아니다라고 하면 극단적으로 말씀드리면 여기 네 가지 기본권에 포함 안 되면 독자적으로 다섯 번째 기본권의 범주도 만들어질 수 있는 것이지요. 거기 네 가지에도 포함 안 된다는 이유로 기본권이 안 된다라고 보는 것은 조금 이해하기 어려운 것 아닌가라는 생각이 들고요.

저는 개인적으로 이것이 기본권으로 보는 것이 국민의 권리구제측면에서 상당히 유리한데 굳이 억지로 여러 가지 논리적인 조작을 통해서 아니라고 해야 될 필연적인 이유가 있는가? 거기에 대해서 제가 잘 이해를 못하고 있는 상황에 있는 것 같습니다. 기본원칙이라고 하면 적어도 68조 1항의 소원의 소권의 기초로서는 삼을 수 없다는 것인데, 내가 뭔가 실체적인 권리가 현실적인 불이익이 있다는 것을 논증하기는 힘들지만 뭔가 절차적인 권리라는 것은 원래 그런 것 아니겠습니까? 실체적인 불이익하고는 별개로 내가 무죄로 추정받을 권리가 침해되었다리는 주장을 왜 할 수 없는 것인지? 만약 그것을 다툴 수 있는 절차를 굳이 만들고자 한다면 억지로라도 뭔가 실체적인 기본권을 만들어내든지 도출하든지 도안을 해내야 된다는 것인데 굳이 그럴 필요가 있는 것인지? 우리 헌법에서 명언하고 있는 것을 가지고 국민이 주장할 수 없는 상태가 확대된다는 상태를 굳이 주장해야 되는 이유를 저는 선뜻 납득이 잘 안가서 말씀을 드립니다.

이상입니다.

사 회 자 : 황치연 연구관님.

토 론 자 : 존경하는 김종대 재판관님께서 토론을 하셔서 말씀드리고 거북한데요.

일단 심사기준, 심사척도 이 말에 대해서 과잉금지의 원칙 이거를 달리 쓰는 것 같아요. 심사의 도구라는 말을 쓰는 것 같은데. 독일의 마쓰탑이나 영어의 리뷰스텐다드 이 말은 우리말로 번역을 할 때 심사기준 또는 심사척도로 번역합니다. 그러니까 심사도구라는 이거는 비스크리티유레토릭에 해당되는 것 아닌가. 이게 무슨 실질적인 의미를 갖는 것인지? 헌법원칙이 아닌 것을 심사기준으로 채택할 수 있습니까? 헌법규정 아니면 헌법원칙 아닌 것을? 그래서 그게 하나 의문이 들고.

그리고 무죄추정의 원칙이 권리이냐 법원칙이냐 이 문제는 좀 영역을 분류해서 얘기를 해야 하지 않을까 생각을 하는게, 27조 4항에 이게 위치하고 있지 않습니까? 27조 전반이 재판에 관한 권리들을 얘기하는 겁니다. 그리고 이게 형사피고인이라는 주어를 써서 쓰는 것은 형사절차에 관한 한 이거는 헌법원칙으로서 결국 추정된다했기 때문에 유죄의 확정판결이 있을 때까지는 무죄로 추정된다고 했기 때문에 결국 입증책임을 형사사건에서는 검사에게 입증책임을 준다는 그 헌법원칙에 입각해서 형사재판절차 내에서 이 원칙을 위배할 수는 없다는게 바로 기속적 규율의 효과가 있다고 생각을 합니다. 그래서 원칙적으로 구속재판원칙을 한다든지 또는 원칙적으로 구속수사를 한다든지 또 검사에게 원칙적으로 유죄의 입증책임을 배제한다든지 이거는 바로 무죄추정의 원칙위배 그 자체로 위헌이라고 생각합니다.

그런데 우리 헌법재판소의 판례에서 형사재판절차를 넘은 부분에서 어떠한 불이익들 이와 같이 직무대행이나 직위해제 등등 이런 것에서는 독일에서는 여러가지 형사절차적인 제도를 두면서 헌법소원을 제기할 수 있는 권리로서 기본법상의 열거된 기본권말고 기본권유사의 권리라는 표현을 쓰고 있습니다. 그러니까 이런 형사절차에 관한 어떤 법원칙을 선언하면 그에 대한 반사적 대응으로 어떤 주관적권리가 공권성이 발생될 수 있다고 봅니다.

문제는 이런 경우에는 결국 무죄추정의 원칙이 기능을 할 수가 없어요. 정도의 문제가 발생을 하고 형량판단의 문제가 개입이 되면 결국 비례의 원칙, 과잉금지의 원칙에 대해서 심사할 수밖에 없습니다.

그러니까 그런 경우에 형사재판절차의 영역을 뛰어 넘은 경우에 어떠한 불이익적인 요소가 있다면 결국은 그게 무죄추정의 원칙을 곁들인다 하더라도 실질적으로는 과잉금지원칙에 대한 심사가 있지 않겠는가 이렇게 생각을 합니다.

사 회 자 : 여기까지 일단 간단히, 겹치는 부분도 있고 하니까 답변해 주시기 바랍니다.

발 표 자 : 주요질문의 초점이 무죄추정원칙을 헌법상의 원칙으로 굳이 고집할 필요가 있겠는가? 무죄추정권이라는 권리를 인정할 필요가 있고 또 헌법의 구조상도 그렇고 논증에 있어서도 비례의 원칙을 적용함에 있어서 유용한 측면도 있고, 이 부분은 지정토론에서 고일광 연구관께서도 지적하셨는데 충분히 이해할 수 있는 그런 내용이고, 무죄추정권으로 성격을 지우면 그 자체로 과잉금지심사를

할 수 있는 그런 유용한 근거가 되는 거지요. 그런데 무죄추정원칙을 이야기하면 무죄추정원칙이라고 성격을 규정지으면 형사피고인에게 불리하다는 표현은 적절한지 모르겠는데 보호하는데 좀 부족한 것은 아닌가? 헌법소원으로 제기하는데 제한이 있는 것은 아닌가 그런 질문이신데, 그것은 보는 입장에 따라서 견해에 따라서 다른 것이기 때문에 제가 그 이야기에 내 이야기를 다시 반복할 수밖에 없는 그런 입장인데요. 기본권이라고 할 때는 그 성격과 위치라는 것이 이미 확립된 이론으로 정립이 되어 있지 않습니까? 그것이 통설과 소수설이 설명하는 방법은 다를지 몰라도 예를 들어서 자유권이냐 참정권이냐 절차적기본권이냐 평등권이냐 이런 종래 우리가 이야기하는 기본권의 영역으로 포섭해서 설명할 수 있어야 되지요. 제가 거기 발표문에도 종래 다수설이 열거해 놓은 분류방법을 가지고 분석을 해보았을 때 무죄추정의 원칙을 권리로 구성했을 경우에 어디에도 해당되지 않는다고 제 개인적으로 생각했는데 저의 판단이 물론 틀렸다고 평가할 수도 있겠지만 그런 종래 분류방법에 의해 볼 때 기본권으로 보기에는 난점이 있겠다 생각이 들고요.

다만, 황치연 연구관께서 이야기하신 절차적기본권에 관한 부분에 대해서는 아까 제가 발표할 때도 이야기했는데 좀 논란의 여지가 있을 수 있을 것 같아요. 좀 더 연구해 볼 필요성이 있겠다고 생각이 드는데 절차적기본권을 주장한 이준일 교수의 책에도 설명은 없었어요. 그런데 절차적기본권이라 하면 우리 헌재 판례도 이야기했듯이 입법자의 절차형성이 요구된다라는 것이거든요 그 권리를 주장하려면. 입법자가 어느 선까지 해야만 되는가라는 그 절차가 형성이 있어야 되는데 무죄추정권은 그것을 요구하는 것이 아니라고 봅니다. 그 절차가 있어야만 무죄추정권 또는 무죄추정의 원칙을 주장할 수 있는가? 헌법원칙으로 심사도구로 또는 심사원칙으로 사용할 수 있는가? 그거는 아니거든요. 그 절차가 없다 하더라도 무죄추정의 원칙 그 자체에서 보호영역이 있지요. 그 다음에 불이익처우 그런 개념이 성립되어 있지요. 그 다음에 과잉금지원칙하고 같냐 다르냐 논란이 있을 수 있지만 비례의 원칙이라는 하나의 판단방법이 있지요. 그런 측면에서 절차적기본권으로 보기도 어렵습니다.

정주백 연구관님께서 굳이 그런 영역에 넣기 곤란하면 새로운 영역의 기본권을 설정해서라도 해 줘야지 오히려 주객이 전도되었다. 기존의 기본권분류방법에 넣기가 어렵거나 또는 제가 판단하기에 좀 부족했을 수도 있는데, 거기에 억지로 넣을 필요없이 새로운 기본권을 창설할 수도 있는 것 아닌가 그런 말씀이신데, 그러려면 새로운 기본권에 대한 설명이 필요한 거지요. 단순히 필요해서 심사구조에

도움이 되기 때문에 또는 국민의 권리를 보장하기에 유용하기 때문에 권리로 인정하자 하는 것은 또 다른 문제인 것 같습니다. 그런 점에서 설명이 충실하지 않으면 그거를 어떻게 논증하느냐 하는 점에서 난점이 있지 않을까 하는 생각이 들었습니다.

아까 고일광 연구관님께서 지정토론하신 것 중에 제가 답변 못한 것 생각이 났는데, 제가 의문을 제기한 것 중에 하나가 공무담임권을 침해하는 심사방법에서 과잉금지원칙에는 위반인데 무죄추정원칙에는 위반이 아니다 이런 사례가 있을 수가 있겠는가라는 의문을 제기했는데, 청구인은 이것저것 다 주장하거든요. 그러면 거기에 대해서 헌법재판소가 판단을 해 주어야 됩니다. 본안에 들어갈 수 있는 연결고리로서 기본권관련성이 있고 적법요건 충족되고 그러면 판단해야 되지요. 과잉금지심사를 해야 되지요. 그런데 얼토당토않게 무죄추정원칙을 주장한다. 그러면 분명히 무죄추정원칙 적용영역에 해당되지 않거나 또는 무죄추정원칙에서 말하는 비례의 원칙 영역에서 배제되거나 그러면 무죄추정원칙이 위반되지 않는 경우도 상정할 수 있다고 충분히 생각합니다.

본인이 거기에 해당되는 것만 사건이 들어오고 해당되는 내용만 주장하는 것은 아니거든요 청구인들이. 그런 측면에서 그런 사안이 발생했을 때 논증구조에서 좀 어려움이 있지 않을까 그런 생각을 했습니다.

이상입니다.

사 회 자 : 시간상 두 분 정도만 질문을 더 받을 수밖에 없을 것 같은데 혹시 김선택 교수님 특별히 하실 말씀 있으십니까?

토 론 자 : 제가 사실은 금년에 박사학위논문을 하나 지도해서 학위를 줬는데 그 제목이 바로 '무죄추정에 관한 연구'입니다. 그래서 지도를 하나보면 지도 같이 연구하다보니까 이런 저런 것을 많이 보기는 했는데 그래서 할 얘기는 좀 있습니다. 조금만 얘기하겠습니다. 다 얘기하면 한이 없을 테니까.

일단 첫 번째는 이런 겁니다. 비례심사부분에 대해서 무죄추정원칙이라고 보든 무죄추정권으로 보든 그 비례성심사가 다른 기본권심사에 적용되는 비례심사하고 똑같아야 된다 그거는 아닐 것 같고, 예컨대 무죄추정을 기본권으로 보게 되면 37조 2항이 적용되기 때문에 그 비례심사의 경우 하고, 또 이거를 그냥 원칙으로 볼 경우에는 일반적인 법치국가원리에서 나오는 비례성심사가 요구될 것이기 때문에 그때는 좀 달리할 수 있는 것 아니냐. 뿐만 아니라 37조 2항에 의한 비례심사를 한다하더라도 침해되는 기본권의 유형에 따라서 비례심사의 강도가 달라질 수밖에 없습니다. 다 차이가 있을 수 있어요. 그러니까 자유권심사에 적용되는 경우하고 이렇게 절차적기본권 심사할 때 하고 다를 수밖에 없다고 생각이 되요. 이런 것은 좀 구분이 되어야 될 것이라고 생각이 들고. 그래서 아까 우리 고연구관이 말씀하신대로 그렇게 그냥 엄격한 그런 비례성심사를 가지고 무죄추정원칙의 경우에도 비례성심사를 해야 한다는 것은 좀 곤란하다는 생각이 듭니다.

그리고 지금 이 무죄추정이 미치는 것에 대해서 사실 제가 박사논문을 줄 때 제목을 그냥 '무죄추정에 관한 연구'로 하라고 그랬습니다. 원칙이냐 권이냐 논란이 하도 많아서 그냥 무죄추정에 관한 연구로 해라 일단 이렇게 했는데, 지금 이런 생각은 들어요. 유죄인정의 효과로서의 불이익이라는 것하고 유죄, 무죄를 정하지 않은 상태에서 형사책임을 추궁하는 절차상의 어떤 불이익은 구분되어야 되는 것이 아닌가 하는 생각이 문득 듭니다. 그러니까 유죄를 전제로 해서 가해지는 불이익에 대해서는 굉장히 엄격하게 우리가 봐야될 것 같고, 그렇지 않은 경우의 불이익에 대해서는 좀 나누어서 봐야되지 않을까? 그래서 어쩌면 전자의 경우에는 그 자체가 아마 위헌을 강력하게 우리가 추정하게 만들 것이고 그 후자의 경우에는 비례심사를 통해서 해결할 수 있겠다 이런 생각이 들고요.

그 다음에 지금 논의되고 있는 것, 이게 기본권이냐 원칙이냐 자꾸 논란이 되는데, 제가 지도한 논문에 따르면 이렇습니다. 입법사적으로 보면 이게 80년 헌법에 들어왔거든요. 이거 들어올 때 여러분 다 아시다시피 사실 우리나라 형사절차는 유죄추정에 입각했다고 보는게 맞을 정도였습니다. 그래서 당시에 헌법개정할 때 이 논의가 많이 되었어요. 그래서 무죄추정권을 도입하자 이게 되었던 겁니다. 그래서 당시에 6인학자안, 신민당안, 심지어 국회안도 무죄추정권리로 제안했던 건데 그 당시 정부랄까 국보위에서 대한변협안에 나온 무죄추정원칙을 수정해가지고 무죄로 추정한다라고만 써서 실제로 무죄추정의 실효성을 줄여보려고 권리라는 표현을 의도적으로 피했다고 합니다. 이거는 신동운 교수께서 직접 그 당시 헌법개정작업에 관여했던 인사들하고 개인적으로 만나서 얘기를 들어보고, 모르겠어요 어떻게 증명할 수 있을지 모르겠지만 그런 진술을 들었다고까지 하더라고요. 그랬을 것 같다는 생각이 좀 들고.

그 다음에 우리나라가 국제법을 잘 안 지키기는 하지만 국제인권규약의 우리가 가입하고 있는 시민적 정치적권리에 관한 국제규약의 제14조 2항에 모든 형사피의자는 법률에 따라 유죄가 입증될 때까지 무죄로 추정받을 권리를 가진다라고 명시적으로 되어 있어요. 물론 이것이 우리 헌법해석의 결정적인 기준은 되지 않지만 저는 국제인권장전에 나와 있는 권리들에 대해서 우리 헌법해석할 때 상당히 존중해 주어야 한다고 생각합니다. 여러분 아시다시피 지금 세계 전체가 이미 국제법도 헌법화되어 간다 이런 논의를 하고 있기 때문에 좀 맞추어 줄 필요가 있지 않나 하는 생각이 들고요.

그 다음에 다 아시겠지만 예를 들면 우리 헌법상의 형사보상청구권규정 같은 것을 보게 되면 무죄추정이 단순한 형사절차상의 지도원리에 불과하다면 형사보상청구권까지 규정을 했었어야 되느냐? 이런 문제가 있다는 생각이 들어요.

그 다음에 우리 신체의 자유에 관한 헌법규정을 보면 대부분 다 기본권으로 이해를 합니다. 12조도 그렇고 27조도 그렇고. 그런데 왜 이것만 기어이 원칙이라고 하려고 하느냐 이런 문제가 있고. 실익도 좀 생각해 볼 필요가 있는데요. 그러니까 이 무죄추정권을 독립적기본권으로 구성할 실익이 과연 어디에 있을까? 이런 문제가 있는데 기본적으로 이렇겠지요. 아까 우리 김 재판관님 말씀하신대로 여기 지금 이런 별도의 개별기본권으로 포섭될 수 없는 어떤 공권력적인 침해행위가 있을 수 있겠는가? 무죄추정에 반해서 이루어진건데 그것이 어떤 기본권에 포섭될 수 없는 어떤 것? 그러면 이렇게 말씀하실 수 있을 겁니다. 일반적 행동자유권이 있으니까 어쨌든 다 기본권으로 포섭될 수 있지 않겠느냐? 그거는 좋습니다. 그러면 헌법소원심판으로 갈 수 있다고 치고 그렇지 않은 것은 어떻게 하지요? 이 무죄추정은 아마 형사절차를 형성하는데 중요한 역할을 할 건데 이 무죄추정에 반하는 절차형성이 되어 있다. 그래서 그 자체 다른 어떤 권리를 침해하는, 권리침해를 수반하지 않는데 이 무죄추정에 반하는 식으로 절차가 형성되어서 어떤 불이익이 가해졌다 그랬을 때 이것이 그러면 헌법소원으로 올 수 없으니까 위헌법률심판으로 올 수 있나? 그런데 재판의 전제성요건이 충족되지 않으면 어떻게 되겠는가? 이런 생각이 좀 들어요.

물론 구체적으로 어떤 사람이 여기에 해당되는지 잘 모르겠습니다. 잘 모르겠는데 아마 그럴 수 있지 않을까? 그럴 때는 어떻게 할 거냐? 그럴 때는 이것을 주관적 권리로 구성해서 다툴 수 있는 여지가 있어야 되지 않을까? 이거를 곰곰이 한번 생각해 볼 문제입니다. 어떻게 그렇게 될 수 있는지는. 그래서 말씀하신대로 위헌법률사건이나 헌법소원사건으로 끌어들여서 해결할 수 있으면 좋은데 그렇게 안 될 경우도 혹시 있을 수 있지 않을까 이런 의심이 약간 있습니다. 그래서 그런 점도 고려되어야 되지 않을까 이렇게 생각이 됩니다.

이상입니다.

사 회 자 : 일단 발언기회를 제가 드린 것은 참 잘한 것 같습니다.

혹시 뒤에 진짜 플로어에 발언하실 분?

그러면 고일광 연구관님.

지정토론자 : 일단 발제자께서 기본권을 주장하는 입장에서 이거를 절차적기본권으로 본다. 그래서 그거를 절차안은 입법형성의 문제고 이렇게 말씀하셨는데, 저는 그거는 좀 오해라고 생각합니다. 이게 형사절차 내에서 그러니까 절차적기본권을 말하는 것이 아니고요 청구권적기본권 같은, 형사절차 내에서 아주 시금석같은 신체의 자유와 불가분의 관련을 갖는 인권을 보장받는 것입니다. 그렇기 때문에 절차적기본권 같은 그런 차원의 보호수준이 아닌 자유권중에도 핵심적인 내용에 관한 기본권으로 오히려 실체를 봐야된다는 것이고요. 절차적기본권은 좀 오해하신 것 같고요.

그리고 김선택 교수님 말씀하신 무죄추정의 원칙심사와 공무담임권심사 그거는 내용이 다를 수 있다, 그 부분은 맞습니다. 제가 지정토론하면서 발제문에 그 부분만 반박한다는 것이 너무 일반화를 시켰는데요. 저는 무슨 취지였냐 하면 무죄추정원칙에 반하면 바로 공무담임권도 당연히 그거는 과잉금지원칙에 위반이 될 수밖에 없는 구조로 갈 것이고, 지금 발제문에서 예를 들어서 비판하신 것은 과잉금지원칙에는 위배되는데 무죄추정원칙은 통과된다 이런 상황은 저는 안 생긴다는 겁니다. 왜냐하면 무죄추정원칙이 훨씬 엄격한 인권을 보호하는 것이기 때문에 과잉금지원칙에 위배될 정도의 그런 기본권제한이 무죄추정원칙에 위배되지 않는다는 상황은 저는 발생하지 않는다는 차원에서 말씀을 드렸었던 것이고요. 일반적으로는 김선택 교수님 말씀하신 것처럼 두 개의 비례심사는 다를 수밖에 없을 것 같습니다.

사 회 자 : 지금까지 발표와 두분 토론 그 다음에 김종대 재판관님 토론 그 다음에 일반 플로어의 토론을 들으면서 이 무죄추정이 가지고 있는 법적성격에 대한 얘기를 하면서 사실은 처음에 아마 발표를 서두에 말씀하시면서 강의를 하면서 설명하기가 어려웠다 이런 말씀을 하시는 것은 실질적으로 이론적으로 뭔가 규명할 필요가 있다라는 강학상의 필요라는 것이, 그런데 우리가 사실 요새 좀 우려하게 되는 부분은 헌법재판제도가 활성화되면서 사실은 이게 정상화이지만 그러면서 도그마틱한 문제 아니면 소송법적인 문제에 대해서는 상당히 우리가 정치한 상황으로 가는데 기본권이론에 대해서는 상대적으로, 그런데 어쩌면 이론이 진짜 필요한 상황으로 우리가 가고 있는 것 같아요. 또 다른 한편으로는 기본권보장의 절차적 측면 그거를 권리라고 볼지 뭐라고 볼지 모르지만 하여튼 절차적측면이 또 기본권이론적 관점에서 보면 어떻게 해서 권리로 승화되는지 전이되는지 이러한 여러 가지 측면들에 대한 관심이 이제 형성되는 것 같은 그런 느낌을 받았고, 그러한 부분은 사실은 헌법재판 법원실무쪽보다는 대학에서 해야 되는 역할

이고 그래서 이런 부분에서 학계와 실무가 같이 작업을 하게 되는 접점의 문제의식이 오늘 형성되는 상당히 생산적인 시간이 아닌가라는 생각을 하면서 평소에 느끼는 두 가지 정도를 간단히 말씀드리면, 여기 법원에서 오신 분들도 많이 계시고 또 요새는 헌재에서도 대법원 재판연구관 간다고 하시고 그래서 요새 보면 전에 우려했던 것보다는 상당히 다양한 상황이 벌어지는 것은 적어도 중견연구관이나 법관분들 사이에서는 상호 이해가 상당히 많아지고 있다라는 생각입니다. 제가 생각하기에 상호 이해라는 것은 권한상의 분쟁 이런 것보다도 상호 이해가 추구해야 되는 것은 우리가 하여튼 헌법의 해석은 통일되어야 된다. 어떤 식으로든지. 최고 법원은 두 개라도 헌법해석은 통일되어야 된다. 그거를 어떻게 해 나갈 것이냐라는 문제의식을 공유하는 그런 상황이 되었으면 좋겠고.

또 하나는 아까 우리가 지금 나라에 따라서는 특히 미국같은 경우는 최고법원이 견해가 갈려가지고 재판하나마나 결론이 같은 그러한 사회가 양극화하는 그 부분을 사법부가 보듬어 안지 못하고 그대로 사법부에 반영되는 이러한 상황을 어떻게 해결할 것인가와 관련해서 독일사람들 얘기 들어보면 우리는 좀 나은데 그 이유는 실무와 학계가 같은 선상에서 논의를 하고 하나의 공동체를 실질적으로 학문공동체를 이루고 있다. 그러한 측면에서 그러한 재판소 최고법원의 판결조차 학계의 공공성 영역 안에 포섭되어 있는 그러한 구조를 유지하는 모습이 상당히 좋다. 그리고 독일같은 경우 1950, 60년대는 헌재와 일반법원사이에 상당히 갈등이 있었는데 그거를 해소한 가장 커다란 이유는 나중에 돌아보니까 인적교류였더라.

그래서 저는 하여튼 오늘 모처럼 와서 사회를 보는 소중한 기회속에서 법원과 헌재, 그 다음에 실무와 학계가 같이 소통하는 이런 모습, 그 다음에 앞으로 우리가 같이 추구해야 될 모습이 무엇인가를 서로 느끼게 되는 아주 소중한 기회를 갖게 된 것에 아주 감사하며 오늘 토론회는 여기서 마치겠습니다.

제118회(2012. 4. 12.) 발표문

인터넷 선거운동의 헌법적 쟁점에 관한 검토

– 헌재 2011. 12. 29. 2007헌마1001 등 결정을 중심으로 –

조 소 영*

Ⅰ. 들어가는 말

인류 역사에서 유래 없는 보급속도와 파장 속에서 인터넷 기술이 대중에게 받아들여지고 있다. 그리고 우리 사회가 인터넷이라는 매체로 인해 품게 된 꿈 중에는 역사상 이제껏 도모했던 그 어떤 것보다 훨씬 더 자유로운 표현활동과 그에 대한 통제로부터 자유로운 세계에 대한 꿈이 있다. 적지 않은 사람들로 하여금 인터넷이 강력한 민주적 도구가 될 수 있을지도 모른다는 생각으로 이끈 것은 인터넷의 무엇인가. 우리가 인터넷이라는 매체의 특성과 그 기능을 아는 것이 현대사회에서의 민주주의를 이해하는 데에, 주권자로서의 제자리 찾기를 실현하는 데에 의미를 가질 것이라고 생각할 만한 충분한 이유가 있는 것인가. 현대국가에서 민주주의의 방법론으로 선택된 대의민주주의의 중심적인 실현수단이 선거제도이기 때문에 선거제도에 대한 연구는 민주주의 전제조건 연구의 한 내용이며, 선거제도에 수용된 인터넷 규제에 대한 검토도 이러한 맥락에서 여전한 헌법적 의미가 인정된다. 선거는 주지하는 바와 같이 선거인이 다수의 후보자 중에서 일정한 선거절차에 따라 특정인을 대표자로 결정·선출하는 행위[1]이며, 국민의 대의기관을 구성하는 민주적 방법인 동시에 통치기관의 민주적 정당성을 확보하는 대의민주주의의 실현 수단이다.[2] 하지만 마련된 선거제도가 어떤 내용을 가지고 있는가에 따라 당해 선거제도가 '민주적 방법'인가를 고민해야 한다는 점에서, 모든 선거가 반드시 민주적인 것이 아님은 물론이고 따라서 자유롭고 합리적인 선거제도를 마

---

* 부산대학교 법학전문대학원/법과대학 부교수, 법학박사.

1) K. Stern, Das Staatsrecht der Bundesrepublik Deutschland, 제1권 제2판(München: C.H. Beck, 1984), 302면 이하.

2) 허영, 한국헌법론(박영사, 2012), 714면; 정종섭, 헌법연구1(박영사, 2001), 256면.

련하는 것은 대의민주주의의 전제조건이다. 동시에 마련된 선거제도가 어떻게 운영되는가에 따라 선거가 단순한 기관구성기술로 전락하게 될 수도 있는 것이어서 선거제도를 공정하게 운영하는 것은 또 하나의 대의민주주의의 전제조건이라 할 것이다.[3)]

우리 헌법은 국민주권원리의 실현과 통치권의 민주적 정당성을 확보하기 위하여 모든 국민에게 참정권을 보장하고, 민주적 선거법의 기본원칙을 명문으로 규정하면서 대통령선거제도, 국회의원선거제도, 지방자치를 위한 선거제도 등을 마련해 놓고 있다. 이러한 헌법정신은 '「대한민국헌법」과 「지방자치법」에 의한 선거가 국민의 자유로운 의사와 민주적인 절차에 의하여 공정히 행하여지도록 하고, 선거와 관련한 부정을 방지함으로써 민주정치의 발전에 기여함을 목적[4)]'으로 하는 「공직선거법」[5)]에서도 구현되어야 한다. 적어도 문면상으로 공직선거법은 자유로운 선거와 공정한 선거의 보장을 입법목적으로 하고 있고, 선거운동의 수단으로 인터넷 매체를 수용하여 제도화하고 있다. 하지만 그 규정내용의 속내를 들여다보면 공정 선거의 보장이 자유로운 선거의 헌법적 의미를 제한하는 구도로 구조화되어 있기 때문에, 그동안 공직선거법의 규제구조에 대해서는 다수의 논쟁점들이 불거져 왔다. 2000년 16대 총선에서 최초로 인터넷 불법선거운동 단속을 규정했던 이래로 우리 공직선거법과 선관위는 인터넷을 도구로 하는 선거운동에 관하여 규제 일변도의 시행착오적 모습을 보여 왔으며, 새로운 정치소통문화의 핵심이라 일컬어지는 트위터, UCC 운용 등이 그 자체의 정치참여의 편의성과 효용성을 차치한채 선거기간 동안의 엄청난 매체전달력으로 인해 규제대상으로 분류되는 것에 대한 헌법재판 사건이 빈발했던 바 있었다.[6)]

Ⅱ. 인터넷과 선거운동의 변화

1. 선거운동 도구로서의 인터넷

인터넷은 매체에의 접근이 용이하다는 점과 특정인에 의한 독점이 배제되는 분산력이 있다는 점에서 다른 형태의 대중매체들과는 뚜렷한 차이점을 갖는다.[7)]

3) 헌재결 1989. 9. 8, 88헌가6, 판례집 제1권, 199-273면.
4) 공직선거법 제1조.
5) [시행 2012. 3. 15] [법률 제11116호, 2011. 12. 2, 타법개정]
6) 헌재 2009. 5. 28. 2007헌바24; 헌재 2009. 7. 30. 2007헌마718; 헌재 2011. 12. 29. 2007헌마1001 등.

왜냐하면 누구나 개인적인 컴퓨터 시스템을 이용하여 인터넷을 사용할 수 있는 반면에 어느 누구도 완전하게 인터넷을 관리한다거나 기존의 매체에서와 같이 지속적인 중심세력으로 기능할 수 없기 때문이다. 헌법재판소도 인터넷의 매체성을 판단했던 결정에서, "인터넷은 공중파방송과 달리 '가장 참여적인 시장', '표현촉진적인 매체'이다. 공중파방송은 전파자원의 희소성, 방송의 침투성, 정보수용자측의 통제능력의 결여와 같은 특성을 가지고 있어서 그 공적 책임과 공익성이 강조되어, 인쇄매체에서는 볼 수 없는 강한 규제조치가 정당화되기도 한다. 그러나 인터넷은 위와 같은 방송의 특성이 없으며, 오히려 진입장벽이 낮고, 표현의 쌍방향성이 보장되며, 그 이용에 적극적이고 계획적인 행동이 필요하다는 특성을 지닌다."[8]라고 하여 매체로서의 인터넷의 특성을 인정한 바 있고, 미국 연방대법원도 "인터넷은 세계를 하나로 전달해 낼 수 있는 유일하고 전적인 새로운 매체"[9]라고 평가한 바 있다.

정보통신기술 발달의 대표적인 상징인 인터넷의 선거 도구로서의 등장은 기존의 선거환경에 커다란 변화를 가져온 새로운 변수이며, 인터넷이 선거정치를 개혁시킬 수 있는 엄청난 가능성을 잠재한 수단이라는 점에 대부분의 사람들이 동의한다.[10] 이는 인터넷의 매개체로서의 능력에 기인한 것인데, 매개체로서의 인터넷은 시간과 공간의 제약을 초월할 수 있고 정보생산자와 수요자 모두 물리적 위치에 구애받음 없이 방대한 양의 정보를 빠른 시간 내에 전달하고 전달받을 수 있게 해 준다. 또한 과거 선거운동에서의 정보가 주로 후보자에게서 유권자로, 정당이나 언론 등의 매개집단에게서 개별 유권자로 전달되었던 반면에 그 반대 방향의 정보흐름은 상대적으로 희소했지만, 인터넷의 이용으로 정보의 흐름이 쌍방향성을 띠게 됨으로써 유권자로부터의 정보 투입이 급격하게 증대될 수 있게 되었을 뿐만 아니라 후보자들도 유권자들과 직접적인 의사교환을 할 수 있게 되었다.[11] 그리고 인터넷의 중요한 또 하나의 능력은 협송전달(narrow casting) 능력이다. 이질적이고 불특정한 다수를 상대로 해야 했던 기존의 선거운동과 달리 소수의 동질성을 가진 특정계층만을 상대로 할 수 있는 협송전달이 가능하게 됨으로써,

---

7) 조소영, 인터넷 선거운동에 대한 헌법적 고찰, 헌법학연구 제11권 2호(2005), 418면.

8) 헌재결 2002. 6. 27, 99헌마480, 판례집 제14권 1집, 632면.

9) Reno v. American Civil Liberties Union, 521 U.S. 844, 850 (1997).

10) 신봉기, 정보통신법제와 선거, 공법학연구 제8권 2호(2007, 6); 윤성이, 인터넷과 17대 총선, 시민정치학회보(2006), 21면; 유병길, 인터넷 선거운동 규제의 문제점과 개선방안, 선거논단(2005), 4-5면; 황용석, 김재영, 정연정, 인터넷시대의 새로운 정치환경, 커뮤니케이션북스(2000); Greg Miller & Esther Schrader, *Internet's Role in Campaigns Still Limited*, L.A. Times, Oct. 28, 1998.

11) 김형준, 미디어와 인터넷 선거운동에 대한 평가, 2003년 한국정치학회 춘계학술회의 자료집, 96면.

필요한 정보를 원하는 수요자에게만 전달할 수 있게 되었으며 정보 수요자도 자신이 필요한 정보만을 선별적으로 획득할 수 있게 되었다.[12] 이는 비슷한 관심을 가진 개인들이 필요한 정보를 서로 교환하고 관련 주제에 관해 활발하게 토론할 수 있게 하는 여건을 만들어 주게 되었고, 이러한 상황들은 후보자·정당·시민단체 등과 같은 선거참여주체들이 적극적인 선거운동원(activist) 체제를 구축하는 데 일조했다는 평가[13]를 받는다. 그리고 무엇보다도 후보자들이 저렴한 선거비용[14]으로 선거운동을 할 수 있게 하는 획기적인 수단으로 활용되어 오고 있다.

초기의 인터넷 선거운동이 대중 집회나 TV 등을 통한 선거전에서 추가적이고 보조적인 역할을 했다고 한다면, 지금의 인터넷 선거운동은 선거과정에서 필수적이고 중요한 수단으로 자리 잡아 가고 있다.[15] 인터넷이 선거운동에서 중요한 수단으로 기능하는 것은 특히 보다 많은 정보를 유권자에게 제공하고 있는 점이나 젊은 유권자들의 정치참여를 더 많이 유도해내고 참여자로서의 역할분담을 수행케 하고 있다는 점 등에서 긍정적으로 평가되어야 하지만, 그와 동시에 익명성을 이용한 상대방 후보에 대한 허위비방이나 흑색선전이 손쉽게 그러나 때로는 치명적으로 발생된다는 점과, 인터넷을 이용하지 않는 자 또는 인터넷을 사용하지 못하는 자, 이른바 세대간·계층간·지역간의 정보격차(digital divide)가 정보접근이나 획득에 있어서의 불평등을 초래하고 결국에는 그들의 정치적 소외를 결과하게 된다는 점은 인터넷이 선거과정에서 주된 수단이 됨으로써 발생하고 있는 어두운 면이다.

헌법재판소도 인터넷의 법제도화에 관하여, "오늘날 가장 거대하고, 주요한 표현매체의 하나로 자리를 굳힌 인터넷상의 표현에 대하여 질서위주의 사고만으로 규제하려고 할 경우 표현의 자유의 발전에 큰 장애를 초래할 수 있다. 표현매체에 관한 기술의 발달은 표현의 자유의 장을 넓히고 질적 변화를 야기하고 있으므로 계속 변화하는 이 분야에서 규제의 수단 또한 헌법의 틀 내에서 다채롭고 새롭게 강구되어야 할 것[16]"임을 확인하였다. 실제로 각국의 선거상황과 우리나라의 선거결과에서 보여 주듯이, 선거과정에서의 인터넷 매체의 활용은 보다 능동적

---

12) 김형준, 위의 글, 97면.

13) Mark S. Bonchek, *Grassroots in Cyberspace: Using Computer Networks to Facilitate Political Participation, Working Paper 95-2.2: Midwest Political Science Association, April 6, 1995, Sections 5.1-5.3.*

14) Gary W. Selnow, ELECTRONIC WHISTLE-STOPS: THE IMPACT OF THE INTERNET ON AMERICAN POLITICS, 81 (1998).

15) 김용철, 한국의 인터넷 선거운동과 법적 규제, 국제평화 제2권 2호(2005. 12), 246-247면.

16) 헌재결 2002. 6. 27, 99헌마480, 판례집 제14권 1집, 632면.

인 유권자들의 역할을 유도하고, 의사소통의 비동기성이라는 특성상 투표의 순간까지 각 후보자들에 대한 정보의 획득을 가능하게 하거나 그에 대한 다른 사람들의 의견이나 정보들을 지득할 수 있게 하는 장점을 갖는다. 때문에 인터넷 선거운동의 합리적인 제도화는 인터넷이 대의제 선거제도의 한계를 많은 부분에서 극복할 수 있는 유효한 장치로 기능하게 하는 것[17]이다. 물론 이러한 발전된 정보통신기술의 선거과정에의 도입은 선거과정이 쌍방향적 의사소통이 가능한 행태로 변환되어야 하고 이에 의한 시민들의 능동적 정치참여가 이루어질 수 있어야 하며 참여자들의 토론과 심의에 기한 선거과정이 확보되어야 한다는 것이 원칙적인 전제이다. 우리 선거관련법제에도 이 같은 시대의 변화는 반영되어 왔고, 선거과정에서 제도적으로 인터넷의 활용을 수용하고 있다. 법제도의 개선이 환경의 변화로 인한 경우에 가장 중요한 것은 그 원인의 특성을 제대로 반영함으로써 법과 제도의 실효성을 확보해야 한다는 점이다. 동시에 특히 정책입안자나 입법기관들은 현행 선거법이 이러한 새로운 방법이나 신기술력에 의해 발생되는 제반의 문제들을 적절하게 해결해 낼 수 있는가를 염두에 두어야 한다. 이에 다수의 학자들은 현행 관련법률 속에서 민주사회를 강화하는 새로운 매개체로서의 인터넷의 잠재력과 가능성을 인정하고 수용할 수 있는 법적인 제도들을 발전시켜야 한다고 역설한다.[18] 하지만 우리 공직선거법상의 인터넷 관련 규정들은 선거의 공정과 부정선거행위의 방지에 더 골몰하여 인터넷의 매체적 특성을 간과함으로써, 인터넷으로 인하여 기본권 주체들이 향유할 수 있는 표현권의 증대를 오히려 지나치게 제한하는 문제점을 보여주고 있다.[19] 제도는 사회적 변화의 흐름과 그것을 반영한 정치문화와 동시에 발전해가야 한다.[20] 제도가 사회적 변화를 따라가지 못

17) 오늘날 전자민주주의는 전통적인 대의제민주주의의 한계를 극복하는 대안으로 제시된다. 정보통신기술이 사회의 억압적 권력구조를 해체시키고 개인들로 하여금 자신의 문제를 결정할 수 있는 실질적인 힘을 부여하게 되며, 이러한 정보통신기술의 탈권력적 성격을 이용함으로써 전자아고라(electronic agora)와 같은 보다 완전한 형태의 제퍼슨식 민주주의를 실현할 수 있다고 보기 때문이다. 즉 정보화장치로서의 인터넷은 시민들을 정치적으로 사회화하고 정치과정에 참여할 수 있는 능력과 의지를 갖게 하는 체제를 구축하는 가장 유효한 도구로 이해되고 있는 것이다.

18) Jeffrey M. Ayres, *From the Streets to the Internet: The Cyber-Diffusion of Contention*, 566 Annals of the American Academy of Political and Social Science 132, 138-139(1999); Ryan Z. Watts, *Independent Expenditures on the Internet: Federal Election Law and Political Speech on the World Wide Web,* 8 CommLaw Conspectus 149, 159-160(2000); David Stevenson, *Note, A Presumption Against Regulation: Why Political Blogs Should Be(Mostly) Left Alone.* 13 Boston University of Science & Technology Law 74, 80-81(2007).

19) 성낙인, 인터넷시대의 언론매체 관련법제의 제문제, 인터넷·언론·법, 한국법제연구원(디지털경제법제 5, 2002), 39면.

20) 김유향·조희정, 10·26 재보선에 나타난 SNS 문화와 선거제도의 과제, 이슈와 논점 제315호(2011. 10. 28), 1면.

하는 경우에 발생하는 사회적 피해와 갈등은 결코 적지 않기 때문이다. 그 대표적인 예가 국내 스마트폰 사용자 2000만명, 트위터 사용자 500만명, 페이스북 이용자 400만명을 넘는 이 시대에 SNS를 통한 정치참여와 이를 규제하고자 하는 공직선거법의 충돌이다. 사회환경의 변화가 선거에 미치는 영향은 선거규제법을 입법하거나 심사함에 있어서 고려되어야만 하는 요소[21)]임을 보여주는 사례인 것이다.

2. 공직선거법과 선관위의 인터넷 선거운동에 대한 규제 변화

1994년에 제정된 공직선거법은 기본적으로 후보자의 재산정도에 따른 경제적 차별금지와 비방금지를 원칙으로 하며, 법리적으로 '당선 또는 낙선을 목적으로 하는 의사'와 '능동적이고 계획적인 행위'가 결합된 경우에 대해 법위반의 혐의점을 두고 있다.

국내 선거에서 정보통신기술의 활용은 1997년 15대 대선에서 사이버대선후보토론회 및 온라인을 통한 네티즌 의견조사가 실시되면서 등장하였다. 이후 2000년 16대 총선에서 최초로 인터넷 불법선거운동을 단속하기 시작하였고 2007년 17대 대선 당시 선관위가 발표한 'UCC 관련 적용 규정 안내'에 기한 규제원칙에 대해서, 빠르게 진화하는 정보통신기술과 시민의 참여 욕구에 비해 지나친 사전규제와 효용성이 떨어지는 사후처벌 강화 등의 문제점이 지적되면서 법률 개정 논의가 증폭되었다. 그런데 인터넷 선거운동 관련 규제 조항 중 개정논의의 대상이 되었던 주요 조항 중의 하나가 공직선거법 제93조 제1항 '탈법방법에 의한 문서·도화의 배부·게시 등 금지' 규정이었다. 2007년 대선 당시 동 조항 위반을 근거로 삭제를 요청한 게시물이 7만 6천여건에 이르렀고 2008년 18대 총선에서는 그 숫자가 더 증가된 바 있어서 규정에 열거된 방법 이외에 "그 밖에 이와 유사한 것"이라는 개방적 내용규정에 근거한 선관위와 검찰의 조치들은 법률개정 요구의 배경이 되었다. 그리고 선관위가 발표했던 'UCC물 운용기준'에 대해서는 국가인권위원회도 그 판단기준이 명확하지 않아 자의적 집행가능성이 크다는 이유로 개선을 권고했던 바 있었지만, 헌법재판소의 합헌결정으로 UCC물은 우리 국내선거에서는 오히려 정당이나 후보들의 일방적인 선거홍보수단으로 전락한 바 있었다.[22)] 그 이후로 2010년 선관위는 다시 트위터 규제방안을 발표했고, 공직선거법 제93조

21) 김종철, 공직선거법상 인터넷언론규제에 대한 비판적 고찰, 언론과 법 제8권 제2호(2009), 7면.

22) 실제로 17대 대선에서의 UCC 캠페인의 경우, 네티즌 조회수 랭킹 20위까지의 UCC들은 CCC(Camp Created Contents)라 불릴만큼 후보자들의 캠프에서 제작한 것들이 대부분이었다[장우영, 선거와 인터넷 규제, 한국정당학회보 제9권 제2호(2010), 219-221면 참조].

제1항의 '그 밖에 이와 유사한 것'에 트위터와 같은 SNS가 해당되는 것인가에 대한 뜨거운 논쟁이 벌어졌으며 결국 헌법재판청구에 이르게 되었다. 하지만 2011년 12월 헌법재판소의 당해 한정위헌결정이 내려지기 전까지 같은 해의 두 차례의 재보선에서 SNS에 대한 규제는 더욱 강화되었고, 이러한 SNS 규제 방침에 대해서는 그 실효성에 관해서 방송통신위원회도 부정적 의견을 제시한 바 있었다.

<표 1> 각 선거시기의 인터넷 선거운동 규제의 모습[23)]

선거 시기	인터넷 선거운동과 규제
15대 대선(1997)	* 사이버대선후보토론회, 온라인 네티즌 의견조사
16대 총선(2000)	* 홈페이지, 이메일 선거운동, 낙천낙선운동 * 홈페이지 내용 규제 등 인터넷 불법선거운동 최초 단속
16대 대선(2002)	* 온라인 커뮤니티 활성화, 인터넷 언론, SMS 문자메시지 * 인터넷 토론회 규제, SMS 문자 규제
17대 총선(2004) 18대 총선(2008)	* 인터넷 언론 및 포털 활동, 패러디, 어록 * 인터넷 언론 및 포털 규제(인터넷선거보도심의위원회), 패러디 규제, 인터넷 실명제
17대 대선(2007)	* 팬클럽, 블로그, 미니홈피, UCC물, 정치광고 등 * 선거 UCC 운용기준, 인터넷실명제 상시화
지방선거(2010)	* 트위터를 통한 투표참여 독려, 트위터 여론조사, 각종 어플 * 트위터 선거규제 기준
재보궐선거(2011)	* SNS, 유튜브, 투표인증샷, 투표소 속보 * SNS 규제, 유튜브 규제
19대 총선(2012)	* 투표참여 권유, SNS, 유튜브, 투표인증샷 * 제한적(시간, 의사 여부 등) 허용

공선법과 동법을 기준으로 하여 선거과정을 감시하고 운영하는 선거관리위원회는 선거의 공정을 목표로 하고 있다. 하지만 이 목표는 현행 공선법 규정만에 의해 판단해 본다면 선거과정 속에서 후보자들의 공정성 확보장치에 무게의 중심이 옮겨져 있다. 선거의 공정성 확보인가 선거의 자유 보장인가의 문제는 적어도 헌법원리상으로는 당연히 선거의 자유가 우위에 놓여져야 하는 구조이다. 이는 헌법원리상으로 선거의 공정성 확보가 중요하지 않다는 게 아니라, 선거의 공정성을 확보해야 하는 궁극적인 당위성이 선거의 자유를 실현하기 위한 것임을 망각해서

23) 조희정·심우민, SNS 정치참여와 「공직선거법」한정위헌 결정의 의의, 이슈와 논점 제352호 (2012. 1. 4), 2면의 표를 정리하고 보완한 내용임.

는 안 된다는 의미이다. 즉 국민이 자기를 대표할 후보자와 정당을 결정하는 선거에서 국민의 의사가 그대로 정직하게 선거결과로 나타날 수 있는 선거절차가 마련되고 보장되지 못한다면 주권적인 권력주체로서의 국민의 개념은 공허한 환상 또는 불필요한 가설에 지나지 않게 될 것[24]이기 때문에 선거과정상의 공정성 확보의 문제는 가치적인 의미를 갖는다. 따라서 이러한 수단적 원리가 그 상위 원리인 선거의 자유와 동일시되거나 그 서열이 뒤엎어져서는 안 될 일이다. 누구에 의한 강제도 아닌 국민 자신의 판단과 의견에 따른 결정, 그리고 그 결정의 표현이 굴절이나 왜곡 없이 전달되고 반영되는 것, 이러한 것들이 주권자인 국민이 당연히 누려야 할 선거의 자유의 내용인 점을 확인한다면, 주권자의 올바른 결정에 필요한 모든 정보들을 공평하게, 공정하게 제공해 주기 위한 제도들과 주권자의 의사들을 왜곡 없이 선거결과에 반영하기 위한 장치들은 선거의 공정성 확보와 관련된 방법적이고 절차적인 문제들이기 때문이다. 그러므로, 공선법에 규정된 제도와 장치들이 가장 주목해야 하는 헌법적 사항은 선거의 공정성 확보의 면보다 선거의 자유의 본질적인 부분을 침해하는 면이 있는가에 관한 것이어야 한다.[25]

3. 비교법적 검토: 미국의 인터넷 선거규제제도

미국의 연방선거운동법(The Federal Election Campaign Act: FECA)은, 1910년에 제정되었고 1911년과 1925년 각각 개정되었던 연방부패행위방지법[The Federal Corrupt Practices Act (FCPA)][26]을 대체하여 1971년에 제정된 법률로서 연방선거와 관련된 규제조항들을 담고 있으며 이 법률을 근거로 하여 독립적인 선거관리기구로 연방선거위원회(the Federal Election Commission: FEC)가 설치되어 운영되고 있다. 구 법률에서도 그랬지만, 미국의 연방선거운동법에는 우리 공직선거법과 같은 '선거운동'의 개념이 규정되어 있지 않을 뿐만 아니라 선거운동의 방법에 대한 제한도 규정되어 있지 않다. 연방선거운동법이 규제하고자 하는 대상은 선거와 관련된 선거비용에 관한 것으로, 후보자들에 대한 국고보조와 선거자금의 지출과 기부 등에 대한 규제와 감독이 주된 내용을 이루고 있다. 다만 이러한 연방선거운동법에도 인터넷 선거운동과 관련된 내용이 포함되어 있는데 이는 인터넷 상에서의 이

---

24) Vgl. darüber K. Loewenstein(FN 231), S.274.

25) 同旨: 황성기, 인터넷과 선거운동, 언론과 법 제9권 제1호(2010), 188-189면; 김종철, 앞의 글, 4면; 고민수, 유권자의 선거운동의 자유에 대한 제한과 문제점, 언론과 법 제8권 제2호(2009), 37면.

26) The Federal Corrupt Practices Act (FCPA) was enacted on June 25, 1910 and codified at 2 U.S.C. Section 241.

메일이나 하이퍼링크와 같은 유형의 활동들을 정치적 기부금이나 선거비용 등으로 계상할 것인가와 관련된 논의를 수정하여 포함한 것으로서 선거자금과 관련된 규정내용이다.

미국 연방선거위원회가 선거문화개혁을 위한 차원에서 인터넷을 주목하기 시작한 움직임은 1999년 7월 대선후보들에게 예비선거 기간 중 웹사이트를 통해 신용카드로 정치자금을 모금할 수 있도록 허용해 주는 규정을 가결한 것에서 볼 수 있는데, 이는 온라인 모금이 부정부패의 소지를 막고 정치자금의 투명성을 확보할 수 있다는 이유에서였다. 그리고 같은 해 11월 이메일과 하이퍼링크 등과 같은 온라인 활동을 정치적 기부금이나 비용으로 취급하는 것에 대한 문제제기가 시작되면서 무려 2년여간의 논의를 거쳐, 2001년 3월 'Rulemaking regarding political activity on the internet'을 제정하여 고시로 공표하였고 이 고시의 주된 규제대상은 온라인 상의 정치자금 기부와 관련된 것들이었다. 하지만 동 고시의 규정내용상 기부금과 비용에 대한 정의가 광범위해서 개인의 인터넷 상의 활동까지 제한될 우려가 있고 그로 인한 개인이나 기업의 인터넷 상의 표현의 자유에 대한 위축효과가 문제점으로 지적되면서 새로운 선거문화를 반영하기 위한 연방선거운동법 개정운동이 활발히 진행되게 되었다.[27] 그리고 2002년 기존의 연방선거운동법을 개정한 새로운 법률이 입법되었는데 이른바 선거운동개혁법(The Bipartisan Campaign Reform Act of 2002 :BCRA, McCain-Feingold Act)이 그것이다. 그러나 이 개혁법의 주된 내용도 정치자금의 투명성 확보를 위한 새로운 내용의 반영들이었고, 우리 공직선거법에서 규제의 대상으로 삼아 왔던 인터넷 선거운동의 유형들을 규제하고자 하는 것이 아니었다. 하지만 그럼에도 불구하고 오히려 연방선거운동법에서 일반적 정의규정으로 두었던 연방선거활동의 유형인 정치광고나 대중매체활동에 인터넷 상에서의 표현활동들이 포함되는 것으로 해석될 위험성에 대한 논쟁들이 촉발되었다. 즉 논란의 핵심은 인터넷 상의 커뮤니케이션이 대중매체활동이나 다른 형태의 정치광고로 간주될 수 있는 것인가의 문제로, 정치광고로 인정되면 선거자금 규제의 대상이 되는 것이었기 때문이다. 이후 선거운동개혁법의 수정안에서는 선거운동법의 규제대상은 광고수익을 올리는 웹사이트만을 의미하는 것으로 정하였으며, 블로그나 페이스북, 트위터와 같은 SNS는 내용상의 규제를 전혀 받지 않는 자유로운 의사소통의 장으로 인정하였고, 무료 혹은 소액의 비용만 지불하고서 접할 수 있는 인터넷 서비스에 업로드되는 내용들을 신문이나 방송과 같은 대중

27) T. Potter & K.J. Jowers, ELECTION LAW AND THE INTERNET, http://fackler.webhost.utexas.edu/gov370r/ncfr/InternetChap10.pdf

매체활동으로 간주할 수 없다는 것을 확인하였다. 이러한 연방선거법 규정과 연방선거위원회의 입장은 소셜미디어 선거운동을 현대선거문화의 중심적 양태로 수용하고 양성화함으로써 웹캠페인을 크게 활성화시켰다. 2008년 대선 이후로 유튜브는 정당의 프라이머리의 새로운 무대가 되었으며, 블로그 활동은 시민공론장을 확대하였고 후보자들의 웹사이트를 통한 풀뿌리모금은 정치자금의 투명성을 제고하였다. 반면 미국 선거의 場에서도 네거티브 동영상이나 인신공격성 의견과 정보등이 온라인 공간에 출몰하였고 그로 인한 문제점들도 야기되었지만, 유권자들 스스로의 자정작용에 의해 인터넷 공간과 선거의 긍정적이고 발전적인 관계에 더 큰 기대감과 신뢰를 구축해 가고 있다.

미국 선거문화 속에서의 인터넷 선거운동 규제의 입법과 현실을 비교해 보는 것만으로도 우리 공직선거법과 선관위의 인터넷 선거운동에 관한 근본적인 입장을 문제점으로 정리해 볼 수 있다. 우리는 인터넷을 훈육 또는 정화되어야 할 문제의 공간으로 더 간주하고 있는 것이 아닌가. 인터넷 선거운동에 대한 규제의 방법이 거의 법률로 행해지고 있으며 그 주안점이 좋은 후보자를 당선시키는 것에 있는 것이 아니라 유권자에 대한 통제를 향하고 있는 것이 아닌가. 그리고 현대선거문화의 변화와 유권자들의 변화를 수용하지 못한 것이 아닌가. 때문에 유권자들은 이러한 선거 규제의 문제에 대한 해결책을 최후적으로 헌법재판소에 의지하여 찾게 되는 것이며, 그만큼 헌법재판소의 헌법적 책임은 막중하다 할 것이다.

Ⅲ. 인터넷 선거운동에 관한 헌법재판소 결정의 검토

1. 概 說

2011년 헌재의 결정이 있기 전까지 공직선거법 제93조 제1항에 대해서는 2건의 합헌결정이 있었다. 첫 번째 결정은 2009년 5월의 결정인데 2006년 진해시의회 의원 선거에 출마하여 당선된 청구인이 선거일 전 180일부터 선거일까지 선거에 영향을 미치게 하기 위하여 공직선거법의 규정에 의하지 아니하고 후보자의 성명을 나타내는 휴대전화 문자메시지를 전송하였다는 이유로 공직선거법위반으로 기소되었고, 1심과 2심에서 각 유죄판결을 선고받은 것에 불복하여 상고한 후 공직선거법 제93조 제1항에 관하여, '이 규정에 의하여 금지되는 행위에 휴대전화 문자메시지 전송행위를 포함시키는 것'은 헌법에 위반된다는 등의 이유로 위헌심판제청을 신청하였으나, 대법원이 상고기각 판결을 하면서 위 신청을 각하하자, 위 조항의 위헌확인을 구하는 헌법소원심판을 청구했던 사건이었다. 이 사건에서는 공직선거법(2005. 8. 4. 법률 제7681호로 개정된 것) 제93조 제1항 중 '기타 유사한 것' 부분이 명확성원칙에 위배되는지 여부와 이 조항에 따라 휴대전화 문자메시지 전송을 금지하는 것이 과잉금지원칙에 위배하여 선거운동의 자유를 침해하는지 여부를 심판하였고, '이 사건 조항은 매체의 형식에 중점을 두고 있는 것이 아니라 사람의 관념이나 의사를 시각이나 청각 또는 시청각에 호소하는 방법으로 다른 사람에게 전달하는 것에 중점을 두고 있는 것이고, 일반조항으로서의 '기타 이와 유사한 것'은 선거에 영향을 미치게 하기 위하여 정당 또는 후보자를 지지, 추천하거나 반대하는 내용을 포함할 수 있는 가독성 내지 가청성을 가진 공직선거법 제93조 제1항에 열거된 매체와 유사한 매체, 관념이나 의사전달의 기능을 가진 매체나 수단을 의미하는 것으로 볼 수 있으므로 죄형법정주의의 명확성의 원칙에 반하지 아니하고, 이 조항에 따라 휴대전화 문자메시지 전송을 금지하는 것은 선거운동의 부당한 경쟁 및 후보자들 간의 경제력 차이에 따른 불균형이라는 폐해를 막고, 선거의 평온과 공정을 해하는 결과의 발생을 방지함으로써 선거의 자유와 공정의 보장을 도모하는 것으로서 과잉금지원칙에도 반하지 않는다'고 하여 합헌결정을 내렸다.[28)]

두 번째 결정은 2009년 7월의 결정으로, 일반 유권자인 청구인이 공직선서법 제93조 제1항이 지나치게 광범위하고 불명확하며, 위 조항에 의하여 'UCC'의 제작·배포를 금지하는 것은 청구인의 표현의 자유를 침해한다는 이유로 당해 조항의 위헌확인을 구하는 헌법소원심판을 청구하였던 사건이었는데, 헌재는 이 사건에서 공직선거법 제93조 제1항 본문 중 '기타 유사한 것'부분이 명확성원칙에 위배되는지 여부와 이 법률조항에 따라 'UCC(이용자제작콘텐츠)'의 배포를 금지하는 것이 과잉금지원칙에 위배하여 선거운동의 자유를 침해하는지 여부에 대해 판단한 바 있다. 법정의견이나 반대의견의 논지는 선판례에서의 판시 내용과 다르지 않았고, 이 결정에서도 위헌결정의 정족수에 이르지 못한 합헌결정이었다.[29)]

하지만 두 번의 결정에서 부득이하게(?) 합헌결정되었던 공직선거법 제93조 제1항 규정은 2011년 그 결정내용이 번복되었고, 이 결정은 9인의 재판관을 구성하지 못한 재판부 내에서의 가중정족수를 채운 위헌결정이라는 점에서 또 다른

28) 헌재 2009. 5. 28, 2007헌바24, 판례집 제21권 1집 하, 599면 이하 참조(이 결정에는 재판관 김종대, 재판관 민형기, 재판관 목영준, 재판관 송두환의 반대의견과 재판관 조대현의 반대의견이 있었고, 4:5로 위헌 정족수에 이르지 못한 합헌결정이었다).

29) 헌재 2009. 7. 30, 2007헌마718, 판례집 제21권 2집 상, 311면 이하.

의미까지 찾을 수 있다.

2. 사건의 개요

이 사건은 4개의 청구가 병합된 것으로서, (1) 2007헌마1001 사건의 청구인들은 2007. 12. 19. 실시된 대통령 선거와 관련하여 자신들이 지지하거나 반대하는 후보자 또는 정당에 대해 이른바 UCC에 지지·추천·반대 등의 내용을 담아 이를 각종 포털사이트 또는 미니 홈페이지, 블로그 등 인터넷 상에 게시하고자 한 사람들로, 중앙선관위의 '선거 UCC물에 대한 운용기준'에 의하면 구 공직선거법 제93조 제1항 및 공직선거법 제255조 제2항 제5호의 규제대상이 되는 것에 대하여 위 법률조항들이 명확성의 원칙에 위배되고 자신들의 정치적 의사 표현의 자유를 침해하는 것이라는 이유로, 그 위헌확인을 구하는 헌법소원심판을 청구하였다.

(2) 2010헌바88 사건에서 청구인은 제17대 대선과 관련하여 자신이 운영하는 인터넷 '민족신문 임시홈피' 사이트에 MB에 관한 사퇴종용의 글을 게재하고 같은 내용의 글을 다른 인터넷사이트에 수차례 게재하였다는 이유로, 구 공직선거법 제93조 제1항 및 공직선거법 제255조 제2항 위반으로 기소되어 유죄판결을 선고받고, 이에 상고(대법원 2009도12232)한 후 2009. 12. 17. 위 법률조항들에 대한 위헌법률심판제청신청(대법원 2009초기785)을 하였으나 2010. 1. 14. 상고기각과 함께 위헌법률심판제청신청이 기각되자, 위 법률조항들이 과잉금지원칙에 위배하여 청구인의 언론의 자유 등을 침해하고 있다며 헌법소원심판을 청구하였다.

(3) 2010헌마173 사건의 청구인은 대학생으로, 2010년 지방선거에 한나라당 서울시장후보로 출마하려던 후보들에 관련된 글들을 자신의 블로그에 게재한 것이 공직선거법 제93조 제1항에 위반된다는 이유로 서울 남대문경찰서 사이버수사대로부터 출석통보를 받는 등 수사를 받게 되자, 위 법률조항이 헌법 제24조의 선거권, 헌법 제21조의 언론 출판의 자유 등을 침해한다고 주장하며 헌법소원심판을 청구하였다.

(4) 2010헌마191 사건의 청구인들은 2010년 지방선거와 관련하여 정당 및 후보자에 관한 트윗을 작성한 후 트위터 서비스를 이용하여 그의 팔로어(follower)들과 공람하거나, 그가 팔로잉(following)하고 있는 사람들이 트윗한 글을 자신의 팔로어들과 돌려보는 리트윗(Retweet)을 하려는 사람들이었는데, 중앙선관위가 발표한 '선거관련 트위터 이용가능범위'에 따르면 '트위터를 이용해 특정후보 혹은 정당에 관한 지지, 반대를 표시하거나 선거운동정보가 담긴 트윗을 리트윗하는 행위

는 전자우편 발송과 유사한 성격을 가지므로, 공직선거법 제93조 제1항에 의해 규제받게 됨에 따라 이 조항들이 표현의 자유, 선거운동의 자유를 침해한다는 이유로, 헌법소원심판을 청구하였다.

< 심판의 대상 >

공직선거법(2005. 8. 4. 법률 제7681호로 개정되고 2010. 1. 25. 법률 제9974호로 개정되기 전의 것)

제93조(탈법방법에 의한 문서·도화의 배부·게시 등 금지) ① 누구든지 선거일전 180일(보궐선거 등에 있어서는 그 선거의 실시사유가 확정된 때)부터 선거일까지 선거에 영향을 미치게 하기 위하여 이 법의 규정에 의하지 아니하고는 정당(창당준비위원회와 정당의 정강·정책을 포함한다. 이하 이 조에서 같다) 또는 후보자(후보자가 되고자 하는 자를 포함한다. 이하 이 조에서 같다)를 지지·추천하거나 반대하는 내용이 포함되어 있거나 정당의 명칭 또는 후보자의 성명을 나타내는 광고, 인사장, 벽보, 사진, 문서·도화, 인쇄물이나 녹음·녹화테이프 기타 이와 유사한 것을 배부·첩부·살포·상영 또는 게시할 수 없다.

공직선거법(2010. 1. 25. 법률 제9974호로 개정된 것)

제93조(탈법방법에 의한 문서·도화의 배부·게시 등 금지) ① 누구든지 선거일전 180일(보궐선거 등에 있어서는 그 선거의 실시사유가 확정된 때)부터 선거일까지 선거에 영향을 미치게 하기 위하여 이 법의 규정에 의하지 아니하고는 정당(창당준비위원회와 정당의 정강·정책을 포함한다. 이하 이 조에서 같다) 또는 후보자(후보자가 되고자 하는 자를 포함한다. 이하 이 조에서 같다)를 지지·추천하거나 반대하는 내용이 포함되어 있거나 정당의 명칭 또는 후보자의 성명을 나타내는 광고, 인사장, 벽보, 사진, 문서·도화, 인쇄물이나 녹음·녹화테이프 그 밖에 이와 유사한 것을 배부·첩부·살포·상영 또는 게시할 수 없다.

공직선거법(2005. 8. 4. 법률 제7681호로 개정된 것)

제255조(부정선거운동죄) ② 다음 각 호의 어느 하나에 해당하는 자는 2년 이하의 징역 또는 400만원 이하의 벌금에 처한다.

5. 제93조(탈법방법에 의한 문서·도화의 배부·게시 등 금지) 제1항의 규정에 위반하여 문서·도화 등을 배부·첩부·살포·게시·상영하거나 하게 한

자, 같은 조 제2항의 규정에 위반하여 광고 또는 출연을 하거나 하게 한 자 또는 제3항의 규정에 위반하여 신분증명서·문서 기타 인쇄물을 발급·배부 또는 징구하거나 하게 한 자

3. 청구인들의 주장

청구인들은 이 사건 금지조항의 '선거에 영향을 미치게 하기 위하여'나 '기타 이와 유사한 것'은 표현의 의미가 불명확하거나 그 범위와 한계가 명백하게 드러나지 않아, 인터넷을 사용하여 정치적 표현 내지 선거운동을 하려고 하는 일반국민으로 하여금 금지 또는 처벌하고자 하는 행위의 범위를 예측하기 어렵게 하고, 법집행기관의 자의적 해석, 집행의 가능성을 열어놓음으로써 명확성의 원칙에 반한다고 주장하였고, 청구인들과 같은 일반유권자나 국민들이 선거일 전 180일부터 선거운동기간 전까지 인터넷 홈페이지나 개인블로그, 단문블로그, UCC 등을 통하여 후보자 또는 정당에 대한 지지·추천·반대의 의사를 표현하는 것을 전면적으로 금지하고 처벌함으로써 청구인들의 정치적 의사표현의 자유를 과도하게 침해함과 동시에, 그 본질적인 내용을 침해하고 있다고 주장하였다.

4. 법정의견(한정위헌결정)

이 사건에서 헌재의 다수의견은 동 조항들에 의해서 제한되는 기본권을 선거운동의 자유를 포함한 정치적 표현의 자유로 파악하고, 자유민주적 기본질서의 구성요소로서 다른 기본권에 비하여 우월한 효력을 가진다고 볼 수 있는 정치적 표현의 자유가 억압당하는 경우에는 이를 제한하는 입법에 대하여는 엄격한 심사기준을 적용한다고 하였다.

그런 후에 제한된 기본권의 침해 여부를 심사함에 있어서 과잉금지원칙의 4단계 심사를 진행하였는데, '선거운동의 부당한 경쟁 및 후보자들 간의 경제력 차이에 따른 불균형이라는 폐해를 막고, 선거의 평온과 공정을 해하는 결과의 발생을 방지함으로써 선거의 자유와 공정의 보장을 도모하여 선거관계자를 포함한 선거구민 내지는 국민 전체의 공동이익을 달성하고자 하는 입법목적은 정당하다'고 인정하였다. 하지만 수단의 적절성의 면에서는 인터넷 상 선거운동 내지 정치적 표현을 제한하는 것이 후보자들 간의 경제력 차이에 따른 불균형 해소라는 입법목적을 달성하기 위하여 적합한 수단이라고 볼 수 없고, 부당한 경쟁의 폐해 문제

도 그 행위를 직접적으로 금지하고 처벌하는 규정들이 이미 도입되어 있으므로 그에 따라 해결해야 할 문제이므로 이 사건 법률조항의 입법목적과의 관련성을 상실한 것이라고 판단하여 수단으로서의 적절성을 부인하였다. 다음으로 침해의 최소성에 관해서는, 이 법률조항에 의한 일반유권자들에 대한 기본권 제한의 기간이 지나치게 길고, 선거가 연속되는 상황에서 정당에 비해서 일반국민의 정당이나 정부의 정책에 대한 비판을 봉쇄하여 대의제도의 이념적 기반을 약화시키게 될 것이며, 선거운동을 할 수 없는 자의 선거운동, 비방이나 허위사실 공표의 확산을 막기 위한 사전적 조치는 이미 별도로 입법화되어 있는 바, 선거관리의 곤란을 이유로 이 법률조항을 정당화시킬 수 없으며, 인터넷 상 일반유권자의 정치적 표현의 자유는 실질적 민주주의의 구현을 위하여 적극 장려되어야 하는 측면도 있다고 할 것이므로, 이와 같이 일반적·포괄적 금지조항으로써 인터넷 상 정치적 표현 내지 선거운동 일체를 일정한 기간 전면적으로 금지하고 처벌하는 것은 최소침해성의 요건을 충족시키지 못한다고 하였다. 그리고 마지막으로 법익균형성에 관해서도 이 법률조항에 의해 달성하고자 하는 선거의 공정과 평온이라는 공익과 그로 인한 기본권 제한 간의 법익균형성 뿐만 아니라 국민의 선거참여를 통한 민주주의의 발전 및 민주적 정당성의 제고라는 공익 또한 감안하여야 할 것인 바, 이 법률조항이 인터넷 상 정치적 표현 내지 사전선거운동을 금지함으로써 얻어지는 선거의 공정성은 명백하거나 구체적이지 못한 반면, 이 법률조항이 선거일 전 180일부터 선거일까지 장기간 동안 인터넷 상 정치적 표현의 자유 내지 선거운동의 자유를 전면적으로 제한함으로써 생기는 불이익 내지 피해는 매우 크다 할 것이므로, 이 사건 법률조항은 법익균형성의 요건을 갖추지 못하였다고 판단하였다. 그러므로 구 공직선거법[30] 제93조 제1항 및 공직선거법[31] 제255조 제2항 제5호 중 제93조 제1항의 각 '기타 이와 유사한 것'과 공직선거법[32] 제93조 제1항 및 공직선거법[33] 제255조 제2항 제5호 중 제93조 제1항의 각 '그 밖에 이와 유사한 것'에, '정보통신망을 이용하여 인터넷 홈페이지 또는 그 게시판·대화방 등에 글이나 동영상 등 정보를 게시하거나 전자우편을 전송하는 방법'이 포함되는 것으로 해석하는 한 헌법에 위반된다고 결정한다고 하였다.[34]

30) 2005. 8. 4. 법률 제7681호로 개정되고 2010. 1. 25. 법률 제9974호로 개정되기 전의 것.
31) 2005. 8. 4. 법률 제7681호로 개정된 것.
32) 2010. 1. 25. 법률 제9974호로 개정된 것.
33) 2005. 8. 4. 법률 제7681호로 개정된 것.
34) 헌재 2011. 12. 29, 2007헌마1001, 공보 제183호, 159, 160.

5. 2인의 반대의견

반대의견은 우선 이 법률조항의 규율내용에 대해서 금지되는 행위의 내용이 제한적이며, 매체적 요건이 공직선거법 규정상 앞에 열거된 매체들과의 공통점을 가진 부분에 국한되고 기본권주체에 대한 효과도 차별성이 없다는 것을 전제로 파악한 후에, 과잉금지원칙 위반 여부를 판단하면서, 입법자가 선거의 평온과 공정의 확보를 위하여 국가 전체의 정치, 사회적 발전단계와 국민의식의 성숙도, 종래의 선거풍토 등 제반 여건을 종합적으로 고려하여 제한이 필요하다고 본 선거운동에 관하여는 입법자의 판단을 최대한 존중해야 한다고 하였다.

그리고 과잉금지원칙 위반 여부에 관한 심사에서는, 이 법률조항은 선거운동의 부당한 경쟁 및 후보자들 간의 경제력 차이에 따른 불균형이라는 폐해를 막고, 선거의 과열로 말미암아 선거의 평온과 공정을 해하는 결과가 발생하는 것을 방지함으로써 선거의 자유와 공정의 보장을 도모하려는 정당한 입법목적을 가지고 있고, 인터넷 선거운동의 경우에도 후보자간 조직동원력, 경제력에 따른 불균형이 발생할 소지는 충분하며, 선거운동기간 이전부터 선거일에 이르기까지 일반 유권자들뿐만 아니라 정당, 후보자 등 및 이들과 관련된 단체로부터 허위사실, 비방, 과대선전 등 선거에 영향을 미치는 표현행위가 무제한 쏟아질 경우 선거의 과열로 연결되어 선거의 평온과 공정성을 해할 가능성은 더욱 커질 것이므로, 수단의 적절성도 인정된다고 보았다. 또한 허위사실공표나 비방 등을 처벌하는 규정, 선관위의 시정조치, 사이버선거부정감시단 등 선거관리감독을 위한 제도적 장치만으로 이러한 폐해를 막기에 부족하므로, 선거에 영향을 미치는 표현행위 자체를 금지시키는 것 이외에는 입법목적을 효과적으로 달성할 만한 다른 대안이 없는 바 기본권 침해의 범위도 최소한의 범위 내로 제한되어 있다 할 것이고, 후보자들 사이의 선거운동에 있어 기회균등을 보장하고 선거의 과열을 막아 선거의 평온과 공정성을 확보하려는 공익에 비하여, 법에 의하여 허용되는 선거운동기간 이전에 허용되지 않은 방법이나 매체를 통하여 선거운동에 준하는 영향력을 가진 표현행위를 하지 못함으로써 입게 되는 불이익은 그다지 크지 않다고 할 것이므로, 법익의 균형성 요건도 충족한다고 하였다.[35]

35) 헌재 2011. 12. 29, 2007헌마1001, 공보 제183호, 159, 160.

6. 결정 내용의 헌법상 쟁점에 관한 검토

(1) 표현의 자유에 대한 제한에 관한 헌법적 명령의 범위와 정도

상술한 바와 같이 공직선거법 제93조 제1항 규정을 심판대상으로 하는 세 번의 결정이 있었는데, 세 사건 모두에서 각 청구인들은 동 규정이 명확성의 원칙에 반하는 위헌적인 규정임을 주장하였고 2010년의 결정들에서 법정의견은 명확성의 원칙에 반하지 않는다고 판단하였던 바 있었다. 하지만 2011년 본 결정의 다수의견은 명확성의 원칙 위반 여부에 대한 헌법적 판단을 하지 않았다. 금지행위를 내용으로 하면서 위반시의 처벌규정까지 두고 있는 당해 공직선거법 규정은 내용상 분명한 강제성을 속성으로 하고 있다는 점에서 명확성의 원칙은 심사기준으로 검토되었어야 하며, 그 결과 여하에 따라 헌재의 결정유형이 단순위헌결정으로 결론 내려질 수도 있었다는 점에서 아쉬움을 남기는 부분이다.

여타 기본권의 경우처럼 표현의 자유에 대한 제한도 헌법 제37조 제2항이 규정하고 있는바 기본권제한입법의 한계조항의 범위 내에서만 가능한 것이지만, 표현의 자유가 가지는 헌법상의 의의와 기능으로 인해 표현의 자유는 제한사유에 있어서 표현의 자유에 대한 제한이 가해지지 않고는 국가안전보장·질서유지·공공복리가 '명백하고 현존하는 위험'에 봉착하게 되는 경우에만, 제한방법에 있어서 '명확성의 원칙'을 충족시킬 수 있는 법률에 의해서만, 제한정도에 있어서 과잉금지의 원칙에 따라 '명백하고 현존하는 위험'을 피하기 위해서 필요불가피한 최소한의 제한만이 허용된다.[36] 때문에 명확성의 원칙은 표현의 자유를 제한하는 입법을 심사함에 있어서 그 제한방법을 심사하는 가중된 판단기준이다.[37] 따라서 표현의 자유를 제한하는 법률의 내용상 그 제한의 요건이 과도하게 광범위하거나 애매모호한 경우에는 당해 제한은 무효로 선언되게 되는 것이다. 우리 헌법재판소의 판례에서도 제한법률의 개념이 광범위하게 규정되어 포괄적이거나 모호한 것을 이유로 하여 위헌임을 인정한 사건들이 있었다.[38] 즉 전기통신사업법 제53조

36) 허영, 한국헌법론, 박영사(2012), 586면.

37) 헌재 1990. 4. 2, 89헌가113, 판례집 2, 49면; 헌재 1996. 8. 29, 94헌바15, 판례집 8-2, 74면; 헌재 1996. 11. 28, 96헌가15, 판례집 8-2, 526면 참조.

38) "전기통신사업법 제53조는 '공공의 안녕질서 또는 미풍양속을 해하는'이라는 불온통신의 개념을 전제로 하여 규제를 가하는 것으로서 불온통신의 개념의 모호성, 추상성, 포괄성으로 말미암아 필연적으로 규제되지 않아야 할 표현까지 다함께 규제하게 되어 과잉금지원칙에 어긋난다" (헌재 2002. 6. 27, 99헌마480; 전기통신사업법 제53조 등 위헌확인).

등의 위헌확인결정[39]에서, 헌재는 "표현의 자유를 규제하는 입법에 있어서 명확성의 원칙은 특별히 중요한 의미를 지닌다. 무엇이 금지되는 표현인지가 불명확한 경우에, 자신이 행하고자 하는 표현이 규제의 대상이 아니라는 확신이 없는 기본권주체는 대체로 규제를 받을 것을 우려해서 표현행위를 스스로 억제하게 될 가능성이 높기 때문에 표현의 자유를 규제하는 법률은 규제되는 표현의 개념을 세밀하고 명확하게 규정할 것이 헌법적으로 요구된다. ―(중략)― 표현의 자유를 위축시키지 않게 명확하면서도, 진정한 불온통신을 효과적으로 규제할 수 있도록 입법한다는 것은 쉬운 일이 아닐 것이다. 그러나 규제대상이 다양·다기하다 하더라도, 개별화·유형화를 통한 명확성의 추구를 포기하여서는 아니되고, 부득이한 경우는 국가는 표현규제의 과잉보다는 오히려 규제의 부족을 선택하여야 할 것이다."라고 판단했었다.

법치국가원리의 한 표현인 명확성의 원칙은 기본적으로 모든 기본권제한입법에 대하여 요구된다. 무엇이 금지되는 행위이고 무엇이 허용되는 행위인지를 수범자가 규범 내용에서 알 수 없다면 법적 안정성과 예측가능성이 확보될 수 없게 될 것이고, 또한 법집행 당국에 의한 자의적 집행을 가능하게 할 것이기 때문이다. 더구나 표현의 자유를 규제하는 입법에 있어서 이러한 명확성의 원칙의 요청은 특별히 중요한 의미를 지닌다. 민주사회에서 표현의 자유가 수행하는 역할과 기능에 비추어 볼 때, 불명확한 규범에 의한 표현의 자유의 규제는 헌법상 보호받는 표현에 대한 위축적 효과(chilling effect)를 수반하게 되기 때문이다. 즉 무엇이 금지되는 표현인지가 불명확한 경우, 자신이 행하고자 하는 표현이 규제의 대상이 아니라는 확신이 없는 기본권주체는―형벌 등의 불이익을 감수하고서라도 자신의 의견을 전달하고자 하는 강한 신념을 가진 경우를 제외하고―대체로 규제 받을 것을 우려해서 표현행위를 스스로 억제하게 될 가능성이 높은 것이다. 그렇기 때문에 표현의 자유를 규제하는 법률에 대해서는 그 규제로 인해 보호되는 다른 표현에 대하여 위축적 효과가 미치지 않도록 규제 개념을 세밀하고 명확하게 규정할 것이 헌법적으로 요구된다. 명확성의 원칙은 어떠한 행위가 금지되는 것인가에 관하여 명확한 고지 없이 사람을 처벌하거나 행동을 규제한다는 것은 정의롭지 못하다는 측면과 불명확한 규제법 하에서 국가기관은 자신들의 입장이나 정책을 기준으로 하여 규제할 자를 선택할 수 있을 것이기 때문에 그러한 선별적 규제의 위험성이 있다는 측면에서 평가한다면 공정성(fairness)과도 관련된다. 즉 불명

39) 헌재 2002. 6. 27, 99헌마480.

확성에 근거한 무효선언은 자유보장이 아니라 차별적인 강제의 금지를 통해 입법권으로부터 법집행을 분리하고 형평성을 보장하고자 하는 것으로 평가할 수 있다.[40] 오코너(O'Connor) 대법원 판사는 "명확성 원칙의 보다 중요한 측면은 법이 강제력을 가지고 집행될 수 있기 위한 최소한의 지침을 입법자로 하여금 설정케 하는 요건의 명령에 있다. 입법자들이 그러한 최소한의 지침을 정립하지 못한 경우, 처벌법규는 기준 없음으로 인해 경찰이나 검사, 그리고 배심원들이 그들 각자의 개인적인 선입관에 기한 행위들을 하도록 허용하게 될 것이다."라고 하였다.[41] 모호성은 일면 언어의 본질적인 성질이라고 할 수 있을 것이고, 그러한 언어적인 표현에 의해서 이루어지는 모든 법률은 구조상황적으로 어느 정도의 모호함을 자체적으로 가진다고 할 것이다. 그러나 그렇다 하더라도 미국 연방대법원은 표현을 규제하고자 하는 경우에 규제법률은 더욱더 정확한 규정내용을 구비할 것을 요구하며 어떤 표현행위가 금지되고 허용되는가에 관하여 해당법률이 적절하게 고지하고 있음이 인정되는 경우에만 그 법률이 유효한 것이 될 수 있음을 반복하여 명언함으로써 하나의 커다란 법리체계를 만들어 왔다. 때문에 모호성에 의한 무효의 법리는 수정헌법 제1조와 관련된 소송에서 표현의 자유를 보호해 주는 강력한 도구로 기능하고 있다고 할 수 있다. 왜냐하면 규제법률의 문언적 불명확성이 문제가 되는 경우에는 법률문언 자체가 헌법적 심사의 대상이 되는 것이고 그 결과에 따라 규정 자체가 위헌으로 무효가 되는 것이기 때문이다.

우리 헌법이 '표현의 자유에 대한 제한에 관한 헌법적 명령의 범위와 정도'에 있어서 요구하고 있는 것이 이러한 명확성의 원칙이므로, 다수의견은 이 결정에서 대상조항의 원칙 위반 여부에 관하여 판단했어야 했다. '그 밖에 이와 유사한 것'이라는 법률문구는 일반적이고 포괄적인 개방규정의 전형적 예이고, 다수의견도 설시한 바와 같이 너무나 가변적인 인터넷 현실을 현재의 헌법재판소가 지금의 판단으로 한정적으로 위헌의 범위를 배제하는 것 보다는 최소한의 명확성과 구체성을 담보하지 못한 규정 자체의 원칙 위반을 결정했어야 한다고 생각하기 때문이다. 공직선거법의 입법목적과 규제를 위한 여러 방법들이 정의롭지 못하다는 측면 보다는, 선거의 자유를 보장하기 위한 것보다 선거의 공정을 보장하기 위한 것이 법제도의 우선적 가치라는 배경에서 볼 때 불명확한 규제법 하에서 국가

40) Kolender v. Lawson, 461 U.S. 352(1983); Papachristou v. Jacksonville, 405 U.S. 156(1972) 참조, 이와 관련한 논문으로는 John Calvin Jeffries, Kr., "Legality, Vagueness and the Construction of Statues," 71 Va. V. Rev. 189, 200-201(1985).

41) Kolender v. Lawson, 461 U.S. 352, 358(1983).

기관은 자신들의 입장이나 정책을 기준으로 하여 규제할 자를 선택할 수 있을 것이기 때문에 그러한 선별적 규제의 위험 가능성에 기인한 헌법적 공정성이 더 큰 문제점으로 부각될 수 있기 때문이다. 2010년 헌재 결정에서 반대의견을 개진했었던 4인의 재판관들[42]은 “공직선거법 제93조 제1항의 구성요건 행위가 시간적·내용적으로 한정되어 있다는 이유만으로 ‘기타 이와 유사한 것’에 ‘관념이나 의사전달의 기능을 가진 모든 매체나 수단’이 포함된다고 해석할 수는 없으며, 위 조항의 구체적인 예시만으로는 표현의 형식, 방법, 파급력 등이 다양한 많은 매체 중에서 어느 것이 일반조항인 ‘기타 이와 유사한 것’에 포함될지를 추론하기도 쉽지 않다. 이 사건 법률조항은 구체적 예시에 의하여 그 범위와 한계가 명백하게 드러나지 않는바, 헌법상 명확성의 원칙에 위배된다”고 판시[43]했던 바 있었다. 한편 소송실제적으로도 한정위헌결정의 내용을 청구인의 재심사유로 받아줄 것인가에 관한 대법원의 입장이 헌재와 다르기 때문에 헌재 다수의견의 원칙적인 위헌결정의 의미와 중요성은 적지 않다.

(2) 수단의 적절성 판단에 대한 검토

다수의견은 “인터넷은 누구나 손쉽게 접근 가능한 매체이고, 이를 이용하는 비용이 거의 발생하지 아니하거나 또는 적어도 상대적으로 매우 저렴하여 선거운동비용을 획기적으로 낮출 수 있는 정치공간으로 평가받고 있고, 오히려 매체의 특성 자체가 ‘기회의 균형성·투명성·저비용성의 제고’라는 공직선거법의 목적에 부합하는 것이라고도 볼 수 있는 점, 후보자에 대한 인신공격적 비난이나 허위사실 적시를 통한 비방 등을 직접적으로 금지하고 처벌하는 법률규정은 이미 도입되어 있고 모두 이 사건 법률조항보다 법정형이 높으므로, 결국 허위사실, 비방 등이 포함되지 아니한 정치적 표현만 이 사건 법률조항에 의하여 처벌되는 점, 인터넷의 경우에는 정보를 접하는 수용자 또는 수신자가 그 의사에 반하여 이를 수용하게 되는 것이 아니고 자발적·적극적으로 이를 선택(클릭)한 경우에 정보를 수용하게 되며, 선거과정에서 발생하는 정치적 관심과 열정의 표출을 반드시 부정적으로 볼 것은 아니라는 점 등을 고려하면, 이 사건 법률조항에서 선거일전 180일부터 선거일까지 인터넷상 선거와 관련한 정치적 표현 및 선거운동을 금지하고 처벌하는 것은 후보자 간 경제력 차이에 따른 불균형 및 흑색선전을 통한 부당한 경쟁을 막고, 선거의 평온과 공정을 해하는 결과를 방지한다는 입법목적 달성을

42) 재판관 김종대, 민형기, 목영준, 송두환.

43) 헌재 2009. 07. 30, 2007헌마718, 판례집 제21권 2집 상, 311, 312-313.

위하여 적합한 수단이라고 할 수 없다”[44]고 판단하였다.

당해 규정의 입법목적이 정당한가에 대하여는 인터넷의 특성을 고려한다면 ‘선거운동의 부당한 경쟁 및 후보자들 간의 경제력 차이에 따른 불균형이라는 폐해’는 발생할 여지가 적고, ‘선거의 평온과 공정을 해하는 결과’도 발생할 여지가 없기 때문에 입법목적 자체가 정당성이 없다는 입장[45]도 있지만, 공직선거법 자체의 존립 연혁이 우리 선거문화의 어두운 과거로부터 시작된 것이고 선거 제도가 갖는 헌법적 기능상 선거의 평온과 공정을 추구하는 입법적 목적은 나름대로 헌법적 정당성이 인정된다. 그런데 이 결정은 다수의견도 그러하듯이 과잉금지의 원칙에 기한 위헌성 심사에서 목적의 정당성이 인정된 경우임에도 불구하고 수단의 적절성이 부인된 흔치 않은 사건이라는 점에서 동 결정의 판단에 파격적인 면이 있다.

수단의 적절성 단계라 함은 기본권제한입법이 특정하고 있는 목적을 달성하기 위하여 채택한 방법이 그 목적의 달성에 적합한 것인가를 따지는 심사로서, 여기에서의 적합성의 의미는 채택된 방법(수단)이 결과의 발생에 전혀 영향을 주지 않거나 그것이 목적으로 하는 결과의 발생을 도리어 어렵게 만드는 것이 아니라면 그 적합성을 인정한다는 의미인 것으로 강학적으로 해석되고 있다.[46] 즉 이 적합성이라는 것은 단지 채택된 방법이 목적 실현에 기여하는 영향이 있는가의 유무의 심사척도에 불과한 것이고, 그 방법이 목적달성에 효과적일 것을 요구한다거나 가장 최선의 방법일 것을 요구하는 것은 아니라고 보는 것이다.[47] 즉 과잉금지의 원칙의 심사단계로서의 수단의 적절성이라는 것이 가장 적절한 방법일 것을 요구하는 것이 아니라고 보는 경우에라야 뒤이은 심사구조로서의 침해의 최소성과도 내용적·기능적 차별성을 갖게 될 것이기 때문이다. 최소침해성과는 달리 제한을 하고자 하는 입장에 대한 심사기준이 수단의 적절성이라는 점에서 규제목적을 달성하기 위한 여러 수단 중에 규제자에 대해서 굳이 목적 달성에 가장 효

44) 헌재 2011. 12. 29, 2007헌마1001, 공보 제183호 , 159, 165-167 참조.

45) 김종서, 인터넷 선거운동의 주요 쟁점 검토, 한국헌법학회 제71회 정기학술대회 발표자료집(2012. 3), 95면.

46) 황치연, 과잉금지원칙의 내용, 공법연구 제24집 제3호(1996. 7), 280면; 이부하, 비례성원칙과 과소보호금지원칙, 헌법학연구 제13권 제2호(2007. 6), 283-284면.

47) 황치연, 헌법재판의 심사척도로서의 과잉금지원칙에 관한 연구, 연세대학교 박사학위논문(1995), 70-71면; 이러한 적합성 심사의 실제적인 의미의 소소함 때문에 적합성 심사의 필요성 심사에로의 포함 논의 등이 존재한다.

과적이거나 가장 적합한 수단을 강구할 것을 엄격하게 강제해야 할 필요성이 있는가라는 생각이다. 물론 그동안 헌재는 수단의 적절성의 의미에 대하여 "국가작용에 있어서 취해진 어떠한 조치나 선택된 수단은 그것이 달성하려는 사안의 목적에 적합하여야 함은 당연하지만 그 조치나 수단이 목적달성을 위하여 유일무이한 것일 필요는 없는 것이다."[48]라고 판시해 왔고, 수단의 유일성을 의미하는 것이 아님을 판시한 내용에서 적합한 수단의 다수의 개념을 인정했던 것으로 해석할 수도 있다고 본다. 이러한 견지에서 볼 때, 동 결정에서 보여준 다수의견의 판단내용도 이미 그들이 앞에 정당하다고 판시한 입법목적과 당해 수단과의 관계에 대해 그 수단으로서의 적절성을 완전히 부인한 것으로는 보이지 않는다. 따라서 선거비용이 현저히 줄어들었고 실제 인터넷 매체를 이용한 선거운동에 소요되는 비용이 적다고 해도 비용 자체가 전혀 소요되지 않는 것이 아니며, 달리 처벌규정을 두고 있다는 점도 중복규제의 문제는 수단의 적합성이 아닌 침해의 최소성 문제라는 점에서 입법목적과의 완전한 무관계를 이야기하기에는 비약적인 부분이 있지 않았던 것인가 생각해 보게 된다.

(3) 과잉금지원칙의 심사구조로서의 의미에 대한 검토

기존의 헌재 결정들이 그러했고, 동 결정에서도 판시된 심사내용의 단계 진행은 동일했던 것에 대한 문제이다. 1989년 이래로 헌재는 기본권 제한에 대한 위헌성 심사기준으로 과잉금지원칙을 적용해 왔다. 그리고 "과잉금지의 원칙이란 국가작용의 한계를 명시하는 것인데 목적의 정당성, 방법의 적정성, 피해의 최소성, 법익의 균형성(보호하려는 공익이 침해되는 사익보다 더 커야 한다는 것으로서 그래야만 수인(受忍)의 기대가능성이 있다는 것)을 의미하는 것으로서 그 어느 하나에라도 저촉되면 위헌이 된다는 헌법상의 원칙이다."[49]라고 하여, 위헌성 심사구조에 대해 얼마간 설명해 주고 있다. 그런데 심사기준으로서의 과잉금지의 원칙을 독일과 달리 4가지의 내용으로 설정하여 운용해 온 우리 헌법재판 속에서, 과잉금지원칙의 심사구조는 어떠한 것이어야 하는가에 대한 생각이 필요하다고 본다. 헌재가 판시해 왔듯이 4개의 각각의 기준은 병행적이고 나열적인 것으로서 매 사건마다, 판단시마다 4가지의 심사를 진행해야 하는 것인가. 그렇다면 어떤 경우엔 4가지 모두에 위반되어 훨씬 더 위헌인 것이고, 어떤 경우엔 2가지에만 위반되므로 덜 위헌인

48) 헌재 1989. 12. 22, 88헌가13, 판례집 제1권, 357, 379면; 헌재 1992. 4. 14. 90헌마82; 헌재 1995. 4. 20. 92헌바29 등.

49) 헌재 1989. 12. 22, 88헌가13, 판례집 제1권, 357, 374면.

것이 되는 것인가. 기본권 제한입법에 대한 위헌성 심사기준으로서, 그 수단성을 심사하기 위한 기준으로 도입된 과잉금지원칙은 그 자체로 단계적 심사구조를 가지는 것이 아닌가 한다. 기본권을 제한하고 있는 심판대상인 법률이 입법목적이 정당한 경우여야만 그 목적을 달성하기 위해 입법자가 선택한 수단이 목적달성과의 관계에서 적절한 것인지를 판단할 필요가 있는 것이고, 적어도 정당한 입법목적을 달성하기 위한 적절한 수단인 경우에라야 그 수단이 기본권주체에게 최소침해를 주는 수단인가를 판단할 필요가 있는 것이며 그 이후에라야 법익의 균형성도 논의할 수 있는 문제라고 생각하기 때문이다. 따라서 과잉금지원칙의 심사구조가 단계구조라는 것을 인정하게 되면, 헌재의 다수의 결정들은 더 간결한 헌법적 논의로 결정을 내릴 수 있었을 것이다. 이 결정에서도 다수의견은 수단의 적절성을 부인한 그 단계에서 논의를 마칠 수 있는 것이었고, 반면에 반대의견은 합헌주장을 위한 그들의 논리를 모두 개진했어야 했다고 생각한다.

Ⅳ. 맺 음 말

인터넷의 등장은 우리 생활 속에 굉장한 파장을 일으켜서 많은 변화를 이루었다. 하지만 그러한 인터넷의 영향력이 우리의 정치상황과 그 발전과정에서는 어느 정도의 모습이 될 것인지 어떠한 지위를 차지하게 될 것인지에 대해서는 아직도 그 누구도 명확한 결론을 내릴 수 없다. 인터넷은 기본권주체들에게 저렴한 비용과 노력만으로도 필요한 정보에의 용이한 접근을 가능하게 하고 직접적인 정치참여를 활성화함으로써 대의제의 폐해를 시정하고 보완하는 기능을 하기도 하지만, 그 반면에 정보과부화와 인터넷 이용 가부에 따른 정보격차의 심화·정보전달자의 익명성과 불특정성에 따른 다양한 기본권 침해의 우려 등의 요인이 그 한계점으로 지적된다.

하지만 역기능이나 부작용을 인정한다 하더라도 인터넷 선거운동을 법제도 속에 수용한 현행 공직선거법의 입법방향은 결코 작지 않은 의미를 갖는다. 비교법상 다른 국가들은 인터넷 선거운동을 제도화함에 있어서 제도의 내용을 결정하는 데에는 신중한 태도로 임한다. 때문에 숙의 민주주의(deliberate democracy)를 구현하는 도구로서의 인터넷 매체의 정치적 의사형성수단으로서의 순기능을 보장하고 그 역기능을 최소화할 수 있는 방법론의 연구는 여전히 절실한 과제로 남아 있다. 바람직한 선거법의 자세는 정치적 매체로서의 인터넷의 성장과 발전을 왜곡하는 모든 법적 규제들로부터 인터넷을 해방해 주는 것이어야 한다. 때문에 인터넷에 대한 제한이 행해진다면 그것은 후보자나 공공기관에 부정적이고 퇴폐적인 영향을 미치는 인터넷 활동에만 국한되어야 할 것이다. 말하자면 민주주의의 정치적 도구로서 인터넷이 제 역할을 하면서 발전되기 위해서는 원칙적으로 인터넷을 이용한 정치적 표현행위들을 제한으로부터 자유로운 상태로 두되, 부정부패행위를 억제하고 축소하기 위한 필요성이 있는 경우로 국한하여 제한의 예외를 인정해야 한다. 인터넷 선거운동에 대한 규제를 예외적인 현상으로 설정하고 자제한다면 이러한 바탕은 대의제에 식상하거나 변형된 유전자를 발현하는 기형적인 대의제의 모습을 단절해 낼 수 있게 함으로써 민주정치사회를 활기 있게 소생시킬 수 있는 새로운 방법이나 수단을 배양하게 될 것이다. 현실이 적실성 있게 반영되지 못한 법제의 입안은 가장 심각하고 근본적인 문제들을 초래하게 된다. 정책입안자나 입법기관들은 현행 선거법이 새로이 등장한 표현방법이나 새로운 기술력에 의한 전자통신매체의 발달에 따라 발생하게 되는 제반의 문제들을 적절하게 해결해 낼 수 있는가를, 그러한 새로운 형태의 매체에 대한 국민적 합의를, 그리고 인터넷이라는 매체가 지니는 헌법적 가치를 염두에 두어야 한다.

조소영 교수의 "인터넷 선거운동의 헌법적 쟁점에 관한 검토 – 헌재 2011. 12. 29. 2007헌마1001 등 결정을 중심으로"에 대한 토론 –

김 종 철*

1. 토론의 범위

조소영 교수님은 헌재의 2011. 12. 29. 2007헌마1001 등 결정(이하 "검토대상결정")을 중심으로 인터넷 선거운동의 헌법적 쟁점에 대해 검토하고 있다. 조 교수님은 표현의 자유 특히 인터넷상의 표현의 자유 문제에 천착하여 훌륭한 연구성과물을 내어 온 소장학자로서 토론자가 평소 이 분야에 대해 많은 배움의 기회를 가져왔을 뿐만 아니라 그 연구결과와 방법론에 공감하는 바가 많았고, 오늘의 발표에서도 대부분의 원론적인 논의에 대하여 공감하는 의견을 가지고 있기 때문에 조 교수님의 발표 자체에 대하여 비판적으로 검토하는 토론보다는 발표자가 지면이나 시간의 제약상 다루고 있지 않은 부분, 특히 검토대상결정의 주요부분에 대해 토론자의 주관적 입장을 밝히고 발표자의 주장을 지지 혹은 보완하는 것으로 토론자의 임무를 설정하고자 한다.

2. 공직선거법의 규제지향적 성격과 2인 반대의견의 주요 문제점

가. 선거규제의 목적과 지향가치[1)]

우리 헌법재판소는 선거과정을 지배하는 최고의 가치가 자유에 있음을 분명히 하였다: "대의민주주의를 원칙으로 하는 오늘날의 민주정치 아래에서의 선거는 국민의 참여가 필수적이고, 주권자인 국민이 자신의 정치적 의사를 자유로이 결정하고 표명하여 선거에 참여함으로써 민주사회를 구성하고 움직이게 하는 것이다.

* 연세대학교 법학전문대학원 교수, 헌법학.

1) 이 부분에 대한 서술은 토론자의 "공직선거법상 인터넷언론 규제에 대한 비판적 고찰", 『언론과 법』 제8권 제2호(2009)의 관련부분을 수정가필한 것이다.

따라서 국민의 주권행사 내지 참정권 행사의 의미를 지니는 선거과정에의 참여행위는 원칙적으로 자유롭게 행하여질 수 있도록 최대한 보장하여야 한다."[2)]

한편 자유로운 선거의 보장이 절대적인 무제약의 상태를 의미하는 것일 수는 없다. 선거의 본질이 국민대표의 정당한 선출에 있다고 한다면 그러한 정당한 선출을 방해할 수 있는 기회의 불평등한 향유는 오히려 국민의 민주적 의사형성을 저해할 수 있기 때문이다. 특히 사유재산제를 인정하는 현실 속에서 선거운동의 기회가 경제적·사회적 이유에 의해서 불평등하게 되어서는 민주주의의 기초를 위협하는 결과를 낳을 수 있다. 돈이나 사회적 지위가 국민대표를 결정하는 것이 아니라 주권자인 국민의 의사를 충실히 대변할 수 있는 대표자를 자유롭게 선택할 수 있어야 하는 것이다. 헌법 제116조가 선거운동에 있어 기회균등의 원칙을 선언하고 선거에 관한 경비를 원칙적으로 공적 책임으로 규정하고 있는 것[3)]은 이러한 공정선거의 원칙을 반영한 것이다.

결국 자유선거는 본질적으로 평등하게 선거과정상의 왜곡현상이 없도록 질서를 유지하고자 하는 공정선거와 동전의 양면을 구성한다.[4)] 하지만 공정선거의 요청은 자유선거를 실현하기 위한 수단적 성격을 가지는 것[5)]이며 이를 기화로 선거의 본질인 자유로운 선택권을 방해할 수 있는 가능성을 정당화하는 데 함부로 오용되어서는 안 된다. 특히 자유선거의 핵심은 정치적 표현의 자유를 최대한 보장하여 후보자에 대한 공직적격이나 추진정책의 타당성을 심사할 수 있는 충분한 기회가 보장되는 데 있으며 이를 위축시키는 과도한 제한은 자유선거의 본질을 훼손할 수 있다. 따라서 자유로운 선거권의 보장을 저해할 수 있는 표현의 자유에 대한 규제는 매우 엄격한 요건 하에서 필요 최소한에 그쳐야 함은 당연한 헌법적 요청이다.[6)]

---

2) 헌재 1994. 7. 29. 93헌가4등, 판례집 4-2, 15, 28.

3) 1962년 제5차 개정헌법에서부터 이례적으로 헌법화한 선거공영제 규정은 권위주의시대에는 사실상 선거과정이 관권에 의해 통제되는 상황이었으므로 별다른 실질적 의미를 가지지 못하였으나, 근래 들어 민주화와 더불어 불법선거의 가능성이 축소되는 반면 선거과열과 선거비용의 증대가 불가피하게 되면서 실질적 의미를 가지기 시작하였다(권영설, 『헌법이론과 헌법담론』, 법문사, 2006, 443-444면 참조).

4) 헌재는 이런 본질적 연계성을 확인하면서 "선거에 있어 자유와 공정은 반드시 상충관계에 있는 것만이 아니라 서로 보완하는 기능도 함께 가지고 있"다고 한다(헌재 1994. 7. 29. 93헌가4등, 판례집 6-2, 15, 39).

5) 같은 견해로는 조소영, "공직선거법상 인터넷 관련 규제에 대한 헌법적 검토", 『세계헌법연구』 제13권 제1호(2007), 46-47면.

6) 헌재 1995. 5. 25. 91헌마67, 판례집 7-1, 722, 738.

나. 공직선거법의 규제지향적 성격

검토대상결정과 같은 인터넷상의 선거운동이나 정치적 표현의 자유와 관련한 규제의 문제는 매체특성에 따른 특성에 따른 차별취급도 중요하지만 공직선거법("공선법") 전체의 본질이나 성격과 함께 종합적으로 검토되어야 한다. 검토대상결정의 법정의견은 인터넷 매체의 특성을 강조한 점에서 그 의의를 찾을 수 있다. 그러나 이런 전향적 태도에도 불구하고 오프라인 상태의 표현의 자유에 대해 여전히 전통적인 국가후견적 규제론의 입장에 서 있는 점에서나 2인 반대의견처럼 마치 표현의 자유를 철저하게 규제하지 아니하면 선거의 목적을 달성할 수 없는 것처럼 전제하는 태도를 비판적으로 인식하지 아니하는 한 우리가 추구하는 높은 수준의 자유민주주의는 요원할 것이다.

현행 공선법은 자유선거가 원칙이고 그에 대한 규제가 예외여야 한다는 헌법정신에 역행하는 매우 다양하고 광범위한 규제장치를 마련하고 있다. 예를 들어, 선거운동에 해당하는 행위 자체가 매우 협소하게 설정되어 있으며,[7] 선거운동의 주체가 엄격한 통제를 받으며[8] 선거운동의 기간은 매우 짧게 제한되고 있고,[9] 선거비용 또한 규제되고 있으며,[10] 선거운동 매체의 한정적 열거, 호별방문 금지, 여론조사공표제한기한의 설정 등 방법상에 다양한 제한[11]이 설정되어 있다.[12]

---

7) 공선법은 선거운동을 "당선되거나 되게 하거나 되지 못하게 하기 위한 행위"로 정의하고, 선거에 관한 단순한 의견개진 및 의사표시, 입후보와 선거운동을 위한 준비행위, 정당의 후보자 추천에 관한 단순한 지지·반대의 의견개진 및 의사표시, 통상적인 정당활동을 선거운동 개념에서 제외시키고 있다(공선법 제58조 제1항 참조).

8) 공선법은 "누구든지 자유롭게 선거운동을 할 수 있다. 그러나 이 법 또는 다른 법률의 규정에 의하여 금지 또는 제한되는 경우에는 그러하지 아니하다"라고 규정하면서(제58조 제2항), 외국인 등 선거운동을 할 수 없는 자를 한정적으로 열거하고 있다(제60조 제1항). 그러나 선거운동을 할 수 없는 자의 범위가 넓다는 점 그리고 어깨띠를 착용하고 선거운동을 할 수 있는 자를 배우자 또는 선거사무장 등에 제한하는 등(제68조) 특정한 방법의 선거운동의 경우 실질적으로 그 주체를 제한하고 있다는 점에 비추어 선거운동 주체에 있어서도 비교적 폭넓은 규제가 이루어지고 있다고 볼 수 있다.

9) 공선법은 선거운동 기간을 "후보자등록마감일의 다음날부터 선거일전일까지"로 제한하고, 예비후보자 등이 선거운동을 하는 경우 및 인터넷 홈페이지를 이용하여 선거운동을 하는 경우 일정한 예외를 인정하고 있다(공선법 제59조). 다만, 예비후보자 등 선거운동에 있어서 엄격한 방법상 제한을 가하고 있다(공선법 제60조의3 참조).

10) 공선법은 선거비용 개념을 "당해 선거에서 선거운동을 위하여 소요되는 금전·물품 및 채무 기타 모든 재산상의 가치가 있는 것"으로 정의하고, 그 액수를 제한하는 방식의 규제를 채택하고 있다(공선법 제119조, 제121조 참조).

11) 공선법은 선거운동 방법으로 신문·방송을 이용한 선거운동(제69조 내지 제70조), 집회를 이용한 선거운동(제79조), 대담·토론회를 통한 선거운동(제81조 내지 제82조의3), 문서·도화에 의한 선거운동(제64조 내지 제68조), 정보통신망을 이용한 선거운동(제82조의4, 제82조의7)을 제한적으로 허용하면서, 제88조 내지 제118조에서 탈법방법에 의한 문서·도화의 배부·게시 등 금지(제93

선거운동의 자유와 정치적 표현의 자유가 절대적 자유일 수 없다는 점, 과거 정치사에서 불법타락선거의 폐해가 적지 않았다는 점 등에서 일정한 규제가 불가피한 점을 부인할 수는 없다. 그러나 검토대상결정의 다수의견이 적절히 지적하고 있는 바와 같이 민주화 이후의 우리 사회의 변화를 효과적으로 반영하여 자유민주주의 수준을 높일 책무가 입법자와 헌재 그리고 궁극적으로 국민에게 주어져 있다. 민주화과정에서 관권선거의 가능성은 상당부분 해소되었고 금권선거의 문제도 정치자금이나 선거비용에 대한 규제 및 선거감시제도의 발달로 상당한 진전을 보이고 있다. 따라서 "말은 풀고, 돈은 묶는" 선거규제의 기본지향을 효과적으로 구현하기 위하여 정치과정 특히 선거 연계 표현행위에 대한 규제는 완화되는 것이 시대적 요청이다. 이러한 시대상황의 변화에 대한 감수성은 입법자뿐만 아니라 헌법해석을 통해 입법자의 형성권 남용에 대해 통제권을 행사해야 할 헌재에도 요청되는 덕목이다. 이 점과 관련하여 특별히 검토의 대상이 되는 것은 검토대상결정의 2인 소수의견이다.

다. 선거규제에 관한 입법형성권 존중론의 문제점

우선 소수의견이 입법자의 형성권에 대한 존중을 과도하고 광범위한 표현내용과 방법의 규제를 합헌으로 판단하는 근거로 내세운 것은 그 정당성을 인정하기 힘들다. 첫째, 입법권은 주권자인 국민으로부터 위임받은 권력이고 그 위임권력에 의해 주권자의 자유로운 국가권력구성권을 제한하는 것은 다른 기본권을 제한하는 것과는 차원을 달리하여 대표자가 주권자를 구성하는 유권자의 자유를 제한함으로써 대의민주주의의 핵심요소인 대표자와 주권자의 역할분리관계의 토대에 자충적 효과를 유발하는 특성이 있다. 둘째, 입법자인 국회의 구성원들이 바로 그 입법의 적용을 직접적으로 받는 대상자들이라는 점에서 일반적인 입법권의 행사와 구별되는 특성이 있다. '이익 충돌의 법리'가 적용될 여지가 있는 것이다. 물론 의회가 입법권을 가지는 의회민주주의의 대원칙을 정면으로 부정할 수는 없다고 하더라도 오히려 이해당사자에 의한 게임의 규칙 제정은 그 형성권의 정도에 있어서의 축소가 불가피하며 헌법원리에 의한 헌법재판적 통제와 국민에 의한 민주적 통제의 필요성이 존재 하는 대상이다.

결국 주권자인 국민의 자유로운 선거권의 행사와 민주주의를 억압할 수 있는

조), 호별방문 제한(제106조), 여론조사결과의 공표금지(제108조) 등 광범위한 금지행위 목록을 열거하고 있다.

12) 기타 선거운동의 자유의 제한에 대한 비판적 고찰로는 강태수, "선거운동의 자유에 대한 제한의 문제점과 개선방향," 『세계헌법연구』 제14권 제2호(2008), 1-28면 참조.

과도한 선거규제는 입법형성권의 논리로 정당화되기에 근본적인 한계가 있음을 분명히 인식할 필요가 있다. 특히 국민주권과 대의민주주의 실현의 핵심요체인 선거운동과 정치적 표현의 자유에 대한 제한이 엄격한 헌법적 통제하에 있음은 의문의 여지가 없고 이러한 헌법적 통제의 가능성을 광범위한 입법형성권을 빌미로 거부할 수 없다.

라. 심판대상조항의 규율내용에 대한 주객전도적 해석론의 문제점

한편 2인 반대의견은 검토대상결정의 심판대상인 공선법 제93조 제1항의 규율내용이 금지되는 행위의 내용면에서 규제를 정당화하기에 적정한 범위로 한정적일 뿐만 아니라 금지되는 행위의 주체가 일반유권자라기 보다는 모든 국민으로 충분히 포괄적임을 들어 유권자에 한정한 규제로서의 성격이 없음을 강조하고 있으나, 이도 정치적 표현의 자유의 우월적 지위에 대한 인식의 부족과 함께 자유민주적 기본질서의 중핵적 요소인 자유선거의 본질에 대한 이해의 한계를 드러낸 것이다.

첫째, 심판대상조항을 그 "입법목적과의 관련 하에 정확히 해석"한다면 "후보자나 정당에 대한 국민들의 정치적 여론형성과 건전한 비판·지지활동 모두를 규율하는 것이 아니라, 후보자나 정당이 선거에서 승리하기 위한 전략을 짜고 준비작업을 시작할 것으로 경험칙상 명백히 예상되는 '선거일 전 180일 전'부터 '선거일'까지 사이에 이루어시는 지지·반대 등의 의사표시로서, 후보자 또는 정당에 대한 선거결과나 유권자의 의사결정에 영향을 미칠 개연성이 높은, 선거운동에 준하는 영향력을 가진 표현행위만"을 규제하는 것으로 보아야 하고 이러한 제한된 범위의 표현행위는 공정선거의 목적을 위해 충분히 규제될 수 있다고 논증하고 있다. 그런데 이런 해석론은 공선법 전체적으로 광범위한 규제제도를 도입하고 있는 맥락이나 과거 이 규정의 해석과 적용이 행정청의 자의적인 해석의 여지가 넓어 지속적으로 논란이 되어 왔다는 점을 고려할 때 지극히 비현실적이며 아전인수격인 해석이라고 아니할 수 없다. 이 의견이 지적하고 있는 바와 같이, 이 조항의 "선거에 영향을 미치게 하기 위하여"란 "당선되거나 되게 하거나 되지 못하게 하기 위한 행위"와 같은 취지로 이해될 수 있는데 도대체 국가권력선택권을 원칙적으로 보유하는 유권자들이 당선되거나 되게 하거나 되지 못하게 하기 위한 행위를 하는 것을 원칙적으로 금지하는 선거가 일반인의 정상적인 정치적 표현의 자유를 제한하는 것이 아니고 무엇인지 의문이다. 다수의견이 적절하게 지적하고 있듯이 정치적 표현 및 선거운동에 대해서는 '자유를 원칙으로, 금지를 예외로' 하여야 하는 것임은 자명한 것인데 소수의견은 이 점을 마치 목적적 구성요소를 통해 많은 행위들이 실제로 위축효과의 프레임으로부터 해방될 수 있는 것처럼 단정하는 언어유희를 통해 은폐하려고 시도하고 있는 것에 불과하다.

둘째, 소수의견이 기존의 대법원과 헌재의 결정례를 승계하여 심판대상조항의 '기타 이와 유사한 것'에 가독성과 가청성을 가진 매체를 포함하는 것으로 해석하는 것이 적절하다고 주장하고 있으나, 다수의견이 적절히 지적한 바와 같이 인터넷과 같은 새로운 매체가 기존 매체와 달리 뚜렷하게 선거의 본질적 가치인 자유로운 표현행위를 촉진하면서도 경제적 효용성이 뛰어나서 공정선거의 기본가치인 기회균등의 원칙에 부합하는 매체라는 특장을 소홀히 하고 있는 것도 선거의 핵심가치인 자유와 공정간의 수단적 관계를 간과하고 있는 것이다.

셋째, 후보자 등도 심판대상조항에 의해 규제를 받음을 강조함으로써 일반유권자에게 이 조항이 특별한 의미를 가지게 됨을 부인하려 시도하고 있는 것도 주객이 전도된 논리이다. 후보자 등에 대한 제한이 유권자에 대한 제한을 논리필연적으로 정당화할 수 없음은 후보자 등에 대한 제한이 과도한 것 자체가 헌법위반의 소지가 있음을 간과한 것이다. 또한 금지되는 행위의 주체가 후보자 등을 포함하는 것이라고 하더라도 그 금지효과가 일반유권자에게 더 크게 나타나는 것이 사실임을 소수의견도 인정하고 있는 바이므로 이러한 상대적 차이마저도 주권자와 대표자가 되려는 자 간의 활동의 자유에 있어 불균형을 이루는 것임을 소홀히 하고 있는 것이며 국민대표관계의 본질이나 이에 기초한 선거의 핵심적 목적을 간과하고 있는 것이라고 할 수밖에 없다.

마. 과잉금지원칙의 적용상의 문제점 - 수단의 적절성 요건을 중심으로

(1) 수단의 적절성 요건의 내용

2인 반대의견은 경제력에 따른 기회불균형을 규제하기 위한 입법목적의 경우에도 인터넷 매체를 이용한 선거운동이라 하여 경제력에 따른 불균형의 소지가 없는 것은 아니므로 유권자들의 표현행위라 하더라도 입법목적과 연관성이 전혀 없다고 단정할 수 없다는 점, 흑색선전을 막기 위한 입법목적을 고려할 때 다른 처벌조항과 중복되는 규제영역을 가진다고 하여 입법목적과의 관련성을 부인할 수 없다는 점을 들어 수단의 적절성은 충족한다고 주장한다. 이 점에 대해서는 발표자인 조 교수님도 일정부분 공감하고 있는 것으로 보인다.

그러나 다수의견이 적절히 논증하고 있는 바와 같이, 방법의 적정성이라는 과잉금지원칙의 요건이 입법목적 달성에 최적의 수단을 선택할 것을 입법자에게 요구하는 것은 아니라고 하더라도 단순히 장식적이거나 명목적인 요건에 머물지 않기 위해서는 입법목적과의 최소한의 관련성 및 효과성을 가져야 한다고 보지 않을 수 없다. 헌재가 수단의 적절성의 범위를 단순히 기계적 인과관계에 한정하지 아니하고 최소한의 효과성을 요구하고 있는 점은 바로 이러한 필요를 반영한 것이라고 판단된다.[13] 이와 같이 수단의 적절성이 입법목적과 수단 간의 기계적 인과관계만을 요구하는 것이 아니라 일정한 수준의 효과판단을 요구하는 것은 조소영 교수님이 우려하는 바와 같이 규제의 효과면에서 최소성을 요구하는 침해의 최소성 요건과의 경계를 모호하게 하는 경향이 있지만 이와 같은 결과는 수단의 적절성 요건의 독자성을 확보하기 위해 불가피한 측면이 있다. 사실 침해의 최소성 요건도 다른 차원의 효과를 발생시키는 수단 간의 비교가 아니라 동일 혹은 근접한 효과를 달성하는 수단 사이에 침해위험의 최소화 정도를 비교하는 것[14]이라고 할 때 규제효과를 수단의 적절성 판단범위에 포함시키는 것이 불가능한 것은 아니다. 즉 수단의 적절성과 침해의 최소성 요건을 각각의 독자적 요건으로 인식하는 한편 그 양자의 관계를 유기적으로 결합시키는 방법은 최소한의 효과성 판단을 적합성 판단의 요소로 내포하는 것일 수 있고, 헌재의 확립된 태도가 바로 그러한 것으로 판단되며, 이 사건 법정의견도 그러한 확립된 수단의 적절성 요건을 엄격히 적용한 것이다. 따라서 이번 사건이 조 교수님의 지적대로 흔치 않게 수단의 적절성 요건마저도 심사대상조항이 준수하지 못한 것으로 판단한 것은 맞지만 이를 파격적인 수준이라고까지 볼 것은 아니지 않을까 한다. 오히려 원칙적

13) "선택하는 수단은 목적을 달성함에 있어서 합리적인 판단에 입각하여 추구하고자 하는 사안의 목적을 달성함에 있어서 필요하고 효과적"이어야 한다(헌재 1989. 12. 22. 88헌가13(國土利用管理法 第21條의3 第1項, 第31條의2의 違憲審判), 판례집 1, 357, 378; 헌재 1990. 9. 3. 89헌가95(國稅基本法 第35條 第1項 第3號의 違憲審判), 판례집 2, 245,260).

14) 특정한 입법목적을 달성하려고 할 때 효과적이고 적절한 방법은 복수로 존재할 가능성이 많고, 이러한 복수의 방법들의 입법목적에의 효과성과 적절성은 상이할 가능성이 많다. 그런데 이처럼 상이한 정도의 효과성과 적절성을 가지는 방법 가운데 기본권 침해의 효과가 최소로 나타날 가능성이 많은 것은 당연히 효과성이나 적합성이 약한 수단일 가능성이 높다. 그렇다면 효과성이나 적합성의 정도에 대한 고려없이 침해의 최소성 요건을 기계적으로 적용하게 되면 이 요건을 충족하는 규제를 가능하게 하는 입법은 지극히 힘들게 될 것이다. 그러므로 침해의 최소성 요건을 적용함에 있어 유의할 것은 적절하고 유효한 대안적 방법이 존재하느냐의 문제 외에도 이들 방법들의 효과성과 적합성이 '동등한 수준'인가에 대한 고려가 필요하다. 헌재가 토지거래허가제에 대한 심사를 통해 투기억제목적을 달성하기 위한 여러 방법의 존재만으로 침해의 최소성 요건을 비롯한 과잉금지원칙의 위반을 인정하기 힘들다는 취지로 판시한 것은 대표적인 예이다: "토지의 투기적거래를 억제하는 조치나 수단으로서는 등기제도, 조세제도, 행정지도, 개발이익환수제, 토지거래신고제, 토지거래실명제 등의 활용 또는 제도개선으로 충분하다는 견해도 있으나 위 제도만으로 투기억제에 미흡함은 건설부의 소상한 설명을 들을 필요도 없이 토지거래의 현실에서 국민 대다수의 체험으로 확인되고 있는 것이다"(헌재 1989. 12. 22, 88헌가13, 판례집 제1권, 357, 379-379).

으로 효과성 요소를 적합성 요건에 포함시키면서도 실질적으로 적용하기를 꺼리던 그간의 태도에서 진일보한 것으로 볼 여지도 있다. 따라서 다수법정의견이 판단한 것과 같이 '장기간' 인터넷상 일정한 내용의 정치적 표현 내지 선거운동을 '일체' 금지하는 것은 제한효과의 과도함을 심사하는 침해의 최소성 요건을 적용하기에 앞서 그 효과가 입법목적과 일정한 연계관계를 가지는지에 대한 적합성 심사를 통과하여야만 한다.

(2) 수단의 적절성 요건과 입법목적확인상의 오류

수단의 적절성 요건이 채택한 수단에 의한 기본권 제한효과가 그 입법목적과 일정한 연계관계를 가져야 한다고 할 때 입법목적의 확정은 매우 중요한 의미를 가진다. 이와 같은 맥락에서 이 사건에서 논의의 필요가 있는 부분, 특히 다수의견과 소수의견이 차이를 보이는 부분은 선거의 평온이 자유로운 정치적 표현이나 선거운동을 제한할 수 있는 적정한 입법목적인가의 문제이다. 법정의견은 선거의 평온이 헌법상 직접적 근거를 가지는 선거의 공정과 균등한 기회보장과는 동등한 차원의 공익으로 보기 어렵다고 보아 선거의 공정이나 기회균등이 궁극적으로 지향하는 자유로운 선거관련 활동에 대한 제한을 정당화하기에 적절하지 아니한 목적이라고 보는 반면 2인 반대의견은 선거의 자유와 공정을 보장하는 주요한 입법목적이 선거의 과열을 막고 평온을 유지하는 것이라고 본다.

선거는 국민의 자유로운 의사소통을 통해 대표를 선출하는 매우 중차대한 민주주의 실현의 방법인 점, 다원주의적 민주주의에서 대표선출이 경쟁적 관계에 있을 수밖에 없는 점, 가치상대주의의 현실속에서 공직후보자의 적격에 대한 심사는 필연적으로 유권자의 상식에 입각한 합리적 판단에 의존할 수밖에 없으며 국가가 후견적 지위에서 시시비비를 가리는 데는 현실적 한계가 있을 뿐만 아니라 민주주의에 역행할 수도 있다는 점 등을 고려할 때, 폭력적이고 명백하고 현존하는 위험을 초래하는 방법이 아닌 한 표현행위 자체가 선거의 평온을 해치는 것으로 당연히 간주될 수 없고, 바로 이 때문에 평온을 표현행위 규제를 정당화하는 헌법적 가치로 설정하는 것은 적절하지 않다고 할 것이다. 따라서 2인 반대의견의 설득력은 약하며 다수법정의견이 타당하다.

(3) 수단의 적절성 요건의 충족여부

이 사건 심판대상조항의 입법목적을 후보자간의 경제력 차이에 따른 불균형을 방지하기 위한 것이라는 점에 이의는 없다. 다만 소수의견이 선거의 평온을 입법목적으로 제시한 것에 대하여 다수의견이 소극적인 태도를 보이고 있다. 또한 흑색선전을 막기 위한 처벌조항이 존재하는 것이 심판대상조항의 입법목적으로 흑색선전을 예방하여 선거의 평온을 확보하는 것을 부인하는 이유가 될 수 있는지도 관련된 논쟁지점이다.

우선 경제력의 차이에 따른 불균형을 방지하기 위한 입법목적을 중심으로 볼 때 다수의견은 인터넷 매체의 특성이 오히려 경제적 불균형을 시정하는 데 기여하는 것이라는 점, 선거운동기간에 인터넷 매체의 활용이 허용되어 있는 체제에서 그 기간을 늘리는 것이 비용증가의 문제를 심화시키지 않다는 점, 실제로 경비가 추가로 발생될 수 있는 부분은 비용규제의 차원에서 해결할 문제이지 표현행위를 제한하는 직접적 이유여서는 안 된다는 점, 후보자 등에 대한 제한적 허용에도 불구하고 일반유권자에 대하여는 장기간 인터넷상의 정치적 표현을 제한하는 것은 후보자 간의 경제력 차이에 따른 불균형 시정이라는 목적과 무관하다는 점을 들어 수단의 적절성 요건이 충족되지 못하였다고 판단하였다.

반면 2인 반대의견은 인터넷 매체라고 하여 비용소요적 측면이 없지 않으며, 인터넷 매체 활용기간의 연장으로 인한 비용유발적 효과가 인정되고, 후보자 등에 대한 제한도 입법목적에 포함될 뿐만 아니라 유권자들의 표현행위도 간접적으로나마 후보자 간의 경제력에 따른 불균형 방지라는 목적과 연계성이 인정된다고 한다.

살피건대 2인 반대의견은 비용유발요소만으로 경제적 불균형 효과를 인정함으로써 모든 비용 자체가 선거규제의 정당화사유인 것으로 오해하는 잘못을 범하고 있다. 경제력에 따른 불균형 방지는 법상 허용되는 선거비용의 범위내에서 후보자들이 자율적으로 비용소요대상과 범위를 정하도록 하는 것이라는 점에서 비용유발가능성과 경제력에 따른 불균형 방지는 구별되어야 하며, 인터넷 매체의 특성이 비용대비 소통효과를 증대시킨다는 점에서 자유로운 선거라는 헌법적 가치 구현에 긍정적 기능을 가진다는 점을 확인한 다수의견의 태도가 타당하다.

또한 2인 반대의견은 정보수신자가 인터넷 매체를 이용한 정보에 의해 의사가 왜곡될 수 있는 위험성을 강조하고 있으나 이런 극단적인 위험성을 걱정하는 것은 유권자의 인격적 자율성을 무시하고 국가의 후견적 태도를 강변하여 자유선거의 근간을 부정하는 것에 불과하다. 유권자는 잘못된 정보에 의해 왜곡된 판단을 할 수 있으므로 아예 정보접근이나 유통을 금지해야 한다는 주객이 전도된 발상이기 때문이다. 즉 헌법에 의하여 최대한 보장되어야 할 정치적 선택이나 평가의 우월적 지위를 무시하고 잘못된 표현의 자유와 동일한 선상에서 모든 표현을 평가함으로써 그 규제를 정당화하는 것은 정치적 표현의 자유와 선거의 자유의 우월적 지위나 중핵적 가치를 간과한 것이다.

3. 다수법정의견의 의의와 한계

가. 다수법정의견의 의의

조 교수님이 적절히 지적하고 있는 바와 같이 다수법정의견은 몇 가지 점에서 단순한 위헌결정 이상의 의미를 가진다.

첫째, 재판관 1인이 결원인 상황에서 위헌결정이 내려졌다는 점이다. 법률의 위헌결정에 재판관 6인의 절대정족수가 요구되는 상황에서 재판관 1인의 결원은 그 자체가 법률의 합헌성을 인정하는 1인 재판관의 존재를 전제해야만 하므로 헌재 구성원의 결원은 심각한 헌법기관구성상의 흠결을 의미한다. 특히 이번 결정은 2년 전 합헌결정이 내려졌던 사안으로 당시 합헌의견을 내렸던 재판관들의 입장변경이 있어야만 위헌결정이 가능했다는 점에서도 재판관 1인의 결원에도 불구하고 위헌결정이 내려진 것은 헌재의 존재이유를 보여주었다는 점에서 헌정적 의의를 부여할 수 있다. 2인 반대의견이 짧은 기간에 종래의 결정을 번복하는 것에 대해 지적하고 있는 것도 이 때문이라고 판단된다. 그러나 주지하듯이 원칙적 가치인 자유선거를 과도하게 규제하는 현 공선법체제에서 짧은 기간에 이루어진 종래 결정상의 오류를 시정하는 것은 오히려 헌재의 신뢰도를 높여주는데 기여할 것이며, 개인적인 부담을 감수하고 입장을 변경한 재판관은 경의의 대상이 되기에 충분하다.

둘째, 정치적 표현의 자유와 선거운동의 자유가 우월적 지위를 가짐을 명시적으로 확인하였다는 점에서도 그 의의가 있다. 이전에도 정치적 표현의 자유가 다른 기본권에 비하여 우월적 효력을 가짐을 인정한 바 있지만[15] 그 우월적 의미를 엄격한 심사기준으로 확립한 것으로 보기에 미흡함이 있었다. 이번 결정에서 그간의 태도를 변경하면서도 그 우월적 의미에 따른 엄격심사기준을 철저히 적용한 점은 높이 평가받아야 한다.

셋째, 앞서 지적한 바와 같이 과잉금지원칙에서 수단의 적절성 요건의 독립적 위상을 확인하고 이를 엄격히 적용한 점도 앞으로 보다 엄밀한 이론적 뒷받침이 있어야 할 것이지만 그 의의를 인정할 수 있다.

넷째, 인터넷 매체의 특성이 가지는 순기능, 특히 원칙적으로 자유로워야 할 정치공간에서 저비용으로 고효율의 의사소통을 촉진하는 매체로서의 특성을 확인한 점도 높이 평가받아야 한다. 특히 억압되고 왜곡된 정치언론환경에서 유권자의 정치적 표현의 자유의 영역에 새로운 가능성을 보여주는 인터넷 매체의 가능성을 확인한 것은 향후 민주주의의 진전에 중요한 기여를 할 것으로 판단된다.

15) 헌재 2004. 3. 25. 2001헌마710, 판례집 16-1, 422, 434.

나. 다수법정의견의 한계

(1) 명확성 원칙의 미적용의 문제

조 교수님은 명확성 원칙의 위반문제에서 위헌성을 논하지 아니한 문제점에 대해 지적하고 있다. 원칙적으로 적절한 지적이라고 판단된다. 무엇보다 공선법의 규범구조나 표현방식이 규제수단이나 방법을 엄밀하게 규정하는 방식을 취한다는 점에서 소수의견이나 기존의 판례와 같이 매체적 특성의 고려없이 가독성이나 가청성이 있는 모든 수단을 포괄하고자 하는 의도가 있는 것으로 해석될 수 있는 법문은 위반행위에 대해 형벌까지 부과하도록 함으로써 자유민주적 기본질서의 근간을 구성하는 자유선거를 과도하게 위축시키는 효과를 유발하므로 위반요소를 구체적으로 열거하는 것이 바람직한 입법기술이라는 점을 이해하는 것이 필요하다.

(2) 위헌결정의 종류로 한정위헌결정을 채택한 것의 문제점

다수의견은 명확성 원칙을 적용하지 않았지만 인터넷 매체를 통한 유권자의 정치적 표현을 금지하는 수단이 적절하지 않다는 것을 논거로 한정위헌결정을 내림으로써 그 문제점을 부분적으로 시정하는 효과를 기대한 것으로 보인다. 2인 반대의견이 지적하는 바와 같이 한정위헌결정은 인터넷 매체에 의한 표현행위에 대한 규제여지를 제거하였다는 점에서 명확성 원칙을 통한 위헌판단의 우회로를 택한 측면이 있다. 그러나 문제는 이러한 선의의 해석에도 불구하고 한정위헌결정이 가지는 구조적 한계를 고려하면 그 선의가 효과적으로 현실화될 수 있을지는 향후 사태의 전개에 의존할 수밖에 없다.

다행히 4월 국회의원선거부터 선관위가 헌재의 전향적 결정의 취지를 존중하여 인터넷 매체에 의한 정치적 표현에 대한 규제를 완화하였다. 그러나 이는 어디까지나 행정청의 재량에 의한 자유의 확대에 불과하고 입법적으로 규제근거가 법문으로 변함없이 살아있는 한 이러한 유동적인 규제상황에 의한 위축효과를 근절시키기에는 한계가 있다. 더구나 법원에서 한정결정의 기속력을 완전히 인정하지 아니하고 있는 현실을 고려할 때 구체적인 입법의 개선이 없는 한 인터넷 매체를 이용한 정치적 표현의 자유의 우월적 보장이 충분히 현실화되는데 한계가 있다.

(3) 인터넷 이외의 매체에 대한 규제의 온존: 매체특성적 접근법의 한계

심판대상의 한계라는 점에서 이 사건에서 인터넷 이외의 매체에 대한 규제가 온존하게 되는 결과를 이 사건 법정의견의 한계라고 주장하는 것은 적절하지 않을 수 있다. 그러나 명확성 원칙의 적용을 우회하여 한정위헌결정의 방식을 채택한 점을 고려하면 인터넷 매체의 특수성을 강하게 부각시킴으로써 역설적으로 그 이외 매체에 대한 규제를 과도하게 정당화하는 결과를 낳는다는 점을 지적하지 않을 수 없다. 2인 반대의견이 지적하고 있는 바와 같이 그간 인터넷 이외의 매체에 대한 규제근거로서의 이 사건 심판대상조항은 헌재에 의해 지속적으로 합헌성을 확인받아 왔다는 점에서 매체특성적 접근방법의 한계에 대해서도 자각할 필요가 있다. 전향적으로 볼 때 인터넷 매체에 대한 규제부터 시작하여 공선법 전체에 대한 합헌성 통제의 강도를 높여가는 시금석으로 이 결정이 그 역사적 의의를 확인받기 위해서는 향후 인터넷 매체 이외의 규제에 대해서도 정치적 표현의 자유의 우월적 지위를 고려한 태도변경이 있어야 할 것이다.

4. 결론에 갈음하여

선거가 대의민주주의를 실현하기 위한 핵심적 요소로서 정치적 자유를 최대한 실현하는 가운데 진정한 국민의 대표를 뽑는 축제의 장이 되어야 함에도 불구하고 ‘선거의 공정’이라는 수단적 가치에 매몰되어 목적인 대표선출이 자유롭지 못한 상태에서 제한된 형태로 치러짐으로써 민주화 이후의 민주주의의 위기가 심화되어 온 것이 우리의 헌법현실이다.

검토대상사건은 인터넷 매체의 경우 저비용 고효율의 표현매개수단이라는 점을 인정하여 정치적 표현과 선거운동을 과도하게 제한하는 공선법의 대표적인 조항에 대하여 위헌결정을 내림으로써 민주주의를 진일보시킨 결정이다. 그러나 2인 반대의견에서 나타난 고답적인 민주주의관이나 선거관, 시대착오적인 국가후견주의적 시각이 여전하고 법정의견 또한 근본적으로 이러한 시각에서 완전히 결별하고 있는 것으로 판단하기에는 이르다는 점을 위헌결정의 형식이나 논증과정에서 보여주고 있다.

이런 현실에서 특히 선거규제에 실질적인 이해관계를 가지는 입법자가 자신들에게 유리한 방향으로 선거규제제도를 두게 되는 경우와 선거관련 효율성을 증진하기 위하여 규제제도를 두게 되는 경우 간의 차별성을 분명히 인식하고 적극적으로 선거규제입법의 적헌성을 심사하는 태도가 요청된다. 발표자인 조 교수님이 적절히 지적한 바와 같이 인터넷 매체의 특수성에 따른 규제의 한계설정이 중요함을 인정하는 단계를 넘어서서 이번 결정을 계기로 공선법전체의 헌법적합성을 강화하는 방향으로 발전하는 계기가 마련되길 기대해 본다.

마지막으로 다시 한번 인터넷 선거운동과 관련한 헌법적 쟁점에 대해 숙고와 배움의 기회를 주신 조소영 교수님과 헌법실무연구회, 그리고 그 단초를 제공한 헌법재판소에 감사의 말씀을 드린다.

제118회 발표회 지정토론문

인터넷 선거운동의 헌법적 쟁점에 관한 검토

김 태 호*

인터넷 선거운동에 대해 매우 중요하고 의미 있는 결정이라고 할 헌재 2011. 12. 29. 2007헌마1001 등 결정(이하 '이 사건'이라고 하겠습니다)을 중심으로 인터넷 선거운동의 헌법적 쟁점을 심층적으로 분석해 주신 조소영 교수님의 발표문을 통해 많은 배움을 얻었습니다. 이하에서는 제기해 주신 여러 쟁점과 관련하여 과문하지만 평소 가졌던 생각과 의문을 말씀드려서 토론자로서의 역할을 다하고자 합니다.

현행 공직선거법은 규제가 예외적으로 적용되어야 한다는 원칙과는 어울리지 않게 광범한 규제 조항을 마련하고 있습니다. 이와 같은 공직선거법에 대한 위헌 판단의 문제에서는 공직선거법의 근본구조에 대해 어느 정도 깊은 헌법적 잣대를 댈 것인가가 항상 문제됩니다. 헌법재판소는 그동안 입법자의 입법형성권을 넓게 인정함으로써 헌법에 위반되지 않는다는 판단을 주로 해 왔습니다. 그리고 그러한 견지에 선 종래의 선례로 인해 발생한 법적 안정성은 헌법재판소가 공직선거법의 문제점에 대해 적극적인 메스를 들이대는 것을 주저하게 만드는 원인 중의 하나가 되어 왔다고 생각합니다. 이러한 헌법재판소의 종래 판례가 타당한지는 별도의 기회에 다시 논의해 봐야 할 주제라고 생각하고, 오늘 이 자리에서는 이 사건이 기존의 공직선거법 사건과는 어떤 점에서 차별화될 수 있는가에 대해서 주로 말씀드려 보겠습니다만, 공직선거법의 구조에 대한 전반적인 검토의 필요성이 있지는 않은가 하는 비판도 이 사건과 관련하여 염두에 둘 필요는 있겠다는 말씀을 먼저 드립니다.[1)]

1. 인터넷은 얼마나 다른가?

무엇보다 이 사건은 발표자께서 특징지은 바와 같이 인터넷 상에서의 선거운

* 대법원 재판연구관, 전 헌법재판소 헌법연구원. 본 토론문의 의견은 토론자의 私見임을 밝혀둡니다.

1) 이 사건에서도 이 문제는 선례 폐기의 범위와도 관련하여 문제가 되었을 것입니다.

동을 대상으로 하고 있습니다. 그리고 이에 대한 이 사건 결정의 기본적 인식은, 이 사건 심판대상 조항은 오프라인 시대에 도입된 것이고, 이제 와서 인터넷이라는 매체를 선거운동 도구로서 이용한다면 인터넷이라는 매체의 특성을 볼 때 달리 취급하여야 한다는 것입니다. 이러한 점을 강조하여 헌법재판소는 이 사건 심판대상 조항에 대한 과잉금지원칙 위배 여부에 대한 심사에서 피해의 최소성이나 법익의 균형성에 앞서 수단의 적절성을 부정하고 있는 것이며, 이 사건 결정주문을 한정위헌의 형식을 취하고 있는 것도 인터넷은 별도로 따로 떼어내어 취급될 수 있다는 점에 대한 인식을 토대로 삼고 있다고 생각합니다.

저는 이 사건 결정의 이상과 같은 논리적 전제를 타당한 것으로 생각하고, 이 결정은 인터넷이 그 특성과 관련하여 "대의제 선거 제도의 한계"를 극복하고 우리 민주주주의 제도를 심화하는 데 기여할 수 있다는 점을 긍정했다는 점에서 의미가 있는 것으로 생각합니다.

다만 인터넷이라는 매체의 특성, 특히 신속성과 파급력과 관련하여 규제에 대해 다른 인식도 있다고 할 때, 인터넷은 과연 얼마만큼 다른가, 또는 어느 정도의 특수성이 있는가에 대해서 좀 더 사회과학적인 실증적 검토가 보충되었으면 어떨까 하는 생각도 가져봅니다. 당장 이 사건에서의 반대의견을 들지 않더라도, 다른 사건에서의 헌법재판소 다수의견은 공직선거법상 인터넷언론 규제나 인터넷상 정보유통의 규제에 대해 인터넷의 특성에 이 사건과 같은 차별적인 논증을 하고 있는 것으로는 생각되지도 않습니다. 이 점에서 오히려 서두에서 언급한 공직선거법의 문제점을 정면에서 다루어, 인터넷은 특별하므로 이 사건에 한해 그 규제가 잘못되었다는 논리가 아니라, 이 사건에서 언급된 법리의 다수는 인터넷뿐만 아니라 전통매체까지 포함해서 공직선거법 제93조 제1항 규제 전반에 적용될 수 있는 것이 아닌가 하는 생각을 먼저 해 봅니다.

당장 인터넷이 특별하다고 하면서 이 사건 심판대상 조항의 일부를 한정하여 위헌 결정함으로써(그 한정 범위는 공직선거법 제82조의4 제1항 제1호의 인터넷 선거운동을 가져온 것으로 보입니다) 이 사건 심판대상 조항의 범위에 대한 해석에도 모호함을 남겨두고 있는 측면이 있습니다. 이에 대해서는 이하 명확성의 원칙 적용 부분에서 다시 말씀드리겠습니다.

2. 일반유권자의 정치적 표현의 자유

오히려 이 사건이 기존의 공직선거법 사건에 대한 합헌결정과 차별화 해 볼 수 있는 부분은 그 규제대상이 실질적으로 광범위한 일반유권자를 대상으로 하게 되어 정치적 표현의 자유를 중대하게 침해한다는 데에 있는 것으로 보입니다. 이 사건 결정에서도 청구인들의 제한되는 기본권은 선거운동의 자유를 포함한 정치적 표현의 자유라고 하고 있고, 이 사건 결정의 취지도 이 사건 조항으로 인해 일반유권자의 정치적 표현의 자유가 상시적으로 위협받을 수 있음을 지적한 것으로 생각합니다. 반면 이 사건에서 선례가 변경된 사건 외에 기존 공직선거법 사건에서는 주로 후보자의 선거운동이 문제되었으므로 선거의 공정성 차원에서 정당화가 용이하였던 것으로 보입니다. 이는 오프라인에서는 일반적으로 후보 측 외에 일반인이 적극적인 정치적 의사표현 행위를 하는 경우를 생각하기 어려운 반면, 인터넷에서는 일반인이 적극적인 의사표현 행위를 쉽게 표출할 수 있고, 이러한 정치적 의사표현의 자유도 현행 공직선거법의 '선거운동' 개념 정의에는 포함되어 규제될 수 있기 때문에 발생하는 문제점으로 보입니다.

그렇다면 이 점과 관련하여서도 우리는 인터넷은 특수하다고 할 것이 아니라 다시 한번 공직선거법상의 '선거운동'의 개념 정의[2]와 규제 구조가 국민(일반유권자이든, 후보자이든)[3]의 정치적 표현의 자유가 충실하게 보장될 수 있도록 제정되어 있는지, 공직선거법상의 '선거운동'의 개념이 그 수행하는 규제적 기능에 비해 모호함과 광범위함의 문제가 있는 것은 아닌지도 검토할 시점이 되었다고 생각합니다.

3. 명확성의 원칙에 대한 문제

교수님께서는 이 사건 심판대상 조항이 표현의 자유와 관련하여 명확성의 원칙이 갖는 중요성을 고려할 때 위헌적이라는 점을 지적하시면서 이 사건에서도 명확성의 원칙 위배를 설시하고 단순위헌 결정을 하는 것이 타당하였다는 취지의 말씀을 하신 것이 아닌가 생각됩니다. 제 생각은 다음과 같습니다.

우리 헌법재판소 결정과 대법원 판례가 이 사건 심판대상 조항에 대해서 해석을 전개하고 있는 이상 그에 터 잡아 볼 때, '선거에 영향을 미치게 하기 위하여' 부분까지 생각하면 모호하다는 생각은 지울 수 없지만, 어쨌든 인터넷 선거운동과 관련하여서는 이 사건 심판대상 조항이 명확성 원칙에 위배되는지 여부에

2) 이는 헌법상 보호되는 정치적 표현의 자유의 보호대상이 되는 '선거운동'과는 구분되어야 할 것입니다.

3) 이 사건 심판대상 조항은 후보자등록 마감일로부터 시작되는 선거운동기간 이전에 적용되는 조항이므로 '후보자'와 '일반유권자'를 구분하는 것도 모호합니다.

대해 兩論이 가능할 수 있다고 생각합니다. 헌법재판소도 그러한 점 때문에 명확성의 원칙 위배 여부는 굳이 별도로 언급하지 않은 것이 아닌지 추측됩니다.

문제는 이 사건 심판대상 조항의 경우 인터넷 선거운동에 한정해서 보자면 해석·적용으로 인한 불명확성이 어느 정도 제거되었다고 볼 수 있을지는 모르지만, 인터넷 선거운동에 해당하지 않는, 그러나 '기타 이와 유사한 것'에 대해서는 그것이 무엇인지 미리 예측하여 지금 상정하기도 곤란할 뿐이지 적어도 불명확성이 제거되었다고는 말할 수 없다는 점입니다. 그렇다면 '기타 이와 유사한 것' 중에서 남는 부분과 관련하여서라도 헌법재판소는 명확성 원칙 위배에 대해서 위헌판단을 하여 단순위헌 결정을 하는 것이 낫지 않았는가 하는 생각입니다.

그리고 이 사건 한정위헌결정에 따르더라도 전자우편을 전송하는 방법을 포함시킨다면 그것은 인터넷의 특수성 때문에 그런 것인가, 문자 메시지에 대해서는 비용 문제 때문에 선거운동에 포함시킨다면 최근 이른바 카카오톡과 같은 무료문자 메시지를 통한 선거운동은 문제가 없는 것인가 등의 의문도 없지 않습니다.

다만 저는 이 사건 헌법재판소 결정의 취지가 인터넷 선거운동을 구분할 수 있다는 점에서 출발하고 있으므로 이를 이른바 양적 일부위헌의 취지로 이해할 때 질적 일부위헌으로서의 한정위헌 결정에 대해서는 명확히 기속력을 부정하고 있는 대법원이 재심결정도 수용할 여지가 적지 않다고 생각합니다.

4. 과잉금지원칙의 심사구조 문제

교수님께서는 수단의 적절성 단계에서 헌법에 위반된다는 판단은 비약적인 측면이 있다고 지적하시는 한편, 기왕 그렇게 판단하였다면 다음 판단단계로는 나갈 필요가 없었던 것이 아닌가 하는 비판을 하고 계십니다.

제 생각에, 첫 번째 점은 위에서 말씀드린 바와 같이 헌법재판소가 인터넷 선거운동의 특수성을 강조한 데에서 기인한 논리적 귀결이 아닌가 생각이 되고, 두 번째 점은 다수의견이 소수의견에 대한 답변으로 가정적 판단을 함께 한 것으로 이해한다면 큰 무리는 없는 것이 아닌가 하는 생각을 해 봅니다.

이 사건 결정이 헌법재판소에서 정치적 표현의 자유를 제한하는 공직선거법 구조에 대한 재검토의 출발점이 되기를 기대합니다. 감사합니다.

第118회 발표회 토론요지

간　　사 : 오늘 발표는 이미 공지해 드린바와 같이 헌법재판소의 작년도 결정 중 중요한 결정들을 뽑아서 평석을 하고 있는 시리즈를 계속 이어나가고 있습니다.

오늘 발표는 강원대학교 최희수 교수님의 사회로 진행하도록 하겠습니다.

그러면 최희수 교수님께 사회를 넘기겠습니다.

사 회 자 : 오늘 진행을 맡은 강원대학교 최희수입니다.

늦은 시간에도 불구하고 근무를 다 하시고 발표에 참여를 해 주신 것에 대해서 정말 감사하게 생각합니다.

우선 발표에 들어가기 전에 발표자와 토론자 두 분의 약력을 간단하게 말씀드리겠습니다.

발표자이신 조소영 교수님께서는 연세대학교 법과대학 법학과를 졸업하시고 동 대학원에서 석·박사를 하셨습니다. UC버클리 로스쿨에서 방문교수를 한 경력이 있고 현재는 부산대학교 법학전문대학원에 재직하고 계십니다.

토론을 맡아주신 김종철 교수님께서는 서울대학교 법과대학을 졸업하시고 서울대에서 석·박사를 하셨으며, 영국 런던정경대학원에서 박사학위를 하셨습니다.

지금 연세대학교 법학전문대학원에 재식중에 계십니다.

또 다른 한분인 김태호 토론자께서는 서울대학교 법과대학을 졸업하시고 동 대학교 법과대학 대학원에서 석사를 하시고 독일 함부르크대학에서 박사과정을 수료하신 후 헌법재판소 연구원을 거쳐 현재 대법원 재판연구관으로 재직하고 계십니다.

오늘 발표의 주제는 작년에 나왔던 결정입니다. ‘인터넷 선거운동의 헌법적 쟁점에 관한 검토’로서 부재로 ‘헌재 2011. 12. 29. 2007헌마1001 등 결정을 중심으로’ 해서 발표를 해 주시겠습니다.

< 주제발표자 발표 >

사 회 자 : 수고하셨습니다.

조소영 교수님께서 2007헌마1001 결정의 문제점에 대해서 굉장히 목소리도 쩌렁쩌렁하시게 평석을 해 주셨습니다. 감사드립니다.

시간이 거의 50분이 훌쩍 넘어가고 있습니다. 그래서 두분 토론자님께서는 특히 김종철 교수님의 토론문은 양이 좀 많은 것 같습니다. 그래서 조금씩 줄여가지고 한 10분 정도 내외로 먼저 토론을 해 주시지요.

지정토론자 : 연세대학교 김종철입니다.

10분 동안 하라고 시간을 주셔서 감사합니다.

분량이 많게 된 것은 특별한 내용이 따로 있다기보다는 생각이 많다보니까 또 저도 여기에 대해서 토론자로 지정을 해 주신게 아마 이쪽에 관련된 연구성과물들이 좀 있어서 그런게 아닐까 생각이 되는데 그런 성과물들이 있다 보니까 또 새롭게 특별히 준비해야 될 부분들이 꼭 있지 않고 기존에 있던 것들을 재활용을 하다보니까 양이 좀 넘쳐서 그렇지 내용은 별것 없고, 제 첫 번째 토론문에 있는 것처럼 평소에 많은 학문적 세례를 주시는 우리 조교수님께서 전반적으로 말씀하신 부분들에 대해서 원론적으로 공감을 하는 입장이어서 공감하는 부분에 있어서 시간관계상 조교수님의 자세하지 않은 부분을 오히려 보완하는 그런 토론의 내용이 되겠습니다.

사실은 토론이 좀 비판적인 시각에서 해야 좀더 많은 배움의 기회가 될 수도 있을 텐데 그점에서는 우리 김태호 연구관님이 해 주실지 모르겠습니다. 그러다보니까 특히 이번 결정에서 대비점으로 보여질 수 있는 것들이 2인 반대인데요. 그 2인 반대의견에 대한 초점을 좀 두고 저의 보충적 토론을 하도록 하겠습니다.

조교수님께서 이전의 연구에서도 그렇고 오늘 발제에서도 전제를 해 주셨지만 이 공선법상의 어떤 규제는 사실 이 규제 자체만을 보고 미시적으로 접근하기에는 매우 복잡하게 연계되어 있는 겁니다. 조교수님 발표에서도 언급이 되었다시피 우리 공직선거법은 선거의 자유를 보장하기 위한 법이라기보다는 선거의 규제를 오히려 원칙으로 하는 그런 성격을 실질적으로, 명문상 이렇게 표현되어 있는 것과는 달리 그렇게 보여질 수 있을 정도로 매우 광범위하고 세세한 그런 규제로 가득찬 법이고, 이번에 검토대상이 된 이 공선법 제93조 1항도 그런 것들과 복합적으로 연계되어 있습니다. 선거운동개념이라든지 처벌규정, 각종 규제수단, 방법, 운동기간 여러 가지들과 다 연계되어서 있다 보니까 이 부분만 가지고 꼭 집어서 뭔가 결정을 내리기에는 매우 힘든 그런 구조를 가지고 있다. 더구나 그동안 헌법재판소의 기존 판례들이 이 부분에 대해서 너무 많은—김종대 재판관 안 오셨으니까 말씀을 드리는데—업보를 쌓아 놓았기 때문에 그 업보들을 한꺼번에 한칼에 해결하기에는 너무나 힘든 그런 구조를 가지고 있다라는 겁니다.

그럼에도 불구하고 이번 결정은 그런 기존의 업보들을 벗어던질 수 있는 하나의 중요한 출발점적인 그런 의미를 아주 어려운 상황속에서 보여준 것이기 때문에 의미가 있는 것이다 이렇게 볼 수 있습니다.

한마디로 다시 이야기하면 공선법 전체의 어떤 성격을 두고 이 검토대상이 되는 어떤 조항을 두지 아니하면, 다른 식으로 이야기하면 종합적이고 거시적인 선거운동규제의 전반적인 어떤 틀 속에서 보지 아니하고 아주 미시적인 방법적인 문제나 구체적인 문제 이런 것으로만 접근하게 될 때 큰 그림을 놓침으로써 상식에 부합하지 아니하는 그런 직관에 배치되는 그런 엉뚱한, 어떻게 보면 그래서 굉장히 기교적인 법해석에 의해서 우리가 국민들의 신뢰를 잃어버릴 수 있는 그런 결론으로 도달할 수 있는 가능성들을 많이 보여 주는 대표적인 법영역이 이 공선법 관련 부분이라는 점을 특별히 강조드리고자 합니다. 토론문에 전반부에 있는 부분 그렇고요.

여기서 또 추가적으로 지적되어야 할 것은 조교수님 역시 또 강조를 하셨습니다만 '우리 헌법재판소가 이렇게 발전시켜 온 판례들을 보면 선거에서 추구해야 될 기본적인 가치로 자유와 공정의 어떤 두 바퀴다' 이런 식으로 설명을 하고 있는데요. 엄밀히 말하면 그것은 잘못된 것이다. 자유가 기본적인 핵심을 이루는 것이고 왜 자유가 핵심이냐라는 것은 대의민주주의의 기본적인 체제 즉 주권자가 있고 그 대표자에 의해서 실질적으로 국가의사가 확정되어지고 운영되어지는 그런 구조속에서 자유롭게 대표자를 뽑을 수 있는 그런 구조가 되어지지 않는다면 민주주의가 근본적으로 위기에 처한다라는 기본적인 어떤 원리에서 나오는 것이지요. 그래서 그 자유가 초래할 수 있는 문제점들을 해소하기 위해서 공정이라는 가치가 의미가 있는 것이고 그 공정의 의미중에 핵심적인 것은 자유로운 의사가 전개되어지는 그런 부분들은 원칙적으로 허용이 되어야하고 그런 것들을 왜곡시킬 수 있는 수단, 대표적인게 돈의 문제, 비용에 의해서 압도적인 의사소통이 전개되어져서 자유로운 판단이나 선택이 어려워지게 되는 그런 문제점들을 해소하기 위한 목적으로 공정이라는 가치가 등장을 한다. 목적과 수단 간의 관계에 있고 양자가 서로 상충하는 관계에 있게 될 때 우월적 지위에 서게 되는 것은 역시 자유이다. 만일 그렇게 하지 않게 될 때 공정에 의한 가치가 무가치한 것은 아니지만 결국은 원래 주로 전제가 되어지는 가치인 자유가 오히려 무의미해진다. 그래서 언뜻 보면 주객이 전도되어 아무런 의사교환 없이 그냥 판단만 하면 민주주의가 되는 것처럼 선거의 목적이 달성되는 것처럼 이런 결과가 빚어지게 된다라는 것이고 또 거기에 국가가 일정한 자유로운 어떤 의사표현에 대해서 무엇이 진리이고 무엇이 가짜인 것인가에 대해서 국가가 나서서 판단하고 주권자인 국민들이 스스로 판단하지 못하게 하는 그런 결과가 초래된다라는 점입니다. 그래서 선거의 가치에 있어서 자유와 공정의 가치는 수레의 양 바퀴가 아니고 한쪽이 머리고 한쪽은 꼬리에 해당하는 그런 부분이다라는 점이 강조되어야 됩니다.

이런 전제에서 2인 반대의견 그리고 사실은 좀 더 실질적으로는 기존의 헌법재판소의 판례들을 보면 사실은 헌법재판소의 법정의견의 기본적인 전제, 공선법의 여러 규정들에 대한 합헌의견들에서 나타난 인식들의 아주 핵심적인 부분들 두 가지를 우리가 지적을 해야 한다. 조교수님께서 나름대로 많은 설명을 해 주셨습니다. 제가 특별히 부각시키고 싶은 것은 2인 반대의견이 입법형성권을 존중해야 된다는 취지로 합헌의견을 개진하고 있다라는 겁니다. 그러나 이것은 최소한 선거와 관련되어져서는 좀 신중해야 되는 논리이다. 입법형성권이 있고 헌법에 의해 특별히 입법권에 부여된 사항에 대해서 헌법재판소가 적극적인 태도를 보이는 것에는 일정한 한계가 있다는 점을 우리가 수인한다고 하더라도 특별히 이 선거법과 관련된 영역은 적극적 개입의 여지를 정당화시킬 수 있는 여지가 있다는 겁니다.

첫 번째 요지는 입법권을 행사하게 되는 그 자체가 대의제의 어떤 결과이다. 대의민주주의를 채택하기 때문에 입법권을 국민대표기관인 의회에 부여하게 되는 것인데 선거라는 것은 바로 그 대표를 뽑는 제도인 것이고 그 선거과정에 대해서 입법권을 광범위하게 행사한 결과가 주권자의 자유로운 선택권을 위협하게 되는 그런 좌충적 결과가 빚어지게 될 때 입법권의 광범위한 형성권을 인정하게 된다면 대의민주주의가 토대하고 있는 전제로서의 국민주권원리나 이런 민주주의의 핵심적 가치가 오히려 후퇴하게 되는 그런 역설적 결과가 오게 된다는 겁니다. 그래서 이런 부분들은 신중해야 한다는 것이고, 더 나아가서는 이 대표자를 뽑는 선거 자체에 의해서 이 대표자들이 다시 선출되어지므로 자기들이 만든 게임의 룰에 의해서 사실은 혜택을 받을 수 있는 그런 위치에 있다라는 겁니다.

대의민주주의의 요소로서의 의회민주주의 취지상 선거권에 대해서 입법권자가 워낙 헌법에 부여되어 있기도 하지만 최종적인 권한을 가지는 것은 인정한다고 할 수 있다고 하더라도 그 과정상 절차상 국민적 통제나 다른 권력기관에 의한 통제를 통해서 헌법적 가치가 훼손되지 않도록 되어야 한다는 점은 충분히 납득할 수 있는 부분이 될 것이다. 이런 면에서 선거규제에 관한 입법형성권존중론은 신중해야 한다라는 점입니다.

두 번째 제가 모두에 말씀드린 여러 원칙을 기준으로 해서 볼 때 2인 반대의견의 여러 개별 논지들은 매우 주객이 전도된 논지다. 이점은 다수의견이 적절히 지적하고 있다고 봅니다. 자유가 원칙적이어야 되고 일반적 제한이 원칙이 되어서는 안 되는 대표적인 영역이 선거와 관련된 영역이고 특히 그중에서 선택권이나 국민의 자유로운 표현권이 논의되어야 한다는 것입니다. 예를 들자면 심판대상조항이 입법목적과 관련하여 정확히 해석해야 하고 그렇게 보면 규제범위가 매우 제한적이다라는 점을 소수의견이 강조하고 있습니다. 그래서 선거운동에 준하는 영향력을 가진 표현행위만을 규제하는 것으로 또 그것도 선거일전 180일 전부터 선거일까지라는 아주 제한된 시간이다 이렇게 이야기를 하고 있어서 마치 엄청나게 제한된 범위에서만 규제하고 있는 듯한 어떤 그런 전제를 하고 있는데 내용을 가만히 들여다보면 180일이라면 360일중에 반년이고 거의 상당부분의 기간이라는 것을 알 수 있고. 다음에 다수의견이 적절히 지적하고 있듯이 인터넷매체를 이용하는 일체의 행위가 사실상 금지되어지는 그런 효과가 생긴다. 더 나아가서 선거에 영향을 미치기 위하여 어떤 목적 요항이 한계사유가 있을 것처럼 이야기를 하는데 우리 선거법상 그리고 헌법재판소의 해석론이나 판례의 해석론으로 볼 때 선거운동이라는 것은 당선되거나 되게 하거나 되지 못하게 하기 위한 행위와 직접적으로 결부된 행위인데 주권자들이 당선되거나 되게 하지 않는 것들과 관련된 의사표시를 자유롭게 할 수 있어야 하는 것이 선거인데 그 이외의 것에 대해서 도대체 무슨 어떤 표현행위가 허용되어지는 것인지, 가만히 들여다보면 사실은 이게 선거와 관련된 가장 핵심적인 사항을 규제하고 있는 것이다라는 점에서는 의문의 여지가 없는 것이다 이렇게 생각되어지고.

나머지 시간제한 때문에 제가 구체적으로 다 언급하지 않겠지만 토론문에 있듯이 선거의 자유가 본질이고 예외적으로 규제가 있어야 된다는 점에 있어서 예외적으로 해야 된다, 할 수 있다라는 점이 침소봉대, 주객전도되어 오히려 규제자체가 정당화되어야 하는 논리로 가고 있는 것은 선거의 본질과 정치적 표현의 자유의 본질 특히 그것이 우월적 지위를 가진다라는 점에 대한 냉철한 이해가 부족한 것이 아닌가 이렇게 말씀을 드릴 수 있겠습니다.

다음으로 과잉금지원칙을 적용하는 부분인데, 그 부분에 대해서 법익의 균형성이나 침해의 최소성 부분과 관련된 부분은 발제자도 특별히 언급을 안 하신 것도 있고 핵심적으로 논란이 생길 수 있는 부분이 수단의 적절성 부분이어서 그 부분에 집중해서 간단하게 말씀드리겠습니다. 다른 부분들은 거의 발제자와 의견이 일치하지만 사실은 본질적으로 조교수님도 그 취지가 꼭 완전히 비판적이라기보다는 이론적인 차원이다라고 생각이 되지만 또 다른 면에서 제가 이 부분에 대해서 조예를 상당히 가진 그런 부분이 아니기는 하지만 제 의견과 약간의 차이가 있는 부분은, 조교수님께서도 적절히 지적을 하셨지만 우리 헌법재판소가 과잉금지원칙으로 네 가지 요소를 확립시켜 왔는데 이 네 가지 원칙을 요소로 하는 과잉금지원칙은 독일의 비례원칙이나 미국의 엄격심사나 단계별심사와는 다른 한국적 특수성이 일부 반영되어 있는 것이다. 그거에 조교수님이 지적하신바대로 목적의 정당성요건 안에 포함되어 있는 것 이런 부분들이 될 것입니다. 그렇다고 봤을 때 이러한 특별한 어떤 측면에서 부각시켜야 될 것이 수단의 적절성요건도 하나의 요건인데 그러면 그것이 적절하게 독립된 요건으로서 작동할 수 있는 가능성이 사실상 없다면 그것의 기능이 무엇이겠는가 이런 생각을 해보게 되고요.

조교수님께서 적절히 지적하셨듯이 우월적 지위를 가지는 이런 정치적 표현의 자유나 선거운동의 자유에 대해서 엄격한 헌법재판적통제가 필요하다라고 한다면 그 요건들의 독립성을 살릴 수 있는 그런 해석론을 모색해 보는 것이 필요하지 않을까? 이것은 옳고 그름의 문제라기보다는 새로운 어떤 가능성의 문제고, 사실은 우리 헌법재판소가 이점에 대해서는 암묵적이라고 볼 수도 있고 명시적으로 발전시켜 왔다 이렇게 봅니다. 다만 사안에 적용함에 있어서 좀 철저하지 못한 점이 있는 이번 사안의 경우에는 수단의 적절성 혹은 적합성요건의 독자성을 굉장히 부각시켜서 엄격심사의 하나의 수단으로 활용하는데 그 헌법적 의의가 있지 않을까 이렇게 생각을 해 봅니다. 왜냐하면 조교수님께서는 이 적합성요건의 범위를 말 그대로 목적과 수단 간의 인과관계적 측면, 사실적 인과관계적 측면이 존재하면 인정되어 질 수 있는게 아닌가라는 식으로 보시는 것 같은데, 우리 헌법재판소의 판례를 보면 적절성을 범위를 이야기할 때 약간 표현의 차이가 있지만 약간 정립된게 이번 판례에서는 오히려 또 그런 표현을 생략하고 있기는 하지만 '효과적이고도 적절한가' 이런 표현을 주로 사용하고 있습니다. 효과성의 요건을 적절성의 범위 속에 포함시키고 있다 이 말이에요. 그런데 이것은 조교수님이 적절히 지적하신바와 같이 침해의 최소성부분과 관련되어져서 굉장히 경계를 모호하게 하는 그런 측면이 있는게 사실입니다. 효과에 있어서 침해정도가 높냐 아니냐를 따지는게 침해최소성이라고 한다면 효과부분은 침해의 최소성요건에서 따지는게 더 적절하지 않는가라는 점이고 충분히 일리가 있는 것이기는 하지만 그러나 침해의 최소성도 가만히 들여다보면 동일한 어떤 효과를 가지는 것 사이에서의 침해의 최소성문제가 사실은 엄격한 의미의 침해의 최소성문제이지 다른 효과를 가질 수 있는 다양한 방법중에서 그중에서 가장 효과가 약한 것임에도 불구하고 침해가 적은 것을 채택해도 된다 이런 의미가 침해의 최소성요건은 아니다라고 본다고 한다면 방법의 적합성 측면에서 제1단계의 효과성 요소를 적용을 하고 포섭을 해서 일단 침해의 최소성요건의 적용단계에 있어서 효과부분을 고려하게 되는 부분들을 좀 엄밀하게 정밀하게 하는 것으로 하게 된다면 수단의 적합성요건의 독자성도 살고 침해의 최소성과의 관계에 있어서 부분도 경계를 완전히 허물게 되지 않는 그런 가능성이 있지 않는가 이렇게 생각되어지고, 사실은 헌재의 판례도 그런 원칙론적인 태도는 그동안에 보여왔지만 문제는 적용함에 있어서 그 부분을 철저하게 해내지 못했다라는 것이고, 그런데 이번 결정에서는 아주 구체적으로 세세하게 이 93조 1항이 목적하는 바가 무엇일 것인가를 아주 목적을 분명히 설정을 한 다음에 그 적합성과 효과성 더 나아가서 제가 강조는 좀 덜 드렸습니다만 목적과 수단 간의 관련성이 있어야 된다. 이 관련성은 단순히 기계론적 관련성이라기보다는 효과성과 결합한 면에서의 관련성이 최소한 있어야 한다. 그래서 예를 들어서 공정성의 중요한 요소가 결국은 후보자 간의 비용에 있어서의 균등성인데 비용이 든다라는게 곧 이 균등성 공정목적에 부합하는 관련성을 가지는 것이다 이렇게 보기에는 한계가 있다. 즉 선거에 비용이 필수적으로 들게 되어 있는 것은 분명하고 여기서는 일정한 주어진 합리적인 범위 안에서의 비용을 효과적으로 누가 어떻게 쓰는가 이게 중요한 것인데 거기에 대한 자율적인 판단을 국가가 나서서 억지로 막는 것을 전제로 하는 것은 아니다 이 말이지요. 그래서 비용이 유발된다라는 것이 곧 공정한 선거를 위해서 규제가 개입되어야 한다라는 것을 정당화하기에는 부족하고, 비용유발되어지지만 그것이 후보자들 간에 실질적인 평등을 훼손할 수 있을 정도에 이르게 되는가 안 되는가 이것이 관건이다라고 보게 된다면 소수의견이 이야기하는 것처럼 인터넷 매체도 비용유발적인 측면이 있다라고 이야기하는 것만으로는 부족하고 비용유발적이기는 하지만 선거법이 허용하는 선거비용의 범위 내에서 그 효과면이나 비용초래적인 어떤 면에서 합리적인 범위 내이고 후보자가 합리적으로 사용할 수 있는 것이고, 더 나아가서 그것이 선거의 본질인 자유선거의 핵심적 내용인 표현행위를 충분히 진작시키는데 오히려 긍정적으로 기여하는 효과가 훨씬 크다면 그것을 규제하는데 있어서는 매우 강한 정도의 효과성과 관련성을 수반하게 되는 방법을 채택해야 되는데 이 경우에는 광범위한 기간동안 일체의 인터넷매체를 수단을 이용하는 표현행위 자체를 금지하는 그런 효과를 가지는 것이고, 그것은 과도하게 제한한다는 측면에서 침해의 최소성요건도 문제되지만 적절한 방법과 적정한 효과를 목적관련 속에서 가져야한다는 수단의 적합성요건도 충족하지 못한 것으로 본다라고 하는 다수의견이 일응 완전히 파격적인 것으로 보기에는 적절하지 않지 않는가 하는 개인적인 생각을 말씀을 드립니다.

마지막으로 다수의견과 관련 되어서도 그러면 제가 다 동의하느냐라는 부분인데, 조교수님께서 중심적으로 이야기한 명확성원칙 부분과 관련해서 역시 원론적으로 동의하지 않을 수 없다. 우선 전체적인 선거법규정 자체도 그렇지만 이 규정 자체도 가만히 들여다보면 입법역사를 보더라도 매우 엄격한 구성요건을 사용을 하고 있는데 거기다가 엄격하게 해놓은 상태에서 일반조항을 결부시킴으로써 그 엄격하게 해놓은 부분들의 취지가 매우 탈각되어지는 그런 효과가 있었고, 이 사안에서만 보더라도 그리고 이전의 판례들 종합적으로 보더라도 헌법재판소나 대법원의 재판관의 의견 자체가 이 규제의 범위를 정하는데 있어서 이견을 보인다 이 말이에요.

명확성의 예외를 우리가 언어적인 한계에 의해서 인정할 수 있는 경우들이나 판례에 의해서 통상 일반적인 관념에 의해서 어느 정도 명확하게 될 수 있다면 일부 일반추상적인 용어를 사용한다고 하더라도 명확성원칙에 위반될 것은 아니다라는 태도를 취할 수 있지만, 이 경우에는 이미 최고 재판관들 자체가 그 의미를 명확하게 확정할 수 있다는 데 동의하지 못하고 있다는 측면에서 명확성원칙 문제가 논의되어야 될 여지가 분명히 있다라는 겁니다.

그런데 한번 선회를 해 보면 아마도 이 한정위헌결정의 종류를 채택하게 된 것, 명확성원칙에 대해서 전혀 언급하고 있지 아니한 점 이런 부분들은 결국은 이 규정이 전체 선거법질서에서 차지하는 부분에서 다수의견과 소수의견이 사실은 암묵적으로 합의하고 있는 부분이다. 그 부분이 무엇일까? 저는 온라인매체가 아닌 인터넷매체가 아닌 다른 매체부분과 관련되어서는 다수의견도 소수의견과 마찬가지로 이 규정의 존재의 의의를 인정하고 있는 것이다. 그러다 보니까 단순위헌의견을 내리는 것은 도저히 힘들겠다. 그리고 그런 결과에 이를 수 있는 명확성원칙도 직접적으로 적용하기가 쉽지 않겠다. 그러자면 결국 한정위헌이라는 방식을 통해서 명확성원칙은 언급하지 아니하면서 나가는 방법밖에 없겠다. 이렇게 되어지고 결국 관건은 다수의견에 대한 최대의 비판은 인터넷 이외의 매체에 대해서 규제의 적합성을 혹은 합헌성을 암묵적으로 승인하고 있는 점이다. 저는 개인적으로 이 판결 자체만 가지고 그런 부담을 다수의견에 전가시키는게 공정하지 못하지만, 그래서 저는 그런 문제점보다는 그 의의를 존중하고 싶지만 일반원론적인 측면에서 온라인매체 이외의 부분에 대해서도 향후 전향적인 헌재의 태도가 요청되는 단계에 있는게 아닌가 이렇게 생각을 하게 됩니다.

우리가 민주화 이후에 민주주의 위기가 계속되어지고 있는 핵심적인 이유중에 하나가 막연하고 일반추상적인 그런 위험을 내세워서 정작 자유민주적 기본질서의 가장 중핵적 가치들을 훼손하는 그런 규제입법들이 온존하고 있다라는 데 있고 그것에 의해서 행정권의 자의적 법집행이 횡행하면서 우리 민주주의가 제대로 좀 더 높은 수준을 달성하는데 방해가 되고 있다라는 점이고, 헌재가 이런 부분들을 제거하는데 이번 판결처럼 좀 더 전향적인 자세를 온라인매체 이외의 수단부분에 있어서도 발전시켜 주기를 기대를 해봅니다.

감사합니다.

사 회 자 : 수고하셨습니다.

이어서 김태호 연구관님께서 토론하시겠습니다.

지정토론자 : 안녕하십니까? 오늘 귀한 토론의 기회를 주셔서 감사드립니다.

제가 이런 발표에 대해서 토론할 수 있는 그런 공부도 부족하고 또 헌법 전공자도 아닙니다만 이런 토론의 기회를 주시게 된 것은 제가 헌법재판소에 있을 때 이 사건을 담당했었던 연구관이었다는 사실 오늘 고백을 드리고, 그러다 보니까 두 분 선생님 그리고 다른 헌법선생님들께서 쓰신 그런 논문들을 보면서 공부한 처지에 제가 여기에 대해서 다른 토를 달기는 어렵고, 대법원 재판연구관이 헌법재판소 결정을 옹호하는 그런 아름다운 모습을 오늘 제가 보여 드리려고 생각하면서 이 발표회 토론을 맡게 되었습니다. 다만 결정은 재판관님들께서 하시는 것이니까 제가 거기에 대해서 가지고 있는 몇 가지 다른 생각들도 겸해서 토론을 한번 해보고자 합니다. 더구나 반대토론을 하기 위해서 반대의견을 가져야 될 것 같은데 큰 줄기에 있어서 발표선생님과 김종철 교수님의 견해와 매우 비슷한 모양을 취하고 있기 때문에 비슷한 생각을 가지고 있는 것은 과감하게 줄이고 조금 다른 생각을 가지고 있는 부분을 중심으로 말씀을 드리고자 합니다.

제가 이 사건에 대해서 말씀드리고 싶었던 첫 번째 점은 아까 김종철 교수님께서 업보라고 말씀하셨던 그런 헌법재판소가 가지고 있었던 기존에 많은 공직선거법 관련된 결정들을 가급적이면 건드리지 않으면서 이 사건에서 어떻게 전향적 결정을 할 수 있겠느냐에 대한 고민이 있었던 것 같습니다. 그거와 관련해서 그런 차별화의 핵심적인 전략은 아마 인터넷은 다르다라고 하는 부분에 맞추어져 있었던 것 같은데 오늘 자세하게 말씀드릴 수는 없을 것 같습니다. 저도 김종철 교수님께서 말씀하셨던 매체별 차별적규제의 문제로 이 문제를 바라보는 것에 있어 분명히 한계가 있다라는 점을 먼저 말씀을 드리고 싶고, 그렇다면 차제에 이 결정이 공직선거법의 어떤 규제적 구조전반에 대한 새로운 비판적 평가를 하는 계기가 되었으면 하는 바람이 있다라고 하는 말씀을 먼저 드립니다.

그러면 인터넷은 얼마나 다른가에 대해서 헌법재판소의 논증이 얼마나 성공하고 있는가에 대해서 저의 의견을 말씀드리면 이 사건은 먼저 인터넷은 다르다. 매체의 특성을 강조하다보니까 아마 거기서부터 수단의 적절성도 부정하게 되는 그런 과감한 결정이 나올 수 있었던 것 같고, 또 한정위헌도 인터넷을 따로 떼어 내서 한정할 수 있다는 생각이 있었기 때문에 이런 결정이 나올 수 있었던 것 같습니다.

그런데 저는 이러한 인터넷매체의 특성을 따로 보는 것이 대의제 선거제도의 한계를 극복하고 우리 민주주의제도를 심화시키는데 기여할 수 있다. 그래서 인터넷에 대한 긍정적 측면을 높이 평가했다는 점에서 의미가 있다고 생각합니다. 다만 인터넷이라고 하는 매체의 특성이 과연 그런 긍정적인 것만 있느냐하면 특히 신속성이라든지 파급력과 관련해서 규제에 대한 다른 인식도 있다고 할 때 인터넷은 과연 이런 점에서 다르다라고 하는 것이 좀 더 실증적으로 뒷받침 되었어야 하지 않는가 하는 생각이 듭니다.

당장 이 사건에서의 반대의견을 들지 않는다고 하더라도 다른 사건에서 헌법재판소의 결정이 인터넷의 이런 긍정적 기능을 과연 전면적으로 받아들이고 있느냐 하면 저는 조금 의문이 있다고 생각이 됩니다. 가령 공직선거법상 인터넷 언론 규제라고 하거나 아니면 최근에 있었던 꼭 인터넷사건은 아닙니다만 인터넷상의 정보유통에 대한 방송통신위의 규제같은 것에 대해서 이런 차별적 논증을 전면적으로 하고 있지 않는 것 같은데, 저는 그래서 그런 부정적인 면을 고려해야 된다는 뜻이 아니라 그러한 차별적인 논쟁을 전면적으로 다른 사건에 적용하려면 이 부분에 대한 추가적 연구가 필요할 것이라고 생각이 든다는 점을 말씀을 드리고 싶고, 특히 공직선거법과 관련해서는 그러한 점에서 봤을 때 인터넷이라고 하는 것의 특수성을 특별히 따로 논증할 수 없다면 전통매체까지 포함해서 공직선거법 전반에 대해서 규제가 바뀔 수 있도록 다시 말해서 이 사건 결정에서 문제된 어떤 다수의견논리가 인터넷에서만 적용되어야 할 것이 아닌 것으로 볼 수 있도록 논의가 확장되어야 되지 않나 하는 생각이 들었다는 점을 먼저 말씀드리고 싶습니다.

특히 이 사건 인터넷이 특별하다고 하면서 이 사건 심판대상조항에 한정해서 위헌결정을 하고 있는데 이 위헌결정을 하는 한정위헌의 논리는 아마도 공직선거법 82조의4 제1항 제1호에 보면 인터넷 선거운동이라고 하는 부분이 나오는데 그 부분을 가져와서 한정위헌결정을 한 것으로 보입니다. 그런데 이렇게 하다보니까 이게 한정이라는 것이 적절한 것이었나 하는 것에 대한 문제제기가 충분히 있을 수 있을 것 같습니다. 이것은 대법원에 근무하니까 드리는 말씀이 아니라 일반이론적으로 그런 점이 있을 수 있다는 생각이 들고요.

그 다음에 말씀드리고 싶은 것은 이 사건이 가지고 있는 흥미로운 점은 이 사건이 기존에 공직선거법사건과 조금 다른 점은 그 규제대상이 실질적으로 광범위한 일반유권자를 대상으로 하고 있었다는 점이 있습니다. 그래서 일반유권자가 평소에 하는 그런 정치적 표현의 자유를 중대하게 침해하는 것이 전면적으로 문제가 있다는 것이지요. 왜냐하면 그동안에 있었던 공직선거법사건 대부분 후보자 내지는 후보자선거운동원이 행하는 선거운동의 문제가 되었었던 것이 대부분이었거든요. 그런데 이 사건에서 선례가 변경된 그 사건 외에는 기존에는 대부분 그런 사건이었던 이유가 오프라인에서는 일반적으로 후보측외에 일반인이 적극적인 정치적 의사표현을 광고를 해가면서 하는 경우는 찾기 어렵지 않습니까? 그런데 온라인상에서는 그게 굉장히 일상적으로 이루어 질 수 있는 것이거든요. 그래서 이런 부분에서 생각을 해 보면 이 사건 결정이 잘못되었다 이런 문제를 떠나서 과연 이 공직선거법에서 말하는 선거운동이라고 하는 개념 자체가 정말 모호하다. 그리고 정치적 표현의 자유를 충실히 하는데 있어서 공직선거법상의 선거운동개념 자체가 규제적 개념으로서 된다는 자체가 모호하거나 광범위한게 아니냐하는 생각이 드는데 바로 이 부분에서 이 문제를 건드리는 것이 헌법재판소가 굉장히 조심스럽다는 생각이 듭니다.

그런데 지금 헌법재판소의 논리는 어떠냐하면 공직선거법에서 이야기하고 있는 선거운동의 개념과 헌법에서 말하고 있는 선거운동의 자유의 개념을 명확하게 구분해서 이야기하고 있지 않거든요. 그러니까 오히려 공직선거법에서의 선거운동은 헌법상의 선거운동의 자유의 개념에서 평가되어야 할 문제인데 이 문제를 전제적 문제로 보고있기 때문에 공직선거법상의 선거운동의 문제에 대한 어떤 비판적 평가가 충분히 이루어지고 있지 않은가 하는 생각이 들었습니다.

다음에 명확성문제에 들어가겠습니다.

이 부분에 대해서는 조소영 교수님의 견해와 같습니다.

다만 헌법재판소의 결정을 내재적 접근의 차원에서 보자면 헌법재판소의 입장에서는 이게 인터넷 선거운동이라고 하는 것에 한정지어야 겠다는 생각을 하면서 인터넷 선거운동에 대해서는 헌법재판소와 대법원의 판례가 그밖에 이와 유사한 것에 포함이 된다고 봐왔다. 그렇게 본다면 그 부분에 대해서는 명확성의 원칙에 대한 문제가 해결된게 아니냐 이런 접근을 하고 있는 것으로 생각이 되거든요.

그렇지만 그럼에도 불구하고 이 부분을 발표자께서 말씀하셨지만 제가 받아들이기 어려웠던 이유는 기타 이와 유사한 것의 부분에는 인터넷 선거운동외에도 다른 부분이 존재하는데 지금 기존에 우리 결정례에서는 문자메시지 정도가 여기 포함되고 있는데 그러면 문자메시지와 인터넷 선거운동외에 그밖에 또 이와 유사한 것에 뭐가 있느냐라고 물어본다면 딱히 대답하기는 어렵다는 것이지요. 그러면 결국은 앞으로 그런 문제가 있을 수 있기 때문에 열어놓아야 된다는 것인데 그렇게 본다면 이거는 정말 명확성원칙을 피해갈 수 없을 것 같거든요. 그래서 이 부분을 한정위헌을 하다보니까 이런 명확성원칙의 문제의 논리적인 그런 충돌이 부딪친게 아닌가 하는 생각이 드는데 그 부분은 어떻게 생각하시는지 여쭤보고 싶고.

더더군다나 아까 김종철 교수님께서도 말씀하셨습니다만 전자우편을 전송하는 방법을 포함시키게 되었을 때 그리고 문자메시지에 대해서는 비용문제 때문에 선거운동에 포함시킨다고 하면서 이것은 선례변경에 포함을 안 시키지 않았습니까? 그렇게 보면 최근에 카카오톡 이런 것 하는데 이거는 돈 안들거든요. 그러면 카카오톡은 되냐? 이런 문제가 생기기 때문에 헌법재판소의 한정위헌결정이 명확성의 원칙에 반하는 면이 있는 것 같다는 생각이 들고요. 그런 점에서 봤을 때 이게 단순위헌 하는게 더 맞지 않았나 하는 생각을 해보게 됩니다. 다만 여러분들 궁금해 하셔서 대법원이 이 문제를 어떻게 할 거냐에 대해서는 대법원에서도 많은 고민을 하고 있는 것으로 제가 들어서 알고 있습니다만, 이 문제에 대해서는 만약에 헌법재판소의 논리를 계속 그대로 끌고 간다면 헌법재판소는 결국은 인터넷 선거운동이라고 하는 것은 그 밖에 이와 유사한 것에 양적으로나 질적으로나 도려낼 수 있는 문제에 해당된다고 본 것 같기 때문에 이 부분은 해석에 대한 한정위헌의 문제는 아니지 않느냐라고 생각해서 그에 대한 재심을 수용하게 되지 않을까 저는 그렇게 추정을 해보게 되고요.

그래서 이거는 학자들 여러분들께서 양적일부위헌과 질적일부위헌의 구분 자체에 대해서 비판적 견해를 갖고 계신 것으로 알고 있습니다만 그러한 해석 자체가 구체적 타당성에서는 타당한 결론을 가져올 수는 있을 것으로 생각한다는 말씀을 드리겠습니다.

마지막으로 과잉금지원칙의 심사구조 문제에 대해서는 아까 지적하신 부분하고 같고요. 다만 또 헌법재판소 입장에서 이야기를 해보자면 다수의견에서 침해의 최소성이나 이런 부분 판단한 것은 여기 다수의견에서도 보면 '수단의 적절성을 갖추지 못하였다고 할 것이나 ~ 본다' 이렇게 되어 있거든요. 이거는 일종의 가정적 판단인 것이고 만약에 주고받는 형식으로 썼다면 반대의견에 대해서 반대의견을 비판하는 다시 다수의견의 보충의견을 따로 썼어야 되는 것을 다수의견에 같이 묶어서 쓰다보니까 이런 부분에 대한 가정적 판단을 같이 하게 된게 아닌가 이런 생각이 들었습니다.

감사합니다.

사 회 자 : 수고하셨습니다.

두분 토론자께서 발표자의 발표문에 대해서 부분적으로 해명하시고 또 부분적으로 다른 견해를 몇 가지를 제시하셨습니다.

한꺼번에 답변해 주시지요.

발 표 자 : 감사합니다. 제가 발표를 그렇게 길게 했는지 몰랐네요. 좋은 말씀을 간단하게 해 주시느라고 한번 더 고생하게 해 드린 것 같아서 죄송한 마음 전하고 감사한 말씀 전하겠습니다.

일단 다른 부분에 대한 어떤 원칙적인 부분들을 적어도 여기 있는 발표자와 토론자 세 사람이 어떤 기본적인 부분에 있어서는 동의한다라는 측면에서 본다면 헌법재판소가 경청을 하셔야되는게 아닌가라는 얘기를 먼저 드리고요.

이 과잉금지원칙의 심사기준으로서의 각 단계별 내용에 대한 정의나 해석은 학자마다 좀 다른 부분이 있는 것 같습니다. 그런데 아까 효과성 부분을 얘기하시는 부분에 있어서 저는 이 효과성이 수단의 적합성 부분의 중요한 내용이 되게 되면 나중에 최소침해성의 부분에 가서 중복되는 부분이 분명히 있다. 그런 측면에서 있어서 분리되어야 된다라는 말씀을 드렸던 것이었지만 효과성 부분에 있어서 김교수님의 말씀을 들으면서 저 부분을 정말로 진지하고 심각하게 한번 생각을 해봐야되겠다라는 생각을 해봤습니다. 그래서 지금 당장 제가 여기서 제 얘기가 전적으로 맞습니다 아니면 김교수님 얘기가 전적으로 맞습니다라고 얘기를 드릴 수 있는 그런 단순한 문제는 아닌 것 같아서 좀 더 연구를 하겠다라는 어떤 서약을 대신하겠습니다.

그다음 김태호 연구관님의 얘기를 들으면서 그런 생각을 했는데요. 사실은 제가 아까 김종대 재판관님 오셨으면 직접 여쭤보고 싶었다라는 얘기를 많이 감안해서 대답을 해 주신 것이라고 생각을 합니다.

그런데 아까 김태호 연구관님이 얘기하시는 부분이요 오프라인과 온라인이 다르다, 그렇기 때문에 그거를 분리해서 볼 수 있다라는 그런 어떤 사고가 한정이라는 것에 대한 어떤 근거가 될 수도 있었다라고 말씀을 해 주셨는데 그런 부분이라는 거지요. 법조문은 그냥 동일하게 놔두고 규제해야 되는 상황이 다르다, 다르기 때문에 따내서 다시 생각을 해야 한다 이 얘기가 아니라 많은 학자들이 얘기하고 있는 공직선거법의 개정의 필요성은 바로 그런 것이거든요. 같이 갈 수 없는데 조문을 같이 놔두고 해석에 의해서 같이 규제를 하거나 해석에 의해서 달리 규제를 하겠다, 이거는 규제입법의 태도로서는 문제가 있다라는 얘기를 드렸던 것이었고요.

헌법상의 선거운동의 자유의 개념하고 공선법상의 선거운동의 개념이 다르다. 저는 다르다고 생각은 안 합니다. 그게 다르기 때문에 달리 규제를 해야된다라는 또는 그게 다르기 때문에 어떤 범위나 정도가 달라야 된다는 얘기가 아니고요. 헌법이 보장하고 있는 표현의 자유의 영역으로서의 어떤 선거운동의 자유나 공선법이 보장해야 되는 선거운동의 자유는 같다고 봅니다. 다만 그게 어떤 측면에서 다르냐면 주체별로 다르다는 거지요. 그게 정당이나 후보자의 입장에 대한 그들이 하는 선거운동의 측면과 일반유권자들이 향유해야 되는 보장받아야 되는 선거운동의 범위나 정도는 분명히 다르다라는 거지요. 그래서 어떤 규제입법의 태도가 주체별로 가야 된다라는 얘기인겁니다. 매체의 문제는 정도의 문제라면 주체의 문제는 제한여부부터 달라질 수 있는 문제이기 때문에 저는 그렇게 분명히 구분된 어떤 규제입법의 개정이 필요하다라는 생각을 했던 것이었고요.

저는 '선거에 영향을 미치기 위하여' 이런 어떤 부분이 표현상의 모호함 때문에 명확성의 원칙의 문제다라는 말씀은 안 드렸거든요. 그 정도는 해결해낼 수 있다. 법원이 재판소가 또는 어떤 해석에 의해서. 하지만 기타 이와 유사한 것이라는게 범위의 문제에 있어서 명확하지 않다라는 얘기였거든요. 더군다나 처벌규정이기 때문에 그런 측면에서 본다면 제가 아까 말씀드렸던 것처럼 입법을 하는데 있어서의 명확성의 요구는 표현 자체의 명확성도 문제지만 범위를 정하는 문제에 있어서도 명확해야 된다라는 그런 생각 때문에 이거를 명확성의 원칙으로 갔어야 된다라고 말씀을 드렸던 것이었고요. 이거를 대법원에서 지금 고민을 하고 계시다. 그래서 이거를 일부위헌, 양적위헌의 부분으로 생각을 해서 받아들일 것인지를 고민하고 계신다라고 얘기했는데요. 사실 우리가 강학상으로 그런 얘기 하지 말자. 허영 교수님 무지하게 비판하시는 변형결정 늘리지 말라고 맨날 얘기하는데요. 질적이다, 양적이다라고 인위적으로 나누었던 이유는 헌법재판소의 결정이 떨어지고 나서 그다음에 그 법조문의 가시적인 효과거든요. 법조문이 가시적으로 위헌선언에 의해서 없어진다면 그거는 분명히 양적인 거지요. 그 부분을 대법원이 존중 안 할 수는 없는 거지요. 하지만 이 부분은 분명히 똑 따내서 생각할 수 있다. 헌법재판소가 그런 고민에 의해서 구분에 자신감을 가지고 했다라고 얘기한다하더라도 공직선거법이 2월에 개정이 되었음에도 불구하고 93조 1항 1호는 그대로 살아있거든요. 그런 측면에서 본다면 대법원이 이번 선거를 두고 지금 선거사범들에게는 그거를 한정위헌결정을 존중해서 해석해 주실 수 있을지 모르지만 그럼에도 불구하고 김종철 교수님이나 제가 얘기하는 다른 어떤 인터넷매체의 유형들을 또다시 그때 가서 또 헌재가 다시 한정위헌을 할 것이냐라는 측면에서 본다면 이거는 대법원이 받아주고 안 받아주고의 문제는 사실은 어떤 유권적 해석의 문제이기는 하지만 더 근본적인 문제는 해결이 안 되었다라고 보는 측면에 있어서 이거는 양적위헌으로 볼 수 있습니다라고 얘기하시는 연구관님의 얘기는 연구관님이 대법관이라 해도 제가 신뢰할 수가 없다라는 거지요. 그래서 그런 문제점은 여전히 남아있는게 아닌가라는 그런 생각을 해봅니다.

어쨌거나 주셨던 토론의 말씀들 잘 기억하면서 다음번에 조금 더 정리된 원고로 말씀을 드리겠습니다.

사 회 자 : 수고하셨습니다.

발표와 토론이 점점 더 뜨거워지는 것 같습니다.

그렇지만 시간을 너무 많이 소모하셔서 9시까지가 정해진 시간이라고 한다면 몇 분 남지 않았습니다.

그렇지만 플로어에서 하시고 싶은 말들을 가지고 계신 분들이 있으리라고 봅니다.

편안한 분위기 속에서 자유토론시간을 지금부터 갖도록 하겠습니다.

대신에 발언하실 때 누군지는 밝혀주고 말씀해 주십시오.

토 론 자 : 서강대학의 임지봉이라고 합니다.

조소영 교수님 발표 잘 들었고요. 특히 문제된 조항 말고 공직선거법 자체가 선거운동의 자유보다는 공정의 이름으로 선거운동의 규제가 원칙이고 자유가 예외적으로 허용되는 그러한 주객이 전도된 법이다라는 논지의 말씀에 전적으로 공감하는데요. 그런데 그 이유가 무엇일까요? 저는 그이유가 좀 강조되었으면 좋겠어요. 그 이유가 뭘까를 생각해 보면 이 공직선거법이라는 것을 만드는 사람들이 국회의원들이거든요. 국회의원들이고 심지어 YS때 지금 국회의원선거법과 대통령선거법이 통합선거법으로 되면서 여러 조항들을 개정할 기회가 있었음에도 불구하고 오히려 규제가 더 많이 들어갔다 말이지요. 비용 이외에 아까 돈줄만 틀어쥐면 되는데 시시콜콜한 선거운동의 방법까지도 규제하는 그런 조항들이 들어갔다. 그러면 왜 그렇겠느냐? 선거법이야말로 기존 국회의원들에게는 자기들의 기득권을 최대한 반영해야 자기가 재선될 수 있는 아주 중요한 선거의 룰이거든요. 그렇기 때문에 자기들은 이미 유권자들에게 많이 알려져 있고 자기들을 차고 올라올 정치신인들은 덜 알려져 있는 상황에서 정치신인들을 덜 알려지게 해야만 자기한테 유리한 것이니까 그러한 방법상의 여러 장애물들을 만들어 놓은 것 아닌가. 그래서 저는 공직선거법이나 이런 여러 선거관계법규정들을 보면 참 답답합니다. 국민의 대표인 국회의원들이 국민을 위해서 법을 만들어야 되는데 자기들의 정치적인 기득권을 위해서 이런 많은 장치들을 정치관계법에 만들어 놓고 그 대표적인게 바로 이 공직선거법의 여러 규정들이 아닌가 생각이 되고요. 어제 선거만 해도 저만 그렇게 느꼈나요? 소선거구제 이거 절대안 되겠다. 비례대표 좀 더 늘리고 아니면 중·대선거구제로 가야 되는 것 아닌가? 그런데 국회의원들이 안 바꿀 것이란 말이지요. 선거법 개정권을 국회의원들이 갖고 있기 때문에. 그런 뜬금없는 생각을 해봤고요.

그리고 한 가지 더 말씀드리면 과잉금지의 원칙과 관련해서 저도 헌법재판소가 과잉금지의 원칙을 너무 과잉하게 적용하고 있다라고 생각하는 사람중에 한사람인게 사실 과잉금지의 원칙이 네 단계지만, 네 단계라서 굉장히 구체적이고 객관적인 그러한 기준같지만 하나하나를 짚어보면 굉장히 추상적이고 법관의 주관에 의해서 판가름 날 수밖에 없는 그런 기준들이거든요. 그런데 우리 헌법재판소는 어땠느냐? 이러한 주관적인 기준을 너무 남용했다. 특히 과잉금지의 원칙 필요도 없고 그냥 단순위헌 할 수도 있는데 예를 들어서 야간옥외집회금지규정 같은 것 그거 5인이 위헌이라고 했잖아요. 사전허가를 금지한 헌법규정에 명문으로 반한다. 허가면 끝나는 것이거든요. 그런데 이게 허가가 아니다 그러면서 그런데 무슨 과잉한 제한이어서 위헌이다. 이런 식으로 헌법재판소가 자꾸 피해가고 그것도 나중에 두 명이 헌법불합치로 과잉금지의 원칙을 위헌의 근거로 삼아서 헌법불합치 했기 때문에 그게 결국 주문이 되고 말이지요. 그러면서 형벌법규에 대해서 헌법불합치 내려져서 한동안 굉장히 혼란스럽지 않았습니까? 그런 식으로 우리 헌재가 과잉금지의 원칙을 굉장히 남용한다. 그런데 남용할뿐더러 또 과잉금지원칙이 사건마다 내용도 달라요. 적용되는 내용 같은 것.

조교수님이 잘 지적하신 바와 같이 수단의 적정성같은 것 어떤 결정문에서는 말씀하신대로 입법목적을 그 법률이 효과적으로 달성하면 수단의 적정성 통과한다 해 놓고 또 어떤 결정문에서는 수단의 적정성을 가지고 사실은 피해의 최소성을 논하고 있다고요. 수단의 상당성 측면에서요. 예를 들어서 안마사규칙에 대한 위헌결정 같은 데서도 수단의 적정성부분에서 이런 판단을 합니다. 이는 안마사업에 종사하려는 일반인이나 시각장애인이 아닌 다른 신체 장애자들의 안마사자격 기회 자체를 원천적으로 박탈하고 있어서 적절한 수단이라고 할 수 없다? 이거는 피해의 최소성의 문제거든요. 그 사람들은 원천적으로 차단하고 있기 때문에 이거는 100% 차단하는 것이다. 그러니까 다른 경미한 방법이 있는데 100% 차단한 것이다 이런 논리잖아요. 이게 피해의 최소성의 문제인데 수단의 상당성, 적절성 부분에서 이 판단을 해주고 어떨 때는 또 이 판단을 피해의 최소성에서 해 주고 왔다갔다 하고 있다. 그래서 그런 면에서는 헌재가 과잉금지의 원칙을 남용하면서 또 오용까지 하고 있는게 아니냐. 너무 비난적인 것 같아서 죄송한데요. 그런 생각이 들었고.

발제자님께 하나 질문드릴게 있는데요. 표현의 자유에 대해서는 과잉금지의 원칙을 적용하면서 표현의 자유가 우월적 지위를 가진 기본권이기 때문에 엄격심사를 해야 된다 하셨는데, 그런데 우리 헌재는 엄격심사라는게 내용이 뭐냐? 이 과잉금지의 원칙을 엄격하게 적용해주는게 엄격심사라고 그랬잖아요. 그런데 원래 발제자님도 아까 말씀하신 바와 같이 미국의 스트릭트 스쿠누트니는 사실은 핵심은 입증책임의 전환에 있거든요. 그러니까 다른 거는 다 위헌을 주장하는 국민이 위헌임을 입증해야 되는데 엄격심사의 대상이 됨은 합헌을 주장하는 정부측이 합헌임을 주장해야 되고 그것도 '컨펠링 가번먼트 인트레스트' 긴절한 정부이익이 있었다는 것도 정부가 입증해야 되는데 그게 어려웠기 때문에 이거는 엄격심사라고 부르는 것이거든요. 그런데 우리 헌재는 엄격심사라는 미국의 용어는 따와 놓고 내용은 완전히 다른 내용으로 취급하는게 이 과잉금지의 원칙을 엄격하게 적용하는게 엄격심사다? 그래놓고 엄격심사로 과잉금지원칙 적용한 것하고 완화된 심사로 적용한 것하고 별 차이도 없어요 판결문 읽어보면. 둘다 네 개의 단계를 다 적용해 주고 있어요.

그리고 과잉금지의 원칙 적용해 주는데 완화되고 엄격한게 어디 있을 수 있습니까? 예를 들어서 피해의 최소성 적용하면 가장 경미한 방법을 재판관들이 생각해낼 수 있으면 바로 피해의 최소성에 어긋나는 거지. 그러면 가장 경미한 방법 생각해낼 수도 있는데 나는 굳이 일부러 '아 모르겠다. 생각 안하겠어' 이게 완화된 심사인가요? 그러니까 이 엄격심사라는 것을 우리 헌재가 말만 빌려오고 영 이상하게 지금 쓰고 그것도 남용·오용하는 과잉금지의 원칙을 끌어들여서 무슨 엄격하게 적용하는게 엄격심사다라는 것은 저는 이해가 잘 안되는데, 그러면 발제자님께서 생각하시기에 이 결정문에서 우리 헌재 다수의견은 표현의 자유에 대한 엄격심사로서의 과잉금지의 원칙을 적용했다고 보십니까?

발 표 자 : 그래서 아까 제가 말씀을 드렸던게 엄격한 심사기준이라는 것을 적용하는 어떤 구분된 카테고리로서 헌법재판소가 계속 평등권문제, 남녀차별문제 이런 것 얘기해왔거든요. 그런데 분명히 그런 영역은 아니고요. 그래서 제가 처음에 말씀을 드렸던게 그렇다면 우리 헌법재판소는 엄격한 심사기준이 무엇인가를 일단 떠나서 엄격한 심사기준을 적용하는 것을 헌재의 제대군인가산점제도에서

얘기했던 남녀차별과 같은 헌법이 명시하고 있는 그런 영역 말고 그다음 또 기본권에 대한 제한이 중대한 경우 말고 그 권리가 어떤 것이냐에 따라서 또 그렇다면 엄격심사기준을 적용하기로 한 것인가라는 의문제기를 했었거든요. 그런 측면에서 저도 늘 우리 헌재가 얘기하는 엄격한 심사기준이라는게 도대체 무슨 내용일까? 저도 수업시간에 굉장히 곤란하고 학생들이 물어보니까요. 그러면 제가 하는 대답은 늘 그랬거든요. 그냥 국가안전보장이나 공공복리나 질서유지를 위해서 제한한 것이 입법목적이다 이정도로, 그래서 추상적인 규정임에도 불구하고 질서유지를 위한 어떤 입법목적이 인정이 되면 그냥 목적의 정당성이 있다라고 보는게 일반적인 과잉금지의 원칙이고, 엄격한 심사기준에 의한 목적의 정당성을 인정하기 위한 과잉금지의 원칙은 그 질서유지만 가지고는 안 되고 그 질서유지의 목적에 하나 더 그렇게 질서유지를 해 주지 않으면 명백하고 현존한 위험이 있어야만 그런 위험이 발생할 우려가 있기 때문에 내가 이런 것을 규제하기 위한 입법을 만들었다라는 한 개의 내용이 더 들어가야만 그거는 엄격한 심사기준인가보다, 저는 그렇게 설명을 일단 하거든요. 뭔가 구별은 해줘야되니까. 그렇다 하더라도 이 판례에서도 여전히 그런 내용은 보이지 않는다는 거지요. 표현의 자유가 헌법적으로 중대한 의미를 가지기 때문에 그 표현의 자유를 제한하는 입법이 엄격한 심사기준에 의해서 심사를 받아야 된다. 말은 그렇게 하셨거든요 판시에서. 그런데 실제로 심사내용을 보시면 임교수님이 얘기하시는 것처럼 엄격한 내용은 안들어있다라는 거지요. 그 부분에 대해서는 동의합니다.

토 론 자 : 아니 그런데 목적의 정당성이라는 것도 독일에서도 보면 입법목적이 헌법이나 법률의 체제상 정당한 것이면 목적의 정당성 다 인정하잖아요. 사실은 과잉금지의 원칙 네 개중에 목적의 정당성하고 수단의 상당성은 그냥 갖다 붙인 것이거든요. 다 넘을 수 있는 예들을. 그런데 우리 헌재 이렇게 하는게 저는 조금 이해가 되지 않습니다.

사 회 자 : 알겠습니다. 시간이 많이 가서 그정도 하시고요. 다른 분들 또 하시고 싶은 말씀들 많이 있을 텐데.

토 론 자 : …

발 표 자 : 제가 기타 이와 유사한 것이라는 오픈규정을 둔게 문제가 있다라고 얘기한 것은 표현의 자유를 규제하는 입법이기 때문이다 이거는 오히려 작은 얘기고요. 처벌규정이 있다라는 거지요. 여기에 금지되는 행위에 해당이 되면 바로 처벌규정이 255조에 규정이 되어 있거든요. 처벌규정인데 그 처벌규정을 놓고 있는 그 행위판단에 있어서 오픈규정이 와서는 이거는 문제가 있다는 거지요. 범

위의 한정이 필요하다라고 본거지요 저는. 그래서 범위의 문제에 있어서 명확성의 원칙에 위배가 되는 것이다. 왜냐하면 그 재판관들 스스로가 예전에 2009년 결정에서 얘기하고 있거든요. 구체적으로 적시했어야 된다라고.

사 회 자 : 과잉금지의 원칙에 대해서 임지봉 교수님께서 굉장히 비판적으로 말씀하셨는데 그점에 대해서 반론을 펴실 분 없으십니까?

저도 헌재에 있다가 학교를 갔습니다만 역시 과잉금지의 원칙의 문제는 굉장히 어려운 문제 같습니다. 경계의 불분명성 이런 것들도 있고요. 그래서 보고서 쓸 때도 쓰면서 이게 이쪽인가 저쪽인가 헷갈리는 상황속에서 적었던 적도 있었던 것 같아요. 그래서 지금 말씀하신 그런 점들은 충분히 공감할 수 있는 부분들이고 글로 써주십시오. 쓰셔가지고 이 경계를 분명히 지어주십시오.

그러면 아마 보고서 쓰는 연구관들도 훨씬 도움이 될 것 같습니다.

또 다른 분?

지정토론자 : 질문이 없으니까 그러면 제가 아까 시간을 오버했지만 못드린 말씀을 보충해서 한두 가지 특히 과잉금지의 원칙과 관련해서 짧게 하겠습니다.

저도 원칙적으로는 과잉금지원칙의 활용에 대해서 비판적인 입장입니다만 그동안 과잉금지원칙이 오랫동안 사용되어 왔고 그런 점에서 아까 말씀드린대로 미국이나 독일의 경우와는 다른 어떤 특수성들을 우리 스스로 정립할 수도 있는 그런 지점까지 온 게 아닌가 이렇게 생각되어지고요. 그래서 외국의 예를 들면서 야기하는 부분들을 우리가 충분히 참조는 해야 되지만 거기에 우리가 얽매일 필요는 없다 이렇게 생각을 합니다.

전통적으로 대륙에서 비례의 원칙을 발전시키면서 목적의 정당성요소를 포함시키지 않아 왔다라는 것은 그거는 사실이기 때문에 부인할 수 없지만, 조소영 교수님 말씀하신 그 부분과는 좀 다른 차원에서 목적의 정당성도 논의되어 질 수 있는 부분이 있다고 생각이 되어지고요. 37조 2항이 우리가 가진 특별한 규정이기 때문에. 그래서 뭐 공공복리, 국가안전보장, 질서유지 거기서 말한 목적이 거기에 해당하기만 하면 된다 이런 식으로도 해석이 가능하지만 일부 판례나 혹은 이론적으로는 개별적인 입법 예를 들어서 공선법 93조 1항의 경우에 경제력의 불균형을 남용해서 선거가 왜곡될 수 있는 그런 것을 방지하겠다라는 목적 이게 구체적인 목적이 되는 것이고요. 이 구체적인 목적이 과연 헌법적 가치에 부합하느냐 안하느냐, 정당하냐 아니냐 이런 식으로 정립이 되어질 수 있을 것 같습니다. 물론 그렇다고 하더라도 대개의 입법들은 개별 구체적인 헌법적 가치를 구체화하는 그런 적절한 공익을 내세우기 때문에 목적의 정당성요건을 충족하지 못해서 위헌이 되는 경우는 극히 드물 것으로 추정이 되어지지만 우리가 이미 경험하고 있듯이 남녀차별을 하는 전통적인 어떤 사회관계에 바탕한 경우 충분히 그 목적 자체에 대해서 저희가 정당성심사를 할 여지는 충분히 있고 이론적 존재의의도 있다라고 생각되어집니다.

토론에서 제가 또 말씀드린바와 같이 방법의 적절성부분은 대륙의 비례원칙에서도 중요요소였고 그것이 사실상의 어떤 인과관계를 따지는 부분이기 때문에 침해의 최소성 부분보다는 통과가능성이 월등히 높은 것은 당연하지만 그렇다고 해서 그게 독자성이 전혀 없다 이렇게 보는 것은 적절하지 않은 것 같습니다.

제가 말씀드린바대로 우리 헌재 판례를 선회해서 보면 관련성부분과 효과성부분을 적절히 결합하는 그런 식으로 독자성을 발전시킬 여지가 충분히 있고 이번 판례가 제가 강조해서 말씀드리지만 그런 중요한 의미를 보여 준 것이다 이렇게 보고요.

마지막으로 조소영 교수님께서 단계심사이야기를 하셨는데 제가 시간때문에 토론에서는 생략을 했지만 이런 어떤 일반적인 취지에서 볼 때 목적의 정당성하고 다음에 방법의 적절성과 침해의 최소성 부분을 묶어서 큰 한 덩어리, 다음에 법익의 균형성은 제한이 되어지는 공익 자체에 대한 가치판단을 담고 있는 것이고, 피해의 최소성하고 방법의 적절성은 목적과 수단 간의 사실관계적 인과관계나 효과성을 따지는 그런 차원에서 분명히 구별되어집니다. 독자성이 있다라는 거지요. 그래서 이것을 단계구조로 목적의 정당성 다음에 사실적 다음 법익적 이렇게 보기보다는 순서가 뒤바뀌어서 충분히 적용되어 질 수도 있는 측면이 있고요. 그런 면에서 이번 판례에서 수단의 적절성 인정하지 않으면서도 법익의 균형성을 따지고 그런 필요가 있느냐라는 논의도 충분히 가능하지만 김태호 연구관이 적절히 지적해 주셨듯이 이미 그 토대나 내용이 분명히 다른 것이기 때문에 또 소수의견에서 그점에 대해서 충분히 반박논증을 하고 있기 때문에 헌법적 해명이 충분히 제공되어야 한다는 취지에서 같이 논할 수도 있는 필요가 있다라는 점을 말씀 드리겠습니다.

이상입니다.

사 회 자 : 한분 또는 두 분 정도만 더 기회를 드리겠습니다.

전상현 연구관님.

토 론 자 : 죄송합니다. 간사가 원래 행사의 매끄러운 진행만 도와 드려야 되는데 저도 회원의 한사람이기 때문에 약간의 불문율을 깨고 한 말씀만 올리겠습니다.

임지봉 교수님께서 심사기준 관련해서 워낙 세게 말씀을 하셔가지고요.

사실 저는 개인적으로 심사기준이라는 것이 무의미하다고 보는 사람입니다 개인적으로는. 그래서 과잉금지의 원칙이나 미국에서 스트릭트 스쿠누트니 이런데 상당히 회의를 갖고 있는데, 말씀중에 미국같은 데의 원칙을 따오면서 헌재는 원칙만 따오고 내용은 제대로 따오지 않았다라는 취지의 말씀은 저는 동의하지 않는게 심사기준에 관련된 문제는 세계 어느 나라나 똑같은 문제가 있다고 봅니다.

미국도 지금 상당히 아주 세밀한 심사기준이 있는 것 같고 객관적인 것 같지만 제가 알기로는 미국에서 동일한 판결안에서 아주 엄격한 심사기준을 들이대야 된다고 한 재판관은 합헌이라고 봤고 완화된 심사로 족하다라고 한 재판관들은 위헌으로 본 사례들이 상당히 많습니다. 제가 미국 공부를 많이 안했는데도 구체적인 케이스를 지적할 수 있을 정도로 그런 사례들이 꽤 있습니다. 물론 우리 헌법재판소가 과잉금지원칙의 적용에 있어서 판례들이 상당히 모순적으로 교수님들께서 보시기에 또는 우리가 보기에도 그런 면들이 있는 것은 사실입니다만, 이 심사기준이라는 것이 결국은 자인데 자는 이게 눈에 보이는 자가 아니기 때문에 각자가 키 차이가 다 있듯이 스케일이 다 다릅니다. 그래서 자기가 볼 때는 아주 세밀한 눈금을 가지고 있는 사람들이 볼 때는 조금만 넘어가면 이거는 완화된 기준으로도 위헌인거지요. 그런데 굉장히 넓은 눈금을 가지고 있는 자를 가지고 있는 사람이 볼 때는 아주 엄격하게 들이대도 이거는 합헌입니다. 그래서 이 문제는 아까 임지봉 교수님께서 발언하실 때 많은 분들이 마치 우리 헌법재판소의 선례에서만 나타나는 독일과 미국의 예를 잘못 받아들인 사안으로 오해가 있으실까봐 제가 말씀드리고요. 그래서 이 문제는 사실 우리가 계속 고민해야 될 부분이기는 합니다만 그래서 이 부분을 너무 과도하게 객관성의 문제를 들이대는 것은 제가 볼 때는 좀 곤란하지 않느냐.

그리고 입증책임문제로 미국은 발달했다고 하지만 사실 가만히 들여다보면 결론을 짓고 나서 그 입증책임을 사후적으로 논증하는 것일 수도 있습니다. 결국은 입증이 되었느냐 안 되었느냐의 판단은 재판관마다 다르거든요. 아주 컨펠링 인트레스트가 있었다 없었다는 부분도 재판관들마다 다 다르게 봅니다 사실은. 그래서 의견이 갈리는 것이고요. 그렇기 때문에 이 부분은 조금 우리가 연구과제로 보든지 아니면 저처럼 별 의미없는, 심사기준을 가지고 이렇게 과도하게 논하는 것은 의미 없다 이렇게 보든지 이런 것을 한번쯤 생각해 보셨으면 하는 의견이어서 제가 간사임에도 불구하고 죄송하게 말씀 올렸습니다.

사 회 자 : 시간이 어느덧 9시가 다 되었습니다. 그래서 말씀하실 기회를 더

드릴 수 없을 것 같고요.

오늘 회장님이신 김종대 재판관님께서 개인사정으로 불참을 하신 것이 참 아쉽습니다. 회장님이 참석 안하셔서 더 열띠게 논의가 진행된 감도 있는 것 같습니다.

그런데 회장님 안오셨지만 헌법실무연구회 부회장을 맡고 계시는 고려대 김선택 교수님이 이 자리에 와계십니다. 그래서 마무리 발언으로 부회장님께 한 말씀 청하겠습니다.

부 회 장 : 김종대 재판관님께서 특별한 사정이 있으셔가지고 오늘 참석 못 하셔서 저한테 부탁을 하셨습니다. 자리를 지켜 주고 잘 마무리 좀 해달라. 그래서 재판관님이 안 계심에도 불구하고 우리 헌법연구관님들을 비롯해서 많이 참석해 주셔서 특별히 감사를 드립니다.

그런데 저는 회장도 아니라 마무리 발언만 하고 말기에는 좀 아쉬움이 있어서 한말씀만 드리고 싶은게 있는데, 왜냐하면 이 공직선거법 93조 1항을 잘 읽어보면 저는 이렇게 읽힙니다. 어찌되었든 이 공직선거법규정에 의하지 않은 경우에는 가독성 있고 가청성 또는 가식성이 있는 온갖 매체 그러니까 읽거나 보거나 들을 수 있는 일체의 매체에 의한 표현은 금지하겠다. 포괄적금지로 보입니다. 그렇게 읽을 수밖에 없는 것 같아요. 방법이 없는 것 같습니다. 그런데 우리 헌재가 볼 때 이 온라인매체는 좀 다른 데 지금 이 규정은 오프라인을 전제로 한 것인데 온라인매체를 적용하려니까 참 곤란하다 이랬을 것 같습니다. 그래서 여기서 출발해 버린 것 같아요. 그러니까 93조 1항은 오프라인상의 매체에 관한 것이니까 이 규정 태도가 과연 온라인매체에도 적용될 가능성이 있겠는가? 그러고서는 새로운 세계를 발견한 겁니다 용감하게. 그래서 오프라인매체의 이 조항을 온라인매체에 적용할 수 없다고 나가버린 것 같아요. 그런데 이 헌재의 태도는 좀 문제가 없지 않습니다. 왜 그러냐 하면 첫째는 이런 의심이 약간 드는데, 그렇다면 앞으로 이 규정 태도를 오프라인매체에 대해서도 케이스 바이 케이스로 심사하는 식으로 적용할 예정인가 과연? 그러면 법적안정성을 위협하겠다는 것인가? 이런 의심이 하나 들고.

두 번째는 온라인매체도 그렇습니다. 온라인매체에 대해서도 이 태도는 지금 인터넷상의 정보통신망에 올린 뭐 뭐 뭐를 딱 열거해서 이런 것들에 대해서만 적용이 안 된다 이렇게 선언한 것이란 말이에요. 그렇다면 앞으로도 이 온라인상의 작동방식이 서로 다른 여러 가지 표현방법이나 기술 이런게 나올 수 있는데 이런 것들을 그때 그때 또 판단하겠다라는 것인가 케이스 바이 케이스로.

만약에 이 온라인 공간상을 그냥 자유로운 선거 표현의 자유의 공간으로 내버려둔다면 모르지만 그렇지 않으려면 입법을 해야 됩니다. 안 그러면 헌법재판소 넘기게 될 거란 말이에요. 합법·위법을 가리는 것을. 그래서 양면에서 지금 이 법리를 오프라인매체에 적용하겠다고 나오면 이거는 원래 입법자의 의사에도 맞지도 않는 것이고 법적안정성을 위협할 것 같고, 온라인매체의 경우에는 잘못하면 입법을 대체할 수 있다. 그래서 헌재가, 물론 여러분은 환호를 했을 겁니다. '아! 드디어 이 온라인시대에 와서 우리가 그동안 빼앗겼던 땅을 도로 회복한다.' 선거운동의 자유를 회복했다고 생각할지 모르지만 엄격하게 법리적으로만 보면 상당히 무리에 가까운 법해석이라고 생각이 들어요. 지금 여러분 얘기 쭉 들으면서 느낀 것인데. 그래서 조금 곤란하다. 그래서 입법을 좀 하든지 온라인관련. 아니면 여러분이 원하는 대로 아예 화끈하게 이런 선거방법에 대한 과도한 제한은 포기해 버리고 그냥 맡기든지. 그게 제일 좋을 수도 있습니다. 사실은 그쪽으로 가서 아까 우리 조소영 교수님 말씀대로 비용이나 규제하든지 이렇게 해 주면 좋겠어요. 그렇게 안하려면 우리가 그래도 법치주의국가에 살고 있는 이상은 헌법재판소에 모든 것을 맡겨놓을 수는 없습니다. 그리고 헌재도 너무 부담스러워요. 이런 기술은 너무 복잡하고 어려우니까 하기 힘들단 말이에요. 그러니까 어쨌든 입법적인 결단이 내려지는 것이 좋겠다는 생각이 듭니다.

그런 생각이 들고 어쨌든 여러분 여기 참석해 주셔서 다시 한번 감사하다는 말씀을 올립니다.

감사합니다.

사 회 자 : 밤늦게까지 토론에 참여해 주신 여러분들께 정말 감사하다는 말씀을 드립니다. 제가 이런 사회를 처음 보기 때문에 여러 가지 미숙한 점이 많았을 것 같습니다. 널리 헤아려 주시기 바랍니다.

이것으로 헌법재판소 월례발표회를 모두 마치도록 하겠습니다.

제119회(2012. 5. 10.) 발표문

친일재산 국가귀속 특별법의 헌법적 쟁점

– 헌재 2011. 3. 31. 2008헌바141 사건 등을 중심으로 –

이 경 주*

Ⅰ. 들어가는 말

1948년 헌법 제101조는 '이 헌법을 제정한 국회는 단기 4278년(서기 1945년) 8월 15일 이전의 악질적인 반민족 행위를 처벌하는 특별법을 제정할 수 있다'고 규정하고 있고, 현행 헌법은 전문에서 '3.1운동으로 건립된 대한민국 임시정부의 법통을 계승'한다고 규정하고 있다.

이에 터잡아 친일반민족행위자 재산의 국가귀속에 관한 특별법(이하 '특별법'이라 한다)은 그 목적을 '민족정기를 바로 세우며 일본제국주의에 저항한 3.1운동의 헌법이념구현을 목적으로 한다'고 규정하고 있다. 나아가, '친일반민족행위로 축재한 재산을 국가에 귀속시키고 선의의 제3자를 보호하여 거래의 안전을 도모함으로써 정의를 구현함을 목적으로 한다'고 규정하고 있다.

그럼에도 불구하고 이 '특별법'이 소급입법에 의한 재산권 제한 내지 박탈, 재산권 제한입법의 한계를 넘은 것이 아닌가 하는 등 위헌논란이 있었으며 이에 기초하여 위헌소송이 이어진 바 있다. 그리고 헌재는 이에 대하여 공개변론에 이어 지난 2011년 3월 31일 합헌 결정(2008헌바141)을 내린 바 있다.

이하에서는 이러한 헌재결정을 중심으로 '특별법'의 헌법적 쟁점을 살펴보고자 하며, 이를 위하여 문제가 된 특별법 제정의 역사적 경위 등도 아울러 살펴보고자 한다.

* 인하대학교 법학전문대학원 교수.

Ⅱ. 특별법 제정의 경위

1. 친일파 후손의 조상땅 찾기 소송

조상명의로 남아있는 토지를 확인하여 후손들에게 소유권을 찾아주기 위한 민원서비스가 1995년 일부 지방자치단체에서 실시되기 시작하여 성과를 보이자 2000년부터 전국적으로 확대실시되었다.

이 사업은 지방자치단체가 지적전산망조회를 통해서 구토지대장이나 구임야대장 상 최후소유자가 의뢰인의 조상명의로 남아 있는지 여부를 후손에게 확인해 주는 것을 주요한 내용으로 하였다.

이 사업을 계기로 등기부 상 후손에게 상속되지 아니하고 조상 명의로 남아 있거나 법적인 원인없이 타인에게 넘어간 토지를 찾으려는 움직임이 전국적으로 벌어졌다. 이 과정에서 대표적인 친일파로 알려진 이완용, 송병준, 이재극 등의 후손들도 조상땅 찾기 반환소송을 제기하였다. 그리고 이러한 사실이 언론에 알려지면서 사회적으로 큰 파장을 일으켰다.

이 중 이완용 후손이 제기한 소송이 가장 많았고 그 다음은 이근호, 송병준 순이었다. 특히, 이완용 후손이 북아현동의 땅을 찾기 위하여 제기한 소송사건에서 1992년 재판부는 '반민족행위자나 그 후손이라고 하여 법률에 의하지 아니하고 그 재산권을 박탈하거나 그 재산에 대한 법의 보호를 거부하는 것은 법치국가에서 있을 수 없는 일'이라고 판시하여 사회적으로 큰 파장을 불러일으켰다.

친일파 후손의 조상땅 찾기 소송이 잇달아 승소하자 2005년 2월 24일 열린우리당 최용규의원 등 국회의원 169명이 '친일반민족 행위자 재산의 환수에 관한 특별법안'을 발의 하였다.

2. '특별법' 제정의 경과

친일재산을 국가에 귀속시키기 위한 입법은 제17대 국회때인 2005년에 이루어졌으나 이 문제에 대한 입법추진은 10년 넘게 계속되었던 숙원사업 중의 하나이기도 하였다.

우선, 14대 국회(1992. 5. 30-1996. 5. 29) 중인 1993년 2월 9일, '매국노 후손 토지 환수 저지를 위한 의원모임'에서 특별법 제정이 추진되어, 국회의원 186명이 '매국노 재산몰수를 위한 특별법 제정 서명'에 찬성하였고, '국회특별법 제정 법안소위' 위원장, 장기욱 의원 외 170명이 '민족정통성 회복 특별법' 제정을 적극 추진하였으나 국회임기만료로 자동폐기되었다.

16대 국회(2000. 5. 30-2004. 5. 29)에서는 최용규 의원이 '일제강점 하 친일반민족행위 진상규명에 관한 특별법안', '친일반민족행위자 재산의 국고환수에 관한 특별법'을 주창, '친일반민족행위자 재산의 환수에 관한 특별법'을 2004년 2월 28일, 국회의원 54명의 서명을 받아 발의하였으나 이 역시 국회의원들의 임기만료로 폐기되었다.

그러다가 17대 국회(2004. 5. 30-2008. 5. 30)에 들어서 다시 최용규 의원 등 169명이 '친일반민족행위자 재산의 환수에 관한 특별법안'(2005년 2월 24일)을 발의하였고, 마침내 2005년 12월 7일 의결되었다.

3. 심의 내용

2005년 2월 24일 발의된 법안은 4월 19일 법제사법위원회(이하 법사위)에 상정되었다.

1) 법사위 전문위 보고 — 법사위에서는 '특별법'이 소급입법에 의한 재산권 제한 내지 박탈, 재산권 제한입법의 한계를 넘은 것이 아닌가 하는 등 위헌논란이 있을 수 있으나, 이 법안은 소급입법을 할 특단의 사정이 인정되며, 과잉금지의 원칙에 어긋나지 않아 재산권을 제한하는 입법의 한계를 벗어나지 아니한다고 보고 하였다.

2) 수정안의 주요내용

이에 기초하여 법안심사소위원회에 회부된 이 법안은 여러 차례의 심사와 법사위차원의 공청회를 거쳐 2005년 12월 7일 몇 가지 수정을 거쳐 의결되었다. 수정된 부분은 다음과 같다.

첫째, 재산, 국가귀속, 친일반민족행위자의 개념을 진상규명법과 연계하여 친일반민족행위를 한 자를 을사조약, 한일합병조약 등 국권을 침해한 조약을 체결 또는 조인하거나 이를 모의한 행위를 한 자와 같이 **친일의 정도가 큰 경우로 제한**[1]하여 정의(안 제2조 제1호)하였다.

---

1) 진정지위범과 부진정지위범, 휴먼라이츠 워치나 국제노동기구(ILO)등은 동구민주화와 관련 체

둘째, 친일재산이라도 **제3자가 선의의 정당한 대가를 지불하고 취득한 권리는 보호**(안 제3조 제1항)하도록 하였다.

셋째, 친일 후손들에 의한 조상땅 찾기나 소송제기를 막기 위하여 행정기관이나 법원이 친일재산이라는 의심이 있는 재산에 대하여 위원회에 그 조사를 의뢰하도록 하는 규정을 두었다(제19조 제2항).

넷째, 재산환수결정에 대하여 이의가 있는 경우 행정심판이나 행정소송을 제기할 수 있도록 하였다(안 제23조 제2항)

다섯째, 진상규명법에서와 같이 위원이나 직원의 비밀준수의무 등을 규정하고 이를 위반한 경우 처벌하는 규정(안 제27조)을 신설하였다.

여섯째, 친일반민족행위자에 "찬의 부찬의"(1910년 총독부관제)로 규정하였던 것을 "참의"로 변경하였다.

일곱째, 독립적인 예산편성안 규정을 마련하고, 위원회 사무국을 사무처(차관급 상임위원)로 승격하였다.

4. '특별법'의 주요내용

1) 친일반민족행위자의 유형화

'특별법'은 이제까지 논란이 되었던 친일반민족행위자의 개념을 '특별법'규정에 의한 반민족 행위자와 위원회의 결정에 의한 반민족행위자로 유형화하였다.

'특별법'규정에 의한 반민족행위자('특별법' 제2조 제1호 가목)란 을사조약, 한일합병조약 등 국권을 침해한 조약을 체결 또는 조인하거나 이를 모의한 자, 한일합병의 공으로 작위를 받거나 이를 계승한 자, 일본제국의회의 귀족원 의원 또는 중의원으로 활동한 자, 조선총독부 중추원 부의장 고문 또는 참의로 활동한 자이다.

위원회 결정에 의한 친일반민족행위자('특별법' 제2조 제1호 나목)란 친일반민족행위 진상규명법 제2조 행위자 중 독립운동 또는 항일운동에 참여한 자 및 그 가족을 살상 처형 학대 또는 체포하거나 이를 지시 또는 명령하는 등 친일의 정도가 지극히 중대하다고 인정되는 자이다.

제 이행 후에 공산정권의 협력자나 비밀정보기구의 관리들을 과거 일정한 직책에 있었다는 이유만으로 공직취임을 금지시키는 것은 집단처벌이고, 정치적 견해에 입각한 차별이라고 한 적이 있다. 책임은 개인적인 방식으로 이루어져야 한다는 것이다.

2) 국가에 귀속되는 '친일재산'의 요건과 친일대가성의 추정

'특별법'의 친일재산의 요건과 관련하여서는 일제강점기를 어디서부터 어디까지로 볼 것인가가 형식적 요건에 있어서 중요한 관건이다. '특별법'은 친일반민족행위자가 러일전쟁 개전시인 1904년 2월 8일[2]부터 1945년 8월 15일 사이에 취득한 재산이어야 한다고 규정하여 일제강점기를 폭넓게 보고 있다.

실질적 요건으로서는 '일제에 협력한 대가'일 것을 규정하였다. 문제는 대가성을 어떻게 입증할까 하는 점이다. 친일반민족행위가 있었던 시기로부터 60년 내지 100년이 지난 시점에서 이를 입증하는 것은 용이한 일이 아니기 때문이다. 이에 관하여 '특별법'은 친일행위의 대가로 취득한 것이 아니라고 주장하는 자가 이를 증명하여야 한다고 하여 입증책임 전환의 법리를 적용하였다.

3) 취득 증여 등 원인행위 시에 소급하여 국가소유 및 선의취득 제3자의 보호

친일행위로 인하여 취득한 재산의 경우에도 친일반민족행위가 있었던 시기로부터 60년 내지 100년이 지났으므로 그간에 일어났던 거래 등을 통하여 선의로 재산을 취득한 제3자를 어떻게 보호할 것인가도 쟁점이 아닐 수 없다.

'특별법'은 취득 증여 등 원인행위시에 소급하여 러일전쟁 개전시부터 1945년 8월 15일까지 취득한 재산은 국가소유로 하고, 선의의 제3자가 친일재산을 매수하여 소유권 이전등기를 마친 경우와 관련하여서는 타인소유 부동산을 취득한 것이 되어 원칙적으로는 무효이나 선의 또는 정당한 대가를 지급하고 친일재산을 취득한 제3자의 권리는 보호하는 것으로 하였다.

4) 위원회의 설치 및 국가귀속 결정권한의 부여

'특별법'은 친일재산의 국가귀속 업무를 위하여 대통령 소속으로 '친일반민족행위자 재산조사위원회'의 설치키로 규정하여, 같은 위원회에 친일재산 국가 귀속

2) 일본은 러시아의 중국진출을 견제하려는 영국 미국등과 동맹을 체결하고 양국으로부터 전비지원을 받으며 러시아와 전쟁을 벌이려 하였다. 전운을 감지한 대한제국 정부는 1904년 1월 21일 국외중립을 선언하고 이를 열강에 통보하였으나, 일본은 이를 무시하고 2월 9일 서울에 진주하고 2월 23일 한일의정서 체결을 강요하였으며, 이를 계기로 일본이 전략상 필요한 거점을 사용할 수 있게 되었다. 그리고 러일전쟁에서 승리한 일본은 곧바로 대한제국의 외교권을 박탈하는 을사조약을 강요하였다. 러일전쟁을 계기로 한국은 일본의 반식민지상태로 전락하였고, 식민지화의 단초가 되었다.

결정권을 부여하였다.

그 밖에도 조사개시 결정에 대한 이의신청, 국가귀속결정 등에 대한 행정심판, 행정소송 등의 불복절차도 규정하였다.

Ⅲ. 특별법에 관한 헌법재판소 결정의 검토

1. 개 설

'특별법'이 시행되면서 행정소송, 헌법소송 등 각종 소송이 이어졌다. 우선 '친일재산조사위'의 국가귀속결정에 대하여 67건의 행정소송이 제기되었는데, 그 중 17건은 위헌법률심판 제청을 함께 신청하였고, 그 중 9건은 기각되었다.

기각된 9건 중 8건에 대하여 헌법재판소법 68조 제2항에 의한 헌법소원이 제기되었고, 위헌소원이 제기된 8건 중 7건(2008헌바141-민영휘 후손사건,[3] 2009헌바14-이정로 후손사건, 2009헌바19-민병석 후손사건, 2009헌바36-이건춘 후손사건, 2009헌바247-민영휘 후손사건, 2009헌바352-조성근 후손사건,[4] 2010헌바91-서상훈 후손사건)이 병합되어 공개변론 및 결정이 이루어졌다.

송병준 후손이 제기한 친일재산귀속 특별법 제1조 등 위헌확인사건(2008헌마388)은 보충성의 원칙 위반으로 각하되었다. 고흥겸 후손이 제기한 (2009헌바292)사건에 대해서는 2011. 11. 24. 위 2008헌바141사건 등에서 친일재산 귀속특별법이 합헌이라고 하였던 바, 그 결정내용을 그대로 적용한다고 결정하였다.

친일행위 등 반민족행위와 관련하여서는 재산귀속에 관한 '특별법'뿐만 아니라 반민족행위의 진상을 규명하기 위한 특별법도 동시에 시행되었는데 이와 관련하여서도 다수의 헌법소송이 진행되었는데,[5] 대표적인 것은 다음과 같다.

일제강점하 반민족행위 **진상규명에 관한 특별법**위헌확인(2009. 09. 24. 2006헌마1298)사건과 일제강점하 반민족행위 진상규명에 관한 특별법 제2조 제7호 등 위헌소원(2011. 03. 31. 2008헌바111)사건에 대해서 헌법재판소는 각하결정을 하였고, 일제

---

3) 51필지, 110만평 73억여원.

4) 일본 육군 소장, 6필지(청계산 윗부분 산1-1번지 등), 71억여원.

5) 특별법 시행 후인 2005년 12월 29일 이후에 타인에게 매각된 재산에 관한 소송도 진행 중이다. 친일재산임을 모르고 매입한 제3자에 대하여 특별법시행 이후라도 보호받아야 한다고 판결(08두13491), 이에 대하여 친일재산조사위는 부당이득반환청구소송 제기, 2010년 5월까지 8건의 부당이득 반환청구소송 그 중 2건은 승소, 나머지는 진행 중. 일부는 제소전 화해절차를 통해 매각대금을 변제한 경우도 있다.

강점하 반민족행위 진상규명에 관한 특별법 제2조 제9호 위헌제청(2010. 10. 28. 2007헌가23)사건, 일제강점하 반민족행위 진상규명에 관한 특별법 제2조 제7호(친일재산귀속특별법 제2조 위헌여부) 등 위헌소원(2011. 11. 24. 2009헌바292) 사건에 대해서는 합헌결정이 내려졌다.

본 사례는 이러한 일련의 소송 가운데 가장 핵심적인 사건인 민영휘 후손 등에 대한 사건(2008헌바141)에 대한 것이다.

2. 사건의 개요

갑은 한일합병에 기여한 공으로 작위 등을 받은 을의 자손으로 자신들의 소정의 토지를 친일반민족행위자재산조사위원회(이하, '친일재산조사위'라고 한다)가 '특별법' 제2조 제1호에서 정한 친일반민족 행위자의 재산[6]에 해당하고, '특별법' 제3조 제1항에 의해 그 법 시행일인 2005년 12월 29일자로 취득원인행위시에 소급하여 국가로 귀속된다는 결정을 하자, '친일재산조사위'를 상대로 국가귀속결정의 취소를 구하는 소송을 제기하였으며(서울행정법원 2008구합9034 등), 위 소송 계속 중 '특별법' 제2조 내지 제5조가 소급입법으로서 헌법 제13조 제3항, 제23조 제1항에 위반되는 등 위헌적인 법률이라는 이유로 위헌법률심판제청신청을 하였다. 그러나 이 신청이 2008년 10월 14일 기각되자, 같은 해 11월 19일 헌법소원심판을 청구하였다.

3. 심판대상 및 관련 조항

친일반민족행위자 재산의 국가귀속에 관한 특별법(2006. 9. 22. 법률 제7975호로 개정된 것)

제2조(정의) 이 법에서 사용하는 용어의 정의는 다음과 같다.

1. "재산이 국가에 귀속되는 대상인 친일반민족행위자(이하 '친일반민족행위자'라 한다)"라 함은 다음 각 목의 어느 하나에 해당하는 자를 말한다.
   가. 「일제강점하 반민족행위 진상규명에 관한 특별법」 **제2조 제6호 내지 제9호의 행위를 한 자**(제9호에 규정된 참의에는 찬의와 부찬의를 포함한다). 다만, 이에 해당하는 자라 하더라도 작위(爵位)를 거부·반납하거나 후에 독립운동에 적극 참여한 자 등으로 제4조의 규정에 따른 친일반민족행위자재산조사위원회가 결정한 자는 예외로 한다.[7]

6) 절반 이상이 서울, 경기도, 충청도/ 임야가 88%, 토지는 대부분 처분.

나. 「일제강점하 반민족행위 진상규명에 관한 특별법」 제2조의 규정에 따른 친일반민족행위를 한 자중 제4조의 규정에 따른 친일반민족행위자 재산조사위원회의 결정에 따라 독립운동 또는 항일 운동에 참여한 자 및 그 가족을 살상, 처형, 학대 또는 체포하거나 이를 지시 또는 명령한 자 등 **친일의 정도가 지극히 중대하다고 인정된 자**.[8)]

2. "친일반민족행위자의 재산(이하 '친일재산'이라 한다)"이라 함은 친일반민족행위자가 국권침탈이 시작된 러·일전쟁 개전시부터 1945년 8월 15일까지 일본제국주의에 협력한 대가로 취득하거나 이를 상속받은 재산 또는 친일재산임을 알면서 유증·증여를 받은 재산을 말한다. 이 경우 러·일전쟁 개전시부터 1945년 8월 15일까지 친일반민족행위자가 취득한 재산은 친일행위의 대가로 취득한 재산으로 추정한다.

제3조(친일재산의 국가귀속 등)

① 친일재산(국제협약 또는 협정 등에 의하여 외국 대사관이나 군대가 사용·점유 또는 관리하고 있는 친일재산 및 친일재산 중 국가가 사용하거나 점유 또는 관리하고 있는 재산도 포함한다)은 그 취득·증여 등 원인행위시에 이를 국가의 소유로 한다. 그러나 제3자가 선의로 취득하거나 정당한 대가를 지급하고 취득한 권리를 해하지 못한다.

② 생략

일제강점하 반민족행위 진상규명에 관한 특별법(2006. 4. 28. 법률 제7937호로 개정된 것)

제2조(정의) 이 법에서 "친일반민족행위"라 함은 일본제국주의의 국권침탈이 시작된 러·일전쟁 개전시부터 1945년 8월 15일까지 행한 다음 각호의 어느 하나에 해당하는 행위를 말한다.

1. 국권을 지키기 위하여 일본제국주의와 싸우는 부대를 공격하거나 공격을 명령한 행위
2. 국권을 회복하기 위하여 투쟁하는 단체 또는 개인을 강제해산시키거나 감금·폭행하는 등의 방법으로 그 단체 또는 개인의 활동을 방해한 행위
3. 독립운동 또는 항일운동에 참여한 자 및 그 가족을 살상·처형·학대 또는

7) 김석진, 유길준, 한규설 등 14명은 작위를 반납하였으며, 김사준, 김윤식, 김가진, 이용직 4명은 독립운동 가담자이다. 김석진은 한일합병당시 수작을 거부하고 자결하였으며, 조정구는 자살기도 실패 후 금강산에서 은둔하였다.

8) 8명(김극일-경찰, 독립운동가 체포, 김병태-군사, 해외독립운동 탄압, 박병석-고등경찰, 반일활동가 사찰 등, 최석현-고등계경찰, 항일운동가 체포취조, 오병욱-국경지대 순사, 항일운동가 체포 살상).

체포하거나 이를 지시 또는 명령한 행위

4. 독립운동을 방해할 목적으로 조직된 단체의 장 또는 간부로서 그 단체의 의사결정을 중심적으로 수행하거나 그 활동을 주도한 행위
5. 밀정행위로 독립운동이나 항일운동을 저해한 행위
6. **을사조약·한일합병조약 등 국권을 침해한 조약을 체결 또는 조인하거나 이를 모의한 행위**9)
7. **한일합병의 공으로 작위를 받거나 이를 계승한 행위**10)
8. **일본제국의회의 귀족원의원 또는 중의원으로 활동한 행위**11)
9. **조선총독부 중추원 부의장·고문 또는 참의로 활동한 행위**12)
10. 일본제국주의 군대의 소위(少尉) 이상의 장교로서 침략전쟁에 적극 협력한 행위
11. 학병·지원병·징병 또는 징용을 전국적 차원에서 주도적으로 선전(宣傳) 또는 선동하거나 강요한 행위
12. 일본군을 위안할 목적으로 주도적으로 부녀자를 강제동원한 행위
13. 사회·문화 기관이나 단체를 통하여 일본제국주의의 내선융화 또는 황민화 운동을 적극 주도함으로써 일본제국주의의 식민통치 및 침략전쟁에 적극 협력한 행위
14. 일본제국주의의 전쟁수행을 돕기 위하여 군수품 제조업체를 운영하거나 대통령령이 정하는 규모 이상의 금품을 헌납한 행위
15. 판사·검사 또는 사법관리로서 무고한 우리민족 구성원을 감금·고문·학대하는 등 탄압에 적극 앞장선 행위
16. 고등문관 이상의 관리, 헌병 또는 경찰로서 무고한 우리민족 구성원을 감금·고문·학대하는 등 탄압에 적극 앞장선 행위
17. 일본제국주의의 통치기구의 주요 외곽단체의 장 또는 간부로서 일본제국주의의 식민통치 및 침략전쟁에 적극 협력한 행위
18. 동양척식회사 또는 식산은행 등의 중앙 및 지방조직 간부로서 우리민족의 재산을 수탈하기 위한 의사결정을 중심적으로 수행하거나 그 집행을 주도

9) 14명(을사조약 5명, 정미7조약 6명, 한일합병조약 3명-이중 중복자 제외), 이완용, 송병준, 조중응, 민병석.

10) 128명(수작 50명, 습작 78명), 고희경, 민영휘, 김성근, 이해승 등.

11) 7명(귀족원 6명, 중의원 1명-수작 및 습작 중복자 제외), 윤덕영, 박중양, 한상룡, 송종헌 등.

12) 305명(총독부 중추원 부의장 고문 또는 참의-을사오적 등 중복자 38명 제외), 김갑순, 현준호, 안병길 등.

한 행위

19. 일본제국주의의 식민통치와 침략전쟁에 협력하여 포상 또는 훈공을 받은 자로서 일본제국주의에 현저히 협력한 행위
20. 일본제국주의와 일본인에 의한 민족문화의 파괴·말살과 문화유산의 훼손·반출에 적극 협력한 행위

독립유공자예우에 관한 법률(2008. 3. 28 법률 제9083호로 개정된 것)

제30조(기금의 용도) 기금은 다음 각호의 어느 하나에 해당하는 용도에 사용한다.

1. 독립유공자와 그 유족의 예우 및 생활 안정을 위한 지원금의 지급
2. 독립운동 관련 기념사업, 독립운동가 및 독립운동 사료 발굴 사업
3. 민족정기 선양을 위한 교육·연구 및 이에 부수(附隨)된 사업
4. 기금 조성 경비 및 기금 운용상 필요한 부수 경비
5. 그 밖에 심의회에서 독립유공자의 공훈 선양 등을 위하여 필요하다고 인정하는 사업

구 반민족행위처벌법(1948. 9. 22. 법률 제3호로 제정되고, 1951. 2. 14. 법률 제176호로 폐지된 것)

제1조 일본정부와 통모하여 한일합병에 적극협력한 자, 한국의 주권을 침해하는 조약 또는 문서에 조인한 자와 모의한 자는 사형 또는 무기징역에 처하고 그 재산과 유산의 전부 혹은 2**분지** 1 **이상을 몰수한다**.

제2조 일본정부로부터 **작을 수한 자 또는 일본제국의회의 의원이 되었던 자**는 무기 또는 5년 이상의 징역에 처하고 그 재산과 유산의 전부 혹은 2분지 1 이상을 몰수한다.

제3조 일본치하독립운동자나 그 가족을 악의로 살상박해한 자 또는 이를 지휘한 자는 사형, 무기 또는 5년 이상의 징역에 처하고 그 재산의 전부 혹은 일부를 몰수

4. 청구인측의 주장

청구인측은 이 사건 법률 조항들이 소급입법금지의 원칙, 과잉금지의 원칙, 명확성의 원칙, 적법절차의 원칙 등에 위배된다고 주장하였다.

1) 소급입법의 금지원칙 위배

이 사건 법률조항들은 이 사건 조사위원회가 친일재산으로 결정한 재산을 그 취득·증여 등의 원인행위시에 국가의 소유로 귀속되도록 규정하고 있는데, 이는 소유자들로부터 소급하여 재산권을 박탈하는 것이므로 헌법 제13조 제2항에 위반된다.

2) 과잉금지원칙의 위배

이 사건 법률조항들은 과잉금지원칙을 위반함으로써 재산권을 침해한다. 즉, 위 법률조항들은 친일파 후손들에 대한 사회적 여론을 만족시키기 위한 것일 뿐 '정의', '민족의 정기' 등을 구현하는 데에는 아무런 도움이 되지 않으므로 과잉금지원칙상 수단의 적절성 원칙에 반한다.

민족의 정기나 3·1운동의 헌법이념을 구현하는 유일한 방법이 친일반민족행위자의 후손들이 약 60여 년간 소유하고 있던 토지소유권을 환수하는 것이라고 볼 수 없고, 친일행위를 직접 한 사람이 아닌 그 후손들에까지 불이익을 가하고 있고 그 불이익의 범위가 과도하다. 또한 이 사건 추정조항을 통하여 재산을 환수당하는 개인에게 입증책임을 전가하여 과도한 부담을 지우고 있고, 러·일전쟁 이전부터 소유하고 있던 토지를 단지 토지사정부에 늦게 기재하여 러·일전쟁 이후에 소유권을 취득하게 된 것 같은 외양을 갖춘 토지까지 친일재산으로 보고 있으므로, 피해의 최소성원칙에도 위배된다.

나아가, 친일재산귀속법에 의하여 달성하고자 하는 공익보다 침해되는 사익이 더 중대하여 법익의 균형성에 위배된다.

3) 명확성의 원칙 위배

이 사건 정의조항에서 정하고 있는 '독립운동에 적극 가담한 자'라는 요건은 불명확한 규정이어서 죄형법정주의 원칙에서 비롯되는 법률의 명확성원칙에도 위배된다.

이 사건 법률조항들은 불특정 다수인을 규율 대상으로 하는 것이 아니라 친일반민족행위자의 후손만을 규율하고 있는바 이는 처분적 법률에 해당하므로 헌법 제37조 제2항에 위배되고, 또한 구체적인 사정을 고려하지 않고 일정기간 동안 취득한 재산을 모두 친일재산으로 추정하므로 이는 사회적 신분에 따라 합리적인 이유 없이 당해 재산의 소유자들을 차별하는 것이어서 헌법상 평등의 원칙에 위반된다. 선조들이 친일반민족행위자에 해당한다는 이유만으로 토지의 소유권을 박탈당하는 것은, 사회적 특수계급을 인정하는 것을 금지하고 훈장 등 영전의 효력을 이를 받은 자 이외에까지 인정하는 것을 금지한 헌법 제11조 제2항, 제3항 및 연좌제를 금지한 헌법 제13조 제3항에 위반된다.

4) 적법절차의 원칙 등 위배

친일반민족행위자의 후손들로부터 토지의 소유권을 박탈하여 국가에 귀속시키는 것은 형법상 재산형인 몰수와 유사하므로 헌법 제12조 제1항의 '처벌'에 해당하지만, 이 사건 법률조항들에 따르면 아무런 재판절차도 없이 몰수형이 집행되는 것이므로 헌법 제12조 제1항 후문의 적법절차 원칙에 위반되고 헌법 제27조 제1항의 재판받을 권리를 침해하며, 특히 이 사건 추정조항은 헌법상 무죄추정 원칙에도 반한다. 또한, 1948경 이미 친일재산귀속법과 같은 취지의 법률인 반민족행위처벌법이 시행된 바 있으므로, 친일재산귀속법을 다시 제정하여 시행하는 것은 이중처벌로서 허용되지 않는다.

5. 정부측(반민재산귀속위) 의견

이러한 청구인측의 주장에 대하여 정부측의 반민족재산귀속위원회는 친일재산은 우리헌법이 보고하고자 하는 재산권의 보호영역에 속하지 아니하며 소급입법으로 볼 수도 없고 과잉금지의 원칙에 위배되지 않는다고 의견을 제시하였다.

1) 재산권의 보호범위 아니다

민족에 대한 반역행위의 대가이며, 대한민국임시정부가 건국강령 등을 통해 국가몰수를 선언한 이상 우리 헌법에 보장하는 재산권의 범위에 들지 않는다.

2) 소급입법으로 볼 수 없다.

일제잔재의 청산이라는 공익이 친일재산의 신뢰보호라는 사익보다 우월하며, 일제 패망시 환수될 것이라는 점 충분히 예상가능하였으므로, 친일재산 국가기속을 위한 특별법은 소급입법으로 볼 수 없다.

3) 과잉금지의 원칙위배 아니다.

입법목적이 정당하고, 러일전쟁부터 해방까지 취득한 재산에 대한 환수에 한정하고 있다. 또한, 대상을 친일이 명백한 네 가지 경우에 한정하였고, 이에 해당하더라도 독립운동에 적극 가담하는 자 등은 예외로 하여 피해최소성의 원칙에도 반하지 않는다.

6. 법정의견

헌법재판소는 몇몇 쟁점에 별개의견이 있는 외에는 관여재판관 전원의 의견일치로 합헌결정을 하였는데, 그 논지는 다음과 같다.

1) 명확성의 원칙에 위배되지 않는다.

이 사건 정의조항 중 '반민규명법 제2조 제6호 내지 제9호의 행위를 한 자'로 규정한 부분이 불명확하다고 할 수 없고, '독립운동에 적극 참여한 자' 부분은 '일제 강점하에서 우리 민족의 독립을 쟁취하려는 운동에 의욕적이고 능동적으로 관여한 자'라는 뜻이므로 그 의미를 넉넉히 파악할 수 있다.

2) 적법절차의 원칙 등에 반하지 않는다.

친일재산의 국가귀속이 해방 이후 오랜 시간이 경과한 상황에서 이루어지고 있어서 친일재산 여부를 국가측이 일일이 입증하는 것은 곤란한 반면, 일반적으로 재산의 취득자측은 취득내역을 잘 알고 있을 개연성이 높다. 또한 이 사건 추정조항이 친일반민족행위자측에 전적으로 입증책임을 전가한 것도 아니고, 행정소송을 통해 추정을 번복할 수 있는 방도도 마련되어 있으며, 가사 처분청 또는 법원이 이러한 추정의 번복을 쉽게 인정하지 않는다 할지라도 이는 처분청 또는 법원이 추정조항의 취지를 충분히 실현하지 못한 결과이지 추정조항을 활용한 입법적 재량이 일탈·남용되었다고 보기 어렵다. 따라서 이 사건 추정조항이 재판청구권을 침해한다거나 적법절차원칙에 반한다고 할 수 없다.

3) 정당화될 수 있는 소급입법이다.

이 사건 귀속조항은 진정소급입법에 해당하지만, 진정소급입법이라 할지라도 예외적으로 국민이 소급입법을 예상할 수 있었던 경우와 같이 소급입법이 정당화되는 경우에는 허용될 수 있다. 친일재산의 취득 경위에 내포된 민족배반적 성격, 대한민국임시정부의 법통 계승을 선언한 헌법 전문 등에 비추어 친일반민족행위자측으로서는 친일재산의 소급적 박탈을 충분히 예상할 수 있었고, 친일재산 환수

문제는 그 시대적 배경에 비추어 역사적으로 매우 이례적인 공동체적 과업이므로 이러한 소급입법의 합헌성을 인정한다고 하더라도 이를 계기로 진정소급입법이 빈번하게 발생할 것이라는 우려는 충분히 불식될 수 있다. 따라서 이 사건 귀속조항은 진정소급입법에 해당하나 헌법 제13조 제2항에 반하지 않는다.

4) 과잉금지 원칙에 반하지 않는다.

이 사건 귀속조항은 민족의 정기를 바로 세우고 일본제국주의에 저항한 3·1 운동의 헌법이념을 구현하기 위한 것이므로 입법목적이 정당하고, 민법 등 기존의 재산법 체계에 의존하는 방법만으로는 친일재산의 처리에 난항을 겪지 않을 수 없으므로 이 사건 귀속조항은 위 입법목적을 달성하기 위한 적절한 수단이 된다. 위 조항은 반민규명법이 정한 여러 유형의 친일반민족행위 중에서 사안이 중대하고 범위가 명백한 네 가지 행위를 한 자의 친일재산으로 귀속대상을 한정하고 있고, 이에 해당하는 자라 하더라도 후에 독립운동에 적극 참여한 자 등은 예외로 인정될 수 있도록 규정해 두었으며, 친일반민족행위자측은 그 재산이 친일행위의 대가로 취득한 것이 아니라는 점을 입증하여 얼마든지 국가귀속을 막을 수 있고, 선의의 제3자에 대한 보호 규정도 마련되어 있으므로 이 사건 귀속조항은 피해의 최소성원칙에 반하지 않고, 과거사 청산의 정당성과 진정한 사회통합의 가치 등을 고려할 때 법익의 균형성 원칙에도 부합한다. 따라서 이 사건 귀속조항은 재산권을 침해하지 않는다.

5) 평등원칙에 반하지 않는다.

친일재산은 이를 보유하도록 보장하는 것 자체가 정의 관념에 반하고, 귀속대상을 사안이 중대하고 범위가 명백한 친일재산으로 한정하고 있으므로 이 사건 귀속조항이 평등의 원칙에 반한다고 볼 수 없다.

6) 연좌제 금지 원칙에도 반하지 않는다.

이 사건 귀속조항이 친일반민족행위자 후손의 재산 중 그 후손 자신의 경제적 활동으로 취득하게 된 재산이라든가 친일재산 이외의 상속재산 등을 단지 그 선조가 친일행위를 했다는 이유만으로 국가로 귀속시키는 것은 아니므로, 연좌제 금지원칙에 반한다고 할 수 없다.

7. 결정내용의 헌법상 쟁점에 대한 검토

1) 소급입법여부

현행 헌법 제13조 2항은 '모든 국민은 소급입법에 의하여 참정권의 제한을 받거나 재산권을 박탈당하지 아니한다'고 규정하고 있다. 문제는 친일재산이 대한민국 헌법 하에서 보호받을 수 있는가의 여부이다.

친일반민족행위자는 대한민국의 국가성을 부정하는 매국행위로 문제의 재산을 취득한 것이며, 따라서 이에 대하여 목영준, 김종대 재판관은 부진정소급입법이라는 별개의견을 제출하고 있으며, 다수의견은 진정소급입법이라고 하더라도 위헌의 예외사항(다수의견)[13] 이라고 하고 있다.

소급입법금지의 원칙은 근대법의 중요한 원칙의 하나이다. 세계인권선언 제11조 제2항도 행위시에 국내법적, 국제법적으로 범죄가 되지 않는 행위는 사후입법을 통해 처벌할 수 없다고 규정하고 있다. 그러나 이러한 조항이 소급입법을 절대적으로 금지하는 것이 아니라 일정한 예외가 있다는 재조명이 이루어지고 있다. 이러한 재조명의 대표적인 논거는 이행기적 정의론(Transitional Justice)이다. 이에 따르면 국내법이나 국제법에 반하는 범죄행위는 사후입법을 통해 처벌할 수 있으며, 범죄이지만 관행상 정당화 또는 묵인되거나 사실상 처벌이 불가능한 경우 그래서 당시의 기준에서도 불법적인 관행을 사후에 처벌하는 것은 소급처벌의 문제라고 볼 수 없다는 것이다.[14]

본 사례의 경우도 소급입법의 형식을 취하고 있으나 이행기적 정의론에 기초하여 위헌의 예외사항이라고 보는 것이 합당할 것이다.

2) 사회적 신분에 의한 차별인지 여부

현행 헌법 제13조 제3항는 '모든 국민은 자기의 행위가 아닌 친족의 행위로 인하여 불이익한 처우를 받지 아니한다'고 규정하고 있는데, 이에 따르면 '특별법'

---

13) 5.18민주화특별법 위헌 결정(1996. 2. 16. 96헌가2)에서 헌재는 '올바른 헌정사의 정립을 위한 과거청산의 요청에 미루어 볼 때 비록 특별법이 개별사건법률이라 하더라도 입법을 정당화할 수 있는 공익이 인정될 수 있으므로 위 법률조항은 헌법에 위반되지 않는다'고 하여 입법재량권을 인정한 바 있다. 나아가 이 법이 소급입법이라면 위헌인가에 대한 예비적 판단에서 4인의 재판관은 '진정소급입법이라 하더라도 기존의 법을 변경하여야 할 공익적 필요는 심히 중대한 반면에 그 법적 지위에 대한 개인의 신뢰를 보호하여야 할 필요가 상대적으로 적어 개인의 신뢰이익을 관철하는 것이 객관적으로 정당화될 수 없는 경우에는 예외적으로 허용될 수 있다'고 한바 있다.

14) 이재승, 국가범죄, 앨피출판, 2010년, 80쪽 이하 참조.

에 따른 재산기속이 친일행위자 후손의 재산에 대한 국가기속인지, 친일재산의 국가기속인지 여부가 쟁점이 된다고 하겠다. 나아가 친일재산의 국가기속이라고 하더라도 이것이 몰수에 해당하는 것인지가 쟁점이 되었다.

'특별법'의 경우, 친일행위자 후손의 재산에 대한 기속을 문제삼기 보다는 민족정기 회복차원에서 친일재산의 국가기속을 타겟으로 하고 있다는 점에서 사회적 신분에 의한 차별이라고 볼 수 없을 것이다. 또한, 친일재산의 국가기속이라고 하더라도 이것은 1948년 반민특위법상의 몰수와는 다른 것으로 보아야 할 것이다. 반민특위법에서는 재산취득 경위와 상관없이 반민행위자의 취득재산을 박탈하고 이를 몰수하고 있으나 '특별법'상의 국가귀속은 친일반민족행위의 대가로 취득한 자산의 국가귀속을 위한 것으로 불법적인 상태해소를 위한 행정행위로 보아야 할 것이다.

3) 과잉금지원칙의 위배여부

현행 헌법은 재산권과 관련하여 제23조 제1항에서는 "모든 국민의 재산권은 보장된다. 그 내용과 한계는 법률로 정한다"고 규정하고, 제37조 제2항에서는 "필요한 경우에 한하여 법률로 제한한다"고 규정하고 있다.

그런데 문제는 제한하는 법률을 둔 경우에도 본 사례의 경우와 같이 한일합병으로부터 100년, 해방으로부터 60여년이 경과하여 반민족 행위의 대가로 취득한 재산임을 입증하기가 용이하지 않아 문제이다. 특히 사정받은 토지(1910년경 토지조사결과)의 친일재산여부[15]가 그러하다. 이에 따라 '특별법'은 추정규정을 두고 있는데 이에 대하여 청구인측은 이러한 추정규정이 사실상 간주규정이 아닌가하고 주장하고 있다.

그러나 본 사례의 경우 친일반민족행위의 대가로 취득한 것이 아님을 관련자료를 통해 입증하면 귀속재산에서 제외될 수 있으며, 가계도 작성, 재산조회 등으로 보완할 수 있다는 점을 고려하면 간주규정이 아니라 추정규정으로 보는 것이 타당하다고 할 것이다.

그렇다면 이러한 제한조치가 과잉된 것인가의 여부이다. 과잉금지의 원칙은 목적의 정당성, 수단의 적절성, 피해의 최소성, 법익의 균형성의 충족여부를 통해서 그 위배여부를 판단할 수 있다. 청구인측은 가사 목적이 정당하더라도 피해최소성의 원칙과 법익의 균형성에 반한다고 주장하고 있으나 헌법재판소는 그렇지

15) 공개변론 당시의 쟁점 중 하나(청구인측 이효종 변호사), 피청구인측에서는 관련자료를 통해 입증하면 귀속조치 제외 가능하다고 반론하였다.

않다고 판단하고 있다.

생각건대, 본 사례의 '특별법'은 피해를 최소화하기 위하여 친일재산의 발생시기를 한정하고, 중대한 유형의 반민족행위자로 국한하며, 참회한 자는 제외하고 있으며, 선의의 제3자를 보호하기 위한 규정을 두고 있다. 또한 친일반민족행위자를 친일인명사전의 경우 지위범으로 보고 있는 것에 비하여 친일진상규명법에서는 친일반민족행위자를 부진정지위범으로 완화하고 있으며, 이에 기초하여 반민행위자의 재산을 기속하고 있다는 점을 고려하면, 헌재의 법정의견은 타당하다고 사료된다.

법익의 균형성과 관련하여서도 일제에 의한 불법통치의 부정 및 이에 대한 원상회복이라는 공익이 반민족행위자 후손들이 향유할 재산적 신뢰라는 사익과 비교하여 볼 때 크다는 점에 기초한다면 법정의견이 합리적이라고 생각된다.

4) 친일반민족행위 등 개념의 명확성 문제

청구인측은 친일반민족행위 개념이 불확정적, 정서적, 다의적 개념이라고 주장한다. 사실 일반인의 정서에 그러한 인상이 없는 것은 아니다. 그러나 해방 60여년의 세월을 거치는 우여곡절의 과정에도 불구하고 역사학계에서는 이미 친일파의 개념을 유형화하고 있다.

역사학계에서는 1910년 한일합방 이전의 친일파를 매국형 친일파로 분류하고 있다. 이완용, 송병준 등 이른바 을사오적이 이에 해당한다고 하겠다. 한일합병이 이루어진 1910년부터 1937년 일본의 만주침략이 일어나기 전까지의 친일파를 직업형 친일파로 분류하고 있다. 국권 상실 후 먹고 살기 위해서 또는 먹고 살다 보니까 자의반 타의반으로 친일을 할 수밖에 없는 경우 등 수많은 케이스가 이에 해당한다고 할 것이다. 그리고 1937년 일본의 만주침략 이후 제2차 세계대전이 본격화 되면서부터는 황국신민으로 천황을 위하여 몸을 바치라는 적극적 전쟁협력형 친일파들이 등장한다.

이러한 역사학 연구의 성과에서 한걸음 더 나아가 친일진상규명법 제2조에서는 해방 후부터 제시된 친일반민족행위의 유형들을 망라하여 모두 20개로 유형화하고 있다. 예를 들면, 국권침탈 협력행위(6호)형, 일제의 공직참여(7,8,9호)형, 독립운동의 파괴 및 저해활동(1,2,3,4,5,10,13,17,19호)형, 전쟁동원(11,12,14,17,19호)형, 기타 민권침해(15,16,18호)형 등이 그것이다.

친일재산 국가귀속 특별법은 이러한 모든 유형의 친일행위자의 재산을 기속하려는 것이 아니라 친일진상규명법 제2조의 6호 내지 9호의 행위를 한 자, 그리고 친일반민족 행위자 재산조사위원회의 결정에 따라 친일의 정도가 지극히 중대하다고 인정된 자에 특정하고 있다.

이를 수치로 표현하여 보면, 친일인명사전에 수록된 친일인물은 5000여명이나 이중 반민규명위원회에 친일반민족 행위를 했다는 사실이 인정된 사람은 1000여명, 친일재산조사위원회에서 재산이 국가에 귀속되는 친일반민족 행위자로 결정된 사람은 507명에 불과하다. 그리고 이중 재산을 귀속시킨 사람은 168명, 2359필지로 특정이 된다. 결국 재산귀속 반민행위자는 친일파[16]의 10%[17]에 불과한 것이다.

또한 지위책임의 경우도 총독부의 위계서열을 고려하여 중요한 역할을 한 자들을 통계적으로 확정하고, 개별심사의 원칙(이의신청기회의 제공(19조4), 반민행위와 상치되는 행위의 조사의무(20조), 조사대상자의 보호(23조), 의견진술기회의 부여(24조), 조사결과에 대한 이의신청기회(28조)를 제공하고 있다.

그렇다면, 이 사건 정의 조항 중 '반민족행위자'라는 개념이 불명확하다고 할 수 없을 것이다.

Ⅳ. 맺 음 말

친일반민족 행위자의 재산으로 국가에 기속된 재산은 공시지가로 959억이고 여의도 면적 1.3배 정도에 해당한다. 이러한 규모는 한때 논란이 되었던 무상급식과 관련하여 보면 초등학생 42만명의 1년 무상급식액 정도에 해당한다.

이를 놓고 청구인측 즉 친일반민족행위자 후손들은 볼멘 소리를 하기도 한다. 하지만 친일반민족행위자들에 의해 피해를 입었거나 이들과 싸워 독립을 쟁취하려고 하였던 많은 국민들은 오히려 '특별법'이 미온적이고 타협적이라고 비판하기도 한다.

실제 독립운동에 참여하였으나 여러 가지 이유로 포상을 받지 못한 포상 보류자만해도 26,000여명에 이르고, 정부로부터 독립유공자로 포상을 받은 사람은 겨우 10,000여명 정도인 것을 고려한다면 친일반민족행위자에 대한 국가기속의 정

16) 친일파의 유형으로는 러일전쟁부터 한일합방에 이르는 시기의 매국형, 한일합병 이후의 식민통치 협력형, 1937년 이후의 침략전쟁 앞잡이형이 있다. 식민통치 협력자들은 식민통치기구에서 활동한 자(조선총독부 자문기관인 중추원, 조선총독부 행정기관, 사법기관에서 항일운동과 독립운동을 처벌한 자) 등이다. 그 밖에도 동양척식회사 등 경제기관에서 식민침탈에 협력한자, 문화교육기관에서 식민침탈에 협력한 자 등이 있다.

17) 친일반민족행위자 재산조사위원회, 친일재산에서 역사를 배우다, (리북출판사, 2010년), 30쪽.

도가 너무 미미하다는 것이다.

사실 1948년의 반민특위법에 비하면 역사적 단죄의 정도가 낮은 것도 사실이다. 반민특위법은 반민족행위자에 대하여 최고형 사형, 무기징역이나 5년 이상 징역을 규정하고 있고, 친일재산의 경우 전부 또는 1/2 몰수하도록 규정한 것은 물론 10년 또는 15년 이하의 공민권 정지를 규정하고 있다.

또한 특별법의 경우 지위책임이 지나치게 완화되어 있는 것도 문제이다. '특별법'이 언급하는 지위는 행위가 없는 따라서 책임도 없는 공허한 지위가 아니라 그러한 지위를 갖는 것 자체가 친일행위의 결정체이자 대가이자 장래에 대한 약속[18]임을 고려한다면 더욱 더 날선 비판이 가능할 것이다.

또한 반민행위자의 재산기속은 1945년 이전, 당사자의 재산취득에 한정[19]되고 있는 것도 문제이다. 1945년 8월 15일 이후 친일반민족 행위자 후손이 취득한 재산, 일제 강점이후 후손이 취득한 재산도 해당하지 않고 있으며, 해방 후 친일재산을 처분하고 새로이 취득한 재산(이른바 변형재산)도 국가귀속 대상으로 삼지도 않고 있다. 이완용의 경우 조선총독부 소유 민간지 무상대부 등을 통해 여의도 면적 1.9배의 토지(475만평)를 소유했다가 매각하여 1920년대 최대의 현금부호였으며, 1995년 이완용 증손자는 소송에서 20억원 상당의 땅을 되찾았고 1997년 30억원에 되팔았으며, 한 명을 제외하고 모두 해외에 거주하고 있다. 송병준 후손의 경우, 자작 작위와 함께 홋카이도의 땅 560만평과 부평미군기지 등을 받았는데 이를 되찾겠다며 일본과 우리나라를 오가며 재산되찾기 시도를 하기도 하였다.

그러한 점에서 보면 과거청산의 문제를 단순한 과거의 문제로 보지 않고 현재의 문제로 보면서 엄단하고 이를 통해 역사적 교훈을 배우는 외국의 사례는 많은 시사점을 준다할 것이다.[20] 이스라엘과 프랑스는 아직도 나치 전범을 찾아 형사처벌하고 있다. 심지어, 오스트리아는 친나치를 표방하는 것만으로도 형사처벌을 하고 있다. 독일은 '과거를 기억하고 책임지지 않으면 미래는 없다'라는 격언[21]에 따라 '과거, 책임, 미래재단'을 설립하여 운영하고 있다.

이러한 맥락에서 보면 '특별법'이 과거를 기억하고 책임질 것은 책임을 지거나 지우면서 미래를 기약하기에는 여러 가지 미비한 점 또한 적지 않은 것은 사실이고, 과거청산의 5가지 모델[22] 중 진실규명과 제한적 원상회복의 방식을 취한

18) 이재승, 국가범죄, 앨피출판, 2010년, 154쪽.

19) 같은 책, 33쪽 이하.

20) 같은 책, 32쪽.

21) Es gibt keine Zukunft, wenn man nicht erinnern und nicht dazu verantwortlich sein.

22) 이행기 정의의 모델로는 크게 5가지가 있다. 첫째는 정의 모델로 가해자의 형사처벌 등이 주가

것이라고는 하지만 진실규명 자체가 미흡한 것 또한 사실이다. 그러나 이것은 그나마 현재의 정치구조와 합의수준에서 할 수 있는 것들을 한 것이라고 평가되며, 이번 헌재 결정은 현재 상황에서 가능한 친일청산 작업에 대한 나름의 헌법적 교통정리였다고 보아야 할 것이다.

<주 요 참 고 문 헌>

친일반민족행위자 재산조사위원회, 친일재산조사 4년의 발자취, 2010년 7월.
친일반민족행위자 재산조사위원회, 청산되지 않은 역사 친일재산, 2010년 7월.
친일반민족행위자 재산조사위원회, 친일재산에서 역사를 배운다, 리북출판사, 2010년 7월.
친일반민족행위자 재산조사위원회, 언론보도모음집, 2010년.
이재승, 국가범죄, 앨피출판사, 2010년.

된다. 진실화해모델은 진실의 발견, 화해의 촉구를 추구하며 진상규명과 제한적 원상회복 사업을 펼치기도 한다. 그 밖에도 혼합모델, 망각모델, 신원모델 등이 있다.

"친일재산 국가귀속 특별법에 대한 헌법적 쟁점"의 토론문

이 황 희*

이번 발표문을 통해 '친일반민족행위자 재산의 국가귀속에 관한 특별법'(이하 '특별법')과 그에 대한 헌법재판소의 2008헌바141 등(병합) 결정(이하 '이번 결정')에 관하여 재차 진지하게 짚어볼 수 있는 계기로 삼을 수 있었습니다. 이에 발표자에게 감사의 말씀을 드립니다.

이번 결정의 법정의견에 대한 예리한 비판들이 소수의견들을 통해 개진되었고, 판결문 기재 순서상 법정의견은 그 소수의견들에 대한 재항변의 기회를 가지지 못했으므로, 제가 그럴만한 능력이 있는지는 의문이지만 이 토론의 시간은 재판소의 입장인 법정의견의 논리를 내재적 관점에서 이해할 수 있도록 주안점을 두고자 합니다(이하에서는 편의상 경어체를 생략합니다).

1. 쟁점1: 특별법은 진정소급입법인가, 부진정소급입법인가?

가. 비판: 부진정소급입법이라는 견해

이번 결정에서 재판관 1인(재판관 목영준)은 특별법상 친일재산의 국가귀속이 진정소급입법이 아니라 부진정소급입법에 해당한다고 보았다.

즉, ① 현행 헌법 전문(前文)이 '유구한 역사와 전통에 빛나는 우리 대한국민은 3·1운동으로 건립된 대한민국임시정부의 법통을 계승'할 것을 규정하고 있는 점, ② 1905. 4. 29. 반포된 대한제국의 형법대전은 국가에 대한 반역죄(제190조 내지 제192조), 내란죄(제195조), 외환죄 및 국권손괴죄(제200조) 등을 규정하였는바, 비록 위 형법대전은 1912. 3. 18. 조선총독부법령 제11호로 폐지되었으나 이는 일제의 부당한 지배에 의해 그 적용이 배제되었던 것일 뿐 위 법전의 규범적인 효력은 잠재적인 차원에서 그대로 존속하였다고 할 수 있는 점 등에 비추어 친일재산에

* 헌법재판소 헌법연구관.

는 취득 당시 반사회적 가치 내지 범죄성이 내재하고 있었고, 다른 유사한 국가들과 달리 과거사 청산절차를 밟지 못한 우리나라에서는 그 반사회성 및 범죄성이 현재까지도 지속되고 있다고 볼 수밖에 없으므로, 친일재산의 소유권 귀속에 관한 사실관계 또는 법률관계가 이미 종료되었다고 할 수 없어서, 특별법은 현재 진행중인 사실관계 또는 법률관계에 작용하는 부진정소급입법이라는 것이다(헌재 2011. 3. 31, 2008헌바141, 판례집 23-1 상, 276, 318-319).

나. 검 토

사실, 이 특별법의 성격을 부진정소급입법이라고 보는 것은, 그 나름의 논리적 근거도 있으며 특히 헌법 제13조 제2항으로 인한 문제를 피해갈 수 있는 좋은 방법이다. 그러나 특별법을 진정소급입법으로 평가한 법정의견은 다음의 요소들을 보다 비중있게 고려하지 않았을까 생각된다.

① 우리의 근대적인 토지소유권제도는 일제의 토지정리사업에 의하여 토지사정부가 작성되면서 이루어졌으며, 이를 대한민국이 소유권의 원시취득 원인으로 인정함으로써 현행 헌법 체제 내로 계승되었다(이번 결정 중 재판관 이동흡, 재판관 목영준의 일부한정위헌의견 중).[1] 비록 그 취득 원인에 치명적인 문제가 개입되어 있다 하더라도, 그간 우리 사법부가 정상적인 소유권의 대상으로 인정해 온 점, 형사법에서의 공소시효나 재산법에서의 제반 시효 제도와 같이 우리 법제는 법적 안정성을 위한 시간적 매듭을 마련하고 있는 점 등에 비추어 볼 때 취득한 지 60년 내지 100년이 지난 재산을 불확실한 재산이었다라고 하는 것은 그간의 법실무 관행과 여타 법제도적 디자인에 부합하지 않는다.

② 특별법에 대한 국회 심사보고서에서도 특별법이 진정소급입법임을 전제로 위헌여부를 검토하고 있는 점[2]에서 입법자의 의사 역시 진정소급입법의 형식으로 친일재산의 국가귀속을 도모하려는 것임을 알 수 있다.

③ 해방 후 우리 제헌헌법은 부칙 제101조에서 "이 헌법을 제정한 국회는 단기 4278년 8월 15일 이전의 악질적인 반민족행위를 처벌하는 특별법을 제정할 수 있다"고 규정하였다. 이는 친일청산과 관련하여, 첨예한 문제로 불거질 수 있는 친일재산의 환수 작업이 헌법적으로 논란이 될 수 있다는 문제의식에 기반하여,[3]

---

1) 토지소유자는 조선토지조사령(1912. 8. 13. 제령 제2호) 제15조에 의해, 임야소유자는 조선임야조사령(1918. 5. 1. 제령 제5호) 제8조에 의해 사정이 확정되면 해당 토지 내지 임야를 원시취득한 것으로 인정되었다.

2) 재산귀속특별법안 심사보고서 6면.

3) 제헌헌법은 제15조에서 "재산권은 보장된다. 그 내용과 한계는 법률로써 정한다." 등의 재산권

친일재산을 소급적으로 환수할 수 있는 헌법적 근거를 마련한 것으로 보인다. 이러한 입장은, 적어도 당시에 친일재산이 그 소유자에게 귀속된 상태였다는 인식에 보다 근접해 있다.

④ 대한제국의 형법대전은 1912. 3. 18. 폐지되었으므로 그 이후에는 효력이 없고, 폐지되기 전이라 하더라도(혹은 일제강점이 무효이므로 여전히 그 당시의 실효적인 규범이라 하더라도) 이는 민주공화국인 대한민국과는 헌법제정권력을 달리하는 입헌군주국인 대한제국 하에서의 형법이므로 대한민국에까지 규범력이 연속된다고 보기 어렵다. 또한, 대한민국 임시정부가 1941. 11. 28. 제정한 건국강령은 일제의 앞잡이 노릇을 한 부적자(附敵者)의 공민권 박탈과 아울러 그 재산의 몰수를 명시한 바 있는데(건국강령 제3장 제2항 제5호), 이 역시 그 제정 이전의 시점까지 효력을 미치는 형식을 취하고 있으므로 소급입법이라는 점에서는 다를 바 없다.

2. 쟁점2: 진정소급입법에 의한 재산권 박탈은 우리 헌법상 절대적인 금지인가?

가. 비판: 절대적 금지라는 견해

이러한 비판의 요체는, 헌법 제13조 제2항은 헌법 자체에서 (진정)소급입법에 의하여 참정권을 제한하거나 재산권을 박탈하는 것은 어떠한 경우에도 허용하지 않겠다는 금지명령을 직접 규정한 것이다(이번 결정 중 재판관 이강국, 재판관 조대현의 일부위헌의견). 즉, 헌법제정자들은 소급입법에 의한 재산권 박탈을 금하고 있는 헌법 제13조 제2항을 규정하면서 어떠한 예외조항도 두지 않았으므로, 이는 위 헌법규정이 천명하고 있는 소급입법에 의한 재산권 박탈의 금지가 어떠한 예외적 상황도 없이 일률적이고 일의적으로 관철되어야 할 가치임을 의미한다는 것이다(이번 결정 중 재판관 김종대의 별개의견).

나. 검　토

(1) 헌법의 특징

헌법은 국가의 기본질서를 규정하는 근본법이다. 그러나 헌법도 성문의 법전인 이상, 한정된 규범들로 채워지기 마련인데, 그러다 보니 결국 헌법의 개별 규범들은 추상적이고 개방적인 형태를 지니게 되고, 법전화 과정에서 정치적 타협을

보장 규정을 두고 있었다.

통해 여러 이해관계를 녹여내게 된다. 이로 인해 헌법의 규범들은 유동성, 추상성, 개방성, 미완결성 등의 특징을 가지게 되고,[4] 필연적으로 해석에 의해 구체적인 내용이 드러나고 이를 통해 현실에 적용된다는 일종의 숙명 혹은 한계를 지닐 수 밖에 없다.

(2) 헌법해석의 특징

이번 결정의 법정의견의 입론을 옹호할 수 있는 헌법해석의 특징들로는 다음의 것들을 생각해 볼 수 있겠다.

① 헌법은 **가치를 새겨둔 문서**이다. 따라서 헌법해석은 본질적으로 가치연관적인 성격을 지닐 수밖에 없다. 가령, 공용침해의 목적과 관련하여, 우리 헌법은 "공공필요"를, 일본국 헌법은 "공공을 위하여"(公共のために)를, 미국헌법은 "공적사용"(public use)을, 독일 기본법에서의 "공공복리"(Wohle der Allgemeinheit)를 요건으로 규정하고 있다. 그러나 이러한 표현상의 미묘한 차이에도 불구하고, 이들 국가의 헌법은 기실 공용침해의 목적으로 실질적으로 동일한 가치를 지향하고 있다고 해석함이 타당할 것이다. 만약, 문언적으로 일치하지 않는다는 이유만으로, 위 요건들의 개념적 차이에 천착하는 것은 헌법해석론으로서 채택하기 곤란하다고 생각한다.

② 헌법이 어떠한 가치를 담고 있다고 하여, 그 가치들이 개별적인 조문 하나하나 속에서 완결적으로 규율되어 있다고 보기는 어렵다. 즉, 하나의 조문에서 해당 가치가 완결적으로 규정되어 있다고 해석할 수 없다. 어떤 가치의 지향은, 헌법의 여러 장소에 배치되어 있는 제반 가치들 간의 상호적 연관관계속에서 도출되기도 한다(text as a whole).

가령, 우리 헌법상 표현의 자유는 헌법 제37조 제2항에 의해 제한될 수 있지만, 나아가 헌법 제1조 민주공화국 규정과 연관지어 해석하면 민주주의의 실현을 위해 정치적 표현을 최대한 넓게 보장해야 한다는 당위성을 도출할 수도 있고(엄격한 심사기준), 다른 한편 헌법 제4조(통일조항)와 연관지어 해석하면 이적(利敵) 표현 등을 상대적으로 크게 제약할 수 있다는 가능성을 도출할 수도 있다(완화된 심사기준). 하나의 조문이라고 하더라도 어떤 다른 조항(혹은 가치)과 관련지어 파악하느냐에 따라 규범의 의미, 권리보장의 강도는 상이한 모습으로 다가온다.

③ 이러한 과정 속에서, 헌법해석을 통해 필요한 규범적 요건들을 추가적으로 도출해 내는 것도 얼마든지 가능하다.

- 예컨대, 우리 헌법재판소가 기본권 제한심사의 중요한 도구로 사용하고 있

4) 허영, 한국헌법론, 박영사, 2008, 25-6쪽.

는 과잉금지원칙은 우리 헌법의 명문규정상 존재하지 않고, 나아가 피해의 최소성, 법익의 균형성 같이 이를 위반할 경우 위헌으로 선언되는 핵심적인 규범요건들도 모두 재판소의 해석을 통해 도출하여 사용해 왔다.

- 이른바 '대통령 탄핵심판' 사건에서, '그 직무집행에 있어서 헌법이나 법률을 위배한 때' 탄핵사유가 될 수 있음을 규정한 헌법 제65조 제1항을 ('탄핵심판청구가 이유 있는 때 파면결정을 한다'는 헌법재판소법 제53조를 해석하는 형식으로) 우회적으로 해석하면서,[5] 헌법 명문에 없는 "중대한 법위반"이라는 요건을 추가하여 "직무집행에 있어서 **중대한** 헌법이나 법률 위반이 있는 경우"로 해석한 바 있다(헌법해석을 통한 요건 도출이 너무 과도했다는 비판을 받는 사례로는 이른바 '행정수도이전' 결정 참조).[6]
- **비교법적인 예**로서, 해석을 통해 법전화되지 않은 헌법을 찾아낸 예로는, 명문규정에 없는 법률에 대한 위헌심사권한을 이끌어 낸 미국연방대법원의 사례, 명문규정에 없는 헌법개정에 대한 위헌심사권한을 도출한 미국연방대법원,[7] 독일연방헌법재판소,[8] 오스트리아 헌법재판소[9] 등의 사례 등이 있고,
- 심지어 **헌법의 명문규정에 반하는 해석**을 함으로써, 민주주의와 법치주의 등의 헌정 가치를 수호하고자 시도한 예로는, 불가리아 헌법재판소의 자유인권당(the Movement for Rights and Freedoms) 사례,[10] 헌법개정에 대한 위헌심

---

5) 사실, 이 결정에서의 해석형식은 헌법재판소법 제53조 제1항을 해석하는 외양을 보이고 있다. 동 조항은 "탄핵심판청구가 이유있는 때에는 헌법재판소는 피청구인을 당해 공직에서 파면하는 결정을 선고한다"고 규정하고 있고, 동 결정은 이때 "탄핵심판청구가 이유있는 때"가 어떤 의미인지를 분석하고 있는 까닭이다. 그러나 이 문구의 해석은 본질적으로 헌법상 탄핵규정의 해석과 밀접한 관련이 있으므로, 이러한 법률해석은 종국적으로 헌법해석으로 귀착된다고 해야 한다. 동 결정에서도 "직무집행", "헌법이나 법률"과 같은 헌법상 요건들의 의미를 분설하고 있다.

6) 한편, 너무나 유명한 결정으로서, "대한민국의 수도는 서울이다"는 규정을 헌법전에 새겨넣은 이른바 '행정수도이전' 결정은, 쓰여지지 않은 헌법의 문구를 해석을 통해 도출해 낸 대표적인 결정이다. 일전에 외국 헌법재판소의 한 연구관과 대화를 하던 중, "한국 헌법재판소의 권한이 부럽다"는 말을 들은 적이 있다. 그 이유를 물으니, 그 연구관은 "한국 헌법재판소는 헌법조항을 스스로 만들기도 하기 때문"이라면서 위 결정을 언급하였다. 당시 기억에, 우리 재판소 결정이 해외 재판기관의 관심이 되고 있다는 뿌듯함을 느낀 동시에, 사법기관의 역할을 유월한 것이 아니냐고 지적하는 듯한 행간의 의미에 당황감을 느끼기도 하였다.

7) Hollingsworth v. Virginia, 3 U.S. 378 (1798); National Prohibition Cases, 253 U.S. 350 (1920); Dillon v. Gloss, 256 U.S. 368 (1921); United States v. Sprague, 282 U.S. 716 (1931).

8) BverfG, 30, 1 (1970)

9) Länder Citizenship 사건(1952. 12. 12. 결정) 등.

10) 1990년, 불가리아에서 민주주의로의 체제전환이 이루어진 후, 투르크계 사람들이 정당을 결성하여 자유인권당(the Movement for Rights and Freedoms)으로 등록하였다. 자유인권당은 민주적으로 진행된 첫 총선에서 상당한 표를 얻어 의회에 진출하였고, 여당과 단기간 연정을 하기도 하

사를 금지하는 규정이 있음에도 불구하고 당해 헌법개정의 위헌성을 심사하여 무효화시킨 인도대법원의 사례[11] 등이 있다.

물론, 이러한 태도가 바람직한 것인가에 대해서는 여러 비판이 가능할 것이다. 그러나 이는 정도(degree; more or less)에 관한 문제일 것이다. 요컨대, 헌법해석은, 민주주의와 법치주의와 같은 헌법의 핵심 원리, 가치들을 실효적으로 구현해 내기 위하여 헌법이라는 텍스트를 어떻게 해석할 것인지를 결정하는 작업이다. 헌법은 충분히 개방적이고 여전히 미완결적으로 규정되어 있고, 헌법해석은 일반 사법작용에 비해 정치적인 특성을 갖는다. 쓰여지지 않은 의미를 도출해 내는 것은, 결코 남발되어서는 안 되겠지만, 그렇다고 해서 잘못된 헌법해석론이라고도 보기 어렵다.

(3) 헌법 제13조 제2항의 해석론

(가) 이번 결정의 법정의견은 소급입법에 의한 재산권 박탈 금지라는 헌법적 가치이외에도, 대한민국이라는 국가의 역사적 배경(일본제국주의와의 투쟁과 그 극복을 지향하는 일련의 노력 속에서 건국됨), 헌법전문의 내용(3.1운동으로 건립된 임시정부의 법통 계승), 해방이후의 역사적 현실(제국주의에 협력했던 세력이 청산되지 못하고

였다. 총선 후 의회다수파에 의해 제정된 불가리아 헌법 제11.4조는, "인종, 민족, 종교노선에 기반한 정당도, 국가권력을 폭력으로 탈취하려는 정당도(**nor**) 인정되지 않는다"([T]here shall be no political parties on ethnic, racial, or religious lines, nor parties which seek the violent usurpation of state power.)고 규성했다. 이 조항은 불가리아 내의 다양한 인종적 소수집단의 정치참여를 효과적으로 차단하고자 마련된 것이었다. 그 주요 대상은 투르크인들, 로마인들(집시), 마케도니아인들이었다. 자유인권당의 의원들은 그 조항의 채택을 지지하지 않았지만 결국 이 조항은 채택되었다. 이에 총선에서 패배한 구 공산당의 후신 정당이 이 조항에 근거하여 자유인권당의 등록취소를 청구하였다.

불가리아 헌법재판소는 의견이 갈리긴 했지만, 자유인권당의 등록을 유효하다고 보았다. 이 판결에서 헌법재판소는 헌법 제11.4조를 좁게 해석하면서, 자유인권당이 형성되었던 역사적 배경맥락의 중요성을 강조하였다. 헌법의 한 조항은 다른 조항과의 연계 속에서 조화롭게 해석되어야 하므로(불가리아 헌법은 결사의 자유를 규정해 두고 있었다고 보인다—토론자 註), 제11.4조는 오직 "인종적 기초위에 세워지고, 그와 동시에(**with**) 폭력적으로 국가권력을 탈취하려는 정당"(political parties that are formed on an ethnic basis with the intention to violently usurp state power)만이 금지되는 것으로 해석한 것이다. 헌법재판소의 이 판결은 불가리아의 입헌주의와 법치주의를 상징하는 획기적인 결정이라고 상찬되었다. 이 판결에 대한 이상의 소개와 평가는, Norman Dorsen *et al.*, *Comparative Constitutionalism*(Thomson/West, 2003), p.760을 참조함.

11) 1950년 인도 헌법 제368조 제4항은 "이 조항하에서 이루어진 이번 헌법개정은 어떠한 이유에서든 어떠한 법원에서든 심사의 대상이 될 수 없다"고 규정되어 있었지만, 인도대법원은 Minerva Mills Ltd. v. Union of India 사건에서, 제42차 헌법개정에 대한 위헌심사를 행한 후, 이 헌법개정이 '인도 헌법의 근본 구조'(the basic structure of the Constitution)를 위반하였다는 이유로 위헌으로 결정하였다. 그 후 이 판결에서의 법정의견은 첨예한 논쟁을 야기하였다. 이상의 헌법개정의 위헌심사에 관한 내용들은, Kemal Gözler, *Judicial Review of Constitutional Amendments—A Comparative Study*, Ekin Press, 2008, pp.8-25를 참조함.

해방된 후속 국가에서 살아남았던 나라는 세계사적으로 남베트남과 남한밖에 없음)[12] 등을 무겁게 받아들인 입론이라고 생각된다.

진정소급입법에 의한 재산권 박탈을 예외적으로 허용할 경우, 결국 이 법리의 남용으로 인한 법정안정성의 후퇴가 우려될 것인데, 이는 법정의견 역시 매우 주의한 흔적이 보인다. 법정의견이 "역사적으로 매우 특수하고 이례적인 공동체적 과업"임을 강조한 것도 남용의 폐해를 염려한 연유에서일 것이다.

(나) 법정의견은, 진정소급입법의 예외에 관한 법리를 설시한 96헌가2등 결정과 97헌바76등 결정을 원용하고 있다. 96헌가2등 사건에서 위 법리가 재판관 4인의 의견에 불과했던데 반해, 97헌바76등 결정에서는 위 법리를 법정의견이 정식으로 채택하였다(즉, 96헌가2등 결정을 원용함이 없이). 그렇다면, 위 법리는 후속 결정을 통해 법정의견으로 채택된 것으로 보인다. 법정의견이 위 두 결정을 순차로 적시한 것은, 이 법리에 그와 같은 연혁이 있음을 보여준 취지라고 생각된다.

(다) 재판관 2인의 반대의견은, 헌법 제13조 제2항의 도입 취지에 비추어 볼 때, 헌법 제13조 제2항은 4·19민주혁명과 5·16군사쿠데타를 거치면서 각종 소급입법에 의한 정치적·사회적 보복이 반복되어온 헌정사를 바로잡기 위하여 도입된 것으로서 예외를 두지 않는 절대적 금지명령이라는 것이다(헌재 2011. 3. 31, 2008헌바141, 판례집 23-1 상, 276, 279). 그러나 이 반대의견 안에서 서술된 바와 같이, 헌법 제13조 제2항의 도입배경에는 1960년 11월 29일 제4차 개정헌법 부칙[13]에 의해 입법된 반민주행위자공민권제한법, 정치활동정화법, 부정축재자처리법, 부정축재처리법 등과 같이 단순한 정치적 득실에 터 잡은 정략적 소급입법이 남용되는 현실을 피하기 위한 목적이 놓여있다. 이 반대의견 또한 "정치적·사회적 보복이 반복되어온 헌정사를 바로잡기 위함"을 위 조항의 도입배경으로 설명하고 있다.

그렇다면, 정치적 이해관계나 당파적 갈등을 떠나, 우리 민족의 정통성을 회복하는 역사청산의 과제와 밀접한 친일재산의 환수와 관련된 (소급)입법까지 헌법 제13조 제2항에 의해 금지된다고 보는 것은 위 조항의 도입배경에 부합하지 않을지도 모른다.

---

12) 한홍구, 대한민국의 정통성을 묻다, 철수와영희, 2009, 30쪽.

13) "이 헌법 시행 당시의 국회는 단기 4293년 3월 15일에 실시된 대통령, 부통령 선거에 관련하여 부정행위를 한 자와 그 부정행위에 항의하는 국민에 대하여 살상 기타의 부정행위를 한 자를 처벌 또는 단기 4293년 4월 26일 이전에 특정지위에 있음을 이용하여 현저한 반민주행위를 한 자의 공민권을 제한하기 위한 특별법을 제정할 수 있으며 단기 4293년 4월 26일 이전에 지위 또는 권력을 이용하여 부정한 방법으로 재산을 축적한 자에 대한 행정상 또는 형사상의 처리를 하기 위하여 특별법을 제정할 수 있다."

3. 쟁점3: 입증책임의 전환과 입법재량

입증책임 규범에 관한 입법재량을 인정하고 있는 2005헌바96 결정은 사해행위취소소송에서 수익자에게 입증책임을 부여한 것에 관한 사건이다. 따라서 이번 결정의 법정의견이 친일재산의 국가귀속과 관련한 입증책임에까지 위 2005헌바96 결정의 취지를 원용한 것은 옳지 못하다는 비판이 가능하다.

그러나 우리 헌법은 형사법상 무죄추정 이외의 영역에서 입증책임에 관하여 명시적으로 규율한 바 없으므로, 이 부분은 결국 1차적으로 입법자에게 형성의 권한이 있는 점(달리 설명하자면, 입증책임분배의 결정은 1차적으로 입법자의 몫일 터이나 헌법상 무죄추정원칙에 따라 적어도 형사재판에서는 입증책임에 관한 입법재량이 0으로 수축하게 될 것임), 우리 재판소는 보호감호나 과태료와 같이 당사자에게는 형벌과 유사하게 느껴질 수 있는 것에 대해서도 그것이 형벌이 아닌 이상 형벌과 유사하다는 이유만으로 형벌과 동일하게 규율되지 않는다고 보는 점,[14] 법정의견 역시 친일재산의 국가귀속처분이 형사처벌에 해당하지 않는다고 판시한 점,[15] 재산귀속처분이 사인간의 분쟁에 비해 침익적 성격이 큰 점은 인정되나 이러한 사정은 입법재량의 범위를 상대적으로 축소함으로써 형평을 추구할 수 있는 점 등에 비추어 법정의견의 논리에 충분히 수긍할 부분이 있다.

4. 쟁점4: 친일재산의 국가귀속은 연좌제금지를 규정한 헌법에 위반되는가?

친일반민족행위자 후손의 재산에는 다음의 세 종류가 있을 것이다.

친일반민족행위자의 후손의 재산		
친일반민족행위자로부터 상속받은 재산		후손이 형성한 재산
(a) 친일반민족행위자의 친일 대가로 형성한 재산	(b) 친일반민족행위자의 친일의 대가와 무관한 재산	(c) 스스로 형성한 재산

여기서, 특별법이 환수하고자 하는 재산은 (a)에 한정된다. 그러나 식민지 역사청산에 임했던 외국의 다수 입법례나 우리 제헌헌법 하에서의 반민족행위처벌

14) 헌재 1991. 4. 1, 89헌마17, 판례집 3, 124, 130; 헌재 1994. 6. 30, 92헌바38, 판례집 6-1, 619, 627.
15) 헌재 2011. 3. 31, 2008헌바141, 판례집 23-1 상, 276, 313.

법은 부역행위자를 형벌에 처하고 그의 재산을 전부 혹은 일부 몰수하는 형을 부과하는 형식을 취하였다. 즉, (a)와 (b)까지 모두 국가가 박탈해간 셈이다.

헌법 제13조 제3항은 “모든 국민은 자기의 행위가 아닌 친족의 행위로 인하여 불이익한 처우를 받지 아니한다”고 규정하고 있는바, 이는 ‘친족의 행위와 본인 간에 실질적으로 의미있는 아무런 관련성을 인정할 수 없음에도 불구하고 오로지 친족이라는 사유 그 자체만으로’ 불이익한 처우를 가하는 경우에만 적용된다(헌재 2005. 12. 22, 2005헌마19, 판례집 17-2, 785, 792). 만약 연좌제 금지 원칙에 위반되기 위해서는 위 표에서 (c)재산을 가져간 경우에 해당되어야 한다. (a)재산은 선조의 친일행위가 없었다면 자신이 상속하지 못했을 재산인바, 친일행위를 하지 않은 다른 사람들과 비교해 볼 때 부당한 재산이라고 볼 수 있으므로, 친일청산의 대의에 따라 국가에 귀속시킬 수 있는 대상이고, 오히려 국가가 이러한 (a)재산을 후손이 보유하도록 내버려 두는 것이 오히려 정의감에 반하는 일이 된다고 생각한다.

5. 쟁점5: (a)재산에 한하여 국가귀속을 시키는 것이 중대한 기본권 침해인가?

앞서 본 바와 같이, 친일행위의 대가로 취득한 재산은, 애당초 대개의 우리 선조들 즉, 피지배 민족으로서 식민지배의 부당성에 공감하고 우리민족의 일원이라는 자긍심을 간직하며, 비록 현실적인 어려움으로 인해 독립운동에 투신하지는 못할지언정 적어도 일제에 적극 가담하여 같은 민족에게 고난을 안기며 자신의 안락만을 추구하면서 살지는 않겠다는 생각으로 힘든 시간을 버티며 해방을 맞이한 사람들의 존재를 감안해 볼 때, 이를 보유하도록 내버려두는 자체가 이미 형평성에 어긋나는 일이다.

따라서 이러한 친일재산은, 그의 선조가 친일행위를 하지 않은 채 그 시대의 평범한 사람들처럼 피식민지의 일원으로 살았더라면 그 후손이 결코 물려받지 못했을 재산인바, 이러한 연유에 따라 법정의견은 친일재산을 국가로 귀속시키는 것이 기본권에 중대한 제약을 초래하지 않는다고 보아, 평등권 심사에서 완화된 심사를 한 것으로 보인다.

"친일재산 국가귀속 특별법에 대한 헌법적 쟁점"에 대한 토론문

정 주 백*

발제자께서 발제문에는, 문제된 결정에 대한 구체적인 의견을 내놓지 않으셨기 때문에, 토론자 나름대로의 이 결정에 대한 몇 가지 감상으로써 토론을 대신할까 합니다.

이 토론문은 친일파를 두둔하기 위한 것이 아닙니다. '민주주의적 결정'으로 친일파를 단죄하여야 한다는 것에 대하여 이론을 제기하고자 하는 것도 아닙니다. 다만, '헌법'을 이 친일파 문제에 비추어 보았을 때 어떤 결론에 도달하여야 하는가, 또는 도달할 수 있는가 하는 점을 다루고자 합니다.

그러면, 우선 헌법과 민주주의 사이에 틈이 있는가, 또는 있을 수 있는가 하는 점이 검토되어야 할 것인데, 토론자는 '그렇다'라는 대답을 내놓습니다. 헌법재판의 본령이 민주적 결정의 오류를 바로잡는데 있는 것이라 보기 때문입니다. 오류는 부적합할 수 있겠습니다. 민주주의적 결정이 헌법에 위배되는 상황을 바로잡는 것이라 표현함이 더 적확할 것 같습니다. 민주주의는 그 결정내용의 타당성을 담보하지는 않습니다. 가능성이 높을 뿐입니다. 이론적으로는, 현자나 왕에 의한 통치라고 하여 항상 민주주의적 결정의 결과보다 못한 결과를 낳는다는 결론에 도달하는 것은 아닐 것입니다. 다만, 민주주의적 결정이, 즉 다수가 찬성하는 결정이 헌법적 가치를 훼손할 수 있는 가능성을 시인하고, 헌법재판소로 하여금 민주주의로부터 헌법적 가치를 수호할 것을, 헌법은 정하고 있는 것입니다. 그러므로, 다수가 찬동하므로, 헌법적으로도 문제될 바가 없다는 시각은, 민주주의와 헌법재판의 관계를 잘못 이해한 발로라 여깁니다.

---

* 충남대학교.

토론자는, 민주주의와 헌법의 길항이 가장 선명하게 드러난 예가 친일재산귀속법 사건이라 봅니다.

Ⅰ. 소급입법의 문제

1. 헌재는,

『소급입법은 새로운 입법으로 이미 종료된 사실관계 또는 법률관계에 작용하도록 하는 진정소급입법과 현재 진행중인 사실관계 또는 법률관계에 작용하도록 하는 부진정소급입법으로 나눌 수 있는바, 부진정소급입법은 원칙적으로 허용되지만 소급효를 요구하는 공익상의 사유와 신뢰보호의 요청 사이의 교량과정에서 신뢰보호의 관점이 입법자의 형성권에 제한을 가하게 되는 데 반하여, 진정소급입법은 개인의 신뢰보호와 법적 안정성을 내용으로 하는 법치국가원리에 의하여 특단의 사정이 없는 한 헌법적으로 허용되지 아니하는 것이 원칙이나 예외적으로 국민이 소급입법을 예상할 수 있었거나, 법적 상태가 불확실하고 혼란스러웠거나 하여 보호할 만한 신뢰의 이익이 적은 경우와 소급입법에 의한 당사자의 손실이 없거나 아주 경미한 경우, 그리고 신뢰보호의 요청에 우선하는 심히 중대한 공익상의 사유가 소급입법을 정당화하는 경우에는 허용될 수 있다(헌재 1996. 2. 16, 96헌가2 등, 판례집 8-1, 51, 88; 헌재 1999. 7. 22, 97헌바76 등, 판례집 11-2, 175, 193-194 참조).』

그런데, 위의 96헌가2 사건은 [5 · 18 사건]임. 그런데, 이 사건에서는 헌법 제12조 제1항과 제13조 제1항에서 정하고 있는, 형벌에 대한 진정소급입법은 절대적으로 금지된다고 판시함. "헌법 제12조 제1항 후단은 "…법률과 적법한 절차에 의하지 아니하고는 처벌·보안처분 또는 강제노역을 받지 아니한다"라고 규정하고, 제13조 제1항 전단은 "모든 국민은 행위시의 법률에 의하여 범죄를 구성하지 않는 행위로 소추되지 아니하며…"라고 하여 죄형법정주의와 형벌불소급의 원칙을 규정하고 있다. 헌법 제12조 제1항과 제13조 제1항의 근본 뜻은 형벌법규는 허용된 행위와 금지된 행위의 경계를 명확히 설정하여 어떠한 행위가 금지되어 있고, 그에 위반한 경우 어떠한 형벌이 정해져 있는가를 미리 개인에 알려 자신의 행위를 그에 맞출 수 있도록 하자는 데 있다. 이로써 위 헌법조항은 실체적 형사법 영역에서의 어떠한 소급효력도 금지하고 있고, "범죄를 구성하지 않는 행위"라고 표현함으로써 절대적 소급효금지의 대상은 "범죄구성요건"과 관련되는 것임을 밝히고 있다(판례집 8-1, 51, 82-83)." 그래서, 공소시효에 관한 규정은 그 효력 범위에 속하지 아니함을 설시한 후에, 법치주의 원칙에 비추어 허용될 수 있는가를 검토함. 여기서 4인의 의견은 위에서 든 특별한 경우에는 진정소급입법이라도 허용되어질 수 있다는 것이고(판례집 8-1, 51, 90), 5인의 다수의견은 법치주의의 관점에서 보더라도 위헌이라고 봄(판례집 8-1, 51, 96). 그런데, 위헌 결정을 위해서는 6명의 재판관의 찬성이 필요한데, 이에 이르지 못하여 위헌결정이 선고될 수 없었음(헌법 제113조 제2항, 헌재법 제23조 제2항 단서). 이 사건에서는 주문을 '위헌이 아니다'로 정하고, 4인의 의견이 법정의견인 것처럼 취급되고 있음.[1)]

위와 같은 사건이 내용을 보면, 이 사건에서는 헌법 제13조 제2항이 명문으로써 소급입법에 의한 재산권 박탈을 금지하고 있으므로, 소급입법은 절대적으로 금지된다고 보는 것이, 위 [5·18 사건]의 판지를 존중하는 것 아닌가?

2. 헌재는,

『예컨대, 우리 제헌헌법은 부칙 제101조에서 '이 헌법을 제정한 국회는 단기 4278년(서기 1945년) 8월 15일 이전의 악질적인 반민족행위를 처벌하는 특별법을 제정할 수 있다'고 규정함으로써 이에 따라 일본정부와 통모하여 한일합병에 적극협력한 자, 한국의 주권을 침해하는 조약 또는 문서에 조인한 자와 모의한 자 등에 대한 중형과 재산의 몰수 등을 규정한 반민법을 제정한 바 있고,』

라고 하면서, 법정의견에서 제헌헌법 부칙 제101조[2)]를 원용함. 그러나,

---

1) 한편, 헌재 1990. 11. 11, 90헌가48 사건에서는, 5인의 위헌 의견과 4인의 각하 의견이 있었는데, 주문은 '위헌불선언'이었고, 5인 의견이 법정의견을 구성하였음.

2) 第101條 "이 憲法을 制定한 國會는 檀紀 4278年 8月 15日 以前의 惡質的인 反民族行爲를 處罰하는 特別法을 制定할 수 있다." 제헌헌법 第23條 "모든 국민은 행위시의 법률에 의하여 범죄를 구성하지 아니하는 행위에 대하여 소추를 받지 아니하며 또 동일한 범죄에 대하여 두 번 처벌되지 아니한다"에 대한 예외를 설정하는 것이다.

제헌헌법	부칙 제101조. 소급입법을 허용하는 명문 규정을 두었음. 단, 제헌의회에 한정.	제23조. 형벌불소급
현행 헌법	소급입법 허용 규정 없음.	제13조 제2항. 소급입법 금지 규정

헌법 제정권력자의 의지는, 소급입법을 허용할 수 없다는 전제 → 예외를 인정하기 위해 명문을 두었음. ⇒ 제헌 헌법이 지금까지 계속된다고 하여도, 특별법은 위헌임. why? 제헌의회가 아니므로(부칙 제101조가 형성적 규정인가, 확인적 규정인가에 있어서 형성적 규정이라는 근거가 될 것임. 즉, 친일파라도 소급입법으로써 처벌할 수 없다는 이해를 바탕으로, 특별히 예외를 창설하는 것으로 보아야 할 것임. 법정의견은 확인적 규정이라 이해하는 것으로 보임).

즉, 해방 직후 친일파를 처벌하여야 한다는, 국민의 여론이 헌법 제23조가 지키고자 하는 헌법적 가치와 부합하지 않는다고 본 것임.

참정권 제한에 대하여도 소급입법을 금지하는 취지도 같은 것이라 하여야 할 것임.

결국, 소급입법으로써 처벌을 하거나, 참정권을 제한하는 것은, 어떠한 경우에도 금지된다는 것임. 그것이 우리헌법의 의지라고 보아야 할 것임. 이에 대한 필요성, 민주주의적 요구가 크다면 그것이 헌법 안에 표현되어 있어야 한다는 것임. 그래야 위헌의 문제를 피해갈 수 있다는 것임.

그런데, 현행 헌법은 소급입법을 금지하는 명문의 규정을 두었음. 그리고 예외를 허용하는 규정을 두지 아니하였음. 그런데, 제헌 헌법을 합헌론의 논거로 삼고, 이를 정당한 것이라 할 수 있을까?

3. 헌재는,

『친일반민족행위자측의 입장에서는 그 재산의 취득 경위에 내포된 민족배반적 성격에 비추어 향후 우리 민족이 일제로부터의 독립을 쟁취하여 민족의 정통성을 계승한 국가를 건립하였을 때에는 그러한 친일재산을 보유하고 후대에 전수하여 자신과 그 후손들이 대대로 부귀를 누리는 것이 가능하지 않을 것이라는 점에 대하여 충분히 예상할 수 있었다고 할 것이다.』

그런데, 가장 잘 예견하였던 때는, 해방 직후. 그 때도 명문을 두어 소급입법. 그로부터, 60년이 지났는데, 예견했다? 그 동안 국가에 세금 내고 살았고, 예견을 했으면 매각을 하였을 것임. 가장 예견하지 않고, 법치국가에 대해 신뢰한 사람은, 환수당하고, 이를 신뢰하지 않은 사람은 매각하여 환수 당하지 않은 것 아닌가?

Ⅱ. 재산권의 문제

이 판례에서, 재산권의 침해 문제를 다루고 있으나, "사유재산제도의 전면적인 부정, 재산권의 무상몰수, 소급입법에 의한 재산권박탈 등이 본질적인 침해가 된다는데 대하여서는 이론의 여지가 없으나…"([토지거래허가제 사건] 헌재 1989. 12. 22, 88헌가13, 판례집 1, 357, 373)에 비추어 보면, 위 선례의 판시가 잘못 되었거나, 위 선례 판시를 전제로 한다면, '재산권의 무상몰수, 소급입법에 의한 재산권박탈'에 해당하는 특별법을 위헌이 아니라 하기는 어려운 것 아닌가?

Ⅲ. 평등권 문제

1. 헌재는

『(다) 평등의 원칙 위반 여부

1) 이 사건 귀속조항이 친일반민족행위자의 후손이라는 사회적 신분에 따라 합리적인 이유 없이 당해 재산의 소유자들을 차별하고 있는지 여부에 관하여 본다.

가) 평등권침해 여부를 심사함에 있어 엄격한 심사척도에 의할 것인지, 완화된 심사척도에 의할 것인지는 입법자에게 인정되는 입법형성권의 정도에 따라 달라지게 될 것이다. 헌법에서 특별히 평등을 요구하고 있는 경우나 차별적 취급으로 인하여 관련 기본권에 대한

중대한 제한을 초래하게 되는 경우에는 입법형성권은 축소되고 보다 엄격한 심사척도가 적용되어야 할 것이다(헌재 1999. 12. 23, 98헌마363, 판례집 11-2, 770, 787 참조).

사회적 신분에 대한 차별금지는 헌법 제11조 제1항 후문에서 예시된 것인데, 헌법 제11조 제1항 후문의 규정은 불합리한 차별의 금지에 초점이 있는 것으로서, 예시한 사유가 있는 경우에 절대적으로 차별을 금지할 것을 요구함으로써 입법자에게 인정되는 입법형성권을 제한하는 것은 아니다(헌재 2010. 11. 25, 2006헌마328, 공보 170호, 2106, 2110). 그렇다면 친일반민족행위자의 후손이라는 점이 헌법 제11조 제1항 후문의 사회적 신분에 해당한다 할지라도 이것만으로는 헌법에서 특별히 평등을 요구하고 있는 경우라고 할 수 없고, 아래와 같이 친일재산의 국가귀속은 연좌제 금지 원칙이 적용되는 경우라고 볼 수도 없으며 그 외 달리 친일반민족행위자의 후손을 특별히 평등하게 취급하도록 규정한 헌법 규정이 없는 이상, 친일반민족행위자의 후손에 대한 차별은 평등권 침해 여부의 심사에서 엄격한 기준을 적용해야 하는 경우라 볼 수 없다.』

그런데, 절대적으로 차별을 금지할 것을 요구하지 않는다는 것으로부터 특별히 평등을 요구하고 있는 경우가 아니라는 것이 논리적으로 귀결되는가? 절대적으로 차별을 금지하고 있다는 말은, 어떠한 경우에도 차별은 허용될 수 없다는 것을 의미. 따라서, 절대적으로 차별을 금지할 것을 요구하고 있지 않다는 것은, 정당화되는 경우라면 차별이 허용될 수 있다는 것만을 의미. 정당화 심사를 함에 있어서, 엄격한 심사를 할 것인가, 완화된 심사를 할 것인가는 따로 논증되어야 할 문제. 즉, '예외가 허용된다'에서 바로 '엄격한 심사를 요하지 않는다'는 결론을 도출해 낸 것. 논증에 있어서 한 단계를 건너 뛴 것은 아닌가? 물론, 이러한 설시는 [병역법] 사건에서 처음으로 설시된 것이고, 이를 이 사건에서 그대로 원용하고 있으나, 논리적으로 비약이 있는 듯함.

2. 헌재는,

『또한, 이 사건 귀속조항은 친일반민족행위자의 후손[3]이 가지는 모든 재

3) 유증받은 자, 증여받은 자는 후손이 아니다.

산을 귀속대상으로 규정한 것이 아니라 그가 선조로부터 상속받은 재산 중 친일행위의 대가인 것만 귀속대상으로 규정하고 있다. 그렇다면 이 사건 귀속조항은 그 차별취급으로 기본권에 대한 중대한 제한을 초래하는 경우라고 할 수 없으므로, 역시 평등권 침해 여부의 심사에서 엄격한 기준을 적용해야 하는 경우에 해당하지 않는다.』

그런데, 헌법이 보장하고 있는 재산권을 국가가 환수하여 가는 것이 중대한 기본권 제한이 아니라면 무엇이 더 중대한 제한인가? 나아가 그 재산권을 헌법이 명문으로 금지하고 있는 <u>'소급입법'으로써 박탈하는 것이 기본권에 대한 중대한 제한이 아니라면 무엇이 더 중대한 제한일까</u>? 토지거래허가제 사건에서 헌재는, "토지재산권의 본질적인 내용이라는 것은 토지재산권의 핵이 되는 실질적 요소 내지 근본요소를 뜻하며, 따라서 재산권의 본질적인 내용을 침해하는 경우라고 하는 것은 그 침해로 사유재산권이 유명무실해지고 사유재산제도가 형해화(形骸化)되어 헌법이 재산권을 보장하는 궁극적인 목적을 달성할 수 없게 되는 지경에 이르는 경우라고 할 것이다. <u>사유재산제도의 전면적인 부정, 재산권의 무상몰수, 소급입법에 의한 재산권박탈 등이 본질적인 침해</u>가 된다는데 대하여서는 이론의 여지가 없으나…"([토지거래허가제 사건] 헌재 1989. 12. 22, 88헌가13, 판례집 1, 357, 373)라고 판시한 바 있음. 다른 사건에서는 본질을 침해한다고 하였는데, 이 사건에서는 중대한 제한도 아니라고 본 것임.

기본권 침해가 중대한가, 아닌가는 법적 효과를 보아 판단할 것이지, 어떠한 경우에 그러한 법적 효과를 부여하는가와는 무관한 것임. <u>제노사이드를 범한 자에게도 사형은 중대한 기본권 침해임</u>. 그러므로, 위 판시 중에서 "선조로부터 상속받은 재산 중 친일행위의 대가인 것만 귀속대상으로 규정하고 있"으므로, 기본권에 대한 중대한 제한을 초래하는 경우라고 할 수 없다는 부분은 이해하기 어려운 것. 친일한 할아버지가 취득하였던 재산이라도, 이를 빼앗기면 아까운 것임. 아예 이 재산을 헌법이 보호하지 않는다고 하였으면 모를까, 재산권으로써 위 재산을 보호한다고 한 후에, 이를 소급적으로 환수해 가는데, 이를 중대한 제한이 아니라는 것이 과연 타당한 논리일까?

개인적으로는 이 표현 자체가 온당하지 않다고 봄. 기본권을 중대하게 침해했으면, 그 기본권 침해를 이유로 위헌임. 혹자는 제한은 하였으나 침해에 이르지 않은 경우를 이르는 것이라 할 지 모르겠으나, 관련된 기본권을 제한하나, 침해하지 않았는데, 평등권 침해로 인정된 예를 찾기 어려움. 오히려 "직접적으로 관련되는 기본권인 헌법상 생명권에 관한 국가의 기본권보호의무 위반 여부를 판단하는 것으로 충분하다 할 것이므로 평등권 침해 여부에 대해서는 더 이상 판단하지 아니한다"는 판시(헌재 2008. 7. 31, 2004헌바81, 판례집 20-2상, 91, 101)는 그 반대로, 직접적으로 관련되는 평등권 이외의 기본권이 침해되는 것이 아니라면, 평등권이 침해되는 경우는 없을 것이므로, 평등권 침해 여부에 대하여 따로 심사하지 않겠다는 것임.

이 분제를 상론할 일은 아니라고 생각되나, 평등권의 문제는 실체적 기본권과는 무관하다고 봄. 실체적 기본권이 제도의 문제라면 평등권은 제도가 어떻게 인간에게 적용되는가에 관한 문제를 다루는 것. 개인적으로는 인적 사유에 따라 다른 법적 처우를 하는 것'만'이 평등의 문제로 된다고 봄. 미국의 몽고메리버스 보이콧 운동의 시발점이 되었던, Rosa Parks 사건을 예로 들어 봄. 1955년 당시 미국 몽고메리시는 버스에 흑백좌석을 분리하는 조례를 채택하고 있었음. 앞 좌석 네 줄은 백인 전용이었고, 그 뒷 좌석은 흑인을 위한 것. 흑인용 좌석이 시작되는 줄은 '유색인종'이라는 팻말이 부착되어 있었음. 뒤에 앉도록 요구되어지는 흑인에 대한 차별이 문제되었음(이에 대한 자세한 것은, 정상환, 검은 혁명, 지식의숲, 206쪽 이하 참조). 앞에 앉을 권리라는 것은 없음. 그래도 차별의 문제는 생김. 뒷 줄에 백인이 앉고 앞 줄에 흑인이 앉도록 조례를 개정하더라도 차별의 문제는 그대로 남음. 평등의 문제는 '평등 이외의 권리'와 무관한 특별한 문제를 다루는 것. 이 점을 가장 잘 보여 주는 것은, Martin Luther King 목사의 유명한 연설, 'I have a dream' 중의 한 구절. 그는 "나는 4명의 어린 자녀들이 그들의 피부색이 아닌 그들의 성품으로 평가받는 그 날을 꿈꾸고 있습니다. I have a dream that my four little children will one day live in a nation where they will not be judged by the color of their skin but by the content of their character." 전자 즉 '그들의 피부색'으로 평가받아서 안 된다는 것이 평등의 문제를 이야기한 것이고, 후자 즉 '그들의 성품으로 평가'받아야 한다는 것은 좋은 제도를 만들어야 한다는 것.

3. 제11조 제1항 후문의 열거 사유가 아무런 의미가 없다는 판시에 동의하기 어려움. 이러한 판시는 [병역법 사건]에서 최초로 설시되었는데, 그 사건에서는 "성별"에 따른 차별도 완화된 심사에 의하여야 한다고 보았음. 토론자 개인적으로

는, 제11조 제1항 후문에 열거된 사유만이 차별을 금지하는 표지라고 봄.

왜 이런 현상이 생겼을까? 병역법 사건에서, 남녀 차별을 엄격한 심사에 의한다고 보면,[4] 정당화되기 매우 어려웠을 것임. 차별의 목적이 정당한가? 이를 설명하기 어려웠을 것임. 다른 한편, 엄격한 심사의 한 기준으로 말하여지는, "차별을 정당화하는 이유와 차별간의 상관관계에 대한 심사, 즉 비교대상간의 사실상의 차이의 성질과 비중 또는 입법목적(차별목적)의 비중과 차별의 정도에 적정한 균형관계가 이루어져 있는가"[5]는 병역법 사건에 적용할 수 없음. 왜 그런가?

위 심사기준은, '같은 것은 같게, 다른 것은 다르게'에 기초를 두고 있고, 이것은 아리스토텔레스의 배분적 정의론에 뿌리를 두고 있음.

아리스토텔레스는 정의를 '배분적 정의'와 '교정적 정의'로 나누어 설명. '배분적 정의'는 공동체의 가치를 구성원에게 그들이 가진 속성에 비례하여 배분하는 것. 예로, 두 사람 사이의 속성(각 a, b)의 비율과, 그들이 분배받은 가치(각 A, B)의 비율에 일치하여야 한다는 것. 즉 'a : A = b : B'의 등식이 성립할 때 정의가 완성된다는 것. 이것을 '비례적 평등'(proportional equality)이라 함.

징율세는 위 기준에 부합하나, 누진세는 위 기준으로도 설명을 못하는 것임.

그런데, 문제는, 남자와 여자의 다름의 비율이 정해져야 그 비율에 맞추어서 가치를 분배해 줄 수 있는 것으로 됨. 즉 남자와 여자의 다름의 비율이 1 : 2라면 그들이 받아야 할 가치의 비율도 1 : 2이어야 하는데, 과연 전자를 확정할 수 있는가, 하는 문제가 생기는 것임.

---

4) "차별을 두는 입법은 그 차별에 의하여 달성하려고 하는 목적과 그 목적을 달성하기 위한 차별을 두기 마련인데, 국민의 기본권에 관한 차별에 있어서 합리적 근거에 의한 차별이라고 하기 위하여서는 우선 그 차별의 목적이 헌법에 합치하는 정당한 목적이어야 하고 다음으로 차별의 기준이 목적의 실현을 위하여 실질적인 관계가 있어야 하며 차별의 정도 또한 적정한 것이어야 한다." 헌재 1996. 8. 29, 93헌바57, 판례집 8-2, 46, 56.

5) "자의심사의 경우에는 차별을 정당화하는 합리적인 이유가 있는지만을 심사하기 때문에 그에 해당하는 비교대상간의 사실상의 차이나 입법목적(차별목적)의 발견·확인에 그치는 반면에, 비례심사의 경우에는 단순히 합리적인 이유의 존부문제가 아니라 차별을 정당화하는 이유와 차별간의 상관관계에 대한 심사, 즉 비교대상간의 사실상의 차이의 성질과 비중 또는 입법목적(차별목적)의 비중과 차별의 정도에 적정한 균형관계가 이루어져 있는가를 심사한다." 헌재 2001. 2. 22, 2000헌마25, 판례집13-1, 386, 403.

남자와 여자는 다를 수 없는 것임. 규범적으로. 남자와 여자를 구별하지 말하는 것임. 토론자의 의견으로는 아예 법의 영역에서는 남자라는 말, 또는 여자라는 말을 써서는 안 된다는 것임. 禁忌語.

그런데, 왜 위와 같이 엉뚱한 말을 하게 되었을까? 평등을 사람의 문제가 아닌 사물의 문제에 적용하기 시작하였기 때문임.

하여간, 헌법 제11조 제1항 후문에서 정한 사유들에 대해, 엄격한 심사를 할 수 없다는 논리에 대해서는, '평등권을 기본권 중의 기본권'이라고 표현하면서, 평등권이 제한[6]이 있는데, 왜 거기에 대해서는 '완화된 심사'가 원칙인가 하는 것임. '기본권 중의 기본권'이 아닌, 속된 말로, '기타' 기본권에 불과한 기본권에 대해서는 헌법 제37조 제2항의 비례성 심사를 하면서, 왜 기본권 중의 기본권에 대해서는 완화된 심사가 원칙인가?

이제 남녀를 차별해도, 종교를 이유로 사람을 차별해도, 신분을 이유로 사람을 차별해도 그저 적절한 정도의 이유만 있으면 위헌이 아니라고 한다면, 인류의 역사에서 평등을 쟁취하기 위하여, 피를 흘렸던 조상들이 참으로 안타까워 할 것 같음.

Ⅳ. 추정규정의 문제

1. 헌재는, 다음과 같이 판시함.

『입증책임규범은 사실의 존부가 불명한 경우 법관으로 하여금 재판을 할 수 있게 하는 보조수단으로서 구체적으로 누구에게 입증책임을 분배할 것인가는 정의의 추구라는 사법의 이념, 재판의 공정성, 다툼이 되는 쟁점의 특성 및 관련 증거에 대한 접근성 등을 종합적으로 고려하여 입법자가 재량으로 정할 수 있는 영역이라고 보아야 하는바(헌재 2007. 10. 25, 2005헌바96, 판례집 19-2, 467, 477 참조), 입증책임의 형성에 관한 이러한 입법자의 형성적 재량을 감안한다면 이 사건 추정조항의 위헌성에 대한

6) 차별이라 하여도 좋음. 이상적인 평등에서 벗어난 상태.

판단은 입법재량의 일탈·남용 여부에 의하여 결정되어야 할 것이다.』

그런데, 판시에서 인용하고 있는 2005헌바96 사건은 사인간의 분쟁에 적용될 입증책임의 문제를 다루고 있음. 사해행위취소소송에서 수익자가 사해행위임을 몰랐다는 사실을 입증하도록 책임을 지우는 것이 정당한가 하는 것을 다룸. 그런데, 이 사건에서 문제되는 것은, 국가가 국민의 재산권을, 소급입법을 통하여 박탈하는 것을 내용으로 하는 것. 그런데도 사인간의 입증책임 분배의 이론이 그대로 적용될 수 있을 것인가? 헌재의 논리대로 하면, 형사 재판에 있어서의 입증책임의 분배도 그러하다고 할 수밖에 없음. 그러나, 우리는 거기에 대해서는 동의하지 않는다. 무죄추정의 원칙(헌법 제27조 제4항) 참조. 국가가 국민의 재산권을 박탈하는 경우에는 어느 쪽에 가까운가?

사인간의 입증문제는 어느 쪽으로, 부담시키더라도 부조리 문제는 없는 것으로 앎. 누가 그 법의 적용을 받을 것인가, 하는 것이 정해져 있지 않기 때문임.[7] 예를 들어, "실화의 경우에는 국민 누구나 우연적인 사정에 의하여 실화자가 될 수 있는 것이므로 이 법은 결국 국민 모두를 차별하지 아니하고 실화로 인한 가혹한 부담으로부터 보호하고자 하는 것이기 때문이다"[8]는 법리는 이를 전제로 하는 것임.

그런데, 문제는, 그 법률이 적용될 자가 정해져 있는 경우임. 형사처벌의 경우나, 행정청의 행정행위가 문제되는 경우일 것임. 이 경우, 한 쪽 당사자는 정해져 있는 것임. 롤즈가 말하는 무지의 베일(VEIL OF IGNORANCE) "앞"에서 결정을 하는 것임. 이 경우를 사인간의 경우와 같이, 보기는 어려울 것임.

2. 헌재는, 다음과 같이 판시함.

『친일재산의 국가귀속이라는 과거사 청산 작업이 해방 이후 오랜 시간이 경과한 상황에서 이루어지고 있고, 그 사이에 한국전쟁 등이 발발하여 부동산의 소유관계를 입증할 수 있는 많은 자료들이 멸실되었다. 이와 같은 민족사적 현실과 시대적 상황 등 우리 사회가 처해있는 특수한 역사적

7) 코즈 정리는 이 문제를 법경제학적 관점에서 분석한 것임.

8) 헌재 1995. 3. 23, 92헌가4, 판례집 7-1, 289, 305.

맥락을 고려해 볼 때, 이 사건 추정조항의 필요성에 대해 충분히 수긍할 수 있다. 다시 말해, 어떠한 재산이 친일협력의 대가로 취득한 재산인지 여부를 국가측이 일일이 입증하는 것은 심히 곤란한 상태인 반면, 일반적으로 재산의 취득자 또는 그 후손들은 재산취득과 관련된 자료를 보관하고 있다거나 그 재산의 취득내역을 가장 잘 알고 있을 개연성이 높다고 할 수 있으므로, 재산 취득자 측에게 재산 취득 경위를 입증하도록 하는 것이 현저히 부당하다고 볼 수 없다.』

그런데, 위 판시는 100년 전의 자료를 친일반민족행위자의 후손들이 소지하고 있어야 한다는 요구를 하는 것. 게다가, 특별법에 의하여 환수의 대상으로 되는 자는, 상속인만이 아니다. 증여받은 자도 포함됨. 증여받은 자도 '일반적으로 재산의 취득자 또는 그 후손들은 재산취득과 관련된 자료를 보관하고 있다거나 그 재산의 취득내역을 가장 잘 알고 있을 개연성이 높다'고 할 수 있을까?

V. 친일재산의 정의 문제

제3조(친일재산의 국가귀속 등) ① 친일재산(국제협약 또는 협정 등에 의하여 외국 대사관이나 군대가 사용·점유 또는 관리하고 있는 친일재산 및 친일재산 중 국가가 사용하거나 점유 또는 관리하고 있는 재산도 포함한다)은 그 취득·증여 등 원인행위시에 이를 국가의 소유로 한다. 그러나 제3자가 선의로 취득하거나 정당한 대가를 지급하고 취득한 권리를 해하지 못한다. 이를 선의의 제3자를 보호하기 위한 규정이라고 본다.

'제3자'가 취득한 재산이 친일재산임을 전제로, 선의로 취득하거나, 친일재산인 사정을 알았다고 하더라도, 정당한 대가를 지급하고 취득한 경우에는 보호받는다는 것.

그런데, 특별법 제2조 제2호에 의하면, "친일반민족행위자의 재산(이하 "친일재산"이라 한다)"이라 함은 친일반민족행위자가 국권침탈이 시작된 러·일전쟁 개전시부터 1945년 8월 15일까지 일본제국주의에 협력한 대가로 취득하거나 이를 상속받은 재산 또는 친일재산임을 알면서 유증·증여를 받은 재산을 말한다."

위 문언을 보면, 친일재산이라는 것은, 물체에 부착되어 있는 속성이 아니라, 이를 소유한 자와의 관계 속에서 규정. (1) 친일행위자가 친일행위로 취득한 재산 그 자체(A), (2) 이를 상속인이 상속한 경우, (3) 상속인이 아니더라도 친일재산인 정을 알면서 유증·증여받은 재산 이 그것.

이 점은 "도품"의 경우와 다름. 도품은 누가 가지고 있든지, 도품.

'상속인이 아니더라도 친일재산인 정을 알면서 유증·증여받은 재산' 중, 친일재산인 정을 알았다는 것은, '친일행위자가 친일행위로 취득한 재산'이란 사정을 알았다는 것을 의미하는 것이지, '친일재산'인 것을 아는 것을 의미하는 것은 아님(도품인 정을 알지 못하고...와 비교).

그런데, 위에 본 바의 A를 선의의 제3자가 취득하였으면, 이 재산은 아예 친일재산이 아님. '친일재산임을 알면서 유증·증여를 받은 재산'이 아니기 때문. 나아가 정당한 대가를 지급하였으면, '유증·증여'로 취득한 재산이 아님. 따라서 이것들은 모두 '친일재산'이 아니고 귀속의 대상도 아님. 그런데, 마치 귀속의 대상인 것처럼 보고, 선의의 제3자로서 보호받는 것처럼 말하는 것은 논리적으로 이해하기 어려움.

법문의 취지는 위에서 본 A를 친일재산이라고 규정하고, 이를 친일행위자, 그의 상속인, 유증·증여받은 자로부터 환수할 수 있으되, 선의의 제3자로부터는 환수할 수 없다고 하여야 할 것을, 이해하기 어렵게 말한 것. 즉, 무엇이 친일재산인가, 하는 문제와 누구로부터 환수할 수 있는가 하는 문제를 구별하여 이야기하지 않음으로써, 혼선이 생긴 것. 도품의 경우와 비교해 보면 알 수 있음.

특별법은, 도품이라 함은, 절도한 물건, 이를 상속받은 재산 또는 도품임을 알면서 유증·증여를 받은 물건이라 정의한 것과 같음.

> 『또한, 친일재산귀속법은 친일재산의 거래로 인하여 선의의 제3자가 발생할 경우 이를 보호하도록 하는 규정을 둠으로써 이 사건 귀속조항의 소급적 적용에 따른 법적 안정성의 훼손을 최소화하고 있다{한편, 대법원은 친일재산귀속법 제3조 제1항 단서에 정한 '제3자'는 친일재산귀속법 시행

일 전에 친일재산을 취득한 자뿐만 아니라 친일재산귀속법 시행일 이후에 친일재산을 취득한 자도 포함하는 것으로 보아야 한다고 판시한 바 있는데(대법원 2008. 11. 13. 선고 2008두13491 판결), 이러한 해석을 통해 법적 안정성의 훼손 가능성은 더욱 줄어들 것이다.}.』 위 밑줄 친 것과 같은 표현은 부적절함. 이 글에서의 '도품'과 같은 형식으로 이해하고 있으나, 특별법은 위의 A를 누가 가지고 있는가에 따라, '친일재산성'이 달라짐.

Ⅵ. 결 론

민주주의의 관점에서 문제되지 않을지 몰라도, 헌법의 관점에서는 다른 판단을 할 가능성도 있다고 봄.

第119회 발표회 토론요지

간　　사 : 여러 가지로 바쁘신중에도 헌법실무연구회 정기발표회에 참석해 주셔서 대단히 감사드립니다.

지금부터 헌법재판소 연구위원으로 재직중이신 중앙대학교 김중권 교수님의 사회로 제119회 헌법실무연구회 정기발표회를 시작하도록 하겠습니다.

사 회 자 : 헌법실무연구회 발표를 맡은 김중권입니다.

저로서는 사회로서 첫 경험인데 이 주제와 무관하지 않을 수 없는 우리 김종대 재판관님을 모시고 오늘 이 행사를 진행하게 된데 대해서 기쁘게 생각합니다.

먼저 본 행사에 들어가기 전에 오늘 아주 귀한 발표와 토론을 맡아주신 발표자와 지정토론자 세 분을 소개해 올리겠습니다.

발표해 주실 이경주 교수님은 고려대학교 법학과를 졸업하시고 일본의 히도찌바시대학교에서 석사, 박사를 마치시고 지금 인하대학교 법학전문대학원 교수로 재직하고 계십니다.

그리고 지정토론자인 정주백 교수님은 제39회 사법시험을 합격하신 이후에 검사로서 또한 우리 헌법재판소의 헌법연구관으로 활동을 하셨고 지금은 충남대학교 법학전문대학원 교수로 재직하고 계십니다.

또 한분 지정토론을 맡아주실 이황희 연구관님께서는 제44회 사법시험을 합격하신 이후에 서울대학교 박사과정을 수료하셨고 지금 우리 헌법재판소 헌법연구관으로 재직하고 계십니다.

그러면 오늘 발표를 맡아주실 이경주 교수님을 다시 한번 소개해 드립니다.

< 주제발표자 발표 >

사 회 자 : 우선 우리 정주백 교수님께서 지정토론을 해 주시겠습니다.

죄송한 말씀은 제가 예전에 발표나 토론할 때는 몰랐는데 사회를 하다보니까 항상 시간을 엄수해야 한다고 생각합니다.

입장 바꿔서 제가 부탁말씀 드리는데 10분 정도 해 주십시오.

지정토론자 : 정주백입니다.

참 어려운 문제입니다. 사실 대한제국과 대한민국과의 관계가 어떻게 되느냐라는 것도 사실 맨 처음에 논의되어야 될 중요한 문제인 것 같고요. 엄숙하고 귀중한 문제입니다만 저 개인적으로 몇 가지 말씀을 드립니다.

저는 개인적으로 많은 부분에 있어서 민주주의하고 헌법재판제도를 어떻게 볼 것인가 하는 점에 제 나름대로의 생각을 말씀드린다면, 헌법재판제도 자체가 민주주의적 결정을 부인하는 제도다. 그거를 조금 논리적으로 더 나아가면 민주주의적인 결정을 번복하는 어떻게 보면 반민주주의적인 제도, 개념적으로 보면 그렇게 볼 수도 있는 것이다라고 저는 개인적으로 생각을 합니다. 그래서 제 개인적으로는 헌법재판소가 예를 들면 민주주의 발전에 기여한다라는 것은 개념적으로 받아들이기 어려운 것 아닌가라는 생각을 개인적으로는 합니다.

그러므로 다수의 국민이 이 제도에 찬성했다라는 것이 헌법적인 논증에 있어서는 크게 원용되어서는 안 된다라는 것이 저의 기본적인 아이디어입니다.

그래서 이 사건을 제가 접하면서 느끼는 것은 결국 우리 사회에 있어서의 민주주의의 문제하고 헌법의 문제가 정면으로 부딪히는 사건이 아닌가라는 것이 제 기본적인 생각입니다.

사실은 교수님께서 많은 철학적이고 높은 차원의 말씀을 많이 하셨던 것 같고, 저는 개인적으로 조금은 기술적인 부분일수도 있겠습니다만 조금 더 구체적으로 몇 가지 점을 지적하고자 합니다.

첫 번째 문제가 소급입법에 관한 문제인데, 사실은 헌법재판소가 '진정소급입법이 가능하다 특별한 경우에는'라고 이야기를 하고 있습니다. 그러면서 많은 사건들에서 여기 들고 있는 96헌가2를 선례로 들고 있는데, 제가 학교에 가서도 그렇고 책들을 보면 96헌가2 결정이 조금은 오해되고 있는 것 아닌가라는 생각을 합니다.

왜 그런가 하면 96헌가2 결정을 보면 13조 1항이 적용되는 영역에 있어서는 소급효가 절대적으로 금지된다는 겁니다. 9명의 재판관이 전체적으로 동의한 부분입니다.

그러면 이 사건 96헌가2에서 문제되었던 것은 공소시효에 관한 문제인데, 공소시효가 13조 1항의 적용영역 안에 들어가느냐? 그렇지는 않다. 그러면 어떻게 할 것이냐? 공소시효의 연장문제에 관해서는 13조 1항이 적용되지 않고 일반적 법치국가원리가 적용되는데 일반적 법치국가원리 안에서의 문제로서 진정소급입법이 가능한가 안 한가를 논의하고 있습니다.

그래서 4분의 재판관은 그 경우에도 일반적 법치국가원리에 의하더라도 진정소급입법은 안 된다는 판단을 하셨고, 5분 재판관은 우리가 지금 일반적으로 알고 있는 특별한 경우에는 진정소급입법이 가능하다라고 이야기하고 있는 부분입니다.

제가 바뀌었나요? 4분 재판관이 진정소급입법이 특별한 경우에는 가능하다 이렇게 얘기되고 있는 겁니다.

그러면 이 96헌가2 결정의 취지를 따른다면 헌법이 특별히 명령하고 있는 경우에는 진정소급입법이 안 된다, 절대적으로 금지된다 이렇게 이해할 여지가 충분히 있다는 겁니다.

그러면 13조 1항의 문제가 그렇다면 13조 2항의 문제로 가서도 재산권이나 참정권에 관한 문제로서 진정소급입법이라면 13조 2항의 명문에 반하기 때문에 절대적으로 금지된다라고 이해하는 것이 96헌가2의 결정취지를 따르는 것이 아닌가. 마치 이 사건에서 96헌가2 결정이 선례인 것처럼 적시되어 있습니다만 96헌가2 결정의 취지하고 이 사건 결정의 취지하고는 조금 어긋나는 면이 있는 것 아닌가라는 생각을 해보았습니다.

그다음에 이 사건에서 상당히 중요한 것들 중에 하나가 부칙 101조 문제인데, 부칙101조 문제를 법정의견에서 인용하는 것이 과연 어떠할까라는 생각을 합니다.

부칙 101조의 정신을 살펴보면 이 사건에서 문제된 특별법의 문제가 합헌론적으로 이해될 수 있다고 토대를 가지고 있는 것으로 보입니다만, 사실 부칙 101조의 문제는 도리어 이 사건 특별법에 있어서 위헌론의 논거가 될 것이다라고 생각합니다. 그러니까 일반적으로 확인적으로 봐서 친일파문제에 대해서는 사후입법으로 문제를 해결할 수 있다는 확인적인 규정으로 보면 그렇게 될 것이고, 저는 그렇게 이해하지 않고 부칙 101조를 형성적인 것으로 본다는 겁니다. 그런 정신을 확인한 것이 아니라 그렇지 아니한 정신을 토대로 제헌의회가 특별하게 예외로서 진정소급입법의 법률을 만들 수 있다라는 겁니다. 그러니까 부칙 101조는 이런 반민특위와 같은 법률이 이 부칙의 도움을 받지 아니하면 있을 수 없다라는 것을 전제로 한다고 저는 생각을 합니다. 그러므로 법정의견에서 이 부칙 101조를 원용하는 것은 저는 좀 동의해야 어려운 부분이라고 생각하고 있습니다.

그 다음에 헌재에서 진정소급입법에 관해서 예외가 허용될 수 있다. 그리고 이 경우에는 위헌이 아니다. 충분히 예견할 수 있었다라고 이야기합니다만 사실 제가 생각해보기에는 친일파가 가장 소급입법을 예견할 수 있었을 때는 해방직후였을 것이다라는 겁니다. 그때에도 헌법을 만든 사람들은 헌법의 아버지들은 그 경우에도 소급입법은 안 된다고 생각을 했다는 거지요. 그런데 사실 60년이 지나가지고 그런 예측가능성, 예견성이 가장 희박할 때 현재의 이 특별법은 예견할 수 있었다라고 말하고 있는 것이 아닌가라는 생각을 해봅니다.

그다음에 재산권을 침해하지 않는다고 했습니다만 옛날 판시들에 보면 소급입법에 의한 재산권박탈은 사유재산제도의 전면적인 부정 등에 버금가는 본질적인 재산권침해가 된다고 했었습니다. 제가 조금은 트집 잡는 말처럼 들립니다만 이 판시들하고는 조화롭지 않은 면이 있다는 겁니다.

그다음에 평등권에 관한 문제인데, 사실 이 자체로서 제가 말씀드리는 것이 이 얘기를 하는 것이 과연 적절한지는 모르겠습니다. 사실 여기에 관한 판시는 이 사건에서 처음 된 것이 아니고 병역법에서 된 것이고, 병역법에서의 판시를 이 사건에서 그대로 이어 받은 겁니다. 사실 엄밀하게 이 문제를 다루려면 병역법사건을 다루는 것이 더 적절한 것이라고 생각을 합니다만 어쨌든 이 사건에서 다루고 있으므로 몇 가지 말씀만 드리겠습니다.

이것도 사실 말 꼬리 같습니다만 기본적인 판시가 상당히 중요한 것 같아서 제가 6페이지에 줄쳐놓은 부분입니다만, 사실 11조 1항 후단의 문제를 절대적으로 차별을 금지하는 것이 아니다. 그러므로 11조 1항 후문에 열거된 사유에 관해서 완화된 심사를 해도 가능하다라고 헌법재판소가 이야기하고 있습니다만 사실 중간에 저는 한 단계를 건너뛰었다는 것이 제 생각입니다.

예를 들면 제가 말씀드리고 싶은 것은 절대적으로 차별이 금지되지 않았다는 반대는 특별한 경우에는 예외가 허용될 수 있다는 것만 말하는 것이지, 그로부터 차별이 있는 경우에 어떠한 심사기준을 택할 것인가라는 것은 다시 한번 더 논의되어야 되는 겁니다. 엄격한 심사를 해야 될 것인지 완화된 심사를 해야 될 것인지.

이것도 병역법사건에 있는 판시입니다만 절대적으로 차별을 금지하는 것이 아니니까 완화된 심사를 해도 좋다라고 하는 것은 조금은 논리적인 비약이 있는 것이다 라고 개인적으로 생각합니다.

그런데 이 사건에서 두 가지 엄격한 심사를 하는 것들 중에 기본권에 중대한 제한을 가하는 경우에는 엄격한 심사를 하는 것인데 이 경우는 아니라고 하면서 완화된 심사를 헌법재판소가 하고 있습니다만, 아까도 말씀드린것처럼 소급입법에 의한 재산권박탈의 경우에는 재산권 자체를 본질적으로 침해한다고 했습니다. 종전판례에서는. 그리고 내가 가진 재산권을 소급입법으로 내가 뺏기고.

아까 발제자께서 말씀하신 바에 의하면 70여억원 되는 재산을 환수당한다고 하는데 이것이 중대한 기본권의 제한이 아니면 무엇인지 저는 사실 조금은 이해하기가 어려운 부분이 있습니다.

사실 이 사건에서는 친일파 할아버지가 취득한 재산을 뺏기는 것이니까 중대한 제한이 아니다라고 합니다만 저는 개인적으로는 중대한가 안 한가는 기본권의 양으로 판정을 해야 될 문제인 것이지, 왜 그런 기본권제한을 받게 되는 연유가 심사의 척도로 되어서는 안 된다는 겁니다. 만약에 아주 나쁜 사람 제노사이드를 한 사람한테도 사형을 시키면 중대한 기본권의 제한이 되는 것이지 제노사이드를 한 사람한테 사형을 시키는 것은 중대한 기본권의 제한이 아니다 이렇게 말할 수는 없는 것 아닌가라고 생각합니다.

그리고 기본권을 중대하게 제한했으면 — 이거는 일반 이퀄리티에 관한 말씀입니다만 — 그 기본권의 침해라고 하면 되는 것이지 왜 이퀄리티문제로서 이것을 다루는지 사실은 저는 잘 이해가 가지 않고요. 이 얘기는 여기서 할 얘기는 아닌 것 같습니다.

그다음에 3번, 8페이지에 있는 것은, 사실은 이 사건결정이나 병역법사건으로 인해 가지고 헌법 11조 1항 후문이 아무런 의미가 없는 규정이 되어 버렸습니다.

그 부분은 제가 참으로 동의하기 어려운 부분 아닌가라고 생각을 합니다.

이 판시를 병역법사건에서 처음 했습니다만 사실 병역법사건에서 남녀차별문제로 엄격한 심사를 했었으면 논리필연적으로 저는 위헌결정이 나왔을 것이다라고 생각합니다. 왜? 남녀차별을 해 가지고 얻는 공익 국가안전보장, 질서유지, 공공복리에 해당하는 이익이 우리 사회에 무엇이 있을 것인가라는 생각이 들고.

또 하나의 엄격심사의 기준이라고 말해지는 비교대상 간의 사실상의 차이와 입법목적의 비중과 차별의 정도의 적정한 균형관계라는 이야기가 있습니다만, 사실 제가 이퀄리티문제에 대해서 오래도록 이해보려고 했습니다만 이 말의 뜻을 저는 아직도 이해를 못하고 있습니다. 5년동안 쳐다보고 있는데도 아직 이 말의 의미가 무엇인지를 잘 이해를 못하고 있습니다. 제가 언뜻 이해하기에는 아리스토텔레스의 배분적 정의에 관한 비례적 평등에 관한 이야기를 하고 있는 것으로 보이는데, 만약 그렇다면 남자, 여자 사이의 비례적 균형, 비례적 평등이라는게 어떻게 실현될 수 있는가? 그러려면 남자, 여자와의 사실상의 차이의 비교는 무엇이고 효과의 차이는 무엇인가라는 것을 논증해내야 되는데 그것은 불가능하다는 겁니다.

그러니까 결국은 엄밀히 보면 제가 보기에는 병역법사건에서 남녀차별임을 전제로 해서 거기에 대해서 엄격한 심사를 할 수 없었던 상황 아닌가. 특정한 결론을 염두에 둔다면 저는 할 수 없었던 상황 아닌가. 그래서 결국은 11조 1항 후문의 의미를 감축시킬 수밖에 없었던 것은 아닌가. 그래서 완화된 심사를 해야 된다는 논리를 그래서 발견해낸 것은 아닌가라고 저는 개인적으로 생각합니다.

가장 근본적으로 이해하기 어려운 것은 이퀄리티에 관해서 많은 교과서들이 기본권 중에 기본권, 어떻게 보면 제왕적기본권이라고 얘기를 하는데 어떻게 헌법

11조 1항의 평등권이 침해되었는데 거기에는 완화된 심사를 하는 것이 원칙인 것이고, 저의 표현으로 말씀드린다면 기타 기본권, 평등권이 아닌 기본권에 대해서는 왜 37조 2항에 따라서 엄격한 심사를 해야 되느냐? 저는 이 문제를 어떻게 이해할 수 있는지 아직도 잘 이해를 못하고 있습니다.

이 귀중한 기본권, 기본권중에 기본권을 왜 심사기준에 있어서는 천대를 받는 것인지? 사실 우리 헌법 11조 1항 헌법의 역사에 있어서 우리 헌법의 경험들이 가장 축적되어 있는 조항 하나를 들라고 하면 저는 헌법 11조 1항 후문에 열거된 사유 아닐까? 우리의 민족적인 처음 하고도 관련되어 있는 매우 중요한 규정임에도 불구하고 사실 이 결정이나 아니면 병역법사건으로 인해 아무 의미가 없는 사유들로 되어 버렸다는 것은 참으로 개인적으로는 안타까운 문제가 아니라고 할 수 없습니다.

그 다음에 추정규정의 문제인데, 제가 적어놓은 바대로 이 사건에서는 입증책임의 문제는 입법정책의 문제다라고 하면서 들고 있는 2005헌바96 판결이라는 것은 사인 간의 입증책임의 분배를 어떻게 할 것인가에 관한 문제입니다. 그 경우에 입법정책이 작동할 수 있다라는 판시를 한 것이지요.

그런데 이 경우에는 국가가 개인으로 부터 재산권을 빼앗아가는 것 아닙니까? 박탈해 가는 것인데 이것이 사인 간의 입증책임의 문제와 같이 논의된다는 것은 저는 동의하기 어렵습니다.

제가 여기 조금 얘기를 했습니다만 사인 간의 관계의 문제에 있어서 입증책임의 문제를 어떻게 하더라도 큰 부조리는 없다고 생각합니다. 왜냐하면 누가 그 규범의 적용을 받을 것인가 하는 것은 법을 제정할 당시에는 정해져있지 않기 때문입니다. 그런데 이 경우에 국가가 국민의 재산을 빼앗아가는 경우에는 누가 이 규범의 적용을 받을 것인가가 분명히 미리 정해져 있는 겁니다.

롤즈식으로 말하면 무지의 베일을 뒤에서 결정하는 것이 아니라 무지의 베일을 앞에서 결정하는 것이지요. 누가 이 규범의 적용을 받는 것인가를 뻔히 보면서 만든 법이라는 겁니다. 그렇다면 사인 간의 입증책임의 분배에 관한 문제의 논리가 이 국가와 개인 간의 관계에 그대로 적용되기에는 조금 어렵지 않은가라고 저는 생각합니다.

그다음에 문제는 제가 좀, 사실 100년 동안이나 어떻게 입증서류를 보관할 수 있느냐? 사실 국가가 알 수 없다는 것인데요. 사인도 알 수 없는 경우가 많을 겁니다. 특히나 이 재판소 결정의 취지를 쭉 읽어보면 친일파의 후손이니까 너는 알 수 있는 가능성이 많다라고 하는데, 사실 여기서 환수대상자는 친일파의 후손

뿐만 아니라 친일파로부터 증여받은 사람도 해당되는 겁니다. 증여받은 아무 관계 없는 사람도 해당되는 것이지요. 그 증여받은 제3자는 어떻게 보면 국가보다도 더 조사할 수 있는 능력이 모자라고 자료가 없을지도 모릅니다. 왜 이 사람까지도 그런 입증책임의 전환의 효과를 입어야 되는 것인지 저는 사실 조금은 이해하기 어렵습니다.

사실 다섯 번째 있는 것은 이 결정문에 관한 문제가 아니라 법 자체에 개념적으로 혼선이 있는 것 아닌가라는 생각을 저는 쭉 해봤습니다만, 친일재산이라는 관념을 가지고 있는 소지자하고의 관계속에서 규정한 것은 저는 상당히 입법적으로 잘못이라고 생각합니다.

친일재산이라는 것은 친일파가 친일행위로 얻은 재산이고 그 재산을 누구로부터 환수할 수 있느냐? 그 친일파 본인으로부터 환수할 수 있을 것이고, 그 사람으로부터 상속받은 사람으로부터 환수할 수 있을 것이고, 그다음에 악의의 제3자로부터 환수할 수 있을 것이다. 이렇게 규정해야 될 것을 친일재산이라는 개념 자체를 친일파자신이 획득한 것, 상속받은 것 그리고 그 재산을 악의로 양수받은 자가 가지고 있는 재산을 친일재산이라고 규정해 놓았으면 사실은 개념으로 선의로 양수받은 사람이 친일파가 친일행위로 취득한 재산을 가지고 있는 경우에는 그거는 친일재산이 아닌 겁니다. 매매를 한 경우에도 친일재산이 아닌 것이고요. 그러니까 아예 이 사람이 선의의 제3자로서 보호받는다는 관념 자체가 제가 보기에는 있을 수 없는 겁니다. 아예 그 사람이 가지고 있는 재산은 친일재산이 아니기 때문에 그렇습니다. 이 결정문하고는 관계없습니다만 법 자체에 약간혼선이 있는 것 아닌가? 도품의 문제하고 비교해 보면 저는 쉽게 이해할 수 있는 문제라고 생각합니다.

저는 개인적으로, 물론 친일파재산에 대해서 국가적으로 이런 활동을 하는게 필요하다고 생각을 합니다. 민주주의적으로 그런 결정을 할 수도 있다고 생각합니다.

그렇지만 헌법적으로 그 문제를 어떻게 볼 것인가 하는 것은 국민이 전부 다 이렇게 생각하고 동의하고 있으니까 헌법적으로도 아무 문제가 없다라고 보는 것은 저는 이해하기 어렵다. 만약에 이런 친일파 척결의 문제가 그렇게 긴요했으면, 60년이 지났지만 법률의 제정으로 할 수 있는 문제가 아니라 헌법을 개정했었어야 된다. 우리 제헌헌법시대에 친일파라도 그 재산을 소급적으로 박탈하면 안 된다는 것을 전제로 해서 그것을 하기 위한 국민적인 열망 또는 민주주의적인 결정을 관철하기 위해서 헌법제정권력자들은 특별한 규정을 만들어 넣었다는 겁니다. 제헌의회는 소급입법의 법률을 제정해도 헌법적으로 문제가 없다. 그런데 지금 현행헌법은 이런 소급입법을 정당화하는 법률 부칙 101조와 같은 규정은 없고 따로 제헌헌법시대에 없던 소급입법으로서 국민의 재산권을 박탈하면 안 된다는 적극적인 규정은 들어가 있는 상태인데 이것이 현행 헌법에 의하더라도 아무 문제가 있을 수 없다라는 것은 민주주의적인 결정과는 헌법적으로는 문제가 있을 수 있는 것 아닌가라는 생각을 해 보았습니다.

이상입니다.

사 회 자 : 두 번째 지정토론을 우리 이황희 연구관님께서 해 주시겠습니다.

지정토론자 : 이황희 연구관입니다.

토론문을 어떻게 써야할지 고민이 많았는데요. 이경주 교수님께서 특별법과 결정문을 분석해 주셨고, 또 옆에 계신 정주백 교수님께서 결정문에 대한 예리한 비판을 잘해 주셔서 고민이 많았습니다.

그런데 아마 연구관을 이 자리에 앉혀둔 이유는 아마도 재판소가 너무 핀치에 몰리지 않도록 좀 애써달라는 취지라고 제가 그냥 생각을 해서, 저는 이제 재판소 법정의견의 논리를 내재적인 관점에서 한번 이해해 보는데 주안점을 두도록 하겠습니다. 그런 취지에서 작성된 토론문이고요.

1페이지입니다.

여기서 크게 논쟁은 안 되었지만 일단 진정소급입법인가 부진정소급입법인가에 대해서 결정문에 보면 재판관 1인의 반대의견이 있었습니다. 그러니까 이게 부진정소급입법이 아닌가라는 것인데 이 부분은 크게 쟁점이 안 되었으니까.

2페이지 보면, 이 특별법의 성격을 부진정소급이라고 보는 것은 사실 나름대로의 논리적 근거도 있고 또 13조 2항으로 인한 문제를 피해할 수 있는 좋은 방법이라고 생각을 합니다.

그러나 제 생각에 법정의견이 이 특별법을 진정소급입법이라고 평가한 것은 다음의 요소들을 비중있게 고려한게 아닐까라는 생각을 하고요.

첫 번째는 우리 근대적 토지소유제도가 일제의 토지정리사업에 의해서 이루어졌는데 이를 대한민국이 건국을 하면서 소유권의 원시취득 원인으로 인정함으로써 현행헌법 체제내로 계승되었고, 또 그간 우리 사법부가 정상적인 소유권의 대상으로 인정해 왔고, 또 형사법이나 재산법에서의 시효 제도 등이 있어서 어떤 법적 안정성을 위한 시간적 매듭을 마련해 두고 있는 점에서 볼 때 그간에 불확실한 소유관계였다고 보는 것은 법실무 관행이나 법제도적 디자인에 부합하지 않는게 아닌가라는 생각을 했고요.

두 번째는 특별법에 대한 국회 심사보고서에서 진정소급입법임을 전제로 타당성을 검토하고 있습니다. 이런 것들로 봐도 입법자의 의사가 이런게 아니었을까 싶고요.

그다음에 저는 방금 정교수님께서 말씀하셨다시피 이 부칙 101조, 제헌헌법 부칙 제101조도 아마 진정소급입법의 논거가 아닌가라는 생각으로 이 부분은 다시 설명하도록 하겠습니다.

그다음에 부진정소급입법의 근거로 보고 있는 대한제국 형법이나 임시정부건국강령 같은 것은 지금 민주공화국인 대한민국과의 연관성 이런 차원에서 규범력이 연속되기 힘들지 않을까라는 생각을 해서 이런 취지가 아니었을까라고 생각을 합니다.

두 번째는 법정의견이 가장 크게 비판받는 부분인데요.

진정소급입법에 의한 재산권 박탈은 우리 헌법상 절대적인 금지사항인가? 이 부분에 대해서 법정의견의 논리의 배경을 한번 살펴봤습니다.

앞에서 계속 반복 되었듯이 헌법 13조 2항이 절대적인 금지다라는 비판이 많았고요. 이것을 이해하기 위해서는 먼저 헌법과 헌법해석의 특징을 한번 살펴봐야 될 것 같습니다.

헌법은 기본적으로 국가의 기본질서를 규정하는 근본법으로서 성문법전인 이상 한정된 규범으로 채워지기 마련인데, 그러다 보니까 헌법은 추상적이고 개방적인 형태를 지니게 되고, 또 법전화 과정에서 정치적 타협을 통해 여러 이해관계를 녹여내는 어떤 형식을 취할 수밖에 없습니다. 그러니까 이제 유동성이나 개방성, 미완결성 이런 것을 특징으로 하게 되고, 필연적으로 해석이나 보충에 의해 구체적인 내용이 드러나고 현실에 적용되는 어떤 숙명을 안고 있다고 생각을 합니다.

그래서 법정 의견은 아마 이렇게 해석을 했던 것 같은데요. 4페이지 첫 번째 단락입니다. 헌법은 가치를 새겨둔 문서일 것입니다. 따라서 해석은 본질적으로 가치연관적 성격을 지닐 수밖에 없는데요, 공용침해의 목적과 관련해서 각국의 규정을 보면 우리 헌법은 '공공필요'를 규정하고 있고, 일본국 헌법은 '공공을 위하여', 미국헌법은 '공적 사용을 위해서', 독일 헌법은 '공공복리'라는 요건으로 다 달리 규정하고 있는 것처럼 보이지만 이러한 표현상의 미묘한 차이에도 불구하고, 대부분의 사람들은 이들 국가가 기실 공용침해의 목적으로 실질적으로 동일한 가치를 표방하고 있다고 다 받아들이고 있다고 생각합니다. 만약에 이런 문언상의 차이로 인해서 이 요건들의 개념적 차이에 천착해서 뭔가 살피려고 하는 것은 헌법해석론으로서 부적절한게 아닌가 생각하고요.

그다음에 헌법이 어떤 가치를 담고 있다고 해서 개별적인 조문 하나하나 완결적으로 그게 규율되어 있다고 보기는 힘듭니다. 어떠한 가치의 지향이 헌법의 여러 장소에 배치되어 있는 제반 가치들 간의 상호적인 연관관계 속에서 도출되기도 한다고 생각합니다. 어떤 전체로서의 텍스트로 봐야되지 않을까 하고요.

가령, 표현의 자유만 봐도 헌법 제37조 제2항에 의해서 제한될 수 있지만 민주공화국 조항과 연결하면 정치적 표현의 자유를 최대한 보장해야 한다는 당위성이 도출되고, 또 헌법 제4조의 분단조항을 연관지어 보면 이적 표현에 대한 제약할 수 있다는 가능성이 도출되기도 합니다. 또 이런 하나의 조문이라 하더라도 어떤 다른 가치와 연관지어 파악하느냐에 따라서 규범의 의미나 권리보장의 강도는 상이한 모습으로 다가온다고 생각을 하고요.

그리고 이러한 해석을 통해 우리 재판소는 규범적인 요건들을 보충적으로 추가적으로 도출해 왔습니다. 가령 과잉금지 요건만 해도 헌법상 전혀 등장하지 않는 문언들이고요. 피해의 최소성 이런 것 사실 헌법에 찾아볼 수가 없지요.

그 다음에 '대통령 탄핵심판' 사건에서, 우리 헌법규정에는 '그 직무집행에 있어서 헌법이나 법률을 위배한 때' 탄핵사유가 될 수 있다고 하지만 우리 재판소는 여기서 괄호 넣고 '중대한 법위반일 때'라는 요건을 추가했지요. 혹자는 헌법재판소가 헌법규정을 추가해서 만들었다고 비판하는데 사실 헌법 해석상 그게 일상적으로 주어지는 일이라고 생각을 합니다. 대표적인 판례로 아예 헌법조항을 만든 '행정수도이전' 사건이 있지요. 이거는 좀 논란이 있기 때문에 괄호안으로 처리를 했는데요, 각주 6번에 보면 재미있는 일화를 하나 썼는데, 제가 외국의 한 연구관하고 대화를 하던중에 연구관이 한국 헌법재판소 권한이 너무 부럽다 이런 말을 들었습니다. 그래서 제가 왜 그러냐 그러니까 헌법조항을 만들기도 하더라라고 얘기를 해서 제가 아! 우리 재판소 결정을 읽는구나라는 뿌듯함과 행간에 담긴 약간의 비난적인 시선에 당황스러움을 한꺼번에 느낀 적이 있는데요, 그거는 여담이었고.

그 다음에 비교법적인 예로 봤을 때 해석을 통해서 법전화되지 않은 헌법을 찾아낸 예로는 Marbury vs Madison 케이스도 유명하고요. 그 다음에 법률에 대한 위헌심사권한말고도 헌법개정에 대한 위헌심사권한도 다 해석에 의해 도출한 사례들이 굉장히 많습니다. 그리고 심지어 헌법 명문에 반하는 해석을 함으로써, 민주주의와 법치주의를 수호하려는 시도도 꽤 있습니다. 가령 각주 10번인데요. 불가리아 헌법재판소의 자유인권당 사건을 보면, 이거는 흥미로워서 한번 설명을 해보도록 하겠습니다. 1990년에 불가리아에서 민주주의로의 체제전환이 이루어진 후에 투르크계 사람들이 정당을 결성해서 당을 만들었습니다. 이 당은 총선을 통해서 연정을 통해서 집권을 하기로 했는데요. 집권당이 다수세력이 인종, 민족, 종교 노선에 기반한 정당도 안 되고, 국가권력을 폭력으로 탈취하려는 정당도 안 된다 이렇게 규정을 했습니다. 그래서 그 당시 총선에 패배한 구 공산당의 후신 정당이 이 새로운 헌법조항에 근거해서 이 투르크계 사람들이 만든 정당을 등록취소를 청구했는데, 이 규정을 그대로 해석하면 앞에 걸리지요. 민족, 인종에 기반한 정당이 되니까. 그런데 이 헌법재판소가 고민을 많이 해서 어떻게 이 조항을 해석했냐면 '헌법의 한 조항은 다른 조항과의 연관속에서 조화롭게 해석되어야 하므로' 아마 결사의 자유를 얘기하는 것 같은데요, 11조 4항인 것 같은데 '오직 인종적 기초 위에 세워지고 그와 동시에 ― or개념을 and로 해석을 했습니다 ― 폭력적으로 국가권력을 탈취하려는 정당만이 금지된다' 사실 헌법 명문에 반하는 해석이지요. 그런데 이렇게 해서 그 정당을 인정을 했고요 헌법재판소가, 이 판결은 추후에 불가리아의 입헌주의와 법치주의를 상징하는 획기적인 결정으로 상찬되었습니다. 이 결정도 생각해 볼 수 있고.

그다음에 반대로 또 비판받은 결정이기는 한데, 헌법개정에 대해서 위헌심사를 금지하는 규정이 인도헌법에 있었는데 인도대법원이 부당한 헌법개정에 대해서 헌법개정을 심사할 수 없다라고 했음에도 불구하고 이거를 심사를 해서 무효화시킨 예도 있습니다. 이것도 나름대로 이렇게 해서 헌정의 가치를 지키려고 했던 시도라고 평가는 되는데요.

요컨대 헌법해석은 민주주의와 법치주의와 같은 헌법의 핵심 원리, 가치들을 실효적으로 구현해 내기 위하여 헌법이라는 텍스트를 어떻게 해석할 것인지를 결정하는 작업이고, 필연적으로 그 헌법이 개방적이고 미완결적으로 규정되어 있다는 특성으로 인해서 일반 사법작용에 비해 정치적인 특성을 갖습니다. 그래서 쓰여지지 않은 의미를 도출해 내는 것은 결코 남발되어서는 안 되지만, 그렇다고 해서 그 자체로 잘못된 헌법해석론이라고도 보기 어렵지 않나라는게 아마 법정의견의 바탕에 깔린 해석론이라고 생각을 하고요.

그래서 이번 법정의견은 아마 대한민국이라는 국가의 역사적 배경 즉 일본제국주의와의 투쟁과 그 극복을 지향하는 일련의 노력 속에서 건국된 이런 배경과, 헌법전문의 내용 그리고 해방이후의 역사적 현실 즉 제국주의에 협력했던 세력이 청산되지 못하고 해방된 후속 국가에서 살아남았던 나라는 세계사적으로 두 나라 남베트남과 남한밖에 없다는 역사학계의 평가 등을 무겁게 받아들인 입론이 아닌가 하고요. 그래서 법정의견같은 경우는 진정소급입법이 남발될 우려를 많이 걱정을 했는데 그런 흔적이 좀 보입니다. 그래서 막 논쟁을 하다가 결국은 아주 역사적으로 특수하고 이례적인 과업이다라는 식으로 표현을 했습니다.

그리고 7페이지인데요.

방금 정교수님께서 얘기하신 96헌가2 결정이 재판관 4인의 의견에 불과했다고 했는데, 이 의견을 또 97헌바76 결정에서는 그 법정의견을 정식으로 채택을 했고, 이게 사실 구체적인 내용에 들어가면 13조 1항이냐 이런게 들리는데, 일단 진정소급입법의 법리를 쓴다는 측면에서 법정의견이 원용을 한게 아닌가라고 생각을 하고요.

그다음에 재판관 2인의 반대의견중에 하나는 제13조 제2항의 입법배경, 도입배경을 거론을 하고 있습니다. 아주 적절한 비판이라고 생각을 하고, 방금 정주백교수님도 이런 얘기를 하신 것 같은데요. 그러니까 이게 4·19민주혁명이나 5·16쿠데타를 거치면서 소급입법에 의한 어떤 잘못된 과오를 헌정사를 바로잡기 위해서 어떤 예외를 두지 않는 절대적 금지명령을 두었다라고 하는데, 이게 법정의견 같은 경우는 아마 이거를 이렇게 해석한 것 같습니다. 이게 정치적 득실에 터잡은 정략적 소급입법이 남용되는 현실을 피하기 위한 목적이 아닐까? 그래서 정치적 이해관계나 당파적 갈등을 떠나서 우리 민족의 정통성을 회복하려는 역사청산의 과제와 밀접한 친일재산의 환수는 이 조항의 도입목적과 거리가 있지 않을까? 따라서 아까 정교수님께서 말씀하셨던 재판소의 판례 '재산권의 소급적 박탈이 재산권의 본질을 침해한다'는 그 판시는 13조 2항의 취지를 원칙적인 입장에서 서술한 것에 불과하고, 이 13조 2항이 이런 측면의 내용을 가진다면 친일재산환수는 좀 다르게 볼 수 있지 않을까라고 생각을 합니다.

그리고 입증책임부분인데요. 입증책임 이것도 예리한 비판이 많이 쏟아지고 있습니다. 그런데 아마도 법정의견 입장에서는 우리 헌법은 형사법상 무죄추정 이외의 영역에서 입증책임에 관하여 명시적으로 규율한 바 없으므로, 결국 이 부분은 1차적으로 입법자에게 형성의 권한이 있고, 달리 설명하자면 입증책임분배는 1차적으로 입법자의 몫일 터이나 헌법상 무죄추정원칙에 따라 적어도 형사재판에서는 입증책임에 관한 입법재량이 0으로 수축하게 된다는 설명도 가능할 것입니다. 그리고 우리 재판소가 기존에 계속 보호감호나 과태료와 같이 비록 당사자에게는 형벌과 유사하게 느껴질 수 있는 것에 대해서도 그것이 형벌이 아닌 이상 단지 유사하다는 이유만으로 형벌과 동일하게 규율되지 않는다고 계속적으로 판시해 왔고, 또 법정의견은 이 귀속처분이 형사처벌이 아니라고 봤고, 또 비록 사인 간의 그런 분쟁에 비해서 침익적 성격이 큰 점은 인정되나 이 부분은 입법재량 자체를 부정할게 아니고 그 안에서의 어떤 고려사항으로 재량의 범위를 상대적으로 축소하는 방향으로 형평을 충분히 추구할 수 있는 점 등이 법정의견의 논리가 아닐까라고 생각을 하고요.

쟁점 4를 보면, 친일반민족행위자의 후손의 재산은 크게 보면 세 가지 a, b, c로 나눌 수 있다고 봅니다.

상속받은 재산 a, b가 있는데 a는 친일행위 대가로 취득한 재산이고, b는 대가와 무관하게 선조가 취득한 재산이고, c는 후손이 스스로 형성한 재산인데 우리 특별법이 환수하고자 하는 재산은 a입니다. 그러니까 b, c는 그대로 보유하도록 놓아두고 있지요. 그런데 외국의 과거사 청산 입법례나 우리 제헌헌법 하에서의 반민족행위처벌법은 a, b 다 박탈을 하고 있습니다. 그런 면에서 이거는 완화하고 절제된 형태가 아닐까라고 생각되고요.

또 a재산은 선조의 친일행위가 없었다면 자신이 상속하지 못했을 재산이고, 이거는 9페이지 쟁점5와 연결되는데요, 대개의 우리 선조들 즉, 피지배 민족으로서 식민지배의 부당성에 공감하고 민족의 일원이라는 자긍심을 간직하며, 비록 현실적인 어려움으로 인해서 독립운동에 투신하지는 못할지언정 적어도 일제에 적극 가담해서 같은 민족에게 고난을 안기며 자신의 안락만을 추구하면서 살지는 않겠다는 생각으로 힘든 시간을 버티면서 해방을 맞이한 사람들의 존재를 감안해 볼 때, a재산을 보유하도록 하는 그 자체가 굉장히 형평성에 반하는 것으로 볼 수 있지 않을까? 그렇게 된다면 결국 그 부분을 보유하도록 놔두는 자체가 형평에 반하는 그 재산을 국가가 환수하는게 중대한 기본권침해인가, 이 부분은 제노사이드와 사형과는 조금 차원이 다르지 않을까라고 생각을 합니다.

발표시간이 길었는데요, 제가 발표자에게 질문을 드리면, 이 제한헌법 부칙의 생략으로 인해서 이후에 정주백 교수님의 토론문에서는 이게 진정소급입법을 할 근거가 없어졌고 여기서는 더 이상 하면 안 된다라고 하셨는데 그 부분을 어떻게, 사실 저도 굉장히 예리하고 날카로운 지적이라고 생각을 하는데 어떻게 생각을 하시는지 여쭙고 싶고요.

제 개인적인 생각을 밝히자면, 아마도 삭제한 그 시점에 헌법제정자의 의사는 친일재산환수를 못하도록 한 것일 것이라고 생각을 합니다. 이것은 아마 당시에 이승만 정부가 반민특위에 대해서 자행한 행위들을 보면 아마 그럴 것이라고 짐작이 가능하고요. 그런데 그후에 어떻게 이거를 바라볼 수 있을까라고 생각을 합니다.

이를 테면 9차 개정당시에 형식적 민주화요청을 시급히 반영하는데 주안점을 두었던 그 9차 개정당시의 시대적 특성으로 인해서 기타 사회적 쟁점을 불완전하게 규율하게 되었다라고 본다면, 아마 그런 해석이 가능하다면 이 경우에 불완전한 헌법을 보충하는 것이 헌법재판소의 임무가 될 것이고, 또 다른 한편 미국헌법에서의 원본주의논쟁, 지금 원본주의와 살아있는 헌법의 논쟁이 한번 차용을 해본다면 미국이 뉴딜을 거쳐서 미국의 헌법이 헌법문언의 한계를 극복하고 그 시대에 걸맞는 새로운 헌법을 정립했듯이, 87년 민주화 이후에 우리 사회가 보여주었던 우리 사회의 성찰적 역량, 역사의식, 그리고 실질적인 민주주의를 향한 열망, 그 속에서 분출되는 어떤 역사청산에 대한 사회적요청 이런 것들이 사실 우리는 20년이지만 압축적 근대화라는 표현으로 알 수 있듯이 사실 웬만한 서구나라의 한 4~50년 이상의 시기의 경험을 해 왔습니다. 변화를 겪어왔고요. 심지어 20년이라 하더라도 강산이 두 번에 걸쳐서 변한 시기이기 때문에 동일한 9차 헌법하에서도 헌법의 의미가 다르게 구성될 수 있다고 해석하는 것도 가능하지 않을까 개인적으로 그런 생각도 해보는데요. 여기에 대해서 발표자님의 의견 한번 여쭙고 싶습니다.

이상입니다.

사 회 자 : 상당히 발표를 두고서 대립되는 어떤 관이 충돌하는 어떻게 보면 우리 헌법실무연구회의 건강성을 여실히 증명할 수 좋은 토론으로 생각합니다.

한 분은 부정의에 의한 정의실현에 대해서 매우 부정적이었고, 한 분은 부정의에 의한 정의실현에 대해서 반대입장을 취하셨습니다.

그래서 이에 대해서 우리 발제자께서 짧게 대답해 주시고, 플로어에서 많은 분들이 상당히 하고 싶은 말씀이 많으시기 때문에 최대한 짧게 해 주시지요.

발 표 자 : 정주백 교수님 토론 대단히 감사합니다.

교수님 날카로운 지적과 토론을 듣고나니까 이 문제가 얼마만큼 논쟁적인 문제인가 하는 것을 더욱더 절감하지 않을 수 없습니다. 교수님 토론에 대해서 제가 듣고 보니 그런 측면도 옳은 것 같고 그래서 일일이 대응하기는 어렵지만 몇 가지 제가 생각나는 부분에 대해서 말씀드리는 것으로 토론에 대한 답변을 대신할까 합니다.

우선 정주백 교수님 토론은 대체로 아마 이강국, 조대현 재판관님의 일부의견과 일견 맥을 같이 하지 않는가 이런 생각을 했고요.

그다음에 토론문 3페이지에 보면 정교수님의 토론의 출발점이 우리 헌법 13조 2항의 소급입법금지라고 하는 것은 굉장히 절대적인 것이다. 그리고 1948년 헌법제정과정에서도 이거를 지켜 내기 위해서 헌법 23조 형벌불소급의 원칙을 두고 그다음에 이 소급입법의 여지를 부칙으로 두었지 않느냐, 이것만 보더라도 소급입법의 절대적인 금지에 대해서 우리 제헌헌법이 얼마나 노력했는가를 알 수 있다 그런 데서 출발하시는 것 같은데요.

저는 개인적으로 이 1948년 헌법에서 부칙에 이런 조항을 두게 된 것은 23조를 보호하기 위한 이런 측면보다는 오히려 이런 반민족행위처벌의 문제를 본문에 넣기 어려운 이런 정치적 역학관계의 산물이 아니었는가 이렇게 생각이 들고요. 실제로 임시정부의 건국강령이나 이런 데서는 오히려 본문 제3장에서 이런 것들을 규정하려고 했던 것들이 보입니다. 그리고 제가 아직 정확히 찾지는 못했습니다만 다른 헌법 초안들에서도 오히려 본문에 이러한 것을 규정하려는 노력들이 있었다, 이런 점에서도 살펴볼 여지가 있지 않느냐 이렇게 생각이 듭니다.

그다음에 두 번째로 평등권침해문제인데, 저는 개인적으로 이게 완화된 심사기준이냐 엄격한 심사기준이냐 하는 심사기준의 선별의 문제가 아니라 아까도 제가 잠시말씀을 드렸듯이 대상이 되는 귀속재산은 친일파의 후손이기 때문에 환수하는 것이 아니라 친일행위의 대가로 취득한 재산의 원위치작업이다 그러한 점을 좀 더 생각을 해봐야 될 것 같고요.

그다음에 입증책임의 문제인데, 여기에 대해서는 논란이 많습니다만 입증책임을 전환한 것에 불과하고 이의제기규정을 두었다, 이런 일반적인 설명과 동시에 저는 오히려 또 정주백 교수님께 만약에 그런 문제의식이라면 또는 그런 관점에서 보실 수 있다면 그렇다면 이런 친일재산귀속문제에 대해서 그러면 어떻게 이 문제를 해결할 것인가? 그런 점을 오히려 되묻고 싶은 측면도 없지 않습니다.

제 주변에도 이런 사소한 경험들이 있는데 예를 들어서 일제시대 때 보험증권을 가지고 있다가 수십년 동안 잘도 보관을 하셨다가 제가 일본유학시절에 어떤 분이 이거를 어떻게 찾을 수 있는 방법이 없겠냐고 그래서 한번 변호사들에게 물어본 적도 있는데요. 또 6·25전쟁 등등 해서 사람들이 남으로 내려오고 북으로 올라가고 이런 과정에서 보면 집문서 땅문서 이런 것들을 굉장히 소중히 하는 이런 것들도 보면 결국은 당사자들이 가장 이 문제에 대해서 입증자료를 가지고 있지 않겠느냐 이런 생각도 해봅니다.

그리고 네 번째로 친일재산을 어떻게 정의할 것인가? 이 문제와 관련해서 토론문에 보면 친일재산이라는 물체에 부속되어 있는 속성을 문제 삼을 것이 아니라 이를 소유한 자의 관계의 문제로 봐야 되지 않겠느냐 이런 취지로 제가 읽었습니다만, 친일재산과 관련해서 이런 말들이 있더라고요. '친일재산은 역사적인 장물이다' 이런 얘기를 어디서 본적이 있습니다. 그래서 적어도 친일재산의 경우에는 이런 재산의 속성과 관련해서 우리가 이 문제를 바라볼 필요가 있지 않겠느냐 그런 생각을 해 봤습니다.

끝으로 이런 특별법이 민주주의적 관점에서는 문제가 되지 않을지 몰라도 헌법적 관점에서는 달리 볼 수 있지 않겠는가 이런 것인데요. 저도 개인적으로 그렇다고 생각을 합니다. 그러나 다만 우리가 헌법적 관점에서 보더라도 결국은 이 문제를 정당화할 수 있는 것이 아닌가? 다시 말해서 입법부가 다수가 이런 결정을 한 것은 그저 다수의 어떤 힘의 논리로 결정한 것이라기보다는 어떤 역사적 과제의 청산이라는 이런 것들, 그다음에 식민지 침탈로 인해서 우리 민족이 겪었던 수많은 인권침해들을 우리가 어떻게 명예롭게 정리하고 갈 것인가? 그런 의미에서 보면 헌법의 관점도 내포되어 있는 것이 이러한 특별법이 아니겠는가 그런 생각을 해봤습니다.

두 번째로 이황희 연구관님 토론 대단히 잘 들었습니다.

여러 측면에서 굉장히 흥미로운 지적들이 많으셨습니다.

이황희 연구관님 의견은 대체로 법정의견 그리고 김종대, 목영준 재판관님의 별개의견에 대한 재론의 시간 이런 것과 맥을 같이 한다고 생각을 했는데요.

저는 여기서 주로 소급입법이 재산권박탈이 우리 헌법상 절대적인 금지인가 아닌가 이런 것들을 주로 문제시 삼는데, 저는 거기서 한걸음 더 나아가서 왜 이 소급입법금지를 이렇게 절대화하고 있는가 이런 부분들을 더불어 생각을 해 봤으면 하는 그런 생각을 했습니다. 그래서 아까도 말씀드렸듯이 인도에 반하는 범죄를 처벌할 때 논리들을 원용을 해서 소급입법의 개념을 좁히고, 그다음에 소급입법이라고 인정이 되는 경우라고 하더라도 예외적인 부분들을 여지를 두는, 그래야만 우리나라와 같은 이행기에 있는 나라들 그리고 앞으로 우리가 남북한이 통일되거나 또 그 도정에서 여러 가지 결국은 이 문제에 직면할 수밖에 없을 것 같은데, 우리가 헌법해석을 통해서 규범적인 요소들을 추가적으로 도출해낼 수 있는 여지들이 있었으면 하는 그런 생각이 들었고, 그런 의미에서 그런 부분은 매우 공감 가는 바가 있었습니다.

그리고 친일재산 국가귀속이 연좌제를 금지한 규정에 위반되는가와 관련해서 8페이지에 도표를 그려서 명쾌하게 설명을 해 주셨는데요, 귀속의 대상이 되는 재산은 이 도표에도 나와 있듯이 후손의 모든 재산이 아니라 그중에서 후손이 형성한 재산이 제외되고, 또 반민족행위의 대가와 무관한 재산이 제외되는 이러한 측면에서 본다면 후손이기 때문에 귀속되는 것이 아니라 친일의 대가로 받은 것이기 때문에 그렇다는 점에 다시 한번 공감하게 됩니다.

끝으로 토론문에 보면 두 개의 질문이 주어졌는데, 하나는 아마 부칙이 없어졌기 때문에 진정소급입법이 아닌가 그런 질문으로 받아들였는데요. 부칙이 없어졌다고 하더라도 헌법전문이 규범력을 일정정도 갖지 않겠는가? 프랑스헌법의 경우에도 프랑스혁명이후에 만들어진 헌법들에서도 헌법전문의 규범력을 인정하고 있고 그래서 부칙이 없어졌다고 하더라도 이런 헌법전문을 통해서 우리가 규범력들을 부활해낼 수 있지 않겠느냐 이런 생각을 했습니다.

끝으로 살아있는 헌법에 대한 얘기가 있었는데 그거는 제가 정확히 캐치를 못해서 다음에 또 기회가 있으면 말씀 올리도록 하겠습니다.

사 회 자 : 플로어에 계신 분들께서 질문을 해 주십시오.

질문하실 때 소속, 성함을 먼저 말씀하시고 질문을 해 주시기를 바랍니다.

그러면 중앙대학교의 이인호 교수님께서.

토 론 자 : 아무도 질문을 안하시는 것 같아서 제가.

우리 이경주 교수님의 발표 잘 들었습니다.

그리고 정주백 교수님의 반대되는 논증 멋지게 들었습니다.

이황희 연구관님도 또 반대되는 헌법철학적인 문제로 접근해서 논증을 하고 있는 것을 보면서 오늘 의미 있는 자리에 왔다고 생각을 했습니다.

저는 헌법재판소의 법정의견이 나오게 된 배경은 추정컨대 보호할 만한 가치가 있는 재산인가에 대해서 인식이 보호할 만한 가치가 없는 것이다라고 봤던 것 같고요. 그런 선에서 출발해야 되는 것 아닌가 생각이 됩니다.

아까 우리 정주백 교수님은 제노사이드 범죄자 생명과 비교를 했는데 제노사이드 범죄는 그 범죄행위가 미운 것이고 그 사람의 생명은 소중한 것이지요. 그러니까 그것을 단순비교할 수는 없으리라고 봅니다. 생명은 소중하지 않다고 누구도 말하지 않고요. 그 경우에는 생명 자체가 소중한 것이기 때문에 함부로 박탈할 수 없는 것이고, 친일재산은 보호가치가 없거나 있다 하더라도 아주 미약한 것이다라고 본다면 소급입법의 문제도 이 13조 2항에 있는 이거를 절대적금지로 반드시 읽어야 되는가라는 것은 저도 그렇게 볼 수도 있겠습니다만, 예를 들면 미국연방헌법 제1조에 언론·출판의 자유를 제한하는 법률은 제정할 수 없다고 되어 있습니다. 물론 미국연방대법관중에도 그거를 절대적금지다라고 읽은 분도 있습니다. 그런데 지금 누구도 그것을 법률을 제정할 수 없다라고 해서 절대적금지로 읽는 사람은 거의 없습니다. 헌법에서 가치결단을 내릴 때 절대적으로 금지되는 것은 저는 이황희 연구관님 말씀하신 전체적인 가치의 비교형량을 해야 되고요, 그런 점에서 절대적금지라는 원칙을 확립하는 것은 상당히 위험한 것이다라고 보여집니다. 그런 점에서 절대적금지라고 반드시 읽어야 될 것 같지는 않고요.

그다음에 저는 혹시 이게 우리 제헌헌법에 있는 101조, 지금 현행 헌법은 제헌헌법의 연속선상에 있고요. 이게 새로운 헌법이 아니라고 보입니다. 개정헌법이지요.

그러니까 제헌헌법의 101조의 정신이 지금 살아있는 전문과 더불어서 지금도 존재하는 것 아닌가. 그 정신을 입법자들이 그거를 그대로 받아서 살려놓은 것 아닌가 구체화해서. 그래서 101조가 없다고 하더라도 그 정신은 제헌헌법을 만들 때 헌법제정자들이 못을 박았고 그것은 여전히 지금 우리 현행 헌법에서도 그 가치가 존속되어 있는 것 아닌가? 그렇게 볼 수 있다면 보호가치 없는 재산권에 대해서 입법자가 얼마든지 할 수 있는 것 아닌가 싶고요.

그다음에 사회적신분의 절대적 차별문제인데, 저도 그점은 정교수님하고 같은 입장인데, 11조 1항 후단에 열거되어 있는 종교, 성별, 사회적신분에 의한 차별을 받지 아니한다. 이때 사회적신분은 법정의견이 적용한 것처럼 후손이라고 하는 것에 대한 사회적신분이 아니고 당시에 헌법제정자가 사회적신분이라는 단어를 썼을 때는 양반과 신분계급, 과거의 신분계급제하에서의 신분을 의미하는 것이지, 그래야 의미가 와 닿는다고 생각합니다. 그러니까 성별, 종교, 사회적신분의 그것은 지금 일반적인 사회적 신분을 가리키는 것이 아니다. 그러니까 정교수님의 주장이 그대로 여전히 저는 타당하다고 봅니다. 사회적신분의 개념을 좁혀야 되고요. 그런데 법정의견이 후손이라는 것을 사회적신분으로 포섭시켜서 하다보니까 조금 논리구조가 이상해져버린 것 아닌가 하는 생각이 들고요. 다만 그렇다고 하더라도 절대적으로 열거되어 있는 세 가지 사유에 헌법이 차별을 금지하는 것이냐? 그거는 당연히 아니지요. 그런 차별이 있다 하더라도 정당한 사유가 있으면 아주 중대한 공익이 있으면 차별을 할 수 있는 것이고요.

그 점에 대해서 정교수님께 질문을 드리고 싶습니다.

사 회 자 : 또 다른 질문 해 주십시오.

허완중 연구관님.

토 론 자 : 헌법재판연구원의 책임연구관으로 있는 허완중이라고 합니다.

저는 친일재산과 관련해서 크게 두 가지가 가장 핵심적인 주제가 아닌가 생각을 하는데, 첫 번째는 과연 친일행위로 해서 받은 재산에 대한 것이 권리인가라는 쟁점이 하나있을 것 같고요. 그리고 문제는 그게 권리가 아니라서 반사적이익이나 다른 것이라고 하더라도 그것이 신뢰 있는 가치가 되면 신뢰보호원칙 또는 소급입법금지 때문에 보호가 될 수 있습니다. 그러니까 두 가지가 다 깨지지 않으면 사실상 이것이 합헌이 되기 어려운 구조로 되어 있는데요.

그래서 첫 번째는 권리성에 대한 입증이 있어야 될 것이고, 그리고 그것이 보호가치가 없음, 두 가지가 입증이 안 되면 합헌쪽으로 가기는 어렵지 않나 그런 생각을 하는데요.

첫 번째 문제와 관련해서는 다행히도 재산권은 시민혁명때부터 계속 자유권의 일부로서 보호가 되지만 우리 헌법은 1948년 헌법부터 계속해서 23조 1항에 해당되는 규정이 계속 있었습니다. 즉 다른 자유권은 내용에 대해서 어떤 규정이 없습니다. 그러니까 당연히 자유권에 대한 보호영역이 전제되어 있다, 정해져 있다라고 전제를 해놓고 보호를 하지만, 재산권은 자유권임에도 특이하게도 후문규정에 '내용과 한계는 법률로 정한다'고 되어 있습니다. 이것 때문에 탄력성이 생기지요. 확고하게 이것이 권리다 아니다라고 말하기보다는 입법자에게 어떤 여력을 주는 것이고.

그런데 문제는 이것이 헌법규정이라는게 문제입니다. 즉 입법자에게 전폭적인 재량여지를 주지 않는다는 거지요. 왜 그러냐면 23조가 입법자에게 줄 때는 23조 자체가 위헌심사의 기준으로서 작용을 하기 때문에 거기에 대한 한계를 또 헌법이 확정해 놓을 수밖에 없다는 거지요. 그래서 일단은 입법자가 그것을 권리로서 정해놓으면 재산권으로서 인정될 가능성이 있다라는게 하나가 있을 것이고.

그다음에 그렇다고 하더라도 입법자가 만약에 헌법에 위반되어서 재산권을 형성하게 되면 거기에 대한 위헌의 가능성이 있다라고 생각을 할 수 있는데, 첫 번째와 관련해서 일단 친일파가 획득한 재신을 어떻게 볼 것인가와 관련해서는 물론 그러한 것을 재산권으로 보호하지 않는다라는 규정이 있기 때문에 그것을 재산권으로 볼 수 있다라고도 볼 수 있지만, 역으로 보호한다는 규정이 없기 때문에 보호가 안 된다라는 논리도 가능하다고 봅니다. 그거를 어떻게 설명할 것인지에 대해서는 다를 것이라고 생각을 하고.

그다음에 이것과 관련해서 우리가 생각해 볼 것은 1940년대가 되면 해방에 대한 기대가 생기면서 각종 독립운동단체들이 우리가 해방이 되면 국가를 어떻게 운용을 하고 형성할 것인가에 대한 갖가지 안들을 내놓게 됩니다. 좌파든 우파든 상관없이 다 냈는데 거기에 합의된 요건이 하나 있습니다. 많은 것이 합의가 되었는데 공통적으로 나오는 것 중에 하나가 뭐냐 하면 주요재산의 국공유화라는 합의가 있습니다. 그 당시 나온 안들을 보면 다 거기에 대한 합의가 있어요.

그 얘기는 뭐냐하면 그 당시에 국내에 있는 주요재산의 소유자가 누군가를 보면 그 이유가 분명히 드러납니다. 즉 그 당시에 국내에서 중요재산 즉 토지나 공장이나 이런 것을 소유했던 사람들은 일본사람 아니면 친일파밖에 없었습니다.

그렇지 않은 사람들은 없다는 거지요. 그러니까 거기에 대한 합의가 있었다는 거지요. 친일파나 아니면 일본인의 재산에 대해서는 우리가 동의하지 않겠다라는 것이고, 1948년 단서에 나왔던 것도 여전히 같은 맥락으로 본다면 과연 그것을 헌법이 재산권으로 보호할 여지가 있는가 그것도 생각해 볼 수 있을 것이고.

그리고 저는 개인적으로는 우리 헌법의 주목되지 않는 내용 중에 하나가 전문이나 9조나 69조에 보면 분명히 우리는 다른 데서는 국민이라는 말을 쓰는데 민족이라는 말을 따로 쓰고 있습니다. 그러니까 우리 헌법은 국민도 인정하지만 민족이라는 개념 자체도 인정하기 때문에 민족에 대한 해석이 있어야 되는데 여태까지 우리는 거기에 대한 해석이 거의 없었다라고 봅니다. 그러면 그 민족에 대한 해석을 어떻게 할 것인가? 왜 그러냐면 친일파의 행위라는 것을 누구나 다 동의하듯이 민족에 대한 반역행위였기 때문에 거기에 대한 동의가 있어야 된다고 생각하는데, 거기에서 민족주의가 나온다고 해석할 수도 있을 것이고, 물론 이때의 민족주의는 서양에서 말하는 Nationalism과는 전혀 다른 거지요. 우리가 구한말부터 나타나는 민족주의는 방어적민족주의라는 말로 표현하시는 분도 있는데 물론 민족주의의의 부정적인 이미지를 보면 그러한 표현이 적당한지는 저도 동의하기 어렵지만 어쨌든 그때 당시에 민족주의, 구한말부터 해서 해방이후 지금까지도 우리가 가지고 있는 민족주의 개념은 우리 민족이 안전하게 살 수 있는 공간을 확보하고 그 안에서 우리가 최대한 행복하게 살 수 있는 공간을 확보한다라고 보면 민족주의, 그 민족에 담긴 개념 안에 그런 민족의 안전이나 번영을 반역하는 행위, 반대되는 행위에 대해서는 용납하지 않겠다라는 의미도 있을 수 있다. 그것도 포함된다고 볼 수 있다. 그렇게 보면 역시 마찬가지로 그러한 친일파의 재산을 보호가치 있는 재산이거나 또는 더 나아가서 재산권으로 보기에는 어려운 측면이 있지 않을까라고 생각하고요.

그리고 13조 2항 소급입법금지같은 경우는 그것이 그 역사적 배경을 보면 어떤 친일파와 관련해서 들어온 조항이 아니라 독재과정에서 일어났던 반민족적인 소급입법을 반대하기 위해서 그거를 금지시키기 위해서 나온 것이지 친일파의 처벌이나 그런 것과 관련해서 나온 것은 아니라고 봅니다. 그렇게 보면 역시 마찬가지로 친일파 재산환수와 관련해서 그것을 끌어들이는 것은 좀 문제가 있다고 보고요.

마지막으로 우리 헌법 제1조에 보면 대한민국은 민주공화국이다라고 되어 있습니다. 그런데 제가 여러 가지 공화국에 관련한 글들을 보면 공화국의 가장 큰 중요한 내용중에 하나는 시민의 미덕입니다. 미덕. 그중에서 가장 중요한 것은 당연히 애국심이고, 그렇게 보면 애국심이 1조에 있는 공화국의 기본적인 아주 핵심적인 내용이라고 본다면 당연히 그 애국심이 반하는 행위, 친일행위는 보호받기 어려운 것이라고 볼 것이고, 그렇게 보면 마찬가지로 재산권을 인정하지 않거나 또는 보호가치 없다라고 볼 여지는 있다고 생각합니다.

이상입니다.

사 회 자 : 그러면 우선 발제자께서 토론 나온 것 중에서 특별히 답하실 사항이 있으면 말씀해 주십시오.

발 표 자 : 특별히 없는...

사 회 자 : 그러면 정주백 교수님.

지정토론자 : 제헌헌법 부칙 101조의 정신을 어떻게 이해할 것이냐라는게 상당히 중요한데요. 많은 분들이 합헌론의 토대에는 이거를 확인적인 규정으로 본다는 겁니다. 친일파의 과거행위는 반드시 청산되어야 된다라는 취지, 그 취지가 현행헌법까지도 이어질 수 있다라고 하는 것이라면, 만약에 제가 헌법을 만든다면 그런 취지라면 '제헌의회는' 이런 말을 안 썼을 겁니다. 제헌의회는 친일파를 처단하는 소급입법을 할 수 있다. 그 반대해석상 제헌의회가 아니면 할 수 없다라는 것이 제헌헌법을 만든 사람들의 의사지요. 적어도 제헌헌법이 아직도 개정되지 아니하고 그대로 9차 개정 전혀 없이 제헌헌법이 그대로 이어진다고 하더라도 현행 특별법과 같은 것은 제헌헌법 부칙 101조에 위반되는 겁니다. 제헌의회가 아니면 소급입법을 한 것이지요. 제헌헌법의 취지를 저는 매우 창설적인 규정으로 이해를 해야 되는 것 아닌가라고 하는 것이 제 기본적인 생각이고, 제헌의회의 정신, 101조의 정신은 소급입법이 안 된다는 정신인 것이지 된다는 정신이 아니라는 겁니다.

또 하나는 11조 1항 후문에 관한 문제인데, 사실 이 사건에서 핵심적인 쟁점은 아니었습니다. 친일파의 후손이라는 이유로 차별한 것이 아니지요. 그 재산을 가지고 있다는 이유로 환수의 대상이 된 것이지요. 이 법규범에 의하면 친일재산이라고 하는 것은 꼭 친일파의 후손일 필요가 없는 겁니다. 친일파후손이라는 집합하고 이 법에 의해서 환수의 대상이 되는 집합은 일부 겹치기도 하지만 서로 독립적인 개념인 것입니다. 친일파후손이라도 환수 안 되는 경우가 있을 것이고, 친일파가 아니더라도 이 특별법에 의하면 환수될 수 있는 경우가 있는 겁니다. 여기서 같으면 무상으로 정을 알면서, 그 정을 알면서라는 것이 사실 아까 제가 말씀드린 개념의 문제인데, 친일재산인 정을 알면서라고 하는 것은 복잡한 개념인 것이지요. 사실 친일재산인 정을 알면서 취득했다는 것이 아니고 친일파가 친일행위의 대가로 취득한 재산인 정을 알면서 제3자가 무상으로 취득한 경우에는 환수의 대상이 되는 것이지요. 그러니까 후손이라는 개념하고 환수의 대상이 되느냐 안 되느냐 라는 개념은 서로 다른 개념이고, 후손이라는 이유로 차별받고 있다는 것은 아닙니다.

그런데 일반이론상 이 판례가 원용하고 있는 사실 아버지 되는 판례가 병역법사건인데 병역법사건에 태생적인 문제가 있었다는 것이고, 그 오류가 제가 봤을 때 오류가 이 사건에까지도 계속 이어졌으니까 이 사건을 평하는 마당에 제가 한번 이야기를 해본 것입니다.

사실 11조 1항 후단은 중요한 조문이라고 생각합니다.

제가 아까 말씀드린 것처럼 우리 공동체의 피가 묻어 있는 조문 하나를 들라고 한다면 다른 것들은 대부분 서양에서 도입된 것들이겠지요. 도입되어 서양적 정신이 투입된 것이라면, 우리 민족의 역사에 있어서 반상의 문제라든지 종교차별의 문제, 종교의 문제도 상당히 심각했지요. 남녀의 문제 그것들이 그 정신이 적어도 우리 인종은 안 넣었지 않습니까? 인종은 왜? 우리 공동체의 문화에서 그렇게 중요한 것이 아니었기 때문에 안 넣었다는 겁니다. 만약에 인종의 문제가 우리 공동체의 문제로서 컸었다면 들어갔었겠지요. 그말은 우리 공동체의 진짜 소중하게 다루어야 될 차별표지가 뭐냐라는 것을 깊이 궁리해가지고 11조 후단에 집어넣었다라고 저는 이해를 하는데 그것이 아무런 의미가 없는 것이다라고 해버리고 나면 우리 헌법을 만든 사람들의 진짜 살아있는 정신이 사라져버리는 것 아닌가. 그것이 안타깝다.

저는 조금 더 극단적으로 11조 후단에 열거된 사유만이 차별표지가 되는 것이다라는 입장에서 보면 그것은 아니더라도 엄격한 심사를 해야 되는 표지들에도 해당되지 않는 것이다라고 하면 사실 남녀의 문제는 32조 등에서 가끔씩 특별히 평등을 요구하는 경우가 있지만 종교는 없잖습니까? 사회적신분에 관해서도 없지요. 종교나 사회적신분에 관해서는 11조 1항 후문에서만 이야기하고 있는 겁니다. 그러면 그 사유들에 대해서 차별을 하더라도 극단적으로 모정권이, 거꾸로 이야기하는게 맞겠지요. 기독교도들을 차별하더라도 그럴 법하지 아니하냐라는 정도의 이유 붙임만 가능하다면 위헌이 아니라는 것이지요.

또한 상놈들은 원래 조금 천성이 나쁘니까 좀 차별해도 된다는 생각도 도출할 수 있다는 것이지요. 그게 안 된다는 것을 우리 헌법 11조 1항 후문이 얘기하고 있는데 그래도 된다라고 병역법사건과 이번 사건이 이야기하고 있다는 것이 저는 좀 안타깝다라는 겁니다.

이상입니다.

사 회 자 : 시간이 많이 흘렀습니다.

사회자인 저로서는 조금 문제를 갖자면, 친일재산국가귀속특별법이라고 하는데 이거를 과연 영어나 이런 식으로 번역했을 때 명칭이 어떻게 될까? 제가 봤을 때는 특정국가를 지칭해서 이렇게 하는 것이 과연 우리가 슬기로울까 생각합니다.

오히려 우리 지난한 역사의 어떤, 사실 우리가 일본으로부터 침범받은게 36년 40년 남짓인데 오히려 반민족행위의 대가라든지 이런 식으로 좀 일반화된 용어를 썼어야 되지 않나 생각합니다. 친일이라는 용어 자체 개념에서부터 어떻게 보면 상당히 모호할 수 있는, 특히나 오늘날에는 다 우리가 친일하는 사람도 많은데 언어의 감각이 필요하지 않나 생각합니다.

두서없는 말씀이었고요.

플로어에서 토론이 없기 때문에 아무래도 우리 김선택 부위원장께서 대표토론을 해 주시면 감사하겠습니다.

부위원장 : 문제가 굉장히 어려웠었는데요, 아주 오래된 문제이기도 하고.

그런데 이렇습니다. 이 문제는 이렇게 생각되는데요. 첫째, 역사적인 과제를 제때 해결을 못하고 지체했을 때 이런 문제가 발생하는 것이 아닌가?

우리 정주백 교수님이 토론 잘 해 주셨는데, 맞습니다. 제헌의회에 국한해서 그때 법률을 만들어서 한번에 해결을 하고 이제 잊어버리자 이런 취지 아니겠습니까?

그거는 우리가 4월혁명 이후에 헌법개정했을 때 나오는데 그렇게 되어 있어요. '이 헌법시행 당시 국회는' 이런 식으로. 그래서 단 한번의 예외적인 소급입법을 하자라는 취지였습니다. 그래서 되었으면 좋았을 텐데 안 되었다는 거지요.

이게 제때 안 되니까 기억도 떨어지고 의지도 떨어지고 법리적인 구성이 대단히 어렵습니다. 이거는 사실은 법리적으로 해결할 수 있는 문제가 아니고 초법리적인 구성이 필요하다 이런 생각이 들고요.

그다음에 두 번째는 이게 그렇다 하더라도 헌법으로 해야 할 일을 법률로 하고 결과적으로 헌법재판소의 사법판단으로 하게 되면서 문제가 더 심각해진 겁니다.

가장 좋은 건 제헌헌법으로 했어야지요. 그런데 제헌헌법에서 보장된 재산권을 개정헌법으로 박탈하는 것은 가능하냐? 헌법으로 한다하더라도. 또 문제란 말이에요.

그래서 가장 이상적인 것은 제헌헌법에 규정이 있었을 때 특별법을 만들고 특별사법 판단하는 기구를 만들어서 일거에 해결을 했어야 옳았다. 그런데 어떻게 할 수가 없게 되어 버렸다 지금 상황은.

그리고 이번 결정에 크게 두 가지 말씀드리겠는데, 하나는 평등권문제부분에서 사회적신분이라는게 문제가 되는데요. 원래 제헌헌법당시 사회적신분은 이렇게 포괄적인 의미를 갖지는 않았을 겁니다. 아마 반상의 구별같은 그런 사회적계급을 차별하면 안 된다하는 취지였을 것 같아요. 잘 모르겠는데. 그런데 이거를 넓게 해석하다보니까 별개 다 들어가게 되었는데, 이거는 역시 우리나라 헌법의 기본권 규정의 전반적인 문제입니다. 이 요건들을 좁게 할 거냐 넓게 해석할거냐, 문언의 일반적 의미대로 할거냐 아니면 역사적인 특별한 의미를 구할거냐, 큰 숙제라는 생각이 들고요.

저는 이 사회적신분이라는 용어 자체를 넓게 해석해서 친일반민족행위자 후손의 경우에도 엄격심사로 가는 그런 루트로 이용 당하는 것은 좀 곤란하다는 생각이 들기는 하는데 참 어렵습니다.

그다음에 13조 2항 이게 큰 문제인데요. 13조 2항의 전제는 23조 아니겠습니까? 23조에 재산권보장이 있고, 그다음에 23조 1, 2항, 23조 3항, 그리고 37조 2항에 재산권 제한규정이 다 있지 않습니까? 이런 재산권의 보장규정이 있고 제한규정이 있는데, 그 제한의 한계규정에 법률이라든가 비례성이라든가 본질내용보장이 다 있는데 13조 2항의 특칙은 이거를 잘 보면 이렇게 해석될 수 있습니다. 37조 2항의 본질적내용 침해금지의 주의적 규정으로 해석될 수 있어요. 정주백 교수님 그렇게 하셨는데, 그렇게 보면 절대적금지가 되는 거지요. 할 수 없다 이렇게 될 겁니다.

만약에 특칙으로 봐도 똑같아요. 형벌법규소급입법은 절대 금지되고 기타 소급입법은 진정소급, 부진정소급으로 나누고, 진정소급은 원칙적으로 금지인데 예외적으로 허용된다. 그런데 13조 2항을 특칙으로 보면 또 예외가 되어 버리기 때문에 또 절대금지가 되어 버립니다.

그러면 이런 식으로 해석이 가능하다면 어떻게 할 거냐? 우리 지금 헌법해석의 큰 문제가 뭐냐하면 절대적으로 보장되는 것처럼 되어 조항들을 정말 절대적으로 둘 수 있느냐? 인간의 존엄과 가치가 정말 절대적인가? 본질내용보장이 정말 절대적인가? 언론·출판에 대한 사전검열이 절대적으로 금지되는데 정말 절대적으로 보장될 수 있는가? 이거 정말 큰 문제입니다.

그래서 앞으로 우리가 연구를 좀 해서 이 절대성의 보장이라는게 정말 절대성의 보장이 아니고 단계적가능성 즉 위헌성 심사를 보다 더 엄격하게 하는 징표로, 그야말로 엄격심사의 징표로 해석하는게 옳지 않을까하는, 참 어려운 얘기인데요. 그래서 여기서 말하는 이 절대적금지도 정말 안 된다는 취지는 아니고 아주 엄격한 이익이 있으면 되지 않을까 이렇게.

그런데 이런 방향이 좀 어렵다면 이렇게 하지 않을까 하는 두 가지 가능성이 더 있는데 이런 겁니다. 13조 2항의 재산권이 박탈되지 않는다 했을 때 그 재산권의 박탈이라는 경우를 좀 한정해서 해석할 수 없을까? 그렇게 했습니다 보니까, 정변이 계기가 되거나 보복의 의도가 있어서 입법이 된 그런 재산권박탈의 경우로 한정적용을 해서 그렇게 피해갈 수 않겠는가 하는 방법이 있을 것이고요.

또 하나는 13조 2항의 재산권이라는 그 재산권 자체의 해석을 한정적으로 할 수도 있어요. 한 방법이 뭐냐 하면 예컨대 친일재산의 경우에는 아예 23조 1항의 재산권이 아니다. 이래 버릴 수도 있지요. 뭐냐하면 헌법전문에 임시정부의 법통을 계승한다고 했으니까 친일재산이 어떻게 한국의 헌법에 의해서 보호될 수 있느냐? 안 된다, 이렇게 나아갈 수도 있다고 생각이 됩니다. 이렇게 되면 소급입법이고 뭐고 다 필요없게 되는 얘기가 될 것이고.

그다음에는 23조 1항의 재산권하고 13조 2항의 재산권은 다른 것이다. 왜 그러냐면 13조 2항의 재산권의 소급박탈금지조항은 특별한 어떤 역사적 계기가 되어서 정변 이전에 있었던 부정 축재한 재산에 대한 그런 특별한 박탈입법을 하지 말라는 것이니까 그 재산의 개념을 좁혀서 해석할 수 있는 방법이 있었을 겁니다.

여러 가지가 있을 수 있는데, 저는 이런 생각이 문득 들어요 이번에. 이황희 연구관 그 말씀하셨는데, 과연 우리가 이 기본권을 보장함에 있어서 공동체유보라는 것을 우리가 전제로 할 수 있을까 이런 생각이 듭니다.

그런데 우리가 이런 사안은 국가정체성에 관련되는 거란 말이에요. 헌법이라는게 결국 국가의 정체성을 규정하는 건데, 과연 친일재산이라는게 국가의 정체성하고 완전히 충돌하는 겁니다 이거. 그런데 그렇다면 이런 헌법을 가지고, 우리가 이 헌법은 헌법의 제정권력자가 정말 친일재산도 자기들이 헌법이나 법질서 내에서 보호될 수 있는 그런 내용으로 봤을 것인가? 아니었을 겁니다. 전혀 아니었을 것이라는 생각이 들어요. 그래서 간명하게 얘기한다면 한국의 법질서에서 봤을 때는 친일재산이 보호대상으로 들어오기 힘들지 않았을까? 그리고 그것이 보호될 것이라고 믿었다는데, 그게 정말 그러한 신뢰가 보호될 수 있는 것이었을까 과연? 정말 그렇게 자기들이 신뢰했을까도 의심스럽습니다.

신뢰했다면 왜 이완용 자손들이 한명도 우리나라에 안 살고 다 도망가서 외국에 살다가 이렇게 재산을 찾을 수 있게 되니까 브로커를 끼어서 한국에 들어와서 재산을 찾으려고 하겠습니까? 그리고 들어오지도 않았어요. 왜 그렇겠습니까?

그런데 우리 법질서가 만약 이런 국가적정체성에 반하는 권리회복운동을 갖다가 지원한다 우리 법이, 그거는 자기모순 아닐까 저는 그런 생각이 들어요. 자기모순이다.

결국 법리적으로는 뭐, 여기 우리가 다 법학을 공부한 사람들인데 법리적 구성으로서는 거의 불가능에 가까운 작업인 것 같이 보이고, 그래서 저는 이런 사건일수록 우리 김종대 재판관님께서 그렇게 쓰셨던 것 같은데 저도 완전히 동의합니다.

그래서 좀 더 본격적인 문제로 들어가야 된다. 헌법의 기본이 무엇인가? 국가가 무엇인가? 여기서 출발하지 않으면 해결책이 안나오고 순수하게 법리적으로만 가면 저는 사실은 정주백 교수님 의견에 동의합니다. 그렇게 갈 수밖에 없어요.

그런데 큰 갈림길이 있다 그런 생각이 듭니다.

이거는 헌법의 아주 근본에 대한 문제라는 생각이 듭니다.

저는 여기에 관해서 우리 김종대 재판관님도 한 말씀해 주셨으면 좋겠습니다.

감사합니다.

회　　장 : 평소 존경하는 우리 김선택 교수님께서 여러 토론자가 별로 지지 안해주던 것을 지지를 해 주니까 상당히 어깨가 올라가는 느낌이 드네요.

이게 우리가 평의할 때 다른 것은 별로 문제가 아니었고 소급입법 이게 처음이고 끝이자 쟁점이 되었습니다.

그리고 헌법재판을 제가 와서 좀 해보니까 법원에서 재판을 할 때는 법리가 우선입니다. 법리대로 해요. 그러니까 법적논리, 법칙대로 재판을 했는데 헌법재판을 하면 법리보다 가치문제가 좌지우지하는 경우가 가끔 있어요.

국민 전체가 이 결론을 용납할 수 있을까, 거기에 부딪치면 재판관들이 다 떱니다.

이런 것을 치고 나가려고 하면 법리로서 그거를 치고 나가기가 굉장히 두렵습니다.

그래서 이것이 법리상으로는 오늘 정주백 교수님이 얘기했듯이 소급입법금지지요. 그래서 안 되겠지요. 그리고 헌법개정한 취지도 다보고 바뀐 것도 보고 이러면 해서는 안 되지요. 해서는 안 되는데 그런데 아! 이거 하다가는 전 국민이 헌법재판소 저거 대한민국 헌법재판소 맞나. 이런 말을 할 것 같은데 어떻게 합니까?

그래서 부진정소급입법이라는 꼼수를 내기도 하고 소급입법에 어긋나지만 예외적으로 괜찮다 하는 막가파수를 내기도 하고, 이 재산권이 무슨 재산권이냐 헌법의 법리라는 무리수를 내기도 합니다. 다 그거 인정해요.

그래도 아마 결론은 국민들의 대다수가 박수를 쳤을 것이라고 봅니다.

그러면 헌법재판 제대로 한 것 아닌가요? 그래서 저는 그렇다고 생각하고 여러분 비판은 비판대로 충분히 일리가 있다고 봅니다.

제가 헌재가 어떻게 결론이 나왔다는 그 과정만 설명드리고 한마디만 더, 제가 이런 무리수를 쓴 이유는 저는 이 헌법을 해석을 하다보니까 아까 김교수님도 그런 말씀하셨지만, 헌법전문도 우리 해석의 기준이 되는 것 아닌가요? 그런데 거기 보면 유구한 역사와 전통이라는 말도 나오고요, 3·1운동을 계승하는 임시정부의 법통이라는 말도 나오고, 4·19정신이라는 말도 나옵니다.

여러분 이 내용을 아십니까? 4·19정신은 무엇이며, 임시정부의 법통은 무엇이며, 유구한 역사와 전통이라는 것은 무엇이냐? 여기에 대해서 유감스럽게도 나는 우리헌법학자들이 연구해 가지고 어떤 구체적 내용을 제시한 것을 못 봤습니다.

이거 가치를 제시해야 됩니다. 이 가치를 제시해서 우리 헌법을 배우는 사람들이 그 가치에 의해서 헌법을 해석해야지요.

우리는 밤낮 서양의, 독일이니 미국이니 영국이니 하는 근대헌법의 기본원리, 법치주의 무슨 국민주권주의 그거 다 좋지요. 우리도 그거 다 계승했으니까. 그런 것을 가지고 헌법을 해석해야 되겠지요. 그러나 우리헌법 고유의 해석원리가 있다는 거지요. 그게 아까 말하던 임시정부의 법통이고 유수한 역사와 전통이고 이런 가치를 정립을 해서 해석을 해야 될 것 아니냐. 그래서 저는 그 가치를 갖다 붙이자.

아까 무리수라 했지요. 무리를 한번 범해봤습니다. 무리를 범해봤는데 핑계는 그겁니다. 아! 이게 대한민국 헌법이라는게 대한민국이 건설됨으로써 생긴 헌법 아닌가요? 대한민국을 건설한 헌법인데 대한민국이 건설되는 것을 방해한 대가로 얻은 재산도 이 헌법이 보장한다는 것은 헌법의 모순 아니냐?

3·1운동의 계승을 위한 임시정부의 법통을 이어 받은 이 헌법이 어떻게 이 재산권을 인정할 수 있느냐? 이 헌법이 인정할 수 있는 재산권이 아니지 않느냐? 그런 논리를 가지고 이황희 연구관한테 그런 논리가 되냐하니까 된다 그래. 그러면 한번 써봐라 하니까 아니 써 놓고 오늘 그 얘기는 아무 것도 안 해.

과정이 그렇게 해서 이런 결과가 나왔고 그런 관점에서 또 여러분이 그런 측면에서 한번 더 이해를 해 주시면 고맙겠습니다.

사 회 자 : 제가 모두에 말씀드린대로 부정의에 의한 정의실현이라고 하는 한 단면을 읽을 수가 있었습니다.

예전에 저로서는 이것이 2006년도인가 법이 만들어지고 새로운 정권이 바뀐 작년 더군다나 3월 31일날 우리 헌법재판소가 결정을 내린 것이 상당히 의미 있다고 생각을 합니다.

저로서는 오히려 이것이 헌법재판소가 우리 사회에 있어서 하나의 아주 죄송한 표현이지만 씻김굿 같은 그런 어떤 역할도 하지 않았나 생각을 합니다.

더불어 아마도 일제청산 논의 자체가 일련의 법률을 통해서 청산되는 그래야지, 언제까지나 일제청산이라고 하는 불편한 용어에 사로잡힐 때는 아니라고 생각을 합니다.

사회 할 때는 항상 보니까 이런 멘트를 준비하더라요. 그러나 제가 만들었습니다.

오늘은 내일의 어제이고 어제의 내일이 오늘이라고 하는 이 시대를 살아가는 우리 모두에게 결코 몇 십년 전에 우리 할아버지, 증조할아버시들이 겪은 일들을 차후에는 겪지 않도록 하는 것이 오늘의 이 좋은 세상을 살아가는 우리 사람들의 역할이라고 생각합니다.

이상으로 오늘 헌법실무연구회의 막을 내리도록 하겠습니다.

감사합니다.

第120回(2012. 6. 14.) 발표문

외국인의 기본권주체성 문제에 대한 비판적 고찰

– 헌재 2011. 09. 29. 2007헌마1083 등 (외국인근로자의 고용 등에 관한 법률 제25조 제4항 등 위헌확인 사건)의 관련 법리분석을 중심으로 –

정 태 호*

Ⅰ. 문제의 제기

헌법재판소는 2011년 9월 29일 '외국인근로자의 고용 등에 관한 법률'에 의한 고용허가를 받아 입국하였다가 동법률 제25조가 정한 절차에 따라 사업장을 3회 변경하게 됨으로써 외국인근로자의 사업장 변경은 원칙적으로 3회를 초과할 수 없도록 하고, 예외적으로 사업장 변경이 모두 외국인근로자에게 귀책 없는 사유만으로 이루어진 경우 1회에 한하여 추가로 변경을 허용하고 있는 같은 조 제4항, 동법 시행령 제30조 제2항[1]에 의하여 더 이상 사업장변경을 할 수 없게 되었고, 결과적으로 출국할 수밖에 없게 된 외국인근로자들이 제기한 2007헌마1083, 2009헌마230, 352(병합) 헌법소원사건들에 대한 기각결정(기각 5인, 인용 3인, 각하 1

* 경희대학교 법학전문대학원 교수, 헌법학.

1) 이 사건 심판의 대상은 구 '외국인근로자의 고용 등에 관한 법률'(2005. 5. 31. 법률 7567호로 제정되고, 2009. 10. 9. 법률 제9798호로 개정되기 전의 것, 이하 '외국인고용법'이라 한다) 제25조 제4항(이하 '이 사건 법률조항'이라 한다) 및 구 '외국인근로자의 고용 등에 관한 법률 시행령'(2004. 3. 17. 대통령령 제18314호로 제정되고, 2010. 4. 7. 대통령령 제22114호로 개정되기 전의 것) 제30조 제2항(이하 '이 사건 시행령조항'이라 한다)이 청구인들의 기본권을 침해하는지 여부이며, 그 내용 및 관련조항의 내용은 다음과 같다.

[심판대상조항] 구 외국인근로자의 고용 등에 관한 법률(2003. 8. 16. 법률 6967호로 제정되고, 2009. 10. 9. 법률 제9798호로 개정되기 전의 것) 제25조(사업 또는 사업장 변경의 허용) ④ 제1항의 규정에 의한 외국인근로자의 다른 사업 또는 사업장으로의 변경은 제18조 제1항의 규정에 의한 기간 중 원칙적으로 3회를 초과할 수 없다. 다만, 대통령령으로 정하는 부득이한 사유가 있는 경우에는 그러하지 아니하다.

구 외국인근로자의 고용 등에 관한 법률 시행령(2004. 3. 17. 대통령령 제18314호로 제정되고, 2010. 4. 7. 대통령령 제22114호로 개정되기 전의 것) 제30조(사업 또는 사업장의 변경) ② 법 제25조 제4항 단서의 규정에 따라 직업안정기관의 장은 외국인근로자가 법 제25조 제1항 제2호 내지 제4호의 1에 해당하는 사유만으로 사업 또는 사업장을 3회 변경한 경우에는 1회에 한하여 사업 또는 사업장의 변경을 추가로 허용할 수 있다.

인)을 통해 외국인이 헌법 제15조의 직업의 자유를 주장할 수 있는지 문제에 대한 판단을 한 바 있다.

재판관 5인의 기각의견(재판관 이강국, 민형기, 이동흡, 송두환, 박한철)은 이 쟁점에 대하여 "직업의 자유 중 이 사건에서 문제되는 직장 선택의 자유는 인간의 존엄과 가치 및 행복추구권과도 밀접한 관련을 가지는 만큼 단순히 국민의 권리가 아닌 인간의 권리로 보아야 할 것이므로 외국인도 제한적으로라도 직장 선택의 자유를 향유할 수 있다고 보아야 한다. 청구인들이 이미 적법하게 고용허가를 받아 적법하게 우리나라에 입국하여 우리나라에서 일정한 생활관계를 형성, 유지하는 등, 우리 사회에서 정당한 노동인력으로서의 지위를 부여받은 상황임을 전제로 하는 이상, 이 사건 청구인들에게 직장 선택의 자유에 대한 기본권주체성을 인정할 수 있다"[2])는 요지의 주장을 펼쳤다.

이에 대하여 재판관 목영준, 이정미는 "직장 선택의 자유는 '인간의 자유'라기 보다는 '국민의 자유'라고 보아야 할 것이므로 외국인인 청구인들에게는 기본권주체성이 인정되지 아니한다. 그러나 일반적 행동자유권 중 외국인의 생존 및 인간의 존엄과 가치와 밀접한 관련이 있는 근로계약의 자유에 관하여는 외국인에게도 기본권주체성을 인정할 수 있는바, 이 사건 법률조항과 시행령조항에 의하여, 청구인들은 종전 근로계약을 해지하고 새로운 근로계약을 체결할 수 있는 자유를 제한받고 있으므로, 외국인인 청구인들에게도 근로계약의 자유에 대한 기본권주체성을 인정할 수 있다"[3])고 함으로써 외국인은 국민에게 유보되어야 하는 헌법 제15조의 직업의 자유가 아닌 제10조 행복추구권의 내용인 일반적 행동자유권에 의해 보호되는 계약체결의 자유를 주장할 수 있다는 취지의 별개의견을 제시하였다.

반면, 이 쟁점에 대하여 재판관 김종대는 "기본권의 주체를 '모든 국민'으로 명시한 우리 헌법의 문언, 기본권 주체에서 외국인을 제외하면서 외국인에 대해서는 국제법과 국제조약으로 법적지위를 보장하기로 결단한 우리 헌법의 제정사적 배경, 국가와 헌법 그리고 기본권과의 근본적인 관계, 헌법상 기본권의 주체는 헌법상 기본적 의무의 주체와 동일해야 한다는 점, 외국인의 지위에 관한 헌법상 상호주의 원칙, 청구인이 주장하는 기본권의 내용이 인간으로서의 권리인지 국민으로서의 권리인지 검토하여 기본권주체성 인정 여부를 결정하는 것은 구별기준이 불명확하고 판단 순서가 역행되어 헌법재판 실무처리 관점에서도 부당한 점, 외국

2) 헌재 2011. 9. 29. 2007헌마1083 등 (병합), 공보 180, 1454.

3) 헌재 2011. 9. 29. 2007헌마1083 등 (병합), 공보 180, 1454-1455.

인에 대해서는 국제법이나 조약 등에 의하여 충분히 그 지위를 보장할 수 있는 점에 비추어 보면 모든 기본권에 대하여 외국인의 기본권주체성을 부정함이 타당하다. 다만, 외국인이라도 우리나라에 입국하여 상당기간 거주해 오면서 대한민국 국민과 같은 생활을 계속해 온 자라면 사실상 국민으로 취급해 예외적으로 기본권주체성을 인정할 여지는 있다고 본다"[4]는 요지의 반대의견을 냈다.

헌법재판소는 이 결정에 대한 선고가 있던 날 외국인들이 제기한 다른 헌법소원들에 대해서도 심판하였다. 하나는 외국인 근로자 사업장 변경허가 기간을 신청일로부터 2개월로 제한한 구 '외국인근로자의 고용 등에 관한 법률' 제25조 제3항에 의하여 출국대상이 된 외국인의 직업의 자유의 주체성이 문제된 사건을 대상으로 한 것이었고,[5] 다른 하나는 체류기간연장을 신청한 외국인이 그러한 요구가 인간 면역 결핍 바이러스(HIV)와 마약검사결과가 포함된 신체검사서의 제출요구를 사생활의 비밀과 자유 등 헌법상 보장된 자신의 기본권을 침해한다는 이유로 제기한 헌법소원에 대한 심판이었다.[6] 전자의 사건에서 제기된 외국인의 기본권주체성 문제에 대하여 헌법재판소는 평석대상이 된 사건에서와 같은 결론을 내렸고, 후자의 사건에서는 청구인이 다투는 행위들이 그 자체로 공권력성을 띠지 않는다는 이유로 각하하였을 뿐 외국인의 기본권주체성 문제에 대해서는 입장을 밝히지 아니하였다. 김종대 재판관만이 기본권주체성 문제가 기본권침해가능성이나 법적 관련성 요건보다 논리적으로 선행한다는 이유로 그 사건을 외국인의 기본권주체성을 부인하여 부적법하다는 판단을 내리는 것이 옳다는 별개의견을 제시하였을 뿐이다.

본고의 과제는 2007헌마1083에 대한 헌법재판소의 결정에서 외국인주체성 문제에 대한 3가지 견해 중 외국인의 기본권주체성을 원칙적으로 부정하는 반대의견이 우리 헌법의 해석론으로는 옳다는 것을 입증하는 것이다. 따라서 이 사건에서의 실체헌법적 쟁점들은 고찰의 대상에서 제외한다. 이렇게 한정된 과제를 해결하기 위해서 먼저 외국인의 기본권주체성 문제에 관한 국내의 통설인 권리성질설과 이 설을 따르는 헌법재판소의 판례를 개관하고(Ⅱ), 인간의 권리와 국민의 권리의 구분기준과 관련하여 권리성질설이 혼란을 겪고 있는 이유를 구명한 뒤(Ⅲ), 통설과 판례가 외국인의 기본권주체성을 부정하는 결정을 내린 실정헌법의 어의적 한계를 무시하고 있다는 점과 외국인에게 제한적인 기본권주체성을 인정하기 위

4) 헌재 2011. 9. 29. 2007헌마1083 등 (병합), 공보 180, 1455.

5) 헌재 2011. 9. 29. 2009헌바351, 공보 180, 1469 이하.

6) 헌재 2011. 9. 29. 2009헌마358, 공보 180, 1477 이하.

하여 이와 같은 어의적 한계를 무시하여야 할 불가피한 사유가 없다는 점을 논증한다(Ⅳ). 이어 합법적으로 입국한 외국인에게만 제한적으로 인정된다는 직장선택의 자유가 기본권인지 법률상의 권리인지를 둘러싼 기각의견과 별개의견의 주장의 당부를 가리고(Ⅴ), 마지막으로 외국인의 기본권주체성 문제와 관련한 몇 가지 쟁점들에 대하여 필자의 견해를 밝힌다(Ⅵ).

Ⅱ. 권리성질설과 관련 판례의 개관

1. 권리성질설의 주장내용

외국인이 우리 헌법이 보장하고 있는 기본권을 향유할 수 있는지의 문제와 관련하여 현재 국내 학계의 통설[7]은 우리 헌법이 명시적으로 외국자연인의 기본권주체성을 부인하지 않았다고 전제하면서 **"기본권의 성질상"** 외국인(무국적자를 포함한 외국국적의 자연인)에게도 인정될 수 있는 기본권을 자신의 이익을 위하여 주장할 수 있는 반면, 대한민국 국적자에게만 유보되어 있는 '국민의 권리'에 대해서는 그러한 가능성을 부정한다.

외국인에게 인정될 수 있는 기본권의 기준으로 자유주의적 기본권이론에서 출발하고 있는 이들은 기본권의 천부적·초국가성, 즉 '인권적 특성'을 제시하고 있다.[8] 한편, 통합론적 기본권이론에 가담하고 있는 허영 교수는 외국인에게 인정하더라도 사회통합을 해치지 않을 권리일 것을 요구하고 있다.[9]

외국인에게 인정되는 개별기본권도 학자들마다 차이가 있으나, 대체로 인간으로서의 존엄과 가치 및 행복추구권(제10조), 평등권, 개별 자유권적 기본권은 초국가적 자연권으로 외국인에게도 인정된다고 보는 입장이 지배적이고, 거주이전의 자유(제14조), 집회·결사의 자유(제21조), 직업선택의 자유(제15조)는 독일의 실정헌

---

7) 유진오, 신고 헌법해의, 제8판, 1954, 57-58쪽. 그는 "기본적 권리 의무의 헌법 규정 중 다수의 것은 **성질상 당연히** 외국인에게도 적용되는 것이니, 이러한 의미에서 본다면, 차종 기본권은 국민의 기본권이라느니 보다도 차라리 인권이라 하는 것이 타당하다"고 기술하고 있다(강조는 필자)(같은 곳 58쪽). 그 후 이 설은 국내의 통설의 지위를 점하게 된다. 이설(異說)로는 박일경, 신헌법, 1990, 199쪽; 박일경, 기본적 인권과 그 주체, 고시연구, 1974년 10월호 12-17쪽만이 자유권도 실정헌법상의 권리라는 이유로 이를 부정해 왔다.

8) 대표적인 학자로는 김철수, 헌법학신론, 2009, 310쪽; 정종섭, 헌법학원론, 2012, 279쪽 이하 및 323-324쪽.

9) 허영, 헌법이론과 헌법, 2004, 368쪽.

법해석론을 참고하여 국익의 관점에서 이를 부정하는 설[10]과 이를 긍정하는 설[11]이 대립한다. 국가를 전제로 하고 있는 참정권적 기본권, 사회권적 기본권, 청구권적 기본권은 외국인에게 인정되지 않지만, 재판청구권이나 청원권은 인권성을 띠는 자유권 및 평등권의 실효적 보장을 위해서 외국인에게도 인정된다고 보아야 한다고 한다.[12]

2. 판 례

헌법재판소도 과거에도 몇 차례[13] 권리성질설에 입각한 판단을 했었다.

먼저 2001년 11월 29일 헌법재판소는 정부수립이후이주동포와 정부수립이전이주동포를 차별하여 전자에게만 혜택을 부여하고 있는 외국국적의 재외동법상의 규정이 평등권을 침해한다는 이유로 외국국적의 동포들이 제기한 헌법소원사건[14]에서 인간의 존엄과 가치 및 행복추구권은 '인간의 권리'로서 외국인도 그 주체가 될 수 있다고 보아야 하고, 평등권도 인간의 권리로서 참정권 등에 대한 성질상의 제한 및 상호주의에 의한 제한이 있을 수 있을 뿐이라고 판시함으로써[15] 권리성질설을 따르고 있다.

헌법재판소는 2007년 8월 30일 근로기준법이 보장한 근로기준 중 주요사항을 외국인 산업연수생에 대하여만 적용되지 않도록 하는 노동부 예규인 '외국인산업기술연수생의 보호 및 관리에 관한 지침'상의 규정들에 대하여 외국인 산업연수생들이 근로의 권리와 평등권의 침해를 주장하면서 제기한 헌법소원사건에서도 권리성질설에서 출발하고 있다. 즉 "외국인에게 모든 기본권이 무한정 인정될 수 있는 것이 아니라 원칙적으로 '국민의 권리'가 아닌 '인간의 권리'의 범위 내에서만 인정될 것인바, 인간의 존엄과 가치 및 행복추구권은 '인간의 권리'로서 외국

10) 계희열, 헌법학(중), 2007, 491, 506, 516, 530쪽; 한수웅, 헌법학, 2012, 385쪽.

11) 가령 성낙인, 헌법학, 2012, 662-663; 이준일, 헌법학강의, 2011은 외국인에게도 원칙적으로 집회의 자유의 주체성 인정하고(534쪽), 거주이전의 자유는 예외적으로 외국인도 주체가 될 수 있다(574쪽)고 하며, 직업의 자유는 특별한 근거를 제시함이 없이 국민의 권리로 분류한다(582쪽).

12) 무엇보다도 정종섭, 헌법학원론, 325쪽 참조.

13) 헌재 2001. 11. 29, 99헌마494, 판례집 13-2, 714, 723-724; 헌재 2007. 08. 30, 2004헌마670, 판례집 19-2, 297, 304.

14) 헌재 2001. 11. 29, 99헌마494, 판례집 13-2, 714, 723-724.

15) 헌법재판소는 이 사건에서 헌재 1994. 12. 29. 93헌마120, 판례집 6-2, 477, 480에 들어 있는 외국인의 기본권주체성에 관한 헌법재판소의 원칙적 입장을 원용하고 있으나, 93헌마120 사건에서의 국회 노동위원회가 헌법소원의 청구인능력을 가지는지 여부가 쟁점이었기 때문에 93헌마120 사건이 외국인기본권주체성 문제에 관한 선례라고 보기는 어렵다.

인도 그 주체가 될 수 있고, 평등권도 인간의 권리로서 참정권 등에 대한 성질상 제한 및 상호주의에 의한 제한이 있을 수 있을 뿐이다"라고 전제하고, 근로의 권리에 포함되어 있는 "일할 환경에 관한 권리"는 자본주의 경제질서하에서 근로자가 기본적 생활수단을 확보하고 인간의 존엄성을 보장받기 위하여 최소한의 근로조건을 요구할 수 있는 자유권적 성격도 겸유하는 권리로서 외국인 근로자도 이를 주장할 수 있다고 판단하였다.[16)]

평석대상 결정에서도 기각의견은, 권리성질설을 출발점으로 삼아 직업의 자유 중 직장선택의 자유만을 떼어내서 이를 '국민의 권리'가 아닌 '인간의 권리'로 평가하면서 외국인도 제한적이나마 이를 향유할 수 있다고 확인하고 있다. 기각의견은 그 근거로 직장선택의 자유가 '인간의 존엄과 가치 및 행복추구권'과 밀접한 관련을 가지고 있다는 점을 지적하고 있다. 한편, 별개의견도 기각의견과 같이 권리성질성에서 출발하고 있으나 외국인 고용의 허부나 범위는 사회공동체의 경제적 상황에 부합하는 국가의 정책적 판단에 맡겨져야 한다는 이유로 직장선택의 자유를 인간의 권리가 아닌 국민의 권리로 평가한 뒤 외국인은 직장선택의 자유가 아닌 일반적 행동의 자유의 한 내용인 계약의 자유를 주장할 수 있다고 본다.

3. 조약이나 법률 등을 통해서 외국인에게 인정되는 권리

한편, 적지 아니한 학자들이 조약이나 법률에 의해서 외국인에게 인정되는 권리의 주체성 문제와 헌법이 보장하는 기본권 주체의 문제를 혼동하고 있다. 외국인의 기본권을 설명하면서 외국이 우리 국민에게 보장해주는 만큼 우리도 그 외국인에 대해 보장하는, 즉 상호주의적으로 인정하는 것도 있다고 하면서 외국인토지법 제3조의 토지소유권을 들거나 청구권적 기본권은 국제법과 조약에 정한 바에 의하여 호혜평등하게 인정된다고 한다.[17)] 그러나 그러한 권리들은 기본권과 명칭이 같다고 하더라도 조약이나 조약을 집행하는 국내법률에 의하여 인정되는 권리이지 헌법에 그 효력의 근거가 있는 기본권은 아니다.[18)] 특정 외국과 체결된

---

16) 헌재 2007. 08. 30, 2004헌마670, 판례집 19-2, 297, 304-305. 이 판례는, 인간의 존엄성에 상응하는 근로조건의 보장을 요구할 수 있는 근로의 권리가 과연 국가의 침해행위의 부작위를 요구할 수 있는 방어권을 포함하는 자유권인지의 근본적 의문을 자아내고 있다. 자본주의사회에서 대부분의 일자리는 민간기업이 제공한다는 점을 감안하면, 그러한 근로조건의 보장은 방어권의 문제가 아니라 국가의 사회국가적 보호입법과 그 법률의 강제적 집행을 내용으로 하는 문제, 즉 사용자에 의한 근로자의 존엄권침해에 대한 사회국가적 보호의 문제이기 때문이다.

17) 가령 김철수, 헌법학신론, 310쪽; 홍성방, 헌법학, 2008, 437쪽은 외국인의 입국의 자유는 호혜주의에 따라 인정된다고 하고, 500쪽은 집회자유도 호혜주의원칙에 의하여 인정된다고 본다.

비자면제협정에 의하여 해당 국가 소속의 외국인이 국내에 사증을 발급받지 않고 입국할 수 있다고 하더라도, 그의 대한민국 입국가능성은 헌법 제14조 거주·이전의 자유에 의하여 보호되는 입국의 자유에 근거를 두고 있는 것이 아니다. 한미 FTA에 의하여 미국인이나 미국기업이 국내에서 내국인처럼 많은 분야에서 기업활동을 할 수 있게 되었더라도 그러한 법적 가능성은 한미 FTA에 의하여 한국에 부과된 조약상의 의무를 이행하는 국내법률상의 권리일 뿐, 그것이 곧바로 헌법 제15조의 직업의 자유의 보호를 받게 되는 것은 아니다.

국가배상법 제7조의 상호주의규정도 마찬가지로 이해하여야 한다. 자유주의적 기본권론의 입각해 있는 권리성질설에 의하면 헌법 제29조의 국가배상청구권은 국가를 전제로 하므로 내국인에게 유보된 기본권으로 보아야 할 것이다. 국가배상법 제7조에 의하여 어떤 나라가 대한민국 국민에게 국가배상청구권을 인정할 경우 해당 국가의 국민에게 국가배상법상의 국가배상청구권이 인정될 수 있다. 그러나 그렇다고 해서 해당 국가의 국민이 헌법 제29조의 기본권의 주체인 것은 아니다. 그는 조약 및 국가배상법에 의한 법률상의 청구권만을 취득하는 것이다.

재외동포의 출입국과 법적 지위에 관한 법률 제11조에 의하여 외국국적의 재외동포를 부동산취득·보유·이용·처분 등과 관련하여 내국인과 같은 대우를 받는다고 하여, 그것만으로 헌법 제23조의 재산권의 보호도 그에게 미친다고 할 수는 없는 것이다. 외국인에 대한 헌법상의 재산권보호는 헌법 제23조에 대한 해석을 통해 추상적으로 확인되어야 할 문제이다.[19] 외국인에게 헌법 제23조의 재산권주체성이 부정된다면, 외국국적의 재외동포의 그와 같은 법률상의 권리는 동 법률규정의 개폐를 통해 언제든지 제한·박탈되더라도 헌법 제23조를 통한 재산권보호의 문제는 발생하지 않는다. 물론 법치국가적 원칙 및 국제법에 의한 다른 형태의 권리보호의 문제는 발생할 수 있다.

---

18) 동지: 정종섭, 헌법학원론, 325, 664쪽 등.

19) 그와 같은 혼동은 헌법재판소의 결정문에서도 찾아 볼 수 있다. 가령 재외동포의 출입국에 관한 법률에 대한 헌법소원사건에서 헌법재판소는 동법률의 취지를 다음과 같이 설명하고 있다. 즉 "원래 외국국적동포는 '외국인'이므로 원칙적으로 대한민국의 공무원이 될 수 없고(국가공무원법 제35조, 지방공무원법 제33조, 외무공무원법 제9조), 거주·이전의 자유(헌법 제14조, 출입국관리법 제7조, 제17조), 직업선택의 자유(헌법 제15조, 수산업법 제5조, 도선법 제6조), 재산권(헌법 제23조, 외국인토지법 제3조, 특허법 제25조, 항공법 제6조), 선거권 및 피선거권(헌법 제24조, 제25조, 공직선거및선거부정방지법 제15조, 제16조), 국가배상청구권(헌법 제29조 제2항, 국가배상법 제7조), 범죄피해자구조청구권(헌법 제30조, 범죄피해자구조법 제10조), 국민투표권(헌법 제72조, 제130조 제2항, 국민투표법 제7조) 및 사회적 기본권 등을 누릴 수 없거나 제한적으로 밖에 향유하지 못하던 것(헌재 2000. 8. 31. 97헌가12, 판례집 12-2, 167, 183 참조)을 재외동포법의 시행으로 일정한 범위에서 그 제한을 완화한 것"이라고 하여 기본권과 법률상의 권리문제를 뒤섞어 서술하고 있다.

Ⅲ. 인간의 권리와 국민의 권리의 구분기준과 관련한 권리성질설의 혼란

1. '인간의 권리'와 '국민의 권리'라는 개념쌍과 그 유래

권리성질설은 위에서 본 것처럼 헌법상의 기본권을 그 '성질상' '인간의 권리'와 '국민의 권리'로 양분할 수 있다고 전제하고 있다. 그런데 이 용어는 실정헌법상의 용어도 법률상의 용어도 아니다. 이 용어는 강학상 외국인이 누릴 수 있는 기본권을 가르기 위한 분류기준을 지칭하는 용어로 사용되어 오다가 헌법재판소의 판례에 의해서 수용된 것이다.

그런데 이 개념쌍과 그 구분기준과 관련하여 독일의 두 가지 상이한 원천의 해석론이 국내에 유입되면서 그 이해와 적용에 큰 혼란이 발생하고 있다.

가. 자연법사상의 영향

이 개념쌍은 1789년 8월 26일의 인간과 시민의 권리선언(Déclaration des droits de l'homme et du citoyen; 프랑스 인권선언)에서 인간의 권리와 시민의 권리, 또는 인권과 시민권이라는 축약된 용어로 출현한다. 그렇지만 프랑스 인권선언과 이 선언을 흡수한 1791년 9월 3일 프랑스 헌법은 어떤 권리가 인간의 권리이고 어떤 권리가 국민의 권리인지를 명확히 구분하여 규정하지 않았다. 심지어는 같은 조에서 두 가지 표현이 함께 등장하기도 한다(제7, 11조). 여러 가지 정황에 비추어 볼 때 프랑스 인권선언의 표현은 반복적 성격을 띨 뿐 권리주체를 구분하여 명시하려는 의도를 담고 있지 않다고 보아야 한다. 그 기초자들에게 인간은 시민이고 시민은 인간이었던 것이다.[20]

미국 권리장전들도 마찬가지이다. 미국의 권리장전들은 주에 살고 있는 모든 사람들에게 귀속될 수 있도록 단지 "권리(right)"라는 표현을 사용하고 있을 뿐이다. 이 권리장전들의 목적은 본국인 영국의 헌법문서들에 의한 영국식 국민의 권리보장과 결별하는 것이었다. 프랑스의 인권선언도 모든 인간을 위한 권리선언을 목적으로 하였다. 미국의 권리장전들과 프랑스의 인권선언은 국민중심적(nationalistisch)

20) K. Stern, Das Staatsrecht der Bundesrepublik Deutschland III/1, 1988, § 70 Die Grundrechtsberechtigung natürlicher Personen S. 1017 참조.

성격이 아니라 개인주의적 성격을 띤다.

19세기에 프랑스 혁명 때문에 인권이 유럽의 군주제에 대한 혁명의 씨앗을 내포하고 있다는 유럽 각국의 보수세력의 우려 때문에 Bürgerrechte(국민의 권리 내지 시민권)이라는 표현에 새롭고도 특별한 의미가 부여되었다. 프랑스, 벨기에, 독일의 입헌법주의 헌법들은 인권이라는 표현을 사용하지 않게 되었고, 시민권 또는 벨기에인, 프랑스인과 같은 국적자의 권리라는 표현을 사용하였다. 자연법론에서 입헌국가론으로 후퇴함으로써 기본권은 모든 인간의 권리가 아니라 자국민의 권리가 되었다. 보편적인 인권의 이념은 국가가 부여하는 국민의 권리의 이념으로 환원되었다. 그 대표적인 예로는 1814년 6월 4일의 프랑스인의 헌장(Charte constitutionelle franşais)은 그 제1장의 표제로 "프랑스인의 공권(Droit public des Franşais)"이라는 표현을 부여함과 동시에 소수의 권리들만을 담고 있다.

1848년 및 1850년의 프로이센 헌법전, 1871년 라이히 헌법의 기본권규정의 권리주체에 대한 독일 헌법학계의 해석론은 자연법론에 토대를 두고 내국인의 권리로 명시된 기본권을 외국인도 향유할 수 있는 것으로 해석함으로써 우리 학계의 권리성질설과 유사한 입장을 취하고 있었다. 바이마르 헌법의 해석에서도 그와 같은 전통은 이어졌다.[21] 바이마르 헌법도 제2부 제109조 이하에 "독일인의 기본권과 기본의무"라는 표제를 부여하였다. 안슈쯔(Anschütz)는 그럼에도 불구하고 인간인 동시에 국민이기도 한 개인의 일정한 근본적 권리들에 관한 규정을 국가기본법에 수용하는 것은 모든 근대헌법의 본질적 특징이라고 보았다. 1849년 헌법초안 및 1850년 프로이센 헌법에 의거하고 있는 것으로 보이는 전형적인 국민의 권리를 비롯한 모든 기본권규범들의 문구가 독일인만을 권리주체로 표시하고 있음에도 그 권리들은 정도 차이는 있지만 외국인에게도 인정될 수 있다고 해석하였다.[22] 즉 그러한 권리들은 개인의 국적이 아니라 그 인격성이 보장의 근거라는 것이다. 개인의 자유영역을 보호하는 권리들은 관련 기본권규정의 문구와 무관하게 국민의 권리가 아니라 인권이라는 것이다. 물론 민주적 시민권은 정치적 지위권으로서 국가 내부에서 작용하고 또 국가생활에 대한 참여의 기준을 정하고 있고,[23] 그렇기 때문에 그러한 권리들은 국민의 권리라고 한다. 이에 비하여 자유권은 개인, 즉 인간을 대상으로 하며 "인간 대 국가라고 하는 영원히 영향을 주고받는 과정상의 정거장들(Stationen in dem ewig hin- und herflutenden Prozeß the man versus

21) 이에 대해서 상세한 것은 K. Stern, Das Staatsrecht III/1, § 70 S. 1018 ff.

22) G. Anschütz, Die Verfassung des Deutschen Reichs vom 11. August 1919, 14. Aufl. 1933, S. 511.

23) C. Schmitt, Verfassungslehre, 1928, S. 168.

the State)"이라고 한다.[24] 이러한 해석이 당시의 독일 학계의 다수설이었지만, 실정법해석론으로 관철되기 어렵다는 것도 부인할 수 없었다.[25] 그렇지만 바이마르 헌법하에서 독일의 법원이 이 쟁점에 대하여 판단을 할 기회는 없었다고 한다.

어쨌든 자연법론에 토대를 두고 명문규정에 의하여 독일인에게 유보된 자유권들의 향유주체를 그 법문의 문의적 한계를 넘어서 외국인에게까지 확대하려고 했던 독일 학자들의 해석론은 후술하는 것처럼 제헌헌법 제정과정 당시부터 우리 학계의 해석론에 큰 영향을 미치고 있다.

나. 독일 기본법의 해석론의 영향

독일 현행 헌법인 기본법의 제정자는 바이마르 헌법까지 이어지던 독일의 전통과 부분적으로 단절하면서 헌법에 의하여 보장되는 기본권의 주체를 독일인과 누구나, 모든 사람 등으로 구분하여 표기하고 있다.

독일 헌법해석론은 기본법의 이와 같은 명시적 구분을 토대로 기본권규범이 모든 사람이나 인간, 또는 누구나를 권리주체로 명시하고 있거나 그러한 사람들에게 귀속될 수 있는 생활영역, 법적 지위의 보장을 목적으로 하고 있는 기본권을 '인간의 권리(Menschenrechte)'로 지칭하고, 기본권규범이 독일인을 그 권리주체로 명시하고 있는 기본권을 국민의 권리 내지 시민권(Bürgerrechte)로 지칭하고 있다.[26] 독일 실정헌법에서 사용된 이 구분의 기준은 기본법이 보장하고 있는 "권리의 내용"이 아니라 기본법이 명시하고 있는 "권리주체의 특성"이다.

한편, 권리의 근원, 효력근거, 특성의 문제와 실정헌법규정으로부터 추론되어야 할 권리주체의 문제가 분명히 구분되어야 한다는 주장이 제기된다. 즉 "기본권의 특성의 견지에서 인권(Menschenrecht)과 국법상의 기본권(Grundrecht)이라는 용어와 기본권 주체의 견지에서의 인권(Menschenrecht)과 국민의 권리(Bürgerrecht)는 구분되어야 한다"는 것이다.[27] 외국인도 주장할 수 있는 실정헌법상의 기본권을 표시하는 '인간의 권리'라는 용어가 자연법적 권리인 '인권'과 혼동되는 것을 막으려면,

24) R. Thoma, Festgabe zur Feier des fünfzigjährigen Bestehens des Preußischen Oberverwaltungsgerichts, 1925, S. 187.

25) R. Thoma, in: H.C. Nipperdey (Hrsg.), Die Grundrechte und Grundpflichten der Reichverfassung, Bd. I, 1929, S. 25; W. Jellinek, Verwaltungsrecht, 3. Aufl. 1929, S. 171.

26) 가령 K. Hesse, Grundzüge des Verfassungsrechts der Bundesrepublik Deutschland, 16. Aufl., 1988, Rn 284; Maunz-Zippelius, Deutsches Staatsrecht, 29. Aufl., 1994, § 19 Adressat und Berechtigte S. 139.

27) H. v. Mangoldt, Das Bonner Grundgesetz, 2. Aufl., 1957, Vorbemerkung B V 1 vor "Die Grundrechte". 인권과 기본권을 개념적으로 엄격히 구분하여 사용할 필요가 있음을 주장하는 국내 학자로는 홍성방, 헌법학, 226쪽 이하 참조.

'인간의 권리'를 '만인의 기본권(Jedermann-Grundrechte)'으로, 독일인에게 유보된 기본권은 '독일인의 기본권(Deutschen-Grundrechte)'으로 지칭하여야 한다고 주장한다.[28]

그리하여 독일 기본법은 일반적 행동의 자유, 생명권, 신체를 훼손당하지 않을 권리, 평등권, 주거의 불가침, 통신의 자유, 의사표현의 자유, 청원권, 신앙 및 양심의 자유, 노동자 및 사용자의 단결의 자유의 인적 보호범위를 외국인에게까지 확장하였다. 그렇지만 집회의 자유, 결사의 자유, 거주이전의 자유, 직업의 자유는 인권사상에서 유래함에도 불구하고 독일인에게 유보되었다. 독일 기본법은 이를 통해 바이마르 당시의 독일 국법학이 취한 "기본권은 곧 인권"이라는 일반적인 이해와 거리를 둔 것이다.

독일 기본법 제정자들이 이처럼 인권성을 띠는 일부 자유권을 독일인의 권리로 명시한 이유는 세계 제2차 대전을 거치면서 현저히 줄어든 독일영토에 밀려든 다수의 독일인에게 풍족한 삶을 보장하는 것이 어렵다는 사정과 좁은 영토에 많은 사람들이 밀려올 경우에 발생할 수도 있는 공안에 위험이 발생할 수도 있다는 사정을 감안할 때 이 권리들을 완전한 인권으로 보장하는 결정을 내리기 어려웠기 때문이라고 한다.[29]

기본권규정의 문구와 기본법 제정당시의 사정을 고려하여 기본권의 주체를 구분하는 해석론은 독일의 학설과 판례에서 수용되었다.[30] 그와 같은 독일 기본법의 기본권 해석론과 판례는 독일 기본법과 우리 헌법의 조문 사이에 존재하는 엄연한 차이에도 불구하고 국내 학자들에 의하여[31] 수용된 뒤, 평석대상 결정에까지 영향을 미쳤다. 독일 기본법이 이상주의적인 자연법론의 주장과 국민국가적 현실의 요청을 매우 합리적으로 절충해 냈다는 사정이 우리의 일부 학자들이 우리 헌법의 해석론에서 이를 응용하게 된 배경이라고 본다.

2. 인간의 권리와 국민의 권리의 구분과 관련한 권리성질설의 혼란

이처럼 우리 학계와 실무가 외국인의 기본권주체성 문제를 해결하기 위하여 우리 헌법의 조문을 떠나서 추상적인 자연법론과 독일 나름의 헌법정책적 결정이

28) 가령 K. Stern, Staatsrecht III/1, § 70 S. 1016쪽 이하; H. Quaritsch, § 120 Der grundrechtliche Status der Ausländer, in: HStR V, 2000, Rn 90 ff.

29) H. v. Mangoldt, Das Bonner Grundgesetz, 1953, Vorbemerkung "Grundrechte", Anm. 8; K. Stern, Staatsrecht § 70, S. 1022.

30) 이에 대해서 상세한 문헌고증은 K. Stern, Das Staatsrecht III/1, § 70, S. 1022-1023.

31) 가령 계희열, 헌법학(중), 491, 506, 516, 530쪽; 한수웅, 헌법학, 2012, 385쪽.

담긴 구체적인 독일 실정헌법 해석론에 동시에 의거하다보니 우리 헌법상의 기본권들을 인간의 권리와 국민의 권리로 분류하는 작업에서 혼란을 겪을 수밖에 없게 되었다. 즉 권리성질설에 가담하는 이들이 권리의 성질, 즉 기본권의 인권적 속성만이 아니라 독일 실정헌법이 헌법정책적 결정을 담아내기 위한 기본권주체의 구분까지도 '만인의 권리'를 판별해 내기 위한 기준으로 사용하면서 그와 같은 혼란은 예정된 것이었다.

자연법사상에 그 뿌리를 둔 권리성질설에서 출발하면서도 경제적 활동의 자유를 보장하는 직업의 자유는 명문의 규정이 없음에도 내국인에게 유보되어 있는 것으로 이해하는 반면 직장선택이라는 동일한 경제행위를 기본권적으로 보호하는 계약의 자유는 외국인에게도 인정한다든가(별개의견), 직업의 자유 중에서도 유독 직장선택의 자유만을 떼어내어 외국인에게까지 그 주체성을 확장하는 입장(기각의견) 모두 헌법해석론적 토대가 취약함은 물론 기본권이론적 일관성도 상실하고 있는 것이다.

기각의견이 외국인에게 직장선택의 자유가 인정된다는 자신의 견해를 뒷받침하기 위하여 제시한 "인간의 존엄과 가치 및 행복추구권"과의 밀접한 관련성[32]이라는 기준도 인간의 권리와 국민의 권리를 판별하는 기준이 되기에는 너무도 막연할 뿐 아니라 설득력도 없다. 모든 기본권들은 궁극적으로 인간의 존엄성 실현 및 행복추구권을 뒷받침하기 위하여 보장되는 것이기 때문이다.[33] 따라서 기각의견이 추가적으로 제시한 권리성질설의 보완기준도 동설이 직면한 난점을 해소해 주지 못한다.

독일해석론의 강력한 영향력은 별개의견에서 선명하게 나타난다. 별개의견은 직업의 자유는 내국인의 기본권으로 보면서 외국인은 일반적 행동의 자유로 이해되는 보충적 기본권인 행복추구권에 의해서 보호될 뿐이라고 한다. 이러한 법리구성에 일부 국내학자들도 가담하고 있다.[34] 그렇지만 독일에서는 직업의 자유는 독일인의 권리로, 일반적 행동의 자유는 만인의 권리로 명시되어 있는 반면,[35] 우

32) 헌재 2011. 09. 29, 2007헌마1083, 공보 180, 1460.

33) 그렇지만, 별개의견도 "행복추구권은 '인간의 권리'로서 외국인도 기본권의 주체가 될 수 있으므로(헌재 2001. 11. 29. 99헌마494, 판례집 13-2, 714, 723-724 참조), 일반적 행동자유권 중 외국인의 생존 및 인간의 존엄과 가치와 밀접한 관련이 있는 근로계약의 자유에 관하여는 외국인에게도 기본권주체성을 인정할 수 있다"(공보 180, 1464)고 함으로써 기각의견과 유사한 오류를 범하고 있다고 생각된다. 별개의견도 일반적 행동의 자유에 의해 보호되는 인간의 활동의 자유를 외국인의 생존 및 인간의 존엄과 가치와의 밀접한 관련성을 기준으로 내국인에게 유보된 것과 그렇지 아니한 것으로 구분하려는 것처럼 보이기 때문이다.

34) 대표적인 학자로는 계희열, 헌법학(중), 530쪽. 다만, 그는 주 54에서 직업의 자유가 그 내용상의 특별성 때문에 일반적 행동의 자유보다 더 강한 보호를 제공한다고 지적한다.

리 헌법에서는 직업의 자유는 물론 행복추구권도 국민에게 유보되어 있다. 별개의견은 두 나라의 실정헌법의 이와 같은 차이를 간과하고 있는 것이다. 더구나 직업의 자유를 내국인의 권리로 본다는 것은 직업활동의 자유를 외국인에게는 기본권적으로 보호하지 않겠다는 것임에도 행복추구권을 통해 실질적으로 같은 인간의 행위를 과연 직업의 자유와 같은 정도로 보호할 수 있는지 문제에 대한 아무런 검토도 없다. 그렇기 때문에 별개의견에 지지를 보내기 어렵다.

근대 인권사상에서 자신의 기본권이론의 정체성을 발견하는 이는 적어도 인권에서 직접 유래하는 자유권들이나 이 자유권들의 실효성을 확보하는 데 불가결한 재판청구권의 향유주체에 외국인도 포함시켜야 자신의 철학에 부합하는 것이다. 자연법론자의 입장에서는 인권성을 띠는 직업의 자유는 외국인도 향유한다고 보는 것이 기본권이론의 관점에서는 일관성이 있다. 자연법론자가 "초국가적" 자연권의 인적 보호영역을 확인하는 데 "국가"의 가변적인 경제·노동정책적 상황을 끌어들일 수는 없을 것이기 때문이다. 권리성질설은 이렇게 인권론의 기반을 떠나지 않을 때에만 이론적 일관성과 인간의 권리와 국민의 권리를 가르는 구분기준의 명증성도 확보할 수 있을 것이다. 그러나 그렇게 함으로써 이론적 일관성과 명증성을 확보하는 데 성공한 추상적 기본권이론은 구체적 헌법의 해석론으로는 채택되기 어렵다고 본다.

왜냐하면 구체적인 역사적 현실을 규율하여야 할 헌법을 제정하는 헌법제정자는, 자연법사상의 영향을 받는 가운데 헌법을 제정하였다고 하더라도 인권사상에서 유래하는 기본권을 구체적으로 보장하는 법규범을 조문화할 때 여러 가지

---

35) 독일에서는 내국인에게 유보된 기본권들로 인해 발생한 외국인을 위한 기본권보호의 구멍을 인간의 권리로 보장된 기본법 제2조 제1항의 일반적 행동의 자유를 통해서 막으려는 시도가 독일의 학계 및 실무계에서도 관철되고 있다. 독일의 통설에 의하면 독일인에게 유보된 기본권의 영역에서도 일반적 행동의 자유는 외국인에게 기본권적인 보호를 제공할 수 있다는 것이다. 독일인에게 유보된 특별한 기본권규정은 그 특별규정의 인적·사항적 보호영역이 미치는 한에서만 일반적 행동의 자유에 대한 우위를 점하므로 일반적 행동의 자유를 통한 외국인에 대한 기본권적 보호를 배척하지 않는다는 것이다. 그에 따라 독일 헌법이 외국인에 대한 기본권보호를 특별히 명령하지 않은 영역에서도 일반적 행동의 자유를 통해서 내국인과 외국인을 법률적으로 동등하게 취급하도록 보장하는 것이 가능하다. 물론 일반적 행동의 자유를 통한 보충적 기본권보호는, 입법자의 폭넓은 재량권에 맡겨져 있는 합헌적 제한의 유보하에 있기 때문에 실질적으로 그다지 강한 것이 아니다. 물론 입법자는 헌법의 다른 원리(법치국가원리, 인간의 존엄, 기본법 제25조에 의한 국제법적 최저기준)에 저촉되지 않는 한, 외국인이 특정 직업을 가질 수 없도록 하거나 집회의 참여를 금지하는 특별법을 만들 수 있다. 그러한 특별법이 만들어지지 않은 경우에만 외국인은 일반적 법률유보에 의거하여 일반적 행동의 자유를 주장할 수 있고, 경우에 따라 헌법소원을 제기할 수 있다. 독일에서 일반적 행동의 자유가 외국인에 대한 기본권보호의 흠결을 어느 정도까지 보충해 줄 수 있는지의 쟁점은 제한적인 의미만을 갖는다. 독일에서는 합법적이고, 법치국가적으로 적정하며 인간의 존엄성에 부합하는 대우를 일반적 행동의 자유에 의거하지 않고, 인간존엄성규정을 통해서도 요구할 수 있기 때문이다.

헌법정책적 고려를 담을 수 있기 때문이고, 해석론은 이를 존중하여야 하기 때문이다. 외국인의 기본권주체성을 부정한 우리 헌법도 후술하는 것처럼 그와 같은 헌법정책적 고려의 산물이다. 그럼에도 우리 헌법의 기본권규정을 해석할 때 그 조문에 담긴 헌법제정자의 결정을 무시한 채 해석자 나름의 헌법정책적 요인들을 담아내려고 할 경우 헌법해석의 한계를 넘어가는 것일 뿐 아니라 이 사건에서처럼 해석주체들의 해석결과는 수렴하지 않게 될 가능성이 높다. 해석주체의 가치관이나 현실인식에 차이가 있을 수밖에 없기 때문이다.

기본권의 통합가치성을 강조하는 통합론적 기본권론을 토대로 하면서도 국민통합을 해치지 않는 범위 내에서 외국인에게 기본권주체성을 인정하려는 설도 기본권조문을 무시하는 한 그와 같은 결과를 피하기 어렵다는 점에는 자연법론자와 차이가 없다. 어떤 기본권을 외국인에게 인정할 때 통합을 저해하는 부작용이 발생할 것인지는 명증하게 논증될 수 있는 문제가 아니라서 해석주체의 선이해의 영향을 크게 받을 수 없을 것이기 때문이다. 가령 사용자는 값싼 외국인 노동력을 수입하는 것을 원하는 반면, 노동자, 특히 경쟁력이 떨어지는 단순 노동자들일수록 그와 같은 분야의 노동시장에서 자신과 경쟁하게 될 외국인 노동력의 수입에 반대할 것이다. 국민연금의 고갈을 우려하는 노년층은 외국인 노동자들이 들어와 연금재정에 보탬이 되고 자신이 받고 있거나 향후 받게 될 연금의 수준이 저하되지 않기를 바랄 수도 있다. 국민들 사이에 존재하는 이와 같은 이해관계의 차이를 직시한다면, 사회통합이라는 추상적 기준이 가령 직업의 자유의 영역에서 외국인의 기본권주체성 문제를 해결하는 합리적인 기준을 제시할 수 있다고 주장할 수는 없을 것이다.

요컨대, 평석대상 사건은 기본권이론에 의거하여 헌법조문이 설정한 한계를 무시하는 해석론이 도달할 수밖에 없는 미궁의 상태를 잘 보여주고 있다고 본다. 기본권이론의 역할은 원칙적으로 기본권규범 특유의 광범위하고 불명확한 개념의 폭 안에서 이뤄지는 해석작업을 지도하는 나침반이지, 실정헌법조문이 설정한 한계를 뛰어 넘는 것을 가능하게 해주는 디딤판이나 마술지팡이가 아닌 것이다.

Ⅳ. 헌법해석의 한계와 권리성질설

1. 헌법조문의 어의적 한계의 무시

권리성질설의 약점은 무엇보다도 헌법에서 사용된 국민이라는 개념의 어의적 한계를 무시하고 있다는 것이다. 헌법은 제2장의 표제를 "국민의 권리와 의무"로 명시하고 있고, 제10조 이하의 거의 모든 기본권의 권리주체를 "모든 국민"으로 표기하고 있다. 일부 기본권규정에서만 그 권리주체가 "형사피의자 또는 형사피고인으로 구금되었던 자"(제28조), "근로자"(제33조)로 표기되고 있을 뿐이다. 그러나 제2장의 표제나 천부인권사상에 뿌리를 둔 자유권조차도 그 권리주체가 국민임에 비추어 볼 때 이 두 기본권의 주체에는 다른 대다수의 기본권들과는 달리 외국인도 포함된다고 해석하는 것은 무리이다.

이처럼 현행헌법에 제2장의 표제부터 시작하여 각 기본권규정의 권리주체가 거의 모두 "국민"으로 명시되고 있는 규범적 상황에서는 외국인에게 기본권주체성이 인정되는 것은 원칙이 아니라 예외일 수밖에 없다. 그럼에도 헌법이 외국인의 기본권주체성을 명시적으로 인정하지 않은 이상 기본권은 내국인에게 유보되어 있다고 보아야 할 것이지 헌법이 외국인의 기본권주체성 문제에 대한 결정을 내리지 아니하고 기본권해석에 맡겼다고 추론하는 것은 무리이다.

헌법 제2장의 "국민"의 개념은 헌법 제2조 제1항에 그 근거를 두고 제정된 국적법에 의하여 대한민국의 국적을 부여받은 자로 보아야 한다. 아래에서 논증하는 것처럼 이 개념을 헌법 제1장 제1조 제2항, 제2조, 제4장 제67조 제1항, 제69조에서 사용된 "국민"의 개념[36]과 다르게 국적과 무관한 개념으로 이해하여야 할 특별한 사정은 확인되지 않는다.

가. 제헌헌법에 대한 발생사적 해석을 통한 국민의 어의적 한계의 유월?

권리성질설에 가담하는 문헌은 헌법의 어의적 한계를 넘어 외국인의 기본권주체성을 인정하기 위하여 먼저 제헌헌법에 대한 발생사적 해석을 시도한다.[37] 그는 제헌헌법의 기초자들이 기본권이 국가권력에 의해 처분될 수 있는 것이 아

36) 다만, 제2장의 국민의 국적자 개인을 의미하지만, 다른 곳에서의 국민은 맥락에 따라서 국적보유자 전체를 의미할 수도 있다.

37) 김주환, 외국인의 기본권주체성, 헌법재판연구 제20권 「기본권의 주체」(2009, 헌법재판소), 87쪽.

니라는 것을 강조하기 위하여 국가우월주의적 냄새를 풍기는 국민이 아니라 국가라 할지라도 함부로 할 수 없는 자유와 권리의 주체인 사람을 표현하기 위하여 "인민의 기본적 권리·의무"로 했으나, 인민이라는 용어에 대한 이념적 반감 때문에 "국민"이라는 용어로 대체하였다는 사실을[38] 근거로 우리 헌법이 외국인의 기본권주체성을 부정하지 않은 것으로 새겨야 한다고 해석하는 것이다.

그러나 제헌헌법 제2장에 대한 발생사적 해석은 오히려 정반대의 추론을 뒷받침하고 있다. 물론 1948년 국회헌법기초위원회는 유진오 박사가 중심이 되어 기초한 건국헌법 초안을 원안으로 채택하였으며, 원안 제2장의 제목은 "인민의 권리의무"였다.[39] 그러나 제1독회에서 심의대상이 된 헌법안은 이미 제2장의 표제를 비롯하여 각 기본권규정에서 그 권리주체를 모든 국민으로 표기하고 있다.[40] 헌법안 제2독회에서 진정식 의원 외 44인이 제2장 중 일부 규정을 제외하고는 외국인을 포함할 수 있는 인민으로 모두 바꾸자는 수정안이 제출되어 이 문제를 둘러싼 비교적 상세한 논의가 진행되었다.[41] 전문위원인 유진오 박사가 외국인에게도 인권성을 띠는 기본권을 보장하려면 인민이라는 용어를 사용할 필요가 있다는 설명을 하였다. 그러나 전문위원인 권승렬[42]과 윤치영 의원[43]은 외국인의 문제는 조약을 비롯한 국제공·사법에 의하여 규율되도록 하는 것으로 족하다는 반론이 제기된 뒤 표결에 붙여 위 수정안은 재적 167인, 가 32, 부 87로 부결되었고, 제2장 국민의 권리의무는 재적 167인, 가 89, 부 12로 원안 통과되었다.[44] 유진오 박사의 회고와는 달리 단순히 이념적 문제 때문이 아니라, 외국인에 대한 법적 처우는 현행헌법 제6조에 해당하는 제헌헌법 제7조를 통해서 하기로 하면서 "국민"이라는 용어를 고수한 것이다.[45]

반면, 국민이라는 용어를 통해서도 외국인에게도 기본권주체성을 인정하려 한 다수의 제헌의원들의 의사는 분명히 드러나지 않는다. 일부 의원들이 '국민'이

38) 이에 대하여 상세한 것은 유진오, 헌법기초 회고록, 일조각 1980, 65쪽 주 10. 그에 따르면 국회본회의에서 윤치영 의원이 "인민"은 공산주의자들이 사용하는 용어라는 이념공세를 펼쳤기 때문에 "국민의 권리의무"가 되었다고 한다.

39) 유진오, 헌법기초회고록, 209쪽 이하에 수록된 초안 참조.

40) 헌법제정회의록(제헌의회), 헌정사자료집 제1집, 국회도서관, 1967, 88쪽 이하 참조.

41) 헌법제정회의록(제헌의회), 380쪽.

42) 헌법제정회의록(제헌의회), 388-389쪽. 그는 오히려 이 곳에서 '인민'으로 쓰든 '국민'으로 쓰든 헌법, 즉 기본권과 기본의무는 외국인에게는 적용되지 않고, 국제조약이 적용된다는 취지의 해설을 하고 있다.

43) 헌법제정회의록(제헌의회), 389-390쪽.

44) 헌법제정회의록(제헌의회), 390쪽.

45) 동지: 김종대 재판관의 반대의견 공보 180, 1467 둘째 논거.

라는 용어를 사용하더라도 기본권에 따라서는 외국인에게도 적용될 수 있다는 주장을 하였으나,[46] 상술한 것처럼 권승렬 전문위원과 윤치영 의원의 강력한 반발에 직면하였다. 다수의 제헌의원들의 의사임이 확실한 것은, 기본권이 국가가 임의로 처분할 수 없는 권리임을 분명히 하고자 했다는 것일 뿐이다. 그와 같은 의사는 현행 헌법 제37조 제1항에 해당하는 제헌헌법 제28조 제1항 "국민의 모든 자유와 권리는 헌법에 열거되지 아니한 이유로 경시되지 않는다"는 규정에 반영되어 있다. 반면에 외국인을 적어도 일부의 기본권의 주체에 포함시키려는 다수 제헌의원들의 의사가 존재한다는 사실을 추정하게 하는 어떤 흔적도 찾을 수 없다. '인민'과 '국민'이라는 용어를 둘러싼 위와 같은 논의의 경과에 비추어 볼 때 당시 다수의 헌법제정자들이 외국인도 일부 기본권을 향유할 수 있도록 하려는 분명한 의사를 가지고 있었다면, 만인의 자유와 권리의 향유주체를 국민이 아닌 외국인도 포착할 수 있도록 대안을 모색하여야 했다. 가령 제2장의 표제를 그 주체를 생략한 채 "기본권과 기본의무"로만 표기하고, 헌법정책적 고려에 기초하여 외국인도 향유할 수 있는 '만인의 권리'와 대한민국 국적자에게만 유보되어 있는 '국민의 권리'를 구별하면서 "모든 사람", "누구나", "모든 국민"을 각 기본권의 주체로 명시할 수 있는 가능성 등 외국인을 포함시킬 수 있는 다양한 표현을 사용할 수 있었다.[47]

1946년 일본 헌법도 그 제3장의 표제는 "국민의 권리와 의무"였다. 그럼에도 개별 기본권규정에서는 그 자유와 권리의 주체를 "국민"(제14조 평등권, 제15조 공무원 선거권), "누구든지"(제16조 청원권, 제17조 국가배상청구권, 제17조 노예적 구속으로부터의 자유 등, 제20조 종교의 자유, 제21조 거주이전 및 직업의 자유, 해외이주의 자유 및 국적이탈의 자유, 제31조 형사재판절차의 보장, 제32조 재판청구권, 제33조 적법한 절차에 의한 체포, 제34조 적법한 절차에 의한 억류 및 구금, 제35조 주거의 불가침, 제36조 공무원에 의한 고문금지, 제37조 형사피고인의 공평·신속한 재판을 받을 권리 등, 제38조 불리진술거부권)로 표기하거나 권리주체는 표기하지 않은 채 특정 자유나 권리를 보장(제21조 집회·결사·언론·출판의 자유, 제23조 학문의 자유, 제29조 재산권)하는 방식으로 기본권을 일응 내국인의 권리와 만인의 권리로 구분하여 보장하고 있었다.[48] 서

46) 가령 조국현 의원, 헌법제정회의록(제헌의회), 382쪽; 이윤영 의원, 헌법제정회의록(제헌의회), 385쪽; 김상돈 의원, 헌법제정회의록(제헌의회), 385-386쪽.

47) 헌법 제2장 표제 등의 개정방향과 관련한 비교헌법적 검토에 대해서는 정태호, 권리장전의 개정방향, 「공법연구」 제34집 제4호 제2권(2006. 6), 113, 119쪽 이하 참조.

48) 그럼에도 불구하고 일본의 판례가 권리성질성을 따르는 것은 납득하기 어렵다. 가령 最大判 1878. 10. 4. 民集 32권 7호, 1223면(김철수, 헌법학신론, 309쪽에서 재인용).

양법문화 유입의 경로국이자 인접국이면서 한국의 근대 법문화 발전에 결정적인 영향을 미쳤던 일본의 헌법이 이와 같은 태도를 취했다는 것을 당시 일본어에 능통했던 제헌헌법제정자들이나 제헌헌법기초자들이 몰랐을 리 없다. 그럼에도 그러한 시도조차 하지 아니했다는 것은, 제헌헌법제정자의 다수가 기본권의 주체로 오로지 대한민국의 국적자만을 염두에 두었기 때문이라고 해석하는 것이 논리적이라고 본다.

끝으로 35년간의 일제 식민통치로부터 해방되어 광복의 기쁨을 맛보기도 전에 신탁통치라는 뼈아픈 굴욕부터 경험한 상황에서 국내에서 생활하고 있거나 장차 생활하게 될 외국인들과의 공존을 위한 기본권보장과 같은 개방적 정치공동체의 지향보다는 정치공동체의 진정한 독립과 존속을 걱정해야 했던 제헌헌법의 제정 당시의 사정도 기본권주체 문제에 대한 제헌헌법의 내향적 공동체 지향성을 추정하게 한다. 이에 비하여 가령 미국헌법은 인민을 권리나 자유의 주체로 표기하고 있고, 또 그것이 미국 연방대법원의 판례가 이민자[49]나 외국인[50]도 공민권 이외의 자유권의 주체에 포함시킬 수 있는 근거로 이해되고 있다. 신분제와 신분의 특권이 지속되고 있는 영국의 법질서와의 단절과 광활한 대륙의 개척을 위한 이민국가로 출발했던 미국과 외세로부터의 공고한 독립의 확보가 과제인 우리나라는 근본적으로 사정이 다르기 때문이다.[51]

나. 자유권의 초국가적·천부인권성을 근거로 한 어의적 한계의 유월?

권리성질설에 가담하고 있는 학자들 중 일부는[52] 우리 헌법의 기본권을 자연권으로 규정하면서 외국인들도 향유할 수 있는 기본권의 기준으로 초국가성을 띠는 자유권을 드는 데 주저하지 않는다. 실정법은 자연법을 확인하고 실현하는 수단이라고 보는 자연법론자는 실정헌법에 의한 기본권보장의 수준이 자연법상의 인권의 그것에 부합하는 경우에는 인권을 후퇴시키지만, 그것이 자연법상의 인권 수준에 미치지 못할 때에는 잠복해 있던 자연권이 실정헌법의 전면에 등장하여

49) Yick Wo v. Hopkins, 118 U.S. 356 (1886) — 목조건물 내에서의 세탁소 운영 금지.

50) In re Griffiths - 413 U.S. 717 (1973) — 변호사 시험 응시자격 제한.

51) 헌법안 제2독회에서의 윤치영 의원의 다음과 같은 발언도 이와 같은 맥락에서 나온 것이라고 본다. 즉 "남의 나라의 압제를 받으면서 무슨 치외법권이니 하는 것을 생각할 것이 아닙니다. 여러분이 외국사람을 표준하시려면 國際司法이니 그런 것이 있겠지마는 여러 가지 법률관계에 다른 것은 우리가 이것을 제정할 권리와 의무가 있습니다. 그러니까 우리 헌법을 제정하는 데에 있어서 외국사람의 관계를 이행해 가지고 '국민'이라는 것을 '인민'이라고 하는 것은 나는 절대로 반대합니다." 헌법제정회의록(제헌의회), 389-390쪽 참조.

52) 대표적인 학자로는 김철수, 헌법학신론, 309쪽. 그는 우리 헌법상의 기본권을 자연권으로 본다. 같은 곳, 287-288쪽.

그 효력을 주장한다고 한다.[53] 현행헌법이 인권사상에 뿌리를 둔 기본권의 주체를 내국인에게 명시적으로 한정하고 있는 한 실정헌법의 이면에 있던 자연권인 인권이 외국인을 보호하기 위하여 전면에 나선다고 보는 것이다.

국가에게 "기본적 인권을 확인하고 보장할 의무"를 부과하고 있는 헌법 제10조 제2문, 헌법에 열거되지 아니한 국민의 자유와 권리에 대한 존중의무를 국가권력에게 부과하고 있는 헌법 제37조 제2항에 비추어 볼 때 현행 헌법의 기초자들이 인권사상의 영향을 받고 있음은 부인할 수 없다.[54]

그러나 그렇다고 해서 우리 헌법의 기본권을 '국가로부터의 개인의 자유'를 보장하는 자연법상의 초국가적, 전국가적 자연권으로 보는 견해에 대해서는 동의하기 어렵다. 현실적 자유는 국가권력의 부재상태에서 개인이 마음대로 할 수 있다고 보장될 수 있는 것이 아니라 자유로운 법질서 안에서만 보장될 수 있고, 또한 사인에 의한 자유침탈, 자유의 물질적 전제가 결핍된 자들에 대한 실질적 자유보장의 문제에 대하여 자연법사상에 토대를 둔 자유주의적 기본권론으로는 적절하게 대처하기 어렵기 때문이다.[55] 헌법 제10조 제2문, 헌법 제37조 제1항은 국가권력이 국민의 자유와 권리를 임의로 처분할 수 없음을 분명히 하고, 개인의 자유는 원칙적으로 무제한적이므로 개인은 그 자유행사의 정당성을 입증할 필요가 없는데 비하여 국가가 개인의 자유를 제한할 수 있는 권한은 원칙적으로 제한되어 있고, 따라서 국가는 개인의 자유제한의 필요성 내지 그 정당성을 입증하여야 한다는 의미만을 갖는다고 보아야 한다. 자연권론이 헌법의 최고규범성이 확보되지 아니하던 시대에 정치권력에 대항하는 정치적·도덕적인 무기를 제공하여 온 것은 사실이다. 그러나 인권이념에 영향을 받은 헌법이 다양한 개별 자유권만이 아니라 행복추구권, 사생활의 자유와 같은 그 보호영역이 포괄적이거나 광범위한 자유권들을 통해서 개인의 자유를 빈틈없이 보장하고 있고, 헌법의 최고규범성이 입법자에 대해서도 헌법재판 등을 통해서 제도적으로 관철되고 있는 현실에서 실정헌법 해석론으로는 실천적인 의미가 거의 없다고 본다.

더구나 성문헌법을 통해 그 명확성을 확보하고 실효성이 강화된 법적 권리인

---

53) 독일에서 자연법론자인 Th. Maunz, Deutsches Staatsrecht, 22. Aufl., 1978, § 13 II 1 b, 는 이점을 특히 강조하고 있다: "초국가적 기본권의 존속은 실정법규에 의한 그 규정과는 완전히 독립되어 있다. 기본권은 절대성을 띠며 헌법조문에 의하여 상대화되지 않는다"는 것을 항상 거듭하여 부각시켜야 하며 또 보장하여야 한다.; 이에 가담하고 있는 Chr. Starck, in: v. Mangoldt-Klein, Bd. 1, 3. Aufl., 1985, Art. 1 Rn 107.

54) 한국헌법사에서 인권사상의 도입과 발전에 대해서는 김철수, 한국에서의 인권론의 도입과 전개, 「법학교육과 법조개혁」(한국법학교수회), 길안사, 1994, 187쪽 이하 참조.

55) 이에 대하여 자세한 것은 계희열, 헌법학(중), 2007, 35쪽 이하 및 그곳에서 인용된 문헌 참조.

기본권을 신의 의사, 자연질서, 또는 정치공동체에 타당한 보편적 도덕에서 그 타당성의 근거를 발견하는 인권으로 지칭하는 것은, 입헌주의운동의 성과, 즉 추상적·관념적·도덕적 주장으로서 그 존부를 명증하게 입증하기 어렵고 또 그 내용이 불명확하며 현실에서 관철하기 어려운[56] 인권을 성문헌법에 실정화하여 법적 권리로 만든 성과와 가치를 망각하는 것이다.[57] 실정헌법상의 기본권은 — 그것이 공동체적 가치에 기반을 둔 것이든 아니면 자연법적 인권사상에 기반을 둔 것이든 — 국가권력과의 관계에서 개인에 대하여 근본적인 의미를 갖는 특정의 법적 지위들을 보장한다. 기본권은 실정법에 그 효력의 근거를 두고 있고, 따라서 실정법해석을 통해서 추론되는 것이다.

나아가 헌법제정자들이 인권이념에 영향을 받고 있다고 해서 또는 인권이 우리 정치공동체의 통합가치라고 하여 헌법을 제정할 때 실정헌법에 의해 보장되는 기본권을 구체적으로 형성할 수 없는 것은 아니다.[58] 오히려 김종대 재판관의 반대의견이 적절하게 지적하고 있듯이[59] 자연법사상이나 공동체도덕 또는 공동체적 가치에 그 타당성에 근거를 두는 인권도 헌법에 수용되는 과정에서 우리 사회공동체의 특수한 역사적 경험, 시대적 상황 등에 맞게끔 헌법제정권력자에 의하여 기본권으로 구현될 수밖에 없다. 즉 기본권을 조문화할 때 인권의 사항적, 인적, 시간적, 공간적인 보호범위를 한정하지 않을 수 없다. 전문에서 "신과 인간에 대한 책임의식에서" 헌법을 제정한다는 것을 밝히고 있고 또 "따라서 독일 국민은 모든 인간공동체, 정의, 평화의 기초인 불가침·불가양의 인권을 고백한다"고 규정하고 있는 헌법 제1조 제2항이 말해주듯 자연법사상의 영향을 받고 있는 독일 기본법의 제정자들도 다수의 기본권(집회의 자유, 결사의 자유, 거주이전의 자유, 직업의 자유, 독일국적의 박탈금지, 독일인의 외국인도금지, 저항권, 선거권 및 공무담임권)의 주체를 독일인에 한정시켰다. 현행헌법은 인권사상에서 유래하는 기본권의 인적 보호영역까지도 내국인에 한정시켰다. 추상적·관념적인 인권의 적용범위를 기본권 규정을 통해 그와 같이 구체적으로 한정함으로써 헌법제정자가 인권의 내용을 부정한 것이 아니라 그 인적 적용범위만을 제한하였을 뿐이다. 그리고 후술하는 것

56) 계희열, 기본권의 자연권성과 그 문제점, 「고시연구」제20권 제1호(통권 제226호), 1993. 1, 100-104쪽.

57) 인권과 기본권의 관계에 대하여 상세한 것은 김선택, 기본권의 개념, 「법정고시」 제4권 제6호(통권 제33호); 허완중, 자유와 권리 그리고 기본적 인권, 「성균관법학」 제20권 제3호, 531, 특히 536쪽 이하 참조.

58) BVerfGE 3, 225, 233은 초실정법적 규범과 기본법에 의하여 실정법적으로 고정된 법규와의 관계와 관련하여 "개별적 형성"과 "정의의 최후의 한계"라는 개념을 사용하고 있다.

59) 헌재 2011. 9. 29. 2007헌마1083 등 (병합), 헌재공보 180, 1460 반대의견의 두 번째 논거 참조.

처럼 외국인의 기본권주체성을 부정하였다고 하여 외국인을 법적 보호의 사각지대로 내몰아 자의적인 경찰권행사의 대상으로 만드는 것도 아니다.

이상에서 살펴본 것처럼 우리 헌법이 자연법사상의 영향을 받고 있다는 이유만으로 기본권규정의 문구에 의하여 그어진 한계를 무시하고 외국인에게까지 그 규정을 적용할 수는 없다고 할 것이다.

다. 국제평화주의원리에 부응하기 위한 어의적 한계의 유월?

1) 국제평화주의나 인권보장의 시대적 흐름이 헌법해석의 어의적 한계 유월을 뒷받침할 수 있는 논거가 되는가?

외국인의 기본권주체성을 부인하는 것은 오늘날 세계가 일일생활권화 되고 있고 기본권의 보장이 점차 국제화하고 있는 데다 내국인과 외국인의 법적 지위가 점차 비슷해지는 추세로 볼 때 시대역행적이라는 이유[60] 또는 헌법전문의 "항구적인 세계평화와 인류공영에 이바지함으로써"라는 문구, 헌법 제6조의 국제법존중주의 등을 통해 표출되어 있는 헌법의 국제평화주의[61]에 부응하여야 한다는 이유로 외국인에게도 기본권주체성을 인정하여야 한다는 주장도 있다.

1973년 "독일에서의 외국인의 국법적 지위"라는 주제로 열린 독일 공법학자대회에서 발제를 한 독일 헌법학자의 조사에 의하면[62] 당시 조사대상 131개국의 헌법 중 118개국이 헌법에 어떤 식으로든 명시적으로 기본권목록을 두고 있었고, 그중 24개국(주로 사회주의국가들)은 내국인에게만 기본권을 보장한 반면, 31개국(주로 남미국가들)만이 국적자와 외국인을 구분하지 않고 기본권을 보장하되 정치적 권리는 내국인에게 보장하였으며, 나머지 56개국은 내국인의 기본권과 만인의 기본권을 구분하여 보장하고 있었다고 한다. 근 40년이나 된 낡은 통계이기 때문에 대부분의 현실 사회주의국가가 체제 변혁을 경험한 후인 오늘날에는 훨씬 더 많은 국가들이 외국인에게도 적어도 일부의 기본권을 보장하고 있을 것이다. 뿐만 아니라, 세계적인 차원이나 대륙적 차원에서도 법적 구속력이 없는 인권선언이나 다수의 법적 구속력이 있는 인권규약이 존재한다. 분명 외국인의 기본권주체성을 전면적으로 부정하는 것은 이와 같은 추세와 동떨어진 것임을 부인할 수는 없을 것이다.

---

60) 가령 계희열, 헌법학(중), 2007, 63쪽; 유사한 논거를 제시하고 있는 한수웅, 전게서, 384쪽 참조.

61) 장영수, 헌법학, 2009, 473쪽; 허 영, 헌법이론과 헌법, 2004, 367쪽.

62) Karl Doehring, Die staatrechtliche Stellung der Ausländer in der Bundesrepublik Deutschland, "Der Status der Fremden im Verfassungsrecht der Bundesrepublik Deutschland unter dem Gesichtspunkt der normativen Verschränkung von Völkerrecht und Verfassungsrecht, VVDStRL 32, 1974, S. 33.

그러나 그와 같은 국제적인 동향에 발맞추는 올바른 방법은 헌법개정을 통해 시대에 뒤떨어진 헌법의 기본권규정들을 개선하는 것이지, 헌법해석의 이름을 빈 개헌이 아니다. 기본권이론의 일관성을 유지하려는 의도이든 특정한 이념을 실현하기 위한 것이든 아니면 헌법상의 어떤 가치를 실현하기 위한 것이든 성문헌법이 설정한 한계를 무시하는 것은 성문헌법 제정을 통해서 얻고자 했던 법적 안정성과 명확성 확보, 그리고 이를 통한 국가 및 개인 생활의 안정화·합리화라는 목표의 실현을 어렵게 만들 것이다. 성문의 가치를 가볍게 여기는 태도의 위험성은, 신행정수도건설에 관한 특별조치법을 성문헌법에서 그 근거를 찾을 수 없는 관습헌법을 들어 위헌으로 선언한 헌법재판소의 결정[63]을 통해서 실증되었다.[64] 더구나 헌법차원에서 외국인에게 기본권을 보장하지 않는다고 해서 후술하는 것처럼 그것이 바로 국제법위반으로 이어지거나 국제적인 갈등 내지 긴장을 유발하는 것도 아니며, 따라서 그 자체만으로는 헌법의 기본원리 중의 하나인 국제평화주의원리와 모순되는 것도 아니다. 그렇기 때문에 헌법의 어의적 한계를 유월하면서까지 외국인에게 기본권주체성을 인정하여야 할 불가피한 사유는 존재한다고 보기 어렵다.

2) 외국인에게 헌법을 통해 기본권을 보장하여야 할 국제법적 의무는 존재하지 않는다.

외국인의 기본권주체성 문제는 궁극적으로는 외국인과 내국인의 평등대우와 관련된 문제이다. 그런데 내국인과 외국인의 차별대우나 외국인 상호간의 차별대우를 일반적으로 금지하고 있는 국제법상의 원칙은 존재하지 않는다.[65] 국가가 체류하는 외국인에게 헌법적으로 보장된 기본권을 보장하여야 한다는 국제법규범도 존재하지 않는다.[66] 만일 그러한 규범이 존재한다면, 영국처럼 특별한 법적 효력이 부여되는 성문의 헌법전이 존재하지 않는 나라는 기본권목록을 담은 성문헌법이 없다는 이유만으로 곧바로 국제법을 위반하고 있다는 것을 의미하게 될 것이다. 외국인에 대한 불평등대우가 자의성을 띠는 극단적인 경우에만 국제법위반을 초래할 수 있을 뿐이다. 이처럼 외국인에 대한 차별대우가 원칙적으로 허용되는 근본적인 이유는 체류국 내의 외국인은 체류국의 고권만이 아니라 본국의 고권에도 복종하고, 외국인과 체류국과의 관계는 내국인과는 달리 종신적 성격을 띠

63) 헌재 2004. 10. 21, 2004헌마554, 판례집 16-2 하, 1.
64) 이에 대하여 상세한 것은 정태호, 성문헌법국가에서의 불문헌법규범과 관습헌법, 「경희법학」제 45권 제3호(2010. 9. 30), 299쪽 이하 및 그곳에서 인용된 문헌 참조.
65) Karl Doehring, VVDStRL 32, S. 46 Leitsätze 7.
66) Karl Doehring, VVDStRL 32, S. 32.

지 않으며,[67] 외국인은 체류국을 떠날 수 없을 정도로 체류국에 의존하지 않기 때문이다.[68]

국제관습법은 외국인법에서 ― 내국인이 어떻게 국내법에 의하여 대우받고 있는지와 무관하에 ― 일정한 절대적인 최저기준(Mindeststandard)을 준수할 것을 요구하고 있다.[69] 이 최저기준은 국제관습법의 변천에 따라 달라질 수 있다. 오늘날 이 최저기준의 정확한 내용에 대해서는 인권의 국제화가 강력하게 진행되면서 논란이 있다. 물론 인권의 국제화 경향이 아직은 인권에 국제관습법적 지위를 부여해 주고 있지도 외국인법의 최저기준의 내용을 눈에 띄게 확대하지는 못하고 있다고 한다. 이 최저기준은 그것이 인권적인 내용과 관련되어 있는 한 강행법적 성격을 띤다. 그렇지만 어떻게 이 의무를 이행할 지는 각 국가에게 맡겨져 있다. 따라서 이 최저기준을 반드시 헌법차원에서 관련 기본권을 외국인에게 보장하는 방식으로 충족하여야 하는 것은 아니다.

국제법학은 외국인법에서 외국인이 누려야할 최소기준으로 다음의 일곱 가지를 들고 있다.[70] ① 모든 외국인은 권리주체이다. ② 외국인은 원칙적으로 私權을 취득할 수 있다. ③ 합법적으로 취득한 외국인의 私權은 원칙적으로 존중되어야 한다. ④ 외국인에게는 소송의 길이 개방되어야 한다. 소송과 관련한 국제법의 최소기준[71]으로는 공정한 법관으로 구성된 법원에의 제소가능성, 소송에서 내국인과의 평등한 대우, 청문권, 과도한 소송지체에 대한 권리보호가 요구되고 있다. ⑤ 구속은 심각한 범죄행위의 의심이 있는 경우에만 행해져야 한다. ⑥ 체류국은 외국인의 생명, 자유, 재산 그리고 명예에 대한 공격에 대하여 보호할 의무를 진다. ⑦ 외국인은 정치적 권리나 특정직업의 행사를 요구할 수 없다.

외국인의 처우와 관련한 대한민국의 법질서나 공권력행사의 실제가 이와 같은 최저기준에 미달한다는 정황은 바로 아래에서도 설명하는 것처럼 과문한 탓인지는 모르지만 확인할 수 없다.

3) 외국인의 기본권주체성 부정이 외국인에 대한 자의적 경찰권행사의 허용을 의미하는 것이 아니다.

먼저, 현행 헌법이 법률의 차원에서 외국인을 내국인과 같게 대우하는 것을

---

67) J. Isensee, VVDStRL 32, S. 59.

68) J. Isensee, VVDStRL 32, S. 59.

69) K. Stern, Das Staatsrecht, Bd.Ⅲ/1, S.1036 참조.

70) A. Ranelzhofer, Der Einfluß des Völker- und Europarechts auf das deutsche Ausländerrecht, 1980, S. 20. 여기서는 K. Stern, Das Staatsrecht, Bd.Ⅲ/1, S. 1036에서 재인용.

71) H. Quaritsch, HStR V, § 120 Rn 45 및 그곳에서 인용된 문헌 참조.

금지하는 것이 아니라는 사실에 유의하여야 한다.72) 입법자는 외국인통합, 국민경제의 경쟁력 제고 등 사회·경제정책적 목표를 위하여 직업교육, 직업선택, 직업수행과 관련하여 외국인을 내국인과 전면적으로 또는 특정 직업에서 내국인과 동일하게 대우할 수도 있다. 물론 이 경우 외국인의 내국인 대우는 기본권의 문제가 아니라 전적으로 입법자와 행정의 정책적 문제로 결정되는 것이다.

이처럼 입법자가 외국인을 특별히 차별취급하지 아니하는 한, 외국인은 재판에서 법률차원의 권리를 주장할 수도 있다. 가령 민법이나 회사법은 민사거래나 상사거래 또는 각종 법인의 설립과 관련하여 외국인에게 특별한 제한을 가하고 있지 않다. 외국인의 일상적 의사표현이나 종교활동을 특별히 규제하는 법률도 없다. 수사절차에서 피의자나 피고인의 신체의 자유를 수사기관의 자의적 강제처분으로부터 보호하기 위하여 헌법에 명시한 적법절차원리를 구현하는 형사소송법에서 외국인을 내국인에 비하여 불리하게 대우하지도 않는다. 외국인도 기본권구제를 위한 헌법소송절차인 헌법재판소법 제68조 제1항을 제외한 위헌법률심판절차나 그 아류인 위헌소원절차를 통해서 당해소송에서 적용될 법률의 위헌성을 주장할 수 있는 등 다른 소송법도 국내에서 외국인이 소송을 제기할 경우 내국인에 비하여 외국인을 특별히 불리하게 대우하지도 않는다. 물론 선거권이나 공무담임권처럼 법률로 외국인에게 이를 인정할 경우 헌법 제1조 제2항 등을 통해 구현되고 있는 민주주의원리나 이를 뒷받침하는 개별 헌법규정에 배치될 수 있는 경우에는 입법자의 형성의 자유에는 한계가 그어질 것이다. 실제로 내국인에게만 선거권을 부여하는 것은 국제관행이기도 하다. 독일 연방헌법재판소는 주와 지방자치단체 선거에서 비교적 장기간 체류하는 외국인에게 선거권을 부여하는 함부르크, 슐레스비히-홀슈타인 주 선거법규정들을 독일 헌법이 그 해석상 내국인에게만 선거권을 유보하고 있음을 이유로 위헌선언한 바 있다.73) 또 출입국관리법은 외국인에게 국내에서의 정치활동을 법률에 의하여 허용되는 경우를 제외하고는 원칙적으로 금지하고 있다(제17조 제2, 3항 참조). 따라서 '집회 및 시위에 관한 법률'이 집회를 개최할 수 있는 자의 범위에 국적을 기준으로 제한하고 있지 않다고 하더라도 정치집회는 원칙적으로 금지되어 있다고 할 것이다. 물론 출입국관리법에서 이처럼 포괄적으로 외국인의 정치적 활동을 금하는 것이 법정책적으로 올바른 것인지는 의문이다.

둘째, 현행헌법이 외국인의 기본권주체성을 부정하였다고 하여 외국인이 우

72) W. Rüfner, Grundrechtsträger, in. HStR V, § 116, Rn 6; H. Quaritsch, HStR V, § 120 Rn 136.
73) BVerfGE 83, 37.

리 헌법상의 기본권에 상당하는 권리를 보장하는 국제법의 보호를 받는 것이나 조약을 통해 외국인을 내국인과 동등하게 대우하는 것을 금지하는 것도 아니다. 오히려 헌법은 제6조 제1항에서 "헌법에 의하여 체결·공포된 조약과 일반적으로 승인된 국제법규는 국내법과 같은 효력을 가진다", 제2항에서 "외국인은 국제법과 조약이 정하는 바에 의하여 그 지위가 보장된다"고 규정함으로써 외국인에게 개인의 인권보호와 관련된 국제관습법, '신의성실의 원칙', '권리남용금지', '계약은 준수되어야 한다' 등과 같은 일반적 법원칙을 포함하는 일반적으로 승인된 국제법규의 준수를 요구할 수 있는 길을 열어 놓음은 물론 대한민국이 가입한 국제인권규약상의 권리를 대한민국 정부가 준수하여야 할 의무가 있음을 주장할 수 있도록 하고 있다.[74)]

국제법의 요청은 다음과 같은 방식으로 충족될 수 있다. 국내법과 같은 효력을 갖는 어떤 조약이 경제활동과 관련하여 특정국민에게 내국인과의 평등대우를 요구하고 있는 경우 관련 외국인은 그 조약에 의거하여 내국인과 실질적으로 평등한 지위를 누리게 된다. 그 조약이 자기집행적 성격을 띠는 경우에는 조약상의 권리를, 집행법률이 필요한 경우에는 집행법률상의 권리를 재판에서 주장할 수 있다. 물론 이는 조약 및 법률상의 권리의 효과일 뿐 헌법이 보장하는 기본권의 효과는 아니다. 헌법의 기본권의 장을 개정하지 않는 한 내국인에게 유보된 기본권적 지위를 부여받을 수는 없다. 해당 조약과 국내의 법률이 존재할 경우에는 특별법우선의 원칙에 따라 문제를 해결하여야 할 것이다. 만일, 그와 같은 충돌해소규칙을 적용하여 문제를 해결할 수 없는 경우에는 조약위반의 문제가 발생하게 될 것이다.

셋째, 외국인의 권익을 제한하기 위해서는 법치국가원리 및 민주주의원리에 그 이념적 토대를 두고 있는 불문의 헌법원칙인 법률유보의 원칙[75)]상 법률적 근거가 있어야 한다. 법률유보원칙은 외국인이 우리 헌법상의 기본권을 주장할 수 없는 경우에도 적용된다.[76)] 이 원칙에 따라 외국인에 대한 침익적 행정작용은 국

74) 동지: 김종대 재판관의 반대의견, 헌재 2011. 09. 29, 2007헌마1083, 공보 180, 1468-1469.

75) 헌재 1999. 5. 27. 98헌바70, 판례집 11-1, 633, 644, 646.

76) 이에 비하여 기본권제한적 법률유보는 헌법이 보장하는 기본권을 법률로써 제한할 수 있도록 하는 입법자에 대한 헌법의 수권을 말한다(일반적 제한수권 → 헌법 제37조 제2항; 개별적 제한수권 → 가령 헌법 제12조 제1항 제2문). 기본권제한적 법률유보는 법률유보원칙과 부분적으로 기능이 중복되기는 하지만 같은 것이 아니다. 법률유보원칙이 입법부와 행정부의 권한을 획정하고 의회의 국가의사형성에 대한 영향력을 확보(참여를 통한 국가로부터의 자유 보장)하는 기능을 하는 반면, 기본권제한적 법률유보는 국가로부터의 자유만을 보장하는 기능을 한다. 그러므로 법률유보원칙과 기본권제한적 법률유보의 적용범위가 항상 일치하는 것은 아니다. 가령 외국(사법)인에게 기본권주체성이 인정되지 않는다는 설에 따르면, 그 범위에서 외국(사법)인은 기본권

회가 먼저 법률형식으로 결정을 내려야 하고, 행정은 이 법률 자체에 의해서 또는 법률에 근거하여 활동권한이 인정되는 경우에만 구체적인 활동을 할 수 있다.

라. 국민 개념의 변천?

정치공동체의 토대가 핏줄이나 언어, 문화 등 민족적 동질성에 기반을 둔 정서적 사고에서 합리적 사고로 점진적 변화함에 따라 민족이 중심이 되는 국민국가는 이제 시대적 상황에 더 이상 부합하지 않다고 하면서 "국민"의 개념이 대한민국에 정주하는 사람들의 운명공동체로 변천되었다는 주장이 등장하고 있다.[77)]

현대사회가 인류사에서 그 유례를 찾아볼 수 없을 정도로 국경을 넘어가는 인간, 특히 노동자들의 이동과 통신이 자유롭고 활발하게 전개되는 세계화를 특징으로 하고 있으며, 그에 따라 법과 제도의 세계화가 필요하다는 것을 주된 논거로 하고 있다. 실제로 해외로부터 도래하는 이주민의 급증현상은 자본주의가 고도로 발전한 소수의 부유한 구미선진국에 국한되는 현상이 아니라 정도의 차이는 있으나 다수 국가에서 연쇄적으로 나타나고 있고, 이미 거주외국인의 수가 100만 명을 넘어서는 우리나라의 현상이기도 하다.

이 설은 이와 같은 해외도래 이주민급증 현상은 국민국가의 개념을 변화시키는 동력으로 작용하고 있다고 본다. 그리하여 세계화시대에 국민이라는 자격을 부여받는 핵심은 바로 혈통이 아니라 "생활의 공유성"이 되어야 한다고 강조한다. 생활공동체에 편입되어 정주하여 생활의 수요를 충족하고 있다는 사실이 정치공동체에 대한 충성심을 유발시킬 수 있기 때문이라는 것이다. 그리하여 이 설은 전통적으로 인권성을 띠는 것으로 평가되어온 자유권만이 아니라 일정한 사회적 기본권들도 외국인에게 인정되어야 한다고 본다.

그러나 정치적·경제적·사회적 현실의 변화가 과연 국민 개념의 변천을 초래할 만큼 심대하게 진행되었는지 자체부터가 의문이다. 거주외국인의 비율이 훨씬 높은 독일에서도 비교적 장기간 정주한 외국인에게 주의회나 지방자치단체 선거를 위한 선거권을 부여하는 법률규정의 위헌여부가 문제된 사건에서도 유사한 주장이 제기되었으나, 독일 연방헌법재판소는 국민개념의 변천여부를 검토조차 하지 않았다. 그만큼 국민개념의 의미변천이 미미하다는 것이다.[78)] 나아가 이 설은 외

의 보호, 따라서 기본권제한적 법률유보의 보호도 받지 못하지만, 법률유보원칙에 의한 보호는 받을 수 있다. 한편, 독일 입헌주의역사에서 법률유보원칙의 제도적 역사가 기본권제한적 법률유보의 역사보다 길다.

77) 최유, 외국인의 사회권주체성에 관한 작은 연구, 「사회학연구」 제19권 가을호(2009, 충남대학교 사회과학연구소), 115쪽 이하.

국인들을 사회적으로 통합하고 그들의 인권을 보장하는 방식과 제도와 관련한 헌법정책적, 입법정책적 논의와 헌법해석론적 논의를 혼동하고 있다는 인상을 주고 있다.

물론 변화된 현실은 기본권의 전면적인 내국인유보의 낙후성을 실증하고 그 개선필요성을 뒷받침하는 헌법정책적 논거가 될 수는 있다. 그렇지만, 국민국가는 엄존하는 국제적인 현실임을 외면하고 있다는 점에서 위 설에 유보 없이 동의하기는 어렵다. 구 소련과 동구의 현실사회주의 체제의 붕괴 이후 민족을 단위로 하는 많은 신생국가들의 탄생은 이를 입증하고 있다. 기본권영역과 국법의 영역에서 국민국가적 현실을 고려한 것은 민족주의적 배타성·공격성과 같은 민족주의의 부작용의 원인이 아니다. 오늘날의 국민국가의 구체적 모습은 세계 제2차대전 이전의 주권적인, 즉 불투과적인 국민국가(impermeable nation-state)라고는 할 수 없지만, 국적이라는 표지로 내국인과 외국인을 법적으로 구분하고 있다는 사실에는 변함이 없다.

2. 소 결

위에서 살펴본 것처럼 어떤 관점에서도 헌법 제2장의 국민의 개념에 의해서 그어진 한계를 무시하고 기본권조항별로 외국인이 그 주체가 될 수 있는 것으로 보아야 할 이유가 없으며, 헌법제정자가 외국인의 기본권주체성 문제를 헌법해석에 맡겨두었다고 볼 수도 또한 이른바 국제화·세계화로 인하여 국민개념이 변천했다고 볼 수도 없다. 오히려 헌법의 문리적 해석, 발생사적 해석, 체계적·전체적 해석의 결과는 반대의견의 타당성을 뒷받침한다고 본다.

V. 외국인기본권관계의 성립의 전제로서의 외국인의 내국관계

1. 직장선택의 자유의 기본권성을 둘러싼 기각의견과 별개의견의 논쟁

별개의견은, 기각의견처럼 "적법하게 고용허가를 받은 외국인들에게는 제한된 범위 내에서 직장 선택의 자유에 관한 기본권주체성을 인정하자는 것은 헌법

78) H. Quaritsch, HStR V,§ 120 Rn 110.

상 기본권주체성에 관한 논리적 모순을 내포하고 있다. 즉, 기본권주체성이란 우리 헌법상의 기본권을 향유할 수 있는 지위를 말하고 이는 법률에 의하여 새로이 창설되는 것이 아닌데, 우리 법률에 의하여 고용허가를 받았다는 헌법외적 사유로써 헌법상 기본권의 주체성을 인정하자는 것은 논리적으로 선후가 뒤바뀐 것이다. 위 의견과 같이 외국인고용법에 의하여 적법하게 우리나라에 입국한 자들에게만 직장을 선택할 자유를 주는 것은 결국 외국인의 이러한 자유를 인간의 권리가 아닌 법률상의 권리로 보는 것이므로, 이를 이유로 청구인들과 같은 외국인들에게 직장 선택의 자유에 관한 헌법상의 기본권주체성을 인정하는 것은 타당하지 않다"고 기각의견을 비판하고 있다.[79)]

이에 대하여 기각의견은 "직업의 자유 중 직장 선택의 자유는 앞서 본 바와 같이 인간의 권리로서의 성질을 가진 헌법상 기본권으로 보아야 할 것이며, 고용허가를 받아 적법하게 입국하여 우리나라에서 일정한 생활관계를 형성, 유지하였을 것을 요구하는 것은 외국인이 우리 헌법상 기본권인 직장 선택의 자유를 누리기 위한 전제일 뿐이지 이러한 법적 제한을 둔다고 하여 그 직장 선택의 자유의 성격이 헌법상 권리에서 법률상의 권리로 바뀐다고 보기는 어렵다 할 것"이라고 반박한다.[80)]

외국인의 기본권주체성을 전면적으로 부정하는 입장에서는 이와 같은 문제제기는 무의미할 것이다. 그렇지만, 헌법재판소가 제한적 긍정설을 취하고 있으므로 이 쟁점에 대하여 답할 실무상의 필요는 인정할 수밖에 없다. 결론부터 말하자면, 기각의견은 부분적 진리만을 말하고 있다고 본다.

외국인은 대한민국의 영역고권이 미치는 곳, 따라서 대한민국의 헌법의 효력이 미치는 대한민국의 영역으로 입국하여 대한민국과 내국관계(Inlandbeziehung)를 맺게 될 때에만[81)] 우리 헌법상의 기본권을 주장할 수 있는 법적 가능성을 확보하게 된다는 점에서는 기각의견의 기본논지가 타당하다. 물론 필자는 직업의 자유를 분해하여 직장선택의 자유만을 만인의 권리로 평가하는 기각의견의 해석론에는 찬동하지 않는다. 어쨌든 대한민국으로의 입국은 권리성질설에 의하여 인정될 수 있는 대부분의 만인의 기본권들의 본질적인 발생요건이다. 그 예외는 정치적 망명권을 기본권으로 인정할 때에만 인정될 수 있을 것이다.[82)]

79) 헌재 2011. 9. 29. 2007헌마1083, 공보 180, 1464.

80) 헌재 2011. 9. 29. 2007헌마1083, 공보 180, 1460.

81) J. Isensee, VVDStRL 32, S. 60 ff.; H. Quaritsch, HStR V, § 120 Rn 72 ff.; 정종섭, 헌법학원론, 326쪽 참조.

82) H. Quaritsch, HStR V, § 120 Rn 72 참조. 한편, 대한민국의 법질서는 대한민국 국적의 선박이

그러나 기각의견과는 달리 외국인이 반드시 합법적으로 입국했어야 할 필요는 없다고 본다. 외국인이 위법적으로 입국했다고 하더라도 내국관계는 형성되며, 그가 누릴 수 있는 기본권의 보호를 받을 수는 있다. 가령 불법체류자의 체포·구금·추방과 관련하여 기본권문제가 발생할 수 있다. 직장선택의 자유를 비롯한 직업의 자유가 만인의 기본권이라는 것을 전제로 한다면, 불법입국자도 그 보호를 받을 수 있다. 다만, 그는 출입국관리법에 의한 체류제한 내지 추방 때문에 이 자유에 대한 강력한 제한을 받게 될 뿐이다.

2. 외국인의 특수한 내국관계

그렇다면, 외국인이 대한민국 국경 밖으로 이동하게 되면, 그 외국인은 어떤 경우에도 기본권 주장의 전제가 될 수 있는 대한민국과의 내국관계를 형성할 수 없는 것인가?[83]

외국인이 외국에서 대한민국 국민이나 대한민국을 상대로 범죄를 저지른 경우에 대한민국의 형벌권이 그 외국인에 미치지만 외국의 주권 때문에 대한민국이 그 형벌권을 행사하는 데 제약을 받는 것처럼, 외국에 있는 외국인도 마치 대한민국 안에 있는 외국인으로 볼 수 있는 구체적 법적 관계를 대한민국과 맺고 있는 경우(구체적 내국관계; konkrete Inlandbeziehung)에는 기본권문제가 제기될 수 있다. 그렇다고 대한민국의 모든 고권이 기본권에 구속되므로 그 고권이 행사되는 곳에서는 항상 기본권의 효력이 미친다는 추론을 하는 것은 잘못이다. 가령 외국 주재 대한민국대사관에서는 대한민국의 집행권이 행사되지만, 인간다운 생활을 할 권리에 기초를 둔 생활수급권은 한국인에게만 귀속될 뿐 기아상태의 외국인이 이를 주장할 수는 없다. 그리하여 동일한 기본권이라 하더라도 내국인은 외국에서도 그 권리를 주장할 수 있지만, 외국인은 특별한 사유가 없는 한 외국에서는 그 권리를 주장할 수 없다. 국적에 따른 이와 같은 구분 필요성은 법적으로 볼 때는 외국에

나 항공기에도 미친다. 그러나 이들이 떠다니는 대한민국의 영토가 아니므로 우리 법질서는 국제관습법에 의하여 승인된 이른바 국기고권에 입각하여 효력을 발휘한다. 그러므로 국기고권에 의하여 대한민국의 법질서 전체가 아니라 선박이나 항공기 등의 운행과 관련된 법들(가령 선박법, 선원법, 화물운송법 등등)만이 효력이 미치게 된다. 공해상 또는 외국의 영해 내에 있는 선박에서는 기본권도 원칙적으로 제한적인 보호효과를 발휘할 수 있을 뿐이다. 그러한 한 외국인의 내국관계도 형성될 수 있을 것이다.

83) 이 문제에 대하여 상세한 것은 H. Quaritsch, HStR V, § 120 Rn 74 ff.; J. Isensee, Die staatsrechtliche Stellung der Ausländer in der Bundesrepublik Deutschland, in: VVDStRL 32 (1974), S. 49(60 ff).

서는 한국정부의 권할권이 외국인에게는 미치지 않는다는 데, 현실적인 관점에서는 굶주리는 외국에 있는 외국인들을 구제하는 것이 불가능하다는 데 근거하고 있는 것이다. 반면 외국에 체재하는 국적자를 위한 예외인정의 근거는 소속국가와 그 국적자를 묶어주고 또 외국에서도 국가에 대한 지원청구권[84]을 발생시키는 끈(홉스가 말하는 복종과 보호의 상호 관련성)이 존재한다는 것이다. 급부권을 포함하는 법규의 효력이 외국에 있는 외국인에게는 원칙적으로 미치지 않는다는 것이 반드시 법에 명시되어 있을 필요는 없다. 그와 같은 효과는 예외적으로만 인정될 수 있다. 그 예외는 청구권의 기초가 되는 법규범에 앞서 그리고 그것과 직접 관련이 없는 법적 관계에 의해 창설될 수 있다.

외국에 있는 외국인과 관련해서 그와 같은 예외는 다음과 같은 경우에 발생할 수 있다.

첫째, 기본권의 보호법익, 가령 외국인 소유의 토지가 국내에 있고 또 고권조치의 대상이 된 경우 외국에 살고 있는 외국국적의 자연인은 재산권, 재판청구권, 평등권을 주장할 수 있다. 국내 소재의 그의 토지가 외국인과 대한민국의 직접적인 공간적인 관계를 발생시키는 것이다.

둘째, 타격을 받은 기본권적 법익이 외국에 있는 경우에는 대한민국의 국가권력이 이 법익을 침해하는 경우, 가령 공해상이나 외국영토에서 훈련중인 한국의 전함이나 전투기에 의해 인적·물적 피해가 발생한 경우에 관련 기본권 침해 주장이 제기될 수 있다. 가령 외국에 있는 외국인에 대한 추방처분처럼 외국인에 대한 국가권력 행사가 그의 자유나 재산권을 침해하는 경우에도 관련 기본권의 적용 문제가 제기될 수 있다.

셋째, 외국에 있는 외국인은 추상적인 사실에 그치는 것이 아니라 대한민국과 구체적인 법적 관계를 맺고 있는 경우에는 급부권이나 보호의무를 내용으로 하는 기본권을 주장할 수 있다. 기본권이 국경을 넘어서 국제적인 효력을 발휘하도록 하는 구체적인 내국관계는 가령 사회보험법상의 수급권과 관련하여 발생할 수 있다. 외국인이 국내에서 사회보험주체에 대하여 청구권을 획득한 경우에는 본국으로 귀국한 후에 헌법 제23조에 의한 재산권의 보호 문제가 제기될 수 있다. 외국인이 한국에 체류하던 도중 본국으로 추방된 경우에도 청원권을 행사할 수 있느냐의 문제가 제기될 수 있다.

---

84) 독일 해석론에 의하면 외국에 체재하는 독일인에게는 생활급여에 대한 하자 없는 재량행사청구권이라는 형식적 청구권만이 인정된다고 한다. I. v. Münch, in: v. Münch I, Art. 1 Rn 30 및 그곳에 인용된 문헌 참조.

넷째, 대한민국정부가 국경 인근에 원자력발전소 건설을 허가할 경우 인근의 접경지역에 사는 외국인이 내국인과 마찬가지로 생명권이나 신체를 훼손당하지 않을 권리에 의거하여 허가의 근거가 된 법률규정의 위헌성을 주장하는 경우도 상정할 수 있을 것이다. 독일 학계에서는 핵발전소 발전설비의 고장으로 방사능이 누출될 경우 잠재적 위험지역이 광범위하다는 점과 내국인과 국경 지대 인근에 살고 있는 외국인이 사실상 같은 위험에 노출되고 있다는 사정을 이유로 그 가능성을 인정하는 설이 있다.[85]

Ⅵ. 외국인의 기본권주체성과 관련한 여타 쟁점

1. 외국인에게 기본권주체성을 부정하더라도 장기거주자에게는 예외를 인정할 수 있는가?

반대의견은 우리 헌법의 해석상 외국인에게는 기본권주체성이 인정되지 않지만, 장기거주 외국인에게는 예외적으로 그 주체성이 인정될 수도 있는 여지를 열어 놓았다.[86]

어느 정도의 장기거주자에게 그와 같은 지위를 인정할 수 있느냐라는, 헌법해석을 통해서는 그 답을 이끌어 내기 어려운 문제는 논외로 하더라도 장기거주 사실만으로 내국인지위로의 질적도약이 가능할지가 의문이다. 우리 출입국관리법은 외국인의 법적 지위를 국내 체류기간에 비례하여 강화하고 있는 것으로 분석된다. 영주권신청자격이 법률이 아닌 시행령, 시행규칙에 의해 매우 복잡하게 규율되고 있어서 그 취득요건을 일목요연하게 개관하기는 쉽지는 않다. 그렇지만 영주권을 취득한 외국인에게는 취업활동의 제한이 광범위하게 해제됨으로써 그의 법적 지위가 내국인의 지위에 접근하는 것처럼 보인다. 그렇다고 해서 이로부터 외국인이 내국인과 같은 기본권능력을 획득한다는 추론을 할 수는 없다.

장기거주 외국인이 출입국관리법 등에 의하여 부여되는 자신의 법률적 권리와 관련하여 신뢰보호, 비례의 원칙과 같은 법치국가적 헌법원칙들에 의한 강한 보호를 받을 수 있을지는 모르지만, 그것이 국적의 한계를 극복하여 주는 것은 아니다. 관할행정청의 재량권이 체류기간이 장기화되면 될수록 줄어들어 일정 기간

85) H. Quaritsch, HStR V, § 120 Rn 88 f.

86) 헌재 2011. 09. 29, 2007헌마1083, 공보 180, 1469.

을 지나면 완전히 영으로 축소되는 것도 아니다. 영주권자라 하더라도 경우에 따라서는 추방까지도 가능하다(출입국관리법 제46조 제2항 참조). 장기적 체류로 인해 외국인이 내국인처럼 대한민국을 떠나 새로운 삶을 살기 어려울 정도로 대한민국 체류에 대한 의존성이 커졌다고 하더라도, 그러한 사실이 외국인을 내국인으로 바꿔줄 수 있는 것은 아니다.[87] 장기체류를 이유로 외국인을 내국인과 동일하게 대우하고, 외국인도 내국인과 같은 기본권주체성을 누리도록 해석한다면, 대한민국 국적의 가치와 그 취득절차의 가치를 박탈하는 것이다. 장기거주 외국인을 좀 더 두텁게 보호하는 합리적인 길은 헌법해석을 통해서 무리하게 그들에게까지 기본권능력을 확대하여 주는 것이 아니라, 대한민국 국적 취득요건을 그들에게 완화해 주는 것이다.

2. 기본의무주체와 기본권주체의 일치론?

반대의견은 외국인의 기본권주체성을 부정하여야 하는 논거의 하나로 외국인은 국민들처럼 기본의무를 부담하고 있지 않고 있다는 점을 들고 있다. 즉 헌법상의 기본의무와 기본적 권리는 표리관계에 있으므로 양자의 주체는 같아야 한다는 것을 국민주권주의로부터 추론하고 있다.[88]

그렇지만, 이러한 견해는 우리 헌법제정자들이 그와 같은 결정을 내렸다는 것을 확인하는 것이라면 모르되, 일반국가론 내지 기본권이론적인 논증이라면 다음과 같은 이유들 때문에 이러한 논거에는 지지를 보내기 어렵다.

무엇보다도 먼저 국민주권주의가 양자의 필요적 일치의 논거가 될 수 없다고 본다. 먼저 매우 추상적인 국민주권주의가 이 문제와 어떤 구체적인 의미를 갖는지가 불분명하다. 주권자인 헌법제정자가 어떤 인간관, 국가관, 기본권관을 가지고 있느냐, 즉 어떤 이념이나 헌법정책을 토대로 헌법을 제정하느냐에 따라 외국인에 대한 기본권주체성 인정여부나 인정범위가 달라질 수 있다는 것, 그에 따라 기본권주체와 기본의무주체가 불일치가능성은 비교헌법적 고찰을 통해서도 입증된다. 가령 독일 기본법은 외국인에게 어떤 특별한 기본의무를 부과하고 있기 때문에 외국인에게 일부 자유권적 기본권을 보장하고 있는 것은 아니다. 기본법제정자들이 인권사상에 영향을 받았고 또 히틀러체제에서의 광범위한 인권유린에 대한 반성으로 기본권의 인정범위를 독일의 헌법전통과 결별하면서까지 외국인에게 확대

87) H. Quaritsch, HStR V, § 120 Rn 136 참조.
88) 헌재 2011. 09. 29. 2007헌마1083, 공보 180, 1468쪽.

한 것이다. 미국 헌법의 제정자들은 천부인권사상의 토대 위에서 이민국가, 개방국가로서의 미국의 정체성을 구현하려는 헌법정책적 결단을 통해 외국인에게도 기본권주체성을 인정할 수 있도록 권리의 주체를 인민으로 표기하고 있다.

둘째, 외국인도 대한민국의 영역 내에 들어오게 되면 대한민국의 영역고권에 복종하여야 한다. 외국인이 대한민국과 내국관계를 맺게 되면, 그도 대한민국의 법질서에 의하여 부과되는 각종 법적 의무, 무엇보다도 납세의무를 비롯한 법질서 존중의무를 부담하게 된다. 그에 따라 외국인을 공권력의 자의적 행사로부터 보호하기 위한 방편으로 일부 기본권의 주체성을 인정할 수도 있다. 여기서도 기본의무와 기본의무의 주체들이 반드시 일치해야 하는 것은 아님이 드러난다. 더구나 거의 모든 기본의무는 법률에 의해 구체화될 때에야 비로소 국민의 기본권을 제한할 수 있다는 점을 고려한다면, 국내거주 외국인의 법질서존중의무와 내국인의 기본의무가 생각만큼 큰 간격이 있는 것은 아니다.

셋째, 기본권주체와 기본의무주체 일치론의 논리를 끝까지 생각하여 보면, 의무를 이행하지 못하는 자는 기본권적인 보호를 요구할 수도 없다는 위험한 논리에 이를 수 있다. 헌법재판소도 이미 재외국민에 대한 부재자투표권 박탈의 위헌성을 논증할 때 병역의무나 납세의무 등 기본의무와 선거권이 필연적 연관관계에 있다는 주장을 배척한 바 있다.[89]

3. 외국사법인의 기본권주체성은 부정해야

법인은 자연인과는 달리 국적이 없다. 그렇지만 법인의 성립, 존속, 소멸의 준거가 되는 국가의 법질서를 준거로 법인의 소속국가를 판별할 수 있고, 이를 기준으로 내국법인과 외국법인을 구분할 수 있다.

국제사법상으로는 국내에 소재지(Sitz)를 두고 있지 아니한 법인을 외국법인으로 본다. 소재지는 법인의 사실상의 경영 내지 관리의 중심지가 있는 곳을 말한다. 즉 법인의 최고 행정(경영)기관이 조직운영에 관한 다수의 결정을 내리는 곳을 의미한다. 따라서 내국에 있는 외국법인의 지사, 대리인, 지점은 그 소재지라고 할 수는 없다. 한편, 법인 내지 단체를 결성한 사람들의 국적은 내국법인성을 판단하는 데 준거가 되지 않는다.[90] 국내법에 의해 설립되고 국내에 그 행정 위한 소재지를 두고 있는 자회사는 내국법인이기는 하지만, 그 때문에 모회사도 내국법인이

89) 헌재 2007. 06. 28. 2004헌마644, 판례집 19-1, 859, 878 참조.

90) 이견으로는 H. Quaritsch, HStR V, § 120 Rn 51 ff.

되는 것은 아니다.

대한민국영역에서 외국국적의 자연인은 대한민국의 국가권력에 실존적으로 복종한다. 이에 비하여 외국법인은 국내의 활동과 국내에 소재하는 재산과 관련해서만 공권력의 규제대상이 된다. 그 행정의 중심지는 외국에 있고 또 그렇기 때문에 대한민국의 공권력의 규제대상 밖에 있다. 대한민국의 공권력이 외국법인의 활동을 통제하는 것은 어렵다. 더구나 외국법인은 본국의 경제적·법적·정치적 이익추구를 그 활동의 목표로 삼을 수 있다. 그렇기 때문에 외국법인에 대한 기본권적 보호의 필요성도 적다. 독일 기본법은 이 때문에 외국국적의 자연인에 대하여서는 제한적인 기본권적 보호를 제공하지만, 외국법인에 대해서는 기본권유사적 권리(사법절차적 권리) 이외의 기본권의 보호를 제공하지 않는다.

끝으로 대한민국의 공권력이 외국법인의 처우와 관련하여 기본권에 구속되는 것은 대한민국을 중요한 영역, 즉 통상, 항해, 영업활동에 관한 국제협정에서 정치적으로 무력하게 만들어 버리게 된다. 이 영역에서 헌법이 외국법인을 내국법인과 동일하게 취급하도록 명령하고 있다면, 대한민국은 외국과 그 법인에 대하여 더 내어줄 것도 없고 또 거절할 것도 없다. 즉 외국과 통상협상에서 협상할 것이 없어지게 된다. 외국에게는 대한민국의 기업을 위하여 최혜국대우나 내국인대우를 인정할 필요나 동기가 없어지게 된다. 외국법인은 이와 같은 명백한 경우만이 아니라 모든 경우에 헌법의 기본권을 통한 보호에 실존적으로 의존하지 않는다.

그 밖에도 외국법인은 기본권보호가 없더라도 대한민국에서 경찰국가적인 자의적 공권력에 맡겨지지 않는다. 국회가 제정한 법률은 법치국가적 원칙에 의하여 적용되고 또 그 적용의 합법여부는 행정법원에 의해 심사된다.

이와 같은 사정들에 비추어 볼 때 국내 일부 학자들[91]의 주장과는 달리 외국국적의 자연인의 기본권주체성 인정문제와는 별개로 외국사법인에 대해서는 기본권주체성을 부정하는 것이 타당하다.[92]

---

91) 김철수, 헌법학신론, 315쪽; 성낙인, 헌법학, 344쪽; 홍성방, 헌법학, 285쪽. 제한적이지만 외국사법인의 기본권주체성을 인정하면서도 외국사법인의 헌법소원청구능력은 부정하는 모순을 범하고 있다.

92) 원칙적 부정설로 볼 수 있는 견해로는 계희열, 헌법학(중), 67-68쪽; 장영수, 헌법학, 476쪽; 한수웅, 헌법학, 389쪽은 사법절차적 기본권만을 인정한다; 불분명하기는 하지만 정종섭, 헌법학원론, 327쪽. 그는 외국사법인에게는 인간의 권리가 인정되기 어렵기 때문에 학설이 외국사법인의 기본권주체성을 부정하는 것이 일반적이라고 하지만, 그 논거가 설득력이 있는지 의문이다. 가령 인간의 권리의 전형인 재산권은 외국사법인에게도 얼마든지 인정될 수 있기 때문이다.

제120회 발표회 지정토론문

박 진 완*

정태호 교수님은 수준높은 발제문을 통해서 외국인의 기본권주체성 문제와 관련된 중요한 헌법이론적 논의점들 그리고 관련 헌법재판소 판례의 평석을 위한 기본적 분석도구를 잘 인식할 수 있었습니다. 교수님의 발제문에 대한 저의 토론문의 전개는 다음의 세 가지 기본적 문제점의 제기를 통해서 전개하도록 하려고 합니다.

1. 국제법상의 인권보장과 국내법상의 인권보장의 관계의 문제로서 외국인의 기본권주체성

오늘날 개인의 근본적 권리(fundamental rights)를 보호하기 보호하기 두 개의 중요한 시스템(system)인 헌법과 국제인권법(international human rights law) 사이의 관계의 중요성은 적극적으로 헌법규범을 집행하는 자유주의 국가(liberal states)에서는 더욱 더 증가한다. 이 두 시스템 사이의 관계의 중요성은 점점 더 증가하는 것으로 나타난다.[1)]

이러한 양자의 중요한 유사성은 양자의 일반적인 내용과 구조에서 나타난다. 주요 국제인권조약에 포함된 권리들은 그 실질적 내용에 있어서 대부분의 현대헌법에 포함되어 있는 권리들과 매우 광범위한 유사성을 가진다. 양자 모두 일반적으로 그러한 시민적 권리 그리고 정치적 권리로서 개인의 자유와 안전에 대한 권리; 고문, 잔인한 그리고 비인간적인 형벌 그리고 노예제도의 금지권; 투표권; 표현과 종교적 행위의 자유; 인종, 민족, 출신국가 그리고 성별을 근거로 한 국가차별로부터의 자유를 포함하고 있다. 많은 국내의 권리장전들(bills of rights)은 교육, 의료, 직업선택 그리고 기본적 생활수준에 대한 권리와 같은 경제적, 사회적

* 경북대학교 법학전문대학원 교수.

1) Stephen Gardbaum, Human Rights and International Constitutionalism, in Jefferey L. Dunoff and Joel P. Trachtman (eds), Ruling the World? Constitutionalism, International Law and Global Governance, Cambridge Uninversity Press 2009, p. 233.

그리고 문화적 권리에 관한 국제협약(ICESCR) 속에 포함되어 있는 다소의 권리들 혹은 가장 핵심적인 사회적 그리고 경제적 권리들을 포함하고 있다.[2)]

그 외에도 국제인권법 체계가 국내의 권리보장의 체계에 영향을 미쳐서 국내 시스템을 특징지은 권리의 일반적 지위에서 보다 높은 법적 지위로의 이동시킨 최근의 예들은 1982년 캐나다의 성문법적인 권리장전(statutory Bill of Rights)을 대체한 캐나다의 근본적 권리와 자유에 대한 헌장(Canada's Charter of Fundamental Rights and Freedoms) 그리고 '헌법적 법률(constitutional statute)'임에도 불구하고 (적어도 300년 동안) 처음으로 국내법체계 내에서 광범위한 권리장전(bill of rights)을 제정한 영국의 1998년의 인권법(Human Right Act)을 들 수 있다.[3)]

국제법의 헌법화의 진행과정은 다음의 두 가지 형태로 나타난다. 그 첫 번째 과정은 인권법이 ― 국내 혹은 국제적으로 진행되는지와 관계없이 ― 헌법의 법적 지위를 취득하는 과정이다. 여기에서 중요한 대비기준(key contrast)은 일반법(ordinary law)과 상위법(higher law)이다.[4)] 두 번째 과정은 특정한 국제법 체제(international law regime)가 수평적, 정부간 실체(horizontal, intergovernmental entity)로부터 수직적, 초국가적 혹은 자치적 실체(vertical, supranational or autonoumous entity)로 전환되는 것이다. 여기에서의 중요한 대비기준은 조약과 헌법이다.[5)]

이렇게 국제법의 헌법화의 중요한 두 가지 과정이 조약에 기초한 국제적 실체와 헌법에 기초한 국제적 실체라면, 양자 사이의 차이점은 무엇인가? 양자의 차이점에 관한 그 첫 번째 주장은 일반적인 요구조건에 의하면 조약에 기초한 체제(treaty-based regime)는 주로 국제적 수준에서 작용하는데 반하여, 헌법에 기초한 체제는 상당히 충분한 정도까지 국내법질서에 효력을 미치고, 국내적 그리고 국제적 수준들 사이의 관계를 조직화한다. 이것은 연방화(federalization)로서 헌법화, 혹은 이원주의(dualism)로부터 연방주의(federalism)로의 이동으로 받아들여질 수 있다. 두 번째 차이점은 조약에 기초한 체제는 조약의 성립과 이에 대한 합의 양자를 행한 국가에 대해서만 법적 의무를 부과하는 데 반하여, 헌법적 체제는 이러한 행위를 하지 않은 국가에 대해서도 의무를 부과할 수 있는 능력을 가진다. 그러한 새로운 의무는 어떤 다수결의 형식을 통한 자치적인 입법능력을 가지고 있는 거버넌스 구조(governacne structure)에 의하여 부과되고, 강제적 관할권(compulsory jurisdiction)을

2) Gardbaum, 위의 논문, p. 234.
3) Gardbaum, 위의 논문, p. 237-38.
4) Gardbaum, 위의 논문, p. 245.
5) Gardbaum, 위의 논문, p. 245.

가지고 있는 재판기관에 의하여 집행된다.[6] 헌법화의 이러한 진행과정 속에서 합의(consent)에서 강제(compulsion)로의 이동이 나타난다.

미연방대법원(Supreme Court)에 의하면 미국헌법은 일반적으로 미국시민은 보호하지만, 그러나 국가의 영역적 한계 밖에 있는 다른 사람은 보호하지 않는 것으로 해석되어져 왔다. 그래서 쿠바(Cuba)의 관타나모 만(Guantánamo Bay)를 포함한 다양한 국외에 설치된 구금 센터(detention center)의 운용의 추정가능한 근본적 이유(presumed rationale)가 여기에서 나온다.[7] 미국정부에 의하여 행해진 관타나모(Guantánamo)에 대한 통제권 행사정도를 비교분석 해보면, 시민적 및 정치적 권리에 관한 국제규약(ICCPR) 그리고 고문방지협약(Torture Convention)에 규정된 의무를 포함한, 국제인권법상의 의무에 대한 미국의 이행이 관타나모 그리고 그 외에도 아마도 이라크(Iraq)와 아프가니스탄(Afghanistan)에 있는 센터에도 요구된다.[8]

두 번째로 국제인권법(international human rights law)은 확실히 국가영역 내에 있는 비시민(noncitizens)에 대한 정부의 대우에도 적용되는 데 반하여, 권리장전은 전혀 적용되지 않을 수도 혹은 완전히 그리고 동등하게 적용될 수 있다. 그래서 예를 들면 헌법적 차별방지 규범(constitutional antidiscrimination norms)은 때때로 시민의 경우에는 금지되는 차별의 형식을 비시민 거주자(resident noncitizens)에 대해서는 허용한다.[9]

세 번째로 인권법은 정부와 공동으로 국제조직을 창설하고, 국내적 헌법에 내하여 이에 대한 면책을 요구하는 것을 통해서 정부에 대한 구속력을 가질수 있다. 최종적으로 물론 특별한 권리장전 그리고 인권적 문서들(human instruments)이 어느 정도 다른 근본적 권리에 대한 보호를 명시할 수 있다는 사실과 별도로, 인

6) Gardbaum, 위의 논문, p. 245.

7) 이러한 원칙에 대한 예외로서 재판관 5대4의 결정으로 관타나모(Guantánamo) 기지에 대한 미국의 사실상의 주권(de facto sovereignty)이 당연히 이러한 추정가능한 중요한 이유를 정당화할 수 없게 만들고－그리고 또한 이러한 특별한 사례에 있어서 미국의 권리장전과 국제적 인권 사이의 차이를 감소시키기 때문에, 헌법이 관타나모에 억류되어 있는 외국인을 보호하라고 판시한 최근의 미연방대법원의 Boumediene v. Bush, 553 U.S. (2008) 결정. Gardbaum, 위의 논문, p. 253.

8) Gardbaum, 위의 논문, p. 253.

9) 이러한 차이의 중요한 예는 유럽인권협약(ECHR)의 국제적 인권규정을 인권법을 통해서 국내적으로 적용하는 것과 관련하여, 영국의 상원(House of Lords)은 (오로지 외국인에 대해서만 적용되는) 2001년의 테러리즘과 범죄방지 및 안전 법(Anti-Terrorism, Crime and Security Act)의 무기한 구금 규정(indefinite detention provisions)을 영국에 살고 있는 외국인에 대한 불법적인 차별(unlawful discrimination)로 선언하였다. 이와 대조적으로 미국연방대법원은 2003년 예방적 구금의 문제와 관련하여, 헌법은 시민의 경우에는 허용될 수 없는 대우를 미국에 살고 있는 외국인에 대하여 행하는 것을 허용하였다. 다음을 참조. A and Others v. Secretary of State for Home Department [2004]; Denmore v. Hyung Joon Kim, 538 U.S. 510, 522 (2003). Gardbaum, 위의 논문, p. 253.

권조약은 국내적 헌법이 하는 것 보다 더 일반적으로 혹은 더 빈번하게 정부에 대하여 명문화된 의무(positive duties)를 부과하는 보호 방법(protective methods)을 사용하는 경향이 있다. 그래서 이렇게 설명한 바와 같이 몇몇 인권조약들은 인권조약 속에 포함된 권리들을 '존중할(respect)' 뿐만 아니라, 권리에 대한 실제적 효력(practical effects)을 부여하기 위하여 필요한 입법과 다른 조치들을 시행하는 것을 통하여 보장하는(ensure) 포괄적인 국가의 의무를 포함하고 있다.[10)]

국제인권법체계의 세 번째 독특한 기능은 국제인권법체계가 시민의 권리가 아닌, 인간의 권리로서 근본적 권리의 보호를 위한 명백한 규범적 근거를 실정법에 규정하고(enshrine)ー그리고 명백하게 제시하는 것이다ー. 그래서 예를 들면 유럽인권협약(ECHR)은 단순히 유럽인의 권리가 아닌, 유럽에서 인식되고, 입법화되고, 적용된 인권들을 규정한 것이다.[11)]

오늘날 이주노동자의 기본권주체성 인정문제와 관련하여 헌법상의 인권보장의 원칙을 강조하는 국가에서도 헌법적 권리로서 인권을 (적법한(legal) 그리고 불법적(illegal)) 이민자들(immigrants)에게 확대할지 여부에 대한 문제로 고민하고 있다. A국은 인권조약을 비준하였고, B국은 비준하지 않았기 때문에, 특정한 인권법의 보호가 B국이 아닌, A국의 시민권(citizenship)과 결부되어 있다는 사실은 문제가 되는 권리의 규범적 근거가 아닌, 단지 법적인 근거일 뿐이다.[12)]

따라서 설사 인권의 입법화에 관련된 형식과 내용전개에 있어서 각 나라마다 다른 인권의 적용범위로 인한 보편적 인권보장의 국내법적 실현에 특정한 한계가 설정된다 할지라도, 최종적으로 국내적인 인간보장의 기초가 되는 권리장전(bills of rights)과 다르게 권리로서 인권의 고유한 보편적 근거는 모든 사람은 단지 인간으로서의 존재성 때문에 필연적으로 치외법권적 적용(extraterritoral application)이 될 것이다.

이러한 Stephen Gardbaum의 논문에 나타난 논의를 중심으로 볼 때 외국인의 기본권주체성의 문제를 국내법적인 기본권 보장의 차원이 아닌, 국제법의 헌법화의 전개과정에서 나타나고 있는 국제적 인권보장의 문제와 국내적 인권보장의 상호관계의 한 단면으로 볼 수 없는지에 대한 교수님의 고견을 듣고 싶습니다.

---

10) 예를 들면 시민적 및 정치적 권리에 관한 국제규약(ICCPR)과 미주인권협약(American Convention)을 살펴볼 필요가 있다. Gardbaum, 위의 논문, p. 253.

11) Gardbaum, 위의 논문, p. 255.

12) Gardbaum, 위의 논문, p. 256.

2. 이민정책과 관련된 문제로서 외국인의 기본권주체성

정태호 교수님께서는 “내국인과 외국인의 차별대우나 외국인 상호간의 차별대우를 일반적으로 금지하고 있는 국제법상의 원칙은 존재하지 않는다.[13] 국가가 체류하는 외국인에게 헌법적으로 보장된 기본권을 보장하여야 한다는 국제법규범도 존재하지 않는다”라는 Karl Doehring 교수의 주장을 인용하고 있습니다. 국제관습법은 외국인법에서 — 내국인이 어떻게 국내법에 의하여 대우받고 있는지와 무관하에 — 일정한 절대적인 최저기준(Mindeststandard)을 준수할 것을 요구하고 있다는 Josef Isensee 교수의 주장도 인용하고 있습니다.

개인적으로 이미 고인이 된 Doehring교수를 포함한 두 독일의 원로 헌법교수님들이 이러한 논문을 발표하던 독일의 당시상황과 현재의 독일의 상황은 너무나 많이 변했다는 점을 고려해야 한다고 생각합니다. 1990년대의 자신들의 다문화사회에 대한 논의의 전개에 있어서 여전히 이민국가가 아니라는 것을 강조하던 독일은 2000년대에 들어와서 이민국가적 현실을 인정하고, 이민에 대한 새로운 조정과 규제의 필요성을 새롭게 강조하고 있습니다. 이에 따라 우리나라의 이민정책적 전망과 관련하여 외국인의 기본권주체성의 문제를 새롭게 어떠한 관점에서 이해할 것인가 하는 질문을 정태호 교수님에게 드리고 싶습니다.

3. 헌법발전의 문제로서 외국인의 기본권주체성

이러한 이민정책적 논의와 별도로 헌법이론적 측면에서 우리 헌법에 보장된 인간의 존엄과 평등권 그리고 재판청구권 등과 같은 기본적 인권에 속하는 권리는 외국인에게 인정되어야 하고, 오늘날 다른 차원에까지 확장되는 문제를 헌법발전의 문제로 접근하고자 합니다.

이에 대한 예로서 미국의 노예제를 보도록 하겠습니다. 외국인의 기본권주체성 인정의 문제를 헌법발전의 문제로 보는 입장은 개인적으로 윤리학(Ethics)적인 측면에서 도덕적 보편주의(Moral Universalism)의 입장에서 그 근거를 찾을 수 있다고 생각해 봅니다.

사회현상의 긍정적인 변화과정은 필연적으로 이에 대한 도덕적 평가과정을 거치면서 정당화된다. 미국의 위대한 연설가이자 개혁가였던 Fredrick Douglas는 1852년 7월 5일에 미국의 독립기념일과 미국의 노예제도와의 관계를 다음과 같이

13) Karl Doehring, VVDStRL 32, S. 46 Leitsätze 7.

설명하고 있다[14]: "미국의 노예에게 있어서 7월 4일은 어떤 의미를 가질까? 일년의 다른 어떤 날에서 나타난 것 보다 더 심하게 그에게 계속적인 희생을 강요하는 강한 불의와 잔혹성이 그에게 드러난 날이라고 나는 대답한다. 바로 이 시간에 있어서 미국 국민보다 더 소름끼치고 잔인한 죄악을 행하는 지구상의 국민은 없다." 그는 미국의 노예제도를 잘못된 것이고 사회적 악(social evil)으로 평가하였다.

물론 도덕적 사안에 있어서 거대한 문화적 다양성(cultural diversity)의 인정을 통해서 도덕적 상대주의(moral relativism)가 허용된다. 심지어 위대한 어떤 국가에서는 소고기 혹은 개고기의 식용이 인정되지만 어떤 국가에서는 인정되지 않는다. 잘못된 것과 옳은 것을 판단하는 진정한 기준이 있는가?:

도덕적 상대주의자들(moral relativists)은 도덕적 주장과 같은 규범적 주장(normative claim)은 예컨대 고래는 포유동물이라는 기술적 주장(discriptive norm)과는 완전히 구별되고, 다양한 내용들이 포함될 수 있는 진리적 가치들(truths-values)을 포함하고 있다는 입장을 견지하고 있다. 가장 일반적으로 퍼진 도덕적 상대주의 형식은 진리적 가치들은 사람들이 옳은 그리고 잘못된 혹 좋은 그리고 나쁜 것이라고 믿게 되는 것에 달려있다는 입장이다.[15] 결국 사람들의 현실적 인식과 이에 대한 그들의 평가가 진리여부를 결정한다는 입장이다.

매우 제한적인 도덕적 상대주의의 한 형식은 예컨대 낙태의 허용여부의 문제처럼, 도덕적 주장의 진리적 가치성 인정기준이 각 개인에 따라 달라질 수 있다는 단순한 주관주의(simple subjectivism)이다. 이러한 단순한 주관주의에 만족하지 않는 많은 상대주의자들은 개인적 신념이 아니라 문화적 신념이 도덕적 판단이나 주장의 진리적 가치를 결정한다는 문화적 상대주의(cultural relativism)를 견지한다. 이러한 문화적 상대주의는 다른 규범적 가치에 대한 관용을 정당화시키는 논거로 많이 사용된다.

200년 전의 미국에서는 여성에게 선거권을 인정하는 것은 당시에는 문화적 조롱거리였다. 이러한 상황은 Abigail Adams가 후에 미국의 제2대 대통령이 되었던 그의 남편에게 제의하였던 여성의 권리확장의 문제에 대한 그녀의 남편의 대답에서 잘 드러나고 있다.

도덕적 상대주의와 정반대가 되는 입장은 적어도 몇몇 기본적인 도덕적 규범과 가치들은 보편적이라고 보는 도덕적 보편주의(moral universalism)이다. 도덕적 보편주의는 문화적 다양성이 도덕성에 대한 보편적 진리가 존재하지 않는다는 것을

14) Julia Driver, Ethics: The Fundamentals, Blackwell Publishing 2006, p. 11.
15) Driver, 위의 책, p. 12.

정당화하는 근거가 될 수 없다는 입장을 기초로 하고 있다.[16] 더 나아가서 특정한 문화 내에서도 도덕적 발전(moral progress)을 발견할 수 있다. 그러한 예로서 위에서 언급한 미국의 노예제도 폐지와 여성에 대한 선거권 인정의 문제를 들 수 있다. 이것은 단순한 의식의 변경이 아니라 도덕적 발전의 문제이다.

이런 점에서 볼 때 외국인의 기본권주체성 인정의 문제를 예를 들면 복수국적의 인정의 문제와 같이 헌법변천의 문제가 수반된 헌법발전의 문제로 볼 수 있는지에 대한 교수님의 고견을 구합니다.

16) Driver, 위의 책, p. 19.

제120회 발표회 지정토론문

"외국인의 기본권주체성 문제에 대한 비판적 고찰"(정태호 교수 발제)에 대한 토론

이 준 일*

발제자께서 외국인의 기본권주체성에 대하여 다양한 각도에서 검토해주신 데 감사합니다.

Ⅰ. '직장변경 3회 제한'에서 문제가 되는 기본권

문제가 된 '외국인의 직장변경 3회 제한'은 직장선택을 방해함으로써 일단 '직업의 자유'(헌법 제15조)와 '근로의 자유'(헌법 제32조 제1항)를 제약할 가능성이 있다. '직업(occupation)'은 생활수단을 확보하기 위하여 독립적으로 수행되는 지속적 활동인 반면에 근로(노동, work)는 임금을 대가로 종속적 관계에서 제공되는 노무라는 점에서 차이가 있다. 따라서 '직장변경 3회 제한'은 임금을 대가로 종속적 관계에서 노무가 제공되는 근로(고용)관계의 형성을 3회로 한정하고 있다는 점에서 근로의 자유를 제약한다고 보아야 한다. 물론 근로관계의 형성은 '고용계약'이라는 형태로 이루진다는 점에서 직장변경 3회 제한은 '계약의 자유'를 제약할 수도 있다. 이때 계약의 자유는 헌법에 열거되지 않은 개별적 기본권이므로 헌법 제37조 제1항을 직접적 근거로 하면서 모든 기본권의 최종적 근거인 인간의 존엄과 가치(헌법 제10조 제1문 전단) 및 일반적 자유권으로 이해되는 행복추구권(헌법 제10조 제1문 후단)을 간접적 근거로 하여 도출할 수 있다. 어쨌든 근로의 자유와 계약의 자유가 경합하는 경우에 양자는 특별법과 일반법의 관계에 있다는 점에서 근로의 계약이 적용되는 것이 타당하다고 보인다. 그렇다면 외국인에 대한 직장변경 3회 제한은 외국인의 근로의 자유를 제약한다고 볼 수 있다.

여기서 문제는 외국인이 근로의 자유의 주체가 될 수 있는지 여부다. 만약

---

* 고려대학교 법학전문대학원, 법학박사.

외국인이 근로 자유의 주체가 될 수 없다면 외국인도 주체가 될 수 있는 계약의 자유가 제약된다고 볼 수 있다. 만약 계약의 자유도 경제활동에 관한 자유로 이해되어 외국인의 기본권주체성이 부인되면 최후수단으로 행복추구권에 포함된 일반적 자유권의 한 축인 '일반적 행동자유권'을 근거로 외국인은 '직장을 변경할 자유'를 주장할 수 있다고 본다. 결론적으로 인간의 존엄성과 이를 실현하기 위한 두 가지 필수적 조건인 일반적 자유와 일반적 평등이 외국인에게도 보장될 수 있는 한 외국인의 경우에도 직장변경 3회 제한에 대하여 어떠한 기본권이 되었든 헌법소원을 청구하는 데 문제가 없다고 보인다.

Ⅱ. 기본권성질론에 대한 비판에 대하여

발제자는 '외국인의 직장변경 3회 제한'에 대한 5인의 기각의견과 2인의 별개의견이 직장선택의 자유를 '인간의 권리'로 보는 데 대해 비판한다. 근본적으로 기본권의 성질에 따라 기본권주체성을 부여하는 입장에 반대한다.

하지만 기본권의 성질에 의하여 기본권주체성을 구분하는 이론이 전적으로 무용한 것인지에 대한 의문이 든다. 오히려 적극적으로 논증한다면 기본권이 도덕적 정당성을 확보하는 근거는 인권이다. 이런 의미에서 가장 바람직하기로는 모든 인권이 헌법에 수용되어 기본권으로 체화(incarnation)되는 것이다. 인권 외의 권리가 헌법적 권리인 기본권으로 보장될지 여부는 각 국가의 현실적 필요에 따라 달라질 수 있다. 그렇지만 이러한 기본권의 정당성을 판단하는 근거도 인권이다. 인권에 위반되는 권리가 헌법적 권리인 기본권으로 보장되어 헌법적(실정법적) 정당성을 확보했을지는 몰라도 도덕적(자연법적) 정당성을 확보하기는 어렵기 때문이다.

결국 중요한 것은 인간의 권리와 국민의 권리를 구분하는 기준이 무엇인가 하는 점이다. 인간의 권리, 즉 인권(human rights)의 최종근거는 '인간의 존엄(dignity)'이다. 그리고 인간의 존엄을 실현하기 위한 두 가지 조건은 '자유(자기결정권)'와 '평등'이다. 유엔의 인권선언(Universal Human Rights Declaration)이나 시민적·정치적 권리에 관한 국제협약(International Convention on Civil and Political Rights) 또는 경제적·사회적·문화적 권리에 관한 국제협약(International Convention on Economical, Social and Cultural Rights)도 이와 같은 사실을 분명히 하고 있다. 따라서 존엄성과 자유 및 평등은 인간의 권리를 판단하는 기준이 된다.

이러한 기준에 따르면 헌법이 보장하는 인간의 존엄과 가치 및 일반적 자유권을 의미하는 행복추구권, 일반적 평등권은 비록 규정의 주어가 "모든 국민"으로 표현되어 있다고 하더라도 외국인을 포함하여 모든 인간에게 보장된 인권으로 분류될 수 있다. 또한 일반적 자유권을 구체화하고 있는 기본권으로서 인간의 기본적 행동이나 상태인 인신에 관한 자유권(생명권, 신체의 자유, 신체불훼손권)이나 정신적 자유권(양심의 자유, 사상의 자유, 종교의 자유, 학문의 자유, 표현의 자유) 및 명예권이나 사생활에 관한 자유권(주거의 비밀, 통신의 비밀, 개인정보의 비밀)도 마찬가지로 "모든 국민"이 주어로 표현되어 있지만 인간의 권리로 이해될 수 있다. 그리고 전통적으로 생명, 자유와 함께 재산도 존엄성의 실현에 중요하다는 점에서 재산권도 인권으로 분류할 수 있다.

한편 자유권은 사적 자유권과 공적 자유권 및 법적 자유권과 사실적 자유권으로 구분될 수 있다. 자신의 문제에 스스로 결정할 수 있는 '사적 자율성'을 본질로 하는 사적 자유권, 그 중에서도 법적 금지나 명령이 없는 허용의 상태에서 보장되는 법적 자유권은 인간의 권리로 이해될 수 있다. 반면에 나를 포함한 우리의 문제에 대해서 스스로 결정할 수 있는 '공적 자율성'을 본질로 하는 공적 자유권은 단순히 공동체를 전제로 하는 공적 자유권인 정치적 표현의 자유는 인간의 권리로 이해될 수 있지만 국가공동체를 전제로 하는 공적 자유권인 참정권(선거권, 피선거권)은 국민의 권리로 이해될 수 있다. 한편 자유를 실현하기 위한 사실적 제약이 없는 상태에서 보장되는 사실적 자유권, 즉 사회적 기본권도 국가공동체를 전제로 하여 국가에 의해 강제로 징수되는 조세를 기반으로 한다는 점에서 국민의 권리로 이해될 필요가 있다고 본다. 마지막으로 자유권(방어권)에서 직접적으로 도출되는 보호권과 절차권의 경우에도 인간의 권리로 이해될 수 있다. 특히 기본권실현을 위한 재판절차의 보장을 내용으로 하는 '좁은 의미의 절차권'인 재판받을 권리는 의문의 여지없이 인간의 권리로 보장된다고 볼 수 있다.

이처럼 인간의 존엄성이나 이를 실현하기 위한 필수적 조건인 자유나 평등과 같은 기준이 제시될 수 있다면 기본권성질론이 전적으로 무의미하다고 볼 수는 없을 것 같은데 발제자의 의견은 어떤지 묻고 싶다.

Ⅲ. 자유주의적 기본권론에 대한 비판에 대하여

발제자는 "자유주의적 기본권론"(p. 5), "근대 인권사상에서 자신의 기본권이론의 정체성을 발견하는 이"(p. 9), "자연법론자"(p. 10), "자연법사상에 토대를 둔 자유주의적 기본권론”(p. 14)을 “추상적 기본권이론”(p. 10)이라고 비판하면서 헌법 해석에서 기본권이론보다는 “실정헌법조문”(p. 10)을 강조한다. 그러면서 우리 헌법에 보장된 기본권의 주체가 “모든 국민”으로 표현되어 있음에 주목하고 있다(p. 11). 특히 헌법제정사를 통해 기본권의 주체를 모든 국민으로 한정한 것은 의도적이었음을 강조한다(p. 12).

실정헌법조문을 강조해야 한다면 발제자도 인정하고 있듯이(p. 13) 헌법 제10조 제1문에서 “기본적 인권”이라고 표현하고 있는 헌법제정자의 의도는 인권과 기본권의 밀접한 관련성을 인정하고 있는 것 외에 다른 무엇을 추론할 수 있는지 의문이다. 하지만 발제자는 “헌법 제10조 제2문, 헌법 제37조 제1항은 국가권력이 국민의 자유와 권리를 임의로 처분할 수 없음을 분명히 하고, 개인의 자유는 원칙적으로 무제한적이므로 개인은 그 자유행사의 정당성을 입증할 필요가 없는 데 비하여 국가가 개인의 자유를 제한할 수 있는 권한은 원칙적으로 제한되어 있고, 따라서 국가는 개인의 자유제한의 필요성 내지 그 정당성을 입증하여야 한다는 의미만을 갖는다고 보아야 한다”고 주장하고 있는데(p. 14) 발제자의 이러한 주장이야말로 발제자가 일관되게 반대하고 있는 “기본권적 인권”의 “어의적 한계를 유월”하는 해석론은 아닌지 궁금하다. 나아가 “기본권은 실정법에 그 효력의 근거를 두고 있고, 따라서 실정법해석을 통해서 추론되는 것이다.”라는 결론(p. 14)은 법규범은 제정되기만 하면 그 내용과 상관없이 정당성(효력)을 확보한다는 ‘실증주의적 법효력론’이라는 비판이 가능하다고 보인다.

발제자는 이러한 실증주의적 법효력론을 정당화하기 위하여 자연법적 기본권론의 의의를 역사적인 것으로 한정하여 그 의미를 축소하고 있는데 자연법적 기본권론의 의의는 여전히 기본권의 보호영역과 제한의 이론으로서 실천적 의미를 갖고 있다고 본다. 기본권의 보호영역을 상대적으로 넓게 또는 좁게 이해할 것인지, 기본권에 대한 제한이 기본권의 외부적 요인 때문에 부가되는 것인지 아니면 기본권에 내재된 한계처럼 애초에 내포되어 있는지는 기본권에 대한 자연법적 이해의 유지나 포기에 따라 근본적으로 달라지기 때문이다. 그럼에도 불구하고 발제자는 “자연법사상이나 공동체도덕 또는 공동체적 가치의 그 타당성에 근거를 두는 인권도 헌법에 수용되는 과정에서 우리 사회공동체의 특수한 역사적 경험, 시대적 상황 등에 맞게끔 헌법제정권력자에 의하여 기본권으로 구현될 수밖에 없다. 즉 기본권을 조문화할 때 인권의 사항적, 인적, 시간적, 공간적인 보호범위를 한정하지 않을 수 없다”(p. 14)고 주장한다. 이러한 주장은 기본권에 포함된 인권의 보편성을 부정하는 공동체주의적 국가론에 터잡은 것은 아닌지 의문이 든다.

한편 외국인의 기본권주체성을 부정하는 근거로 현실적으로 법률에 의하여 외국인의 인권에 대한 제한이 이루어지지 않는 다는 점을 들고 있는데(p. 17) 이러한 주장은 논리적 비약이 아닌지 의문스럽다. 외국인의 기본권이 제한되지 않는 현실로부터 외국인의 기본권주체성이 인정될 수 없다는 논리가 도출될 수 없기 때문이다. 실제로 직장변경 3회 제한도 외국인의 기본권이 제한될 수 있다는 현실을 분명하게 보여주고 있다.

또한 발제자는 외국인의 기본권주체성을 부인하는 논거로 조약이나 국제법규에 의해서 외국인의 인권에 대한 보호가 충분히 이루어지고 있다는 점을 들고 있다(p. 18). 여기서 헌법과 국제법규의 관계에 대한 설명이 필요하다고 보인다. 국제법규에 의해서도 외국인의 인권에 대한 보장이 충분하려면 헌법과 국제법규의 효력을 동등한 것으로 보아야 할 것 같은데 그렇다면 발제자는 헌법상 보장된 기본권과 법률상 보장된 권리에 차이가 있다는 점을 무시하거나 조약이나 국제법규의 성격에 헌법적 성격을 인정하는 것인지 궁금하다.

마지막으로 발제자가 주장하는 것처럼 “국민국가는 엄존하는 국제적인 현실”(p. 19)이라는 명제는 타당하다고 본다. 그러나 노동이나 결혼 등 국제간 이주가 빈번해지는 현실에 맞추어 명확하게 변화되었는지 확인할 수는 없지만 국민의 개념은 변화되어야 할 필요가 있다고 보인다. 헌법이 여러 차례, 특히 기본권규정의 주어로서 “국민”이라는 표현을 사용하면서도 국민이 되는 자격요건을 입법자가 정하도록 위임한 것(헌법 제2조 제1항)도 의회가 변화하는 현실에 맞추어 법률로써 국민의 개념을 구체적으로 구성하도록 요청한 것으로 이해될 수도 있는데 이에 대한 발제자의 의견을 듣고 싶다.

제120회 발표회 토론요지

간 사 : 이번 정기발표회는 2012년 상반기를 마무리하는 정기발표회가 되겠습니다.

아시는 바와 같이 실무연구회는 1월, 2월과 7월, 8월은 정기발표회를 쉬고 있습니다. 그래서 이번 발표회가 2012년 상반기 마지막 발표가 되겠습니다.

그동안 상반기에는 헌법재판소 주요결정에 대한 평석위주로 발표를 해 왔습니다.

오늘도 마찬가지로 헌법재판소 주요결정례 평석을 주제로 발표를 하도록 하겠습니다.

그리고 7월, 8월에 정기발표회가 없고 9월에 하반기 정기발표회가 시작되는데요, 9월은 현재 회장님이신 김종대 재판관님 퇴임 직전에 정기발표회가 예정되어 있습니다. 그래서 9월 열리는 정기발표회에서는 헌법실무연구회 회장님의 이·취임식도 겸해서 개최될 예정입니다.

그러면 지금부터 제120회 헌법실무연구회 정기발표회를 연세대학교 법학전문대학원의 김성수 교수님의 사회로 시작하도록 하겠습니다.

사 회 자 : 오래간만에 헌재에 와서 반가운 얼굴들을 뵙게 되어서 너무 좋습니다.

제가 이 논문을 읽어봤는데 참 헌법은 생각할수록 어려운 법이라는 생각이 들었습니다.

아까 김재판관님께서도 차를 한잔하시면서 헌법은 볼수록 정말 어려운 분야 같다는 말씀을 하셨습니다.

대단히 사변적이고 관념적이고 철학적인 그런 주제라고 생각을 하는데 저같이 형이하학적인 행정법을 하는 사람의 입장에서는 도저히 이해하기 어려운 그런 주제인 것 같기도 합니다.

그런 점에서 보면 늘 사회를 부탁받을 때마다 이게 사회의 전제성이 충족되나 그런 생각도 해보게 되고 그렇습니다.

여러분 다 아시는 바대로 아까 안내가 있었습니다만 헌재가 내린 결정인데요, 우리 헌법에 보면 '모든 국민은, 모든 국민은' 심지어는 우리 헌법 10조도 '모든 국민은 인간으로서의 존엄과 가치' 이렇게 시작을 하게 되는데, 우리 정태호 교수님께서는 헌법이 그렇게 정하고 있는데 어떻게 기본권이론을 가지고 해석론을 뛰어 넘을 수 있겠는가? 그것은 일종의 언어적 유월이다, 이렇게까지도 표현을 하고 계십니다.

한편으로 또 생각하면 그렇기는 하지만 오늘날 이렇게 변화된 세계에서 외국인들이 전혀 기본권주체성을 못갖는다고 볼 것이냐? 우리 이준일 교수님께서는 이른바 성질설이라고 하는 것이 가지고 있는 실천적이성의 측면을 전혀 우리가 부인할 수 있겠는가, 그런 문제제기를 해 주셨고.

우리 박진완 교수님께서는 이른바 헌법의 발전이나 변천이라는 그런 과정을 통해서 외국인에게 기본권주체성을 인정하는 것이 다른 나라의 일반적인 예다, 그러니 그것이 우리의 경우라고 불가능하겠는가, 이런 문제제기를 해 주셨습니다.

지금 발제하실 우리 정태호 교수님께서도 이번 문제는 꼭 한번 짚고 넘어가야 된다라고 지금 결의를 불태우고 계십니다.

그래서 오늘 아마 발제자와 토론자 간에 오늘 날씨보다 훨씬 뜨거운 그런 논쟁이 되지 않을까 걱정도 되고 그렇기도 합니다.

그러면 우리 정태호 교수님에게 마이크를 넘기겠습니다.

정태호 교수님은 잘 아시다시피 제가 소개를 안 드려도 되겠지만 고려대학교 법학과를 졸업하시고 독일 뢰겐스브르크대학에서 법학박사를 하시고 헌법재판소에서 연구위원으로 재직도 하셨습니다.

현재 경희대학교 법학전문대학원 교수로 계십니다.

정태호 교수님을 소개합니다.

< 주제발표자 발표 >

사 회 자 : 헌법개정론적 해석론 내지는 기본권이론의 문제점에 대해서 매우 경계해 주셨습니다.

대단히 고맙습니다.

이제 지정토론자분이 두 분 계신데 먼저 이준일 교수님께서 하실까요?

이준일 교수님을 잠깐 소개하도록 되어 있습니다. 그래서 말씀을 드리면 고대 법학과를 졸업하시고 퀼대학교에서 법학박사하시고 현재 고려대학교 법학전문대학원 교수하시면서 지금 헌재 연구위원으로 계십니다.

이준일 교수님.

지정토론자 : 발제시간이 많이 길어서 저는 짧게 하도록 하겠습니다.

외국인의 기본권주체성은 저도 관심이 많이 있었는데 정교수님께서 조목조목 다양한 각도에서 짚어주셔서 공부를 많이 할 수 있는 기회가 되었던 것 같습니다.

진심으로 감사를 드리고.

사실 이 직장변경 3회 제한은 제가 작년에 사법시험출제 들어가서 이 문제를 내려고 그랬었는데 못냈었습니다. 문제를 약간 바꾸어 가지고 다른 문제를 냈던 기억이 갑자기 생각이 나서 이 조항은 저하고 운명적 관계가 아닌가 이런 생각까지 드디어, 사법시험문제는 내지 못했지만 제가 한번 풀어봐야 되겠다는 마음으로 해 봤습니다.

그래서 일단 쉽게 한번 접근하기 위해서 직장변경 3회 제한에서 어떤 기본권이 문제가 될까를 생각을 한번 해 보니까 지금 우리 정교수님 말씀하셨던 것처럼 직업의 자유도 문제가 될 것 같고, 또 근로의 권리 안에 있는 자유권적인 성격의 근로의 자유도 문제가 될 것 같고, 그런데 이 사건의 경우에는 분명히 외국인근로자, 노동자의 문제이기 때문에 결국 임금을 대가로 하는 근로관계이기 때문에 직업의 자유보다는 근로의 자유쪽이 가까울 것 같다는 생각을 해봤고요.

그렇지만 발제에도 나왔던 것처럼 두 분의 별개의견이라고 해야 되나요? 그 의견에 나온 것처럼 고용 내지는 근로라고 하는 것은 계약관계이기 때문에 계약의 자유도 문제가 될 수 있겠다라는 생각을 해봤습니다.

하지만 계약은 좀 더 포괄적이고 다양한 계약 가운데 근로계약이 문제가 될 수 있다면 결국은 또 근로의 자유로 갈 수 있는 것이 아닐까 이런 생각도 해 보았습니다.

문제는 근로의 자유에 있어서 외국인이 과연 주체가 될 수 있을 것인가를 생각해 보니까 여기서 아마 딜레마가 시작이 된 것 같았고, 그게 아마 별개의견이 계약의 자유로 갔던 이유가 아닐까? 그래서 지금 발제자분께서는 계약의 자유도 경제활동과 관련되기 때문에 외국인에게 인정할 수 없는데 왜 그쪽으로 갔느냐라고 비판하셨지만, 그래도 일단은 계약이라고 하는 것은 반드시 경제적 활동을 전제로 하는 것은 아니기 때문에 그나마 근로의 자유보다는 계약의 자유로 가는 것이 외국인의 기본권주체성을 인정하는데 좀 어려움이 없어서 두 분의 재판관님께서는 그쪽으로 가지 않았나 이런 생각이 들고.

저라면 굳이 이러한 복잡한 헌법 법리적인 우회론을 거치지 않고서라도 기본적으로 이런 직장변경 3회 제한 같은 문제의 경우에는 외국인에게 인정될 수 있는 기본권이 충분히 있지 않는가? 그거는 일반적 행동의 자유를 보장하고 있는 행복추구권도 있고 또 37조에 열거되지 않은 기본권도 있기 때문에 이거는 이쪽으로 가든 저쪽으로 가든 결국은 외국인의 기본권성을 어느 하나는 인정할 수 있지 않겠는가? 그래서 과연 이것이 어떤 법리를 동원해서 외국인의 기본권을 부인한다고 하더라도 결국은 종착역에서는 지금 문제가 된 청구인의 기본권을 인정을 할 수밖에 없지 않겠는가라는 생각을 저는 기본적으로 해 봤고요.

그렇다면 뭐가 문제가 될까를 생각을 해봤는데 지금 우리 정교수님이 주로 비판하신 것은 기본권성질론이었습니다.

결국 우리 김종대 재판관님 빼고 나머지 7분의 재판관님들이 다 결국 근로의 자유든 계약의 자유든 외국인의 기본권주체성을 인정하고 있는데, 거기에 대해서 주로 헌법의 조문상 '모든 국민'으로 되어 있는데 과연 이것을 어떻게 그렇게 외국인에게까지 인정할 수 있겠는가라고 하는 것이 발제의 요지였던 것 같습니다.

그런데 저는 과연 이런 기본권성질론이 전적으로 무용한 것인가라고 하는 생각을 근본적으로 해봤고, 그러나 그렇지않다라는 결론에 저는 도달을 할 수 있었고, 이 문제는 결국 인권과 기본권의 관련성을 근본적으로 고민해 본다면 이거는 독일이론의 영향이든 어느 이론의 영향이든 간에 우리가 보편적 이성의 관점에서 본다면 인권과 기본권의 관련성을 부인할 수 없고, 기본권의 정당성의 근거는 결국 인권에 있기 때문에 인권과 기본권의 그런 긴밀한 연관성을 고려한다고 한다면 결국 기본권의 최종적 근거는 인권으로 귀결이 된다라고 하는 관점에서 인권과 기본권의 구분 내지는 관련성의 문제는 이거는 독일이론의 영향이라기보다는 보편적 실천이성의 어떤 관점에서 보편적 이론 틀이 아닌가 이런 생각도 해 봤습니다.

그렇다면 인권과 기본권의 긴밀한 관련성 속에서 기본권의 최종적 근거라고 할 수 있는 인권의 본질은 무엇일까를 생각해 보면 결국 인간의 존엄성이다. 이거는 국제적인 모든 인권선언이라든지 국제협약에서 기본적으로 합의된 어떻게 보면 이거야말로 보편적 합의에 가까운 것이기 때문에 과연 우리가 이거를 부정할 수 있겠는가? 인간의 존엄이라든지 그 존엄을 구현하고 있는 자유와 평등이라고 하는 것은 이미 보편적 가치이기 때문에 적어도 이런 보편성 내지는 보편적 가치의 존재를 부인하지 않는 한 결국 기본권의 뿌리를 인권 그 가운데서도 결국 인간의 존엄과 자유와 평등에서 찾을 수 있게 않겠는가.

그렇다고 한다면 바로 충분히 무엇이 인권이고 무엇이 인권에 뿌리를 둔 기본권인지 또 그밖에 기본권인지를 구분해낼 수 있지 않겠는가 저는 그런 생각을 해 봤고요. 그런 관점에서 좀 더 세부적으로 이렇게 구분을 해 봤는데, 자세한 구분은 안 한다고 하더라도 어쨌든 결론적으로 비록 '모든 국민'이라고 하는 주어를 사용하고 있지만 기본권의 정당성, 뿌리를 찾아가 볼 때는 결국 국민에 한정할 수 없는 그런 권리들이 분명히 존재할 수 있다, 이런 관점에서 국민을 넘어선 어떤 보편적인 인간의 권리가 분명히 존재하고 그렇지 않은 권리가 존재할 수 있는 것 아닌가? 저는 기본적으로 그런 생각을 해봤기 때문에 과연 성질에 따른 이러한 기본권구분론이 과연 무용한 것인가에 대해서는 다시 한번 의문을 가지고 있습니다.

두 번째로는 우리 발제자 정교수님께서 여기까지는 제가 그래도 흥분하지 않았는데 어떤 철학적 기반을 건드리신 것 같더라고요.

그래서 그 부분은 좀 흥분할 수밖에 없다 이런 생각이 들었습니다.

왜냐하면 우리 정교수님께서는 어쨌든 '자유주의적 기본권론', '근대 인권사상에서 자신의 기본권이론의 정체성을 발견하는 자', '자연법론자' 여러 용어를 쓰시면서 결국 자유주의적 기본권에 대한 이론을 한마디로 이거는 추상적 기본권이론이다, 이렇게 비판을 하셨습니다.

과연 그러한가에 대해서 저는 의문을 가져보고 싶고요.

그러나 우리 정교수께서 돌아간 결론은 실정헌법조문을 강조하시고 결국 그 조문상의 모든 국민이라는 표현을 강조하셨는데, 과연 자유주의 기본권이론에 대한 비판의 결론이 어떻게 이런 실증주의적인 어떤 결론에 이르게 되었는지 저는 정교수님의 평소의 학문적 경향과 관련해 보면 다소 의아한 결론이다, 저는 그런 생각이 들어서 감히 제가 문외한이지만 어쨌든 저의 생각으로는 좀 의아한 결론이다 이런 생각이 들고.

적어도 우리 헌법의 기본적인권이라고 하는 표현속에서도 기본권과 인권의 긴밀한 관련성을 얘기하고 있는데도 불구하고 우리 정교수님께서는 그 의미를 굉장히 축소해서 해석을 하셨는데 오히려 그것이야말로 '기본적 인권'이라고 하는 표현이 가지고 있는 어의적 한계를 유월하는 정교수님의 해석이 아닌가, 저는 그런 생각이 들고.

특히 아까 말씀드렸던 기본권의 정당성의 근거는 결국은 조문이다 이런 말씀을 하시는데, 이거는 대단히 실증주의적인 법효력론이 아닌가? 그래서 좀 의아한 생각이 들었고, 과연 어떤 자유주의적 내지는 자연법적 기본권 이해가 과연 역사적인 의미만을 갖는가? 저는 전혀 그렇지않다라고 생각이 들고, 현재의 기본권해석론에 있어서도 기본권의 보호영역이라든지 제한의 영역을 이해하는 아주 중요한 잣대이기 때문에 결코 자유주의적 내지는 자연법적 기본권 이해가 어떤 역사적 유물처럼 해석되는 것은 대단히 잘못된 이해가 아닌가?

그래서 결국 정교수님이 도달한 결론은 오히려 그런 자연법적인 어떤 보편적인 가치가 아니라 결국은 어떤 역사적 시대적이라고 하는 그런 상황으로 돌아간다고 한다면 결국 이거는 자유주의에 대치되는 보편적가치를 부인하는 역사성이나 문화성을 강조하는 공동체주의적 국가론이나 기본권이해를 본인이 주장하시는 것은 아닌지? 그렇다고 한다면 논쟁은 좀 더 본질적으로 해야 되는 것이지 결론이 헌법조문으로 가는 것은 적절치 않다, 저는 그런 생각이 들고요.

세부적으로 그밖에도 여러 가지 외국인의 기본권주체성이 역시 현실적으로 부인되지 않다라는 것만 가지고 외국인의 기본권을 부인하는 것이 어떻게 정당화될 수 있는지 이런 문제도 의문이 들고.

또 국제법적인 기준을 가지고 이미 국제법규를 통해서도 충분히 보장되고 있다고 하는 관점도 과연 그러면 헌법에서 보장하는 것과 법률과 같은 효력을 갖는 국제법규에서 효력을 갖는 것이 어떻게 동등한 의미를 가질 수 있겠는가? 그렇다면 혹시 전제는 헌법과 국제법규를 같은 효력으로 보시는 것인지 이런 의문도 들었고.

마지막으로는 나중에 말씀하셨던 부분인 국민개념의 변천과 관련해서도 결국 국민개념이라고 하는 것은 충분히 변화될 수 있는 것이 아닌가? 그러한 사실을 우리 헌법제정자는 의식하고 이 국민의 개념을 헌법에 규정되지 않고 입법자에게 법률로써 규정하도록 맡긴 것은 아닌지, 그런 헌법제정자의 의도를 생각한다고 한다면 오히려 이 국민의 개념은 변화될 수 있는 것이 아닌지, 변화된 현실에 맞추어 가야되는 것은 아닌지 그런 소소한 의문까지 제기해 보면서 토론을 마치도록 하겠습니다.

감사합니다.

사 회 자 : 다른 문제도 아니고 기본권, 보편적 인권인데 너무 조문에 집착하게 되면 법실증주의적인 해석론 더 나아가서 공동체주의적 국가관, 매우 용감한 토론을 해 주신 것 같습니다.

고맙습니다.

이제 우리 박진완 교수님께서 지정토론 해 주시는데요, 박진완 교수님께서는 경북대학교 법학과를 졸업하시고 독일 훔볼트대학에서 학위를 하시고 현재 경북대학교 법학전문대학원에서 재직하고 계십니다.

지정토론자 : 초대해 주셔서 고맙습니다.

저는 한달 인가 두달 전에 헌법학회 이준일 교수님 연구이사로 계시는데 이주노동자의 기본권주체성문제하고 이민정책관련해서 발표를 한 적이 있습니다.

그래서 이 문제를 나름대로 공부를 좀 했습니다.

그래서 토론문에 앞서서 오늘 정태호 교수님 발표를 통해서 많은 것을 배우고 여러 가지 문제점을 인식하게 되었습니다.

발표중에 헌법해석의 한계로서 헌법조문을 이야기하시는데 그래서 이 부분과 관련 해서 저는 2002년도인가 2004년도인가 공법학회에서 발표를 한 적이 있는데 그때 중요한 논점이 결국에는 미국에서의 헌법해석과 관련해서 보면 두 가지 조류가 있는데, 우리가 성서를 보면서 이스라엘시대 때 만들어진 성서를 현대에서 그대로 해석하는 사람도 있겠지요, 모세가 홍해를 건너는데 홍해를 그렇게 볼 수 있느냐, 그거는 대륙의 어디 호수였다 이렇게 볼 수 있는 것처럼. 그래서 미국에서의 헌법해석에 관련해서 자유주의자들은 헌법조문에 구속되지 않고 현재의 인간의 발전수준, 인간의 존엄의 수준을 가지고 헌법을 해석한다. 그래서 이러한 조류에 대한 보수주의자들의 반박으로서 나온게 오리지널 인텐트 그러니까 원래의 주의이론이다.

그렇다면 결국 헌법의 명백한 의미, 그것이 어떻게 보면 이런 자유주의적인 헌법해석론의 한계다, 그게 안 되면 결국 헌법제정권자의 원래의 의도, 이렇게 이야기를 하는데 그래서 과연 우리 헌법의 '모든 국민'이라는 부분에 대해서 과연 이러한 합의가 있느냐, 이런 부분에서 대다수의 헌법학자들은 이미 국민이라는 개념을 넘어섰고. 그다음에 미국에 있어서도 이런 보수주의자들에 대한 반대이론이 어떻게 200년 전에 만들어진 헌법이 200년 후의 사람들의 사고를 지배할 수 있느냐, 이런 부분에 대한 많은 반론이 제기되는 것 같습니다.

그래서 그 부분이 좀 생각이 났고요.

그다음 두 번째는 독일학자로서 데펜호이어라고 교수가 되신 분이 교수되기 전에 쓴 논문으로서 결국에는 '해석의 한계로서 법조문' 이 부분과 관련해서 제가 기억은 잘 안납니다만, 그분의 글에서 보면 법조문이라는게 해석의 출발점은 되지만 법조문이 어떻게 보면 이런 다양한 발전적인 해석론을 막는 하나의 장애로서 기능해서는 안 된다, 이거를 명백히 언급했는데 그런 부분에서 저는 정태호 교수님 의견보다는 이런 부분에서 좀 발전론적인 측면에서 헌법해석의 기본권주체성을 확대를 해서 봐야 되지 않는가 이렇게 생각이 됩니다.

물론 이런 기본권해석론과 관련해서 우리 국가의 실리문제 이런 부분도 진지하게 고려해야 될 필요성이 있는 것 같은데, 그래서 일단 여기에서 주로 문제가 된게 외국인의 기본권주체성 문제에 관해서 정태호 교수님이 발표를 하셨고, 그래서 제 나름대로 이 토론문의 관점을 제시를 해봤습니다.

그래서 첫 번째로 제가 든 것은 사실 저도 확신은 없는 부분인데 지금 헌법이 어떻게 보면 국제적으로 확대되어서 특히 국제법이 헌법화 된다, 종래에는 계약에 의한 수평적 국제법이 어쨌거나 국제인권법이 확대가 되면서 수직적권리보장의 문제로 가서 결국에는 이런 문제가 되는데, 특히 이주노동자문제와 관련해서도 보면 이주노동자권리협약이라고 약칭이라고하는게 이미 만들어졌고, 많은 미국이나 유럽의 국가들이 여기에 대해서 가입하지 않는 이유는 이주노동자의 권리를 보장하지 않기 때문이 아니고 이주노동자권리협약에서 이야기하고 있는 미등록 이주노동자에 대해서 광범위한 권리를 부여하고 있기 때문에 그런 부분에 대한 부분이지, 제가 볼 때는 이주노동자의 권리에 관한 중요한 합의는 아마 굳이 이주노동자권리협약이 아니더라도 유럽인권협약이나 유럽연합의 기본권헌장 이런 차원에서 이미 다 이렇게 보장이 되고 있다. 그래서 우리나라 같은 경우도 시민적 정치적 권리에 관한 국제규약이나 이런 것에 다 가입이 되어 있기 때문에 혹시 만일에 우리나라가 어떤 이런 좋은 선례로서 이주노동자권리협약에 가입한다면 이런 부분에서 이주노동자의 권리주체성을 어떻게 볼 것인가? 이렇게 생각해 본다면 과연 우리 국내법상의 인권보장의 문제가 더 이상 국제법상의 인권보장의 문제하고 단절된 상황에서 이렇게 이야기할 거는 아니다, 저는 이렇게 생각을 해봤습니다.

그다음 두 번째로 문제로서 이민정책과 관련된 문제로 검토를 했는데, 그래서 이 사안에서 특히 문제가 되는게 고용허가제라는 어떻게 보면 이게 Employment Permit 이렇게 하는데 여기에 대한 대안으로 이야기하는게 Work Permit라고 해서 노동허가제, 그런데 우리나라는 왜 고용허가제를 고집하고 노동허가제를, 그 노동허가제는 직장변경은 자유롭고 어쨌거나 노동에 대해서 …해 주는데 그거를 우리나라는 왜 하지 않느냐 여기에 대해서 주로 이야기가 되는 것이고, 그래서 이거는 아마 이민정책의 문제로 결국에는 우리나라 같은 경우도 이미 국내노동력이 많이 부족한 상황에서 특히 외국인 이주노동자 같은 경우는 미숙련 이런 부분에서 우리가 산업연수생제를 해서 이렇게 도입하고 있는 상황에서 이 사람들이 국내에 정주하게 되면 여러 가지 문제가 생기니까 단기간에 이렇게 해서 다시 돌려보내는, 그래서 이게 단기순환의 원칙이라고 저는 이렇게 번역했습니다만 로테이션 프린서플이라고 해서 이런 부분을 고집하고 있기 때문에 이 부분에 대한 문제와 관련해서 우리의 이민정책의 문제인데, 과연 이 부분과 관련해서 저는 독일의 예를 주로 들어서는 안 된다 이렇게 하지만, 이민법하시는 분들이 지금 우리나라 이민정책을 수립하는데 있어서 제일 중요한게 독일이다 이렇게 이야기를 하니까 비슷하다 이렇게 하니까 그래서 독일도 처음에는 우리나라와 같이 이렇게 단기순환의 원칙으로 하다가 결국에는 이주노동자를 정주를 해서 여러 가지 외국인문제도 발생하고 이런 것은 있지만 2000년대에 들어와서 이민국가적 현실을 인정하고 있는 이런 부분에서 저는 어쨌거나 이 고용허가제의 헌법적 정당성의 근거는 이민정책과 관련해서 이렇게 생각을 해야되지 않겠나, 그래서 이런 부분에 대해서 혹시 정태호 교수님께서 생각해 보신 적이 있는지 질문을 드리고요.

그다음에 헌법발전의 문제로 이것도 같은 내용입니다만, 그래서 미국의 예를 들어보면 미국이 독립기념일에 관해서 제가 윤리학 하는데 책을 한번 읽어보니까 좋은 논점이 있어서, 그래서 Fredrick Douglas라는 미국의 웅변가가 미국에서 7월 4일은, 독립선언서에 보면 토머스 제퍼슨이 모든 사람의 생래적 자유적 인권을 보장했습니다만 결국에는 노예는 인권보장의 주체가 되지 않았다. 그래서 그 중간에 또 연방대법원이 드레드 앤 스콧사건에서도 어쨌거나 노예제도보장과 관련해서 인정을 하지 않다가 결국에는 지금은 노예제도를 폐지하고 이런 부분에서 헌법발전이라고 봤는데, 그렇다면 왜 그 당시에는 노예제도를 인정을 했느냐? 이런 부분에서는 제가 볼 때는 경제적측면 남부의 어떤 경제적측면, 그래서 결국에는 우리나라에서도 고용허가제 이 부분과 관련해서 보면 결국에는 우리나라의 경제적인 문제와 관련해서 결국에는 외국인의 인권을 희생하면서 그게 우리나라의 경제적 인식을 어떻게 설정할 것인가 이런 부분의 문제라고 생각이 됩니다.

그다음에 여성에 대한 선거권인정, 이런 부분에서 보면 결국 이것은 헌법발전의 문제로 봐야 되지 않겠나 저는 이렇게 생각이 듭니다.

그다음에 마지막으로 이 사안과 관련해서 저는 헌제의 이 판례를 보면서 제 나름대로 생각의 폭을 넓힌다면 결국에는 자유시장경제질서에서 보면 이게 직업의 자유가 경우에 따라서는 기업의 자유에 의해서 제한될 수는 있지만 그 한계가 뭐냐? 결국에는 그것은 강제노동의 금지가 아니겠는가. 그래서 이 사안에서도 보면 결국에는 세 번의 기회를 상실한 자, 외국인 이주노동자 같은 경우에 자기 직장변경을 못하는 경우에는 결국에는 강제노동에 처해질 위험에 처해있는데 그렇다면 이 강제노동의 금지와 관련해서 헌재도 간단하게 언급하고 있습니다만, 여기에 대한 헌법적 근거가 무엇일까 이런 부분에서 보면 유럽연합의 기본권헌장이나 이런 부분을 보니까 이게 주로 인간의 존엄과 관련되는 부분으로서 조문을 언급하고 있기 때문에 결국에는 강제노동의 금지가 인간의 존엄인데 우리 헌법같은 경우는 근로의 권리에서 이야기하고 있고, 또 근로기준법에 강제노동의 금지 이런 부분이 있기 때문에 그래서 여기에서 가장 중요한 논점은 이런 고용허가제가 외국인 근로자의 강제노동의 금지를 희생해 가면서 정당화되는 헌법적 근거가 뭔가, 이런 부분에 대해서도 한번, 그래서 이게 결국에는 이민정책에서 근거를 찾아야 되지 않겠나, 이렇게 보는데 그게 언제까지 정당화될 수 있느냐 이런 부분에 대해서 한번 생각해 봤습니다.

그다음에 독일의 경우에 있어서 기본권성질론 이렇게 해서 보면 독일기본법에 있어서 보면 독일인의 권리하고 모든 사람의 권리 이렇게 구분하고 있는데, 결국에는 이거는 기본권주체성을 부인하기 위한 문제라기보다는 독일기본법조문에서 헌법소원을 제기하는 과정에서 주로 사례를 보면 제가 전에 한번 독일에서도 읽은 판례를 보면 만하임에서 외국인 노동자들이 집회를 했는데 이런 부분에서의 집회의 자유가 침해되었다, 미신고집회 이런 부분에서 결국에는 이거를 집회의 자유를 근거로 해서 헌법소원을 제기하는 경우에 있어서 결국에는 그거는 외국인들은 집회의 자유를 헌법소원의 청구사유로 할 수가 없다, 왜냐하면 이거는 독일인의 권리이기 때문에.

그런 경우에 일반적행동의 자유를 가지고 원용을 할 수가 있다, 이렇게 본다면 결국에는 이것도 외국인의 기본권보장을 부인하기 위한 논거라기보다는 헌법조문상 이렇게 되어 있으니까 저는 인정을 하되 결국에는 제한의 문제로서 기본권주체성 자체를 부인하기 보다는 헌재가 다수의견에서 이야기한 것처럼 인정의 문제하고 제한의 문제는 별개의 문제로 보는 것이 타당하지 않겠나 이런 생각이 듭니다.

사 회 자 : 감사합니다.

다 들으셨겠습니다만 헌법변천의 문제로 해결할 부분도 상당히 있지 않나. 노예제, 여성 등등 과거에는 기본권주체성이 부인이 되었었는데요, 제가 노예하고 여성을 같다는 취지로 얘기한 거는 절대 아닙니다. 오해하지는 마시고.

마지막에 본인의 토론문에는 없었습니다만 3회 이상 못하니까 결국 강제노역에 처해지는 것 아니냐? 그러면 강제노역을 할 수 있는 헌법적 근거는 뭘가? 상당히 논란이 될 수 있는 질문 같습니다.

그러면 일단 정태호 교수님께서 잠깐 답변을 하시고 플로어에서 토론하도록 하지요.

발 표 자 : 워낙 많은 문제들이 제기가 되어 가지고 제가 문제를 다 파악할 수가 없고, 우리 박교수님 질문부터 먼저 답변을 드리는데 일부 문제는 너무 전문적이어서 제가 답변을 드릴 수 있는 그런 위치에 있는 것 같지 않습니다.

하여튼 제 생각에 미국 헌법해석방법 논쟁을 말씀하셨는데 그 논쟁이 조문을 떠난 논쟁이 아니지요. 조문의 의미를 예를 들면 원전주의자들 어떻게 할 거냐, 여기도 여러 가지 다른 현대적인 흐름을 어떻게 담아 낼거냐, 거기서 한계는 다 조문입니다. 그러니까 조문을 떠나서 그런 방법논쟁이 전개되는 것이 아니다.

저는 제가 기본권이론을 통째로 부인한다든가 그런 것이 아니고 아까도 분명히 말씀드렸지만 기본권이론도 예를 들면 또 헌법이론도 해석에 도움을 주기 위한 것이고 그렇다면 그 한계를 지켜야된다 라는 것이지요.

그러니까 우리가 너무 쉽게 조문을 떠나버리면 아무리 좋은 얘기를 해도 그거는 헌법정책이라, 이런 차원에서는 얘기할 수 있겠지요 입법정책이라든가.

그런데 조문에서 우리가 근거를 찾을 수 없다면 그거는 더 이상 해석은 아닐 것이다라는 겁니다.

그리고 여기 보면 첫 번째 주제, 제가 이거 잘 모르겠어요. 제가 토론지를 어제 받았는데 읽어볼 시간이 없어서 제가 이 전문적인 질문에 대해서 답변을 드리기가 어려운 것 같고요.

다만, 5쪽에 보면 이민정책 관련해서 외국인 기본권주체성 문제를 새롭게 봐야 되는 것 아니냐? 저는 해석을 통해서 문제를 해결할 수 있다면 그렇게 할 수 있다고 봅니다. 이 문제는 우리 기본권주체 문제를 떠나서도 예를 들면 출입국관리법이나 기타 외국인고용관계법령을 이렇게 이민 내지는 외국노동자들이 많이 오고 있는 현실에서 현실에 맞게 합리적으로 개정할 거냐. 법률차원에서도 얼마든지 대응이 가능한 문제가 아니냐라는 겁니다. 아까도 제가 말씀드렸지만 기본권주체성을 부정한다 해서 외국인들을 물건취급하라는 얘기가 아니니까요.

그리고 6쪽에서부터 제기하시고 있는 그러한 문제도 저는 마찬가지라고 봅니다.

노예제도가 헌법개정을 통해서 폐지가 되고 그랬지요. 그것 때문에 내란까지 겪은 나라니까요. 분명히 이거는 도덕적 발전의 산물이고 그런 것임에는 틀림이 없지요. 그런 관점에서 저도 우리헌법의 상황이 만족스럽다라는 말씀은 아닙니다.

그러나 상황의 개선은 저는 헌법개정을 통해서 해야 된다, 저는 헌법개정론 나올 때마다 굉장히 중요한 문제인데 이런 문제는 터치를 안하기 때문에 제가 일부러 도발적인 주제를 한번 다루어야 되겠다, 이거는 법조문에 대한 정비가 필요한데 전혀 이 문제를 거론 안하니까 개선이 안 되는 거지요.

마침 우리 김재판관님께서 그런 문제제기를 하셨고, 제가 받아서 논쟁을 좀 확산하는 그런 역할을 하고 있다고 봅니다.

그리고 이준일 교수님께서는 다른 유형의 자연법론자지요.

그러니까 제가 자연법론의 한계를 지적한 것에 대해서 통째로 터전을 공격하니까 당연히 발끈할 수밖에 없지요. 그러나 저는 기본적으로 통합론자고 자연법론자는 아닙니다.

물론 저는 자연법사상이라든가 통합론에서 얘기하는 기본권적인 가치, 공동체적인 전통 이런 것들은 헌법제정의 중요한 정당성의 소스라고 봅니다, 헌법의. 그거를 무시할 수 없지요. 그러면 불법이 되는 거지요. 그런 것들을 완전히 무시한다면.

그런데 문제는 저는 그 정당성의 근거하고 효력의 근거는 우리가 구분을 해야 된다는 거지요. 그런데 자연법론자들은 이거를 자꾸 구분 안하려고 하지요, 사실은.

그래서 출발점이 다르기 때문에 아마 이거는 밤새서 논쟁을 해도 만날 수 없는 그런 논쟁이 될 겁니다.

그래서 제 생각에는 그런 논쟁들은 우리가 헌법이론이라든가 헌법제정론에서는 굉장히 유의미하게 할 수 있을 것 같아요.

그래서 저도 불만이 예를 들면 헌법제정자들이 자연법사상의 영향을 받았으면 아까처럼 기본적인권을 확인하고 이를 보장할 의무를 진다든가 37조 1항 이런 거 좋다 이거지요. 그러면 사실 논리적인 일관성을 견지를 했으면 적어도 기본적인 인간의 존엄이라든가 이런 것들은 외국인도 그 주체가 될 수 있도록 '모든 사람은' 이렇게 그런 유연성을 발휘할 수 있었을텐데 아쉽다는 거지요.

그런데 저는 그런 아쉬움을 해소하는 방법이 과연 해석을 통해서냐라는 겁니다.

또 국제법에 의한 보호문제와 헌법 간의 관계문제인데요. 이와 관련해서 국제법규에 의해서도 외국인의 인권에 대한 보장이 충분하려면 헌법과 국제법규의 효력을 동등한 것으로 보아야 할 것 같습니다.

그런데 저는 아까도 이주노동자의 법적지위에 관한 국제협약을 박교수님께서 말씀을 하셨지만 인권론자들은 굉장히 이상적이에요. 그래서 각국의 사정을 봐주지를 않지요. 그러니까 그거는 스크린이 굉장히 필요한 것이고 그래서 그런 조약에서 굉장히 이상적인 수준의 보장을 하지만 항상 거기도 여러 가지 제한가능성을 열어놓고 그렇게 하고 있지요.

그래서 저는 반드시 강행적으로 관철이 되어야 하는 것과 임의적으로 처분이 될 수 있는 것 이게 구분이 되는 거지요. 물론 국제인권협약이라든가 이런 것이 유럽같은 경우에는 굉장히 높은 수준에서 관철이 되고 있고 그런 것으로 알고 있습니다만, 제가 외국인의 인권을 국제법규에 의해서 보장한다고 하는 얘기가 헌법수준 우리 내국인과 같이 항상 보장하라라든가 또는 그 이상으로 보장하라는 얘기는 아니고요. 결국은 국제법 위반국가가 되지 않는 범위에서도 얼마든지 외국인에 대한 실천적인 인권보장이 가능하고, 또 외국인은 내국인과는 달리 대한민국을 항상 떠날 수 없을 정도로 의무감을 안고 있지는 않거든요. 기본적인 내국인하고의 출발점이 다르지요. 게다가 와 있는 사람들은 대한민국 고권에도 복종하지만 자국 고권에도 복종하고 또 자기 마음에 안 든다 그러면 떠날 수 있는 가능성을 항상 가지고 있다는 얘기지요. 그것을 통해서 헌법보다 국제법이 위에 있다든가 그런 결과가 초래되는지는 의문입니다.

그리고 국민의 개념이 변화될 필요가 있다든가 이거 두 분 같이 또는 변화가능성을 말씀을 하셨는데요. 그래서 국적을 입법자에게 유보해 놓고 있다든가.

물론 국적의 취득을 쉽게 하게 할 수 있지요. 외국인들이 많이 들어오고 있고 또 외국인 노동력에 많이 의존하고 있는 상황에서. 그러나 그거는 국적취득요건의 완화의 문제이고 국민의 개념 변화하고는 별개의 문제지요. 그래서 양자는 우리가 좀 구분을 해야 될 것 같고요.

그래서 독일에서 슐레슈비 홀슈타인이랑 함부르크 이런 데서 외국인에게 주 차원이나 지방자치단체 차원에서 선거권을 부여하려고 법률이 만들어졌습니다만 이게 또 독일연방헌법재판소에서 위헌판단을 받거든요. 주권자로서의 국민과 이른바 주 내지는 지방자치단체의 주민 이거를 독일기본법이 이원화하고 있지 않다.

여기서도 드러난 얘기는 뭐냐 하면 독일은 우리보다 외국노동자들이 훨씬 많지요. 퀠른이나 이런데 가보면 30% 이상이 외국인 노동자들이고, 그런 상황에서도 그런 결정을 한다는 것이지요.

그러니까 우리가 외국인의 처우문제하고 기본권보장의 문제가 항상 같은 선상의 문제는 아니다. 아까도 말씀드렸지만 영국같은 경우는 헌법에 특별한 효력을 갖는 기본권목록도 없지 않습니까? 저는 그런 상황에서도 외국인보호문제는 국제법 위반 없이 만족할 만한 정도로 하고 있다. 우리라고 그래서 그거를 못하겠느냐? 저는 그렇기 때문에 양자를 우리가, 우리 책들을 보면 외국인에게 기본권주체성을 인정하지 않으면 마치 큰일 날 것처럼 기술이 되어 있어서 그거는 아니다, 저는 이 점을 확인하고 싶습니다.

사 회 자 : 감사합니다.

박진완 교수님 아까 말씀하셨습니다만 독일과는 달리 2012년 대한민국이 과연 이민국가인가에 대해서 쉽게 수용하는 대한민국 국민은 저는 별로 많지 않을 것 같아요.

다만 김선택 교수님, 우리 다문화가정과 관련해서 며칠전에 신문에 보도도 있었습니다만 앞으로 국방력의 상당부분을 다문화가정출신 자녀들이 ― 주로 자가 되겠습니다만 ― 담당하게 될 가능성이 크다. 그렇다면 회장님께서 그런 얘기를 하셨잖아요. 의무를 부담하는 사람에 대해서는 기본권주체성을 균형적으로 고려해 볼 만하지 않느냐. 물론 정교수님은 거기에 대해 상당히 비판적이신데, 이런 여러 가지 상황들을 우리가 종합해서 플로어에서 활발한 토론을 한번 해보겠습니다.

황치연 박사님.

토 론 자 : 한스 벨첼이 법철학의 양극체제를 얘기할 때 자연법으로의 영원회귀가 한 파트가 있다면 실정법으로의 영원회귀가 한 파트가 있는데 완전히 실정법으로 영원회귀하는 것 같습니다.

왜냐하면 별개의견을 내신 김종대 재판관님도 예외가능성은 열어두었는데, 그러니까 실무상으로 원칙을 주장하거나 예외를 주장하거나 이 접점이 만날 수가 있어요, 실무상으로는. 예외를 통해서도 인정할 수 있고 원칙을 통해서도 인정할 수 있는데, 정교수님은 끝까지 외국인의 기본권주체성을 철저하게 배제하는 논리를 관철해서 '야, 이거는 정말로 앙꼬 없는 찐빵처럼 정말 논리를 위한 논리로 이렇게 관철시킬 수도 있겠구나' 이런 생각을 했습니다.

기본적으로 헌법조문이 해석의 출발점이 되어야 한다는 것은 누구나 다 인식을 하고 있지만 이게 모든 해석가능성을 봉쇄시키는 해석의 한계로서만 기능한다면 실제로 헌법해석이라는 것은 너무나 협소한 논리 조작밖에 없는 거지요.

그래서 저는 지금 논거로 들고 있는 구구절절의 사유들을 다 반박하는 상황입니다.

다른 견해를 가지고 있다는 겁니다.

첫째로 일단 설령 실정법적으로 본다하더라도 우리 헌법 10조 2문에서 국가는 국민이 가지는 불가침의 기본적 인권이라고 하지 않고 국가는 개인이 가지는 불가침의 인권이라는 표현을 쓰고 있어요. 왜 다른 데는 국민을 쓰면서 개인이라는 표현을 썼을까?

두 번째로 헌법 제정뿐만 아니라 많은 9번의 개정절차가 되었는데, 우리 헌법학자들이 아주 정교하게 이거를 분리해 놓은게 있습니다. 37조 2항의 국민의 모든 자유와 권리, 10조부터 37조까지의 국민의 모든 자유와 권리일 때 자유와 권리를 정교하게 구별해서 사용하고 있어요. 그러니까 자연법상의 어떤 것에서부터 인간의 보편적인 권리로부터 연연하는 기본권은 반드시 자유라는 말을 쓰고 있습니다.

그러니까 일단 우리 실정법 해석상으로 보더라도 이게 국민이라는 말을 내국인으로 한정하는게 어렵고 실정법적으로 만약에 정확하게 그렇게 관철시킨다면 내국인이라고 해야지 왜 '내'자를 안붙이고 그냥 국민이라고 했는가? 예컨대 이런 논리도 가능해요. 실증주의를 관철시킨다면, 만약에 외국인의 형상, 외국인의 품성이 그대로 나타나 있는데 귀화한 외국인을 국민으로 국적법에서 인정한다면 헌법에서는 국민이라고 했는데 왜 외국인을 귀화시켜서 국민으로 만드냐, 이거 위헌 아니냐, 이렇게까지도 실정법적으로 만약에 관철시킨다면 논리적으로, 그런 논리 주장으로 간다면 가능하지 않겠느냐 이거예요.

그러니까 현실적으로 우리의 실정법적 해석을 통해서도 타당하지 않고 또 헌법사적인 측면에서 그 당시 상황을 얘기를 하는데 그 당시 상황이 지금 다른 가능성이 있는데 그 주체적인 표현을 안썼다고 해서 그것을 헌법사적으로 봤을 때 그 역사적 사실을 해석하는데 추정적 단정을 해서 아, 이것은 외국인의 기본권주체성을 부정한 것이다, 정반대 해석을 할 수 있습니다. 헌법이 제정되는 과정의 역사적 사실을 보다 보편적 인식에 의해서 해석을 한다면 이거는 외국인의 주체성을 인정하는 전제위에서 근거한 것이다, 해석에 일임한 것이다, 이렇게 말할 수 있는 결정적인 증거는 우리는 왕조적정통성에 입각해서 어떠한 민주적정통성의 헌법을 가진 경우가 없어요. 1948년 헌법을 제정할 때까지는 수입헌법학에 의해서 하는 겁니다.

미국에서 말하는 피플이라는 말을 우리말로 번역을 할 때 인민이라고 번역하는 과정 이것을 정확하게 투시해 보면 우리 현실적 상황에서 북한과의 관계 때문에 그래서 이게 바뀐 것이라고 생각한다면 그 피플이라고 말이 내포하고 있는 측면에서 본다면 역사적 사실은 오히려 인정론에 더 가깝지 않겠는가 이렇게 생각을 합니다.

사 회 자 : 지금 많은 분들이 대기하고 계셔서 짧게 좀.

토 론 자 : 그러면 한 가지만 더 말씀드리겠습니다.

국제법상의 보장의무를 설정해서 얘기하는데 이거는 너무나 나아간 논리를 전제로 한 것이거든요. 어느 나라도 의무를 설정하지 않습니다.

국제인권법상의 존중, 그 존중의 정신을 헌법적인 해석의 형태로 발현하는 것이지 의무를 전제로 해 놓고 '아 이게 안 준 것이다' 이렇게 논리를 전개하는 것은 좀 문제가 있지 않느냐, 많은 반대견해를 가지고 있지만 여기서 마치도록 하겠습니다.

사 회 자 : 감사합니다.

또 질문 있으신 분.

정광현 연구관님.

토 론 자 : 정태호 교수님 발제문 보고 많은 것을 배웠습니다.

감사하다는 말씀드리고.

그다음에 제가 개인적으로 가지는 의문들이 몇 가지가 있어서 감사의 말씀과 아울러서 제 의문을 말씀을 드리겠습니다.

2007헌마 사건이고 헌법소원사건이었습니다. 결국은 문제의 발단은 헌법소원 제도에 대한 이해부터 시작해야 되지 않을까 생각이 들었고요.

그래서 헌법재판소법을 보니까 68조 1항에 보면 헌법상 보장된 기본권을 침해받은 자라고 한정되어 있습니다. 국민이라고 한정한 바가 없지요.

그러니까 헌법재판소법상의 헌법소원은 국민의 권리가 아니고 헌법상 보장된 기본권을 침해받은 자의 헌법소송법상 권리입니다.

헌법소송법상 권리자는 일응 헌법상 보장된 기본권침해받은 자인데요, 여기서 과연 외국인이 기본권침해를 받을 수 있는지 없는지, 이거는 헌법 해석으로 돌아가겠지요.

문의적 해석에 입각하신 것 같고 또 발생사적 해석에 입각하신 것 같습니다.

전체적으로 목적론적 해석은 좀 거부하신 듯 하고요.

발생사적 해석에 있어서는 제가 아는 것하고는 조금 다른 해석을 하신 것 같아 가지고 그렇게 볼 수도 있겠구나 생각을 했습니다.

제가 기존에 알고 있던 바는 역시 유진오 박사의 회고록에 기술된 대로 '인민의 권리' 이렇게 표현하니까 북한의 공산주의적인 냄새가 풍긴다 해 가지고 전체적으로 인민에 대해서 제헌의원들이 부정적인 용어에 대해서 부정적인 어떤 관념을 가지고 있었고 그래서 국민이라는 용어를 더 선호하게 된 배경이 거기에 있었다라고 저는 그렇게 이해하고 있었고, 여기 지적하신대로 그럼에도 불구하고 국민을 관철시켰고 그에 대해서는 그러면 외국인같은 경우 인권이 보장되어야 되는데 외국인은 어떻게 할 거냐 하니까, 어쨌거나 우리 지금 조항 체제로 한다면 헌법 2장에 나오는 모든 그런 국민의 권리의무는 국민에 대한 것이고, 외국인은 6조 2항 그 당시에는 7조라고 하는데요, 그 조항으로 해 가지고 충분히 보호가 된다, 같은 정도로 거의 대등한 정도로 보호가 될 것이고, 경우에 따라서 국민일 것을 전제로 하는 그런 인권 그야말로 협의의 어떤 국민의 권리로 이해되는 부분은 상호주의원칙 이런 것을 통해서 제약할 수 있을 것이기 때문에 2장 이하에서 나오는 그런 권리들을 그냥 국민의 권리로 이해를 해도 외국인의 그런 권리, 기본권, 인권을 무시하는 결과는 초래되지 않을 것이다, 저는 그렇게 논의가 진행된 것으로 알고 있습니다.

그렇기 때문에 우리 현행법 6조 2항에 나온 규정들이 사실은 국민과 거의 대등할 정도로 인권을 보호하려는 취지에서 이미 나온게 아닌가 그렇게 알고 있고요.

다음에 제가 문의적 해석에 입각하신 것에 대해서 그러니까 발생사적 해석에 대해서는 제가 이해한 발생사는 대충 그러하기 때문에 그거를 꼭 굳이 2장 이하에 나오는 권리는 국민에 한정하고 외국인에 대해서는 그와 대등한 정도의 기본권보호를 할 필요 없다, 이런 논리는 바로 거기서 결론이 도출되지는 않지 않을까 그런 의문을 제기한 겁니다. 얼마든지 선회해서 대등한 정도의 보호를 6조 2항을 통해서도 의도할 수 있었다라는 생각이 들어서요.

그다음에 다른 다수의 헌법제정자들이 왜 가만히 있었느냐? 그런데 재미나게도 유진오 박사님의 그런 견해에 대해서 반박을 하신 기초는 권승렬안 이런 쪽의 의견들인데 이 의원 한명의 의견가지고 유진오 박사의 어떤 이념적 배경, 설명 이런 것을 부정하셨는데 반해서 또 이거를 너무 절대화하고 있는 것 아닌가, 너무 필요이상으로 비중을 많이 둔 것 아닌가 하는 생각이 든게 다른 사람들이 가만 있었던 것은 결국 권승렬 의원의 입장을 같이 따랐기 때문이다라는 쪽으로 약간 확대해석이 되고 있지 않나 하는 생각이 들어서요. 오히려 가만 있었던 것이 유진오 박사의 어떤 이념적 배경설명의 반증도 될 수 있지 않나 하는 생각이 들고요.

그다음에 발생사적인 것은 이정도로 하고 다시 문의적 해석으로 돌아오는데요.

우리 헌법재판소법에 보면 기본권을 침해받은 자라고 되어 있습니다.

그런데 헌법조문을 아무리 쳐다봐도 기본권이 안 나옵니다.

그러니까 2장을 보시면 국민의 권리와 의무라고 되어 있습니다.

우리도 2장에 나와있는 모든 국민의 권리 이런 것들을 기본적으로 기본권으로는 이해를 하지만 헌법조문 자체는 무엇이 기본권이다라고 나와 있지가 않습니다. 대충 일치는 하지만 기본권에 대한 문의가 헌법에서 도출되지가 않는다는 거지요.

헌법재판소법상에서 보호하려고 했던 헌법상 보장된 기본권은 무엇이었느냐? 2장의 국민의 권리라고 한정한 그것만이 기본권이냐, 아니면 6조 2항에서 어느 정도 대등한 정도로 보호하려고 했던 그 외국인의 지위도 기본권으로 이해해 줄 수는 없는 거냐, 이런 의문이 제기가 될 수 있지 않을까 생각해 봅니다.

문의적 해석과 관련해서는 이런 의문을 제기를 하고.

목적론적 해석에서는 현대와 같이 이렇게 세계 글로벌화시대에 있는데 이런 차원에서 원전주의적인 어떤 입장에서 그 발생사적인 그런 것에 너무 의존해 가지고 절대 화해서 역동적 해석의 가능성을 차단하고 있는 것은 아닌가 그런 의문을 제기해 봅니다.

이상입니다.

사 회 자 : 최부장님.

토 론 자 : 정태호 교수님, 귀한 글 잘 읽었습니다.

실무가의 시각에서 의문사항 두 가지만 말씀드리고 싶은데요.

지금 발제자께서는 발제문 4장을 통해서 외국인에게 제한적인 기본권주체성을 인정하기 위하여 어의적 한계를 무시하여야 할 불가피한 사유가 없다는 점을 논증을 하셨는데요. 그중에 17페이지와 18페이지에 있는 논거들 하나씩에 대해서 조금 의문사항이 있어서 말씀드리겠습니다.

17페이지 중간쯤에 있는 논거로서는 민법, 상법, 형사소송법, 헌법재판소 등 헌법 하위법률에서 외국인에 대해서 특별히 제한을 가하고 있지 아니하다면 해당 권리를 주장할 수 있는 것 아니냐라고 말씀하시고 계시는데, 오히려 헌법차원에서 외국인의 기본권주체성을 부정하고 있는 토대에서는 민법, 상법, 형사소송법 이런 데서 특별히 외국인에 대해서 권리를 인정한다, 보장한다라는 명문의 규정을 두지 않고 있다면 오히려 권리주장을 못하는 것 아닌가, 그렇게 해석을 해야 옳은 것 아닌가, 그렇다면 외국인에 대한 보호에 중대한 공백이 생기지 않냐라는 그런 말씀 한번 드리고 싶고요.

18페이지 아래에서 6, 7째 줄에 외국인의 권익을 제한하기 위해서는 법치국가 민주주의에 토대를 두고 있는 불문의 헌법원칙인 법률유보의 원칙 그러니까 기본권 제한적 법률유보, 헌법 37조 2항이 아닌 불문의 헌법원칙인 법률유보의 원칙에 따라서 법률상 근거가 있어야 하고 이러한 경우 헌법유보원칙에 따라서 외국인이 기본권을 주장할 수 없는 경우에도 적용되기 때문에 외국인에 대한 침익적행정작용은 통제가 가능하다, 그러니까 크게 문제 없다라는 취지로 읽히는데요.

우선 권익을 제한하기 위해서라는 부분이 도대체 뭐가 있어야 제한을 하는 것 아니냐라는 생각이 들고요. 설령 불문의 헌법원칙으로서의 법률유보원칙이 실익이 있다라고 해도 행정을 통제하는 데만 작동할 수 있을 뿐 입법활동 예컨대 외국인에 대해서 특별히 인정 안 한다라고 명문의 규정을 두는 형태의 입법에 대해서는 통제할 방법이 없고 그런 입법에 근거한 행정작용은 통제할 방법이 없는 것 아닌가라는 의문이 들어서 그런 두 가지 점을 고려한다면 어의적 한계를 무시할 만한 사유가 있다라고도 볼 수 있지 않겠나 하는 생각이 들어서 한번 말씀드려보겠습니다.

발 표 자 : 질문이 많기 때문에 먼저 최부장님 질문부터 하겠습니다.

헌법이 기본권주체성을 부정하면 하위법에 이를 인정하는 예외가 없으면 외국인에게도 법률상의 권리도 부정해야 되는게 아니냐 이런 질문을 하신 것 같습니다.

그런데 법률이 단순한 헌법의 집행이 아니라는 것부터 일단 말씀을 드려야 될 것 같고요. 그래서 입법자가 헌법이 보장하는 것보다 더 많이 줄 때는 주는 것을 막는게 아니다. 그러니까 외국인에게 헌법의 기본권은 인정하지 않지만 예를 들면 외국인이 사건의 주체로서 한국 와서 쇼핑하고 그러는데 국제법상의 강행규정 중에 하나가 외국인을 사권의 주체로 인정해야 된다. 그런데 그거를 그냥 함부로 빼앗도록 형사소송법이나 경찰관직무집행법이나 이런데 외국인에 대한 특별한 예외규정을 두지 않았다 해서 그렇게 허용했다고 볼 수 있느냐, 저는 그거는 의문이고요.

그리고 입법활동에 대한 통제는 어렵지 않느냐? 물론 헌법차원에서는 그런 규제를 막기는 어려운 측면이 있는데, 다만 6조 때문에 여러 가지 국제법적인 제약을 받겠지요. 그러니까 만일 그런 국제법상의 강행규정이라든가 이런 것을 위반하면 국제법위반의 문제를 유발할 것이고 여러 가지 인권침해국가로 오명이 찍힌다든가 그런 문제가 있으리라고 봅니다.

물론 행정활동에 대해서는 법률유보원칙이 완전히 자의적인 경찰권행사를 막을 수 있지만 입법에 대해서는 한계가 분명히 있습니다.

그러나 국제법이 그거를 막을 것이고 그러니까 어느 정도까지는 그러한 입법을 막을 수 있다 이렇게 생각을 합니다.

그리고 다른 분들은 출발점이 달라서 발생사적 해석을 너무 절대화하는 것이 아니냐는 그런 문제제기를 해 주셨는데 두분이 다 그런 지적을 해 주신 것 같아요.

그런데 저도 처음에 알았던 것은 유진오 박사 주장만 알았었는데, 제가 제정 회의록을 읽어보니까 분위기가 그게 아니더라는 거지요.

그래서 사실 문구를 그대로 따왔으면 더 좋았을 텐데 그렇지를 못해 가지고, 그리고 수정동의안을 냈던 분들이 40여 명밖에 안됐었거든요. 그 수정동의안이 아마 유진오 박사의 권고, 영향력행사 이런 것이 있었으리라고 생각하는데 전체 인원에 비하면 과반의사가 어떻다라고 유진오 박사의 의견을 따랐기 때문에 국민가지고 얼마든지 그런 해석이 가능하다, 외국인도 인정받을 수 있는 해석이 가능하다 이렇기 때문에 통과에 반대하지 않은 것이 아니냐라는.

그런데 회의록을 보면 우리 김재판관님께서도 그런 주장을 하셨지만 그런 것 같지는 않아요. 물론 인정하고 싶은 쪽에서는 더 그런 근거를 부각을 시키고 싶겠지만.

그리고 일단 제가 목적론적해석이니 이런 것들, 여러 가지 해석의 방법이 있고 그런데 왜 발생사적 해석, 그런데 일단 문구가 있지요. 문구가 있고 그리고 아까 우리 황박사님은 개인이라고 했는데 거기서 개인은 외국인도 포함될 수 있는데 왜 그거는 감안하지 않느냐? 저는 이거는 체계적해석이지요. 그러니까 2장 표제부터 시작해서 다른 기본권조항들이 전부 국민의 권리로 이렇게 되어 있는 상황에서 거기에 개인이라는 말이 등장을 했을 때 과연 그 전체적인 컨텍스트를 무시하고 아, 여기서는 이 개인을 외국인까지 포함시켜서 해석할 수 있으니 다른 조항에서도 그렇게 해석해야 되는 것인지, 저는 그 부분은 좀 의문인 것 같고요.

토 론 자 : 아니 실증적으로 보면 외국인의 기본권을 부정하는 문구도 없다는 거지요.

발 표 자 : 자꾸 실증주의자 이렇게 저를, 그 실증주의라는 말이 도덕적 비난 비슷하게 자꾸 이렇게 일종의 메카시즘이.

토 론 자 : 아니 실제로 헌법적으로 외국인의 기본권을 부정하는게 없다 이거예요.

발 표 자 : 저는 실증주의자도 아니에요. 실증주의자가 아니고.

예를 들면 법이 불법이냐 여부를 따짐에 있어서 예를 들면 공동체적 가치를 무시하느냐 자연법적 가치를 무시하느냐 이렇게 되었을 때 어떤 헌법제정자가 불법적인 결정을 내렸고 자, 이 불법적인 결정이 유효하냐, 무효냐 이런 것을 따질 때는 저는 통합론자이기 때문에 공동체의 통합가치를 근본적으로 무시했다 그러면 저는 그거는 무효라고 봅니다. 저는 그런 의미에서 실증주의자가 아니에요. 실증주의자를 그렇게 함부로 쓰시면 안 되지요.

그리고 예를 들면 해석의 여지가 있는 상황에서는 저는 얼마든지 기본권이론이 작용을 할 수 있다고 하는 점을 인정을 해요. 예를 들면 문구가 긋는 한계안에서는 그러니까 예를 들면 자유권을 보면 모든 국민은 무슨 자유를 가진다라고 되어 있지만 거기서 보호청구권도 끄집어내고 이럴 수 있는 것은 그게 문구의 한계안에서 이루어지기 때문에 저는 그런 것들은 인정할 수 있다는 것이지요.

제가 그런 것을 통째로 부정하고 문구만 강조하는 것은 아니지요.

제가 오히려 황박사님이 그런 문제제기를 하실 줄 알았어요. 저한테 이런 길이 있다는 말씀을 하시길래. 그래서 저는 그 문제제기도 충분히 존중을 합니다.

다만 제가 이렇게 나오는 이유는 우리 교과서나 이런데 어디에서도 이런 문구를 진지하게 감안하면서 한계를 극복하기 위한 노력들이 별로 없더라는 거예요.

그러니까 발생사적 해석을 제가 이렇게 A라고 했으면 아니다 B라는 해석이 얼마든지 가능하다라는 것을 좀 치밀하게 논증하고 갔으면 좋겠다라는 겁니다.

사 회 자 : 감사합니다.

여러분들 아시다시피 헌재에 신데렐라법이 있다고 그래요. 그래서 9시가 되면 비바람이 몰아치고 우리가 입고 있는 옷이 너덜너덜해지고 얼마 남지 않았습니다.

우리가 험한 꼴을 안보려면 대충 정리를 해야 될 것으로 생각하고.

우리 김종대 재판관님께서 몹시 피곤해 하세요.

여러분들 오늘 아시겠지만 공개변론을 거의 3시간 이상 하시고 또 밤에 이렇게 격무를 하시는데 휴식권에 대한 과잉침해입니까 아니면 과소보호입니까 모르겠습니다만 하여튼.

그런데 당신은 교수인데 교수한테 휴식권의 주체성이 인정되느냐 이거는 또 좀, 종강도 다 했겠다 말이지요, 당신은 주체가 아니다 또 이렇게 부인할 수도 있겠습니다. 복잡한 문제가 되지요.

아무튼 여러분들 시간이 많이 지났으니까 딱 한 분만 더 플로어에서 받고 우리 회장님께서 마무리 해 주시겠습니다.

정주백 교수님.

토 론 자 : 정주백입니다.

저는 상당히 저 스스로를 법실증주의자라고 생각하고 있기 때문에 전혀 부끄럽게 생각한다든가 아니면 도덕적으로 느끼는 바는 없습니다.

저는 개인적으로 사실 우리 헌법체계 자체는 외국인의 기본권주체성에 관한 문제는 완벽하게 해결을 해놓았다고 생각을 합니다. 헌법 2조가 있고 6조가 있고 그다음에 2장이 있지요.

그러면 이것이 이제 자연법론자들이 보기에는 못마땅한 법일 수는 있겠다라는 생각은 할 수 있겠지요. 그렇지만 우리가 헌법을 어떻게 계승해 갈 것이냐라는 것을 논의하는 자리가 아니고 우리가 가지고 있는 헌법을 어떻게 해석할 것이냐라는 문제로 이해한다면 조금 다른 방면의 이해도 가능할 것이다라고 생각합니다.

보통 합헌적 법률해석을 얘기하면서 많은 한계중에 하나를 의의상의 한계를 들지요.

그러면 우리 헌법해석에 있어서도 합이성적헌법해석 또는 합자연법적헌법해석을 할 때도 의의상의 한계는 있는게 아닐까라는 생각을 한번 해보고요.

또 하나는 근본적으로 제가 의문이 드는 것은 외국인에 대한 규제를 하는 대부분의 목적은 뭔가 하면 국민의 부에 있습니다. 그러니까 그 규제에 있어서의 이익은 그 외국인은 누리지 못하고 오로지 국민만 누리는 거지요.

만약에 기본권의 주체가 된다고 한다면 우리 37조에 의해서 국가안전보장,

질서유지, 공공복리가 되어야 될 텐데 대개의 경우에 공공복리에 해당하겠지요. 그러면 내국인과 외국인에 있어서 오로지 그 이익을 국민만 누리는데 그것이 공공복리에 해당될 여지가 있을까라는 생각이 들거든요.

논리적으로 만약에 그러면 공공복리가 되려면 적어도 내국인과 외국인이 함께 누릴 수 있는 웰페어가 전제되어야 되는게 아닐까. 그런데 대개의 경우 그렇지 못하지요. 외국인이 토지에 관한 소유권을 가지지 못한다든지 아니면 이 사건에서처럼 3회 이상 전직을 못한다든지 하는 것은 내국민을 보호하기 위한 겁니다.

국민을 보호하기 위한 거지요.

그런데 한쪽은 전혀 기본권제한으로부터 아무런 이득을 못보고 그 반대편만 이익을 받는데 그것을 공공복리라고 할 수 있을까? 저는 그 부분을 자연법론자들은 설명을 해야 되는 거 아닌가라고 언뜻 한번 생각해 봤습니다.

이상입니다.

토 론 자 : 사회자님 죄송한데요, 1분만.

저는 법실증주의가 아니고 헌법실증주의자인데요, 그래서 오늘 사실 필요성과 가능성의 긴장관계에 대해서 아주 끝까지 밀어붙이신 우리 정태호 교수님에게 정말 경의를 표합니다.

그리고 조금이라도 도움이 되는지는 모르겠는데 원래 저는 이 주제에 대해서 관심이 없었는데 여기 와서 보니까 우리가 10조가 있는데요, 10조는 희한하게 되어 있네요. '모든 국민은 법앞에 평등하다' 그래 놓고 '누구든지'로 시작해서 '차별받지 아니한다' 이렇게 되어 있거든요.

그런데 누구든지라는게 11조에도 그렇게 되어 있고, 12조 신체의 자유도 누구든지가 제법 나와요.

일단 이 누구든지를 해석하는 두 가지 방법이 있는 것 같아요.

하나는 '모든 국민은 누구든지' 이렇게 해석해버리면 역시 별 도움이 안 되는 것이고요.

만약에 이 '누구든지'가 이거는 국민이 아닌 누구든지라도 가능하다라고 보면 11조에 보면 적어도 반은 국민이고 반은 국민이 아닌 모든 개인 외국인을 포함해서 이렇게 되거든요.

만약에 그렇게 해석이 가능하다고 하면 11조에 의하면 외국인도 포함되어 누구든지, 여기 더군다나 굉장히 포괄적으로 되어 있습니다. '정치적·경제적·사회적·문화적 생활의 모든 영역에서 차별을 받지 아니한다' 이렇게 되어 있으니까.

그러면 외국인에 대한 차별금지의 비교관점은 당연히 내국인과의 관계이니까, 그래서 우리 발표자께서는 평등권에 관해서는 외국인의 기본권주체성을 어떻게 생각하시는지?

만약에 제가 지금 언뜻 생각했던 것처럼 11조의 문언상으로도 조금 근거가 있기 때문에 그렇게 해석하면 자유권에 대한 주체는 지금 발표자께서 말씀하신대로 한다하더라도 평등권을 통해서, 말하자면 저희들이 알다시피 미국헌법이라는게 기본권문제가 다 듀 프로세스 아니면 이퀄 프로텍션 둘 중에 하나로 거의 다 포괄이 되지 않습니까? 그러면 예를 들어서 자유권의 주체가 아무리 안 된다 하더라도 결국 11조의 문제로 넘어가서 왜 내국인과 차별하느냐, 이런 문제로 해결을 하면 발표자의 입장이 조금 혹시 보강될 수도 있는지 그런 부분에 대해서 한번.

발 표 자 : 주어가 국민이 아닌 조항이 거기 말고도 뒤에 가면 근로자, 근로3권이 있지요. 근로자가 주어고 또 다른 한 군데인가도 있어요. 제도를 보장하는 혼인과 가족생활 거기도 주어가 국민이 아닙니다.

평등권과 관련해서 그러면 '누구든지'라는 말은 앞에는 '모든 국민은'이라고 했는데 2문에서 '누구든지' 이렇게 했다고 해서 과연 1문을 무시하고 모든 인간으로 이렇게 새길 수 있는지 저는 의문이고요.

아까도 말씀드렸지만 다른 조항들의 규율맥락에서 보면 그거를 그렇게 새기기는 어렵고, 더더군다나 문제는 국적의 문제는 거기 또 언급이 안 되어 있다는 거지요.

신분을 독일같은 경우도 보면, 사실은 외국인의 기본권주체문제가 왜 제기되냐하면 이거는 내국인과 외국인의 차별을 전제로 하고 있거든요 사실은, 주권문제도 있고 여러 가지 외국인법 관련 이런 것이 있기 때문에.

그래서 국적은 거기서 나오는 독일기본법상에 열거되어 있는 어떤 차별금지사유가 아니다. 물론 특별기본권문제지요. 그렇게 새기고 있는 것으로 알고 있고요.

하여간 저는 아까 정광현 팀장께서 제기하신 그런 질문, 예를 들면 기본권이라고 하는 용어가 헌법에서 사용되고 있지 않으니 그거를 어떻게 좀 활용하면 국제법상의 인권도 그게 되지 않겠느냐, 이런 문제제기 존중하고요.

다만 기본권 관련해서 허완중 박사께서 또는 우리 김선택 교수께서 이 개념에 대한 나름대로 깊이 있는 연구를 해 놓으신게 있습니다.

그래서 우리 헌법에 보면 기본적인권이라는 말이 있고, 이 기본적인권이라고 하는 것의 줄임말 아니냐, 그리고 이 개념 범위는 어디까지 미치는지 이런 것에 대한 나름대로의 상당히 깊이 있는 천착을 하고 것으로 알고 있습니다.

그럼에도 불구하고 과연 우리 정팀장님께서 생각하시는 대로 이거를 그렇게 넓힐 수 있겠는가? 헌법에서는 부정하는 기본권주체성을 하위법에서, 물론 아까 제가 말씀드렸지요, 넓히는 것은 금지되지 않는다라고 하는.

하여간 좀 더 생각을 해봐야 될 문제가 아닌가 이렇게 생각을 합니다.

토 론 자 : 저도 1분만 더 쓰도록 하겠습니다.

만약에 헌법개정을 통해서 이 문제를 해석할 수 있다고 했는데 헌법개정이 100년 동안 미루어진다고 할 때도 방치적부정으로서 타당한지?

두 번째로 본인께서 통합론자라고 자칭하셨는데 외국인도 우리 생활의 공유성을 공존의 바탕으로 한다면 통합론적 관점에서 외국인에게 이러한 보편적인 인권의 경우에 인정될 수 있지 않을까 이렇게 생각을 하고요.

외국 사법인에 대해서는 전적으로 또 부정을 했는데 외국 사법인의 경우에 글로벌마인드에 입각했을 때는 더욱 더 부정하기 어려운 측면도 있지 않을까 이렇게 생각을 합니다.

사 회 자 : 감사합니다.

답변은 이따가 연장전에 가서 듣도록 하고.

고생하셨습니다 회장님, 마무리 발언을 부탁드리겠습니다.

회　　장 : 한 두마디만, 우리 사회자께서 시키니까.

사람은 역시 사물을 보는 시각이 다르구나, 같은 글자를 놓고도 이렇게 다른 시각을 가질 수 있구나 하는 생각을 했습니다.

제가 전에 '이순신'이라는 책을 쓰고 언론과 인터뷰하는 과정에서 법관들은 헌법과 법률아래서 자기양심을 가진다고 했습니다.

만약에 자기가 생각하는 가치관이 법률과 헌법을 넘을 수 있느냐 하는게 실정법을 다루는 법조인으로서 어떻게 해야 될 것인지를 저는 그때 일응의 기준을 제시를 했다고 봅니다.

헌법제정권자가 외국인에게 기본권주체성을 인정하지 않으려고 조문을 만든다면 이 이상 더 어떻게 만들 수 있겠느냐를 생각해 보면, 우리가 조문의 그것을 아까 입법론적으로 헌법정책적으로 우리가 이것이 범 인류의 공동가치를 추구하는 현대사회에서 맞지 않다 이런 말하고, 모든 국민이지만 국민이 아닌 외국인도 들어간다 이런식으로 해석하는 것 하고는 좀 차원이 다른 문제가 아니냐.

만약에 우리가 생명존중의 사상만 너무 우리 실정헌법을 떠나서 높이 본다면 훗날 짐승도 동물도 생명권의 주체는 될 수 있다 하는 이론이 안나온다고 누가 장담하느냐. 그렇게도 나갈 수도 있다고 봅니다, 저는.

그런데 제가 어느 것이 옳고 그르다는 것은 아닙니다.

많은 시각 차이를 느끼고 특히 헌법이라는 이 최고의 법을 해석하는 데는 여전히 이런, 어쩌면 만나지 못하는 가치의 대립도 있을 수 있구나 하는 것을 느꼈습니다.

실무적으로 한 가지만 더 말씀을 드리면, 외국인의 기본권주체를 논하는 이유는 헌법재판소법 68조 1항에 따른 헌법소원을 들어줄 적격이 있느냐 여부를 가리는 문제입니다.

우리가 이 문제를 실무적으로 벗어날 필요는 없습니다.

외국인을 법상 어떻게 보호하느냐는 문제가 아닙니다.

헌법재판소법에 따라서 헌법소원 주체로서 인정할 수 있느냐 하는 것이 문제지 외국인을 국민보다도 덜 보호해라, 세계 범 인권보장주의에 어긋난다 이런 관점에서 보다는 오히려 실무적인 관점에서 접근하면 혹시 좀더 의견차이가 좁혀질 수 있지 않겠나 하는 그런 생각을 가집니다.

사 회 자 : 감사합니다.

여러분들 늦은 시간까지 앉아 계시느라고 고생 많이 하셨고, 오늘 발제를 해 주신 정태호 교수님 정말 고생 많이 하셨고, 또 지정토론 해 주신 이준일 교수님, 박진완 교수님 너무 감사하고, 이렇게 늦게까지 여러분들 플로어에 앉아 경청해 주셔서 모두 감사드립니다.

이것으로 120회 헌법실무연구회를 마치도록 하겠습니다.

제121회(2012. 9. 12.) 발표문

일본군위안부사건에 대한 헌법재판소 결정의 평석

이 승 우*

Ⅰ. 서 언

2012년 8월말 현재 한국과 일본 간의 외교관계는 최악의 상황이다. 이명박대통령의 독도방문 이후 이에 항의하는 차원에서 일본은 한국주재 대사를 소환하기도 하였고, 일본은 우리 국민의 독도방문을 불법상륙이라고 하는 등 독도를 한국이 불법점거하고 있다고 주장하고 있으며, 과거 여러 차례 시도했던 것과 마찬가지로 독도영유권문제를 국제사법재판소에 제소하여 판결을 받자고 주장하고 있다. 또한 이명박대통령은 독도방문 이후 "일왕이 방한하고 싶으면 먼저 독립운동가 후손들에게 사과했으면 좋겠다"고 발언하였고, 이에 더 나아가 이대통령은 자신의 일련의 주장은 오랫동안 숙고한 내용의 결과이며 일본의 국제사회에서의 영향력이 과거와 같지 않다는 말까지 하였다. 이러한 발언에 대하여 일본의 정치권이 극렬하게 반발하고 있음은 물론이다. 그리고 이런 와중에 일본의 오사카시장은 물론이고 총리까지도 여기서 살펴보려고 하는 '일본군위안부'의 문제에 대하여 강제동원의 증거가 없다고 주장하면서,[1] 그것을 주장하는 나라는 증거를 내놓으라고 주장하고 있으며, 일본 국회에서는 일본정부가 일본군위안부 강제연행을 인정하고 사과한 1993년 '고노담화'의 폐지를 주장하고 있다.[2]

이미 모두 알고 있듯이 우리 헌법재판소는 2011년 8월 30일 일본군위안부

* 가천대학교 법과대학 법학과 교수.

1) 지금까지의 관례와 헌법재판소의 용례에 따라 '일본군위안부'라는 명칭을 사용하지만, '일본군성노예'라는 명칭이 일본군위안부라는 명칭에 비하여 더 적합하다는 미국국무장관의 견해를 주목할 필요가 있다고 본다.

2) 조선일보, 2012. 8. 28. 고노담화 전문 참조. 당시 담화를 발표한 고노 전장관은 "담화를 발표했을 때와 입장이 전혀 바뀌지 않았다"고 주장하며, "일본의회가 정식 절차를 밟아 요청하면 의회에서 당당하게 입장을 밝힐 것"이라고 하였다. 조선일보, 2012. 8. 30.

피해자인 청구인들이 제소한 헌법소원심판(2006헌마788)에서 피청구인인 우리 국가(외교통상부)의 부작위를 위헌으로 선언한바 있다. 가장 핵심적 근거는 '대한민국과 일본국 간의 재산 및 청구권에 관한 문제의 해결과 경제협력에 관한 협정'(조약 제172호, 이하 '한·일청구권협정'이라 한다) 제2조의 해석과 관련하여, 일본국은 청구인들의 배상청구권이 위 규정에 의하여 소멸되었다고 주장함에 비하여, 대한민국정부는 청구인들의 배상청구권은 위 규정에 의하여 해결된 것이 아니라는 해석을 하고 있어서(2005. 8. 26), 헌법재판소의 입장에서는 한국과 일본 양국 간에 이에 관한 해석상 분쟁이 존재한다고 하였고, 분쟁이 있는 한 위 협정 제3조의 '외교적 경로' 내지 '중재절차'에 따라 해결해야 할 작위의무가 피청구인에게 있다는 것을 근거로 하였다.

아무튼 일본군위안부의 문제가 새로이 논란의 대상이 된 지금 이에 대하여 다각도의 연구가 필요할 것이라고 본다. 다만 법률적 문제의 대부분은 이미 헌법재판소의 심판을 통하여 정리가 되었다고 보며,[3] 문제는 헌법재판소의 결정이 내려지는 과정에서 헌법이론상 논리적으로 문제는 없었는가를 살펴보는 것이 과제로 부여되었다. 다수의견과 달리 소수의견이 그동안의 정부입장을 따라 논란을 제기하고 있기 때문이다. 따라서 아래에서는 이 사건의 논점을 정리하고 적용될 헌법이론을 찾아 평가하되 다수의견에 따른 헌법재판소의 결정이 올바른 것이었음을 입증하고자 한다.

Ⅱ. 헌법재판소의 결정내용과 논점의 정리

1. 사건의 개요와 결정내용

헌법재판소는 '일본군위안부 피해자'들인 청구인들이 '한·일청구권협정' 제2조

3) 일본군위안부의 문제가 한·일청구권협정이 체결되는 과정에서 전혀 언급되지 않았음은 물론이고 협정의 내용에 포함되지 않은 사실, 일본 중앙대학 교수 요시미 요시아키가 1992년 1월 일본 방위청 방위연구소 도서관에서 일본군이 군위안부의 징집에 직접 관여한 관계공문서 6점을 찾아낸 사실, 유엔 인권위원회의 1996년 1월 4일자 '쿠마라스와미 보고서'의 의결, 유엔 인권위원회의 1998년 8월 12일자 '맥두걸 보고서'의 의결, 미국 하원의 2007년 7월 30일자 일본군위안부 결의안의 채택, 네덜란드 하원(2007. 11. 8), 캐나다 연방의회 하원(2007. 11. 28), 유럽의회(2007. 12. 13)의 결의안에 이에 유엔인권이사회의 2008년 6월 12일 일본군위안부 문제에 대해 각국의 권고와 질의를 담은 실무그룹보고서의 채택 등을 통하여 일본정부가 문제의 법적 책임을 인정하고 피해자 다수가 수용할 수 있는 형태의 사죄를 권고하고 있음을 잘 정리하고 있다.

제1항의 해석과 관련하여 한·일 양국 간에 분쟁이 존재함에도 불구하고, 즉 청구인들이 일본국을 상대로 가지는 일본군위안부로서의 배상청구권이 존재한다는 것을 인정하면서도, 피청구인인 '대한민국 정부(외교통상부)'가 '한 · 일청구권협정' 제3조에 따라 그 분쟁을 해결하기 위한 조치를 취할 의무를 이행하지 않고 있다고 주장하면서, 2006년 7월 5일 피청구인의 부작위가 청구인들의 기본권을 침해하여 위헌이라는 확인을 구하는 청구인의 헌법소원심판에 대하여 헌법재판소는 2011년 8월 30일 위헌임을 확인하는 결정을 하였다.

2. 청구인과 피청구인의 주장

청구인은 일본국이 청구인들을 성노예로 만들어 가한 인권유린행위는 국제조약에 위반되는 것이기 때문에 '한·일청구권협정'의 대상이 될 수 없고, 따라서 여기서 타결된 것은 우리 정부의 국민에 대한 외교적 보호권에 관한 것이지 우리 국민의 일본국에 대한 개인적 손해배상청구권은 포기되지 않은 것이라는 것을 전제하고 있다. 이에 대하여 우리 정부도 2005년 8월 26일 이 사건과 관련된 일본국의 법적 책임이 '한·일청구권협정' 제2조 제1항에 의하여 소멸되지 않고 그대로 남아 있다는 사실을 확인하였다. 그러나 한·일 양국 간에 제2조 제1항에 대한 해석상의 분쟁이 존재함으로 청구인은 제3조에 따른 분쟁해결의무가 피청구인에게 있다고 보아 피청구인의 부작위에 의한 기본권침해를 주장하고 있다.[4)]

한편 피청구인은 청구인들에 대한 불법행위와 그 책임의 주체는 일본정부이고 우리정부가 아니며, 정부의 외교행위는 넓은 재량이 허용될 뿐만 아니라 국제사회에 이 문제를 계속적으로 제기하고 있으므로 '한·일청구권협정'에 따른 분쟁해결을 위한 국가의 구체적 작위의무의 불이행은 인정될 수 없다고 한다. 특히 청구인들이 주장하는 외교적 보호권은 그 귀속주체가 국가일 뿐 개인이 자국 정부에 대하여 주장할 수 있는 권리가 아니어서 헌법상 기본권이 아니라고 한다. 특히 국가가 행사할 외교적 보호권은 국가에게 광범위한 재량권이 인정되어 분쟁해결수단의 선택은 국가가 국익을 고려하여 외교적으로 판단할 문제이지 구체적인 외교적 조치를 취해야할 법적 의무가 있다고 할 수 없다고 하였다.[5)]

---

4) 헌재결 2011. 8. 30, 2006헌마788, 헌재판 23-2, 366(374).

5) 헌재결 2011. 8. 30, 2006헌마788, 헌재판 23-2, 366(375).

3. 논점정리와 평석방향

이 사건의 논점은 헌법재판소의 다수의견과 소수의견에서 잘 다루고 있듯이 청구인들의 권리회복을 위한 피청구인의 작위의무 불이행이 청구인의 기본권을 침해하는가에 있다. 즉 청구인의 주장과 같이 피청구인에게 국가의 기본권보호의무가 인정되는가의 문제와 기본권보호의무가 인정되는 경우에도 청구인의 기본권보호청구권이 인정될 수 있는가의 문제로 귀결된다. 특히 위와 같은 피청구인의 작위의무의 존재여부에 앞서 침해된 기본권의 내용에 외교적 보호권이 포함될 수 있는가의 문제로 제기된다. 따라서 청구인이 주장한 기본권이 무엇인가를 중심으로 외교적 보호권이 기본권으로 인정되는가의 문제를 먼저 살펴보아야 헌법소원심판의 인정여부가 결정되기 때문에 이에 대하여 살펴보고, 청구인의 외교적 기본권이 인정되기 위한 이론적 근거제시와 함께 그 실현수단에 해당하는 국가의 기본권보호의무이론을 통하여 분쟁해결의 방향을 찾아보기로 한다.

Ⅲ. 침해된 기본권의 내용과 외교적 보호권의 문제

청구인들은 청구취지에서 헌법 제37조 제1항 소정의 열거되지 않은 기본권으로서의 외교적 보호권에 대응한 외교적 보호의무를 주장하고 있다. 이에 반하여 피청구인은 자신의 부작위가 성립되지 않기 때문에 기본권침해가 없다고 하며, 청구인들은 침해된 기본권이 무엇인지를 적시하지 않고 있다고 한다. 따라서 청구인들이 주장한 외교적 보호권이 인정되는지가 핵심이고, 또한 피청구인이 주장하는 외교적 보호권이 국민의 기본권이 아니라 피청구인의 권한에 해당하는지가 논의의 대상이다.

1. 헌법재판소의 입장

(1) 다수의견

다수의견은 청구인들이 주장한 '외교적 보호권'을 '외교적 보호의무'의 시각에서 침해된 기본권을 논의하고 있다. 즉 '한·일청구권협정' 제2조 제1항의 해석과 관련하여 일본정부 및 사법부의 입장과 우리정부의 입장이 다르기 때문에 제3조에서 규정하고 있는 '분쟁'이 있음에 대하여 인정하고 있고,[6] 이러한 분쟁이 있으면 피청구인은 분쟁해결절차로 나아가는 것이 원칙임에도 불구하고 나아가지 않음으로 인하여 '작위의무위반'임을 확인하였다.[7] 그리고 선례(헌재결 2000. 3. 30, 98헌마206)의 경우 '외교상의 통로를 통한 문제해결'의 절차를 제쳐두고 '중재해결방식에 의한 분쟁해결'을 도모할 피청구인의 의무가 존재하는가의 문제였음에 비하여, 이 사건의 쟁점은 외교상의 경로를 통하여 해결을 하지 못하는 경우 중재회부로 나아가야 할 헌법적 작위의무가 있는지의 여부라고 논점을 정리하며 선례와 구별된다고 하였다.[8] 또한 외교행위의 경우 폭넓은 재량이 허용되는 분야이지만, 특정 국민의 기본권이 관련되는 외교행위는 그것이 법령에 규정된 구체적 작위의무의 불이행과 관련되는 경우 헌법상 기본권보호의무에 대한 명백한 위반이 되므로 위헌으로 선언되어야 한다고 보았다.[9] 결국 다수의견은 피청구인이 '한·일청구권협정' 제3조에 따라 분쟁해결의 절차로 나아가야 할 의무를 헌법에서 유래하는 작위의무로 보고, 그것이 법령(조약)에 구체적으로 규정되어 있는 경우라고 하면서, 그 작위의무의 불이행으로 인하여 청구인들의 기본권을 침해하고 있다고 하였다.[10] 특히 부작위로 인하여 침해된 기본권이 헌법상 보장된 재산권으로서의 배상청구권일 뿐만 아니라 무자비하게 유린된 신체의 자유를 바탕으로 하는 인간으로서의 존엄과 가치의 사후적 회복에 관한 것이라고 하였다(헌재결 2008. 7. 31, 2004헌바81, 헌재판 20-2상, 91).[11]

(2) 소수의견

소수의견은 피청구인이 주장한 것처럼 외교적 보호의무에 대응하는 외교적 보호권은 국제법상 다른 나라의 불법행위로 인하여 자국민이 입은 피해와 관련하여 그 국민을 위하여 국가가 자신의 고유한 권한으로 취하는 외교적 행위 또는 그 밖의 평화적 해결방식을 말하는 것으로서, 그 귀속주체는 '국가'일 뿐 '개인'이 자국 정부에 대해 주장할 수 있는 권리가 아니기 때문에 헌법상의 기본권이 아니라고 한다. 그리고 피청구인의 입장에서 '한·일청구권협정' 제3조에 정한 분쟁해결절차에 나아가야 할 구체적 작위의무가 발생했다고 볼 수 없음으로 부작위로 인

6) 헌재결 2011. 8. 30, 2006헌마788, 헌재판 23-2, 366(386).
7) 헌재결 2011. 8. 30, 2006헌마788, 헌재판 23-2, 366(387).
8) 헌재결 2011. 8. 30, 2006헌마788, 헌재판 23-2, 366(388).
9) 헌재결 2011. 8. 30, 2006헌마788, 헌재판 23-2, 366(388면 이하).
10) 헌재결 2011. 8. 30, 2006헌마788, 헌재판 23-2, 366(391면 이하).
11) 헌재결 2011. 8. 30, 2006헌마788, 헌재판 23-2, 366(389면 이하).

한 청구인들의 기본권침해가 성립되지 않는다고 보아 헌법소원심판청구가 각하되어야 한다고 하였다.[12] 따라서 소수의견은 본안과 관련된 기본권침해 자체를 인정하고 있지 않다.

2. 청구인의 침해된 기본권의 내용과 한계

(1) 일본국에 의하여 청구인의 침해된 기본권

청구인들이 자신들을 성노예로 만들어 인권유린행위를 했다고 주장했지만, 일본국이 청구인들을 성노예로 만들어 가한 인권유린행위는 과연 어느 기본권을 침해하는 것인가에 대하여 누구도 주목하고 있지 않다. 다수의견의 경우 앞에서 살펴본 것처럼 '무자비하게 유린된 신체의 자유를 바탕으로 하는 인간의 존엄과 가치가 말살된 상태에서 장기간 비극적인 삶을 영위하였던 피해자들의 훼손된 인간의 존엄과 가치'라는 표현을 하고 있고, 또한 그 배상청구권의 실현은 '무자비하게 지속적으로 침해된 인간으로서의 존엄과 가치 및 신체의 자유를 사후적으로 회복한다'는 의미를 가지는 것이라고 할 뿐 구체적으로 어느 개별기본권을 침해한 것이라고 논술하지 않고 있다. 어느 의미에서는 인간의 존엄성의 침해라는 것으로 볼 수 있다.

그런데 청구인의 주장뿐만 아니라 외국의 일본군위안부에 대한 보고서들을 종합하면 그것은 실질적인 성격상 '성노예'라는 것이었다. 위안부라는 용어는 일본국이 주장하는 것과 같이 돈을 받고 매춘행위를 하는 것으로 성격을 부여할 수 있지만, 성노예라는 용어는 매춘행위와는 전혀 다른 법적 성격을 가지게 된다. 그리고 위안부의 실질적인 법적 성격을 성노예로 보는 경우, 그것의 기본권적 성격은 '인신에 관한 기본권'에 해당한다. 그럼에도 불구하고 지금까지 헌법재판소는 물론이고 청구인과 피청구인 및 대부분의 학자들은 위안부사건을 '인신에 관한 기본권' 침해의 대표적 사례라는 사실을 간과하고 있었다. 즉 성노예라고 하는 것은 무엇보다도 신체활동의 임의성에 관한 신체의 자유를 침해하고, 또한 신체적 완전성에 관한 권리인 신체불훼손권을 침해하는 것이며, 나아가 신체의 자유와 관련하여 강제적 노역에 해당하는 신체의 자유의 침해행위에 해당한다는 것을 간과했다는 것이다.[13] 다시 말해서 성노예에 의한 기본권침해의 문제는 막연하게 인간의 존엄성의 침해로 볼 것이 아니라 인신에 관한 기본권의 실체적 내용에 해당

12) 헌재결 2011. 8. 30, 2006헌마788, 헌재판 23-2, 366(394).

13) 이승우, 헌법학, 도서출판 두남, 2009, 570-574면.

하는 신체를 훼손하고 있음은 물론이고 자유의 시각에서 신체활동의 임의성을 침해하는 것으로 보았어야 한다. 그리고 성노예의 문제는 인신에 관한 기본권의 침해가 단순한 기본권침해의 문제가 아니라 '기본권의 본질적 내용'을 침해하는 것이기 때문에 나아가 '인간으로서의 존엄과 가치'를 침해하는 것으로 직결되어 더욱 비판받아야 함은 물론이다. 따라서 이 사건에서처럼 헌법재판소가 헌법 제10조를 '최고의 헌법적 가치이자 국가목표규범'으로 보았다고 한다면,[14] 구체적으로 침해된 개별기본권으로 '인신에 관한 기본권'을 제시하고, 성노예의 문제는 인신에 관한 기본권의 본질적 내용을 침해한 것으로서 '인간으로서의 존엄과 가치'의 침해에 이르고 있다고 평가했어야 한다.

한편 일본국에 의하여 청구인들의 '인신에 관한 기본권'이 불법하게 침해된 것에 대하여 청구인들은 배상청구권을 주장하고 있다. 인신에 관한 기본권침해의 불법성이 인정되면 원상회복이 불가하여 금전배상으로 귀결되기 때문이다. 그리고 이 배상청구권의 인정여부에 대하여 일본국과 피청구인의 견해가 다르기 때문에 분쟁이 발생하고 있고, 피청구인이 배상청구권의 존재를 인정하면서도 배상청구를 받아내기 위한 방법의 선택에 있어서 재량행위에 해당한다는 구실로 소극적 태도를 보였던 것이 이 사건의 출발점이다. 또한 배상청구권은 금전적 배상을 전제하므로 재산권의 침해와 관련된다. 따라서 일본국의 '인신에 관한 기본권'의 침해를 원인으로 하는 청구인의 일본국에 대한 배상청구권이 침해되고 있음과 동시에 그를 포함하는 재산권이 침해되고 있음을 알 수 있다.

결국 일본국에 의하여 청구인들은 성노예를 강요받아 인신에 관한 기본권의 본질적 내용을 침해받았고, 그것이 '인간으로서의 존엄과 가치'의 침해에 이르렀으며, 그리고 그 불법행위를 토대로 청구인들에게 인정되는 재산권으로서의 배상청구권이 '한·일청구권협정'을 통하여 침해되고 있음을 알 수 있다.

(2) 피청구인에 의하여 침해된 청구인의 외교적 보호권과 한계

앞에서 살펴본 것처럼 피청구인은 외교적 보호권을 국민의 기본권이 아니라 국가의 권한으로 보고 있으며, 외교적 보호권의 행사여부 및 행사방법에 관해서는 광범위한 재량권이 인정된다고 하였다.[15] 그러나 그러한 주장은 외교적 보호권에 대한 일면적 주장에 불과하다. 피청구인의 주장처럼 외교적 보호권에 대하여 국제법상으로 외교관계를 설명함에 있어서 주권국가의 권한을 설명하는 것으로 볼 수

14) 헌재결 2011. 8. 30, 2006헌마788, 헌재판 23-2, 366(383).
15) 헌재결 2011. 8. 30, 2006헌마788, 헌재판 23-2, 366(375).

있으나, 청구인의 주장처럼 그것은 국민의 시각에서는 국가의 기본권보호의무에 기한 기본권의 보호문제에 해당하는 것이다. 만약 청구인의 입장과 같이 외교적 보호권이 기본권으로 보장되지 않는다면 외국에 의하여 이루어지는 국민의 기본권침해는 무방비로 내맡겨지거나 피청구인의 재량에 달려 있게 된다는 것을 의미한다. 그것이 기본권보호의 사각지대에 해당함은 물론이다. 즉 자신이 속한 국가에 의한 기본권침해는 잘 보장받으면서, 외국에 의하여 침해된 기본권은 보장받지 못하는 문제가 발생한다. 따라서 외교적 보호권이라는 개념이 피청구인의 시각에서는 외국에 대한 자신의 권한이라고 할 수 있지만, 청구인의 시각에서는 헌법 제37조 제1항이 규정하고 있는 헌법에 열거되지 아니한 기본권으로 평가되어야 한다. 더군다나 외교적 보호권의 내용이 성노예와 같은 '인신에 관한 기본권'의 침해문제이고, 그 침해가 기본권의 본질적 내용의 침해에 이르러 '인간으로서의 존엄과 가치'를 상실케 할 정도의 침해라면 헌법에 열거되지 아니한 기본권으로 보장받지 않을 이유가 없다.

그리고 외교적 보호권이 청구인의 기본권으로 인정되는 경우 피청구인은 당연히 기본권보호의무가 발생한다. 다만 외교적 보호권이란 개념이 매우 추상적인 의미를 가지고 있기 때문에, 피청구인의 주장처럼 외교행위를 함에 있어서 광범위한 재량의 여지가 있음을 부인할 수 없다. 즉 피청구인의 입장에서는 재량권을 행사하고 있는 것이라고 주장하지만, 청구인의 시각에서는 '외교적 보호권'이라는 기본권이 피청구인에 의하여 보장되고 있지 않는 상태가 발생한다. 따라서 이러한 '외교적 보호권'의 내용과 한계가 문제가 되는 경우를 전제로 새로이 정립되고 있는 국가의 기본권보호의무이론이 이 사건의 해결에 도움이 되는 것임을 알 수 있다.

3. 평 석

결국 청구인들의 경우 성노예로 끌려가 '인신에 관한 기본권'을 일본국으로부터 침해받았고, 그것이 인신에 관한 기본권의 침해에 그치지 않고 인간의 기본권보장의 핵심목표요 이념적 가치인 '인간으로서의 존엄과 가치'를 무참히 짓밟은 것이었다는 점에서 이론이 있을 수 없다. 그리고 그러한 기본권침해에 대하여 재산권으로서의 배상청구권이 인정된다는 점도 부인할 수 없다. 다만 이러한 기본권침해를 전제로 논의되는 배상청구권의 문제이지만, 그것이 일본국을 대상으로 하는 것이고, 또한 일본제국주의시대에 있었던 불법행위를 대상으로 '한·일청구권협정'이 체결되어 청구인들의 권리가 제한을 받고 있는 상황에서, 청구인들이 주장할 수 있는 것은 피청구인으로 하여금 외교적 보호권을 바탕으로 기본권을 회복하게 해달라고 요청하는 것 뿐이라고 할 수 있다. 따라서 이 사건은 청구인들의 외교적 보호권이 기본권으로 인정될 수 있는가의 문제에 있었고, 위에서 살펴본 것처럼 너무나 당연히 인정되어야 할 열거되지 아니한 기본권에 해당함을 알 수 있었으며, 아래에서는 이 외교적 보호권의 보장을 위한 이론적 근거를 제시하는 것이 논술의 핵심이 된다.

Ⅳ. 국가의 기본권보호의무이론과 국가의 작위의무의 위반여부

1. 국가의 기본권보호의무이론의 개관

(1) 국가의 존립근거

지금의 북한사회와 같은 왕조국가의 경우도 명목상으로는 국가로 기능하고 있다. 그러나 국가론의 시각에서 국가의 존립근거를 살펴볼 때,[16] 북한은 오늘날의 대다수의 국가와 같이 보편적 국가라 할 수 없다. 그것은 국가이기 위해서 최소한으로 요구하는 국가의 목적과 과제를 북한정권은 실현하고 있지 못하기 때문이다.

국가론의 시각에서 국가는 선재하는 것이 아니라 의식적으로 창조된, 더욱이 일정한 목적을 위하여 창조된 제도이며, 그것은 평화와 안정과 자유로운 인간의 공동생활을 위하여 인간에 의하여 그리고 인간을 위하여 고안된 것이다.[17] 국가는 그 자체에 존립목적이 있는 것이 아니라 인간을 위한 수단적 존재라는 것이다. 그리고 여기서 국가가 일정한 목적을 달성하기 위하여 창조된 것이라는 점은 모든 국가가 일정한 목적과 과제를 가지고 있다는 것이고, 국가론의 시각에서 그 목적과 과제는 민주주의와 법치주의의 시각에서 '국가 내의 질서와 평화의 보장'과 '정치적·법적 자유와 평등의 보장'이 이루어져야 한다는 것이며 또한 사회국가의 시각에서 '실질적·물질적 자유와 평등의 보장'이 이루어져야 한다는 것으로 요약된다.[18] 따라서 이 사건과 같이 일본국으로부터 침해받은 청구인들의 기본권을

16) 이승우, 국가론, 도서출판 두남, 2010, 61-136면.

17) Ernst-Wolfgang Böckenförde, Der Staat als sittlicher Staat, Duncker & Humblot, 1978, S.12.

18) 이승우, 국가론, 123-129면.

보장받지 못한다면 국가의 목적과 과제를 완수한 것이라고 할 수 없으며, 이러한 국가의 목적과 과제를 실현하지 못하는 국가권력은 정당성을 잃음과 동시에 국민의 신임을 잃어 물러나야 한다.

(2) 국가의 기본권보호의무이론의 대두

상기한 국가의 목적과 과제는 국민의 기본권보장으로 표현되기도 한다. 즉 국가는 국민의 기본권보장을 최우선의 목적과 과제로 한다. 그런데 기본권이론에서 알 수 있듯이, 기본권은 국가로부터의 침해에 그치는 것이 아니라 제3자인 사인이나 이 사건과 같이 외국으로부터도 침해가 이루어진다. 그리하여 기본권의 효력과 관련하여 대국가적 효력으로서의 주관적 공권이론만으로 모든 문제가 해결될 수 없기 때문에 기본권의 제3자적 효력의 이론이 주장되기에 이르렀고, 또한 그것으로도 해결할 수 없는 기본권보장의 사각지대가 발견되어 국가의 기본권보호의무이론이 등장했다.[19]

국가의 기본권보호의무이론은 전통적 기본권이론에서 국가가 침해자인 것과 달리, 국가가 아닌 사인(가해자)이 기본권주체(피해자)의 기본권의 핵심내용에 해당하는 생명, 건강, 자유, 재산과 같은 이익을 침해하거나 위해를 가해올 때, 그 기본권주체가 국가에 대해 주장할 수 있는 태도와 권리에 관한 문제이다. 예컨대 낙태의 경우는 물론이고 유괴자에 대한 살해위협, 타인에게 위해를 줄 실험의 시행, 위험한 시설물의 개통, 외국에서 위험에 처한 국민의 외교적 보호 등에시 볼 수 있듯이, 국가가 아닌 제3자에 의한 기본권적 이익이 위험에 직면하고 있을 때, 국가의 적극적 관여 없이는 기본권적 이익을 보장받을 수 없는 경우에 제기되는 이론이다.[20] 그리고 국가의 기본권보호의무이론은 국가론에서 논의되는 국가의 평화보장의무와 기본권의 양면성이론에서 논의되는 기본권 속에 내포된 객관적 보호이익을 이론적 근거로 하고 있다.[21] 따라서 이 사건은 전형적인 국가의 기본권보호의무이론에 의하여 해결책이 찾아졌어야 하는 문제임을 알 수 있다.[22] 일본국에 의하여 청구인들의 기본권이 침해된 사건이면서, 피청구인인 국가의 적극적 관여 없이는 실현될 수 없는 기본권보호의 문제이기 때문이다.

---

19) 국가의 기본권보호의무와 관련된 많은 문헌은, 이승우, "국가의 기본권보호의무", 현대공법과 개인의 권익보호(양승두교수 화갑기념논문집 I), 1994, 1154면 이하를 참조하기 바람.

20) 이승우, 헌법학, 도서출판 두남, 2009, 441면 이하.

21) 자세한 내용은 이승우, 헌법학, 442면.

22) 다수의견이 "국가권력의 과제로서 국민이 제3자에 의하여 인간존엄성을 위협받을 때 국가는 이를 보호할 의무를 부담한다"고 설명한 점에서 이를 뒷받침하고 있다.

2. 국가의 작위의무의 위반여부

결국 이 사건은 국가론에서 논의되는 국가의 존립근거와 관련되어 있음은 물론이고 기본권이론에서 논의되는 국가의 기본권보호의무이론과 관련되어 있음을 알 수 있다. 그리고 국가의 기본권보호의무이론은 국가의 평화보장의무를 이론적 근거로 하는 점에서 현실적인 해결책은 국가의 기본권보호의무이론으로 귀결됨을 알 수 있다. 헌법재판소의 다수의견은 물론이고 소수의견도 이 사건에 대하여 후자의 관점에서 주로 논의하고 있는 이유가 여기에 있다고 할 수 있다. 즉 이 사건의 해결과 관련하여 피청구인의 적극적 작위의무가 존재하는가의 문제가 그것이다. 이에 대하여 다수의견과 소수의견의 논리를 요약하여 정리하고 해결책을 제시하기로 한다.

(1) 다수의견

다수의견은 행정권력의 부작위에 대한 헌법소원은 공권력의 주체에게 헌법에서 유래하는 작위의무가 특별히 구체적으로 규정되어 이에 의거하여 기본권의 주체가 행정행위 내지 공권력의 행사를 청구할 수 있음에도 공권력의 주체가 그 의무를 해태한 경우에만 허용된다(헌재결 2000. 3. 30, 98헌마206, 헌재판 12-1, 393)는 것과, '공권력의 주체에게 헌법에서 유래하는 작위의무가 특별히 구체적으로 규정'된 것이 의미하는 바는, 첫째, 헌법상 명문으로 공권력 주체의 작위의무가 규정되어 있는 경우, 둘째, 헌법의 해석상 공권력 주체의 작위의무가 도출되는 경우, 셋째, 공권력 주체의 작위의무가 법령에 구체적으로 규정되어 있는 경우 등을 포괄하는 것으로 보면서(헌재결 2004. 10. 28, 2003헌마898, 헌재판 16-2하, 212(219)) 이 사건에 대하여 작위의무가 있다고 판단하고 있다.[23] 즉 '한·일청구권협정' 제3조에 따라 분쟁해결의 절차로 나아가야 할 작위의무는 다음과 같은 3가지 헌법적 근거를 가지고 있다고 보았다. 첫째, 최고의 헌법적 가치이자 국가목표규범으로서 모든 국가기관이 실현해야 할 의무와 과제를 부과하고 있는 헌법 제10조, 둘째, "국가는 법률이 정하는 바에 의하여 재외국민을 보호할 의무를 진다"는 헌법 제2조 제2항, 셋째, 우리 헌법이 "3.1운동으로 건립된 대한민국임시정부의 법통을 계승하고 있다"는 전문 등이 그것이다. 그리고 이에 근거하여 자국민의 배상청구권을 실현할 수 있도록 협력하고 보호하여야 할 헌법적 요청이 있는 것이며, 그 의무의 이

---

23) 헌재결 2011. 8. 30, 2006헌마788, 헌재판 23-2, 366(382).

행이 없으면 청구인들의 기본권이 중대하게 침해될 가능성이 있으므로, 피청구인의 작위의무는 헌법에서 유래하는 작위의무로서 그것이 법령에 구체적으로 규정되어 있는 경우라고 보았다.[24] 더군다나 청구인들의 일본에 대한 배상청구권의 실현 및 인간으로서의 존엄과 가치의 회복을 하는 데 있어서 현재의 장애상태가 초래된 것은 우리 정부가 청구권의 내용을 명확히 하지 않고 '모든 청구권'이라는 포괄적 개념을 사용하여 '한·일청구권협정'을 체결한 것에도 책임이 있다는 점을 주목한다면, 피청구인에게 그 장애상태를 제거하는 행위로 나아가야 할 구체적 작위의무가 있음을 부인할 수 없다고 하였다.[25]

(2) 소수의견

소수의견은 이 사건의 핵심쟁점인 분쟁해결절차로 나아가야 할 작위의무의 존재여부에 대하여 다수의견이 제시한 일반론에 찬성하면서도, 공권력 주체의 작위의무는 '기본권 주체인 국민에 대한' 의무라야 하며, 그래야만 "이에 의거하여 기본권의 주체가 행정행위 내지 공권력의 행사를 청구할 수 있음에도 공권력의 주체가 그 의무를 해태하여 헌법상 보장된 기본권을 침해받은 자"로서 그 침해의 원인이 되는 행정권력의 부작위를 대상으로 헌법소원을 청구할 수 있다고 한다.[26] 그 결과 소수의견은 헌법 제10조, 제2조 제2항, 전문의 규정 자체 또는 해석에 의하여 '헌법에서 유래하는 구체적 작위의무'가 도출될 수 없고, '구체적인 작위의무가 규정되어 있는 법령'이 존재해야 이를 매개로 국가의 청구인들에 대한 구체적 작위의무가 인정될 수 있다고 한다.[27] 즉 위 헌법규정들은 국가의 일반적·추상적 의무를 규정한 것일 뿐 그 조항 자체로부터 국민을 위한 어떠한 구체적인 행위를 해야 할 국가의 작위의무가 도출될 수 없다는 것이 헌법재판소의 확립된 판례라는 것이며(헌재결 2000. 3. 30, 98헌마206, 헌재판 12-1, 393; 1998. 5. 28, 97헌마282, 헌재판 10-1, 705; 헌재결 2005. 6. 30, 2004헌마859, 헌재판 17-1, 1016),[28] '법령에 구체적으로 작위의무가 규정되어 있는' 경우란 "국가가 국민에 대하여 특정의 작위의무를 부담한다"는 내용의 법령이 존재해야 한다는 것이다.[29] 따라서 소수의견은 조약상 권리의무의 이행과 관련하여 '그러한 요구를 할 수 있는 권리를 자국 국민에게 부

24) 헌재결 2011. 8. 30, 2006헌마788, 헌재판 23-2, 366(383면 이하).
25) 헌재결 2011. 8. 30, 2006헌마788, 헌재판 23-2, 366(384).
26) 헌재결 2011. 8. 30, 2006헌마788, 헌재판 23-2, 366(394).
27) 헌재결 2011. 8. 30, 2006헌마788, 헌재판 23-2, 366(395면 이하).
28) 헌재결 2011. 8. 30, 2006헌마788, 헌재판 23-2, 366(395).
29) 헌재결 2011. 8. 30, 2006헌마788, 헌재판 23-2, 366(396).

여하는 내용'의 구체적 문구가 없기 때문에 국가의 구체적 작위의무가 발생하지 않는다고 한다.

한편 소수의견은 '한·일청구권협정' 제3조의 규정에 따른 '외교행위를 할 작위의무'는 '구체적인' 행위를 해야 하는 '의무'가 아니라고 한다. 즉 분쟁이 있으면 '반드시' 외교적 해결절차로 나아가야 한다거나 외교적 해결이 교착상태에 빠질 경우 '반드시' 중재절차를 신청해야 한다는 '의무적' 내용은 존재하지 않는다는 것이며, 따라서 '외교적 해결'이나 '중재절차회부' 모두 '의무사항'이 아니고 우리나라의 외교적 '재량사항'이라는 것이며, 또한 '외교상의 경로를 통하여 해결할 의무'란 구체적 작위의무가 아니라고 한다.[30] 오히려 소수의견은 '외교적 해결을 할 의무'는 헌법재판소의 사법심사의 대상이 되기는 하지만 권력분립원칙상 사법자제가 요구되는 분야라고 한다.[31]

3. 평 석

우리 헌법은 제10조 제2문에서 "국가는 개인이 가지는 불가침의 기본적 인권을 확인하고 이를 보장할 의무를 가진다"고 하였다. 이 규정은 국가론의 시각에서 보면 너무나 당연한 국가의 목적과 과제를 명시적으로 규정하고 있는 것임을 알 수 있다. 즉 명문의 규정이 없더라도 당연히 국가의 목적과 과제로 제시될 수 있는 내용을 우리 헌법이 선언하고 있는 것이다. 다시 말해서 국가의 기본권보호의무이론에서 논의된 것처럼 국가가 아닌 제3자에 의한 기본권침해로 위험에 처한 국민이 국가의 보호를 받지 못한다면 국가는 존립근거를 잃게 된다는 것이고, 특히 외국과의 관계에서 자국민을 보호하지 못한 국가는 정당성을 인정받을 수 없다는 것이다.

결국 다수의견의 주장처럼 여러 헌법적 근거를 제시할 필요도 없이 피청구인의 작위의무는 당연히 존재한다. 특히 헌법상의 의무를 실현하기 위하여 피청구인은 '한·일청구권협정'을 맺었고, 이 협정의 제3조가 피청구인의 작위의무의 내용을 구체적으로 규정하고 있기 때문이다. 그리고 피청구인은 외교상의 경로를 통한 분쟁의 해결에 대해서도 소극적이었음은 물론이고 외교상의 경로를 통한 분쟁해결의 방법이 없다면 중재회부절차로 나아가야 함에도 불구하고 이를 추진할 별다른 계획이 없다는 것을 여러 차례 밝힌바 있기 때문에 작위의무의 불이행이 인정된

30) 헌재결 2011. 8. 30, 2006헌마788, 헌재판 23-2, 366(398면 이하).

31) 헌재결 2011. 8. 30, 2006헌마788, 헌재판 23-2, 366(400).

다는 다수의견은 타당하다고 본다.[32)]

그런데 소수의견은 조약내용의 해석과 관련하여 중대한 오류를 범하고 있다. '그러한 요구를 할 수 있는 권리를 자국 국민에게 부여하는 내용'의 구체적 문구가 없기 때문에 국가의 구체적 작위의무가 발생하지 않는다고 하면서 '외교적 해결'이나 '중재절차회부' 모두 '의무사항'이 아니고 우리나라의 외교적 '재량사항'이라고 하는 것이 그것이다.[33)] 특히 다수의견이 주장한 헌법규정들은 소수의견의 시각에서는 국가의 일반적·추상적 의무를 규정한 것일 뿐이고, 그 의무의 이행여부도 재량사항에 해당한다는 취지이다.[34)] 물론 그 헌법규정에 근거하여 '구체적인 행위'를 해야 할 국가의 작위의무가 인정되는 것은 아니지만, 소수의견에 따르면 외교관계에서 자국민보호의 문제가 의무사항이 아니라 재량사항이라는 기막힌 논리를 제시하고 있는 것이다. 이것은 피청구인의 作爲義務의 存在問題와 作爲義務의 實現方法의 選擇問題를 혼동한 것으로서 심각한 오류에 해당한다. 즉 국가론의 시각에서는 물론이고 헌법규범의 해석의 관점에서도 청구인들의 기본권을 보호해야 할 피청구인의 작위의무는 너무나 당연히 존재한다는 것이고, 다만 피청구인은 그 작위의무를 실현할 방법의 선택에 있어서 선택재량이 있을 뿐인데, 소수의견은 양자

---

32) 피청구인의 작위의무의 위반여부에 대하여 2005년 민관합동위원회의 결정 이전과 이후로 나누어 이전에는 작위의무의 위반이 있었고 이후에는 작위의무를 인정하고 실행에 나섰다는 주장이 있으나(김창록, 참고인 진술 및 신문조서, 4면 이하), 국가론의 시각에서 국가의 작위의무는 피청구인의 인정여부와 관계없이 인정되어야 한다.

33) 소수의견이 " '조약에 근거하여 자국이 상대방 국가에 대하여 취할 수 있는 조약상 권리의무를 이행하라'고 자국 정부에 요구할 수 있기 위해서는, '그러한 요구를 할 수 있는 권리를 자국 국민에게 부여하는 내용'의 구체적 문구가 해당 조약에 기재되어 있어야 할 것이다. 조약에 그러한 내용의 명시적 문구가 없는 이상, 해당 조약이 국민의 권리관계를 대상으로 한다는 이유만으로 조약상 정해진 절차상 조치를 취할 것을 자국 정부에 요구할 권리는 발생하지 않는다"고 주장한 것은 독일과 같이 조약에 대한 동의법제도를 채택하고 있지 않은 우리 현실에서 납득하기 어렵다. 더군다나 '한·일청구권협정'은 조약의 내용상 국민의 권리의무에 직접적 영향을 미치는 입법사항을 포함하는 조약유형이고(이승우, 헌법학, 290면), 이러한 조약유형에는 국제인권규약, 범죄인인도조약 등과 함께 우리 헌법재판소는 한일어업협정이 이에 속하는 것으로 본(헌재결 2001. 3. 21, 99헌마139(병합)) 것과 같은 사항인데, 모든 조약이 모든 권리의무의 당사자들을 지칭하며 분쟁해결절차를 마련하는 경우란 있을 수 없다는 점에서 소수의견에 동조하기 어렵다. 즉 청구인들과 같은 국민들은 너무나 당연한 조약내용의 권리의무자로서 권리를 주장할 수 있고, 해석상의 분쟁이 있을 경우 분쟁해결절차를 요구할 수 있으며, 바로 '한·일청구권협정' 제3조가 그에 해당한다고 보아야 한다. 만약 소수의견의 논리에 따르면 자국민의 기본권을 침해하는 조약을 체결하고도 국가는 국민의 기본권침해를 인정하지 않을 수 있다는 결론에 도달한다.

34) 소수의견은 '외교상의 경로를 통하여 해결한다'라는 문구와 '중재위원회에 결정을 위하여 회부한다'는 문구에서 '의무적' 요소를 발견할 수 없다고 하지만, 그것은 억지에 불과하다. 소수의견의 주장이 맞으려면 의무적 요소에 해당하는 '…해야만 한다'라는 문구가 과연 우리 법조문에 얼마나 있는가를 고려해야 한다. 지금까지의 법조문은 물론이고 판결문에서 재량사항으로 평가될 수 있는 문구는 '…라 할 수 있을 것이다'라고 하는 경우이고, '…라 한다'의 경우는 물론이고 '…라 할 수 있다'라는 문구도 대부분은 가능성을 전제로 하는 재량사항으로 판단되지 않는다.

를 구분하지 않고 함께 고려하면서 후자의 시각에서 잘못 결론을 내리고 있다.

결국 소수의견의 논리상의 오류에서 지적했듯이 피청구인은 국가의 기본권보호의무에 근거하여 청구인의 주장을 실현해야 할 작위의무가 존재한다. 그리고 그 작위의무를 실현하기 위하여 어떤 수단과 방법을 동원할 것인가에 대한 재량의 여지를 피청구인은 가지게 된다. 다만 피해자인 청구인들의 의사가 분명할 뿐만 아니라 구제가능성이 조금이라도 존재한다면 외교적 보호권은 존중되어야 하는 것이기 때문에, 피청구인의 작위의무는 존재한다고 보아야 한다. 그리고 다수의견은 여기서 피청구인의 작위의무의 불이행은 청구인의 외교적 보호권을 침해한 것으로 단순하게 처리하고 있지만, 이 문제는 피청구인의 재량영역과도 관련된 것이기 때문에 기본권보호의무에 상응하여 기본권보호청구권이 인정되는가의 문제로 발전한다는 점을 고려해야 하기 때문에 다음의 문제로 넘어가 구체적으로 살펴보아야 한다.

Ⅴ. 국가의 작위의무의 위반과 기본권보호청구권의 인정여부

1. 국가의 작위의무와 과소보호금지의 원칙

국가의 기본권보호의무이론에 근거하여 국가의 작위의무가 인정되는 경우에도 그것을 실효성 있게 보장하는 것은 별개의 문제이다. 소수의견에서 주장한 것처럼 헌법은 아무런 구체적 언급이 없기 때문에, 국가는 작위의무의 이행을 위하여 광범위한 입법형성권을 통해 위험영역을 확정하고 위험의 강도에 따른 기준을 세워야 하며, 이를 꾸준히 개선해 나가야 실효성 있는 보장이 이루어지는 것이다. 즉 기본권보호의무의 내용을 실효성 있게 보장하기 위하여 다양한 방법이 있을 수 있으나, 가장 실효성 있는 방법은 그것을 법률로 전환하여 명문화하는 것이며, 법률을 통해 피해자의 권리형성과 가해자에 대한 제재가 이루어지게 하여야 실효성 있는 보장이 이루어진다.[35] 헌법재판소가 국가의 기본권보호의무의 존재를 인정하고, 기본권보호의무가 인정되는 경우 국가는 '과소보호금지의 원칙'에 따라 입법권자로 하여금 적절하고 효율적인 최소한의 보호조치를 취하도록 명하고 있

35) 이승우, 헌법학, 443면 이하.

는 것이 그것이다.[36)]

결국 다수의견은 청구인의 기본권을 보장할 국가의 헌법상의 작위의무를 인정하고 '한·일청구권협정'을 그 작위의무의 이행을 위한 구체적 법률로 보고 있으며, 그것이 국가의 '과소보호금지의 원칙'에 반하지 않는 것으로 평가하였다. 이에 반하여 소수의견은 국가의 작위의무의 존재 자체를 부인하고 있음은 전술했고, 따라서 '과소보호금지의 원칙'에 반하는가의 여부가 논의조차 되지 않고 있음을 알 수 있다. 여기서 다수의견의 논리가 타당함은 물론이다.

2. 행정재량과 기본권보호청구권

국가의 기본권보호의무이론에 따라 국가의 작위의무가 인정되는 경우에도 그 의무에 상응하여 개인이 어떤 主觀的 權利性을 가져 기본권보호청구권이 인정될 수 있는가는 별도로 논의되어야 한다.[37)] 소수의견이 강조하는 것과 같이 국가의 작위의무는 입법권자가 구체적 법률로 규정하지 않는 한 대체로 행정권력의 재량사항으로 평가되는 점에서 논란이 제기된다. 그리고 국가의 기본권보호의무이론이 대두된 것은 이러한 행정권력의 재량사항에 따라 기본권보호의 사각지대가 있었던 것을 고려하여 제기된 것임을 알 수 있다.

국가의 기본권보호의무에 상응하는 기본권보호청구권의 인정여부와 관련하여 다음과 같은 내용이 확립되어 있다.[38)] 즉 위험요소가 많은 영역에 대한 입법권자의 입법부작위에 대하여 헌법재판소는 위험에 처한 기본권주체에게 立法促求를 위한 헌법소원의 청구인적격을 인정하고 있다. 또한 위험에 처한 국민은 개별적인 경우에 구체적인 보호조치를 받기 위하여 行政介入請求權이 인정된다. 이때 청구인은 특정한 조치를 요구하는 '實質的·主觀的 公權'이 아니라 책임 있는 당국의 재량에 따라 다양한 보호조치가 이루어질 것을 전제하므로 제한적인 것이다. 그리고 행정개입청구권과 더불어 위험에 처한 국민은 無瑕疵裁量行使請求權이 인정된다. 행정개입을 하되 하자 없는 재량권의 행사를 요구하는 것이다. 그러나 이러한 기본권보호청구권은 국가의 재량에 맡겨진 행정편의주의와 관련된 '形式的·主觀的 公權'에 해당함을 알 수 있지만, 그 재량이 0으로 수축되는 경우 '형식적·주관적

36) 헌재결 1997. 1. 16, 90헌마110·136병합, 헌재판 9-1, 90.

37) 기본권보호청구권의 인정여부와 성격에 관하여는, 이승우, 헌법학, 444면 이하.

38) Josef Isensee, Das Grundrecht auf Sicherheit－Zu den Schutzpflichten des freiheitlichen Verfassungsstaates－, Walter de Gruyter, 1983, S.51ff.

공권'은 '실질적·주관적 공권'으로 변화한다.[39] 즉 특정한 국가의 작위의무로 변화되면서 기본권보호청구권이 인정되게 된다.

3. 평 석

아무튼 소수의견은 국가의 작위의무 자체를 부정했기 때문에 이러한 국가의 기본권보호의무이론에 따른 평가가 불필요하지만, 다수의견의 경우 작위의무를 인정했기 때문에 이에 따른 평가가 요구된다. 즉 '한·일청구권협정'이 구체적 법률로 평가하여 청구인의 기본권을 인정하는 이외에, 그 작위의무에 상응하여 기본권보호청구권을 인정할 수 있는가를 찾아보기로 한다.

생각건대 피청구인은 청구인의 외교적 보호권이 인정될 수 없음은 물론이고 그것은 피청구인의 재량사항으로 평가하고 있다. 즉 피청구인은 금전적 배상책임을 제외하고 '외교상의 경로'를 통한 경제적 지원 및 보상, 근본적 문제인 철저한 진상규명, 공식적인 사죄와 반성, 올바른 역사교육의 실시 등을 지속적으로 요구하는 등 정당한 분쟁해결조치를 취하고 있다고 하였고, 그것이 작위의무의 이행이라고 하였다.[40] 그러나 피청구인의 위와 같은 노력은 일본국이 이를 받아들이든 받아들이지 않든 상관없이 일방적인 외교적 주장을 펴온 것에 불과한 것이지, 본 협정의 해석과 실시에 따른 분쟁을 진정으로 해결하기 위한 것이었다고 할 수 없다. 즉 피청구인의 작위의무의 이행이 있다고 하기 위해서는 '한·일청구권협정'의 해석과 실시에 있어서 청구인들의 배상청구권과 관련하여 '분쟁이 발생하였다는 사실을 일본국에 통지하는 절차'가 필연적으로 있어야 '외교상의 경로'에 따른 해결을 시도한 것이라고 할 수 있는데, 피청구인의 외교행위는 진정성이 있는 적극적 해결시도라고 보기 어렵다는 것이다.[41] 그리고 피청구인은 중재회부로 나아갈 것이 아니라 계속하여 외교상의 경로를 통한 문제해결을 하는 것으로 주장하나, '한·일청구권협정' 관련 문서가 전면 공개된 이후에도 청구인이 요구한 이 '한·일청구권협정'의 해석과 관련된 분쟁에 대하여 오히려 아무런 조치를 취하지 않겠다는 의사를 밝힌바 있다.[42] 특히 일본국의 단호한 무시전략에 의하여 그동안의

39) 이승우, 헌법학, 445면 이하.

40) 이를 근거로 참고인인 정인섭교수는 그러한 것들이 한국정부의 외교적 보호권의 실시이지 그것의 포기가 아니라고 한다. 즉 피청구인의 부작위가 성립되지 않는다고 한다. 정인섭, 참고인 진술 및 신문조서 2면.

41) 청구인들의 소송대리인, 헌법소원심판 보충이유서, 7면.

42) 헌재결 2011. 8. 30, 2006헌마788, 헌재판 23-2, 366(385).

조치가 아무런 효과가 없었음을 전제로 피청구인은 중재회부절차에 들어가지 않더라도 일본국에 분쟁해결에 필요한 노력의 진정성을 보여 다른 방법을 모색했어야 함에도 불구하고 별다른 의지를 보인바 없다.

결국 피청구인은 청구인들의 외교적 보호권을 인정하고 보장하기 위하여 적극적 작위의무가 존재하고, 그 외교적 보호권을 실현하기 위한 방법의 선택에 있어서 재량권이 인정되지만, 양국 사이에 법률적 분쟁의 존재를 인정하면서도 적극적으로 외교상의 경로를 통한 분쟁해결을 위한 방법을 찾으려는 노력을 하지 않았으므로 국가의 기본권보호의무이론에서 요구하는 '과소보호금지의 원칙'에 반했다고 할 수 있다. 뿐만 아니라 다수의견이 주장하듯이 청구인의 침해구제의 절박성과 관련하여 일본국의 법정을 통한 사법적 구제와 일본국의 자발적 사죄 및 구제조치를 기대하는 것이 사실상 불가능하다는 것이 확인되었고, 또한 2006년 유엔 국제법위원회에 의해 채택되고 총회에 제출된 '외교적 보호에 관한 조문 초안'의 제19조에서 규정하고 있듯이 청구인의 기본권침해에 대한 구제가능성과 관련하여 배상청구가 최종적으로 부인되는 결론이 나올 위험성이 있더라도 피해자인 청구인들의 의사가 분명할 뿐만 아니라 구제가능성이 조금이라도 존재한다면 외교적 보호권은 존중되어야 한다는 것을 주목해야 한다. 따라서 이것은 더 이상 외교상의 경로를 통한 분쟁해결의 방법을 찾을 수 없기 때문에 피청구인의 재량권은 0으로 수축되면서 '한·일청구권협정' 제3조에 따라 중재회부절차로 나아가야 한다는 것을 의미하고,[43] 이것은 헌법이론적으로 피청구인의 재량권이 0으로 수축되면서 '실질적·주관적 공권'으로 전환되어 기본권보호청구권이 인정되지 않을 수 없다는 것을 의미한다.[44]

---

43) 소수의견은 헌법규범에서 규정하고 있는 국가의 의무는 일반적·추상적 의무이고, 이 의무에 근거하여 국민이 국가를 상대로 의무이행을 구할 수 있는 '구체적인' 작위의무가 성립되지 않고, 하물며 헌법보다 하위규범인 '조약'에 명시되어 있을 뿐인데도 이를 근거로 조약의 당사자도 아닌 국민이 국가에 대하여 의무의 이행을 구할 수 있는 '구체적인' 작위의무로 탈바꿈되는 것은 아니라고 하며, 이러한 내용에 대하여 헌법재판소가 피청구인에 대하여 막연히 '외교적 노력을 하라'는 의무를 강제로 부과시키는 것은 권력분립원칙에 반할 소지가 있다고 하였다. 그러나 소수의견의 주장은 재량권이 무제한 허용되는 것이 아니라는 것과, 또한 재량권의 0으로의 수축이론이 법치주의의 실현을 위하여 요구되고 있는 점을 알지 못하는 것이며, 동시에 피청구인의 권한과 의무를 권한의 측면에서만 평가한 잘못이 있음을 주목해야 한다.

44) 참고인 정인섭교수는 본질적으로 국가의 재량적 사항을 규정한 조항을 근거로 해서 개인이 국가에게 중재재판의 실시를 법적 권리로 요구하고 이를 행하지 않으면 위헌상태라고 주장할 수 있는 법적 근거는 인정하기 어렵다고 한다. 정인섭, 참고인 진술 및 신문조서, 3면.

Ⅵ. 결 론

이 사건에서 내려진 헌법재판소의 결정이 가지는 의미는 앞에서 논술한 것처럼 단순히 헌법이론적 문제에 그치지 않는다. 이것은 우리나라와 일본국 사이에 정리되고 있지 않은 과거사와 관련된 역사인식의 문제임과 동시에 인류의 보편적 인권보장과 관련된 인권인식의 문제와 관련되어 있다. 따라서 이 사건에 대한 평석은 앞에서 살펴본 실정법상의 문제와 실효성의 관점에서만 평가할 사항이 아니다.

무엇보다도 이 헌법재판소 결정의 의미를 한국정부의 국제법상의 입장과 중재재판의 성공가능성에서 찾을 것은 아니다.[45] 여러 정권을 이어 오면서 일관된 입장을 보이지 못한 것 때문에 한국정부의 입장에 약점이 있다는 점이나, 중재재판에서 '한·일청구권협정' 제2조의 해석과 관련하여 청구인들의 배상청구권이 받아들여지기 어렵다는 점에서 실효성에 의문이 간다는 차원의 문제에 그치지 않는다. 이미 문명국의 대부분에서 일본국에 의하여 반인륜적 인권침해행위에 해당하는 군위안부설치가 제2차 세계대전 중에 있었다는 사실을 알고 있고, 그 근거가 발견되어 제시되고 있음에도 불구하고 일본국이 국가적 불법행위로 인정하지 않고 역사왜곡을 계속하고 있는 것에 대하여 분노하고 있는 현실에서, 중재재판은 그와 관련된 역사적 진실관계를 새롭게 들추어볼 수 있는 기회이기도 하기 때문이다. 한편 이 헌법재판소의 결정은 인류의 보편적 인권의식을 변화시키는 의미를 가질 수 있다. 반인륜적 인권침해에 대하여 인류는 끝까지 추적하여 사죄와 반성을 요구할 것이라는 점을 지적하고 있는 것이고, 특히 일본군위안부의 문제는 대표적 성노예를 의미하는 것으로서 가장 대표적 반인륜적 인권침해였다는 사실을 세계에 알려 더 이상 이러한 국가에 의한 인권유린이 나타나지 않게 본보기를 보이는 것이다. 따라서 이 헌법재판소의 결정은 국제중재재판의 가능성을 열어두고 일본국의 자발적 반성 또는 중재절차를 통한 진실발견을 가능하게 하는 점에서 의의를 찾아야 한다. 즉 추가적인 외교적 경로를 통한 분쟁해결을 시도하되 여의치 않을 경우 국제중재위원회로 넘기는 절차가 진행되는 동안 국제사회에 공론화가 다시금 이루어지면서 일본국의 자발적 사과와 재발방지의 의사표명을 받아내도록 압박을 가하는 의미가 있을 것으로 보인다.

결국 위와 같은 취지를 인식하고 외교부 당국자는 헌법재판소의 이 사건 결정 1주년(30일)을 앞두고 2012년 8월 26일 이 사건의 '분쟁해결을 위한 양자 협의'

45) 정인섭, 참고인 진술 및 신문조서, 5면.

를 갖자는 외교문서를 보냈지만 아무런 답이 없는 상태임을 전제로 협정에 규정된 다음 단계인 중재위 설치를 제안할 것이라고 말했다. 중재위 구성제의를 통해 성노예 문제를 국제사회에서 공론화함으로써 기대되는 효과가 클 것이라고 판단한 때문이라고 한다.[46] 늦었지만 헌법재판소의 결정이 옳았음을 의미한다고 본다.

참 고 문 헌

김창록, 청구인측 참고인 진술 및 신문조서.

김창록, 보충의견서.

이승우, "국가의 기본권보호의무", 현대공법과 개인의 권익보호(양승두교수 화갑기념논문집 I), 1994.

이승우, 헌법학, 도서출판 두남, 2009.

이승우, 국가론, 도서출판 두남, 2010.

정인섭, 피청구인측 참고인 진술 및 신문조서.

청구인들 소송대리인, 보충이유서.

피청구인 소송대리인, 참고서면.

헌법재판소, 판례집 23-2, 2012.

Ernst-Wolfgang Böckenförde, Der Staat als sittlicher Staat, Duncker & Humblot, 1978.

Josef Isensee, Das Grundrecht auf Sicherheit — Zu den Schutzpflichten des freiheitlichen Verfassungsstaates —, Walter de Gruyter, 1983.

조선일보, 2012. 8. 27; 2012. 8. 28; 2012. 8. 30.

46) 조선일보, 2012. 8. 27.

제121회 발표회 지정토론문

지 성 수*

○ 일본군위안부 사건에 대한 헌법재판소 위헌결정이 있은 지 1년이 지났지만, 여전히 상황은 이전과 달라진 바 없고, 오히려 우리나라와 일본과의 외교적 마찰로 인해 해결의 실마리를 찾기는 더욱 어렵게 되었다. 이러한 때에 일본군위안부 사건 결정의 의미를 되새겨볼 시간을 가질 수 있도록 이 문제에 대해 발제를 해 주신 교수님께 감사를 드린다.

○ 토론자 역시 발제자와 마찬가지로 위 결정의 결론에는 찬성하지만, 그 논증 과정에서 다소 아쉬운 점이 있어 이 기회를 통해 토론자의 의견을 제시해보고자 한다. 더불어 발제문을 읽으면서 생긴 몇 가지 의문에 대해 교수님께 질문을 드리고자 한다.

1. 논의의 출발점

○ 헌법재판소법 제68조 제1항에 따른 헌법소원은 공권력의 행사 또는 불행사로 인하여 헌법상 보장된 기본권을 침해받은 경우에 청구할 수 있다.

○ 그런데 평석 대상이 된 일본군위안부 사건은 '대한민국과 일본국 간의 재산 및 청구권에 관한 문제의 해결과 경제협력에 관한 협정'(이하 '한일청구권협정'이라 함) 제3조에 따른 절차를 진행하지 않은 부작위에 대한 헌법소원심판 청구로서, 공권력의 불행사가 기본권을 침해하였다고 다투는 사안이므로 이 심판청구 역시 기본권 침해를 전제로 하여야만 그 불행사가 기본권을 침해하는 정도에 이르렀는지를 심사할 수 있다.

○ 문제는 일반적으로 헌법재판소법 제68조 제1항의 헌법소원은 공권력 주체의 기본권 침해를 요건으로 하므로 기본권 침해의 주체가 국가가 아닌 제3자, 즉 사인이나 다른 국가[1]인 경우에는 원칙적으로 그 요건을 충족하지 못하게 된

* 헌법연구관.

1) 물론 다른 국가에 의한 기본권 침해의 경우 이를 국가의 행위와 동일시하여 공권력에 의한 기본권 침해 문제로 보아야 한다는 의견도 있을 수 있을 것이나, 이것을 일반화하기는 어렵다. 다

다는 것이다.

○ 이 사건의 경우 청구인들의 기본권 침해 주체는 우리나라 정부가 아니라 일본국이라는 점에서 국가의 직접적인 기본권 침해가 전제된 사건이 아님을 알 수 있고, 따라서 헌법소원심판청구로서 이를 받아들여 판단하기 위해서는 일반적인 헌법소원 심판청구의 심사구조와는 다른 구조를 취하여야 할 것으로 보인다.

○ 즉, 여기서 청구인들에게 피해를 가한 것은 일본국이므로 국가의 공권력 행사가 기본권을 침해하는 경우에 이루어지는 헌법소원심판청구 사건과 동일한 방식의 접근으로는 문제를 해결하기 어려울 것이다. 국가가 아닌 제3자나 제3국의 행위에 의해 기본권이 침해되는 경우, 이는 직접적인 기본권 침해의 문제가 아니라 국가의 기본권 보호의무의 문제로 귀결되기 때문이다.

2. 침해되는 기본권

가. 기본권 보호의무

○ 기본권 침해의 주체가 국가는 아니라 하더라도 국가는 국민의 기본권을 보호하여야 할 의무의 주체로서 국민이 기본권을 사인 또는 다른 국가로부터 침해당하는 경우 적극적으로 보호할 의무를 부담하게 된다.

○ 기본권 보호의무란 기본권적 법익을 기본권 주체인 사인에 의한 위법한 침해 또는 침해의 위험으로부터 보호하여야 하는 국가의 의무를 말하며, 주로 사인인 제3자에 의한 개인의 생명이나 신체의 훼손에서 문제되고, 이는 타인에 의하여 개인의 신체나 생명 등 법익이 국가의 보호의무 없이는 무력화될 정도의 상황에서만 적용될 수 있다(헌재 2009. 2. 26. 2005헌마764, 판례집 21-1 상, 156, 177).

○ 우리 헌법은 제10조 제2문에서 "국가는 개인이 가지는 불가침의 기본적 인권을 확인하고 이를 보장할 의무를 진다."라고 규정함으로써 국가의 적극적인 기본권 보호의무를 선언하고 있는바, 이러한 국가의 기본권보호의무 선언은 국가가 국민과의 관계에서 국민의 기본권보호를 위해 노력하여야 할 의무가 있다는 의미뿐만 아니라 국가가 사인 상호간의 관계를 규율하는 사법(私法)질서를 형성하는 경우에도 헌법상 기본권이 존중되고 보호되도록 할 의무가 있다는 것을 천명한 것이다.

만 일제강점기에 이루어진 침략국 일본의 행위처럼 국가 스스로 자국민에 대해 공권력을 행사할 수 없었던 불가항력적 상황 하에서 이루어진 행위에 대해서는 이를 국가 행위로 의제하여 공권력 행사로 보고, 문제를 해결하는 방법도 생각해 볼 일이긴 하다.

○ 다만 국가가 소극적 방어권으로서의 기본권을 제한하는 경우 그 제한은 헌법 제37조 제2항에 따라 필요한 경우에 한하고, 그 침해범위도 필요최소한도에 그쳐야 하는 반면, 국가가 적극적으로 국민의 기본권을 보장하기 위한 제반조치를 취해야 할 의무는 입법자의 입법을 통하여 비로소 구체화되는 것이고, 국가가 그 보호의무를 어떻게 어느 정도로 이행할 것인지는 입법재량의 범위에 속하므로(헌재 2008. 7. 31. 2004헌바81, 판례집 20-2 상, 91, 103) 국가가 보호의무를 다하지 않았는지를 심사할 때에는 국가가 이를 보호하기 위하여 적절하고 효율적인 최소한의 보호조치를 취하였는가 하는 이른바 '과소보호금지원칙'의 위반 여부를 기준으로 삼게 된다(헌재 1997. 1. 16. 90헌마110등, 판례집 9-1, 90, 122 참조).

○ 이상에서와 같이 국가의 기본권 보호의무 위반에 대한 심사는 기본권 침해 여부에 대한 심사와 구조를 달리하므로 기본권 보호의무로부터 곧바로 기본권 침해를 심사할 수는 없게 된다. 국가의 기본권 보호의무로부터 기본권 침해가 직접 도출된다고 보기는 어렵기 때문이다.

○ 다만 국가의 기본권 보호의무와 기본권 침해 문제는 별개라 하더라도 경우에 따라 국가는 기본권 보호의무를 통해 제3자의 행위에 적극적인 개입을 할 필요가 생긴다. 생명·신체의 안전에 관한 권리는 인간의 존엄과 가치의 근간을 이루는 기본권이므로 이러한 국민의 생명·신체에 대한 중대한 침해가 있는 경우에는 공권력에 의한 침해가 아니라도 기본권 침해의 경우와 마찬가지로 그 침해가 위헌임을 확인하여야 한다. 물론 그 심사기준은 위에서 본 바와 같이 일반적인 기본권 침해의 경우와 동일하지는 않을 것이다.

나. 침해되는 기본권

○ 발제문에서 지적하고 있듯이 이 사건의 경우 헌법재판소는 침해되는 기본권을 명시하고 있지는 않다.

○ 다만 헌법재판소는 이 결정에서 '일본국에 의하여 광범위하게 자행된 반인도적 범죄행위에 대하여 일본군위안부 피해자들이 일본에 대하여 가지는 배상청구권은 헌법상 보장되는 재산권일 뿐 아니라, 그 배상청구권의 실현은 무자비하게 지속적으로 침해된 인간으로서의 존엄과 가치 및 신체의 자유를 사후적으로 회복한다는 의미를 가지는 것이므로, 그 배상청구권의 실현을 가로막는 것은 헌법상 재산권 문제에 국한되지 않고 근원적인 인간으로서의 존엄과 가치의 침해와 직접 관련이 있다'(헌재 2011. 8. 30. 2006헌마788, 판례집 23-2 상, 366,

389-390)는 설시로 이 부분을 넘기고 있다.

○ 이러한 논증 구조는 살아서 출생한 태아에 대해서만 손해배상청구권을 인정하고 있는 민법규정에 대해, 태아의 생명침해에 대한 손해배상청구는 헌법상 기본권인 생명권과 직접 관련되므로 국가가 생명권에 관한 기본권 보호의무를 위반한 것인지 여부에 대한 심사를 필요로 한다고 한 것(헌재 2008. 7. 31. 2004헌바81, 판례집 20-2 상, 91, 100-101)과 유사하고, 같은 논증 구조를 가지는 사건으로는 업무상과실 또는 중대한 과실로 인한 교통사고로 피해자를 상해에 이르게 한 경우에도 공소를 제기할 수 없도록 한 교통사고처리특례법 제4조 제1항 본문에 대한 사건(헌재 2009. 2. 26. 2005헌마764, 판례집 21-1 상, 156)과, 가축전염병예방법 제34조 제2항에 근거하여 미국산 쇠고기 수입으로 인한 소해면상뇌증 발병 가능성 등에 대응하기 위한 보호조치의 일환인 2008. 6. 26. 농림수산식품부 고시 제2008-15호 '미국산 쇠고기 수입위생조건'이 국가의 기본권 보호의무를 위반하여 생명·신체의 안전과 같은 중요한 기본권적 법익을 침해하였는지를 심사한 미국산 쇠고기 수입 사건(헌재 2008. 12. 26. 2008헌마419, 판례집 20-2 하, 974) 등이 있다.

○ 이상에서 보듯이 헌법재판소는 국가의 기본권 보호의무가 문제되는 헌법소원사건(헌마)에서는 침해되는 기본권을 열거하는 대신, 국가의 기본권 보호의무가 발동되어야 하는 상황, 예컨대 보호의 대상이 되는 기본권이 생명, 신체와 같이 다른 기본권의 전제가 되는 근본적인 기본권임을 밝힘으로써 예외적으로 기본권 보호의무가 문제되는 상황에서도 기본권 침해 문제를 다투는 헌법소원심판청구의 본안 심사가 이루어질 수 있음을 밝히고 있다.

○ 다만 위에서 열거한 기본권 보호의무가 문제되었던 사건들 중 평석 대상 사건인 일본군위안부 사건을 제외한 나머지 사건에서는 그 심사기준으로 기본권 보호의무의 경우 작동되는 과소보호원칙을 적용하였고, 그 결론에 있어서는 기본권 보호의무 위반에 해당하지 않는다는 판단을 하였다(물론 위에 열거된 사건들에서는 부작위가 문제된 것이 아니었다는 점이 다르긴 하다).

3. 이 사건에서의 기본권 보호의무와 작위의무

가. 헌법소원심판청구의 대상이 되는 국가의 기본권 보호의무와 심사기준

○ 위에서 본 바와 같이 이 사건에서 헌법재판소는, 일본군위안부 피해는 일본국

과 일본군에 의해 강제로 동원되고 그 감시 아래 일본군의 성노예를 강요당한 것에 기인하는 것으로, 일본국에 의하여 광범위하게 자행된 반인도적 범죄행위임을 확인하고, 일본군위안부 피해자들이 일본에 대하여 가지는 배상청구권은 헌법상 보장되는 재산권일 뿐 아니라, 그 배상청구권의 실현은 무자비하게 지속적으로 침해된 인간으로서의 존엄과 가치 및 신체의 자유를 사후적으로 회복한다는 의미를 가지는 것이므로 근원적인 인간으로서의 존엄과 가치의 침해와 직접 관련이 있다(헌재 2011. 8. 30. 2006헌마788, 판례집 23-2 상, 366, 389-390)고 하고 있다.

○ 즉, 위와 같은 설시를 통해 일본국에 의한 기본권 침해가 반인도적, 반인륜적 인권유린행위에 기인한 것임을 확인하면서 국가가 기본권 보호의무를 발동하여 기본권 침해 여부를 판단하여야 할 대상이 되는 사안으로 결론 내리고 있는 것이다.

○ 다만 이와 같은 확인을 하고도 그 심사 기준과 관련하여 기본권 보호의무의 경우에 작동되는 과소보호금지 기준을 적용하여야 하는지 여부에 관하여는 명시적인 언급 없이, 이 사건 부작위로 인한 기본권 침해가 중대하다고 하여 그 위헌성을 확인하는 논증 방식에는 아쉬움이 남는다.

○ 토론자는 헌법재판소가 먼저 기본권 보호의무에 적용되는 심사기준에 관해 밝히고, 구체적인 위헌성 심사를 하였어야 하지 않나 생각한다.

○ 헌법재판소는 이 사건에서 외교행위에 대해 재량이 인정됨을 설시하면서도, '법령에 규정된 구체적 작위의무의 불이행이 헌법상 기본권 보호의무에 대한 명백한 위반이라고 판단되는 경우에는 기본권 침해행위로서 위헌이라고 선언하여야 하고, 피청구인의 재량은 침해되는 기본권의 중대성, 기본권침해 위험의 절박성, 기본권의 구제가능성, 진정한 국익에 반하는지 여부 등을 종합적으로 고려하여 국가기관의 기본권 기속성에 합당한 범위 내로 제한될 수밖에 없다'(헌재 2011. 8. 30. 2006헌마788, 판례집 23-2 상, 366, 389)고 하고 있다.[2]

○ 물론 기본권 보호의무의 경우에도 과소보호심사가 적용되지 않을 수 있고, 특히 부작위가 문제되는 경우라면 기본권 침해가 부작위로 인해 발생하는 경우에 하게 되는 심사구조를 유사하게 응용할 수도 있다고 본다. 다만 기본권 보호의무는 기본권 그 자체와는 차이가 있으므로 적어도 심사기준에 관해 입장

2) 이는 '국가가 보호의무를 다하지 않았는지를 심사할 때에는 국가가 이를 보호하기 위하여 적절하고 효율적인 최소한의 보호조치를 취하였는가' 하는 것을 심사하여야 한다는 과소보호금지 원칙의 내용과 차이가 있다.

을 밝히는 것은 필요하다고 생각한다.

○ 그리고 그러한 원칙의 예외를 만들기 위해서는 그 요건을 설명할 필요가 있을 것이다. 여기서 과소보호금지 기준이 적용되지 않는 이유로는, 청구인들은 국가가 외부의 침략으로부터 자국민의 안전과 생명을 보호하지 못하여 피해를 입게 된 점, 국가가 자국 내 사인들 사이에 발생하는 기본권 침해 문제에 있어서는 얼마든지 그 보호 대상이나 범위를 설정하는 것이 가능하나, 그러한 침해가 자국민과 다른 국가 사이에 발생하는 경우에는 국가의 적극적인 개입 없이는 그 구제가 사실상 불가능하게 되는 점, 그리고 그로 인한 기본권 침해의 내용이 인간으로서의 인격을 말살시키는 반인도적인 것으로서 반드시 그 회복 조치가 요구되는 점 등을 들 수 있을 것이고, 이러한 경우에는 과소보호금지만으로는 구제가 불가능하므로 일반적인 기본권 침해의 경우에 적용되는 심사기준이 적용될 수 있다는 판단이 가능할 것이다. 심사의 대상이 되는 외교문제가 반인도적 침략행위에 기인하는 인권유린행위나 대량학살과 같은 경우에는 국가의 외교적 노력을 강제하는 것도 가능하다고 여겨지기 때문이다.

○ 그런데 일본군위안부 사건에서는 위와 같은 과정을 생략하고 기본권 보호의무만을 확인한 채, 국가가 작위의무를 다했는가를 판단하고 있는바, 이와 같은 판단 방식은 자칫 기본권 보호의무에서 비롯되는 부작위 문제는 기본권 침해에서 비롯되는 부작위 문제와 동일한 것이라는 오해를 줄 우려가 있고, 이는 기본권과 기본권 보호의무를 준별하고 있는 우리법 체계에 부합하지 않는다고 생각한다.[3)]

나. 작위의무

○ 헌법재판소는 헌법 제10조와 제2조 제2항, 헌법전문, 그리고 이 사건 한일청구권협정 제3조에서 이 사건 부작위에 대한 작위의무를 도출하고 있다. 그러나

3) 다만 이 사건에서 문제의 상황은 기본권 보호의무를 다하지 못한 부작위이므로 이와 같이 기본권 보호의무가 작위의무와 연결될 때에는 부작위가 기본권 침해인지를 논증할 때 기본권 침해 가능성이 확인되면 작위의무의 존재 여부로서 위헌성을 확인하듯이, 기본권 보호의무의 경우에도 기본권의 경우와 논증구조가 같아진다고 볼 여지가 있다. 기본권 침해를 적극적인 작위를 통해 하는 경우와 부작위로 하는 경우를 동일하게 볼 수는 없으며, 부작위가 침해로 인정되는 메커니즘은 작위가 침해로 인정되는 메커니즘과 다르고, 때문에 적극적인 기본권 침해행위의 위헌성을 판단하는 판단구조와 침해행위의 소극성이 위헌인지를 판단하는 판단구조를 달리하고 있는 것이다. 그러나 기본권 침해의 심사에서 작위와 부작위의 경우 심사 구조를 달리한다고 하여 기본권 보호의무에서 보호의무 그 자체의 심사기준을 고려치 않고 기본권 침해의 부작위 심사에 관한 심사기준을 그대로 사용할 수는 없다고 본다. 기본권 보호의무는 기본권과는 분명 다르고, 일반적으로는 기본권 보호의무로부터 직접 기본권 보호를 요청할 수 있는 권리가 도출될 수 없다는 점에서 그러하다.

적어도 위에 열거된 헌법 규정에서 직접적으로 작위의무를 도출할 수는 없다고 본다.

○ 아래의 사례들에서 보듯이 그동안 헌재가 작위의무가 있다고 판단하였던 사건들은 대부분 헌법상의 기본권을 직접적인 근거로 해서 작위의무를 인정한 것이 아니라 해당 기본권에 관한 법령들이 구체적으로 작위의무를 명하고 있는 경우 비로소 그 규정들에 근거한 작위의무를 인정하였다.

○ 이 사건의 경우처럼 헌법에서 기본권 보호의무를 규정하고 있다고 하여 그로부터 직접적으로 작위의무를 도출하게 된다면, 개별 기본권에 대한 국가의 보호와 기본권 보호의무에서 나오는 기본권 보호에 차이를 두고 있는 것에 반하며(예컨대, 기본권은 최대보호, 보호의무는 과소보호), 보호의무의 경우에는 국가에게 폭넓은 재량이 인정됨에도 불구하고 개별 기본권의 경우와 동등한 보호를 요구하게 된다. 뿐만 아니라 헌법규정으로부터, 특히 제10조로부터 기본권 보호의무를 바로 도출하게 되면 이 규정에 의해 기본권 보호의무가 배제되는 경우를 거의 상정할 수 없게 되고, 기본권과 기본권 보호의무의 구별은 사실상 무의미하게 된다.

○ 헌법재판소는, 독일법원의 판결에 의해 자녀 2명에 대한 친권을 상실한 청구인이 재외국민보호의무불이행 위헌확인을 구한 헌법소원사건에서(헌재 1998. 5. 28. 97헌마282), 헌법 제2조 제2항은 “국가는 법률이 정하는 바에 의하여 재외국민을 보호할 의무를 진다”고 규정하고 있으나, 위 규정이나 다른 헌법규정으로부터도 청구인이 외교통상부장관이나 법원행정처장에게 청구인 주장과 같은 공권력의 행사를 청구할 수 있다고는 인정되지 아니한다고 판단한 바 있다(헌재 1998. 5. 28. 97헌마282, 판례집 10-1, 705, 710).

○ 따라서 위와 같은 포괄적인 의미의 헌법 규정으로부터는 기본권 보호의무를 인정할 수 없고, 다만 이러한 헌법 조문을 바탕으로 구체화된 법령이 있다면, 그리고 그 법령에서 작위의무를 규정하고 있다면 그 구체적인 법령상의 작위의무 규정을 근거로 하여 작위의무를 인정하는 것은 가능할 것이다.

○ 헌법재판소가 작위의무를 인정한 사건들은 ① 구 지방공무원법 제58조 제2항이 노동운동을 할 수 있는 ‘사실상 노무에 종사하는 공무원의 범위’를 조례에서 정하도록 위임하였음에도 불구하고 피청구인들이 그러한 내용의 조례를 제정하지 아니함으로써 헌법 제33조 제2항에 위반하였다고 본 사건(헌재 2009. 7. 30. 2006헌마358, 판례집 21-2 상, 292, 296), ② 구 군법무관임용법 제5조 제3항 및 군법무관임용등에관한법률 제6조가 군법무관의 봉급과 그 밖의 보수를 법관

및 검사의 예에 준하여 지급하도록 하는 대통령령을 제정할 것을 규정하였는데, 대통령이 해당 대통령령을 제정하지 않는 것이 군법무관들의 재산권을 침해하였다고 한 사건(헌재 2004. 2. 26. 2001헌마718), ③ 산업재해보상보험법 제4조 제2호 단서 및 근로기준법시행령 제4조는 근로기준법과 그 시행령에 의하여 근로자의 평균임금을 산정할 수 없는 경우에는 노동부장관으로 하여금 평균임금을 정하여 고시하도록 규정하고 있으나 노동부장관이 평균임금을 정하여 고시하지 아니한 것이 재산권 등을 침해한다고 본 사건(헌재 2002. 7. 18. 2000헌마707), ④ 의료법과 대통령령에서 치과전문의자격시험제도 실시를 위임하고 있음에도 불구하고 보건복지부장관이 아무런 제도적 조치를 마련하지 아니하는 부작위에 대해 직업의 자유 등을 침해한다고 본 사건(헌재 1998. 7. 16. 96헌마246) 들로, 작위의무의 인정은 구체적이고 개별적인 법령의 존재를 필요로 하고 있으며, 추상적인 헌법 규정만으로는 그 의무를 인정하고 있지는 않다.[4)]

○ 결국 이 사건에서 작위의무의 근거 규정은 헌법상의 규정들이 아니라 한일청구권협정 제3조가 되어야 한다고 본다. 다만 한일청구권협정 제3조의 작위의무를 우리 정부가 다하지 않은 것은 헌법상 생명, 신체의 위협에 대한 국가의 기본권 보호의무를 규정하고 있는 헌법 제10조와 재외국민에 대한 보호의무를 규정하고 있는 제2조 제2항을 위반하는 것이므로 한일청구권협정 제3조에 따른 부작위가 위반하고 있는 헌법 규정으로서 헌법 제10조와 제2조 제2항을 언급하는 것은 문제가 없다는 생각이다(즉, 협정 제3조상의 절차를 진행하지 않은 부작위는 헌법 제10조, 제2조 제2항의 기본권 보호의무를 위반하는 것이다).

4. 질문 사항

○ 보통의 경우 사인 사이에서 발생하는 기본권 침해의 문제는 사법관계에 의한 해결이 원칙이고, 국가가 함부로 개입해서는 안 되며, 다만 예외적으로 개입할 필요가 있는 경우에만 기본권 보호의무라는 형식으로 나설 수 있다고 보는 것이 그동안의 문제 해결 방식이었다고 생각합니다. 다만 어느 경우에 국가가 적극적으로 개입을 할 수 있는지에 관한 기준은 아직 불분명하다고 보는데, 공사법의 분리를 전제로 서로 다른 원리가 작동되도록 설계되어 있는 우리 법

---

4) 헌법재판소는 일본군위안부 사건과 그 부작위의 내용과 쟁점이 동일한 원폭피해자들이 청구한 사건에서도(헌재 2011. 8. 30. 2008헌마648) 이 사건과 마찬가지로 작위의무의 근거로 헌법 제10조, 제2조 제2항, 전문 규정, 그리고 한일협정 제3조를 들고 있다.

제 하에서 그 개입의 한계(기준)를 어떻게 볼 것인지를 여쭙고 싶습니다.

○ 교수님은 이 사건에서 외교적 보호권이라는 것을 침해된 기본권으로 보고 계시는 것 같은데, 국가의 기본권 보호의무의 한 내용으로 볼 수는 없는 것인지, 보호의무가 인정되면 그 보호의무에 따른 구체적인 행위를 해야 할 의무가 국가에 발생하고, 그것이 다른 나라에 대한 것이라면 그 경우 외교적 보호권이 발동될 수 있을 것이라고 생각합니다. 기본권이라는 것은 기본적으로 국가와 국민 사이의 관계를 상정하고 있다는 점에서, 그리고 외교적 보호권을 기본권으로 인정하더라도 여기에는 여전히 국가의 재량이 폭넓게 인정되어야 함이 부정될 수 없다는 점에서 기본권으로 구성할 실익은 적어 보입니다. 이에 대한 교수님의 생각을 듣고 싶습니다.

○ 작위의무의 근거로 한일청구권협정 제3조만으로는 부족하고 헌법 제10조, 제2조 제2항, 전문 등도 포함되어야 한다고 보시는지, 그렇다면 그 이유는 무엇인지 여쭙고 싶습니다.

제121회 발표회 지정토론문

2006헌마 788 위헌확인결정 검토

홍 성 필*

[중요성 개관]

(1) 헌법재판소는 위안부 피해자들의 배상청구권이 1965년도의 "대한민국과 일본국 간의 재산 및 청구권에 관한 문제의 해결과 경제협력에 관한 협정 (한일협정)"을 통해 소멸되었는지에 대하여 정부가 외교교섭이나 중재를 통해 해결하지 않고 있는 것 ― 소위 부작위 ― 이 헌법위반임을 확인하는 결정을 선고하였음. (위헌 판단)

(2) 그동안 피해자들은 협정으로 개인들의 배상청구권이 해결된 것은 아니지만 공식적인 배상요구는 않겠다는 우리 정부의 입장과, 1992년에야 비로소 위안부의 사실을 인정했으면서도 1965년의 협정으로 개인들의 청구권이 모두 없어졌다는 일본 정부 사이에 끼여 움직일 수 없는 상태로 20여 년을 지내왔음. (권리침해의 배경)

(3) 헌법재판소는 비록 협정 제2조가 양국과 국민 간의 청구권 문제가 해결되었다고 말하지만, 이제 양국이 다른 해석을 하게 되었으니, 제3조에 따라 해석에 대한 분쟁을 외교상의 경로를 통해 해결하고, 해결되지 않는 분쟁은 중재위원회의 구성을 도모하여야 할 법적인 의무가 있다는 것임.

(4) 국가는 헌법상 재외국민보호의무 (제2조 2항)가 있고, 우리 정부의 정통성(전문)을 보존하며, 행복추구권과 개인이 가지는 불가침의 기본적 인권을 확인하고 보장할 의무 (제10조)가 있으며, 한일협정은 **법률**로서 협정 제3조의 의무는 헌법에서 유래하는 작위의무가 법령에 구체적으로 규정되어 있는 경우에 해당한다고 하였음. (위헌판단의 법적 근거)

(5) 동시에 재판소는 배상청구권은 비록 재산권이지만, 이 문제는 근원적인

* 연세대학교 법학전문대학원 교수.

인간으로서의 존엄과 가치의 침해라고 하면서, 이미 고령인 피해자들에게 더 이상 시간을 지체할 경우 역사적 정의를 바로 세우는 것은 영원히 불가능하다고 하고, 인권침해의 구제는 외교관계의 불편보다 중요한 문제라고도 함. (인간의 존엄과 가치에 관한 문제)

(6) 동시에 인권과 기본권의 보호에 있어서는 더 이상 외교도 소위 자유재량이 아니라 법적인 의무의 영역에 속한다고 지적함. (외교재량의 한계 인정)

(7) 진정한 양국의 국익은 문제의 회피가 아니라 진실을 규명하고 신뢰를 확립하는 것에 있다고 함. (국익에 관한 설명)

(8) 조약은 법률의 효력을 가짐으로써 헌법상의 의무가 구체적으로 표현되는 근거가 됨을 확인한 점. (조약의 법률적 성격)

[시사점 검토]

(1) 천부인권, 핵심적 권리, 중대한 인권침해

단순한 국제조약 위반 사건이 아니라, 천부인권으로, 양도불가능한 권리 (생명권, 신체의 자유 등)로 인정되는 중대한 인권침해의 경우이며, 동시에 1992년 소위 고노담화때까지 일본정부가 사실인정을 하지 않았고, 1965년 조약 역시 [경제협력조약]의 명칭을 가지고 있다는 점에 특징.

(2) 사법적극주의

사법적극주의라기 보다는 일반적인 법적용이 아닌가, 외교가 일반적으로 사법적 자제의 분야일 수 있으나, 모든 외교사항이 그러한 것은 아니며, 중대한 기본권 침해의 경우는 법적 구제가 국가의 의무로 전환되는 것은 자연스러운 법해석이 아닌가의 의문.

(3) 소위 외교적 보호권

같은 맥락에서, 문제의 초점은 외교적 보호권이 국가의 권리인가 아닌가가 아니라 기본권이 침해되었는가이다. 국가의 외교적 보호권행사에도 제한은 있으며, 국가의 행정력이 일정한 경우 당연히 기속적 성격을 가지는 것은 일반적이지 않은가?

국제법상 외교적보호권은 국가의 권리이며 재량이다. 다만 중대한 인권침해 또는 헌법상 기본권침해의 경우 재량이 축소되는 것은 있을 수 있고, 동시에 기본권에 관한 헌법적 판단은 독립적으로 이루어질 수 있는 것이 아닌가?

어떠한 기준에 근거해서, 동시에 어느 경우에 한정되는가는 계속적인 법리 발전의 대상이다.

⑷ 조약의 해석

조약은 국가간의 권리관계를 기본적으로 규정하고 있기에, 개인의 권리에 관한 실체적 규정과 개인이 활용할 수 있는 절차적 구제조항을 명시하고 있지 않은 경우가 대부분이다. (예외: FTA, BIT 등 개인의 재산권에 관해 집중하고 있는 경우)

이러한 조항들의 부재를 이유로 개인의 권리를 전적으로 부인하는 것은 적절한 법해석이 아니다.

⑸ 기본권과 국제인권 (헌법과 국제법)

동 결정의 특징 중 하나는 국제인권을 기본권으로 녹여내어 적용한 점, 조약을 법률과 같은 효력을 가진다고 판단하고, 구체적인 국가의 의무가 조약(법률)으로 구체화되었다고 본 점.

그렇다면 기본권과 국제인권의 관계는 무엇인가? 크게 보아 헌법과 국제법, 국제인권법의 관계는 무엇인가? 헌법적 위치, 법률, 선언 ?

국제인권규범중 <u>핵심적 권리 내지 양도불가능한 권리</u> (core rights, 또는 inalienable rights: 생명, 신체, 양심, 사상, 종교 등)들과 이러한 권리들에 대한 침해로 발생하는 청구권 등은 헌법적 가치에 해당하는 것으로, 기타의 규범 내지 권리의 내용은 법률적 가치를 가지는 것으로 2분화 할 수 있는가?

국제관습법은 어떠한가? 우리나라가 체결한 국제조약과, 일반적으로 승인된 국제규범의 효력에 문언상 비중의 차이는 없다. 국제관습법의 범위가 불명확한 면은 있지만, 노예화행위, 전쟁행위, 해적행위, 집단살해행위 등의 금지와 처벌에 관한 부분은 명확하다. 동시에 적어도 국제법의 권위있는 해석기관인 국제사법재판소, 국제인권관련 재판소 등의 해석과, 국제연합을 비롯한 국제사회의 동의 등은 중요한 참고수단이 될 수 있다. (예를 들어, 미국 연방법원의 1980 ATCA 관련 사건)

(6) 문제의 긴급성, 절박성의 부분

위헌결정의 배경으로서 정신대문제의 중대성, 긴급성, 절박성 등을 지적한 점.

참 고 자 료

[정신대문제의 개관]

1. 사건의 전개

명치유신으로 대표되는 근대화과정을 통하여서 일본은 19세기 유럽의—특히 독일을 중심으로 한—국가절대주의적 정치제도를 도입하였고, 이러한 외래제도의 도입은 일본내부정치를 구조적으로 변화시켰다기보다는 기존의 일본식 군주국가 체제를 강화하는 방향으로 전개되었다. 결과는 천황에 의하여 지도되는 강력한 군국주의체제의 탄생이었다.

식민지 여성들을 희생물로 삼아 운영되었던 소위 종군위안부는 전시의 급박한 필요로 인하여 우발적으로 만들어졌던 제도가 아니라, 오랜 공창제도로 대변되는 여성에 대한 차별, 동시에 비유적 표현이기는 하나 여성과도 같은 식민지에 대한 멸시라는 일본식 사회의 특성을 외부세계에 대하여 단순히 확대실시한 것에 지나지 않는 것이라 할 수 있다.

1918년에서 1922년까지 이어진 시베리아 공략과정에서 일본군은 병사들의 직업여성들과의 무분별한 성적 접촉의 결과로 전력의 7분의 1 이상을 전투와 무관하게 상실하였다. 동시에 점령지역 내에서의 일본군의 성범죄는 지역주민들에게 있어서 극도의 저항감을 불러일으키는 결과를 낳게 되었다. 근로정신대의 동원은 1920년대에 이미 시작되었으나, 종군위안부의 강제동원은 일본이 대동아공영을 부르짖으며 아시아인들을 전쟁터로 내몰았던 1930년대 중반에 이르러 절정에 다다르게 되었다. 이후 일본제국주의 정부는 20여년을 넘는 기간 동안 국가에 의하여 조직적으로 전개된 역사상 유례없는 군대에 의한 여성유린의 국가적 범죄를 남기게 된다.

20만을 상회하는 것으로 알려진 정신대피해자들은 사기, 협박, 납치 등의 방법을 통하여 전선으로 이동되어 그 대부분이 전쟁 중 전장에서 희생되었고, 일부 귀환자들도 대부분 후유증으로 인하여 조기 사망하였으며, 생존중인 사람들은 가족, 사회와 절연된 채 자포자기식의 삶을 이어왔다.

1991년 12월, 3인의 정신대피해자들이 동경지방법원에 제기한 소송은 일본제국주의의 만행에 대하여 인간존엄성의 회복을 요구한 실로 50년만의 침묵이 깨지는 순간이었다. 1993년 호소가와 일 총리는 군대에 의한 위안소의 설립과 운영사실을 시인하였다. 일본 국내에서의 소송은 동남아와 네덜란드 지역의 피해자들의 참여로 인해 계속적으로 이어졌고, 1993년 유엔 인권소위원회는 종군위안부문제에 관한 보고서작성을 결의하였으며, 1994년 다시 유엔 인권위원회는 중대한 인권침해의 피해자들은 원상회복과 보상에 관한 구제의 권리를 가짐을 확인하였다. 한국정부 역시 정신대문제를 중요현안으로 받아들여 피해자들에 대한 일정한 보상금과 생활공간 마련을 위한 조처를 준비하였다.

1995년 International Commission of Jurists의 보고서를 바탕으로 유엔특별보고관인 Rhadika Coomaraswamy는 특별보고서를 통하여 일본정부의 국제법적 책임을 명확히 하고 피해자들에 대한 법적 보상의무와 정신대관련자들에 대한 처벌을 촉구하였다. 이후 국제사회의 사실인정과 해결촉구가 이어진 것은 주지하는 바와 같다.

2. 왜 이제인가?

첫째로는, 일본을 포함한 아시아의 인민들이 2차 대전을 겪고서도, 전쟁도발이 불법이며, 더구나 잔혹한 인권유린은 철저히 부정되어야 한다는 교훈을 얻는데 실패하였다는 것을 들 수 있다.

전후 국제사회는 연합군 측의 국가들을 중심으로 일본과 독일의 전범들을 처벌하기 위하여 국제군사재판소를 설치하였다. 독일전범들은 뉘렘베르크에서, 일본전범들은 동경에서 각각 일반 전쟁법위반외에, 평화에 대한 죄와 인도에 대한 죄의 죄책을 지게 되었다. 이중 동경재판은 여러 가지 점에서 2차 대전과 인권유린이라는 문제를 해결하였다기보다는 사법적 정의의 부적절한 구현이라는 또 다른 문제점을 남기는 쪽으로 종결되었다. 뉘렘베르크 재판소가 국제협정에 의하여 설치된 반면, 동경재판소는 일본의 연합국 점령사령관이었던 맥아더의 개인명령에 의하여 개시되었다. 일본천황은 많은 논의에도 불구하고 주로 맥아더사령관과 주검사였던 조셉 키난의 주장을 받아들여 점령상 편의라는 고려에서 소추대상에서 제외되었다. 동양판 히틀러의 면책이었다. 전범들에 대하여 이것은 자신들과 그들의 행위에 대한 하나의 커다란 도덕적 정당화요인이었고, 일본 대중에게 있어서는 도덕적 혼란을 야기했으며, 일본군국주의의 희생자들이었던 아시아인들에게는 무력감과 좌절감을 안겨주는 것이었다.

재판의 대부분은 일본의 전쟁도발행위에 초점을 맞추어 진행되었다. 전쟁이 불법인가하는 문제였다. 전범들은 유럽국가들의 과거식민행위의 전례를 들어 재판은 '승자의 재판'인 것으로 비하하였고, 연합국들은 효과적인 규범적 부정에 실패하였다. 보다 중요한 '인도에 대한 죄', 즉 인권유린행위에 대한 규범적 평가는 끝내 충분히 이루어 지지 않았다. 26명의 기소대상자 중에서 사형집행은 7인에 대하여서만 집행되었고, 무기수를 포함한 모든 A급 전범들은 노령으로 인하여 자연사한 1인을 제외하고 모두 방면되었다. 그중 한사람이었던 키시 노부시케는 1957년부터 1960년까지 일본수상으로 재직하였다. 동경대교수 오누마 야수아키는 독일인들의 행위는 인도에 대한 죄에 해당하지만, 일본인들의 행위는 그렇지 않다고 주장한다. 그러나 동경재판소의 재판관이었던 뢸링은 731부대사건을 포함하여 일본군의 많은 인권유린행위가 조작 내지 과장되었던 것으로 알았다고 회고하면서, 그 당시 재판소가 이러한 사정을 알았더라면 보다 많은 사형선고가 내려졌었을 것이라고 기술하였다. 결론적으로 동경재판은 재판의 기본적인 기능들인 규범정립과 규범의 명확화 또한 일반 및 특별교육에 모두 실패하였다. 보다 크게는 냉전의 시작과 함께 일본을 중시하기 시작한 연합국들의 일본처벌에 대한 정치적 의사의 부재가 근본적인 원인이었다고 할 수 있다.

주지하는 바와 같이, 판사 중 한사람이었던 인도인 팔은 영국의 식민지배에 대한 개인적 반감을 그대로 동경재판에 투영하여, 대동아전쟁은 유럽제국주의에 저항하여 일본이 아시아를 대표하여 치른 해방전쟁이라는 일본제국주의의 주의주장을 자신의 것으로 내면화하였다. 규범의식의 굴절과 왜곡이 있었음은 예상하는 바와 같다. 오누마교수는 유럽인들에 의한 일본전범재판은 잘못된 것이라고 미국 국제법학회에서 주장하였다. 그렇다고 아시아인들에 의한 재판을 주장하는 것도 아니다. 그의 견해는 어쩌면 과거 후쿠자와 유기치가 "우리는 아시아 인근국가들이 다 문명화되어서 함께 발전할 것을 기다릴 수 없다. 따라서 서구문명국가들과 같이 행동하여서 서구 국가들이 하는 것처럼 중국과 조선을 취급하여야 한다"고 주장하였던 것과 근본에 있어서 맥을 같이한다고 할 수 있겠다.

둘째로, 아시아지역에 있어서 냉전이 결과한 역사발전과정의 왜곡이 또 다른 원인이었다고 할 수 있겠다. 해방은 되었으나, 아시아의 많은 국가들은 식민지배와 전쟁의 폐허위에서 당장 눈앞의 절대빈곤을 해결하여야 했다. 일본은 연합국들과의 전후협정에서는 국제법적 책임을 통감하고 배상 내지 보상한다고 합의하였으나, 아시아국가들과는 '과거의 불행한 일' 또는 '경제협력'을 이유로 전후협정을 체결한다고 명문화하였다. 1965 한일협정과 부속의정서에는 전후보상이라는 문언은 없고 경제협력과 우호관계를 위해서라고 적혀있는 반면에, 엉뚱하게도 동시에 대일청구권은 해결되었다고 기재되어 있다. 어찌되었건 일본은 연합국들의 지원과 한국동란을 통하여 비약적인 경제성장을 이루었고, 한국은 전쟁과 냉전적 대치의 질곡으로 빠져들게 되었다.

셋째로, 규범적인 측면에서 살펴본다면, 현대사회에 맞춘 국제법의 진화가 지연되어 왔음을 들 수 있겠다. 유럽사회를 중심으로 발전한 국제법이 지구사회 전체에 타당한 법으로 전화하는 과정이 제때에 이루어지지 않고 있다는 것이다. 국제법은 식민지배의 문제에 대하여 둔감하다. 이 점은 일본이 악용하고 있는 점이다. 또한 국제법은 인종간 문제에 대하여는 비교적 민감하나, 인종 내부, 예를 들어 아시아인들 상호간의 문제에 대하여는 무관심하다고 보여진다. 동경재판 역시 유럽을 포함한 서구국가 대 일본의 문제에 대하여서는 집중하였으나, 일본의 대 아시아인들에 대한 잔혹행위에 대하여는 별반 주의를 기울이지 아니하였다. 이러한 사정은 지금도 크게 다르지 않다. 소위 원폭사건과 관련하여 국제적인 논의는 아직도 거의 전적으로 일본과 미국사이에서 원폭투하가 전쟁법 위반이었는가 아니었는가의 맥락에서 토의될 뿐, 예를 들어 나가사키 원폭피해자의 7분의 1은 당시 징용 등의 이유로 일본에 강제체류 되었던 한국인들이었다는 사실은 별반 주목을 받고 있지 못하고 있는 것이 현실이다.

그러면, 이번에는 희망적인 시각에서, 어떻게 90년대에 이르러 피해자들의 요구가 국제적인 주목을 이끌어내는데 성공하게 되었는지를 살펴보겠다. 환경적 요인으로는 냉전의 종식과 이어진 아시아 각국에서의 정치적 민주화의 확산 덕이었다고 할 수 있다. 군사정권하에서 정치논리에 의하여 봉쇄되었던 인권논의의 표면화가 이루어진 것이다. 그와 함께 규범적인 측면에서 국제법상 인권규범의 강행규범으로서의 고양이 또 하나의 중요한 원인으로 생각되어진다. 이제 일본이 적어도 당시의 행위를 합법적인 것으로 주장할 수는 없는 것이 지금의 국제사회의 규범의식의 수준인 것이다.

3. 이제 무엇을 할 것인가?

효과적인 제재가 이루어져야 할 것이다.

시간적인 틀 안에서 살펴볼 때, 법률적 제재라는 것은 일반적으로 회고적인 의미에서 과거에 대한 교정과, 전향적인 의미에서 미래에 있어서의 안전의 담보라는 목표를 실현하기 위한 방향으로 디자인되어야 할 것이다.

일인전범들에 대하여 주어졌던 사실상의 면책은 국제사회가 잔혹행위를 부주의하게 암묵적으로 용인하였다는 인상을 만들어내고 있다. 결과는 도덕적 혼란과 국제사회와 특히 일본내부에 있어서의 공적 도덕체계의 심각한 손상이라고 할 수 있다. 전범들에 대한 제재체계를 디자인함에 있어서 가장 강조되어야 할 것의 하나는 최대한의 억지효과를 창출해내어야 한다는 것이다. 한나 아렌트의 이야기처럼, "일단 한 번 저질렀던 행동은 필연적으로 반복하는 것이 인간의 본성이다. 역사상 어떠한 처벌도 범죄발생을 방지할 충분한 억지력을 가져본 적은 없다. 오히려, 처벌이 어떻게 가하여지건 간에 특정한 범죄가 일단 나타나면 재발은, 처음의 발생보다 훨씬 수월하게 일어난다. … 만약 집단살해가 미래의 가능성으로 남아있는다면, 지구상 어느 누구도 국제법의 보호와 지원이 없이는 계속적인 생존을 보장받을 수 없을 것이다." 똑같은 이야기로, 만약 전쟁과 식민지배, 정신대와 같은 잔혹행위가 적절하게 부정되지 않고 여전히 미래의 가능성으로 남는다면, 누구도 일본과 동양사회의 미래를 장담할 수 없게 될 것이다. 따라서, 전범에 대한 계속적인 단죄와 그들의 행위에 대한 규범적 부인은 과거에 대한 교정으로서 뿐만 아니라, 미래사회건설의 중요한 한부분이 되는 것이다.

동시에 제재는 피교육자들로서 일반 일본인들에 대한 심리적 효과에 착목하여 만들어져야 할 것이다. 일본인들 역시 군국주의정부에 의한 피해자들이며 잔혹행위에 간접적으로 동참하도록 강요되어졌다는 점이 강조되어야 할 것이다. 따라서 특별히 형사제재는 계몽, 교화, 재활의 가능한 모든 형사정책적 기술이 동원되어 이루어져야 하며, 미래에 있어서 범죄의 재발을 막는 사회적 억지세력으로 성장할 수 있도록 장려되어야 할 것이다. 이러한 목표달성을 위하여서도, 잔혹행위자에 대한 제재는 반드시 이루어져야 할 것이며, 그를 통해 일반대중의 내적인 도덕성의 함양과 확립을 꾀하여야 할 것이다. 어찌되었거나 제재의 실시는 제재과정에서 나타나는 사회적 환경의 변화를 민감하게 확인하면서 이루어져야 할 것이다. 심각한 제재는 필연적으로 대상의 가치체계에 대한 간섭과 개입을 초래하기 때문이다.

차별은 그 대상이 여성이었건, 사회내 특수계급이었건, 또는 식민지이었건 간에 차별하는 자와 차별받는 자 모두를 파괴시킨다. 차별받는 자들은 정신적, 육체적 손상을 입게 되며, 자기정체감의 심각한 왜곡으로 어떠한 분쟁도 회피함으로써 해결하려고 하게 된다. 차별하는 자와 그들의 계승자들 역시 피해를 입게 되는데, 계승자들은 또다시 차별행위에 참여하게 되고, 인간성과 정의를 말하는 사람들이 동시에 비인간성과 부정의를 저지르도록 장려하는 것을 경험하게 된다. 차별을 자주 접하면 그 후 이들은 차별이 가지는 근본적인 모순을 보지 못하게 된다. 제재는 바로 이러한 가치전도 과정의 악순환을 차단하는 데 중점이 두어져야 한다. 잔혹행위와 집단살해는 이러한 차별의 논리적 결과이다.

서두른다고 해서 의도된 결과가 조기에 달성될 것 같지는 않다. 한 사회를 구성하고 있는 집단적 정체의식과 역사인식에 대한 재평가는 근본적인 도덕적 가치의 재조정이 요구되는 작업이다. 제재의 효과측정에 있어서 단순한 인과론적 접근은 배제되어야 할 것이고, 제재에 대한 준수 역시 사회변화의 다이내믹과 충분히 연결되어져야 한다. 특별히, 지금도 일본정치제도의 중심적 구성원들인 과거의 전범 내지 군국주의 인사들과 그들의 이데올로기적 억압으로부터 떼어지면서 일본대중이 경험하게 될 '격리불안'은 시간적 틀에 유의하면서 제공되어야 할 대체적 규범체계의 적극적인 주입을 통하여 해소되어야 할 것이다.

다음은 희생자들의 관점에서 제재의 내용과 목표 등에 관하여 살펴보도록 하겠다.

전범들에 대한 형사적 제재는 두말할 필요없이 과거에 대한 교정으로서, 동시에 미래에 있어서의 범죄재발방지에 관한 담보로서의 양 측면에서, 피해자들에 대한 구제의 중요한 부분을 이룬다. 과거교정으로서, 형사적 제재는 피해자의 명예회복과 인간존엄성의 확인이라는 점에서 가장 뛰어난 구제수단이다.

민사적 구제는 어떠한가? 국가의 동의에 기초하여 성립하고 있다고 하는 전통국제법에 있어서 개인은 단순히 법적용의 대상이었다. 먼저, 개인과 국적국 간의 관계에서 생기는 문제들은 국제법상의 문제가 아니었고, 타국에서 손해를 입었을 경우도 국가가 개인의 권익옹호를 위해 나서는 것은 예외적 현상이었으며, 이 경우도 개인의 손해는 국가의 손해로 전환된다는 논리에 의해 ― 소위 뱃텔의 의제 ― 국가가 일방적으로 청구를 포기할 수도 있고, 설사 보상을 받는 경우도 국가가 피해자에게 주지 않고 임의로 사용할 수 있다는 것이 관행이었다. 일본이 주장하는 것이 바로 이러한 국제법이다. 국제법상 개인의 권리는 인정되지 않고, 있다 하여도 1965년 한일조약에 의해 국가와 개인의 권리 모두가 소멸하였다는 것이다.

개인의 법적 권리와 관련하여 국제법의 관심소홀을 지적하는 것이기는 하지만, 맞는 국제법은 아니다. 실상 20세기에 있어서 국제법은 17세기적 국제법에서 떠나, 전체적으로 개인을 중시하는 'taking individuals seriously'의 발전과정을 겪어 왔다. 개인의 권익옹호에 나선 국가는 스스로가 주체가 아니라 개인의 대리인격으로 활동하는 것이라는 생각은 이미 1920년대에 나타난 것이다. 동시에 과거의 관행 역시 일반성이 있는 것은 아니며, 오히려 피해자 개인에게 직접적으로 배상이 주어지도록 했던 많은 반대의 관례들이 있기도 하다. 국제법을 떠나 어느 법에 비추어 보아도, 잔혹행위가 발생하였으나 아무런 민사적 구제가 주어지지 아니한다는 것은 납득하기 어려운 '법'이다. 양도불가능한 권리로 인정되는 기본적 인권 ― 예를 들어 생명에 관한 권리 ― 의 침해에 수반하여 발생하는 손해배상청구권을 포함한 민사적 배상 역시 국가가 아니라 그 누구에 의하여서도 대리행사되거나 처분될 수 없다는 것이 일반적인 생각이고 보면, 일본은 아직도 그들이 용인을 한사코 거부하는 '유럽제국주의국제법'을 따르고 있는 듯이 보인다. 일본으로서는 잔혹행위로 인한 법적 책임에 근거한 배상 의무를 부인하기는 어렵다.

가해자 개인들의 배상의무도 인정되어야 한다. 미국의 경우 소위 Torture Victim Protection Act의 적용을 통하여 외국에서 외국인 간에 발생한 인권침해행위에 대하여서도 관할권 인정은 물론 막대한 액수의 손해배상을 명하여 오고 있다.

정신대가해자들의 경우는, 전쟁법위반, 인도에 반한 죄 위반사실이 민사적 구제의 제공의무를 충분히 발생시키고 있다고 하겠다. 이들은 아시아여성기금에 대한 자선으로서가 아니라 법적 책임하에서 배상을 지불하도록 되어야 한다. 국제법은 개인에 의한 손해배상을 배제하지 않고 있을 뿐 아니라 오히려 당연히 국내법과 절차를 통하여 해결되어 질 것을 예정하고 있다. 국가차원의 배상과 함께 추구되어야 할 과제라 하겠다. 법정은 일본에 국한할 것이 아니라 미국을 중심으로 가해자들의 개인재산 혹은 회사 등의 재산이 있는 곳이면 법적 추구의 대상지가 되어야 하리라고 본다.

일본 문부성은 정신대문제와 이에 대한 군의 개입을 확인되지 아니한 사실이라며 교과서에 실릴 수 없는 내용으로 결정하였다고 한다. 아시아기금 등을 통해 국제사회에서 여러 해 동안 일본의 반성을 선전해 왔지만, 결론은 사실이 아니라는 것이다. 중국에 거주한 "훈"할머니와 동거하였다는 전 일본군중위는 이제 일본의 정치지도자중 한사람이 되어 거리낌없이 자신이 버렸던 여자라고 확인하였다. 여성편력으로 재임기간중 내내 대통령이 곤경을 치루었던 미국에 비추어보면, 일본은 어떠한 사회이기에 식민지여성에 대한 자신의 행위를 별다른 사회적 제재없이 공표할 수 있는 것일까? 그러면서도 정신대는 사실이 아니라고 일본문부성은 '교육'할 수 있는 것일까?

정신대문제는 미래의 문제이다. 이 상태로 놓아두면 재발할 것이기에 그렇고, 전범에 대한 처벌과 피해자들의 인간존엄회복, 일본사회의 교화 등이 이제부터 이루어져야 할 일들이기에 그렇다.

제121회 발표회 토론요지

간　　사 : 이번 정기발표회는 7월과 8월 휴회기간을 거치고 하반기 들어 처음 실시하는 정기발표회이기도 하면서 동시에 현재 회장님이신 김종대 재판관님께서 14일자로 퇴임하심에 따라서 회장님으로서는 마지막 참석하시는 정기발표회가 되겠습니다. 그래서 오늘 발표회에서는 발표회를 모두 마치고 마지막 부분에 김종대 재판관님의 회장이임식을 간단하게 거행하도록 하겠습니다.

발표회는 8시 50분까지 끝내는 것으로 하겠습니다. 그리고 8시 50분에 발표회가 끝나면 곧바로 이임식을 하고 마치는 것으로 하겠습니다.

그러면 헌법실무연구회 제121회 정기발표회를 중앙대학교 법학전문대학원 이인호 교수님의 사회로 시작하도록 하겠습니다.

사 회 자 : 안녕하세요. 중앙대학교 이인호입니다.

121회 헌법실무연구회 한 12년이 된 것 같습니다. 상당히 오래된 모임인데요.

오늘은 특별히 의미가 있는 날인 것이 제가 이런 사회를 맡게 된 것이 영광스럽고 한 부분은 우리 김종대 재판관님께서 2년에 걸쳐서 이 헌법실무연구회를 이끌어 오시면서 학계와 실무계가 서로 긴밀하게 가교할 수 있는 그런 역할이 되도록끔 이 헌법실무연구회를 운영해 오셨습니다.

그래서 운영위원회라고 하는 것도 교수님들을 중심으로 해서 만들고 그 운영위원회에서 여러 가지 일정이라든지 또는 주제라든지 이런 것들을 잡아서 지난 2년동안 운영해 왔습니다. 저도 그 운영위원회의 한사람으로서 김종대 재판관님과 함께 보조를 맞추면서 2년을 보냈습니다. 아쉬운 오늘인 것 같기는 합니다.

제121회 헌법실무연구회 세미나를 시작할까합니다.

오늘 주제는 일본군 위안부사건에 대한 헌법재판소 결정의 평석에 관한 주제로 이승우 교수님께서 귀한 발표를 해 주시겠습니다.

이 교수님을 먼저 소개해 올리겠습니다.

이승우 교수님은 연세대학교를 졸업하시고 연세대학교에서 법학석사·박사를 하셨습니다. 현재는 가천대학교 법학과 교수로 계십니다.

한국공법학회에서는 우리 이승우 교수님께서 원로급 교수님이십니다.

그런데 지금 이런 자리에서 발제를 해 주신다는게 흔치않은 일이거든요.

그럼에도 기꺼이 오늘 이런 귀한 자리를 하셔서 발표를 해 주신 것에 대해서 사회자로서 정말 고맙고 감사하게 생각합니다.

이승우 교수님을 소개하겠습니다.

박수로 환영해 주시기 바랍니다.

토론자 두 분을 모시는데요, 먼저 소개를 드리겠습니다.

토론자로서 홍성필 교수님을 모셨는데, 홍 교수님은 현재 연세대학교 법학전문대학원 국제법교수로 계십니다.

아까 식사하시면서 헌법재판소는 처음 오셨다 그랬는데 아마 이런 분위기가 좀 생소하실 것 같기는 합니다.

홍 교수님은 서울대학교 박사과정 나오시고 미국 옐대학교 로스쿨에서 LLM과 JSD를 하셨습니다.

홍성필 교수님 크게 환영해 주시기 바랍니다.

다음으로 관례상 한분의 교수님이 지정토론하시고 또 한분의 토론자는 헌법재판소연구관을 모십니다.

지성수 헌법연구관님께서 토론을 맡아주시겠는데요. 지 연구관님은 사법연수원 수료하시고 오래 전에 헌법재판소 들어오셔서 한 10년 넘으신 것 같습니다. 시니어헌법연구관으로 지금 활동을 하고 계십니다.

최근에는 이화여자대학교에서 헌법학박사를 받으시고 연구역량이 점점 높아지는 것 같습니다.

크게 환영해 주시기 바랍니다.

저희들에게 주어진 시간이 8시 50분까지인데요. 발표를 한 30분정도 해 주시고 바로 이어서 지정토론하고 그다음에 플로어에서 토론하는 순서대로 하겠습니다.

부탁드리겠습니다.

< 주제발표자 발표 >

사 회 자 : 딱 25분 짧은 시간에 많은 내용들을 압축해서 소개해 주셨습니다.

헌법재판소 6분의 다수의견에 기본적인 동조를 하면서 기본권 보호의무에 관한 이론적인 부분과 결론에 대해서 말씀하셨습니다.

이 주제는 헌법이론적인 또는 소송법적인 이슈도 있습니다만, 먼저 홍성필 교수님께서 국법적인 시각에서 이 사건이나 또 발제내용에 대해서 어떻게 보시는지 의견을 듣겠습니다.

지정토론자 : 안녕하십니까?

저는 연세대학교에서 국제법을 가르치고 있고요. 대학은 서울대학을 나왔습니다.

그래서 미국에 가서 옐로스쿨에서 국제법중에 국제인권 관련해서 정신대문제를 소개로 논문을 썼습니다. 92년도에 가서 박사학위논문을 석사 마치고 시작해서 그렇게 되었습니다.

원래 저는 헌법을 공부를 많이 하고 싶었는데 대학원 때도 조교 자리가 국제법이 비었다 그래서 국제법을 했는데, 미국에 가서는 원래 저희 집안에서 아버님이 돈을 벌라고 해서 저는 WTO 이런 것을 하려고 했는데 교수님이 이거를 하라고 해가지고 그래서 저는 국제인권을 하게 되었습니다.

저는 사실 정신대문제를 하려고 그랬던게 아니고 미국에서 공부하는데 어떤 분이 콜럼비아대학교에서 이것 세미나를 하는데 와서 발표를 영어로 하라고 그러셔서 그때 미국간 지 한달밖에 안 되어 가지고 가는 방법도 모르고 그래서 안 한다고 그랬는데 어떤 할머니를 바꾸어 주셨는데 이분이 제가 한다고 할때까지 전화를 안 끊고 그러셨어요. 92년도에. 그래 가지고 하겠다고 그러고 맡았는데 그거 보니까 모르겠더라고요. 그래서 그거하다가 보니까 시간이 다 가가지고 박사논문계획서를 내야되는데 그냥 썼던 것을 내 가지고 지금 이렇게 한 지가 20년이 됐습니다.

그런데 제가 하면서 느낀 것이 몇 가지, 제가 사실 헌법은 대학교 때 공부한 것 밖에 없고 그래서 감히 여기 결정에 대해서 헌법적 각도에서 검토나 비판의 말씀을 드릴 자격은 전혀 없는 것 같고요. 다만 저는 다른 시각에서 이 문제를 국제법적인 관점에서 오랫동안 그래도 한 20년 생각을 해 왔기 때문에 그런 점에서 어떤 것들이 고민거리였고, 또 사실 제가 가장 원하는 것이 국제법이 결국 이행이 잘되려면 국내에서 법원을 통해서 이행이 되고 특히 헌법재판이나 헌법을 통해서 수용이 되어서 실천이 되는 것이 가장 좋은 방법인데 그런 어떤 연결고리들이 적절하게 만들어지지 않고 있는 것 같아서 늘 개인적으로는 학문적으로도 그게 많이 안타까운 사항이었기 때문에 오늘 이렇게 몇 가지만 말씀 올리겠습니다.

첫 번째는 이런 문제가 왜 생기느냐 하면, 이 문제는 사실 국내적인 사건들과는 다른 면이 많다고 생각합니다.

첫 번째는 제가 이 문제를 공부할 때 느낀 것인데 역사의 문제이기 때문에 다릅니다. 뭐냐하면 원래 국제인권법도 국적국정부가 자기 국민들의 권리를 침해할 때 그러니까 예를 들어 나치독일정부가 유태인들뿐만 아니라 독일국민들의 권리를 침해했을 때 그 사람들을 학살했을 때 생긴 문제였어요. 그래서 국제인권법은 사실 정부가 국민들의 권리를 박탈할 때를 예상하고 있는 겁니다.

그런데 이 경우는 외국정부가 우리 국민들의 권리를 박탈한 것입니다. 그런데 그럴 경우는 대개 국제사회에서 그냥 국가 간의 배상을 통해서 잘못했다고 하고 또 배상금도 주고 해결을 하는데 그게 여태까지 관행이었기 때문에 다른 나라의 경우에는 별문제가 없었습니다.

독일도 아시다시피 뉘른베르크 국제전범재판을 통해서 잘못했다고 얘기도 확인도 했고 배상도 했기 때문에 그 후에는 법적으로 문제가 없었는데, 일본의 경우에는 굉장히 특이한 겁니다. 재판을 했는데 아시다시피 지금 아베라는 양반의 외조부인가가 노부시세키씨라고 예전에 일본의 유명한 수상이셨고 동시에 동경군사재판에서 A급 전범으로 사형을 받았어야 할 분인데 그분이 부활하셔서 6~70년대 일본 수상이 되셨고 또 일본경제를 일으키셨고 그리고 그 자녀들이 지금 일본정계의 지도자로, 이렇게 해서 그런 잘못에 대한 확인이 이루어지지 않았기 때문에 이게 계속해서 국가 간의 문제뿐만 아니라 우리나라국민과 우리정부의 문제, 우리정부와 일본의 문제로 계속 남게 되어서 국제법상으로도 사실 이런 사건이 없습니다.

이게 여러 가지 측면에서 이해하기 어려운 것이고요.

그리고 제가 공부를 해보니까 뉘른베르크재판은 제가 그때 공부할 때 방이 한 3개 정도 자료가 있더라고요. 방 3개가 꽉 차게.

그런데 동경재판은 봤는데 책이 그때 두 권 봤습니다. 그게 92년도 상황이었습니다.

그런데 지금은 아주 달라졌습니다. 정신대문제가 부각되면서 연구가 많이 늘어서 이제는 동경재판에 관한 자료들도 많이 나옵니다.

그래서 92년도 딱 시작을 하니까 첫 번째 질문이 과거와 현재, 역사와 권리의 문제가 생겼습니다.

뭐냐하면 이 일은 30년대, 40년대에 일어났는데 그 당시 법으로 보면 일본은 합법이다 이렇게 얘기하는 겁니다. 그런데 지금은 아니다는 거지요. 국제인권에 관한 인식들이 다 확립된 92년도에 있어서는 아니라는 겁니다. 그런데 제가 보는 관점에서 피해는 계속되고 있다는 겁니다.

그러니까 이게 기존의 법이론들이 시제법이라고 해서 행위는 그 당시 법으로 해결한다고 하는데 ‘그때는 괜찮다’ 이렇게 일본은 얘기하는 것이고, 그런데 지금의 법인식에서는 이거는 틀린 얘기고 배상도 범죄피해가 계속되고 있기 때문에 해야 되는데 안하고 있고 이런 괴리가 있고요.

두 번째 식민지배에 대한 연구가 없다는게 가장 큰 문제중에 하나입니다.

외국 사람들은 영국이나 서구에서는 식민지배에 관한 연구를 하지 않습니다.

이유는 영국이나 프랑스나 이런 국가들도 식민지배에 대한 과거의 책임에 대해서 청산하지 않고 있기 때문에 일본 입장에서는 그런 서구국가와 보조를 같이 해서 식민지배에 관한 토론은 안 하게 하는 것이 많습니다. 그러니까 식민지배 기간의 어떤 인권침해나 유린에 대한 연구가 부족하게 되는 겁니다.

또 하나는 국제법과 국내법의 문제가 있습니다. 법체계의.

제가 살펴보니까 이거는 확실히 1930년대 법에 의해서도 국제법상 불법이더라고요. 강제노동금지협약이라는 아시다시피 30년도 협약 위배입니다.

그런데 문제는 조약이라는 것이 국가 간에 체결하기 때문에 개인의 권리를 예정하고 있지 않다는 겁니다, 상당부분. 예전에 특히 1930년대에. 그러니까 조약보니까 강제노동을 시키는 사람이 있으면 형사적으로 처벌해야 될 의무가 있다 이런 규정이 있습니다. 그러나 개인피해자에게 배상을 한다거나 또는 피해자 개인이 그 조약을 근거로 해서 직접적인 배상청구권을 가진다거나 이런 내용에 대한 것이 없는 겁니다. 그러니까 국가 간의, 일본은 어떻게 보면 한국정부에 대한 책임은 있지만 개인에 대한 책임은 없는 것처럼 보이는 겁니다.

그 구조 때문에 제가 가장 관심이 있었던 것은 개인이 국내법이 아니라 국제법의 이름으로 이런 중대한 인권침해가 발생했을 때 어떤 법적구제를 직접적으로 받을 수 있게 하는 것 이게 사실은 저는 국제법을 하니까 학문적 관심인데 도대체 법리적으로 끌어낼 방법이 없었다는게 저의 가장 큰 고민이었습니다.

그다음에 제가 여러 가지로 생각을 해봤는데 제일 중요한게 이 사건이 1992년도에 와서 일본이 인정을 했기 때문에 사실은 1992년도에 새롭게 발생한 사건으로 보아서 그때부터 새로운 합의가 필요한 것이다라는 점은 많이들 인정을 하는 것 같습니다. 그래서 사실 이번 재판도 그렇게 사실인식에 있어서의 변화 때문에 가능해진 것입니다. 과거에는 어떻게 생각했느냐 하면 우리나라 정부가 일제강점기를 부인하고 있기 때문에 법리상, 그때는 우리정부가 계속 있었다 이렇게 얘기하기 때문에 법리적으로 그동안에 92년도 이후에는 한국정부가 그렇다면 자국민을 보호하지 못했다. 일본이 와서 식민지배를 하면서 이렇게 권리침해하는 것을 막지 못했고 해서 한국정부를 상대로 책임을 물어야 되는거 아니냐 과거에, 그런 사고를 가지고 있었는데 그거는 사실 여러 가지 입장에서 법리구성이 어려웠습니다. 그래서 최근에 바뀐 것이 지금 이런 형태의 소송인 것입니다.

그러니까 65년도 협약의 해석과 적용에 대해서 분쟁이 있으면 이러한 절차를 밟기로 했는데 그거를 절차를 안 밟고 있는 관계로 결과적으로 피해자들의 기본권이 침해되고 있다. 그게 피해자들의 기본권이 침해되고 있다는 것을 확인하기까지는 일본에서 20년동안 7, 80건의 소송을 실패한 후에 가능해진 것입니다. 정부도 그렇게 인식하고 법원도 그렇게 인식하게 된 인식의 변화가 발생한 것이라고 생각합니다.

제가 서두 얘기를 너무 많이 말씀드려서 죄송한데요, 몇 가지 간단하게 국제법적 측면에서 참 재미있고 감사하고 또 특이하다 이렇게 느끼는 몇 가지만 간단히 말씀 올리겠습니다.

위헌판단의 내용이 무엇인가 하는 것은 여기 드러나 있고요.

그다음에 두 번째 제가 주목하는 것은 권리침해의 배경에 대해서 헌법재판소에서 적절하게 이해를 하고 계신 것이다 이렇게 저는 보입니다.

뭐냐하면 한국정부는 아무 일도 안하고 그러면서 개인들의 청구권은 남아있다고 얘기는 해 주고 그런데 막상 일본에 가면 일본재판소는 아무런 청구를 인용해 주지 않고, 또 한국정부가 움직이기 전까지는 일본정부나 법원은 움직이지 않고, 이런 상태가 20년에 지났다는 것이 이런 어떤 구제 공백상태가 있었다. 이것을 법원에서 인정해 주신 것이 아닌가 이렇게 생각을 하고.

두 번째, 이제 구체적으로 외교상의 경로를 통해서 해결하고 안 되면 중재까지 해야 되는 것이 법적의무가 있다 이렇게 확인하신 점이 참 좋다.

그다음에 한일협정을 법률로 보아주셨다는 것, 한일협정을 헌법상 기본권 보호의무가 있고 거기에 대한 구체적 근거로서 한일협정 조약인데 그것을 법률로 보아서 조약으로부터 작위의무가 직접적으로 도출된다고 했던 것은 국제법을 하는 사람의 입장에서는 대단한 발견입니다. 그런 점, 더군다나 이것이 개인의 중대한 인권과 관련되어 있는 분야에서 이런 결정이 있었다는 것, 그리고 가장 중요한 것은 인간의 존엄과 가치에 관한 문제에 대한 그런 인식을 해 주셨다는 것, 마지막으로 외교재량의 한계를 인정해, 그동안 우리, 지금 외교적 보호권 말씀하셨지만 외교 분야에서 있어서는 사실 어떤 사법적 심사가 있었던 사례가 많지는 않은 것 같습니다.

그런데 특히 이 분야에 대해서 외교적 재량이라는게, 그렇다고 상식적으로도 외교행위가 무제한의 재량을 가지고 있다 이렇게 볼 수는 없겠지요. 그러니까 그런 점의 한계를 어느 정도, 중대한 인권침해와 관련해서는 외교재량이 한계가 있다고 인정하셨다는 부분이 좋게 보인다.

그리고 시사점은 서세스천처럼 한 두가지 말씀 올리는 것인데요. 제가 한 가지 좀더 보태졌으면 싶은 것은 한일관계협약이 그냥 법률이라고 보셨는데, 이거는 그냥 단순히 조약위반사건이 아니라 천부인권이나 양도불가능한 권리로 인정되는 소위 중대한 인권침해의 경우이다라는 점이 좀 부각되었었어야 하지 않느냐라는 생각이 있고요. 왜냐하면 제가 92년도 공부할 때는 외교적 보호권이 소수의견에서 말씀하신 것처럼 국가의 완전한 재량이라고 다들 그러시고 65년도의 모든 협약으로 해결이 되어 버렸다고 그러셔서, 저는 늘 뭐라고 얘기했냐하면 92년에 일본이 알았다고 하니 이거는 그때 협정에 포함이 안 된 것이다, 서로 얘기가 안 된 얘기니까 새로운 것이고, 또 하나 천부인권이라고 하는 것인데 이게 지금 배상청구권이 결국은 생명의 자유하고 신체의 자유에 대한 훼손에서 나온 것인데 생명·신체에 관한 개인의 권리를 국가가 처분할 수 있겠는가? 그리고 이거는 양도 불가능한 권리라고 하는데. 그렇다면 그로부터 발생하는 배상청구권에 대해서도 국가가 아무리 조약을 했어도 처분할 수 없는 것이다, 그것까지 인정이 되어야 양도불가능하고 천부인권이라는 점이 인정이 되는 것이다, 이런 점이 부각이 되어야 하지 않겠는가.

그리고 저는 어떤 분이 사법적극주의다 이렇게 얘기하셨는데 제가 보기에는 외교 분야도 일반적인 행정인데 거기에 사법적심사가 불가능하다거나 아니면 전적으로 외교재량에 맡겨야 된다거나 이런 것은 불합리한 얘기가 아닌가. 따라서 자연스러운 법적용이 아니겠는가.

다음에 외교적 보호권은 국제법 하는 사람들은 기본적으로 외교적 보호원이 국가의 권리라는 것은 맞습니다. 외교적 보호권은 자기 국민이 외국에 나가서 부당하거나 불법한 침해를 당하면 거기에 대해서 외교협상을 통하거나 그것이 안 되면 소송까지 해서라도 권리를 보호해 주는 것 그것입니다. 그리고 그거를 행사할까 말까는 사실 국가의 자유에 해당합니다. 그거는 인정합니다.

그러나 중요한 것은 중대한 인권침해의 경우, 그리고 그로부터 발생하는 배상청구의 추궁에 관한 부분 이런 것은 외교적 보호권에 있어서도 재량이 축소되는 아까도 말씀하셨지만, 그런 것으로 이해되어야지 않겠는가. 다만 저도 이 판결을 읽으면서 저는 항상 얘기하기를 그동안에 국제법공부하면서 징용판결도 있잖아요. 그런데 이 문제는 예외로 봐 달라. 정신대문제에 있어서는 특이한 경우이기 때문에 이것은 여러 가지 점에서 이런 외교적 보호권의 대상에서 제외되었고 또 이거는 외교적 보호권이라는 이름으로 제어할 수 있는 것이 아니다라고 예외로 인정해 달라는 그런 주장을 늘 했었습니다.

그런데 이번에 법원에서 그런 것을 한 것인데, 다만 저는 좀 더 그 근거를 이게 어떤 경우에 있어서 그러면 외교적 보호권이 제한이 될 수 있냐하는 것에 대한 법리를 법원이 좀 더 소상하게 말씀해 주셨으면 제가 볼 때 국제법과 헌법의 관계가 더욱더 좁혀졌을 것이다 이런 생각이 들고요.

그리고 다수의견에 대해서 제가 감사하게 생각하는 한 가지는 조약에 관한 겁니다.

조약은 기본적으로 아까도 말씀 올렸지만 국가 간에 체결하니까 개인의 권리를 거기다 써 놓지를 않습니다. 그리고 개인의 권리 실체적 권리도 써 놓지 않을 뿐더러 절차적으로 어떻게 구제를 받을 수 있는가에 대한 규정은 더더욱 없다는 겁니다. 특별한 경우를 빼놓고는. 그렇다고 해서 그런 규정이 없으면 개인의 권리는 그로부터 볼 수가 없다 이렇게 보는 것은 지나치게 무성의한 해석이다. 그리고 보통 요즘 FTA, BIT같이 개인의 재산권보호를 특별히 목적으로 하는 그러한 조약의 경우는 개인의 권리를 거기다 넣지요. 투자자가 이런 소송도 할 수 있다 이렇게 넣지만 일반적인 조약은 그렇지 않은 데 거기에서 나오는 개인의 권리의 함의를 가능한 한 확대해서 바라봐줘야 된다라는 것이고요.

다음에 헌법과 국제법의 관계에서 저는 늘 국제인권이나 국제법이 헌법에 의해서 잘 이렇게 연관을 가지고 적용되기를 바라는 입장이었기 때문에 여러 논문을 봤더니 여러분들이 많은 학설을 써 놓으신 것이 있는데 제가 읽어보니까 어떤 분은 이거를 헌법과 같이 봐야된다 어떤 분은 법률과 같이 봐야된다 또 어떤 분은 단순선언이다 이렇게 말씀하셨습니다.

그런데 제 생각에는 저는 잘 모르지만 아까 말씀드렸듯이 국제인권에서도 핵심적 권리라는 말을 합니다. 인권이 다 똑같은 반열에 있다 이렇게 보지는 않거든요. 생명에 관한 권리, 신체, 양심, 사상, 종교 이런 것들은 핵심적 권리, 양도불가능한 권리 이렇게 부르는 권리군이 있습니다. 제 생각에 가능하다면 그런 권리군 정도는 우리도 헌법적 가치에 준하는 것으로 받아들이고 또 다른 것들은 법률적 가치로 받아들이고 이런 식의 나름대로의 어떤 법리발전을 통한 구분이 있는 것이 좋지 않겠는가 이런 생각이 드는 것이 제 말씀입니다.

그리고 또 하나 요즘 얘기되는 것 중에 커티뉴잉 바이얼레이션이라는게 있습니다. 계속적인 위반이라는 건데요. 나가사키하고 히로시마에서 원폭이 터졌잖아요. 거기피해자들이 미주인권재판소가 있는데 거기 가서 소송을 하겠다고 저한테 그러더라고요. 그거 몇십 년 전에 있었던 일인데 미주인권재판소에 가서 미국을 상대로 소송을 하겠냐? 이렇게 했더니 요즘 미주인권재판소에서 비록 재판소가 설립되기 이전에 과거에 발생한 사건에 있어서라도 피해가 중대하고 그게 계속적으로 지금까지 이어지고 구제가 이루어지지 않고 있다면 이거는 계속적 권리 침해로 본다라는 것이 요즘에 최근에 많이들 이야기하는 법리입니다.

그래서 인권, 왜냐하면 국제법의 발생이 언이븐하거든요. 발전이 국가들이 만들고 있는 것이니까 순서대로 국내법처럼 착착 이렇게 만들어지지 않아서 어떨때 60년대 법이 있다 없다 하고 80년대 이렇게 하니까 그런 국제법의 어떤 생성과정에서 나타나는 언이븐한 갭을 줄이기 위해서는 이런 식의 그런 갭을 메꾸는 해석들이 필요하지 않은가 이런 생각을 가지게 됩니다.

끝으로 한 가지만 소개말씀 올리고 끝내겠습니다.

아시는 분들도 많을 겁니다.

1980년 사건인데요. 미국에 ATCA라는 법이 있습니다. 아시는 분들 다 아실 겁니다.

파라과이 사람들끼리 파라과이에서 발생한 고문치사사건이었습니다.

그런데 고문을 한 사람은 파라과이 수도 아순시온이라고 경찰책임자인데 그 옆집이 의사집인데 의사 자제들을 그 의사가 빈민구제도 하고 그렇다고 해서 데려다가 고문살해를 했는데 이 사람들이 미국으로 망명을 했는데 가해자도 자기 정권이 바뀌면서 미국으로 왔습니다.

그런데 이 사람은 파라과이에서 파라과이 사람들 사이에 있었던 고문살해사건이라 아무리 실체법적 규정을 안봐도 그냥 관할권에 관한 상식적인 판단만 해도 사실은 속인주의, 속지주의 아무런 관할권이 없는 사건인데 어쨌든 미국에서 이거를 소송을 해보고 싶어서 미국의 인권변호사들이 200년 전 1789년도 법을 찾아냈습니다.

왜냐하면 미국헌법 자체가 잘 아시지만 법원의 관할권에 대해서 명확히 규정하고 있지 않기 때문에 1789년에 쥬디셔리액트라는 법을 새로 만들어서 거기 연방법원의 관할권중에 무엇을 넣었느냐 하면 비록 외국인 간에 발생한 사건이라도 그게 국제법 위반사건이고 손해배상을 청구하는 사건 형사사건말고, 손해배상사건이라면 이거는 해결해줘야 된다 그래서 그 세 가지 요건을 얘기를 했습니다.

그래서 200년 전 법을 이 사람들이 찾아내서 아, 이거 파라과이 사람들이니까 외국인 맞고 그다음에 손해배상 추궁하는 소송으로 하면 되니까. 그런데 미국은 징벌적배상이 있기 때문에 이게 효과가 크다. 그런데 국제법 위반을 입증하려고 하니까 고문금지가 국제법상 있어야 되는데 고문금지협약이라는게 있기는 있는데 한참 후에 나왔어요. 그리고 고문금지협약이 있어도 미국이나 파라과이가 둘 다 가입을 해야 적용이 되는 형태입니다.

그러니까 그 법원에서 고문금지를 이거를 어떻게 해야 되나? 그런데 미국연방고등법원에서 있었는데 변호사들은 무엇을 제시했냐면 실정법규정이 없으니까 유엔에서 만들었던 결의나 선언 이런 것을 고문을 하면 안 된다 이런 것을 리스트를 이만큼 모으고, 그다음에 각국의 국내법을 보니까 다 고문 막고 있더라. 그래서 형법상 규정들을 다 모아서 제출을 했습니다. 그랬더니 그거를 재판소가 국제관습법상 고문금지가 이미 되었다. 그리고 국제관습법상 절대적으로 안 되는 행위가 몇 개 있습니다. 해적행위, 노예하는 행위 그리고 전쟁을 벌이는 행위입니다. 최근에 하나 더 늘어서 집단살해까지 이 네 개를 하면 이거는 국제범죄로 봐서 보편적 관할권의 대상이 되어서 어느 나라에서도 처벌 받는다, 일응 그게 추세입니다.

정확히 그렇게 되었는데, 제 생각에 우리나라에서도 가능한 한 국제법의 어떤 그런, 조약뿐만 아니라 국제관습법의 영역에 있어서도 국제사회가 합의한 그런 강행규범성이 있는 규범들은 재판상 규범으로 가능한 한 흡수하는 것도 굉장히 좋을 수 있다 이렇게 호소의 말씀을 드립니다.

감사합니다.

사 회 자 : 고맙습니다.

조금 시간이 길어졌습니다만 국제인권법적인 특성을 강조하시고 우리 헌법재판소의 다수의견에 기본적으로 동조를 하시면서 지금 질문은 특별하게 발제자한테 없었습니다만 나중에 교수님께서 적정한 말씀을 해 주시면 고맙겠습니다.

이어서 헌법소송법적인 관점이나 또 헌법재판소에서 실무를 하시면서 느끼시는 그런 관점에서 지금 발제문에 대해서 또는 헌재결정에 대해서 지성수연구관님께서 토론해 주시겠습니다.

지정토론자 : 방금 소개 받은 지성수 연구관입니다.

우선 저는 이 발제에 앞서 이런 발제를 해 주신 교수님께 감사를 드립니다.

여러분도 다 아시겠지만 지금 우리나라하고 일본사이의 외교적 마찰로 인해서 사실이 문제가 더욱 어떤 해결의 실마리를 찾기가 어려운 그런 사정이 있습니다.

이런 발제를 통해서 이 결정의 의미를 되새겨볼 수 있는 시간을 주신 것에 대해서 감사를 드립니다.

저는 헌법연구관으로서 이 교수님께서 말씀을 하셨듯이 아주 기술적인 소송법적 관점에서 이 문제에 접근을 해봤습니다. 저는 이 결정의 결론에는 찬성을 하지만 다소 논증과정에서 조금 아쉬운 점이 저 나름대로는 있어서 이 기회를 통해서 저의 의견을 한번 말씀드려보고자 합니다.

우선 이 헌법재판소법 68조 1항에 의한 헌법소원은 기본권을 침해받은 경우에 할 수 있습니다. 그런데 이 평석대상이 된 일본군 위안부 이 사건은 한일청구권협정 제3조에 따른 절차를 진행하지 않은 부작위에 대한 헌법소원심판청구입니다.

그런데 이 헌법소원은 공권력의 주체의 어떤 기본권침해를 요건으로 해서 이루어지는 것이기 때문에 기본권침해의 주체가 국가가 아니고 제3자이거나 또는 타국인 경우에는 원칙적으로 그 요건을 충족하기 어렵게 됩니다.

이 사건의 경우에 청구인들의 기본권침해 주체는 우리나라정부가 아니고 일본국이라는 점에서 이게 약간 일반적인 헌법소원심판청구로서 받아들여서 판단하기에는 어려운 점이 있는게 사실입니다. 그래서 만약에 이거를 헌법소원심판청구로서 받아들인다고 한다면 그 심사구조와 다른 구조를 취해야 할 것으로 저는 기본적으로 생각을 합니다.

이게 국가가 아닌 제3자나 제3국의 행위에 의해서 기본권이 침해되었을 경우에는 이게 직접적인 기본권침해의 문제가 아니라 국가의 기본권보호의무의 문제로 귀결되기 때문입니다.

이 사건에서 문제가 되는 기본권보호의무에 관해서 본다면 국가는 국민의 기본권을 보호해야 할 의무의 주체로서 국민이 기본권을 사인 또는 다른 국가로부터 침해당하는 경우에 적극적으로 보호할 의무를 부담하게 됩니다.

그 기본권 보호의무는 개인의 신체나 생명 등 법익이 국가의 보호의무 없이는 무력화될 정도의 그런 극한 상황에서 적용될 수 있습니다.

그리고 이에 대해서 우리 헌법 10조 2문은 “국가는 개인이 가지는 불가침의 기본적 인권을 확인하고 이를 보장할 의무를 진다”라고 함으로써 국가의 적극적인 기본권 보호의무를 선언하고 있습니다.

그런데 국가의 기본권 보호의무는 사실 기본권과는 약간 차이가 있습니다.

국가의 소극적 방어권으로서의 기본권을 제한하는 경우에는 그래서 헌법 37조 2항이 필요한 경우에 한하여 침해의 범위도 필요최소한으로 해서 제한할 수 있다고 하고 있는 반면에, 국가가 적극적으로 국민의 기본권을 보장하기 위한 제반조치를 취해야 할 의무는 입법자의 입법의무를 통해서 비로소 구체화되고, 따라서 이때는 국가가 그 보호의무를 다하지 않았는가를 심사할 때 과소보호금지원칙에 따라서 심사를 하게 됩니다.

이처럼 국가의 기본권보호의무위반에 대한 심사가 기본권침해여부에 대한 심사하고 구조를 달리하고 있기 때문에 기본권보호의무로부터 곧바로 기본권침해를 심사할 수는 없다고 생각을 합니다.

다만 국가의 기본권보호의무가 기본권침해와는 조금 다르다하더라도 경우에 따라서는 국가가 기본권보호의무를 통해서 제3자의 행위에 적극적인 개입을 할 필요가 생기는 경우가 있습니다. 그 경우가 생명·신체의 안전에 관한 권리는 인간의 존엄과 가치의 근간을 이루는 기본권이므로 이러한 경우에 공권력에 의한 침해가 아니라 하더라도 기본권 침해와 마찬가지로 그 침해가 위헌임을 헌법재판소는 확인하고 있습니다. 다만 이 경우에 심사기준은 과소보호금지원칙에 따라서 기본권침해의 경우와는 좀 다르게 됩니다.

발제문에서도 지적이 되었듯이 이 사건에서 헌법재판소는 침해되는 기본권을 명시적으로 언급하고 있지는 않은 것 같습니다. 다만 일본국에 의하여 광범위하게 자행된 반인도적 범죄행위에 대하여 일본군위안부 피해자들이 일본에 대하여 가지는 배상청구권은 무자비하게 지속적으로 침해된 인간으로서의 존엄과 가치 및 신체의 자유를 사후적으로 회복한다는 의미를 가지므로 근원적인 인간으로서의 존엄과 가치 침해와 직접관련이 있다라는 설시로 사실 직접으로 무슨 기본권 침해다라고 말하지 않고 이런 부분으로 그 기본권 침해 여부 부분을 넘어가고 있습니다.

그런데 이런 논증구조를 가진 재판소 결정들을 보면 제가 거기 세 개 정도 소개를 해 놓았는데요. 가장 대표적인게 미국산쇠고기수입위생조건 이 사건입니다.

여기에서는 다른 것은 문제가 안 되었고 국가의 보호의무와 관련해서 그게 과연 헌법소원심판청구로서 적합한 것이냐라는 것을 심사하는게 그때 가장 큰 이슈였었는데 그 사건에서도 지금 이 위안부사건하고 비슷한 구조로 그 부분을 통과를 했습니다.

이처럼 헌법재판소는 국가의 기본권보호의무가 문제되는 헌법소원사건에서는 침해되는 기본권을 열거하는 대신에 국가의 기본권보호의무가 발동해야 되는 상황을 밝힘으로써 헌법소원심판청구의 본안심사가 이루어 질 수 있음을 밝히고 있습니다.

다만 그 기본권 보호의무가 문제되었던 사건들에서 헌재는 심사기준을 '과소보호금지의 원칙' 아까 말씀드렸던 그거를 적용을 해서 심사를 했고 대부분의 경우에는 이게 인용으로까지 나아간 경우는 없는 것으로 알고 있습니다.

물론 여기에 제가 소개한 사건과 지금 위안부 사건은 좀 다릅니다.

위에 사건들은 작위 그러니까 일반적인 기본권의 침해 양태로서의 작위가 문제되었었고 지금 이 사건에서는 부작위가 문제된다는 것이 약간 다릅니다.

그런데 이 부작위는 또 일반적인 기본권침해에서도 심사구조를 그러니까 작위와 부작위가 좀 다르다는 점에서 약간의 이 사건에서도 시사점은 있지만 어쨌든 심사를 할 때 심사의 강도에 있어서 기준이 좀 다르다는 점은 변화가 없기 때문에 이 사건에서도 역시 부작위가 문제가 되지만 국가의 기본권보호의무라는 것에 중점을 두어서 심사기준이나 이런 것도 그게 논증과정 없이 나아가면 안 되고 심사기준을 달리하더라도 논증과정을 통해서 그것에 이르는 것이 마땅하지 않나라는 생각을 가지고 있습니다.

4페이지 타이틀 3의 가를 보시면, 위안부사건에서 헌법재판소는 일본국에 의한 기본권침해가 반인도적, 반인륜적 인권유린행위에 기인한 것임을 확인하면서 국가가 기본권보호의무를 발동해서 기본권 침해 여부를 판단해야 될 대상이 되는 사안이라고 결론을 내리고 있습니다. 그래서 이게 기본권보호의무에 관한 것이지만 기본권침해여부를 심사할 수 있다는 것을 이런 식으로 통과하고 있습니다.

다만 여기에서 제가 지적하고 싶은 것은 좀전에도 말씀드렸다시피 기본권보호의무의 경우에 작동되는 과소보호금지기준 이것에 대한 아무런 언급 없이 그냥 이 사건부작위로 인한 기본권침해가 중대하다 이런 식으로 넘어간 것에 대해서는 저는 동의하기 어려운 부분이 있습니다. 이게 기본권보호의무에 적용되는 심사기준에 관해서 일단 밝히고 구체적인 위헌성심사를 했었어야 하는게 아닌가라는 생각이 듭니다. 물론 기본권보호의무의 경우에 항상 과소보호심사가 적용되어야 되는 것은 아니라고 생각할 수도 있습니다. 특히 부작위가 문제되는 경우에는 기본권침해가 부작위로 인해 발생하는 경우에 하게 되는 심사구조를 유사하게 응용해서 할 수도 있다고 생각을 합니다.

다만 기본권보호의무는 기본권 그 자체와는 차이가 있기 때문에 적어도 심사기준에 관해서는 의견을 밝힐 필요가 있다고 생각을 하고, 만약에 이 사건에서 심사기준을 일반적인 어떤 기본권보호의무에서의 과소보호금지원칙을 적용하지 않는 이유를 생각을 해본다면 저 나름대로 세 가지 이유를 생각을 해봤습니다.

우선은 청구인들은 국가가 외부의 침략으로부터 자국민의 안전과 생명을 보호하지 못하여 피해를 입게 된 점 그리고 그러한 침해가 자국민과 다른 국가 사이에 발생하는 경우에 국가의 적극적인 개입없이 그 구제가 사실상 불가능하게 되는 점, 그리고 그로 인한 기본권침해의 내용이 인간으로서의 인격을 말살시키는 어떤 그런 정도의 반인도적인 것으로서 반드시 그 회복조치가 요구된다는 점 이 정도의 어떤 그런 이유를 들어서 심사기준 자체를 일반적인 기본권보호의무에서 하는 심사의 기준보다는 좀 더 엄격하게 할 수 있지 않았나 하는 생각이 저 개인적으로는 들고 그렇다고 하면 헌법재판소가 그런 심사기준을 적용할 수 있는 이러한 상황을 나름대로 요건을 만들어서 설정을 해 준 다음에 심사로 나아갔어도 되지 않았나 하는게 저의 생각입니다. 그렇다고 하면 여기서 이게 기본권보호의무로서 심사기준까지도 얘기가 된다고 치면 다음으로 작위의무에 대해서 작위의무

있는 것인가가 문제가 되는데요. 물론 여기서 헌법재판소가 이 과소보호금지와 관련해서 아무런 언급을 하고 가지는 않았지만 이거를 선회해서 생각을 한다면 외교에 있어서는 어떤 재량적인 영역으로서 재량권이 있다 이런 설시로서 완화된 그러니까 일반적인 과소보호심사의 어떤 그런 형태를 취하고 있다라고 선회할 수도 있을 것 같은데 어쨌든 이런 구조의 사건은 지금 이 사건이 저는 처음이라고 생각을 하는데, 기본권보호의무와 부작위가 결합된 사건은 이 사건이 처음이어서 그렇다고 하면 이게 가장 선회사건으로서 앞으로 이루어질 그런 사건들에 대해서 지침을 주는 의미에서 그런 부분을 확실하게 짚고 넘어갔으면 했었는데 그런 부분이 조금 아쉽습니다.

그리고 작위의무에 관해서 헌법재판소는 헌법 10조하고 2조 2항, 헌법전문, 그리고 이 사건 한일청구권협정 3조를 부작위의 근거규정으로 들고 있습니다.

그런데 헌법규정에서 직접적으로 이 작위의무를 도출할 수 있는가에 대해서는 저는 약간 회의적입니다. 헌법에서 기본권보호의무를 규정하고 있다고 해서 그로부터 작위의무를 직접도출하게 된다 그러면 사실 여기에서 기본권보호의무가 과연 배제되는 그런 영역이 있을까 생각을 해봤는데 이거는 좀 지나치게 많이 나아간 것이라는 제 개인적인 생각입니다.

이게 이렇게 되면 기본권하고 기본권보호의무하고 보호의 정도도 달리하고 이를 구별해서 헌법에 규정하고 있는 것의 구별이 굉장히 무의미해지지 않나 하는 그런 생각입니다. 그리고 이전에 헌법재판소 결정에서는 헌법 2조 2항이나 다른 헌법규정으로부터 공권력의 행사를 직접 청구할 수 있는 그런 것은 나오지 않는다 이런 식의 판단도 한 적이 있고요.

따라서 이런 포괄적인 의미의 헌법규정으로부터는 기본권보호의무를 인정할 수 없고, 다만 이러한 헌법조문을 바탕으로 구체화된 법령이 있다면 그 법령에서 작위의무를 규정하고 있는 경우에 그 규정을 통해서 작위의무를 인정하는 것은 가능하다고 보여집니다.

그리고 그동안에 헌법재판소가 작위의무를 인정한 사건들 제가 한 네 개 정도 게재를 해놓았는데 여기에서 보면 사실상 그 작위의무의 인정은 구체적이고 개별적인 법령의 존재를 필요로 하고 있고 추상적인 헌법규정으로부터 그 의무를 인정하고 있지는 않은 것 같습니다.

결국 이 사건에서도 작위의무의 근거규정은 헌법상의 규정이 아니라 한일청구권협정 3조로서도 충분하지 않았나 하는게 제 생각입니다.

다만 기본적으로 기본권침해에 있어서 작위의무를 얘기할 때도 그 부작위가 헌법 몇조의 어떤 기본권을 침해한다라는 기본권침해의 근거규정으로서 헌법을 제시하듯이 기본권보호의무에서도 마찬가지로 어떤 구체적인 규정을 통해서 작위의무가 도출된다 그러면 그런 작위의무가 헌법상에 있는 기본권보호의무규정을 위반하는 것이다라는 정도의 그런 의미로서 설시를 하는 것은 저는 당연하다고, 그러니까 기본권보호의무에서도 헌법소원심판청구가 나온다면 그런 입장에서 보면 당연하다고 보여 질 수 있으나 이처럼 직접적으로 헌법근거를 들어서 작위의무의 근거규정으로서 얘기를 하는 것은 조금 부적절했던 것이 아닌가라는 생각이 듭니다.

지금까지가 제가 소송법적인 측면에서 이 사건에서 아쉬웠던 그런 논증과정에 대해서 말씀드린 것이고요.

그다음에 발제자께는 제가 거기 질문사항 세 가지를 써 놓았는데, 일단 사인사이에서 발생하는 기본권침해의 문제에 있어서 어느 경우에 국가가 개입을 하고 그 개입의 정도는 어느 정도까지가 되어야 되는지 어떤 한계 이거를 아직은 저도 잘 모르겠는데 나름대로 이런 기준을 가지고 계시면 말씀을 해 주셨으면 좋겠고요.

그다음에 외교적 보호권이라는 것을 침해된 기본권으로 이 사건에서 보고 계신데, 이게 국가의 기본권보호의무의 한 내용이 아닌가 이런 생각이 개인적으로 들었습니다. 그래서 여기에 대해서 교수님의 생각은 어떠신지 여쭙고 싶고요.

그다음에 아까도 말씀드렸다시피 이 한일청구권협정 3조만으로는 과연 이게 작위의무를 끌어내는 것이 부족했나라는 생각이 듭니다. 그래서 교수님께서는 이거외에 헌법 10조하고 2조 2항 전문이 모두 이 작위의무의 근거규정이 되어야 한다고 보시는지 그것도 여쭙고 싶습니다.

사 회 자 : 고맙습니다.

헌법연구관으로서 다수의견의 논증구조에 대해서 조금 아쉬운 말씀을 하셨습니다.

아마 지정토론은 통상은 이 사건을 담당했던 연구관이 지정토론을 하는데 지성수 연구관님은 담당연구관은 아니었던 것 같습니다.

간단한 질문이 마지막에 세 가지 있었는데요. 시간이 많이 흘렀습니다.

저희들이 두분의 말씀을 듣고 하다보니까 시간이 많이 흘렀는데 먼저 발제자님께서.

발 표 자 : 처음에 봤을 때는 너무 많은 사항이 저한테 질문인가 생각하면서 저도 막 두려우면서 쭉 읽어보니까 오히려 다수의견의 문제점, 제가 지적하지 못한 부분들을 나름대로 많이 정리를 해 주고 계시더라고요. 그런 가운데 제가 보기

에 핵심적인 것은 다수의견이 부작위의무는 있다라고 하면서도 외교적 보호권 이것을 바로 인정하는 쪽으로 가버린 그 논리의 비약문제를 지적하셨는데, 저도 그 점에 대해서는 어디에선가 지적을 했었던 것 같습니다.

바로 그것이 결국은 보호의무는 마땅히 인정된다하더라도 문제는 기본권보호청구권으로까지 그것이 인정되기 위해서 어떤 논리가 필요했던가라고 하는 것을 제 나름대로 정리를 하고 있는데 그것이 답이 되었으면 하면 생각인데 그것도 아직 부족한지는 나중에 여쭤보기로 하겠습니다.

아무튼 우선 그 세 가지 질문에 대해서, 사실 토론자께서도 첫 번째 질문같은 경우는 중간에 여러 가지로 얘기가 나왔었던 것 같습니다.

이 문제가 나타난 것은 독일에서의 예를 통해서 제가 정리했던 것은 그야말로 생명과 자유와 재산에 대한 긴급하고 중대한 어떤 위해가 발생하고 침해가능성이 급박한 이런 상황일 때 국가가 긴급하게 관여하지 않으면 안 된다라는 시각에서 논의되었던 것으로 기억이 됩니다. 그러니까 만약에 이런 것에 대한 사인에 의한 침해가 있더라도 시간을 두고 이거를 해결할 수 있다면 당연히 민사재판이나 또는 물권적청구권 등등 여러 가지 기본적인 법이론가지고 해결했겠지요. 그런데 문제는 그것이 아니라 아주 명백하고 급박하게 이것이 위해를 가져올 때는 국가의 관여 없이는 해결할 수 없다라고 하는 그런게 전제가 되어서 권리사각지대를 막기 위해서 나타났던 것 아닌가. 아까 앞부분에 논리 전개할 때도 이런 내용이 아마 얘기되었던 것 같습니다.

그다음에 두 번째 외교적 보호권의 발동과 관련해 가지고, 그거는 토론자의 말씀에 저는 동의를 합니다. 다시 말해서 국가의 작위의무가 존재한다라고 하는 것에 대해서 제가 그래서 상응하는 기본권, 그 의무에 상응하는 기본권, 물론 어떤 의무가 있다고 해서 모두 거기에 대해서 권리가 보장된다 이것은 아니지만 그런 하나의 의무를 바탕으로 해서 도출된 그러면서도 그것이 형식적 주관적공권에 불과했던 것이 실질적 주관적공권으로 변화될 수 있는 요건을 갖추었을 경우에 그러한 외교적 보호권으로 표출될 수 있다라는 논리를 제 나름대로 편 것이고요.

그다음에 마지막 세 번째의 경우는 한일청구권협정 제3조만으로 부족했나라고 하는 것인데, 사실은 소수의견에서 그런 얘기가 나왔지만 한일청구권협정 3조만 가지고 도 안 된다 이렇게 얘기를 하고 있잖아요. 더구나 국제법 관점에서도 얘기를 했지만 사실 조약이라고 하는 것은 국민의 권리의무에 영향을 미치는 조약내용을 담고 있으면서도 구체적으로 일반국민들의 시각에서 권리자로서 어떻게 하라, 절차를 보장해 주는 그런 조약은 그렇게 많지 않습니다, 아까 지적한 것처럼. 그렇지만 그렇다고 그거 인정되지 않는 거냐? 그거는 아니지요.

그런 관점에서 이 문제를 봐야 될 뿐만 아니라 제 입장에서는 헌법 제10조나 다른 헌법규정이라고 하는 것이 물론 소수의견이 얘기한 것처럼 일반추상적인 의무인 것은 분명하지만 그렇다고 해서 의무가 없는 것은 아니고 분명히 있다. 문제는 국가입장에서는 그 의무를 어떻게 이행할 것이냐 하는 것은 법률이 정하는 바에 의해서 구체화된다라는 얘기고, 그 구체화된 법률이 한일청구권협정 제3조다 이렇게 봐야 되지 않겠는가? 이런 시각에서 본다고 하면 연결을 분명히 해 주면서 설명했어야만 되었을 것이다 이렇게 저는 판단하고 그점에 대해서는 다수의견이 나름대로 옳지 않나 이런 생각을 해 봤습니다.

그리고 홍성필 교수님께서 지적한 내용 가운데는 직접적인 질문이 거의 없었기 때문에 지적할 것은 없고, 다만 제 나름대로 관심을 끌었던 것은 기본권과 국제인권의 관계 그리고 그것이 헌법과 국제법과의 관계, 헌법적 위치냐 법률과의 연관성이냐 이런 문제인데, 글쎄 저는 깊이 생각해본 적은 없지만 아무튼 국제인권법의 인권보장의 내용이 우리 헌법상의 보장내용과 일치하는 경우라면 그 이상의 가치를 가지는 것이라면 당연히 헌법상의 기본권과 동일한 선상에서 봐야되지 않을까 이런 생각이고, 그렇지 않은 경우라면 일반 법률과 같은 효력을 가진다는 것이 대전제가 되어 있기 때문에 일반법률과 같은 인권으로 봐야될 부분도 있을 것이다. 그런데 대부분의 경우에는 헌법기본과 거의 일치하지 않을까 이런 생각을 해봅니다.

다른 분들은 어떤 견해가 있는지 좀, 또 다른 의견이 있을 거라 믿습니다.

사 회 자 : 플로어에서 바로 질문을 받겠습니다.

황치연 연구관님.

토 론 자 : 우리가 투트랙으로 고찰해야 할게 부작위에 의한 기본권침해로서의 위헌확인 이것과 기본권이론에서 보호의무위반으로서의 위헌확인 이거를 계속 지성수연구관도 어떤 때는 혼용 결합되어 있고 그러는데 명백히 구분해서 할 필요가 있지 않나 이런 생각이 드는게요, 일단 실정헌법상의 작위의무 또는 실정헌법해석상의 작위의무에 대해서 어떤 부작위로 기본권을 침해하는 경우를 생각할 수가 있지요. 그럴때 이 외교적 보호권의 관할에 대해서 국제법상으로는 외교적 보호권이 국가의 권한규범으로서 작동하지만 우리 헌법 37조 1항과의 관계에 있어서 외교적 보호를 받을 권리를 펀트멘털라이트로 발견할 수 있지 않겠는가 이렇게 생각을 하고요.

그다음에 소송법적으로 델리케이트한 면이 있는데 보호의무위반, 부작위에 의한 기본권 침해가 아니라 기본권보호의무위반으로 위헌확인을 할 때 우리 헌법재판소법에 기본권을 침해받은 자가 헌법소원을 제기할 수 있으니까 보호의무위반으로 헌법소원을 제기할 수 있으려면 그 기본권 침해와 유사한 구조인 아까 말씀하신 보호청구권 그러니까 슈츠플리히트에서 나오는 슈츠안쉬푸흐 이 보호청구권이 어떠한 성격을 갖는 거냐? 보호청구권이 기본권에 준하는 성격을 갖는 것이라면 그런 어떤 적법성에 관한 논란은 해결되지 않겠는가 이렇게 생각을 합니다.

그러면 보호의무위반의 심사구조에 있어서는 과소보호금지원칙이라는 기준이 적용되지만 이 기준을 구체적으로 적용하는 것은 역사와 헌법 간의 관계 이런 것을 하는 것이지 그게 고정적으로 무슨 최소한의 보호 이런 식으로 하는 것은 좀 문제가 있지 않을까 이렇게 생각을 합니다.

간단하게 마치도록 하겠습니다.

사 회 자 : 지금 질문이 지성수 연구관한테 하신겁니까 아니면?

토 론 자 : 아닙니다. 코멘트를 한 겁니다.

사 회 자 : 견해 차이가 약간 다른 것 같아서, 말씀하시겠습니까?

지정토론자 : 저도 기본적으로는 기본권보호의무하고 기본권침해는 다르다는 전제에서 제가 이 토론문을 쓴 것이고요.

말씀하셨던 보호청구권의 문제는 사실상 헌재가 밝히고 있는게 지금 그거인 것 같습니다. '생명·신체의 안전에 관한 권리' 이게 인간의 존엄과 가치의 근간을 이루는 기본적인 권리다. 그동안의 기본권보호의무가 문제가 되었던 것은 이런 식의 표현으로서 보호청구권의 문제를 넘어가는 그런 식의 해결을 해왔던 것으로 보이거든요. 그러니까 모든 기본권에 보호청구권이 인정되는 것이 아니라 기본적으로는 어떤 사인 간의 그런 관계에서 기본권침해가 일어나는 문제를 상정하는 것이라서 국가의 기본권보호청구권이 언제나 발동되는 것은 아니고 아까 요건으로 잠깐 말씀하셨듯이 뭔가 굉장히 중대한 기본권에서 긴급하게 발동할 상황이 있는 경우에 한해서 기본권보호의무를 발동해서 헌법재판소법 68조 1항에 의한 헌법소원심판청구를 받아들이는 그런 구조를 취하고 있는, 그래서 기본적으로는 지금 황박사님 말씀하신 그거하고 제가 출발하는 논의의 전제는 같습니다. 다르게 구별해서 접근하는 것은.

사 회 자 : 일단은 여기까지,

발 표 자 : 한 가지만, 아까 홍 교수님께서 지적한 것과 지금 황 연구관께서 지적한 것이 제가 대답을 못했던 것인데, 지금 외교적 보호권에 관해서 두 가지 시각에서 분명히 봐야됩니다.

국가입장에서는 당연한 권한이고요 외교부입장에서.

그러나 그 침해를 당하고 있는 일반 국민의 시각에서는 국가를 상대로 외교적 보호권을 요구할 수 있는 기본권으로서 의미를 가지게 된다, 그것이 국가의 작위의무를 전제로 해서 기본권보호청구권의 시각으로 이것을 받아들이면서 열거되지 않은 기본권으로 보자 하는게 제 논리였지요.

사 회 자 : 플로어에서 혹시 질문이 있습니까? 사건이 논증은 아주 독특한 방식을 요구하는 독특한 사건입니다. 이게 일반헌법사건과는 다른 것이라서.

제일 뒤에 손드셨습니까?

관등성명 밝히시고.

토 론 자 : …

사 회 자 : 정교수님 고맙습니다.

멀리 앉으셔가지고 그래도 충분히 다 이야기를 듣게 되었는데요, 머리가 점점 아파져가는 것 같습니다.

이게 보호의무이론에서부터 소송법적인 측면으로 들어가니까 상당히 그렇습니다.

플로어에서 또 다른.

임지봉 교수님.

토 론 자 : 방금 교수님께서도 말씀하셨지만 저는 이 사건이 특이한 점이 행정부작위를 다루고 있다는 점이 굉장히 특이한 사건으로 저는 받아들여지는데요. 여기 사건개요에도 잘 나와 있습니다만 피청구인인 외교통상부, 행정부가 한일청구권협정 3조에 따른 조치를 취할 의무를 이행하지 않은 것이기 때문에 행정부작위이고 그것도 우리가 국회가 그에 관한 법률을 안만드는 입법부작위도 진정입법부작위, 부진정입법부작위로 나누지 않습니까? 헌법에 명시적인 입법의무를 과하고 있는데 아예 안 만들었느냐 진정입법부작위, 만들었는데 불완전 불충분하냐 부진정입법부작위 이런 것으로 나누는 그 방식대로 한다면 이거는 행정부작위중에도 이것도 아무런 조치를 안취한 거지요. 어떤 불완전한 조치도 안 취해진거지요. 그러니까 진정행정부작위라고 만약에 이름 붙일 수 있다면 우리 헌재가 진정입법부작위에 있어서도 사실은 굉장히 예외적으로만 이거를 받아들인다하고 있고 대부분의 경우 안 받아들이고 있는데, 이 사건의 경우 아주 드물게 올라온 진정행정부작위사건인데 이거를 헌재가 전격적으로 받아들이면서 그 행정부작위에 대해서 사실상의 위헌선언을 하고 행정부가 어떤 작위의무를 쥐고 있다 그러니까 어떤 조치를 취해라라고 나간 것은 저는 그런 면에서 굉장히 획기적인 그런 성격을 가

지는 사건이 아닌가 싶고, 또 그런 의미에서 사법적극주의의 아주 전형적인 예다. 사법적극주의라는게 권력분립원리하에서 사법부가 위헌판결을 통해서 행정부나 입법부를 적극적으로 견제하는 것 아니겠습니까? 그런 식으로 봤을 때 이거는 행정부의 어떤 공권력의 행사에 대해서 월권이다 권력남용이다라고 위헌결정을 내린 것을 넘어서서 불행사에 대해서 부작위에 대해서까지도 위헌결정으로 견제하려한 것이기 때문에 행정부작위 그것도 진정행정부작위의 성격을 가진 것에 대해서 헌재가 아주 적극적으로 나서서 위헌결정을 해줬다는 점에서 긍정적인 평가를 우리가 해줘야 될 부분이 아닌가 생각하는데 발제자께서는 어떻게 생각하시는지 여쭙고 싶습니다.

사 회 자 : 지금 두분이 플로어에서 질문하셨는데 답변하시겠습니까?

발 표 자 : 임지봉 교수님께서 얘기하는 것 아까 제가 말씀드렸지만 사실 외교부에서는 지금까지 이행을 했다고 하지요. 그런데 이행을 했다고 하는데 일본국에 대해서 그냥 일방적으로 떠든 겁니다. 그러니까 진상규명하라, 공식사죄하고 반성하라, 역사교육을 실시하라 이런 정도의 일방적인 얘기만 했지 일본국에 대해서 아무런 조치를 취할 수 있는 그런 근거를 제시하지 못했다. 그런 점에서 제가 판단하기에는 이번 사건을 계기로 이제사 비로소 청구권협정 제2조와 관련해서 분쟁이 발생했다라고 하는 …처음으로 통보한 거지요. 이제야 비로소 이행이 이루어진 것이다 사실상, 저는 이렇게 본다는 거지요. 그런 점에서 의미가 컸고. 지난번까지 자기들은 의무를 이행했다고 하지만 제가 보기에는 전혀 이행한 것이라고 볼 수 없었다는 점에서 긍정적으로 평가를 해 볼 수 있다고 보고.

그다음에 정문식 교수님께서 얘기한 내용, 사실 저도 독일의 경우는 국가의 기본권보호의무에 관한 우리 헌법 10조 2문과 같은 규정이 없기 때문에 사실은 이게 어떻게 연관시켜서 이해를 해야 되나? 굉장히 어려웠던 문제인데 우리는 헌법 10조 2문 때문에 이 문제를 헌법재판소가 그냥 쉽게 받아들이고 그래서 사실상 제가 기본적으로 했던 삼각관계 이런 틀이 생기지 않는 경우도 기본권보호의무를 많이 쓰고 있는 이런 경우를 제가 초창기에 좀 봤습니다.

그런데 문제는 독일에서는 그 삼각관계의 전제를 항상 논의의 대상으로 하고 또 지금까지는 다른 방법으로 어떤 기본권보호장치가 없었느냐? 결국은 없을 때 결국은 권리보호의 사각지대로 평가된다라고 하는 경우를 이것을 받아들이는 것으로 저는 받아들였었고, 그래서 또 정문식 교수님께서 자유권중심의 얘기를 하는데 제가 보기에는 그런 것만은 아니었지 않느냐, 그야말로 위험한 화학물질저장시설을 하려고 한다 그런 경우에 그 지역주민들 입장에서는 혐오시설중에서도 아주 중대한 다시 말해서 생명과 신체에 대해서 위해를 가할 수 있는 그런 저장시설의 문제인데 거기에 대해서 주민들이 반대했을 때 아, 이런 경우도 여기에 해당한다라는 식의 그런 내용들이 여러 가지 있었던 것으로 봐서 과연 자유권중심으로만 이 문제가 다루어졌었을까? 제 기억으로는 그렇지 않은 것 같은 느낌이 들고.

그다음에 한 얘기중에서 행정부작위와 관련된다는 것 그러면서 법률유보에 근거해야만 행정부작위의 성립여부를 얘기하시는데, 저는 지금 청구권협정이 과연 조약이지만 우리 헌법에서는 조약은 법률과 같은 효력을 가진다하고 있는데 법적 근거 없이 지금 얘기하고 있는 것 아니지 않느냐, 이런 논리에서 본다면 왜 그런 질문이 지금 나오게 되었는지 좀 그렇고요.

마지막으로 '중대한'의 문제인데 물론 이거는 제 나름대로도 과연 어떤 경우가 중대한 거냐? 얘기하기 어려운 데, 문제는 이 국가의 기본권 보호의무 이론 자체가 사소한 것이라면 국가가 직접 개입하기 이전에 사인상호간에 해결하라라는 것이 아마 전제되었을 것이다.

그런데 어디까지가 중대한 것이기 때문에 국가가 바로 좀 직접 개입해 주어야만 되는가? 사실 그 기준을 저로서는 쉽게 판단할 수 없다 이렇게 말씀드릴 수 있을 것 같습니다.

사 회 자 : 지금 저희들한테 주어진 시간이 많지는 않습니다.

그런데 오늘 재판관님이 마지막 이 회의를 주재하시는 세미나고 해서 제기 시간을 어긴다하더라도 다음에 크게 꾸중을 안 들을거 아닌가. 원래 9시까지 해야 됩니다만, 그래서 저희들은 마치고 총회가 있는데 총회를 9시부터 하고 한 10분 정도 해서 조금 더 토론을 했으면 합니다.

지금 외부에서 오신 분들도 아마 이 자리에서 어떤 코멘트라도 하고 싶으신 분이 많으실 것 같습니다.

혹시 플로어에서 더 질문이 있거나 코멘트가 있으시면?

토 론 자 : 법무법인 가족의 김광재 변호사입니다.

발표문이나 토론문에서 약간 의구심이 드는게 이게 앞에서도 우리 교수님들께서 이야기하셨지만 부작위에 의한 것과 국가의 기본권보호의무가 약간 혼동해서 지금 쓰이고 있거든요. 그래서 수용하기가 좀 어려운 부분들이 선뜻 이해가 안 가는 부분이 있는데, 그동안 우리가 헌법재판소에서 국가의 기본권보호의무를 설시했을 때는 분명히 국가가 작위를 했는데 그 작위가 최소한의 수준에 미달했느냐 미달하지 않았느냐. 아예 아무것도 하지 않은 사건은 이 사건과는 좀 구별되게 이 사건처럼 아예 아무 것도 없는 부작위와 작위를 했는데 그 작위, 예컨대 우리가 교통사고처리특례법에서 10대 중과실만 처벌하고 나머지는 처벌하지 않는다. 그러면 국가에서 일정정도 10대 중과실은 처벌을 했기 때문에 작위가 있었는데 그것으로 충분하냐 충분하지 못하느냐 이거고, 쇠고기수입같은 경우도 미국산쇠고기를 전부 수입하는 것은 아니고 일정정도만 수입을 하는데 그 수입에 따르는 조치가 과연 미흡했느냐 미흡하지 않았느냐, 그러니까 일종에 국가가 분명히 의무는 하기는 했는데 그게 적합하냐 적합하지 못하느냐 그거를 평가하는 것인데 이 사건처럼 아예 아무 것도 없는 사건, 국가가 전혀 어떤 행위를 하지 않고 있는 사건은 부작위로 헌법재판소가 접근한 것 같은데, 그래서 적법요건에서도 물론 작위의 무만 있으면 충분할 것 같고, 그다음에 본안에서 지금 우리 지성수 연구관께서도 국가의 기본권보호의무를 설시하지 않은 것은 좀 아쉬움이 있다 하는데 또 개념적으로 보면 이게 국가가 어떤 작위를 했는데 그게 부적합하다면 기본권보호의무, 과소보호금지원칙이 설시가 되어야 되겠지만 이 사건처럼 아예 외교적 행위를 하지 않았다고 해 버리면 그냥 부작위 그 자체로 끝나는 것이지 굳이 작위를 어느 정도 생각을 해서 작위를 전제로 하고 있는 기본권보호의무의 과소보호금지 최저한의 보호수준이 적합하냐 안하냐 이거는 평가할 필요가 없는게 아닌가? 그래서 이 사건 같은 경우는 국가의 기본권보호의무가 본격적으로 설시될 필요성이 없는게 아닌가 하는 생각도 듭니다.

사 회 자 : 고맙습니다.

김변호사님은 원래 우리 회원?

토 론 자 : 예, 회원이었는데 그동안 너무 참여를 안 해가지고요. 그리고 지금 김선택 교수님 밑에서 헌법을 공부하고 있습니다.

사 회 자 : 오늘 강제로 오셨군요. 어쨌든 고맙습니다.

오셔서 토론도 해 주시고, 앞으로 자주 나오셔야 될 것 같습니다.

플로어에서 또 다른?

아마 이 문제는 누구보다 우리 헌법실무연구회의 부회장님으로 계시는 김선택 교수님께서 관심을 많이 가지신 사건이고요. 애초에 이 사건을 오늘 발표 주제로 삼기로 한 것도 우리 김선택 부회장님께서 결정을 하셨습니다.

그래서 코멘트를 좀 해 주셨으면 합니다.

부 회 장 : 지명을 하니까 말을 안할 수는 없는데 사실 지금 무슨 말을 해야 될지 잘 모르겠습니다. 솔직한 심정은.

왜냐하면 이런 결정이 어떤 결과를 낳을 것인가? 이렇게 생각해 보면 현명한 것이었을까? 이거를 아마 진지하게 한번 생각해봐야 될 겁니다. 헌법재판소로서는.

물론 여러 가지 국민적인 정서도 있고 일본이 부적절한 태도를 취하고 있기 때문에 우리 헌법재판소가 이런 결정을 통해서 우리 정부를 움직여서 일정한 모션을 취하는 것 그거 나름대로 의미는 있을지 모르겠는데, 헌법재판소의 권위라든가 말하자면 여기에 약간 상처가 되지 않을까 이런 생각이 들어요. 오늘 이 발표, 토론을 쭉 들으면서, 그런 생각이 들고.

이론적으로야 제가 보기에는 여기 재외국민보호의무조항이 바로 여기 들어올 수 있는 것인지도 약간 의심스럽습니다.

현재 우리 정부가 이 일본군 성노예사건의 피해자들을 재외국민으로 봐서 보호의무에 대한 것으로 포착할 수 있는 것일까? 아니면 단순히 그냥 행정부작위로 가서 작위의무를 이행하지 않은 것으로 구성하는게, 거기에 좀 강화시키는 요소로 헌법적인 요소들을 끌어들인 것에 불과한 것이 아닐까 이런 생각이 좀 든단 말이에요.

우리 국민이 외국 국가에 대해서 가지고 있는 배상청구권을 외국 국가가 이행하지 않고서 모른척하니까 여기에 대해서 일정한 조약에 이거를 다툴 수 있는 어떤 여지가 있는데 국가가 여기에 관여를 안하고 있는 것에 대한 그런 부작위에 대한 다툼으로 이렇게 접근해서 한 것이 아닐까? 나중에 한번 우리 김종대 재판관님 말씀을 들어보겠는데 그런 정도가 아니었을까? 이것을 너무 기본권보호의무에 관한 것으로 끌어들이기에는 좀 어렵지 않을까 생각이 들고요.

어쨌든 전체적인 인상은 이렇습니다.

역사적으로 봐서 이러한 사건에서 우리가 뭔가 사법적극적인 태도를 취하고 싶은 그런 마음은 충분히 이해가 되는데, 전체적으로 종합적으로 판단해 보면 좀 신중할 필요가 있다라는 생각이 들고요. 어쨌든 근본적으로 이 문제는 외교문제이기 때문에, 특히 국가적인 문제라는 생각이 듭니다. 국가가 국가 간의 교섭에서 너무 많은 양보를 했고, 유보적인 영역을 남겨두지 않은 실수가 있어서 빌미를 준 거지요 사실은. 그러니까 어떤 면에서는 우리 국가가 이 피해자들에 대한 책임부분 이 부분도 헌재가 확실하게 짚었어야 된다는 생각이 듭니다.

단순한 외교적인 이런 노력을 게을리 하는 것 뿐만 아니고 우리가 이런 외교적인 행위를 통해서 발생시킨 그런 비참한 할머니들의 실상에 대해서 우리 국가는 무슨 책임을 어떻게 법적으로 져야 되는가? 그런 부분까지도 했었어야 되지 않을까 생각이 들고요. 저는 이정도만 하고 실제 사건 하셨던 우리 재판관님 한 말씀해 주시면 감사하겠습니다.

사 회 자 : 우리 발제자님께서 말씀이 계실 것 같아요. 우리 이 교수님께서는

이 논증구조에 크게 결함이 없다라는 기본취지를 가지고 계시고, 말씀을 좀 듣겠습니다.

발 표 자 : 마지막으로 김광재 변호사님이 지적하신 것 그냥 행정부작위면 그것으로 끝나는 것 아니냐? 그런데 사실은 외교부는 지금까지 계속 노력하고 있다라고 하는 주장을 하고 있기 때문에 그거는 그야말로 재량의 범주에 포함될 수도 없다, 이런 시각에서 저로서는 쐐기를 박고자 그런 논리를 정한 것이고.

마지막으로 정리를 한다면 아무튼 이런 기회를 가지게 되어서 저 나름대로 좋은 논문을 정리하게 되었고, 아무튼 이 사건이 오래 전에 나름대로 생각했던 것을 다시 현재 정리하면서 발표하게 되어서 도움이 되었다 이렇게 생각하는데, 김선택 교수님은 과연 이것이 앞으로의 정치적인 파장이나 이런 것을 봤을 때 오히려 헌법재판소의 위상에 누를 끼치지 않을까 이런 얘기를 하시는데, 결국은 외교부가 이제는 좀 나설 때가 되었다 생각하고 나서고 있는 것은 그래도 그게 계기가 되었지 않았을까? 물론 거기에서 저는 중재심판을 한다하더라도 이길 가능성이 그렇게 크다고는 보지 않지만 그 과정에서 이 사실관계가 전 세계에 드러나게 되면서 나름대로 일본의 만행이 다시금 확인되는 과정으로 이것이 기여하지 않을까 이런 관점에서는 잘된 것 아닌가?

다만 아까 지성수 연구관께서 지적한 것처럼 제가 논문을 통해서 지적한 것보다는 다수의견은 의문은 있다. 그런데 과연 기본권보호청구권으로 이것이 인정될 수 있기 위한 논증이 사실상 거의 없었던 이런 점에서는 물론 헌법재판소의 경우 좀더 이 문제에 대해서 앞으로 더 신중하게 해야 되지 않을까 이런 생각을 가지게 되었습니다.

사 회 자 : 마지막으로.

지정토론자 : 제가 헌법 말씀드릴 것은 아니고요. 우리 김선택 교수님께서 말씀하셔서 상황에 대한 것만 잠깐 말씀을 드리면, 이거는 한국정부하고 일본정부가 의견이 다르고 해석이 달라서 결과적으로 피해자들이 개인적으로 아무리 일본법원에서 구제를 원해도 몇십 년 동안 그것이 이루어지지 않기 때문에 한국정부가 이 문제를 국가적 차원에서 법적문제를 해결해줘야 그다음 개인의 기본권을 위한 추궁이 가능하다 이런 상황이 된 것이고요.

아까 중재나 외교 말씀을 하셔서 저는 넘어서는 범위라서 말씀 안올리는데, 외교부에서는 사실 많은 사람들이 이런 판결이 있기를 원했던 측면이 있습니다.

외교부는 이렇게 법원에서 여러 가지 직접적인 논리적 지원을 해줘야 자기들이 나가서, 그리고 예를 들어 청와대 내에서도 설득할 수 있는 명분이 생기고 그런 점에서는 이게 아주 중요한 결정되었다고 생각합니다.

저는 헌법재판소의 권위가 이것으로 해쳐진다? 헌법재판소란 결국 국민들이 헌법재판소를 어떻게 바라보느냐 하는 것이 헌법재판소의 권위의 가장 중요한 부분이다 이렇게 생각을 하면 저는 괜찮지 않나 이렇게 생각하고요.

중재는 외교입장에서 보면 중재에 이길 것이다 질것이다가 아니고 중재는 이깁니다. 하면. 제 생각에는. 왜냐? 과거의 일이라고 하지만 적어도 중재재판이라는 게 결국 세 사람 다섯 사람 이렇게 뽑는 것인데 한국사람은 한국편이고 일본에서 뽑은 사람은 일본편이고 이 사람이 중요한데, 유엔에서도 이거 불법이라고 다 얘기한 것을 자기가 아니라고 할 수 있는 그런 배짱을 가진 사람은 없다 이겁니다.

문제는 중재재판이 이루어지지 않는다는게 문제입니다.

일본이 결코 중재재판구성에 합의를 하지 않을 것이지요.

이 문제는 그러면 어떻게 하느냐? 예전에 루마니아도 그런 똑같은 우리가 가지고 있는 65년도 조약과 같은 규정을 가지고 중재를 하려고 했습니다. 영국하고. 영국이 루마니아상대로. 그런데 이 중재위원회 구성에 동의하지도 않고 오지도 않으니까 유엔에 가서 ICJ 국제사법재판소에 가서 무엇을 확인을 받았냐하면 중재의무가 있는데 오지 않고 있는 것이 중재의무위반이라는 것을 밝혀 달라. 선언이지요 일종의. 부작위에 관한 위헌확인소송 비슷한 것을 했습니다. 그다음에 그 판결을 가지고 다시 유엔총회에 가서 그리고 유엔안보이사회에서 다시 또 정치적인 캠페인의 가장 중요한 근거로 삼았기 때문에 제 생각에는 그정도까지는 가는 것이 맞고, 그러한 어떤 결정을 받아서 이번에 국제법원 차원의 결정을 받아서 그다음 다시 또 외교적 캠페인으로 진행하는 것이 그다음 순서가 맞다 이렇게 생각을 합니다.

너무 우려하지 않으셔도 됩니다.

사 회 자 : 고맙습니다.

홍 교수님이 계셔서 저희들의 논의가 훨씬 풍부해진 것 같습니다.

시간이 많이 지났습니다.

이 사건은 우리 재판관님께서 다수의견으로 참여하셔서 또 이 결정에 이르는 과정에 적극적인 기여를 하셨던 것 같습니다.

우리 재판관님의 말씀을 경청해 듣겠습니다.

회 장 : 헌재에서 사건을 처리할 때 저의 처리방법을 보면 어떤 사건은 제법 논리적 근거를 확실히 해서 결론으로 이끄는 것도 있고, 어떤 것은 논리적 근거는 좀 뒷전으로 해야되겠다라는 어떤 사명감을 가지고 그러니까 결국에는 이

것은 가치를 먼저 내세워서 논리를 뒤로하고 하는 결정이 있었는데 이 사건은 후자였습니다.

그리고 재판부도 처음에는 부정하는 쪽으로 결론이 갔는데 미루고 미루고 작전을 써서 재판관이 바뀔 때 다시 결론이 바뀌는 쪽으로 그렇게 갔던 사건 같습니다.

제가 가치를 앞세웠다는 것은 지금 위안부 할머니들이 전부 80이 넘어서 내일 모레 돌아가실 분들인데, 나라는 경제도 살만큼 되었고 국제적 위상도 올랐는데 몇 년 안에 이 할머니들은 다 없어질 것 같고 빨리 좀 이 할머니들의 눈물을 닦아주어야 국가가 소임을 다하는 것이 아니냐 그런 어떤 생각을 하게 되었고, 그래서 오늘 말씀을 들어보니까 정말 이론적으로는 엉성하기 짝이 없는 이론을 내세워가지고 결론을 밀어붙인 그런 셈이 된 것을 오늘 느꼈습니다.

여러분의 비판은 아주 감수해야 될 것 같고.

이게 일반법원에서 할 수 있으면 저희들이 안 했지요. 그런데 일반법원도 할 수 없고 외교부도 안 하고 있고 그래서 외교부에 대해서 엑셀레이터를 밟아주자 하는 이런 생각도 있었습니다. 그런 어떤 동기에서 이 사건에서 위헌선언을 한 것이 다수의견이 되었고 그래서 이런 결과가 나왔습니다.

좀 더 이론적으로 여러분들한테 좋은 얘기를 들려주지 못해서 죄송합니다.

사 회 자 : 재판관님 감사합니다.

논증이 잘못되었다라고 말한 사람은 여기 아무도 없는 것 같고요. 좀 아쉽다는 것일 뿐이고.

그렇지 않다고 지금 말씀하시려는 거예요? 1분 드리겠습니다.

토 론 자 : 어떻게 보면 저로서는 약간 기본권보호의무가 너무 지나치게 우리 현장에 등장하는 것이 썩 그렇게 바람직한가에 대한 의문을 가지고 있습니다.

특히 헌법재판이라고 하는 것은 특히 과거 어떤 시절에 일어난, 어떻게 보면 법이 가지고 있는 여러 가지 한계라고 하는 것을 생각해 보면 헌법재판에서는 종종 그러나 너무 자주 있어서는 안 되지만 부정의에 의한 정의실현의 문제거든요.

그러니까 너무 어떻게 보면 법학자로서의 정의에 입각한 어떤 논증이 때로는 그 시대에 맞지 않는, 따라서 여러 점에서 보면 저는 조금 전에 우리 김선택 교수님께서 말씀하신 그것을 보면서 생각나는 것이 이 판결의 다수의견을 일본사람들이 보면 어떻게 할까 생각을 합니다.

어떻게 보면 이것이, 예전에 그런 말 아슈단이 한 것을 저는 기억합니다. 과학에는 국경이 없지만 과학자에게는 국적이 있다는 것처럼 법학적 논증에서는 국경이 없겠지만 법학자 같은 경우에 재판관 같은 경우에 재판의 경우에는 분명히 국경이 있을 수밖에 없는, 그러나 그것이 너무 또 지나치게 되면 상당히 문제가 되지만 그러나 이런 사건 같은 경우에는 어떻게 보면 그렇게 빈번하지 않기 때문에 정서적으로 받아줄 수 있지 않을까 생각합니다.

사 회 자 : 특수한 사건입니다. 특수한 사건에서 지금 우리 김중권 연구위원님께서는 정의로운 판결이다라는 말씀을 하신 것 같습니다.

토 론 자 : 부정의에 의한 정의실현이지요.

사 회 자 : 지금 예정된 시간이 다됐습니다.

오늘 아주 의미 있는 유익한 세미나가 되었습니다.

발제해 주신 우리 이승우 교수님, 사실 쉬운 발제가 아니고 또 우리 공법학회에서도 원로이신데 이런 자리에서 발제한다는 것 자체가 참 힘든 일이었을 것 같습니다.

그럼에도 불구하고 흔쾌히 이렇게 나오셔서 발제하신 것에 대해서 경의를 표합니다. 감사를 드리고요.

두 분 토론자님 토론에 감사드립니다.

세 분에 대해서 박수를 좀 주시지요.

이것으로 제121회 헌법실무연구회를 모두 마치겠습니다.

제122회(2012. 10. 11.) 발표문

포괄위임금지원칙의 심사기준

전 종 익*

Ⅰ. 서

헌법 제75조는 "대통령은 법률에서 구체적으로 범위를 정하여 위임받은 사항…에 관하여 대통령령을 발할 수 있다."라고 규정하고 있다. 헌법재판소는 이에 대하여 행정부에 대한 입법사항의 위임을 허용하는 것으로서, 다만 법률의 위임은 반드시 구체적이고 개별적으로 한정된 사항에 대하여 행해져야 하며, "법률에 이미 대통령령으로 규정될 내용 및 범위의 기본사항이 구체적으로 규정되어 있어서 누구라도 당해 법률로부터 대통령령에 규정될 내용의 대강을 예측할 수 있어야 함을 의미한다"고 하여[1] 입법에 대한 포괄위임금지의 원칙과 그 심사기준을 밝혔다. 이후 포괄위임금지원칙은 법률의 위헌여부를 심사하는 주요한 헌법원칙으로 기능해왔고, 특히 조세와 형벌 분야의 많은 법률규정들이 그 위반으로 위헌으로 선언되었다.[2]

위에서 제시된 "누구라도 당해 법률로부터 대통령령에 규정될 내용의 대강을 예측할 수 있어야 한다"는 기준이 처음으로 헌법재판소 결정에 등장한 것은 형벌규정과 관련된 명확성의 원칙에 대한 위헌심사에서였다.[3] 이후 헌법재판소는 노

* 서울대 법과대학 교수.

1) 헌재 1991. 7. 8, 91헌가4, 판례집 3, 336.

2) 헌법 제75조를 적용하여 법률의 위헌여부를 판단하면서 위임의 범위를 구체적으로 정하지 않은 포괄적 위임인지 여부 및 위임의 명확성을 처음으로 언급한 것은 무상교육의 범위를 대통령령에 위임한 교육법 규정에 대한 1991. 2. 11, 90헌가27 결정이었다(판례집 3, 11). 그러나 구체적인 심사기준을 처음으로 밝힌 것은 위의 91헌가4 결정이며 이는 복표발행, 현상기타사행행위단속법의 형벌규정에 관한 것이었다. 이후 포괄위임금지원칙은 형벌규정과 관련하여 적용되다가(예를 들면 헌재 1993. 5. 13, 92헌마80; 1994. 6. 30, 93헌가15 등; 1994. 7. 29, 93헌가12), 1994. 7. 29. 선고된 토지초과이득세법에 대한 위헌결정(92헌바49)에서 처음으로 조세법 영역에서 적용되었다.

3) 헌법재판소는 토지거래허가제의 처벌규정에 대한 위헌판단에서 "죄형법정주의에서 파생되는 명확성의 원칙은 누구나 법률이 처벌하고자 하는 행위가 무엇이며 그에 대한 형벌이 어떠한 것인지를 예견할 수 있고 그에 따라 자신의 행위를 결정지을 수 있도록 구성요건이 명확할 것을 의미하는 것"이라고 하면서 "입법자의 입법의도가 건전한 일반상식을 가진 자에 의하여 일의적

동쟁의조정법상 제3자 개입금지의 처벌규정에 대한 명확성 판단에서 위의 심사기준을 사용하였고,[4] 위 91헌가4 결정에서 이러한 심사기준을 그대로 입법위임에 대한 포괄성 판단 심사기준으로 사용하였다. 이러한 심사기준은 이후 변함없이 계속되어 수많은 사례에서 그대로 적용되고 있다.

그러나 판례에서 법률의 헌법 제75조 위반여부의 판단이 '누구라도' 대통령령에 규정될 내용을 예측할 수 있는지 여부를 기준으로 이루어져야 할 이유에 대한 설명은 찾아보기 어렵다. 헌법재판소는 형벌에 관하여 포괄위임인지 여부에 대한 판단에서 법률의 명확성에 대한 판단기준을 아무런 설명없이 사용하였고, 이후 조세분야나 기타 일반 규제법 분야로까지 확장하여 사용하고 있다.[5] 이에 대하여 이론적으로 완결적 법률에서 요구되는 명확성과 입법위임에서의 명확성을 같은 것으로 볼 수 없고 행정입법에 의한 보충적인 규율을 예정하고 있는 후자의 경우 그 구체성의 정도가 완화되어야 한다는 입장들이 존재하며,[6] 입법자가 행정입법권 행사를 위한 기본적 방침을 제시하고 있는가라고 하는 방침제시설을 입법위임의 통제를 위한 기준으로 주장하면서 포괄위임금지를 본질적인 것은 입법자가 스스로 결정하고 행정부에 위임해서는 안된다는 법률유보의 요청과 동일한 것으로 보는 입장도 제시되고 있다.[7] 특히 조세분야와 관련하여 근본적으로 입법위임의 위헌판단은 법관의 주관적·개인적 판단에 달려있을 수밖에 없는 것으로서 법적 불안정성을 낳고 있으므로 입법위임의 한계에 대한 형식적 법치주의의 요청을 재검토해야 한다는 의견도 제시되고 있다.[8]

이 글은 포괄위임금지원칙에 대한 기존 헌법재판소의 심사기준을 검토하고 이를 토대로 새로운 기준을 모색해보려는 것이다. 이를 위해 우선 위임입법의 통제의 기능과 한계 등을 정리하고 헌법재판소의 구체적인 심사방법들을 살펴본다. 이후 앞서 제시된 의견들을 바탕으로 기존 판례와 조화를 이룰 수 있는 새로운 심사기준을 제시해본다.

으로 파악될 수 있는 정도"이면 헌법상의 명확성 요구를 충족시킨다고 판시하였다. 헌재 1989. 12. 22, 88헌가13, 판례집 1, 357.

4) 헌재 1990. 1. 15, 89헌가103, 판례집 2, 4.

5) 형벌 및 조세가 아닌 분야의 경우 국산영화의 상영의무 일수를 대통령령에 위임한 영화법 규정에 대한 위헌결정(헌재 1995. 7. 21, 94헌마125, 판례집 7-2, 155)에서 처음으로 포괄위임금지원칙에 대한 판단이 이루어졌다. 이 결정에서도 특별한 설명없이 위의 91헌가4 결정을 인용하여 같은 심사기준을 적용하였다.

6) 지성수, "위임입법에 있어서의 명확성 원칙", 『헌법논총』 제15집, 2004, 693면; 성기용, "명확성 원칙에 대한 소고", 『이화여자대학교 법학논집』 제16권 제2호, 2011, 11면.

7) 한수웅, "본질성 이론과 입법위임의 명확성원칙", 『헌법논총』 제14집, 2003, 636면.

8) 이창희, 『세법강의』 (제8판), 박영사, 2009, 27-32면.

Ⅱ. 입법위임통제의 의의와 기능

1. 헌법 제75조의 의의

헌법재판소는 헌법 제75조의 근거가 되는 헌법원리로서 권력분립주의와 함께 국민주권주의, 의회주의, 민주주의, 법치주의를 들어왔다.[9] 특히 헌법 제40조와 관련하여 제75조를 국민의 권리와 의무의 형성에 관한 사항을 비롯하여 국가의 통치조직과 작용에 관한 중요한 사항 내지 본질적인 내용에 대한 정책형성기능은 원칙적으로 주권자인 국민에 의하여 선출된 대표자들로 구성된 입법부가 담당하여 법률의 형식으로 수행하여야 하며, 행정부나 사법부는 이와 같이 입법화된 정책을 집행하거나 적용함을 임무로 할 뿐 그들에게 입법기능을 넘겨서는 안된다는 의미로 해석해왔다.[10] 이에 의하면 행정기능을 담당하는 국가기관이 동시에 입법권을 행사하는 것은 권력분립의 원칙에 반하는 것이며, 다만 행정기관은 국회의 입법에 의하여 내려진 근본적인 결정을 구체화하기 위하여 필요한 범위 내에서 행정입법권을 갖는 것에 불과하다.[11]

기본적으로 헌법 제75조는 의회와 행정기관간의 권력분립을 충실히 구현하기 위한 것이며, 다만 규율대상의 특성 및 전문성 등에 따른 기능적 필요에 의하여 일정범위에서 의회입법의 원칙을 완화하는 규정이다. 국민주권주의, 의회주의, 민주주의는 권력분립의 전제가 되는 것으로서 헌법 제75조를 통해 보호되는 대상에 해당한다. 권력분립원리는 그 자체가 폭압적인 법률과 집행에 의한 개인의 자유와 권리의 침해를 방지하기 위하여 고안된 원리이다.[12] 포괄적인 입법의 위임은 행정권의 자의적인 행정법령의 제정과 이를 통한 국민의 자유와 권리가 침해될 가

9) 헌재 1996. 10. 31, 93헌바14, 판례집 8-2, 422; 1997. 12. 24, 95헌마390, 판례집 9-2, 817; 1998. 5. 28, 96헌가1, 판례집 10-1, 509; 2000. 1. 27, 99헌바23, 판례집 12-1, 62.

10) 헌재 1995. 7. 21, 94헌마125, 판례집 7-2, 155; 1995. 11. 30, 91헌바1 등, 판례집 7-2, 562; 1995. 11. 30, 94헌바40 등, 7-2, 616; 1996. 10. 31, 93헌바14, 판례집 8-2, 422; 1998. 11. 26, 97헌바31, 판례집 10-2, 650.

11) 헌재 2004. 10. 28, 99헌바91, 판례집 16-2 하, 104.

12) 흔히 권력분립의 기본원리를 밝힌 것으로 언급되는 몽테스키외의 '법의 정신'은 특히 입법권과 집행권의 결합에 대하여 다음과 같이 서술하고 있다.
"한 개인 또는 단일한 집행관 단체에게 입법권과 집행권이 함께 귀속되어 있으면 자유란 존재할 수 없다. 군주와 의회가 동일하게 되어 폭압적인 법률(tyrannical laws)을 만들고 이를 폭압적으로 집행할 것을 걱정해야 하기 때문이다."
Montesquieu, trans. by Anne M.Cohler et al., The Sprit of the Laws, Cambridge, 2008, p. 157.

능성을 높인다.[13] 따라서 법률에 의한 행정 및 국민의 기본권보장 역시 헌법 제75조의 적용이 목표로 하는 결과라 할 수 있다.

그밖에 헌법재판소는 헌법 제75조를 법률의 명확성원칙이 행정입법에 관하여 구체화된 특별규정으로 보기도 한다.[14] 명확성의 원칙 역시 집행자의 자의적이고 차별적인 집행을 예방하는 기능을 수행하며[15] 구체적인 위반여부의 판단도 포괄위임금지원칙과 마찬가지로 예측가능성이라는 동일한 기준에 의하여 판단된다. 게다가 헌법재판소는 초기부터 '위임의 명확성'이라는 용어를 사용하고 있다.[16] 그러나 법률의 명확성의 문제는 국민과 국가권력과의 관계에서 법적 안정성과 예측가능성을 보장하기 위한 것으로서 입법권을 위임하는 입법자와 이를 위임받는 행정부의 관계를 규율하는 입법위임의 관계와는 구조적으로 구별되어야 한다.[17] 입법위임관계는 '입법자 ― 행정부 ― 국민'의 3자관계이며 국민은 행정입법에 대한 통제를 통해 기본권 보장이라는 간접적인 효과를 받는 위치에 있을 수밖에 없다. 따라서 헌법 제75조가 비록 법치주의에 근거한 명확성의 원칙과 기능적으로 관련되어 있기는 하나 그 특별규정이라고 보기는 어렵다.

2. 의회입법원칙의 기능과 한계

포괄입법위임의 통제는 기본적으로 권력분립원리를 실현하여 의회의 입법기능을 보장하기 위한 것이다. 의회입법의 원칙은 민주적 정당성을 가진 국민의 대표로 구성된 의회에 국민의 자유와 권리를 보장하는 법률의 제정을 맡김으로써 책임정치를 구현하고 자유와 권리의 부당한 침해를 방지하기 위한 것이며 나아가 입법이 개인이나 이해단체의 사적 이익이 아닌 공공의 이익을 위해 이루어질 수 있도록 하기 위한 것이다. 특히 구조적으로 다수로 구성된 국민대표들이 행정부의 소수보다 특정 이해집단의 영향을 받지 않을 가능성이 높고, 국회의 입법과정 자체가 가지는 토론을 통한 다양한 견해 및 이익의 조정이라는 특성에 따라 공익의 발견에 더욱 적합하다고 평가된다.[18]

---

13) 헌재 2001. 4. 26, 2000헌마122, 판례집 13-1, 962; 2005. 2. 3, 2004헌바10, 판례집 17-1, 97.

14) 헌재 2003. 7. 24, 2002헌바82, 판례집 15-2 상, 131.

15) 헌재 1992. 4. 28, 90헌바27 등, 판례집 4, 255; 2001. 6. 28, 99헌바34, 판례집 13-1, 1255.

16) 헌재 1991. 2. 11, 90헌가27, 판례집 3, 11.

17) 한수웅, 앞의 글, 617-618면; 성기용, 앞의 글, 12면.

18) 이명웅, "위임입법의 위헌심사기준 및 위헌결정사례 분석", 『저스티스』 제96호, 2007, 68면. 헌법재판소 판례는 국회 입법절차의 의의를 다음과 같이 판시하고 있다. "국회의 입법절차는 국민의 대표로 구성된 다원적 인적 구성의 합의체에서 공개적 토론을 통하여 국민의 다양한 견해와

의회가 민주적 정당성에 기초하여 있으며 주기적 선거를 통해 국민의 신임을 바탕으로 책임정치를 구현할 수 있는 것은 인정된다. 그러나 헌법상 대통령도 국민의 직접 선거를 통해 선출되고 있어 행정부 역시 그에 따른 민주적 정당성을 가지고 있으므로 민주적 정당성만을 이유로 반드시 국가의 정책결정이 의회에 의하여 이루어져야 한다고 볼 수는 없다.[19] 책임정치 역시 의문이 있을 수 있다. 정치적 책임성(political accountability)의 면에서 보면 입법과정을 통해 어떤 국회의원이 누구의 이익을 위해 입법에 참여하였는지를 국민들이 알 수 있게 하고 그에 대한 비판적 검토를 통해 다음 선거의 결과가 나올 때에 비로소 책임정치가 가능해질 수 있다.[20] 현행 헌법상 5년 단임제의 대통령이 정치적 책임의 면에서 의회와는 구조적으로 다른 위치에 있는 것은 부인할 수 없다. 그러나 현재 우리의 선거결과가 과연 이러한 책임정치가 실현될 수 있도록 국회의원의 투표행태, 입법성향 등을 반영하고 있는지는 의문이며 특히 포괄적인 입법위임에 대한 찬성여부가 선거에서 국민들의 관심사인지 역시 의문이 아닐 수 없다.[21] 따라서 입법위임의 통제가 책임정치 구현에 기여한다고 하기에는 어려움이 있다. 나아가 특정 이해집단에 의한 영향을 받는 면에서 보아도 전체 의회의 입법절차는 특정 이익이 영향을 미치기 어렵게 구성되어 있는 점을 인정한다 하더라도[22] 이러한 절차적인 부분은 행정입법 절차를 공정하게 만들고 모든 이해집단들의 참여를 보장함으로써 어느 정도 해소될 수 있다.[23]

이익을 인식하고 교량하여 공동체의 중요한 의사결정을 하는 과정이며, 일반국민과 야당의 비판을 허용하고 그들의 참여가능성을 개방하고 있다는 점에서 전문관료들만에 의하여 이루어지는 행정입법절차와는 달리 공익의 발견과 상충하는 이익간의 정당한 조정에 보다 적합한 민주적 과정이기 때문이다." 헌재 2004. 3. 25, 2001헌마882, 판례집 16-1, 441, 454.

19) "오늘날 헌법적인 상황에서는 국회뿐만 아니라 행정부 역시 민주적인 정당성을 가지고 있으므로, 행정의 기능유지를 위하여 필요한 범위 내에서는 행정이 입법적인 활동을 하는 것이 금지되어 있지 않을 뿐만 아니라 오히려 요청된다고 보아야 한다." 헌재 2004. 10. 28, 99헌바91, 판례집 16-2 하, 104.

20) John Hart Ely, Domocracy and Distrust, Harvard University Press, 1980, p. 78.

21) 이론적으로도 국회의원들이 정치적 책임으로부터 회피하기 위해 이해관계가 대립되는 문제에 대한 실질적인 정책결정을 행정부에 미룬다 하더라도, 유권자들이 이를 비판적으로 바라보고 다음 선거에 반영한다면 그 자체로 책임정치는 구현된 것으로 보아야 한다. Jerry L. Mashaw, "Prodelegation: Why Administrators Should Make Political Decisions", Journal of Law, Economic and Organization, Vol. 1, 1985, pp. 86-87.

22) 이에 대하여 의회입법의 대부분이 본회의가 아닌 상임위원회에서 이루어지고 특히 소위원회가 실질적인 입법방향의 결정에 주요한 역할을 하는 상황에서 특정 이익의 영향은 입법부와 행정부가 차이가 없다는 주장도 가능하다. 특히 미국의 경우 실증적인 연구를 통해 이러한 점이 증명되고 있다. David Epstein & Sharyn O'Halloran, "The Nondelegation Doctrine and the Seperation of Power; A political Science Approach", Cardozo Law Review Vol. 20, 1998-1999, p. 947.

23) 헌법재판소는 행정규칙에 대한 위임이 이루어졌다면 대통령령, 총리령 등에 대한 위임의 경우

다만 다수로 구성된 국회가 가지는 토론을 통한 다양한 견해 및 이익의 조정이라는 입법과정상 특성은 구조적으로 행정입법절차를 통해 구현될 수 있는 것이 아니다. 민주적 정당성의 면에서 보아도 국가원수의 지위를 가지는 대통령은 국가 전체 중 다수에 의하여 선출된 통합된 단일정당성에 기초하고 있다면 국회의 정당성은 지역별 다수에 의하여 부여된 부분정당성의 총합이다. 그러한 면에서 토론과 이해관계의 조정을 통한 결론의 도출은 국회의 의사결정과정에 구조적으로 내재되어 있는 것이다.[24] 의회입법의 원칙은 국가의 기본적인 의사결정이 이러한 과정을 거쳐 이루어질 수 있도록 보장하는 것이며, 포괄적인 입법의 위임 제한은 의회와 행정부간의 역할분담을 통하여 의회의 이러한 기능을 보장하고, 나아가 행정의 자의적인 행정법령 제정과 그로 인한 국민의 기본권 침해를 방지하는 것이다.

그러나 입법부와 행정부가 실질적인 정책결정에서 구체적으로 어떠한 역할을 해야 하는지에 대한 명확한 답은 없으며 이는 역사적, 정치적 상황에 따라 변동되는 것으로서 입법위임에 대한 통제 역시 달라질 수밖에 없다. 비교법적으로 보아도 입법위임에 대한 통제는 나라마다 서로 상이한 형태를 가지고 있다. 독일은 바이마르 공화국과 나치정권 당시 행정부에 의해 입법권이 남용되었던 역사적 경험을 바탕으로 기본법 제80조 제1항에서 입법권의 위임에 대한 한계와 요건을 규정하였고, 이를 토대로 연방헌법재판소는 많은 사례에서 그 위반여부를 심사하여왔다.[25] 반면 미국 연방최고법원은 연방헌법에 입법권 위임에 대한 명문의 규정이 없음에도[26] 불구하고 일찍부터 그 필요성을 인정하여 허용해왔고, 그 통제를 위한 헌법원칙으로 포괄적인 입법위임을 금지하는 위임금지원칙(nondelegation doctrine)을 제시하여왔다. 그러나 1935년 두 개의 사례[27]를 제외하고는 실제로 그 위반으로 연방최고법원에서 법률이 위헌으로 선언된 사례가 존재하지 않아 이러한 원칙은 사실상 소멸된 것으로 평가되고 있다.[28] 프랑스의 경우 법규범 체계자체가 복

보다 더욱 엄격하게 판단해야 한다고 하면서 행정절차법상의 입법안 예고, 의견제출, 공청회 등 입법절차규정을 그 논거로 제시하였다. 헌재 1998. 5. 28, 96헌가1, 판례집 10-1, 509.

24) Breyer et al., Administrative Law and Regulation Policy-Problems, Text, and Cases(7th edition), Wolters Kluwer Law & Business, 2011, pp. 47-48.

25) 한수웅, 앞의 글, 609면.

26) 입법위임의 근거규정이 없다 하더라도 의회의 입법위임에 대한 통제의 근거가 되는 명문규정이 아주 없는 것은 아니다. 무엇보다도 미국연방헌법은 연방의회의 입법사항을 열거적으로 규정하고 있어 당해 규정이 가장 주요한 입법위임의 제한으로 기능하고 있다. Laurence H. Tribe, American Constitutional Law(3rd edition), Vol. 1, Foundation Press, 2000, p. 980.

27) Panama Refining Co. v. Ryan, 293 U.S. 388 (1935); Schechter Poultry Corp. v. United States, 293 U.S. 495 (1935).

28) Erwin Chemerinsky, Constitutional Law: Principles and Policies, Wolters Kluwer Law & Business, 2011, p. 335. 연방최고법원은 현재까지 위임금지원칙을 유효한 헌법원칙으로 인정하고 있고 실

잡하고 다양하여 일의적인 단계구조를 설정하는 것이 쉽지 않다.[29] 다만 프랑스 헌법은 제34조 제2항과 제3항에서 국회의 입법사항을 제한적으로 열거하고 제37조에서 그 외의 사항은 대통령령 또는 총리령인 법규명령의 형식으로 정할 수 있도록 규정하고 있는 한편 이론적으로는 의회에 의한 입법영역(le domaine législatif)와 정부의 명령입법 영역(le domaine réglementaire)이 엄격하게 구분되지 않는 것으로 받아들여지고 있어[30] 입법형식에 대한 통제의 양상이 근본적으로 우리와 다르다.

우리의 경우 구조적으로 보면 헌법 제52조가 법률안 제출권을 국회의원과 함께 정부에게 부여하고 있고, 과거 권위주의 정부 시절 행정부에서 제출한 포괄적인 입법위임을 규정한 입법안을 그대로 통과시켰던 역사적 경험이 존재하며,[31] 현재 의원입법의 상당수도 각 정부부처에 의한 이른바 '청부입법'인 것으로 의심되는 상황을 고려하면 포괄적인 입법위임을 일정한 범위에서 통제해야한다는 헌법 제75조 취지와 적극적 해석을 통해 엄격하게 적용하고 있는 헌법재판소의 태도는 한편으로 이해할 수 있다. 그러나 앞서 살펴본 바와 같이 입법위임의 통제가 가지는 주된 기능이 권력분립을 실현하여 행정의 자의적인 행정법령 제정을 방지하기 위한 것인 점에서 구체적인 심사기준 역시 이러한 기능에 알맞도록 조정되어야 한다.

Ⅲ. 예측가능성 심사기준의 개선

1. 헌법재판소의 심사기준 적용

헌법재판소는 일관되게 헌법 제75조의 적용과 관련하여 "법률에서 구체적으로 범위를 정하여 위임받은 사항이라 함은 법률에 이미 대통령령으로 규정될 내

제 여러 사례에서 주요한 쟁점으로 판단되고 있다. 위임금지원칙을 근거로 입법권을 행정부에 위임하는 법률규정을 위헌으로 선언한 예는 없으나 그 취지는 여전히 법해석의 기준으로 작용하면서 살아있는 것으로 평가된다. 이에 대하여는 Cass. R. Sunstein, "Nondelegation Canons", University Chicago Law Review, Vol. 67, p. 315 참조.

29) 성낙인, 『프랑스헌법학』, 법문사, 1995, 723면.

30) Louis Favoreu et al., Droit Constitutionnel, Dalloz, 2008, p. 792.

31) "과거 우리나라는 행정부 주도로 경제개발·사회발전을 이룩하는 과정에서 국회는 국민의 다양한 의견을 수렴하여 입법에 반영하는 민주·법치국가적인 의회로서의 역할수행이 상대적으로 미흡하여 행정부에서 마련해 온 법률안을 신중하고 면밀한 검토과정을 소홀히 한 채 통과시키는 사례가 적지 않았고, 그로 말미암아 위임입법이 양산된 것이 헌정의 현실인데, 이에 대하여는 다수의 학자들이 "법률에 의한 행정"이라기보다 "행정규칙에 의한 행정" 또는 "행정규칙으로의 도피"라고 많은 비판을 하고 있기도 하다." 헌재 1998. 5. 28, 96헌가1, 판례집 10-1, 509.

용 및 범위의 기본사항이 구체적으로 규정되어 있어서 누구라도 당해 법률로부터 대통령령에 규정될 내용의 대강을 예측할 수 있어야 함을 의미한다"고 하여 예측가능성 이론에서 출발하고 있다. 따라서 법률이 어떤 사항에 관하여 입법을 대통령령에 위임할 경우에는 국민이 장래 대통령령으로 규정될 내용을 일일이 예견할 수는 없다고 할지라도 적어도 그 기본적 윤곽만은 예견할 수 있도록 기본적인 사항들에 관하여 법률에서 구체적으로 규정하여야 한다.[32)]

나아가 헌법재판소는 예측가능성의 유무는 "당해 특정조항 하나만을 가지고 판단할 것이 아니고 관련 법조항 전체를 유기적·체계적으로 종합 판단하여야 하며, 각 대상법률의 성질에 따라 구체적·개별적으로 검토하여야 할 것"이라고 판시함으로써, '법률의 명확성 여부는 체계적·목적적 해석방법을 통하여 판단된다'는 중요한 기준을 제시하였다.[33)] 따라서 당해 법률의 전반적 체계와 관련규정에 비추어 위임조항의 내재적인 위임의 범위나 한계를 객관적으로 분명히 확정할 수 있다면 이를 일반적이고 포괄적인 백지위임에 해당하는 것으로 볼 수 없게 된다.[34)] 특히 입법권을 위임하는 법률이 충분히 명확한지 여부를 판단할 때 수권의 목적으로부터 수권의 내용이 구체화될 수 있고 이로써 수권의 범위가 어느 정도 예측될 수 있기 때문에, 수권의 목적, 즉 당해 법률조항의 입법목적은 중요한 의미를 가지게 된다.[35)]

헌법재판소는 예측가능성의 요구 정도를 규제대상의 종류와 성격에 따라 다르게 적용하고 있다. '규율하고자 하는 생활영역이 입법자로 하여금 어느 정도로 상세하고 명확하게 규정하는 것을 가능하게 하는가' 하는 규율대상의 특수성 및 수권법률이 당사자에 미치는 규율효과, 기본권의 성질 및 행정분야에 따라, 국민에 대한 영향력의 정도에 따라서, 현실적·입법기술적 곤란성에 따라, 그리고 수임자의 민주적 정당성·조직형태에 따라서도 달리 적용된다.[36)]

일반적으로 법률에 의한 기본권제한의 효과가 중할수록, 예측가능성은 엄격하게 요구된다. 수범자인 국민의 관점에서 보더라도, 자신의 중대한 기본권을 민감하게 제한하는 법률일수록, 그 내용에 대하여 확실하게 파악해야 할 필요성이 있다. 따라서 위임에 의하여 제정된 행정입법이 국민의 기본권을 침해하는 성격이

32) 헌재 1998. 2. 27, 95헌바59, 판례집 10-1, 103.

33) 헌재 1996. 8. 29, 94헌마113, 판례집 8-2, 141.

34) 헌재 1994. 7. 29, 93헌가12, 판례집 6-2, 53; 1995. 11. 30, 94헌바40 등, 판례집 7-2, 616; 1996. 10. 31, 93헌바14, 판례집 8-2, 422 등.

35) 헌재 2003. 7. 24, 2002헌바82, 판례집 15-2 상, 131; 2004. 11. 25, 2002헌가10, 판례집 16-2 하, 228.

36) 헌재 1997. 12. 24, 95헌마390, 판례집 9-2, 817.

강할수록 보다 명확한 수권이 요구되며, 침해적 행정입법에 대한 수권의 경우에는 급부적 행정입법에 대한 수권의 경우보다 그 수권이 보다 명확해야 한다.[37] 특히 처벌법규나 조세법규와 같이 국민의 기본권을 직접적으로 제한하거나 침해할 소지가 있는 법규에서는 구체성·명확성의 요구가 강화되어 그 위임의 요건과 범위가 일반적인 급부행정의 경우보다 더 엄격하게 제한적으로 규정되어야 한다.[38] 따라서 그 자체로서 기본권을 제한하는 규정이 아니라 기본권의 제한을 완화시켜 주고자 하는 규정은 상대적으로 예측가능성의 정도가 완화되며,[39] 마찬가지로 원칙적으로 금지된 행위를 일정한 요건 아래 해제하여 주는 허가를 내용으로 하는 경우 역시 이와 같다.[40]

이와 함께 헌법재판소는 규율대상의 성질에 따라 예측가능성 판단을 다르게 적용하고 있다. 다양한 사실관계를 규율하거나 사실관계가 수시로 변화될 것이 예상될 때에는 예측가능성의 요구가 완화된다.[41] 이러한 경우, 복잡·다양하고 변화하는 상황에 따른 합리적인 해결이 가능하도록 입법권을 위임받는 행정부에 어느 정도 자유공간을 인정할 필요가 있기 때문이다.[42] 따라서 고도로 전문적이고 기술적인 분야를 규율할 때에는 그 속성상 형식적인 국회입법보다 탄력성 있는 행정입법을 활용해야할 필요성이 크므로 예측가능성의 요구가 완화되며[43] 입법기술상 어려움이 있는지 여부도 주요한 고려요소가 될 수 있다.[44]

이와 관련하여 최근 포괄위임금지원칙의 위반여부를 심사하면서 위임의 필요성과 예측가능성을 분리하고 먼저 규율대상의 성질 등에 따라 위임의 필요성이 인정되는지 여부를 판단한 후 예측가능성을 별도로 판단하는 사례들이 있다.[45] 이러한 판시는 마치 위임의 필요성이 인정되지 않는 경우 예측가능한지 여부에 상관없이 위헌으로 판단될 수 있음을 나타내는 것으로 볼 여지가 있다. 그러나 판례들을 살펴보면 위임의 필요성에 대한 판시부분은 예외없이 규율대상이 법률로

---

37) 헌재 2003. 7. 24, 2002헌바82, 판례집 15-2 상, 131.

38) 헌재 1994. 6. 30, 93헌가15 등, 판례집 6-1, 576; 1998. 2. 27, 95헌바59, 판례집 10-1, 103; 1999. 2. 25, 97헌바63, 판례집 11-1, 140.

39) 헌재 2003. 7. 24, 2002헌바82, 판례집 15-2 상, 131.

40) 헌재 2004. 10. 28, 2002헌바41, 판례집 16-2 하, 138.

41) 헌재 1991. 2. 11, 90헌가27, 판례집 3, 11, 30; 헌재 1994. 6. 30, 93헌가15 등, 판례집 6-1, 576; 1998. 2. 27, 95헌바59, 판례집 10-1, 103; 1999. 2. 25, 97헌바63, 판례집 11-1, 140.

42) 헌재 2003. 7. 24, 2002헌바82, 판례집 15-2 상, 131.

43) 헌재 1999. 2. 25, 97헌바63, 판례집 11-1, 140.

44) 헌재 2004. 7. 15, 2003헌가2, 판례집 16-2 상, 1; 2004. 11. 25, 2002헌가10, 판례집 16-2 하, 228.

45) 예를 들면 헌재 2004. 11. 25, 2004헌가15, 판례집 16-2 하, 267; 2009. 10. 29, 2007헌바63, 판례집 21-2 하, 103 참조.

정하기 부적합하여 그 입법에 대한 위임이 필요하다는 점을 나타내는 서술로 이루어져 있으며, 같은 판시내용이 그대로 예측가능성의 판단에 원용되어 심사기준이 완화될 수 있는 요소로 작용하고 있다. 실질적인 내용면에서 보면 이러한 판단방법은 예측가능성만을 검토하는 기존의 포괄위임금지원칙의 위반여부에 대한 판단방법과 다르지 않다. 근본적으로 입법자가 어떤 사항에 대하여 법률로 충분히 정할 수 있는 경우에도 여러 가지 사정을 고려하여 대강의 윤곽만을 법률로 정하고 구체적인 사항을 행정법령에 위임하였다 하더라도 헌법 제75조의 입법위임요건은 충족되는 것으로 보아야 한다. 그러한 점에서 포괄위임금지원칙의 위반여부를 판단할 때에 위임의 필요성과 예측가능성을 별도로 나누는 것은 불필요한 것으로 보인다.

마지막으로 당해 법률조항의 적용대상이 되는 수범자들이 특정될 수 있는 경우 그들이 이미 가지고 있는 사전 지식 등이 예측가능성의 판단에서 고려된다. 헌법재판소는 여러 판례에서 수범자가 가지고 있는 전문적인 지식 등의 특성을 들어 당해 규정의 해당여부를 예측할 수 있었음을 인정하고 있다.[46)]

2. 위임대상의 제한과 법률유보

입법위임에 대한 통제를 규정한 헌법 제75조를 의회와 행정기관간의 권력분립을 충실히 구현하고 행정권의 자의적인 행정법령 제정을 방지함으로써 국민의 자유와 권리의 침해를 방지하기 위한 것으로 파악하면 위 규정은 입법영역에서 행정부와 입법부의 활동범위의 경계를 획정하고 있는 것이다. 이에 의하면 입법위임의 통제는 '무엇을 입법자가 스스로 결정해야 하고 무엇을 행정부에 위임할 수 있는지'에 관한 문제로 귀결된다. 따라서 우선적으로 살펴보아야 할 것은 권력분립원리상 입법부가 행정부에 입법을 위임할 수 없는 사항이 존재하는지 여부이다. 만약 헌법적으로 그러한 사항을 확정할 수 있다면 그에 대한 입법위임이 포괄적인지 여부를 불문하고 권력분립원리에 반하는 것으로 볼 수 있기 때문이다.

헌법재판소는 이와 관련하여 법치주의의 요청에 따라 일정한 사항에 대해서는 국민의 대표자인 입법자 스스로 그에 대하여 결정하여야 한다는 법률유보원칙을 헌법원칙으로 선언하고 있다. 나아가 그에 해당하는 사항인지 여부는 구체적 사례에서 관련된 이익 내지 가치의 중요성, 규제 내지 침해의 정도와 방법 등을

46) 헌재 1999. 2. 25, 97헌바63, 판례집 11-1, 140; 2002. 12. 18, 2001헌바52, 판례집 14-2, 795; 2003. 12. 18, 2002헌바49, 판례집 15-2 하, 502.

고려하여 개별적으로 결정하여야 하며 적어도 헌법상 보장된 국민의 자유나 권리를 제한할 때에는 그 제한의 본질적인 사항에 관한 한 입법자가 법률로써 스스로 규율하여야 한다고 판시하였다.[47] 헌법재판소는 이와 함께 국회의 인적구성과 입법절차 등을 고려하여 본질적인지 여부를 심사할 때 규율대상의 기본권적 중요성 뿐 아니라, 공개토론 및 상충하는 이익간 조정의 필요성이 클수록 국회의 법률에 의해 직접 규율될 필요성 및 그 규율밀도의 요구정도가 증대된다며 의회규율의 필요성에 대한 판단기준을 밝혔다.[48]

헌법재판소는 법률유보원칙 위반여부를 판단하면서 문제되는 사항이 법률유보사항으로 인정되는 경우 그것을 법률에서 명시적으로 규정하고 있는지 여부를 기준으로 판단해왔다. 이에 의하면 본질적인 것으로서 법률유보에 해당하는 사항에 관한 한 입법의 위임은 허용되지 않는다. 비본질적인 사항의 경우에도 그에 대하여 법률에서 반드시 정할 필요는 없지만 그것이 외부적인 효력을 가지고 국민의 권리의무에 영향을 주는 것이라면 입법의 위임은 필요하며 그러한 범위에서 헌법 제75조가 적용된다. 이러한 사항들은 그 성질 등에 따라 예측가능성의 정도에 차이가 있다 하더라도 여전히 위임시 구체적인 범위를 정하여야 하는 것에는 변함이 없다. 그렇지 않은 것으로 본다면 이는 헌법 제75조의 범위에서 벗어난 별도의 위임입법이 가능하다는 것이고 이는 집행명령이 아닌 한 위임없는 행정법령의 입법이 인정되지 않는 우리 헌법구조상 받아들여지기 어렵기 때문이다. 이와는 달리 비본질적인 사항 중 내부조직법적인 규율로서 외부적인 관련성을 가지지 않는 것들이 있을 수 있다. 이러한 사항은 위임이 없이 행정권의 독자적 입법권인 집행명령의 형태로 규율될 수 있다.[49]

헌법재판소는 일련의 판례에서 본질성 이론에 의한 법률유보의 원칙과 포괄위임금지원칙을 기능상 분리하여 판단하고 있다. 예를 들면 사법시험응시를 위한 법학과목 이수제도가 문제된 사례에서 법률유보원칙위반에 대하여 사법시험 응시를 위한 법학과목 학점의 수 및 학점인정 기준은 법에서 직접 정하지 아니해도 되는 것으로서 본질적인 내용인 일정한 정도의 법학과목을 이수한 자만이 응시할 수 있음이 법률에 명시되어 있으면 족하다고 판단하면서도, 학점 수 및 학점인정기준에 대한 대강을 법률규정에 의하여 파악할 수 있는지 여부에 대한 포괄위임

47) 헌재 1999. 5. 27, 98헌바70, 판례집 11-1, 633.

48) 헌재 2004. 3. 25, 2001헌마882, 판례집 16-1, 441; 2009. 10. 29, 2007헌바63, 판례집 21-2 하, 103.

49) 입법의 대상이 되는 규율대상을 이와 같이 3단계로 나누는 입장은 전광석, “법률유보의 문제와 위임입법의 한계”, 『공법연구』 제26권 제3호, 1998, 228면 참조.

금지원칙에 대하여 별도로 판단하였고,[50] 법학전문대학원의 총입학정원을 교육과학기술부장관에게 정하도록 한 법학전문대학원 설치운영에 관한 법률 규정에 대한 위헌판단에서 총입학정원 수는 반드시 법률로서 규율하여야 하는 사항이 아니라고 하면서도 예측가능성의 기준에 따라 포괄위임인지 여부를 판단하였다.[51] 또한 어선 재해보상보험상의 유족급여의 수급권 부여 규정과 관련하여 수급권자의 범위와 순위를 반드시 법률로 정해야 하는 것은 아니라고 하면서 수급권자가 될 유족의 범위를 충분히 예측할 수 있는지 여부에 의하여 별도로 포괄위임금지원칙의 위반여부를 판단하였고,[52] 사회간접자본의 민간투자방식으로 추진할 사업 중 민간이 제안하여 추진되는 사업의 추진절차,[53] 청원경찰의 징계에 관한 사항[54] 역시 법률유보원칙과 함께 포괄위임금지원칙의 위반여부를 별도로 판단하였다.

이러한 판례의 입장에 의하면 일정한 사항이 법률에 명시적으로 규정되어 있지 않은 경우 우선 법률유보사항인지 여부를 판단하여 위헌성을 판단하고 이차적으로 포괄위임인지 여부를 판단하게 된다. 본질적인 것에 관한 한 법률로 정하였는지 여부가 문제가 되고, 비본질적인 것은 구체적인 범위에 대한 예측이 가능하도록 입법위임이 되었는지 여부가 문제가 되는 것이다. 법률유보원칙을 국회가 명시적으로 규율해야할 범위를 정하는 것으로 보는 한 포괄위임금지원칙은 이와 기능적으로 서로 분리되어 있는 것으로 볼 수밖에 없다.

다만, 판례가 제시하고 있는 의회규율 필요성에 대한 판단기준은 입법위임의 허용범위를 판단할 때에도 그대로 적용될 수 있는 것들이다. 기본권적 중요성이 크거나 의회에서 공개토론을 거쳐 상충하는 이익간 조정을 해야할 필요성이 큰 사항들일수록 그에 관하여 입법을 위임할 경우 예측가능성의 요구는 커질 수밖에 없다. 그러한 점에서 양자가 밀접하게 관련되어 있는 점을 부정할 수는 없다.[55] 그렇게 보면 본질적인 법률유보사항은 그 중요성에 따라 예측가능성이 최고점에 있는 것으로서 법률에 명시적으로 정하여야 하는 것으로 보고, 비본질적인 것은 위임은 필요하나 점차 그 예측가능성의 필요성이 줄어드는 것으로 보아 양자에 대한 통일적인 설명도 가능하다. 일정한 경우에는 예측가능성이 0으로 수렴되는

50) 헌재 2007. 4. 26, 2003헌마947, 판례집 19-1, 514.

51) 헌재 2009. 2. 26, 2008헌마370, 판례집 21-1 상, 292.

52) 헌재 2009. 12. 29, 2008헌바48, 판례집 21-2 하, 777.

53) 헌재 2009. 10. 29, 2007헌바63, 판례집 21-2 하, 103.

54) 헌재 2010. 2. 25, 2008헌바160, 판례집 22-1 상, 256.

55) 이에 따라 포괄위임입법금지원칙의 판단을 본질성설에 의한 법률유보판단으로 수렴해야 한다는 의견이 제시되고 있다. 이러한 입장에 의하면 입법위임의 통제는 법률유보원칙의 쟁점과 동일하게 된다. 한수웅, 앞의 글, 634면.

경우도 있을 수 있을 것이나 헌법 제75조는 이를 허용하고 있지 않다. 그러나 이와 같이 통일적으로 이해하는 경우에도 위임이 가능한지 여부와 예측가능한지 여부에 대한 판단이 서로 달리 이루어지는 점에서 양자는 여전히 기능적으로 분리되어 있게 된다.

3. 전문가 중심의 완화된 심사기준

헌법재판소는 포괄적인 입법위임인지 여부를 판단하는 많은 판례에서 하위법령으로 규정될 대강의 내용을 "누구라도" 예측가능하여야 한다고 판시하여 원칙적으로 일반국민을 기준으로 하여야 함을 명시적으로 밝히고 있다. 그러나 이와 같은 일반적인 판시와 달리 구체적인 판단에 들어가면 예측가능성의 유무는 당해 특정조항과 함께 관련 법조항 전체를 체계적·목적적 해석방법을 통하여 유기적·체계적으로 종합 판단하여야 하며 수권의 목적으로부터 내용을 구체화해 낼 수 있으면 구체성의 요건을 충족한다고 판시하고 있다. 일반적으로 법률은 그 규율대상이 복잡 다양하며 변화가 많은 반면 그 문장은 되도록 간결하게 표현하여야 한다는 요청이 따르기 때문에 법률의 구성요건은 일반적·추상적으로 규정될 수밖에 없고 어느 정도 가치개념을 포함한 일반적, 규범적 개념을 사용하지 않을 수 없다.[56] 일반적으로 법에 대한 전문적인 사전 지식과 훈련 없이 보통의 상식을 가진 일반국민이 판례가 제시한 절차와 방법에 의하여 법률규정의 정확한 의미를 파악해 내기는 쉽지 않다. 따라서 헌법재판소는 원칙적으로 일반인 기준을 제시하면서도 실질적으로는 법 전문가에 의한 규정의 해석이 가능한지 여부에 따라 입법에 대한 포괄위임인지 여부를 판단하고 있다고 보아야 한다.

특히 일반 국민에 대한 공정한 고지라는 요구를 충족시켜야 하는 명확성의 원칙과는 달리 입법에 관한 포괄위임인지 여부의 판단에서는 그러한 요소는 고려할 필요가 없다. 일반국민은 무엇이 금지되는 행위이고 무엇이 허용되는 행위인지를 위임하고 있는 법률만을 보고 판단하지 않는다. 그들이 하위법령을 통하여 그러한 판단을 하게 된다 하더라도 법적 안정성이나 예측가능성의 면에서 아무런 문제가 없다. 법률만을 보아서는 도저히 알 수 없다 하더라도 하위법령이 명확하게 규정되어 있고 그에 따라 집행이 이루어진다면 일반국민의 입장에서 실질적으

56) 헌재 1992. 2. 25, 89헌가104, 판례집 4, 64; 1998. 4. 30, 95헌가16, 판례집 10-1, 327; 2001. 6. 28, 99헌바31, 판례집 13-1, 1233; 2004. 1. 29, 2002헌바36, 판례집 16-1, 87; 2004. 2. 26, 2003헌바4, 판례집 16-1, 287.

로 아무런 차이가 없기 때문이다. 어떤 내용이 법률에 적혀 있지 않고 하위법령에 적혀 있어서 법적 안정성을 해친다는 것은 일반국민들이 하위법령을 찾아보기 어려울 때에나 적용될 수 있는 주장이다. 법률에서부터 행정청의 각종 내규까지 인쇄물은 물론 인터넷과 스마트폰 등 전자적 장비를 통하여 손쉽게 찾아볼 수 있는 오늘날에는 이러한 주장이 설득력을 가지기 어렵다. 따라서 입법위임의 예측가능성을 일반국민을 기준으로 "누구라도" 알 수 있는지 여부에 따라 판단하는 것은 적절하지 않다.

그러한 점에서 독일이나 미국의 판례가 제시하고 있는 판단기준은 참고할 만하다. 독일에서는 연방헌법재판소가 판례를 통하여 기본법 제80조 제1항의 위반여부를 판단할 때 세 가지 기준을 사용하고 있는 것으로 인정되고 있다. 우선 연방헌법재판소는 행정입법의 수범자인 국민의 관점에서 행정입법에 규율될 대강의 내용을 수권법률로부터 예측할 수 있는지 여부에 의하여 판단하는 예견가능성기준(Vorhersehbarkeitsformel)을 사용하고 있고, 다른 결정에서는 입법자 스스로 행정입법의 내용, 범위, 목적에 대하여 정해야 한다는 자기결정기준(Selbstentscheidungsformel)을, 또한 입법자가 행정입법시 행정부에 의하여 준수되어야 할 기본방침을 제시해야 한다는 방침제시기준(Programmformel) 역시 사용하고 있다. 개별사건에서 어떠한 기준에 따라 제80조 제1항의 적용이 구체화될지 여부는 사안별로 정해질 수밖에 없으나 그중 방침제시기준이 수권범위한정의 요건을 가장 잘 표현하고 있는 것으로 평가되고 있다.[57] 여기서 방침제시기준은 행정부가 입법권을 행사할 때 준수해야할 기본적인 방향을 당해 법률을 통해 알 수 있도록 해야 한다는 의미로 볼 수 있으며, 이는 결국 예측가능해야 할 주체가 일반국민이 아닌 행정청이면 족하다는 것으로 귀결된다.

미국의 경우 연방최고법원은 1928년 J.W. Hampton Jr.,&Co. v. United States 결정[58]에서 입법위임의 범위가 헌법적으로 허용되는지 여부를 판단하는 기준으로 의회가 입법을 통하여 입법권을 위임받은 개인이나 기관(to the person or body authorized to exercise the delegated authority)에게 입법시 지켜야 할 "인식가능한 원칙(intelligible principle)"을 제공하고 있는지 여부를 제시한 이래 그러한 원칙을 계속하여 사용해왔다. 같은 맥락에서 연방최고법원은 의회가 입법을 통해 행정청이 지켜야 할 일반적 정책(general policy)과 위임된 권한의 범위에 대하여 윤곽을 그리고 있다면(delineate) 충분하며 개인의 권리는 법률에 의하여 선언된 당해 정책의 적용

57) Bryde, in: von Münch/Kunig, Grundgesetz-Kommentar, Band 3, 5 Auflage, Art.80, Rz.20-21ff.
58) 276. U.S. 394, 407.

에 대한 법원의 심사에 의하여 보호될 수 있다고 판시하였고,[59] 특히 의회가 행정청에게 입법행위를 인도할 기준들을 제시하여 "법원이 의회의 의지가 준수되었는지 여부를 인식할 수 있도록 하면 족하다(a court could ascertain whether the will of Congress has been obeyed)"고 판시하기도 하였다.[60] 이러한 입법위임의 허용기준에 의하면 일차적으로 입법자가 정한 정책방향에 대한 인식의 주체는 위임입법권을 행사하는 행정청이며 이차적으로 당해 행정법령의 법률위반여부를 판단하는 법원이면 족하다. 반드시 일반국민이 "누구라도" 그러한 원칙들을 인식할 수 있어야만 자의적인 행정입법과 집행이 통제되는 것은 아니다.

이상과 같이 보면 우리의 경우에도 법률을 통해 하위법령으로 규정될 대강의 내용을 예측할 수 있어야 할 주체는 입법권을 위임받은 행정청이면 된다. 행정기관은 당해 분야의 전문가들과 법률에 대한 전문지식을 가지고 있는 사람들이 함께 행정입법에 참여할 수 있으므로 일반국민들이 인식할 수 없을 정도로 입법방침이 구체화되어 있지 않다 하더라도 일반적인 법해석방법을 통해 얼마든지 그 범위를 확정해낼 수 있다. 이러한 입장은 입법권을 위임하는 법률규정의 수범자가 바로 행정청이며 그 행정청은 전문적인 지식을 가지고 있는 자에 해당하므로 수범자의 전문지식을 감안하여 예측가능성을 판단해야 한다는 헌법재판소의 결정례에 비추어 보아도 기존의 "누구라도" 기준보다는 완화된 것에 해당한다. 또한 미국 판례에서 나와있는 바와 같이 위임법령에 대한 사후통제를 위해 법원에 의한 인식가능성을 고려한다 하더라도 그 예측가능성의 정도는 법전문가를 기준으로 한다는 점에서 달라지지 않는다. 무엇보다 이러한 기준은 일반국민의 예측가능성을 기준으로 한다는 일반설시와 달리 실질적으로 법전문가들이 법률규정을 통해 의미를 해석해내면 위헌으로 판단할 수 없다는 기존 헌법재판소의 판례들의 모순된 판시들의 문제를 해결할 수 있는 점에서 의미가 있다.

Ⅳ. 결

헌법 제75조는 기본적으로 권력분립원리를 실현하여 의회의 입법기능을 보장하기 위한 것으로 이를 통하여 책임정치를 구현하고 공공의 이익을 위한 입법이

59) American Power & Light Co. v. SEC, 329 U.S. 90, 105 (1946).

60) Yakus v. United States, 321 U.S. 414, 426 (1944). 이와 같은 연방최고법원의 입장은 최근의 각종 사례들, 예를 들면 Mistretta v. United States, 488 U.S. 361 (1989), Skinner v. Mid-America Pipeline Company, 490 U.S. 212 (1989)에서도 계속하여 인용되어 유지되고 있다.

이루어질 수 있도록 하며, 결과적으로 행정권의 자의적인 행정법령 제정을 방지함으로써 국민의 자유와 권리의 침해를 방지하기 위한 것이다. 특히 헌법이 의회입법원칙을 명시하고 있는 것은 토론과 이해관계의 조정을 통한 결론의 도출이라는 의회의 구조적인 의사결정과정이 가지는 특성에 의하여 정당화되며, 국회와 행정부의 입법영역에서의 역할분담도 그러한 점을 기준으로 이루어져야 한다. 따라서 기본권적 중요성이 크고 의회에서 공개토론을 거쳐 상충하는 이익간 조정을 해야할 필요성이 큰 사항일수록 당해사항은 의회에서 입법을 해야하는 것으로 판단할 수 있고, 필요성이 작아질수록 입법위임의 폭이 커질 수 있다. 그러한 점에서 의회에서 입법할 사항을 법률로 규정하였는지 여부에 대한 법률유보원칙과 헌법 제75조의 포괄위임금지원칙은 성질상 한 묶음으로 이해할 수 있으며, 다만 전자는 입법위임가능사항의 범위에 대한, 후자는 입법위임시의 방법에 대한 통제방법으로 별도의 기능을 하고 있는 것이다.

이와는 별도로 헌법재판소는 헌법 제75조에 위반되는 포괄적인 입법위임인지 여부에 대하여 하위법령으로 규정될 대강의 내용을 "누구라도" 예측가능하여야 한다는 예측가능성을 기준으로 판단하면서, 구체적으로는 당해 특정조항과 함께 관련 법조항 전체를 체계적·목적적 해석방법을 통하여 유기적·체계적으로 종합판단하여야 한다고 판시하여 같은 판례 안에서도 서로 다른 모습을 보이고 있다. 헌법 제75조는 기본적으로 권력분립원리의 실현을 통한 의회입법기능을 보장하기 위한 것이므로 일반국민이 이와 직접적으로 관련되어 있다고 볼 수 없다. 고지의 기능관점에서 보더라도 법의 적용대상인 일반인 입장에서는 사실 무엇이 금지되고 무엇이 허용되는지 여부가 법률에 규정되어 있는지 또는 하위법령에 규정되어 있는지는 전혀 중요하지 않다. 어느 것에라도 명확하게 규정되어 있으면 족한 것이다. 집행의 측면에서 보더라도 법률이 아닌 하위법령에서 충분히 일관되고 명확한 집행기준이 제시되어 있다면 구체적인 집행이 자의적이 되거나 차별적으로 이루어질 수 없으므로 일반국민의 기본권보장이나 법적 안정성의 차원에서는 특별한 문제가 없다. 따라서 위임의 범위와 일반인의 예측가능성 사이에 어떠한 상관관계가 있다고 볼 수는 없다. 반면 입법을 위임하는 법률의 경우 그 직접적인 수범자는 행정청이다. 행정청은 당해 사항과 관련된 전문가와 법전문가들로 구성되어 있고, 행정법령의 통제 측면에서 보더라도 당해 규정을 해석, 적용해야할 주체는 법관이다. 그러한 의미에서 입법을 위임하는 법률이 행정청과 법관에게 적절한 범위를 제시해줄 수 있는지 여부에 의하여 헌법 제75조 위반을 판단하는 것이 적절하여, 이는 실제 수많은 판례들의 구체적인 판단방법과 일치하는 것이다.

제122회 발표회 지정토론문

노 희 범*

헌법재판의 실무에서 가장 중요한 것이 심사기준이다. 그러면서도 가장 어려운 부분이다. 포괄위임금지의 원칙의 심사기준도 그 중 하나다. 그런 점에서 금번 발표자의 포괄위임금지원칙에 관한 종합적인 분석과 새로운 기준 제시는 구체적 사건에 적용하여 위헌 여부를 판단해야 하는 헌법재판소에 시사하는 바가 크다. 비록 헌법재판소가 기존의 심사기준을 변경하지는 않는다고 하더라도 앞으로 포괄위임금지원칙을 적용함에 있어서 충분히 고려해 볼 수 있다고 생각된다. 지정토론자의 입장에서 기존의 헌법재판소의 기준에 대한 견해를 피력하고 발표자의 고견을 듣고자 한다.

1. 명확성원칙과 포괄위임금지의 원칙

법률 명확성의 원칙은 국가권력과 국민과의 관계에서 법적 안정성과 예견가능성을 보장하기 위한 것이고, 포괄위임금지원칙은 행정부에 대한 입법권의 위임으로 1차적으로는 입법자와 행정부와의 관계에서 입법자의 기능과 지위를 보장하기 위한 것이란 점은 인정된다. 그런 관점에서 명확성원칙 판단 기준인 예견가능성을 포괄위임 판단에 그대로 적용하는 것은 적절하지 않다는 주장도 이해된다. 그러나 구체적으로 범위를 정하여 위임하라는 헌법 제75조가 행정부에 위임된 입법권 행사를 입법자의 의사에 종속시키기 위한 것이라고 하더라도 행정입법권의 행사를 입법자의 의사에 종속시키는 이유도 궁극적으로는 국민의 기본권 보장을 위한 것이라고 본다. 헌법 제75조의 근거로 들고 있는 권력분립, 의회주의, 민주주의, 국민주권주의도 그 자체가 목적이 아니라 궁극적으로 국가권력의 배분과 형성을 통하여 국민의 기본권을 보장하기 위한 수단이기 때문이다.

위와 같은 관점에서 본다면, 법률의 명확성의 원칙과 포괄위임금지원칙은 국민의 관점에서 모두 행정행위에 대한 예견가능성을 보장함으로써 기본권 보장을

---

* 헌법재판소 헌법연구관.

위한 것이고, 따라서 헌법 제75조는 법률 명확성원칙이 행정입법에 관하여 구체화된 특별규정인 것이다. 포괄위임 여부에 대한 판단 기준으로서 "예측가능성"을 포기할 수 없다.

다만, 예측가능성 기준에 더하여 입법자의 정치적 책임과 기능을 보장하기 위한 기준을 적용하여 헌법 제75조 위반 여부를 심사하는 것은 가능하다고 본다.

2. 법률유보원칙과 포괄위임금지원칙

법률유보원칙은 '본질적인 사항'은 밀실에서 행정각료에 의해서 정해져서는 안되고 반드시 공개토론과 이익조정과정을 거쳐 의회에서 규율해야 한다는 것이고, 포괄위임금지원칙은 '입법사항'을 행정부에 위임할 수 있되 예측가능성을 확보해야 한다는 것이다. 전자는 위임의 가능성에 관한 문제이고, 후자는 예측가능성에 관한 문제로서 양자는 기능적으로는 분리되어 있다는 발표자의 의견에 기본적으로 공감한다.

문제는, 본질적인 사항과 비본질적인 사항의 경계가 항상 뚜렷한 것은 아니라는 점이다. 물론 개념적으로는 기본권적 중요성이 크거나 의회에서의 공개토론을 거쳐 상충하는 이익 간 조정의 필요성이 큰 사항이 본질적인 것이고 그렇지 않은 것은 비본질적인 것이라고 구별할 수 있지만, 실제로는 양자를 일도양단적으로 구별하기 쉽지 않다.

기본권적 중요성과 의회규율의 필요성의 크기는 100에서부터 0까지 연속선상의 어느 한 지점에 놓여있다고 볼 수 있다. 따라서 기본권적 중요성과 의회규율의 필요성이 크면 클수록 법률유보원칙이 엄격하게 적용되고 위임의 허용성과 범위는 좁아질 것이며, 반대로 기본권적 중요성과 의회규율의 필요성이 작으면 작을수록 법률유보원칙이 완화되고 위임의 허용성과 범위가 커져 위임입법의 통제 밀도도 그만큼 약화된다고 할 수 있을 뿐, 일의적이고 획일적인 경계나 기준을 설정하여 양자택일하는 것은 어렵다. 법률에 아무런 근거가 없이 제정된 행정입법이 아닌 한, 결국 많은 경우 입법사항의 위임은 가부의 문제라기보다 정도의 문제이며 위임규정의 구체성과 명확성에 관한 예측가능성의 판단으로 귀착되는 것이 아닌가 한다.[1)]

---

1) 범죄의 구성요건이나 형벌, 과세요건에 대한 행정입법에 대한 위임은 원칙적으로 허용될 수 없지만 '절대적'으로 불가능하다고 단정할 수는 없다. 입법자가 중요부분을 결정하고 위임의 필요성이 있는 부분에 한하여 구체적으로 범위를 정하여 위임하는 것은 가능하다고 할 것이다.

실무상으로도 위임규정에 대한 위헌심사의 경우, 1차적으로 규율된 사항이 과연 '위임이 가능한 사항인가'를 판단한 후에, 그렇다는 판단이 섰을 때 비로소 위임의 내용, 목적, 범위가 구체적이고 명확해서 예측가능한가를 차후적으로 판단하는 경우는 드물다. 즉, 곧바로 후자의 판단 즉, 규율내용의 예측가능성을 판단하게 된다. 다만, 예측가능성의 판단 과정에서 ① 규율대상이 어느 정도로 기본권적 중요성을 가지는지, ② 다양성과 변화가능성이 얼마나 큰지, ③ 위임의 필요성과 정당성이 있는지 등 위임의 허용성과 범위도 판단한다.

3. 예측가능성 판단의 주체

입법사항의 위임은 입법권과 행정권의 권한배분이라는 관점에서만 보면 포괄위임 여부에 대한 판단은 1차적으로 행정청이 기준이 된다고 할 수 있다. 그런 점에서 발표자가 명확성의 원칙과 달리 포괄위임여부에 대한 판단의 주체를 일반국민으로 보아 "누구라도" 알 수 있는지 여부에 따라 판단하는 것은 적절하지 않고, 입법권을 위임받은 행정청을 기준으로 봐야 한다는 견해도 일리가 있다고 본다.

그러나 앞서 언급한 바와 같이 명확성원칙이나 포괄위임금지의 원칙은 궁극적으로 국민의 기본권 보장을 위한 것이다. 특히 위헌 심사에 있어서는 국민의 관점에서 기본권 보장을 위한 수단으로서의 적절성 내지 허용 여부가 판단의 대상이 되어야 한다. 입법권과 행정권의 권한배분이 '국가기관'에게 명확하다는 것이 국민의 입장에서 과연 무슨 의미를 갖는가? 국민은, 원칙적으로 국민의 대표가 제정한 '법률'에서 기본적인 행위지침을 알 수 있어야 하고, 가사 예외적으로 의회입법권이 양보되더라도 행정부에 의해서 과연 어떤 행위지침이 만들어 질 것인지를 '법률'에서 그 대강이라도 알 수 있어야 한다.

위임사항이 일반 국민의 기본권과 무관한 것이라면 모르되, 일반 국민이 행정입법으로 정해질 사항이 무엇인지 법률로부터는 전혀 알 수 없고, 하위법령에 의하여 비로소 알게 된다면, 예견가능성과 법적 안정성은 현저히 떨어지고 궁극적으로 국민의 기본권 보장도 훼손된다. 위임은, 1차적으로 행정권에 부여되지만 위임사항의 최종 수범자는 일반 국민이다. 행정입법으로 정해질 사항의 대강이라도 일반 국민이 미리 알고 있는 것과 그렇지 못한 경우는 큰 차이가 있다. 법률과 행정입법은 제·개정 절차의 난이, 통제방법, 대처할 시간적인 여유 등 수범자의 관점에서는 상당한 차이가 있다. 법률이든 하위법령이든 명확하기만 하면 족하다면 하위법령으로의 도피나 유도될 것이고, 그 경우 입법권의 형해화는 어떻게 막을 것인가? 그런 점에서 어디까지나 포괄위임 여부의 판단은 국가권력의 최종적인 수범자이자 기본권의 주체인 일반 국민을 기준으로 판단하는 것이 옳다고 본다.

한편, 수범자가 특정 집단에 한정된 경우, 포괄위임의 판단이 당해 특정 집단을 기준으로 하여 판단되는 경우가 있다. 따라서 헌법재판소가 제시하는 "누구라도"는 수범자를 뜻하는 것으로 보아야 한다. 통상 법률은 일반 국민을 수범자로 한다. 위임사항의 규율내용이 불특정 다수인 일반 국민이라면 여기서 "누구라도"는 일반 국민이지만, 규율내용이 특정 집단임이 분명하다면 여기서의 "누구라도"는 당해 규범의 수범자인 특정 인적 집단이다. 그런 점에서 헌법재판소가 포괄위임 여부의 예측가능성 판단의 기준을 달리한 경우는 충분히 설명될 수 있다.

第122회 발표회 지정토론문

정 남 철*

발표문에서는 포괄위임 여부에 관한 헌법재판소의 심사기준을 면밀히 검토하고, 그 동안 우리 헌법재판소가 일관되게 적용하여 온 심사기준인 '예견가능성' 내지 '예측가능성'의 공식을 대체할 수 있는 새로운 기준을 모색하고 있습니다. 오늘 발표문으로부터 명확성심사에 관한 새로운 논의의 단초를 발견하게 된 점은 매우 의미 있고, 앞으로 계속적인 논의를 통해 우리의 헌법해석에 적합한 새로운 심사기준을 계속 발굴하는 노력이 필요하다고 생각합니다.

1. 포괄위임 여부의 심사기준으로서 '명확성원칙'

우선 발표문에는 헌법 제75조의 의미를 "법률의 명확성원칙이 행정입법에 관하여 구체화된 특별규정"으로 보는 판례의 입장에 대해 비판하고 있습니다. 그러나 오늘날 '명확성'의 의미는 매우 多義的으로 사용되고 있습니다. 법치국가원리에 파생된 명확성의 요청은 형식적 법률뿐만 아니라, 법집행을 하는 행정청의 '행정작용'(법규명령, 행정행위 등)에도 적용됩니다. 여기에서 말하는 '명확성원칙'은 법규명령과 관련하여 "수권의 내용, 목적 및 범위"를 명확히 규정해야 한다는 내용으로서, 독일 기본법 제80조에서 유래하고 있는 것으로 볼 수 있습니다. 헌법 제75조는 본래 시행령(대통령령)의 제정범위에 관한 규정이나, 그 시행령의 규율 내용, 즉 "구체적으로 범위를 정하여 위임받은 사항"의 해석에 있어서 수권법률과 위임을 받은 시행령의 관계가 문제됩니다. 이 경우 포괄위임 여부를 심사함에 있어서 수권법률과 시행령 사이에는 입법권의 위임, 즉 수권에 있어서 '명확성'의 요청이 필요합니다. 그러한 의미에서의 명확성원칙이 법규명령과 관련하여 특별히 규정된 것으로 볼 수 있습니다.

발표문에는 "헌법 제75조가 법치주의에 근거한 명확성의 원칙과 기능적으로 관련되어 있기는 하나 그 특별규정이라고 보기는 어렵다", "일반 국민에 대한 공

* 숙명여대 법과대학 교수.

정한 고지라는 요구를 충족시켜야 하는 명확성의 원칙과는 달리 포괄입법위임인지의 판단에서는 그러한 요소는 고려할 필요가 없다"고 주장하고 있습니다. 이러한 주장은 명확성원칙을 국민과 국가권력의 관계에만 제한하여 '법률' 그 자체의 명확성으로만 이해한다고 볼 수 있습니다.

2. 명확성원칙과 법률유보원칙의 관계

발표문에는 헌법재판소의 판례를 근거로 법률유보의 원칙과 포괄위임금지원칙은 기능적으로 '분리'되어 있다고 보고 있습니다. 예컨대 "결국 법률유보원칙을 국회가 명시적으로 규율해야 할 범위를 정하는 것으로 보는 한 포괄입법위임금지원칙은 이와 기능적으로 서로 분리되어 있는 것으로 볼 수밖에 없다"라고 언급하고 있는 부분이 그러합니다.

그러나 독일을 비롯한 국내의 학설에서는 대체로 명확성원칙이 법률유보의 원칙과 밀접한 관련을 가진다고 보는 것이 유력합니다.[1] 또한 우리 헌법재판소가 "법률유보에 해당하는 사항에 관한 한 어떠한 경우에도 입법의 위임은 허용되지 않게 된다"고 평가하고 계신데, 기본권의 중요하고도 본질적인 사항에 대해서는 입법자가 직접 법률에서 규율해야 하는 경우도 있지만, 입법권의 위임 자체를 전면적으로 허용할 수 없다는 의미로 볼 필요는 없습니다. 이 경우 '본질적인' 사항을 어떻게, 어느 범위내에서 확정해야 하는지가 문제됩니다. 이 부분은 본질사항유보설의 가장 큰 이론적 약점이기도 합니다. 그러한 이유에서 독일에서는 본질사항유보설을 "공허한 공식"이라고 신랄하게 비판하는 견해도 있습니다.

또한 우리 헌법재판소는 행정규칙의 헌법소원 대상성을 예외적으로 인정하면서, '법령보충적 행정규칙'의 법리와 '행정의 자기구속의 법리'를 사용하고 있습니다. 이러한 내용은 보기 드문 판례이론이며, 이를 허용하지 않는 독일의 경우와 비교가 됩니다. 후자의 논거인 행정의 자기구속의 법리는 행정규칙의 비법규성과 관련된 것으로서 '직접적' 대외적 구속력이 부인된다는 의미임에도 이를 헌법소원의 대상이 되는 논거로 사용하고 있습니다.[2] 또한 전자(법령보충적 행정규칙)의 경

1) 한수웅, 헌법학, 제2판, 1211면; 拙稿, 명확성원칙의 판단기준과 사법심사의 한계, 법조 통권 624호(2008. 9), 113면 참조.

2) 다만, 산업기술연수생 도입기준 완화결정 등 위헌확인에서, '외국인산업기술연수생의 보호 및 관리에 관한 지침'(1998. 2. 23. 노동부 예규 제369호로 개정된 것) 제4조, 제8조 제1항 및 제17조(이하 '이 사건 노동부 예규'라 한다)가 헌법소원의 대상이 되는 공권력의 행사에 해당하는지 여부가 문제되었다. 이 사건에서 반대의견(재판관 이강국, 재판관 이동흡)은 "이 사건 노동부 예규의 직접적인 수범자는 어디까지나 행정기관인 지방노동관서의 장이므로, 지방노동관서의 장이

우에도 행정규칙의 본질이나 법리에 맞지 않게 '수권'의 법리를 적용하고 있는데, 이러한 법령보충적 행정규칙에 대해서 '본질적인' 사항을 위임할 수 있는지, 또한 판례가 위임을 허용하는 경우에 어떠한 심사기준과 심사강도를 적용해야 하는지가 문제됩니다.

3. '행정청' 중심의 완화된 심사기준의 문제점

발표문에는 포괄위임 여부를 심사함에 있어서 입법권을 위임받은 '행정청'을 기준으로 판단해야 한다는 새로운 기준을 제시하고 있습니다. 우리의 행정실무를 되돌아보면, "행정입법의 홍수", "행정규칙으로의 도피" 등 현실적으로 국민의 기본권과 관련된 중요한 사항을 '법규명령' 또는 경우에 따라서는 행정규칙에 '위임'하는 경우가 적지 않습니다. 국민이 아닌 행정청(또는 법률전문가) 중심의 심사기준을 적용하는 경우에 행정편의주의에 의하여 포괄위임을 남용할 가능성도 적지 않습니다. 이러한 점은 발표문에서도 적절히 지적하고 있는 바와 같이, 포괄위임 심사는 "행정청의 자의적인 법적용(시행령 제정)을 배제하고 이로 인해 국민의 기본권을 보호하는 것"에 있다는 점에서도 문제가 있어 보입니다. 그럼에도 불구하고 위임입법을 심사의 대상으로 삼으면서, 시행령의 제정주체(명령제정권자)인 '행정청'을 심사의 기준으로 삼는 것은 다소 모순으로 보입니다.

또한 발표문에서도 지적하고 있는 바와 같이 포괄위임 여부 내지 위임입법관계는 "입법자－행정부－국민"이라고 하는 3자의 관계로 구성되어 있습니다. 포괄위임 여부에 관한 심사를 입법자와 행정부의 관계에만 치중하는 것은 적절하지 않습니다. 물론 권력분립원칙과 법치국가원리의 관점에서 입법과 행정 사이에는 긴장과 견제도 존재하지만, 오늘날에는 기능의 분배와 협력이 강조되고 있습니다. 특히 환경법, 안전법이니 기술법 등 전문적·기술적인 분야에서는 협력적 법제정이 요구됩니다. 미국·독일의 입법례에서도 이러한 분야에서 명확성원칙의 심사가 완화되거나 사법심사 자체가 제한되는 경우도 있습니다. 하지만 일반적인 경우에는 법률을 보다 구체화하고 있는 법규명령이 법집행의 관점에서 국민의 권리·의무와 더욱 밀접한 내용을 담고 있기 때문에, 위임을 받은 법규명령은 더욱 명확히

행정관행에 기하여 그 상대방인 사업주에 대한 관계에서 위 예규에 따라야 할 자기구속을 당하게 된다고 하더라도 곧 그것이 위 예규 자체가 대외적 구속력이 있는 규범으로서 산업연수생의 권리관계를 직접 변동시키거나 그 법적 지위에 영향을 주게 되는 것을 의미하는 것은 아니다"라고 판단하고 있다. 매우 타당한 지적이다. 한편, 대법원은 "대외적 구속력"이라는 표현을 생략함으로써, 자기구속의 법리를 정확히 사용하고 있다(대법원 2009. 12. 24. 선고 2009두7967 판결).

규율될 필요가 있습니다. 이 경우 국민은 법률, 그리고 법규명령으로부터 규율의 내용을 예견할 수 있어야 합니다. 포괄위임 여부에 관한 심사의 대상은 여러 가지 경우가 있습니다. 예컨대 법률 그 자체만으로 충분히 포괄위임을 하였는지 여부를 판단하거나 할 수 있는 경우, 또는 법률과 위임을 받은 법규명령의 관계를 함께 고찰해야 하는 경우, 그리고 법률과 위임을 받은 법규명령, 그리고 관련 법조항을 체계적·유기적으로 해석하여야 하는 경우 등이 그러합니다. 이 가운데에서 수권법률과 위임명령(시행령, 시행규칙) 그리고 관계 법령 등을 체계적·유기적으로 해석하여 포괄위임 여부와 기본권침해 등을 심사하게 되는 경우에는 국민의 '예측가능성'은 여전히 중요한 역할을 한다고 보아야 합니다. 따라서 심사기준에서 '국민'의 예견가능성 그 자체를 전면적으로 배제하는 것은 신중할 필요가 있습니다.

이미 언급한 바와 같이 독일 연방헌법재판소는 명확성원칙의 심사에 있어서 예견가능성의 공식 이외에 '자기결정의 공식'이나 '프로그램공식'(소위 "방침제시기준", "방침제시설" 등) 등을 사용하고 있습니다. 수권법률과 위임입법 사이에는 독일 연방헌법재판소가 사용하고 있는 심사기준인 '자기결정의 공식'이나 '프로그램공식'(소위 "방침제시기준", "방침제시설" 등) 등이 중요한 역할을 할 것으로 생각합니다. 그러나 이러한 심사기준도 완벽한 것은 아니며, 예견가능성의 공식과 더불어 고려되는 경우도 있습니다. 예컨대 독일 연방헌법재판소는 프로그램공식(소위 방침제시설)은 입법자가 수권규범에서 일정한 입법의도를 가지고 명령제정권자에게 법규명령을 통해 달성해야 할 지침 내지 준칙을 설정해야 하는데, 이 경우 시민들이 명령제정권자에게 위임된 권한의 윤곽을 프로그램에 따라 정확히 파악할 수 있어 수권규정으로부터 무엇을 허용하는지 인식하고 예측할 수 있다면 충분히 명확하다고 보고 있습니다.[3)]

사견으로는 이러한 다양한 공식들을 '개별사례의 특성에 따라' 적용하는 것도 고려해 볼 수 있습니다. 그 동안 축적해 온 '예견가능성'의 공식을 전면적으로 폐기하기보다는 개별사안의 특성을 고려하여 '자기결정의 공식'이나 '프로그램공식'을 활용하거나, 경우에 따라서는 병행해서 적용하는 것도 필요하다고 생각합니다.

3) BVerfGE 55, 207(226). 이에 대해서는 拙稿, 전게논문, 122면 참조.

第122회 발표회 토론요지

간　　사 : 지금부터 고려대학교 법학전문대학원 김하열 교수님의 사회로 헌법실무연구회 제122회 월례발표회 및 정기총회를 시작하도록 하겠습니다.

사 회 자 : 안녕하십니까? 반갑습니다.

오늘 사회를 맡은 고려대학고 김하열입니다.

오늘 발표회를 하기에는 사실 너무나 좋은 가을 날씨들이 계속되고 있습니다.

그럼에도 불구하고 오늘 우리 회원 여러분들 이렇게 많이 참석해 주셔서 내단히 감사드립니다.

오늘 먼저 발표회 시작에 앞서서 간단하게 저희 헌법실무연구회 운영에 관한 사항에 대해서 한 가지 말씀을 올리겠습니다.

여러분들 다 잘 아시겠지만 지난 몇 년 동안 우리 헌법실무연구회를 이끌어 오셨던 김종대 재판관님께서 지난 9월에 퇴임을 하셨습니다. 그래서 오늘 이 자리는 신임회장님을 모시는 자리고 오늘부터는 새로운 회장님께서 실무연구회를 이끌어주시게 되겠습니다.

저희 헌법실무연구회의 오랜 전통과 관행에 따르면 신임회장선출은 전임회장께서 추대를 하시고 회원여러분들께서 동의를 하시면 승인이 되어서 취임하시는 것으로 관례가 되어 있습니다. 제가 실무연구회 오래도록 회원으로서 참석을 했었는데 그동안 이런 전통과 관례에 따라서 회장님께서 새로 취임을 하셨습니다. 이러한 관례에 따라서 지금 신임회장으로 박한철 헌법재판소 재판관님께서 추대되셨습니다. 만정하신 우리 회원 여러분들께서 추대에 찬성하고 동의하는 뜻으로 힘차게 박수를 치셔서 신임회장님을 맞이해 주시면 어떨까 하는 제안을 회원의 한 사람으로서 부탁 드립니다.

네, 감사합니다.

제가 특별히 우리 신임 회장님을 소개해 올리지는 않겠습니다.

여러분들 다 잘 아시는 분이시고요. 특별히 한 가지만 말씀드리면 일찍이 독일에서 유학도 하시고 상당히 학구적인 분으로 알고 있습니다.

또 헌법재판소 헌법연구관으로 역임하실 때 저도 곁에서 지켜봤습니다만 맹활약을 하셨던 그런 기억이 있습니다. 우리 박한철 신임재판관님과 더불어 우리 실무연구회가 한차례 더 도약의 계기를 맞이할 것 같습니다.

그러면 우선 박한철 신임회장님에게 취임의 말씀을 청해서 듣도록 하겠습니다.

회　　장 : 반갑습니다.

제가 여러 가지로 부족하면서도 이 실무연구회 회장을 맡아서 잘할 수 있을지 우선 무거운 책임감과 함께 앞으로 좀 더 잘해서 우리 헌법재판이 발전할 수 있는 계기가 되어야 되겠다 하는 그런 새로운 각오를 다지게 됩니다.

제가 96년도 97년, 98년 이때 연구관을 하면서 실무연구회에 상당히 참여를 하고 토론도 하고 그랬었는데 지금 보니까 이게 99년도에 초대회장님이 김문희 재판관님이 되신 것으로 되어 있어서 그때는 아마 이 실무연구회가 있었지만 정식으로 발족해 있는 그런 조직은 아니었던 모양입니다.

그런데 오늘 이 순간에 그때의 기억이 떠오르면서 우리 젊은 연구관들과 또 학계 교수님들하고 같이 대화를 나누고 또 토론을 하고 이러면서 우리 헌법재판에 대한 고민을 함께 할 수 있게 된 것이 다시 젊은 날의 열정으로 새겨갈 수 있는 그런 좋은 기회가 되지 않느냐 하는 그런 면에서 상당히 뜻깊게 생각을 합니다.

어제 제가 불가리아 헌법재판소장과 재판관 두 사람, 사무처장 한 사람 해가지고 네 분이 우리 헌법재판소를 방문중인데, 어제 만찬석상에서 나누었던 대화 중에 하나가 뭐냐하면 불가리아헌법재판소에서 한국헌법재판소를 본받고 싶어한다. 그래서 우선 거기는 독립된 청사를 갖고 있지 않아 독립된 청사를 짓기 위해서 우리 여기 시설들 전부 다 찍어 가고 그래서 지금 준비를 하고 있다, 비디오를 찍어갔는데 그런 이야기를 하면서, 탄체프소장이 자기가 국제회의에 가서 참석을 해 보면 다른 나라 국제회의라든지 또는 베니스위원회 가서 ……

사 회 자 : 감사합니다.

그러면 지금부터 122회 헌법실무연구회 발표회를 시작하도록 하겠습니다.

오늘 발표는 '포괄위임금지원칙의 심사기준'이라는 발표가 준비되어 있습니다.

먼저 발표자와 토론자분들을 소개해 올리겠습니다.

오늘 발표를 해 주실 분은 여러분들 다 잘 알고 계시고 반갑게 맞이해 주실 분이라 생각이 듭니다.

서울대학교 법학전문대학원에서 헌법을 가르치시는 전종익 교수님이십니다.

다음은 토론자를 소개해 올리겠습니다.

토론자 두 분이 계신데요, 관례에 따라서 외부에서 오신 토론자부터 먼저 소개해 올리도록 하겠습니다.

정남철 교수님이신데 숙명여자대학교에서 행정법을 강의하고 계십니다.

박수로 맞이해 주시기 바랍니다.

또 한분은 노희범 헌법연구관님이십니다.

감사합니다.

그러면 마이크를 넘겨서 발표를 듣도록 하겠습니다.

저희들 발표회 시간에 관한 말씀 잠깐 드리면, 발표는 대략 30분 내외로 해 주시면 어떨까 싶습니다.

< 주제발표자 발표 >

사 회 자 : 네, 감사합니다.

지금 마이크가 안 나오는데 지금 잠시 2, 3분정도 마이크가 전체적으로 꺼질 수 있을 것 같습니다. 지금 기계실에서 재부팅이 필요하다고 합니다. 그래서 재부팅을 하면 한 2, 3분후에 정상적으로 다시 가동이 된다고 하니까 조금 인내해 주시기 바랍니다.

전종익 교수님 발표 잘 들었습니다.

정말 아주 감명 깊은 발표라고 생각됩니다.

무엇보다도 30분을 드렸는데 20분만에 이렇게 훌륭하게, 사실 또 하시고자 하는 말씀은 다 하신 것 같아요. 그러면서도 간명하게 전달하시고 결론적으로 누구나 머릿속에 기억할 수 있게 '솔직해지자' 이런 표어까지 이렇게 제창을 해 주셨습니다.

대단히 감사합니다.

지금 저희들이 초반에 운영에 관한 말씀을 드리느라고 시간이 촉박한데 발표자께서 많이 도와주신 것 같습니다.

이어서 두분의 지정토론을 연이어서 듣고 그리고 발표자의 답변을 듣도록 하겠습니다.

먼저 정남철 교수님께서 약 10분 정도 해서 토론을 해 주시면 감사하겠습니다.

지정토론자 : 숙명여대 정남철입니다.

토론의 기회를 주셔서 대단히 감사합니다.

먼저 발표문에서는 포괄위임 여부에 관한 헌법재판소의 심사기준을 그동안 해오던 '예견가능성' 또는 '예측가능성'의 공식 대신에 새로운 기준을 찾으려고 대단히 많이 노력하신 것 같습니다. 또한 발표문에서 명확성 또는 포괄위임심사의 어떤 새로운 논의를 할 수 있는 시작점을 발견하게 된 것 같습니다.

제 질문은 여러 가지가 있는데 먼저 명확성원칙에 대해서 대단히 비판적인 입장을 가지고 있습니다. 특히 헌재가 헌법 제75조에 대해서 "법률의 명확성원칙이 행정입법에 관하여 구체화된 특별규정이다" 이 문구에 대해서도 직접적으로 비판적인 입장을 취하시고 계시는데, 이 '명확성'의 의미는 대단히 다의적으로 사용되고 있습니다. 독일에서도 형식적인 법률뿐만 아니라 법규명령, 행정행위까지 그런 모든 행정작용에 대해서도 명확성요청은 필요하다고 보고있습니다.

특히 일반적으로는 법률 그 자체에 대한 명확성이 대단히 중요하지만 우리 헌법 75조 그리고 독일 기본법 제80조라고 하는 것은 이 법규명령에 입법권이 위임하는 사항에서 특별히 명확성의 원칙을 규정하고 있는 것이기 때문에 이 사항을 지나치게 과소평가해서는 안 된다고 생각이 됩니다.

특히 발표자께서는 법률 그 자체의 명확성 여기에 대단히 제한해서 이해하는 그런 입장이신 것 같아서 혹 그동안 사용해 온 명확성원칙을 포기한 것은 아닌가 하는 생각이 듭니다.

여기에 대한 명확한 입장, 그동안 적용해 왔던 명확성원칙이 이제 불필요한 것인지 하는 것에 대한 답변을 먼저 부탁드리고요.

두 번째 명확성원칙과 법률유보원칙에 대해서도 대단히 비판적입니다.

그동안 학계에서는 독일뿐만 아니라 국내에서는 명확성원칙과 법률유보의 원칙이 대단히 긴밀한 관계에 있다, 이게 아주 일반화된 정설입니다.

그럼에도 불구하고 심사기준의 단계가 아니라 이것을 완전히 단절된 것으로 이렇게 이해하는 것은 조금 지나치지 않느냐 이렇게 생각이 되고, 또 예컨대 지금 법률유보설중에 본질사항유보설과 관련해서 발표자께서는 입법부와 행정부의 관계에만 초점을 맞추기 때문에 이 본질사항유보설이 상당히 비중이 커질 수 있는 상황인데, 과연 본질적인 것이 무엇인지를 확정하는 것조차도 쉽지 않은 일 같습니다.

그다음에 문제가 되는 것은 소위 헌재와 대법원도 그렇습니다만, 법령보충적 행정규칙을 우리나라에서는 인정하고 있습니다. 이것은 이 행정규칙에 헌법소원대상성을 인정하는 논리인데, 이 법리는 대단히 보기 드문 판례이론이라고 볼 수 있습니다.

예컨대 두 가지 요건을 들고 있는데 하나는 소위 상위법령의 위임에 의해서 이것이 상위법령과 결합해서 대외적 구속력을 가진다는 소위 법령보충적 행정규칙의 논리를 하나 쓰고 있고요.

또 하나는 소위 행정규칙은 원칙적으로 대외적인 구속력이 없음에도 불구하고 소위 '행정의 자기구속의 법리'에 따라서 평등신뢰보호의 원칙을 매개로 해서 적용이 되는데, 특히 행정의 자기구속의 법리라고 하는 것은 행정규칙의 대외적구속력이 인정되지 않기 때문에 사용되는 법리입니다. 그럼에도 불구하고 우리 헌재는 이러한 법리를 통해서 행정규칙의 헌법소원대상성을 인정하고 있지요.

또한 법령보충적 행정규칙도 이렇게 지나치게 확대하는 판례는 굉장히 드문 상황입니다. 독일의 경우에도 규범구체화적 행정규칙이라고 하는 것을 아주 제한적으로 인정하고 있거든요. 그래서 이 부분과 관련해서 만약에 우리의 경우에 이 행정규칙에 대해서 이런 수권의 법리조차도 인정을 한다면 과연 이러한 법령보충적 행정규칙에 대해서 본질적인 사항을 위임할 수 있는지, 또한 판례가 이러한 위임을 허용하는 경우에 과연 어떤 심사기준과 심사강도를 적용해야 하는지 이런 것도 문제가 될 것 같습니다.

여기에 대한 답변을 부탁드리고요.

그다음에 발표문에서 가장 비중을 두고 계신게 제가 처음 받은 발표문에서는 '행정청' 이렇게 되었습니다만, 타이틀은 전문가, 어떤 것인지는 명확하지는 않지만 포괄적으로 행정청이나 그 소속 전문가나 공무원을 포함하는 것으로 볼 때, 물론 시행령을 제정하는 명령제정자가 헌법 75조 또는 독일기본법 80조 다 수규자가 되는 것은 당연합니다. 그거는 명령을 제정하는 주체니까요.

그렇지만 여기서 문제가 되는 것은 포괄위임 또는 명확성원칙을 위반했을 때 사법적인 통제를 하는 경우에 그 심사의 대상으로 보는 것은 조금 다르다고 생각이 됩니다.

예컨대 지금 현재 우리 행정실무를 돌이켜보면 그렇게 신뢰할 수 있는 상황이 아닌 부분도 있습니다. 예를 들어서 행정입법이 폭주하고 있고 또 행정규칙으로의 도피현상이 만연하고 있고 이런 상황에서 심사기준을 행정청 또는 전문가를 기준으로 한다면 이것은 행정편의주의에 기반해서 포괄위임을 남용할 가능성도 충분히 있습니다. 그래서 그러한 점에서 조금 문제가 되고.

또 발표자께서는 물론 자의적인 법적용 통제이외에 기본권보호도 염두에 두시지만 사실은 비중은 앞에 있습니다. 그래서 단순히 75조가 거기에 국한되는 문제인지 하는 것이 문제가 되는데, 발표문에서도 적절히 지적하시고 계신 바와 같이 입법자 그다음에 행정부, 국민이 3자의 관계를 다 전체적으로 고려해야지 입법자와 행정부의 관계만 지나치게 치중하는 것은 적절하지 않습니다.

특히 이런 부분은 물론 권력분립원칙과도 관련이 되어서 우리는 법치국가의 원리라고 하는 부분도 간과할 수 없습니다. 예컨대 미국이나 독일의 입법례를 보면 명확성원칙에 관한 심사가 완화되는 경우가 종종 있습니다. 그런 분야는 어떤 분야이냐 하면 환경안전법이나 기술법과 같은 아주 전문적인 이런 분야들이지요. 이런 경우에는 행정청의 전문적인 경험이 굉장히 필요합니다. 그래서 최근에는 협력적 법제정이라는 말도 쓰고 있고요.

그런데 비단 독일만 그런 것은 아니고 미국에서도 2001년에 소위 Nondelegation doctrine이라고 하는 이 법리 '입법권비위임'이라고 하는 것을 EPA 연방환경청이 소위 대기오염과 관련된 공기의 질 여기에 대한 레귤레이션을 발령했습니다. 그런데 이것이 청정대기법이 입법권을 위임하는 것이 헌법에 적합한 것인가? 위헌인가 하는 것이 문제가 되었는데 미연방대법원은 여기에 대해서 기각판결을 내렸지요. 이와 같이 아주 이런 특수한 분야는 행정부의 판단을 존중해 주는 그런 영역도 있습니다. 물론 독일에도 최근 아까 말씀드린 판단요지나 규범적 수권론이나 이런 것들이 인정이 되고 우리 헌법재판소도 그러한 법리들이 도입되어 있는 것으로 알고 있습니다.

이와 관련해서 미국에서는 발표문에 나와있는 바와 같이 1935년에 두 건에 대해서만 위헌판결이 있었고 그 이후에 나오지 않았습니다만, 입법권비위임의 원칙을 적용하지 않는 것에 대해서 특히 법원이 대단히 비판적인 목소리도 있습니다. 예를 들어서 이러한 정치적인 결정이 민주적 정당성이 부여되지 않은 미국에서도 조차도 행정공무원에 의해서 이루어지는 것은 이것은 정치책임을 약화시킨다 이런 비판들도 제기되고 있거든요. 우리의 경우도 대통령제이지만 미국의 경우도 마찬가지로 민주적 정당성이 부여되지 못한 부분은 비슷하다고 생각이 됩니다.

그다음에 독일의 심사기준과 관련해서 세 가지를 말씀하셨는데, 일반적으로 종전에는 예견가능성 이 법리가 사용되기도 했습니다만 근자의 이 자기결정의 공식이나 또는 소위 프로그램공식, 방침제지설이라고 부르기도 하지요. 그런데 이 학설을 따르시는 분도 많이 계시기는 한데 이 심사기준도 완벽한 것은 아닙니다.

그래서 독일같은 경우에 보면 꼭 한 가지 심사기준을 적용하는 것이 아니라 보완적으로 작용하는 경우도 있습니다. 예를 들어서 프로그램공식이나 또는 자기결정의 공식이라고 하는 것은 입법부와 행정부의 관계에 있어서는 대단히 중요한 기능을 하지요. 그렇지만 이것이 국민의 입장에서도 그것이 충분히 예견가능해야 된다는 그런 보완적 적용이 있어야 된다는 판례도 있습니다.

그래서 토론문에 언급을 하고 있으니까 참고하셨으면 좋겠고요.

결론적으로 저는 우리가 그동안 축적해 온 예견가능성의 공식을 폐기하기 보다는 이것을 잘 활용을 하고 개별사례의 특성에 맞게 독일에서든 미국에서든 소위 입법부와 행정부의 관계에 적용될 수 있는 이 공식들을 적절히 보완해서 사용하는게 더 좋다고 생각이 됩니다.

토론을 마치도록 하겠습니다.

사 회 자 : 정남철 교수님 감사합니다.

시간도 잘 지켜 주셨고요, 제대로 대척점을 이룬 토론이 된 것 같습니다.

발표자의 입장과 상당히 다른 입장을 견지하시면서 질문도 해 주시고 특별히 뒷부분에 가셔서 개별사례의 특성에 따라서 여러 가지 공식을 다양하게 활용하자라는 이런 보완적인 제안하는 의미의 이런 토론도 해 주셨습니다.

우리 노희범 연구관님 토론을 먼저 듣고 발표자의 답변을 듣도록 하겠습니다.

지정토론자 : 우리 정남철 교수님 지정토론과 중복되는 부분이 많이 있는 것 같습니다. 무엇보다 우리 연구관들 입장에서 실무에서 제일 중요한게 심사기준이고 그게 또 가장 어려운 부분입니다. 그리고 이 포괄위임금지 오늘 주제도 아주 빈번하게 사용되는 건데요. 그런 점에서 전체적으로 분석해서 새로운 기준을 제시해 준 것은 굉장히 유용하지 않나 이런 생각이 들고, 기존법리가 갑자기 바뀌지 않더라도 구체적인 사례 이 포괄위임금지원칙 심사를 적용함에 있어서는 발표문에 나타난 그런 분석들이 좀 더 충분히 고려해 볼 수 있는 여지가 많지 않나 이런 생각이 들었습니다.

저도 발표문의 상당부분 공감하는 부분도 있습니다만, 어떤 의미에서는 기존에 포괄위임금지원칙의 법리에 대한 엄청난 변화거든요 사실은. 그런 점에서 저는 재판소의 기존 법리의 입장에서 지정토론을 해보고 또 발표자의 고견을 듣도록 하겠습니다.

우선 명확성원칙과 포괄위임금지의 원칙이 어떻게 다른 거냐라는 건데요.

발표자께서도 말씀하셨지만 포괄위임금지원칙이라는 것은 행정부와 입법부, 입법부와 행정부와의 어떤 권한배분을 통해서 입법자의 지위나 기능을 보장한다는 점에서 명확성원칙이라는 것은 국가권력과 국민의 관계라는 점에서 좀 다르다. 그래서 명확성원칙에서 판단의 기준이 되는 예측가능성, 예견가능성의 기준을 포괄위임금지원칙에 그대로 따서 적용하는 것은 적절치 않다라는 점에 대해서는 일응 이해가 되는 점이 있습니다. 그럼에도 불구하고 저는 명확성원칙이나 포괄위임금지원칙 헌법 제75조의 궁극적인 기능은 국민의 기본권보장에 기여하는 것이라고 본다면 명확성원칙과 포괄위임금지원칙이 전혀 별개로 볼 수 있는 것은 아니고 여전히 국민의 입장에서 보면 예견가능성을 통해서 심사의 틀이 주어져야 되지 않나 이런 생각이 들고요. 특히 75조의 근거가 권력분립이 많이 주장이 되고 있는데 궁극적으로 권력분립이라는 헌법상의 어떤 원리도 그 자체의 어떤 목적이라기보다는 궁극적으로는 국민의 기본권보장을 어떻게 할 수 있느냐라는게 초점이 아닌가. 그렇기 때문에 입법권을 어느 정도 행정부에 분배를 한다거나 아니면 입법권을 더 현실적으로 실효적으로 행사하기 위해서 한 것도 궁극적으로는 국민의 기본권을 보장이라는 관점에서 봐야되고, 특히 그런 75조에 대한 위헌심사의 경우에 있어서는 국가권력상호 간에 권한배분의 문제나 이런 관점에서보다는 과연 어떤 것이 국민의 기본권을 더 보장할 수 있는 원리로서 적용되어야 되는가라는 그런 관점이 더 들어가야 되지 않나. 그래서 여전히 저는 포괄위임 여부에 대한 판단 기준으로서 '예측가능성'을 쉽게 바꿀 수는 없지 않나 이런 생각이 듭니다.

다만, 헌법 75조가 입법사항을 모두 입법부에서 만들 수 없어서 행정부로 일부 이관하는 것이기 때문에 입법부의 정치적인 기능이나 지위를 보장하는 범위 내에서 예측가능성에 더해서 별도의 심사기준으로 평가는 할 수 있지 않나? 그게 심사기준을 좀 완화시켜서 적용할 수도 있고 아니면 다른 기준이 더 들어갈 수도 있지 않나 이런 생각을 해 봤습니다.

두 번째로는 법률유보원칙과 포괄위임금지원칙인데요.

발표자께서도 말씀하셨지만 법률유보라는 것은 위임할 수 있냐 없냐에 관한 문제이고, 포괄위임은 수권법률이 명확하냐 즉 예측가능한거냐라는 점에서 기능적으로는 분리되어 있다라고 생각이 되고요. 발표자의 의견에 공감을 하는데, 우리 정남철 교수님께서도 말씀하셨지만 이 문제는 본질적이냐 아니냐에 대한 구별이 그렇게 많은 경우에 명확하지 않다는 겁니다. 물론 개념적으로는 이렇게 분리할 수 있다고 하더라도 실제에서는 일도양단적으로 딱 구별하기가 어렵다.

그래서 기본권적 중요성이나 의회규율의 필요성이라는 것이 있다라는 것을 전제로 본질적인 사항이다라고 이렇게 얘기할 수는 있어도, 기본권적 중요성과 의회규율의 필요성이라는 것은 말하자면 100에서부터 0까지 이렇게 연속선상에 있으면서 어느 한 지점에 놓여있는 것이 아니냐 저는 그런 생각이 듭니다.

그래서 중요성이나 필요성이 크면 클수록 법률유보원칙이 좀 엄격하게 적용되는 것이고 그 경우에 포괄위임이 허용되는 범위나 구체성의 정도가 좀 더 완화되는 것이 아니냐. 또 그 반대의 경우는 그 반대로 볼 수도 있다. 그래서 결국 많은 경우에 입법위임의 경우에는 위임이 가능하냐, 위임의 어떤 가부의 문제라기보다는 정도의 문제가 아닌가 저는 이런 생각이 들어서 결국 위임규정의 구체성과 명확성에 관한 예측가능성 판단으로 다 묶어서 판단이 되는 것이 아닌가 생각이 되고요.

실무에 있어서도 우리가 위임규정의 위헌성을 심사할 때는 이것이 위임할 수 있는 본질적인 사항이냐를 먼저 판단을 하고 이것이 본질적인 사항이 아니다라고 했을 때 포괄위임금지의 원칙을 차후로 판단하는 구조를 하기보다는 통상적으로는 예측가능성, 위임이 구체적으로 범위를 정해서 했느냐에 대한 판단에 포함시켜서 하고 다만, 거기서 예측가능성의 판단의 과정에서 규율대상이 어느 정도 기본권적 중요성이 있는가라든가 다양성과 변화가능성이 얼마나 큰가, 위임의 필요성이나 정당성이 있는가라는 것을 함께 판단하는 구조가 상당히 더 많은 것이 아닌가 그런 생각을 해봤습니다.

세 번째로는 예측가능성의 판단의 주체를 일반국민이 아니라 행정청을 기준으로 봐야한다라는 그런 주장인데요. 아까도 말씀드렸다시피 75조가 입법권을 행정권과 배분하는 문제로 그 관점에서 보면 충분히 일리가 있습니다.

그러나 제 생각에는 명확성의 원칙이나 75조 자체도 결국은 국민의 기본권을 어느 정도 어떻게 보장할 것인가, 어떤 영향을 미치는가에 관한 관점에서 바라본다면 결국은 소위 예견가능성의 어떤 기준은 결국 수범자라고 봐야되지 않나. 물론 위임은 1차적으로 입법권에서 행정권으로 가게 되지만 규율사항에 행정입법을 통해서 최종적으로 당해규범의 어떤 수령을 받는 사람은 일반국민이라고 생각합니다. 그래서 입법부, 행정부, 일반국민·수범자의 어떤 3자관계가 되었든 입법부와 국민의 2자관계가 되었든 궁극적으로 규율내용, 규범에 대한 최종적인 수범자는 일반 국민이기 때문에 수권법률이더라도 일반 국민의 입장에서는 그것이 명확하게 드러나야 되는 것이 아니냐? 단지 행정청만이 명확한 것을 알고 일반 국민이 그것을 모른다면 오히려 포괄위임금지의 원칙이 취하고자 하는 목적도 이룰 수 없을 뿐만 아니라 일반적인 법률의 명확성원칙까지도 포기하게 되는 그런 결과를 갖지 않을까 이런 생각을 해 봤습니다. 그래서 저는 어디까지나 포괄위임여부의 판단도 국가권력의 최종적인 수범자인 기본권 주체인 일반국민을 기준으로 봐야 되는 것이 맞지 않는가 이런 생각을 해 봤고요.

통상 우리 판례에 보면 특정 인적집단의 경우에는 수범자가 정해져 있다고 그래서 전문가집단이라든가 변호사라든가 이런 사람들의 기준으로 예측가능성을 판단합니다. 그래서 저는 이거를 어떻게 해석을 하냐하면 우리가 판례에서는 '누구라도'라는 표현이 결국은 통상적인 법률은 불특정다수를 수범자로 하기 때문에 일반 국민일 수밖에는 없지만, 특정집단으로 이미 법률이 예정되어 있는 수범자인 경우에는 당해 특정집단, 수범자를 기준으로 해서 예측가능성 여부를 판단해도 상관이 없다. 그런 점에서 헌재에서 말하는 '누구라도'라는 것은 특정집단으로 정해져있을 때는 당해 특정 인적집단을 수범자로 봐서 '누구라도'는 거기에 포함되는 것으로 이해하면 되고, 불특정다수의 경우에는 일반 국민으로 이해하면 충분히 설명이 가능하지 않나 이런 생각도 해 봤습니다.

그리고 제가 여기다 쓰지는 않았습니다만, 우리 헌재가 자꾸 얘기하는게 법률해석을 통해서 예측가능하다라고 해서 유기적, 체계적, 법률의 목적을 많이 쓰고 있는데 결국은 저희들은 생각없이 예측가능성이 있다는 것을 설명하기 위해서 이렇게 현학적인 표현들을 그냥 무분별하게 따온 것이 아니냐? 사실 정말 이렇게 해석을 해서 예측가능성이 있다라고 얘기를 하려고 했던 것이 아니고 너무 방만하게 따오기를 한 것이 아닌가라는 생각이 듭니다.

결국은 그 내용도 예측가능성이 있다라는 것을 설명하기 위한 과정이지 정말 이렇게까지 해석을 해서 전문가만이 알 수 있는 예측가능성을 기준으로 우리가 판단하고 있다라고 생각은 안 들어요. 그래서 결국은 예측가능성 문제가 일반 국민 수범자를 기준으로 판단하는 우리 헌재의 결정이 맞지 않나 이런 생각을 해보는데 발표자를 고견을 한번 듣도록 하겠습니다.

사 회 자 : 노희범 연구관님 감사합니다.

두 분 다 시간을 잘 지켜 주시고 또 명확한 일관된 입장을 가지고 토론을 해주셨습니다. 상당부분은 발표자의 견해와 다른 입장에 있는 것 같기는 합니다.

제가 지금 정확하게 파악했는지는 모르겠습니다만, 전선은 확연히 구분되는 것 같습니다. 그래서 원래는 이 순서에서는 발표자의 답변을 듣고 자유토론으로 넘어가는 것이 맞는데 제가 지금 언뜻 든 생각은 전선을 좀 더 확장하고 난 다음에, 그래서 전선에 혹시 보강된 논리가 있는지를 플로어에서 좀 더 확인을 해서 좀 더 이렇게 재미있는 전선을 형성하고 나서 발표자의 견해를 듣는 것도 괜찮은 방법이라고 생각이 드는데, 다만 그렇게 되면 발표자가 부담이 커질 것 같습니다.

발 표 자 : …

사 회 자 : 그러면 먼저 답변을 듣도록 하겠습니다.

발 표 자 : 노 연구관님 마지막 말씀하신 것부터 제 생각을 말씀드리면, 차라리 그랬으면 좋겠습니다 저는. 제 개인적으로 데코레이션을 위해서 뒤에서 이런 저런 이야기를 썼다라고 솔직하게, 제가 이 발표문을 쓴 기본권인 이유는 우리 솔직해지자, 일관성을 가지자라는 얘기였거든요. '정말로 누구라도 인식할 수 있는지 그 법률규정만으로' 하는 기준을 우리가 가지고 있다면 일관되게 그거를 적용하자. 그리고 그 뒤에 무슨 해석을 어떻게 하고 이런 것은 다 빼버리자. 그렇게 실제 적용했을 때 차라리 그러면 논리의 일관성은 있는데 그러고 나서 우리가 그러면 이거 다 위헌선언 해야 되냐? 정말로 '누구라도'를 연구관들이 알 수 있냐? 누구라도 안다는 것을 연구관이 알 수 있냐 등등 여러 가지, 법률가들이 우리가 아는 것을 일반인이 누구라도 안다고 할 수 있겠느냐 이런 등등, 정말 일반인 기준으로 하면

상당히 많은 위헌결정이 날 텐데 그게 맞느냐 이런 생각들이 들었고요.

논리적 일관성으로 보면 사실은 '누구라도'를 끝까지 적용을 해서 명확하게 하는게 맞습니다. 그래도 저도 그거는 괜찮다고 생각을 합니다. 다만 결과적으로 이것을 어떻게 봐야되느냐 하는 것은 그다음 문제인 같고요. 차라리 그런 식으로라도 솔직해지면 낫지 않을까 하는 생각을 해 보고요.

다음에 명확성의 원칙에 대해서 사실은 두 분이 너무나 잘 지적을 해 주셨는데요, 이 포괄위임에 관해서 이렇게 접근을 하기 시작한 것은 제가 명확성원칙에 관한 의문이 있었기 때문입니다. 그 이전에 제가 쓴 글 몇 개를 보시면 알지만. 여기서 얘기하는 기준들 우리가 포괄적인 위임인지 여부를 판단하는 기준이 아까 제가 서두에 말씀드린 것처럼 명확한지 여부를 판단하는 기준하고 똑같습니다.

사실은 판례들은 보면 어떤 경우에는 인용하는 판례가 막 뒤섞여있어 잘못 인용하고 있는 거지요. 그런 경우도 보이거든요. 사실 여기서 전문가 가설이라고 하는 것을 택해서 취하고 나면 야, 그러면 명확성은 어떻게 하냐? 똑같은 기준인데 법률의 명확성도 전문가가 알면 되는 것이냐 하는 문제가 발생할 수 있습니다.

이 논리를 끝까지 적용하면 명확성의 원칙은 결국 포기하자는 얘기냐 하는 얘기가 성립할 수 있지요. 그런데 제 개인적인 의견은 결국 명확성이라는 것이 일반 국민에게 명확하다는 것으로 우리 법률가들이 안 하고 있지 않느냐? 그것도 솔직하지 않은 것 아니냐라는 생각을 가지고 있습니다. 그러니까 있는 것을 그대로 우리가 놓고 이야기를 해 봐야 되는 것 아니냐.

사실 제 개인적인 경험에 의하면 제가 법학을 공부하기 전 일반인이었을 때 이 규정들을 보고 알았겠냐? 일반 명확성의 원칙일 때는 명확했냐 나한테? 다음에 포괄적으로 내용을 알 수 있었겠냐? 제가 일반인보다 조금 수준이 떨어져서인지는 몰라도 저는 결코 그전에는 알 수 없었다고 생각을 하고요. 그렇다면 명확성은 어떻게 처리할 것이냐의 문제는 남아있다는 부분을 솔직히 제가 말씀을 드립니다.

다음에 법률유보 포괄위임은 제가 글이 조금 명확하지 않게 쓰여 있어서 그렇기는 한데, 법률유보원칙을 당해사항은 의회에서 명시적으로 해야 하는 것이다라는 것으로 본다면 기능적으로 다르다라고 제가 말씀을 드렸고요. 1에서 0정도의 문제 이런 것들은 일관되게 설명은 가능할 것 같다라고 하는 것도 제가 말씀드렸습니다.

법률유보원칙을 이거는 이 사항은 명시적으로 한다는 의미다라고 보지 않고 아무리 법률유보사항이라고 한다 하더라도 명시적으로 정할 필요까지는 없다. 법률은 대충의 윤곽만 그려주면 된다라는 내용이다라고 법률유보원칙을 하시면 사실은 그렇게 되면 법률유보원칙하고 포괄위임입법금지원칙은 똑같은 얘기가 되는 거지요.

그런데 우리 판례는 제가 이거는 기능적으로 좀 달리 봐야되지 않느냐 하는 것은 우리 판례가 거의 일관되게 명시성 정도는 요구하는 것 아니냐 하는 생각을 해서 이거는 기능적으로 달리하고 있다고 말씀드린 것이고요. 노연구관님이나 정남철 교수님 말씀하신 것처럼 본질적으로 완전히 다른 것이냐라고 하는 것은 저도, 어차피 지금 저희 재판소가 쓰고 있는 기준들이 거의 같거든요. 정도의 문제에서 보면. 그런 것 아닌가 싶은 생각이 듭니다.

판단의 주체부분은 사실은 도발적인 내용이고 저도 일반 국민 포기할 수 있겠냐? 너는 할 수 있냐라고 하면 사실 별로 자신은 없는데요. 이런 발상이었지요. 기본권보장이고 다 맞는데 기본권보장을 하는 방법이 좀 달랐던 것 아니냐. 그러니까 법률이 직접 적용되는 경우는 그 법률을 기준으로 보는게 맞지만 우리 헌법이 75조에서 위임을 해서 한 단계를 거쳐서 간접적으로 가는 경우는 실질적인 집행행위를 규율하는 것은 중간에 있는 행정법령이었고 거기서만 명확하면 된다는 의미로까지 간 것 아니냐라는 생각을 헌법 75조에서 위임입법에 관한 규정을 둔 이상은 간접적인 통제만으로도 충분하다고 본 것이 아닌가라고 하는 생각을 해봤습니다.

물론 구체적으로 그러면 어떻게 될 거냐? 여러 가지 독일에서 나온 기준들을 적절하게 혼합을 해서 하는 것도 일리가 있고, 법전문가설에 의한다 하더라도 구체적으로 어떻게 되겠냐? 남용의 문제는 그러면 어떻게 해결을 할 것이냐 하는 부분의 문제가 있는데, 그거는 역으로 우리가 지금까지 별로 그렇게 일반인기준을 엄격하게 적용을 해 오지 않았음에도 불구하고 상당한 정도로 남용을 해결해 왔다. 그러니까 그냥해도 되지 않을까 정도 그렇게 말씀을 드립니다.

이상입니다.

사 회 자 : 감사합니다.

지정토론하신 분들 충분한 답변이 되었는지는 모르겠습니다만 어쨌든 이제 순서를 돌려서 자유토론시간을 갖도록 하겠습니다.

지금 시간이 아주 적정하게 배분이 된 것 같습니다.

처음에 발표자께서 말씀하실 때 우리 회원여러분들과 한번 토론을 해보고 싶다, 많은 의견을 듣고 싶다라고 이야기를 하면서 이 어려운 발표문을 작성하신 것 같습니다. 우리 발표자의 기대를 저버리지 마시고 활발하게 의견을 개진해 주시되

몇 분씩 의견이 모이면 그때 다시 한번 제가 정리해서 발표자의 의견을 듣거나 아니면 적절하게 할 텐데요. 어쨌든 질의나 토론하실 분들은 성함을 밝혀주시고 해 주시면 고맙겠습니다.

예, 방승주 교수님.

토 론 자 : 감사합니다. 한양대학교 방승주입니다.

전종익 교수님의 발표를 잘 들었습니다. 그리고 토론자분들의 의견도 잘 들었습니다.

제 생각에는 명확성의 원칙만큼 불명확한게 없는 것 같아요. 가장 불명확한 것이 명확성의 원칙이다. 그리고 포괄위임입법금지의 원칙은 결국 위임의 명확성에 관한 부분이기 때문에 포괄위임입법금지의 원칙은 명확성의 원칙에 대한 특별한 명확성원칙이다 저는 그렇게 생각을 하거든요.

우선 제 전제는 그렇게 말씀을 드리면서, 오늘 좋은 아이디어를 제시해주신 전종익 교수님의 '누구든지'라고 하는 말이 과연 수사학적 표현 아니었는지 저는 다시 여쭙고 싶습니다.

우리가 결정문의 전반적인 문구들을 볼 때 모든 문구에 시리어스한 진의가 다 들어있다라고 보기 힘든 것들이 많이 있지 않습니까? 아까 좀 현학적인 표현을 하기 위해서 들어줘서 섬긴 경우도 있을 수 있다 이런 말씀도 나오고 그랬는데 그런 것들을 다 고려를 한다라고 할 것 같으면 한 구절에 매여서 누구든지 다 예측할 만한 정도라고 하는 말을 갖다가 그렇게 하나의 엄격심사기준의 잣대로 제시한 것이라고 우리가 꼭 받아들여야 되는가? 이거를 인정하려면 제가 생각할 때는 누구든지 예측가능하다라고 한 표현을 쓴 모든 사례들을 다 분석을 했을 때 정말로 진정으로 엄격심사기준을 사용했었던가? 그거를 살펴보면 반드시 그렇지는 않을 것 같은 생각이 듭니다. 그 점이고.

그다음에 좀 더 따져 들어가 본다면 어차피 위임이라고 하는 것은 아까 수범자 말씀을 하셨으니까 국회에서 대통령령의 경우는 대통령에게 하는 것이고 국무총리는 국무총리한테 하는 것이고 부령은 장관에게 하는 것이란 말입니다.

그러면 노무현 대통령처럼 법조인 대통령이 있으면 그분에 대해서는 좀 완화된 심사를 해도 되고, 이명박 대통령과 같이 비법조인 출신 대통령이면 엄격심사를 해야 되고 이런 것은 아니지 않겠습니까? 저는 그래서 그런 점에서 생각해 본다면 아까 노희범 연구관님 말씀하셨듯이 최종적으로 우리가 국가기관 상호 간의 관계는 궁극적으로는 국민의 기본권보호를 위한 것이고, 거기서 비록 수범자가 행정부라 하더라도 그것이 최종적으로 누가 컨트롤 할 수 있어야 되느냐 하면 국민이거든요. 헌법재판관도 국민이고 또 연구관도 국민이고 공무원도 국민이고 다 국민이기 때문에 결국에는 누구든지 예측가능하다라고 하는 그 말 자체는 결국 거기에서 수범자라고 하는 것을 너무 그렇게 고집하는 듯한 그런 의미는 아니지 않겠는가 우선 그런 생각이 들고요.

그다음에 제가 오히려 다른 입장에서 한번 제의를 드려본다면, 영역별로 좀 나누어야 되는 것 아닌가? 첫째 영역별로.

그다음에 두 번째는 심사기준별로도 나누어질 수 있다 그렇게 생각을 합니다.

영역별로는 쉽게 생각할 수도 있을 것이기 때문에 그거는 말씀을 드리지 않고요. 왜냐하면 조세영역이라든가 형벌영역 좀 더 명확하게 해야 된다, 그거는 여기서도 타당할 것 같습니다. 심사기준별로 한다라고 하는 그 의미는 제가 전에 썼던 '직업선택의 자유'라고 하는 선행 논문에서도 자세하게 제의를 드린 바 있었습니다만, 예를 들어서 직업선택의 자유의 침해여부에 대한 심사기준에서 우리가 단계이론을 적용하지 않습니까? 그럴 때 직업행사의 자유에 대한 제한의 경우는 좀 완화된 심사를 하고, 입법자에게 형성의 자유가 주어진다 이렇게 보지 않습니까? 직업의 행사의 자유를 제한하는 그러한 위임을 한 경우에는 여전히 좀 완화된 포괄위임입법금지의 원칙을 적용해야 되는 것 아닌가요?

그다음 단계로 주관적 사유에 의한 직업선택의 자유에 대한 제한의 경우는 좀 더 엄격심사를 해야 될 텐데 그러한 제한을 또 위임한 그러한 경우에는 역시 포괄위임입법금지의 원칙도 비례해서 좀 더 엄격한 심사를 해야 될 것이고, 최종적으로 객관적인 사유에 의한 직업선택의 자유에 대한 제한을 위임하는 그러한 수권규범의 경우는 결국 보다 더 가장 엄격한 심사기준을 적용을 해서 과연 누구라도 다 그 표현이야 어쨌든 간에 그렇게 명확성의 엄격성을 정도를 최고로 높여야 되는 것 아닌가? 그래서 이런 식의 어떤 아이디어를 조금 다른 심사기준의 경우도 같이 응용해서 우리가 적용해 볼 수 있는 것 아닌가 하는 제안을 한번 드려보고 싶고요.

그다음에 세 번째로 말씀을 드리고 싶은 것은 우리가 법률유보하고 포괄위임입법금지원칙을 정교수님은 두 개로 구분을 하셨는데, 제가 생각할 때는 그게 법률유보 내에 의회유보가 포함이 되는 것으로 해서 그렇게 이해를 해서 그렇게 해도 물론 가능하다라고 생각을 합니다만, 좀 더 세분화해서 생각하면 법률유보와 의회유보와 그리고 포괄위임입법금지의 원칙은 우리 헌법상으로는 좀 구분해서 이해를 해야 되는 것 아닌가 하는 생각이 듭니다. 그 이유는 법률유보의 경우는 처음부터 의회입법자인 형식적인 의미의 법률로만 제정하라고 하는 의미는 처음부터 아니었었거든요. 불가능하기도 하고. 결국에는 위임가능성을 내포한 것이고 그렇다면 그다음에 의회유보의 경우는 그야말로 형식적 입법자인 국회가 제정하지 않으면 안 될 입법사항이 있을 것이다라고 하는 것이고 따라서 이것은 위임금지를 의미한다고 하는 것이지요.

그다음 단계로 포괄위임입법금지의 원칙은 우리 헌법 제75조가 구체적으로 범위를 정해서 위임한 사항에 대해서 대통령이 위임입법을 제정할 수 있다고 하는 것이니까 이것은 처음부터 위임가능을 의미하는 것이지요. 따라서 완전히 유보가 되어 있어서 의회만이 입법을 해야된다라고 볼 수 있는 본질사항은 처음부터 행정입법으로 위임해서는 안 되는 것이지요. 그러나 위임해도 되는 사항에 관해서는 75조가 다시 적용이 되어서 구체적으로 범위를 정해서 위임이 되어야 된다. 그 경우에도 만약에 구체적으로 범위를 정해서 위임을 하지 않았다라고 할 것 같으면 그 자체로 75조 위반이다 이렇게 구분을 해야 되는 것 아닌가 하는 그런 생각이 드는데, 대체로 볼 때 거기에 대해서는 우리 전교수님의 견해나 저는 비슷하다고 생각이 듭니다만, 어쨌거나 헌법재판소의 확립된 판례 어떤 심사기준 거기서 어떤 자구 하나하나가 우리가 그렇게 이거를 가지고 자구에 얽매여서 이렇게 생각할 만한 정도의 시리어스한 내용을 최초의 판례에서부터 시작했을 때 그렇게 담았었던 것인가 실제로? 그거는 뭐 우리가 솔직해지자라고 하는 전종익 교수님의 말씀을 한번 더 생각해 봐도 충분히 우리는 알 수 있을 것 같습니다.

감사합니다.

사 회 자 : 방승주 교수님 감사합니다.

토 론 자 : 황치연 연구관입니다.

저는 질문을 하기는 그렇고 제 생각을 피력하는 차원에서 코멘트하는 것으로 하겠습니다.

먼저 법률의 내용통제와 법률의 형식성 통제를 좀 구분해야 될 것 같고, 그러니까 법률의 내용통제에 대한 어떤 심사기준으로서는 명확성의 원칙, 과잉금지의 원칙 이게 들어갈 수 있지만 법률의 형식성 통제에서는 법률유보의 원칙, 포괄위임금지의 원칙 이런 것이 들어갈 수 있지 않을까 이렇게 생각을 하고, 기본적으로 형식적 법률의 독점적지정권 그러니까 의회입법의 행정입법에 우위성확보를 하는 것이 포괄위임금지의 원칙의 체계적인 위상이다.

그러면 만약에 민주적정당성의 관점에서 봤을 때 왜 의회입법, 법률제정권을 의회에 독점시켰느냐? 이것은 민주적정당성을 의회가 그렇게 많이 여러 사람으로서 합의체로 해서 구성되는게 크다. 그래서 행정입법도 민주적정당성이 1인이지만 대통령이 국민에 의해서 뽑힌다 이런 측면에서 봤을 때 과거에는 의회입법에 대한 행정입법의 종속성 이런 관점에서 포괄위임금지의 원칙이 확립된 것이거든요. 그런데 현대에서는 의회입법에 대한 행정입법의 종속성이 아니라 대통령도 민주적정당성을 갖기 때문에 행정입법의 독자성 이런 관점에서 보면 지금 포괄위임금지심사가 완화될 가능성이 있다. 그러니까 의회입법에 대한 권위주의통치시절에 정부가 의회입법을 깡그리 무시하고 행정입법으로 처리하는 것에 대한 통제 메커니즘이 기능할 수 있었지만 지금 상황에서는 행정입법의 독자성의 관점에서 포괄위임금지의 원칙이 기능하는 면이 완화될 수가 있다 이렇게 생각을 합니다.

그리고 포괄위임금지의 원칙에 있어서는 두 가지 측면이 똑같이 내포되어 있는데, 하나는 아까 법률의 형식성 통제측면이 있고, 하나는 내용통제 측면이 같이 겸유될 수가 있습니다. 그래서 제가 2010년 2월 25일 산업안전보건법 위헌결정을 보고서를 내면서 기존에 판례가 명확성의 원칙의 포괄위임단계에서 특별한 형태로 해서 통합적으로 심사하는 경우가 판례가 여러 가지 있어요. 그러나 우리 헌법재판소의 전통적인 관례는 명확성의 원칙과 포괄위임금지의 원칙 이 두 가지를 병렬적으로 심사하는게 전통적인 우리 판례의 입장이다 이렇게 말씀드리고 싶고.

그 다음에 법률유보의 원칙을 자꾸 혼동하는 것 같아요. 의회유보 이 법률유보의 원칙에서 법률을 통하여 그리고 법률에 근거하여 두 가지 관점이 있기 때문에 본질적인 사항이라도 법률에 근거를 하여 하는 입장에서 취한다면 위임이 가능하다는 겁니다. 위임에 대한 실체적 통제기준은 우리 헌법 판례상 구체성과 예견가능성 이 두 가지 측면이 있는 것이지, 아 이거 본질적인 사항이니까 얼마든지 하지 마라 그러니까 듀히게제체와 아우프리데그룬트 데어게르체 이거를 좀 구분을 해서 그거를 하면 그렇게 획일적으로 생각할 수는 없지 않을까 이렇게 생각을 합니다.

하여튼 지금까지 이런 고정관념 그러니까 명확성의 원칙의 포괄위임금지에 의해서 특별한 규율형태라 해 가지고 하나로 이렇게 적당히 뭉뚱그려서 심사하려면 그런 태도는 특히 형벌에 관한 구성요건의 측면에 있어서는 지양되어야지 않을까? 그러니까 명확성의 원칙의 측면, 포괄위임금지의 원칙의 측면 즉 포괄위임금지의 원칙이 실질적으로 기능할 수 있는 영역은 백지위임하는 것 이런 경우가 있다면 이거는 실제로 형식적 통제로서 바로 위헌을 선언할 수가 있겠지요. 그러나 대개는 거기에서 출발해서 범위의 문제가 구체적으로 생겨나기 때문에 구체성과 예견가능성을 포괄위임 측면에서 할 수 있는 것이고, 명확성원칙에 기인하는 측면은 별도의 문제이다. 그러니까 명확성의 원칙은 과잉금지원칙과 거의 대등한 수준의 심사기준이다 이렇게 말할 수 있겠습니다.

사 회 자 : 네, 감사합니다.

한꺼번에 미리 많이 들어주시면 제가 예비후보로 점지를.

예, 정광현 연구관님.

토 론 자 : 헌법재판연구원의 국제조사연구팀장 정광현입니다.

먼저 예측가능성을 내세운 이론적인 근거가 무엇일까? 찾아보니까 없었다. 사유를 해 보면 어쩌면 자명한 것일 수도 있는데 없다라는 이유로 그게 너무 가볍게 넘어갔다는 생각이 듭니다. 그러다보니까 다시 예측가능성이론 틀 안으로 들어오는 느낌이 들거든요. 그리고 그 틀 내에서 예측가능성의 판단주체를 누구를 기준으로 해서 판단할 것인가? 인식주체를 누구로 할 것인가? 행정청을 기준으로 할 것이냐 아니면 그냥 국민을 기준으로 할 것이냐 이런 논리의 틀로 다시 들어왔다는 생각이 듭니다. 예측가능성을 요구하는 이유는 당연히 국민한테 예측가능하게 해 주려고 하는 것 아니겠는가? 그거는 상식적으로 생각되었기 때문에 생략되지 않았나 하는 생각이 듭니다. 그런데도 불구하고 현실적으로는 꼭 일반 국민들 입장에서 예측가능하지 않은 그런 현실도 있는 그런 약간 모순적인 부분 그것 때문에 고민이 시작되지 않았나 싶습니다. 하지만 그래도 기본적인 이론적 근거는 국민들이 어떤 법규를 통해서 자신의 삶을 살 때 예측가능하게 그래서 자신이 어떤 식으로 생활을 할 것인가? 그거를 생활을 형성할 수 있게끔 안전판을 제공해 주기 위한 것이기 때문에 이거는 어쨌든 현실과는 관련없이 일단은 이념적으로는 고민이 되어야 된다라는 생각을 합니다.

그런데 발제자께서는 포괄위임금지의 원칙하고 또 다른 한 측에서는 명확성 원칙 이런 것을 얘기를 하시면서 포괄위임금지의 3자적인 어떤 관계하에서 논의될 수 있다. 입법부, 정부, 국민 이렇게 3자적인 관점에서 논의할 수 있다. 여기에는 권력분립의 원칙의 관점이 들어가 있는 것 같다. 거기에서 권력분립의 원칙이 지향하는 바는 또 무엇일까? 그것 역시 사실은 국민의 기본권을 보장하기 위한 관점이거든요. 그리고 왜 국민들은 의회와 행정부와 권력이 나뉘어져 있고 사법부가 나뉘어져 있는데 왜 하필이면 의회에 입법권한을 부여를 했을까? 왜 어떤 사항들은 본질적으로 중요한 사항이니까 의회만이 법을 규정하도록 정한 것일까? 그거는 궁극적으로 다시 돌아가면 기본권을 보장하기 위한 것이거든요. 국민들이 자신의 대표를 통해서 그런 실질적인 내용뿐만 아니라 제도적인 차원에서도 자신의 목소리를 대변함으로써 자신의 기본권을 보장받기 위한 하나의 정신적인 제도적인 보장수단 아니겠는가? 그런 차원에서 의회한테 입법권한을 부여한 거지요.

그 관점이 바로 중요한 포인트가 되는 것이고요. 그래서 그 관점이 사실은 9페이지에서 '위임대상의 제한과 법률' 여기에서 일부 설시되고 있는 판례들이 설시하는 취지가 그거거든요.

각주 47 하단에 "헌법재판소는 이와 함께 국회의 인적구성과 입법절차 등을 고려하여 본질적인지 여부를 심사할 때 규율대상의 기본권적 중요성 뿐 아니라, 공개토론 및 상충하는 이익 간 조정의 필요성이 클수록 국회의 법률에 의해 직접 규율될 필요성 및 그 규율밀도의 요구정도가 증대된다며 의회규율의 필요성에 대한 판단기준을 밝혔다"라고 하셨는데 바로 이렇게 정부는 국민들의 이익이 단순한 것이 아니고 굉장히 상충하고 복잡다양할 수가 있는데 그런 이익을 최대한으로 옵티마이징하기가 힘들기 때문에 정부로서는 어떤 그런 인적인 구성도 안 되고 다원성을 충분히 갖추고 있기가 힘든 경우가 많기 때문에 의회가 최적화를 하고 최대화를 하기 위해서 그리고 국민들의 기본권을 최대한 많이 반영하기 위해서 의회가 입법권한을 가지는 것이지 않습니까?

이런 관점에서 보면 사실은 좀 다른 류의 판단이 가능하다고 생각이 되는데요. 예측가능성 말고 또 하나의 관점 즉 기능적인 권력배분의 관점이랄까 또는 본질성설의 이론적인 근거인 그런, 결국은 국민의 기본권을 가장 잘 대변할 수 있는 기관이 누구인가라는 관점 이런 것들이 함께 이 포괄위임금의 원칙에서 논의될 수가 있을 것 같다라는 생각이 들거든요. 원래 발제자께서는 예측가능성설의 문제점을 시석하셨다가 다시 돌아와서는 예측가능성설 속에서 어떤 해결책을 보셨는데, 그 예측가능성설이 완전하지 않고 또 설득력이 충분하지가 않다면 또 이념적으로는 어쨌거나 국민이 예측가능해야 되지 않느냐라는 반론이 가능하다면 다른 보완적인 관점이 필요하지 않을까 생각이 들고, 그것이 바로 기능적 권력배분의 관점이고 또 본질성이론이 추구하고 있는 그런 어떤 입법자에 대한 존중, 입법자의 신뢰 그런 것이 관점으로 들어가는 것이 아닌가 생각이 되고요.

두 번째로 말씀드리고 싶은 것은 법률유보원칙을 형식적으로 파악을 했었지요. 형식적으로 파악을 하다보니까 백지위임을 막 해도 역시 법률에 근거한 위임이었고 그 법률에 근거해서 기본권을 침해했다. 법률자체는 아무런 실질적인 규율을 한바가 없어도 일단 법률에 근거를 두는 그런 형식적인 법률유보가 통용되니까 그러지 말고 일정한 사항은 의회가 꼭 규정해라 그거거든요. 의회유보의 원칙은 본질적으로 그것이기 때문에 의회유보는 그런 형식적인 법률유보하고는 좀 더 구별되고 또 제가 파악하기에는 있고 없고, 명시적인 기본권제한 근거규정이 있고 없고의 문제가 아니고 어느 정도로 입법자가 규율하고 있느냐라는 문제거든요. 어떻게 보면 형식적인 기준이 아니고 이거는 연속적인 어떤 기준입니다. 그래서 독일어로 하면 예데스더공식에 의해서 더 많은 기본권관련성을 가지고 더 많은 이해조정의 필요성이 있을수록 더 엄밀하게 입법자가 규율을 해야 된다는 그런 연속적인 공식이고, 그거는 어떤 형식적인 기준에 의해서 명시적 규정이 보이는가 안보이는가 이렇게 판단해서는 곤란하고 어느 정도로 그러면 기본권적인 중요성에 비추어 봤을 때 입법자들이 엄밀하게 규율하고 있는가? 굉장히 실질적이고 구체적인 세밀한 연속적인 판단기준으로서 의회유보공식이라고 한다면 의회유보와 포괄위임금지의 원칙을 별도로 심사하고 2단계로 심사할 어떤 필요성도 그만큼 박약해지지 않을까라는 생각이 듭니다.

그에 대해서는 학설상 그런 의견이 있다는 것을 충분히 발제자께서도 소개를 하고 계시는데, 다만 아쉽게 느껴지는 점은 그러한 입장에 대해서 논박이랄까 논증이랄까 반박이랄까 이런 것들이 좀 더 활성화되고 그런 충분한 반박하에서 발제자께서 생각하시는 결론이 내려졌더라면 좀 더 좋지 않았을까 생각합니다.

이상입니다.

사 회 자 : 감사합니다.

지금 우익측에 계신 세 분 일방적인, 어떠세요?

저분도 우익이네요. 좌익쪽에서 좀 분발해주시기 바랍니다.

가급적이면 많은 분들이 토론에 참여했으면 하는 사회자의 바람이 있어서요.

토 론 자 : 중앙대학교 이인호입니다.

좀 늦게 와서 앞부분을 못 들었는데요, 결론만 먼저 말씀드리면 저는 전적으로 전종익 교수님의 발제에 동감합니다.

외람됩니다만 헌법재판소의 논증은 틀렸다고 봅니다. 저는 바꿔야 된다고 생각하는데요. 아까 계속 수범자이야기가 나왔는데 수범자는 일반적인 명확성원칙과 포괄위임의 명확성원칙은 그 본질이 다른 것이고요. 여러분이 논의는 하셨습니다만 기본적으로 일반적인 명확성원칙은 일반 국민의 행위의 지침으로서의 명확성을 요구하는 것이고, 포괄위임은 수범자가 다른 거지요. 수범자는 여러분이 말씀하셨습니다만 행정청입니다. 행정청이 수범자로서 기준을 받는 것인데요. 우리 법률에도 '구체적으로 범위를 정하여'라고 되어 있지 이게 명확하게 하라고 되어 있지 않습니다. 그러니까 구체적이라는 말하고 명확하게 하라는 말은 대립되는 개념이 될 수가 없는 것이거든요. 그러니까 일반 국민의 행위의 기준과 행정청의 수권의 기준은 다른 것이다라고 보고요. 다르기 때문에 저는 포괄위임금지의 원칙을 적용시킬 때는 이게 일반명확성의 원칙보다 완화된 형태로 가야됩니다.

예를 들면 과거의 도로교통법에 술에 취한 상태에서 운전한 자는 처벌한다라고 되어 있는데 그 기준은 대통령령으로 정한다고 되어 있습니다. 그러면 대통령령에서는 혈중알콜농도 0.05%를 먹은 것이 술에 취한 상태의 기준입니다. 그러면 이때의 행위규범은 법률과 대통령령이 합쳐져서 하나의 행위규범이 설정됩니다. 국민 입장에서는 혈중알콜농도 0.05%의 술을 먹고 운전한 자는 형사처벌한다라는 규범이 설정된 것이지요. 그러니까 그때는 행위의 기준은 아주 명확합니다.

포괄위임의 경우에 술에 취한 상태, 술에 취한 상태도 저는 거기에 하나의 가이드라인이 있다고 봅니다. 그냥 술을 먹고가 아니라 술에 취한 상태라는 그 말 안에 행정청에게 일정한 수권의 범위를 설정해 주는 가이드라인이 설정되어 있습니다.

그거는 구체적인 범위는 어느 정도 잡아준 것이지요.

그러니까 저는 분명히 구분해서 포괄위임금지의 원칙에서의 명확성요청을 ― 누가 명확성원칙이라고 표현했는지는 모르겠습니다만 ― 우리 법에는 '구체적 범위를 정해서'라고 되어 있습니다. '명확하게'라고 되어 있지 않고요. 그래서 다른 것이다라고 보고.

하나 전선을 넓히기 위해서 조금 의문이 드는게 그러니까 국민 입장에서는 전체 규범을 봐야 될 의무가 있습니다. 법률만 봐가지고는 행위규범이 설정이 되지 않습니다. 그러니까 대통령령까지 봐야 행위의 규범이 완성이 된 것이고, 국민으로서는 그 대통령령까지 봐야 될 의무를 집니다. 그래서 행위의 기준으로 삼아야 되는 것이지요. 그런데 우리 헌법재판소는 그것까지를 고려 안하고 그냥 법률위임입법만 가지고 국민의 행위기준이 되라는 것처럼 설명하는데 그거는 조금 잘못된 것 아닌가 싶고요.

그래서 문제는 이런 경우가 있습니다. 지금 헌마사건이면 법률과 대통령령을 함께 묶어서 명확성원칙 판단을 해야 되고요. 법률만 가지고 할 때는 포괄위임 당연히 법률에 관한 문제니까. 그런데 헌가의 경우에는 이게 좀 애매해지는 것 같더라고요. 헌가는 법률만 심판대상이 되니까 포괄위임금지의 원칙은 적용시킬 수가 있는데 일반적인 명확성원칙은 적용시킬 수가 없게 되는 문제가 생기게 되더라고요.

혹시 그런 점에 대해서 우리 발표자께서 의견 있으시면 말씀해 주시면 좋겠고요.

그다음에 아까 황치연 박사님 말씀하신 것 중에 사실은 황치연 박사님도 우리 발표자의 입장에 동조한 것 아닌가 싶은데, 내용통제와 형식통제라는 표현을 쓰신 것 자체가 저하고 같은 아이디어라고 보여지고요.

토 론 자 : …

토 론 자 : 그렇습니까? 죄송합니다. 그러면 저하고 다르군요.

하나 의문이 든 것은 우리 헌재 결정이 지금 논증방식이 두 가지가 있다고 그랬는데 초창기에는 양자를 묶어서 그냥 한게 있고 또 최근에는 이 두 개를 분리시켜서 별도로 판단한 경우가 있는데 어느 것이 지금 헌법재판소의 기본입장인지를 알고 싶습니다.

사 회 자 : 이인호 교수님 감사합니다.

답변하셔야 될 것은 그렇게 많지 않은 것 같은데 간단하게 정리를 하시겠습니까?

발 표 자 : 좋은 말씀 대단히 감사합니다.

사실 제가 이 발표문을 작성하면서 몰매 맞지 않을까? 오래 생각을 한 것이기는 한데 근거는 별로 없는 것 같고 그냥, 시간관계로 그렇게 널리 문헌을 조사하거나 한 것은 아니어서 그런 생각을 했는데 지원사격도 해 주시고 간간히 찬성도 해 주셔서 아, 그래도 내가 완전히 틀린 것은 아니구나 하는 생각을 하게 해 주셔서 대단히 감사의 말씀을 드리고요.

의회유보 특히 해결하기 어려웠던 부분이 사실은 명확성기준 그러니까 처음 제 생각의 시작은 정광현 연구관님 말씀하신 것처럼 아예 예측가능성을 없애버리면 되지 않겠냐 하는 생각을 처음에는 했었습니다. 이게 권력분립이라면 사항별로 의회가 할 것과 행정부가 할 것을 구분하는 것이다 해서 그 사항으로 하는 어떤 새로운 기준을 만들면 되지 않겠냐하는 생각을 했었는데, 결국은 예측가능성이라고 하는 것이 그렇게 사항을 나누어서 이거는 입법부가 정하고 이거는 행정부가 정하자라고 했을 때 그다음 문제가 애매모호하게 입법부가 정해놓았을 때 이것이 입법부가 정했다고 무슨 기준으로 얘기를 할 것이냐라고 얘기를 하면 다시 또 결국은 지금까지 우리가 썼던 도구들이 사용되는 것 아닌가 싶은 생각이 들어서 끝까지 예측가능성을 포기는 안 했습니다. 그런데 그 부분도 조금 더 제가 생각을 해봐야 될 것 같고요.

일반 국민의 문제는 사실은 제가 솔직해지자라고 하지만 쉽지는 않을 것 같아요. 이 부분을 아예 포기하고 밀고 가자라고 하기는 쉽지는 않을 것 같고, 더더군다나 우리 방 교수님께서 '누구든지'는 수사학적표현 아니냐라는 말씀까지 해 주셔서 그냥저의 바램은 판례에서 그런 '누구든지' 정도만 빼주시면, '누구든지'라는 얘기만 빼주셔도 괜찮지 않겠냐? 그래도 굉장히 일관되게 될 것 같거든요. 설명들은.

그래서 이것이 제가 생각하는 그리고 이인호 선생님께서 굉장히 세게 뒷받침을 해 주셨는데 명확성과 포괄위임은 그래도 좀 다른 측면이 있다는 것을 거기서 판례가 좀 얘기를 해 주시면 어떨까하는 그런 생각 정도를 했습니다.

조금 더 보완을 하고 해서 다음 기회에 또 말씀드릴 수 있는 기회가 있으면 또 말씀드렸으면 좋겠습니다.

사 회 자 : 한꺼번에 손을 한번 들어봐 주시기 바랍니다.

시간이 별로 많지 않고 또 우리 연구관분들도 많이 오셔서 실제로 말씀하시고 싶은 분들이 많을 것 같은데, 제가 짧게 짧게라도 기회를 한번 드렸으면 싶은 생각이 들어서요. 또 더 안계시나요? 또 우익에서 한 분 계시고.

그러면 지금 세 분입니다. 그래서 정남철 교수님께서 아까 먼저 하셔서 정남철 교수님.

지정토론자 : 이인호 교수님 지적해 주신 부분도 상당히 공감되기는 하지만 대부분의 제재적처분기준은 이와 같이 시행령이나 시행규칙에 다 위임하도록 되어 있습니다. 법률과 법규명령 사이의 관계만 보면 이 명확한 것이 확연히 드러나지 않습니다.

결국 이것은 국민들이 그 제재적 처분기준을 보고 명확도를 판단하는 것이지요.

그러니까 그러한 논거로 든 적절한 사례를 비추어 보더라도 국민의 예측가능성은 꼭 필요하다고 생각이 됩니다. 이런 사례에서.

그다음에 법률유보와 본질사항유보설과 관련해서 말씀해 주셨는데, 기본적으로는 같은 생각이지만 일반적으로 법률유보에서 논하는 여러 가지 학설중에 본질사항유보설 하나이기 때문에 병렬적이라는 말은 제가 드린 적은 없고 똑같은 아마 ― 물론 강조하는 바는 좀 다르겠지만 ― 그런 의미라고, 괜히 좀 오해가 생긴 것 같아서 말씀드리고요.

그다음에 명확성원칙에 대해서 비판적인 분들이 몇 분 계시지만 아까 발표문도 그렇고 독일에서 사용하는 다른 기준 또는 미국에서 사용하는 기준들도 결과적으로 이 방침제시설이 주장한 그 내용을 면밀히 따져보면 그냥 학설만 소개할 것이 아니라 그 내용은 뭐냐하면 수권의 목적, 내용, 범위 이게 명확해야 된다는 것이거든요.

결과적으로 이것은 명확성원칙하고 결부시키지 않으면 설명이 되지 않는 겁니다. 그러니까 명확성원칙에 대한 오해가 있어서는 안 된다고 생각이 됩니다.

이상입니다.

사 회 자 : 감사합니다.

예, 신미용 연구관님.

토 론 자 : 저는 이 교수님께서 들으시려고 했던 사례중에 헌가사건같은 경우 어떤 법률조항에 위임을 하고 있으면 그 경우에 포괄위임금지의 원칙하고 명확성원칙을 같이 병렬적으로 심사할 수 있다고 할 때, 포괄위임금지의 원칙부분은 완화된 심사를 한다고 하면 포괄위임금지의 원칙에서는 통과했는데 그 법률이 명확하지 않아서 위헌이다. 그런데 우리 기준으로 보면 포괄위임금지원칙을 통과했다는 것은 충분히 예측가능성을 줬다는 건데, 그러면 국민에게 충분히 예측가능한 법률이었는데 그게 법률조항이 어딘가 불명확해서 위헌이다. 그렇게 해야 할 어떤 쟁송적 필요성이 있을지? 그러니까 지금까지의 논의를 실무를 하는 입장에서 실무로 전환시켜 봤을 때 가장 크게 궁금하고요.

그리고 발표문에 들어있는 미국판례들 같은 것을 보면 사실은 발표자가 근거하고 있는 우리 헌법 75조가 근본적으로는 권력분립의 원칙을 정의한 것이고 그것이 이런저런 과정을 거쳐서 결과적으로 그 법의 적용결과 이런 기본권보장이라든지 기본권침해방지라고 하는 작용을 한다 이렇게 말씀하셨는데, 사실은 외국법의 근거 잘은 모르지만 발표자나 이 교수님이 더 잘 아시겠지만 사실 미국 헌법의 근거에 있어서는 우리처럼 명문에 포괄위임금지 이런게 있는게 아니고 거기서는 어디까지나 대통령의 권한과 의회권한의 충돌 이것으로 이 문제가 포용되고 해석될 수 있는 것인데, 이 옛날의 판결 이후에도 대통령의 권한에 대한 심사는 많았고 그중에서도 대통령의 명령제정행위라든지 이런 것들은 충분히 여러 번 그러니까 의회입법권을 침해한다는 이유로 해서 위헌결정이 된 사례가 굉장히 많고, 그러한 것은 오히려 발제자가 얘기하려고 하는 이 75조를 근본적으로 권력분립의 원칙의 시야에서 본다라고 했을 때 미국의 사례들은 오히려 그렇게 해석되는 것인데, 그런 관점에서 보면 미국은 일찍이 포괄위임금지를 포기했다 이렇게 보기에는 너무 우리의 틀에다가 그거를 갖다 맞추어서 본질적인 의미를 오히려 저해한 것이 아닌가? 그 이후에 미국의 대통령의 행위나 대통령의 명령제정행위들에 대해서 의회입법권을 침해했다는 이유로 위헌되었던 많은 결정들도 이런 취지에서 같이 보아야 되는 것이 아닌가라는 생각이 듭니다.

사 회 자 : 네, 감사합니다.

꼭 시간이 이렇게 끝나갈 때쯤 되면 점입가경의 이런.

마지막으로 김국현 부장연구관님.

토 론 자 : 저도 특별하게 할 것은 아니고 우리가 상당히 얘기하는 논증의 세팅이 이미 되어 있는 것을 하는거 아닌가 싶은 생각이 드는데, 무슨 얘기냐하면 우리 재판하면서 '저도 법률 모르는데요' 우리 가장 쉽게 얘기하면 법률의 존재

자체의 부지를 얘기하는 사람에게도 '너는 임마 법률 알아' 법률부지는 용서도 받지 못한다는 법언이 있지 않습니까? 존재 자체도 모르는 사람에게도 안다고 의제를 해서 우리가 규범을 적용하거든요. 그런 측면에서 생각을 한다면 '누구라도'라는 개념을 우리가 화두로 던져서 의문을 삼고 계시는 우리 정교수님의 얘기는 그 '누구든지'는 변용할 수 있는 것이고 그것은 우리 노희범 연구관이 얘기하신 '누구든지'를 다양한 측면에서 설명할 수 있다, 포착할 수 있다 그렇게 생각을 합니다.

그다음에 또 하나 지금 제가 굉장히 의문을 품고 있는 것은 포괄위임 얘기할 때 75조만 가지고 얘기하고, 오늘 명확성원칙 이것도 얘기하는데 다 다른 조문을 가지고 얘기하는데 이 얘기를 왜 할까? 그 생각을 해보면 저는 항상 이런 원칙을 얘기할 때는 37조 2항을 걸어야 된다고 생각하거든요. 지금 어떤 ··이나 권력분립 이런 거다 얘기할 때 이게 다 기본권과 관련되기 때문이고요. 우리는 헌법 37조 2항에서 기본권제한은 법률로 하라고 되어 있다고요, 형식적 법률로. 그래서 법률이 아닌 것은 전부 거기서 헌법위반이거든요. 그래서 이거 75조는 대통령에게 권한을 수권한 조항이기 때문에 대통령 네가 령에서 기본권제한을 했지만 그 조항에 보면 구체적위임 받아서 했다고 하면 그 조문은 지킨 것이고, 그게 기본권제한성이 있으면 37조 2항의 법률에 한 것과 마찬가지로 봐 주겠다는 의제 아닌가 싶거든요.

그래서 저는 이런 논의를 하는 이 이유가 37조 2항의 법률로서 기본권을 제한한다라는 것을 항상 걸어서 같이 생각해야 된다라는 것을 좀 해 주어서 그게 논거를 쓸때 항상 37조 2항을 같이 얘기를 해야 되는 것 아니냐 이렇게 생각을 합니다.

그다음에 또 한 가지 의문이 드는게 우리가 헌바·헌가사건하고 헌마사건하고를 좀 다르게 보는데요. 헌마사건은 기본권침해로 해서 심사도 기본권침해여부를 심사한다고 하고요. 헌바·헌가 사건은 기본권침해여부가 아닌 다른 헌법원칙위반여부도 위헌여부를 심사를 하게 됩니다. 그렇게 되었을 때 지금 이런 심사기준같은 것은 다 동일한 측면에서 적용이 될 수 있는 것인지 그 부분이 좀 궁금합니다.

지금 이 명확성의 원칙이니 아니면 포괄위임원칙이니 이런 것 다 얘기를 하는데 이게 헌바, 헌가, 헌마 구별하지 않고 다 얘기를 하니까 그게 어떻게 되는지? 이거는 궁금해서 나중에 좀 알려주셨으면 좋겠습니다.

사 회 자 : 방승주 교수님.

토 론 자 : 제 생각에는 헌마하고 헌가를 그렇게 본질적으로 구분할 문제는 아닐 것 같습니다.

왜 그러냐하면 헌마 기본권침해를 이유로 해서 헌법소원으로 다투어 들어왔다 하더라도 헌법소원이 단순히 청구인의 주관적권리보호만을 위해서 존재하는 것이라고는 우리 헌재가 초창기부터 그렇게 적용하고 있지를 않기 때문에 객관소송성이 상당부분 있지 않습니까? 그렇다고 봤을 때는 심사기준을 직권으로 확장할 수 있게 될 것이다. 따라서 그럴 경우에는 헌가하고 헌마하고 크게 차이가 없게 되지 않을까요? 그런 느낌이 드는데요.

사 회 자 : 예, 정광현 연구관님.

토 론 자 : 말씀을 듣는 가운데 한 가지 아이디어가 떠올라서.

사 회 자 : 솟한 아이디어면 좋겠습니다.

토 론 자 : 일단 김국현 부장님 말씀처럼 37조 2항에 법률로서 당연히 명확성원칙이라든가 모든 것의 기본권의 제한에 있어서는 형식적 법률로서 하는 것이, 그것이 모든 것이 하위법령에 위임되어 있거나 너무 불명확해서 자의적으로 해석이 가능하다면 법률로써 굳이 이렇게 형식적인 조건을 갖추도록 한 취지가 없어지기 때문에 명확성의 원칙하고 다 결부되는 얘기라고 생각을 합니다.

그럼에도 불구하고 법률로써 모든 것을 다 기본권관련 사항을 다 정할 수가 없는 현실이 있고 워낙 행정이 방대해지고 넓어지고 그러는데 모든 것을 입법자가 다 제정하라고 하는 것은 좀 부담이 되니까 75조와 같은 조항이 있어서 위임입법도 어느 정도는 허용하도록 하되, 다만 제약을 둔 것이라고 생각했고 그 제약의 취지는 역시 모든 것을 그냥 백지위임하지 말고 어느 정도 구체적으로 내용을 정해가지고 하라는 것이고, 그 얘기는 결과적으로는 다시 법률유보 내지는 의회유보의 취지를 기능적 권력분립의 원칙의 어떤 취지를 망각하지 않는 한에서 위임을 하라는 취지이기 때문에 다 그런 내용들이 양 조항을 통해서 보충될 수 있지 않을까 생각이 들고요.

그다음에 아이디어는 뭐냐하면 명확성원칙을 판단하는 기준은 역시 법률자체만가지고는 판단하기 힘들지 않을까라는 생각이 들고, 법률 플러스 하위법령에 제정된 것까지 이인호 교수님께서 지적하셨듯이 다 보고 국민들 입장에서는 명확한지 안 한지 알 수 있을 것 같습니다.

왜냐하면 일단 하위법령도 일반추상적 규정으로 되어 있기 때문에 그것도 국민들이 미리 그 규정을 읽으면서 예측가능할 수 있을 수 있기 때문이라고 생각하고요.

명확성원칙의 어떤 판단기준 자체가 법률로 제한되는게 아니고 하위법령까지 내려 가니까 훨씬 더 구체화될 수가 있겠지요. 그리고 심지어는 그 하위법령의 내용도 불충분하다면 더 하위의 어떤 규정을 엄밀하게 하는 내용까지 보고 어쨌거나 국민들이 자기의 행동을 결정하기 전에 일반추상적으로 자기가 그 구성요건에 해당하는지 여부를 판단할 수 있게끔 하는 기준이 명확성원칙에 아니겠는가? 그게 예측가능성 기준의 전체적인 판단자료가 되는 것 아니겠는가 생각이 들고, 그거를 하고 난 다음에 일반적… 하면 그런 관점에서 명확성이 일단 있는가 없는가를 보고 난 다음에 그렇게 해서 명확하다 할지라도 우리가 형식적 법률로써 기본권제한을 하도록 하고 있는 취지가 망각되면 안 되니까 기능적 권력배분의 차원에서 각자가 어떤 역할을 하고 있는지를 또 심사할 수 있지 않을까? 그러니까 말하자면 포괄위임금지 먼저 심사하고 명확성원칙을 심사하는게 아니고 명확성원칙을 먼저 심사하고 포괄위임금지를 심사하는 그런 식으로 가면 더 낫지 않을까 생각이 들어서.

사 회 자 : 네, 감사합니다.

시간과 공간의 제약이 있어서 이 정도로 오늘 토론은 마무리 짓도록 하겠습니다.

안도하는 분이 많은가요 아니면 아쉬워하는 분이 많은가요?

저는 상당히 아쉽습니다만, 어쨌든 발표자께서 최종적으로 질의가 있으시면 간단하게 대답하시고 아니면 전체적으로 마무리 말씀해 주시고, 이어서 우리 회장님 최종정리 말씀을 듣고 오늘 발표회를 마치도록 하겠습니다.

발 표 자 : 아까 끝날 줄 알고 마지막 멘트까지 해 드렸는데, 감사를 드리고요.

명확성과 포괄위임도 결국 저도 지금 정광현 연구관님이나 이인호 교수님 말씀하신 것처럼 기능적으로 나누어야 된다는 생각을 하고 있습니다.

심사방법이나 특히 위임을 하고 있는 법률의 명확성에 대한 판단의 경우 결국은 하위법령까지를 합쳐서 명확한지 여부를 봐야되는 것 아니냐? 그렇게 봐야 비로소 기능적으로 명확성의 원칙이라는 것과 포괄위임금지의 원칙이라는 것이 달리 우리 헌법에서 잘 기능할 수 있지 않나하는 생각이 들고요.

그거는 포괄위임만 이렇게 써서 명확성하고는 다른 것이다라는 얘기를 하는데, 일부만 썼는데 다음에 좀 보완을 하면 그런 부분도 제가 기존에 갖고 있던 생각까지 보완을 해서 할 생각입니다.

여러 가지 코멘트주신 것들 반영을 할 수 있는 데까지 반영을 해서 조금 진전을 시켜보도록 그렇게 하겠습니다.

감사합니다.

사 회 자 : 우리 회장님 말씀 청해 듣겠습니다.

회　장 : 오늘 우리 발표자분과 토론자 또 참여해 주신 많은 분들이 아주 열띤 토론을 해 주셔서 15~6년 전으로 돌아갔던 그런 느낌이 들어서 정말 기쁘고 좋습니다.

먼저 이 내용과 관련해서는 우리 전종익 교수님이 포괄위임입법금지의 심사기준하고 법률의 내용통제의 기준으로서 명확성의 원칙 이게 개념상 다르지 않느냐? 분명히 뭔가 뉘앙스가 다르다라는 느낌은 받았어요. 그래서 과연 이 명확성의 원칙이라는 것도 이게 포괄해서 하나로 쓸 수 있는 것이냐? 아니면 좀 더 구체화해 가지고 구분해서 써야 되느냐 하는 이런 생각을 한번 해 봤고요. 그래서 상당히 시사적이고 도움이 되었다라는 생각입니다.

그다음에 토론자 두 분께서 말씀하셨을 때 우리가 과연 명확성의 원칙을 그러면 포괄위임금지의 어떤 기준으로 볼 때 그거를 포기할 수 있느냐? 기본권을 철저하게 보장하기 위해서 이것을 두어야 되지 않느냐? 그거는 쉽지 않다는 그것도 굉장히 맞는 말씀이고, 기본권보장을 철저하게 하기 위해서는 소위 그물을 여러 개를 쳐 놓아서 어느 것도 다 통과했을 때 그게 결국 국민들이 안심하고 생활할 수 있고 기본권도 충분히 보장될 수 있지 않겠느냐 해서 쉽사리 포기할 수 없는 것도 맞는 것 같습니다. 그래서 이런 계기로 해서 이거를 한번 더 고민을 해 보고 정치하게 이론을 발전시켜야 될 과제가 우리에게 주어져 있는 것이 아니냐 하는 그런 생각을 해봅니다.

너무 시간이 늦어져서 이것으로 마치기로 하고 여러분들 모두 고생 많으셨습니다.

사 회 자 : 그럼에도 불구하고 라스트 워드는 사회자인 제가 하겠습니다.

오늘 좋은 발제를 준비해 주셔서 열띤 토론을 가능하게 해 주신 발표자에게 감사드리고요, 또 지정토론 해 주신 두 분께 감사드리고 또 오늘 많은 분들이 토론에 참석을 해 주셔서 활발한 의견개진이 되었던 것 같습니다. 진심으로 감사드리고, 오늘처럼 다음 헌법실무회 모임에서도 많은 분들 다시 한번 뵐 수 있었으면 좋겠습니다.

이상으로 122회 헌법실무연구회를 마치겠습니다.

헌법재판소의 2012. 5. 31. 2009헌바123·126(병합) 구 조세감면규제법 부칙 제23조 위헌소원 결정을 둘러싼 헌법소송법적 쟁점에 대한 검토*

방 승 주**

Ⅰ. 들어가며

지난 2012년 5월 31일 헌법재판소는 2009헌바123 · 126(병합) 구 조세감면규제법 부칙 제23조에 대한 위헌소원결정(이하 "이 사건 결정"이라 함)에서 동 전문개정된 법의 시행에도 불구하고 구법 부칙 제23조가 실효되지 않은 것으로 해석하는 것은 헌법에 위반된다고 하는 취지의 결정을 내림으로써, 기존의 한정위헌결정과는 차원이 다른 새로운 유형의 해석위헌 또는 적용위헌의 결정이 이루어졌다.

기존의 한정위헌결정의 경우는 법률이 여러 가지로 해석될 수 있는 가능성이 있을 때에 일정한 방향으로 해석하는 것은 헌법에 위반된다고 하는 결정으로서, 유효한 법률의 존재를 전제로 일정한 해석의 위헌을 확인하는 결정유형이었다고 할 수 있는 데 비하여, 이 사건 결정은 전문개정으로 이미 그 효력이 상실된 법률조항을 특별한 사정이 있는 경우에 여전히 유효하다고 본 해석에 대하여 위헌을 확인한 결정으로서 새로운 유형의 해석위헌결정이라고 생각된다.

이러한 해석을 한 주체가 바로 (대)법원이었기 때문에 헌법재판소의 이 사건

* 조세법률주의 위반여부에 대한 판단에 대해서는 방승주, 조세법률주의와 헌법재판 - 헌법재판소의 2008헌마123 · 126(병합) 구 조세감면규제법 부칙 제23조에 대한 한정위헌결정과 관련한 헌법적 쟁점들을 중심으로, 제13회 한양대학교 · 관서대학 공동 Symposium, 최근 각 분야에 있어서 소송제도의 발전, 2012. 9. 4., 225면{한양대학교 법학연구소, 법학논총 제29집 제4호 (2012.12), 199-222면에 게재}에서 다루었으므로, 이하에서는 헌법소송법적 쟁점을 중심으로 검토해 보기로 한다.

** 한양대학교 법학전문대학원 교수.

결정은 사실상 헌법재판소법상 금지된 재판에 대한 헌법소원으로서 헌법재판소가 자신의 권한을 유월한 것 아닌가 하는 비판의 목소리가 나오고 있다.[1]

과연 헌법재판소가 이 사건 결정으로써 헌법재판소법상 자신에게 주어진 권한을 유월하여 금지된 재판소원을 행한 것인지(Ⅱ), 이 사건에서 심판대상은 무엇이었는지(Ⅲ), 재판의 전제성은 있었는지(Ⅳ), 헌재법 제68조 제2항에 따른 헌법소원에서 법률의 일정한 해석유형이나 해석에 대한 위헌을 주장하는 헌법소원은 허용될 수 없는지(Ⅴ), 그리고 그러한 해석위헌은 기속력을 가지는지 여부와 그 범위(Ⅵ), 이 사건과 같은 경우에 원행정처분에 대한 헌법소원심판을 허용해 줄 필요성은 없었던 것인지(Ⅶ)에 대하여 차례대로 검토해 보기로 한다.

Ⅱ. 재판소원으로서 헌법재판소법 제68조 제2항

헌법재판소법 제68조 제2항은 “제41조 제1항에 따른 법률의 위헌 여부 심판의 제청신청이 기각된 때에는 그 신청을 한 당사자는 헌법재판소에 헌법소원심판을 청구할 수 있다. 이 경우 그 당사자는 당해 사건의 소송절차에서 동일한 사유를 이유로 다시 위헌 여부 심판의 제청을 신청할 수 없다”고 규정하고 있다.

이 헌법재판소법 제68조 제2항의 법적 성격이 무엇인가에 대하여는 일종의 위헌법률심판으로 보는 견해[2]와 헌법소원심판으로 보는 견해[3]로 나뉘고 있으며, 헌법재판소는 초창기에는 헌법소원의 일종으로 보다가 그 후 위헌법률심판형 헌법소원으로 이러한 유형의 심판청구에 대하여 “헌바”라고 하는 사건번호를 붙여서 분류하기 시작하였고, 헌재법 제68조 제1항에 따른 헌법소원의 적법요건과는 달리, 위헌법률심판과 마찬가지로 재판의 전제성 요건을 그 적법요건으로 심사하고 헌법소원심판에서 필요한 기본권침해의 관련성 등과 같은 다른 적법요건심사는 하지 않고 있다. 또한 인용이나 기각결정이 아니라 법률조항의 위헌여부를 확

1) 김시철, 위헌법률심판절차에서 사법작용의 당부를 심사할 수 있는지 여부, 법률신문 2012. 6. 28. 제4043호.

2) 김문현, 헌법재판소법 제68조 제2항의 헌법소원, 고시연구 94. 2., 32면 이하; 김학성, 위헌심사형 헌법소원에 관한 연구, 강원법학 제11권, 45면 이하; 정종섭, 헌법재판소법 제68조 제2항의 헌법소원심판제도에 대한 검토, 인권과 정의 1990/11(제171호), 68면 이하, 1990/12(제172호), 80면 이하.

3) 김운룡, 헌법재판제도의 운영(지정토론), 헌법재판의 이론과 실제, 헌법재판자료 제3집, 1990. 12., 501면 이하(516-518); 한수웅, 헌법재판소법 제68조 제2항에 의한 헌법소원심판에서 한정위헌결정의 문제점 - 한정위헌청구의 문제를 계기로 하여, 홍익법학 제3권 제2호(2007), 137면 이하.

인하는 주문형식을 취하고 있다. 따라서 헌법재판소 역시 위헌법률심판적 성격에 비중을 두고 있다고 생각된다.

그러나 헌법재판소법 제68조 제2항에 대하여 헌법소원심판으로서의 성격을 배제하거나 아니면 애써 그 의미를 축소하려는 시각은 법원의 재판에 대한 헌법재판소의 통제가능성을 배제하고 이를 터부시하려는 법원의 시각으로부터 나오거나 그로부터 영향을 받은 해석으로서 다음과 같은 여러 가지 관점에서 적절하지 않다고 생각된다.

첫째, 문구해석의 관점이다. 헌재법 제68조 제2항은 헌재법 제5절의 "헌법소원심판"이라고 하는 제목하에 정렬되어 있는데 헌재법 제68조 제2항을 헌법소원심판으로서 기획한 입법자의 의도를 이것보다 더 분명하게 보여주는 것은 없다고 할 수 있다.

둘째, 역사적 관점이다. 헌법재판소법 제68조 제2항은 헌법재판소법 제68조 제1항에서 재판소원을 금지하고 있는 데 대한 보완이자 예외로서의 의미를 가진다고 할 수 있다.[4] 주지하듯이 1988년 헌법재판소법의 제정 당시에 가장 논란이 되었던 것은 헌법소원의 대상에 재판을 포함시킬 것인지 여부에 대한 것이었다. 그러나 재판소원 도입에 대한 법원측의 강력한 반대[5]에 부딪쳐서 헌법소원의 대상에서 입법권과 행정권을 포함하는 모든 공권력의 행사와 불행사가 다 포함되었음에도 불구하고 사법권의 행사와 불행사는 제외되었다. 재판소원을 인정할 경우 헌법재판소를 사실상 초상고심으로 만드는 결과가 되는데 우리 헌법은 독일 기본법과는 달리 헌법재판소와 대법원을 대등한 헌법기관으로 규정하고 있기 때문에, 헌법재판소가 초상고심의 역할을 하는 것은 헌법체계와 맞지 않는다고 하는 등의 이유가 작용한 것으로 보인다. 여하튼 이와 같이 재판은 헌법소원의 대상에서 제외되었으나, 여·야의 헌법재판소법제정안[6]에 공통적으로 포함된 것은 당사자의 위헌법률심판제청신청이 법원에 의하여 기각되는 경우, 그에 대하여 헌법소원심판을 청구할 수 있도록 하는 것이었고, 이것은 헌재법 제68조 제2항으로 반영되었다. 이것은 구 헌법하에서 법원이 위헌법률심판을 한 차례도 제청하지 않아 헌법위원회를 식물기관화한 것에 대한 반작용으로서 법원의 합헌판단에 대한 권한남용을 통제하고자 하는 의도가 포함되었었다고 할 수 있다. 법원이 위헌제청신청을 기각

---

4) 동지, 한수웅, 앞의 논문, 149면.

5) 이강국, 헌법재판소법의 제정에 관하여, 헌법재판제도, 법무자료 제95집, 법무부, 1988, 47면, 94면 이하(101-102, 117-118), 이홍훈, 같은 책, 108-113면.

6) 제143회 국회 법제사법위원회회의록 제3호(1988. 7. 21), 제5호(1988. 7. 23). 제143회 국회 본회의 회의록 제2호(1988. 7. 23).

하기로 하는 결정은 재판의 한 유형인데 그에 대하여 헌법소원심판을 청구할 수 있는 가능성을 열어둠으로써 재판에 대하여 통제하고자 하였던 것이다.

셋째, 논리적·체계적 관점에서 볼 때, 헌법소원심판의 경우 그 대상이 존재하지 않으면 안된다. 헌재법 제68조 제1항의 경우에는 공권력의 행사 또는 불행사가 헌법소원심판의 대상이 되었고 재판은 제외되었다. 그러나 제2항에서는 만일 당사자의 위헌제청신청에 대하여 법원이 기각하는 경우에는 그 기각결정에 대하여 헌법소원심판을 청구할 수 있게 함으로써, 전항의 재판소원배제에 대한 예외조항을 신설한 것으로 볼 수 있다. 즉 전항의 조문구조와 비교할 때, 심판청구의 대상에 일단 법원의 위헌제청신청 기각결정이 포함된다고 볼 수 있는 것이다. 만일 헌재법 제41조 제1항에 따라 법원이 직권으로 위헌제청을 한 경우에는 헌법재판소가 해당 법률조항의 위헌여부에 대하여 판단하기만 하면 되지만, 헌재법 제68조 제2항은 헌법소원심판이므로 기본권침해의 원인이 된 공권력의 행사라고 볼 수 있는 법원의 기각결정에 대하여 먼저 그 위헌여부를 판단하는 절차를 거친 다음, 위헌의 경우에 법원의 기각결정을 취소한 후, 재판의 전제가 되는 법률조항의 위헌여부에 대하여 판단을 하여야 한다고 할 수 있을 것이다.[7] 그러나 헌법재판소는 지금까지 법원의 기각결정에 대한 헌법소원대상성의 문제를 별도로 다루어주지 않은 채, 위헌법률심판적 성격에 치중함으로써, 해당 법률조항의 재판의 전제성이 인정되는 경우에 그 위헌여부에 대해서만 심판을 해 온 것이 사실이다. 그러나 헌재법 제68조 제2항의 재판소원으로서의 법적 성격을 제대로 간파한다면, 법원의 위헌제청신청 기각결정에 대한 헌법소원에 대하여 먼저 결론을 내린 후, 해당 법률조항의 위헌여부에 대하여 결론을 내려야 할 것이다.

넷째, 목적론적 해석의 관점에서 볼 때, 헌법재판소법이 제68조 제2항을 둔 입법목적은 법원의 합헌판단권의 남용을 통제하고, 위헌법률심판을 활성화시키기 위함이었다고 할 수 있다. 그러므로 당사자가 해당 법률조항의 위헌여부의 문제를 정당하게 제기함에도 불구하고, 위헌제청신청을 기각하는 경우에는 그에 대하여 통제할 수 있는 장치가 필요하다고 할 수 있으며, 이는 일종의 재판에 대한 소원이라고 할 수 있다.

다섯째, 헌법합치적 해석의 관점에서 살펴 보면, 헌법 제111조 제1항 제1호는 위헌법률심판의 경우 법원의 제청에 의한 것으로만 한정하고 있다. 그리고 제5호에서는 법률이 정하는 헌법소원에 관한 심판권한을 부여하고 있는데, 위헌법률심판, 탄핵심판, 정당해산심판, 권한쟁의심판, 헌법소원심판과 같은 광범위한 헌법재

7) 동지, 김운룡, 앞의 지정토론문, 518면.

판권을 헌법재판소에 부여한 목적은 국가권력의 위헌적 행사로부터 헌법을 수호하고 국민의 기본권을 보호하기 위한 것이라고 할 수 있는 바, 어떠한 국가권력이 자신의 권력을 남용하여 국민의 기본권을 침해하는 경우 그러한 행위에 대해서는 헌법재판소의 통제를 받도록 하고자 함이 헌법재판제도를 둔 헌법(개정자)의 취지였다고 할 수 있다. 따라서 법원의 재판 역시 헌법소원의 대상으로 하는 것이 이러한 헌법취지에 부합하는 결정이라고 할 수 있으나, 우리 입법자는 원칙적 재판소원배제와 예외적 재판소원인정(위헌제청신청 기각결정의 경우)의 입법방식을 채택하였다고 할 수 있다. 헌재법 제68조 제2항에 따른 위헌제청신청 기각결정(재판)에 대한 헌법소원은 헌법 제111조 제1항 제5호에 입각하여 이루어진 정당한 입법권의 행사이다.

이와 같이 헌재법 제68조 제2항을 일종의 재판소원적 성격을 포함하고 있는 헌법소원으로 이해한다면, 헌법재판소가 사실상 법률의 해석에 대한 위헌결정을 통해서 금지되어 있는 재판소원을 한다고 하는 비판은 그 근거를 상실하게 될 것이다. 헌재법 제68조 제2항의 헌법소원 자체가 법률의 위헌여부를 묻는 심판일 뿐만 아니라 위헌제청신청 기각결정에 대하여 이루어지는 재판소원의 성격을 처음부터 포함하고 있기 때문이다.

Ⅲ. 이 사건 헌법소원에서 심판대상

헌법재판소는 이 사건에서 심판대상을 청구인이 주장하는 청구취지대로 구 조세감면규제법 부칙 제23조 제1항과 제2항의 위헌여부로 삼았다.

그러나 만일 청구인이 법률조항의 일정한 해석이 위헌이라고 하는 취지의 한정위헌청구를 구한 경우에는 그러한 청구 자체를 받아들여 이것을 심판대상으로 삼아야 하는 것이 아닌지의 문제가 제기될 뿐만 아니라, 만일 헌재법 제68조 제2항을 재판소원의 일종으로 이해하는 경우에 심판대상은 무엇이 될 것인가가 문제될 수 있다. 전자의 문제는 한정위헌청구의 적법여부(Ⅴ)에 관한 논의에서 다루기로 하고, 후자의 문제에 대해서만 간단하게 검토해 보기로 한다.

헌재법 제68조 제2항을 위헌제청신청 기각결정에 대한 재판소원으로 보는 경우 심판대상은 두 가지로 나누어서 살펴 볼 수 있다.

첫째, 위헌제청신청의 기각 또는 각하결정이 자신의 행복추구권과 평등권을 침해하였다고 주장을 하면서 그 취소를 구하는 청구의 부분이다. 실무상 헌법재판소가 헌재법 제68조 제2항을 위헌법률심판적 성격을 가지는 것으로 보기 때문에 이러한 청구는 이루어지지 않고 있으나, 재판소원으로서의 성격을 인정하게 되면 달리 볼 수 있는 가능성이 있다. 즉 이 경우 심판대상은 법원이 재판의 전제성 또는 위헌여부에 대한 판단을 잘못하여 청구인의 행복추구권과 평등권을 침해하였는지 여부가 될 것이다.

둘째, 재판의 전제성이 있는 법률 또는 법률조항의 위헌여부가 심판대상이 될 것이다.

전자의 심판청구가 적법하려면, 법원의 위헌제청신청에 대한 기각 또는 각하 결정이 있어야 하며, 이 결정에 의하여 자신의 기본권이 현재, 직접적으로 침해되었음을 주장하여야 하고, 청구기간은 기각결정을 통지받은 날로부터 30일 이내(헌재법 제69조 제2항)가 될 것이다. 이 경우에는 보충성의 원칙은 적용될 여지가 없으며, 권리보호이익 등은 심사해 줄 필요가 있을 것이다.

본안에서 법원이 재판의 전제성에 관하여 명백하게 잘못된 판단을 하였다거나 위헌의 합리적 의심이 있음에도 불구하고 자의적으로 제청신청을 기각하였음이 인정될 경우에는 제청신청에 대한 자의적 기각 내지 각하결정으로 인하여 청구인의 행복추구권과 평등권이 침해되었음을 확인하고, 헌법재판소가 동 법원의 제청신청 기각결정을 취소한 후, 이어서 재판의 전제성이 있는 법률조항의 위헌여부에 대하여 판단하면 될 것이다.

다음으로 청구인이 법률이나 법률조항의 일정한 해석에 대해서만 위헌을 구하는 청구를 한 경우에 심판대상을 무엇으로 확정하여야 할 것인지가 문제될 수 있다. 이에 대해서는 한정위헌청구의 적법여부(V)에서 자세하게 다루겠지만, 만일 일정한 해석이 법조항으로부터 분리 또는 도출될 수 있는 하나의 재판규범으로서 기능할 수 있는 경우(가령 후술하는 "사죄광고"와 같이), 다시 말해서 일정한 규범유형으로 분리할 수 있을 경우에는 그러한 한정위헌청구 그 자체로도 적법한 청구라고 받아들일 수 있을 것이다. 이 경우에 심판대상은 이미 하나의 규범유형이 되어 버린 일정한 해석의 위헌여부라고 할 수 있을 것이며, 만일 헌법재판소가 그 해석에 대하여 위헌을 선고하는 경우 그러한 해석은 당해 법률조항의 규범영역으로부터 제거된다고 보아야 할 것이다. 해석위헌의 기판력과 기속력 그리고 일반적 구속력은 심판대상이 되었던 그러한 해석과 관련하여 인정되어야 할 것이다.

이러한 관점에서 본다면 이 사건 결정에서의 심판대상은 헌법재판소가 밝히는 바와 같이 구 조세감면규제법 부칙 제23조의 위헌여부라고 볼 수도 있지만(일단 청구인이 청구취지에서 그와 같이 주장하고 있으므로), 다른 한편 청구이유 전체를 고려해 볼 경우 전문개정으로 효력을 상실한 구 조세감면규제법 부칙 제23조가 여전히 유효하다고 하는 해석이 헌법에 위반되는지 여부라고 하고 있으므로 그러한 주장 자체가 이유 있는지, 즉 그러한 해석이 위헌인지 여부를 심판대상으로 삼을 수도 있을 것이다.

만일 일정한 해석의 위헌을 구하는 청구에도 불구하고 법률조항의 위헌여부를 심판대상으로 삼은 뒤에, 다시 일정한 해석에 대하여 위헌을 선고하는 것은 첫째, 심판대상의 확정에 있어서와 둘째, 심판대상의 위헌여부에 대한 결정에 있어서 다소간의 비약 내지 괴리가 존재한다고 할 수 있다. 물론 법률조항의 위헌여부를 심사한 결과 일정한 해석만이 위헌이라고 할 수 있을 경우에는 법률에 대한 헌법합치적 해석을 통하여 그 해석만을 위헌으로 선고하는 결정, 즉 한정위헌결정도 가능하다고 볼 수는 있다. 그러나 이 사건과 같이 전문개정으로 효력을 상실한 구법의 부칙조항이 특별한 사정이 있는 경우에 여전히 유효하다고 하는 해석이 당해사건 재판에서 재판규범으로 작용한 사례에 있어서는 그러한 해석의 위헌여부가 곧바로 심판대상을 형성한다고 보아야 할 것이며, 위헌여부의 심사의 결과 그러한 해석은 조세법률주의와 권력분립원칙에 위반된다고 하는 결론이 나온 경우에는 그 심판대상인 해석 자체에 대하여 위헌을 선고할 수 있는 것으로 보아야 할 것이다.

일단 어떠한 법률조항 자체가 유효하여 효력을 가지고 있지 않은 상태에서는 그 법률조항의 위헌여부는 처음부터 적법한 심판대상이 될 수 없을 것이기 때문에, 해석의 위헌여부를 심판대상으로 삼은 후, 본안에 들어가서 그러한 해석의 위헌여부에 대한 결론을 내려 준다면, 심판의 대상과 심판의 결론에 있어서 일관성이 있을 것으로 생각된다. 헌법재판소가 심판대상을 굳이 법률조항의 위헌여부로 밝혀 준 이유는 헌재법 제68조 제2항에 대하여 그 본질이 위헌법률심판에 있다고 보기 때문으로 추측되나, 앞에서도 언급하였듯이 헌재법 제68조 제2항은 재판소원과 위헌법률심판으로서의 성격을 모두 포함하고 있는 특수한 헌법소원이기 때문에, 법원이 행한 해석의 위헌여부를 심판대상으로 삼는 것도 전적으로 배제되는 것은 아니라고 보아야 할 것이다.

Ⅳ. 재판의 전제성

헌법재판소는 이 사건의 적법요건에 대한 심사에 있어서 구 조세감면규제법 부칙 제23조의 위헌여부에 따라서 당해사건의 재판의 결론이 달라진다고 하는 점을 근거로 재판의 전제성을 인정하였으며, 그러한 결론에 별다른 문제는 없어 보인다.

다만 당해사건 재판에서 전제가 되었던 쟁점이 무엇인가를 생각해 본다면, 결국 당사자와 법원간의 다툼이 있었던 구 조세감면규제법 부칙 제23조의 효력의 유무였다고 할 수 있을 것이다.

당사자의 입장에서 구 조세감면규제법 부칙 제23조가 효력이 없다고 보는 근거는 두 가지 차원에서 있을 수 있다. 하나는 전문개정으로 인하여 구법의 효력이 상실하였다는 점이고, 다른 하나는 대법원이 판시하는 바와 같이 특별한 사정이 있는 경우에 계속 유효하다고 볼 수 있는 경우라 하더라도, 만일 그 조항들이 상위법인 헌법에 위반되는 경우에는 효력이 없다고 볼 수 있으므로, 어느 이유에서이든 그 조항들이 유효한지 여부는 당해사건 재판의 전제가 되었던 것만은 분명한 사실이다.

논자에 따라서는 전문개정으로 인하여 구법 부칙조항이 효력을 상실하였는지 여부는 신법우선의 원칙에 따른 구법의 효력상실의 문제이므로 상위법 우선의 원칙의 경우와는 달리 법률에 대한 해석의 문제로서 그에 관한 결정권한은 법원에게만 있다고 하는 뉘앙스의 주장이 있을 수 있으나,[8] 궁극적으로 효력이 없는 법률조항을 근거로 하는 과세처분은 조세법률주의에 위반될 뿐만 아니라 당사자의 재산권을 침해하는 것이고, 특별한 사정이 있는 경우에 실효된 구법의 부칙조항이 여진히 유효하다고 하는 해석 하에 그리한 치분의 유효성을 인정하는 재판 역시 헌법과 당사자의 기본권을 침해한다고 볼 수 있으므로, 그러한 해석은 결코 단순한 법률에 대한 해석·적용의 문제로 끝나는 것이 아니다. 더군다나 앞서서 지적한 바와 같이 헌재법 제68조 제2항이 위헌법률심판의 성격과 함께 일종의 재판소원으로서의 성격도 가지고 있음을 상기하여 본다면, 효력이 상실된 구법조항이 특별한 사정이 있는 경우에 계속해서 효력을 가지는지 여부의 문제는 당사자의 기본권제한과 밀접한 관련이 있어서 헌법적으로 해명되어야 할 중요한 쟁점이 된다고 보아야 할 것이다.

따라서 구 조세감면규제법 부칙 제23조의 위헌여부가 당해사건 재판의 전제가 된다고 본 헌법재판소의 판단은 정당하다고 할 수 있으나, 보다 엄밀하게 말한다면 동조항의 효력의 유무가 당해사건에 있어서 재판의 전제가 되었다고 해야 할 것이다.

---

8) 김시철, 위헌법률심판절차에서 사법작용의 당부를 심사할 수 있는지 여부, 법률신문 2012. 6. 28. 제4043호.

Ⅴ. 한정(해석)위헌청구의 적법여부

이 사건에서 헌법재판소는 한정위헌청구의 적법여부에 대하여 검토한 후, 청구인의 한정위헌청구는 결국 법률조항의 위헌을 주장하는 것으로 받아들일 수 있다는 이유로 한정위헌청구의 적법성을 인정하고 있다. 그러나 이 사건은 종래의 한정위헌청구와는 성격을 달리하고 있으므로 그 특수성을 살펴 보아야 하나, 일단 한정위헌청구의 적법성의 문제를 먼저 살펴 본 뒤, 이 사건이 최초의 선례가 되었다고 판단되는 해석위헌청구의 적법성 문제를 검토해 보기로 한다.

1. 한정위헌청구의 적법여부

어떠한 법률이나 법률조항이 유효한 것으로 존재하지만 그 법률이나 법률조항의 일정한 해석이 위헌이라고 주장하는 소위 한정위헌청구의 적법여부의 문제이다.

헌법재판소는 한정위헌청구가 결국 법률이나 법률조항의 위헌을 주장하는 것으로 선해할 수 있는 경우 모두 적법한 것으로 받아들이고 있다.[9] 언제 법률조항의 위헌을 주장하는 것으로 선해할 수 있는가와 관련해서는 법률조항의 불명확성을 주장하는 것으로 볼 수 있는 경우,[10] 법원의 선례가 이해하는 바대로의 의미가 법률규정의 일부를 사실상 형성하고 있는 경우[11] 등을 들 수 있다.[12]

한정위헌청구의 적법성 인정을 위한 기준에 관하여는 재판관들의 의견이 다양하게 제시되고 있다.

첫째, 해석내용이 규범력을 가질 경우 한정위헌청구도 허용해야 한다고 보는

---

9) 헌재 1997. 2. 20, 95헌바27, 판례집 9-1, 156, 161-162; 1995. 7. 21, 92헌바40, 판례집 7-2, 34, 37 참조. 이러한 판례에 대하여 부정적 견해로는 한수웅, 앞의 논문, 166면; 이명웅, 헌법재판소법 제68조 제2항 헌법소원제도, 헌법논총 제12집, 헌법재판소 2001, 309면 이하(332).

10) 가령, 헌재 1995. 07. 21, 92헌바40, 판례집 제7권 2집, 34, 37.

11) 이와 같이 이 사건 법률조항이 가질 수 있는 여러 의미 중에서 법원의 선례가 이해하는 바대로의 의미가 법률규정의 일부를 사실상 형성하고 있다면, 여기에 포함된 위헌성을 지적하여 이를 제거하고, 배후로 밀려난 그 나머지의 다른 의미를 드러내어 그것이 갖는 합헌성을 확인하기 위하여는, 위헌성을 지닌다고 생각되는 의미에 대하여 한정위헌선언을 구하는 헌법소원을 불가불 제기할 수밖에 없는 것이다. 헌재 2003. 11. 27, 2002헌바102, 판례집 제15권 2집 하, 258, 260.

12) 이에 관하여 상세한 것은 이준상, 한정위헌청구의 허부 및 허용범위에 관하여, 헌법논총 제18집, 헌법재판소 2007, 273면 이하; 한수웅, 앞의 논문; 황도수, 한정위헌청구의 적법성, 헌법실무연구 제8권, 2007, 603면 이하.

규범력설,[13] 둘째, 청구된 심판대상이 구체적 사실관계와 관계없이 법률의 의미와 적용범위에 있어서 객관적·개념적·추상적으로 분리될 수 있어야 한다는 분리가능성설,[14] 셋째, 한정위헌청구가 결국 법률조항 자체의 위헌을 구하는 것으로 선해할 수 있을 경우라고 하는 종래의 입장을 견지하는 선해가능성설이 있다. 선해가능성설은 한정위헌의 청구가 부진정입법부작위의 위헌을 주장하는 것으로 볼 수 있어, 결국 법률조항 자체의 위헌을 구하는 것으로 선해되어 적법하다고 하는 설,[15] 법률의 적용대상이 유형적·추상적으로 한정되어 다른 것들과 구별되는 경우 그 한정되는 적용영역에 대한 위헌심판청구는 결국 법률조항에 대한 심판청구로 볼 수 있다는 유형화·추상화 가능성설[16] 등으로 갈린다.

좀 더 충분한 검토를 해 보아야 할 필요가 있음을 전제로 생각해 보건대, 일단 이러한 견해들 가운데 분리가능성설과 유형화·추상화 가능성설은 서로 주장하는 바가 상당히 비슷한 것으로 보이며, 이 두가지 의견들이 비교적 설득력이 있어 보인다. 가령 민법 제764조의 명예회복에 적당한 처분에 "사죄광고"가 포함되는 것으로 해석하는 것의 위헌을 구하는 경우에 "사죄광고"[17]나, 또는 국가배상법 제2조 제1항 단서에 따른 소위 이중배상금지와 관련, 민간인과 군인이 공동으로 불법행위책임을 지고 다른 군인에게 손해를 입히게 된 경우 민간인이 피해군인에 대하여 전액을 배상한 후 국가에게 국가의 책임부분에 대하여 구상권을 행사하고자 할 때에, 그러한 구상권의 행사가 허용되지 않는다고 하는 해석의 위헌을 구하

13) 헌재 2007. 04. 26, 2004헌바19, 판례집 제19권 1집, 400 민법 제245조 제1항 등 위헌소원 재판관 조대현의 반대의견: "법률에 대한 특정의 해석 내용을 한정하여 위헌 여부의 심판을 청구하는 것(한정위헌심판청구)도 그러한 해석 내용이 규범력을 가지고 있는 이상 허용된다고 보아야 한다. 법률에 대한 어떠한 해석이 규범력을 가지지 못할 때에는 심판할 필요가 없다고 할 수 있지만, 특정의 해석 내용이 규범력을 가지고 있다면 집행사례나 재판선례가 집적되어 있지 않더라도 그 위헌 여부를 심판하여 위헌적인 해석 내용의 규범력을 제거할 필요가 있는 것이다. 따라서 이 사건 헌법소원심판청구가 법률에 대한 법원의 해석을 다투는 것이라 하여 부적법하다고 볼 수는 없다. 국유재산법 제5조 제2항에 대한 대법원의 해석은 구체적인 규범력을 가지고 재판의 기준으로 되고 있으므로, 그 위헌 여부를 심판할 필요도 있다."; 헌재 2008. 11. 27, 2004헌바54, 판례집 제20권 2집 하, 186, 예산회계법 제96조 제2항 등 위헌소원에서의 재판관 조대현의 적법의견.

14) 재판관 김종대, 목영준의 의견, 헌재 2008. 11. 27, 2004헌바54, 판례집 제20권 2집 하, 186, 187, 예산회계법 제96조 제2항 등 위헌소원.

15) 재판관 이강국, 이동흡의 의견: 청구인들의 주장은 이 사건 법률조항들에 '국가의 반인도적 범죄행위로 직접적으로 피해를 입은 국민의 국가에 대한 손해배상청구권'에 대한 적용 예외 조항을 두지 않은 것의 위헌성을 주장하고 있는 것으로 선해할 수 있어 이 사건 법률조항들 자체의 위헌성을 다투는 것으로 이해하여야 한다는 의견. 헌재 2008. 11. 27, 2004헌바54, 판례집 제20권 2집 하, 186, 187, 예산회계법 제96조 제2항 등 위헌소원.

16) 재판관 김희옥, 민형기, 송두환의 의견. 헌재 2008. 11. 27, 2004헌바54, 판례집 제20권 2집 하, 186, 187, 예산회계법 제96조 제2항 등 위헌소원.

17) 헌재 1991. 04. 01, 89헌마160, 판례집 제3권, 149 民法 第764條의 違憲與否에 관한 憲法訴願.

는 경우[18]에 "구상권행사가 허용되지 않는다고 하는 해석"과 같이 비록 법률이나 법률조항에는 열거되어 있지 않다 하더라도, 일정한 규범유형으로 정형화될 수 있는 그러한 적용사례들은 일종의 규범유형이라고 할 수 있으며, 재판규범으로서 작용한다고 할 수 있다. 그러한 적용사례들에 대하여 해당 법률조항을 적용하는 것이 헌법에 위반된다고 하는 청구는 법률조항으로부터 그러한 유형의 사례들을 분리[19]하여 다룰 수 있는 가능성이 있기 때문에, 이와 같이 일정한 규범유형으로 분리가능한 적용사례들에 대한 한정위헌청구는 그 자체로서 허용된다고 보는 것이 타당하지 않겠는가 생각된다.[20]

그렇지 않은 나머지의 한정위헌청구, 즉 일정한 규범유형으로 분리가능하지 않고 오히려 산발적인 적용사례에 해당될 뿐인 그러한 사례들에 법률조항을 적용하는 것이 위헌이라고 하는 청구를 허용하게 되면, 헌재법 제68조 제2항이 위헌법률심판에 대한 보완적 기능을 하는 헌법소원심판이라고 하는 또 다른 측면을 고려할 때, 헌재법 제68조 제2항이 가지는 위헌법률심판으로서의 성격에 부합되기 힘들다고 생각된다. 오히려 이러한 청구를 허용하려면, 차라리 원행정처분에 대하여 헌법소원심판대상성을 인정해 주고, 개별적, 구체적인 행위의 위헌성이 문제되는 경우 그러한 처분소원에서 결론을 내려주는 것이 소송법적으로 보다 분명하고 헌법소원심판제도를 둔 헌법과 헌법재판소법의 취지에 부합한다고 생각된다.

2. 해석위헌청구의 적법여부

청구인들은 헌법소원심판의 청구취지에서 구 조세감면규제법 제23조의 위헌여부를 다투고 있으면서도 청구이유에서는 전문개정으로 이미 효력을 상실한 구 조세감면규제법 부칙 제23조가 여전히 유효하다고 하는 해석이 조세법률주의에 위반된다고 하는 주장을 하였으므로 전체적으로 보면 종래의 한정위헌청구와 마

18) 가령 헌재 1994. 12. 29, 93헌바21, 판례집 제6권 2집, 379 국가배상법 제2조 제1항 단서 위헌소원.

19) 이준상, 앞의 논문, 308면.

20) 이강국, 헌법실무연구회 제78회 발표회 토론요지, 헌법실무연구 제8권(2007), 644면: "한정위헌청구를 한 당사자 본인의 의사는 결국 '어떠한 법률조항이 위헌인데 그 위헌부분이 이 한쪽에 한정되어 있는 것 같습니다. 그러니 그 부분에 대해서 위헌선언을 해 주시오' 하는 그 취지 아니겠습니까? 그렇기 때문에 우리는 그 부분에 대해서 판단해 주면 되는 것이지요. 그래서 한정위헌청구도 당연히 인정이 되는 것이 옳고, 그러나 한정위헌청구라 그래서 거기에 구애받을 필요는 없다. 이 말씀을 드립니다", 목영준, 헌법실무연구회 제78회 발표회 토론요지, 헌법실무연구 제8권(2007), 633면: "어느 법률가들이 수긍할 수 있는 개념적 다발, 개념적인 분리가 가능한 부분에서 우리가 한정위헌청구를 받아들이고 한정위헌결정을 해 준다면 저는 모르겠습니다마는 법원도 그 개념에 대해서는 수긍을 할 것이고.."

찬가지의 외관을 띄고 있다. 따라서 적법한 한정위헌청구인지 여부가 문제되었으며, 헌법재판소는 종래의 판례에 따라 한정위헌청구가 문제되는 법률조항의 위헌을 다투는 것으로 선해할 수 있을 경우에는 비록 한정위헌청구라 하더라도 적법한 청구에 해당한다고 보고, 이 사건 역시 그에 해당하는 것으로 보았다.

그러나 전술한 바와 같이, 이 사건은 법률의 일정한 해석에 대하여 위헌을 구하는 청구가 아니고, 전문개정으로 효력을 상실하여 더 이상 존재하지 않는다고 할 수 있는 규정이 해석을 통하여 유효하게 적용되고 있는데 바로 그러한 해석 자체에 대하여 위헌을 다투고 있다는 점에 이 사건의 특수성이 있다. 그러므로 이러한 해석 자체의 위헌을 구하는 청구가 헌재법 제68조 제2항에 따른 헌법소원의 청구로서 적법한지 여부를 검토해 주어야 할 필요가 있을 것이다.

우선 결론부터 말한다면 청구인은 위에서도 지적하였듯이 청구취지에서는 해석의 위헌을 구한 것이 아니라, 구 조세감면규제법 부칙 제23조의 위헌을 구하였다. 다만 청구 이유에서 대법원이 전개한 소위 특별한 사정론을 문제삼으면서 그러한 해석이 조세법률주의에 위반됨을 다투고 있는 것이다. 일단 청구취지에서 청구인은 재판의 전제가 된 법률조항의 위헌을 다투고 있음을 고려할 때 청구인의 이 사건 청구는 적법한 것으로 인정된다.[21)]

다만 청구취지 자체에서 구 조세감면규제법 제23조가 전문개정으로 효력을 상실하였음에도 불구하고 여전히 유효하다고 하는 해석의 위헌을 구하였다면 이에 대하여 어떻게 보아야 할 것인가?

대법원은 원칙적으로 어떠한 법률이 전문개정되는 경우 그 법률의 본칙은 물론 부칙 역시 효력을 상실한다고 보고 있다.[22)] 다만 특별한 사정이 있는 경우에는 예외적으로 구법조항이 여전히 효력을 가질 수 있는데, 그러한 경우로는 개정법률이 구법의 일부조항이 효력을 가짐을 언급하거나 경과규정을 통해서 구법조항의 계속적 적용을 명하였을 경우라고 할 수 있다. 이와 같이 개정법률에 구법조항의 계속적 적용에 대한 언급이 있을 경우에는 처음부터 문제가 안 된다.

대법원은 구 조세감면규제법 부칙 제23조의 계속적 적용여부가 문제된 이 사건에서 개정법률에 그와 같은 경과규정적 언급이 없다 하더라도 특별한 사정이 있는 경우에는 구법의 부칙규정이 효력을 상실하지 않는다고 보면서 “그와 같은

21) 이와 같이 청구취지에서는 법률조항의 위헌을 주장하면서 청구이유에서는 한정위헌을 청구하는 경우에 청구이유에 있는 내용은 일반적인 공격방어방법으로 파악해서 적법한 헌법소원청구로 인정해야 한다는 견해로, 여운국, 제78회 헌법실무연구회 토론요지, 헌법실무연구 제8권, 2007, 640면.

22) 대법원 2008. 12. 11. 선고 2006두17550판결.

사정이 있는지 여부는 종전 경과규정의 입법 경위와 취지, 전부 개정된 법령의 입법 취지 및 전반적 체계, 종전의 경과규정이 실효된다고 볼 경우 법률상 공백상태가 발생하는지 여부 등의 여러 사정을 종합하여 판단하여야 한다"고 하였다.

이 사건은 종래의 한정위헌청구와는 완전히 그 성격을 달리하는 것이라고 보인다. 즉 전문개정으로 효력을 상실하였으나 대법원의 전술한 "특별한 사정론"에 의하여 효력이 있는 것으로 간주된 구법의 부칙조항의 적용이 헌법에 위반되는지 여부가 문제된 것이다.

대법원이 당해사건에서 적용한 것은 유효한 법률이 아니고 "특별한 사정론", 즉 법원의 해석·적용에 의하여 살아난 법률이었다. 이 사건에서는 그러한 해석·적용이 그 사건에서의 재판규범이 되었으므로, 그러한 해석·적용이 가능한지 여부, 즉 부칙 제23조의 효력유무가 재판의 전제가 되었다고 할 수 있으며, 청구인은 그에 대하여 다투면서 헌재법 제68조 제2항에 따라 구법 부칙 제23조의 위헌을 구하는 헌법소원심판을 청구한 것이다.

청구인이 법률이나 법률조항의 위헌을 구하는 것이 아니라, 법원의 해석의 위헌을 구하는 청구를 해 오는 한정위헌청구는 헌법재판소가 판시하고 있듯이, 궁극적으로 당해 법률조항의 위헌을 주장하는 취지라고 볼 수 있을 경우에는 적법한 것으로 받아들여 줄 수 있을 것이며, 이 사건에서도 그러한 법리를 적용하였다. 그러나 이 사건에서는 그러한 법률조항이 효력을 상실하여 더 이상 존재하지 않는다고 하는 데 특수성이 있다. 그럼에도 불구하고 법원의 해석에 의하여 재판규범이 생성되었다고 할 수 있으므로, 이와 같이 예외적인 경우에는 해석의 위헌을 구하는 청구라 하더라도 재판의 전제성을 인정해야 할 것이다.

그렇다면 어떠한 경우에 이와 같은 예외적인 해석위헌을 구하는 청구가 적법하다고 할 수 있을 것인가를 이 사건을 계기로 일반화시켜 본다면 다음과 같이 정리할 수 있을 것이다.

첫째, 국가기관(행정청이나 법원)이 어떠한 법률의 효력이 상실되었음에도 불구하고 "특별한 사정론"과 같은 해석을 통하여 이를 다시 법규범으로 적용하거나, 또는 허용되는 법문의 의미의 한계를 넘어서서 사실상 입법행위라고 할 수 있는 해석이나 적용을 하는 경우(사실상의 입법행위).

둘째, 그러한 해석·적용이 당사자의 기본권을 침해하거나 헌법에 위반되는 경우(헌법 위반성)가 바로 그것이다.

한마디로 법원의 법률에 대한 해석이 사실상 입법행위에 해당하는 경우에 그러한 입법행위의 산물로서 정립된 재판규범이 헌법에 위반됨에도 불구하고 아무런 통제가능성이 없다고 한다면, 이는 위헌법률심판과 헌법소원심판 등 광범위한 헌법재판제도를 창설하고 그에 대한 심판권을 헌법재판소가 관장하게 한 헌법 제107조와 제111조의 취지에 정면으로 반한다고 할 수 있을 것이다.

법원은 정당한 법해석의 권한 범위 내에서 법률이 무엇인지를 유권적으로 확인하는 임무를 가진 기관이다. 따라서 정당한 법률적 근거가 없는 상태에서 순전히 해석에 의하여 일정한 재판규범을 정립하였다면, 이 재판에서는 그 재판규범이 바로 법규범이라고 할 수 있고, 이와 같이 '특별한 사정'이 있는 경우에는 예외적으로 비록 형식적 의미의 법률이나 법률조항은 아니라 하더라도 해석을 통하여 정립된 재판규범 자체가 헌재법 제68조 제2항에 따른 헌법소원의 대상이 될 수 있어야 하는 것이다.

만일 이와 같이 보게 되는 경우 법원의 정당한 법률해석권한을 지나치게 제한할 수 있는 가능성이 있는 것은 아닌가 하는 문제가 제기되는 것이 사실이다. 그러나 법률에 대한 어떠한 해석이 헌법위반의 문제와 상관 없이 그 자체로서 정당한 법해석의 방법론 내에 머무르는 것으로서 위헌여부의 문제가 제기되지 않는 경우는 그야말로 순수히 법률의 해석·적용의 문제로서 법원의 소관사항이라고 할 수 있을 것이다. 이에 반하여 어떠한 해석이 법문의 가능한 의미를 벗어나서 적극적으로 흠결을 보충하거나 유추를 함으로써 (특히 기본권의 제한영역에서), 그러한 실질적인 입법작용의 결과로서 나온 재판규범이 헌법에 위반되는지 여부가 문제되는 경우는 단순한 법률의 해석·적용의 문제가 아니라 법규범의 위헌여부와 관련된 헌법문제가 된다고 할 수 있는 것이다. 그러므로 국회를 비롯한 모든 국가기관의 행위가 그 위헌여부의 관점에서 헌법재판소의 통제 하에 놓여 있듯이, 법원의 법률에 대한 해석이 헌법에 위반되는지 여부가 문제되는 경우에는 그에 대한 통제가능성은 열려 있어야 하며, 헌재법 제68조 제2항은 예외적인 재판소원이자 위헌법률심판으로서 그러한 가능성을 제공하는 아주 중요한 관문이 된다고 할 수 있는 것이다.

이러한 관점에서 본다면, 전문개정으로 이미 효력을 상실한 구법 부칙규정이 여전히 효력이 있는 것으로 해석하거나 적용한 것이 위헌이라고 하는 청구는 그러한 해석이 그 재판에서 재판규범으로 기능한 이상 적법한 청구라고 보아야 할 것이며, 이 사건 결정은 해석위헌청구의 적법성을 인정한 첫 번째 선례라고 평가할 수 있을 것이다.

Ⅵ. 헌법재판소의 해석위헌결정의 기속력

제청법원은 헌재법 제43조에 따라 "위헌이라고 해석되는 법률 또는 법률의 조항"(제3호)과 "위헌이라고 해석되는 이유"(제4호)를 기재하도록 되어 있는데, 이는 헌법재판소가 그러한 해석의 당부를 판단할 수 있음을 전제로 한 것이다. 법률이 위헌이라고 해석되는 이유가 정당하다고 인정될 경우에는 그러한 해석에 따라서 헌법재판소가 해당 법률조항에 대하여 위헌결정을 내리게 될 것이며, 그 반대의 경우도 가능할 것이다. 헌재법 제68조 제2항의 경우는 법원이 법률 또는 법률의 조항에 대하여 합헌이라고 해석하는 데 반하여, 당사자는 위헌이라고 해석하는 경우에 제기할 수 있는 헌법소원심판이라고 할 수 있다. 이 경우에도 당사자는 헌재법 제71조 제2항에 따라서 "위헌이라고 해석되는 법률 또는 법률의 조항"(제3호)과 "위헌이라고 해석되는 이유"(제4호)를 기재하여야 한다.

헌법재판소는 헌재법 제68조 제2항에 따른 헌법소원심판과 관련하여 우선 위헌제청신청 기각결정에 대한 헌법소원심판에서 먼저 법률조항이 위헌이라고 해석되는 경우에는 법원의 위헌제청신청 기각결정을 취소하는 주문을 선고할 수 있으며, 그 이유에서 법률조항의 위헌의 이유나 위헌으로 해석되는 이유를 밝힐 수 있다. 이러한 위헌제청신청 기각결정을 취소하는 헌법재판소의 결정주문과 결정의 주요이유(위헌이라고 해석되는 이유)는 헌법재판소법 제75조 제1항에 따라서 법원을 포함하는 모든 국가기관과 지방자치단체를 기속하는 기속력을 가진다.[23)]

법률조항이 다의적 의미를 가지고 있어서 위헌적으로도 해석될 수 있고, 합헌적으로 해석될 수도 있을 경우에, 일정한 해석에 대하여 위헌을 확인할 수 있음은 헌법재판제도를 두고 있는 거의 모든 나라에서 인정되는 소위 법률에 대한 헌법합치적 해석원리에 따른 것임은 주지의 사실이다. 그에 따라 헌법재판소가 일정한 법률해석에 대하여 위헌임을 밝히면서 그러한 해석 하에 법원의 위헌제청신청 기각결정을 취소하는 경우에는 그 취소결정은 물론, 취소의 주요이유라고 할 수 있는 일정한 해석이 위헌이라고 하는 취지도 법원을 비롯한 국가기관과 지방자치단체를 기속하는 기속력을 가진다고 할 수 있다.

어떠한 법률이 이미 효력을 상실하였음에도 불구하고 법원이 해석을 통하여 유효하다고 봄으로써 사실상 입법작용을 하는 경우에는 예외적으로 그러한 해석

23) 한정위헌결정의 기속력에 대하여는 방승주, 국가배상법 제2조 제1항 단서에 대한 한정위헌결정의 기속력 - 대법원 2001. 4. 27. 선고 95재다14 판결, 인권과 정의 2001/12(제304호), 102면 이하.

에 대한 위헌제청신청과 그러한 해석의 위헌을 구하는 헌법소원 역시 가능하다고 할 것인데, 그러한 헌법소원심판의 경우 일정한 해석은 법률 자체와 같은 재판규범으로서 작용을 한 것이므로,[24] 그러한 규범에 대한 위헌결정 역시 헌법재판소법 제75조에 따라 법원을 비롯한 모든 국가기관과 지방자치단체를 기속한다.

기속력의 주관적 범위는 모든 국가기관과 지방자치단체가 포함되며, 위헌제청신청 기각결정을 한 당해 법원도 여기에 포함됨은 당연하다.

기속력의 객관적인 범위는 결정주문과 그 주요이유에 미친다. 결정주문은 첫째, 위헌제청신청 기각결정을 취소한다고 하는 주문이 가능하며 만일 헌법재판소가 그러한 주문을 선고한 경우에는 그 주문 역시 기속력을 가짐은 당연한 일이다. 둘째, 법원의 법률해석의 위헌이 청구되어 심판대상이 된 경우에는 그 해석의 위헌을 확인하는 주문과 그 주문이 나오게 된 논리필연적 이유로서 헌법의 해석에 해당된다고 볼 수 있는 주요이유에도 기속력이 미친다. 이 사건의 경우 구 조세감면규제법 부칙 제23조가 유효하다고 보는 해석이 헌법에 위반된다고 하는 주문과 그 논리필연적 이유라고 할 수 있는 조세법률주의와 권력분립원리에 대한 위반의 헌법적 논거는 바로 기속력을 가진다고 보아야 할 것이다.

기속력의 시간적 범위는 헌법재판소의 결정이 나오게 된 법적·사실적 상황이 변화되지 않는 범위 내이다.

Ⅶ. 원행정처분의 헌법소원대상성 인정 필요성

이미 필자의 선행논문에서 밝혔듯이 이 사건의 경우 전형적으로 원행정처분에 대한 헌법소원심판청구로 다툴 수 있었던 사건이었다고 생각된다. 만일 헌법재판소가 지금까지의 판례[25]와는 달리, 원행정처분의 헌법소원대상성을 인정하는 판례를 내려 왔다면, 청구인들은 이 사건에서도 세무서장의 과세처분 자체에 대한 헌법소원심판을 청구하였을 것이다.

이 경우 헌법재판소는 법률적 근거가 없이 내려진 과세처분이 헌법 제59조의 조세법률주의에 위반되어 청구인의 재산권을 과도하게 침해하였음을 확인하고, 과세처분을 취소할 수 있었을 것이다. 이와 같은 헌법소원심판은 현행 헌법재판소법

24) 동지, 이명웅, 위헌법률심판제도에서 법규범과 법해석의 연관성, 법률신문 2012. 6. 21. 제4041호.

25) 헌재 1998. 05. 28, 91헌마98, 판례집 제10권 1집, 660 양도소득세등부과처분에 대한 헌법소원 이래 확립된 판례.

제68조 제1항에 따른 정당한 헌법소원심판에 해당하며, 비록 법원과는 결론이 달리 나올 수 있기는 하지만, 이러한 처분소원의 경우 초점은 처분이 당사자의 기본권을 침해하였는지 여부에 관한 문제이므로, 이를 확인하고 당해 처분을 취소한다면 역시 그러한 해석의 위헌여부의 문제가 분명하게 확인될 수 있게 될 것이다.

만일 이와 같이 처분소원의 길이 열려 있었다면 청구인들은 굳이 헌재법 제68조 제2항에 따른 헌법소원에 의한 방법을 통하지 않고서도 처분의 취소라고 하는 목적을 달성할 수 있었을 것이다. 이러한 처분소원은 헌법재판소법이 예정(제68조 제1항 단서, 제75조 제5항)하고 있음에도 불구하고 헌법재판소가 재판소원금지 규정 및 법원과의 마찰가능성을 고려하여 그에 관한 권한을 스스로 포기한 것이다. 재판소원금지가 헌법소원에 대한 입법론적 왜곡이었다면, 처분소원금지는 헌법소원에 대한 헌법재판소의 해석론적 왜곡이었다고 할 수 있다. 국민의 기본권보호의 차원에서 향후로 모두 적극적인 방향으로 개선되어야 할 사항이라고 생각한다.

Ⅷ. 후행 사건에서 동일한 주문의 반복필요성 여부

헌법재판소는 2012. 7. 26.에도 2009헌바35 · 82(병합) 구 조세감면규제법 제56조의2 제1항 등 위헌소원결정에서 같은 주문을 반복하였다. 한정위헌결정의 주문이 선고된 경우에 동일한 심판대상조항에 대한 추후의 심판에서 헌법재판소가 어떠한 주문을 선택하는 것이 타당한가의 문제가 제기된다.

이 문제는 한정위헌결정의 기속력과도 밀접한 관련이 있는 문제이다. 이에 관하여 헌법재판소는 일관되지 못한 입장을 보이고 있다. 가령 헌재법 제68조 제1항에서 "재판을 제외하고는" 부분에 대한 경우, 그에 대하여는 이미 한정위헌결정이 선고되었으므로 그 기속력을 인정한다면 법질서에서 그 효력은 사라졌다고 볼 수 있으므로, 앞으로 같은 주문을 반복할 필요는 없을 것이고, 그 부분에 관한 심판청구는 각하[26]하면 될 것이나, 때로는 예외적으로 허용되는 재판소원을 전제로 하지 않고 있다는 이유로 권리보호이익이 없어 각하하기도 하며,[27] 한정위헌결정

26) 이에 대하여는 방승주, 한정위헌결정된 법률조항에 대한 심판청구의 적법 여부, 헌법소송사례연구 박영사 2002, 254면 이하(266). 헌법소원의 취하로 심판절차종료선언이 되었지만, 취하되지 않았을 경우 평의결과에 대하여 밝히면서 "헌법재판소가 이미 헌재 96헌마172·173(병합) 사건에서 한정위헌결정을 선고함으로써 위헌성이 제거된 부분에 대하여 다시 위헌선언을 구하는 청구로서 부적법하다"고 밝히고 있는 것으로는 헌재 2003. 02. 11, 2001헌마386, 판례집 제15권 1집, 443 헌법재판소법 제68조 제1항 위헌확인 등. 그러므로 부적법 각하의 상세한 이유는 불분명하다.

27) 헌재 1998. 02. 27, 96헌마371, 판례집 제10권 1집, 184 헌법재판소법 제68조 제1항 위헌확인 등;

된 나머지 부분에 대하여 적극적으로 합헌을 선고하기도 하고,[28] 사정변경이 없다는 이유로 기각결정[29]을 하기도 한다.

이 사건 결정의 경우도 한번 위헌이 확인되었으므로 같은 심판대상에 대해서는 권리보호이익이 없다고 하는 이유로 각하결정을 하거나 사정변경이 없다는 이유로 기각결정을 내릴 수도 있을 것이지만, 이 사건의 경우 향후에 전개될 권리구제절차를 위해서는 한번 위헌결정을 내렸다고 해서 각하나 기각을 선택하기에는 곤란한 측면이 있다. 즉 후행 사건의 청구인들도 일단 인용판결을 받아야만 헌재법 제75조 제7항에 따라서 법원에 다시 재심청구를 할 수 있게 될 것이다. 따라서 만일 선행사건에서 구 조세감면규제법 부칙 제23조가 유효하다고 해석하는 것이 위헌이라고 확인하였다고 해서 후행 사건에서 각하결정을 내린다면, 그 사건의 당사자들은 실질적으로는 승소하였음에도 불구하고 헌재법 제75조 제7항에 따른 헌법소원의 인용판결을 받지 못했기 때문에 재심을 청구할 수 없게 되는 문제가 발생한다.

이러한 점을 고려할 때, 후행 사건인 2012. 7. 26. 결정에서 해석의 위헌을 다시 한번 반복함으로써 헌법소원을 인용하는 형식을 취한 것은 이러한 특수성을 반영한 타당한 주문선택으로 생각된다.

헌재 1998. 04. 30, 92헌마239, 판례집 제10권 1집, 435 헌법재판소법 제68조 제1항 위헌확인 등.

28) 헌재 1999. 10. 21, 96헌마61, 판례집 제11권 2집, 461 양도소득세부과처분취소 등, 헌법재판소법 제68조 제1항 위헌확인 등.

29) 헌재 2007. 05. 31, 2005헌마172, 공보 제128호, 636 헌법재판소법 제68조 제1항 위헌확인 등; 헌재 2001. 07. 19, 2001헌마102, 공보 제59호, 779 헌법재판소법 제68조 제1항 위헌확인 등; 헌재 2003. 03. 27, 2001헌마116, 판례집 제15권 1집, 298 헌법재판소법 제68조 제1항 위헌확인 등.

第123회 발표회 지정토론문

박　진　영*

최근에 뜨거운 이슈가 되고 있는 해석위헌결정에 대하여 헌법소송법적으로 다양한 관점에서 분석을 해주셔서 많은 공부가 되었습니다. 감사합니다. 제시하신 쟁점들 관련하여 가볍게 저의 생각을 덧붙이면서 문제를 제기해 보겠습니다.

1. 헌법재판소법 제68조 제2항 헌법소원의 성격과 관련하여

○ 본질이 '위헌법률심사'임. 이름이 헌법소원이라는 이유로 헌법소원심판으로서의 성격도 겸유하고 있는 것으로 보아 법원의 위헌법률심판제청신청에 대한 기각결정 또는 각하결정에 대한 재판소원이라고 구성하려는 시도에는 동의하기 어려움.

○ 헌법재판소법 제68조 제2항은 법원에 법률의 위헌여부에 관하여 일차적인 합헌판단권을 부여한 것. 사법자원의 낭비를 줄이고 상대 당사자의 신속한 재판을 받을 권리를 침해하지 않는 한편, 헌재의 위헌법률심사권이나 위헌법률심판제청신청인이 헌재로부터 법률의 위헌여부에 대한 판단을 받을 재판청구권을 조화시킨 입법으로 보임. 본질은 위헌법률심사라고 볼 수밖에 없음.

○ 헌법소원심판으로서의 성격도 갖고 있어 위헌법률심판제청신청에 대한 기각결정 내지 각하결정이라는 재판에 대한 헌법소원이라고 보면, 인용시 기각결정 내지 각하결정의 취소가 원칙이 되어야 할 것임. 그러나 우리 헌법재판소법 제75조 제6항, 제7항은 법률에 대한 위헌결정의 효력을 헌재법 제68조 제2항의 헌법소원에 준용하면서 당해사건 소송이 확정된 때에는 재심을 청구할 수 있도록 하고 있어, 헌재가 당해사건 재판의 전제가 된 법률 또는 법률조항에 대하여 위헌 또는 합헌의 주문을 내는 것을 전제로, 위헌결정시 당해사건이 확정되지 아니한 경우에는 위헌결정의 기속력을 받는 당해사건 법원이 그에 기속되어 재판절차를 진행하며, 위헌결정시 이미 당해사건 재판이 확정된 경

* 경희대학교 법학전문대학원 교수.

우에는 (재판의 취소가 아니라) 재심을 통하여 구제받도록 예정하고 있고, 이는 헌재법 제68조 제2항의 헌법소원심판이 이름만 헌법소원심판일 뿐 그 본질은 위헌법률심판임을 잘 드러내주는 대목이라 할 것임.

2. 한정위헌청구의 적법성

○ 이 사건은 헌재가 한정위헌청구의 가능성을 확장하여 인정한 예산회계법 사건에서 나온 견해들을 통하여 볼 때도 한정위헌청구가 적법한 유형에 해당한다고 보기 어려움. 구 조감법 부칙조항이 해석을 필요로 하는 다의적 개념을 포함하고 그 해석이 문제되는 경우가 아님. 사죄광고사건의 경우처럼 구 조감법 부칙조항이 그 적용과 관련하여 몇 가지 사례군으로 유형화되는 경우도 아님. 분리가능성설이나 유형화·추상화 가능성설 어느 견해를 따르더라도 한정위헌청구가 가능한 경우에 해당하지 아니함.[1)]

○ 법원이 구 조감법 부칙조항이 유효하다고 본 근거로 몇 가지 요건을 거시하였지만, 그것은 구 조감법 부칙조항이 비슷한 사례의 다른 법률의 부칙조항과 구별되는 특수한 사정들에 관한 것일 뿐, 이 사건 심판대상조항인 구 조감법 부칙조항 자체를 법 개정 이후에도 적용하는 부분에 있어서는, 그 적용대상이 분리되지도 유형화되지도 아니하고 수범자 모두에게 일률적으로 적용되기 때문임.

○ 그렇다면, 심판의 대상을 확정하는 단계에서 맞지 않는 적법한 한정위헌청구의 형식에 맞추어 구 조감법 부칙조항 자체를 심판대상조항으로 삼음으로써 아래 3.항에서 보는 바와 같은 혼란을 빚을 것이 아니라, 실제와 부합하게 주문에서 적시한 것처럼 '구 조감법의 시행에도 불구하고 구 조감법 부칙 제23조가 실효되지 않은 것으로 해석하는 것'의 위헌여부를 심판대상으로 보는 것이 낫지 않았을까.

3. 이 사건 헌법소원심판의 대상과 재판의 전제성

○ 발제자가 이 사건 심판의 대상을 '구 조감법 부칙조항의 유효여부'라고 본 것은 심판대상을 정확히 지적한 것임. '법률 또는 법률조항의 위헌여부'가 아니라 법원이 적용한 법률의 유효여부가 심판대상인 사건임.

이 점에서 본 결정이 심판의 대상 확정단계에서 '구 조감법 부칙조항의 위헌여부'라고만 적어 종래 헌재가 허용된다고 인정한 한정위헌청구와는 다른 이

1) 조대현 재판관님의 견해에 따를 경우에만 한정위헌청구가 가능하다고 볼 여지가 있어 보임.

사건 심판대상의 특징을 심판대상 확정단계에서 반영하지 아니한 것은, 이 사건 결정을 해석하고 이해하는데 여러 가지 어려움을 낳고 결정 자체의 내용이 수미일관하지 못한 느낌을 주고 있음.

○ 재판의 전제성과 관련하여, 당해사건 소송이 계속 중이고, 심판대상조항이 당해사건에 적용되는 법률이어야 하며, 심판대상조항의 위헌여부에 따라 법원이 다른 내용의 재판을 하게 되는 경우라야 함. 그러나 헌재의 해석에 따른다면 심판대상조항은 당해사건에 적용되는 법률이 아니므로, 재판의 전제성이 없음.

이는 법인의 양벌규정과 관련하여 다른 법률의 유사한 조항에 대한 위헌결정이 있은 후 입법자가 그 취지에 맞추어 책임주의를 적용한 법률개정을 한 사안에서, 형법 제1조 제2항의 해석과 관련하여 행위시법보다 재판시법이 더 유리한 경우에 해당한다고 보아 구법은 재판의 전제성이 없다고 각하한 결정[2]과 대비하여 볼 수 있을 것임. 그 사안에서도 제청법원은 공소장에 기재된 구법을 적용법조로 보아 구법에 대한 위헌제청을 하였지만, 헌재는 당해사건에 적용되는 법률은 신법이라는 이유로 구법에 대한 심판청구를 각하하였음.

○ 이 사건에서 헌재의 견해대로라면 구 조감법 부칙조항은 실효한 것으로 당해사건에 적용될 수 없는 법률이고, 그렇다면 재판의 전제성을 갖추지 못한 것으로 보아야 할 것임. 즉 심판대상을 법률조항 자체로 두는 한 재판의 전제성에 관하여 헌재가 적용해 온 요건들을 충족시키지 못하는 문제가 발생하게 됨. 법률개정으로 인한 구 조감법 부칙조항의 실효여부가 본안의 쟁점인데, 그에 대하여는 재판의 전제성 단계에서 판단이 이루어져야 하기 때문에 적법요건 심사와 본안의 심사가 그 자체 논리모순을 빚는 혼선을 피할 수 없게 됨.

4. 해석위헌청구의 적법성을 인정할 경우 바람직한 헌법소송의 형태 관련

○ 이러한 문제의 근본원인은 헌재법 제68조 제1항이 법원의 재판을 헌법소원의 대상에서 배제한 데서 기인하고, 그 본원적인 해결은 헌법과 헌법재판소법의 개정을 통하여 대법원과 헌법재판소의 권한과 위상을 재정립하는 것에 있을 것임.

○ 현행법 하에서 이 사건의 해결을 위하여는, '법률의 유효여부'는 결국 법률의 시간적 적용범위에 관한 법원의 법률해석의 문제이고 재판작용인 이상, 이는

---

2) 2010. 9. 2. 2009헌가9, 2010헌가30(병합) 결정.

규범의 해석문제일 뿐 규범 자체의 고유한 위헌성의 문제는 아니므로 위헌법률심판이나 헌재법 제68조 제2항 헌법소원의 대상이 될 수 없고, 헌재법 제68조 제1항의 헌법소원의 대상도 될 수 없다고 보아 각하하면서, 법률의 위헌적 해석·적용에 대한 통제가 이루어질 수 없는 현행법의 문제점을 이유에서 통렬하게 비판하는 방법이 있을 것임.

○ 현행법 하에서도 이 사안과 같은 극히 예외적인 일정한 경우에는 헌법소송을 통하여 해석의 한계를 넘는 법률의 위헌적 해석·적용을 통제할 수 있도록 시도하여야 한다고 볼 경우에는, 여러 가지 가능한 방법 중에서 가장 논리적으로 무리가 적은 방법을 택하여야 할 것임.

○ 발제자는, 어떠한 법률해석이 법문의 가능한 의미를 벗어나서 적극적으로 법률의 흠결을 보충하거나 유추를 함으로써, 실질적인 입법작용을 하고, 그러한 실질적인 입법작용의 결과로서 나온 재판규범이 헌법에 위반되는지 여부가 문제되는 경우에는 단순한 법률의 해석·적용의 문제가 아니라 법규범의 위헌여부와 관련된 헌법문제가 된다고 하면서, 이 사건 청구는 법원의 법률해석이 재판에서 재판규범으로 기능한 이상 적법한 청구라고 보아야 한다면서, 이 사건 결정이 해석위헌청구의 적법성을 인정한 첫 번째 사례라고 보고 있음.[3)]

○ 이것은 이미 실효하였음에도 불구하고 법원이 해석을 통하여 부활시킨 구 조감법 부칙조항(법개정시점 이후 효력을 발생하고 있는 부분에 한정)의 위헌여부를 심판대상으로 보는 것이고, 이와 같은 경우에는 그것은 법률의 해석이 아니라 그 실질이 '입법작용'이므로, 본질이 위헌법률심판인 헌재법 제68조 제2항 헌법소원의 대상이 될 수 있다고 보는 방법임.

○ 이는, ① 위헌법률심판의 대상으로서의 '법률'이란 '국회가 제정한 형식적 의미의 법률' 뿐만이 아니라 널리 '입법작용'이면 된다는 논리에 근거할 것인데, 위헌법률심판권은 권력분립의 원리에 따라 국회의 입법권에 대한 통제를 위해 헌재에 주어진 권한이라는 점, 즉 위헌법률심사제도의 본질과 맞지 않음. ② 그렇게 되면 기본권구제의 충실은 도모할 지라도, 법원의 심급제도를 형해화함으로써 상급심 법원의 법률해석권을 침해하여 그 자체가 권력분립의 원리에

---

3) 심판대상은 '구 조감법 부칙조항의 위헌여부'가 아니라, '구 조감법의 실효 이후 법원의 법률해석에 의하여 창조된 구 조감법 부칙조항의 위헌여부'가 되어야 하며, 이는 달리 표현하면 '구 조감법의 시행에도 불구하고 구 조감법 부칙 제23조가 실효되지 않는 것으로 해석하는 것의 위헌여부'가 될 것이다. 그렇게 보면 헌재는 위 사건에서 심판의 대상을 잘못 특정한 것이 되고, 위 사건 헌재의 결정주문은 한정위헌결정이 아니라 심판대상에 대한 단순위헌결정이라고 보아야 할 것이다.

반할 수 있음. 이 사안은 대법원 판결이 확정된 경우라서 다르지만, 위헌법률심판제청신청이나 그 기각결정은 심급 불문하고 가능하므로, 1심이나 2심 재판에서 이루어진 해석위헌청구에 대하여 헌재가 이 사건과 같은 (한정)위헌결정을 할 경우(더욱이 발제자의 견해처럼 1심이나 2심의 기각결정을 취소까지 하게 되면) 법률의 해석과 관련한 3심제는 사실상 유지될 수 없게 되고, 이러한 결과는 대법원과 헌법재판소를 대등한 헌법기관으로서 위상짓고 대법원에 사법권을, 헌재에 헌법재판권을 분장한 헌법상의 권력분립원리에 어긋나게 항소심의 법률해석권과 대법원의 최종적 법률해석권을 침해할 소지가 있음.

○ 또 하나의 방법은, 이 사건에서 헌재가 인정한 바와 같이 실효한 법률을 유효한 것으로 해석하여 재판에 적용하는 작용은 법원이 실질적으로 입법권을 행사한 것과 같다고 보아 입법작용에 대한 통제로서 헌재법 제68조 제1항 헌법소원을 허용하는 방법임. 극히 예외적으로, 규범의 해석한계를 넘어선 법형성 내지 법창조라고 볼 수 있는 기본권 침해적인 법률의 해석·적용은 그 실질이 입법작용으로서 헌법소원의 대상에서 배제되는 법원의 재판에 관한 예외에 해당한다고 봄으로써, 헌법소원의 대상으로 삼아 취소할 수 있는 예외적인 재판의 경우를 판례를 통하여 한 가지 더 창설하는 방식임. 이 방식을 택할 경우 보충성의 원칙에 따라 심사 가능한 재판은 최종적으로 확정된 법률해석·적용이어야만 할 것이고, 헌재법 제68조 제1항의 헌법소원은 널리 기본권을 침해하는 공권력의 행사 또는 불행사로서 입법작용을 포함하므로, 위에서 말한 두 가지 문제점은 발생하지 않음.

이 사건의 경우 헌재법 제68조 제2항 헌법소원의 형식으로 청구되었지만, 헌재가 적절히 소송지휘권을 행사하거나 직권으로 심판의 대상을 특정하는 등의 방법을 통하여 교정할 수 있었을 것으로 보임.

5. 마무리

왜곡은 또 다른 왜곡을 낳습니다. 법률의 해석도 판결도 상식에 부합하는 간명한 것이어야 합니다. 현행법을 잠탈하지 않고 충실하게 해석하면서 제도 자체가 본질에 맞게 바로 설정될 수 있도록 노력을 경주해야 할 것이고, 그 전에라도 꼭 필요한 예외적인 경우라면 권력분립의 원리와 기본권 보장이라는 헌법의 대원칙을 잘 조화시킬 수 있는 헌법소송법적 묘안에 대하여 최대한 지혜를 모아야 할 것입니다.

헌재 2012. 5. 31. 2009헌바123·126(병합) 구 조세감면규제법 부칙 제23조 위헌소원 결정을 둘러싼 헌법소송법적 쟁점에 대한 검토

이 승 환*

1. 서

헌재 2012. 5. 31. 2009헌바123등(공보 188, 962) 및 헌재 2012. 7. 26. 2009헌바35등(공보 190, 1303)(이하 '이 사건 결정들'이라고 한다)에 대하여, 새로운 해석위헌 결정 유형으로 보고, 재판소원 제도와의 관계를 검토한 발제문을 잘 읽었습니다.

이 사건 결정들의 실질적인 효과가 법원의 재판 결과와 상반되는 것이 될 수 있다는 것만으로, 위 결정들을 재판소원으로 볼 것은 아니라고 판단됩니다. 또한 이 사건 결정들의 특성은 발제문이 지적하고 있는 바와 같이 '실효'된 법률에 대한 헌법소원이었다는 점에 있는데, 헌법재판소법 제41조 이하에서 규정하고 있는 위헌법률심판 절차나 헌법재판소법 제68조 제2항에서 규정하고 있는 헌법소원심판절차에서 심판대상이 되는 '법률'에서, 이른바 '실효된 법률'이 특별히 다른 취급을 받아야 하는지 의문입니다.

헌법재판소가 법률의 위헌여부에 대한 심사권한을 가지고 있다고 해서, 헌법재판소가 법률을 무시한 자의적인 심사를 할 수는 없다고 할 것입니다. 입법론을 전개하는 것과 별개로 국가기관으로서 헌법재판소도 헌법 및 헌법재판소법을 준수해야 하는 것은 자명합니다. 본 지정토론문은 이 사건 결정들이 기존에 헌법재판소가 선고해 오던 '법률에 대한 적용(한정)위헌' 결정의 범주에 드는 것이라는 점, 이 사건 결정들이 법원의 재판을 심판대상으로 한 것은 아니라는 입장입니다.

* 헌법재판소 헌법연구관.

다만 그 과정에서 이 사건 결정들의 주문 및 적법요건 설시에 대해서는 비판적인 입장입니다. 이 사건 결정들에 대한 비판과 분리하여, 적용위헌 결정은 헌법재판소가 가지는 법률의 위헌여부에 대한 심사권한에서 당연히 도출되는 것으로, 적용위헌 주문을 선고할 필요성이 있다는 것이 지정토론자의 견해입니다.

2. 헌법재판소법 제41조의 위헌법률심판, 헌법재판소법 제68조 제2항의 헌법소원심판의 심판대상: '법원의 해석'에 의하여 확정된 '법률'의 위헌여부

가. '법률'의 위헌여부 판단에 있어서는 '법원의 해석'에 의하여 확정된 '법률'의 위헌여부가 문제된다.

구체적인 사실관계에서 적용되고 해석되어 확정된 법률의 의미내용이 구체적 사건 해결에서 의미있는 것이다. 따라서 법률과 법률해석을 구별하는 것은 큰 의미가 없다.

나. 헌법재판소는 법률에 대한 대법원의 확립된 견해를 위헌심사의 전제로 삼고 있다.

"상속회복청구권의 법률적 성질과 그 행사기간에 관하여 여러 견해가 대립되고 있는데 이는 민법 자체에서 상속회복청구권에 관하여 제999조 단 1개의 조문을 두면서 단기의 행사기간만 규정하고 있을 뿐 그 요건과 내용, 효과 등에 관하여는 아무런 규정을 두지 않았기 때문이다. 입법자가 상속회복청구권제도의 내용에 관하여는 전적으로 학설, 판례에 맡겨 놓은 것으로밖에 볼 수 없으며 따라서 이러한 민법 제999조에 대한 헌법판단을 하는 데에는 대법원의 확립된 견해에 의한 해석방법을 전제로 하여야 할 것이다(헌재 2001. 7. 19. 99헌바9등, 판례집 13-2, 1, 6)."라고 판시하고 있다.

다. 이른바 적법요건으로서 '한정위헌 청구'를 검토하는 입장의 부적절성

(1) 헌법재판소는 법률에 대한 한정위헌 및 한정합헌 주문을 선고하고 있다.

헌법재판소가 주문으로 선고하고 있으면서, 그러한 선고를 하여주기를 바란다는 청구인의 청구취지는 적법요건 단계에서 부적법하다고 평가하는 것은 자기모순이다. 당사자가 청구할 수는 없지만, 헌법재판소가 임의로 선고할 수 있다는 법리는 어떠한 실정법상의 근거나 논리적 정당성을 부여하기 힘들다.

(2) 따라서 「'법률 또는 법률조항'과 '법률 또는 법률조항의 해석'이 구별됨을 전제로 법률조항 자체의 위헌판단을 구하는 것이 아니라 '법률조항을 ~로 해석(적

용)하는 한 위헌'이라는 한정위헌청구는 원칙적으로 부적절하다.」는 기존의 몇몇 선례의 설시는 부적절하다.

따라서 2011. 이후 적법요건 단계에서 한정위헌청구의 적법성 여부를 논하는 입장은 폐기하기로, 헌법재판소 내부에서 원칙적 합의가 이루어진 바 있다.[1)]

(3) 헌법재판소는 "법률조항을 '… 하는 것으로 해석하는 한 위헌'이라는 판단을 구하는 청구는, 그것이 <u>법률조항 자체의 위헌성을 다투는 것으로 볼 여지가 있는 한도 내에서 허용</u>된다."[2)]고 판시하고, 법률조항 자체의 위헌성을 다투는 것이 아니라 '<u>단순히 법률조항의 해석을 다투는 것</u>', 또는 '당해사건 재판의 기초가 된 사실관계의 인정과 평가 및 법률의 해석·적용에 관한 문제를 들어 <u>법원의 재판결과를 비난하는 것에 다름아닌 것</u>'으로 인정되는 심판청구를 <u>부적법</u>하다고 하고 있다.[3)]

한편 헌법재판소는 "법률의 위헌성을 판단함에 있어서는 그 법률의 해석 내지 그 법률이 어느 경우에 적용되는가를 확정하는 것이 선행되어야 하므로 이 한도 내에서는 헌법재판소로서도 법률의 해석 내지 그 적용에 관여하지 않으면 안된다(헌재 1998. 7. 16. 97헌바23, 판례집 10-2, 243, 252; 헌재 2010. 4. 29. 2007헌바144, 판례집 22-1상, 622, 632)."라고 판시하고 있다.

(4) 헌법재판소법 제41조 제1항은 "법률이 헌법에 위반되는지 여부가 재판의 전제가 된 경우에는 ~"이라고 규정하고 있다.

기존의 한정위헌 청구 원칙적 부적법론은 '법률'의 범위에서, '법률의 해석'을 배제하는 방식이다. 하지만, '법률'과 '법률의 해석'이 분리될 수 없는 이상, 기존의 논의를 앞으로 계속 수용하기 어렵다.

(5) 대신 헌법재판소법 제41조 제1항의 '헌법'에 위반되는지 여부에 주목할 필요가 있다.

당사자가 법률이 '위헌'이라고 해석되는 이유를 기재하지 않았다면 이는 부적법한 심판청구이다(헌법재판소법 제71조 제2항, 제43조 제4호). 헌법재판소는 위헌이라고 해석된다는 점을 뒷받침할 구체적인 '법률이 위헌이라고 해석되는 이유'가 전혀 기재되어 있지 않으면, 헌법재판소법 제68조 제2항의 청구로서 부적법하다고

1) 헌법재판의 주요쟁점에 대한 검토, 2011. 헌법재판소, 31면.

2) 헌재 1995. 7. 21. 92헌바40, 판례집 7-2, 34, 37; 헌재 1997. 2. 20. 95헌바27, 판례집 9-1, 156, 161-162; 헌재 2000. 7. 20. 98헌바74, 판례집 12-2, 68, 74-76; 헌재 2000. 8. 31. 99헌바98, 판례집 12-2, 225, 230-231 등.

3) 헌재 2000. 8. 31. 99헌바98, 판례집 12-2, 225, 231; 2001. 3. 21. 99헌바107. 판례집 13-1, 626, 633-634; 헌재 2002. 3. 28. 2001헌바72, 판례집 14-1, 205, 209 등.

판시하고 있다(헌재 2001. 3. 21. 99헌바107, 판례집 13-1, 626, 632; 헌재 2003. 12. 18. 2002헌바91등, 판례집 15-2하, 530, 546; 헌재 2005. 2. 3. 2003헌바75, 공보 제101호, 220; 헌재 2010. 2. 25. 2007헌바131등, 판례집 22-1상, 104, 115-117 참조).

따라서 당사자가 '헌법 위반'여부를 주장하지 아니하고, 법원의 재판결과를 비난하는 것에 다름 아닌 주장이나 법원의 법률해석을 다툰다면, 이는 법률의 '위헌' 여부 심판을 구하는 것이 아니므로 부적법한 심판청구로 보아 각하할 수 있을 것이다.

이는 실무적으로 큰 변화를 가져오는 것은 아니라고 할 것이며, 다만 '한정위헌청구의 부적법성' 여부라는 제목으로 이루어지는 적법요건 검토로 인한 불필요한 오해를 방지하게 될 것이다.

(6) 이러한 입장에서 살피면, 이 사건 결정들 중 헌재 2012. 5. 31. 2009헌바123등(공보 188, 962, 967-968)에서 '나. 한정위헌 청구의 적법성'이라는 소제목 아래 적법요건을 검토한 것은 2011. 여름 이후 폐기하기로 한 기존의 논의를 반복한 것이다.

결국 당해사건에서 적용된 심판대상 법률조항 자체의 위헌성을 다투는 심판청구이므로 당연히 적법한 심판청구라고 할 것이다.

3. '실효'된 법률을 달리 취급할 필요성이 있는지 여부

가. 폐지된 법률도 그 위헌 여부가 관련 소송사건의 재판의 전제가 되어 있다면 당연히 헌법재판소의 위헌심판의 대상이 된다(헌재 1994. 6. 30. 92헌가18, 판례집 6-1, 557, 563; 헌재 1996. 4. 25. 92헌바47, 판례집 8-1, 370, 376-377).

폐지된 법률에 의한 권리침해가 있고 그것이 비록 과거의 것이라 할지라도 그 결과로 인하여 발생한 국민의 법익침해와 그로 인한 법률상태는 재판시까지 계속되고 있는 경우가 있을 수 있는 것이며, 그 경우에는 헌법소원의 권리보호이익은 존속하는 것이다(헌재 1989. 12. 18. 89헌마32등,[4] 판례집 1, 343, 348).

나. 이와 같이 보지 않는다면 실효·폐지되었다고 법률을 '해석'하면 법률의 적용을 행정부나 법원이 임의로 하지 않을 수 있다는 결과를 초래하여, 입법권한을 국회에, 위헌법률심사권한을 헌법재판소에 부여한 헌법의 통치구조 및 권력분립원칙과 배치되는 결과를 초래할 수 있다.

다. 이 사건 결정들의 심판대상 조항인 "구 조세감면규제법(1990. 12. 31. 법률 제4285호) 부칙 제23조"가 이 사건 결정들의 당해사건에 (외관상) 적용된 이상, 이

4) 초기 결정례로 헌법재판소법 제68조 제2항의 헌법소원심판청구임.

를 달리 취급할 필요가 있었는지 의문이다.

4. 주문의 문제점

가. 이 사건 결정들의 주문은, 「구 조세감면규제법(1993. 12. 31. 법률 제4666호로 전부 개정된 것)의 시행에도 불구하고 구 조세감면규제법(1990. 12. 31. 법률 제4285호) 부칙 제23조가 실효되지 않은 것으로 해석하는 것은 헌법에 위반된다. (헌재 2012. 5. 31. 2009헌바123등, 공보 188, 962, 964)」 및 「구 조세감면규제법(1993. 12. 31. 법률 제4666호로 전부 개정된 것)의 시행에도 불구하고 구 조세감면규제법(1990. 12. 31. 법률 제4285호) 부칙 제23조가 실효되지 않은 것으로 해석하는 것은 헌법에 위반됨을 확인한다. (헌재 2012. 7. 26. 2009헌바35등, 공보 190, 1303, 1304)」이다.

나. 그런데 이 사건 결정들은 심판대상으로 「구 조세감면규제법(1990. 12. 31. 법률 제4285호) 부칙 제23조의 위헌 여부」라고 표시하고 있다(공보 188, 965; 공보 190, 1305).

다. 이 사건 결정들의 주문은 「'해석하는 것은' 헌법에 위반된다」라고 설시함으로써, 불필요하게 재판에 대한 헌법소원이 아닌지, 법원의 법률해석 권한 침해가 아닌지 하는 논란을 불러 일으켰다.

나아가 주문과 심판대상이 일치하지 않는 초유의 결정이 되었다. 이것을 단순히 기술적인 표시방법의 선택으로 이해하거나, 발제문과 같이 '해석위헌'이라는 새로운 헌법소원 유형을 시도한 것으로 이해할 수도 있을 것이다.

라. 그러나 이 사건 결정들의 당해사건에 법률이 (외관상) 적용된 이상 통상의 헌법재판소법 제68조 제2항의 심사구조로 심리하여 판단하였으면 충분했다.

법원의 법률해석을 통하여 확정된 구 조세감면규제법(1990. 12. 31. 법률 제4285호) 부칙 제23조(이하 '이 사건 부칙조항'이라 한다)는 유효한 법률로 당해사건에 적용되었다. 헌법재판소의 이 사건 결정들에 따르면, 전부개정 법률의 시행에도 불구하고 이 사건 부칙조항을 적용하는 영역에서 조세법률주의 위반이라는 헌법위반 문제가 발생한다. 그렇다면 그 영역에 대한 위헌결정을 하면 족하다고 판단된다.

마. 헌재 2000. 7. 20. 98헌바74 결정의 법정의견(판례집 12-2, 68, 76)은, 법률조항의 '규율범위 내부'에 다의적인 해석가능성이나 다양한 적용범위가 있는 경우와 법률조항의 '규율범위 밖'의 적용을 구별하고, 전자는 한정위헌 결정의 대상이 되지만, 후자는 법률 자체에 대한 위헌확인을 구하는 것으로 볼 여지가 없고, 심판대상 법률조항을 유추적용한 사법작용의 정당성 여부를 다투는 것에 불과하므로

부적법하다고 판시한 바 있다.

하지만 법문의 문리해석을 했는지, 역사적 해석을 했는지, 유추해석을 했는지, 비교조항과의 반대해석을 했는지는, 당해사건 법원이 법률을 당해사건에 적용하였다는 점에서 아무런 차이가 없다. 이른바 법률조항의 '규율범위 밖'에 대하여 무슨 해석방법을 채택하였든지 법원이 적용을 한 이상, 이른바 법률조항의 '규율범위 밖'은 법률조항의 '규율범위 내부'가 되는 것이다. 이것이 법원의 법률해석을 존중하여 헌법재판을 하는 것이다. 따라서 위 98헌바74 결정의 규율범위 내부, 외부 구별론은 극복되어야 할 것이다.

이와 같이 볼 때, 법원이 법률해석을 통하여 이 사건 부칙조항을 적용하지 말아야 하는 당해사건에 적용하였다고 하더라도, 통상의 적용(한정)위헌 심사를 하면 족하고, 굳이 '해석하는 것은 헌법에 위반된다'라고 설시할 필요성은 없었다.

바. 「**구 조세감면규제법(1990. 12. 31. 법률 제4285호) 부칙 제23조는 "구 조세감면규제법(1993. 12. 31. 법률 제4666호로 전부 개정된 것)의 시행 이후에 대통령령이 정하는 기간 이내에 주식을 상장하지 아니하는 경우와 자산재평가를 취소한 경우에 적용하는 한" 헌법에 위반된다.**」라는 주문이었다면, 불필요하게 재판소원 여부가 문제될 소지가 감소했을 것으로 본다.

한편으로는 "구 조세감면규제법(1993. 12. 31. 법률 제4666호로 전부 개정된 것)의 시행 이후에 대통령령이 정하는 기간 이내에 주식을 상장하지 아니하는 경우와 자산재평가를 취소한 경우" 이외에 이 사건 부칙조항이 실제로 적용되어 문제되는 별개의 (합헌적인) 영역이 있는지도 의문이다. 그렇다면 이 사건 부칙조항에 대한 적용위헌이나 해석위헌이 아니라, 이 사건 부칙조항에 대한 단순위헌을 할 수 있었지 않았나 판단된다.

논증상 이미 실효된 법률임을 강조한다면, 2009헌바35등 사건처럼 "이 사건 부칙조항은 헌법에 위반됨을 확인한다."로 주문을 표시할 수도 있지 않았을까 생각된다.

5. 이 사건 결정들의 본안판단에 대한 의문점

가. 법률이 헌법에 위반되는지 여부가 헌법재판소법 제68조 제2항 헌법소원 심판청구의 심판대상이다.

이 사건 부칙조항에 대한 법원의 해석과 결과적으로 다른 해석을 하는 결과가 되었지만, '법원의 해석으로 그 내용이 확정된 이 사건 부칙조항'에 대하여 헌법재판소법 제68조 제2항 헌법소원심판청구 절차에서 '단순위헌'을 선고할 수도 있는 만큼, '법원의 해석으로 그 내용이 확정된 이 사건 부칙조항'의 '일정한 적용영역이 위헌'이라는 판단을 헌법재판소는 당연히 할 수 있다.

나. 다만 '단순위헌' 또는 '일정한 적용영역이 위헌'이라는 판단의 전제는 법률이 '헌법'에 위반되는지 여부이다. 성문·경성헌법인 우리 헌법을 해석함에 있어서는, 법률상의 원칙이라고 해서 자동적으로 헌법상의 원칙으로 보는 것은 주의하여야 할 것이다.

이 사건 결정들에서 문제된 조세법률주의 위반은 '헌법' 위반의 문제이다.

다. 그런데 「법률이 전부 개정된 경우에는 기존 법률을 폐지하고 새로운 법률을 제정하는 것과 마찬가지여서 종전의 본칙은 물론 부칙 규정도 모두 소멸하는 것이므로 특별한 사정이 없는 한 종전의 법률 부칙의 경과규정도 실효된다.」는 이 사건 결정들의 대전제가 헌법원칙인지는 의문이다. 이러한 대전제는 법원이 확인한 전부개정 법률의 해석론이며 법률원칙이라고 판단[5]될 여지가 있다.

이 사건 결정들이 사실상 대법원이 한 '예외적인 경우에 대한 전부개정 법률의 해석'이 대법원이 한 '원칙적인 경우에 대한 전부개정 법률의 해석'에 위반된다고 판단한 것은 아닌지 의문이다.

「법률의 전부 개정의 경우에도, 개정법률과 배치되지 않는 한, 개정법률에 종전 법률의 본칙이나 부칙에 규정되어 있던 개별 내용을 다시 반영하지 않더라도 종전 법률의 내용이 전부 개정으로 인하여 실효되지 않는다.」라고 대법원이 전부개정 법률의 일반적인 법률해석을 변경할 수도 있을 것이다. 최근 반성적 고려에 의한 법률의 전부 개정 이외에도 법률의 한글화 및 자연스러운 우리말 표현을 위한 전부 개정 등도 없지 않을 것인데, 국가작용의 연속성 측면에서 전부개정으로 내용 변경없는 구법 조항이 모두 실효된다는 법률해석이 타당한 것인지 문제제기를 할 수도 있다. 그 경우에는 위헌이었던 이 사건 부칙조항이 다시 합헌이 되어야 하는지, 그 경우에는 변경된 대법원의 전부개정 법률의 일반적인 법률해석이 위헌이 되어야 하는지 의문이다.

라. 요컨대 헌법이 규정하고 있는 조세법률주의가 기능하는지 의문이 있을 수 있는 한계영역에서 이 사건 결정들이 이루어진바, 과연 헌법재판소가 법원의 해석과 결과적으로 배치되는 한정위헌 결정을 굳이 이 사건 결정들에서 선고할 만한 사안이었는지 의문이다.

---

5) 김시철, 위헌법률심판절차에서 사법작용의 당부를 심사할 수 있는지 여부, 법률신문 2012. 6. 28. 제4043호.

마. 기술적인 문제

(1) 이 사건 결정들의 심판대상은 「구 조세감면규제법(1990. 12. 31. 법률 제4285호) 부칙 제23조」[6]의 위헌 여부이다.

한편 이 사건 결정들은 「조세특례제한법 중 개정법률(2002. 12. 11. 법률 제6762호로 개정된 것) 법률 제4285호 조세감면규제법 중 개정법률 부칙 제23조 제1항 중 "한국증권거래소에 주식을 상장하지 아니하는 경우에"를 "주식을 한국증권거래소에 상장하지 아니하거나 한국증권업협회에 등록하지 아니하는 경우에"로 한다.」는 이미 실효된 이 사건 부칙조항을 변경대상으로 한 것으로서 아무런 의미가 없고 과세근거조항을 재입법한 것으로 볼 수도 없다고 판단하였다.

(2) 그런데 이 사건 부칙조항이 구 조세감면규제법(1993. 12. 31. 법률 제4666호로 전부 개정된 것)이 1994. 1. 1. 시행되어 실효되기 이전인 1991. 12. 27.에 이 사건 부칙조항 제2항에 대한 개정이 있었다.

구 조세감면규제법(1990. 12. 31. 법률 제4285호) 부칙 제23조 제2항(1991. 12. 27. 법률 제4451호로 개정된 것)은

「② 제1항의 규정에 의한 재평가를 한 법인이 당해 <u>자산재평가적립금을</u> 자본에 전입하지 아니한 경우에는 재평가일부터 제1항의 규정에 의한 기간이내에 그 재평가를 취소할 수 있으며, 이 경우 당해 법인은 각 사업연도소득에 대한 법인세(가산세와 당해 법인세에 부가하여 과세되는 방위세를 포함한다)를 재계산하여 재평가를 취소한 날이 속하는 사업연도분 법인세과세표준신고와 함께 신고·납부하여야 한다.」이다.

이 사건 과세관청, 당해사건 법원, 헌법재판소 모두 이 개정을 간과한 것으로 보이나, 2009헌바123 사건의 당해사건에 적용된 구 조세감면규제법(1990. 12. 31. 법률 제4285호) 부칙 제23조 제2항은, 구 조세감면규제법(1990. 12. 31. 법률 제4285호) 부칙 제23조 제2항**(1991. 12. 27. 법률 제4451호로 개정된 것)**이라 할 것이고, 구 조세감면

---

6) 부칙 제23조(기업공개시의 재평가특례에 관한 경과조치 등) ① 이 법 시행 전에 종전의 제56조의2 제1항 본문의 규정에 의하여 재평가를 한 법인에 대하여는 종전의 동조 동항 단서의 규정에 불구하고 재평가일부터 대통령령이 정하는 기간 이내에 한국증권거래소에 주식을 상장하지 아니하는 경우에 한하여 이미 행한 재평가를 자산재평가법에 의한 재평가로 보지 아니한다.
② 제1항의 규정에 의한 재평가를 한 법인이 당해 <u>자산재평가적립금의 일부 또는 전부를</u> 자본에 전입하지 아니한 경우에는 재평가일부터 제1항의 규정에 의한 기간 이내에 그 재평가를 취소할 수 있으며, 이 경우 당해 법인은 각 사업연도소득에 대한 법인세(가산세와 당해 법인세에 부가하여 과세되는 방위세를 포함한다)를 재계산하여 재평가를 취소한 날이 속하는 사업연도분 법인세과세표준신고와 함께 신고·납부하여야 한다.

규제법(1993. 12. 31. 법률 제4666호로 전부 개정된 것)이 1994. 1. 1. 시행되어 실효된 조항도 이 조항이라고 볼 것이다.

2009헌바123 결정에서 헌법재판소는 심판대상조항을 구 조세감면규제법(1990. 12. 31. 법률 제4285호) 부칙 제23조 제2항으로 표시했는데, 동 결정에 기재된 심판대상조항의 내용을 보면(공보 188, 965), 명백히 「구 조세감면규제법(1990. 12. 31. 법률 제4285호) 부칙 제23조 제2항**(1991. 12. 27. 법률 제4451호로 개정되기 전의 것)**」을 심판대상조항으로 삼고 있다.

이는 심판대상 법률조항을 잘못 특정한 것이라고 판단된다.

6. 적용위헌 주문의 필요성

다만 이 사건 결정들에 대한 비판과는 별개로, 적용위헌 결정은 헌법재판소가 가지는 법률의 위헌여부에 대한 심사권한에서 당연히 도출되는 것으로, 적용위헌 주문을 선고할 필요성이 있다.

가. 법령을 심판대상으로 하는 우리나라의 헌법재판 ― 문면상 위헌방식으로 심리

우리 나라의 헌법재판은 미국의 용어를 빌자면, 원칙적으로 문면상 위헌 여부를 판단하는 형식이다. 따라서 위헌법률심판이나 헌법재판소법 제68조 제2항의 헌법소원심판의 주문은 "법률이 헌법에 위반된다 또는 위반되지 않는다."이다. 법령에 대한 헌법재판소법 제68조 제1항의 헌법소원심판 청구를 인용하는 경우에도, "법령이 청구인의 기본권을 침해한다"는 방식의 주문이 아니라, "법령이 헌법에 위반된다"라는 주문이 선고되고 있다. 헌법재판소법 제68조 제1항이 재판에 대한 헌법소원을 제외하고 있는 것도, 법원과의 권한 배분의 측면에서 문면상 위헌의 형태로 심사해온 하나의 이유가 된다. 이에 따라서 헌법재판소법 제68조 제2항의 헌법소원심판은 사실상 확정된 법원의 재판에 포함된 법률해석을 번복하는 역할을 하고 있으면서도, 법률이 특정한 당해사건에 적용된 한도에서의 위헌여부를 소송물로 삼지 않고, 법률 전체의 위헌 여부가 소송물이 되고 있다.

나. 문면상 심리의 문제점

(1) 그런데, 실질적으로 위헌법률심판이나 헌법재판소법 제68조 제2항의 헌법

소원심판에서 당해사건의 구체적인 사실관계와 법원의 법률해석과 유리된 헌법심사는 존재할 수 없다. 때로는 구체적인 당해사건에서의 청구인을 구제할 필요성이 있는가에 따라서 법률 전체의 위헌성 여부에 대한 판단의 추가 기우는 경우가 생긴다. 그러한 결과로 인한 합헌 결정은 선례가 되어, 이후 구제할 필요성이 있어 보이는 청구인이 제기한 법률에 대한 위헌청구를 제약한다.

반대로 구체적인 당해사건에서의 청구인을 구제할 필요성이 있는 경우에도, 현재와 같은 심리구조에서는 문제되는 법률이 합헌적으로 적용되고 있는 다른 영역에 대한 고려가, 당해사건에 적용된 결과의 위헌성을 희석하게 된다. 대부분의 적용영역에서 합헌인 법률을 소수의 예외적인 사실관계에서의 위헌성을 이유로 전부무효를 하게 된다면, 행정부는 입법부가 재입법을 할 때까지 필요하고 바람직한 법률의 집행을 할 수 없는 문제가 발생하게 된다.

(2) 헌법재판소가 문제되는 심판대상 법률의 모든 이례적이고 비례원칙에 부합하지 않는 적용과 해석 사례를 모두 예상하고 고려할 수도 없다. 사실상 모든 사건의 개별 심판대상 조항에 대해서 주석서를 쓰는 정도로 완전한 분석을 할 수도 없다.

반대로 청구인은 종종 자신과는 무관한 법률의 위헌성을 주장하곤 한다. 예를 들어 헌재 2002. 6. 27. 2001헌바70, 판례집 14-1, 601의 청구인은 피해자의 의사에 반한 추행을 하여 군형법 제92조로 기소된 자였음에도, 위 사건의 반대의견에서는 추행이 강제에 의하지 않고 군형법 피적용자 상호간에 은밀하게 행해짐으로써 타인의 혐오감을 직접 야기하지 않는 경우에는 그러한 행위가 군이라는 공동사회의 건전한 생활과 군기와 무관하다는 점을 들어 과잉금지원칙에 반한다고 보았다(헌재 2002. 6. 27. 2001헌바70, 판례집 14-1, 601, 613-614).

합헌인 영역과 위헌인 영역이 혼재되어 있다는 이유로 헌법불합치결정을 하는 경우에도, 결정을 이끌어 낸 청구인은 사실 명백히 법률이 합헌적으로 적용된 경우일 수도 있다. 청구인은 분명히 하위법령의 내용을 예측할 수 있었다고 보임에도 불구하고 주장하는 포괄위임입법금지원칙 위반 주장, 분명히 피사용자의 행위에 대한 귀책사유가 있다고 보이는 사용자가 양벌규정에 대해 주장하는 위헌주장 등도 상정할 수 있다.

(3) 법률의 정당성에 대한 소송은 법원이 법률 전체의 유효성에 대하여 판단해 줄 것을 항상 요구하는 것은 아니다. 어떤 위헌소송은 법률의 일부 적용영역의 규율에 대한 것이고 때로는 특정한 사실관계에 대하여 딱 들어맞게 적용될 수 있는 적용영역의 규율에 대한 것이다. 따라서 적용위헌 심사는 법률의 유효한 하부

규율이나 적용을 무효인 하부규율이나 적용과 분리할 수 있도록 허용한다.

(4) 이러한 점에서 볼 때, 우리 헌법재판에서도 법률 전체를 전지전능한 심판관이 판단한다고 의제하는 입장을 지속하기 보다는, 미국 연방대법원의 입장처럼 무효인 법률의 적용 영역과 유효한 법률의 적용 영역을 최대한 분리하고 세분화하는 방식의 심리의 필요성이 있는 사안들이 존재한다는 점을 인정할 필요가 있다.

미국 연방대법원은 United States v. Salerno, 481 U.S. 739, 745 (1987) 판결에서, 표현의 자유의 영역 이외에서 문면상 위헌 주장이 받아들여지는 경우는 법률의 합헌적인 적용이 없는 경우에 한정된다고 설시하였다. 다만 실제로 이 기준이 항상 적용되는 것은 아니고, 문면상 위헌 주장이 인용되는 경우가 상당히 있다.

미국 연방대법원이 적용위헌 심사를 하는 몇 가지 이유를 요약하면 다음과 같다.

첫째, 적용위헌 심사를 함으로써, 연방대법원은 불필요하거나 사건이 성숙되지 않은 헌법적 쟁점에 대한 결정을 피할 수 있다. 연방의회가 제정한 법률이 위헌이라고 선언하는 권한은 신중하게 취급되어야 하는 것으로, 가정적인 상황에 대한 언급이 아니라 특정한 개인의 권리를 결정하는 필수적인 상황과 관련해서만 연방대법원이 권한을 행사하여야 한다.[7)] 다만 이는 때때로 극복되기도 한다. 이에 대해서 불필요하거나 미성숙한 쟁점에 대한 판단회피는 연방차원의 정책적인 것이지 헌법이 요구하는 것은 아니라는 분석도 있다.[8)]

둘째, 법문의 의미가 항상 명확한 것이 아니고 여러 해석 가능성이 있는 경우, 법률의 의미가 구체화될 필요가 있는데, 그러한 구체화는 구체적인 사실관계에 따라서 사안별로 판결을 내리는 과정을 통하여 가장 잘 이루어질 수 있다. 따라서 구체적인 사실관계 없이 해석을 하는 것은 미성숙한 것이 될 수 있다.[9)]

셋째, 연방대법원이 문면상 위헌 주장을 받아들이지 않는 근거 중의 하나는, 법률의 위헌적인 하부규율이 합헌적인 하부규율과 분리되거나 단절될 수 있다는 암묵적인 가정과 관련된다.[10)]

---

7) 362 U.S. at 22. 여기서는 Ashwander v. TVA, 297 U.S. 288, 347-48 (1936) (Brandeis, J., concurring); Yazoo & Miss. Valley R.R. v. Jackson Vinegar Co., 226 U.S. 217, 219-20 (1912); Marbury v. Madison, 5 U.S. (1 Cranch) 137, 177-80 (1803) 등을 인용하고 있다.

8) Lisa A. Kloppenberg, Avoiding Constitutional Questions, 35 B.C. L. Rev. 1003, 1004-05 (1994).

9) Richard H. Fallon, Jr., AS－APPLIED AND FACIAL CHALLENGES AND THIRD－PARTY STANDING, 113 Harv. L. Rev. 1321, at 1330-1331.

10) 연방법원에서 주법률에 대한 위헌여부를 심사할 때 비슷한 가정을 한 것으로 Yazoo & Miss. Valley R.R. v. Jackson Vinegar Co., 226 U.S. 217, 219-20 (1912); Michael C. Dorf, Facial Challenges to State and Federal Statutes, 46 Stan. L. Rev. 235 (1994) at 283-87.

(5) 다만 법원의 법률해석 권한과의 조정이 문제되며, 실제로 헌법재판소와 대법원 사이에는 한정합헌, 한정위헌 결정에 대한 이견이 존재하고 있다.

그런데 헌법재판소가 내린 한정합헌, 한정위헌 결정에 대해 항상 대법원이 강한 문제제기를 하는 것은 아니다.

헌재 2002. 7. 18. 2000헌바57 결정은 "공무원연금법 제64조 제3항은 퇴직 후의 사유를 적용하여 공무원연금법상의 급여를 제한하는 범위 내에서 헌법에 위반된다."라고 판시하였다. 그런데 이 결정은 실은 대법원 2002. 5. 31. 선고 2000두4514 판결에서 공무원연금법 제64조 제3항이 규정한 형벌 등에 의한 급여의 제한사유를 '재직 중의 사유'로 한정하는 것이라고 해석한 결론의 입장을 사실상 따른 것과 같다(판례집 14-2, 1, 12).

헌재 2002. 11. 28. 98헌바101 결정의 법정의견은, "지방자치단체의 장은 다른 지방자치단체의 장의 동의를 얻어 그 소속 공무원을 전입할 수 있다"라고만 규정하고 있는 지방공무원법 제29조의3에 대해서, '지방자치단체의 장이 소속 공무원을 전출하는 것은 임명권자를 달리하는 지방자치단체로의 이동인 점에 비추어 반드시 당해 공무원 본인의 동의를 전제로 하는 것'이라는 대법원의 해석(대법원 2001. 12. 11. 선고 99두1823 판결; 대법원 2001. 12. 28. 선고 98두19704 판결)을 받아 들여 합헌 결정을 하였다(판례집 14-2, 609, 616). 이에 대해서는 재판관 3인의 "지방공무원법 제29조의3은 지방공무원 본인의 동의를 요하지 않는다고 해석하는 한 헌법에 위반된다"는 한정위헌 의견과, 재판관 김영일의 조항의 문언이나 입법목적을 아무리 넓게 파악한다고 하더라도 전입대상이 되는 공무원 본인의 동의라는 요건이 내재되어 있다거나 전제되어 있는 것으로 해석하거나 적용할 수는 없는 것이고, 또한 그와 같은 해석을 도출할 만한 어떤 다른 관련규정도 찾아볼 수 없으므로 위 법률조항에 대하여는 위헌선언을 해야 한다는 헌법불합치 의견(판례집 14-2, 609, 619-625)이 있다.

다. 양적 일부위헌으로서의 적용위헌

(1) 법률이 적용되지 않는다고 해석하는 것과 분리를 통한 적용위헌의 차이

(가) 위헌으로 일부 무효인 부분이나 적용을 분리하는 것은, 법률의 해석과는 구분된다.

시간적으로 법원이 이미 법률을 해석하고 헌법문제 판단이 불가피하며 법률이 당사자의 헌법상 권리를 침해하였다고 판단한 다음에, 법률의 위헌여부를 심사

하는 기관은 법률적용영역에 따라 법률의 분리여부를 결정한다.[11] 이는 법률해석의 문제가 아니라 구제범위의 문제로 보아야 한다. 즉 분리는 법률을 수정함으로써 효력을 유지할 것인지, 법률 전체를 무효화시킬 것인지 판단하는 문제이다.[12]

(나) 법률이 적용영역별로 여러 하부규율들로 이루어져 있는 것과 같이 다루기 위해서는 법률을 그처럼 해석할 가능성이 있어야 한다는 한계가 있다. 미국 연방대법원은 Reno v. ACLU, 521 U.S. 844, 884 (1997)에서, 법률을 쉽게 한정적으로 해석할 수 있는 경우에만 연방대법원이 법령을 한정적으로 해석할 수 있다고 설시하였다.

즉 사법부에 의한 법률의 해석이어야지 사법부에 의한 입법이 되어서는 안 된다.

법원이 헌법문제 회피의 가장 아래서 법률을 개정하는 것은 일부 위헌인 부분의 분리를 통하여 법률을 수정하는 것에 비하여 더 해악이 크다. 법률해석은 법률의 개정과 근본적으로 다르고, 만약에 법원이 헌법문제를 회피하기 위하여 법률을 다시 쓸 수 있다면, 헌법재판은 불필요하게 될 것이다.[13]

Clark v. Martinez, 543 U.S. 371, 384 (2005)에서 연방대법원은 법률이 헌법상 한계에 다가갈 때마다 연방대법원이 자유롭게 사안에 적용되지 않는 것으로 법률을 해석할 수 있다면, 법률이 적용위헌이라고 선고할 필요성이 없을 것이라고 설시한 바 있다. Public Citizen v. U.S. Department of Justice, 491 U.S. 440, 481 (1989)에서 케네디 대법관은 동조의견에서, 헌법문제 회피를 통해 법령의 명백한 의미를 법원이 무시할 수 있다면, 연방대법원은 법률의 적용이 헌법에 불합치할 가능성이 있을 때마다 법률이 문제되는 행위에는 적용되는 것이 아니라고 해석함으로써, 법률에 대한 사법심사권한을 불필요한 것으로 만들 수 있다고 경고하기도 하였다. 원칙적으로 법률의 해석을 하는 법원에는 헌법규범에 따라 법률의 의미를 선택하거나 결정하는 역할이 기대되는 것이지 법률 개정이 기대되는 것이 아니다.[14]

(다) 이처럼 법원의 법률해석으로는 적용영역별로 여러 하부규율들로 이루어져 있는 것처럼 법률을 해석할 가능성이 없는 경우에는, 법원은 문제되는 법률을 적용할 수밖에 없다. 이때 헌법재판소가 법원의 법률해석으로 내용이 확정된 법률

11) Adrian Vermeule, Saving Constructions, 85 Geo. L.J. 1945 (1997) at 1957.

12) David H. Gans, Severability as Judicial Lawmaking, 76 Geo. Wash. L. Rev. 639 (2008) at 696.

13) David H. Gans, Severability as Judicial Lawmaking, 76 Geo. Wash. L. Rev. 639 (2008) at 674.

14) Salinas v. United States, 522 U.S. 52, 59-60 (1997); Chapman v. United States, 500 U.S. 453, 464 (1991); Virginia v. Am. Booksellers Ass'n, 484 U.S. 383, 397 (1988); Ernest A. Young, Constitutional Avoidance, Resistance Norms, and the Preservation of Judicial Review, 78 Tex. L. Rev. 1549, 1588-91 (2000).

에 대하여 적용위헌(또는 단순위헌) 심사를 하게 된다.

즉 법원의 법률해석과 헌법재판소의 적용위헌이 기능하는 차원이 다르다.

(2) 가상 사례의 검토

(가) 위 헌재 2002. 7. 18. 2000헌바57 결정과 헌재 2002. 11. 28. 98헌바101 결정은 사실상 재심을 통한 청구인 개인의 구제절차를 가능하게 하는지 정도의 의미 이외에는, 재직 중이 아닐 때 범죄를 저지른 경우, 전입공무원 본인의 동의가 없는 경우는 문제된 법률이 적용되지 않는 것으로 법원이 해석을 이미 한 뒤의 결정으로, 헌법 문제가 해소되어 버린 상태에서 이루어진 것이다. 따라서 이러한 경우 한정합헌 주문과 합헌 주문은 아무런 차이를 가져오지 못한다.

헌재 2002. 11. 28. 98헌바101 결정의 재판관 김영일의 소수의견은 곧 법원의 해석이 해석 가능한 범위를 넘은 사법입법이라는 비판에 다름 아니다.

(나) 헌재 2002. 7. 18. 2000헌바57 결정과 헌재 2002. 11. 28. 98헌바101 결정과 관련된 대법원의 해석이, 재직 중이 아닐 때 범죄를 저지른 경우, 전입공무원 본인의 동의가 없는 경우에도 문제된 법률이 적용된다는 것이었다고 가정하자.

이것은 법률의 포섭이고, 해석이다.

이 경우 문제된 법률을 적용받는 영역은 재직 중이 아닐 때 범죄를 저지른 경우에 적용되는 경우와 재직 중에 범죄를 저지른 경우에 적용되는 경우, 전입공무원 본인의 동의가 없는 경우에 적용되는 경우와 본인의 동의가 있을 때 적용되는 경우로 나뉠 수 있다.

(다) 헌법재판소가 이 중 재직 중이 아닐 때 범죄를 저지른 경우에 적용되는 경우와 전입공무원 본인의 동의가 없는 경우에 적용되는 경우를 위헌으로 선고한다고 가정하자.

이것은 헌법문제의 해결이고 판단이다. 그것일 뿐, 법원의 해석에 대한 번복이 아니다. 법원의 해석에 대한 번복이 되려면, 가정의 사례에서의 법원해석과 반대로 실제 결정의 사례와 같은 법률해석이 정당한 것이라고 설시하는 것이고, 그에 근거하여 합헌 결정 등을 하는 것이다. 적용위헌은 문제된 법률이 사안에 적용된다는 법원의 해석을 변경하지 않는다. 오히려 법원의 해석을 전제로 하여, '법률'의 '일정한 부분'을 위헌 무효로 결정하는 것이다.

(라) 따라서 하등 법원의 법률해석 권한과의 충돌이 발생하지 않는다. 법원의 해석을 전제로 하여, '법률'의 '전부'를 위헌 무효로 결정하는 것이 문제되지 않는다면, 법원의 해석을 전제로 하여, '법률'의 '일정한 부분'을 위헌 무효로 결정하는 것이 문제될 하등의 이유가 없다.

따라서 규율영역의 분리를 통한 적용위헌을 법률의 해석으로 보기 어렵다.

(3) 양적 일부 위헌인 '적용 위헌·합헌' 주문의 제안

(가) 그동안의 법원과 헌법재판소의 마찰은 한정위헌·한정합헌 형식의 주문을 취하면서 '법률을 **~~라고 해석하는 한** 위헌 · 합헌'이라고 선고하고, 이를 질적 일부위헌이라고 학계에서 설명해 온 것에 따른 것이다.

이에 따라 법률의 해석 권한에 대한 헌법기관 사이의 이견이 발생하였다.

(나) '법률이 **~~에 적용되는 부분**이 위헌 · 합헌'이라고 선고한다면, 법률해석 권한에 대한 불필요한 오해를 사지 않을 수 있다고 생각된다.

그러한 헌법재판은 '법률이 ~~에 적용'된다는 법원의 해석을 전제로 하고 있는 것이기 때문이다. 이는 명확하게 적용 영역이 분리될 것을 전제로 하는 것이므로, '양적'인 일부 위헌이다.

(다) 이러한 '적용 위헌·합헌' 주문이 이른바 재판에 대한 헌법소원을 허용하는 것이 되는 것도 아니다.

미국의 경우에도 적용 위헌 여부에 대한 심사가 곧 특정한 개별·구체적 사례의 적용을 배제하는 것에 한정되는 것은 아니다. 미국에서도 어떤 적용위헌 쟁송들은 비교적 광범위한 적용범주에서 법률의 무효를 구하는 것들이다.[15)]

대법원과 헌법재판소에 사법심사의 권한을 배분한 우리 헌법 아래에서는, 개별 사례의 적용을 배제하는 방식의 적용위헌 심사는 타당하지 않고, 법률의 전체 적용 영역 중에 구분할 수 있는 복수의 일정한 하부 유형이 있을 때, 그 일부 유형에 대한 적용위헌 심사를 하는 것이 타당할 것으로 생각된다. 적용위헌 심사 주장을 원칙으로 하여, 법령의 특정한 적용에 대한 제소가 한 번에 하나씩 이루어질 것을 요구한다면 헌법상의 권리 주장에 상당한 지장을 초래할 수도 있다.

적용 영역이 분리되는지 여부도 대법원의 법률해석을 존중하는 방향으로 나아갈 것이다. 미국 연방대법원이 주 법률 적용의 분리 여부를 판단할 때, 주법률에 대한 최종적인 해석권한이 있는 주 대법원의 법률해석을 존중하거나 가정하는 것이 참고가 될 수 있을 것이다.

(라) 헌법재판소는 "조세감면규제법(1990. 12. 31. 개정 법률 제4285호) 부칙[16)] 제13조 및 제21조는 법인의 사업년도 중 이 법 시행일 이전의 당해 자본증가액의 잔존증가소득 공제기간에 대하여 <u>적용하는 한</u> 헌법에 위반된다(헌재 1995. 10. 26. 94

---

15) Richard H. Fallon, Jr., Fact and Fiction About Facial Challenges, 99 Calif. L. Rev. 915 (2011) at 924-925.

16) 우연히도 이 사건 부칙조항과 같은 개정법률의 부칙조항이다.

헌바12, 판례집 7-2, 447, 450),"

"화물자동차운수사업법시행규칙(2001. 11. 30. 건설교통부령 제304호로 개정된 것) 제3조 후단 제2호, 화물자동차운수사업법(2002. 8. 26. 법률 제6731호로 개정된 것) 제2조 제3호 후문, 화물자동차운수사업법시행규칙(2003. 2. 27. 건설교통부령 제352호로 개정된 것) 제3조의2 제1항, 제2항은 2001. 11. 30. 전에 화물자동차운송사업의 등록을 한 6인승 밴형화물자동차운송사업자에게 적용되는 한 헌법에 위반된다(헌재 2004. 12. 16. 2003헌마226, 판례집 16-2하, 580, 584)."라고 적용위헌 주문을 선택한 바 있다.

(마) 이러한 측면에서 이 사건 결정들이 해석이 위헌이라고 표현한 것에 찬동하기 어렵다. 앞에서 시도한 것처럼 이 사건 부칙조항의 적용영역을 포착하고 분리하여 적용위헌의 형태로 주문을 설시하는 것이 바람직하다고 본다.

라. 한 계

다만 적용위헌이 법령의 헌법 위반 여부 심사의 기본 방법이라는 미국 연방대법원의 판시와 통념에 대해서, 미국에서도 법령의 무효인 적용과 유효인 적용의 분리를 지나치게 추정하는 문제점, 분리기준이 불명확하고 때로는 문면상 전부 무효 판결이 입법부가 헌법을 준수하게 하는 유인이 되고 장기간에 걸친 법률의 불확실성을 방지한다는 점, 법령이 적용영역에 따라 분리가능한지 여부는 법률해석의 문제이므로 헌법원칙이 달리 요구한다면 상위 헌법원칙에 따라서 분리가능함에도 불구하고 문면상 위헌을 선고할 수 있는 전략적 경우가 있다는 점, 헌법재판소는 단순한 당사자의 분쟁 해결 기관이 아니라 때로는 광범위한 영역에서의 헌법을 선언할 필요성이 있다는 점, 실제로는 실체 헌법의 보장범위에 대한 판단에 따라서 문면상 위헌을 선택할 필요가 있다는 점 등, 적용위헌 우선론에 대한 다양한 비판이 있다.

우리의 경우에도 이러한 비판은 마찬가지로 새겨야 할 것이고, 헌법과 헌법재판소법에 따라 지금까지 문면상 위헌 여부의 구조로 헌법심사를 해 왔던 원칙을 변경할 것은 아니다.

다만 적용 영역이 명백히 분리될 수 있고, 적용 위헌의 결과가 법의 개정이나 법의 불명확성을 초래하지 않는 경우에는 법률의 일부위헌으로서 적용 위헌·합헌 주문을 도입할 수도 있다는 생각이다. 합헌인 영역과 위헌인 영역이 혼재되어 있다는 이유로 헌법불합치결정을 해 오던 사안, 인터넷을 통한 선거운동과 그렇지 않은 선거운동과 같이, 법률의 적용이 적용영역별로 전혀 다른 비례심사의 결과를 가져오는 경우에 유용성이 있을 것으로 생각된다.

문면상 위헌 주장을 기각한다고 해서 장래의 적용위헌 주장을 배척하는 것이 아니라는 미국 연방대법원의 입장을 고려하고 수용한다면, 일반적인 문면상 위헌 형태의 헌법심사를 하는 경우에 헌법재판소가 법령의 이례적인 적용을 일일이 미리 상정하고 판단할 부담도 줄어들 수 있게 된다. 일반적인 적용영역에서의 법률에 대해 합헌 결정을 하더라도, 분리될 수 있는 이례적인 적용영역의 헌법위반 여부의 심사를 통해 그러한 경우의 권리구제를 장래에 할 수 있기 때문이다.

7. 발표문에 대한 질의

가. 발표자께서는 이 사건 결정들이 새로운 유형의 해석위헌이라고 평가하였는데, 기존의 한정(적용)위헌과 다른 실천적 의미가 무엇인지, 법원의 권한과의 관계에서 그 한계를 어떻게 획정할 것인지 의견을 듣고 싶습니다.

발표자께서는 이 사건 결정들의 심판대상도 '법률의 해석'의 위헌여부로 보자는 입장으로 보이는데, 헌법재판소법 제41조 제1항, 제68조 제2항에서 심판대상을 '법률'로 규정하고 있는 것과 배치되는 것은 아닌지 의문입니다.

헌법재판소의 한정위헌 결정은 법원의 법률해석을 심판대상으로 그 해석을 통제하는 재판소원이 아니며, 법원의 해석을 존중하여 법원의 해석을 통하여 내용이 확정된 법률을 심판대상으로 하는 것입니다.

나. 헌법재판소법 제68조 제2항의 헌법소원심판청구에 대해서 '헌법소원심판' 성격을 강조하는 것이 어떠한 실천적 의미가 있는지 의문입니다.

(1) 판례는 헌법재판소법 제68조 제2항 소정의 헌법소원은 그 형식에도 불구하고 실질은 위헌법률심판제도(헌재 1997. 7. 16. 96헌바36등, 판례집 9-2, 44, 52; 헌재 2003. 5. 15. 2001헌바98, 판례집 15-1, 534, 543)로 보고 있습니다. 그 본질과 기능에 대하여 헌법재판소는, 「헌법재판소법 제68조 제2항의 헌법소원제도는 개인도 '구체적인 소송사건을 계기로 하여' 헌법재판소에 직접 법률의 위헌성을 물을 수 있다는 점에서, 그 법적 성격에 있어서 제41조의 위헌법률심판절차와 마찬가지로 구체적 규범통제절차의 한 유형이다. 이는 재판소원을 배제하는 우리 헌법재판제도에서 당사자의 청구에 의하여 직접 헌법재판소로 하여금 법률의 위헌성심사를 가능하게 하기 위하여 도입된 것이며, '기능상으로는' 재판소원의 일부분을 대체하고 있다. 헌법재판소법 제75조 제7항에서 재판에 적용된 법률의 위헌성이 확인된 경우 당해사건의 당사자가 재심을 청구할 수 있도록 함으로써 비록 헌법재판소가

법원의 재판을 직접 취소하지는 못하지만, 법원이 스스로 재판을 취소하도록 한 것은 사실상 헌법재판소의 결정에 의한 '간접적인 재판의 취소'에 해당하는 것이다.(헌재 2003. 4. 24. 2001헌마386, 판례집 15-1, 443, 457-458)」라고 판시한 바 있다.[17)]

그렇다면 헌법재판소법 제68조 제2항의 헌법소원심판청구의 본질에 대해서는 헌법재판소의 판례의 입장이 이제 확고하게 되었다고 볼 수 있다.

(2) 헌법재판소법 제68조 제2항의 헌법소원심판에서 위헌결정이 선고되면, 당해사건 법원이 위헌법률심판 제청신청을 기각한 결정은 어떠한 기속력도 없기 때문에 취소할 실익이 없다. 헌법재판소법 제75조 제6항, 제47조에 따라서 법률의 위헌결정은 당해사건 법원을 포함하여 모든 국가기관 및 지방자치단체를 기속하고, 위헌으로 결정된 법률은 효력을 상실하며, 헌법재판소법 제75조 제7항에 따라서 당해사건이 확정된 때에는 재심을 청구할 수 있다고 규정하고 있다. 헌법재판소법 제68조 제2항의 헌법소원심판에서 당해사건 법원의 위헌법률심판 제청신청을 기각한 결정에 나타난 논점에 한정하여 판단하는 것도 아니다.

(3) 헌법재판소법 제68조 제2항이 규정하고 있는 헌법소원심판은 별개의 절차이므로 헌법재판소법 제68조 제1항이 규정하고 있는 헌법소원심판의 적법요건을 충족할 필요가 없다. 즉 헌법재판소법 제68조 제1항이 규정하고 있는 헌법소원심판절차에서 '법원의 재판을 제외'하고 있는 것과 무관하다.

헌법재판소법 제68조 제2항이 규정하고 있는 헌법소원심판이 기능상 재판소원의 일부분을 대체하고 사실상 '간접적인 재판의 취소'를 하는 경우가 있다는 점을 확인하면 족하고, 굳이 이를 재판소원의 성격을 가지는 것으로 정면으로 파악할 필요가 없다. 헌법재판소법 제68조 제2항이 규정하고 있는 헌법소원심판의 이러한 사실상의 기능은 단순위헌 결정을 하는 경우에도 발현되는 것이므로, 한정위헌 결정 등에 특유한 것이 아니다. 따라서 이러한 성격규정을 통하여 '해석위헌'이라는 새로운 주문 유형을 구성할 필요성이 없다는 입장이다.

---

17) 이는 재판관 김영일, 송인준 2인 재판관의 의견이나, 소송종료선언의견인 법정의견에서 청구취하 당시의 재판관 전원의 일치된 헌법재판소의 최종 평결결과였음을 확인하고 있으므로, 헌법재판소의 법정의견과 같은 선례의 효력을 가지고 있는 것으로 볼 것이다(헌재 2003. 4. 24. 2001헌마386, 판례집 15-1, 443, 453-454, 465).

第123회 발표회 토론요지

사　　　회 : 전학선(한국외국어대 교수)
토론참여자 : 박한철(헌법재판소 재판관), 방승주(한양대 교수), 박진영(경희대 교수), 이승환(헌법연구관), 오영신(헌법연구관), 황치연(헌법연구관), 황도수(건국대 교수), 곽태철(변호사)
회　　　장 : 박한철(헌법재판소 재판관)
간　　　사 : 전상현(헌법연구관)

간　　사 : 한국외국어대 전학선 교수님의 사회로 제123회 헌법실무연구회 정기발표회를 시작하도록 하겠습니다.

사 회 자 : 사회를 맡은 전학선입니다.

오늘 아마 우리나라 특이하게 전 세계 다른 나라에도 없는, 비행기 이착륙도 잠깐 동안 금지되는 날인데 이렇게 실무연구회 하는 것이 뜻깊은 자리라고 생각됩니다. 바쁘실 텐데 이렇게 와주셔서 감사드립니다.

오늘 발표와 토론할 내용은 지난 5월 31일 있었던 조세감면규제법 부칙에 관한 사건, 이 사건은 언론에도 굉장히 많이 소개되었고 특히 대법원과의 관계 정립이 어떻게 될 것이냐 가지고 뒷얘기도 굉장히 많은 그런 초미의 관심사였고 지금도 관심사고 아마 앞으로도 계속 관심사가 되고 논의가 계속되어야 되지 않을까, 그런 생각이 듭니다. 특히 대법원과의 관계는 독일이라든가 프랑스에서도 헌법재판소와 일반법원과의 관계에 있어서 많은 논의들이 지금도 계속 있는 그런 내용이기 때문에 그런 것과 관련되어서 우리나라에서도 앞으로도 그렇고 오늘도 굉장히 열띤 토론이 있지 않을까 생각이 듭니다.

오늘 진행은 먼저 발제자의 발표를 듣고 그 다음에 토론을 맡아주신 두 분의 토론을 듣고 그에 대해서 발제자가 다시 대답을 하고 그 다음에 플로어에 계신 분들의 질문을 받고 또 발제자가 대답을 하는 순서로 이렇게 진행을 하도록 하겠습니다.

방승주 교수님.

< 주제발표자(방승주) 발표>

사 회 자 : 감사합니다.

그러면 이에 대해서 두 분의 토론자께서 토론을 해 주시겠습니다.

먼저 박진영 교수님.

< 지정토론자(박진영) 발표 >

사 회 자 : 다음은 이승환 연구관님 토론을 부탁드리겠습니다.

< 지정토론자(이승환) 발표 >

사 회 자 : 이승환 연구관님이 거의 발표에 준하는 토론을 해주셨고 거기다가 질문까지 두 가지를 하셨는데 플로어에서 분명히 또 발언하실 분들이 계실 테니까 방 교수님께서는 지금 두 분의 토론자께서 하신 것에 대한 얘기를 해 주시기 바랍니다.

사 회 자 : 감사합니다. 두 분, 박진영 교수님, 이승환 연구관님 너무 좋은 토론 감사드립니다.

우선 박진영 교수님은 상당 부분 저하고도 의견이 같은 부분도 있는 것 같습니다. 그런데 제가 듣는 과정에서 약간 다른 부분만 말하자면, '해석위헌을 가능하게 한다든가 또 제68조 제2항에서 한정위헌 청구를 가능하게 하고 더 나아가서 제가 주장하는 것처럼 재판소원적 성격을 인정하게 되면 결국에는 3심제라고 하는 것이 유지되지 못하는 것 아니냐', 이런 말씀을 해 주셨던 것 같아요. '1, 2심에서도 결국 해석에 의한 청구를 할 수 있는 것 아니냐' 이런 말씀이신거지요. 여기에 대해서는 이 문제는 오히려 생각보다 간단한 것 같아요. 나중에 제68조 제1항과 관련해서 그쪽에서 찾아보자, 이런 아주 새로운, 좋은, 'fresh'한 견해를 오늘 주셨는데, 왜 거기서만 보충성의 원칙이 적용이 되지요? 제 생각에는 제68조 제2항에서도 헌법소원적 성격을 인정했다면, 거기서 보충성의 원칙을 적용해 주면 1, 2심에서 청구할 때는 보충성의 원칙을 적용해주면 상고까지 올라가서 한정위헌청구를 하게 되는지가 정리가 될 겁니다. 그래서 결국에는 헌재가 상고심 되는 것 아니냐 이런 우려는 안 하셔도 좋을 것 같고.

그 다음에 결국에는 대법원이 하는데 대법원 다음에 또 헌법재판소로 가게 되면 그게 상고심 되는 것 아니냐 이런 우려들을 자꾸 하시는데, 그것은 제 생각에는 괜한 우려인 것 같아요. 한 번 더 헌법적 심사를 받는다고 해서 국민에게 나쁠 게 뭐 있습니까? 그것이 헌법적으로 잘못될 것이 뭐 있고요? 예를 들어서 입법부의 공권력행사의 결과물인 법률에 대해서 위헌심사를 한다고 헌법재판소가 입법부의 상위기관입니까? 그것은 아니거든요. 그런 것들을 보면 업무분장을 달리 한다, 결국에는 전공이 여기는 헌법이다, 법원은 법률이고 주된 전공이. 그러니까 헌법의 위반 여부가 문제가 되는 그러한 사건들은 다 와도 괜찮겠다. 헌법재판소가 할 만하지 못한 부분들은 다 걸러낼 것 아니겠습니까? 그래서 해석위헌이나 적용위헌을 청구하는 경우에 있어서도. 제 생각에 물론 남용가능성은 좀 있을 수 있을 것 같아요. 그런데 그때 이것을 이렇게 법률의 해석을 비난하는 것 이런 경우에는 부적법해서 각하해야 된다, 이런 헌재 판시를 보게 되면, 제가 예산회계법이라든가 그 밖에 여러 가지 지금 한정위헌청구된 사건들 몇 개를 보다 보니까 그런 생각이 떠올랐습니다. 그런 한정위헌청구 그 자체가 합헌이냐 위헌이냐 그게 문제인 것 같아요. 그러니까 한정위헌청구가 되어서 재판을 받게끔 된 당해사건 그 사실관계 거기에 그 법률조항을 적용을 하게 될 때 그것이 합헌이냐 위헌이냐 그게 아주 관건인 것 같아요. 그게 합헌적인 것 같으면 이것은 법률의 해석의 문제니까 법원이 해라. 그런데 만약에 그게 위헌일 가능성이 상당히 농후하다. 그러면 이것은 그냥 좌시하지 않는 것 아닌가. 그리고 또 좌시해서도 안 되는 것 아닌가. 결국에는 위헌 여부의 문제는 그것이 법률조항의 형식으로 되어 있든, 아니면 법원의 해석의 문제로 나온 재판규범으로 정립된 사실상의 입법작용이든 간에 그것 자체의 그 규범의 위헌성 여부가 문제가 된다고 할 것 같으면 그것은 헌법문제거든요. 그럴 때는 전문가인 헌법재판소가 판단해 보게끔 하는 것도 나쁜 것은 아니지 않은가. 우선 그렇게 말씀을 드릴 수 있을 것 같고요.

제68조 제1항에 관한 '예외적인 적용가능성의 제한' 그것은 아주 좋은 생각이신 것 같습니다. 그러나 지금 현재는 제68조 제2항에 관해서 저희가 지금 논의하는 것이기 때문에 그런 도출, 해석가능성은 충분히 있을 수 있을 것 같습니다.

이승환 연구관님, 3페이지에서 실효된 법률조항에 대한 위헌심사 사례 있는 것 아니냐. 그러니까 '이번 조감법 부칙 제23조에 대한 해석위헌 결정이 앞선 사례하고 다른 것은 아니지 않느냐', 이런 의견 주셨는데요. 제가 보니까 그것도 다른 것 같아요. 왜냐하면 실제로 저도 선행논문에서 재판의 전제성 부분을 쓰면서 그 부분은 한번 제가 검토를 해봤어요. 그러니까 폐지된 법률에 대해서 위헌심사를 하는 경우가 있거든요 실제. 그런데 그것은 재판 당시에 폐지된 것이지 당사자에게 적용될 당시에는 유효했었던 법률인 것이지요. 해석을 통해서 분명하게 우리가 그것이 유효했었던 법률에 대한 위헌 여부의 문제가 이미 폐지된 후에 다시 또 문제가 되어서 위헌 여부의 문제가 헌재로 올라왔었을 때는 그거 당연히 심사해 줄 수 있지요. 그런데 이것은 아예 누가 보더라도 유효하게 적용할 수 있을 만한 법률적 근거 자체가 없는 상태였다. 입법자의 실수든 뭐든 간에 법조항에 없었으니까. 그렇다면 그 앞에 있는 구법 부칙 규정가지고 끌어들여졌었을 뿐인 것이거든요. 조세형평, 원가주의에 의해서 성실하게 납세한 자들과의 형평 등등 이런 근거를 대서 그래서 했는데, 그렇게 한 내용을 보게 되면 그게 입법정책적인 문제거든요. 그렇게 해서 결정하는 것이 과연 법원의 해석이나 적용을 통해서 그렇게 사실상의 입법작용을 해도 되는 것인가 그런 문제가 제기될 수 있을 것 같습니다.

그 다음에 해석위헌, 적용위헌을 구분하시면서 결국에는 적용위헌 쪽으로 할 수 있는 것 아니냐 하셨는데, 물론 이게 우리가 오늘 많이 얘기하고 있습니다만 법률하고 법률해석이 뭐냐? 그거 구분하기 쉽지 않지요. 또 해석하고 적용은 뭐냐? 이거 구분 쉽겠습니까? 제가 생각할 때는 거의 구분 안 되는 것 아닌가? 다만 법문에 가능한 의미에 대한 해석의 문제는 우리가 해석으로 표현해야 될 것이고, 유추는 전통적인 법학방법론에 의할 것 같으면 그것은 해석이 아니지요. 또 새로운 어떤 가능한 법문의 한계를 벗어나서 법문의 의미에 반하게 어떤 법률을 만든다고 했을 때 그거 해석이라고 얘기해서는 안 될 것입니다.

이렇게 해석을 그냥 함부로 법원이 하는 모든 행위에 대해서 다 해석이라고 할 것 같으면 안 될 것 같고, 그러면 결국에는 법문의 가능한 의미를 벗어나는 그러한 의미에서의 어떤 법형성작용 이런 것들이 헌법적 관점에서 봤을 때 어디까지 허용되겠는가라고 하는 것의 중요한 법학 방법론적인 얘기가 되는데, 결국에는 이런 방법론적인 문제가 단순하게 법률의 해석문제로서 끝나는 것은 아니고 결국에는 그 당사자들의 기본권과 아주 밀접한 관계에 있을 수 있기 때문에 법문의 전통적인 해석방법론을 벗어나서 지나치게 침해적인 영역에서 유추나 아니면 흠결보충의 방법이라든가 아니면 법문에 반하는 방법으로 법률보충을 해서 사실상의 입법작용을 하게 되면 그것은 아주 중대한 헌법문제가 되지 않을까 그런 생각이 듭니다. 그럴 때는 헌재는 판단을 해줘야 될 것 아닌가 하는 생각이 듭니다.

사 회 자 : 아마 이거 지금 토론자의 의견과 또 발제자의 의견이 다른 부분에 관해서 사실 굉장히 헌법적 본질적인 것도 얘기를 하기 때문에 굉장히 할 말들이 많으실 것 같습니다. 그렇지만 플로어에 계신 분들도 궁금한 점이라든가 의견을 제시할 분이 계실 것 같은데, 오늘 참석해 주신 분들께서 의견을 개진하든가 아니면 발제자나 토론자도 좋습니다. 질문 있으신 분들은 해 주시기 바랍니다.

오 영 신 : 오영신 연구관입니다.

오늘 발제자께서 말씀하신 것처럼 그렇게 볼 수도 있는 것 같습니다. 기존에 헌법재판소의 한정위헌결정은 대부분이 명확성원칙에 의해서 법원이 해석한 범위를 법률의 정당한 해석범위를 인정해 주고 나서 그중에 일부분이, 규범적 일부분이든 유형적 부분이든 이런 부분들이 기본권을 침해한다고 해서 한정위헌을 하는 형태로 해왔습니다. 그런데 이번에 문제되었던 사건에서는 사실상 법원의 해석 자체가 틀렸다라고 얘기한 것이거든요. 그런 의미에서는 종전의 한정위헌결정과는 좀 다른 형태의 결정이라고 볼 수 있는 여지가 있는 것 같습니다. 거기서 문제가 된 게 그런 형태가 가능한 것이 제가 보기에는 세 가지 유형이 있는 것 같습니다.

첫 번째는 조세법률주의에서 얘기가 나올 수가 있고요. 또 하나는 죄형법정주의에서 얘기가 나올 수가 있고요. 또 하나는 논란의 여지가 있습니다만 우리 헌법 제37조 제2항에서 기본권을 제한할 때는 법률에 의하게 되는데 그 법률이 명확해야 된다고 할 때 그 법률의 명확성을 헌법상의 원칙으로 본다면 그것도 마찬가지로 적용할 수 있는 세 번째 영역이 될 수가 있을 것 같습니다. 여기에 대해서 발제자께서 같은 의견이신 것 같아서 제 의견을 말씀드린 것이고요.

저는 지정토론자 이승환 연구관에게 98헌마74 사건의 선례로서의 의미에 대해서 방금 말씀드린 것 맥락 하에서 질문을 드렸으면 합니다. 98헌마74 사건은 사건 자체가 비법인사단이지요. 육사동기였던것 같은데요. 비법인사건 내부의 구성원이 동기 회장을 상대로 임시총회 허가 신청을 한 사안입니다. 자세한 내용은 별론으로 하고 이 사건에 있어서 민법의 사단법인의 규정이 그대로 유추적용될 수 있느냐? 유추적용 한 것 자체에 대해서 위헌소원을 제기한 사안인데 이 경우에 대해서 98헌마74에서는 법정의견이, 이것은 이승환 연구관이 말씀하신 것처럼, 규율범위 밖의 사안이기 때문에 헌법소원의 심판대상이 아니라고 했습니다. 그런데 잘 아시다시피 민사법 영역에서는 법률에 흠결이 있는 경우에 유추적용이 광범위하게 허용이 됩니다. 그거에 대해서 문제 삼고 있지는 않습니다. 유추적용이 인정되지 않는 영역은 제가 방금 말씀드린 것처럼 조세법률주의, 죄형법정주의, 기본권제한 제37조 제2항 그것은 잘 모르겠습니다. 그 부분 논란이 있을 수 있을 것 같습니다. 이 정도 범위 내인 것 같습니다.

그렇다면 98헌마74 사건이 선례로서 갖는 의미가 지금도 유효하게 의미를 가지는 것인지에 대해서는 두 가지 의문점이 있을 수 있을 것 같습니다.

하나는 그게 민사법 영역이었다는 것이고요. 헌법상 원칙과 어떻게 보면 무관할 수 있는. 그리고 두 번째는 98헌마74 이후에 이번 발제문과 토론문에서 계속 나왔듯이 한정위헌청구 그리고 한정위헌청구의 적법성에 대해서 계속 논란이 있었고 한정위헌청구나 한정위헌 형식 어떤 거기에 대해서 판단을 하는 방법으로 헌재가 계속 해왔다는 점에서 2000년 7월 20일 선고되었던 98헌마74 사건이 계속 선례로서 우리 헌재에서 의미를 가지는 것인지 지정토론자의 의견을 듣고 싶습니다.

사 회 자 : 한 분 더 질문을 받고 함께 답을 들어보도록 하겠습니다.

황치연 연구관님.

황 치 연 : 현실화된 법률은 법률해석의 결과일 수밖에 없지요. 그러니까 '법률이라고 하는데 왜 법률해석을 다투느냐', 이 논리는 타당한 것이 아닙니다. 현실화된 법률은 항상 법률해석의 결과일 수밖에 없다는 것이지요. 그러니까 '왜 법률로 되었는데 법률해석을 다투느냐', 이런 논거는 입지가 부족하다고 생각을 할 수가 있고.

두 번째로 발제자께서는 약간 특수한 형태 아니냐, 이런 얘기를 하는 것 같아요. 'Rechtsbildung' 법관에 의한 법형성하고 'Gesetzesauslegung' 법률해석하고는 약간 다른 형태이지 않느냐 하는데, 우리가 한정위헌결정을 할 때는, 그 법률의 의미영역을 한정하거나 법률의 적용영역을 한정하거나, 결과는 법률해석의 결과입니다. 왜냐하면 적용영역을 한정해도 그 법률이 이렇게 적용해서는 안 된다는 해석을 의미하는 거지요. 우리가 법률규범 텍스트의 의미, 범위 이 자체만 해석이라고 보는 게 아니라 그 법률이 적용되는 적용범위 이것도 해석으로 포섭될 수 있다는 거지요. 그래서 지금 기존에 한정위헌결정에서 적법요건이나 규범통제의 본질 이 차원에서 크게 벗어난 바가 없다, 이 판례가. 이렇게 말씀드리고 싶고요.

오히려 발제자의 취지와는 대부분 공감을 하기 때문에 지정토론자 두 분께 일단 질문을 던진다면, 일단은 이승환 연구관은 심판의 대상과 주문이 불일치한 최초의 경우라고 하는데, 그렇지 않습니다. 기존에 존재한 모든 한정위헌결정은 심판대상조항의 위헌 여부이고 그 위헌 여부 안에는 한정위헌이 포함되기 때문에 다 불일치할 수밖에 없습니다. 이런 불일치를 극복하기 위해서 조대현 재판관님 같은 분은 심판대상을 한정위헌청구 그 부분으로 더 좁히자 이런 견해가 있을 뿐입니다.

만약에 결정주문을, 이승환 연구관님은 토론문 13페이지에 보면 '적용하는 한 헌법에 위반된다' 이런 형식으로 했으면 좋았을 것 아니냐 하는데 무슨 차이가 있겠어요? 다음과 같이 하는 한. '공제기간에 대하여 적용하는 것으로 해석하는 한 헌법에 위반된다' 이 말하고 '적용하는 한 헌법에 위반된다'라는 것하고 무슨 차이가 있냐? 그 다음에도 마찬가지예요. '화물자동차운송사업자에게 적용되는 한 헌법에 위반된다'는 말하고 '화물자동차운송사업자에게 적용되는 것으로 해석하는 한 헌법에 위반된다'는 말하고 무슨 차이가 있겠느냐 이거지요. 그러니까 법원의 해석에 기초한 한정위헌을 하든 헌법재판소가 독자적인 법률해석에 기초한 한정위헌을 하든 그것은 동일한 것이다, 그 말씀 드릴 수 있겠습니다.

박진영 교수님께는 만약에 그런 시론으로 제68조 제1항의 극히 예외적인 재판소원을 이해한다면 대법원 쪽에서는 얼마나 더 반발하겠습니까? 명문으로 금지된 것을 헌법재판소가 독단적으로 입법하였다 이런 식으로 하겠지요. 그런데 이 결정의 내용을 비난하기 위해서 '재판소원이다' 이런 식으로 비난하는 것은 규범통제, 제68조 제2항에 의한 규범통제의 논리적 사고를 제대로 이해하지 않은 측면이 있고, 아까 발제자께서는 폐지된 법률의 경우에 당해사건에서 적용될 당시에는 유효했다고 하는데 일단 폐지된 경우에도 유효 여부를 떠나서 규범통제가 되는데 실효된 법률이라고 왜 규범통제가 안 되겠습니까? 그런데 문제는 이게 실효된 것이라고 생각하면 안 된다는 것이지요, 규범통제의 대상에서. 그러니까 유형적으로는 실효되었지만 대법원은 유효한 것으로 판단하고 있기 때문에 규범통제 논리구조에 아주 적합하게 부합되는 통제수단이었습니다. 한정위헌결정이 또한 타당한 결론이었고. 그러니까 이것을 실효되었다는 측면에 초점을 맞추거나 재판소원이었다는데 초점을 맞추는 것은 이 규범통제의 실질을 몰각하는 것이지요. 왜냐하면 유형적으로는 실효되었을지라도 대법원에서 적용되는 한은 아주 유효하게 적용되는 법률로 있고 그 법률의 위헌성을 따지는 겁니다. 그 법률의 위헌성을 따졌는데 조세법률주의에 위반되는 것이다. 이런 식이지요.

사 회 자 : 그러면 한 분 더, 미리 신청을 하셨기 때문에.

황도수 교수님 질문해 주시지요.

황 도 수 : 사실 2012년 최근 결정을 보고서, 제가 시카고에 있었어요. 그렇게 뜨거웠는 줄 몰랐었고요. 어저께 읽어봤어요. 어저께 읽어봤더니 제가 볼 때 결정유형은 동일한 데 첫 느낌이 '아, 이게 논증에서 새로운 논증이 나왔구나' 하는 생각이 들었어요. 과거의 논증은 '법률의 내용이 그렇다'는 것을 전제해서 해석된 법률의 내용이 그런데 그런 내용이라면 헌법에 위반된다고 하는 논증이었는데, 이번 논증은 조금 그 뒷부분이 빠져서 '그렇게 해석하면 위헌이다'라고. 제가 볼 때 '그런 해석을 한다면 조세법률주의에 위반된다'라는 논증이, 어떤 내용적인 것 보다는 해석 자체를 문제 삼아서 그런 해석은 될 수 없다고 헌재에서 한걸음 나간 것 같아요. 그래서 제가 볼 때는 '아 이것은 재미난 결정이다'라고 보고요. 스타일이 다르다고 보고. 그래서 방 교수님의 분석에 대해서 저는 아주 전적으로 동의할 수 있다고 보여지고요.

그러면 왜 헌법재판소가 이런 결정을 했을까 생각을 해봤어요. 근거는 있는가 없는가? 제가 볼 때 근거 있다고 보여집니다. 왜냐? 둘다 위헌문제이기 때문에 가능하다는 거지요. 하나는 해석된 법률의 내용이 헌법에 충돌되니까 위헌이라는 논증이고요. 또 하나는 사법권의 행사, 법률을 해석하는 것 자체에도, 당연히 해석권에도 헌법적 한계가 있다고요. 그렇지요? 그 중에 대표적인 예가 방 교수님 지적하셨듯이 새로운 입법작용할 수 없다는 것은 당연한 헌법적 한계라고요. 그런 의미에서 볼 때 '그런 해석 못한다'고 헌법적인 판단을 할 수 있다고, 저는 충분히 가능한 논증이라고 보여지고요. 그런 의미에서 볼 때 이 두 가지 논증에서 다 위헌성이 문제되는 것은 사실인데 과연 이런 것을 헌재가 하는 것이 바람직하냐 안하느냐 문제는 그 다음 문제 같고요. 이게 그러면 원인은 뭐냐고 볼 때 일반적으로 한정위헌결정, 그 결정유형의 논거를 대개 독일식으로 합헌적 법률해석론에서 끌어온다고요. 합헌적 법률해석이니까 이것을 보는 관점에 따라서는 헌재 쪽에서 합헌성, 위헌성문제라고 볼 수 있고, 법률해석론 쪽에서 보면 또 이것은 법률해석이라고 이렇게 들어오는데 사실 독일에서는 문제가 안 돼요. 왜 문제가 안 되냐 하면, 재판소원이 가능하기 때문에 두 가지 위헌성 문제에 관해서 다 합헌적 법률해석 문제라고 해서 다 위헌으로 깨서 내려갈 수 있고요, 헌법재판소에서. 그러니까 독일에서는 별 문제가 안 되는데 우리는 지금 양자가 권한이 나누어져 있는 상태에서 문제가 제기되고요.

그 합헌적 법률해석과 관련해서 제가 볼 때는 장군, 멍군을 하고 있는 것 같아요. 먼저 법원 쪽에서 양도소득세 사건에서 '그것은 법률해석 문제인데 왜 건드렸냐고' 해서 장군을 먼저 했지요. 그 다음에 여지껏 헌재가 계속 멍군만 하다가 이번에 한 번 또다시 맞장을 뜬 것 아닌가 하는 생각이 드는데. 또 다시 장군 했다 이거지요. 왜냐? 이번에는 '법률해석, 좋다. 그런데 그것은 위헌적인 것 아니냐'고. 반대로 '법률해석 그렇게 위헌적으로 하면 헌재에서 건드려 볼 수 있다'고. 제가 볼 때는 거의 장기가 서로 장군 둘이서 맞장을 보고 있는 것 아닌가 하는 느낌이 들어서 앞으로 흥미진진하다. 저는 이렇게 개인적으로 보고 있습니다.

특히 이럴 때 지금 방 교수님께서 제68조 제2항 개념을, 위헌법률심판의 의미를 넘어선다, 제68조 제2항에 의해서 신청을 했는데 기각되었을 때는 헌법소원심판을 청구할 수 있다는 개념을 썼는데, 그 개념 제가 볼 때 아주 논리적으로 가능하고 한번 시도해 볼 만한 개념 아닌가. 저는 개인적으로 들으면서 생각을 했습니다. 다만 그럴 때 사실문제는 차치하고 논리적으로는 가능하다고 저는 보고 연구해 볼 필요성이 있는 것으로 보여집니다.

아무튼 지금 새로운 차원으로 양자의 관계가 가는 것에 대해서 학자로서 즐거움이 있습니다. 감사합니다.

사 회 자 : 아마 방승주 교수님보다는 토론자이신 두 분한테 질문이 주로 되었던 것 같으니까 두 분께서, 먼저 박진영 교수님께서 짧게 한번 질문에 대해서 하실 말씀 있으시면 짧게 해 주시기 바랍니다.

박 진 영 : 질문이라고 받아들이지를 않아 가지고요. 자유롭게 견해를 표명하신 것으로 생각이 들어서 특별히 무엇을 대답해야겠다 이런 생각은 안 했고.

아까 제가 지정토론 한 것과 관련해서 발제자가 대답해 주신 것과 관련해서, 제68조 제2항 소원이 그러면 위헌법률심판하고 헌법소원의 성격을 다 가지고 있다, 그것도 헌법소원이기 때문에 보충성의 원칙이 적용된다, 그래서 심급제를 형해화할 우려가 없다 이렇게 말씀하셨거든요. 그러면 그 경우에만 1, 2심 법원의 위헌법률심판제청을 막을 수 있는 근거는 무엇인가요? 두 가지의 성격을 다 가지고 있을 때 어떤 때 어느 쪽 성격이 나타나고 어떤 때 이쪽 성격이 나타나고 이렇게 되나요?

방 승 주 : 앞으로 생각해보겠습니다.

사 회 자 : 더 없으신가요? 그러면 이승환 연구관님.

이 승 환 : 먼저 98헌바74 사건이 지금 또 선례로 보느냐 그런 질문했는데 일단 제가 극복해야 된다고 했기 때문에 앞으로 따르지 않았으면 싶다는 게 제 의견이고요. 그 다음에 말씀하신 부분에서 '유추적용이 인정되는 영역이 있고 인정이 안 되는 영역이 있는데 98헌바74는 민사법 영역이었고 조세나 형사법영역은 다르다' 이런 말씀해 주셨는데요. 제 생각은 그렇습니다. 유추적용 인정이 되는 영역이든 안 되는 영역이든 외관상 법원이 잘했건 잘못했건 간에 위헌적인 어떤 법률적용을 했다는 겁니다. 그러면 이 위헌적으로 법률이 유효하게 적용된 그 외관을 제거하고 배제할 필요성은 있는 것이 아닌가? 이것은 이런 식으로 법해석을 할 수 없다고 해서 그러면 외관제거를 부인하는 것이 타당한가? 그 정도 의견이 있습니다.

그리고 황치연 연구관님 말씀에서 적용영역의 분리는 해석과 같다. 지당하신 말씀입니다. 저도 이 적용위헌이 한정위헌과 분리되는 또 다른 것은 아니라고 생각합니다. 마찬가지고 당연히 같은데. 제가 계속한 것은 이른바 기관 사이에 불필요한 충돌 소지를 줄일 수 있는 표현의 선택이라고 할까. 그렇습니다. 적용한정과 의미한정이 같고 동일한 법률해석이라는 말씀 당연히 저도 맞는 말씀이라고 생각합니다.

그런데 그 앞에 질문 하나 더 있었는데, 이전에 한정위헌결정도 심판대상과 주문이 달랐다고 얘기하시는데 그렇습니다. 어떤 법률은 '무엇 무엇이라고 해석하는 한, 적용되는 한 위헌이다'고 했다 그러면, 그 법률은 그 반대로 '그렇게 해석하지 않는 부분에서는 위헌이 아니다'라는 판단이 그 문장 안에 내포된 것이 아닌가? 그런데 국어 구문에서 보았을 때 이 사건 주문은 아무리 생각해 봐도, 심판대상은 법으로 두고 여기 주어가 붙은 '은'은 '해석하는 것은'이거든요. 제가 볼 때는 그런 측면에서 좀 문제가 있는 것이 아닌가라고 해서 조금 의견이 다른 것입니다.

사 회 자 : 혹시 다른 분 먼저, 시간이 없으니까요. 1분 안에 짧게 해 주세요.

황 치 연 : 그러니까 '무엇 무엇으로 해석하는 한 위헌이다'라고 했을 때는 판단되지 않은 부분이 있다, 이런 측면으로 파악하는 것이 타당하다고 보입니다.

사 회 자 : 또 다른 분 안계신가요?

방 승 주 : 일단 박진영 교수님 질문에 대해서 간단하게 답변하겠습니다.

박진영 교수님 질문에 대해서는 두 가지 관점에서 생각해 볼 수 있지 않을까 싶은데요. 일단 첫 번째는 3심제 유지가 그렇게 중요한 관건이 되는가, 헌법과 관련해서, 헌법심과 관련해서. 일반 법률심에 있어서는 유지가 되어야 되겠지요. 그런데 예를 들어서 1심에서 위헌법률심판을 해서 기각되었다, 어차피 1심에서도 제41조 제1항에 따른 위헌제청 하잖아요. 그렇지요? 거기에 의해서도 갈 수도 있는 것이고. 늘 그것은 제41조 제1항에서도 발생할 수 있는 문제거든요. 위헌제청의 문제는. 그러니까 결국에는 그 제68조 제2항에 대해서 기각결정에 대한 헌법소원에 있어서만 그런 문제가 발생하는 것은 아니지 않는가. 일단 한번 그 생각을 해 볼 수도 있을 것 같고.

그 다음에 나머지 보충성의 원칙의 적용의 문제와 관련해서는 당해소송 사건에서 위헌법률심판을 다시 재차 신청할 수 없다고 하는 그 단서조항이 나오기 때문에 그 점에 대해서는 한 번 더 생각을 해 봐야할 요소가 있는 것 같습니다.

고맙습니다.

사 회 자 : 다른 분 없으신가요? 곽태철 변호사님 혹시 의견, 어렵게 오셨는데 그래도 한 말씀 해 주시는 게 좋을 것 같습니다.

곽 태 철 : 저도 사실은 여기 헌법실무연구회 초창기 멤버입니다. 십 년 가까이 게을러져서 못 나왔는데 마침 저희가 다루었던 사건이 토론의 주제가 되었다는 연락을 받고 우리 학자님들은 어떻게 생각하시는지 굉장히 궁금해서 의견을 한번 참고도 할 수도 있고 해서 나와 봤습니다.

이 사건은 다들 아시겠지만 헌재에서 어떻든 한정위헌인지 좀 논란이 있을 수 있지만 위헌결정을 해 주신 덕분에 지금 재심청구가 되어 있습니다. 서울고등법원에서 심리 중인데요. 제 입장에서는 지금 심리중인 사건에 대해서 이해관계 있는 사람이 뭐라고 얘기하는 것은 적절치 않은 것 같은 생각을 하고요.

사 회 자 : 시간이 많이 지나가지고 마지막 사회자지만 저도 직권으로 한 말씀만 드리고 가도록 하겠습니다.

이승환 연구관님 여러 가지 중에서 2000헌바57 공무원연금법사건에 대해서 예를 많이 드셨는데. '이래서 저를 부르셨나, 아니면 제가 사회자인 것을 알고서 이런 것을 쓰셨나' 했는데. 이 사건이 김영일 재판관님 주심이었고 제가 그때 연구원으로서 담당했던 사건입니다. 그래서 이것에 대해서는 자세히 제가 알고 있는데 이게 한정위헌결정 나갔었는데, 이미 그전에 여러 가지로 검토해 가지고 한정위헌 할 것이냐, 단순위헌 할 것이냐, 한정합헌 할 것이냐, 여러 가지 논의가 있었다가 결국은 한정위헌 나갔는데.

'한정위헌 나가고 단순합헌 나간 게 뭐가 다르냐, 똑같지 않냐' 지금 이런 식으로 생각을 하시는 것 같은데. 대법원에서 그렇게 재직 중의 사유로 한정했다 하더라도 동일사건에서만 하급심이 상급심 따를 의무가 있지 다른 사건에서는 따를 의무가 없습니다. 그런데 한정위헌도 변형결정이고 또 위헌결정의 일종으로 해석하면 한정위헌으로 하면 기속력이 법원한테 미치게 됩니다. 합헌으로 하면 기속력이 없습니다. 그렇기 때문에 차이가 있기 때문에 이것은 분명히 다른 것 같습니다. 그것만 말씀드리고.

그러면 마지막으로 회장님이신 박한철 재판관님의 말씀을 듣도록 하겠습니다.

회　　장 : 이 사건을 제가 직접 담당한 사람으로서 오늘 여러 가지 문제제기가 되고 또 반론이 있고 토론도 이루어져서 어떻게 보면 생생한 느낌을 다시 한번 상기하는 계기가 되었습니다. 이 사건이 정말 논점이 많기도 하고 또 논쟁도 치열하게 전개가 되었습니다.

여러 가지 쟁점에 대한 부분이 있었는데 그것을 코멘트를 하기 시작하면 한없이 길어질 것 같고, 다만 우리가 이런 실무연구회를 통해서 이미 있었던 결정에 대해서 문제제기를 하고 또 그것을 헌법이론적으로 어떻게 해석을 하고 조화롭게 방향제시를 할 것이냐 하는 그런 의미에서는 정말 많은 도움이 된 것 같아요.

우리 방승주 교수님이 정말 심혈을 기울여서 제기했던 부분도 상당히 공감을 하고. 또 두 분 토론자님들 제기하신 부분에 대해서 충분히 공감이 됩니다. 그런 입론도 가능하고 또 그렇게 느껴지는 부분도 있지요. 마찬가지로 토론하신 분들도 또 마찬가지고.

어떻든 이 실무연구회가 그런 의미에서 아주 중요한 역할을 하고 앞으로도 또 큰 기대를 가질 수 있을 정도로, 우리 헌법이론의 정립이라든지 실무의 발전에 더 큰 기여를 할 수 있지 않을까? 그래서 오늘 참석하신 분들 고맙게 생각하고 감사드립니다.

사 회 자 : 감사합니다.

늦은 시간까지 이렇게 끝까지 자리를 지켜주신 여러분께 감사드리고 이것으로 제123회 헌법실무연구회를 모두 마치도록 하겠습니다.

감사합니다.

헌법실무연구 수록 논문색인(제 1 권 ~ 제 12 권)

제 1 권	제 1 회 발표문 (1999. 7. 2.)	택지소유상한에관한법률의 단순위헌결정 — 헌재 1999. 4. 29. 선고, 94헌바37등(병합) 결정, 판례집 11-1, 289 —	윤홍근
	제 2 회 발표문 (1999. 9. 3.)	음란물출판사등록취소사건 — 헌재 1998. 4. 31. 95헌가16, 판례집 10-1, 327 —	이인호
	제 3 회 발표문 (1999. 10. 1.)	도시계획법 제21조에 대한 위헌소원 — 헌재 1998. 12. 24. 89헌마214등, 판례집 10-2, 927 —	김문현
	제 4 회 발표문 (1999. 11. 5.)	文通事故處理特例法 제 4 조 제 1 항 및 그에 근거한 不起訴處分에 대한 憲法訴願의 適法性: 違憲決定의 遡及效 문제를 중심으로 — 헌재 1996. 12. 26. 96헌가18, 판례집 8-2, 680 —	박경신
	제 5 회 발표문 (1999. 12. 3.)	자도소주(自道燒酒)구입명령 판결에 대한 평석 — 헌재 1996. 12. 26. 96헌가18, 판례집 8-2, 680 —	박경신
	제 6 회 발표문 (2000. 1. 7.)	變形決定의 문제점	김운용
	제 7 회 발표문 (2000. 2. 11.)	구 소득세법 제60조에 대한 헌법불합치결정의 법적 성격과 그 효력 — 헌재 1999. 10. 21. 96헌마61등, 판례집 11-2, 461 —	방승주
	제 8 회 발표문 (2000. 3. 10.)	선거관계법에 대한 헌법재판소 결정의 문제점	이성환
	제 9 회 발표문 (2000. 4. 7.)	노동 3 권의 법적 성격과 노동단체법 — 헌재 1998. 2. 27. 94헌바13등, 판례집 10-1, 32 —	강희원
	제10회 발표문 (2000. 5. 12.)	위헌법률에 기한 처분의 집행력 허용여부에 관한 검토	남복현
	제11회 발표문 (2000. 6. 2.)	국회의원과 국회의장 간의 권한쟁의에 관한 헌재결정들	박승호

제 2 권	제12회 발표문 (2000. 7. 7.)	법적 안정성과 실질적 정의 — 12·12 및 5·18 사건의 경우 —	이명웅
	제13회 발표문 (2000. 10. 6.)	평등의 원초적 해석과 실질적 평등의 논리적 건재 — 제대군인가산점 위헌결정 평석 —	박경신
	제14회 발표문 (2000. 11. 10.)	민주주의의 실패와 사법적극주의 — 동성동본금혼 규정에 대한 헌법재판소 결정의 의의를 중심으로 —	임지봉
	제15회 발표문 (2001. 1. 5.)	헌법상 사립학교의 자유와 헌법재판의 동향	허종렬
	제16회 발표문 (2001. 2. 2.)	청소년보호를 위한 표현물 규제시스템의 헌법적 고찰 — 구 청소년보호법 제 2 조 제 3 호 가목 등 위헌제청사건 등에 대한 평석을 중심으로 —	황성기
	제17회 발표문 (2001. 3. 2.)	헌법소원사건 결정을 통해서 본 언론에 의한 명예훼손의 법리	박선영
	제18회 발표문 (2001. 4. 6.)	서울대 입시요강사건 — 헌재 1992. 10. 1. 92헌마68, 76(병합) —	정연주
	제19회 발표문 (2001. 5. 4.)	미국과 독일의 규범통제에서의 심사도구 비교	정태호
	제20회 발표문 (2001. 6. 8.)	사립대학교수 재임용제의 헌법적 근거와 한계 — 사립학교법 제53조의 2의 제 3 항에 대한 헌법소원결정을 중심으로 —	김종철
	제21회 발표문 (2001. 7. 6.)	가변적이고 예측 불가능한 상황에서의 헌법해석 — 헌재 92헌바6 결정을 중심으로 —	박진완

<table>
<tr><td rowspan="10">제
3
권</td><td>제22회 발표문
(2001. 9. 7.)</td><td>대통령직속기관의 설치와 직무범위
— 헌재 1994. 4. 28. 선고, 89헌마221 —</td><td>유진석</td></tr>
<tr><td>제23회 발표문
(2001. 10. 12.)</td><td>헌법재판소와 사회적 기본권</td><td>홍성방</td></tr>
<tr><td>제24회 발표문
(2001. 11. 2.)</td><td>과잉금지의 원칙과 적용상의 문제점</td><td>김형성</td></tr>
<tr><td>제25회 발표문
(2001. 12. 7.)</td><td>근로자의 쟁의(행위)권의 행사와 공공복리
— 헌재 1996. 12. 26. 선고, 90헌바19 결정,
92헌바41 결정, 94헌바49 결정과 관련하여 —</td><td>강희원</td></tr>
<tr><td>제26회 발표문
(2002. 2. 1.)</td><td>공법인의 기본권주체성
— 헌재 2000. 11. 30. 선고, 99헌마190 결정
등과 관련하여 —</td><td>함인선</td></tr>
<tr><td>제27회 발표문
(2002. 3. 8.)</td><td>기본권의 보장과 제도적 보장의 준별론에 관한
비판적 보론
— ‘기본권의 최대한의 보장과 제도의 최소한의
보장’에 전제된 오해의 극복을 위하여 —</td><td>이종수</td></tr>
<tr><td>제28회 발표문
(2002. 4. 12.)</td><td>헌법상 평등의 요청과 국가유공자 유가족에 대한
가산점의 문제점
— 헌재 2001. 2. 22. 선고, 2000헌마25
사건에 대한 평석 —</td><td>장영수</td></tr>
<tr><td>제29회 발표문
(2002. 6. 7.)</td><td>양심의 자유의 규범구조와 보호범위
— 준법서약제를 중심으로 —</td><td>박종보</td></tr>
<tr><td>제30회 발표문
(2002. 7. 12.)</td><td>헌법재판에서의 가처분</td><td>황치연</td></tr>
<tr><td>제31회 발표문
(2002. 9. 6.)</td><td>전국구비례대표제의 투표방식과 의석배분방법의
위헌결정에 대한 비판적 고찰
— 헌재 2001. 7. 19. 선고, 2000헌마91·112·134(병합) —</td><td>김종철</td></tr>
</table>

권	회차	제목	발표자
제 4 권	제32회 발표문 (2002. 10. 11.)	가상공간에서의 표현의 자유와 청소년보호 — 99헌마480과 2001헌가27을 중심으로 —	박선영
	제33회 발표문 (2002. 11. 8.)	특별부담금의 정당화문제	김성수
	제34회 발표문 (2002. 12. 6.)	부부자산소득합산과세는 위헌인가?	이창희
	제35회 발표문 (2003. 2. 7.)	알 권리와 의사공개의 원칙 — 헌재 2000. 6. 29. 98헌마443 등 사건에 대한 평석 —	장영수
	제36회 발표문 (2003. 3. 7.)	憲法不合致決定에 관한 새로운 體系의 試圖	황도수
	제37회 발표문 (2003. 4. 4.)	노조법상 유니언숍제도(단결강제제도)의 위헌 여부	이승욱
	제38회 발표문 (2003. 6. 13.)	사회보장법과 세법의 기능적인 상관관계	전광석
	제39회 발표문 (2003. 7. 11.)	권한분쟁에 관한 헌법재판소와 법원의 관할	김하열
	제40회 발표문 (2003. 9. 19.)	우리 違憲法律審判節次 등의 審判對象(審査範圍)	김시철

제 5 권	제41회 발표문 (2003. 10. 10.)	명예, 초상, 프라이버시 그리고 표현의 자유에 관한 비교법적 분석 — 한국, 미국, 독일, 프랑스 —	박경신
	제42회 발표문 (2003. 11. 7.)	기본권의 경합	장영철
	제43회 발표문 (2004. 2. 13.)	정당국가적 대의민주제에서의 선거와 정당에 대한 헌법재판소의 결정 평석 — 국회의원선거기탁금, 국회의원의 상임위원회 강제 사임조차, 선거권 연령 기준에 과한 판례를 중심으로 —	이덕연
	제44회 발표문 (2004. 4. 9.)	부실감사죄의 헌법재판 — 헌법재판소의 변형결정의 기속력에 대한 법이론적 이해 —	이상돈
	제45회 발표문 (2004. 5. 7.)	지방자치권에 대한 헌법상의 보장 — 강남구청과 대통령 간의 권한쟁의 (2002. 10. 31. 2001헌라1) —	이광윤
	제46회 발표문 (2004. 6. 4.)	내사종결처분의 법적 성질 — 2002. 10. 31. 2002헌마369, 헌법재판소 공보 제74호(2002년), 989면 —	신동운
	제47회 발표문 (2004. 7. 2.)	가족법상의 몇 가지 헌법적 문제 — 호주제의 전통성, 자녀의 성, 이혼숙려기간 —	김상용
	제48회 발표문 (2004. 9. 3.)	헌법재판소 판례의 국제법적 분석	정인섭

권	회차	제목	발표자
제 6 권	제49회 발표문 (2004. 10. 1.)	헌법재판에서의 전통에 대한 심사	윤진수
	제50회 발표문 (2004. 11. 5.)	제법상 유형화·포괄화의 이해 —그 정당성과 한계를 중심으로—	박종수
	제51회 발표문 (2004. 12. 3.)	헌법재판소의 정치적 역할: '제한적 적극우의'를 넘어서	양 건
	제52회 발표문 (2005. 2. 18.)	탄핵심판에 있어 헌법재판소의 탄핵여부결정권	정종섭
	제53회 발표문 (2005. 3. 4.)	수도이전특별법 위헌결정에 대한 헌법이론적 검토	전광석
	제54회 발표문 (2005. 4. 1.)	행정입법과 헌법재판	유지태
	제55회 발표문 (2005. 5. 6.)	양심적 병역거부권에 대한 헌법재판소결정에 대한 검토	박진완
	제56회 발표문 (2005. 6. 3.)	입헌적 공화주의의 헌법이해	이국운
	제57회 발표문 (2005. 7. 8.)	상가건물의 업종제한약정에 대한 헌법적 평가	김성태
	제58회 발표문 (2005. 9. 9.)	원고적격의 정치경제학(Ⅱ): 대법원의 행정소송법 개정안에 나타난 객관소송관을 글감으로 하여	조홍식

권	회차	제목	발표자
제 7 권	제59회 발표문 (2005. 10. 11.)	수용자의 서신검열과 통신의 자유	박인수
	제60회 발표문 (2005. 11. 1.)	헌법재판소 심판사건 통계분석	송기춘
	제61회 발표문 (2005. 12. 16.)	한국에서 자유민주주의와 헌정주의	강정인
	제62회 발표문 (2006. 2. 10.)	명의신탁 증여의제규정의 개정방안	박 훈
	제63회 발표문 (2006. 3. 10.)	지구당의 강제적 폐지의 위헌성	정태호
	제64회 발표문 (2006. 4. 7.)	법적 추론에 대한 법철학적 고찰 — 헌법의 경우 —	김현철
	제65회 발표문 (2006. 5. 12.)	명백·현존하는 위험의 원칙과 표현의 자유	임지봉
	제66회 발표문 (2006. 6. 9.)	사법적 검토의 재검토: 헌법재판과 비지배적 상호성	곽준혁
	제67회 발표문 (2006. 7. 7.)	생명헌법(bio-constitution)과 체외인공수정 잔여배아(surplus embryo in vito fertilization)의 법적 지위	강희원
	제68회 발표문 (2006. 9. 8.)	신뢰보호원칙에 대한 헌법재판소의 태도	박경철

제 8 권	第69회 발표문 (2006. 10. 13.)	공무담임권의 보호영역에 관한 헌법재판소의 판례 비판	이인호
	第70회 발표문 (2006. 11. 1.)	헌법 제60조 제 1 항에 열거된 조약의 체결·비준에 대한 국회의 동의권	김선택
	第71회 발표문 (2005. 12. 8.)	헌법의 경제학적 이해	신도철
	第72회 발표문 (2007. 2. 2.)	자기정보통제권에 관한 판례의 평석	권건보
	第73회 발표문 (2007. 3. 9.)	과세의 재산권적 한계	방승주
	第74회 발표문 (2007. 4. 13.)	유럽법상 기본자유와 기본권의 관계	정문식
	第75회 발표문 (2007. 5. 11.)	병역의무와 성차별금지	김주환
		병역법 제 3 조 제 1 항에 관한 소고	윤진숙
	第76회 발표문 (2007. 6. 1.)	입헌주의와 민주주의 : 그 "모순적 정합성"에 관한 소고	김성호
	第77회 발표문 (2007. 7. 6.)	행정규칙과 헌법소원심판	김중권
		행정규칙의 헌법소원 대상성	정호경
	第78회 발표문 (2007. 9. 7.)	한정위헌청구의 적법성 여부	박순성
		한정위헌청구의 적법성	황도수

제 9 권	제79회 발표문 (2007. 10. 5.)	고등학교 학생선발 및 배정방법과 학교선택권의 보장 문제	허종렬
		고등학교 평준화제도에 대한 헌법적 검토	이기우
	제80회 발표문 (2007. 11. 2.)	헌법재판소 재산권 판례의 경제학적 분석	정기화
	제81회 발표문 (2007. 12. 7.)	변호인의 조력을 받을 권리에 관한 헌법재판소 해석방법론 검토	이완규
	제82회 발표문 (2008. 3. 7.)	헌법재판에서 심판의 기준	김경제
	제83회 발표문 (2008. 4. 4.)	평등권 심사 기준과 방법의 구조화	김주환
	제84회 발표문 (2008. 5. 9.)	미국 연방대법원의 위헌심사기준으로서의 '이중 기준'	이우영
	제85회 발표문 (2008. 6. 13.)	형성적 법률유보를 가지는 기본권에서 과잉금지원칙의 적용여부	한수웅
	제86회 발표문 (2008. 7. 11.)	보통·평등선거권의 심사구조와 심사기준에 관한 관견	정태호
	제87회 발표문 (2008. 9. 19.)	미국의 사전제재 법리와 2002년 불온통신규제결정의 재발견	박경신
	제88회 발표문 (2008. 10. 10.)	조세국가의 성격 및 구조와 조세입법에 대한 합헌성 심사의 기준	차진아

제 10 권	제89회 발표문 (2008. 11. 14.)	법률유보와 의회유보	방승주
	제90회 발표문 (2008. 12. 12.)	헌법재판소 20년—그 명암과 굴곡	이헌환
		헌법재판 20년과 행정법	김광수
	제91회 발표문 (2009. 2. 6.)	기본권의 대사인적 효력의 적용	이준일
	제92회 발표문 (2009. 3. 6.)	공무원의 노동 3 권에 관한 입법형성과 그 한계	김진곤
	제93회 발표문 (2009. 4. 10.)	기본권보호의무의 심사기준으로서 과소보호금지원칙	이부하
	제94회 발표문 (2009. 5. 1.)	불온서적 지정의 위헌성	이재승
	제95회 발표문 (2009. 6. 5.)	헌법상 제도보장에 있어서 핵심영역의 보장	김대환
	제97회 발표문 (2009. 9. 11.)	헌법불합치결정을 둘러싼 법적 쟁점의 검토	남복현
	제98회 발표문 (2009. 10. 9.)	역 로빈훗 방식의 수용권행사의 위헌성	이인호

제 11 권	제99회 발표문 (2009. 11. 6.)	구 종합부동산법 제7조 등 위헌소원사건에 대한 평석	이동식
	제100회 발표문 (2009. 12. 18.)	우리나라 헌법재판제도의 현재와 미래	김철수
	제101회 발표문 (2010. 2. 19.)	헌법불합치결정의 사례분석에 나타난 한정적 청구와 한정적 판단의 필요성 검토	남복현
	제102회 발표문 (2010. 3. 12.)	법류에 의한 쟁의행위의 금지와 근로삼권의 제한	정인섭
	제103회 발표문 (2010. 4. 16.)	인터넷과 선거운동	황성기
	제104회 발표문 (2010. 7. 2.)	헌법불합치결정에 따른 입법자의 법률개선의무 위반의 법적 효과	허완중
	제105회 발표문 (2010. 9. 10.)	권한쟁의심판과 법률의 위헌성 심사	차진아
	제106회 발표문 (2010. 10. 15.)	형벌조항에 대한 위헌심사와 책임주의	변종필

<table>
<tr><td rowspan="13">제 12 권</td><td rowspan="2">제107회 발표문
(2010. 12. 4.)</td><td>재판에 대한 헌법소원의 필요성과 범위: 재판소원의 부분적 도입을 위한 시론</td><td>김하열</td></tr>
<tr><td>원행정처분에 대한 헌법소원</td><td>전종익</td></tr>
<tr><td>제108회 발표문
(2011. 2. 11.)</td><td>공무원의 충실의무와 기본권적 지위의 검토</td><td>이종수</td></tr>
<tr><td>제109회 발표문
(2011. 3. 4.)</td><td>가산세의 법적 성격과 입법한계</td><td>김웅희</td></tr>
<tr><td>제110회 발표문
(2011. 4. 16.)</td><td>야간집회금지 헌법불합치결정에 대한 비판적 고찰</td><td>이인호</td></tr>
<tr><td>제111회 발표문
(2011. 5. 13.)</td><td>군대내 불온서적 금지 사건
(헌재 2010.10.28. 2008헌마638) 평석</td><td>김하열</td></tr>
<tr><td rowspan="5">제112회 발표문
(2011. 6. 10.)</td><td>지방자치제도 발전을 위한 헌법재판의 과제</td><td>성낙인</td></tr>
<tr><td>지방자치단체 자치권의 본질과 범위</td><td>이승환</td></tr>
<tr><td>주민소송·주민투표·주민소환을 중심으로 한 주민참여법제 小考</td><td>김병기</td></tr>
<tr><td>지방자치관련 권한쟁의심판사건의 주요 쟁점</td><td>노희범</td></tr>
<tr><td>지방자치단체의 구역 및 경계에 관한 법적 과제</td><td>최우용</td></tr>
<tr><td>제113회 발표문
(2011. 9. 8.)</td><td>현행 인터넷상 본인확인제에 대한 헌법적 평가</td><td>지성우</td></tr>
<tr><td>제114회 발표문
(2011. 10. 13.)</td><td>헌법재판소 미디어법 관련 권한쟁의심판사건 결정들에 대한 비판적 검토</td><td>임지봉</td></tr>
</table>

헌법실무연구 제 13 권

2012년 12월 10일 초판인쇄
2012년 12월 20일 초판발행

편 자 헌법실무연구회
발행인 안 종 만
발행처 (株) 博 英 社
서울특별시 종로구 평동 13-31번지
전화 (733) 6771 FAX (736) 4818
등록 1959. 3. 11. 제300-1959-1호(倫)

www.pybook.co.kr e-mail: pys@pybook.co.kr

파본은 바꿔 드립니다. 본서의 무단복제행위를 금합니다.

정 가 45,000원 ISBN 978-89-6454-902-5
978-89-6454-648-2(세트)

박영사